VICTORIA FORNER

VERBOTENE GESCHICHTE
Die Rolle der jüdischen Agenten
in der Zeitgeschichte

III

DER ZWEITE WELTKRIEG UND DIE
NACHKRIEGSZEIT

OMNIAVERITAS.

VICTORIA FORNER

VERBOTENE GESCHICHTE
*Die Rolle der jüdischen Agenten
in der Zeitgeschichte*
III
DER ZWEITE WELTKRIEG UND DIE NACHKRIEGSZEIT

Illustration des Umschlags:
„*Brandenburger Tor*" in Berlin.

HISTORIA PROSCRITA III
La actuación de agentes judíos en la Hª Contemporánea
La segunda guerra mundial y la posguerra
Erstveröffentlichung durch Omnia Veritas im Jahr 2017

Aus dem Spanischen übersetzt und herausgegeben von
OMNIA VERITAS LTD

OMNIA VERITAS®
www.omnia-veritas.com

KAPITEL X

ZUM ZWEITEN WELTKRIEG

TEIL 1
EIN DEUTSCHLAND AUFGEZWUNGENER
KRIEG UND DER WELT

Es ist nicht unser Ziel, die Ereignisse des Zweiten Weltkriegs Schritt für Schritt nachzuerzählen, sondern vielmehr die wichtigsten Fakten zu skizzieren, die von der offiziellen Geschichtsschreibung oft verzerrt oder verfälscht wurden, um zu verstehen, warum er stattfand, wer ihn erzwungen hat und wie sie während des Konflikts gehandelt haben. In Kapitel acht wurde bereits erwähnt, dass James Forrestal, der am 21. Mai 1949 einen Feldzug erlebte, der sein Leben beendete, die Schattenmächte, die den Krieg wollten, anprangerte. In den *Forrestal-Tagebüchern* enthüllte der erste US-Verteidigungsminister, dass Neville Chamberlain dem Botschafter in London, Joe Kennedy, gestand, dass das Weltjudentum und Roosevelt, seine Marionette, Großbritannien in den Krieg gegen Deutschland gezwungen hatten. Ein Krieg, zu dem der Rabbiner Stephen Wise öffentlich aufgerufen hatte, der bereits im Mai 1933 gesagt hatte: „Ich bin für einen heiligen Krieg gegen Hitler. Ich will Krieg!" Wie der internationale Zionismus seine Schachfiguren bewegte und das Leiden seines eigenen Volkes nutzte, um seine Ziele zu erreichen, wird auf den folgenden Seiten zu sehen sein.

Im Jahr 1938 liefen die Kriegsvorbereitungen, und viele Agenten arbeiteten in den verschiedenen Ländern heimlich daran, den Ausbruch des Krieges herbeizuführen. Zu ihnen gehörten, um nur einige zu nennen, Lord Halifax, Lord Vansittart, Duff Cooper, Leo Amery, Paul Reynaud, Georges Mandel, William Bullitt und andere, über die später noch zu schreiben sein wird. Was die von den Schattenmächten kontrollierten Pro-Kriegs-Gremien und -Lobbys betrifft, so waren die prominentesten natürlich der Zionismus, der Hauptakteur, die internationale Freimaurerei, das übliche Instrument, und der jüdische „Brain Trust" von Präsident Roosevelt. Im Grunde waren sie alle die gleichen Hunde mit unterschiedlichen Halsbändern. Die englische Labour Party, die französische Kommunistische Partei und die meisten französischen Sozialisten dienten ebenfalls versteckten Interessen. Wir haben gesehen, wie Negrin, Alvarez del Vayo und Co., die gut mit dem Kommunismus und der Freimaurerei verbunden waren, ihre gesamte Widerstandsstrategie in Spanien auf die Überzeugung stützten, dass der Krieg in Europa nur eine Frage der Zeit war. So arbeiteten verschiedene Kräfte innerhalb der europäischen Länder für den Krieg und bildeten eine transnationale Kriegspartei, die fremden Interessen diente.

Das Wirtschaftswunder des Nationalsozialismus

Bevor wir uns mit den Ereignissen befassen, die die größte Katastrophe auslösten, die die Menschheit je erlebt hat, sollten wir uns den bemerkenswerten Aufschwung Deutschlands nach der Machtübernahme durch die Nazis vergegenwärtigen, denn er wird uns helfen zu verstehen, warum der deutsche Nationalismus zum ärgsten Feind der internationalen Bankiers und des Wirtschaftsliberalismus wurde. Während der rote Diktator zwischen 1934 und 1938 die jüdischen Agenten der Oktoberrevolution liquidierte und seine Macht durch Säuberungen festigte, festigte Hitler, der deutsche Diktator, der konzipiert und finanziert wurde, um Stalin entgegenzutreten und einen Exodus der europäischen Juden nach Palästina herbeizuführen, seine Position auch durch eine Reihe wirtschaftlicher, sozialer und politischer Maßnahmen, die das Land innerhalb von vier Jahren veränderten.

1933 lag die deutsche Wirtschaft immer noch am Boden, und die Bevölkerung hatte drei Jahrzehnte lang Hunger, Elend und soziale Unruhen ertragen, die, wie wir gesehen haben, immer wieder von der Kommunistischen Internationale inszeniert wurden, die in Deutschland den Schlüssel zur Weltrevolution sah. Die Kriegsreparationen hatten die Bevölkerung ruiniert und die Nation war bankrott. Fast sieben Millionen Deutsche waren infolge der Weltwirtschaftskrise arbeitslos. Mit der Ankunft der Nazis änderte sich alles wie von Geisterhand, und Deutschland, ein Land, das seiner Kolonien beraubt worden war, wurde innerhalb von vier Jahren zur stärksten Volkswirtschaft in Europa. Kein Wunder also, dass Hitler, der Mann, der dieses Wunder verkörperte, von den Deutschen außerordentlich bewundert wurde. Wie eine solch beeindruckende Wende zustande kam, verdient eine kurze Zusammenfassung.

Zunächst war die Abschaffung der Zinssklaverei einer der zentralen Punkte im Programm der NSDAP. Der Wirtschaftsideologe der Partei, Gottfried Feder, hatte die Verstaatlichung der Reichsbank und der Großbanken, die Kredite gegen Zinsen vergaben, ins Auge gefasst. Als die Nationalsozialisten am 30. Januar 1933 an die Macht kamen, wurde Feder zum Staatssekretär für Wirtschaft ernannt und begann, die offizielle Wirtschaftspolitik des Nationalsozialismus umzusetzen. Hjalmar Schacht, der im März 1933 zum Präsidenten der Reichsbank ernannt wurde, vereitelte nicht nur jegliche Verstaatlichungsinitiative, sondern es gelang ihm auch, Gottfried Feder aus seinem Amt zu entfernen und die Leitung des Wirtschaftsministeriums zu übernehmen, eine Position, die er bis zum 19. Januar 1939 innehatte. Sein Widerstand gegen die Gewährung einer Reihe von Krediten, die der Staat beantragt hatte, führte zu seiner Entlassung. Am 15. Juni 1939 wurde ein Gesetz verabschiedet, das die Reichsbank „bedingungslos der Souveränität des Staates" unterordnete. Schauen wir uns also einige der Errungenschaften des so genannten „Wirtschaftswunders" in aller Kürze an.

Die Arbeit war die Grundlage, auf der der Nationalsozialismus die Nation aufbaute. Es wurde ein umfangreiches Programm öffentlicher Arbeiten aufgelegt: Instandsetzung von öffentlichen und privaten Gebäuden, Bau von Brücken, Kanälen, Deichen, Straßen, Hafenanlagen usw. Eine der weltberühmten Errungenschaften war die berühmte „Autobahn", das erste Autobahnsystem der Welt. Auf diese Weise wurden Millionen von Arbeitslosen in Arbeit gebracht. Die große Frage, die sich stellt, ist, wie die Nazis die Arbeiter ohne internationale Kredite und mit einem bankrotten Land bezahlen konnten. Sie ersetzten den Goldstandard durch den Arbeitsstandard, der auf der Produktivität des deutschen Arbeiters beruhte. Die Kosten für alle Projekte wurden auf eine Milliarde Einheiten einer neuen nationalen Währung festgesetzt, die als Arbeitsscheine des Schatzamtes bezeichnet wurden, bei denen es sich in Wirklichkeit um eine Milliarde inflationsfreier Wechsel handelte, die von der Regierung zur Bezahlung der Arbeiter ausgegeben wurden. Diese Schatzscheine wurden von den Arbeitnehmern verwendet, die sie für Waren und Dienstleistungen ausgaben und so Arbeitsplätze für mehr Menschen schufen. Die Zertifikate zirkulierten als Geld und wurden de facto zu einer Währung. Sie waren unbegrenzt verlängerbar und wurden als Anleihen ausgegeben, für die die Regierung den Inhabern Zinsen zahlte.

Der Wirtschaftswissenschaftler Henry C. K. Liu bezeichnet diese Form der Finanzierung als „souveränen Kredit", zweifellos in Anspielung auf die Tatsache, dass damit die Aufnahme von Geld bei internationalen Wucherkreditgebern und damit jede Art von Schulden vermieden wurde. Während in den Vereinigten Staaten und in Europa noch immer Millionen von Menschen arbeitslos und von der Sozialhilfe abhängig waren, wurde in Deutschland das Problem der Arbeitslosigkeit dank dieser stabilen, nichtinflationären Währung innerhalb von zwei Jahren gelöst. Die Idee des „Staatskredits" war nicht neu: In Kapitel V haben wir gesehen, dass Lincoln, als die Rothschilds und andere internationale Bankiers Kredite zu 24% und 36% Zinsen anboten, die Ausgabe von Schatzanweisungen, den „Greenbacks", anordnete, einem zinslosen Geld, das in den Vereinigten Staaten legal verwendet werden konnte. Anschließend forderte er die Vernichtung der Regierung, die diese „böse Finanzpolitik" betrieben hatte. Lincoln wurde von dem jüdischen Freimaurer John Wilkes Booth ermordet.

Auch der Außenhandel wurde durch das Tauschsystem wiederhergestellt. Der von jüdischen Organisationen in der ganzen Welt verhängte internationale Wirtschaftsboykott beinhaltete die Einschränkung von Krediten an Deutschland; durch den direkten Warenaustausch wurde jedoch die Notwendigkeit vermieden, für die Finanzierung durch internationale Banken zu zahlen. Im Oktober 1938 reiste Wirtschaftsminister Walter Funk auf den Balkan, in die Türkei und nach Bulgarien. Vor einem gemeinsamen deutsch-jugoslawischen Ausschuss, der ein Handelsabkommen vorbereitete, erklärte Funk: „Alles, was Jugoslawien produziert, können wir in Deutschland aufnehmen. Wir können Jugoslawien alles schicken, was es braucht. Die Preise, die wir Ihnen anbieten können, kann Ihnen kein anderes Land bieten. Da wir Nachbarn sind, sind die Transportkosten minimal. Da wir mit einem Tauschsystem arbeiten, brauchen wir keine

Finanzierung durch ausländische Banken. Wir brauchen keine Kredite. Wir brauchen niemanden. Deutschland bot seine Produkte Jugoslawien, Bulgarien und der Türkei an, Ländern, die damit zwei Drittel ihres Bedarfs deckten. Gleichzeitig erhielt es die Exporte dieser Staaten. So entstand eine Zone, die von der deutschen Grenze bis zum Schwarzen Meer reichte. All dies geht zu Lasten des Hauptabnehmers und -lieferanten dieser Länder, Großbritannien, das nicht konkurrieren kann, da es den Krediten und Versicherungspolicen der City-Banken unterworfen ist.

Doch der Tauschhandel funktionierte nicht nur in Europa: Auch Brasilien, Argentinien und Mexiko setzten ihn in die Praxis um. Am 19. Januar 1939 berichtete die amerikanische Zeitung *Daily Journal World*, dass Mexiko über das Tauschsystem Öl im Wert von 17.000.000 Dollar an Deutschland verkauft hatte. Die Zeitung schrieb: „Das Tauschsystem der Nazis ist eines der Wunder unserer Zeit. Deutschland tauscht seine Produkte gegen die anderer Länder ein, ohne Geld zu tauschen. Es ist so einfach wie die Vereinbarung, dass ein Schuljunge mit einem anderen ein Rasiermesser mit einer abgebrochenen Klinge gegen einen lebenden Käfer in einer Flasche tauscht". Es liegt auf der Hand, dass diese Art von internationalen Transaktionen den Interessen des herrschenden kapitalistischen Systems zuwiderlief, das auf Spekulation und Wucher beruhte. Der Kampf zwischen dem produktiven Kapital und dem spekulativen Kapital war bereits von den internationalen Bankiers gewonnen worden, die auf keinen Fall einen Rückschlag zulassen konnten, der ihre Interessen ernsthaft beeinträchtigen würde.

Ein weiterer wichtiger Aspekt des deutschen Wirtschaftswunders war der Schutz der Landwirte, der zu einer der Prioritäten der Regierung wurde. Eine gesunde und robuste landwirtschaftliche Bevölkerung war eine Voraussetzung für die Nation, da die Nazis der traditionellen Bauernfamilie große Bedeutung beimaßen. Unter den Arbeitslosen befanden sich viele Landwirte, die in den vorangegangenen Jahren durch sinkende Preise für landwirtschaftliche Erzeugnisse, überhöhte Zinssätze und Zwangsversteigerungen durch skrupellose, oft jüdische Spekulanten in den Ruin getrieben worden waren. Die nationalsozialistische Regierung gründete den Reichsnährstand, eine Körperschaft des öffentlichen Rechts, in der alle mit der Produktion, der Verarbeitung und dem Vertrieb von Lebensmitteln befassten Personen vertreten waren: Müller, Bäcker, Konservenfabrikanten, Zwischenhändler, lokale Ladenbesitzer.... Ihre Aufgabe war es, den Lebensmittelmarkt zu regulieren. Diese Nationale Agentur garantierte den Landwirten einen Markt für ihre Produkte zu einem Preis, der ausreichte, um die Produktionskosten zu decken und die neue Ernte vorzubereiten, aber gleichzeitig moderat war, so dass die Käufer in den Genuss vernünftiger Preise kamen. Auf diese Weise entstand ein stabiler Markt, der eine zuverlässige Lebensmittelversorgung für alle Beteiligten sicherstellte. Unregelmäßige Preisschwankungen, die oft von Börsenspekulanten diktiert wurden, waren damit ausgeschlossen. Diese Maßnahmen bewahrten die deutsche Bauernschaft vor dem katastrophalen Verfall der Weltmarktpreise und verhinderten Konkurse von Landwirten: 1932 waren es mehr als siebentausend, 1933 waren es nur noch 1.600 Konkurse. 1932 hatte Deutschland Lebensmittel im Wert von 4,5 Milliarden Mark eingeführt, 1935 waren es nur noch 0,9 Milliarden Mark. Im sowjetischen Paradies, für das Arbeiter und Bauern in aller Welt kämpften, wurden 1933 bekanntlich Millionen von Bauern planmäßig verhungern gelassen: „Holodomor".

Bemerkenswert ist auch der Schutz der Arbeitnehmer im Nationalsozialismus. Eine der ersten Maßnahmen der Regierung Hitler war die Verschönerung der deutschen Fabriken, die mit Parks oder Grünanlagen, Schwimmbädern und anderen Annehmlichkeiten ausgestattet wurden, um das Umfeld der Arbeiter zu humanisieren. Das Programm „Kraft durch Freude" (KdF) basierte auf der Idee, dass die Arbeiter nicht nur Lohn erhalten sollten, sondern dass ihre Arbeit auch dadurch anerkannt werden sollte, dass ihnen bestimmte Annehmlichkeiten des Lebens zur Verfügung gestellt wurden. KdF bot den Arbeitnehmern und ihren Familien Zugang zu Kultur, Sport und Kunst. Das Programm umfasste elf Bereiche. Eine davon, „Urlaub, Reisen und Tourismus", bot Reisen in Deutschland und auch im Ausland an. In drei Jahren unternahmen elf Millionen Arbeitnehmer Erholungsreisen zu Land oder zu Wasser. Zunächst standen in dieser Abteilung sechs große Schiffe zur Verfügung, die allein 1935 mehr als 100 Fahrten über den Atlantik unternahmen. Im Jahr 1936 gingen zweihunderttausend Arbeiter an Bord dieser Touristenschiffe. 1935 entwarf der Architekt Clemens Klotz auf der Insel Rügen das Kurbad Prora, eine monumentale Anlage zur Freude der deutschen Arbeiter. Das Kurbad mit Blick auf die Ostsee verfügte über einen ausgedehnten Strand mit feinem weißen Sand und 350 Hektar Wald und Wiesen. Dieses Projekt wurde auf der Weltausstellung 1937 mit dem Großen Preis für Architektur ausgezeichnet.

Die Frage des Wohnraums verdient ein Lob. Um jungen Ehepaaren zu helfen, wurden saubere, solide Häuser mit Gärten gebaut, die mit kleinen monatlichen Raten zinslos gekauft werden konnten. Um Geburten zu fördern, wurde mit jeder Geburt ein Viertel der Hypothek abbezahlt. Mit dem vierten Kind bekam ein Paar sein Haus also völlig kostenlos. Diese Formel hat natürlich nichts damit zu tun, dass man zwanzig oder dreißig Jahre lang Zinsen an eine Bank zahlen muss, um ein anständiges Haus zu bekommen. Was die alten Wohnungen und Häuser in den am meisten heruntergekommenen Vorstädten oder Vierteln anbelangt, so führten die Nazis Renovierungen und Modernisierungen durch, um sowohl die Slums als auch die Häuser zu verschönern.

Der Nationalsozialismus führte eine allgemeine und kostenlose Sozialversicherung ein. Deutsche Krankenhäuser, die mit modernsten medizinischen Geräten ausgestattet waren, boten den Patienten, die das Recht hatten, ihren Arzt und ihr Krankenhaus selbst zu wählen, eine qualitativ hochwertige Versorgung. Die Patienten konnten bis zu einem Jahr im Krankenhaus bleiben und hatten Anspruch auf eine finanzielle Unterstützung. Wurde der Krankenhausaufenthalt über diesen Zeitraum hinaus fortgesetzt, entfiel der Zuschuss, aber die Patienten durften auf unbestimmte Zeit in der Klinik bleiben. Die Ausbildung war für alle Anspruchsberechtigten kostenlos, unabhängig von der familiären Herkunft und den Lebensumständen. Dies waren einige der sozialen Errungenschaften, die innerhalb weniger Jahre dem Alptraum des gemarterten deutschen Volkes ein Ende bereiteten.

Hitlers außenpolitische Schritte: das Saarland und die Beziehungen zu Polen

Das Versailler „Diktat" war die Ursache allen Übels, daher waren die Nazis entschlossen, seine Folgen für die Deutschen rückgängig zu machen und hatten dies in ihrem Programm erklärt. Die territorialen Ansprüche im Westen wurden 1934 geregelt. Im Osten waren die Dinge viel schwieriger. Millionen von Deutschen wurden gegen ihren Willen innerhalb der Grenzen des neuen Polen zurückgelassen. Außerdem war die Tschechoslowakei entstanden, ein neues Land, in dem es neben Tschechen und Slowaken auch Menschen deutscher, polnischer, ungarischer und rumänischer Herkunft gab, die sich mit einem Staat, den es vorher nicht gegeben hatte, nicht verbunden fühlten.

Zu den Betroffenen des Versailler Vertrags gehörten auch die Saarländer, Bewohner des Saarlands, eines Teils Deutschlands, der für fünfzehn Jahre an den Völkerbund abgetreten wurde. Nach dieser Zeit sollte eine Volksabstimmung darüber stattfinden, ob die Bevölkerung ein französisches Departement werden oder zu Deutschland zurückkehren wollte. Vor dem Krieg sprach an der Saar kaum jemand Französisch, aber Clemenceau hatte eine Liste vorgelegt, nach der dort 150.000 Franzosen lebten. Im November 1934, zwei Monate vor den Konsultationen, legte Deutschland dem Botschafter François Poncet eine diplomatische Note vor, in der eine gütliche Lösung vorgeschlagen wurde. Das Angebot bestand in einem Wirtschaftsvertrag, der es der französischen Industrie ermöglichen sollte, weiterhin von den Ressourcen der Region zu profitieren, wie sie es von 1919 bis 1934 getan hatte. Die französische Regierung lehnte dieses Angebot törichterweise ab und schickte vier Divisionen unter dem Vorwand, mögliche Meutereien zu verhindern, an die Grenze, was einen formellen Protest Hitlers auslöste.

Schließlich setzte eine Truppe des Völkerbundes die Volksabstimmung am 13. Januar 1935 durch. Trotz fünfzehnjähriger französischer Propaganda stimmten nur 0,4% der Wähler für die Vereinigung mit Frankreich. 90,8% der Bevölkerung sprachen sich für den Wiederanschluss an Deutschland aus. 8,8% der Wähler, meist Juden oder Kommunisten, sprachen sich für die Beibehaltung des Status quo aus. Am 1. Mai 1935 übergab der Völkerbund die Verwaltung des Saargebiets an die deutschen Behörden, und Hitler erklärte vor dem Reichstag: „Deutschland verzichtet feierlich auf alle Ansprüche auf Elsass und Lothringen; nach der Wiedereingliederung des Saargebiets kann die deutsch-französische Grenze als endgültig gezogen betrachtet werden". Mit anderen Worten: Deutschland wollte Frieden mit Frankreich und hatte keine weiteren territorialen Ansprüche: die Ansprüche im Westen waren beendet. Einen Tag nach dieser Erklärung unterzeichneten Frankreich und die Sowjetunion einen Vertrag über gegenseitigen Beistand. Am 7. Januar 1936 ließ Hitler die französische Regierung durch seinen Botschafter wissen, dass das Reich „die Ratifizierung des französisch-sowjetischen Paktes durch das französische

Parlament als eine feindliche Geste gegenüber Deutschland und als unvereinbar mit den Verpflichtungen des Locarno-Paktes, dessen Text und Geist Frankreich verletzt hätte, betrachten würde". Das französische Parlament ratifizierte den Pakt am 27. Februar 1936. Als Reaktion auf diese Ratifizierung ordnete Hitler am 7. März 1936 die Remilitarisierung des Rheinlandes an.

Die Saarfrage wurde durch eine Volksabstimmung gelöst, aber eine der deutschen Streitigkeiten im Osten, Danzig, sollte zum „casus belli" werden. Es ist daher notwendig, sich auf die polnisch-deutschen Beziehungen zu konzentrieren, um ein genaues Bild der Ereignisse zu erhalten. Ein absolut unverzichtbares Buch ist *Der erzwungene Krieg. Die Ursachen und Urheber des 2. Weltkriegs,* das 1961 in deutscher Sprache von dem amerikanischen revisionistischen Historiker David L. Hoggan veröffentlicht wurde. Hoggan, von dem das Institute for Historical Review 1989 eine englische Ausgabe veröffentlichte. Dieses Buch, dessen Übersetzung ins Englische von großem Interesse wäre, ist eine unserer Hauptquellen. Aus ihm stammt der folgende historische Rückblick, der für ein besseres Verständnis der Fakten notwendig ist. Das Werk von Dr. Hoggan stützt sich im Wesentlichen auf die diplomatischen Dokumente der westlichen Länder, was uns erlaubt, Texte und Haltungen kennen zu lernen, die ein neues Licht werfen, für das die offizielle Geschichtsschreibung blind ist. Wir werden auf diesen Seiten immer wieder auf die Arbeit von Professor Hoggan verweisen.

Mit der Einigung Deutschlands im Jahr 1871 wurden die polnischen Gebiete Preußens Teil des neuen Deutschen Reichs. Russland und Österreich-Ungarn waren die beiden anderen Reiche, die Polen beherrschten, obwohl der größte Teil des Territoriums unter russischer Kontrolle stand, und es entstand ein deutschfreundlicher polnischer Nationalismus. Wladyslaw Studnicki war der wichtigste Theoretiker dieser Strömung. Im Gegensatz dazu gab es auch einen pro-russischen Nationalismus, dessen prominentester Ideologe Roman Dmowski war, der vor der bolschewistischen Revolution in der Duma Deutsche und Juden angegriffen hatte. Während er die Rolle der Juden im kommunistischen Russland bedauerte, befürwortete Dmowski die Westexpansion Polens auf Kosten Deutschlands und in Zusammenarbeit mit Russland. Hoggan gibt die Worte Dmowskis wieder, der 1931 erklärte: „Die Judenfrage ist die große Frage der Zivilisation in der Welt". Dieser polnische Nationalist war wie Hitler für die totale Vertreibung der Juden aus seinem Land, da er ihre Assimilierung für unmöglich hielt. Weniger wichtig war der pro-habsburgische polnische Nationalismus, dessen Vertreter Michal Bobrzynski war. Der echte polnische Nationalist war Josef Pilsudski, der an Polen als Großmacht glaubte. Pilsudski teilte die Ansichten der drei genannten nicht und lehnte ihre Ansätze ab. Er kam jedoch aus dem marxistischen Milieu und hielt eine Zeit lang am revolutionären Sozialismus fest, bis er erkannte, dass dessen Implikationen mit seinem Nationalismus kollidierten.

Im August 1914 bot Russland den Polen vage Versprechungen an, um sich ihre Unterstützung im Krieg zu sichern. Doch es war Deutschland, das am 5. November 1916 die Wiederherstellung der polnischen Unabhängigkeit verkündete. General Hans von Beseler, der Gouverneur des von Deutschland besetzten Polens, befahl nach der Bekanntgabe des Abkommens einer deutschen Militärkapelle, die Hymne *Polen ist noch nicht verloren zu* spielen, die ihren Ursprung in den napoleonischen Kriegen hatte. Am 6. Dezember 1916 wurde ein polnischer Staatsrat eingesetzt. Die verbündeten Entente-Länder reagierten auf die deutsche Politik gegenüber Polen und wagten es im Sommer 1917, ganz Polen Österreich-Ungarn anzubieten, dem sie einen Separatfrieden vorschlugen, wenn es sein Bündnis mit Deutschland auflösen würde. Pilsudski, der die militärische Abteilung des neu gegründeten polnischen Staatsrats leitete, rief zur sofortigen Aufstellung einer polnischen Armee auf. Die Parole seiner Anhänger lautete: „Niemals ein Staat ohne Armee, niemals eine Armee ohne Pilsudski". Da Deutschland und Österreich-Ungarn nicht in der Lage waren, auf diese Forderungen einzugehen, trat Pilsudski am 2. Juli 1917 zurück. Er wurde verhaftet und nach Magdeburg überführt, wo er sich bequem einrichten konnte.

Nach der endgültigen Niederlage Deutschlands wurde Pilsudski in Versailles zur Persona non grata. Das polnische Nationalkomitee wurde von Roman Dmowski dominiert. Die Judenfrage wurde den polnischen Unterhändlern sofort gestellt, die sich mit den Forderungen amerikanisch-jüdischer Gruppen auseinandersetzen mussten, die in der US-Delegation vertreten waren. Sie wollten die Schaffung eines unabhängigen jüdischen Staates innerhalb Polens. Präsident Wilson, der sich im Griff der jüdischen Verschwörer befand, die ihn an die Macht gebracht hatten, äußerte Sympathie für diese Forderungen und argumentierte gegenüber seinen englischen, französischen und italienischen Kollegen, dass „die Juden in Polen wenig gastfreundlich behandelt würden". Am Ende gewährte der Vertrag den Polen den größten Teil Westpreußens mit einer mehrheitlich deutschen Bevölkerung, der eine Volksabstimmung verweigert wurde, sowie die industriell reiche Region Oberschlesien, obwohl die Polen die anschließend dort abgehaltene Volksabstimmung verloren. Für die deutsche Stadt Danzig wurde ein Völkerbundprotektorat eingerichtet, das dank des so genannten Korridors zu einem Freihafen für Polen wurde. Die Entscheidung über die Grenzen im Osten Polens wurde von den Alliierten vertagt, so dass Pilsudski, der die Osterweiterung befürwortete, seinen eigenen Plan verfolgen konnte.

Im Rahmen des russischen Bürgerkriegs konnten die Bolschewiki, die in der Ukraine gegen die Weißen kämpften, nicht verhindern, dass Pilsudski, den Denikin erfolglos um Hilfe bat, seine Truppen auf die Konfrontation mit der Roten Armee im Jahr 1919 vorbereitete, die er am 16. August 1920 in der Schlacht von Warschau besiegte. Die Litauer hingegen mussten mit ansehen, wie die Polen während des Krieges Wilna besetzten, reagierten aber mit der Einnahme der deutschen Stadt Memel in Ostpreußen, die unter den Schutz des Völkerbundes gestellt worden war. Memel wurde schließlich zwischen 1923 und 1939 Teil von Litauen. Der Russisch-Polnische Krieg verlieh Pilsudski außerordentliches Ansehen, der zum unangefochtenen Führer der Armee und der Nation wurde. Ab 1926 wurde Dmowskis Führungsrolle jedoch in Frage gestellt und er wurde zu einer Alternative. Dmowskis Programm sah eine Intensivierung des Nationalismus, eine Verbesserung der Beziehungen zu Russland, ein Programm zur Assimilierung der verschiedenen Minderheiten, die Teil Polens geworden waren, und einen Plan zur Ausweisung der Juden vor. Im September 1930 reagierte Pilsudski mit einer strengen Säuberung von Dmowskis Anhängern, die in Konzentrationslagern interniert wurden. Bei den Wahlen zum polnischen Parlament (Sejm) im November 1930 gewann eine um ihn gebildete Koalition. Im Jahr 1935 starb Josef Pilsudski im Alter von 68 Jahren.

Zwischen 1919 und 1933 gab es keine Möglichkeit der Verständigung zwischen Polen und der Weimarer Republik, deren Führer die Situation stets als unannehmbar empfanden. Die Verträge von Locarno (16. Oktober 1925) garantierten die Grenzen Deutschlands zu Frankreich und Belgien und ermöglichten eine gewisse Verbesserung der Beziehungen zu diesen Ländern, aber die Polen erhielten keine Garantien für ihre Grenzen zu Deutschland. Um sicherzustellen, dass Stalin der Weimarer Republik im Falle eines Konflikts nicht helfen würde, unterzeichnete Polen 1932 einen Nichtangriffspakt mit der Sowjetunion. Kurz vor Pilsudskis Tod und mit den Nationalsozialisten an der Macht, die Pilsudski stets als Staatsmann betrachteten, unterzeichneten Berlin und Warschau am 26. Januar 1934 einen weiteren zehnjährigen Nichtangriffspakt, der jedoch keine Anerkennung des Status quo von 1919 durch Deutschland beinhaltete. Der polnische Verhandlungsführer war Józef Beck, der 1932 zum Außenminister ernannt wurde und dieses Amt bis 1939 innehatte. Er sollte einer der Hauptverantwortlichen für die unberechenbare Politik sein, die sein Land in die Katastrophe führte. Mit der Sowjetunion im Osten und Deutschland im Westen war die Lage des neuen polnischen Staates kompliziert genug. Der polnische Historiker Olgierd Gorka warnte in einem Vortrag am 18. September 1935, dass eine antideutsche und antirussische Politik einem Selbstmord gleichkäme. In einer sehr anschaulichen Metapher setzte Gorka Polen dann mit einem Kanarienvogel gleich, der zwei Katzen verschlingen will. Genau das war die Absurdität der polnischen Außenpolitik.

Im Februar 1936 begann Józef Beck, die Position Frankreichs im Falle eines Krieges mit Hitler auszuloten. Er folgt in gewisser Weise den Lehren Pilsudskis, der mehrfach die Möglichkeit eines Präventivkriegs gegen Deutschland in Erwägung gezogen hatte. Beck glaubte, dass ein Sieg über die Nazis seinem Land Prestige und große Vorteile verschaffen könnte. Am Abend des 7. März 1936, wenige Stunden nachdem Hitler die Remilitarisierung des Rheinlandes angekündigt hatte, rief der polnische Minister den französischen Botschafter, Léon Noël, zu sich und bekannte unverblümt seine kriegslüsterne Haltung, indem er ankündigte, dass Polen Deutschland von Osten her angreifen würde, wenn Frankreich bereit wäre, von Westen her einzumarschieren. David L. Hoggan schreibt, dass Beck als Reaktion auf die Weigerung des französischen Außenministers Pierre-Étienne Flandin, einen weiteren Krieg in Europa auszulösen, diesen verächtlich als Schwächling und „traurigsten Charakter" bezeichnete. Hoggan fügt hinzu, dass der polnische Außenminister nach London eilte, um die britische Haltung zu beeinflussen, aber weder König Edward VIII, den er traf, noch die Konservativen nahmen ihn damals ernst. Im Gegensatz zu diesen wahnhaften Manövern von Józef Beck war Hitler bestrebt, die Zusammenarbeit zwischen den beiden Ländern zu fördern, und so reiste Göring im Februar 1937 nach Polen und legte einen Plan für eine engere deutsch-polnische Zusammenarbeit vor. Er traf sich mit Marschall Smigly-Rydz, von dem er bestimmte Genehmigungen im Gegenzug für Zugeständnisse von deutscher Seite verlangte. So sicherte er ihm beispielsweise zu, dass Berlin den Korridor nicht zurückverlangen würde. Das Treffen führte jedoch nicht zu unmittelbaren Ergebnissen.

Danzig

Danzig, im 14. Jahrhundert westlich der Weichselmündung gegründet, war von Anfang an von deutschen Bürgern bewohnt. Als die Loslösung von Deutschland beschlossen wurde, war die Stadt die Hauptstadt von Westpreußen. Damals dachte niemand daran, dass die Polen auf der Friedenskonferenz um die Stadt bitten würden. Obwohl Präsident Wilson wusste, dass die Einwohner der Stadt von den Behörden der Weimarer Republik verlangten, die Abtrennung Danzigs von Deutschland abzulehnen, drängte er auf die Abtrennung der Stadt. Der Versailler Vertrag verlieh Danzig den Status einer Freien Stadt, und ein Hochkommissar des Völkerbundes wurde zur ersten Beschwerdeinstanz im Falle eines Konflikts mit Polen. Die auswärtigen Beziehungen Danzigs wurden an Polen delegiert, und die Freie Stadt wurde dem polnischen Zoll unterstellt. Die Polen durften Kanäle, Häfen, Eisenbahnen und Straßen uneingeschränkt für Handelszwecke nutzen. Auch die Telefon-, Telegrafen- und Postverbindungen zwischen Polen und dem Hafen von Danzig blieben in polnischer Hand. Die Einwohner der Stadt verloren zunächst ihre deutsche Staatsbürgerschaft, aber es wurde festgelegt, dass Erwachsene sie nach zwei Jahren zurückfordern konnten. Die doppelte Staatsbürgerschaft in Danzig und Deutschland wurde verboten. Das Eigentum an allen deutschen und preußischen Verwaltungseinrichtungen auf dem Gebiet von Danzig ging an den Völkerbund über. Die Danziger Verfassung, die die Weimarer Verfassung ablöste, wurde am 14. Juni 1922 verkündet. Zu diesem Zeitpunkt lebten auf dem Gebiet der Freien Stadt, die zum Protektorat des Völkerbundes geworden war, 365.000 Menschen, von denen nur 3% Polen waren. Der Völkerbund verwaltete also Danzig, wie er es auch mit Memel getan hatte, bis Litauen es annektieren durfte. Die Annexion war auch das Endziel der polnischen Behörden.

Die Vorstellung, dass eine dauerhafte Einigung zwischen Deutschland und Polen ohne die Lösung der Danziger Frage möglich wäre, war eine Illusion, da die Situation der deutschen Bevölkerung in der Stadt eine Quelle ständiger Reibungen war. Pilsudski hatte sich für die endgültige Annexion der Stadt ausgesprochen, und nach seinem Tod folgten die polnischen Behörden dieser Denkweise. Polen erhob auch Ansprüche auf das Gebiet von Teschen, das Teil der Tschechoslowakei geworden war. Hitler erwog eine deutsche Unterstützung dieses Anspruchs, um ein Gegenstück zu Danzig zu erhalten; doch anstatt seine Haltung gegenüber der Stadt zu mildern, wurden die Polen immer unnachgiebiger. So kleideten sie beispielsweise 1936 ihre Zollbeamten in Militäruniformen, um die Bürger an die Besatzung zu gewöhnen. Die Danziger Regierung protestierte dagegen, aber wie üblich wurden die Proteste zurückgewiesen.

Auf der anderen Seite sorgten polnische Interessengruppen für ein Klima permanenter Agitation, unterstützt durch Pressekampagnen. So blieb eine gefährliche Atmosphäre zwischen der Freien Stadt und Polen bestehen, die sich trotz der Bemühungen Berlins nicht verbesserte. Jósef Beck trug zur Aufrechterhaltung der Spannungen bei, indem er Oberst Marjan Chodaki zum polnischen Hochkommissar in Danzig ernannte. Chodaki, ein persönlicher Freund Becks, der als diplomatischer Vertreter in Prag tätig war, wurde im Dezember 1936 nach Warschau berufen und erhielt vom Außenminister die direkte Anweisung, die polnische Position zu verhärten, aber keinen Konflikt zu riskieren, solange er nicht die Unterstützung Frankreichs und Großbritanniens hatte. Chodaki nahm eine provokative und kriegerische Haltung ein, wie wir weiter unten sehen werden.

Eine andere Ernennung trug dagegen dazu bei, die Erwartungen in Danzig zu erhöhen. Der Hohe Kommissar des Völkerbundes, der Brite Sean Lester, hatte die deutschen Bürger der Stadt mehr als einmal verärgert und sie hatten seine Ablösung gefordert. Ihre Beschwerden wurden schließlich erhört und Lester wurde durch Carl Jacob Burckhardt ersetzt, einen bedeutenden Schweizer Historiker und Experten für Kardinal Richelieu und die europäische diplomatische Tradition. Am 18. Februar 1937 wurde Burckhardt in den Sicherheitsrat des Völkerbundes berufen. Eine zweite Ernennung für Deutschland war die von Neville Henderson als außerordentlicher und bevollmächtigter Botschafter in Berlin. Henderson, Chamberlains rechte Hand, war ein entschiedener Verfechter der Beschwichtigungspolitik gegenüber Deutschland. Im Gegensatz zu den Verschwörern, die der Linie von Lord Milner folgten, dem Agenten der Morgan-Rothschild-Rhodes-Konföderation, dem Freimaurer 33. Grades und Großaufseher der Vereinigten Großloge von England, der die Revolution in Russland finanziert und die Tafelrunde gegründet hatte, gab es unter den Konservativen eine Denkschule, die Nazideutschland als Puffer gegen den Kommunismus sah. Der Grund für die Beschwichtigungspolitik war die Furcht vor einer Ausbreitung des Kommunismus in Europa durch einen Krieg, der nur der Sowjetunion zugute käme. Diese Befürchtung wurde durch die Ereignisse bestätigt, als 1945 halb Europa im Griff des kommunistischen Totalitarismus war. Am 10. Mai 1937, kurz vor seiner Abreise in die deutsche Hauptstadt, legte Henderson dem Auswärtigen Amt ein Memorandum vor, in dem er Folgendes festhielt:

> „Die Frage Osteuropas ist weder endgültig geklärt noch für die britischen Interessen lebenswichtig, natürlich sind die Deutschen zivilisierter als die Slawen, und letztlich sind sie, wenn man mit ihnen umgehen kann, auch potenziell weniger gefährlich für die britischen Interessen - man könnte sogar sagen, dass es nicht einmal fair ist, zu versuchen, Deutschland an der Durchführung seiner Einheit oder an der Vorbereitung eines Krieges gegen die Slawen zu hindern, vorausgesetzt, das britische Empire ist sicher, dass solche Vorbereitungen nicht gleichzeitig gegen es gerichtet sind."

Zufällig oder nicht, meldete *The Daily Telegraph* am selben Tag, dem 10. Mai 1937, dass Joseph Göbbels die Absicht Deutschlands geäußert habe, Danzig in naher Zukunft zu annektieren. Die angeblichen Äußerungen von Göbbels waren zwar falsch, aber die Nachricht trug zur Beunruhigung und Nervosität bei.

Im September 1937 wies Józef Beck seinen Botschafter in Berlin, Józef Lipski, an, Deutschland eine deutsch-polnische Erklärung zu Danzig vorzuschlagen. Es war beabsichtigt, dass die Deutschen den Status Danzigs als Freie Stadt schriftlich anerkennen würden. Konstantin von Neurath, seit 1932 deutscher Außenminister und in der Polenfrage unnachgiebiger als Hitler, wies den deutschen Botschafter in Warschau, Hans-Adolf von Moltke, an, Beck erneut darauf hinzuweisen, „dass Deutschland die Friedensverträge von 1919 nicht anerkennen werde." Von Neurath lehnte Becks Vorschlag ab, ohne den Führer zu konsultieren, weil er annahm, dass es keine andere Antwort geben würde.

Am 18. September teilte Hochkommissar Carl Jacob Burdhardt Hitler mit, dass er davon ausging, dass die Rolle des Völkerbundes nur vorübergehend sein würde, und dass er zuversichtlich sei, dass sich das endgültige Schicksal Danzigs aus einer direkten Vereinbarung zwischen Deutschland und Polen ergeben würde. Hoggan macht deutlich, dass Hitler sich Burckhardts Standpunkt anhörte, ohne einen Plan oder eine Lösung anzubieten, und fügt hinzu: „Burckhardt vermutete, dass Hitler es nicht wagte, die Danzig-Frage anzusprechen, weil befürchtete, dass sie die Korridor-, Tschechoslowakei- und Österreich-Frage beeinflussen könnte." Lipski, der von Hitlers Wunsch nach einer Verständigung wusste, versuchte, die Position des deutschen Außenministers aufzuweichen, und führte mehrere Gespräche mit ihm. Am 18. Oktober 1937 sagte von Neurath ihm direkt: „Eines Tages wird eine Einigung in der Danziger Frage zwischen Polen und uns erzielt werden müssen, andernfalls würde sie die deutsch-polnischen Beziehungen dauerhaft behindern." Von Neurath fügte hinzu, dass die Wiederherstellung der Verbindungen Danzigs mit dem Reich unter Berücksichtigung der polnischen Wirtschaftsinteressen erfolgen könne.

Im Zusammenhang mit Danzig stellte sich das Problem des Landweges nach Ostpreußen, dessen Verbindung unterbrochen worden war. Im Jahr 1935, als Deutschland mit dem Autobahnprojekt beschäftigt war, traf Hans-Adolf von Moltke Beck in Warschau und teilte ihm mit, dass Deutschland am Bau einer Autobahn durch den polnischen Korridor interessiert sei, um Ostpreußen mit dem Reich zu verbinden. Beck sagte ihm zu, er werde sich darum kümmern, was der Vorwand für ein langes Ausweichen war. Nachdem er mehr als zwei Jahre auf eine Antwort gewartet hatte, kam Moltke zu dem Schluss, dass die polnische Regierung eine ablehnende Haltung einnahm. Der Plan, der die Verwendung von polnischem Eisen für die Werke vorsah, hätte die Aussichten auf ein umfassendes Abkommen für alle gegenseitigen Interessen verbessert. Von Moltke, der die Idee nicht aufgeben wollte, schlug dem Außenministerium im Oktober 1937 vor, das Projekt von Pommern und Ostpreußen bis zu den Grenzen des Korridors in Angriff zu nehmen, ohne die Genehmigung für den Bau der Verbindung abzuwarten.

Danzig wurde zu einem der Zentren der internationalen Aufmerksamkeit. Am 19. November 1937 besuchte Edward Frederick Lindley Wood, Lord

Halifax, der spätere Hauptinitiator des Krieges, im Auftrag Chamberlains Hitler und die Naziführung in Berchtesgaden. Laut David L. Hoggan, dessen Quelle das Protokoll des Treffens ist, das im Archiv des Auswärtigen Amtes aufbewahrt wird, fragte Lord Halifax Hitler, ob er Pläne für Danzig habe, worauf der Führer verständlicherweise ausweichend antwortete. Hoggan schreibt jedoch: „Halifax machte keinen Hehl daraus, dass er eine deutsche Aktion zur Rückeroberung Danzigs erwartete." Außerdem erklärte Lord Halifax in Berchtesgaden, dass Großbritannien anerkenne, dass die Pariser Verträge von 1919 Fehler enthielten, die berichtigt werden müssten.

Obwohl Halifax' verborgene Absichten nicht auszuschließen sind: Einige Forscher glauben, dass die Beschwichtigungspolitik ein Köder war, um Hitler zu täuschen, würde die Berchtesgadener Erklärung bedeuten, dass Lord Halifax 1937 deutsche Forderungen unterstützte und die Nazis ermutigte, in Danzig die Initiative zu ergreifen. In jedem Fall wurden seine wahren Absichten später aufgedeckt. Am 21. Februar 1938 ernannte Chamberlain ihn anstelle von Anthony Eden zum Staatssekretär im Außenministerium und machte ihn damit zur rechten Hand des Premierministers. Charles Wood, der Erbe von Lord Halifax, hatte am 25. April 1936 Ruth Alice Hannah Mary Primrose, eine Enkelin von Lord Rothschild, geheiratet, so dass Lord Halifax, der somit mit der jüdischen Bankendynastie verwandt war, Berater der Bank und Anwalt der Familie wurde. Der Historiker Joaquín Bochaca vertritt in *Die Verbrechen der „Guten"* die Ansicht, dass sein Bündnis mit den Rothschilds die heimtückischen Manöver dieser Figur erklärt, die, nachdem sie Hitler Beschwichtigungsangebote unterbreitet hatte, zum kriegstreibenden Clan wechselte. Seine Handlungen werden später im Detail untersucht werden, und der Leser wird in der Lage sein, zu beurteilen, welche Verantwortung er für den Ausbruch des Krieges trug.

Die Tschechoslowakei oder der unmögliche Staat

Drei prominente russophile und deutschfeindliche Freimaurer, Masaryk, Benes und Stefanik, waren die treibenden Kräfte hinter der Tschechoslowakei, einem explosiven Cocktail aus Völkern unterschiedlicher und historisch antagonistischer Herkunft, die Teil des österreichisch-ungarischen Reiches gewesen waren. Ein weiterer Freimaurer, der französische Außenminister Stephen Pichon, unterstützte die Behauptungen seiner Brüder und verwies auf „die Bestrebungen des tschechoslowakischen Volkes nach Unabhängigkeit innerhalb seiner historischen Grenzen", was ein kolossaler Unsinn war, da man vor 1919 noch nie etwas von der Tschechoslowakei, geschweige denn von ihren historischen Grenzen gehört hatte. Im Jahr 1921 lebten in dem neuen Staat 6 727 038 Tschechen, 3 122 390 Deutsche, 2 010 295 Slowaken, 745 935 Ungarn, 459 346 Ruthenen, 75 656 Polen, 180 332 Juden und 238 727 ausländische Einwohner. Dieses Puzzle von Minderheiten, die über einen Flickenteppich von Gebieten verstreut waren, die von Nachbarländern beansprucht wurden, bildete die Tschechoslowakei. In Anbetracht der Tatsache, dass die Deutschen die zweitgrößte ethnische Gruppe im neuen Staat waren, hätte man das Land auch Tschechoslowakische Republik nennen können.

Nach der Unterzeichnung des deutsch-polnischen Paktes im Jahr 1934 begann in Polen eine Pressekampagne, die lange vor Deutschland die Auflösung der Tschechoslowakei forderte. Die Führer beider Länder stimmten dem zu. Der Hauptkonflikt zwischen Tschechen und Polen war die reiche Industrieregion Teschen, die sich in den Händen der polnischen Gemeinschaft befand, als Österreich-Ungarn den Waffenstillstand mit den Alliierten schloss. Mit französischer Unterstützung war es Tomas Masaryk, dem prorussischen tschechischen Präsidenten, gelungen, das Gebiet in die Grenzen der neuen Tschechoslowakei einzugliedern. Am 26. Januar 1919 unternahmen die Tschechen einen Überraschungsangriff auf die im Teschener Gebiet lebenden Polen, um die Angelegenheit mit Gewalt zu regeln. Nach Beendigung der Militäroffensive intervenierten die Westalliierten am 1. Februar, erzwangen einen Waffenstillstand und verwiesen die Parteien auf die auf der Friedenskonferenz beschlossene Lösung. Es wurde eine Volksabstimmung vorgeschlagen, die jedoch von den Tschechen, die die UdSSR in dem Krieg unterstützten, den die Polen 1920 gegen die Sowjets führten, dank der Unterstützung Frankreichs wieder abgesagt wurde. Schließlich wurde die Region am 28. Juli 1920 auf der Konferenz von Spa der Tschechoslowakei zugewiesen. Von da an machten die Polen die Rückgewinnung von Teschen auf Biegen und Brechen zu einem ihrer Hauptziele.

In Anspielung auf das nationale Rätsel der Tschechoslowakei hatte Mussolini den neuen Staat einmal als tschechisch-deutsch-polnisch-polnisch-magyarisch-rumänisch-rumänisch-slowakisch bezeichnet. Als der schwedische Außenminister Rickard Sandler 1937 Józef Beck fragte, warum keine Einigung zwischen Warschau und Prag erzielt werden konnte, antwortete Beck, dass die Tschechoslowakei für ihn eine künstliche Schöpfung sei, die die Freiheit von Nationen wie der Slowakei und Ungarn verletze. Beck betonte, dass die Tschechen eine Minderheit in ihrem eigenen Staat seien und dass keine einzige der anderen Nationalitäten, die die Tschechoslowakei bildeten, von Tschechen regiert werden wollte. Der schwedische Minister räumte gegenüber seinem Kollegen ein, dass die Tschechen offensichtlich nicht in der Lage seien, gute Beziehungen zu ihren Nachbarn zu entwickeln, da das Land aus den territorialen Resten all dieser Länder entstanden sei.

Hitler hatte mehr als jeder andere Grund, eine sehr ernste und drängende Haltung gegenüber den Tschechen einzunehmen. Schon vor dem Weltkrieg hatten die böhmischen Deutschen in Kauf nehmen müssen, dass die Habsburger den böhmischen Tschechen Privilegien gewährten, um ihren Nationalismus zu dämpfen und sie innerhalb der Monarchie bei der Stange zu halten. Nach der Gründung der Tschechoslowakei hatten sich die Deutschen damit abfinden müssen, in einen Staat integriert zu werden, mit dem sie sich überhaupt nicht identifizierten. In Böhmen machten die Deutschen ein Drittel der Bevölkerung aus, doch die Tschechen sahen keinen Sinn darin, ihnen Autonomie zu gewähren - ganz im Gegenteil. In der Slowakei hingegen gab es mehr Deutsche als Tschechen. Sprachlich wurden die Sudetendeutschen in vier Dialektgruppen unterteilt: Bajuwaren, Franken, Sachsen und Schlesier. Dies erklärt sich aus der Tatsache, dass der Name Sudeten von einem Gebirgszug stammt, der sich von den Karpaten bis zum Elbufer erstreckt.

Bei den Wahlen 1935 in der Tschechoslowakei gewann die SdP (Sudetendeutsche Partei), die sich mit der Politik des Nationalsozialismus identifizierte, die Mehrheit der Stimmen der deutschen Bevölkerung und wurde die führende Partei im Land. Eine halbe Million der 800.000 Arbeitslosen in der Tschechoslowakei waren Sudetendeutsche, und sie erwarteten natürlich alles von einer Partei, die die Politik vertrat, die die Arbeitslosigkeit in Deutschland beseitigte. Bei den Wahlen im März 1938 wurde die von Konrad Heinlein geführte SdP mit 55 Abgeordneten und 37 Senatoren die größte Fraktion im Parlament. Die mehrheitlich slowakische Agrarpartei, die wie die Sudetenpartei eine innere Autonomie für die verschiedenen Nationalitäten forderte, wurde mit 43 Abgeordneten und 33 Senatoren zweitstärkste Kraft im Parlament. Ihr Vorsitzender war der Slowake Milan Hodza.

Die Tatsache, dass Polen und Deutschland territoriale Ansprüche in der Tschechoslowakei erhoben, konnte ein Anknüpfungspunkt sein, wenn eine internationale Krise um die Tschechoslowakei entstand, denn in dem komplexen Bild, das sich nach der katastrophalen Friedenskonferenz ergab, gab es viele Zusammenhänge. Untrennbar mit der Sudetenfrage verbunden war das österreichische Problem zu Beginn des Jahres 1938. „Der tschechische Puffer'' ist die Metapher, die David L. Hoggan verwendet, um auf die Bedeutung des österreichischen Problems hinzuweisen. Hoggan verweist auf die Bedeutung des Status Österreichs für die Tschechoslowakei. Im Winter 1937-1938, schreibt Hoggan, wurde klar, dass „die Existenz von 3.500.000 unglücklichen Sudetendeutschen weder von den Tschechen, noch von Hitler, noch von der Welt ignoriert werden konnte, wenn sich die Deutschen Österreichs mit Deutschland vereinigten''. Der tschechische Außenminister Kamil Krofta war sich der Situation und der Feindseligkeit seiner Nachbarn bewusst und verfasste im Februar 1938 ein Memorandum, in dem er erläuterte, warum sein Land bereit war, Präventivmaßnahmen zu ergreifen, um die Vereinigung von Österreich und Deutschland zu verhindern.

Der Anschluss

Eine Reihe von außenpolitischen Erfolgen ermöglichte es Hitler 1938, zehn Millionen Deutsche zu befreien, denen 1919 das Selbstbestimmungsrecht verweigert worden war. Alan John Percival Taylor, englischer Historiker und Autor des Buches *The Origins of the Second World War*, stimmt mit Hoggan darin überein, dass die von Hitler 1938 eingeschlagene Politik der friedlichen territorialen Revision möglich war und wenn sie nicht erfolgreich war, so lag das am Radikalismus seiner Gegner. Der erste dieser Erfolge war der Anschluss an Österreich. Die Gegner dieses Anschlusses übersehen, dass sich die österreichische verfassungsgebende Versammlung bereits am 4. März 1919 mit sehr großer Mehrheit für den Anschluss ausgesprochen hatte und dass im dritten

Artikel der Verfassung anerkannt wurde, dass „Österreich ein deutscher Staat ist".

Kurt Schuschnigg war seit dem 29. Juni 1934 diktatorischer Bundeskanzler Österreichs. Seine nationalistische Diktatur verhinderte jede Aktion für den Anschluss an Deutschland. Nicht umsonst hatte er am 29. November 1936 erklärt: „Die nationale Front hat drei Feinde: Kommunismus, Defätismus und Nationalsozialismus. Die österreichischen Nationalsozialisten müssen daher als die Todfeinde der Regierung und des Volkes betrachtet werden". Zu Beginn des Jahres 1938 ist die Lage äußerst angespannt und es droht ein Bürgerkrieg. Im Februar 1938 arrangierte Franz von Papen, der deutsche Botschafter in Wien, ein Treffen zwischen Hitler und Schuschnigg in Berchtesgaden. Auf Anweisung des Führers teilte Papen dem österreichischen Bundeskanzler mit, dass deutsche Militärs an dem Treffen teilnehmen würden, und so erschien Schuschnigg am 12. Februar 1938 in Begleitung von Außenminister Guido Schmidt und österreichischen Offizieren.

Während des Gesprächs verpflichtete sich Schuschnigg, die österreichischen Nationalsozialisten nicht mehr zu schikanieren und eine pro-deutsche Regierung zu bilden, deren Innenminister der Nazi Arthur Seyss-Inquart werden sollte. Er erklärte sich auch bereit, Hitler zu gestatten, eine Radiobotschaft an die Österreicher zu senden, um im Gegenzug die Möglichkeit zu erhalten, sich selbst an die Deutschen zu wenden. Sobald er nach Österreich zurückkehrte, bereute Schuschnigg seinen Pakt mit Hitler und suchte nach Möglichkeiten, ihn zu brechen. Schließlich kündigte er am 9. März in Innsbruck an, dass er in vier Tagen, also am 13. März, eine Volksabstimmung abhalten werde, um herauszufinden, ob die Bevölkerung die Unabhängigkeit Österreichs oder den Anschluss wolle. Die Unregelmäßigkeiten der Volksbefragung, abgesehen von den wenigen Tagen zwischen dem Aufruf und der Abhaltung der Volksbefragung, waren eklatant: Die Anonymität der Wähler wurde nicht gewahrt; die Stimmzettel für den Anschluss an Deutschland wurden nicht von der Regierung zur Verfügung gestellt, sondern mussten von den Bürgern selbst abgegeben werden und konnten für ungültig erklärt werden, wenn sie nicht den strengen Anforderungen entsprachen; in den Wahllokalen sollten nur Mitglieder der Patriotischen Front Schuschniggs anwesend sein; die Auszählung, Annullierung und Bestätigung der Stimmen bot keine Garantie für Unparteilichkeit; um die Bevölkerung weiter unter Druck zu setzen, warnte die Regierungspresse, dass eine Stimme für den Anschluss als Hochverrat angesehen würde.

Mussolini, der Schuschnigg bis dahin unterstützt hatte, warnte den österreichischen Kanzler vor den Risiken des Plans. Hitler wendet sich an den Völkerbund und bittet ihn, die Volksabstimmung zu überwachen. Nach zwanzig Jahren der Einmischung in die Angelegenheiten der Welt antwortet der Völkerbund, dass er sich nicht in die inneren Angelegenheiten Österreichs einmischen könne. Am 11. März um 10.00 Uhr teilte Seyss-Inquart Schuschnigg mit, dass er unverzüglich auf die gefälschte Volksabstimmung verzichten und innerhalb von drei bis vier Wochen eine legale Volksabstimmung mit geheimer Abstimmung und aktualisiertem Wählerverzeichnis einberufen müsse. Der nationalsozialistische Führer warnte den Bundeskanzler eindringlich, dass die deutsche Armee Österreich besetzen würde, wenn er der Aufforderung nicht nachkäme. Da keine Antwort erfolgte, wurde ein neues Ultimatum gestellt: Schuschnigg sollte die Kanzlerschaft an Seyss-Inquart abtreten. Die Krise ist auf ihrem Höhepunkt. Die größte Gefahr für Deutschland bestand darin, dass Italien, die einzige europäische Großmacht, die an Österreich grenzte, intervenieren würde. Die britischen Diplomaten in Wien unterstützten Schuschnigg, und Lord Halifax, der am 21. Februar zum Außenminister ernannt worden war, setzte alles daran, Italien gegen Deutschland aufzubringen. Am 10. März hatte Lord Halifax in London Joachim von Ribbentrop, der seit dem 4. Februar neuer deutscher Außenminister war, vor „möglichen Konsequenzen" gewarnt, sollte Hitler in Mitteleuropa Gewalt anwenden. Das entscheidende Ereignis ereignete sich jedoch am 11. März um 10.25 Uhr: Während er auf die Antwort Schuschniggs auf das deutsche Ersuchen wartete, setzte sich Mussolini mit Hitler in Verbindung und erklärte, dass er den Anschluss akzeptiere.

In der Überzeugung, dass es nach der italienischen Unterstützung keine ausländische Intervention mehr geben würde, gab Hitler den Befehl. Am Morgen des 12. März um sechs Uhr überquerten deutsche Truppen unter dem Kommando von General Fedor von Bock die Grenze. Die österreichische Bevölkerung war gerührt und begrüßte die Soldaten mit Blumen. Diejenigen, die sich gegen den Anschluss aussprachen, hatten angesichts der Begeisterung und Freude des Volkes keine Argumente mehr: Hitler zog unter dem Jubel der Menge in sein Heimatland ein. Dieser Triumph wäre ohne den Verzicht Mussolinis auf seinen früheren Einflussbereich nicht möglich gewesen. Der Führer erkannte dies und schickte am 13. März 1938 ein Telegramm aus Österreich an den Duce mit den Worten: „Mussolini, das werde ich dir nie vergessen!" Halifax seinerseits, der drei Tage zuvor versucht hatte, Ribbentrop einzuschüchtern, entschied sich angesichts der Tatsache, dass Frankreich in einer internen Krise verharrte und Italien auf jede Aktion verzichtete, für eine freundliche Haltung, was von den Naziführern, die immer wieder ihren Wunsch nach Verständigung mit Großbritannien bekundeten, mit Jubel aufgenommen wurde. Die Doppelzüngigkeit von Halifax begann sich bereits abzuzeichnen, aber die Naziführer zogen es vor, dies nicht zu sehen. Ribbentrop bemerkte daraufhin zu Göring: „Chamberlain erwägt ernsthaft eine Verständigung". Dieser erwiderte: „Ich bin überzeugt, dass Halifax auch ein vernünftiger Mann ist".

In einer gleichzeitigen Volksabstimmung am 10. April 1938 wurden Österreicher und Deutsche von Hitler befragt, ob sie den Anschluss wollten oder nicht. Deutschland informierte den Völkerbund, Frankreich, Großbritannien und Italien über die Volksabstimmungen und lud Beobachter ein, um die demokratische Legitimität des Prozesses zu überwachen; das Angebot wurde jedoch nicht angenommen. Dennoch entsandten die wichtigsten internationalen Agenturen ihre Korrespondenten, um über die Ereignisse zu berichten. Das Endergebnis in Österreich lautete 4.443.208 Stimmen für den Anschluss an Deutschland und 11.807 Stimmen dagegen. Mit anderen Worten: 99,73% der Bevölkerung stimmten für den Zusammenschluss der beiden Nationen. Die

Wahlbeteiligung lag bei 99,71%. In Deutschland waren die Ergebnisse sehr ähnlich: 99,55% der Bürger gingen zur Wahl und 99,02% von ihnen sprachen sich für den Zusammenschluss ihres Landes mit Österreich aus. Was die Wahlbeteiligung und den politischen Konsens betrifft, so zeigen diese Zahlen, dass der Anschluss Deutschlands und Österreichs ein Ereignis ist, das in der Geschichte seinesgleichen sucht.

Die Folgen des Anschlusses für die europäische Politik waren vorhersehbar und ließen nicht lange auf sich warten. Kurioserweise wurde am 10. April 1938 Edouard Daladier Premierminister von Frankreich. Der Sturz von Léon Blum und der Volksfront erfolgte trotz der Bemühungen von Winston Churchill und Henry Morgenthau, die sich gegen Chamberlains Beschwichtigungspolitik stellten. Beide versuchten, sich auf Frankreich zu verlassen, um eine Änderung der Londoner Politik herbeizuführen, aber mit Daladier würde dies schwieriger werden, da der neue Premierminister die Beschwichtigungspolitik gegenüber Deutschland befürwortete. Der neue Außenminister Georges Bonnet, der bis 1937 Botschafter in den Vereinigten Staaten gewesen war, gehörte zu den führenden Vertretern der gemäßigten Tendenz und befürwortete daher eine dauerhafte Beschwichtigungspolitik gegenüber Hitler. Bonnet, der von vielen Ministern des Kabinetts unterstützt und von wichtigen französischen Wirtschaftsgruppen gefördert wurde, hatte großen Einfluss auf Daladier.

Bonnet verließ Frankreich gegen Ende des Krieges und ließ sich in Genf nieder. Die Tatsache, dass in seiner Heimat viele prominente Politiker ohne ersichtlichen Grund verhaftet und inhaftiert wurden, riet Bonnet davon ab, nach Frankreich zurückzukehren, wo die Kommunisten eine strenge Säuberungsaktion durchführten, bei der 100.000 französische Bürger liquidiert wurden. 1946 wurde in Frankreich ein parlamentarischer Ausschuss eingesetzt, der die Ursachen und Ereignisse des Zweiten Weltkriegs untersuchen sollte. Bonnet kehrte erst zurück, als ihm zugesichert wurde, dass er nicht verhaftet werden würde. Der ehemalige Außenminister sagte 1951 vor dem Ausschuss aus und musste sich gegen den Vorwurf verteidigen, er sei ein fanatischer Unterstützer der Deutschen. Bevor er vor dem parlamentarischen Ausschuss aussagte, schrieb Bonnet seine Memoiren, in denen er viele interessante Punkte anführte. Unter anderem brachte er seine Überzeugung zum Ausdruck, dass eine dauerhafte deutsch-britische Einigung möglich sei, wenn die Briten aufrichtig seien und sie wirklich wollten. Diese Ansicht teilte auch der amerikanische Botschafter in Berlin, Hugh Wilson, der im Februar 1938 einen Bericht eines Botschaftsexperten nach Washington schickte, in dem er zu dem Schluss kam: „Eine deutsch-englische Verständigung ist das erste Ziel von Hitlers Diplomatie im Jahr 1938, ebenso wie im Jahr 1934 oder im Jahr 1924, als er *Mein Kampf* schrieb".

Nach dem „Anschluss" brachen natürlich Unruhen und Jubel im Sudetenland aus, das in den Vordergrund der politischen Szene rückte. Die Tschechen schickten Jan Masaryk nach London, der am 16. März 1938 nach Prag zurückkehrte. David L. Hoggan schreibt, dass Masaryk in seinem Bericht behauptete, „dass die Briten dazu neigten, einen deutsch-britischen Krieg für unvermeidlich zu halten, dass es aber offensichtlich war, dass sie einen solchen Konflikt im Jahr 1938 nicht in Betracht zogen". Am 31. März teilte die deutsche Gesandtschaft in Prag Berlin mit, dass Konrad Heinlein, der Führer der Sudetendeutschen Partei (SdP), dafür plädierte, die Propaganda zur Ermutigung des sudetendeutschen Volkes einzuschränken, da dieses bereits ausreichend erregt sei. In Zusammenarbeit mit Ribbentrop und Ernst Eisenlohr, dem deutschen Minister für die Tschechoslowakei, war Heinlein an der Ausarbeitung des berühmten Karlsbader Dekrets beteiligt, in dem die Forderungen nach sudetendeutscher Autonomie formuliert wurden.

In einer Rede Heinleins am 24. April wurden die Forderungen des Dokuments bekannt gegeben. Der tschechische Außenminister Kamille Krofta schickte Jan Masaryk erneut nach London, um ihn um militärische Hilfe im Kampf gegen die Deutschen zu bitten. Am 3. Mai 1938 teilte Masaryk erneut schriftlich mit, dass Lord Halifax eine britische Intervention nicht garantiert habe. Am 21. Mai erteilte der Außenminister jedoch Sir Neville Henderson, dem britischen Botschafter in Berlin, die Anweisung, den Deutschen zu verstehen zu geben, dass die Briten im Falle eines Einmarsches der Deutschen in die Tschechoslowakei „möglicherweise" kämpfen würden. Henderson wurde angewiesen, hinzuzufügen, dass die Möglichkeit eines französischen Eingreifens bestehe und dass „die Regierung Ihrer Majestät nicht garantieren könne, dass sie nicht durch die Umstände gezwungen sein würde, sich ebenfalls zu beteiligen". Henderson berichtete Tage später, dass das britische Militär die deutsch-tschechische Grenze inspiziert und keine deutschen Truppenkonzentrationen entdeckt habe.

Die Zionisten und die Konferenz von Evian

Inmitten der Unruhen in Europa über die Vereinigung von Österreich und Deutschland und nach dem Wahlerfolg der Sudetenlandpartei (SdP) in der Tschechoslowakei fand vom 6. bis 15. Juli 1938 die Konferenz von Evian (Frankreich) statt. Initiator war Präsident Roosevelt, dem es darum ging, dass die aus ihrem Heimatland emigrierten Juden ihr Hab und Gut in die Aufnahmeländer transferieren konnten. Die Idee war, dass das am 6. August 1933 zwischen den Nazis und den Zionisten unterzeichnete Haavara-Abkommen auf andere Länder ausgedehnt werden könnte. Delegierte aus 31 Ländern nahmen an der Konferenz teil. Deutschland schickte einen Beobachter, der bestätigte, dass Deutschland die Auswanderung der deutschen Juden fördern wollte und bereit war, ihr global bewertetes Vermögen zu übertragen. Deutschland bot 3 Milliarden Mark an, die dem Roten Kreuz oder dem Völkerbund zur Verfügung gestellt werden konnten, der die Summe unter den Ländern aufteilen würde, die an der Aufnahme interessiert waren.

Wie oben dargelegt, hatten die talmudistischen Juden in aller Welt Deutschland 1933 den Krieg erklärt, während die Zionisten eng mit den Nazis zusammenarbeiteten. Es ist daher verständlich, dass die Zionistische Weltorganisation sich weigerte, an der Konferenz teilzunehmen, da sie überhaupt nicht um das mögliche Leid der europäischen Juden besorgt war, sondern ganz im Gegenteil: für sie bestand die Gefahr, dass sie bequem in Europa oder den Vereinigten Staaten angesiedelt würden und nicht nach Palästina auswanderten. Douglas Reed zitiert in *The Controversy of Zion* einige Sätze von Stephen Wise, die zeigen, dass der Rabbiner zwischen zwei Stühlen saß. 1949 räumte Wise ein, dass sie vor dem Krieg befürchteten, „dass ihre jüdischen Brüder in Deutschland geneigt sein könnten, eine Friedensregelung zu akzeptieren, die ihre Übel abmildern oder lindern würde..., dass die Nazis beschließen könnten, einige der schlimmen Folgen ihres Regimes durch lindernde Maßnahmen zu vermeiden, die den weltweiten Aufschrei abschwächen könnten." Mit anderen Worten: Anstatt eine Politik zu begrüßen, die ihren Glaubensbrüdern Leid erspart, wollten die talmudistischen und zionistischen Führer, dass die Verfolgung weitergeht. 1934 wurde Rabbi Wise im Zusammenhang mit der Jüdischen Weltkonferenz mit den Worten zitiert: „Durch die Hände der Nazis zu sterben ist grausam; durch ihre Gnade zu überleben wäre zehnmal schlimmer. Wir werden den Nationalsozialismus überleben, wenn wir nicht die unerklärliche Sünde begehen, mit ihm zu paktieren, um ein paar jüdische Opfer zu retten". 1936 beharrte Wise auf denselben Ideen: „Ohne einen zweiten Gedanken wiesen wir mit Verachtung jeden Vorschlag zurück, dass die Sicherheit einiger weniger Juden im Austausch für die Schande aller Juden garantieren würde."

Was Wise, Baruch, Brandeis, Untermayer und Co. in Wirklichkeit ablehnten, war das Gegenteil, nämlich die Sicherheit der Mehrheit der Juden im Tausch gegen den Verzicht auf die Interessen der wenigen. In *The Hidden History of Zionism (Die verborgene Geschichte des Zionismus)* prangert der jüdische antizionistische Autor Ralph Schönman Rabbi Wise an, der sich 1938 als Vorsitzender des American Jewish Congress in einem Brief gegen jede Änderung der US-Einwanderungsgesetze aussprach, die Juden einen Zufluchtsort verschaffen könnte: „Es mag Sie interessieren", so der von Schönman zitierte Text, „dass sich vor einigen Wochen Vertreter der führenden jüdischen Organisationen auf einer Konferenz trafen.... Es wurde beschlossen, dass keine jüdische Organisation zum jetzigen Zeitpunkt ein Gesetz unterstützen würde, das die Einwanderungsgesetze in irgendeiner Weise ändern würde."

Zu Beginn des Jahres 1938 nahmen Ärzte und Zahnärzte jüdischer Herkunft trotz aller Kampagnen, die Deutschland aufgrund der Nürnberger Gesetze als Hölle für Juden bezeichneten, an einem Programm der Ortskrankenkassen teil, das ihnen eine gute Zahl von Patienten garantierte. Hugh Wilson, der amerikanische Botschafter in Berlin, informierte Außenminister Cordell Hull, dass 1938 zehn Prozent der Anwälte in Deutschland Juden waren, obwohl nur ein Prozent der Bevölkerung jüdisch war. In seinem Eifer, die jüdischen Interessen zu verteidigen, wandte sich Roosevelt gegen ein deutsches Gesetz vom 30. März 1938, das der jüdischen Kirche das Recht entzog, die von den Bürgern gezahlten Steuern einzuziehen, ein Vorrecht, das sie bis dahin mit der protestantischen und der katholischen Kirche geteilt hatte. In der Praxis ähnelte die durch das neue deutsche Gesetz geschaffene Situation derjenigen in Großbritannien, wo die Steuern an die anglikanische Kirche gingen und die jüdischen Synagogen nichts erhielten. Am 10. Mai 1938 warnte Botschafter

Wilson, dass die anhaltenden Proteste und Anschuldigungen des Außenministeriums gegen Deutschland nichts bewirkten.

Objektiv betrachtet ist es unverständlich, dass der Präsident eines christlichen Landes sich dagegen ausspricht, dass ein souveräner Staat dem Judentum die Steuern vorenthält. Roosevelt, der so sehr die Achtung der jüdischen Rechte in Deutschland forderte, hatte 1933 kein Problem damit, die UdSSR anzuerkennen, ein Land, in dem atheistische Kommunisten russische Christen vergewaltigt und Kirchen und Kathedralen gesprengt hatten. Zu einer Zeit, als Roosevelt sich um die deutschen Synagogeneinnahmen sorgte, war die religiöse Verfolgung in Spanien schon seit Jahren im Gange: fast 8.000 katholische Priester waren ermordet und Tausende von Kirchengebäuden verbrannt oder zerstört worden, ohne dass Roosevelt auch nur die geringste Verurteilung ausgesprochen hatte.

Während Deutschland weiterhin öffentlich beschuldigt wurde, war kein Wort über die Judenfeindlichkeit Polens zu hören, das im Dezember 1937 den französischen Außenminister Yvon Delbos gefragt hatte, „ob er damit einverstanden sei, dass alle polnischen Juden nach Madagaskar auswandern sollten". Am 14. März 1938 beschwerte sich Summer Welles, der amerikanische Unterstaatssekretär, unter vier Augen beim polnischen Botschafter in den Vereinigten Staaten, Jerzy Potocki, über die Behandlung der Juden in Polen. Potocki wusste, dass die antijüdische Politik in seinem Land härter war als die in Deutschland, doch er antwortete, ohne vor der Tatsache zurückzuschrecken, dass „die Judenfrage in Polen ein echtes Problem" sei. Im April 1938 beschloss Oberst Beck, der Außenminister, allen im Ausland lebenden polnischen Juden die polnische Staatsbürgerschaft zu entziehen und ihre Pässe nicht zu verlängern. Viele von ihnen befanden sich in Deutschland, und die deutschen Behörden verkündeten schnell, dass sie den Aufenthalt von Juden ohne gültige Pässe in Deutschland nicht dulden würden. Solange ihre polnischen Papiere nicht abgelaufen waren, waren diese Juden vor Hitlers Rassengesetzen geschützt, so dass sie Deutschland legal verlassen und in ein anderes Land als Polen gehen konnten. Nach der Entscheidung von Oberst Beck reisten zahlreiche polnische Juden aus Deutschland nach Frankreich ein, bevor ihre Pässe abliefen.

Die Konferenz von Evian war in der Tat ein erschütterndes Spektakel, denn sie zeigte nicht nur einmal mehr, dass es den Zionisten nur um die Verwirklichung ihres Staates in Palästina ging, sondern auch um die Heuchelei von Ländern wie Großbritannien, das für jeden aus Deutschland ausgewiesenen Juden 1.000 Pfund in bar verlangen wollte. Die 3 Milliarden Mark, die Deutschland für die Aufnahme der Juden bot, entsprachen damals etwa tausend Dollar pro Kopf, was eine beträchtliche Summe war. Hätte Deutschland den von den Briten geforderten Betrag akzeptiert, hätte sich der Gesamtbetrag auf 17 Milliarden Mark belaufen. In Abwesenheit der Weltzionistischen Organisation wurden die Zionisten auf der Konferenz von der Revisionistischen Zionistischen Organisation vertreten, die als einzige Lösung die Aufnahme von 200.000 Juden in Palästina forderte, was für Chamberlains konservative Regierung, die seit dem Großen Arabischen Aufstand von 1936 unter ständigem Druck der Palästinenser aus Protest gegen die illegale jüdische Einwanderung stand, inakzeptabel war.

Nach neun Tagen ergebnisloser Diskussionen stellte sich heraus, dass mit Ausnahme der Dominikanischen Republik kein Land bereit war, seine Einwanderungsquoten für jüdische Flüchtlinge zu erweitern, was Chaim Weizmann, dem späteren ersten Präsidenten Israels, nicht nur die Zionisten erfreute, sondern ihm auch die Möglichkeit gab, eine schmerzhafte Erklärung abzugeben, in der er die Juden einmal mehr als arme und ewige Opfer darstellte: „Die Welt scheint in zwei Teile geteilt zu sein", sagte er dem Journalisten *des Guardian*. Eine, in der Juden nicht leben können, und die andere, in die sie nicht eindringen können".

Noch vor Ende des Jahres, am 7. Dezember 1938, sprach David Ben Gurion, Premierminister des zionistischen Staates 1948, viel deutlicher und mit weniger Heuchelei zu den zionistischen Führern der Mapai (Arbeitspartei). Der ganze Fanatismus der zionistischen Bewegung spiegelt sich in diesem Satz wider: „Wenn ich wüsste, dass es möglich wäre, alle Kinder in Deutschland zu retten, indem man sie nach England bringt, und nur die Hälfte von ihnen, indem man sie nach Israel bringt, würde ich die zweite Lösung wählen". Diese Worte lassen keinen Zweifel: Ein Jahr vor Ausbruch des Krieges war der Zionismus bereit, einen Teil seines eigenen Volkes zu opfern, um das Ziel eines rassistischen jüdischen Staates in Palästina zu erreichen.

Wie auf diesen Seiten zu sehen sein wird, war der Organisator der Konferenz von Evian, Franklin D. Roosevelt, Ehrengroßmeister des Internationalen Ordens von Molay, der Katalysator für den vom Zionismus gewünschten Krieg. Er und Lord Halifax, der ebenfalls Freimaurer war, waren die beiden wesentlichen Motoren, die von der okkulten Macht eingesetzt wurden, um die Katastrophe in Gang zu setzen. Bereits am 3. Januar 1936 hatte Roosevelt in einer Rede vor dem Kongress Japan, Deutschland und Italien des Militarismus bezichtigt. Am 25. November desselben Jahres antwortete Japan mit der Unterzeichnung des Anti-Komintern-Pakts mit Deutschland. Am 5. Oktober 1937 hielt der US-Präsident die berühmte „Quarantäne-Rede", in der er den drei Nationen mit wirtschaftlichen Repressalien drohte. Ziel war es, die drei Länder unter Quarantäne zu stellen und „die menschliche Gemeinschaft vor Ansteckung zu bewahren". Roosevelt zufolge zerstörten Deutschland, Japan und Italien „die gesamte internationale Ordnung und alle Fairness gegenüber den 88% der Weltbürger, die Frieden, Sicherheit und Freiheit lieben". Italien, das ohne ersichtlichen Grund zu den „stinkenden Staaten" gezählt wurde, trat am 6. November 1937 dem Anti-Komintern-Pakt bei, aus dem die „Achse" Berlin, Rom, Tokio hervorging. Unter dem Deckmantel dieser moralischen Überlegenheit rief Roosevelt in Evian die Länder zusammen, die angeblich für Gerechtigkeit und Frieden in der Welt eintraten.

Der Weg nach München

Unmittelbar nach der Konferenz von Evian, auf der die Zionisten, wie wir gesehen haben, um jeden Preis dafür kämpften, dass den Juden das Asylrecht gewährt werden konnte, rückte das Sudetenland in der Tschechoslowakei wieder in den Mittelpunkt der internationalen Aufmerksamkeit. Am 20. Juli 1938 informierte Lord Halifax die französische Regierung, dass eine Mission unter der Leitung von Lord Runciman in die Tschechoslowakei reisen würde. Die Ankündigung wurde am 26. Juli offiziell gemacht. Nach dem sudetendeutschen Wahlsieg bei den Wahlen im März hatte sich Edvard Benes gegenüber Konrad Heinleins Forderungen nach innerer Autonomie völlig unnachgiebig gezeigt, und die Lage hatte sich rasch verschlechtert. Angesichts der Drohungen von Benes, den Sudetenführer zu verhaften, schlugen die anhaltenden Unruhen in einen regelrechten Aufstand um. In diesem Zusammenhang ordnete die britische Regierung nolens volens die Entsendung einer Untersuchungs- und schließlich einer Schlichtungsmission an, was Benes überhaupt nicht gefiel.

Am 3. August traf Walter Runciman in Prag ein, aber der Unwille des Präsidenten der Republik zwang ihn, seine Arbeit zu unterbrechen und das Land am 10. September zu verlassen. Zu diesem Zeitpunkt waren die Sudetendeutschen bereits von der Forderung nach Autonomie zur Forderung nach Eingliederung in das Reich übergegangen. Am 21. September übergab Lord Runciman seinen Missionsbericht an Downing Street. In *Les causes cachées de la 2éme Guerre Mondial*, einer von Henry Coston herausgegebenen Sonderausgabe der *Lectures Françaises*, gibt Jacques Bordiot in einem ausführlichen Artikel einige Passagen des Berichts wieder, in denen Runciman die Klagen der Sudetendeutschen für berechtigt hält und die absurde Haltung der tschechischen Regierung anprangert, die nichts unternimmt:

„Es ist mir völlig klar geworden, dass diese Grenzbezirke zwischen der Tschechoslowakei und Deutschland, in denen die sudetendeutsche Bevölkerung eine große Mehrheit hat, sofort das Recht auf Autonomie erhalten müssen. Wenn ein Zugeständnis unvermeidlich ist, und ich glaube, dass dies der Fall ist, dann sollte es schnell und ohne Verzögerung erfolgen. Es besteht eine reale Gefahr, ja sogar die Gefahr eines Bürgerkriegs, wenn der Zustand der Ungewissheit anhält. Daher gibt es sehr gewichtige Gründe für eine Politik des sofortigen und energischen Handelns. Ein Plebiszit oder ein Referendum wäre meines Erachtens eine reine Formalität, was diese deutsch dominierten Gebiete betrifft. Eine große Mehrheit ihrer Bewohner wünscht die Verschmelzung mit Deutschland. Die unvermeidlichen Verzögerungen, die ein Plebiszit mit sich brächte, würden nur die Gemüter der Bevölkerung erregen, mit sehr gefährlichen Folgen.
Ich bin daher der Ansicht, dass diese Grenzbezirke sofort von der Tschechoslowakei an Deutschland übertragen werden sollten und dass darüber hinaus Maßnahmen für eine friedliche Übertragung, einschließlich Regelungen für den Schutz der Bevölkerung während der Zeit der Übertragung, sofort im Einvernehmen zwischen den beiden Regierungen getroffen werden sollten...".

Als Lord Runciman diesen Bericht vorlegte, befand sich die Krise bereits auf ihrem Höhepunkt. Am 12. September prangert Hitler in Nürnberg nach einer trotzigen Rede von Benes zwei Tage zuvor die Politik der tschechischen Regierung an und verspricht dem sudetendeutschen Volk, dass er bereit sei, zu den Waffen zu greifen, um ihm zu helfen. Was Frankreich anbelangt, das aufgrund seines Engagements für die Tschechoslowakei versucht sein könnte, zu intervenieren, so erinnert Hitler daran, dass er um der deutsch-französischen Freundschaft willen auf das Elsass und Lothringen einschließlich der ehemaligen deutschen Stadt Straßburg verzichtet hat, damit es keinen Streit zwischen den beiden Ländern gibt. Wenige Stunden nach der Rede des Führers kam es in allen sudetendeutschen Gebieten zu Aufständen gegen die Prager Regierung. Am 13. September wurde bekannt, dass es in der Nacht zu heftigen Zusammenstößen zwischen Tschechen und Deutschen gekommen war, bei denen 25 Tote und etwa 100 Verletzte zu beklagen waren. Am 14. September ersuchte der britische Premierminister um ein Gespräch mit Hitler, der ihn am folgenden Tag in Berchtesgaden empfing. Chamberlain bot daraufhin die Durchführung einer Volksabstimmung an. Diese Position wurde von Mussolini am 17. September in einer Rede unterstützt, in der er sagte: „In Anbetracht des Problems, das Europa in diesem Augenblick bewegt, besteht die Lösung in einem einzigen Wort: eine Volksabstimmung für alle Nationalitäten, die darum bitten, für die Nationalitäten, die in die geplante Großtschechoslowakei gezwungen wurden".

Weder Ungarn noch Polen konnten sich die Gelegenheit entgehen lassen, ihre territorialen Ansprüche in der Tschechoslowakei geltend zu machen. Sobald sie von dem Treffen zwischen Chamberlain und Hitler in Berchtesgaden erfuhren, witterten sie eine mögliche britische Komplizenschaft bei einer künftigen Teilung des Landes und wandten sich beide am 16. September an die Briten, um sie um britische Unterstützung für ihre Bestrebungen zu bitten. Der britische Botschafter in Warschau, Sir Howard Kennard, teilte London mit, dass die polnische Regierung eine Note vorbereite, in der sie das Selbstbestimmungsrecht für die polnische Teschen-Minderheit in der Tschechoslowakei fordere. Es liegt auf der Hand, dass die Akzeptanz eines Plebiszits in der Sudetenregion die Akzeptanz anderer Gebiete nach sich ziehen würde: Benes befürchtete vor allem, dass die Slowaken und Ruthenen dies zur Abspaltung nutzen würden, was den endgültigen Zusammenbruch des künstlichen Staates bedeuten würde.

Sobald der Jüdische Weltkongress von dem Treffen zwischen Hitler und Chamberlain in Berchtesgaden am 15. September erfuhr, beeilte er sich, dem britischen Premierminister eine am 18. September verabschiedete Resolution zu übermitteln, die am 19. September 1938 im London *Jewish Chronicle* veröffentlicht wurde. Ihr Text lautete wie folgt:

> „Es ist unsere Pflicht, Ihnen die wachsende Besorgnis mitzuteilen, die Millionen von Juden angesichts der Versuche Deutschlands, neue von Juden bewohnte Gebiete zu erwerben, empfinden. Die Juden der ganzen Welt haben die unmenschliche Behandlung, die den Juden an der Saar und in Österreich zugefügt wurde, nicht vergessen. Der Exekutivrat des Jüdischen Weltkongresses bittet Sie daher, kein Abkommen zu akzeptieren, das die Rechte der Juden nicht vollständig schützt."

Am selben Tag, dem 18. September, reisen der französische Regierungschef Édouard Daladier und sein Außenminister Georges Bonnet gemeinsam nach London und erzielten mit den Briten folgende Vereinbarung:

„Alle Bezirke im Sudetenland mit einer deutschen Bevölkerungsmehrheit von mehr als 50% werden ohne Volksbefragung an das Reich zurückgegeben. Eine internationale Kommission, der auch ein Vertreter des tschechoslowakischen Staates angehören wird, wird alle Grenzen überprüfen und für die Evakuierung und den Transfer der Bevölkerung verantwortlich sein. Die britische Regierung würde sich wie Frankreich bereit erklären, ihre Garantie für die neuen tschechoslowakischen Grenzen zu geben."

Ebenfalls am 18. September hatte der polnische Botschafter in Paris, Julius Lukasiewicz, Bonnet eine Note überreicht, in der er „kategorisch forderte, dass im Falle der Durchführung einer Volksabstimmung für die deutsche Minderheit in der Tschechoslowakei gleichzeitig auch eine Volksabstimmung für die polnische Minderheit vereinbart werden sollte". Nach Bekanntwerden der britisch-französischen Vereinbarung forderte der polnische Botschafter am 20. Dezember direkt die Rückgabe des Kreises Teschen an Polen. Am selben Tag teilte Ungarn Frankreich mit, dass es das Vorgehen Polens unterstütze und die gleichen Forderungen für Ruthenien stelle. Unter diesen Umständen stimmte Prag am 21. September dem französisch-britischen Abkommen zu, doch am 23. September um 22.30 Uhr ordnete Benes auf Anraten des französischen Kolonialministers Georges Mandel[1], der in Wirklichkeit Jeroboam Rothschild hieß und der leibliche Sohn eines Rothschilds war, eine Generalmobilmachung in der Tschechoslowakei an.

Am Donnerstag, dem 22. Dezember, reist Chamberlain nach Godesberg, um den Deutschen den französisch-britischen Plan vorzustellen. Die Idee einer internationalen Kommission, wie sie in London von den Franzosen und Briten vorgeschlagen worden war, gefiel Hitler nicht, da er glaubte, dass sie die Tschechen bei der Festlegung der neuen Grenzen unterstützen würde. Hitler schlug die sofortige Besetzung des Sudetengebiets vor und akzeptierte eine Volksabstimmung nur in den Bezirken, in denen es Zweifel an der Meinung der Bevölkerung gab. In seinem Artikel „De l'Affaire des Sudetes aux Accords de Munich", der in der oben erwähnten Sonderausgabe der *Lectures Françaises* veröffentlicht wurde, schreibt Jacques Bordiot, dass Chamberlain heftig protestierte und sich in sein Hotel zurückzog, wo er den ganzen 23. verbrachte und sich weigerte, Hitler erneut zu treffen. Am 24. überreichte Hitler dem britischen Premier nach einer leidenschaftlichen Diskussion ein Memorandum, dem ein Brief beigefügt war, in dem die von den Tschechen innerhalb von

---

[1] Georges Mandels richtiger Name war angeblich Jeroboam Rothschild, obwohl einige Quellen den Namen Louis George Rothschild nennen. Mandel sollte von Paul Reynaud, der Daladier am 21. März 1940 als Premierminister ablöste, zum Innenminister ernannt werden. Beide arbeiten fieberhaft daran, den Ausbruch des Krieges herbeizuführen. Als Winston Churchill als Vertreter des kriegstreiberischen Clans in London von dem französisch-britischen Plan erfuhr, eilte er nach Paris, um sich mit Mandel und Reynaud zu treffen und einen Alternativplan auszuarbeiten. Georges Mandel, der von seinen Gegnern den Spitznamen „der rücksichtslose Jude" erhielt, war zwar offiziell nicht mit den Bankiers verwandt, aber er arbeitete für sie und lebte in ihrem Umfeld in Luxus und unverhohlenem Prunk.

achtundvierzig Stunden aufzugebenden Gebiete und die Gebiete, die einer Volksabstimmung unterzogen werden sollten, aufgeführt waren.

Während des Treffens erreicht Godesberg ein Telegramm, in dem mitgeteilt wird, dass die tschechische Regierung die Generalmobilmachung angeordnet hat. Obwohl beide ihr Erstaunen vortäuschten, kam die Nachricht für sie nicht überraschend, da Chamberlain davon wusste und am Vortag seine Zustimmung gegeben hatte, während Hitler über seine Spionagedienste ebenfalls davon wusste und außerdem wusste, dass der französische Ministerrat die Einberufung von einer Million Reservisten beschlossen hatte. In *Les responsables de la Seconde Guerre Mondiale* gibt Paul Rassinier die Worte des Führers an Chamberlain wieder: „Trotz dieser unerhörten Provokation bleibe ich bei meinem Vorschlag, während der Verhandlungen keine Maßnahmen gegen die Tschechoslowakei zu ergreifen, oder zumindest, Herr Chamberlain, solange Sie sich auf deutschem Gebiet befinden". Chamberlain verpflichtet sich, das Memorandum an Benes zu übergeben, und Hitler verlängert die Frist für die Evakuierung bis zum 1. Oktober.

Unterdessen wurde Lord Halifax' Illoyalität gegenüber seinem Premierminister deutlich. Andrew Roberts, Autor von *The Holy Fox. A Life of Lord Halifax*, eine Biografie, die einer Panegyrik gleicht, denn in ihr wird die Niedertracht zur Tugend und die Doppelzüngigkeit zur Klugheit, schreibt, dass Halifax, der in London geblieben war, während Chamberlain sich um eine Einigung bemühte, eine Lawine von „Briefen, Anrufen und Besuchen von alten Freunden erhielt, deren Meinungen er respektierte, wie George Lloyd, Leo Amery, Oliver Stanley". Die Namen sind bezeichnend genug: Lloyd George war bereits während des Ersten Weltkriegs vom Zionismus benutzt worden; Leo Amery war der zionistische Geheimjude, der die Balfour-Erklärung verfasst hatte; Oliver Stanley sollte im Januar 1940 zum Kriegsminister ernannt werden. Alle forderten ihn auf, keine weiteren Zugeständnisse an Deutschland zu machen. Mit anderen Worten: Halifax war zu dem Politiker geworden, auf den die Kriegstreiber ihre Hoffnungen setzten.

Nach Erhalt von Hitlers Memorandum kehrte Premierminister Chamberlain am 24. September nach London zurück. Bei der Kabinettssitzung am 25. September musste Chamberlain feststellen, dass sein Außenminister ihn nicht nur nicht unterstützte, sondern sich offen für einen Krieg als Mittel zum Sturz Hitlers aussprach. Über Nacht hatte Halifax seine Meinung geändert. Chamberlain schickte ihm eine mit Bleistift geschriebene Notiz, die fast einer Rücktrittsdrohung gleichkam. Sie ist im Folgenden aus dem Werk von Roberts wiedergegeben:

> „Ihre völlig veränderte Sichtweise, seit ich Sie gestern Abend gesehen habe, ist ein großer Schock für mich, aber Sie müssen sich natürlich Ihre eigene Meinung bilden.
> Es bleibt abzuwarten, was die Franzosen sagen.
> Wenn sie sagen: „Sie werden reingehen", dann glaube ich nicht, dass ich die Verantwortung für diese Entscheidung übernehmen kann.
> Aber ich will nicht vorwegnehmen, was noch nicht da ist. N. C. (Neville Chamberlain)

Halifax reagierte auf diese Worte mit einem weiteren Antwortschreiben, in dem er schrieb: „Ich fühle mich wie ein Rohling - aber ich war die ganze Nacht wach und habe mich gequält, und ich war nicht in der Lage, zu diesem Zeitpunkt zu einer anderen Schlussfolgerung in der Frage der Nötigung der Tschechoslowakei zu kommen. E. (Edward). Chamberlain antwortete mit einer anderen, nicht ganz so bitteren Bemerkung: „Schlussfolgerungen in der Nacht werden selten mit der richtigen Perspektive gezogen. N. C."

Die Anspielung auf Frankreichs Position in Chamberlains Notiz war insofern von Bedeutung, als Halifax während der Beratungen der Regierung erklärt hatte, dass Großbritannien die Bene" Regierung unterstützen sollte, wenn Frankreich sich dafür entscheide, sie zu unterstützen. Halifax hielt an dieser Position fest, obwohl er nur ein oder zwei Tage zuvor ein Telegramm seines Botschafters in Paris, Eric Phipps, erhalten hatte, in dem Phipps den Minister des Außenministeriums aufforderte, die „kleine, aber laute und korrupte Kriegspartei" in Frankreich nicht zu unterstützen. In demselben Telegramm, das auch von Andrew Roberts zitiert wird, sagte der Botschafter: „Die Besten in Frankreich sind gegen den Krieg um fast jeden Preis".

Am 26. September teilte Chamberlain Hitler in einem persönlichen Schreiben, das von Sir Horace Wilson in Berlin persönlich überbracht wurde, mit, dass die tschechische Regierung das Memorandum ablehne. Chamberlain forderte ihn auf, einer Fortsetzung der Verhandlungen ohne Gewaltanwendung zuzustimmen, und erklärte: „Sollte Frankreich in Erfüllung der sich aus den Dekreten ergebenden Verpflichtungen in Feindseligkeiten mit Deutschland hineingezogen werden, würde sich das Vereinigte Königreich verpflichtet fühlen, ihm zu Hilfe zu kommen.

Zur gleichen Zeit spielten die Polen ihr eigenes Spiel. Am 21. September kündigte Polen an, dass es Maßnahmen ergreifen werde, um das Wohlergehen der Polen in der Tschechoslowakei zu gewährleisten. Der französische Außenminister Bonnet vermutete daraufhin, dass Beck eine Abmachung mit Hitler getroffen hatte, und wollte dies klären. Am 24. September wurde der französische Botschafter in Polen, Léon Noël, in Warschau von Marschall Edward Smigly-Rydz empfangen, der ihm auf Anweisung Becks versicherte, dass Polen kein Abkommen mit Deutschland über die Tschechoslowakei habe, bestätigte, dass sich seine Ansprüche auf das Teschener Gebiet beschränkten, und kündigte an, dass seine Truppen in Teschen einmarschieren würden, wenn die Tschechen die polnischen Ansprüche nicht akzeptierten. Bonnet drängte Präsident Benes, den Polen Zugeständnisse zu machen.

David L. Hoggan berichtet von einem Brief von Benes an Beck, der am 26. September 1938 in Warschau zugestellt wurde und in dem er „im Prinzip" zustimmte, Teschen an Polen abzutreten, wenn die Polen die Tschechoslowakei in einem Krieg gegen Deutschland unterstützen würden. Hoggan zufolge erklärte der polnische Außenminister entrüstet, Benes' „prinzipielle Zustimmung" sei das Papier nicht wert, auf dem sie stehe; da Polen jedoch in Kontakt mit den Franzosen stehe, beschließe er, sich um eine Einigung mit den Tschechen in dem von Bonnet vorgeschlagenen Sinne zu bemühen. Beck teilte

Benes mit, dass sie mit polnischer Hilfe gegen Deutschland rechnen könnten, wenn sie Teschen unverzüglich an Polen zurückgäben, sofern Frankreich seine Verpflichtungen gegenüber den Tschechen aufrechterhalte. Präsident Benes, der in seinem Angebot an Polen unaufrichtig war, machte die fadenscheinige Ausrede, dass das Eisenbahnnetz auf dem Gebiet von Teschen für seine operativen Pläne gegen Deutschland unerlässlich sei, und bestand darauf, dass Teschen nicht übergeben werden könne, solange Deutschland im Krieg nicht besiegt sei. Beck brach die Verhandlungen sofort ab.

In Kapitel acht wurde bereits William C. Bullit, der amerikanische Botschafter in Paris, vorgestellt, dessen Großvater mütterlicherseits der Jude Jonathan Horowitz war. Wie wir weiter unten sehen werden, war Bullit, ein enger Freund Roosevelts, mit dem er sich täglich unterhielt, ein Instrument derjenigen, die hinter den Kulissen auf den Krieg drängten. Interessant ist nun ein Gespräch, das er am 25. September 1938 mit dem polnischen Botschafter in Paris führte. Lukasiewicz teilt ihm mit, dass die polnische Regierung ihre Meinung über die Krise geändert habe und dass der Krieg stattfinden werde. Der polnische Botschafter teilte Bullit mit, dass Polen, falls Deutschland gegen die Tschechen vorgehen würde, neben Teschen auch in die Slowakei einmarschieren würde. Das Gespräch mit Bullit zeigt, wie falsch die polnische Führung in ihrer Analyse und Prognose der Ereignisse lag. Lukasiewicz stellte den Konflikt als einen Religionskrieg zwischen Faschismus und Bolschewismus dar und bezeichnete Benes als einen Agenten Moskaus. Er stellte fest, dass das erste Ziel darin bestehen würde, eine gemeinsame Front mit dem befreundeten Ungarn zu bilden. Hoggan schreibt: „Der polnische Diplomat glaubte, dass diesem Schritt ein russischer Angriff auf Polen folgen würde, versicherte aber, dass Polen keine Angst habe. Er sagte voraus, dass Russland innerhalb von drei Monaten von Deutschland und Polen besiegt werden würde, und betonte, dass die Sowjetunion eine Hölle von Kriegsparteien sei. Bullit beschuldigte Polen des Verrats an Frankreich, was Lukasiewicz jedoch bestritt. Er sagte, dass Polen keinen Krieg gegen Frankreich führen würde, aber dass, wenn Frankreich, Großbritannien und die Vereinigten Staaten die Tschechen unterstützen würden, die Westmächte die Werkzeuge des Bolschewismus wären. Man muss bedenken, dass sowohl die polnische als auch die deutsche Führung das kommunistische System und seine Bedeutung hassten. Hätte Großbritannien die deutschen Versuche, mit den Polen eine gemeinsame Front gegen die Bolschewiki zu bilden, nicht torpediert, wäre es zu einer Lösung gekommen, die einen Frieden zwischen den beiden Nationen und eine gemeinsame Opposition gegen die Sowjetunion beinhaltet hätte, wie Lukasiewicz es sich vorgestellt hatte.

Bonnets Bemühungen um eine Einigung zwischen Tschechen und Polen scheitern. Benes, der sich am 21. September mit einer Gebietsabtretung an Deutschland abgefunden hatte, war nicht bereit, Teschen an die Polen abzutreten. Am 28. September sollten sich die pessimistischsten Prognosen bewahrheiten. Um 11.30 Uhr wendet sich Chamberlain an Mussolini und bittet ihn, etwas zu unternehmen. Während François-Poncet, der französische Botschafter in Berlin, einen neuen Versuch unternimmt und ein Gespräch mit Hitler führt, unterbricht der deutsche Kanzler das Gespräch mit dem französischen Diplomaten, um eine dringende Mitteilung des italienischen Botschafters Attolico entgegenzunehmen, der ihn im Namen des Duce bittet, die Generalmobilmachung um 24 Stunden zu verschieben. Um 15.15 Uhr teilt der britische Botschafter Neville Henderson telefonisch in London mit, dass Hitler Chamberlain, Daladier und Mussolini für den nächsten Tag nach München einladen wolle, um eine friedliche Lösung des tschechischen Problems zu besprechen. Der britische Premierminister erfuhr die Nachricht im Unterhaus, wo er eine sehr engagierte Rede über die drohende Kriegsgefahr gehalten hatte. Als er Hitlers Einladung und seine Entscheidung, sie anzunehmen, bekannt gab, erhielt er einen der lautesten Beifallsstürme in der Geschichte des britischen Parlaments. Die ganze Welt nahm die Nachricht mit einem Gefühl der Erleichterung und Hoffnung auf. Niemand, außer den üblichen Stammtischbrüdern, wollte den Krieg. Die Münchner Bürger, die von dem Wunsch nach Frieden begeistert waren, begrüßten die europäischen Staats- und Regierungschefs euphorisch, als diese am 29. September zu den Verhandlungen eintrafen.

Die vier Protagonisten des Münchner Treffens bemühten sich, einen Krieg zu vermeiden, und erzielten einen vorläufigen Frieden. Die Konferenz begann um 13.00 Uhr und endete um 1.30 Uhr. Die tschechischen Vertreter in München wurden über den Verlauf der Verhandlungen informiert, durften aber nicht an den Beratungen teilnehmen. Die tschechischen Vertreter in München wurden über den Fortgang der Gespräche informiert, durften aber nicht an den Beratungen teilnehmen. Weder Polen noch Ungarn waren in Bayern anwesend. Die mäßigende Rolle Mussolinis war entscheidend, und schließlich wurde auf der Grundlage eines von den italienischen Delegierten vorgelegten Entwurfs eine Einigung erzielt. In einigen Punkten wurden die von Hitler in Godesberg geforderten Bedingungen verbessert. Als Termin für die Besetzung der sudetendeutschen Gebiete wurde der 10. Oktober festgelegt. In einigen Bezirken (in denen die Deutschen eine Mehrheit erlangen sollten) sollte eine Volksabstimmung durchgeführt werden. Die neue Grenze sollte von einer internationalen Kommission festgelegt werden, der ein tschechischer und ein deutscher Vertreter angehörten. Frankreich und Großbritannien boten an, die neuen Grenzen gegen jede unprovozierte Aggression zu garantieren. Die gleichen Mächte garantierten der Tschechoslowakei eine Lösung des Problems der polnischen und ungarischen Minderheiten. Das Abkommen sah vor, dass ein neues Treffen der Regierungschefs stattfinden sollte, wenn innerhalb von drei Monaten keine Lösung für diese Regionen gefunden würde.

Bereits am folgenden Tag, dem 30. September, folgten eine Reihe von politischen Konsequenzen. Chamberlain schlug ein privates Treffen mit Hitler vor. Es fand in der Wohnung des Kanzlers in der Prinzregentenstraße statt. Nur Paul Schmidt, Hitlers Dolmetscher, war bei den beiden Führern, die die allgemeine Lage in Europa erörterten. In seinem Buch *Temoin sur la scène diplomatique (Zeuge auf der diplomatischen Bühne)* gibt Schmidt Auszüge aus diesem Gespräch wieder, die zum Teil von David kommentiert werden. Hoggan. Chamberlain sagte, er hoffe, dass es keine Luftangriffe auf Frauen und Kinder geben werde, wenn die Tschechen Widerstand leisteten. Hoggan kommt nicht umhin, Chamberlains Besorgnis zu kommentieren: „Das war ironisch, wenn man bedenkt, dass Chamberlain wusste, dass die britische Luftwaffe im Gegensatz zur deutschen Strategie der taktischen Luftunterstützung der Bodentruppen ihre Strategie in einem künftigen Krieg auf konzentrierte Luftangriffe auf zivile Zentren stützte." Hitler versicherte, dass er solche Angriffe strikt ablehne und dass Deutschland sie niemals einsetzen würde, es sei denn als Vergeltungsmaßnahme. Am Ende des Gesprächs fragte Chamberlain Hitler, ob er eine deutsch-englische Freundschaftserklärung unterzeichnen würde, die ihm in englischer Sprache vorgelegt wurde. Dies ist der Wortlaut des Abkommens:

> „Wir, der deutsche Führer und Kanzler und der britische Premierminister, haben heute ein zusätzliches Treffen abgehalten und sind übereingekommen, dass die Frage der deutsch-britischen Beziehungen für beide Länder und für Europa von größter Bedeutung ist.
>
> Wir betrachten das gestern Abend unterzeichnete Abkommen und das deutsch-britische Flottenabkommen als ein Symbol für den Wunsch unserer beiden Völker, nie wieder gegeneinander Krieg zu führen.
>
> Wir sind entschlossen, die Methode der Konsultation bei der Behandlung von Fragen anzuwenden, die unsere beiden Völker betreffen können, und wir sind entschlossen, unsere Bemühungen fortzusetzen, um mögliche Ursachen von Differenzen zu beseitigen und so zur Sicherung des Friedens in Europa beizutragen".

Dieses wichtige Abkommen, das von Hitler vorbehaltlos akzeptiert wurde, hätte der Grundpfeiler für die Erhaltung des Friedens in Europa und für die Verteidigung des Kontinents gegen den Kommunismus werden sollen.

Eine weitere Folge des Münchner Paktes, die ebenfalls am 30. September eintrat, war das Ultimatum Polens an die Tschechoslowakei. Am Abend rief Józef Beck den deutschen Botschafter in Warschau, Hans-Adolf von Moltke, zu sich, um ihm mitzuteilen, dass er soeben ein Ultimatum an die Tschechen gestellt habe. Er wollte wissen, ob Deutschland im Falle eines tschechisch-polnischen Krieges eine wohlwollende Haltung einnehmen würde. Er fügte hinzu, dass er deutsche Unterstützung im Falle eines Angriffs der Sowjetunion auf Polen wünsche. Beck verlangte, dass Prag die Stadt Teschen und ihren Bezirk bis Sonntagmittag, den 2. Oktober, aufgibt. Außerdem verlangte er die Abtretung des restlichen von Polen beanspruchten Gebiets innerhalb von zehn Tagen. Beck warnte, wenn die tschechische Note der Zustimmung nicht bis zum Mittag des 1. Oktobers eintreffe, werde „Polen nicht für die Folgen verantwortlich sein". Die Tschechen, deren Präsident Bene" am 5. Oktober zurücktreten sollte, um ins Londoner Exil zu gehen, kapitulierten schnell vor der Frist. Der neue Präsident der Republik, Emil Hácha, erklärte lediglich, dass die Münchner Unterzeichnermächte trotz der Brutalität des Vorgehens nicht eingreifen würden und dass die Polen ihn nicht decken würden. Nur Frankreich schickte eine Demarche nach Warschau, um gegen das polnische Ultimatum zu protestieren. Deutschland seinerseits bot Polen den Schutz an, den es im Falle eines sowjetischen Angriffs wünschte. Die Lebensunfähigkeit der Tschechoslowakei wird immer offensichtlicher, und allen ist klar, dass sie nur überleben wird, solange sich die Slowaken nicht für eine Abspaltung von den Tschechen entscheiden.

Am 30. September landen Daladier und Bonnet auf dem Flughafen Le Bourget, wo sie von einer begeisterten Menge empfangen werden. Die spontan gekleidete Menge, die im Einklang mit der Mehrheit der europäischen Völker stand, die einen weiteren Krieg ablehnte, ging auf der Strecke nach Paris auf die Straße und demonstrierte ihre Freude und Dankbarkeit gegenüber den Politikern, die den Frieden für Frankreich bewahrt hatten. In seinen *Memoiren* beschreibt Winston Churchill diejenigen, die Chamberlain und Daladier applaudierten, als „lautstarken Mob". Vielleicht hätte er eine Reaktion wie die in der UdSSR vorgezogen, wo Chamberlain auf dem Roten Platz verbrannt wurde, ein Ritual, das in offizieller Anwesenheit des Auslandskommissars, des Juden Maksim Litvinov (Meyer Hennokh Moisevitch Wallack), stattfand und gegen das es keine Proteste gab. Es ist nicht schwer, sich den internationalen Aufruhr vorzustellen, der entstanden wäre, wenn Ribbentrop die Verbrennung des Bildnisses von Präsident Roosevelt in Deutschland öffentlich unterstützt hätte.

Einige Tage später, am 5. Oktober, ratifiziert die französische Abgeordnetenkammer das Münchner Abkommen mit 535 zu 75 Stimmen (73 Kommunisten). Das Tandem Mandel-Reynaud und sein Team sowie Léon Blum und seine Anhänger sind zwar verärgert, halten es aber für politisch unangebracht, sich der öffentlichen Meinung entgegenzustellen. Zu denjenigen, die sich auf die Seite der Kommunisten stellten und die Münchner Vereinbarungen ablehnten, gehörten zwei berühmte Maler, der Jude Marc Chagall und Pablo Picasso. Letzterer, der sich selbst als Pazifist und Kommunist bezeichnete, befand sich bereits seit dreißig Jahren in den Händen jüdischer Händler wie Daniel-Henry Kahnweiler und der Brüder Rosenberg[2]. Beide Künstler gaben ihre Dekorationen aus Protest an den französischen Staat zurück. Es entbehrt nicht eines bedauerlichen Sarkasmus, dass Picasso, dessen Guernica als Plädoyer gegen den Krieg daherkommt, gegen den Frieden in Europa wegen seiner politischen Knechtschaft protestiert.

---

[2] Picasso wurde 1905 von den Steins, einer wohlhabenden jüdischen Familie, entdeckt. Leo und Gertrude Stein waren für die Suche nach Kunstwerken zuständig, Michael Stein war der Finanzier. 1907 lernte Daniel-Henry Kahnweiler, Mitglied einer jüdischen Finanziersfamilie, die Kubisten und die Gruppe der „Fauves" kennen. Im Jahr 1909 verlobte sich Picasso mit Kahnweiler, dem er sein gesamtes Werk verkaufte. Ein zweiter, formellerer Vertrag wurde am 18. Dezember 1912 für drei Jahre unterzeichnet. Zwei weitere jüdische Brüder, Léonce Rosenberg und Paul Rosenberg, tauchen während des Krieges auf und nehmen den Platz von Kahnweiler ein. Léonce Rosenberg machte sich 1916 auf den Weg zu Picassos internationalem Durchbruch. Zusammen werden wir unbesiegbar sein", sagte er ihm: „Du wirst der Schöpfer sein und ich werde die Aktion sein. Paul Rosenberg übernahm 1919 die Nachfolge seines Bruders. Durch die Rosenbergs gelangte Picasso in den geschlossenen Kreis der großen Kunsthändler, in der Regel Mitglieder mächtiger jüdischer Familien, die mit dem Bankwesen verbunden waren, und seine Werke gelangten in amerikanische Museen und Sammlungen. In den 1920er Jahren war die Vereinbarung mit den Rosenbergs nur mündlich, und Picasso arbeitete auch mit anderen jüdischen Vertretern wie Wildenstein, Loeb und wiederum Kahnweiler zusammen.

Auch das Unterhaus tagte am 5. Oktober 1938. Paul Rassinier schreibt in *Les responsables de la Seconde Guerre Mondiale*, dass Chamberlain während der Debatte „einen Fehler beging, der sich auf Hitlers späteres Verhalten auswirken sollte". Ob ungeschickt oder ein erzwungenes Zugeständnis, um die Gegner seiner Politik zu beschwichtigen, Tatsache ist, dass der Premierminister die Münchner Abkommen mit einem massiven Rüstungsprogramm für alle drei Armeen verknüpfte. Er betonte die Investitionen für die Luftwaffe, die bis Ende des Jahres 3.000 Flugzeuge und im Laufe des Jahres 1939 weitere 8.000 Flugzeuge bauen sollte. Das Programm wurde einstimmig angenommen; als Chamberlain sich jedoch anschickte, seine Position in München zu erläutern, ergriff Churchill das Wort und verunglimpfte seine Politik und die Abkommen, die er als „eine Katastrophe ersten Ranges" bezeichnete. Churchill wies offen auf die Bestrebungen der internationalen Mächte hin, die den Krieg wollten, und sprach von der Notwendigkeit, die Macht der Nazis durch eine Allianz aus Frankreich, Großbritannien, der Sowjetunion und den Vereinigten Staaten zu beenden. Die Tatsache, dass Churchill und Roosevelt sich zur Liquidierung Deutschlands mit einer grausamen kommunistischen Diktatur verbünden wollten, die sieben Millionen Ukrainer verhungern ließ (Holodomor) und seit 1917 den Tod von zwanzig Millionen Menschen verursacht hatte, lässt sich nur mit den Gründen erklären, die wir in diesem Buch dargelegt haben. Churchills Rede wurde von allen 137 Labour-Abgeordneten und von führenden Kriegsbefürwortern wie Sir Vansittart, Hore Belisha, Anthony Eden und anderen beklatscht. Das Münchner Abkommen wurde in der Abstimmung mit 369 gegen 150 Stimmen angenommen, darunter auch der Erste Lord der Admiralität, Alfred Duff Cooper, ein Mitglied der Regierung, das zurücktrat. Bei seinem Rücktritt äußerte er folgende Wahl: „Krieg mit Ehre oder Frieden mit Unehre". Auch hier war das Gegenteil der Fall, vor allem wenn man bedenkt, dass sechzig Millionen Menschen die Opfer eines solchen ehrenvollen Krieges sein sollten.

Die Geschehnisse im Unterhaus hatten Hitler aufhorchen lassen. Nach der wenige Tage zuvor unterzeichneten Freundschaftserklärung war zumindest von der britischen Führung mehr Zurückhaltung zu erwarten. Am 9. Oktober hielt er in Saarbrücken eine Rede, in der er sagte: „Die Regierungschefs, die uns gegenüber sitzen, behaupten, dass sie den Frieden wollen, und wir müssen ihnen glauben. Aber sie regieren Länder, deren Struktur es jederzeit möglich macht, die, die ihn wollen, durch die zu ersetzen, die ihn nicht wollen. Es würde genügen, wenn ein Duff Cooper, ein Eden oder ein Churchill an die Stelle Chamberlains träte, um sofort einen zweiten Weltkrieg herbeizuführen, denn das ist ihre Absicht. Sie verbergen es nicht: sie verkünden es offen." Die deutsche Presse empört sich darüber, dass es für die Mitglieder der Regierung Chamberlain unentschuldbar ist, mit dem Argument der deutschen Gefahr für die Wiederaufrüstung zu werben.

Die tschechoslowakische Fiktion als Beweis

Nach dem Münchner Abkommen, dem letzten polnischen Ultimatum, der Besetzung von Teschen und dem Rücktritt von Benes als Präsident der Republik entstand in der Tschechoslowakei Tag für Tag ein politisches Chaos. Die antideutsche Propaganda schob alles auf Hitler, der allgemein als unersättlicher Expansionist dargestellt wurde. Die Tatsachen zeigen jedoch, dass die polnischen Vorschläge und Forderungen weniger moderat als vielmehr aggressiv waren und der deutsche Bundeskanzler bis zum letzten Moment versuchte, sich mit den Polen auf eine Politik der Zusammenarbeit in allen aufkommenden Streitigkeiten zu einigen. Polens Bestrebungen in Bezug auf die Tschechoslowakei beschränkten sich nicht auf Teschen, sondern verfolgten auch andere Ziele, unter anderem die Trennung zwischen Tschechen und Slowaken. Obwohl die slowakische Nationalbewegung seit der Gründung der Tschechoslowakei von Präsident Thomas Masaryk rücksichtslos unterdrückt worden war, machten die Polen aus ihrem Engagement für einen unabhängigen slowakischen Staat keinen Hehl.

Im Jahr 1938 waren Monsignore Józef Tiso, ein katholischer Priester, der 1939 der erste Präsident des slowakischen Staates wurde, und Karol Sidor, ebenfalls ein katholischer Politiker und Unterstützer der Polen, die beiden wichtigsten Führer des slowakischen Nationalismus. Die meisten Slowaken lehnten die tschechische Herrschaft ab und befürworteten deren Beendigung; sie waren jedoch politisch in mehrere gegensätzliche Gruppen gespalten. Die einflussreichste Gruppe wollte, dass die Slowakei zu Ungarn zurückkehrte, doch Budapest war nicht zu Kompromissen bereit und bot keine wirksame Unterstützung an. Eine andere Gruppe war die Sidor-Gruppe, die eine Partnerschaft mit Polen befürwortete und sogar ein polnisches Protektorat für die Slowakei ins Auge fasste. Es ist anzumerken, dass die Sitten, das Temperament und die kulturellen Beziehungen die Polen und Slowaken auf natürliche Weise einander näher brachten. Monsignore Tiso war der prominente Anführer der dritten Gruppierung, die die volle Unabhängigkeit der Slowaken forderte, auch wenn sie dafür zunächst auf einen ihrer mächtigen Nachbarn angewiesen waren. Schließlich gab es noch eine pro-tschechische Bewegung. Angesichts dieser Komponenten sagten die meisten internationalen Beobachter voraus, dass eine slowakische Krise unmittelbar bevorstand. Wenn Ungarn es nicht wagte, seine Anhänger zu unterstützen, war Jozef Beck, der polnische Außenminister, bereit, die slowakische Unabhängigkeit zu fördern. Monsignore Tiso sprach sich für einen starken Schutz der Slowakei aus, und Deutschland war die einzige Alternative, wenn Ungarn und Polen die Verantwortung ablehnten.

Polen hatte zwei weitere Ziele in der Tschechoslowakei: eines davon war Zips-Orawy, eine Region in den Karpaten an der Grenze zur Slowakei, die seit dem Mittelalter zwischen Polen und Ungarn umstritten war. Beck war versucht, die tschechische Schwäche auszunutzen, um sich dieses umstrittene Gebiet anzueignen. Ein weiteres Ziel war die Beseitigung der tschechischen Kontrolle in Ruthenien, einer von einer Million Menschen bewohnten Region in den Südkarpaten, die 1919 der Tschechoslowakei zugesprochen worden war. Im Falle einer Spaltung zwischen Tschechen und Slowaken war es undenkbar, dass die Tschechen dieses Gebiet weiterhin halten könnten. Die polnische Führung vertrat die These, dass Ruthenien seit Hunderten von Jahren zu Ungarn gehörte und an Ungarn zurückgegeben werden sollte, ein Land, das auf der Pariser Konferenz verstümmelt worden war, zwei Drittel seiner Bevölkerung und drei Viertel seines Territoriums verloren hatte. Eine der Befürchtungen der Polen war, dass ein hypothetisches unabhängiges Ruthenien in die Hände der Kommunisten fallen könnte.

Die Tschechen beschuldigten die Polen schnell, das Chaos in der Tschechoslowakei zu suchen. Am 3. Oktober teilte der tschechische Außenminister Kamille Krofta den Briten mit, dass sich die Tschechen reibungslos aus den sudetendeutschen Gebieten zurückziehen würden, beklagte sich jedoch heftig über die Polen, die er beschuldigte, in der Slowakei Propaganda zu betreiben und zu organisieren. Krofta äußerte gegenüber den Briten die Befürchtung, dass die tschechische Schwäche ausgenutzt werden könnte, „um Vorschläge zu verbreiten, dass es der Slowakei besser ginge, wenn sie mit Polen assoziiert würde." In David L. Hoggan hegte Krofta solche Befürchtungen, weil er sich bewusst war, „wie tief der Hass auf die Tschechen in der Slowakei war, so tief, dass die Slowaken fast jede Verbindung mit den Tschechen vorzogen." Krofta fügte hinzu, dass er sich „vor allem" französische und britische Hilfe gegen die Polen wünschte, dass er aber auch hoffte, dass „Hitler vielleicht helfen könnte, den polnischen Ambitionen zu widerstehen."

In München war festgelegt worden, dass einige Gebiete innerhalb von zehn Tagen an Deutschland übergeben und andere bis zu einer Volksabstimmung von einer internationalen Polizeitruppe besetzt werden sollten. Der britische Botschafter in Deutschland, Neville Henderson, ein überzeugter Befürworter der Appeasement-Politik, arbeitete eng mit dem französischen Minister Bonnet zusammen, um die Umsetzung der Vereinbarungen zu erleichtern und Streitigkeiten zu vermeiden. Henderson, so Hoggan, „galt als der vielversprechendste junge britische Diplomat, als er 1937 nach Berlin entsandt wurde; aber wegen seines Engagements für diese Grundsätze, die von seinen Vorgesetzten in London nicht überzeugend vertreten wurden, war er bald isoliert und in einer wenig beneidenswerten Position im britischen diplomatischen Dienst". Henderson stellte fest, dass die Tschechen unnötigerweise versuchten, die Umsetzung der in München getroffenen Vereinbarung zu behindern, wonach Gebiete mit einem deutschen Bevölkerungsanteil von mehr als 50% ohne Volksabstimmung an Deutschland abgetreten werden sollten. Die Tschechen wollten diesen Prozentsatz auf 75% anheben. Halifax unterstützte die Änderung des Abkommens zugunsten der Tschechen bis zur letzten Minute, musste aber den Franzosen und Italienern nachgeben, die sich dagegen aussprachen und darauf bestanden, dass „der Geist des Protokolls respektiert werden müsse". Halifax war der Meinung, dass den Tschechen in den Gebieten, in denen ein Plebiszit abgehalten werden sollte, geholfen werden könnte, doch Präsident Beneš, der überzeugt war, dass es keine Möglichkeit mehr gab, sich Deutschland zu widersetzen, trat am 5. Oktober entrüstet zurück.

Die Kommunistische Partei Tschechiens hatte am 22. September den Rücktritt der Regierung von Milan Hodza erzwungen, und eine provisorische Regierung unter der Leitung von General Jan Syrovy trat seine Nachfolge an.

Nach dem Rücktritt von Benes fungierte Syrovy als Interimspremierminister und Präsident der Republik, bis Emil Hácha in das zweite Amt berufen wurde. Außenminister Krofta wurde durch Franti"ek Chvalkovsky ersetzt. Die Begeisterung der Westmächte für die neue Regierung war nicht übermäßig groß, und die Idee, Truppen zur Überwachung des Plebiszits zu entsenden, wurde in Frage gestellt. Roger Makins, ein Experte des Auswärtigen Amtes, der in der Internationalen Kommission zur Abgrenzung der tschechischen Grenze mitarbeitet, erklärte am 6. Oktober, er teile die Ansicht seiner italienischen Kollegen, dass ein Referendum den Tschechen nichts bringen würde. Die Tschechen selbst waren sich darüber im Klaren, dass eine Abstimmung ihrer Sache nicht förderlich wäre, sondern im Gegenteil ihre beängstigende Schwäche demonstrieren könnte, und so teilte der tschechische Delegierte in der Kommission den Deutschen am 7. Oktober mit, dass seine Regierung es vorziehen würde, das Plebiszit zu vergessen. Deutschland, das gemäß dem Münchner Abkommen das Recht hatte, die Volksabstimmung zu verlangen, verschob seine Entscheidung um einige Tage.

Am 11. Oktober vertraute Neville Henderson Halifax an, dass es in Böhmen-Mähren eine große pro-deutsche Bewegung gebe und dass die Tschechen Brünn, die Hauptstadt Mährens, verlieren könnten, wenn das Referendum abgehalten würde. Für die Tschechen war dies eine beunruhigende Aussicht, da sie dann praktisch von der Slowakei abgeschnitten wären. Der britische Botschafter in Warschau, Howard Kennard, erklärte Halifax, dass die Polen die Vertreibung der Tschechen aus der Slowakei befürworteten. Am 13. Oktober stimmte Hitler schließlich zu, das Plebiszit zu annullieren und seine Truppen in der besetzten Zone zu belassen. Hoggan schreibt: „Die Diskussion über das Plebiszit begann mit Halifax' Idee, dass es als Instrument gegen die Deutschen eingesetzt werden könnte. Sie endete mit einem Zeichen der Erleichterung in London, als die Deutschen die Idee fallen ließen."

Gleichzeitig begannen Ungarn und Tschechen mit den Verhandlungen über ein Abkommen über die ethnischen Ansprüche der Ungarn in der Slowakei. Der polnische Außenminister Józef Beck befürchtete, dass die Ungarn nicht genug Druck ausübten, und bat um ein Gespräch in dieser Angelegenheit. Am 7. Oktober schickte Budapest Außenminister Graf Istvan Csaky nach Warschau. Die polnische Presse hatte eine heftige Kampagne für den Anschluss Rutheniens an Ungarn gestartet, und Beck schlug dem Minister vor, die gesamte Provinz für sich zu beanspruchen; in Ruthenien lebten jedoch 14.000 Rumänen, und Csaky befürchtete einen Angriff Rumäniens, wenn er dies täte. Der deutsche Botschafter in Polen, Moltke, informierte Ribbentrop am 8. Mai, dass die ungarischen Ängste vor Rumänien Beck beunruhigten. Um das territoriale Kauderwelsch weiter zu verwirren, sahen die Italiener die von Polen angestrebte Schirmherrschaft nicht wohlwollend. Italien verstand, dass die Polen beabsichtigten, einen Block unabhängiger Länder zwischen der Achse und der Sowjetunion zu schaffen, und unterstützte daher die Unabhängigkeit der Slowakei. Die Verhandlungen zwischen Ungarn und der Tschechoslowakei scheiterten am 13. Oktober ohne Einigung.

In der Zwischenzeit wurde die Lage in der Slowakei immer verworrener: Die Pro-Tschechen waren praktisch von der Bildfläche verschwunden, und die anderen Gruppen forderten zumindest die Autonomie. Am 8. Oktober wurde eine slowakische Lokalregierung gebildet, und am 22. Oktober ermöglichte eine Verfassungsänderung die Verabschiedung des slowakischen Autonomiegesetzes. Die Autonomie sollte nur von kurzer Dauer sein, denn von diesem Zeitpunkt an ging die öffentliche Meinung eindeutig in Richtung Unabhängigkeit, was von den Polen begrüßt wurde, die immer noch entschlossen waren, dass Ungarn Ruthenien annektieren sollte. Am 11. November 1938 gelang es allen Parteien, sich in der Slowakischen Nationalen Einheitspartei zu vereinen.

Das Unterkarpaten- oder Transkarpatien-Ruthenien, das jahrhundertelang von Ungarn verwaltet wurde, war eine ethnisch vielfältige Region, die von Ukrainern, Ungarn, Rumänen, Bulgaren, Russen und anderen Minderheiten bewohnt wurde. Im Jahr 1945 wurde es Teil der Ukrainischen Sowjetrepublik. Beck fürchtete vor allem die deutsche Politik in der ruthenischen Frage und warnte deshalb über den polnischen Botschafter in Berlin, Józef Lipski, davor, die nationalistischen Ambitionen der Ukrainer zu fördern. Es sei daran erinnert, dass Millionen von Ukrainern in Ostpolen unter polnische Kontrolle geraten waren. Am 18. Oktober äußerte Lipski gegenüber dem deutschen Staatssekretär Ernst von Weizsäcker den Wunsch nach einer Politik der freundschaftlichen Zusammenarbeit in der ungarisch-slowakischen Angelegenheit. Weizsäcker teilte Ribbentrop mit, dass eine Politik der Zugeständnisse in dieser Angelegenheit für eine Politik der Verständigung mit Polen nützlich sein könnte. Am 19. Oktober teilte Botschafter Moltke Berlin mit, dass die Polen befürchteten, dass Ruthenien ihre Kontrolle über die in ihrem Gebiet lebenden Ukrainer gefährden könnte, die, ermutigt durch die Selbstbestimmungsprozesse in der Tschechoslowakei, in Lwow Unruhen provoziert hatten.

Nach einer Reise nach Bukarest, wo er versuchte, die Rumänen in der ruthenischen Frage zu beeinflussen, beauftragte Józef Beck am 22. Oktober den Botschafter Lipski, den Deutschen mitzuteilen, dass Polen ihre Unterstützung dabei wünschte, die gesamte Provinz Ruthenien unter ungarische Kontrolle zu bringen. Lipski bat darum, die polnische Regierung über die deutschen Pläne in der ungarischen Grenzfrage auf dem Laufenden zu halten. Hitler hielt daraufhin den Zeitpunkt für gekommen, deutsche Ansprüche auf Danzig zu erheben, und wies seinen Außenminister an, den Polen mitzuteilen, dass die deutsche Unterstützung vom Grad der Zusammenarbeit zwischen den beiden Ländern in den vorgeschlagenen Fragen der Verbindung mit Ostpreußen über Danzig abhängen würde.

Am 24. Oktober traf Botschafter Lipski mit Ribbentrop in Berchtesgaden zu einem Mittagessen zusammen. Dieses Datum markiert den Beginn der deutschen Versuche, durch bilaterale Verhandlungen eine Einigung über Danzig zu erzielen. Lipski gab zu, dass Becks Bemühungen in Rumänien gescheitert waren. Ribbentrop wies ihn darauf hin, dass die polnischen Pläne für Ruthenien einige Schwierigkeiten mit sich brächten, da die Ruthenen in einer

Volksabstimmung wahrscheinlich nicht für die Vereinigung mit Ungarn stimmen würden. Hinzu kommt die Haltung Rumäniens, mit dem Deutschland die Handelsbeziehungen durch das Tauschsystem verbessern möchte. Ribbentrop versicherte jedoch, dass dies keine Ablehnung darstelle, und bot einige Ideen an. Beim Mittagessen bat Ribbentrop Lipski, Minister Beck eine Einladung zu einem Besuch in Deutschland im November 1938 zu übermitteln. Hitlers Plan für Danzig kam im Gespräch sofort zur Sprache. Deutschland wollte Polen um die Erlaubnis bitten, die Stadt zu annektieren, und plante, um die Erlaubnis für den Bau einer Autobahn und einer Eisenbahnlinie zu bitten, um die Stadt mit Ostpreußen zu verbinden. Natürlich sollte es eine „Gegenleistung" geben, und Deutschland war zu zahlreichen Zugeständnissen bereit: Polen sollte einen ständigen Freihafen in Danzig erhalten und das Recht, eine eigene Autobahn und eine Eisenbahnverbindung zum Hafen zu bauen, deren Gebiet ein ständiger freier Markt für polnische Waren sein sollte. Deutschland bot auch die Anerkennung der bestehenden Grenzen an, einschließlich der Grenzen von 1922 in Oberschlesien. Ribbentrop beteuert, dass Deutschland noch weitere Ideen und Vorschläge habe, und schlägt einen neuen Vertrag zwischen den beiden Ländern vor, der ein allgemeines Abkommen und einen Nichtangriffspakt für nicht weniger als 25 Jahre enthalten soll.

Die Informationen über dieses Gespräch verbreiteten sich rasch in Europa. Bereits am nächsten Tag teilte Botschafter Kennard, der behauptete, die Informationen aus verschiedenen Quellen erhalten zu haben, Halifax mit, dass Deutschland und Polen über ein allgemeines Abkommen im Gegenzug für die gemeinsame ungarisch-polnische Grenze verhandelten. Beck war sich jedoch darüber im Klaren, dass er die deutsche Unterstützung für seine Pläne für Ruthenien nur dann erhalten würde, wenn er eine positive Haltung zu den deutschen Vorschlägen für eine Zusammenarbeit einnehmen würde. Er wusste, dass Großbritannien Polen gegen Deutschland unterstützen wollte, aber gleichzeitig war ihm klar, dass die Briten auf Zeit spielten. Seine Überzeugung, dass Großbritannien sich gegen Deutschland stellen würde", schreibt Hoggan in *Der Erzwungene Krieg*, „hinderte ihn daran, das deutsche Angebot ernsthaft in Betracht zu ziehen. Seine Einsicht, dass die Briten Zeit brauchten, um sich auf den Krieg vorzubereiten, veranlasste ihn zu einer Verzögerungstaktik bei den Verhandlungen mit Deutschland." Beck hatte bereits entschieden, dass er lieber die Zukunft Polens vom Ausgang eines britischen Präventivkriegs gegen Deutschland abhängig machen wollte, als ein Abkommen mit Hitler zu suchen, und gab daher die Suche nach einer Zusammenarbeit in Ruthenien auf. Die Verlockung eines englisch-polnischen Bündnisses hinderte die polnische Führung daran, die praktischen Vorteile einer Verständigung mit den Deutschen zu erkennen. Hoggan drückt es so aus: „Ein Bündnis mit Großbritannien würde die Feindseligkeit sowohl der Sowjetunion als auch Deutschlands unvermeidlich machen, ohne Polen den geringsten militärischen Vorteil zu verschaffen. Ein Bündnis mit Großbritannien wäre gleichbedeutend mit einem Todesurteil für den neuen polnischen Staat..... Polen hatte keine Chance, herzliche Beziehungen zur Sowjetunion aufzubauen. Seine einzige Hoffnung, nationale Sicherheit zu erlangen, lag in einem Pakt mit Deutschland, und Polen war verloren, wenn es nicht die Notwendigkeit eines solchen Kompromisses verstand."

Polens unberechenbare Politik gegenüber Deutschland im Jahr 1938

In der Überzeugung, dass die Niederlage Deutschlands in einem neuen Krieg den Interessen Polens diente, lehnte die polnische Führung den Frieden ab, der immer wieder in greifbarer Nähe war. Im März 1938 wertete das polnische Außenministerium den durch Stalins Säuberungen in der UdSSR ausgelösten Terror als Zeichen der inneren Schwäche und des Niedergangs. Die Fakten zeigten bald, dass die Dummheit ihres Vorgehens dazu führte, dass ihr Land zum Spielball der verborgenen Macht wurde, die den Krieg führte. Winston Churchill selbst erklärte in seinen *Memoiren* mit dem ihm eigenen Zynismus: „Nie war ein Krieg leichter zu vermeiden als der, der gerade das verwüstet hat, was von der Welt nach dem vorangegangenen Konflikt noch übrig war. Da die Hartnäckigkeit in der Danzig-Frage der Auslöser für den Konflikt war, ist ein kurzer Rückblick auf die deutsch-polnischen Reibereien im Jahr 1938 angebracht, bevor wir die Ereignisse chronologisch nacherzählen.

Zu den empörendsten und unerträglichsten Maßnahmen für Deutschland gehörte die Verfolgung der deutschen Minderheit in Polen. Obwohl die deutschen Behörden versuchten, sich bei der Lösung von Minderheitenproblemen untereinander abzustimmen, hielten die Polen eine Zusammenarbeit für unnötig. *Die Gazeta Polska* argumentierte in einem Leitartikel vom Juni, dass Minderheitenfragen eine interne Angelegenheit der einzelnen Regierungen seien. Die Tatsache, dass die polnische Minderheit in Deutschland im Vergleich zur deutschen Minderheit in Polen unbedeutend war, veranlasste die polnische Führung, die im Reich lebenden Polen zu ignorieren. Am 8. Juli verfasste Deutschland ein Memorandum mit den wichtigsten Beschwerden über die Misshandlung der Deutschen in Polen. Ein Bodenreformgesetz für 1938 verletzte die deutschen Interessen schwer: Mehr als zwei Drittel des in Posen und Westpreußen zu konfiszierenden Bodens sollten von deutschen Bauern, die in diesen Provinzen Grundbesitz besaßen, abgegeben werden. Das Memorandum warf den polnischen Behörden vor, einen Boykott von Industrieunternehmen, die Deutsche beschäftigten, zu dulden und zu fördern. Achtzig Prozent der deutschen Arbeiter in Ostoberschlesien waren arbeitslos, und jungen Deutschen wurde eine Lehrstelle verweigert, die es ihnen ermöglichen würde, eine Beschäftigung zu finden. Die Polen hatten ihr Programm zur Schließung der elamannischen Schulen intensiviert. Das Memorandum, das die Gesamtsituation zusammenfasste, schloss mit dem Hinweis, dass künftige Zugeständnisse an die Polen in Deutschland von der Verbesserung der Bedingungen in Polen abhängen würden.

In einem Bericht vom 2. September 1938 erläuterte Botschafter Moltke die zunehmend ungünstige Lage der deutschen Minderheit. Moltke verwies auf die von Oberst Adam Koc gegründete OZON-Gruppe (Gruppe der nationalen Einheit). Es handelte sich um eine staatlich finanzierte Gruppe, die das

Aufkommen einer antideutschen Stimmung fördern und eine breite Unterstützung der Politik der Regierung durch die Bevölkerung sicherstellen sollte. Nach den deutschen Erfolgen in Österreich und der Tschechoslowakei verfolgten die Polen eine Politik der Einschüchterung. Moltke berichtete, dass immer mehr Deutsche von polnischen Gerichten zu Gefängnisstrafen verurteilt wurden, weil sie Äußerungen wie „Der Führer wird hier Ordnung schaffen müssen" oder „Bald ist Polen dran" gemacht hatten. Botschafter Moltke zeigte sich besorgt über die Gleichgültigkeit, mit der die polnische Regierung die wachsende Zahl antideutscher und antideutscher Demonstrationen betrachtete. Ohne polizeiliches Einschreiten wurden deutsche Konsulate von Gruppen von Polen belästigt, die ein antideutsches Volkslied sangen, in dem es hieß, dass Gott Polen belohnen würde, die Deutsche erhängten.

Sobald Teschen im Oktober 1938 von polnischen Truppen besetzt wurde, war die deutsche Verfolgung eine Konstante. Obwohl Hitler Polen in seinem Anspruch auf dieses Gebiet von den Tschechen voll unterstützt hatte, gingen die Polen dazu über, die Deutschen und Pro-Deutschen als Feinde zu behandeln. Die Maßnahmen begannen bereits mit der militärischen Besetzung des Gebietes. Alle deutschen Schulen wurden sofort geschlossen. Der nächste Schritt richtete sich gegen die Eltern der Kinder, denen mit Arbeitslosigkeit gedroht wurde, wenn sie ihre Kinder nicht auf polnische Schulen schickten. Die deutschen Lehrer wurden entlassen, und es wurde verkündet, dass Polnisch die einzige offizielle Sprache sei. Anwälten und Ärzten wurde gesagt, dass sie nicht praktizieren dürften, wenn sie nicht innerhalb von drei Monaten Polnisch lernten. Bankguthaben wurden für lange Zeit eingefroren und die Renten und Gehälter der Deutschen wurden gekürzt. Im ersten Monat flohen 20% der deutschen Bevölkerung des Bezirks, und 5.000 Flüchtlinge mussten in Lagern im westlichen Oberschlesien untergebracht werden. Die Protestnoten der deutschen Behörden blieben erfolglos. Ende des Jahres traf Moltke mit Beck in Warschau zusammen und beklagte sich bitterlich über die Situation in Teschen. Der Botschafter brachte gegenüber dem Minister die Verzweiflung der Deutschen in diesem Gebiet zum Ausdruck, die die zwanzig Jahre unter tschechischer Herrschaft im Vergleich zur polnischen Unterdrückung als ein Paradies empfanden. In seiner Antwort betonte Beck, dass dies ein lokales Phänomen sei.

In Westpreußen wurden auch in den Schulen neue Zensurmaßnahmen ergriffen, und die Liste der verbotenen Bücher wurde erweitert: das *Nibelungenlied*, Gedichtbände von Goethe, Defoes *Robinson Crusoe* und andere wurden zensiert. In der Stadt Graudenz wurde der wichtigste Wohlfahrtsverband geschlossen und sein Eigentum beschlagnahmt. In der kleinen Stadt Neustadt wurde sogar die übliche Weihnachtsaufführung verboten. Der Verband Junger Polen startete eine Boykottkampagne gegen deutsche Unternehmen in der polnischen Westpusia, und im Januar 1939 begannen sie mit Streikposten, ohne dass die polnischen Behörden eingriffen. Dennoch weigerten sich polnische Quellen, die Tatsachen anzuerkennen, und beharrten darauf, dass die Verfolgung der Deutschen völlig „imaginär" sei.

Wir haben bereits im Abschnitt über die Konferenz von Evian erwähnt, dass der polnische Außenminister im April 1938 beschloss, den im Ausland lebenden polnischen Juden die Staatsbürgerschaft zu entziehen. Dies löste eine Krise mit Deutschland aus, die wir nun näher erläutern wollen. Deutschland war angeblich das bösartige Land, das keine Juden auf seinem Territorium haben wollte, weshalb jüdische Organisationen in der ganzen Welt einen internationalen Boykott gegen Deutschland organisierten und offen zum Krieg gegen Hitler aufriefen. Allerdings - und darüber schweigen die offiziellen Historiker - waren zwischen 1933 und 1938 viel mehr Juden aus Polen als aus Deutschland ausgewandert. Aus einem von Hoggan zitierten Bericht des Instituts für Zeitgeschichte in München geht hervor, dass in diesen Jahren jährlich durchschnittlich 100.000 Juden aus Polen auswanderten, während es aus Deutschland nur 25.000 bis 28.000 waren. Wie wir wissen, gingen die meisten dieser deutschen Juden dank des mit den Zionisten geschlossenen Haavara-Abkommens freiwillig mit ihrem Vermögen nach Palästina. Bis zum 9. November 1938 hatten 170.000 deutsche Juden das Land verlassen; im gleichen Zeitraum waren jedoch 575.000 polnische Juden aus Polen ausgewandert. Außerdem waren Tausende von Juden, die 1933 Deutschland verlassen hatten, 1934 zurückgekehrt, während kaum Juden nach Polen zurückgekehrt waren. Jerzy Potocki, der polnische Botschafter in den Vereinigten Staaten, machte im März 1938 gegenüber Summer Welles, dem amerikanischen Unterstaatssekretär, deutlich, dass Polen die Auswanderung polnischer Juden verstärken wollte, und Welles bot an, bei ihrer Ansiedlung in Venezuela und anderen lateinamerikanischen Ländern zu helfen. Eine polnische Sondermission unter der Leitung von Michal Lepecki war 1937 nach Madagaskar entsandt worden, um die Möglichkeiten der Verschiffung polnischer Juden auf diese reiche und dünn besiedelte französische Insel im Indischen Ozean zu prüfen.

Am 28. März 1938 berichtete der amerikanische Botschafter in Warschau, Angier Biddle, dass viele polnische Juden einen neuen Krieg in Europa begrüßen würden. Laut Biddle könnte die Zerstörung des neuen polnischen Staates die Lage der Juden verbessern, und viele von ihnen glaubten, dass die Sowjetunion im Vergleich zu Polen ein wahres Paradies sei. Der Botschafter fügte hinzu, dass die Lage der Juden in Polen zunehmend ungünstig sei, was die jüdische Illoyalität gegenüber Polen verstärke. Am 29. März gab Biddle bekannt, dass das polnische Parlament (Sejm) eine große Anzahl neuer antijüdischer Gesetze verabschiedete. Ein im März 1938 vom Sejm verabschiedetes Gesetz verbot „koschere" (judenfreundliche) Lebensmittel, obwohl zwei Millionen polnische Juden ausschließlich koscheres Fleisch aßen. Ein weiteres Gesetz, das ebenfalls im März verabschiedet wurde, erlaubte es den polnischen Behörden, Juden, die fünf Jahre lang nicht im Land waren, weil sie ihre Pässe nicht erneuert hatten, die Staatsbürgerschaft zu entziehen. Viele dieser Juden befanden sich in Deutschland: Etwa 70.000 polnische Juden lebten seit dem Ende des Weltkriegs im Reich. Am 15. Oktober 1938 wurde das Gesetz durch ein neues Dekret in Kraft gesetzt, so dass der Konflikt mit den deutschen Behörden vorprogrammiert war.

Das deutsche Außenministerium versuchte vergeblich, die Warschauer Behörden von der Notwendigkeit zu überzeugen, das Dekret aufzuheben, mit dem alle polnischen Juden, die nicht in Polen lebten, beseitigt werden sollten. Botschafter Moltke unternahm am 26. Oktober, drei Tage vor dem automatischen Inkrafttreten des Dekrets zur Ungültigerklärung jüdischer Pässe, einen letzten Versuch. Schließlich warnte Moltke angesichts der Aussichtslosigkeit Jan Szembek vom polnischen Außenministerium, dass Deutschland alle polnischen Juden ausweisen würde, die sich um ihre Anerkennung bemühten, wenn sie keine zufriedenstellende Antwort erhielten. Auf die Ankündigung dieser Maßnahme hin äußerte Szembek seine Verwunderung, und Moltke erklärte, die Angelegenheit könne leicht geregelt werden, wenn die polnische Regierung zustimme, dass der Erlass nicht für das Reichsgebiet gelte. Moltke bot eine zweite Lösung an: Die polnischen Staatsbürger in Deutschland sollten ohne den Sonderstempel in den Pässen zurückkehren dürfen. Józef Beck machte persönlich unmissverständlich klar, dass es in dieser Angelegenheit nichts zu verhandeln gebe.

Nach dieser Weigerung machten sich die Deutschen an die Arbeit. Am 28. Oktober, zwei Tage vor Ablauf der Frist, wurden zwischen 15.000 und 17.000 polnische Juden, meist Männer, zur Grenze transportiert. Jahre später schrieb der amerikanische Journalist William Shirer eine fiktive Geschichte, wonach der Transport in Viehwaggons und unter unmenschlichen Bedingungen stattfand. In Wirklichkeit bemühten sich die deutschen Behörden sehr um eine gute Behandlung der Reisenden, die ausreichend Platz, gute Verpflegung und medizinische Versorgung erhielten, da Mitarbeiter des Roten Kreuzes in den Zügen mitreisten. Die ersten Konvois passierten die Grenze, ohne dass die Polen davon wussten und sie aufhalten konnten. Als sie erkannten, was geschah, versuchte die Polizei, die Einreise zu verhindern, obwohl das Dekret erst am 30. Oktober in Kraft treten konnte. Schon bald wurden Tausende von polnischen Juden in kleinen Städten in der Nähe der oberschlesischen Grenze festgehalten, und der Ärger begann. Die deutsche Polizei beschloss daraufhin, so viele Juden wie möglich durch die Wälder und auf unbewachten Wegen zu schmuggeln. Die Polen gingen zum Gegenangriff über und wiesen einige Juden aus dem Westen des Landes, die seit dem Ende des Ersten Weltkriegs die deutsche Staatsbürgerschaft behalten hatten, nach Deutschland aus. Am gleichen Tag, dem 30. Oktober, einigten sich die Behörden beider Länder plötzlich darauf, die Deportationen einzustellen. Es sei darauf hingewiesen, dass die deutschen Behörden den Vertriebenen deutlich machten, dass sie keine Einwände gegen ihre Rückkehr haben würden, sobald sie neue, gültige Pässe erhalten hätten. Interessanterweise waren nach dem „Anschluss" Deutschlands an Österreich mehr Juden nach Deutschland gekommen als es in fünf Jahren verlassen hatten: Allein in Berlin waren laut einem Bericht von Botschafter Hugh Wilson im Mai 1938 3.000 Juden eingereist.

Ein jüdischer Terrorist ermordet Ernst von Rath: die „Kristallnacht".

In diesem Zusammenhang ermordete am 7. November 1938 ein siebzehnjähriger Jude, Herschel Grynszpan, den dritten Sekretär der deutschen Botschaft in Paris, Ernst von Rath. Wieder einmal beging ein jüdischer Terrorist ein Verbrechen mit weitreichenden historischen Auswirkungen. Einige haben versucht, in diesem Anschlag die gleiche Bedeutung zu sehen wie in dem Attentat von Sarajevo durch den jüdischen Freimaurer Gavrilo Princip. Joaquín Bochaca erinnert in *Los crímenes de los buenos* daran, dass von Rath ein weiterer von jüdischen Terroristen ermordeter Nazi-Funktionär war. Wir erwähnen nur den Fall von Wilhelm Gustloff, dem Gründer der NSDAP in der Schweiz und Verteiler des Buches *Die Protokolle der Weisen von Zion*, der am 4. Februar 1936 in seinem Haus in Davos von dem Juden David Frankfurter ermordet wurde, der ihn aus nächster Nähe erschoss. In dem Buch *Les vengeurs* von Michel Bar-Zohar erzählt der Terrorist in der ersten Person, wie er Gustloff ermordete: „Ich schoss... einmal, zweimal, dreimal, viermal.... Alle Kugeln trafen, in den Kopf, in den Hals, in die Brust.... Er brach zusammen. In den 1960er Jahren interviewte Bar-Zohar Frankfurter in Israel und porträtierte ihn als Rächer. Dort arbeitete er als Angestellter des Verteidigungsministeriums. Der am 12. Dezember 1936 zu achtzehn Jahren Gefängnis verurteilte Verbrecher wurde 1945 entlassen.

Grynszpans Familie gehörte zu denen, die deportiert worden waren, so dass sein krimineller Angriff als ein Akt wütender Rache erklärt wurde. Eine der am weitesten verbreiteten Versionen besagt, dass Grynszpan die Absicht hatte, Botschafter Welczeck zu ermorden, aber weil er ihn nicht identifizieren konnte, erschoss er von Rath. Es wurde auch geschrieben, dass der junge Mann sich vor einem Porträt Hitlers umbringen wollte, um ein Symbol für das jüdische Volk zu werden. Ingrid Weckert veröffentlichte 1981 in Deutschland das Buch *Feuerzeichen*, dessen englische Fassung 1991 in den Vereinigten Staaten unter dem Titel *Flashpoint: Kristallnacht 1938: Instigators, Victims and Beneficiaries* erschien. Dieses Buch bietet eine detaillierte Untersuchung der Kristallnacht (die Nacht des zerbrochenen Glases). Herschel Grynszpan, der seine Familie in Hannover im Alter von 14 Jahren verlassen hatte, liefert einige sehr interessante Fakten über seinen Vater, einen polnischen Juden. Sein Vater war ein polnischer Jude, der nach dem Weltkrieg nach Deutschland gezogen war. Der junge Herschel, der nicht gerne arbeitete, lebte bei seiner Tante und seinem Onkel in Brüssel und Paris, wo sich die französischen Behörden weigerten, seine Aufenthaltsgenehmigung zu verlängern, weil sein Pass abgelaufen war. Sein Onkel in Paris forderte ihn auf, die Stadt zu verlassen, da er keine rechtlichen Probleme haben wollte. Obwohl er keine Arbeit und kein Geld hatte, zog Herschel in ein Hotel. Die Informationen, die Ingrid Weckert ab diesem Zeitpunkt liefert, sind sehr wichtig. Das Hotel, in dem sich Grynszpan niederließ, befand sich in unmittelbarer Nähe des Sitzes einer einflussreichen französisch-jüdischen Organisation, der Internationalen Liga gegen Antisemitismus (LICA). Weckert fragt: „Wer unterhielt ihn ab Februar 1938 und wer bezahlte seine

Unterbringung im Hotel? Eine weitere Frage, die man sich stellen könnte, ist, warum das Hotel seinen verlängerten Aufenthalt erlaubte, wenn seine Papiere nicht in Ordnung waren? Obwohl er kein Geld hatte und mit einem abgelaufenen Pass lebte, konnte Grynszpan am Morgen des 7. November 1938 eine Pistole für 250 Franken kaufen, mit der er eine Stunde später von Rath tötete.

Der Mörder wurde noch am Tatort verhaftet und auf eine Polizeiwache gebracht. Obwohl sich die These durchgesetzt hat, dass Grynszpan ein obskurer polnischer Jude war, der allein und auf eigene Faust handelte, erschien wenige Stunden nach seiner Verhaftung einer der berühmtesten Kriminalisten Frankreichs, Vincent de Moro-Giafferi, auf dem Polizeirevier und erklärte, er sei sein Anwalt. Weckert fragt erneut: „Warum war er so daran interessiert, einen jungen Ausländer zu verteidigen? Wer sollte sein Honorar bezahlen?" Moro-Giafferi betreute Grynszpan in den nächsten Jahren. Bevor ihm der Prozess gemacht werden konnte, brach der Krieg aus. Die französischen Behörden lieferten den Verbrecher an die Deutschen aus, die ihn nach Deutschland brachten und verhörten, ihn aber nie vor Gericht stellten, da Moro-Giafferi sein Anwalt aus der Schweiz blieb, wo er während der deutschen Besetzung Frankreichs lebte.

Jahre nach dem Krieg wurde die Akte zugänglich, und unter Hunderten von Seiten befand sich ein Vermerk, in dem erklärt wurde, dass der Prozess aus „inoffiziellen Gründen" nicht stattfinden würde. Mit anderen Worten: Das Regime, das angeblich die größten Verbrechen an den Juden begangen hatte, war nicht in der Lage, den Mörder von Raths vor Gericht zu stellen. Nach dem Krieg kehrte Grynszpan nach Paris zurück, wo er Ausweispapiere erhielt, die ihm einen neuen Namen gaben. Auch die Familie Grynspan überlebte den Krieg. Nach ihrer Deportation nach Polen gelang es ihnen, nach Palästina auszuwandern, wo der Vater in Jerusalem im Prozess gegen Adolf Eichmann aussagte. Weckert glaubt, dass die Antwort auf das Rätsel Grynszpan Moro-Giafferi ist, der Rechtsberater der LICA war, die 1933 mit Rothschild-Mitteln von dem Juden und Freimaurer Bernard Lecache gegründet wurde, einem Kriegstreiber, der 1938 die Notwendigkeit eines gnadenlosen Krieges gegen Deutschland verkündete.

Zufälligerweise war Moro-Giafferi im Februar 1936 in Davos (Schweiz) auch als Verteidiger von David Frankfurter aufgetreten, dem jüdischen Verbrecher, der, wie oben erwähnt, Wilhelm Gustloff ermordet hatte. Während des Prozesses, der am 8. Dezember begann, wurde bewiesen, dass Frankfurter von einer einflussreichen Organisation angeheuert worden war, um das Attentat zu verüben. Alle Indizien wiesen auf die LICA hin, aber Moro-Giafferi ließ nicht zu, dass der Angeklagte den Namen der Internationalen Liga gegen Antisemitismus aussprach. Das Muster oder der Antworten von Frankfurter, der dem Gericht sagte, dass er aus eigener Initiative gehandelt habe, war genau dasselbe wie das von Grynszpan verwendete.

Ernst von Rath starb nicht an Ort und Stelle, sondern am 9. November, dem Tag, der mit der „Reichspogromnacht" endete, deren Bilder seit achtzig Jahren regelmäßig gezeigt werden, um die Welt an die Hölle zu erinnern, in der Juden in Deutschland lebten. In der Nacht vom 9. auf den 10. November kam es in deutschen Großstädten und in einigen kleineren Städten zu einer Reihe von gewalttätigen Ausschreitungen gegen Juden: Die Fenster ihrer Geschäfte wurden eingeschlagen, in viele ihrer Wohnungen wurde eingebrochen oder sie wurden zerstört, und einige Synagogen wurden demoliert und geflutet. Viele Juden wurden überfallen und mehrere Morde verübt. Von den 1.400 Synagogen in Deutschland wurden 180 zerstört oder beschädigt. Es stimmt also nicht, dass „alle Synagogen" angegriffen wurden, wie behauptet wurde. Es stimmt auch nicht, dass alle Geschäfte angegriffen wurden: Bei 7.500 der 100.000 Geschäfte in jüdischem Besitz wurden die Schaufenster eingeschlagen. Hermann Graml vom Institut für Zeitgeschichte in München ist ein Beispiel dafür, wie die Kristallnacht für die Propaganda genutzt wurde. Der prominente Historiker schrieb: „Jeder Jude wurde geschlagen, verfolgt, beraubt, beleidigt und gedemütigt. Die SA riss Juden aus ihren Betten, schlug sie gnadenlos in ihren Wohnungen und jagte sie dann fast in den Tod.... Überall floss Blut.

Am selben Tag, nach von Raths Tod, hielt Goebbels in München eine antijüdische Rede, die als Auslöser der Kristallnacht gilt. Es ist jedoch erwiesen, dass keiner der NSDAP-Führer Gewalt gegen Juden anordnete. Vielmehr wurden sie alle von den Ausschreitungen überrascht, als sie sich in München zum Gedenken an den Putsch von 1923 versammelten. Dort wurde Goebbels telefonisch über die schweren antijüdischen Demonstrationen in den deutschen Großstädten informiert. Nach dem Abendessen verließ Hitler gegen 20.00 Uhr das Haus und zog sich in seine Wohnung zurück. Kurz darauf, gegen 21 Uhr, erhob sich Göbbels, um zu den Anwesenden zu sprechen. Er erklärte unter anderem, dass die Zeiten, in denen Juden ungestraft Deutsche töten konnten, vorbei seien und dass von nun an legale Maßnahmen zur Verfügung stehen würden. Er wies jedoch darauf hin, dass der Tod von Raths nicht als Vorwand für private Aktionen gegen Juden genutzt werden dürfe. Ingrid Weckert hält es für unmöglich, dass die angeblich aufrührerischen Worte von Göbbels der Auslöser für den Pogrom gewesen sein könnten, da das Vorgehen gegen die Juden bereits begonnen hatte und Göbbels sie daher erst nach dem Ereignis äußerte.

Die Tatsache, dass die Unruhen an allen Orten gleichzeitig stattfanden, deutet offensichtlich darauf hin, dass es sich nicht um eine spontane Reaktion, sondern um eine gut vorbereitete handelte. Die Geheimgesellschaften hatten bereits in der Französischen Revolution, die in vielen Städten zur gleichen Zeit ausbrach, ihre Meisterschaft in der Durchführung dieser Art von Aktionen bewiesen. Erinnern wir uns daran, dass Agenten der illuminierten Freimaurerei nach der Erstürmung der Bastille die „Große Angst" in ganz Frankreich verbreiteten. Ingrid Weckert argumentiert, dass in der Kristallnacht etwas Ähnliches geschah. Um die Verantwortung für die Geschehnisse zu klären, gab die NSDAP eine Untersuchung durch das Oberste Parteigericht in Auftrag. Im Februar 1939 übermittelte der Vorsitzende Richter dieses internen Gerichts, Walter Buch, die Ergebnisse seiner Untersuchungen an Hermann Göring. Auf der Grundlage des Berichts von Richter Buch, der Auswertung von Dokumenten aus einer Reihe von Nachkriegsprozessen gegen mutmaßliche NS-Verbrecher und der Aussagen von Tausenden von Angeklagten und Zeugen entwickelte Weckert seine These vom Geschehenen.

Diesen Quellen zufolge tauchten am 8. November, dem Tag vor dem Pogrom, in mehreren hessischen Städten nahe der französischen Grenze plötzlich Fremde auf, die zuvor nicht gesehen worden waren. Sie sprachen die Bürgermeister, Kreisleiter und andere prominente Personen in diesen Städten an. Sie fragten, welche Maßnahmen gegen die Juden vorbereitet würden. Überrascht von diesen Fragen, antworteten die Beamten, dass sie nichts von solchen Plänen wüssten. Die Fremden täuschten ihr Erstaunen über diese Antworten vor und riefen nach einer Reaktion gegen die Juden. Dieselbe List wurde 1789 in Frankreich angewandt: Damals zogen angebliche Abgesandte des Monarchen mit einem falschen Edikt durch die Städte und forderten die Zerstörung von Schlössern, die nicht dem König gehörten. Einige Personen, die von diesen Personen angesprochen wurden, meldeten den Sachverhalt der Polizei oder diskutierten ihn mit Freunden. Sie wurden allgemein für gestörte Antisemiten gehalten. In einem Fall stellten sich zwei Männer in SS-Uniformen einem SA-Oberst vor und befahlen ihm, eine nahe gelegene Synagoge zu zerstören. Für Weckert ist dieser absurde und undenkbare Vorfall ein Beweis dafür, dass es sich bei den seltsamen Gestalten um Ausländer handelte, die nicht wussten, wie diese deutschen Einheiten funktionierten, denn die SA und die SS waren völlig getrennte Organisationen, und eine echte SS hätte niemals versucht, einer SA-Einheit Befehle zu erteilen. Daher verweigerte der Oberst (Standartenführer) den Befehl und meldete den Vorfall an seine Vorgesetzten.

Da die Provokationen bei den örtlichen Beamten nicht die erwarteten Ergebnisse brachten, wurde die Taktik angewandt, das Volk direkt auf der Straße zu ermutigen. Zwei Männer tauchen auf einem Marktplatz auf und halten Reden, um die Bevölkerung gegen die Juden aufzuwiegeln. Als einige Hitzköpfe schließlich die Synagoge angriffen, verschwanden die Provokateure. Ähnliche Vorfälle ereigneten sich in mehreren Städten: Unbekannte tauchten plötzlich auf, hielten Reden, begannen mit dem Einwerfen von Steinen in Schaufenster, starteten Angriffe auf jüdische Gebäude: Schulen, Krankenhäuser oder Synagogen, und verschwanden. Diese Ereignisse fanden am 8. November statt, bevor der Tod von Raths bekannt gegeben wurde, und waren nur der Anfang. Am Abend des 9. November begannen gut organisierte und weit verbreitete Vorfälle. Die antijüdischen Demonstrationen fanden vor allem in Hessen und im Raum Magdeburg statt, aber auch in großen und kleinen Städten in ganz Deutschland. Mit Stöcken und Knüppeln bewaffnete Gruppen von fünf oder sechs jungen Männern zogen ohne die geringste Regung oder Wut über die Ermordung des deutschen Diplomaten durch die Straßen der Städte und schlugen systematisch Schaufenster ein. Da jedoch Gewalt Gewalt erzeugt, schlossen sich einige Personen, die über die Zerstörungen verärgert waren, den Krawallen an: Auf diese Weise nahmen große Gruppen von Menschen an den Krawallen teil.

Bei den Prozessen vor dem Obersten Parteigericht wurde festgestellt, dass lokale oder regionale NSDAP-Führer mitten in der Nacht durch Telefonanrufe geweckt wurden. Jemand, der vorgab, von der Parteizentrale oder den regionalen Büros zu sprechen, fragte, was in der Stadt los sei. Wenn der

Offizier antwortete, dass alles ruhig sei, wurde ihm in der Umgangssprache mitgeteilt, dass sie den Befehl erhalten hätten, den Juden in dieser Nacht den Garaus zu machen. Einige hielten das für einen Scherz und legten sich wieder ins Bett; andere verstanden im Halbschlaf gar nicht, was vor sich ging; einige suchten nach einer Bestätigung des Befehls und setzten sich mit dem Büro in Verbindung, von dem die Stimme gesagt hatte, sie rufe an. Der vorsitzende Richter kam zu dem Schluss, dass es in der Befehlskette eine Verwechslung gegeben hatte.

Die deutschen Behörden erkannten, dass das, was geschah, für Deutschland nur von Nachteil sein konnte, und versuchten sofort, die Ordnung wiederherzustellen. Sobald Goebbels seine „Hetzrede" in München beendet hatte, riefen die Gauleiter und der Chef der SA ihre Untergebenen an und ordneten Maßnahmen zur Beendigung der Gewalt und zur Wiederherstellung des Friedens an. Dabei wurde besonders betont, dass Demonstrationen unter keinen Umständen geduldet werden durften. Diese telefonischen Anweisungen wurden von den Diensthabenden in der Parteizentrale aufgeschrieben und per Fernschreiben an die verschiedenen Bezirksämter weitergeleitet, so dass sie archiviert wurden und eingesehen werden können. Der SA-Chef Viktor Lutze wies seine Untergebenen (Gruppenführer) in München an, sich mit den Kasernen in Verbindung zu setzen und zu warnen, dass SA-Angehörige unter keinen Umständen an antijüdischen Demonstrationen teilnehmen dürften, sondern im Gegenteil einzuschreiten hätten, um die stattfindenden Unruhen zu beenden. Auch die Polizei und die SS erhielten entsprechende Befehle. In den Archiven des Internationalen Militärgerichtshofs in Nürnberg befindet sich noch das Fernschreiben von Himmler an Heydrich, in dem er ihm befahl, die Juden zu schützen und die Zerstörung ihres Eigentums zu verhindern.

Hitler erfuhr gegen 1 Uhr nachts, dass es in München zu gewalttätigen antijüdischen Ausschreitungen gekommen war, darunter der Brand einer Synagoge. Sofort rief er wütend den Chef der Münchner Polizei an. Er befahl ihm, das Feuer sofort zu löschen und dafür zu sorgen, dass es in der Stadt keine weiteren Ausschreitungen gab. Anschließend kontaktierte er Polizeichefs und Parteifunktionäre in ganz Deutschland, um das genaue Ausmaß der Unruhen zu ermitteln. Schließlich wurde folgende Mitteilung an alle Gauleiter verfasst: „Auf ausdrücklichen Befehl der höchsten Stelle dürfen in keinem Fall und unter keinen Umständen Brände gegen Geschäfte oder anderes jüdisches Eigentum gelegt werden".

Ingrid Weckert fragt sich: „Wie ist es möglich, dass trotz dieser kategorischen Befehle so viel Schaden und Zerstörung unter Beteiligung von SA-Angehörigen angerichtet werden konnte? Nach den schriftlichen Aufzeichnungen haben mindestens drei SA-Gruppen die Befehle von Lutze nicht befolgt und ihre Männer zur Zerstörung von Synagogen und anderen Gebäuden geschickt. Bei den Prozessen zwischen 1946 und 1952 wurde am 10. November um 8.00 Uhr morgens der Bericht von Karl Lucke, Chef der 50. Brigade, verlesen, der angab, um 3.00 Uhr morgens den Befehl erhalten zu haben, alle Synagogen in seinem Bezirk zu verbrennen. In seinem ausführlichen Bericht, der von der Staatsanwaltschaft in Nürnberg vorgelegt wurde, führte er die Liste der von Mitgliedern seiner Brigade zerstörten Synagogen auf. Der angebliche Befehl, die Synagogen niederzubrennen, muss von Herbert Fust, dem Leiter der Mannheimer SA-Gruppe, ausgegangen sein, der sich mit den anderen SA-Führern in München aufhielt und, wie die anderen, die Befehle seines Chefs Viktor Lutze korrekt weitergab. Der diensthabende Telefonist in der Mannheimer Kaserne bestätigte, dass er die Nachricht verstanden hatte, und legte auf; doch anstatt den Befehl an den Gruppenleiter weiterzugeben, der sich in der nahe gelegenen Stadt Darmstadt aufhielt, rief er Oberführer Fritsch an und zeigte ihm einen Zettel mit dem Vermerk, dass alle Synagogen im Mannheimer Bezirk zerstört werden sollten. Um 3 Uhr, als die Arbeiten bereits abgeschlossen waren, rief der Mann am Telefon Karl Lucke an und gab den falschen Befehl weiter. Gleichzeitig teilte er ihm mit, dass die Aktion bereits seit mehreren Stunden im Gange sei. Lucke wies daraufhin den Oberst seiner Brigade an, mit der Zerstörung im Darmstädter Bezirk fortzufahren. Kein Richter interessierte sich für die Identität des diensthabenden Telefonisten, der nach Weckerts Meinung ein Agent der Drahtzieher der Kristallnacht war.

Am frühen Morgen des 10. November verkündete Propagandaminister Joseph Göbbels über den Rundfunk, dass Aktionen gegen Juden strengstens verboten seien, und warnte, dass diejenigen, die sich nicht an diesen Befehl hielten, streng bestraft würden. Er erklärte auch, dass die Judenfrage nur durch rechtliche Maßnahmen gelöst werden könne. Dennoch beschuldigt der oben zitierte Historiker Hermann Graml Dr. Göbbels, die agents provocateurs angeleitet zu haben, ohne dafür Beweise vorzulegen. Als Göbbels um eine Erklärung gebeten wurde, argumentierte er, das deutsche Volk sei über den Mord an Ernst von Rath so wütend gewesen, dass es die Juden bestrafen wollte. Ingrid Weckert ist der Ansicht, dass er nicht glaubte, was er sagte, und fügt hinzu, dass Göbbels gegenüber mehreren Personen den Verdacht äußerte, dass eine geheime Organisation dahinterstecken müsse, da es sich bei etwas so gut Organisiertem nicht um einen spontanen Volksaufstand handeln könne.

Die NSDAP-Führung war zunächst ratlos, was geschehen war. Als erstes suchten sie die Verantwortlichen in der eigenen Organisation und begannen mit dem Finger auf mögliche Schuldige zu zeigen. Hitler selbst kam zu der Überzeugung, dass Göbbels der Anstifter gewesen war. Die SA-Mitglieder, die an dem Pogrom teilgenommen hatten, wurden von verschiedenen jüdischen und deutschen Zeugen vor den Gerichten angeklagt. Einige von ihnen wurden des Mordes angeklagt, andere der Plünderung, der Körperverletzung und anderer krimineller Handlungen. Hitler wollte jedoch, dass die Partei ihre eigenen Ermittlungen durchführt, und verschob die Prozesse, bis die Angeklagten vor dem Obersten Parteigericht erschienen waren. Viele von ihnen wurden ausgeschlossen, so dass sie, wenn sie vor ein ordentliches Gericht gestellt wurden, keine Mitglieder der NSDAP mehr waren. In *Les responsables de la Seconde Guerre Mondiale* beziffert Paul Rassinier die Zahl der Personen, die wegen ihrer Beteiligung an den Ereignissen vor Gericht gestellt und verurteilt wurden, auf 174.

Am 12. Dezember berief Göring auf Befehl Hitlers die betroffenen Ministerpräsidenten zu einer Besprechung der Ereignisse ein. Meine Herren", sagte der Führer zu ihnen, „genug der Demonstrationen, die nicht den Juden schaden, sondern mir, der höchsten Instanz für die Wirtschaft Deutschlands. Wenn heute ein jüdisches Geschäft zerstört wird, wenn seine Waren auf die Straße geworfen werden, so wird die Versicherung dem Juden den Schaden ersetzen, damit er keinen Schaden erleidet..." Da die zerstörten Waren hoch versichert waren, wurde als Ausgleich für die Beträge, die die deutschen Versicherer zu zahlen hätten, beschlossen, Juden mit einem Vermögen von mehr als 5.000 Mark mit einer sehr hohen Geldstrafe zu belegen. Diese Maßnahme wurde einhellig kritisiert; die Nazis argumentierten jedoch unter anderem damit, dass das Reich aufgrund des Boykotts und der Kriegserklärung der Juden knapp an Devisen sei, so dass nun die Juden, die den Boykott angezettelt hatten, ihren Glaubensgenossen bei der Zahlung helfen könnten. Die Unternehmen wurden angewiesen, die geforderten Schadensersatzbeträge unverzüglich zu zahlen, und ein Teil dieses Geldes durfte dann für die Zahlung der Geldstrafe verwendet werden, die in vier Raten zu zahlen war: 15. Dezember 1938, 15. Februar, 15. Mai und 15. August 1939.

Es gab jedoch noch einen zweiten Teil dieser Affäre. Nahum Goldmann, Präsident des Jüdischen Weltkongresses, berief sich auf die, wie er es nannte, „historische Wahrheit" über die Kristallnacht und forderte 1952 von Bundeskanzler Konrad Adenauer 500 Millionen Dollar als Entschädigung für die in jener Nacht verursachten Schäden. Adenauer verlangte eine Rechtfertigung für eine so hohe Summe. Goldman selbst schreibt in *The Jewish Paradox*, dass seine Antwort lautete: „Suchen Sie selbst nach der Rechtfertigung. Was ich will, ist nicht die Rechtfertigung, sondern das Geld." Natürlich erhielt Goldmann das von ihm geforderte Geld.

Die Folgen der Kristallnacht

Es ist anzunehmen, dass die LICA und diejenigen, die im Verborgenen die Ermordung von Ernst von Rath vorbereiteten, viel mit der Kristallnacht zu tun hatten. Schon vor der bolschewistischen Revolution waren in Russland Pogrome von jüdischen Gruppen organisiert worden, die davon profitieren wollten. Eine Tatsache ist, dass 1938 die Zahl der Juden, die nach Palästina kamen, auf den niedrigsten Stand seit Beginn der zionistischen Migration aus aller Welt in das Heilige Land um die Jahrhundertwende gesunken war. Eine Wiederbelebung war unumgänglich, und die Kristallnacht war es. Es wurde bereits erwähnt, dass die europäischen Juden, die Polen oder andere Länder verlassen mussten, trotz der Nürnberger Gesetze Deutschland als Ort zum Leben und Arbeiten bevorzugten. Was in der Nacht des 9. November geschah, war etwas Außergewöhnliches und hatte nichts mit alltäglichem Verhalten zu tun. Das antijüdische Pogrom wurde von der deutschen Öffentlichkeit abgelehnt, die weitgehend entsetzt war über Ereignisse, die ihrem Sinn für Anstand und Ordnung widersprachen.

Es war unvermeidlich, dass eine internationale Pressekampagne die Situation der Juden in Deutschland als eine tägliche Hölle darstellte. In den Vereinigten Staaten wurde dies zum Anlass genommen, um in alle Winde zu verkünden, dass die Bedingungen für Juden nirgendwo in Europa schlechter seien als in Deutschland. Am 14. November wies Cordell Hull Botschafter Wilson an, das Land zu verlassen, und verbot ihm die Ausreise auf einem deutschen Schiff. Am 15. November schrieb der deutsche Botschafter in Washington, Dieckhoff, an den deutschen Außenminister, um ihm mitzuteilen, wie stark die Feindseligkeit gegenüber Deutschland in der amerikanischen Öffentlichkeit aufgeflammt war. Noch besorgniserregender war die Feindseligkeit von Präsident Roosevelt selbst, der seine Landsleute dazu aufrief, alle deutschen Produkte zu boykottieren. Roosevelt kündigte an, die sofortige Umsetzung eines Projekts zum Bau von 10.000 Flugzeugen zu prüfen, und drängte außerdem Großbritannien, seine Politik der Versöhnung mit Deutschland aufzugeben. Paul Rassinier zitiert einen Text des polnischen Botschafters in Washington, der am 12. Januar 1939 an Beck geschickt wurde und in dem Potocki erläutert, inwiefern die Kristallnacht in den Vereinigten Staaten als Vorwand für einen Angriff auf Deutschland diente:

> „Die antisemitischen Ausschreitungen, die sich in letzter Zeit in Deutschland ereignet haben, haben hier eine antideutsche Kampagne von seltener Heftigkeit entfesselt. Verschiedene jüdische Intellektuelle und Finanziers, Bernard Baruch, Richter am Obersten Gerichtshof Frankfurter, Finanzminister Morgenthau und andere, die Roosevelts persönliche Freundschaft genießen, haben sich daran beteiligt. Diese Gruppe von Personen, die die höchsten Positionen in der amerikanischen Regierung besetzen, ist untrennbar mit der jüdischen Internationale verbunden."

Obwohl weder die deutsche Regierung noch die NSDAP die Unruhen angezettelt hatten, sollte auch in Deutschland nichts mehr so sein, wie es war. Der Gedanke, die Juden aus dem Land zu entfernen, wurde durch die Geschehnisse noch verstärkt. Hitler ordnete die Schaffung einer zentralen Stelle an, die die Auswanderung der Juden aus Deutschland so schnell wie möglich organisieren sollte. Göring schuf daraufhin die Reichszentrale für die Jüdische Auswanderung ( ), deren Leiter Reinhard Heydrich war. Obwohl die Bedingungen des Haavara-Abkommens sehr günstig waren, wanderten weniger Juden nach Palästina aus, als von den Nazis und den Zionisten gewünscht. Im Sommer 1938 wurde ein zwischenstaatliches Komitee für Flüchtlinge unter der Leitung des amerikanischen Rechtsanwalts George Rublee gegründet. Dieser Ausschuss und die deutsche Regierung unterzeichneten im Januar 1939 ein Abkommen, wonach alle deutschen Juden in ein Land ihrer Wahl auswandern konnten. Dank dieses „sensationellen Abkommens", wie Rublee es selbst nannte, richteten verschiedene Regierungen Auffanglager ein, in denen jüdische Emigranten eine Berufsausbildung erhielten, um ihnen die Arbeit in ihren neuen Ländern zu erleichtern. Deutsche Juden, die älter als 45 Jahre waren, konnten also entweder auswandern oder in Deutschland bleiben. Diejenigen, die sich für den Verbleib im Reich entschieden, konnten leben, wo immer sie wollten, und waren wie alle anderen Bürger sozial abgesichert. Die Klauseln oder Bestimmungen des Rublee-Plans dienten als Grundlage für die Reichszentrale. Außerdem wurde eine parallele jüdische Organisation, die Reichsvereinigung der Juden in Deutschland, gegründet, um Juden zu beraten. Beide Organisationen arbeiteten zusammen, um die Auswanderung zu erleichtern. Andererseits arbeiteten die SS und andere nationalsozialistische Organisationen mit zionistischen Gruppen zusammen, um so viele Juden wie möglich zum Verlassen Deutschlands zu bewegen. Mit Hilfe des Rublee-Plans und des Haavara-Abkommens wanderten Hunderttausende von Juden aus Europa nach Palästina aus. Im September 1940 meldete „Palcor", die jüdische Nachrichtenagentur in Palästina, dass eine halbe Million jüdischer Emigranten aus dem Deutschen Reich und dem besetzten Polen angekommen waren.

Deutschland strebt Einigung und Frieden mit Polen an

Die Unfähigkeit Polens, eine positive Haltung gegenüber Deutschland einzunehmen, führte Ende 1938 zu verstärkten Reibungen. Die geplante fünfundsiebzig Kilometer lange Autobahn von Bütow (Pommern) über Danzig nach Elbing (Ostpreußen) sollte nur vierzig Kilometer durch polnisches Gebiet führen. Deutschland, das Polen im Gegenzug für die Rückgabe von Danzig sehr interessante Entschädigungen und Gebietsverzichte angeboten hatte, wartete seit dem 24. Oktober, dem Tag des Treffens zwischen Lipski und Ribbentrop, auf eine Antwort. Die Deutschen hofften weiterhin, dass eine Einigung möglich sei. Das Ausbleiben einer Antwort von Beck war jedoch ein schlechtes Zeichen, so dass Ribbentrop beschloss, den Botschafter am 19. November 1938 vorzuladen, um ihn zu fragen, ob er von Beck Anweisungen bezüglich des deutschen Angebots erhalten habe. Lipski bejahte die Frage und versicherte halbherzig, dass ein Abkommen über eine Autobahn und eine Eisenbahnlinie durch den Korridor möglich sei. Er erinnerte jedoch daran, dass die Aufrechterhaltung der Freien Stadt für Polens Interessen lebenswichtig sei, und kündigte an, dass Beck ihn angewiesen habe, ein Gegenangebot zu unterbreiten, dessen Hauptpunkt ein Vertrag über die Anerkennung der dauerhaften Unabhängigkeit Danzigs sei. Ribbentrop macht aus seiner Enttäuschung keinen Hehl, versichert aber, dass er sich mit Hitler beraten werde. Drei Tage später, am 22. November, kehrte Botschafter Lipski nach Warschau zurück, um die Danzig-Frage zu besprechen. Dabei wurde deutlich, dass die Andeutung einer möglichen Einigung über die Autobahn und die Eisenbahnlinie nur ein Trick gewesen war, um die Deutschen zu beschwichtigen. Die polnische Führung war sich einig, dass sie weder bei Danzig noch bei den Transitstrecken im Korridor Zugeständnisse machen würde.

Eine Erklärung für diese unnachgiebige Haltung bietet einmal mehr David L. Hoggan, der über einen sehr eloquenten Bericht berichtet, der am Vortag, dem 21. November, von Graf Jerzy Potocki, dem polnischen Botschafter in den Vereinigten Staaten, telegrafiert wurde. Angesichts des Interesses an diesem aufschlussreichen Dokument geben wir den Text hier wieder:

> „Der polnische Botschafter wurde von William C. Bullitt, dem amerikanischen Botschafter in Frankreich, der die Vereinigten Staaten besuchte, darüber informiert, dass Präsident Roosevelt entschlossen war, Amerika in den

kommenden europäischen Krieg zu verwickeln. Bullitt erklärte Potocki, dass er das besondere Vertrauen von Präsident Roosevelt genieße. Bullitt sagte voraus, dass in Europa bald ein langer Krieg ausbrechen würde. Über Deutschland und seinen Kanzler, Adolf Hitler, sprach er mit äußerster Vehemenz und verbittertem Hass. Er schlug vor, dass der Krieg sechs Jahre dauern könnte, und sprach sich dafür aus, ihn in einem solchen Ausmaß zu führen, dass sich Deutschland nie mehr davon erholen könnte."

Potocki, so Hoggan weiter, teilte Bullitts und Roosevelts Begeisterung für Krieg und Zerstörung nicht:

„Er fragte, wie es zu diesem Krieg kommen könne, da es äußerst unwahrscheinlich sei, dass Deutschland Großbritannien oder Frankreich angreifen würde. Bullitt schlug vor, dass ein Krieg zwischen Deutschland und einer anderen Macht ausbrechen würde, und dass die Westmächte eingreifen würden. Bullitt hielt einen Krieg zwischen der Sowjetunion und Deutschland für unvermeidlich und sagte voraus, dass Deutschland nach einem zermürbenden Krieg in Russland vor den Westmächten kapitulieren würde. Er versicherte Potocki, dass sich die Vereinigten Staaten an diesem Krieg beteiligen würden, wenn Großbritannien und Frankreich den ersten Schritt machten. Bullitt erkundigte sich nach der polnischen Politik, und Potocki antwortete, dass Polen lieber kämpfen würde, als Deutschland zu erlauben, die Westgrenze zu verändern. Bullitt, der Polen sehr unterstützte, war überzeugt, dass man Polen zutrauen konnte, gegen Deutschland standhaft zu bleiben".

Es ist erstaunlich, dass Bullitt, der umherziehende Botschafter der Kriegspartei und Agent der internationalen Verschwörung, sehr wohl wusste, wie sich die Ereignisse entwickeln würden, denn es geschah so, wie er es dem polnischen Botschafter angekündigt hatte.

Die Quelle des amerikanischen revisionistischen Historikers sind die *polnischen Dokumente über die Kriegsursachen*. In einer ausführlichen Notiz erklärt Hoggan, dass sowohl Bullitt als auch das US-Außenministerium die Legitimität dieser Dokumente zunächst bestritten. Ihre Echtheit wurde jedoch von dem Diplomaten und Professor Waclaw Jedrzejewicz vom Józef-Pilsudski-Institut in New York, dem Autor von *Poland in the British Parliament, 1939-1945*, bestätigt. Die Kontroverse über die Echtheit der so genannten „Polish Secret Papers" verdient eine weitere Klärung, die wir im Folgenden von Mark Weber vom Institute for Historical Review anbieten.

Diese Dokumente wurden von den Deutschen erbeutet, als sie im September 1939 Warschau einnahmen. Eine SS-Brigade unter dem Kommando von Baron von Künsberg griff das Außenministerium überraschend an, als es die belastenden Dokumente verbrennen wollte. Am Freitag, dem 29. März 1940, wurden sechzehn Dokumente von den Nazis unter dem Titel *Polnische Dokumente zur Vorgeschichte des Krieges* veröffentlicht. In Berlin erhielten Journalisten aus aller Welt, nachdem sie Zugang zu den Originalen hatten und diese einsehen durften, Faksimilekopien der Dokumente sowie deutsche Übersetzungen. Die Ausgabe des Auswärtigen Amtes trug den Titel *German White Book No. 3*. Das Buch erschien in mehreren Sprachen in Berlin und anderen Hauptstädten. Eine Ausgabe wurde in New York von Howell, Soskin and Company unter dem Titel *The German White Paper* veröffentlicht. Natürlich bestritten die beteiligten Botschafter, vor allem Bullitt und Potocki, die Echtheit der Dokumente. Edward Raczynski, der polnische Botschafter in London, bestätigte jedoch 1963 in seinem Tagebuch, das unter unter dem *Titel In Allied London* erschien, dass die Dokumente echt waren. In seinem Eintrag vom 20. Juni 1940 schrieb er: „Die Deutschen veröffentlichten im April ein Weißbuch mit Dokumenten aus den Archiven unseres Außenministeriums, die Berichte von Potocki in Washington, von Lukasiewicz in Paris und mir selbst enthielten. Ich weiß nicht, woher diese Dokumente stammen, da uns gesagt wurde, die Archive seien vernichtet worden. Die Dokumente sind sicherlich authentisch, und die Faksimiles beweisen, dass die Deutschen die Originale und nicht nur Kopien hatten."

Botschafter Jerzy Potocki war davon überzeugt, dass Roosevelts kriegerische Haltung eine Folge des jüdischen Umfelds war, das ihn umgab. Potocki teilte seiner Regierung wiederholt mit, dass die öffentliche Meinung in den USA lediglich das Ergebnis jüdischer Machenschaften sei. Nach Potockis Ansicht war der jüdische Einfluss auf die amerikanische Kultur und öffentliche Meinung absolut vorherrschend. Am 9. Februar 1938 berichtete Potocki dem polnischen Außenministerium, dass der jüdische Druck auf Präsident Roosevelt zunehme: „Die Juden sind jetzt die Führer bei der Schaffung einer Kriegspsychose, die die ganze Welt in den Krieg stürzen und eine allgemeine Katastrophe herbeiführen würde. Dieses Gefühl wird mehr und mehr deutlich.

Eines der aufschlussreichsten *polnischen Dokumente über die Hintergründe des Krieges* ist der Geheimbericht von Potocki vom 12. Januar 1939, in dem die Lage in den Vereinigten Staaten und die Kampagne gegen Deutschland beschrieben werden. Die Propaganda", schrieb Potocki, „ist größtenteils in den Händen der Juden, die hundert Prozent des Radios, des Kinos und der Tages- und Wochenpresse kontrollieren". Sehr aufschlussreich ist auch eine Passage über die Behandlung der UdSSR: „Es ist interessant festzustellen, dass in dieser äußerst gut geplanten Kampagne, die sich vor allem gegen den Nationalsozialismus richtet, die Sowjetunion völlig ausgeklammert wird. Wenn sie überhaupt erwähnt wird, dann immer in freundlicher Weise, und die Dinge werden so dargestellt, als ob Sowjetrussland im Block der demokratischen Länder mitarbeiten würde. All dies bestätigt zum x-ten Mal, dass die Regierungen von Franklin Delano Roosevelt von jüdischen Agenten kontrolliert wurden. Roosevelt selbst war bekanntlich Jude, denn seine Mutter Sara Delano stammte in siebter Generation aus einer sephardischen Familie. Außerdem war F.D.R. mit seiner Cousine Eleanor verheiratet, einer weiteren Jüdin, die sich ernsthaft für den Zionismus einsetzte.

Der andere, der wie Bullitt entschlossen war, ein Abkommen zwischen Deutschland und Polen zu verhindern, war der unbeschreibliche Lord Halifax, der Sekretär des Außenministeriums, dessen Botschafter in Warschau, Kennard, sich im November 1938 mit dem Schweizer Diplomaten Jacob Burckhardt traf, der als Hochkommissar des Völkerbundes in Danzig tätig war. Der Hochkommissar brachte seine Überzeugung zum Ausdruck, dass die Polen

60

bereit wären, Danzig an Deutschland abzutreten. Als er die Situation mit Burckhardt besprach, machte Kennard keinen Hehl aus seinem Hass auf Deutschland. Die hochmütige Haltung des Botschafters missfiel dem Hochkommissar, der sich veranlasst sah, die Deutschen über die Abneigung des britischen Diplomaten zu informieren. Von diesem Moment an wussten Hitler und Ribbentrop, dass der Mann, der Halifax' Vertrauen in Warschau genoss, ein Feind der Beschwichtigungspolitik war. Als Lord Halifax vom Inhalt des Gesprächs zwischen Kennard und Burckhardt erfuhr, befürchtete er, dass die Polen ihre wahren Absichten verbergen würden, und zog die Möglichkeit in Betracht, dass der Hochkommissar sich mit der deutschen Position identifizieren könnte. Halifax warnte Kennard, dass Burckhardt über „außergewöhnliche diplomatische und politische Fähigkeiten" verfüge und nicht auf die leichte Schulter genommen werden dürfe.

Aus Angst, Polen und Deutsche könnten ihm in den Rücken fallen, traf Halifax am 4. Dezember in London mit dem polnischen Botschafter Edward Raczynski zusammen, um die wahren Absichten Polens zu klären. Der Außenminister fragte ihn unverblümt, ob Hitler kürzlich die Frage der deutschen Ansprüche auf Danzig angesprochen habe. Der Botschafter antwortete ausweichend und erklärte, dass Polens größtes Problem im Moment darin bestehe, internationale Hilfe zu bekommen, um die jüdische Bevölkerung loszuwerden. Raczynski versicherte Halifax, dass die Juden „ein großes Problem" in Polen seien. Halifax, der verärgert war, verstand, dass Beck den Botschafter nicht ermächtigt hatte, weitere Informationen über die deutsch-polnischen Verhandlungen zu geben, und wies Kennard an, alle Mittel einzusetzen, um Becks wahre Absichten herauszufinden.

Edward Frederick Lindley Wood, Graf von Halifax

An dieser Stelle sollten einige Zeilen dem Earl of Halifax, Lord Halifax, gewidmet werden, einem Rothschild-Mann, dessen dreistes Handeln zum Ausbruch des Krieges führte. Edward Frederick Lindley Wood wurde am 16. April 1881 ohne eine linke Hand und mit einem verkümmerten linken Arm geboren und starb am 23. Dezember 1959. Er zog 1910 als Abgeordneter der Konservativen in das Unterhaus ein. In seiner Antrittsrede bestritt er nachdrücklich, dass alle Menschen gleich geschaffen sind, und rief das englische Volk auf, seiner Berufung als „Herrenrasse" innerhalb des britischen Empire treu zu bleiben. Vizekönig und Generalgouverneur von Indien zwischen 1926 und 1931 und Kriegsminister für fünf Monate im Jahr 1935, war der 1. Earl of Halifax vom 21. Februar 1938 bis zum 22. Dezember 1940 Staatssekretär im Außenministerium. Nach seinem Ausscheiden aus dem Amt ging er als Botschafter in die Vereinigten Staaten, wo er bis 1946 blieb.

Als Chef der britischen Diplomatie spielte er ein doppeltes Spiel, das dazu einlädt, ihn als unehrlichen und heuchlerischen Mann zu betrachten. Sobald er zum Außenminister ernannt wurde, begann Chamberlains Figur von der Persönlichkeit seines Ministers in den Schatten gestellt zu werden, den Hoggan als „selbstsüchtigen, rücksichtslosen, cleveren, selbstgerechten, selbstgefälligen, scheinheiligen, scheinheiligen Diplomaten" beschreibt. Seine politische Perfidie brachte ihm den Spitznamen „The Holy Fox" ein, eine Bezeichnung, die ihm von Winston Churchill verliehen wurde. Sein Biograph Andrew Roberts wählte diesen Beinamen als Titel für sein Buch *The Holy Fox. Ein Leben von Lord Halifax* (1991). Wie oben bereits angedeutet, handelt es sich um eine unkritische Biografie, in der Hitler als der übliche Bösewicht dargestellt wird, der das Reich ausbauen und die Welt beherrschen will, während die Figur des Halifax mit einem Nimbus moralischer und intellektueller Überlegenheit umhüllt wird, der angeblich die „Ehre" Großbritanniens über alle anderen Erwägungen stellt.

Halifax, ein Politiker von geringem Gewicht innerhalb der Konservativen Partei, wurde von Chamberlain beauftragt, den Führer zu besuchen. Seinen ersten Auftritt vor der deutschen Führung hatte er am 19. November 1937, als er Hitler in Berchtesgaden besuchte, bevor er zum Minister ernannt wurde. Zu diesem Zeitpunkt hatte sein Sohn Charles bereits die Enkelin von Lord Rothschild geheiratet. Als Visitenkarte teilte Halifax den Naziführern frech mit, dass er „eine deutsche Aktion zur Rückeroberung Danzigs" erwarte. Drei Monate später löste Lord Halifax, Edward Wood, Anthony Eden als Außenminister ab, und innerhalb weniger Monate änderten sich seine Ansichten in der Danzig-Frage um 180 Grad.

Am 21. Mai 1938 informierte Burckhardt, der Hochkommissar für Danzig, die Deutschen jedoch noch über die Bereitschaft des Außenministers, die er einige Tage zuvor in einem Interview geäußert hatte. Lord Halifax", so wird Burckhardt zitiert, „hat Danzig und den Korridor als eine Absurdität bezeichnet. In dem Gespräch räumte der Chef der britischen Diplomatie gegenüber dem Hochkommissar ein, dass dies wohl die größte Dummheit der Versailler Verträge sei und äußerte die Hoffnung, dass eine Änderung des „Status quo" durch bilaterale Verhandlungen zwischen Polen und Deutschland erreicht werden könne. Zu allem Überfluss schlug Lord Halifax dem Schweizer Diplomaten vor, dass Großbritannien bereit wäre, zwischen Deutschland und Polen zu vermitteln, falls die bilateralen Verhandlungen in eine „Sackgasse" geraten würden. Natürlich wurde diese Nachricht in Deutschland mit größtem Interesse aufgenommen.

Und selbst im Juli 1938 war Halifax offenbar noch für die Beschwichtigungspolitik. Am Morgen des 18. Juli um zehn Uhr empfing er Fritz Wiedemann, Hitlers persönlichen Gesandten in London, in seiner Residenz am Eaton Square. Alexander Cadogan war bei dem Gespräch anwesend und fungierte als Übersetzer. Wiedemann, Autor eines Werkes über Hitler, *Der Mann der Feldherr werden wollte* (1964), erhielt vom Sekretär des Auswärtigen Amtes folgende Botschaft: „Sagen Sie Ihrem Führer, dass ich hoffe, vor meinem Tod das Ziel all meiner Bemühungen verwirklicht zu sehen: Hitler von dem König von England empfangen und von der Londoner Menge auf dem Balkon des Buckingham Palace bejubelt zu sehen". Angesichts dieser Worte ist es verständlich, dass einige Autoren der Ansicht sind, Halifax habe Hitler lediglich dazu bringen wollen, auf den Köder der Beschwichtigungspolitik hereinzufallen.

Nach der Münchner Konferenz war allen klar, dass die deutsch-britischen Beziehungen die Grundlage für den Aufbau von Frieden und Sicherheit in

Europa bilden würden. Die am 30. September 1938 in Hitlers Münchner Wohnung unterzeichnete Erklärung der deutsch-britischen Freundschaft war ein Dokument der Hoffnung. Doch wie wir gesehen haben, dämpften Churchill und Duff Cooper am 5. Oktober im Unterhaus sofort die Erwartungen. Einige Tage später, am 12. Oktober, empfing Lord Halifax den amerikanischen Botschafter Kennedy zum Tee und präsentierte ihm ein zufriedenstellendes Bild der Europapolitik. Laut den von Hoggan zitierten Dokumenten *der US Foreign Relations* von 1938 gab der Sekretär des Außenministeriums gegenüber dem Botschafter zu, dass jeder, der Einfluss habe, wisse, dass Hitler keinen Krieg mit Großbritannien wolle, und fügte hinzu, dass die Tatsache, dass Großbritannien seine Luftstreitkräfte verstärke, nicht unbedingt bedeute, dass es eine Einmischung auf dem Kontinent plane. Halifax teilte Kennedy mit, er erwarte, dass Hitler einen Vorschlag für die Annexion von Danzig und Memel machen werde, und deutete an, dass Großbritannien nicht eingreifen werde.

Als sich Kennedy und Halifax zwei Wochen später, am 28. Oktober, erneut trafen, hatte sich bereits etwas geändert. Lord Halifax teilte dem Botschafter mit, dass Hitler, wie er vorausgesagt hatte, um Danzig gebeten hatte. In diesem zweiten Gespräch schilderte Halifax die Haltung des deutschen Reichskanzlers gegenüber Großbritannien in düsterer Weise und lieferte Kennedy auch eine Menge unzuverlässiger Informationen über Hitlers angebliche Haltung zu den aktuellen Angelegenheiten auf dem Kontinent. Einige Wochen später versicherte er Kennedy, dass Hitler von einem brodelnden Hass auf Großbritannien zerfressen sei und plane, die Sowjetunion im Frühjahr 1939 in Stücke zu reißen. Hoggan zufolge bestand das Motiv für diese irreführende Taktik darin, einen möglichen britischen Angriff vorzubereiten. Man kann sagen, dass von diesem Zeitpunkt an die Zügel der britischen Politik schrittweise in die Hände von Lord Halifax übergingen und Premierminister Chamberlain zu einer Marionette seines Außenministers wurde.

Ein Thema, das Halifax im Anschluss an die Münchner Konferenz beschäftigte, war die Verbesserung der Beziehungen zwischen Deutschland und Frankreich. Mit der Aussicht, dass Frankreich in der Lage sein könnte, seine Bindungen an Großbritannien zu lösen und zu einer unabhängigen Vereinbarung mit den Deutschen zu kommen, gab Halifax seinem Botschafter in Paris, Sir Eric Phipps, konkrete Handlungsanweisungen. Am 1. November 1938 warnte er ihn, dass „die französische Regierung versucht sein könnte, die Regierung Ihrer Majestät wegen deutscher Intrigen zu desavouieren". Am 7. November, als er von den laufenden Verhandlungen über einen deutsch-französischen Freundschaftspakt erfuhr, ähnlich dem, den Hitler und Chamberlain in München unterzeichnet hatten, gab Halifax Phipps weitere Anweisungen. Das Außenministerium befürchtete, dass diese Annäherung das britische System des „divide et impera" zerstören könnte, auf dem seine Theorie des Gleichgewichts der Kräfte beruhte. Die britische Führung", so Hoggan, „glaubte, dass ihre Stellung in der Welt von der Dauerhaftigkeit der Rivalitäten und Spaltungen auf dem Kontinent abhing".

Am 21. November, zwei Tage vor der Verabschiedung des deutsch-französischen Abkommens, löste Botschafter Robert Coulondre den von Hitler hochgeschätzten François-Poncet in Berlin ab. Der endgültige Wortlaut der Erklärung wurde am 23. November vom französischen Ministerrat ratifiziert, dem Tag, an dem Chamberlain und Halifax zu Gesprächen nach Paris reisten, um Zusicherungen zu erhalten, die die Bedeutung des Vertrags mindern sollten. Eine antibritische Demonstration begrüßte die britischen Politiker mit Hohn und Spott. Am 6. Dezember reiste schließlich eine große deutsche Delegation unter der Leitung von Ribbentrop in die französische Hauptstadt, um den deutsch-französischen Freundschaftspakt zu unterzeichnen, der eine Nichtangriffserklärung enthielt und die im Vertrag von Versailles festgelegten Grenzen als endgültig anerkannte. Lord Halifax erhielt von seinem Kollegen Bonnet die Zusicherung, dass der Vertrag keine geheimen Absprachen enthielt, was sowohl von Roosevelt als auch von Stalin abgelehnt wurde.

Die Tschechoslowakei löst sich auf

Nacheinander wurden die deutschen, polnischen und ungarischen Minderheiten aus der tschechischen Kontrolle befreit. Am 9. Oktober 1938 nahm das Königreich Ungarn Verhandlungen mit dem tschechoslowakischen Staat über die von Ungarn bewohnten Gebiete in der Südslowakei auf, die zu bewaffneten Zusammenstößen zwischen ungarischen Paramilitärs und tschechoslowakischen Truppen führten. Schließlich baten die beiden Länder Italien und Deutschland, mit stillschweigender Zustimmung Frankreichs und Großbritanniens zu schlichten. Lord Halifax teilte Budapest vertraulich mit, dass ein Schiedsverfahren auch ohne Großbritannien und Frankreich vorgeschlagen werden könne, die sich somit aus dem Territorialstreit zurückzogen.

Die polnische Regierung nutzte die tschechisch-magyarische Uneinigkeit und die Schwäche Prags, um neue Gebietsansprüche zu erheben. Die Polen forderten sechs Bezirke in den Karpaten an der Grenze zur Slowakei. Am 31. Oktober schickten sie ein neues Ultimatum, in dem sie den Tschechen mit einem Angriff drohten, falls sie nicht am selben Tag eine positive Antwort erhielten. Nachdem sie erkannt hatten, dass die Briten nichts gegen Polen unternehmen würden, kapitulierten sie um 17.00 Uhr im Namen der Slowakei, trotz der großen Verärgerung von Monsignore Tiso, dem Führer der slowakischen Nationalistenkoalition, der zum ersten Mal um Schutz durch Deutschland bat, da er der Meinung war, dass die polnischen Ansprüche nicht ethnisch begründet waren. Die ganze Episode diente dazu, Tisos These zu bekräftigen, dass die Slowakei den Schutz eines mächtigen Nachbarn benötigte, um ihre Unabhängigkeit von Prag zu erlangen. Die Ereignisse trugen auch dazu bei, dass das Ansehen Polens bei den Slowaken sank.

Am 2. November 1938 wurde mit dem ersten Wiener Schiedsspruch ein 10.000 Quadratkilometer großes Gebiet in der Südslowakei, in dem fast ausschließlich Magyaren lebten, an Ungarn übertragen. Damit verblieben drei große Volksgruppen innerhalb des tschechoslowakischen Staates: die Tschechen mit etwa sechseinhalb Millionen Einwohnern, die Slowaken mit etwa zwei Millionen Einwohnern und die Ruthenen mit fast einer halben Million Einwohnern. Die polnischen Forderungen, Ruthenien ebenfalls an Ungarn anzugliedern, wurden von Halifax begrüßt, der der Ansicht war, dass eine gemeinsame Grenze zwischen Ungarn und Polen den Widerstand beider Länder gegen Deutschland verstärken würde. Obwohl Großbritannien in München zugesagt hatte, ein Garant für die Vereinbarungen zu sein, missachtete die Politik des Außenministeriums zunehmend die Interessen der Tschechen, und Halifax war daher an einem Schiedsverfahren nicht interessiert, obwohl er später über den Erfolg Italiens und Deutschlands überrascht war.

Józef Beck seinerseits war enttäuscht, dass die ruthenische Frage im Wiener Schiedsverfahren zwischen Ribbentrop und Ciano nicht geklärt worden war. Am 22. November 1938 wurde Moltke, der deutsche Botschafter in Warschau, von Ribbentrop beauftragt, Beck mitzuteilen, dass Deutschland eine Revision des Ruthenien-Abkommens nicht unterstützen würde, wenn kein deutsch-polnischer Pakt zustande käme. Moltke teilte Beck mit, dass Ribbentrop die Ungarn gebeten habe, vorläufig keine Einwände gegen die in Wien gemachten Zugeständnisse zu erheben. Moltke wiederum ließ durchblicken, dass Ribbentrop ihm gesagt habe, Deutschland habe nicht die Absicht, dass die ukrainische Frage die deutsch-polnischen Beziehungen trüben könnte, und dass man nicht beabsichtige, den ukrainischen Nationalismus zu schüren. Es scheint klar zu sein, dass dies eine Unterstellung war, die Beck zweifellos verstanden hat.

Neben Großbritannien hatte auch die Sowjetunion ihr Interesse an der Tschechoslowakei verloren, da sie keine Möglichkeit sah, dass diese als Barriere gegen Deutschland fungieren könnte. Sir Basil Newton, der britische Botschafter in Prag, der der polnischen Politik gegenüber der Tschechoslowakei sehr kritisch gegenüberstand, äußerte gegenüber Halifax die Meinung, dass der tschechoslowakische Staat nicht lange Bestand haben würde. Newton war der Ansicht, dass Beck mit Karol Sidor als Befürworter einer Assoziierung mit Polen die Chance vertan hatte, in der Slowakei eine einflussreiche Rolle zu spielen. Außerdem verurteilte Newton die Polen für ihre „äußerst rücksichtslose Politik gegenüber der tschechischen Bevölkerung" in den von ihnen eroberten Gebieten. Der Botschafter prangerte an, dass „die Tschechen nicht die einzigen Opfer waren, da auch die Deutschen oft misshandelt wurden". Die Polen hingegen hatten in Botschafter Kennard ihren stärksten Fürsprecher, der natürlich mit dem Sekretär des Auswärtigen Amtes auf einer Wellenlänge lag.

Da der Zerfall des Staates immer wahrscheinlicher wurde, zeigten die Tschechen am 11. Dezember 1938 Botschafter Newton ihre Irritation und Verwirrung über die ausweglose Situation in der Frage der Münchner Garantie. Außenminister Chvalkovsky räumte gegenüber dem britischen Botschafter ein, dass die innenpolitische Lage sehr heikel sei und dass man jede Art von Garantie begrüßen würde. Chvalkovsky erkannte, dass Großbritannien und Frankreich zögerten, die Initiative zu ergreifen. Hoggan erklärt, warum auch Frankreich nicht eingriff, um den Zusammenbruch der Tschechoslowakei zu verhindern. Als Chamberlain und Halifax am 24. November vor der Unterzeichnung des deutsch-französischen Freundschaftspakts nach Paris reisten, erörterten sie mit den französischen Führern die in München gegebene Garantie bezüglich der neuen Grenzen und der ethnischen Minderheiten. Daladier und Bonnet sahen keinen Grund, das Garantieverfahren nicht einzuleiten, wenn Deutschland und Italien keine Einwände erhoben. Die Franzosen waren erstaunt, dass die Briten ihre Ansicht nicht teilten. Halifax schlug vor, dass die Garantie im Falle einer deutschen Verletzung nicht in Kraft treten sollte, es sei denn, Mussolini wäre bereit, Frankreich und Großbritannien gegen Deutschland zu unterstützen. Bonnet hielt dies für einen Scherz, und die Franzosen wiesen darauf hin, dass eine solche Garantie unfruchtbar und sinnlos sei, denn es sei unvernünftig zu glauben, dass Mussolini sich im Namen der Tschechen gegen Hitler stellen würde. Wenn die vier Mächte diese Formel nicht akzeptierten, antwortete Halifax unerschrocken, werde es keine Garantie geben. Die französischen Verantwortlichen wussten nicht, warum Halifax sich nicht festlegen wollte, und schlossen daraus, dass die Briten jegliche Garantien für die Tschechen vermeiden wollten. Newton erkundigt sich in Prag nach der Angelegenheit, und Halifax antwortet, dass die Franzosen den britischen Vorschlag abgelehnt hätten.

Am 22. Dezember 1938 kündigten Henderson und Coulondre, der britische und der französische Botschafter in Berlin, an, dass London und Paris einer separaten deutschen Garantie für die Tschechen zustimmen würden. Logischerweise sahen die Deutschen nicht ein, warum sie die Initiative ergreifen sollten, für einen Staat zu bürgen, der wiederholt gegen sie gehandelt hatte, wenn Frankreich, der Verbündete der Tschechen, dazu nicht bereit war. Zunächst ging man davon aus, dass die Briten und Franzosen die Initiative ergreifen und eine Lösung nach dem Vorbild des Münchner Abkommens vorschlagen würden, was jedoch nicht der Fall war. Am 21. Januar 1939 reiste Chvalkovsky zu Gesprächen mit Ribbentrop nach Berlin, der seine Einwände gegen das tschechisch-sowjetische Bündnis und die übermäßige Größe der tschechischen Armee vorbrachte. Chvalkovsky forderte, dass Deutschland die Initiative für eine territoriale Garantie des tschechischen Territoriums ergreift, bevor es sich um eine Verkleinerung seiner Armee bemüht. Während dieser Gespräche schickte Lord Halifax am 24. Januar 1939 eine Botschaft an Präsident Roosevelt, in der er Hitlers beunruhigende Absichten anprangerte. Halifax erklärte, Hitler habe geahnt, dass „Großbritannien nun das Haupthindernis für die Verwirklichung seiner neuen Ambitionen" sei. Schließlich machte das deutsch-tschechische Kommuniqué vom 28. Januar 1939 deutlich, dass die Verhandlungen in Berlin keine Früchte getragen hatten. Deutschland akzeptierte nicht, dass von ihm ein einseitiges Vorgehen in der Garantiefrage verlangt wurde.

Während die französisch-britische Uneinigkeit in der Frage der Garantie anhält, lässt Botschafter Coulondre die Deutschen am 8. Februar 1939 wissen, dass Frankreich bereit ist, jeden deutschen Vorschlag anzuhören. Ribbentrop bespricht die Angelegenheit mit den westlichen Botschaftern und bittet um Bedenkzeit, bevor er einen Vorschlag macht. Sowohl er als auch Hitler kamen zu dem Schluss, dass Frankreich und Großbritannien sich zurückhielten, weil sie nicht wirklich an dem Problem interessiert waren. Im Februar mehrten sich die Meldungen, dass die Slowakei ihre Unterwerfung unter die Tschechen beenden wollte, und Ribbentrop erhielt die Bestätigung, dass die Slowaken die Unabhängigkeit wollten.

Am 12. Februar fand ein Treffen zwischen Hitler und Adalbert Tuka, einem altgedienten Führer der Unabhängigkeitsbewegung, statt, der dem Führer mitteilte, dass die Vereinigung von Tschechen und Slowaken bereits aus wirtschaftlichen und moralischen Gründen unmöglich sei. Tuka bestätigte Hitler, dass auch die übrigen Führer des Landes entschlossen waren, die Unabhängigkeit zu erreichen. Die Lage der Tschechen hätte nicht unsicherer sein können, da sie von niemandem unterstützt wurden und nicht in der Lage waren, die interne Situation selbst zu kontrollieren. Hitlers Reaktion war logisch: Er beschloss, dass er nicht bereit war, den tschechisch-slowakischen Staat zu unterstützen und den Slowaken helfen würde. Am 22. Februar überreichen die Tschechen den vier Mächten in München ein „aide-memoire", eine Art Memorandum, das jedoch kürzer ist und die Forderung nach territorialen Garantien enthält. Als Gegenleistung für diese Garantien würden die Tschechen auf ihre Bündnisse verzichten und sich für neutral erklären. Am 26. Februar berichteten britische Diplomaten ihrer Regierung in Bratislava, dass die Unzufriedenheit der Slowaken mit den Tschechen so groß sei wie nie zuvor und dass der deutsche Einfluss in der Slowakei zunehme. Am nächsten Tag, dem 27. Februar, teilte Halifax dem britischen Botschafter in Washington, Sir Ronald Lindsay, mit, er habe Informationen erhalten, „die auf die Möglichkeit einer militärischen Besetzung der Tschechoslowakei hinweisen". Am 28. Februar sandte Deutschland Noten an die britische und französische Regierung, in denen es seinen Standpunkt gegen die Bürgschaft bekannt gab.

Dies war der Stand der Dinge, als Hitler am 1. März 1939 das in Berlin akkreditierte diplomatische Korps anlässlich des jährlichen Mittagessens empfing. Der deutsche Bundeskanzler trifft in Anwesenheit anderer Diplomaten den britischen Botschafter Henderson. Er drückte ihm gegenüber öffentlich seine „Bewunderung für das britische Empire" aus und betonte, dass es in den Beziehungen zwischen den beiden Ländern keine größeren Konfliktpunkte gebe. Henderson hatte keine Anweisung, die tschechische Frage anzusprechen, und die Angelegenheit wurde nicht erörtert, was darauf hindeutet, dass Halifax seine Taktik, Desinteresse zu zeigen, fortsetzte. Die Lage vor Ort war jedoch sehr angespannt. In der ersten Märzwoche führten die Tschechen und Slowaken wichtige Verhandlungen über die Wirtschaftsfrage und gerieten in eine Sackgasse. Am 6. März verstärkten die tschechischen Behörden ihre Militärpräsenz in Ruthenien und lösten die Selbstverwaltung auf. Newton informierte sofort Halifax und versicherte ihm, dass die Krise überwunden sei. Ein anderer britischer Botschafter, Kennard, berichtete am 7. März aus Warschau, dass in Kürze eine slowakische Delegation erwartet werde, um sich über die polnische Haltung im Falle einer Unabhängigkeitserklärung zu informieren. Kennard vertrat die Ansicht, dass die positive Haltung Polens zur slowakischen Unabhängigkeit auf sein Interesse an der Lösung der ruthenischen Frage zurückzuführen sei.

Am 9. März kam es zu dem Ereignis, das die Krise zwischen den Tschechen und Slowaken endgültig auslöste. Die Prager Regierung entlässt die vier hochrangigen Minister der lokalen Regierung in Bratislava. Der Herausgeber der Londoner Times, Geoffery Dawson, der Lord Milners Mann in

Südafrika gewesen war und mit Lord Halifax auf einer Wellenlänge lag, verfolgte, obwohl er am 12. März in seinem privaten Tagebuch vermerkte, dass Tschechen und Slowaken in den Straßen von Bratislava kämpften, eine Berichterstattung, die eine ruhige Situation in Europa darstellte. Botschafter Henderson hingegen berichtete am 11. März aus Berlin, dass der tschechisch-slowakische Streit von der Presse aufgegriffen wurde. Deutsche Zeitungen berichteten, Bischof Tiso habe die deutsche Regierung um Hilfe gebeten. Polen, das seine ganze Aufmerksamkeit auf Ruthenien konzentrierte, um es von Ungarn annektieren zu lassen, erfuhr am 13. März, dass Hitler sich dem Einmarsch ungarischer Truppen in Ruthenien nicht widersetzen würde. Miklós Horthy, der ungarische Regent, schickte am selben Tag eine Dankesbotschaft an den deutschen Bundeskanzler. Ebenfalls am 13. März traf Monsignore Tiso in Berlin ein und erwirkte eine deutsche Zusage zur Unterstützung der slowakischen Unabhängigkeit. Die Ereignisse überstürzten sich, und am 14. März stimmte der slowakische Landtag der Sezession zu und proklamierte die Unabhängigkeit, die durch das Reich geschützt wurde. Am selben Tag stellte Ungarn den Tschechen ein 12-stündiges Ultimatum, das diese erfüllten. Die ungarische Armee begann noch am selben Tag mit der Besetzung Rutheniens.

Die britischen Botschafter in Berlin und Prag unternehmen noch am selben Tag ohne Anweisung des Außenministeriums und auf eigene Initiative wichtige Demarchen. Neville Henderson nimmt Kontakt zu den Tschechen auf und schlägt vor, dass Außenminister Chvalkovsky nach Deutschland reist, um die Situation mit Hitler zu besprechen. Die Tschechen reagierten positiv auf Hendersons Vorschlag. Newton, der eng mit seinem Kollegen zusammenarbeitete, berichtete kurz darauf aus Prag, dass Präsident Hacha und Chvalkovsky in Berlin erwartet würden. Die tschechischen Staatsoberhäupter reisten am 14. März 1939 um 16.00 Uhr mit dem Zug ab. Bei ihrer Ankunft wurden sie mit militärischen Ehren empfangen, da es sich um den Besuch eines Staatschefs handelte, und Hitler schenkte Hachas Tochter, die im Zug mitfuhr, Blumen und Pralinen. Das Treffen begann am 15. März um 1.15 Uhr und endete eine Stunde später. Hitler wurde von Ribbentrop, Göring und General Keitel begleitet. Präsident Hacha forderte die Beibehaltung eines unabhängigen tschechischen Staates und bot an, die Armee zu verkleinern; Hitler lehnte dies jedoch ab und kündigte an, dass deutsche Truppen noch am selben Tag in Böhmen-Mähren einmarschieren würden und bereit seien, jeden Widerstand zu brechen. Hacha, der unter Herzproblemen litt, erlitt während der Sitzung einen leichten Herzinfarkt, von dem er sich nach der Behandlung durch deutsche Ärzte schnell erholte. Alle atmeten erleichtert auf, da sie mit Schrecken daran dachten, was die internationale Presse gesagt hätte, wenn Hacha in Berlin gestorben wäre. Die Tschechen erklärten sich bereit, in Prag anzurufen und zu befehlen, jeden Widerstand zu vermeiden.

Deutsche und Tschechen, die im Industriezentrum von Morava-Ostrava lebten, befürchteten seit Oktober 1938, dass die Polen diese wichtige mährische Enklave besetzen könnten. Um dies zu verhindern, hatte Hitler am Abend des 14. Oktobers deutsche Einheiten in das Gebiet einrücken lassen. Die tschechische Bevölkerung hatte Verständnis für diese Maßnahme, und es kam zu keinen Ausschreitungen. Dies war eine außergewöhnliche Maßnahme, denn der deutsche Vormarsch erfolgte erst nach Abschluss der Verhandlungen über die Einzelheiten des Abkommens, die bis zum 16. dauerten. Anstatt seinen Verpflichtungen nachzukommen, war die britische Politik in der tschechischen Frage seit München so undurchsichtig und zweideutig, dass es kaum möglich war, sich bei Deutschland über Hitlers Lösung des tschechischen Problems zu beschweren oder zu beklagen. Halifax hatte sich sowohl in der tschechisch-slowakischen Krise als auch in der tschechisch-magyarischen Frage vor seiner Verantwortung gedrückt. In der Tat hatte Halifax durch sein Desinteresse am Schicksal der Tschechoslowakei und seine Zurückhaltung in den letzten hektischen Wochen Deutschland ermutigt, eine einseitige Lösung zu suchen. Botschafter Henderson, der von den deutschen Absichten wusste, hatte London vor der Ankunft der tschechischen Politiker in Berlin informiert. Halifax deutete zweideutig an, dass Großbritannien nicht die Absicht habe, sich in Angelegenheiten einzumischen, die andere Länder unmittelbar beträfen. Henderson ging daher davon aus, dass die Reaktion seiner Regierung milde ausfallen würde, doch dem war nicht so: Der Einzug Hitlers in Prag sollte das Signal für die Briten sein, die Beschwichtigungspolitik endgültig aufzugeben, wie es die Kriegstreiber gefordert hatten.

Eine weitere Episode im März 1939 sollte überdeutlich machen, dass das Verhalten von Halifax darauf abzielte, eine öffentliche Kampagne zur Zerstörung Deutschlands zu entfesseln. Trotz der Tatsache, dass die britischen Interessen nicht in Frage gestellt wurden und Hitler absolut pro-britisch war, unternahmen die Briten eine Reihe von Schritten, um den Krieg unvermeidlich zu machen. Halifax und seine Kollegen hatten darüber hinaus eine Verschwörung geplant, um Deutschland die ganze Schuld zuzuschieben.

Die Tilea-Farce

Am 15. März teilte Halifax dem Oberhaus mit, dass er sich bei den Münchner Mächten vergeblich bemüht habe, die Briten bei der Sicherung des tschechischen Staates zu unterstützen. Er räumt ein, dass die Ereignisse in Prag auf die Zustimmung der tschechischen Regierung gestoßen seien, bedauert aber, dass der Geist von München verletzt worden sei. Zwischen dem 15. und 20. März 1939 unternahmen die Briten drei skrupellose Schritte, die die Beschwichtigungspolitik in eine Kriegspolitik umwandelten: Sie forderten die UdSSR auf, ein Bündnis gegen Deutschland zu unterzeichnen - ein unheilvoller und gefährlicher Schritt, der die Hegemonie des Bolschewismus in Europa bedeuten könnte; sie boten Polen militärischen Schutz an, falls es das Abkommen mit Deutschland ablehnen würde; und sie verbreiteten eine eklatante Lüge über die deutschen Absichten, Rumänien zu besetzen. All dies wurde von einer Desinformationskampagne begleitet, um die britische Öffentlichkeit davon zu überzeugen, dass Hitler ein Fanatiker war, der die Weltherrschaft anstrebte. Alan Campbell Johnson, ein überzeugter Bewunderer von Lord Halifax, bezeichnet diese Schritte als „Halifax diplomatische Revolution".

Am 17. März 1939 hielt Chamberlain trotz seines Misstrauens gegenüber Stalins Vorgehen in Europa in Birmingham eine historische Rede, die von seinem Außenminister vorbereitet worden war. Der Premierminister stellt sich als naiver und unschuldiger Mensch dar, der der deutschen Doppelzüngigkeit zum Opfer gefallen ist. Er erklärte, dass er nie wieder an Hitler glauben werde. Er räumte ein, dass Großbritannien seiner Verpflichtung hinsichtlich der Garantien für die Tschechoslowakei hätte nachkommen müssen, was aber wegen des Zusammenbruchs des Staates nicht möglich gewesen sei. Dann warnte er davor, dass Deutschland versuche, die Welt zu erobern, und äußerte sein Vertrauen in die militärische Macht Großbritanniens und in die Fähigkeit seiner Führer, auf der diplomatischen Bühne zu manövrieren. Chamberlain kündigte an, dass man nicht auf Hitlers nächsten Schritt warten werde, sondern dass seine Regierung sofort eine Reihe von Maßnahmen gegen ihn ergreifen werde.

Zu denjenigen, die den Wechsel in der britischen Politik als Sieg feierten, gehörten Sir Robert Vansittart, Ständiger Staatssekretär im Auswärtigen Amt, und Sir Alexander Cadogan, der 1938 sein Nachfolger wurde. Beide hassten Deutschland. Der Zionist Leopold Amery, der die Balfour-Erklärung verfasst hatte, war ebenfalls noch im Ministerium tätig. Eine weitere Persönlichkeit, die Halifax' Kehrtwende im März mit Begeisterung begrüßte, war William C. Bullitt, Roosevelts Botschafter in spe. Am 17. März übermittelte Bullitt dem amerikanischen Präsidenten einen Bericht, in dem er ankündigte, dass es keine Möglichkeit mehr für eine diplomatische Lösung in Europa gebe. Halifax bat Präsident Roosevelt, gemeinsam mit Großbritannien zu demonstrieren, „in welchem Ausmaß die gegenwärtigen deutschen Machthaber das moralische Empfinden der Zivilisation beleidigen". Halifax wurde versprochen, dass der Finanzminister, der zionistische Jude Henry Morgenthau, seine Wirtschaftspolitik der Diskriminierung Deutschlands vertiefen würde.

Mit all dieser Unterstützung setzte Halifax seine Kriegspolitik mit einer der dreistesten Intrigen der modernen Diplomatie in Gang: der Tilea-Farce. Die Deutschen verhandelten gerade über einen Handelsvertrag mit Rumänien, der die Interessen der Stadt am rumänischen Erdöl und anderen Industrien bedrohte, als Halifax sie beschuldigte, die Kontrolle über die gesamte rumänische Wirtschaft übernehmen zu wollen. Obwohl Deutschland keine gemeinsame Grenze mit Rumänien hat, erfand das Auswärtige Amt eine nicht existierende deutsche militärische Bedrohung für Rumänien. Als Werkzeug diente Rumäniens in London ansässiger bevollmächtigter Gesandter Viorel Tilea. Robert Vansittart war damit beauftragt, ihn zu instruieren. Bevor Hitler in Prag einmarschierte, wurde er in dem Glauben gelassen, dass Großbritannien sich Deutschland entgegenstellen würde. Im November 1938 war König Carol von Rumänien nach London gereist, um einen Kredit für den Kauf von Waffen auszuhandeln, was jedoch misslang. Halifax bot Tilea als Gegenleistung für die Zusammenarbeit bei seinem antideutschen Plan das Darlehen und die Erhebung der rumänischen Gesandtschaft in London in den Rang einer Botschaft an. Am 17. März 1939 veröffentlichte Tilea einen geschickt vorbereiteten Bericht, dass Deutschland Rumänien ein Ultimatum gestellt habe. Vansittart veröffentlichte diese „große Neuigkeit" eilig in der *Times* und *dem Daily Telegraph*, bevor

Chamberlain seine Rede in Bimingham hielt. Millionen von Lesern waren schockiert, als sie sahen, dass Hitlers Raffgier keine Grenzen kannte, und die Feindseligkeit gegenüber Deutschland nahm zu.

Lord Halifax war so dreist, dass er die Auswirkungen, die die Affäre in Bukarest haben könnte, außer Acht ließ. Am 18. März appelliert Reginald Hoare, Sondergesandter und bevollmächtigter Minister in Rumänien, an Halifax, die unverantwortlichen Äußerungen Tileas nicht mehr zu verbreiten und in offiziellen Mitteilungen nicht mehr darauf anzuspielen. Da diese dringende Bitte in London keine Wirkung zeigte, wandte sich Hoare, der befürchtete, dass die ganze Angelegenheit dem britischen Ansehen ernsthaft schaden könnte, an den rumänischen Außenminister Grigore Gafencu, damit dieser dem Außenministerium die Absurdität von Tileas Behauptungen im Detail darlegen konnte. Gafencu teilte ihm mit, dass von allen Seiten Fragen zu dem deutschen Ultimatum gestellt würden, über das die *Times* und *der Daily Telegraph* berichtet hatten, und äußerte sein Befremden darüber, dass die Verhandlungen mit Deutschland „innerhalb der Parameter der absoluten Normalität unter Gleichen" geführt würden.

David L. Hoogan drückt es so aus: „Hoare ging davon aus, dass sein Bericht Halifax dazu bewegen würde, Tileas Täuschung zu widerlegen. Nichts dergleichen geschah. Hoare, der überrascht war, als Halifax Tileas Geschichte akzeptierte, ohne die britische Delegation in Bukarest zu konsultieren, war erstaunt, als Halifax weiterhin seinen Glauben an die Echtheit der Geschichte zum Ausdruck brachte, nachdem ihre Falschheit bewiesen worden war." Der französische Außenminister Georges Bonnet rief seinerseits den rumänischen Botschafter in Paris, M. Tataresco, zu sich, um eine Klarstellung zu verlangen. In seinem Buch *La Défense de la Paix* gibt Bonnet wieder, was Tataresco ihm sagte: „Die deutsch-rumänischen Gespräche haben zu einem Handelsabkommen geführt, dessen Unterzeichnung unmittelbar bevorsteht". Tataresco versicherte Bonnet, dass es das angebliche Ultimatum nie gegeben habe.

Natürlich waren auch die Deutschen über die in London ausgebrütete Verschwörung verblüfft und wollten sich vergewissern, dass die rumänischen Behörden die Verleumdungen Tileas missbilligten. Gafencu versicherte ihnen, dass die Anschuldigungen ihres Beamten bezüglich der deutschen Ansprüche auf Rumänien völlig unbegründet seien und von der Regierung missbilligt würden. Der Außenminister musste sich auch gegenüber den amerikanischen Diplomaten in Rumänien erklären, denen er versicherte, dass die Verhandlungen mit Deutschland normal verliefen. Gafencu beschwerte sich, dass Tileas Falschmeldung „von den jüdisch kontrollierten westlichen Medien ausgenutzt wurde". Obwohl der Außenminister über Tilea empört war, wagte er es nicht, den Bericht aus London zurückzuziehen, aus Angst, Halifax zu beleidigen.

Der britische Außenminister hatte weder die Polen, die Teil aller Annahmen waren, die er zur Auslösung eines Krieges in Europa machte, noch die Sowjets vergessen. Halifax setzt sich am 17. März mit Botschafter Kennard in Warschau in Verbindung. Er wollte so schnell wie möglich Becks Position zu seinem Plan erfahren, das antisowjetische rumänisch-polnische Bündnis in ein antideutsches Bündnis umzuwandeln. Er bat ihn, Beck mitzuteilen, dass er diese

Möglichkeit mit Tilea erörtere. Józef Beck traf sich am 18. mit Kennard und verfügte inzwischen über seine eigenen Berichte, die er aus London und Bukarest erhalten hatte. König Carol selbst hatte den polnischen Diplomaten versichert, dass es keine Bedrohung durch Deutschland gebe. Obwohl die Geschichte vom Außenministerium verbreitet worden war, konnte Beck kaum glauben, dass Tilea die ihm zugeschriebenen Aussagen gemacht hatte. Er teilte Kennard mit, dass er die Vorstellung einer deutschen Bedrohung Rumäniens ablehne und kein Interesse an dem Halifax-Plan zeige.

Obwohl Rumänien nie darum gebeten hatte, informierte Lord Halifax ohne die geringste Rücksprache mit den Rumänen die Sowjetunion darüber, dass die Deutschen die Kontrolle über Rumänien anstrebten, und bat sie, das Land im Falle eines deutschen Angriffs zu verteidigen. Halifax kümmerte sich wenig um die Skepsis Moskaus, denn schließlich konnte er immer behaupten, er sei vom rumänischen Bevollmächtigten in London falsch informiert worden. Letztlich war seine Bitte an die UdSSR um Schutz für Rumänien zweitrangig, da es ihm um ein anglo-sowjetisches Bündnis ging. Die betrügerische Geschichte Tileas diente ihm als Vorwand, um sich an die Sowjetunion zu wenden.

Hitlers Behandlung der Tschechen

Am 15. März unterzeichneten der tschechische Präsident Hacha und sein Außenminister Chvalkovsky ein Dokument, in dem sie „das Schicksal der tschechischen Nation und des tschechischen Volkes in die Hände des Führers von Deutschland" legten. Hitler verpflichtete sich, „das tschechische Volk unter den Schutz des Reiches zu stellen und ihm eine autonome Entwicklung zu gewährleisten, die seinen nationalen Eigenheiten entspricht". Am 16. März 1939 wurde das Protektorat Böhmen und Mähren ausgerufen. Baron Konstantin von Neurath, ehemaliger deutscher Außenminister, wurde zum „Reichsprotektor" ernannt. Die offensichtliche Gefahr eines Krieges zwischen Tschechen und Slowaken und das daraus resultierende Blutvergießen waren durch diese Lösung abgewendet worden. In Winston Churchills *The Gathering Storm* (1948) gesteht der ehemalige britische Premierminister, dass Halifax am 15. März mit Herbert von Dirksen, dem deutschen Botschafter in London, zusammentraf. Unter Berufung auf diese Quelle schreibt Hoggan, Halifax habe Dirksen gesagt, „dass er Hitlers Vorliebe für Siege ohne Blutvergießen verstehen könne, aber er versprach dem deutschen Diplomaten, dass Hitler beim nächsten Mal gezwungen sein würde, Blut zu vergießen".

Am 15. März richtet Ribbentrop ein Schreiben an den französischen Außenminister Bonnet, in dem er die deutsche Politik in Prag als notwendigen Schritt zur Aufrechterhaltung der Ordnung und zur Vermeidung von Blutvergießen rechtfertigt. Am 16. März versucht Bonnet, die Initiative zu ergreifen, indem er einen sanften anglo-französischen Protest vorschlägt, um eine heftige britische Reaktion zu vermeiden. Am 18. übergaben schließlich der französische und der britische Botschafter in Berlin ihren förmlichen Protest an Außenminister Ernst von Weizsäcker, der jedes Anzeichen von Beunruhigung über die Worte von Lord Halifax an Botschafter Dirksen vermied und sich darauf beschränkte, die deutsche Politik in der tschechoslowakischen Staatskrise mit Gelassenheit und Überzeugung zu verteidigen. In Berlin wurde bekannt, dass Halifax beabsichtigte, den Botschafter auf unbestimmte Zeit abzuberufen. Am 17. hatte sich Weizsäcker mit Henderson getroffen, und der Brite hatte den deutschen Außenminister gebeten, ihm alle möglichen Argumente und Informationen zu liefern, die er in London gegen die Gegner der Appeasement-Politik verwenden könne. Weizsäcker wusste, dass Henderson unter vier Augen mit der Analyse der Lage einverstanden war. Der deutsche Außenminister teilte Henderson und Coulondre mit, dass er ihre Protestnoten nicht annehmen wolle, da die deutsche Regierung der Ansicht sei, dass das Münchner Abkommen von den Ereignissen überholt worden sei. Am 19. März wurden beide Botschafter zu Konsultationen abberufen und verließen Berlin.

Dennoch war Deutschland bereit, sich auf die neue Situation einzustellen, indem es eine Reihe von Maßnahmen zur Erleichterung der Situation ergriff. Wenige Tage später, am 24. März, wurde Böhmen-Mähren als ein Gebiet mit eigenen Sitten und Gebräuchen eingerichtet. Am 27. März wurde bekannt gegeben, dass Tschechisch die offizielle Sprache in Böhmen-Mähren bleiben würde. Am 16. April, nach einem Monat deutscher Herrschaft, wurde beschlossen, die deutsche Flagge auf der Prager Burg Hradschin einzuholen. General Walther von Brauchitsch befahl den deutschen Garnisonen, sich auf die von der deutschen Minderheit bewohnten Gebiete zu konzentrieren, um Spannungen zwischen den Soldaten und der tschechischen Zivilbevölkerung zu vermeiden. Präsident Hacha bildete am 27. April 1939 eine neue tschechische Regierung. Die neue tschechische Verwaltung behielt die Ministerien für Verkehr, Justiz, Inneres, Bildung, Landwirtschaft, Volkswirtschaft, öffentliche Arbeiten und Soziales bei. Die Ministerien für auswärtige Angelegenheiten und Verteidigung wurden aufgelöst. Bereits im April ließ Hitler die Briten wissen, dass die Artikel, mit denen das Protektorat errichtet worden war, nicht unbedingt gelten würden und dass Deutschland bereit sei, die tschechische Frage und die Zukunft der Tschechen auf dem Wege der herkömmlichen Diplomatie zu verhandeln.

Am 1. Juni 1939 erstellte der Reichsprotektor von Neurath einen Bericht über die günstigen Bedingungen in Böhmen-Mähren, und am 7. Juni erließ Hitler eine Amnestie für alle aus politischen Gründen inhaftierten Tschechen, sowohl im Sudetenland als auch im Protektorat. Im selben Monat verhandelte die tschechische Regierung in Prag mit Delegationen aus dem Ausland über eine Reihe von Handelsabkommen. Am 23. Juni wurde ein tschechisch-norwegisches Handelsabkommen unterzeichnet, und am folgenden Tag wurde ein weiteres Abkommen mit den Niederlanden geschlossen. Die kooperative Haltung der tschechischen Führung und Bevölkerung veranlasste Hitler zu weiteren Zugeständnissen, und im Juli gestattete er der tschechischen Regierung die Aufstellung einer Streitmacht von 7.000 Soldaten und etwa 300 Offizieren der ehemaligen tschechischen Armee. Es wurde vereinbart, dass nur tschechische Staatsangehörige in dieser Truppe dienen durften.

Der Einsatz von Polen gegen Deutschland: der britische Blankoscheck

Der polnische Botschafter in Paris, Julius Lukasiewicz, war Gegenstand der besonderen Aufmerksamkeit von William C. Bullitt. Aus den von Hoggan zitierten Dokumenten des Botschafters Lukasiewicz geht hervor, dass die beiden Diplomaten am 19. März 1939 dem polnischen Außenminister Józef Beck versicherten, Präsident Roosevelt sei bereit, alles zu tun, um einen Krieg zwischen Deutschland und der anglo-französischen Front zu fördern. Bullitt gab zu, dass er Chamberlains Politik weiterhin misstrauisch gegenüberstand und befürchtete, dass die britische Regierung versuchen könnte, ihre Differenzen mit Hitler beizulegen. Bullitt verspricht Lukasiewicz, dass Roosevelt sich jedem britischen Vorstoß in diese Richtung energisch widersetzen werde.

Da Chamberlain Lord Halifax nachgegeben hatte, war von den politischen Absichten Großbritanniens wenig oder nichts zu befürchten. Halifax teilt Paris, Moskau und Warschau am 20. März mit, dass er einen Panzerpakt zwischen Großbritannien, Frankreich, Russland und Polen gegen Deutschland anstrebt. Dieses Bündnisangebot war der Höhepunkt von fünf Tagen frenetischer Aktivität, die die Beschwichtigungspolitik in eine Kriegspolitik verwandelte. Von diesem Moment an beschließen die Polen, Deutschland zu trotzen, dessen Außenpolitik weiterhin unblutige Früchte trägt: In jenem schwindelerregenden März 1939 stimmt Litauen der Rückgabe des deutschen Gebiets Memel zu, das ohne polnischen Widerstand Teil Ostpreußens wird.

Polen ist bereit, gegen Deutschland anzutreten, will aber nichts von einem Bündnis mit den Sowjets wissen. Am 21. März wird der britische Botschafter Kennard darüber informiert, dass Warschau sich weigert, ein Bündnis mit der UdSSR einzugehen, sehr zum Missfallen des Außenministers. Lord Halifax bespricht am 22. März mit Botschafter Kennedy sein geplantes Bündnis und beklagt sich bitterlich über die Haltung der Polen zu seinem Vorhaben. Auf jeden Fall ließ er Kennedy wissen, dass er entschlossen sei, seine antideutsche Politik fortzusetzen, und dass die Feindseligkeiten in Europa bald ausbrechen könnten. Halifax bat ihn, Roosevelt zu raten, die US-Flotte in Pearl Harbour zu konzentrieren, um Australien und Singapur vor einem möglichen japanischen Angriff zu schützen.

Der polnische Botschafter in Berlin, Józef Lipski, verstand jedoch, dass eine Politik der Zusammenarbeit mit Deutschland im besten Interesse seines Landes lag. Tatsächlich konnte Ribbentrop ihn mit seinen Vorschlägen überzeugen. Am 21. März trafen sich die beiden Diplomaten in Berlin. Der deutsche Minister wusste von dem Angebot, das Halifax Polen am Vortag gemacht hatte, und warnte den polnischen Botschafter vor den Gefahren eines solchen Bündnisses. Lipski zeigte Ribbentrop das Interesse seines Landes an der Slowakei und gestand, dass man hoffe, dass Vereinbarungen mit den Slowaken nicht zu einer militärischen Besetzung des Landes führen würden. Der deutsche Außenminister wies den polnischen Botschafter darauf hin, dass die Slowaken um den Schutz beider Länder gebeten hätten und dass die deutsch-slowakischen Verhandlungen nicht gegen Polen gerichtet seien. Ribbentrop versicherte Lipski, dass Deutschland bereit sei, darüber zu sprechen, wie Polen in der Slowakei den gleichen Einfluss wie Deutschland ausüben könne, was ein Klima des Vertrauens und der Zusammenarbeit zwischen beiden Ländern voraussetze. Joachim von Ribbentrop betonte noch einmal die Notwendigkeit eines Abkommens zwischen Deutschland und Polen und bedauerte die Behandlung der deutschen Minderheiten. Der deutsche Außenminister legte erneut einen sorgfältig vorbereiteten Plan mit überzeugenden Argumenten vor, der auch den Verzicht auf deutsche Besitzungen im Korridor vorsah. Ribbentrop erinnerte Lipski an die Bedingungen des am 24. Oktober 1938 vorgelegten Abkommens, in dem nur die Vereinigung der Nationalsozialisten in Danzig mit denen in Deutschland und der Anschluss an Ostpreußen angestrebt wurde. Ribbentrop hatte das Gefühl, dass er Lipski von den Vorteilen der Zusammenarbeit und der Vereinbarung überzeugt hatte. Der Botschafter versprach seinerseits, nach Warschau zu reisen und zu versuchen, seinen Minister zu überzeugen.

Am 22. März war der polnische Botschafter bereits in Warschau und nahm an Sitzungen im Außenministerium teil, um die polnische Position zu überdenken. Lipski legt einen persönlichen Bericht über das deutsche Angebot vor, der bei Beck auf Ablehnung stößt. Deutschland wurde vorgeworfen, Polen einzukesseln, und Lipski akzeptierte, dass Ribbentrops Vorschlag als Ultimatum verstanden werden konnte. Es wurde beschlossen, den Botschafter in Polen zu behalten, bis eine detaillierte Antwort an die Deutschen ausgearbeitet war. Aufgrund seiner Position zugunsten eines Paktes mit Hitler wurde Lipskis Zuverlässigkeit als Verhandlungsführer mit den Deutschen in Frage gestellt. Jean Szembek, polnischer Staatssekretär für auswärtige Angelegenheiten, schreibt in seinem *Tagebuch 1933-1939*, dass Beck beschloss, Lipski kein weiteres Treffen mit Ribbentrop zu gestatten, um eine Einigung zu besprechen. Graf Michal Lubienski ging sogar so weit, Ribbentrop zu beschuldigen, dass es ihm gelungen sei, Lipski zu demoralisieren. Als der polnische Botschafter erfuhr, dass sein Aufruf zu einer Einigung abgelehnt worden war und er nicht mehr das Vertrauen Becks genoss, äußerte er den Wunsch, von seinem Posten zurückzutreten.

Bei den Beratungen im Außenministerium wird der Halifax-Vorschlag für einen Pakt mit der UdSSR rundheraus abgelehnt, doch Beck ist zuversichtlich, dass er sich für ein anglo-polnisches Bündnis entscheiden kann. Die polnische Führung ist so sehr davon überzeugt, dass der deutsche Vorschlag ein Ultimatum darstellt, dass Polen am 23. März im Einvernehmen mit der militärischen Führung eine Teilmobilisierung beschließt. Die Stärke der polnischen Armee wird mit der Einberufung von 334.000 Reservisten verdoppelt. Gleichzeitig mit dieser Maßnahme wurde der Plan für die Kriegsführung gegen Deutschland an die wichtigsten Befehlshaber verteilt. Nachdem Hitler von der überraschenden Teilmobilmachung der Polen erfahren hatte, wandte er sich an den Oberbefehlshaber des Heeres, General Walther von Brauchitsch, und erklärte ihm, dass wichtige Verhandlungen mit Polen liefen und er nicht wolle, dass Deutschland in einen Konflikt verwickelt werde.

Viel mehr beunruhigt war der deutsche Botschafter in Warschau. Moltke war zunehmend skeptisch gegenüber den polnischen Absichten und legte besonderen Wert auf die Verhaftung von Stanislaw Mackiewicz, einem prominenten polnischen Journalisten und Herausgeber von *Slowo* (*Das Wort*), der sich seit langem für ein deutsch-polnisches Abkommen eingesetzt hatte. Schließlich berichtete Moltke, dass Lipski am 26. März nach Berlin zurückkehren würde, so dass sowohl Hitler als auch Ribbentrop hofften, dass es noch eine Chance gab. Bevor Lipski die Tür zum deutsch-polnischen Abkommen in Berlin schloss, teilte Lukasiewicz Bullitt am 24. März mit, dass sein Land noch am selben Tag ein Bündnis mit der Sowjetunion formell ablehnen würde. Der polnische Botschafter teilte seinem Kollegen mit, dass Polen ein einseitiges Bündnis mit Großbritannien vorziehe. Der amerikanische Botschafter war überzeugt, dass die Briten den Vorschlag akzeptieren würden.

Als der polnische Botschafter in London, Edward Raczynski, nach Halifax reiste, um das Viererbündnis abzulehnen, teilte er ihm mit, dass die polnische Regierung der Ansicht sei, ein Pakt mit der UdSSR könne „eine Katastrophe auslösen". Raczynski führte Becks These weiter aus, dass ein Bündnis mit der Sowjetunion den Frieden ungebührlich gefährden würde. Der Botschafter fügte hinzu, er sei befugt, ein anglo-polnisches Bündnis vorzuschlagen. Halifax räumte sofort sein Interesse an diesem Vorschlag ein. „Mit grenzenloser Heuchelei", schreibt Professor Hoggan, „erklärte er, dass er nichts dagegen hätte, wenn Polen und Deutschland in der Danzig-Frage zufriedenstellend verhandeln könnten." Hoggan zufolge „beweist die Tatsache, dass Halifax es für nötig hielt, diesen Punkt anzusprechen, sein taktisches Geschick als Diplomat. Er wollte bei den Polen nicht den Eindruck erwecken, dass er sie in den Krieg drängen würde. Am nächsten Tag, dem 25. März, teilt Bullitt Lukasiewicz mit, dass er Botschafter Kennedy gebeten habe, Chamberlain mitzuteilen, dass die Vereinigten Staaten die Position Polens in Bezug auf die Allianz wohlwollend betrachten. Am 26. März wendet sich Bullitt erneut an Kennedy: Er bittet ihn, Chamberlain mitzuteilen, dass die Vereinigten Staaten erwarten, dass Großbritannien in einen Krieg mit Deutschland eintritt, wenn die Danzig-Frage zu einer Explosion zwischen Polen und Deutschen führt. Bullitt trifft erneut mit dem polnischen Botschafter zusammen und bringt seine Überzeugung zum Ausdruck, dass die britische Antwort auf den polnischen Vorschlag positiv ausfallen würde. Lukasiewicz seinerseits vertraute darauf, dass Lipski den deutschen Vorschlag noch am selben Tag ablehnen würde.

Als der polnische Botschafter die kategorische Ablehnung der Verhandlungsvorschläge durch sein Land bekannt gab, waren die Deutschen schockiert. Die polnischen Gegenvorschläge ignorierten die deutsche Forderung nach der Rückgabe von Danzig und dem Anschluss an Ostpreußen. Auch das Angebot Deutschlands, die Grenzen zu sichern, wurde ignoriert. Botschafter Lipski legte Ribbentrop ein schriftliches Memorandum vor, das der deutsche Minister mit Erstaunen las. Er versuchte nicht, seine Überraschung zu verbergen und bedauerte, dass Polens Weigerung, die Annexion Danzigs zuzulassen, jede Chance auf ein deutsch-polnisches Abkommen zunichte machen würde. Lipski entgegnete, dass „es für ihn eine schmerzliche Verpflichtung war, darauf aufmerksam zu machen, dass jeder Versuch Deutschlands, diese Pläne zu verwirklichen, insbesondere was die Rückgabe Danzigs an das Reich betraf, einen Krieg mit Polen bedeutete." Ribbentrop, der bei diesem historischen Ereignis seine gewohnte Gelassenheit nicht bewahren konnte, konnte ein Gefühl der Verzweiflung nicht unterdrücken. Er versucht vergeblich, die Folgen des polnischen Kommuniqués zu entkräften, und erklärt Lipski, dass Deutschland es nicht eilig habe, das Danzig-Problem zu lösen, und dass Polen die ganze Angelegenheit vielleicht noch einmal überdenken könne, wenn sich die allgemeine Lage beruhigt habe. Der polnische Botschafter verwies auf die schriftliche Note seiner Regierung und fragte, ob Deutschland seine Danzig-Bestrebungen nicht doch noch aufgeben könne.. Lipski versicherte Ribbentrop, dass Beck als Antwort auf dieses deutsche Zugeständnis gerne wieder nach Berlin kommen werde. Der deutsche Außenminister hätte die Bemühungen mit den Polen aufgegeben, wenn nicht Hitler hartnäckig davon überzeugt gewesen wäre, dass ein deutsch-polnisches Abkommen jede Anstrengung wert sei.

Am 27. März traf Lord Halifax mit seinen Diplomaten zusammen und teilte ihnen seine Entscheidung mit, dem Bündnis mit Polen Vorrang einzuräumen. Am selben Tag schickt er ein Telegramm an Kennard, in dem er diese Entscheidung bekannt gibt und seine Zuversicht zum Ausdruck bringt, dass der Sowjetunion noch im Laufe des Tages ein neuer Bündnisvorschlag unterbreitet werden kann. Am 30. März teilte er Kennard mit, dass die von der Regierung Seiner Majestät gegenüber Polen abgegebene Garantie am folgenden Tag dem Parlament vorgelegt werden würde. Halifax teilte dem britischen Botschafter in Warschau mit einem Augenzwinkern mit, dass die amerikanische Botschaft ihn mit Behauptungen bombardiert habe, dass Ribbentrop Hitler unter Druck setze, in Polen einzumarschieren, bevor die Briten irgendeine Verpflichtung eingehen würden. Halifax ließ Kennard wissen, dass er beschlossen habe, dass ein Engagement nicht auf Fälle von unprovozierter Aggression beschränkt sein würde. Hoogan, der über eine Fülle von diplomatischen Dokumenten zu diesem Thema verfügt, schreibt: „Er teilte Kennard mit, dass er beschlossen habe, die Frage des Aggressors zu ignorieren. Er wollte nicht neutral bleiben, falls die Polen Deutschland in den Krieg zwingen würden. Die Briten riefen den polnischen Präsidenten Ignacy Moscicki und Marschall Smigly-Rydz an, um ihnen ihre Entscheidung mitzuteilen, mit der sie einverstanden waren.

Die Konservativen, die Liberalen und die Labour-Partei akzeptierten die einseitige Garantie für Polen bereitwillig, als sie dem Parlament am 31. März vorgelegt wurde. In seiner Rede vor dem Unterhaus erläuterte Chamberlain die Zusage mit folgenden Worten: „...im Falle einer Aktion, die eindeutig die polnische Unabhängigkeit bedroht und die die polnische Regierung infolgedessen für unerlässlich hält, um mit ihren eigenen nationalen Kräften Widerstand zu leisten, würde sich die Regierung Seiner Majestät verpflichtet fühlen, der polnischen Regierung sofort die größtmögliche Unterstützung zu gewähren. Eine entsprechende Zusicherung ist der polnischen Regierung gegeben worden". Chamberlains Rede wird am 31. März um vier Uhr nachmittags per Rundfunk auf dem Kontinent übertragen. Als der belgische Botschafter in Berlin, Vicomte Jacques Davignon, von dem Text erfuhr, rief er alarmiert aus, dass die britische Zusage einem „Blankoscheck" gleichkomme. Er ist also der Autor der Metapher.

Am 2. April 1939 reiste Józef Beck mit dem Zug von Warschau nach London. Er wurde von Józef Lipski und Oberst Szymánski begleitet, einem Militärattaché in Berlin, dessen Frau, Halina Szymánska, eine polnische Spionin war, die während des Krieges als Kontaktperson für Wilhelm Canaris fungierte und eine der effizientesten Agentinnen des britischen MI6 war. Ein Protokollchef des Auswärtigen Amtes empfing sie am Morgen des 3. Januar auf dem Berliner Bahnhof,. Trotz der Ereignisse der letzten Tage hatte Beck Ribbentrop erwartet, doch der deutsche Außenminister erschien nicht, was ein deutliches Zeichen dafür war, dass sich die Haltung Deutschlands gegenüber Polen änderte.

Die polnische Delegation traf erst spät in der Nacht in London ein, so dass am Morgen des 4. Januar offizielle Gespräche stattfanden. Beck versprach Halifax, dass Polen im Falle eines direkten Konflikts zwischen Großbritannien und Deutschland gegen die Deutschen kämpfen würde. Dies kam einem Angebot für eine gegenseitige Garantie gleich. Halifax nahm das Angebot an, fügte aber hinzu, dass es für seine Bedürfnisse nicht ausreiche, da er mehr Verpflichtungen von Polen wolle. Beck war überrascht und fragte den Außenminister, was er denn vorhabe. Halifax sagte ruhig, er wolle, dass Polen sich bereit erkläre, in den Krieg zu ziehen, wenn Deutschland Holland, Belgien, die Schweiz oder Dänemark angreife. Überrascht von dieser weitreichenden Forderung, antwortete Beck, dass er einige Zeit brauche, um darüber nachzudenken. Das zweite wichtige Thema des Treffens war die Weigerung Polens, dem Viererbündnis beizutreten. Lord Halifax bat um eine Erläuterung der Gründe für diese Weigerung. Auch hier argumentierte der polnische Außenminister, dass ein solches Bündnis für Polen gefährlich und sogar tödlich sein könnte. Becks Gründe stellten Halifax nicht zufrieden, der deutlich machte, dass er von der polnischen Haltung zu seinem Bündnisplan äußerst enttäuscht war. Die Zukunft Polens", schreibt Hoggan, „war ihm gleichgültig. Der neue polnische Staat war nur ein Spielball in seinem Spiel". Doch zum Erstaunen der britischen und europäischen Öffentlichkeit überließ Großbritannien mit der Aushändigung des „Blankoschecks" an Polen zum ersten Mal in seiner Geschichte einer anderen Macht die Entscheidung, ob sie außerhalb des eigenen Landes in den Kampf ziehen sollte oder nicht.

Roosevelts Sonderbotschafter William C. Bullitt eilt zu Beck, mit dem er freundschaftlich verbunden ist. Er erwartete ihn in Lille. Der polnische Außenminister bestätigt, dass er mit der Atmosphäre in London zufrieden ist, und vertraut Bullitt an, dass Halifax versucht hat, Polen zu verpflichten, falls Deutschland andere Nachbarländer angreift. Becks Hauptinteresse galt jedoch der deutschen Reaktion, und so spekulierte er mit dem amerikanischen Botschafter über die möglichen Reaktionen Hitlers auf seine Reise nach London und die Zusicherung der Briten. Beck vermutete, dass Deutschland die diplomatischen Beziehungen zu Polen abbrechen könnte.

Um elf Uhr am Morgen des 7. April, sobald er sich von Beck verabschiedet hatte, schickte Bullit eine Nachricht an Präsident Roosevelt, in der er bestätigte, dass Beck sehr zufrieden mit der in England erzielten Verständigung und dem Grad des Kompromisses zurückgekehrt sei. Der Bericht enthielt Anspielungen des polnischen Ministers auf Hitler und Ribbentrop, den Beck als „gefährlichen Schwachkopf" bezeichnete. Wie Beck und Bullitt vermuteten, war die Enttäuschung der deutschen Führung über die Unmöglichkeit, eine Einigung mit den Polen zu erzielen, nur allzu offensichtlich. Die Bestätigung, dass Großbritannien Polen unbegrenzte militärische Unterstützung angeboten hatte, wurde in Deutschland mit großer Besorgnis aufgenommen und provozierte Hitler zu einer Reaktion, die ihn dazu veranlasste, Pläne für einen eventuellen Konflikt mit Polen auszuarbeiten. Der „Fall Weiss", der militärische Deckname für die Vorbereitungen auf einen möglichen deutsch-polnischen Krieg, nahm Gestalt an.

Die Verschlechterung der deutsch-polnischen Beziehungen

Obwohl seit dem 26. Januar 1934 ein deutsch-polnischer Nichtangriffspakt bestand, erklärte sich Józef Beck, der sehr wohl wusste, dass Halifax' Pläne die Zerstörung Deutschlands vorsahen, bereit, sein Land in den Mittelpunkt der britischen und amerikanischen Kriegspolitik zu stellen, was einem Bruch des Paktes gleichkam. So sehr sich Halifax auch gegen ein Abkommen über Danzig aussprach, Beck wusste, dass dies die größte Enttäuschung des Außenministers gewesen wäre. Nun brauchten die Briten Frankreich und zählten in ihren Kriegsplänen gegen Hitler auf Frankreich. Auch die Polen wussten, wie wichtig es war, die Franzosen auf ihrer Seite zu haben, und so versuchte Beck nach seiner Rückkehr aus London, die Beziehungen zu Paris zu verbessern. Polen erwartete, dass Frankreich den Blankoscheck bedingungslos unterstützen würde, aber Bonnet, der auch an dem von Halifax vorgeschlagenen Viererbündnis interessiert war, zögerte zunächst ein direktes Gespräch mit seinem polnischen Kollegen hinaus. In der Zwischenzeit setzt Bullitt seine kriegsfördernde Arbeit in Paris fort: Der hartnäckige amerikanische Botschafter bleibt in ständigem Kontakt mit dem polnischen Botschafter Lukasiewicz und teilt ihm am 9. April 1939 mit, dass er erwartet, dass Frankreich im Falle eines Konflikts Deutschland von Belgien aus angreifen wird.

Am 7. April 1939 besetzten die Italiener Albanien, und die europäische Diplomatie konzentrierte sich vorübergehend auf die Lage auf dem Balkan. Präsident Roosevelt nutzte diesen Umstand, um Briefe an Hitler und Mussolini zu schreiben, die am 14. April der amerikanischen Öffentlichkeit zugänglich gemacht wurden und am 15. April bei den Empfängern eingingen. Roosevelt, der im Dienste der jüdischen Lobby stand, die ihn zum Präsidenten gemacht hatte, gehörte zu denjenigen, die sich am stärksten für den Krieg einsetzten; dennoch erschien er der internationalen Öffentlichkeit als großzügiger und uneigennütziger Friedensstifter, der sich mit all seiner Energie für den Frieden einsetzte. In diesen Botschaften machte er ausschließlich Italien und Deutschland für alle Bedrohungen des Friedens in Europa verantwortlich. Er forderte Hitler und Mussolini auf, zu erklären, dass sie fünfundzwanzig Jahre lang unter allen Umständen auf einen Krieg verzichten würden. „Sind Sie bereit", fragte Roosevelt, „zu garantieren, dass Ihre Streitkräfte das Gebiet oder die Stellungen der folgenden unabhängigen Länder nicht angreifen oder überfallen werden?" Er führte neunundzwanzig Länder auf, darunter auch Russland. Interessanterweise forderte er, dass Italien und Deutschland Nichtangriffspakte mit Syrien und Palästina unterzeichnen, die nicht unabhängig waren und unter dem Mandat von Frankreich und Großbritannien standen. Die Verweise auf Palästina müssen eine Forderung der Zionisten gewesen sein, die den Brain Trust bildeten.

Unter diesen Umständen traf der rumänische Außenminister Gafencu am 18. April in Berlin ein, nachdem er seinen Zug an der polnischen Grenze angehalten hatte, um Beck zu treffen. Am 19. April traf er mit Hitler zusammen und begann das Gespräch mit einer ausführlichen Rekapitulation seines jüngsten Treffens mit dem polnischen Außenminister. Der deutsche Bundeskanzler kritisierte Beck für die Annahme der britischen Garantie und beklagte sich darüber, dass er die Änderung der polnischen Haltung nicht verstehen könne. Er vertraute Gafencu an, dass er vorhatte, die polnische Politik gegenüber Großbritannien als unerträgliche Verletzung des Paktes von 1934 anzuprangern, den er als gebrochen ansah. Hitler beklagte sich bei Gafencu darüber, dass die polnische Führung seine Absicht, Pilsudskis Polen mit seinen Grenzen und den absurden Versailler Verträgen zu respektieren, nicht zu würdigen wisse. „Ich habe die Presse zurückgehalten", wird Hitler zitiert, „sich gegen die skandalöse Behandlung der deutschen Minderheit auszusprechen." Er kontrastierte diese Haltung mit den ständigen Angriffen auf Deutschland in der polnischen Presse. Zur Möglichkeit eines Krieges mit dem Vereinigten Königreich sagte Hitler voraus: „Am Ende würden wir alle, Sieger und Besiegte, unter denselben Trümmern enden; und der einzige, der davon profitieren würde, wäre Moskau." Der Führer räumte gegenüber Minister Gafencu ein, dass man ihm in Deutschland vorwerfe, ein reueloser Bewunderer des britischen Empire zu sein, und gestand ihm, dass dies wahr sei. Er versicherte ihm, dass nur ein unmenschliches Schicksal ihn zwingen würde, an einen Konflikt mit den Briten zu denken, und fügte hinzu, dass er „von frühester Jugend an ein großer Anglophiler" gewesen sei.

Einige Tage später traf der rumänische Diplomat, der den ganzen April über durch Europa gereist war, um eine Versöhnung zu erreichen und einen Krieg zu vermeiden, in London ein. Er war im Voraus darüber informiert worden, dass die Tilea-Frage nicht als Gesprächsthema akzeptiert werden würde. Das erste Treffen mit britischen Diplomaten fand am 24. April statt. Der Sekretär des Außenministeriums war überrascht, dass Gafencu es vermied, die UdSSR-Frage zu erörtern, und stattdessen mit einem eigenen Plan zur Lösung der europäischen Differenzen die Initiative ergriff. In der Überzeugung, dass die Haupthindernisse für die Lösung der Probleme in Großbritannien und Polen liegen, hatte Gafencu die deutsche Unterstützung für seinen Friedensplan erhalten und war entschlossen, ihn Halifax mit größtem Nachdruck zu präsentieren. Der rumänische Diplomat erläuterte sein Gespräch mit Hitler, den er als „Naturgewalt" bezeichnete. Gafencu erklärte den Briten, dass der deutsche Bundeskanzler offensichtlich mit ihm im Hinblick auf seine Reise nach London gesprochen habe. Nachdem er zugegeben hatte, dass er nach seinen Gesprächen mit Beck und Hitler davon überzeugt war, dass die deutsch-polnische Situation hoffnungslos sei, verkündete der rumänische Außenminister enthusiastisch, dass er einen Plan habe, den die deutsche Führung voll und ganz akzeptiere.

Dieser Plan sah ein neues Abkommen für Böhmen und Mähren vor, das so gestaltet werden konnte, dass es dazu dienen würde, die Spannungen in den anderen Fragen abzubauen und eine allgemeine Einigung herbeizuführen. Den Briten, die die Ereignisse in Prag zum Hauptvorwand für Maßnahmen gegen Deutschland gemacht hatten, gefiel dieser Plan natürlich überhaupt nicht. Halifax fragte sofort, ob die Deutschen den tschechischen Staat wiederherstellen würden, und Gafencu antwortete, dass sie dies tun würden, da Deutschland den Plan billigte. Sir Alexander Cadogan entgegnete daraufhin, dass „die Wiederherstellung Prags kaum eine Entschädigung für Polen sein würde". Gafencu räumt dies ein, bestreitet aber rundheraus, dass Hitler einen Krieg wolle, und fügt hinzu, dass die Welt auf eine Alternative warte, die sich ergeben könne, wenn man Deutschland einen Verhandlungsvorschlag mache. Am Ende des Gesprächs hatte der rumänische Minister den Eindruck, dass er seine Gastgeber nicht überzeugen konnte.

Während Gafencu in London versuchte, einen Weg zum Frieden zu finden, war bereits vier Monate zuvor beschlossen worden, dass ein Krieg stattfinden würde. In einem ausführlichen Artikel mit dem Titel „President Roosevelt's Campaign to Incite War in Europe: The Secret Polish Papers" erklärt Mark Weber, Direktor des Institute for Historical Review, dass Botschafter Bullitt am 25. April 1939 den Journalisten Karl von Wiegand, Chefkorrespondent des International News Service, anrief, der sich in der Botschaft vorstellte. Die Worte, die er mit ihm sprach, wurden am 8. Oktober 1944 im *Chicago Herald American* in einem Artikel mit dem Titel „Von Wiegand says" abgedruckt. Sie lauten: „Die Entscheidung über den Krieg in Europa ist gefallen. Polen hat die Rückendeckung Großbritanniens und Frankreichs und wird keiner der deutschen Forderungen nachgeben. Amerika wird bald nach dem Eintritt Großbritanniens und Frankreichs in den Krieg eintreten". Man kann sich nur fragen: Wer hat diese Entscheidung getroffen?

Nachdem Sir Neville Henderson vierzig Tage lang in London festgehalten worden war, durfte er nach Berlin zurückkehren. Am 20. April kündigte Halifax vor dem Oberhaus an, dass der Botschafter in Kürze nach Deutschland zurückkehren würde, was er am 26. April tat. Am 27. April besuchte Henderson das Auswärtige Amt und traf mit Staatssekretär Ernst von Weizsäcker zusammen, dem er zugab, dass er im Auswärtigen Amt einen großen Gesichtsverlust erlitten habe. Henderson, der wusste, dass Hitlers Bereitschaft zu Verhandlungen über den Status Prags abgelehnt worden war, wurde darüber informiert, dass der Führer eine Rede vor dem Reichstag vorbereitete, um auf Roosevelts Anschuldigungen zu antworten. Am selben Tag gab das Auswärtige Amt zwei Noten heraus, in denen die Aufkündigung des Nichtangriffspakts mit Polen von 1934 und des deutsch-britischen Flottenpakts von 1935 angekündigt wurde. Die Stimmung in Berlin heizt sich auf, und es kommt zu einer Reihe von Treffen und Gesprächen zwischen Diplomaten. Coulondre bespricht die

Situation mit dem polnischen Botschafter Lipski. Der französische Botschafter bedauert, dass die europäische Szene so verworren ist, und räumt ein, dass dies größtenteils auf die Tatsache zurückzuführen ist, dass die britische Diplomatie abrupt von einem Extrem zum anderen wechselt. Lipski erläuterte ausführlich den Inhalt des deutschen Angebots, das von seinem Land abgelehnt worden war. Beide Botschafter waren sich einig, dass der Vorschlag bemerkenswert großzügig war.

Am Morgen des 28. April tritt der Deutsche Reichstag zusammen, um den Führer zu hören, der vorsichtig versucht, die Tür für Verhandlungen mit Polen und Großbritannien offen zu halten. In seiner Rede gibt er einen Überblick über die deutsche Politik seit seinem Machtantritt 1933 bis zur Besetzung Prags im März 1939. Er erinnerte daran, dass sich die Tschechen und Ungarn nur an Deutschland und Italien gewandt hatten, um in dem Streit zu vermitteln, obwohl in München beschlossen worden war, dass die Vermittlung die Pflicht aller vier Mächte sei. Im zweiten Teil der Rede ging er auf die Politik von Präsident Roosevelt ein. Er machte sich über Roosevelts Forderung nach Nichtangriffspakten mit Ländern auf anderen Kontinenten und mit Ländern, die noch nicht einmal unabhängig waren, lustig. Er verwies auf die ständigen Bemühungen Roosevelts, ihn zu provozieren. Zu dessen Behauptungen über angebliche deutsche Interventionen im Ausland stellte er fest, dass sie „militärisch gesehen nur in der Phantasie eines Verrückten entstehen können"[3]. In seiner Rede zollte der deutsche Bundeskanzler wie üblich dem britischen Empire seine Bewunderung und betonte seinen Wunsch nach einer dauerhaften deutsch-britischen Freundschaft. In Bezug auf Polen erklärte er, dass er dessen maritime Interessen respektiere, lobte Marschall Pilsudski für seinen Willen, die deutsch-polnischen Beziehungen zu verbessern, und beschrieb ausführlich die Punkte des Angebots, das er Polen gemacht hatte. Er bedauert die Annahme der britischen Garantie und kündigt an, dass Deutschland nicht mehr bereit sei, den Vorschlag vom Oktober 1938 als Grundlage für ein Abkommen mit Polen aufrechtzuerhalten, was einen klaren Rückschritt darstelle. Der Tonfall wird schärfer und er erklärt, dass er den Pakt mit Warschau von 1934, den er zuvor auf 25 Jahre zu verlängern angeboten hatte, aufgekündigt habe, weil die Polen ihn durch die Inanspruchnahme der britischen Garantie verletzt hätten, was aber nicht bedeute, dass Deutschland nicht bereit sei, neue vertragliche Verpflichtungen gegenüber Polen zu übernehmen.

Die Rede des deutschen Bundeskanzlers wurde in ganz Europa mit Spannung erwartet. In Polen gab es natürlich eine feindselige Reaktion in der Regierung und in der Presse. Göbbels sah sich gezwungen, in der deutschen Presse zu reagieren, indem er in einem Artikel in „*Der Angriff*" fragte: „Wissen sie, was sie da tun? In Frankreich hingegen beruhigte der gemäßigte Ton der

---

[3] Hitler war an Provokationen und Beleidigungen der schlimmsten Art aus den Vereinigten Staaten gewöhnt. Fiorello La Guardia, ein zionistischer Jude, der von 1934 bis 1945 Bürgermeister von New York war, pflegte den deutschen Führer zu beschimpfen: „wilder Mörder", „verkommen", „Säufer", „Sodomit", „Verrückter", „Treiber einer Schafherde" sind einige der Adjektive, die La Guardia in seiner öffentlichen Rede bei einer Kundgebung im Jahr 1937 wählte.

Rede die französische Führung, und auch in London wurde der versöhnliche Ton von Hitlers Worten gewürdigt. Auch in Ungarn werden die friedlichen Absichten, die in der Rede des Führers zum Ausdruck kommen, begrüßt. Andererseits teilte der italienische Botschafter in Berlin, Bernardo Attolico, den deutschen Diplomaten am nächsten Tag mit, dass sein Land bereit sei, Druck auf Polen auszuüben, um eine vernünftige Beilegung der Differenzen zwischen den beiden Ländern zu akzeptieren. Weizsäcker nahm das Angebot dankend an, äußerte aber die Befürchtung, dass jede Demarche vergeblich sein würde. Die Reaktion in den Vereinigten Staaten war eine andere: Präsident Roosevelt war wütend, nachdem er die englische Übersetzung der Rede gelesen hatte, in der Hitler seine Politik lächerlich machte. Von diesem Moment an hasste Roosevelt Hitler persönlich: „Dieser persönliche Faktor", schreibt Hoggan, „kam zu den anderen Motiven hinzu, die Roosevelt den Wunsch gaben, Deutschland zu zerstören.

In Polen trat Lipski am 1. Mai 1939 formell zurück. Der polnische Botschafter teilte Beck mit, dass er unter den gegebenen Umständen nicht in Berlin bleiben könne. Der Außenminister akzeptierte seinen Rücktritt jedoch nicht und wies ihn an, nach Deutschland zurückzukehren. Auch der deutsche Botschafter Moltke kehrte am 4. Mai nach Warschau zurück, nachdem er einige Tage in Berlin verbracht hatte. Im Zuge des Hin- und Herwechselns der Diplomaten kam es zu einem bedeutenden Wechsel an der Spitze des Außenkommissariats der UdSSR: Am 3. Mai 1939 wurde Maksim Litvinov als Kommissar entlassen. Die Tatsache, dass dieser polnische Jude durch Wjatscheslaw Molotow ersetzt wurde, missfiel dem polnischen Außenministerium nicht. In Warschau war bekannt, dass Molotow Stalin sehr nahe stand und dass beide mit jüdischen Frauen verheiratet waren.

Als Reaktion auf Hitlers Rede trat Józef Beck am 5. Mai 1939 vor den Sejm. Vor seiner Rede waren die Botschaften angewiesen worden, Hitlers Rede zu kritisieren. Beck wollte die öffentliche Meinung davon überzeugen, dass er fähig und willens war, Hitler herauszufordern. Beck bereitete seine Rede in dem Wissen vor, dass London seine Worte vorbehaltlos unterstützen würde, was ihm erlaubte, so weit zu gehen, wie er es wünschte. Nachdem er eingangs anerkannt hatte, dass dies ein entscheidender Moment war, analysierte er seine außenpolitischen Schritte. Unter Hinweis auf das Abkommen mit Großbritannien bestätigt er, dass Großbritannien sich bereit erklärt hat, für Polen zu kämpfen, und dass Polen sich im Gegenzug verpflichtet hat, die Briten in jedem Konflikt zu unterstützen. Obwohl Beck wusste, dass er sich zum Komplizen Großbritanniens machte, das einen Vorwand für einen Krieg suchte, behauptete er, dass die anglo-polnischen Interessen auf dem völligen Fehlen aggressiver Absichten beruhten, und beschuldigte Hitler, die britische Garantie für Polen ungerechtfertigt ausgenutzt zu haben, um den Pakt von 1934 aufzuheben. Erstaunlicherweise erklärte Beck, obwohl Sir Alexander Cadogan gegenüber Joseph Kennedy zugegeben hatte, dass die Garantie für Polen in der Geschichte der britischen Außenpolitik ohne Beispiel sei, dass die britische Garantie nichts Außergewöhnliches sei, sondern ein normaler Schritt in der Verfolgung freundschaftlicher Beziehungen mit einem Nachbarland. Unter

Missachtung jeglicher historischer Strenge, da Westpreußen von Deutschen kolonisiert worden war und vor dem Krieg fast 70% der Einwohner Deutsche waren, bezeichnete er das Wort „Korridor" als „eine künstliche Erfindung, da es sich um ein ehemaliges polnisches Gebiet mit einer vernachlässigbaren Anzahl deutscher Siedler handelt". Diese Worte kamen einmal mehr einer Verunglimpfung von Hitlers Großzügigkeit gleich, der bereit war, eine dauerhafte polnische Herrschaft über dieses ehemalige deutsche Gebiet zu akzeptieren. Während Lipski einräumte, dass nur Hitler ein so großzügiges Angebot hätte machen können, behauptete Beck, Deutschland habe keine Zugeständnisse gemacht, sondern nur Forderungen gestellt. Die Rede des polnischen Ministers, der Hitler als Lügner bezeichnete, war von Anfang bis Ende mit unverschämten Lügen gespickt. Er ging so weit, zuzugeben, dass der deutsche Bundeskanzler angeboten hatte, die gegenwärtige Grenze zu Polen anzuerkennen; aber, und hier zitieren wir Professor Hoggan, „er nahm eine in den Annalen der europäischen Diplomatie noch nie dagewesene Position mit der Begründung ein, dass ein solches Versprechen völlig wertlos sei." In beschämender Weise beharrte Beck darauf, dass Hitler mit seinen Vorstößen die Ehre Polens angegriffen habe, und wies diejenigen zurück, die den Frieden der nationalen Ehre vorzogen. Auf diesem Höhepunkt der Rede rief eine wütende Stimme: „Wir brauchen keinen Frieden. Als Beck das Podium verließ, erhielt er tosenden Beifall.

Die parlamentarische Intervention des polnischen Außenministers versetzte den Hoffnungen auf Frieden in Europa einen schweren Schlag und wurde allgemein als solcher anerkannt. Natürlich werden Becks unnachgiebige Worte von Halifax unterstützt, und König Carol von Rumänien kommt zu dem Schluss, dass Becks Rede den Krieg unvermeidlich mache. Weizsäcker, Staatssekretär im Auswärtigen Amt, versuchte, eine alarmistische Haltung zu vermeiden, indem er in einem Rundschreiben an die deutschen Botschaften Becks Rede als „kleinliches Diktum einer schwachen Regierung" abtat. In Frankreich begrüßte Außenminister Georges Bonnet die Rede Becks jedoch nicht mit dem von den Kriegstreibern gewünschten Enthusiasmus, die sich darüber freuten. Bullitt und die polnischen Botschafter in Frankreich und Großbritannien, Lukasiewicz und Raczynski, sind sich einig, dass Bonnet der Anführer des Kampfes für den Frieden in Frankreich ist. Bullitt versprach, alles in seiner Macht Stehende zu tun, um ihn bei Daladier zu diskreditieren.

Am 6. Mai freut sich der amerikanische Botschafter in Paris, seinem Freund Roosevelt mitteilen zu können, dass Premierminister Daladier immer weniger Vertrauen in Bonnet hat. Bullitt setzt auf Champetier de Ribes, der den Krieg befürwortet, als Nachfolger von Bonnet. Die Mutter von William C. Bullitt war die Tochter von Jonathan Horowitz, einem deutschen Juden, der in die Vereinigten Staaten ausgewandert war. Der amerikanische Botschafter stammte aus einer Familie prominenter Bankiers aus Philadelphia. Bullitt, der Präsident Wilson auf der Friedenskonferenz von Versailles unterstützt und sich von Anfang an für die Anerkennung des kommunistischen Regimes in Russland eingesetzt hatte, war Präsident Roosevelts Sprachrohr in Europa und reiste daher mehrmals im Jahr in die Vereinigten Staaten, um an Beratungen im Weißen Haus teilzunehmen.

Die unhaltbare Situation der Deutschen in Polen

Auf Anweisung von Lord Halifax überbrachte Botschafter Henderson am 15. Mai 1939 in Berlin eine peinliche Drohung an Deutschland. Das Auswärtige Amt warnte im Anschluss an Becks Rede offiziell, dass das Britische Empire mit dem Ziel der Vernichtung des Dritten Reiches kämpfen würde, sollte Hitler versuchen, Danzig zurückzuerobern. Unterdessen verschlechterte sich die Lage der in Polen lebenden Deutschen weiter. Ab Ende März erhielten sie nicht nur Drohungen, sondern wurden auch Opfer von Verfolgung und Terror durch angebliche polnische Patrioten. Die polnischen Behörden gingen selbst gegen die deutsche Minderheit vor, von der viele Mitglieder ohne ersichtlichen Grund verhaftet wurden. Beschwerden der deutschen Führer über ihre Behandlung blieben erfolglos.

Schon vor der Ausstellung des Blankoschecks war es in verschiedenen Regionen zu Gewalttaten gegen die deutsche Minderheit gekommen, ohne dass die polnischen Behörden auf die Proteste der Konsuln gehört hätten. Die Vorfälle vom 30. März in Bromberg (Pommern) veranlassen Botschafter Moltke selbst, beim stellvertretenden polnischen Minister Szembeck zu protestieren. Am selben Tag wurde ein deutscher Staatsbürger, der ein Restaurant in Jablonowo besaß, zusammengeschlagen und sein Geschäft zerstört. Die Polizei war alarmiert worden, erschien aber nicht. In Posen (Poznan) wurden deutsche Geschäfte regelmäßig mit Steinen beworfen, und die Versicherungen weigerten sich, Entschädigungen zu zahlen, so dass Konsul Walther eine diplomatische Note an Ribbentrop schickte, in der er Übergriffe auf deutsche Bürger in einem Dutzend Städten und Dörfern anprangerte. Am 4. April schickte Moltke ein Kommuniqué an Ribbentrop, in dem er anprangerte, dass zehn paramilitärische Vereinigungen einen öffentlichen Aufruf zum Boykott des deutschen Handels und Handwerks veröffentlicht hatten. Außerdem wird ein Verbot deutschsprachiger Filme und eine Beschränkung der Zahl der Schulen sowie der Veröffentlichung von Zeitungen und Büchern gefordert. Am 18. April beschwerte sich der deutsche Geschäftsträger in Warschau, Krümmer, offiziell darüber, dass den Deutschen bei den Kommunalwahlen die Staatsbürgerschaft entzogen, die Kandidatur verhindert und das Wahlrecht verweigert wurde. Während des gesamten Aprils gingen die Aggressionen und Ausschreitungen aller Art weiter, ohne dass die polnische Polizei eingriff. Im Mai, während die Steinigungen von Geschäften und Privathäusern weitergingen, begannen die polnischen Behörden, gegen deutsche Schulen vorzugehen und Zeitungen und Publikationen zu beschlagnahmen.

Am 13. Mai begann eine Welle von Ausschreitungen in der Region Lodz. Tomaszow Mazowiecki, eine Stadt mit 40.000 Einwohnern, von denen etwa 3.000 Deutsche waren, war das Epizentrum des Vandalismus. Viele Deutsche wurden verletzt, eine Frau kam ums Leben. Während der zweitägigen Ausschreitungen wurde der größte Teil des deutschen Eigentums in der Gegend beschädigt oder zerstört. Polnische Fabrikbesitzer waren gezwungen, ihre deutschen Angestellten zu entlassen. Weitere gewalttätige Zwischenfälle gab es in der Provinz Poznan und in Ostoberschlesien. Am 15. Mai erörterte das deutsche Außenministerium die Möglichkeit von Repressalien gegen die polnische Minderheit in Deutschland; es wurde jedoch beschlossen, diese Idee als schädlich, nutzlos und sinnlos zurückzuweisen. Die polnischen Behörden verboten der deutschsprachigen Presse, über die Vorfälle gegen die deutsche Minderheit zu berichten, und als deutsche Zeitungen begannen, über die Vorgänge zu berichten, wurde deutschen Journalisten die Einreise nach Polen untersagt. Die deutschen Behörden kamen zu dem Schluss, dass die beste Quelle für Informationen über antideutsche Vorfälle ihre konsularischen Vertretungen waren, und so wurden in den folgenden Monaten zahlreiche Konsuln verhaftet. In Berlin appellierte Weizsäcker vergeblich an Henderson und Coulondre, dass ihre Regierungen Druck auf die polnische Regierung ausüben sollten, um eine Wiederholung dieser Ausschreitungen zu verhindern.

Am 21. Mai kam es in Kalthof, auf dem Gebiet der Freien Stadt Danzig, nahe der ostpreußischen Grenze, zu einem schweren Zwischenfall. Am 20. Mai demonstrierten deutsche Einwohner, um ihre Empörung über das arrogante Verhalten der polnischen Zollbeamten in Kalthof zu zeigen. Der polnische Hochkommissar Chodacki befand sich in Gdynia, als die Zollbehörden ihn anriefen und mitteilten, dass sie einen Angriff auf polnische Einrichtungen befürchteten. In Abwesenheit von Chodacki leitete Ratsmitglied Perkovski das Büro des Hohen Kommissars und wies die Danziger Polizei an, einzugreifen. Stunden später begaben sich Perkovski, ein Assistent und sein Fahrer, ein ehemaliger Soldat namens Zygmunt Morawski, nach Kalthof und stellten fest, dass es ruhig war und die Zollbeamten nach Hause gegangen waren. Perkovski befahl Morawski, im Auto zu bleiben, das etwa hundert Meter vom Zollgebäude entfernt geparkt war. Es war 12:50 Uhr morgens, doch Morawski ließ das Fernlicht eingeschaltet. Bald näherte sich ein Auto aus der Gegenrichtung, das aus Ostpreußen nach Danzig zurückkehrte. Dessen Fahrer, Grübnau, hielt an und forderte den polnischen Fahrer auf, sein Licht auszuschalten. Morawski antwortete mit einem Pistolenschuss, der Grübnaus Leben beendete. Nach dem Mord verließ Morawski das Fahrzeug und flüchtete zu Fuß in Richtung der polnischen Grenze, um das Gebiet der Freien Stadt zu verlassen.

Der Hochkommissar kehrte gerade nach Danzig zurück, als Perkovski ihm telefonisch mitteilte, was geschehen war. Sobald er angekommen war, befahl Chodacki allen Polen, sich nach Dirschau (Tscew) auf polnischem Gebiet zu begeben. Perkovski, der Präsident der polnischen Eisenbahngesellschaft in Danzig war, begab sich mit seinem Assistenten zum Bahnhof, der sich in der Nähe des Zollhauses befand, und kehrte mit dem Zug nach Polen zurück. Am selben Tag, dem 21., überreichte Chodacki dem Präsidenten des Danziger Senats, Greiser, eine Note, in der er gegen die Demonstration in Kalthof protestierte und den Mord an Grübnau ohne Entschuldigung erwähnte. Greiser erinnerte Chodacki daran, dass die souveräne Macht in Danzig der Völkerbund und nicht Polen sei, und verlangte, dass Perkovski, sein Assistent und der polnische Chauffeur zum Prozess nach Danzig zurückgebracht würden.

Chodacki lehnte die Forderung arrogant ab, und Józef Beck selbst verteidigte Chodackis selbstherrliche Haltung, um zu zeigen, dass sich die Polen in Danzig über das Gesetz stellten und die Rechtsprechung der Behörden der Freien Stadt verachteten.

Die Tatsache, dass ein unschuldiger deutscher Staatsbürger auf dem Gebiet von Danzig ermordet wurde, ohne dass sich die polnischen Behörden dafür entschuldigt hätten, erzürnte Hitler, der einen persönlichen Trauerkranz zur Beerdigung von Grübnau schickte. Göring warnte Botschafter Henderson, dass Deutschland trotz des polnischen und britischen Widerstands in Danzig intervenieren würde. Henderson entgegnete grimmig, dass die Polen jede Intervention in Danzig als eine Bedrohung ihrer Souveränität ansehen würden und dass Großbritannien Polen sofort mit der vollen Stärke seiner Streitkräfte zu Hilfe kommen würde. Burckhardt, der Hohe Kommissar des Völkerbundes, informierte die Deutschen darüber, dass Halifax am selben Tag in Genf erklärt hatte, die Briten würden für Polen gegen Deutschland kämpfen, ohne Rücksicht auf die Ursachen des Konflikts. Am 24. Mai erörterte das britische Parlament den Vorfall in Kalthof, aber Chamberlain beschränkte sich auf die Bemerkung, dass ein Danziger Bürger getötet worden sei und dass eine Untersuchung im Gange sei.

Die Spannungen in Danzig nehmen nach dem Kalthof-Vorfall zu und werden durch die verächtliche und unzulässige Reaktion der polnischen Behörden noch verschärft. Der Vorsitzende des Senats der Freien Stadt, Arthur Greiser, reichte am 3. Juni zwei Protestnoten ein: die erste war eine Weigerung, den Mörder von Grübnau vor Gericht zu stellen, die zweite war ein Protest gegen die ständige Zunahme polnischer Zollinspektoren auf Danziger Gebiet. Der polnische Hochkommissar, Oberst Marjan Chodacki, ignorierte beide Proteste. Am 6. Juni traf Burckhardt, der Hohe Kommissar des Völkerbundes, mit Greiser zusammen und berichtete von einem kürzlichen Gespräch mit Ribbentrop, der ihm gesagt hatte, dass Deutschland nach wie vor an einer Einigung mit Polen interessiert sei, aber das Risiko eines Krieges zur Befreiung Danzigs in Kauf nehmen würde, falls die Polen sich weigerten. Burckhardt gesteht Greiser seine Überzeugung, dass sich die Sowjets über die Aussicht auf einen selbstmörderischen internen Konflikt in Westeuropa freuen würden. Am 11. Juni kündigten die polnischen Behörden erneut in kompromisslosem Ton an, dass sie keine Beschwerden über ihre Zollinspektoren mehr akzeptieren würden, und warnten, dass sie die Zahl der Beamten erhöhen wollten.

In Berlin trifft Weizsäcker am 13. Juni mit dem britischen Botschafter zusammen, um die Krise in Danzig zu besprechen. Henderson bestätigt, dass die offizielle Linie von Halifax, der die Notwendigkeit einer Einkreisung Deutschlands befürwortet, unverändert bleibt. Neville Henderson brachte vertraulich zum Ausdruck, dass er persönlich mit der Politik von Halifax nicht einverstanden war. Er hielt den Blankoscheck an Polen für äußerst schädlich und sprach sich auch gegen ein Militärbündnis zwischen Großbritannien und der UdSSR aus. „Henderson wusste", schreibt Hoggan, „dass er mit diesen Äußerungen gegenüber dem deutschen Außenminister seine Befugnisse überschritt, aber er konnte nicht dulden, dass die Deutschen dachten, er sei mit

Halifax' Kriegspolitik einverstanden. Es war klar, dass er nicht der richtige Mann war, um Halifax in Berlin zu vertreten." Als ob die Situation nicht schon angespannt genug wäre, erschien Joseph Göbbels am 17. Juni in Danzig unter dem Vorwand, an der Danziger Kulturausstellung teilzunehmen, die an die historische Rolle des Ostseehafens erinnerte. In einem Theater der Stadt hielt er eine provokative Rede, in der er ankündigte, dass Danzig an das Reich zurückfallen werde. Einige Tage später, am 20. Juni, erwiderte die *Poiska* gazette trotzig, dass Polen sich niemals dem deutschen Druck beugen werde.

Für die Sicherheit der deutschen Minderheit war in erster Linie der Leiter des Innenministeriums, Waclaw Zyborski, verantwortlich, der sich am 23. Juni 1939 zu einem Gespräch mit Walter Kohnert, einem der Führer der deutschen Minderheit in Bromberg, bereit erklärte. Zyborski räumte ein, dass sich die Deutschen in Polen in einer wenig beneidenswerten Lage befänden, empfahl ihnen jedoch, sich bei Hitler über ihre Lage zu beschweren. Er behauptete, die Deutschen seien illoyal und fügte hinzu, dass auch die Polen in Deutschland schlecht behandelt würden. Zyborski beschuldigte Kohnert und seine Freunde, unter dem Einfluss des Nationalsozialismus zu stehen, und warnte, dass die Zeit für den Kampf gekommen sei, der schon lange vorbereitet worden sei. Abschließend erklärte er seinem Gesprächspartner offen, dass seine Politik eine harte Behandlung der deutschen Minderheit erfordere, und machte ihm klar, dass es keine Möglichkeit gebe, das harte Schicksal der Deutschen in Polen zu mildern. In der Tat schlossen die Behörden deutsche Unternehmen und Geschäfte und beschlagnahmten Gebäude, die der deutschen Gemeinschaft gehörten.

Am 6. Juli wandte sich Rudolf Wiesner, Vorsitzender einer der deutschen Parteien in Danzig, an den polnischen Ministerpräsidenten Slawoj-Skladkowski und verwies auf gewalttätige Übergriffe gegen Deutsche in verschiedenen Städten. Er verwies insbesondere auf die Welle von Angriffen zwischen dem 13. und 15. Mai in Tomaszow bei Lodz, auf ein weiteres antideutsches Pogrom, das am 21. und 22. Mai von einem unkontrollierten Mob in der Region Lodz, namentlich in Konstantynow, durchgeführt wurde, und auf eine dritte Welle von Gewalt in Pabianice zwischen dem 22. und 23. Juni, wo das Institut, eine Gewerkschaft deutscher Christen, Buchhandlungen und andere Gebäude angegriffen worden waren. Die Konsuln berichteten, dass einige Deutsche aus Angst vor Morddrohungen, Vergiftung von Hunden, Fällen von Obstbäumen, Diebstahl von Holz, Brandstiftung und anderen Einschüchterungsversuchen ihre Häuser verließen und versuchten, die deutsche Grenze zu überqueren. Viele von ihnen wurden verhaftet und unter dem Vorwurf der illegalen Migration inhaftiert, weil sie versucht hatten, unerlaubt nach Deutschland zu gelangen. Wiesners Protest blieb erfolglos, so dass die Führer der deutschen Gruppen einsehen mussten, dass sie keine Chance hatten, die polnischen Behörden zu ihrem Schutz zu bewegen.

Am selben Tag, dem 6. Juli, traf sich Józef Beck im Außenministerium mit Jerzy Potocki, dem polnischen Botschafter in den Vereinigten Staaten, der sich in Warschau aufhielt. Die beiden besprachen die kritische Situation und Potocki teilte ihm mit, dass er nach Polen zurückgekehrt sei, um eine Änderung der polnischen Politik vorzuschlagen. Er prangerte gegenüber seinem Vorgesetzten an, dass sowohl die Vereinigten Staaten als auch Großbritannien eine Kriegspsychose hätten. Er besteht darauf, die Rolle der jüdischen Bankiers und Kapitalisten anzuprangern und warnt davor, dass die westlichen Rüstungsbetriebe in einer soliden Front für den Krieg vereint sind. Der Botschafter versucht, Beck klarzumachen, dass sie froh sind, in der Danziger Frage und in der trotzigen Haltung Polens einen Vorwand gefunden zu haben. Potocki klagte unverblümt an, dass die Polen für die westlichen Wucherer und Spekulanten nur schwarze Sklaven seien, die umsonst arbeiten müssten. Er warnte Beck auch, dass es eine Illusion sei, von den Amerikanern zu erwarten, dass sie in Europa eingreifen, um Polen zu verteidigen.

Diese Argumente, deren Relevanz offensichtlich war, blieben ohne Wirkung. Potocki war jedoch nicht der einzige Diplomat, der Józef Becks Linie missbilligte: Der polnische Botschafter in Ankara, Sokolnicki, ein enger Freund von Jan Szembek, dem Staatssekretär für auswärtige Angelegenheiten, unterstützte Potockis Bemühungen. Beide waren sich sicher, dass Szembek seine Position akzeptiert hätte, wenn er das Ministerium geleitet hätte. Am 14. Juli traf Sokolnicki in Ankara mit Franz von Papen, dem deutschen Botschafter in der Türkei, zusammen. Wie Hoggan unter Berufung auf diplomatische Archive schreibt, „gestand Sokolnicki ihm, dass er gerne eine Verhandlungslösung zwischen Deutschland und Polen hätte, bevor die Juden und die Freimaurer die Welt davon überzeugt hätten, dass ein katastrophaler Konflikt unvermeidlich sei". Nach seiner gescheiterten Demarche bei Beck kehrte Potocki in die Vereinigten Staaten zurück. *Die New York Times* berichtete am 8. August über die Bemerkung des Diplomaten: „Polen zieht Danzig dem Frieden vor".

Zu diesen Freimaurern gehörte auch Bullitt, der seinen Bruder Mason im Weißen Haus immer wieder davor warnte, dass der französische Außenminister sich für den Frieden einsetzen würde. Bullitt kann Bonnet nicht dazu bewegen, Polen ebenfalls einen Blankoscheck auszustellen. Diese mangelnde Überzeugung des französischen Außenministers, den Krieg zu unterstützen, war ein Rückschlag. Im Juli, inmitten der eskalierenden Spannungen zwischen Polen und Deutschland, empfängt Bonnet den britischen Botschafter in Deutschland, Neville Henderson, in Paris. Beide waren sich einig in der Verurteilung der Kriegspolitik von Halifax. Bonnet hielt einen anglo-französischen Krieg gegen Deutschland für absolut unnötig und erklärte Daladier, dass er lieber zurücktreten würde, als die Verantwortung für einen solch katastrophalen Konflikt zu tragen. Daladier teilte ihm mit, dass seine Haltung verstehe und bat ihn, in seinem Amt zu bleiben und weiter für den Frieden zu kämpfen.

Ein neuer Vorfall in Danzig hätte den Ausbruch des Krieges fast noch beschleunigt. Am 25. Juli wurde ein polnischer Soldat, Budziewicz, unter merkwürdigen Umständen auf dem Gebiet von Danzig getötet. Der Mörder, ein Zollbeamter namens Stein, schwor, er habe in Notwehr gehandelt, was seine Verhaftung und die Anklage wegen fahrlässiger Tötung nicht verhinderte. Die Danziger Behörden entschuldigten sich bei Chodacki und versprachen eine Entschädigung. Der Kontrast zwischen dieser Haltung und der der Polen im Mordfall Grübnau ist offensichtlich, aber die polnische Presse verschwieg diese

Tatsachen und propagierte, dass polnische Mitarbeiter in Danzig wahllos angegriffen und Budziewicz ohne Grund auf polnischem Gebiet getötet worden sei.

Vier Tage später, am 29. Juli, reichte die Regierung der Freien Stadt zwei Protestnoten über illegale Aktivitäten und wirtschaftsfeindliche Maßnahmen polnischer Zollinspektoren und Grenzbeamter ein. In dem Protest wurden Vergeltungsmaßnahmen angedroht. Die polnische Regierung stellte sich taub und hob am 1. August die Ausfuhr von Hering und Margarine nach Polen auf, zwei zollfreie Produkte, die 10% des Danziger Handels ausmachten. Die Zeitung „Danziger Vorposten" berichtet, dass die Zahl der polnischen Inspektoren innerhalb von zehn Jahren um 400% erhöht worden sei, obwohl der Handel in Danzig 1939 im Vergleich zu 1929 sogar zurückgegangen sei. Die Kosten für diese Personalaufstockung gingen zu Lasten der verarmten Danziger Bevölkerung, weshalb die Zeitung in ihrem Leitartikel Repressalien gegen die polnischen Zollinspektoren vorschlug. Diesen Vorschlag nutzte Chodacki, um die Freie Stadt zu demütigen: Mit Becks Erlaubnis stellte er am 4. August dem Senatspräsidenten Greiser ein ungeheuerliches Ultimatum, der eine amtliche Mitteilung erhielt, dass in den frühen Morgenstunden des 5. August die Danziger Grenzen für die Einfuhr aller ausländischen Waren geschlossen würden, wenn die Regierung der Freien Stadt nicht bis 18 Uhr verspreche, nie wieder in die Tätigkeit der polnischen Zollinspektoren einzugreifen. Dies war eine eindeutige Drohung, da Danzig kaum Lebensmittel produzierte und seine Lebensgrundlage abgewürgt worden wäre. Der Hohe Kommissar des Völkerbundes, Jacob Burckhardt, wurde nicht einmal konsultiert, und erst am 6. Mai erhielt er eine offizielle Mitteilung der polnischen Behörden, was eine Beleidigung seiner Autorität darstellte.

Am 7. August erschien ein schockierender Bericht in Krakovs *Illustrowany Kurjer*. Die polnische Zensur erlaubte die Veröffentlichung eines außerordentlich rücksichtslosen Artikels, in dem eingeräumt wurde, dass polnische Einheiten ständig die deutsche Grenze überquerten, um deutsche Militäreinrichtungen zu zerstören und deutsches Kriegsgerät zu beschlagnahmen. Die polnische Regierung war nicht in der Lage, die auflagenstärkste polnische Zeitung daran zu hindern, der Welt zu verkünden, dass Deutschland seine Grenze zu Polen verletze. Die polnische Führung marschierte blindlings in einen erzwungenen und völlig unnötigen Konflikt hinein, der ihren Ruin bedeuten würde, und war nicht in der Lage zu begreifen, dass sie von Halifax und denjenigen, die darauf hinarbeiteten, einen Krieg gegen Deutschland zu entfesseln, benutzt wurde.

In Berlin kamen Hitler und Ribbentrop zu dem Schluss, dass Polen versuchte, den Konflikt zu beschleunigen, und rieten Greiser, die Bedingungen des Ultimatums sofort zu akzeptieren: Am Morgen des 5. August rief Greiser Chodacki an, um zu verkünden, dass man vor seinen Forderungen kapituliere. Am 9. August verlas Weizsäcker eine Verbalnote an den polnischen Geschäftsträger, Fürst Lubomirski, die die Warnung enthielt, dass Deutschland jede Verantwortung für die Folgen eines weiteren Vorgehens gegen die Danziger Bevölkerung ablehne. Lubomirski bat um eine schriftliche Abschrift der Note.

Weizsäcker erklärte, dass er nicht befugt sei, eine schriftliche Note zu übermitteln, gab ihm aber die Erlaubnis, sich eine Kopie des Originaltextes anzufertigen. Jozef Beck, der Botschafter Kennard am 4. Mai mitgeteilt hatte, dass die polnische Regierung bereit sei, militärische Maßnahmen gegen Danzig zu ergreifen, falls die Bedingungen des Ultimatums nicht akzeptiert würden, betrachtete die Verbalnote als Beleidigung Polens und antwortete am 10. Mai mit einer weiteren Verbalnote, in der er warnte, dass die polnische Regierung jegliche Verantwortung für die Folgen ablehne, falls Deutschland auf dem Schutz Danzigs beharre. Sie fügte hinzu, dass jede Intervention gegen die polnischen Interessen in der Freien Stadt als ein Akt der Aggression betrachtet werden würde.

Die deutschen Vorbereitungen für einen möglichen Krieg mit Polen, die nach Bekanntwerden des britischen Blankoschecks begonnen hatten, waren praktisch abgeschlossen. In Berlin geht es in erster Linie darum, ein Eingreifen der Westmächte auf diplomatischem Wege zu verhindern. Wirtschaftlich und militärisch war Polen ein armes und schwaches Land, das die arrogante und anmaßende Politik seiner Machthaber nicht durchhalten konnte. Vierzig Prozent der Bevölkerung waren keine Polen. Die große jüdische Minderheit wurde schlechter behandelt als in Deutschland, aber das internationale Judentum war bereit, dies zu ignorieren und das Land zu „verteidigen", das sie am meisten ablehnte. Auf der anderen Seite gab es neben der deutschen Minderheit auch die Ukrainer, deren Bereitschaft, sich im Kriegsfall gegen die Polen zu erheben, von Hitler sehr geschätzt wurde. Das Land, das als „casus belli" auserkoren war, wurde von fast allen gehasst, vor allem aber von seinem östlichen Nachbarn, der Sowjetunion, deren Bündnis von Großbritannien und Frankreich angestrebt wurde.

Die Situation aus Sicht der Sowjetunion

Wie die Untersuchung der stalinistischen Säuberungen gezeigt hat, war Stalin zwischen 1934 und 1938 davon überzeugt, dass Trotzkis mächtige Freunde und bestimmte Westmächte versuchten, Deutschland zu benutzen, um einen Krieg gegen die UdSSR zu entfesseln, der dazu dienen sollte, den nationalen Kommunismus durch den von den Trotzkisten befürworteten internationalistischen Kommunismus zu ersetzen. In der Tat wurde Hitler zu diesem Zweck von den Wall Street Bankern finanziert. Wenn das Ziel darin bestünde, sowohl den Kommunismus als auch den Faschismus auszulöschen, hätte ein Krieg zwischen beiden einen gewissen Sinn gehabt. Das Ziel war jedoch nicht der Kommunismus, sondern Stalin. Dennoch sollten die Fakten zeigen, dass die Kriegsverschwörer, wenn sie die Wahl zwischen Stalin und Hitler hatten, Stalin den Vorzug gaben. Nicht umsonst war der Kommunismus mit der Unterstützung des internationalen jüdischen Kapitals aufgebaut und aufrechterhalten worden. Die Verborgene Macht war zuversichtlich, dass Stalin nach dem Krieg durch einen ihrer Agenten, den georgischen Juden Lawrenti Beria, einen der größten Verbrecher der Geschichte, ersetzt werden könnte, der im Verborgenen geblieben war, bis er am 25. November 1938 Jeschow als Leiter des Volkskommissariats für innere Angelegenheiten (NKWD) ablöste.

In dieser Arbeit wurden genügend Beweise dafür geliefert, dass der Kommunismus ein Instrument war, um sich schnell die Ressourcen Russlands und anderer Länder, die unter seine Herrschaft fielen, anzueignen. Ohne die massive Hilfe der jüdischen kapitalistischen Bankiers, die ihn in Russland einführten, hätte er niemals überleben können. Die Tatsache, dass, befreit vom Goldstandard und durch die Einführung des „Tauschhandels", die Ostorientierung der deutschen Politik, der „Drang nach Osten", Realität wurde, war ein Grund zur Sorge. Länder wie Ungarn, Jugoslawien, Bulgarien, Rumänien und die Türkei könnten eine politische und wirtschaftliche Achse bilden, die nicht nur ein Hindernis für die UdSSR darstellt, sondern auch die Interessen der Stadt in Frage stellt, deren Interessen Großbritannien verteidigt. Wenn Polen in der Lage gewesen wäre, die Vorteile eines Beitritts zu dieser Gruppe von Nationen richtig zu verstehen, wäre der Druck auf die Sowjetunion vollständig gewesen. Aus all diesen Gründen sollten Frankreich, die Vereinigten Staaten und Großbritannien, deren traditionelle Politik auf dem Gleichgewicht der Kräfte auf dem Kontinent beruhte, als Instrumente der Opposition gegen ein Deutschland eingesetzt werden, das die durch den Liberalismus auferlegte Wirtschaftsordnung der internationalen Bankiers in Frage stellte.

Die sowjetische Führung ist erfreut über die Entschlossenheit von Halifax, einen Krieg gegen Deutschland mit oder ohne Beteiligung der UdSSR anzuzetteln, da dies der größte denkbare Beitrag zu ihrer möglichen künftigen Westexpansion ist. Im April 1939 war die Sowjetunion nicht verpflichtet, sich an einem anglo-französischen Konflikt gegen Deutschland zugunsten Polens zu beteiligen, wie Bonnet, Frankreichs Chefdiplomat, wusste. Die Sowjetunion hatte ein Abkommen mit Frankreich, das sie verpflichtete, Frankreich im Falle einer deutschen Aggression zu helfen, konnte sich aber zurückhalten, wenn Frankreich Deutschland in einem Konflikt zwischen Deutschland und einem anderen Land angriff. Diese Situation führte zu einer scharfen Konfrontation zwischen Bonnet und Halifax. Die Franzosen missbilligten die Aussicht auf einen Stalin, der mit verschränkten Armen auf den Krieg in Europa blickte, und teilten nicht die Idee der Briten, unter diesen Umständen in den Krieg zu ziehen. Die Sowjets wussten, dass Großbritannien seine militärische und politische Position geschwächt hatte, indem es Polen die Garantie anbot.

Ein weiterer Beleg für die Doppelmoral, mit der die so genannten Demokratien in Europa vorgingen, ist die Gleichgültigkeit, mit der sie den Expansionsbestrebungen der UdSSR begegneten, die wichtige europäische Territorien annektieren wollte. Während jeder noch so berechtigte deutsche Anspruch als inakzeptabel galt, suchte die britische Diplomatie eifrig das Bündnis mit den Sowjets, obwohl Länder wie Rumänien, Finnland, die baltischen Staaten und Polen selbst befürchteten, dass ein Bündnis der Sowjetunion mit den westlichen Ländern gegen Deutschland es der Roten Armee ermöglichen würde, in das Herz Europas vorzudringen, wie es schließlich im Weltkrieg geschah. Bereits im April 1938 hatten sowjetische Diplomaten begonnen, mit den Finnen über ihre territorialen Ansprüche im Land der tausend

Seen zu sprechen. Finnland verweigerte die von der UdSSR geforderte militärische Zusammenarbeit, was in der sowjetischen Presse eine Kampagne gegen Finnland auslöste. Am 5. März 1939 lehnten die Finnen erneut ein Ersuchen des jüdischen Auslandskommissars Litwinow ab, sowjetische Stützpunkte in Finnland zu errichten. Die finnische Führung war sich sehr wohl bewusst, dass die Sowjetunion entschlossen war, die russische Herrschaft über ihr Land wiederherzustellen, aber niemand bot ihnen Schutz, geschweige denn Blankoschecks an.

Am 10. März 1939 wurde der 18. Kongress der Kommunistischen Partei in Moskau eröffnet. In seiner Eröffnungsrede sagte Stalin den Ausbruch eines neuen imperialistischen Krieges zwischen dem Faschismus und einem anglo-französisch-amerikanischen Bündnis voraus. Wie schon bei den Moskauer Prozessen behauptete Stalin, dass Frankreich und Großbritannien die Sowjetunion und Deutschland in einem Krieg gegeneinander ausspielen wollten, und beschuldigte die westliche Presse, die deutsch-sowjetischen Beziehungen seit der Münchner Konferenz zu vergiften. Stalin wurde mit den Worten zitiert: „Wir werden nicht zulassen, dass unser Land von Kriegstreibern in Konflikte hineingezogen wird, die daran gewöhnt sind, andere zu benutzen, um ihre Kastanien aus dem Feuer zu holen." Joseph E. Davies, ein zionistischer Freund Roosevelts, der Bullitt als Botschafter in Moskau abgelöst hatte, einen Posten, den er bis Juni 1938 innehatte, schrieb am 11. März 1939 in sein Tagebuch: „So wie ich Russland kenne, empfinde ich dies als entmutigend und wirklich unheilvoll für die Verhandlungen, die zwischen dem britischen Außenministerium und der Sowjetunion in im Zusammenhang mit den Garantien für Polen stattfinden." Auch Friedrich Werner Graf von der Schulenburg, der Deutschland seit 1934 in Moskau vertrat, verstand wie sein amerikanischer Kollege, dass Stalins Rede eine neue Richtung in der sowjetischen Außenpolitik markierte, und so informierte er Berlin am 13. März. Der deutsche Botschafter teilte mit, dass sich Stalins Feindseligkeit nun gegen Großbritannien richte und betonte, dass er zum ersten Mal die Behauptung, das Deutsche Reich habe Ambitionen in der sowjetischen Ukraine, ins Lächerliche gezogen habe. Die Tragweite von Stalins Rede blieb auch bei Ribbentrop nicht unbemerkt.

Sobald die Verhandlungen mit Frankreich und Großbritannien begonnen hatten, wurde Litwinow als Auslandskommissar abgelöst. Maksim Litvinov (Meyer Hennokh Moisevitch Wallach-Finkelstein) war 1917 der inoffizielle Botschafter der Bolschewiki in London gewesen und wurde, wie erinnerlich, nach dem versuchten Attentat auf Lenin verhaftet und gegen Alfred Milners Mann Bruce Lockhart ausgetauscht. Der Jude Litwinow hatte sich bemüht, Deutschland durch eine erdrückende Koalition einzukreisen. Stalin hatte wohl das Gefühl, dass er zu viele Gemeinsamkeiten mit den Briten hatte, und am 3. Mai wurde er durch Wjatscheslaw Molotow ersetzt, dem Stalin befahl, die Juden aus dem Auslandskommissariat zu entfernen, wo sie sowohl in den Führungspositionen als auch unter den Botschaftern in der Mehrheit waren. Die Entlassung Litwinows, der von 1941-43 den wichtigen Posten des Botschafters in den Vereinigten Staaten innehatte, erregte großes Aufsehen im

Diplomatischen Korps, da niemand damit gerechnet hatte, dass er mitten in den Gesprächen entlassen werden würde. Es wurde so interpretiert, dass Stalin endgültig beschlossen hatte, die Beziehungen zu Deutschland zu verbessern. In *Mission to Moscow* fasst Davies verschiedene Meinungen von zwei ungenannten diplomatischen Experten über Russland zusammen. Demnach traute Stalin weder Frankreich noch Großbritannien und vermutete, dass diese ihn in einen europäischen Krieg verwickeln wollten, um ihn im Stich zu lassen. Diese Interpretation würde einmal mehr bestätigen, dass Stalin immer noch den Plan im Kopf hatte, ihn durch einen Krieg mit Deutschland aus dem Weg zu räumen, wie er in den Moskauer Prozessen dargelegt wurde.

Am 16. Mai meldete Moltke aus Warschau nach Berlin, dass Beck ein Abkommen mit der Sowjetunion strikt ablehnte, was bedeutete, dass ein anglo-französisches Abkommen mit der UdSSR über Polen höchst unwahrscheinlich war; es wurde jedoch befürchtet, dass ein anglo-sowjetisches Abkommen geschmiedet werden könnte. Ribbentrop beauftragte Botschafter von Schulenburg, die Situation mit Molotow in Moskau zu erörtern, doch alle seine Annäherungsversuche blieben erfolglos, was in Berlin als mangelndes Vertrauen der sowjetischen Diplomaten in den deutschen Aristokraten gedeutet wurde. Molotow wählte den bulgarischen Vertreter in Berlin, Parwan Draganow, aus, um die Haltung der UdSSR zu vermitteln. Dieser teilte Ribbentrop am 15. Juni mit, dass die Russen noch unentschlossen seien, dass sie aber friedliche Beziehungen zu Deutschland einem Bündnis mit Großbritannien vorzögen. Draganow deutete an, dass die Sowjetunion zur Klärung ihrer Position bestimmte Zusicherungen benötigte. Die deutsche Führung war sich also darüber im Klaren, dass es notwendig sein würde, eine spezifische Vereinbarung mit Stalin zu treffen, um die Neutralität der Sowjetunion im Falle eines Krieges mit Polen zu sichern.

Hitler grübelte mehrere Wochen lang über diese Frage, bevor er Joachim von Ribbentrop beauftragte, die notwendigen Schritte zu unternehmen, um eine Verständigung zu erreichen. Natürlich wusste er, dass ein Pakt mit Stalin die Expansion der UdSSR ermöglichen würde, was dem Führer missfiel; im Juli 1939 kam er jedoch zu dem Schluss, dass ein solches Abkommen entscheidend sein würde, um den Ausbruch eines umfassenden europäischen Krieges zu verhindern. Die deutsche Regierung hatte keinen Zweifel daran, dass die Sowjetunion im Falle eines deutsch-polnischen Krieges mit Polen abrechnen würde. Im Gegensatz zu Hitler, der angeboten hatte, die polnischen Grenzen zu respektieren, hatte Stalin nie eine Neigung gezeigt, die bestehenden Grenzen zwischen Russland und Polen zu akzeptieren. Den Deutschen war auch nicht verborgen geblieben, dass Moskau andere territoriale Ambitionen hatte, darunter auch Finnland. Die finnischen Diplomaten mussten zu ihrem Entsetzen feststellen, dass beide Seiten eine Einigung mit den Sowjets auf Kosten der Nachbarländer anstrebten.

Während Draganow dem deutschen Außenministerium das Interesse der UdSSR an einem Abkommen mit Deutschland bestätigte, beschloss Lord Halifax, den Pakt mit Stalin entschlossen weiterzuverfolgen, und schickte William Strang, den Leiter der Zentralabteilung des Auswärtigen Amtes, nach

Moskau, der am 14. Juni in der sowjetischen Hauptstadt eintraf. Strang erfuhr, dass der französische Botschafter Paul-Emile Naggiar sich ebenfalls aktiv um ein grundsätzliches Abkommen mit den Kommunisten bemühte. Beide Diplomaten kamen zu dem Schluss, dass die Annahme der von den Sowjets vorgelegten Bedingungen sie dazu verpflichtete, eine sowjetische Intervention in Rumänien, in den baltischen Staaten oder in Polen, das sie schützen wollten, zu unterstützen.

David L. Hoggan erklärt in *Der Erzwungene Krieg*, wie Molotow die Verhandlungen mit den britischen und französischen Vertretern führte: „Er saß an einem Schreibtisch, der auf einem Podium stand; die westlichen Unterhändler befanden sich in einem Halbkreis ohne Tische auf einer niedrigeren Ebene. Die neue russische Haltung der verächtlichen Arroganz war die unvermeidliche Folge der britischen Garantie für Polen. Molotow wusste, dass die Sowjetunion nun eine viel stärkere Verhandlungsposition hatte als die britische Regierung". Obwohl Halifax Strang anwies, sich in den entscheidenden Fragen den sowjetischen Positionen anzunähern, blieb die Position der UdSSR in den nächsten Wochen unverändert. Am 20. Juli 1939 beschwerte sich Strang bei Halifax über die „demütigenden Verhandlungen". Schließlich akzeptierten die Parteien den Vorschlag Molotows und beschlossen am 23. Juli, dass man zwar praktisch eine politische Einigung erzielt habe, aber das Ergebnis der militärischen Gespräche abwarten müsse, bevor man zur Unterzeichnung schreiten könne.

Präsident Roosevelt intervenierte in den Verhandlungen zwischen der Sowjetunion und den Westmächten durch den neuen Botschafter in Moskau, Lawrence Steinhardt, ein durch und durch zionistischer Jude und Neffe des Milliardärs Samuel Untermayer, der 1933 die Juden in aller Welt aufgerufen hatte, den Deutschen den Heiligen Krieg zu erklären. Steinhardt, der Davies abgelöst hatte, erhielt am 15. August einen vertraulichen Brief an Molotow vom 4. August 1939. Der Brief war über Bullitt verschickt worden und kam daher elf Tage zu spät in Moskau an. Darin wird daran erinnert, dass die Interessen der Vereinigten Staaten und der Sowjetunion bei der Förderung der Niederlage Deutschlands und Italiens in einem europäischen Krieg identisch sind. Roosevelt, der darauf bedacht war, den Krieg zu entfesseln, drängte die UdSSR, ein Bündnis mit Großbritannien und Frankreich einzugehen, und deutete an, dass sich die Vereinigten Staaten schließlich dieser Koalition anschließen würden. Steinhardt überreichte Molotow Roosevelts Brief am 16. August, als die Militärdelegationen der drei Länder zusammenkamen.

Fast zwei Wochen zuvor, als die Spannungen zwischen Berlin und Warschau wegen der Behandlung der deutschen Minderheit und der parteipolitischen Haltung der Polen in Danzig ihren Höhepunkt erreichten, fassten die Deutschen den Beschluss, die sowjetischen Bestrebungen im Ostseeraum im Gegenzug für die Neutralität in einem möglichen Krieg mit Polen zu tolerieren. Am 3. August 1939 teilte Ribbentrop Schulenburg mit, dass er dem russischen Vertreter in Berlin, Astachow, mitgeteilt habe, dass Deutschland mit Russland in allen Fragen, die von Interesse seien, eine Einigung erzielen wolle, und bat ihn, dieses Angebot Molotow persönlich zu übermitteln. Als die britische und die französische Militärmission am 10. August in Moskau eintrafen, um die militärischen Aspekte des Abkommens mit der UdSSR zu prüfen, wurden sie mit wenig Begeisterung empfangen, was die Deutschen nicht daran hinderte, eine Klärung der Bedeutung dieser Delegationen zu verlangen. Man versicherte ihnen, daß die Kontakte mit Deutschland die russische Haltung gegenüber Großbritannien und Frankreich verändert hätten, daß aber beschlossen worden sei, die Verhandlungen fortzusetzen, da sie nicht ohne vernünftige Erklärungen abgebrochen werden könnten.

Die sowjetische Militärdelegation unter der Leitung von Marschall Woroschilow trifft am 12. August zum ersten Mal mit den französischen und britischen Militärteams zusammen. Die Sowjets sind empört darüber, dass die Briten Russland und Frankreich die Hauptlast des Krieges aufbürden wollen, den Halifax gegen Deutschland zu provozieren versucht. Woroschilow bestand auf konkreten Unterstützungszusagen für den Fall möglicher sowjetischer Operationen in Estland, Lettland und Litauen. Am 14. August brachten die Kommunisten die grundsätzliche Frage der militärischen Operationen in Polen und Rumänien ein. Woroschilow argumentierte, dass beide Länder in kurzer Zeit von Deutschland besiegt würden, wenn sie die sowjetische Militärkooperation nicht akzeptierten. Was Rumänien anbelangt, so ist diese Behauptung absurd, denn es besteht nicht die geringste Möglichkeit eines Konflikts zwischen Deutschland und Rumänien. Was Polen betrifft, so waren Großbritannien und Frankreich bereit, dessen Besetzung durch russische Truppen zu akzeptieren; das Problem bestand jedoch darin, die polnische Zustimmung zu erhalten. Woroschilow argumentierte, dass die UdSSR im Falle eines deutschen Angriffs auf Frankreich nicht zum Gegenangriff übergehen könne, solange die sowjetische Offensive durch polnisches und rumänisches Gebiet nicht vereinbart sei.

Sir William Seeds, der britische Botschafter in Moskau, warnte Halifax am 15. August, dass die Gespräche scheitern würden, wenn Großbritannien und Frankreich nicht die polnische Zustimmung erhielten. Seeds war zuversichtlich, dass Beck und die polnischen Militärs davon überzeugt werden könnten, einem Geheimpakt zuzustimmen, und ging sogar so weit, seine These der französischen Militärdelegation vorzutragen. Daladier und Bonnet wurden über die Sackgasse informiert, in der sie sich befanden. Woroschilow verlangte so schnell wie möglich eine endgültige Antwort auf diese grundlegende Frage. Bonnet beschließt, sich mit Lukasiewicz in Verbindung zu setzen, der am Abend des 15. Oktobers am Quai d'Orsay erscheint. Er stellt ihm unverblümt die beiden Alternativen vor: Wenn die Russen nicht durch den Militärpakt mit Großbritannien und Frankreich die Erlaubnis erhielten, auf dem Gebiet ihrer Nachbarn zu operieren, würden sie ein Abkommen mit Deutschland unterzeichnen. Der polnische Botschafter entgegnete, dass Beck niemals zulassen würde, dass russische Truppen polnisches Gebiet betreten. Bonnet wagte es, ihn daran zu erinnern, dass Hitler angekündigt hatte, Polen in drei Wochen zu besiegen, und fügte sogar hinzu, dass er diese Ansicht teile. Lukasiewicz ist empört und erklärt wütend: „Im Gegenteil, es ist die polnische Armee, die vom ersten Tag an in Deutschland einmarschieren wird". Der französische Minister erkennt, dass die Dummheit der Polen anmaßend ist, und gibt den Versuch auf, die Illusionen des Botschafters mit militärischen Argumenten zu korrigieren.

Frankreich ist im Falle eines Krieges mit Deutschland ohne die Unterstützung der UdSSR offensichtlich stärker gefährdet als Großbritannien. Am 16. August informiert der französische Außenminister seinen britischen Kollegen über das Treffen mit dem polnischen Botschafter und bittet ihn um seine Mithilfe, um den Polen klarzumachen, dass das Interventionsrecht in Polen und Rumänien die „conditio sine qua non" für die Beteiligung Russlands an einem eventuellen Krieg nach Ausbruch eines deutsch-polnischen Konflikts ist. Noch am selben Tag, dem 16., erhält Molotow den Brief Roosevelts von Botschafter Steinhardt, und die beiden Männer gehen den Inhalt durch. Der amerikanische Diplomat musste vom sowjetischen Außenkommissar erfahren, dass die britischen und französischen Militärmissionen nach Russland gekommen waren, um über eine militärische Zusammenarbeit zu sprechen, was Molotow als „vage Allgemeinplätze" bezeichnete. Er bedauerte, dass diese Delegationen nicht in der Lage waren, auf die von Russland angesprochenen konkreten Punkte einzugehen.

Am 17. August wies Halifax Kennard an, die Polen wegen ihrer Weigerung, mit der Sowjetunion zusammenzuarbeiten, zurechtzuweisen und ihnen zu erklären, dass die Inanspruchnahme polnischen Territoriums durch sowjetische Streitkräfte aus militärischen Gründen unvermeidlich sei. Halifax weigerte sich zu akzeptieren, dass die UdSSR für Polen eine größere Bedrohung darstellte als für Deutschland. Nach Hoggans Ansicht waren die britischen Führer unfähig zu begreifen, dass nicht der britische Imperialismus, sondern ihre Politik die Ausbreitung des Kommunismus förderte". Vielleicht haben sie es aber auch verstanden und es war ihnen egal, denn sie handelten ganz offen als Agenten der verdeckten Kräfte, die den Kommunismus in Russland eingeführt hatten und einen zweiten Krieg in Europa anstrebten, um ihr Vorhaben der Weltherrschaft zu vollenden.

In den Dokumenten der US-Außenbeziehungen aus dem Jahr 1939 ist festgehalten, dass Premierminister Daladier am 18. August mit Bullitt zusammentraf und, empört über die Haltung Warschaus, dreimal wiederholte, dass er keinen einzigen französischen Bauern schicken würde, um sein Leben für Polen zu geben, wenn die Polen die sowjetische Hilfe ablehnten. Bullitt war sehr beunruhigt über diese heftige Reaktion, die er als antipolnisch ansah, da sie darauf hindeutete, dass Frankreich einen Krieg gegen Deutschland nicht unterstützen würde, falls die Verhandlungen in Moskau scheitern sollten[4].

---

[4] Der Chef des französischen militärischen Nachrichtendienstes, Oberst Maurice Gauché, hatte gegenüber Daladier und Bonnet wiederholt seine Verärgerung über die polnische Haltung zum Ausdruck gebracht. Er war der Ansicht, dass sich die Polen mit den Fähigkeiten ihrer Armee übermäßig brüsteten, und sagte dem Premierminister, dass Frankreich, falls die Verhandlungen in Moskau scheiterten, Hitler mit Polen abrechnen lassen sollte. Gauché ist der Ansicht, dass man sich Warschau gegenüber nicht verpflichtet fühlen sollte, da die Polen 1934 den Pakt mit Deutschland unterzeichnet hatten, ohne Frankreich zu konsultieren. Auch das polnische Ultimatum an die

Roosevelt wurde über die Haltung Daladiers informiert und befürchtete, dass Halifax bereit war, seinen Kriegsplan gegen Deutschland aufzugeben, wenn er nicht die Unterstützung der Sowjetunion oder Frankreichs erhielt. Das Auswärtige Amt hat jedoch einen gewissen Vorteil, denn es weiß im Voraus, dass der deutsch-sowjetische Pakt dank zweier Verräter, der Brüder Theo und Eric Kordt, unterzeichnet werden wird. Theo ist Geschäftsträger an der deutschen Botschaft in London, Eric ist Weizsäckers rechte Hand im Außenministerium in Berlin. Ende Juni hatte Eric Kordt Robert Vansittart vor den Kontakten zwischen Deutschland und der UdSSR gewarnt. Halifax ahnte durch diese Spione, dass die anglo-französischen Verhandlungen mit Molotow letztlich scheitern würden, weil die Russen ein Abkommen mit Hitler vorzogen. So konnte er seine Strategie vorbereiten, Frankreich in den Krieg zu ziehen. Professor Friedrich Lenz zitiert in seinem Artikel „Der Wurm im Apfel" die Worte Vansittarts an Theo Kordt am 31. August, dem Tag vor dem Einmarsch in Polen: „England wird diesen Krieg bis zum Ende führen und wie Samson in der Bibel die Säulen des Tempels einreißen und alles unter den Trümmern begraben.

Die letzte Sitzung der Militärdelegationen in Moskau findet am Abend des 21. August statt. Woroschilow kündigte an, dass er für die Herbstmanöver der Roten Armee verantwortlich sei ( ). Er werde daher eine Aussetzung der Treffen beantragen, um sich dieser Aufgabe widmen zu können. Der sowjetische Marschall drückte gegenüber den westlichen Delegationen erneut sein Erstaunen darüber aus, dass sie ein Abkommen aushandeln wollten, ohne sich in der wichtigen Frage des Manöverrechts auf polnischem und rumänischem Gebiet eindeutig festzulegen. Kaum war die Sitzung beendet, erfuhren die britischen und französischen Militärs aus der Presse, dass die Unterzeichnung eines Nichtangriffspakts zwischen der UdSSR und Deutschland geplant war. Die Tatsache, dass die Öffentlichkeit davon erfuhr, bevor die britisch-französischen Delegationen informiert waren, war ein bewusster Affront, der in diplomatischen Kreisen nicht unbemerkt blieb. Botschafter Henderson drückte seine Empörung in einem Telegramm an Halifax am 22. August aus: „Der verräterische Zynismus von Stalin und Co. gegenüber unseren Militärmissionen, die in Moskau verhandeln, ist unfassbar". Henderson, der sich immer gegen ein Bündnis mit der Sowjetunion ausgesprochen hatte, erkannte schnell, dass Stalin die Umstände ausnutzte, um dem britischen Prestige maximalen Schaden zuzufügen.

Tschechoslowakei im Oktober 1938 habe die französischen Interessen missachtet. Er prangert auch an, dass die Polen im März 1939 das deutsche Protektorat über Böhmen und Mähren ohne Rücksprache mit der französischen Regierung anerkannt haben. Auch Oberst Gauché äußerte sich sehr kritisch über die Politik von Halifax. Er warnte seine Vorgesetzten, dass Hitler, obwohl er keinen Krieg wolle, nicht bluffe und einen Krieg riskieren würde, bevor er vor den Extravaganzen der Polen kapituliere. Für den Leiter der französischen Spionageabwehr war es offensichtlich, dass sein Land die Kriegspläne aufgeben sollte, falls die Russen sich weigerten, sich an der anglo-französischen Front zu beteiligen. Bonnet teilte diese Ansicht und schlug vor, entsprechend zu handeln.

Henderson ahnte jedoch, wie weit die Briten und Franzosen in ihren Verhandlungen zu gehen bereit waren und wie wenig sie sich wirklich für Polen interessierten. Am frühen Morgen des 22. Mai teilte General Doumenc Marschall Woroschilow mit, dass er die Genehmigung erhalten habe, die sowjetischen Militäroperationen in Polen zu unterstützen. Doumenc versicherte ihm, dass er von Daladier die Vollmacht erhalten habe, ohne Vorbehalt einen Pakt zu unterzeichnen, der auch andere russische Interessen und Wünsche berücksichtige. Das heißt, die Briten und Franzosen waren bereit, die Westexpansion der Kommunisten zu fördern, solange sie sich am Krieg gegen Deutschland beteiligten. Woroschilow entgegnete, dass Polen ein souveränes Land sei und dass Pläne für sowjetische Militäroperationen auf seinem Territorium nicht ohne seine Zustimmung beschlossen werden könnten. Noch am Nachmittag desselben Tages beschuldigte der britische Botschafter in Moskau, William Seeds, Molotow der „Bösgläubigkeit" während der Verhandlungen. Der sowjetische Kommissar erklärte ihm kühl, dass die „Unaufrichtigkeit" der britischen Führer ihnen jede Grundlage für eine solche Anschuldigung entziehe. Am 23. telegrafierte Seeds an Halifax, die Mission in Moskau aufrechtzuerhalten, falls die Verhandlungen mit Ribbentrop scheitern sollten. Auch nach der Unterzeichnung des Paktes gab Halifax Seeds die Anweisung, den Sowjets zu versichern, dass er ihre militärischen Operationen in Polen für unverzichtbar halte und bereit sei, sie in vollem Umfang zu unterstützen, was darauf hinauslief, dass die Briten die kommunistische Invasion Polens unterstützten und gleichzeitig darauf bestanden, Deutschland wegen Danzig, das nicht einmal zu Polen gehörte, den Krieg zu erklären.

Allgemeiner Krieg oder örtlich begrenzter Krieg?

Hitler zog die Möglichkeit in Betracht, dass der Rückschlag in Russland die anglo-französische Kriegspolitik verändern könnte, und er versuchte, durch diplomatische Maßnahmen und neue Vorschläge dazu beizutragen. Trotz seiner Anglophilie versteht er, dass es die Franzosen sind, die im Gegensatz zu Großbritanniens übertriebenem Kriegswillen eine vernünftigere Haltung zeigen. Wenn man bedenkt, dass die französische Führung sich eine Konfrontation mit dem deutschen Nachbarn nicht vorstellen konnte, ohne dass sich eine Ostfront auftat, muss man zugeben, dass die Unterzeichnung eines Neutralitätspaktes zwischen der UdSSR und Deutschland einen Konflikt in Europa unwahrscheinlicher machte, als wenn die Sowjets ein Bündnis mit den Westmächten eingegangen wären. Um Europa vor einer Katastrophe zu bewahren, genügte es, Druck auf die polnische Führung auszuüben, damit sie verhandelte, anstatt sie dabei zu unterstützen, dies nicht zu tun.

Am 11. August trifft Hitler mit Jacob Burckhardt zusammen, dem er gesteht, dass er mit den Polen nicht mehr Geduld haben kann. Er bittet den Hochkommissar, den Franzosen und Briten die Lage zu erklären und sie daran zu erinnern, dass Deutschland unter keinen Umständen einen Konflikt mit den Westmächten will. Burckhardt versprach, dem nachzukommen. Beck teilte Szembek mit, dass er über Burckhardt entrüstet sei, weil dieser unter den gegebenen Umständen einem Treffen mit Hitler zugestimmt habe. Dieser für sein Land und für Europa verhängnisvolle Politiker befürchtete, dass der Schweizer Diplomat sich verzweifelt um eine Einigung bemühen würde. In Basel informierte der Hochkommissar die Vertreter Frankreichs und Englands über die Demütigungen und Übergriffe, die die deutsche Minderheit erlitten hatte, und forderte sie auf, sich für eine Verhandlungslösung einzusetzen; doch Halifax wies Kennard lediglich an, den Polen mitzuteilen, dass sie ihre Taktik verbessern müssten, wenn sie den Eindruck vermeiden wollten, sie hätten den Krieg provoziert. Halifax riet den Polen auch, ihre Provokationen in Danzig einzustellen und die Presse zurückzuhalten.

Zu denjenigen, die ebenfalls Frieden in Europa wollten, gehörten die Italiener. Ihr Außenminister, Graf Galeazzo Ciano, trifft am 11. August in Salzburg ein, um am folgenden Tag Hitler und Ribbentrop in der Residenz des Führers in den bayerischen Alpen zu treffen. Am Morgen des 12. August führte Ciano ein Vorgespräch mit Ribbentrop, der ihn in äußerst ernster Stimmung über die jüngsten Gräueltaten gegen die deutsche Minderheit informierte und andeutete, dass ein Krieg zwischen Polen und Deutschland unvermeidlich sei, auch wenn er seine Überzeugung zum Ausdruck brachte, dass es möglich sei, den Konflikt durch diplomatische Maßnahmen zu bremsen. Ciano war überrascht, als er erfuhr, dass Ribbentrop sich der russischen Neutralität im Falle eines deutsch-polnischen Konflikts sicher war. Der deutsche Außenminister teilte seinem italienischen Kollegen mit, dass er hoffe, die russische Neutralität werde entscheidend sein, um Großbritannien und Frankreich abzuschrecken. Mussolini hatte Ciano beauftragt, die Deutschen davon zu überzeugen, dass ein allgemeiner Krieg in Europa vermieden werden müsse, da er für Italien und Deutschland katastrophale Folgen haben würde. Der italienische Außenminister widersprach Ribbentrops Analyse und erklärte, er und der Duce seien überzeugt, dass die Briten und Franzosen jeden Vorwand nutzen würden, um militärische Operationen gegen Deutschland zu starten, weshalb ein Konflikt mit Polen um jeden Preis vermieden werden müsse. Ciano erklärt Ribbentrop, dass Italien nicht in den Krieg eintreten werde, wenn Deutschland von Frankreich und Großbritannien angegriffen werde.

Am Nachmittag traf Hitler ein, mit dem sie sich zu einer intensiven, mehr als dreistündigen Konferenz trafen. Ciano wiederholt dem Führer gegenüber, dass ein Krieg mit Polen vermieden werden müsse, und schlägt vor, dass die Länder der Achse eine internationale Konferenz einberufen sollten. Der deutsche Bundeskanzler prüfte die Argumente und Ansichten des italienischen Diplomaten sorgfältig, teilte sie jedoch nicht. Es wurde daher vereinbart, am nächsten Tag ein weiteres Treffen abzuhalten. Am 13. brachte Ciano seine Befürchtung zum Ausdruck, dass Großbritannien und Frankreich Deutschland auch dann angreifen würden, wenn ein deutsch-russisches Abkommen zustande käme, und stellte fest, dass beide Länder in ihren militärischen Vorbereitungen weit fortgeschritten seien, so dass ein Krieg unter den gegenwärtigen Umständen für sie von Vorteil wäre. Er sagte voraus, dass ein Krieg im Jahr 1939 die Beziehungen Deutschlands und Italiens zu den Vereinigten Staaten zerrütten und Roosevelt eine dritte Amtszeit als Präsident ermöglichen würde. Ciano betonte, dass Italien nicht auf einen Krieg vorbereitet sei. Trotz seiner anfänglichen Haltung erkannte Ciano jedoch, dass Hitlers Ansatz sehr sinnvoll war, und als er nach Italien zurückkehrte, erläuterte er ihn Mussolini in der Hoffnung, dass der Duce ihn vielleicht teilen würde.

Die Russen schienen zur Zusammenarbeit mit Deutschland bereit zu sein, da sie davon ausgingen, dass ein deutsch-polnischer Krieg es ihnen ermöglichen würde, Ostpolen zu erhalten. 2) Stalin würde Deutschland bei der von Italien vorgeschlagenen internationalen Konferenz über Danzig nicht unterstützen, da diese nur Deutschland diene, seinen Expansionsabsichten nicht entspreche und nur zu einem dauerhaften deutsch-englischen Abkommen führen könne, das den Sowjets ein Gräuel sei. 3) Deutschland und Italien könnten versuchen, Frankreich und Großbritannien davon zu überzeugen, Spanien zu den Gesprächen zuzulassen, um mehr Unterstützung zu erhalten, aber sie wären immer noch in der Minderheit gegenüber einer anglo-französisch-russisch-polnischen Mehrheit. 4) Gerade wegen des sowjetischen Einflusses würde auf einer solchen Konferenz nichts erreicht werden. 5) Der Führer bittet den Duce, seine Haltung, Deutschland nicht zu unterstützen, zu überdenken, da die Kriegsgefahr durch die Abtrünnigkeit Italiens stark ansteigt. 6) Hitler ist davon überzeugt, dass eine starke deutsch-italienische Front in Verbindung mit einem deutsch-russischen Pakt die Einheit des Denkens in Frankreich und Großbritannien brechen würde.

Es scheint, dass Ciano von der Logik der Argumente des Führers überzeugt war und sogar so weit ging, sein Wort für die Aufrechterhaltung der deutsch-italienischen Solidarität zu geben. In dem Buch *Professor Mercedes Vilanona: a contracorriente*, einem von mehreren Autoren verfassten und von der Universität Barcelona herausgegebenen Werk, wird hervorgehoben, dass, obwohl Botschafter Attolico und Ciano selbst Hitler gebeten hatten, nichts zu veröffentlichen, bevor der Duce informiert war, die Deutschen die Gelegenheit nutzen wollten, um ihre Position zu stärken, so dass am 13. selbst, zwei Stunden nachdem der italienische Diplomat Salzburg verlassen hatte, La D.N.B. (Deutsches Nachrichtenbüro) verkündete: „Bei den deutsch-italienischen Gesprächen wurden alle aktuellen Probleme, insbesondere die Danziger Frage, behandelt. Das Ergebnis war eine völlige Übereinstimmung zwischen der deutschen und der italienischen Außenpolitik. Kein einziges Problem wurde in der Schwebe gelassen". Dieses Kommuniqué gefällt Attolico nicht und er bittet um die Erlaubnis, nach Rom zu reisen, wo er am 15. August eintrifft. Er äußert gegenüber Mussolini seine Meinung, dass Italien Deutschland im Falle eines Krieges in Europa nicht unterstützen sollte. Obwohl sich der Geschäftsträger der Botschaft in Berlin, Graf Massimo Magistrat, am 15. August in Rom meldete, um zu berichten, dass die Deutschen ihm mitgeteilt hätten, dass die Bestätigung eines Paktes mit der UdSSR kurz bevorstehe, überzeugte Attolico sowohl Ciano als auch Mussolini, dass es nicht ratsam sei, Deutschland im Falle eines allgemeinen Krieges zu unterstützen. Weizsäcker erfuhr, dass Attolico nach Rom gereist war, um den Duce von der Notwendigkeit zu überzeugen, sich nicht an Deutschland zu binden, und die deutsche Führung war äußerst besorgt.

Ciano sprach am 18. zweimal mit dem britischen Botschafter in Italien, Sir Percy Loraine, mit dem er das Treffen mit den Naziführern besprechen wollte. Beim ersten Mal teilte Ciano Loraine mit, dass er über gesicherte Informationen über die rücksichtslose polnische Verletzung der deutschen Grenze verfüge, was in Berlin natürlich große Empörung hervorrief. Der Botschafter schloss daraus, dass Italien Deutschland beistehen werde. Beim zweiten Treffen gestand der italienische Außenminister dem britischen Botschafter jedoch, dass Italien sich nicht bereit erklärt hatte, Deutschland im Falle eines Krieges zu unterstützen, und dass es auch nicht die Absicht hatte, dies zu tun. Cianos Indiskretion hatte eine sehr schädliche Wirkung auf Deutschland und schwächte die Wirkung, die Hitler mit der Ankündigung des Paktes mit Russland erzielen wollte. Hoggan schreibt: „Französische Militärs erklärten später, dass sie einen deutsch-französischen Krieg nicht riskiert hätten, wenn Italiens Neutralitätsversprechen nicht gewesen wäre". Dieses Eingeständnis der gallischen Militärs untermauert die Relevanz von Hitlers Vortrag vor Ciano am 13. August: Eine feste italienische Haltung gegenüber Deutschland hätte mehr für den Frieden in Europa und für die Interessen Italiens getan als die Unentschlossenheit und Schwäche, die Ciano gegenüber Percy Loraine gezeigt hatte.

Am selben Tag, dem 18. August, traf Attolico im Namen Mussolinis in Salzburg mit Ribbentrop zusammen und machte deutlich, dass Italien wisse, dass ein Krieg mit Polen nicht lokalisiert werden könne, weil Frankreich und Großbritannien eingreifen würden.. Der Botschafter betonte, dass sein Land einen Krieg vor Ende 1940 nicht akzeptieren könne. Angesichts der Nachrichten aus Rom macht sich Halifax die Situation zunutze, um die Italiener einzuschüchtern: Am 20. August schickt er Botschafter Loraine eine Botschaft, die er an Ciano weiterleitet. Darin warnte er Italien, dass Großbritannien es sofort angreifen würde, wenn es sich in einem künftigen Krieg mit Deutschland verbünden würde. Diese Drohung hatte eine große Wirkung auf den Duce, der seine Pläne für eine internationale Konferenz bekräftigte. Die Deutschen wurden über das britische Ultimatum nicht informiert.

Die Entscheidung, den Pakt mit der UdSSR anzustreben, fiel in eine Zeit, in der der Terror gegen die deutsche Minderheit überhand nahm und Beck der Freien Stadt Danzig ein ungeheuerliches Ultimatum gestellt hatte. Die antideutschen Maßnahmen ließen nicht nach, sondern nahmen von Tag zu Tag zu. Am 14. August starteten die ostoberschlesischen Behörden eine Kampagne von Massenverhaftungen gegen Deutsche, die mit der Beschlagnahme oder Schließung von sozialen Einrichtungen und Geschäften, die noch geöffnet waren, einherging. In der ersten Phase der Verhaftungen erschoss und verwundete ein junger Deutscher einen Polizeibeamten, Viktor Szwagiel, was die Polen nur noch mehr erzürnte. Die verhafteten Deutschen wurden nicht in der Gegend interniert, sondern mussten in Gefangenenkolonnen nach Polen marschieren. Tausende von Deutschen versuchten, sich der Verhaftung zu entziehen, indem sie die Grenze nach Deutschland überquerten. Menschenhändler nutzten die Situation aus und verhalfen den Flüchtenden gegen Geld zur Flucht über Pässe, die sich der polizeilichen Kontrolle entzogen.

Die Aufregung und Angst der Deutschen in jenen Tagen ließ sie glauben, dass die Polen sie im Falle eines Krieges massenhaft ermorden würden. Am 16. August wurde auch Senator Rudolf Wiesner, einer der prominentesten deutschen Minderheitenpolitiker und Vorsitzender der „Jungdeutschen Partei", verhaftet. Am selben Tag hatte sich Chodacki mit Senatspräsident Greiser getroffen und angekündigt, dass der Boykott deutscher Waren so lange fortgesetzt werde, bis Danzig das uneingeschränkte Recht der polnischen Inspektoren anerkenne, ihre Aufgaben auf dem Gebiet der Freien Stadt wahrzunehmen. Kurz darauf flog Chodacki zurück nach Warschau, um die Situation mit Beck zu besprechen und Anweisungen zu erhalten.

Die Lage der deutschen Minderheit in Polen verschlechtert sich weiter. Am 17. August informieren die deutschen Konsuln in Teschen und Kattowice (Oberschlesien) das Auswärtige Amt über die Verhaftung hunderter deutscher Staatsbürger. Der Konsul in Teschen behauptete, die Verhaftungswelle ziele auf Geiselnahmen ab. Am 18. August war es der deutsche Geschäftsträger in Warschau, Wühlisch, selbst, der das Auswärtige Amt darüber informierte, dass die Polen eine massive Verhaftungskampagne gegen die deutsche Minderheit in den Gebieten Posen, Westpreußen, Mittelpolen und Ostoberschlesien gestartet hatten. Die Politische Abteilung des Auswärtigen Amtes veröffentlichte am 20. August eine Liste von 38 Deutschen, die verwundet, misshandelt oder getötet worden waren. Auf der Liste standen auch einige Frauen, die vergewaltigt worden waren.

Am 21. August ereignete sich etwas Erstaunliches: Rudolf Wiesner, der fünf Tage zuvor verhaftet worden war, tauchte in Danzig auf, nachdem ihm die Flucht aus Polen gelungen war. Am 22. traf er sich in Danzig mit Vertretern des Reiches und berichtete ihnen über die Ereignisse. Wiesner behauptete, dass es unmöglich sei, loyale Beziehungen zu den Polen aufzubauen, da diese mit der Tatsache unvereinbar seien, dass sie ein ethnisches Bewusstsein hätten. Wiesner behauptet, dass die deutsche Minderheit seit dem Frühjahr 1939 eine Katastrophe „unvorstellbaren Ausmaßes" erlebt habe. Er prangerte an, dass Deutsche ungerechtfertigt entlassen und ihnen die Arbeitslosenunterstützung vorenthalten worden sei, so dass sie unter Hunger und Entbehrungen aller Art litten. Wohlfahrtseinrichtungen, Genossenschaften und Berufsverbände seien zerstört worden. In den letzten Wochen hätten Massenverhaftungen, Deportationen, Verstümmelungen, Schläge und andere Gewalttaten ein noch nie dagewesenes Ausmaß erreicht. Wiesner betonte jedoch, dass die Führer der deutschen Minderheit weiterhin auf eine friedliche Lösung zwischen Polen und Deutschland hofften, die den Frieden wiederherstellen, das Schreckgespenst des Krieges beseitigen und das Recht auf Leben und Arbeit in Frieden wahren würde. Die deutschen Diplomaten und die Danziger Behörden erörtern die Zweckmäßigkeit der Veröffentlichung von Wiesners Ausstellung, doch Albert Foster, der örtliche Führer der Nationalsozialistischen Partei, überzeugt sie davon, dass dies nichts nützen würde, und plädiert für eine Politik der Strenge gegenüber den polnischen Inspektoren und Zollbeamten, deren Handeln sich auf die in den Verträgen festgelegten Bereiche beschränken sollte. Dies war der

Stand der Dinge in Polen und Danzig, als bekannt wurde, dass die Unterzeichnung eines deutsch-russischen Paktes unmittelbar bevorstand.

Auf einer geheimen Sitzung des Politbüros am 19. August 1939 verkündete Stalin, dass die Sowjetunion auf jeden Fall einen Nichtangriffspakt mit Deutschland schließen werde. Am selben Tag, dem 19. August 19, hatten die Deutschen und die Sowjets ein Handelsabkommen unterzeichnet, über das sie seit 1938 verhandelt hatten. Am nächsten Tag warnte ein Bericht in der *Prawda* vor großen Differenzen bei den Verhandlungen mit den westlichen Militärmissionen. Natürlich hatte Stalin nicht damit gerechnet, dass Hitler das Abkommen mit Deutschland nutzen könnte, um eine friedliche Verhandlungslösung mit den Polen zu erreichen: Ohne einen deutschen Einmarsch hätte Stalin seinerseits nicht in Polen einmarschieren können. Einer der Vorteile des Paktes bestand darin, dass er die sowjetische Expansion mit Zustimmung Berlins erheblich erleichtern würde, während der Pakt mit den Westmächten einen verzweifelten Kampf mit Deutschland bedeutet hätte. Im Gegensatz zu den Nazis rechneten die Kommunisten auch nicht damit, dass der Pakt mit Hitler und die Ablehnung des Bündnisses mit Großbritannien und Frankreich zu einem lokalen Krieg führen würden. Stalin rechnete damit, dass Halifax und Co. nicht vor Deutschland zurückweichen würden, denn um auf Kosten seiner sechs westlichen Nachbarn zu expandieren, hätte ein allgemeiner Krieg ausbrechen müssen.

Am 20. August erhält Schulenburg ein Telegramm Hitlers an Stalin, das er am 21. August Molotow vorlegt. Darin teilt der Führer dem sowjetischen Führer mit, dass Deutschland den russischen Entwurf für einen Nichtangriffspakt akzeptiert und erklärt: „Die Spannungen zwischen Deutschland und Polen sind unerträglich geworden. Das polnische Verhalten gegenüber einer Großmacht ist so, dass es jeden Augenblick zu einer Krise kommen kann. Angesichts dieser Dreistigkeit ist Deutschland entschlossen, von nun an die Interessen des Reiches mit allen ihm zur Verfügung stehenden Mitteln zu wahren „. Der deutsche Bundeskanzler schlug vor, dass Ribbentrop am 22. nach Moskau fliegen sollte, obwohl er hinzufügte, dass auch der 23. ein akzeptabler Termin wäre, und teilte Stalin mit, dass die angespannte Lage es Ribbentrop nicht erlauben würde, länger als ein oder zwei Tage in Russland zu bleiben. Der Text schloss mit den Worten: „Ich würde mich freuen, Ihre prompte Antwort zu erhalten.

Am 21. antwortete Stalin freundlich und schlug vor, dass Ribbentrop am 23. nach Moskau reist und am 22. ein spezielles Kommuniqué zur Ankündigung des Paktes herausgegeben wird. Die Würfel waren gefallen: Deutschland war nicht länger ein Puffer für die an die UdSSR angrenzenden Staaten, die damit dem sowjetischen Expansionismus ausgeliefert waren. Es war offensichtlich, dass Frankreich und Großbritannien nichts tun würden, um Osteuropa vor dem Kommunismus zu schützen, und die Fakten bewiesen dies. Polen selbst hatte seinen besten Schutzschild gegen die Bolschewiki in Deutschland, aber Becks Blindheit ging so weit, dass er am 22. Dezember gegenüber Botschafter Kennard erklärte, der Pakt mache für Polen keinen Unterschied, da er im Gegensatz zu Großbritannien und Frankreich nie mit sowjetischer Hilfe gerechnet habe. Er fügte hinzu, dass die verständliche Enttäuschung in Paris und London der Preis dafür sei, dass sie falsche Hoffnungen in die UdSSR gesetzt hätten. Es scheint klar zu sein, dass der polnische Außenminister ein düsterer Inkompetenter war, dem es an jeglichem gesunden Menschenverstand fehlte.

Kennedy hingegen erkennt schnell die heikle Lage, in der sich Polen befindet, und bespricht die Angelegenheit mit Chamberlain, der fatalistisch ist und Halifax nicht zur Zurückhaltung auffordern kann. Der britische Premierminister räumte gegenüber dem amerikanischen Botschafter ein, dass sie die Polen nicht zu Zugeständnissen an Deutschland bewegen würden. Kennedy persönlich glaubte, dass Polen unter dem neuen Szenario schließlich zustimmen würde, die Verhandlungen mit den Deutschen wieder aufzunehmen, und war enttäuscht, als er feststellte, dass weder Chamberlain noch Halifax bereit waren, Polen zu einem Kurswechsel zu drängen. Hier ist sein Vorschlag an das Außenministerium, der in den von Hoggan verwalteten Papieren über die Außenbeziehungen der USA von 1939 enthalten ist: „Wenn Präsident Roosevelt irgendeine Aktion für den Frieden in Betracht zieht, scheint es mir, dass der Ort, an dem man arbeiten muss, über Beck in Polen ist, und um effektiv zu sein, muss es schnell gehen. Ich sehe keine andere Möglichkeit.

Der Ribbentrop-Molotow-Pakt - einige Reaktionen

Joachim von Ribbentropp flog am 23. mit einem Condor-Transportflugzeug in Begleitung von zweiunddreißig Experten nach Moskau. Der Empfang war äußerst gastfreundlich. Die Gespräche begannen noch am selben Tag am Nachmittag. Die Sowjets forderten die Deutschen sofort auf, ihre Pläne zur Errichtung von Militärstützpunkten in Estland und Lettland zu tolerieren. Was Finnland betrifft, so bestanden sie darauf, dass sie freie Hand haben wollten. Sie baten auch um die Neutralität Deutschlands in dem Konflikt, den sie mit Rumänien anzetteln wollten, um Bessarabien für die UdSSR zurückzugewinnen. Obwohl der Führer ihn mit allen Vollmachten ausgestattet hatte, rief Ribbentrop um 20.05 Uhr in Berlin an, um sich zu vergewissern, dass Hitler die aggressiven Pläne Stalins für diese Länder akzeptierte, die die unglücklichen Opfer der katastrophalen Kriegspolitik werden sollten, die Halifax mit Roosevelts Unterstützung inszeniert hatte. Um 23.00 Uhr bejaht der deutsche Bundeskanzler die Frage. Das Reich würde sich dem Vormarsch des Kommunismus nach Westen nicht widersetzen. Hoggan schreibt: „Um genau zu sein, lieferte Deutschland keine Nationen an Russland aus, da es diesen Ländern gegenüber keine vertraglichen Verpflichtungen hatte, außer dem Versprechen, sie nicht selbst anzugreifen.... Das deutsch-russische Abkommen vom 23./24. August 1939 betraf eher die Abgrenzung von Interessen als eine aktive Zusammenarbeit zwischen den beiden Ländern. Diese Tatsachen wurden von unverantwortlichen westlichen Propagandisten ignoriert, die ohne die geringste Grundlage darauf bestanden, dass ein Bündnis zwischen Deutschland und der Sowjetunion geschlossen worden sei."

Der Pakt enthielt ein geheimes Protokoll, in dem eine sowjetische Interessensphäre in Osteuropa anerkannt wurde; diese Anerkennung war jedoch an die Bedingung geknüpft, dass ein Krieg zwischen Polen und Deutschland ausbricht. Ribbentrop teilte den Sowjets am 23. Dezember mit, dass die Entscheidung, auf polnische Provokationen mit einem Militärschlag zu antworten, nicht unwiderruflich sei. Hitler und Ribbentrop machten deutlich, dass Deutschland nicht gezwungen sein würde, diese Bestrebungen anzuerkennen, wenn eine Beilegung des deutsch-polnischen Streits erreicht werden könnte. Die Sowjets kündigten ihrerseits an, im Falle eines Krieges in Polen zu intervenieren. Die von der Weichsel und ihren Nebenflüssen Narew und San gebildete Linie wurde gezogen, die die militärischen Besatzungszonen auf beiden Seiten abgrenzen sollte.

Dieser unnatürliche Pakt verblüffte Millionen von Menschen auf beiden Seiten der Welt. Hitler, der von der Wall Street finanziert wurde, um gegen Stalin anzutreten und Trotzki wieder an die Spitze der UdSSR zu bringen, hatte soeben sein gesamtes Vorgehen durch einen verzweifelten Pakt zunichte gemacht, den er später selbst als „abscheuliches Verbrechen" bezeichnen sollte. Der Führer, der Verfechter des Antikommunismus, sprengte also den Antikomintern-Pakt von 1936 zu einem Zeitpunkt, als Japan seine Armee in der Mandschurei hatte. Es war ein hochriskantes Spiel, das einen Krieg in Europa hätte verhindern können. Hätte Italien seine Karten so ausgespielt, wie Hitler es sich erhofft hatte, hätte Frankreich höchstwahrscheinlich einen Rückzieher gemacht, anstatt das britische Spiel mitzuspielen. Auch Stalin hatte seine Erwartungen kalkuliert. Da er das militärische Potenzial Frankreichs überschätzte, ging er davon aus, dass sich die Situation des Ersten Weltkriegs wiederholen könnte. Seine Idee war es, militärisch gegen Deutschland zu intervenieren, wenn alle Kombattanten erschöpft waren, was ihm die Möglichkeit geben würde, seine Expansion nach Westen zu vollenden.

In der entscheidenden Phase der Verhandlungen zwischen der UdSSR und Deutschland setzt sich der britische Botschafter in Berlin, zunehmend beunruhigt über die sich abzeichnende Katastrophe in Europa, für den Frieden ein. Er war sich der Rolle der Presse bewusst, prangerte sie als Werkzeug der kriegswilligen Kräfte an und versicherte Lord Halifax, dass Hitler aufrichtig ein deutsch-britisches Abkommen wünsche. Neville Henderson bedauert die Haltung von Kennard, dem Botschafter in Warschau, der sich bewusst weigert, die verzweifelte Lage der deutschen Minderheit in Polen anzuerkennen. Henderson ging so weit, Halifax zu bitten, den Plan, den der rumänische Außenminister Gafencu in London vorgelegt hatte, zu überdenken. Da seine Forderungen an Lord Halifax, sich mit Hitler zu versöhnen, bevor es zu spät war, keinen Erfolg hatten, wurde Henderson auf eigene Initiative bei den polnischen und italienischen Botschaftern Lipski und Attolico vorstellig. Henderson hoffte, dass die Italiener Vorschläge für eine diplomatische Lösung vorlegen würden.

Ein weiterer Diplomat, der sich der veränderten Situation in Europa nach dem Ribbentrop-Mólotov-Pakt bewusst ist, ist Bonnet. Der französische Außenminister sieht nicht ein, warum Frankreich nicht ein separates Abkommen mit Deutschland schließen kann, wenn die UdSSR, sein wichtigster Verbündeter im Osten, dies getan hat. Vom 23. Dezember an suchte Bonnet nach Möglichkeiten, die französische Außenpolitik von der britischen Vormundschaft zu befreien. Aber wenn Henderson die Nutzung der Presse durch die Kriegstreiber anprangerte, hätte Bonnet das Gleiche für die französischen Medien tun können, in denen eine schändliche Kampagne zugunsten des Krieges inszeniert wurde. Im dritten Band von *Das verborgene Gesicht der modernen Geschichte* liefert Jean Lombard genaue Daten über die Eigentumsverhältnisse und die Finanzierung der wichtigsten Agenturen und Publikationen in Frankreich, von denen die meisten von jüdischen Agenten kontrolliert wurden. In den *Protokollen der Weisen von Zion* wurde die Bedeutung der Kontrolle von Presse und Literatur eingehend analysiert. Protokoll XII lautet:

> „Unsere Presse wird aristokratische, republikanische, revolutionäre, konservative und sogar anarchistische Tendenzen repräsentieren. Wie der Hindu-Gott Vishnu werden auch wir hundert Hände haben, von denen jede den wechselnden Pulsschlag der öffentlichen Meinung in die uns genehme Richtung lenken wird, denn ein erregter Mensch verliert leicht sein Urteilsvermögen und wird allen möglichen Einflüssen ausgesetzt. Diese Dummköpfe, die glauben, die Meinung ihrer Zeitung zu vertreten, werden in Wirklichkeit nur unsere oder eine für uns günstige Meinung vertreten. Sie werden glauben, dass sie ihrer parteiischen Publikation folgen, und in Wirklichkeit werden sie nur der Flagge folgen, die wir vor ihnen hissen werden. Um unser Heer von Journalisten in diese Richtung zu führen, müssen wir uns mit besonderer Sorgfalt organisieren. Unter dem Namen Zentralverband der Presse werden wir die Schriftstellerverbände zusammenfassen, in denen unsere Vertreter unwillkürlich die Parole und den Schlachtruf ausgeben werden."

In Frankreich reichte das Spektrum von der kommunistischen Zeitung *L'Humanité*, in der viele jüdische Redakteure saßen, die der Kommunistischen Partei treu war und den deutsch-russischen Pakt verteidigte (weshalb sie von Daladier verboten wurde), bis hin zu den Nachrichtenagenturen. Im Januar 1939, um nur ein Beispiel zu nennen, beschuldigt der jüdische Journalist Emmanuel Berl den ebenfalls jüdischen Robert Bollack, Direktor der Agentur Fournier, französische Journalisten zu bestechen, um sie zum Krieg gegen Deutschland anzustacheln. Im April 1939 bestätigte Charles Maurras, dass amerikanische Juden drei Millionen Dollar an Bollack geschickt hatten, um die Kriegskampagne zu finanzieren.

Ob mit oder ohne Unterstützung der Presse, Bonnet ist überzeugt, dass Frankreich und Europa vor einem Krieg bewahrt werden müssen. Deshalb bittet er Daladier, eine Dringlichkeitssitzung des Verteidigungsrates einzuberufen, der sich aus den Militärchefs und den ranghöchsten Ministern der Regierung zusammensetzt. Sein Plan war es, die Militärs dazu zu bringen, zu bestätigen, dass die französischen Hoffnungen auf einen Krieg gegen die Deutschen ohne die Unterstützung der Sowjetunion zweifelhaft waren. Der Chef der französischen Diplomatie wusste, dass die Briten ihren Widerstand gegen Hitler ohne französische Unterstützung nicht aufrechterhalten würden. Die Sitzung begann um 18.00 Uhr in Daladiers Büro, und die Teilnehmer saßen in einem Halbkreis um den Schreibtisch des Premierministers. Es wird schnell klar, dass die Indiskretion des Grafen Ciano über die italienische Neutralität eine Rolle bei der Konferenz spielt. Sowohl General Gamelin, Oberbefehlshaber des Heeres, als auch Admiral Darlan, der versicherte, dass die Marine bereit sei, betonten, dass Italien im Falle eines allgemeinen Krieges in Europa mit ziemlicher Sicherheit neutral sein würde. Gamelin erklärt, dass die Neutralität Italiens die Arbeit der Armee in den Alpen erleichtern würde. Guy La Chambre erklärt, dass die Luftfahrt in vollem Gange sei. Bonnet ärgert sich über die übermäßige Bedeutung, die diese militärischen Führer der Haltung Italiens beimessen. Ungeduldig fragt er General Gamelin, wie lange die Polen seiner Einschätzung nach gegen die Deutschen durchhalten würden. Gamelin versichert feierlich, dass die Deutschen nicht in der Lage sein würden, die Polen vor Beginn der Regenzeit zu besiegen, und sagt voraus, dass die Kämpfe in Polen im Frühjahr 1940 in vollem Gange sein würden. Auf der Grundlage dieser Berechnungen erklärte der Armeechef, dass es für die französische Armee, verstärkt durch britische Truppen und möglicherweise etwa dreißig belgische und niederländische Divisionen, an der Zeit sei, die Siegfriedlinie zu durchbrechen. Interessanterweise hatte Gamelin ein Jahr zuvor behauptet, dass diese Verteidigungslinie dem französischen Angriff zwei Jahre lang standhalten würde. Bonnet war fassungslos, als er hörte, dass die französischen Vorbereitungen für einen Krieg gegen Deutschland bereits ausreichend waren. Bonnets Hauptargument für eine Änderung der Politik gegenüber Polen, nämlich die gefährliche militärische Lage Frankreichs, wurde somit von den französischen Militärs entkräftet.

Die Polen ihrerseits reagierten auf die Ankündigung des deutsch-russischen Paktes mit einer verstärkten Propagandakampagne gegen Deutschland und ermutigten zu Beschimpfungen und Misshandlungen der deutschen Minderheit unter dem falschen Vorwand, dass es im Reich täglich zu Hunderten von Übergriffen gegen die polnische Minderheit komme. Die *Gazeta Polska*, ein offizielles Blatt, behauptete am 24. August, der Pakt sei ein gescheiterter Bluff, weil er weder auf die Nerven der Polen noch der Franzosen oder Engländer gewirkt habe. Die konservativen *Czas* halten ihn für einen Schwindel, der von der „neuen Berliner Komödie" verübt wurde. Der *Kurier Warszawski* verkündete triumphierend, der neue Pakt sei ein Beweis für die Schwäche der beiden Partner. Ein polnischer Journalist erklärte gegenüber *der New York Times*, der Pakt habe keinen militärischen Wert für Deutschland. Zu allem Überfluss eröffneten polnische Batterien in der eindeutigen Absicht, einen Krieg zu provozieren, am 24. August das Feuer auf deutsche Flugzeuge, die über der Ostsee flogen - eine Aggression, gegen die Deutschland am 25. August formell protestierte. Die Polen gaben lediglich zu, auf ein deutsches Flugzeug geschossen zu haben, das über polnischem Gebiet gesichtet worden war. In der Zwischenzeit war es etwa 80.000 deutschen Flüchtlingen gelungen, die Grenze zu überqueren.

Deutschland versucht immer noch, eine Einigung mit Großbritannien zu erzielen

Nach dem Scheitern von Halifax' Bemühungen, die Große Allianz gegen Deutschland zu bilden, und der Unterzeichnung des deutsch-sowjetischen Paktes versuchte Hitler, die diplomatische Initiative aus einer vorteilhafteren Position heraus wiederzuerlangen. Der deutsche Reichskanzler war immer noch zuversichtlich, dass London und Paris ihre Unterstützung für Polen zurückziehen würden. Die Gelegenheit, das Einvernehmen mit den Briten zu suchen, bot sich bereits am 23. August, als Henderson zu Hitlers Berghof auf dem Obersalzberg reiste, um ihm einen Brief von Premierminister Chamberlain zu überreichen, in dem dieser warnte, dass Großbritannien im Falle eines Krieges trotz des Paktes mit der UdSSR eingreifen würde. Der Führer ließ sich die Gelegenheit nicht entgehen und schrieb am 23. einen Antwortbrief, in dem er besonders auf das Leid der deutschen Bevölkerung einging. Er erinnerte daran, dass prominente britische Persönlichkeiten das Danzig-Problem in den letzten Jahren erkannt hätten und dass die Polen wegen des britischen Blankoschecks die Tür für Verhandlungen verschlossen hätten. Der Tag endete mit einer abendlichen Konferenz im Berghof mit den obersten Naziführern. Obwohl am 18. Herbert von Dirksen, der Botschafter in London, nach Berlin geflogen war, um zu warnen, dass die Briten die Polen auch dann unterstützen würden, wenn diese ohne Provokation durch Deutschland Feindseligkeiten auslösten, brachte Hitler auf der Konferenz sein Vertrauen in eine rationale Politik Großbritanniens zum Ausdruck, das „keine Notwendigkeit hatte, den Krieg zu erklären und folglich auch keinen Krieg erklären würde".

Göring teilte jedoch Hitlers Standpunkt nicht und hatte sich daher mit Erlaubnis des Führers an den Ingenieur Birger Dahlerus gewandt, einen bedeutenden schwedischen Geschäftsmann mit guten Kontakten in England und Deutschland, der bereits seit Juli als inoffizieller Unterhändler fungierte. Am 23. August hielt sich Dahlerus in Paris auf und erhielt am Abend einen Anruf von Göring, der ihn bat, sofort nach Berlin zurückzukehren. Am Morgen des 24. August traf der Schwede in der deutschen Hauptstadt ein, wo er Göring versicherte, dass er bereit sei, sich mit ganzer Kraft der Aufgabe zu widmen, ein deutsch-britisches Abkommen zu erzielen, das den Frieden bewahrt. Dahlerus wurde angewiesen, so bald wie möglich nach London zu reisen, um der britischen Führung ein wichtiges persönliches Versprechen Hitlers zu übermitteln. Von der britischen Botschaft in Berlin aus wurde Kontakt mit dem Auswärtigen Amt aufgenommen, und Dahlerus erhielt die Erlaubnis, nach London zu reisen, wo er am Morgen des 25. eintraf. Dort nahm er Verhandlungen auf, die eine Woche lang andauern sollten, bis seine Dienste von den Briten abrupt abgelehnt wurden. Während dieser sieben Tage gab es ein Kommen und Gehen, ein Hin und Her von London nach Berlin und von Berlin nach London. Halifax gab vor dem Nürnberger Tribunal, das Göring zum Tode verurteilte, zu, dass der schwedische Unterhändler in der letzten Krise vor dem Ausbruch des Zweiten Weltkriegs alles in seiner Macht Stehende getan hatte, um den Frieden zu wahren.

Am 24. August gab es auf den verschiedenen Bühnen sehr unterschiedliche Reaktionen. In Frankreich zum Beispiel fordern führende Persönlichkeiten die Regierung Daladier auf, im Interesse des Friedens Druck auf die Polen auszuüben. Bonnet, der die erste Gelegenheit nutzen wollte, um Frankreich von seinen militärischen Verpflichtungen gegenüber Polen zu befreien, berichtete, dass Beck sich bereit erklärt habe, seinen Botschafter in Berlin bei der deutschen Führung vorstellig werden zu lassen. Göring appellierte an Lipski, seinen Vorgesetzten zu bitten, die Spannungen zu entschärfen. Am gleichen Tag und zur gleichen Zeit stieg jedoch die Spannung in Danzig weiter an. Chodacki drohte den Danziger Behörden mit sofortigen Repressalien für den Fall, dass Albert Forster, der nationalsozialistische Führer, zum Oberhaupt des Freien Stadtstaates ernannt werden sollte, eine Entscheidung, die der Senat einstimmig getroffen und die Greiser Burckhardt mitgeteilt hatte. Der Schweizer Diplomat, der zunehmend besorgt war, warnte, dass die Ernennung die Gemüter nur noch mehr erhitzen könnte. Forster bevorzugt nach dem Scheitern der Verhandlungen mit den Zollinspektoren eine harte Linie gegenüber den Polen. Er beabsichtigt, die Waffen der Polen in Danzig zu beschlagnahmen und sie zu verhaften, was Hitler mit der Begründung ablehnt, dass dies ein Vorwand sein könnte, um den Konflikt zu schüren.

Am 24. um 15.00 Uhr hielt Chamberlain eine Sondersitzung des Unterhauses ab. Er stellt fest, dass sich die Lage zunehmend verschlechtert, und warnt die Abgeordneten, dass die Gefahr eines unmittelbar bevorstehenden Krieges mit Deutschland besteht. Chamberlain räumte ein, dass er nicht in der Lage sei, die Vorwürfe der Aggression gegen die Deutschen in Polen richtig zu beurteilen. „In Berlin", sagte er, „wurde die Ankündigung des Paktes mit außerordentlichem Zynismus als großer diplomatischer Sieg gefeiert, der jede Kriegsgefahr beseitigt, da wir und Frankreich wahrscheinlich nicht mehr in der Lage sein werden, unsere Verpflichtungen gegenüber Polen zu erfüllen. Wir sehen es als unsere erste Pflicht an, diese gefährliche Illusion zurückzuweisen". Dann fügte er dreist hinzu: „Nichts, was wir getan haben oder vorhaben, bedroht die legitimen Interessen Deutschlands. Es ist kein Akt der Bedrohung, sich darauf vorzubereiten, Freunden zu helfen, sich gegen Gewalt zu verteidigen". Natürlich wusste Chamberlain, dass seine Regierung nur einen Tag zuvor der Sowjetunion den Einmarsch in Polen ohne die Zustimmung der polnischen Regierung angeboten hatte und dass er keineswegs bereit war, seine „Freunde" gegen eine kommunistische Invasion zu verteidigen. Natürlich konnte Chamberlain niemals zugeben, dass Danzig und Polen nur ein Vorwand waren, um Deutschland zu vernichten. Als Krönung dieses Geredes erklärte der Premierminister, dass das Hauptziel der britischen Außenpolitik darin bestehe, unnötiges Blutvergießen in anderen Ländern zu vermeiden.

Am selben Tag wurde Ribbentrop, der gerade aus Moskau eingetroffen war, von Hitler beauftragt, zu versuchen, die deutsche Position durch eine Unterstützungserklärung Italiens zu stärken. Zu diesem Zweck rief der deutsche Außenminister am Abend bei Ciano an und bat ihn um eine entschiedene und abschließende Erklärung zur italienischen Position. Graf Ciano wollte nicht sagen, dass die italienische Antwort negativ ausfallen würde, und versprach, dass Deutschland am nächsten Tag eine Antwort erhalten würde. Percy Loraine, der britische Botschafter in Rom, erfuhr jedoch, dass Halifax nach der Parlamentssitzung unter Druck geriet, die Position, zu der er sich in Danzig verpflichtet hatte, zu ändern. Es gibt Belege dafür, dass der Sekretär des Auswärtigen Amtes Loraine anvertraute, dass die Abtretung Danzigs an

Deutschland letztendlich als Teil eines internationalen Abkommens in Betracht gezogen werden müsse. Der Botschafter, der am selben Tag einen weiteren Anruf des Duce wegen einer diplomatischen Vereinbarung erhalten hatte, war über diese Information verwundert und fragte sich, ob Halifax versuchte, Mussolini zu ermutigen, die Initiative für eine internationale Konferenz zu ergreifen, um Großbritannien die Lösung seiner Schwierigkeiten zu ermöglichen. Henderson beschloss ebenfalls, am 24. mit Halifax Kontakt aufzunehmen, dem er offen mitteilte, dass die deutschen Beschwerden über Missstände gegenüber der Minderheit in Polen voll und ganz bestätigt würden. Noch am selben Tag leitete Halifax die Beschwerde an Kennard weiter und bat ihn, die Polen zur Vorsicht zu mahnen, doch der britische Botschafter, der die polnische Unnachgiebigkeit voll und ganz unterstützte, wies Hendersons Behauptungen zurück.

Am 25. ruft Hitler schließlich Henderson zu sich, um Großbritannien ein Bündnis anzubieten. Der deutsche Reichskanzler teilt dem britischen Botschafter mit, dass die Danzig-Frage geklärt sei und dass sein Pakt mit der UdSSR die Gefahr eines deutsch-sowjetischen Krieges ausschließe. In Anwesenheit von Ribbentrop erinnerte er Henderson daran, dass Deutschland keine Ambitionen in Westeuropa habe und dass er wolle, dass das britische Empire wohlhabend und stark bleibe. Was das Problem der zwanzig Jahre zuvor verlorenen Kolonien anbelangt, so schlug er vor, es in die ferne Zukunft zu verschieben und argumentierte, dass es töricht sei, solche Fragen zu diskutieren, bevor Großbritannien und Deutschland eine Einigung über die Reduzierung der Rüstung erzielt hätten. Der Führer teilte dem britischen Diplomaten sofort mit, dass er ihm ein formelles Angebot für ein deutsch-britisches Abkommen unterbreiten werde. Deutschland wollte seinen Pakt mit der Sowjetunion durch die Unterzeichnung eines Freundschaftsvertrags mit Großbritannien ergänzen. Hitler versicherte Henderson, dass er bereit sei, die notwendigen Schritte zu unternehmen, um eine Kriegskatastrophe zu vermeiden. Der Wunsch nach Frieden mit Großbritannien veranlasste Hitler zu einer beispiellosen Verpflichtung, die noch nie zuvor von einem politischen Führer angeboten worden war: Deutschland war auf Verlangen der britischen Regierung bereit, die gesamte Macht des Reiches überall und jederzeit in den Dienst der Verteidigung des britischen Empire zu stellen. Deutschland garantierte, wie es bereits angeboten hatte, Polens neue Grenzen im Westen. All dies nur als Gegenleistung dafür, dass London Warschau davon überzeugt, die Freie Stadt nach einem Plebiszit an das Reich zurückzugeben, und für den Bau einer Autobahn und einer Eisenbahnlinie durch den Korridor. Natürlich musste die Achtung der deutschen Minderheiten in Polen gewährleistet sein. Das Treffen mit Hitler und Ribbentrop bewegte Neville Henderson, der sich das deutsch-britische Abkommen sehr wünschte. Der britische Botschafter bereitete sich darauf vor, am nächsten Tag nach England zu reisen, um das Angebot an seine Vorgesetzten weiterzuleiten.

Der Plan, in Polen einzumarschieren, ist für den 26. August vorbereitet, und alles hängt vom Ausgang dieser letzten diplomatischen Bemühungen ab. Kurz vor 15.00 Uhr wird der polnische Telefonverkehr über Deutschland auf Anordnung der Militärbehörden unterbrochen, was Außenminister Beck alarmiert, der aber nicht an einen Angriff denkt, sondern meint, es handele sich um einen Nervenkrieg. Am Nachmittag verkündete der britische Rundfunk die Unterzeichnung eines formellen anglo-polnischen Bündnisses. Der Bündnisvertrag enthielt ein geheimes Protokoll, in dem festgelegt wurde, dass er sich ausschließlich gegen Deutschland richten würde, d.h. die Briten zogen sich aus der Verteidigung Polens gegen die UdSSR zurück.

Diese Tatsache kam erst fast zwei Monate später, am 19. Oktober, ans Licht, als Rab Butler, MP, sie im Unterhaus öffentlich machte. Die Briten hatten sich lediglich verpflichtet, im Falle einer sowjetischen Aggression in Polen Konsultationen mit den Polen aufzunehmen. In dem Vertrag war festgelegt worden, dass Großbritannien die Annexion polnischen Territoriums durch eine dritte Macht nicht anerkennen würde, ohne die Zustimmung der polnischen Führung einzuholen. Diese Klausel führte während des Zweiten Weltkriegs zu einem enormen Druck seitens Großbritanniens auf die polnische Führung, die Annexion Ostpolens durch die Sowjetunion zu akzeptieren. Kurz nach dieser Nachricht traf Mussolinis Antwort an Ribentropp ein, die er am Vortag versprochen hatte: Italien sei nicht kriegsbereit und werde erst 1943 kriegsbereit sein. Italien würde neutral bleiben, da es ihm an Waffen und Rohstoffen fehle. In einem Brief bittet Hitler die Italiener um eine Liste mit den dringendsten Bedürfnissen.

Vor der Unterzeichnung des Vertrages mit Polen erhielt Halifax zwei dringende Anrufe von Henderson. Im ersten Kontakt sprach sich der Botschafter unbedingt für die Annahme von Hitlers Vergleichsangebot aus und forderte den Außenminister auf, dies ernsthaft in Erwägung zu ziehen. Bei der zweiten Kontaktaufnahme ging es darum, über weitere Gräueltaten an Deutschen in Polen zu berichten. Henderson, der behauptete, seine Quelle sei absolut zuverlässig, berichtete, dass die Polen in Bielitz in Ostoberschlesien Deutsche aus der Gegend deportierten und sie zwangen, ins Landesinnere zu marschieren. Bei diesen Aktionen seien am 25. August 1939 acht Deutsche getötet und viele andere verwundet worden. Henderson, der die Passivität seiner Regierung beklagte, befürchtete, dass Bielitz der letzte Strohhalm sein würde und Hitler den Einmarsch befehlen würde. Er wäre noch besorgter gewesen, wenn er gewusst hätte, dass die Polen ein weiteres Massaker in Lodz verübt hatten, wo am selben Tag 24 Deutsche erschossen worden waren. Dennoch befahl der Führer um 18.30 Uhr General Keitel, die Vorbereitungen gegen Polen auszusetzen, bis eine Antwort auf das Angebot von Botschafter Henderson vorliege.

Halifax- und Kennard-Farce: Polen weigern sich zu verhandeln

Am 25. August 1939 erhielt Präsident Roosevelt ein Kommuniqué des polnischen Präsidenten Ignacy Moscicki, das er an Hitler weiterleitete. Roosevelt versichert dem deutschen Bundeskanzler, dass Moscicki zugesagt habe, direkte Verhandlungen mit Deutschland aufzunehmen. Mit heuchlerisch aufgeladener Theatralik fügte Roosevelt hinzu: „Jeder betet, dass Deutschland es auch akzeptiert." Die Naziführer, die an Roosevelts Gesten vor der Tribüne gewöhnt waren, wussten, dass dies nur Propaganda war, um Deutschland zu beschuldigen, den Frieden abzulehnen, um es zu diskreditieren, und setzten ihre Hoffnungen weiterhin auf die britische Antwort. Ein Beweis für die Unehrlichkeit des amerikanischen Präsidenten ist Eric Phipps, der britische Botschafter in Paris, der nach London berichtet, Bullitt sei von Roosevelt angewiesen worden, eine stärkere Koordinierung gegen Deutschland anzustreben. Er schlug vor, die Propaganda gegen das nationalsozialistische Regime zu intensivieren, um Hitler als alleinigen Verantwortlichen für den Krieg darzustellen. Noch vor Mitternacht an jenem Freitag, dem 25. August, versicherte Oberst Beck dem amerikanischen Botschafter in Warschau, Biddle, dass der Krieg unvermeidlich sei und dass sein Land eine Rechtsgrundlage für eine Kriegserklärung an Deutschland habe, wenn Deutschland nicht innerhalb der nächsten Tage die Initiative gegen Polen ergreife. So unglaublich es klingen mag, Beck wollte den Krieg unbedingt beginnen. Berichte von Noël, dem französischen Botschafter in Warschau, bestätigen, dass Beck in jenen Tagen sehr krank war, weil er an Tuberkulose litt und süchtig nach Aufputschmitteln war. Noël, der Beck verabscheute, unterließ es nicht, seine Meinung zu äußern, dass Beck moralisch und körperlich dekadent sei. 1944 starb Beck in Rumänien an Tuberkulose, nachdem die britischen Behörden ihm die Einreise nach Großbritannien verweigert hatten.

Am 25. um 19.40 Uhr wendet sich Hitler, zutiefst enttäuscht über die Haltung Italiens, telefonisch an den deutschen Botschafter in Rom, Hans Georg von Mackensen, und bittet ihn, ihm den konkreten Bedarf an Rüstungsgütern und anderem Material mitzuteilen. Vier Stunden später, um 23.30 Uhr, teilte Mackensen mit, dass Mussolini dem Führer am nächsten Tag eine genaue Liste übermitteln würde, die tatsächlich am 26. um 12.10 Uhr in Berlin eintraf. Unter den italienischen Forderungen waren: sechs Millionen Tonnen Kohle, zwei Millionen Tonnen Eisen, sieben Millionen Tonnen Öl, eine Million Tonnen Holz und viele Tonnen Kupfer, Natriumnitrat, Kaliumsalze, Kautschuk, Terpentin, Blei, Nickel, Wolfram, Zirkonium und Titan. Die Italiener baten auch um 150 Flugabwehrbatterien und Munition. Hitler antwortet einige Stunden später, dass Deutschland Italien mit Kohle und Eisen beliefern könne, nicht aber mit Öl, Kupfer und anderen Materialien, an denen es ebenfalls mangelt. Auch könne es nicht sofort alle angeforderten Flugabwehrbatterien liefern. Um 18.42 Uhr weist Mussolini Hitler nachdrücklich darauf hin, dass eine friedliche Lösung für das italienische und das deutsche Volk unerlässlich sei.

Bevor er nach England flog, schrieb Henderson am Samstag, dem 26. August, um 7.30 Uhr einen persönlichen Brief an Ribbentrop. Er teilt ihm mit, dass er im Begriff sei, nach London zu reisen, um ihm den „großen Vorschlag" für ein deutsch-britisches Abkommen zu erläutern, den Hitler ihm am Vortag unterbreitet hatte. Er bringt noch einmal seine Überzeugung zum Ausdruck, dass das Abkommen für eine friedliche Lösung der polnischen Frage notwendig sei. Er betont gegenüber Ribbentrop, dass „Herr Hitler vier Monate lang große Geduld bewiesen hat" und hofft, dass er sie angesichts des enormen Risikos, das damit verbunden ist, aufrechterhalten kann. Er bittet ihn auch, Hitler mitzuteilen, dass es eine Demütigung für den Botschafter wäre, wenn er nicht am selben oder am nächsten Tag nach Berlin zurückkehren würde, und bittet ihn, auf seinen guten Willen zu vertrauen. Der Brief schloss mit der Behauptung, dass ein neuer deutsch-britischer Krieg die größte Katastrophe wäre, die der Welt widerfahren könnte. Halifax genehmigte die Rückkehr des Botschafters erst am Nachmittag des 28.

Während Henderson gut gelaunt nach Hause reiste, nahm Halifax am Morgen Kontakt mit dem Botschafter in Warschau, Kennard, auf, der die Möglichkeit der Wiederaufnahme von Verhandlungen zwischen Deutschen und Polen ablehnte. Der Sekretär des Auswärtigen Amtes schlug der polnischen Führung vor, die deutsche Regierung zu bitten, die Ausweisung der gesamten deutschen Minderheit aus Polen zu genehmigen. Halifax war der Meinung, dass dies Hitler die ständigen Beschwerden über die schlechte Behandlung der Deutschen durch die Polen ersparen würde. Man könnte sich fragen, ob Halifax auch vorschlug, die Bevölkerung von Danzig zu vertreiben, das nicht zu Polen gehörte und fast ausschließlich von deutschen Bürgern bewohnt wurde. Die Polen waren jedoch grundsätzlich nicht bereit, diese Lösung in Betracht zu ziehen, da sie befürchteten, dass die deutsche Regierung ähnliche Maßnahmen gegen die polnische Minderheit ergreifen könnte. Die Londoner *Times* berichtete in ihrer 26. Ausgabe über Hendersons Friedensbemühungen und berichtete über das Gespräch des Botschafters mit Hitler vom Vortag. Angesichts des geweckten Interesses beobachteten Kennard und die Polen die Kontakte zwischen London und Berlin mit Sorge.

Der britische Botschafter trifft auf dem Flugplatz von Croydon ein und reist sofort nach London. Der Text des Friedensangebots in seiner Aktentasche war in der Nacht zuvor telegrafiert worden, so dass das Kabinett Zeit gehabt hatte, ihn zu prüfen. Chamberlain und Halifax warteten in der Downing Street 10 auf ihn. Henderson versuchte drei Stunden lang, sie von der Bedeutung des Augenblicks für Großbritannien und Europa zu überzeugen. Als der Botschafter die Sitzung in Richtung Buckingham Palace verließ, blieben Chamberlain und Halifax noch eine Stunde lang zusammen. König Georg VI. unterhielt sich lange mit seinem Botschafter, und als das Gespräch beendet war, wurde ein Regierungsrat einberufen, an dem Henderson teilnahm. Das britische Kabinett tagte bis nach Mitternacht, dann wurde die Sitzung vertagt, nachdem die Minister beschlossen hatten, am nächsten Tag erneut zusammenzutreten. Im deutschen Kanzleramt war die Vorfreude auf die Nachricht von Henderson am größten. Endlich kam die Nachricht, dass die Regierung Chamberlain ihre Beratungen bis zum nächsten Tag ausgesetzt hatte. Mehr Geduld war angesagt, obwohl es im Laufe des Tages eine weitere schwere Provokation gegeben hatte: Ein polnisches Kriegsschiff hatte ein deutsches ziviles Transportflugzeug mit Wilhelm Stuckart, Staatssekretär des Reichsinnenministeriums, an Bord beschossen, der in die Freie Stadt gekommen war, um die rechtlichen Probleme im Zusammenhang mit der geplanten Rückkehr Danzigs ins Reich zu erörtern, von Danzig nach Berlin.

Gleichzeitig bemüht sich Birger Dahlerus weiterhin darum, die Briten zur Vernunft zu bringen und die Polen zu Verhandlungen zu zwingen. Nach Hendersons Ankunft in London wurde der schwedische Ingenieur am Morgen des 26. um 11.00 Uhr von Halifax empfangen. Der Sekretär des Außenministeriums übergab ihm ein persönliches Schreiben für Marschall Göring, in dem er direkte Verhandlungen zwischen Polen und Deutschland empfahl. Dahlerus beschloss, sofort nach Berlin zu fliegen, wo er um 17.30 Uhr eintraf, um den Brief zu übergeben. In der Nacht zum 26. hatte der schwedische Geschäftsmann sein erstes Treffen mit dem Führer, bevor er ein langes Gespräch mit Göring führte. Am 27. kehrte Dahlerus nach London zurück, wo ihm die britische Führung versicherte, dass im Laufe des Tages eine Antwort auf den von Botschafter Henderson unterbreiteten Vorschlag Hitlers erfolgen würde; dies geschah jedoch nicht, und eine formelle Antwort wurde bis zum Nachmittag des 28. August hinausgezögert. In Gesprächen mit Chamberlain und hohen Beamten des Außenministeriums kam der schwedische Unterhändler jedoch zu dem Schluss, dass Großbritannien jeden weiteren Versuch Deutschlands, die Differenzen mit Polen auf dem Verhandlungswege beizulegen, befürworten würde. Sobald dieses Hindernis überwunden wäre, wäre der Weg frei für das deutsch-britische Abkommen. Mit dieser Information beschloss Dahlerus, nach Deutschland zurückzukehren.

Hitler freute sich über die Nachricht, aber es stellte sich sofort die entscheidende Frage: Die Briten mussten die Polen zu Verhandlungen überreden, denn ohne Verhandlungen konnte nichts erreicht werden, ein Krieg wäre unvermeidlich und eine goldene Gelegenheit zur Verständigung zwischen Großbritannien und Deutschland wäre verloren gegangen. Dahlerus wandte sich an die britischen Diplomaten in der Botschaft in Berlin, deren Hauptvertreter in Abwesenheit des Botschafters der Geschäftsträger Sir George Ogilvie-Forbes war, und teilte ihm mit, dass Hitler bereit war, jeder Macht, einschließlich Italien, Japan und Russland, Hilfe gegen Großbritannien zu verweigern. Der deutsche Kanzler glaubte, zu diesem Angebot berechtigt zu sein, da sein einziger Verbündeter, Italien, sich geweigert hatte, Deutschland gegen Großbritannien und Frankreich zu unterstützen. Trotz der Enttäuschung, die seine Haltung bei Hitler hervorgerufen hatte, rief Graf Ciano am 27. September persönlich bei Halifax an, um seine Entscheidung zu beeinflussen. Der italienische Außenminister plädierte unter Hinweis auf die freundschaftlichen Beziehungen zwischen dem Vereinigten Königreich und Italien dafür, dass die britische Regierung Hitlers Angebot eines deutsch-britischen Abkommens in höchstem Maße berücksichtigen sollte. Ciano bat Halifax, die Polen zu Verhandlungen mit Deutschland zu ermutigen.

Nach so vielen Bemühungen hing immer noch alles davon ab, dass Polen einem vernünftigen Verhandlungsprozess zustimmte, was wiederum davon abhing, dass das Vereinigte Königreich dies ernsthaft forderte. Doch während Botschafter Henderson die kriegstreiberische Linie von Halifax nicht teilte und eine friedliche Lösung anstrebte, arbeitete sein Kollege in Warschau, Kennard, in perfekter Harmonie mit dem Sekretär des Außenministeriums auf den Krieg hin. Der britische Botschafter in Warschau verfügte über detaillierte Berichte über die unerträgliche Notlage der Deutschen in Polen und wusste, dass sie misshandelt wurden, zog es aber vor, dies zu ignorieren und zynisch zu lügen: „Soweit ich beurteilen kann, sind die deutschen Behauptungen über massive

Misshandlungen der deutschen Minderheit grobe Übertreibungen, wenn nicht gar völlige Fälschungen".

Bevor Henderson mit der offiziellen Antwort seiner Regierung auf Hitlers Angebot nach Berlin zurückkehrte, setzte sich der Sekretär des Außenministeriums auf Drängen von Dahlerus, der nach London zurückgekehrt war, und von Henderson selbst am 28. August um 14.00 Uhr per Telegramm mit Kennard in Verbindung. Halifax bezog sich auf das jüngste Kommuniqué des polnischen Präsidenten Moscicki an Roosevelt, aus dem hervorging, dass die Polen zu direkten Verhandlungen mit Deutschland bereit waren. Halifax teilte Kennard mit, dass Großbritannien natürlich erwarte, dass die Polen entsprechend handeln würden. Der britische Botschafter, der sich gegen weitere Gespräche aussprach, beschloss, keinen Druck auf Polen auszuüben, und antwortete noch am selben Abend mit Gleichgültigkeit und Nonchalance, dass Beck bereit sei, sofort in direkte Verhandlungen mit den Deutschen zu treten. Das Fehlen von Einzelheiten oder konkreten Vorschlägen zeigte Halifax deutlich, dass in Warschau keine ernsthafte britische Demarche unternommen worden war. Halifax unternahm nicht die geringsten Anstrengungen, um von seinem Botschafter eine echte Demarche (direkte Demarche) zugunsten von Verhandlungen zu verlangen. Der Sekretär des Auswärtigen Amtes informierte jedoch die britischen Botschaften über seinen Dialog mit Kennard, und es entstand ein Zustand der Verwirrung, da sich das Gerücht verbreitete, London übe Druck auf die Polen aus. Bezeichnend für die mangelnde Strenge und Ernsthaftigkeit des Vorgehens von Halifax und Kennard ist, dass das Außenministerium Sir Eric Phipps nicht einmal anwies, Bonnet über die britische „Demarche" in Warschau zu informieren. Hätte er dies getan, hätte der französische Außenminister zweifellos die Gelegenheit ergriffen und Halifax aufgefordert, Druck auf die Polen auszuüben.

Im Gegensatz dazu informierte der schwedische Unterhändler Dahlerus als Beweis dafür, wie ernst die Deutschen die Möglichkeit nahmen, endlich ein Abkommen mit den Polen auszuhandeln, die Briten am Abend des 28. über die Grundzüge des Angebots, das sie Polen machen wollten (es sollte als „Marienwerder"-Vorschläge in die Geschichte eingehen). Göring war der Meinung, dass die Tatsache, dass die Briten wussten, dass Deutschland eine gemäßigte Position vertrat, die Verhandlungen erleichtern würde. Göring hatte sogar den Ort für die Verhandlungen ausgekundschaftet. Er hatte Dahlerus gebeten, den Briten mitzuteilen, dass er diese wichtige Konferenz in der Ostsee, in einiger Entfernung von der polnischen Küste, auf der Luxusyacht des schwedischen Industriellen Wenner-Gren, dem Vorsitzenden des Electrolux-Konzerns, abhalten wollte, der sie für diesen Anlass zur Verfügung gestellt hatte, um zu verhindern, dass die Polen Einwände gegen eine Reise nach Deutschland haben. Göring war zuversichtlich, dass diese Information über einen neutralen Verhandlungsort an die Polen weitergegeben werden würde, aber Halifax hielt sie nicht für interessant und gab an Kennard nur weiter, dass der SIS (Intelligence Service) über die militärischen Vorbereitungen der deutschen Armee berichtet hatte. Über Halifax' Haltung schreibt Hoggan: „Halifax wusste, dass die Betonung der militärischen Vorbereitungen, ganz zu schweigen von

Deutschlands Wunsch, mit Polen zu verhandeln, die größtmögliche Ermutigung für weitere drastische Maßnahmen sein würde, um die Kriegsgefahr zu erhöhen und die Chancen einer Verhandlungslösung zu verringern.

Am 28. um 17.00 Uhr flog Henderson schließlich mit der offiziellen britischen Antwort auf Hitlers Angebot nach Berlin. Vor seiner Abreise schickte er ein Telegramm, in dem er um ein möglichst baldiges Gespräch mit dem deutschen Bundeskanzler bat. Da er davon ausging, dass Hitler ihn unverzüglich vorladen würde, wies er darauf hin, dass er Zeit brauchen würde, um den Text in der britischen Botschaft ins Deutsche zu übersetzen. In dem offiziellen Vermerk heißt es, die britische Regierung habe zur Kenntnis genommen, dass Hitlers Angebot von einer Beilegung des deutsch-polnischen Konflikts abhängig sei. Die Briten bestanden darauf, dass jede Regelung von der internationalen Garantie einer Reihe von Mächten, darunter Deutschland und Polen, abhängig gemacht werden müsse. Halifax teilte Hitler mit, dass die polnische Regierung ihre Bereitschaft erklärt habe, direkt mit der deutschen Regierung zu verhandeln. Das Dokument erinnerte Hitler daran, dass ein deutsch-britischer Konflikt, der aus dem Scheitern einer Einigung resultiert, „die ganze Welt in einen Krieg stürzen könnte. Ein solches Ergebnis wäre ein Unglück ohnegleichen in der Geschichte". Mit anderen Worten: Die Briten gaben zu, dass sie versuchen würden, den Rest der Welt in den Konflikt zu verwickeln, obwohl sie wussten, dass dies die größte Katastrophe der Geschichte wäre. Es ist absolut verblüffend, dass Halifax die von ihm angekündigte Apokalypse abwenden konnte, indem er wirksamen Druck auf die polnische Regierung ausübte.

Um 22.30 Uhr rief Henderson Hitler an, um ihm mitzuteilen, dass er den übersetzten Text habe. Das Treffen fand in der Nacht vom 28. auf den 29. August statt und die Atmosphäre zwischen den beiden war sehr freundlich. Der deutsche Reichskanzler, der hofft, dass die Briten nicht die Tragödie wollen, die er selbst voraussieht, erläutert dem Botschafter die neuen Vorschläge, die er den Polen unterbreiten wird und über die die britische Führung von Dahlerus umfassend informiert worden ist. Hitler kündigt an, dass das Verhandlungsdokument am 29. erstellt werde und dass er noch am selben Tag auf die offizielle britische Note antworten werde. Henderson, der befürchtete, den Eindruck erweckt zu haben, dass er seine Antwort unverzüglich erwarte, teilte dem Kanzler mit, dass kein Grund zur Eile bestehe: „Wir brauchen zwei Tage", sagte er, „um die Note zu verfassen. Ich bin nicht in Eile." Daraufhin entgegnete Hitler mit äußerster Ernsthaftigkeit: „Ich aber schon." Nach dem Erhalt der britischen Note und dem Gespräch mit Henderson folgte ein Zwischenspiel des Optimismus und der Hoffnung, das durch die Ankündigung der Briten, die Polen zu neuen direkten Verhandlungen bewegt zu haben, voll und ganz gerechtfertigt zu sein schien, was, wie wir gesehen haben, nicht stimmte. Man kann argumentieren", schreibt Hoggan, an den wir uns erneut wenden, „dass Hitler und sein Gefolge äußerst naiv waren, wenn sie den Versprechungen aus London Glauben schenkten. Das war zweifellos richtig, aber Hitler sah einfach nicht klar, dass die Briten etwas davon hatten, wenn sie ein falsches Bild von der polnischen Lage zeichneten. In seiner Begeisterung für das britische Empire neigte Hitler dazu, den britischen

Führern mehr Kredit für Intelligenz und Integrität einzuräumen, als sie eigentlich verdienten."

Am 29. August 1939 herrscht in allen Ländern eine gewisse Aufbruchstimmung. Ribbentrop wendet sich an Attolico und teilt ihm mit, dass man nach dem Treffen zwischen Hitler und Henderson eine Einigung für möglich hält. Auch Außenminister Bonnet, obwohl Frankreich wie Polen seine Mobilisierung praktisch abgeschlossen hatte, wurde durch die Nachrichten aus Berlin ermutigt, die Hoffnungen auf den Erhalt des Friedens weckten. Nach einem Telefongespräch zwischen Ciano und Halifax erreicht die Hoffnung auch Rom. Mussolini schickte um 16.40 Uhr eine Nachricht an Hitler, in der er die britische Note vom Vortag als geeignete Grundlage für ein zufriedenstellendes Abkommen betrachtete. Auch Henderson war optimistisch, als er kurz nach Mittag Halifax zusätzliche Informationen über die neuen Vorschläge an die Polen übermittelte und ankündigte, dass die offizielle deutsche Antwort noch am selben Tag erfolgen würde. Henderson fügte hinzu, daß Göring gespannt auf Hinweise auf die Haltung Polens zu den neuen Verhandlungen warte und warnte London, daß Göring sich vor der Sturheit Warschaus hüte.

Im Laufe des Tages schwand der Optimismus, denn die Nachricht, auf die alle gewartet hatten, blieb aus. Der erste, der vermutete, dass etwas nicht stimmte, war Henderson selbst, der im Laufe des Tages auf einen Hinweis seiner Regierung gehofft hatte, dass die Polen zu Verhandlungen gedrängt worden waren. Der britische Botschafter wusste, dass die Enttäuschung groß sein würde, wenn Halifax in Warschau nicht tätig geworden wäre. Noch am Nachmittag des 29. beschloss er, London zu kontaktieren, um die Polen zu bitten, auf Verhandlungen mit Deutschland zu bestehen. Er betonte gegenüber dem Staatssekretär des Außenministeriums erneut, dass Hitler eine Verhandlungslösung jedem Krieg, auch einem lokalen Krieg, vorziehe. Wenige Minuten später rief Henderson ein zweites Mal an, um zu betonen, dass die Franzosen gebeten werden sollten, sich Großbritannien anzuschließen, um starken Druck auf Polen auszuüben. Henderson vermutete zu Recht, dass Halifax nicht die geringsten Anstrengungen unternommen hatte, um die französische Unterstützung zu erhalten, die er gerne angeboten hätte.

Kurz nach Hendersons zweitem Anruf, dessen Bitten von Halifax offensichtlich ignoriert wurden, traf in London ein Telegramm von Kennard ein. Der Botschafter wollte Halifax mitteilen, dass die polnische Regierung eine allgemeine Mobilisierung beschlossen hatte, die nach den militärischen Plänen nur im Kriegsfall angeordnet werden sollte. Der Architekt dieser polnischen Entscheidung, die den Krieg praktisch unausweichlich machte, war offensichtlich Halifax, der, anstatt Hitlers Wünsche nach Verhandlungen und Frieden zu übermitteln, die Polen darüber informiert hatte, dass die deutschen Streitkräfte in der Nacht vom 30. zum 31. August für Operationen gegen Polen in Stellung gehen würden. Halifax hatte Warschau nicht zu Verhandlungen gedrängt, sondern angedeutet, dass es sich auf eine Invasion vorbereiten sollte. Auch Kennard tätigte einen zweiten Anruf in London, der die Aussicht auf eine Mobilisierung etwas in den Hintergrund drängte: Gerüchte, wonach Polen zu Verhandlungen mit Deutschland aufgefordert werden sollte, hatten Beck erreicht, der sich entschlossen hatte, im Voraus anzukündigen, dass man sich weigern würde, dies zu tun. Beck erklärte Kennard gegenüber rundheraus, dass er zu keinerlei Zugeständnissen bereit sei und keinen Grund für Verhandlungen sehe. Er erklärte Kennard, dass er keinen der Vorschläge akzeptieren würde, die er bereits im März 1939 abgelehnt hatte. Halifax nahm dieses Kommuniqué mit Genugtuung auf und verzichtete, anstatt die von ihm erwartete Rolle zu spielen, für längere Zeit auf jeden weiteren Umgang mit Warschau. Der Außenminister wusste, dass Kennard die Unnachgiebigkeit Becks entschlossen unterstützen würde. Diese Tatsachen wurden in den europäischen Hauptstädten ignoriert, wo vorsichtiger Optimismus herrschte. Halifax ignorierte, obwohl er wusste, dass die Polen im Falle eines Krieges von vornherein dem Untergang geweiht waren, einen dritten Versuch Hendersons in Form eines Telegramms, in dem er darauf bestand, dass Polen unbedingt die Einladung Deutschlands zu Verhandlungen unverzüglich annehmen müsse.

Hitler seinerseits hatte den Text seiner Antwort an Großbritannien bereits fertiggestellt. Am späten Dienstagabend, dem 29. August, wurde Henderson von Hitler empfangen, der ihm um 19.15 Uhr die offizielle Note überreichte. Darin erkennt Deutschland an, dass der Streit mit Polen für die deutsch-britischen Beziehungen von entscheidender Bedeutung geworden ist, und bekräftigt seinen Wunsch nach einer friedlichen Lösung und seine Bereitschaft zu Verhandlungen. Hitler bittet die britische Regierung, Polen zu raten, am folgenden Tag, Mittwoch, dem 30. August, einen Abgesandten zu entsenden. Die Dringlichkeit wird aufgrund des Drucks der Ereignisse betont, und es wird berichtet, dass Deutschland die Ankunft des polnischen Vertreters bis spätestens Mitternacht des 30. August erwartet.

Wenige Minuten nach der Übergabe der Note an Henderson rief Dahlerus von Berlin aus im Auswärtigen Amt an, um zu bekräftigen, dass Hitler und Göring die britische Haltung gegenüber Deutschland, die sich aus der Note vom 28. August ergeben hatte, positiv beurteilten. Kurz nach dieser Kontaktaufnahme übermittelt Kennard London ein weiteres Kommuniqué: Obwohl Bonnet seinen Botschafter Noël angewiesen hatte, nachdrücklich gegen die allgemeine Mobilisierung zu protestieren, beabsichtigten die Polen, dies am nächsten Tag öffentlich bekannt zu geben, da diese Ereignisse nicht geheim gehalten werden könnten. Kennard erklärte Halifax unverblümt, dass er die Polen kaum zur Zurückhaltung auffordern könne, da er selbst die Entscheidung zur Mobilisierung durch Informationen über die deutschen Pläne veranlasst habe. Beck, nun in seiner Rolle als Kampfhahn, teilte Halifax über Kennard mit, dass nur eine ausdrückliche Erklärung Hitlers, in der er ankündigte, dass Deutschland Danzig ein für alle Mal aufgeben und nie wieder darauf bestehen würde, seine Verbindungen mit Ostpreußen durch den Korridor zu verbessern, die für 8.00 Uhr des nächsten Tages angesetzte Generalmobilmachung verhindern könne. Dennoch war Beck bereit, den vollständigen Text von Hitlers Antwort an Großbritannien entgegenzunehmen und zu studieren, trotz seiner Ankündigung, nicht mit Deutschland zu verhandeln.

Nach seinem Gespräch mit Hitler, das stürmisch verlief, da der Kanzler über die jüngsten Massengräuel gegen die deutsche Minderheit empört war, setzte sich Henderson sofort mit London in Verbindung und bat Halifax erneut, keine Mühen zu scheuen, um die Polen davon zu überzeugen, Verhandlungen zu den von Deutschland vorgelegten Bedingungen zu akzeptieren. Um 21.15 Uhr am 29. August erhielt das Außenministerium Hitlers Antwortschreiben. Die britische Regierung hatte also noch Zeit, mit Warschau Kontakt aufzunehmen, und die Polen konnten einen Bevollmächtigten nach Berlin schicken. Henderson versucht nicht zu leugnen, dass die deutsche Note den Beigeschmack eines Ultimatums hat, sondern berichtet, dass Hitler seine Bereitschaft bekundet hat, mit Stalin über die Möglichkeit einer internationalen Garantie für Polen zu sprechen. Als Beweis für diese Absichten setzte sich Ribbentrop am 29. vor Mitternacht mit dem sowjetischen Geschäftsträger Iwanow in Verbindung und teilte ihm mit, dass Deutschland eine Beteiligung der UdSSR an einer internationalen Regelung über Polen befürworten würde.

Henderson unternimmt alles in seiner Macht Stehende, um das von ihm befürchtete schreckliche Ergebnis zu verhindern. Zunächst nimmt er Kontakt zu seinem französischen Kollegen in Berlin, Coulondre, auf, den er schnell davon überzeugt, dass Hitlers Plan unterstützenswert ist. Coulondre setzt sich mit seinen Vorgesetzten in Paris in Verbindung und drängt darauf, dass Polen mit größtem Druck rechtzeitig einen Abgesandten nach Berlin schickt. Nach Mitternacht des 29. August traf der britische Botschafter, wiederum auf eigene Faust und ohne auf Anweisungen aus London zu warten, mit seinem polnischen Kollegen in Berlin, Lipski, zusammen, dem er seine Überzeugung mitteilte, dass Polen einen Bevollmächtigten nach Deutschland entsenden könne und solle. Der polnische Botschafter informierte Beck umgehend über die Demarche Hendersons, und der polnische Außenminister wiederum rief sofort Kennard an. Kurz nach Mitternacht des 29. übermittelte Halifax seinem Botschafter in Warschau den vollständigen Wortlaut von Hitlers Antwort und bemerkte lediglich, dass damit „nicht alle Türen geschlossen zu sein schienen", woraufhin Kennard Beck mitteilte, er habe keine weiteren Anweisungen aus London erhalten, und vorschlug, die Nacht in Erwartung einer weiteren Kontaktaufnahme durch Halifax am nächsten Tag verstreichen zu lassen.

In den frühen Morgenstunden des 30. August übermittelte Neville Henderson Lord Halifax wertvolle Informationen, die dazu dienen sollten, die Polen von der Notwendigkeit von Verhandlungen zu überzeugen. Der Botschafter bestand darauf, dass Birger Dahlerus jederzeit bereit war, nach London zu fliegen. Der schwedische Vermittler wurde angewiesen, den Briten mitzuteilen, dass der 30. August um Mitternacht keine Frist für die Ankunft des polnischen Bevollmächtigten sei und dass Berlin nicht unbedingt der Ort für das Treffen sei. Henderson erinnerte Halifax daran, dass die Möglichkeit, die Konferenz auf der Jacht des schwedischen Industriellen vor der Küste Polens abzuhalten, nach wie vor offen sei. In den frühen Morgenstunden des 30. Juni war ein Frieden also noch möglich, da die Deutschen davon ausgingen, dass Großbritannien Druck auf Polen ausüben würde. Die Naziführer wussten jedoch nicht, dass Halifax die Polen zu keinem Zeitpunkt ernsthaft um Verhandlungen gebeten hatte, so dass die Polen sich weiterhin standhaft weigerten, diese zu akzeptieren. Sie wussten auch nicht, dass der Außenminister die allgemeine

Mobilisierung in Polen unterstützt hatte und dass der britische Botschafter in Warschau den Polen geraten hatte, nicht mit Deutschland zu verhandeln. Mehrere Tage lang hatte die britische Regierung den falschen Eindruck erweckt, dass sie direkte Verhandlungen zwischen Polen und Deutschland befürwortete, während sie in Wirklichkeit die bevorzugte Taktik ihrer diplomatischen Tradition anwandte: unverhohlene Doppelzüngigkeit.

Letzte Versuche, den Einmarsch in Polen zu verhindern

Für Botschafter Henderson hatte der schicksalhafte 30. Tag um vier Uhr morgens begonnen, als er ein Telegramm aus Halifax erhielt, das am Vortag um 22.25 Uhr abgeschickt worden war. Darin wurde ihm mitgeteilt, dass die deutsche Note in Erwägung gezogen werde, dass aber von der britischen Regierung nicht zu erwarten sei, dass sie innerhalb von vierundzwanzig Stunden einen polnischen Bevollmächtigten nach Berlin schicken könne. Er wurde gebeten, die Reichsbehörden zu warnen. Eine Stunde später, um 5 Uhr morgens, verließ Dahlerus den Flughafen Tempelhof in Richtung London, wo er um 8.30 Uhr eintraf, kurz nachdem Halifax die Bestätigung erhalten hatte, dass die Polen mit der allgemeinen Mobilisierung fortfahren würden. Der schwedische Gesandte erläutert Chamberlain und Halifax minutiös Hitlers Vorschläge, die im Gegensatz zu denen vom 24. Oktober 1938 den Korridor nicht mehr einfach an Polen abtreten, sondern ein Plebiszit vorsehen. Um 12.30 Uhr rief Dahlerus Göring an, um ihm mitzuteilen, dass die Briten der Meinung seien, dass Hitler mit seinem Plan zu viel Druck auf die Polen ausübe. Dahlerus fragte Göring, ob es nicht möglich wäre, dass Lipski den Vorschlag entgegennimmt und nach Warschau bringt. Göring wagte es nicht, diese Idee ohne die Erlaubnis des Führers zu unterstützen, und bat daher um etwas Zeit, um sie mit dem deutschen Kanzler zu besprechen. Um 13.15 Uhr wandte sich Marschall Göring erneut an Dahlerus und teilte ihm mit, dass Hitler den Plan, die Vorschläge Lipski zu übergeben, damit dieser sie in Warschau vorstellt, ablehnt, da dies kein Zeichen dafür sei, dass Polen die Verhandlungen akzeptiert. Es gehe nicht darum, eine bedingungslose Annahme der Vorschläge zu verlangen, sondern sie als Verhandlungsgrundlage zu nutzen. Hitler war bereit zu akzeptieren, dass sich ein Sondergesandter auf die Suche nach den Vorschlägen machen sollte, sofern dies die Annahme der Vorschläge als Verhandlungsgrundlage implizierte. Um 15.00 Uhr rief Dahlerus erneut an, um mitzuteilen, dass den Briten Hitlers neuer Plan nicht gefalle und sie darauf bestünden, dass der polnische Botschafter mit den Vorschlägen von nach Warschau reisen dürfe. Der zentrale Gedanke, dass die Polen zumindest eine gewisse Verhandlungsbereitschaft zeigen sollten, wurde somit ignoriert. Göring weigerte sich wütend, die Konsultation mit Hitler zu wiederholen, und bestand auf dem Vorschlag des Führers.

Bereits am Nachmittag teilte Halifax Kennard vage mit, dass die Polen zur Aufnahme von Verhandlungen ermutigt werden sollten, teilte ihm aber ausdrücklich mit, dass Großbritannien von Beck niemals die Vorlage formeller Vorschläge für eine Einigung mit Deutschland verlangen würde. Hoggan stellt fest: „Zehn Tage zuvor hatten die Briten Polen gedrängt, das Eindringen sowjetischer Truppen in ihr Gebiet zu akzeptieren; sie weigerten sich jedoch, Druck auf die Polen auszuüben, damit diese wieder direkte Verhandlungen mit Deutschland aufnehmen. Dies erscheint besonders grotesk, wenn man bedenkt, dass die Polen die Sowjetunion als ihren Hauptfeind betrachteten und dass Halifax Deutschland versichert hatte, dass Polen zur Wiederaufnahme von Verhandlungen bereit sei." Halifax' wichtigstes Anliegen war es, Deutschland die Schuld an einem eventuellen Konflikt mit Polen zu geben, und so bat er Kennard, Beck mitzuteilen, er solle grundsätzlich direkten Verhandlungen mit den Deutschen zustimmen, denn „sie sollten keine Gelegenheit erhalten, Polen die Schuld an dem Konflikt zu geben." Diese Anweisungen machen deutlich, dass Halifax eine friedliche Beilegung der Krise nie ernsthaft in Erwägung zog.

Am 30. August um 17.30 Uhr teilt Henderson Ribbentrop mit, dass er eine Nachricht von Chamberlain an Hitler erhalten habe. Der britische Premierminister wollte dem deutschen Kanzler mitteilen, dass die offizielle Antwort auf die deutsche Note vom 29. August vor Mitternacht in Berlin eintreffen würde. Botschafter Kennedy schrieb in einem Bericht an Roosevelt vom selben Tag, dem 30. August, dass Chamberlain sich hartnäckig weigerte, zuzugeben, dass Großbritannien den Polen raten könnte, Deutschland einige Zugeständnisse zu machen. Chamberlain gab Kennedy gegenüber zu, dass die Polen und nicht die Deutschen unvernünftig seien. Die genauen Worte Kennedys lauteten: „Chamberlain macht sich offen gesagt mehr Sorgen darum, die Polen zur Vernunft zu bringen, als darum, die Deutschen zur Vernunft zu bringen". Hoggan findet Chamberlains Demonstration der Ohnmacht erbärmlich.

Andererseits ist die Position der UdSSR in diesen Stunden höchster Anspannung von Ungewissheit geprägt, denn die Kommunisten befürchten, dass die diplomatischen Bemühungen Deutschlands erfolgreich sein könnten, was einen deutsch-polnischen Krieg verhindern und ihre Pläne zur Westexpansion unmöglich machen würde. Die Nachrichtenagentur Tass, die sowjetische Presse und der Rundfunk geben am Abend des 30. August bekannt, dass die Sowjetunion ihre Streitkräfte entlang der polnischen Grenze aufstellt. Diese Ankündigung, die noch vor dem Bekanntwerden der allgemeinen Mobilmachung in Polen in Moskau erfolgte, sollte die Deutschen offenbar zu einer härteren Gangart gegenüber den Polen bewegen.

Die Tatsache, dass der britische Premierminister insgeheim zugab, dass es die Polen waren, die unnachgiebig waren, rechtfertigte Henderson, den von Chamberlain ernannten Botschafter, der die Beschwichtigungspolitik unterstützen sollte, in seinen Bemühungen um den Frieden. Henderson erfuhr von Halifax, dass Dahlerus am Abend des 30. von London nach Berlin fliegen würde. Der Botschafter nutzte die Gelegenheit, um seinem Vorgesetzten noch einmal anzumerken, dass die Gräueltaten gegen Deutsche in Polen zunähmen und dies ein enormer Risikofaktor in der prekären Situation sei. Henderson deutete an, dass Pius XII. bereit wäre, spezielle Nuntien einzusetzen, um für die deutsche Minderheit zu intervenieren; Halifax wies diesen Vorschlag des Botschafters jedoch zurück, der die Haltung Großbritanniens zu den Barbareien der Polen gegen die Deutschen zutiefst bedauerte. Um 18.50 Uhr desselben Tages, des 30. August, schickte Halifax eine dringende Anweisung an

Henderson. Darin findet sich die Antwort auf die deutsche Note vom Vortag: Die britische Führung lehnt den Vorschlag Hitlers, den Polen zu raten, einen Bevollmächtigten zu direkten Verhandlungen nach Berlin zu schicken, rundweg ab. Halifax bezeichnete den deutschen Vorschlag als „völlig inakzeptabel". Botschafter Henderson sollte daher den deutschen Behörden mitteilen, dass Großbritannien der polnischen Regierung nicht raten würde, sich Hitlers Plan anzuschließen.

Kurz vor Mitternacht am 30. August empfängt Ribbentrop Henderson, der ihm die britische Antwort übergibt, die mit folgenden Worten beginnt: „Die Regierung Seiner Majestät wiederholt, dass die Wünsche der deutschen Regierung nach einer Verbesserung der Beziehungen auf Gegenseitigkeit beruhen, aber es muss anerkannt werden, dass sie nicht die Interessen anderer Freunde opfern kann, um diese Verbesserung zu erreichen. Die Note zeigte kein Interesse daran, die Polen zu Verhandlungen zu bewegen. Nachdem er den Text aufmerksam gelesen hatte, teilte der deutsche Außenminister Henderson bestürzt mit, dass man Vorschläge für ein diplomatisches Abkommen vorbereitet habe, die man dem erwarteten polnischen Bevollmächtigten vorlegen wolle. Ribbentrop, der immer angespannter wurde, las langsam die sechzehn Punkte der Marienwerder-Vorschläge vor und erläuterte jeden einzelnen davon im Detail. Er forderte die Rückgabe Danzigs an das Reich auf der Grundlage der Selbstbestimmung und sah vor, nach einer Übergangsfrist von zwölf Monaten ab dem Abkommen eine Volksabstimmung im nördlichen Teil des Korridors, von westlich von Marienwerder in Ostpreußen bis Schönlanke in Pommern, durchzuführen. Ribbentrop, der Englisch sprach, verlas auf Deutsch, da Henderson den Minister gebeten hatte, sich bei seinen Gesprächen seiner eigenen Sprache zu bedienen.

Der Dolmetscher Paul Schmidt, der anwesend war, um eventuelle Missverständnisse auszuräumen, war überrascht, als Henderson um eine Kopie der Vorschläge bat und Ribbentrop mit einem schwachen Lächeln antwortete: „Nein, ich kann Ihnen diese Vorschläge nicht geben. Hitler hatte den Minister angewiesen, dem Botschafter die Vorschläge nur dann auszuhändigen, wenn die Briten irgendeinen Hinweis auf eine Verhandlungsbereitschaft der Polen geben würden. Henderson, der verblüfft war, dachte, er habe das falsch verstanden, und wiederholte die Bitte: „Auf jeden Fall", antwortete Ribbentrop verärgert, „liegt das alles hinter uns, da es bereits nach Mitternacht ist und sich kein polnischer Unterhändler gemeldet hat." Entrüstet stellte Henderson fest: „Das ist also ein Ultimatum". Damit endete das Gespräch, und der britische Botschafter zog sich schweigend zurück, in der Überzeugung, dass die letzte Chance auf Frieden verspielt war.

Göring erfuhr von dem abrupten Ende des Treffens zwischen Ribbentrop und Henderson in Begleitung von Dahlerus, der gerade aus London zurückgekehrt war. Beunruhigt geht er sofort zu Hitler und bittet ihn, den Text der Vorschläge an Henderson zu übergeben. Der Führer stimmte zu. Am Morgen des 31. um 1 Uhr rief Dahlerus in der britischen Botschaft an und las Ogilvie-Forbes die Vorschläge am Telefon vor, doch als der Geschäftsträger den Botschafter aufsuchte, um ihm den Text zu übergeben, stellte er fest, dass

Henderson ohne ein Wort zu sagen gegangen war. Ogilvie-Forbes konnte die Notiz nur auf dem Tisch in seinem Büro liegen lassen. Botschafter Henderson war trotz des stürmischen Treffens mit dem deutschen Außenminister zum Haus des polnischen Botschafters gegangen und hatte ihn gebeten, seiner Regierung ein Treffen zwischen Göring und Ridz-Smigly, dem Marschall, der als Regierungschef fungierte, vorzuschlagen. Nachdem er Ribbentrops Stimmung erfahren hatte, erlaubte sich Henderson hinzuzufügen, dass jegliche Verhandlungen unter der Ägide des deutschen Außenministers wenig Aussicht auf Erfolg hätten. Henderson bittet Lipski, die Vorschläge bei der deutschen Regierung einzufordern und sie Warschau zu übergeben; der Botschafter lässt ihn jedoch wissen, dass seine Demarche nicht zu Gunsten Warschaus ausfalle und dass er diesen Schritt nicht ohne Anweisungen von Beck unternehmen könne.

Um 9.15 Uhr am Morgen des 31. August kabelte Henderson an Halifax, dass Deutschland Polen den Krieg erklären würde, wenn in den nächsten Stunden nichts geschehe. Nach dieser verzweifelten Warnung ging im Außenministerium ein Telegramm von Kennard ein, der seine Genugtuung darüber zum Ausdruck brachte, dass Großbritannien es abgelehnt hatte, Polen zu Verhandlungen mit Deutschland zu drängen. Beck hatte dem britischen Botschafter mitgeteilt, dass er ein Konsultationstreffen mit der polnischen Regierung abhalte und dass bis zum Mittag eine Art Erklärung nach London geschickt werden würde. Kennard versicherte dem Außenminister, dass Beck nichts unternehmen werde, um eine Vereinbarung mit den Deutschen zu erreichen.

Dahlerus, Henderson und Ogilvie-Forbes melden sich um 10.00 Uhr in der polnischen Botschaft in Berlin. Der schwedische Gesandte, den Henderson angerufen hatte, nachdem er die Notiz in seinem Büro gefunden hatte, hatte eine Kopie der Vorschläge dabei und las sie Lipski auf Deutsch vor. Dahlerus hatte den Eindruck, dass der polnische Botschafter die Bedeutung der Vorschläge nicht erkannte. In der Zwischenzeit rief Henderson im deutschen Außenministerium an und teilte Weizsäcker mit, dass er Botschafter Lipski rät, mit Deutschland zu verhandeln. Botschafter Henderson versuchte erneut, seinem Kollegen klarzumachen, dass die Vorschläge eine gute Grundlage für die Aufnahme von Verhandlungen seien, die eine Einigung zwischen Polen und Deutschland ermöglichen würden. Henderson sagte ihm, dass es immer noch möglich sein könnte, die Dinge wieder ins Lot zu bringen, wenn er sich bereit erklärte, die Vorschläge anzunehmen. Lipski machte sich keine Hoffnungen, da er seit März 1939, als Ribbentrop ihn von der Notwendigkeit von Verhandlungen auf der Grundlage der Vorschläge vom Oktober 1938 überzeugt hatte, seinen Einfluss in Warschau verloren hatte. Schließlich erklärte Lipski dem britischen Botschafter, dass er keinen Grund habe, mit der deutschen Regierung zu verhandeln, da er wisse, dass im Falle eines Krieges eine Revolution in Deutschland ausbrechen und auf Berlin marschieren würde. Henderson stellte daraufhin betrübt fest, dass es keinen Sinn hatte, die Angelegenheit mit dem polnischen Botschafter weiter zu erörtern.

Auch die Italiener, die über die oben beschriebenen Ereignisse nicht informiert waren, versuchten erneut, bei der britischen Regierung vorstellig zu werden. Attolico rief am 31. um 11.30 Uhr bei Weizsäcker an, um den deutschen Führern mitzuteilen, dass Mussolini London geraten habe, Druck auf Polen auszuüben, um die Rückkehr Dänzigs nach Deutschland zu akzeptieren. Nach dem Kontakt mit London hatte der Duce den Eindruck gehabt, dass die Polen zu Verhandlungen bereit waren. Vom deutschen Botschafter Mackensen erfuhr er bald, dass die Situation nicht so war, wie er sie sich vorgestellt hatte. Nachdem er von den Marienwerder-Vorschlägen erfahren hatte, die an die deutsche Botschaft in Rom geschickt worden waren, beauftragte Mussolini Attolico, der am Nachmittag Ribbentrop besuchte, der deutschen Führung zu raten, Lipski als letztes Mittel für eine Kontaktaufnahme zu empfangen.

Was die Franzosen betrifft, die für Halifax eine wichtige Rolle spielen, so versucht Bonnet immer noch zu verhindern, dass Frankreich in einen aufgezwungenen Krieg hineingezogen wird, den er für absolut unnötig hält. Der französische Außenminister hält die Verzögerungstaktik Polens für ungerechtfertigt und unerklärlich. Bonnet drängt Halifax, dass Frankreich und Großbritannien den Polen zu verstehen geben, dass sie etwas tun müssen, um einen europäischen Krieg zu vermeiden. Der Außenminister hatte wenig Interesse an der Wahrung des Friedens in Europa, konnte sich aber dem Appell des französischen Ministers gegenüber nicht taub stellen. Daher beschließt er, eine Geste zu machen, um sein Gesicht zu wahren. Von Kennard vorab darüber informiert, dass Beck sich offiziell für die britische Entscheidung bedankt hatte, in keiner Weise auf die deutschen Vorschläge einzugehen, beschloss Halifax, den britischen Botschafter anzuweisen, in Begleitung seines französischen Kollegen, Botschafter Noël, Beck zu bitten, die Deutschen von seiner Bereitschaft zu direkten Verhandlungen in Kenntnis zu setzen. Am Nachmittag des 31. rufen die beiden Botschafter den polnischen Außenminister an und bitten ihn, Lipski zu ermächtigen, die deutschen Vorschläge entgegenzunehmen und nach Warschau zu bringen.

Beck hatte zuvor genaue Anweisungen an Botschafter Lipski geschickt, keine Vorschläge anzunehmen und keine Verhandlungen mit der deutschen Regierung aufzunehmen. Das Telegramm wurde von den Telegramm-Entschlüsselungs- und Nachrichtenüberwachungsdiensten des Reiches abgefangen und entschlüsselt. Der Text, den Dahlerus in seiner Aussage vor dem Nürnberger Tribunal zitierte, lautet: „Lassen Sie sich unter keinen Umständen in technische Diskussionen verwickeln. Wenn die Reichsregierung Ihnen mündliche oder schriftliche Vorschläge unterbreitet, werden Sie erklären, dass Sie absolut nicht befugt sind, diese Vorschläge entgegenzunehmen oder zu erörtern, dass Sie nur befugt sind, sie an Ihre Regierung weiterzuleiten und um weitere Anweisungen zu bitten". Vor dem Nürnberger Tribunal berichtete Dahlerus, dass Göring nach Erhalt des Telegrammtextes erkannte, dass es keine Hoffnung mehr gab, wenn nicht eine Änderung der Haltung der Polen herbeigeführt werden konnte. Dahlerus erklärte, Marschall Göring habe ihm das Telegramm gezeigt und sogar erwogen, es den Briten zu zeigen, obwohl Deutschland den polnischen diplomatischen Code kannte.

Die anglo-französische Demarche brachte Beck nicht aus der Fassung, denn er wusste, dass die Briten den Schritt mit Frankreich nur als Formalität akzeptiert hatten. Schwieriger war für ihn die Annäherung des päpstlichen Nuntius Filippo Cortesi, der Beck im Namen von Pius XII. dazu drängte, Verhandlungen mit Deutschland auf der Grundlage der im Vatikan bereits bekannten Marienwerder-Vorschläge zu akzeptieren. Beck selbst gab später zu, dass ihn kein Ereignis in der Endphase der Krise so sehr irritierte wie die Beharrlichkeit des Papstes bei seinen Versuchen, ihn zu Verhandlungen zu bewegen. Die Szene zwischen Cortesi und Beck ist als äußerst angespannt überliefert. Der polnische Außenminister beschuldigte den Nuntius sogar, für die Deutschen zu arbeiten, und warnte ihn, Pius XII. wolle, dass er vor Deutschland kapituliere. Cortesi tat das, was Großbritannien hätte tun sollen, wenn es wirklich beabsichtigt hätte, Druck auf die polnische Regierung auszuüben, um einen Krieg zu vermeiden; die Tatsache, dass Polen streng katholisch war, was dem Land besondere Aufmerksamkeit seitens des Vatikans einbrachte, trug jedoch nicht zum Erfolg von Cortesis Mission bei.

Das Ziel von Pius XII. war es, Polen vor der Katastrophe zu bewahren, auf die das Land aufgrund der unberechenbaren Entscheidungen seiner Führer zusteuerte. Giovani Pacelli war im März 1939 vom Kardinalskollegium zum Papst gewählt worden. Seine große diplomatische Erfahrung war für seine Wahl ausschlaggebend gewesen. Wie wir uns erinnern werden, war Pacelli 1919 in München, wo er mit vorgehaltener Waffe zu dem Juden Max Levien geführt wurde, der die Stadt regierte. Dort erlebte er die kommunistische Diktatur in der Sowjetrepublik Bayern, die von jüdischen Revolutionären, die Trotzki und Lenin nahe standen, durchgesetzt wurde. Pius XII. hatte seine Friedensbemühungen im Mai 1939 begonnen, als er erkannte, dass die Briten beabsichtigten, Polen als Spielball im Krieg gegen Deutschland zu opfern. Schon damals schlug der Papst eine internationale Konferenz vor, die Beck jedoch ablehnte. Am 24. August hatte Pius XII. an die Welt appelliert, keinen Krieg um Danzig zu beginnen. Am 31. August rief er in seiner Verzweiflung die Vertreter Großbritanniens, Frankreichs, Italiens, Polens und Deutschlands zu einer Audienz zusammen. Dr. Kazimierz Papee, der polnische Diplomat im Vatikan, konnte dem Papst nicht versichern, dass Polen mit Deutschland verhandeln würde. In der begründeten Befürchtung, dass Beck sich weigern würde zu verhandeln, beschloss Pius XII. den Nuntius Cortesi zu beauftragen, sich an den polnischen Außenminister zu wenden.

Zu den letzten Bemühungen, den Frieden zu erhalten, gehört auch die Vermittlung Italiens, die von Bonnet unterstützt wird. Um 11.00 Uhr am Vormittag des 31. ruft Graf Ciano, der durch den Ernst der Lage alarmiert ist, Halifax an und bittet ihn, die Polen von der Notwendigkeit von Verhandlungen zu überzeugen, und verspricht, dass Mussolini seinen Einfluss bei Hitler geltend machen wird, um ihn in Geduld zu halten. François-Poncet, der französische Botschafter in Italien, setzte sich am Mittag mit Minister Bonnet in Verbindung, um ihm mitzuteilen, dass Mussolini der Ansicht sei, dass alle anderen Fragen ohne Druck geregelt werden könnten, wenn die Polen der Rückgabe Danzigs an Deutschland zustimmten. Der französische Außenminister wurde durch die

Worte seines Botschafters in Rom ermutigt und beschloss, seine letzte Karte für den Frieden auszuspielen, indem er die italienischen Bemühungen unterstützte, die eine diplomatische Konferenz forderten.

Der italienische Botschafter in Paris, Raffaele Guariglia, der sich sehr gut mit Bonnet verstand, teilte Ciano mit, dass Frankreich Italiens Vermittlung voll und ganz unterstütze. Guariglia, ein angesehener Karrierediplomat, dessen Ernennung zum Botschafter im November 1938 in Paris mit Begeisterung aufgenommen worden war, war ein scharfsinniger Beobachter, der die kriegstreiberischen Aktivitäten des amerikanischen Botschafters Bullitt bedauerte. Der italienische Diplomat war davon überzeugt, dass Roosevelt und Bullitt mit ihrer Kampagne zur Entfesselung eines Krieges in Europa die Interessen der Sowjetunion verfolgten. Der Botschafter glaubt, dass Halifax blind ist und in seiner Absicht, Deutschland zu vernichten, die wahren Interessen Großbritanniens außer Acht lässt. Guariglia weiß, dass die Briten Polen keine unmittelbare Hilfe anbieten können, und bedauert, dass die Polen aufgrund ihrer Illusionen über ihre künftige Größe nicht in der Lage sind, die Tragweite des Ribbentrop-Molotow-Pakts vom 23. August 1939 zu erkennen. Botschafter Guariglia versteht, dass Frankreich Schwierigkeiten hat, sich aus der britischen Umklammerung zu befreien, und hofft, dass Ciano die französische Führung von der Notwendigkeit einer von Großbritannien unabhängigen Außenpolitik überzeugen kann.

Letztendlich versuchten Italien, Frankreich, der Vatikan und Deutschland, den Polen ein für alle Mal klarzumachen, dass Danzig, eine von Deutschen bewohnte Stadt, die nicht einmal zu Polen gehörte, keinen europäischen Krieg verdiente. Leider ignorierte das Auswärtige Amt alle Aufrufe an Großbritannien, sich dem Ruf nach Frieden anzuschließen. Im Gegensatz dazu waren Halifax und die britischen Bauern, die im Interesse der verborgenen Macht arbeiteten, die den Krieg vorantrieb, zunehmend empört über die Hartnäckigkeit, mit der die europäischen Politiker einen Konflikt vermeiden wollten. Halifax war so sehr darauf bedacht, Verhandlungen zu vermeiden, dass er Botschafter Henderson heftig rügte, weil er Dahlerus das Botschaftstelefon in Berlin überlassen hatte, um in London Lobbyarbeit zu leisten, und seine Initiative gegenüber Botschafter Lipski desavouierte. Halifax machte Henderson klar, dass er die deutschen Vorschläge als Verhandlungsgrundlage ablehnte und warnte ihn, dass er und Dahlerus „eine obstruktive Haltung gegenüber der polnischen Regierung" einnähmen.

In seinem Bestreben, die Invasion Polens zu beschleunigen, bedauerte Halifax sogar, dass er Kennard angewiesen hatte, gemeinsam mit Noël Beck zu bitten, Lipski die Genehmigung für den Erhalt der Vorschläge zu erteilen, was eine kleine Geste war, die keine Verhandlungen beinhaltete. Laut David L. Hoggan ging Kennard so weit, dem polnischen Außenminister privat zu versichern, dass Großbritannien nicht wolle, dass Lipski die deutschen Vorschläge erhalte, und dass die anglo-französische Demarche durch die Notwendigkeit einer Beschwichtigungsgeste gegenüber Frankreich ausgelöst worden sei. In Wirklichkeit war Kennard, dessen größte Sorge darin bestand, dass eine Demarche in letzter Minute die gesamten Kriegsanstrengungen zunichte machen könnte, nicht darüber informiert, dass Beck die Marienweder-Vorschläge Stunden zuvor erhalten hatte.

Hitler, der seit Tagen wütend die ständigen Provokationen der Deutschen in Polen ertrug, hatte bereits um 12.40 Uhr den Angriff für den 1. September befohlen; es bestand jedoch noch die Möglichkeit, die Operation abzusagen, sofern der Befehl vor 21.30 Uhr des 31. erteilt wurde, da der Einmarsch im Morgengrauen erfolgen sollte. Der Befehlstext war mit folgenden Worten überschrieben: „Nachdem nun alle Möglichkeiten ausgeschöpft sind, die für Deutschland unerträgliche Lage an der Ostgrenze friedlich zu beenden, habe ich mich für eine gewaltsame Lösung entschieden". Trotz der offensichtlichen Gefahr, dass Großbritannien und Frankreich Deutschland nach monatelanger Aggression und grausamer Verfolgung der Deutschen den Krieg erklären würden, beschloss Hitler, der seinen Generälen schon seit Tagen erklärt hatte, dass er weiterhin auf eine positive Geste der polnischen Behörden warten würde, in Polen zu intervenieren.

Am Abend des 31. August erhält das Auswärtige Amt von Göring eine Kopie der Anweisung Becks an seinen Botschafter in Berlin, nicht zu verhandeln. Trotzdem empfing Ribbentrop am Abend des 31. August um 18.30 Uhr Lipski. Fünfzehn Minuten zuvor, um 18.15 Uhr, hatte Kennard Halifax mitgeteilt, dass Lipski mit Ribbentrop zusammentreffen würde, obwohl dem Botschafter verboten worden war, Gespräche zu führen und vor allem irgendwelche Vorschläge entgegenzunehmen. Lipski las dem deutschen Minister den Inhalt einer Note von Beck vor, in der dieser berichtete, dass Polen soeben von den jüngsten Gesprächen zwischen Großbritannien und Deutschland erfahren habe, die am 23. August begonnen hätten. In der Note hieß es, dass die Haltung der polnischen Regierung zu möglichen Verhandlungen zwischen Polen und Deutschland noch nicht feststehe, aber grundsätzlich positiv sei. Schließlich wurde der deutschen Regierung mitgeteilt, daß die polnische Regierung die britische Regierung in Kürze über ihre Haltung zu solchen Verhandlungen informieren werde. Beck war nicht in der Lage zu sagen, ob Polen tatsächlich zur Wiederaufnahme von Gesprächen mit Deutschland bereit war. Ribbentrop zeigte sich betrübt über die Doppelzüngigkeit und kalkulierte Zweideutigkeit der polnischen Note. Ribbentrop sagte daraufhin zu Lipski, er habe bis zum letzten Moment gehofft, dass er mit voller Verhandlungsvollmacht kommen würde. Der Botschafter entgegnete, er sei lediglich angewiesen worden, sich mit dem Außenministerium in Verbindung zu setzen und die Note vorzulegen. Er sei nicht befugt, irgendwelche Garantien zu geben oder Erklärungen abzugeben. Unter diesen Umständen wurde das Gespräch sofort beendet. Doch als er Lipski entließ, fragte Ribbentrop ihn, ob er persönlich glaube, dass seine Regierung die Entscheidung überdenken und ihm Verhandlungen ermöglichen könnte. Der polnische Diplomat wich der Frage aus und wiederholte, dass er keine Vollmachten erhalten habe.

Am 31. um 21.00 Uhr verbreitete der deutsche Rundfunk die Nachricht, dass Polen es abgelehnt hatte, die Vorschläge von Marienwerder zu berücksichtigen. Zwischen 21.00 und 22.00 Uhr berief Weizsäcker die diplomatischen Vertreter Frankreichs, Großbritanniens, Japans, der Vereinigten

Staaten und der UdSSR ein, um ihnen den Wortlaut der Vorschläge zu übermitteln, denen eine diplomatische Note beigefügt war, in der die jüngste deutsche Politik erläutert und betont wurde, dass Hitler zwei Tage lang vergeblich auf ein Zeichen gewartet hatte, dass Polen mit Deutschland verhandeln würde. Zwei Stunden später gab der polnische Rundfunk eine verzerrte Version des deutschen Angebots wieder und schloss mit den Worten: „Worte können die aggressiven Pläne der neuen Hunnen nicht mehr verbergen. Deutschland strebt nach der Vorherrschaft in Europa und setzt die Rechte der Nationen mit beispiellosem Zynismus außer Kraft. Dieser unverschämte Vorschlag zeigt deutlich, wie notwendig die von der polnischen Regierung erteilten militärischen Befehle waren". Die Bezeichnung „Hunnen" (Asiaten unklarer ethnischer Herkunft) für die Nazis wurde von dem Juden Léon Blum geprägt, der Hitler als „mechanisierten Attila" bezeichnet hatte. Später, am 7. Juni 1940, nachdem Hitler unverständlicherweise die Evakuierung des britischen Expeditionskorps in Dünkirchen zugelassen hatte, benutzte Churchill in einer Radiobotschaft dasselbe Epitheton und sprach von der Notwendigkeit, „den mechanisierten Attila zu vernichten".

Von einem lokalen Krieg zum Zweiten Weltkrieg

Die Operation „Weiß" beginnt: Am Freitag, dem 1. September, beginnen die deutschen Truppen kurz vor fünf Uhr morgens mit dem Einmarsch. Dreiundfünfzig Divisionen von Hitlers 120 griffen in einem unaufhaltsamen Vorstoß an, und drei Stunden später brach die polnische Front überall zusammen. Die Luftwaffe begann mit dem Beschuss von Munitionsdepots, Flugplätzen, Bahnhöfen, Eisenbahn- und Kommunikationsknotenpunkten und anderen militärisch interessanten Zielen, darunter auch polnische Flugzeuge, die in den ersten 36 Stunden fast vollständig zerstört werden sollten. Um 8.00 Uhr morgens verkündete der Danziger Senat unter unbeschreiblicher Begeisterung in der Stadt die Wiedereingliederung Danzigs in das Reich. Um 10.10 Uhr hielt Hitler vor dem Reichstag eine Rede, in der er die Abgeordneten daran erinnerte, dass Danzig „deutsch war und ist". Dasselbe sagt er über den Korridor, den er um des Friedens und der Zusammenarbeit willen zugunsten Polens aufgeben bereit war, so wie er Elsass-Lothringen und Südtirol aufgegeben hatte.

Aber es sind die politischen und diplomatischen Aktivitäten, die uns interessieren, denn sie zeigen, dass die europäischen Länder, mit Ausnahme Großbritanniens, keinen Krieg wollten. Der Außenminister Lord Halifax hatte es wieder einmal in der Hand, einen im Prinzip lokal begrenzten Krieg fast sofort zu beenden, aber seine gesamte Tätigkeit zielte vorhersehbar darauf ab, die Eskalation zu provozieren, die den Zweiten Weltkrieg auslösen sollte. Als Neville Henderson im deutschen Rundfunk hörte, dass die Marienwerder-Vorschläge abgelehnt worden waren, wandte er sich an Halifax, um seine Überzeugung zum Ausdruck zu bringen, dass Beck einen Fehler gemacht hatte, da sie eine gute Verhandlungsgrundlage darstellten. Halifax selbst hatte Kennard gegenüber seine Besorgnis über die Weigerung Polens, die Vorschläge anzunehmen, zugegeben, obwohl der Grund für seine Bestürzung ein ganz anderer war: Er befürchtete, dass dies „von der Weltöffentlichkeit falsch interpretiert werden könnte". Henderson bemerkte sarkastisch, dass die Vorschläge für Warschau praktisch identisch mit denen vom Oktober 1938 seien, da die Polen ganz entschieden behauptet hätten, dass „90% des Korridors seit Anbeginn der Welt polnisch" seien, so dass ihnen der Sieg bei der Volksabstimmung sicher gewesen sei.

Am 1. September weist Henderson die Propagandisten zurück, die mit der Unmoral des nationalsozialistischen Regimes die britische Intervention im Krieg rechtfertigen: Er hält einen ideologischen Kreuzzug gegen Deutschland in einer vom Kommunismus bedrohten Welt für lächerlich. Wie aus seinen Schriften in zahlreichen Depeschen hervorgeht, bestreitet Henderson auch das Argument des Gleichgewichts der Kräfte in Europa als Alibi für einen Krieg, den er für „völlig ungerechtfertigt" hält. Offensichtlich konnte Henderson nicht entgehen, dass Judäa im März 1933 Deutschland offen den „Heiligen Krieg" erklärt hatte. Erinnern wir uns daran, dass die jüdische Zeitung *Natscha Retsch*, die in Kapitel 8 zitiert wird, 1933 die Ziele des internationalen Judentums mit folgenden Worten verkündet hatte: „... der Krieg gegen Deutschland wird unsere Interessen ideologisch fördern und beleben, die die völlige Vernichtung Deutschlands erfordern".

Der französische Außenminister konnte auch nicht die Anweisungen akzeptieren, die Beck Lipski gegeben hatte, bevor er von Ribbentrop empfangen wurde. Bonnet bittet Botschafter Lukasiewicz, Beck mitzuteilen, dass Frankreich auf der Notwendigkeit direkter Verhandlungen beharrt. Angesichts der zweideutigen Haltung Großbritanniens ist Bonnet jedoch der Ansicht, dass eine allgemeine Konferenz, wie sie von Italien vorgeschlagen wurde, fruchtbarer sein könnte. Der französische Botschafter in London, Charles Corbin, warnte ihn wenige Stunden vor Ausbruch des deutsch-polnischen Krieges, dass die Briten bereit seien, jeden Versuch einer Konferenz zu vereiteln, indem sie eine vorherige Demobilisierung der Deutschen fordern würden. Trotz dieser Information empfahl Bonnet Daladier, dass Frankreich eine Konferenz unterstützen sollte, auf der alle europäischen Probleme behandelt werden könnten, ohne direkte Verhandlungen zwischen Polen und Deutschland auszuschließen. Daladier argumentiert, dass die Konferenz jederzeit abgebrochen werden könne, wenn Hitler zu viel verlange. Die französische Regierung ist daher bereit, die Konferenz zu unterstützen, und Bonnet ruft in London an, um Corbin zu beauftragen, das Außenministerium über die neue Entscheidung Frankreichs zu informieren.

Als in London bekannt wird, dass Deutschland Polen angegriffen hat, fordern die Briten ein englisch-französisches Ultimatum. Bonnet, der davon überzeugt ist, dass Frankreich die kriegstreiberische Politik von Halifax nicht mitmachen darf, entgegnet, dass er ohne Rücksprache mit dem Parlament keine solche Maßnahme ergreifen kann. Dennoch beruft Daladier den Ministerrat ein, der am 1. September um 10.30 Uhr zusammentritt und eine allgemeine Mobilisierung anordnet. Um 11.50 Uhr teilte Bonnet François-Poncet mit, dass die Regierung ihn ermächtigt habe, die italienische Initiative zur Einberufung einer internationalen Konferenz zu unterstützen, und beauftragte den

Botschafter, Mussolini über die Position Frankreichs zu informieren. Halifax ist sich sofort darüber im Klaren, dass er nach Bonnets Weigerung, das Ultimatum zu unterstützen, seine Bemühungen darauf konzentrieren muss, die italienischen Vermittlungsbemühungen zu stören, die mit französischer Unterstützung die größte Bedrohung für seine Kriegspläne darstellten. Der Außenminister beauftragte Sir Percy Loraine, nachdem er Mussolinis Vermittlungsbemühungen im Namen Großbritanniens gedankt hatte, mit größtem Nachdruck darauf hinzuweisen, dass der Ausbruch des Krieges in Polen eine militärische Intervention Großbritanniens gegen Deutschland unumgänglich mache.

Um 14.00 Uhr telegrafierte Kennard an Halifax, dass Beck am Nachmittag mit britischem Luftschutz rechnen würde. Um 17.00 Uhr am 1. September, während das britische Parlament tagte, rief Halifax Bonnet an und teilte ihm mit, dass die Botschafter ihrer Länder unverzüglich die Herausgabe der Pässe verlangen sollten. Halifax erklärte, dass es für Großbritannien und Frankreich effektiver wäre, Deutschland noch am selben Tag den Krieg zu erklären. Der französische Außenminister lehnte es strikt ab, so schnell in den Krieg gegen Deutschland zu ziehen, aber Halifax wiederholte seine Forderung nach einer dringenden Antwort. Nach einer langwierigen Diskussion zwang Bonnet, der sein diplomatisches Geschick unter Beweis stellte, seinem Amtskollegen eine Lösung auf, die einem Ultimatum ähnelte, aber keines war, da es keine Obergrenze gab. Halifax hatte keine andere Wahl, als zu akzeptieren, dass in Berlin ein gemeinsames anglo-französisches „Ultimatum" ohne Verfallsdatum gestellt wurde. Das war immer noch besser als nichts. Um 17.45 Uhr beeilte er sich, Henderson anzuweisen, die anglo-französische „Demarche" vorzulegen: Beide Botschafter sollten Deutschland mitteilen, dass die Verpflichtungen gegenüber Polen erfüllt würden, wenn sie keine zufriedenstellenden Zusicherungen über die Aussetzung „aller aggressiven Maßnahmen gegen Polen" erhielten. Bonnet hatte diese Formulierung sorgfältig gewählt, um die Forderung nach einem Rückzug der Deutschen aus Polen wegzulassen. Da keine Frist gesetzt wurde, hatte Frankreich Zeit für Verhandlungen.

Die Vermittlungsbemühungen Italiens sollten also entscheidend sein. In den Fähigkeiten des italienischen Außenministers Galeazzo Ciano liegt die letzte Chance, einen allgemeinen Krieg in Europa zu vermeiden. Am 1. September um 13.00 Uhr teilte der Botschafter in Paris, Guariglia, Ciano mit, dass Paris einer diplomatischen Lösung zustimmen wolle. Zwei Stunden später übermittelt der italienische Botschafter Mussolini ein Ersuchen von Daladier an Italien, eine Konferenz zu organisieren. Sowohl Paul Rassinier als auch David L. Hoggan halten die Aufrichtigkeit der Bemühungen der französischen Führung, einen Krieg zu vermeiden, für offensichtlich. Beide halten es für offensichtlich, dass die französische und die britische Haltung gegenüber der Krise unterschiedlich war. Hoggan ist der Ansicht, dass Ciano mit seinen Bemühungen scheiterte, weil er nicht in der Lage war, diese Unterschiede zu nutzen, um Druck auf die Briten auszuüben und sie zur Annahme eines Kompromisses zu zwingen.

Am Samstagmorgen, dem 2. September, ist die Lage der Polen verzweifelt und der Druck auf Frankreich wächst. Um 8 Uhr morgens veröffentlicht die Agentur Havas folgendes Kommuniqué: „Die französische Regierung wurde gestern, wie mehrere andere Regierungen auch, über einen italienischen Vorschlag zur Beilegung der europäischen Schwierigkeiten informiert. Nachdem sie ihn erörtert hat, hat sie eine positive Antwort gegeben". Am Quai d'Orsay wartete der Außenminister also auf weitere Hinweise von Ciano zur Organisation der Konferenz. Ciano und Mussolini hatten beschlossen, dass vor einer erneuten Kontaktaufnahme mit den Briten und Franzosen unbedingt sichergestellt werden müsse, dass Deutschland bereit sei, die Konferenz zu unterstützen. Um 8.30 Uhr rief Graf Ciano seinen Botschafter in Paris an, um sich zu erkundigen, ob die am Vorabend an Ribbentrop überreichte Note den Charakter eines Ultimatums habe oder nicht. Um 9.00 Uhr rief Botschafter Lukasiewicz Bonnet an und forderte ihn direkt auf, dass Frankreich zu Gunsten Polens in den Krieg eintritt. Der französische Minister, der sich später darüber beklagt, dass der polnische Botschafter während des Gesprächs übermäßig „ungeduldig" gewesen sei, schafft es, jede Art von Verpflichtung zu vermeiden.

Über Botschafter Attolico schickt Ciano um 10.00 Uhr eine Nachricht an Hitler, in der er ihn darüber informiert, dass die französische Führung um italienische Vermittlung zugunsten einer diplomatischen Konferenz gebeten hat. In *Les responsables de la Seconde Guerre Mondiale* gibt Paul Rassinier den Text wieder, der den Dokumenten zur deutschen Außenpolitik entnommen ist:

> „Zur Information und um die Entscheidung dem Führer zu überlassen. Italien teilt mit, daß es noch die Möglichkeit hätte, Frankreich, England und Polen zur Zustimmung zu einer Konferenz auf der Grundlage der folgenden Vorschläge zu bewegen:
> 1. ein Waffenstillstand, der die Armeen in den Positionen belässt, die sie derzeit einnehmen.
> 2. Die Einberufung einer Konferenz, die innerhalb von zwei oder drei Tagen stattfinden soll.
> 3. Eine Lösung des deutsch-polnischen Konflikts, die in der gegenwärtigen Situation notwendigerweise für Deutschland günstig wäre.
> Frankreich hat die Idee des Duce besonders positiv aufgenommen.
> Danzig ist nun an Deutschland zurückgekehrt, und das Reich verfügt nun über ausreichende Garantien, um die Verwirklichung der meisten seiner Forderungen zu gewährleisten. Außerdem hat es bereits eine moralische Genugtuung erhalten. Würde der Führer den Konferenzentwurf annehmen, so würde er alle seine Ziele erreichen und einen langen und umfassenden Krieg vermeiden.
> Ohne den geringsten Druck ausüben zu wollen, hält es der Duce für äußerst wichtig, dass das vorliegende Kommuniqué unverzüglich Herrn von Ribbentrop und dem Führer vorgelegt wird."

Hitler, der sofort informiert wurde, begrüßte die Initiative mit Begeisterung und wies das Auswärtige Amt an, den britischen Botschafter auszuhorchen. Henderson gab widerwillig zu, dass die britische Führung die Lösung ohne den vorherigen Rückzug der deutschen Truppen an die Grenze wahrscheinlich nicht akzeptieren würde, was die Naziführung entmutigte. Attolico erschien um 12.30 Uhr in der Wilhelmstraße, wo Ribbentrop dem italienischen Botschafter erklärte, dass er eine negative Antwort auf die am Vortag erhaltenen Notizen des französischen und britischen Botschafters vorbereite. Ribbentrop räumte gegenüber Attolico ein, dass er die Antwort aufschieben wolle, aber dazu müsse er sicherstellen, dass es sich nicht um „Ultimaten" handele. Attolico teilte Ciano um 15.15 Uhr mit, dass Hitler beschlossen habe, dass es unmöglich sei, mit den Plänen für eine Konferenz fortzufahren, solange die Franzosen und Briten die Zweideutigkeit ihrer Noten nicht geklärt hätten.

Bonnet, der immer noch auf Nachrichten wartete, war erfreut, als er einen Anruf von Ciano erhielt, der ihm mitteilte, dass die Vermittlungsbemühungen begonnen hätten. Der italienische Außenminister teilte Bonnet mit, dass man den Deutschen versichern müsse, dass die Notizen vom Vortag keine „Ultimaten" seien. Bonnet, der Verfasser der beiden Texte, versicherte Ciano, dass es sich nicht um Ultimaten handele. Da der französische Minister weiß, dass die Briten seine Meinung akzeptieren müssen, fügt er hinzu, dass er vorsichtshalber Daladier und Halifax konsultieren wird. Botschafter Loraine seinerseits bestätigt Ciano in Rom, dass die britische Regierung Deutschland noch kein Ultimatum gestellt hat. Nachdem diese wichtige Frage geklärt war, begrüßte Hitler den italienischen Vermittlungsplan und erklärte sich bereit, die militärischen Operationen in Polen auszusetzen. Am 2. September um 16.00 Uhr telegrafiert Attolico an Ciano und teilt ihm mit, dass Deutschland den italienischen Vorschlag befürwortet. Ribbentropp bittet Botschafter Attolico, der italienischen Führung mitzuteilen, dass Deutschland bereit sei, den Plan zur Beendigung des Krieges in Polen bis Sonntagmittag, den 3. September, bekannt zu geben.

Da Deutschland dem italienischen Plan zustimmt, hängt alles davon ab, ob Minister Ciano die Meinungsverschiedenheiten zwischen Frankreich und Großbritannien richtig handhaben kann. Kurz nach 16.00 Uhr hatten Bonnet und Halifax ein Gespräch, aus dem hervorging, dass der Außenminister bereit war, den Konferenzplan zu kippen, bevor er den Polen vorgelegt wurde. Halifax bestand darauf, dass die Deutschen ihren vollständigen Rückzug aus Polen und Danzig vollziehen müssten, bevor Großbritannien und Frankreich bereit wären, die von Italien vorgeschlagene Konferenz in Betracht zu ziehen. Bonnet wusste, dass keine der beiden Mächte ein solches Abkommen akzeptieren konnte und antwortete Halifax, dass sein Vorschlag inakzeptabel und unrealistisch sei. Der französische Minister hält das deutsche Zugeständnis, den Vormarsch an Ort und Stelle zu stoppen, für ausreichend, was Halifax jedoch ablehnt. Trotz der ablehnenden Haltung des britischen Ministers beschließt Bonnet, seine Friedensbemühungen fortzusetzen. Eine Stunde später, um 17.00 Uhr, wurde der britische Druck mit einem Anruf von Sir Alexander Cadogan, Staatssekretär im Außenministerium, fortgesetzt, der mit erstaunlicher Frechheit einräumte, dass die britische Forderung nach einem Truppenrückzug die Chancen für eine diplomatische Konferenz einschränkte und darauf bestand, dass die Zeit für einen Krieg gekommen sei. Cadogan gab bekannt, dass Halifax um ein gemeinsames anglo-französisches Ultimatum bat, das am 2. September um Mitternacht ablaufen sollte. Bonnet beharrte darauf, dass ein vollständiger deutscher Rückzug aus Polen keine unabdingbare Voraussetzung für eine

Konferenz sein könne, und erwiderte, er wolle abwarten, bis Italien seinen Plan für eine internationale Konferenz präzisiert habe.

Kurz nach diesem Gespräch zwischen Cadogan und Bonnet telefonierte Ciano mit Halifax. Der italienische Außenminister hörte mit Erstaunen die unnachgiebigen Worte des Außenministers, der wiederholte, was er seinem französischen Kollegen gesagt hatte: Die britische Regierung würde den italienischen Plan für eine Konferenz erst dann in Betracht ziehen, wenn Deutschland das polnische Gebiet vollständig geräumt hätte. Ciano ist erstaunt, dass Halifax nichts von Hitlers Bereitschaft zur Aussetzung der Feindseligkeiten weiß. Der italienische Minister wies darauf hin, dass Deutschland bereit sei, den Krieg am 3. März einzustellen und am nächsten Tag zur Konferenz zu kommen. Wie Bonnet betonte auch Graf Ciano, dass die Forderung nach einem vollständigen Rückzug der deutschen Truppen völlig inakzeptabel sei und jede Chance auf eine friedliche Lösung zunichte machen würde. Auch Percy Loraine berichtete aus Rom nach Halifax, dass Hitler einen Waffenstillstand und eine internationale Konferenz akzeptiert habe. Der deutsche Bundeskanzler hatte erklärt, dass er in der Lage sei, die Operationen in allen Sektoren bis Sonntagmittag, den 3. September, einzustellen. Loraine bestätigte Halifax, dass Frankreich laut Ciano erfreut über die Möglichkeit war, den Krieg in weniger als vierundzwanzig Stunden zu beenden.

In der Zwischenzeit versucht der französische Außenminister im Alleingang, die Polen zu einer Konferenz zu überreden, und übermittelt seinem Botschafter in Warschau entsprechende Anweisungen. Kennard teilt Halifax empört mit, dass Noël angewiesen worden sei, den Inhalt von Bonnets letzten Direktiven nicht preiszugeben. Der britische Botschafter beschließt, die Informationen von Beck selbst einzuholen, der bestätigt, dass Frankreich ihn gebeten hat, einer Fünf-Mächte-Konferenz zuzustimmen, an der Großbritannien, Deutschland, Frankreich, Italien und Polen teilnehmen sollten. Hitler fürchtete nicht, mit Mussolinis Unterstützung allein in der Minderheit zu sein, da er sich der französischen Unterstützung für eine Einigung sicher war. Kennard riet dem polnischen Außenminister, den französischen Vorschlag abzulehnen; er räumte jedoch gegenüber Halifax ein, dass Beck sich geweigert habe, seine Haltung zu dem Konferenzplan offenzulegen, doch Kennard war zuversichtlich, dass die polnische Antwort negativ ausfallen würde. Der polnische Sejm berief am 2. September eine Sondersitzung ein, und die ukrainischen Vertreter erklärten, sie seien entsetzt über die Aussicht auf eine sowjetische Invasion aus dem Osten als Folge des Ribbentrop-Molotow-Pakts.

Die französische Abgeordnetenkammer und der Senat treten ebenfalls am 2. September ab 15 Uhr zusammen. Die Regierung beabsichtigte, den Kammern einen Freibrief für die Entscheidung zu geben, die zu Krieg oder Frieden führen könnte. Sowohl Premierminister Daladier im Parlament als auch Vizepräsident Chautemps im Senat hielten jedoch gemäßigte Reden zugunsten einer friedlichen Lösung der Krise. Pierre Laval meldete sich im Senat zu Wort und warnte, dass es verfassungswidrig wäre, in den Konflikt einzutreten, ohne das Parlament um eine Kriegserklärung zu ersuchen. Laval teilt Bonnets Ansicht, dass Polen seine Verpflichtungen gegenüber Frankreich verletzt hat, und warnt

Daladier nachdrücklich, dass eine ungerechtfertigte Kriegserklärung an Deutschland für Frankreich selbstmörderisch wäre.

Jede Stunde des Nachmittags des 2. September kann für die Zukunft Europas entscheidend sein, und der Außenminister ist sich dessen sehr wohl bewusst und zunehmend beunruhigt über die Haltung der französischen Regierung, die in London ernsthafte Zweifel aufkommen lässt. Halifax telegrafiert an den britischen Botschafter in Paris, Phipps, um zusätzliche Anstrengungen zu unternehmen: „Wir werden Ihnen dankbar sein", sagt er, „für alles, was Sie tun können, um Herrn Bonnet Mut und Entschlossenheit zu geben. Botschafter Phipps teilte dem Außenministerium mit, dass die Franzosen bereit seien, eine gemeinsame Note in Erwägung zu ziehen, falls die Vermittlungsbemühungen Italiens scheitern sollten; in diesem Fall seien sie dafür, achtundvierzig Stunden vor Ablauf des möglichen Ultimatums anzubieten. Von Warschau aus forderte Kennard wiederholt, dass Großbritannien und Frankreich Deutschland sofort angreifen sollten. Absurderweise ging der britische Botschafter sogar so weit, sowjetische Diplomaten auszuhorchen, um herauszufinden, ob die UdSSR bereit wäre, den Polen Militärlieferungen anzubieten.

Am späten Nachmittag des 2. September hält die französische Regierung, die unter dem zunehmenden Druck der Briten steht, eine entscheidende Sitzung ab. Botschafter Phipps, der in ständigem Kontakt mit dem Auswärtigen Amt steht, bestätigt Halifax, dass die vorherrschende Stimmung darin bestehe, eine Einigung anzustreben, um einen Krieg zu vermeiden, und dass man hoffe, dass der Ministerrat zwischen 20.00 und 21.00 Uhr eine Entscheidung treffen könne. Der Sekretär des Außenministeriums, der befürchtete, dass Außenminister Bonnet seine Ansichten durchsetzen könnte, beschloss, Ciano anzurufen, um seine Vermittlerrolle zu untergraben. Der Anruf kam genau um 18.38 Uhr, also zu einem Zeitpunkt, als die französische Regierung noch beriet. Halifax, so Hoggan, führte Ciano in die Irre, indem er ihm nicht nur sagte, dass es ohne den Rückzug der deutschen Truppen aus Polen keine Konferenz geben könne, sondern auch hinzufügte, dass Frankreich und Großbritannien in dieser wichtigen Frage volle Übereinstimmung erzielt hätten. Dies ließ Ciano glauben, dass Bonnet die britische Aufforderung akzeptiert habe, obwohl der Ministerrat noch in Paris tagte.

Um 19.30 Uhr legt Chamberlain dem Parlament eine verzerrte Darstellung der laufenden Friedensbemühungen vor. Der britische Premierminister folgt der Lügengeschichte des Außenministers und erklärt, dass Großbritannien keine Verhandlungen auf einer Konferenz akzeptieren könne, während polnische Städte bombardiert und das Land überrannt würden. Chamberlain, der genau wusste, dass Hitler sich bereit erklärt hatte, die Feindseligkeiten an Ort und Stelle einzustellen, um die Konferenz abzuhalten, folgte den Anweisungen von Halifax, dessen vorrangiges Ziel es war, die letzte Chance zur Abwendung des Krieges, der Europa verwüsten sollte, zu beenden. Halifax wandte sich seinerseits an das Oberhaus, wo er wiederholte, dass „die Städte bombardiert" würden.

Leider ging Halifax' Strategie gegenüber Ciano auf, und Mussolini sah die Sache des Friedens als verloren an. Hoggan ist der Ansicht, dass die Italiener einen unverzeihlichen Fehler begangen haben, da Großbritannien niemals allein gegen Deutschland in den Krieg gezogen wäre. Hier sind seine Worte:

„Trotz seiner verworrenen Herangehensweise an das Thema gab es keinen Grund, den Aussagen von Halifax Glauben zu schenken, ohne sie vorher anhand anderer Quellen zu überprüfen. Sowohl Ciano als auch Mussolini wussten, dass die Geschichte der britischen Diplomatie mit Täuschungen und Lügen gespickt war. Die italienische Führung glaubte naiverweise, dass kein europäischer Führer, auch nicht Halifax, so rücksichtslos sein könnte, einen Weltkrieg zu provozieren, nachdem die bitteren Schrecken des Ersten Weltkriegs gerade erst vorbei waren. Ihr Urteilsvermögen war auch durch Eitelkeit getrübt. Halifax hatte mehrere Jahre lang in seinen Beziehungen zu den italienischen Führern geschickt Schmeicheleien und Drohungen kombiniert. Es war besonders tragisch, dass Mussolini, der ein kluger und kompetenter Führer war, Ciano damals nicht kritischer beurteilte. Später erkannte er, dass Ciano für ein so wichtiges Amt nicht ausreichend qualifiziert war, aber da war es schon zu spät."

Um 20:00 Uhr teilte Kennard zum x-ten Mal mit, dass Beck Großbritannien um sofortige Luftunterstützung bat. Die polnische Führung hatte noch nicht verstanden, dass London ihnen nicht helfen würde. Kennard, der dies hätte deuten können, schickte dennoch folgende Worte an Halifax: „Ich vertraue darauf, dass wir so bald wie möglich eine Bestätigung unserer Kriegserklärung erhalten und dass unsere Luftwaffe jede Anstrengung unternehmen wird, um an der Westfront Aktivität zu zeigen, um den dortigen Druck zu entlasten". Kennard schien also nicht zu wissen, dass sein Land nicht in der Lage war, den Polen im Westen zu helfen.

Cianos katastrophale Anweisungen an Attolico erreichten Berlin am 2. September um 20.20 Uhr. Er teilte seinem Botschafter mit, dass Mussolini sein Vermittlungsangebot zurückgezogen habe. Ciano fügte hinzu, dass es sinnlos sei, die Friedensbemühungen fortzusetzen, wenn sowohl Großbritannien als auch Frankreich auf dem Rückzug der deutschen Truppen als notwendige Bedingung für die Annahme der Konferenz bestünden. Hitler wurde geraten, seinen Plan für einen Waffenstillstand aufzugeben, da der Plan für eine Konferenz fallengelassen worden war. Um 20.20 Uhr vertagt die französische Regierung jedoch ihre Sitzung, ohne eine Entscheidung über die Bedingungen für die Annahme der Konferenz getroffen zu haben. Bonnet, der immer noch hoffte, seine Kollegen überzeugen zu können, war fassungslos, als er erfuhr, dass die Italiener ihre Bemühungen aufgegeben hatten. Um 20.30 Uhr rief er Ciano an und teilte ihm mit, dass Frankreich die von den Briten geforderte unmögliche Bedingung noch nicht akzeptiert habe. Der italienische Minister hörte den Worten des Chefs der französischen Diplomatie entgeistert zu und gestand, dass er nicht wisse, wie Italien den begangenen Fehler korrigieren könne. Anatole de Monzie, Minister für öffentliche Arbeiten, ein Pazifist, der von der Notwendigkeit eines Bündnisses zwischen Frankreich und Italien überzeugt ist, um einen Krieg zu vermeiden, bittet Bonnet sofort nach Bekanntwerden der Ereignisse, die Bemühungen um die Konferenz unter der Bedingung fortzusetzen, dass Deutschland den Vormarsch stoppt, doch der Außenminister erklärt ihm, dass er dies nicht mehr für möglich hält.

Um 21.30 Uhr setzte sich schließlich der britische Botschafter in Rom per Telegramm mit dem Außenministerium in Verbindung, dessen Text lautete: „Die Italiener halten es nicht für möglich, die deutsche Regierung zu drängen, weiterhin die Empfehlungen von Signor Mussolini zu akzeptieren". Halifax freut sich über diese Nachricht und ist entschlossen, seine Offensive gegen die französische Regierung zu starten. Um 21.50 Uhr rief Chamberlain Daladier an und beklagte sich unter erneuter Verdrehung der Tatsachen, dass er im Parlament eine „ärgerliche Szene" erlitten habe, als er ankündigte, dass er noch mit Frankreich über die Vorlage eines Ultimatums berate. Tatsächlich gab es keine ärgerlichere Szene als die des zionistischen Juden Leopold Amery, des Verfassers der Balfour-Erklärung, der sich darüber beschwerte, dass Chamberlain in seiner Rede nicht kriegerisch genug gewesen sei. In *The Holy Fox. A Life of Lord Halifax* gibt Andrew Roberts diesen Moment aus der Unterhaussitzung wieder: „.... Als der Vorsitzende der Labour-Partei, Arthur Greenwood, sich zu Wort meldete, rief Leo Amery: 'Sprechen Sie für England!' Greenwood sagte dem Haus: 'Jede Minute Verzögerung bedeutet jetzt... die Gefährdung unserer nationalen Ehre.'"

Chamberlain teilt Daladier mit, dass er die britische Öffentlichkeit vor Mitternacht darüber informieren will, dass Frankreich und Großbritannien Deutschland am Morgen des 3. September um 8.00 Uhr ein Ultimatum stellen werden, das bis zum Mittag laufen soll. Mit anderen Worten: Chamberlain gibt Daladier dreist zwei Stunden Zeit, um seinen Forderungen nachzukommen. Der französische Regierungschef, erstaunt über die Hysterie des britischen Premiers, aber überzeugt, dass London das Spiel gewonnen hat, lehnt die Forderung mit der Begründung ab, dass Ciano die Vermittlung wieder aufnehmen könne. Daladier rät davon ab, vor dem Mittag des folgenden Tages diplomatisch tätig zu werden. In London ist man über Daladiers Antwort an Chamberlain nicht erfreut, und Halifax, der weiß, dass Frankreich ohne die italienische Vermittlung bereits sehr geschwächt ist, beschließt, Bonnet um 22.30 Uhr anzurufen, um ein sehr riskantes Spiel zu wagen.

Der Sekretär des Außenministeriums kündigte dem französischen Außenminister an, dass das Vereinigte Königreich unabhängig von der Haltung Frankreichs sein Ultimatum am nächsten Tag um 8 Uhr vorlegen würde. Halifax übernahm während des Telefongesprächs die Führung und setzte schließlich seine Forderungen gegenüber Bonnet durch. Anschließend verfasste er ein Memorandum über den Dialog mit seinem französischen Kollegen, in dem er schrieb, dass Bonnet nach einigem Zögern „schließlich zustimmte". Um 23.50 Uhr wies Halifax, obwohl er wusste, dass er das Ultimatum erst am nächsten Tag vorlegen würde, Henderson an, Ribbentrop zu warnen, dass er ihn jederzeit aufsuchen könne, was einer eklatanten Missachtung gleichkam. Kurz darauf, gegen Mitternacht, hatte Bonnet ein langes Gespräch mit dem italienischen Botschafter Guariglia, in dem er seine Kapitulation einräumte. Beide waren sich einig, dass die mangelnde Kooperation Großbritanniens die Konferenz unmöglich gemacht hatte.

Andrew Roberts schreibt in *The Holy Fox*, dass Halifax nach der Entscheidung der Regierung, die Konferenz abzulehnen und am nächsten Tag ein Ultimatum zu stellen, das in nur zwei Stunden ablaufen sollte, nach Mitternacht in Begleitung von Sir Ivone Kirkpatrick, die bis 1938 Erste Sekretärin an der britischen Botschaft in Berlin gewesen war, ins Außenministerium zurückkehrte. Kirkpatrick, dessen Worte von Roberts wiedergegeben werden, erinnert sich, dass Halifax, nachdem alle Telegramme abgeschickt worden waren, „erleichtert schien, dass wir unsere Entscheidung getroffen hatten.... Er ließ sich Bier bringen, das von einem verschlafenen Angestellten im Pyjama serviert wurde. Wir lachten und scherzten, und als ich Halifax erzählte, dass die Nachricht eingetroffen war, Göbbels habe das Abhören von Radiosendungen verboten, antwortete er: 'Er sollte mich dafür bezahlen, dass ich mir das anhöre'." Die Szene könnte nicht beruhigender sein: Während Minister Bonnet und die Botschafter Henderson und Guariglia sich bemühen, einen Krieg zu vermeiden, wohl wissend, dass er für Dutzende von Millionen Menschen eine Katastrophe bedeuten würde, trinkt Lord Halifax, erleichtert, sein Ziel erreicht zu haben, Bier und amüsiert sich mit einem Kollegen wie ein vulgärer Angeber. In der Biographie, die wir konsultiert haben, wird Halifax' Gereiztheit auf verschiedene Weise dargestellt. Roberts, der den polnischen Botschafter Raczynski als Quelle zitiert, berichtet zum Beispiel, dass, als Hitler die Bereitschaft Deutschlands anbot, für das britische Empire zu bürgen, diese Nachricht von Halifax als Beleidigung empfunden wurde, „über dessen Gesicht ein Grinsen ging".

Henderson übergab dem deutschen Dolmetscher Dr. Paul Schmidt am 3. September um 9.00 Uhr das unglückselige Ultimatum. Ribbentrop, wahrscheinlich verärgert über Halifax' Unhöflichkeit am Vorabend, hatte den britischen Botschafter mit der Begründung gemieden, er sei an diesem Tag nicht in der Stimmung für ein „Ultimatum". Schmidt übergab das Dokument im Büro des Führers im Kanzleramt. Als der Dolmetscher eintrat, herrschte Stille im Raum. Hitler saß an seinem Schreibtisch, Ribbentrop stand am Fenster. Nachdem er die Notiz in aller Ruhe gelesen hatte, gab es eine kurze Pause, und dann fragte sich der deutsche Kanzler nachdenklich: „Was nun?" Es gab eine weitere Pause, und Ribbentrop sagte leise: „Ich nehme an, Frankreich wird in den nächsten Stunden ein ähnliches Ultimatum stellen." Schmidt kam aus dem Büro des Führers und bemerkte vor einer Gruppe von wichtigen Führern: „Innerhalb von zwei Stunden werden Deutschland und Großbritannien im Krieg sein." In seinem Eifer, den Krieg unvermeidlich zu machen, gab Halifax, der Tage zuvor vierundzwanzig Stunden für Warschau als unzureichend erachtet hatte, um einen Bevollmächtigten nach Berlin zu schicken, Deutschland nur eine Frist von zwei Stunden, um zu kapitulieren. Göring sagte feierlich zu den Anwesenden: „Der Himmel sei uns gnädig, wenn wir diesen Krieg verlieren."

Am 3. September um 11.20 Uhr, kurz nach Ablauf des Ultimatums, empfängt Ribbentrop Botschafter Henderson und übergibt ihm die Antwort an Chamberlain und Halifax, die wie folgt beginnt: „Die deutsche Regierung und das deutsche Volk weigern sich, die von der britischen Regierung in Form eines Ultimatums gestellten Forderungen entgegenzunehmen, geschweige denn zu erfüllen". Die Note spielte auf die unannehmbaren Bedingungen an, unter denen die deutsche Minderheit leidet, und endete mit den folgenden Worten: „Das deutsche Volk und seine Regierung erheben nicht wie Großbritannien den Anspruch, die Welt zu beherrschen, aber sie sind entschlossen, ihre eigene Freiheit, ihre eigene Unabhängigkeit und vor allem ihr Leben zu verteidigen." Bevor er sich zurückzog, sagte Henderson lediglich, dass die Geschichte darüber urteilen werde, auf welcher Seite die wirkliche Verantwortung liege, woraufhin Ribbentrop antwortete, dass die Geschichte darüber urteilen werde, weil niemand härter als Hitler für die Herstellung guter Beziehungen zwischen Deutschland und Großbritannien gearbeitet habe.

In London wurde zur gleichen Zeit um 11.12 Uhr klar, dass es keine offizielle Antwort aus Berlin gab, so dass Chamberlain und Halifax die Mitteilung verfassten, die sie dem Parlament am Mittag vorlegen sollten. Halifax verkündete die Kriegserklärung persönlich im Oberhaus. Im Unterhaus verwies Winston Churchill auf den bevorstehenden Krieg mit einem Satz, der eigentlich in die Geschichte eingehen sollte: „Unsere Hände mögen beschäftigt sein, aber unser Gewissen ist in Frieden". Es ist schwer zu verstehen, wie man sein Gewissen beruhigen kann, wenn eine unanständige Entscheidung getroffen wurde, die das größte Gemetzel in der Geschichte der Menschheit auslösen wird. Andrew Roberts kommentiert Churchills Satz: „Großbritanniens reines Gewissen war ein grundlegender Wert für den Krieg, den es durch die unermüdlichen Bemühungen seines Außenministers um den Frieden erlangte, selbst nachdem seine eigenen persönlichen Hoffnungen zunichte gemacht worden waren". Diese Worte sind ein krönendes Beispiel für die Verfälschung der Realität und beschämen den Autor.

Der französische Botschafter begab sich um 12.30 Uhr in die Wilhelmstraße, wo er von Weizsäcker empfangen wurde. Das Ultimatum von Coulondre lief um 17.00 Uhr desselben Tages ab. Ribbentrop, der den neuen Botschafter der UdSSR empfing, hatte Weizsäcker gebeten, Coulondre nicht gehen zu lassen, da er mit ihm sprechen wolle. Der deutsche Außenminister traf umgehend ein und führte ein kurzes und ernstes Gespräch mit dem Botschafter, den er daran erinnerte, dass Frankreich am 6. Dezember 1938 eine Freundschaftserklärung mit Deutschland unterzeichnet hatte. Coulondre erklärte lediglich, er habe immer befürchtet, dass seine diplomatische Mission in Berlin auf diese Weise enden würde.

Das Schicksal der europäischen Völker, die zur schlimmsten Tragödie ihrer gesamten Geschichte verurteilt waren, war besiegelt. Absurderweise setzte sich die Halifax-Kriegspolitik, die von Präsident Roosevelt unterstützt wurde, trotz der Bemühungen zahlreicher friedensorientierter Führer letztlich durch. Wie auch immer man es betrachtet, es gab keine Rechtfertigung für die Kriegserklärungen Großbritanniens und Frankreichs, als Hitler den Waffenstillstand kurz nach Beginn der Invasion akzeptiert hatte. Wie Paul Rassinier betont, „gibt es in der Geschichte der Kriegsführung kein Beispiel dafür, dass die Macht, die um einen Waffenstillstand gebeten wurde, ihre Truppen vor Beginn der Verhandlungen an ihre Grenzen zurückgezogen hat. Bei der Einstellung der Feindseligkeiten werden die Truppen an Ort und Stelle festgehalten und erst nach der Unterzeichnung des Waffenstillstands planmäßig abgezogen".

Der Blankoscheck, den Halifax, der den polnischen Führern schamlos zur Ablehnung von Verhandlungen riet, Polen ausstellte, war der ausschlaggebende Grund für den polnischen Widerstand gegen Deutschland und gab den entscheidenden Anstoß zum Krieg.. Was die Blindheit und Unfähigkeit der Warschauer Führung betrifft, so genügt es zu sagen, dass sie nicht einmal verstanden hat, was die britische Weigerung, die Sicherheit Polens im Falle eines Angriffs der UdSSR zu garantieren, bedeutete. Es besteht nicht der geringste Zweifel daran, dass die Polen kurzerhand als Instrument der britischen Kriegspolitik benutzt wurden, die von den Vereinigten Staaten nachdrücklich unterstützt wurde. Beide Länder waren unverzichtbare Werkzeuge des Zionismus und des internationalen jüdischen Bankwesens seit 1917, als sie dazu dienten, die Gründung des Staates Israel zu garantieren.

Figuren und Spielfiguren des internationalen Zionismus in der britischen Regierung

Abgesehen von Lord Halifax, der, wie bereits erwähnt, durch die Heirat seines Sohnes mit einer Enkelin von Lord Rothschild mit den Rothschilds verwandt war, hatten andere Vertreter des Zionismus wichtige Machtpositionen in der britischen Regierung inne, die Deutschland den Krieg erklärte. Besonders hervorzuheben ist Winston Churchill, der am 1. September 1939 zum Ersten Lord der Admiralität ernannt wurde und am 10. Mai 1940 Premierminister werden sollte. Martin Gilbert, Churchills offizieller Biograf, veröffentlichte 2007 das Buch *Churchill and the Jews. Eine lebenslange Freundschaft*, in dem er mit größter Selbstverständlichkeit darlegt, dass der britische Premierminister ein Zionist war.

Wir wissen bereits, dass Churchills Vorfahre väterlicherseits, John Churchill, 1. Duke of Marlborough, als Armeechef im Jahr 1688 von Medina und Machado, zwei sephardisch-jüdischen Bankiers aus Amsterdam, mit 350.000 Pfund bestochen wurde. Der Herzog von Marlborough verriet seinen Herrscher Jakob II. und schloss sich den Streitkräften Wilhelms von Oranien an. Als Dank für die geleisteten Dienste erhielt er von Solomon Medina eine jährliche Zuwendung von 6.000 £. Es ist auch bekannt, dass Winston Churchill als Erster Lord der Admiralität im Jahr 1915 zusammen mit Colonel Mandell House versuchte, den Eintritt Amerikas in den Ersten Weltkrieg zu beschleunigen, indem er den Untergang *der Lusitania* ermöglichte. Wir werden nun einige Informationen aus dem oben erwähnten Werk hinzufügen, um zu zeigen, wie sehr Churchill dem internationalen Zionismus verpflichtet war.

„Mehr als ein halbes Jahrhundert lang", schreibt Gilbert, „war Churchills Leben mit jüdischen Angelegenheiten verflochten." Die Beziehung begann in seiner Jugend, denn schon damals brachte ihn sein Vater, Lord Randolph Churchill, mit den Rothschilds in Kontakt. Als die Peel-Kommission 1937 die Teilung Palästinas in zwei Staaten vorschlug, erklärte Churchill unter kategorischer Missachtung der Rechte des palästinensischen Volkes, dass er nicht für die Teilung sei und dass der zionistische Staat ganz Palästina erhalten solle. 1938 war ein blutiges Jahr im „gelobten Land", in dem fast 1.500 Araber getötet wurden. Am 19. Mai 1939 veröffentlichte die Regierung Chamberlain in Unkenntnis der Tatsache, dass eines der Hauptziele des Krieges darin bestand, einen Massenexodus der Juden nach Palästina zu provozieren, das so genannte MacDonald-Weißbuch, das von den Zionisten als Schwarzbuch bezeichnet wurde. In diesem Dokument wurde ein Palästina gefordert, das von Arabern und Juden gemeinsam regiert werden sollte, und die Einwanderung auf maximal 75.000 Juden in den nächsten fünf Jahren begrenzt, um eine arabische Mehrheit in dem künftigen Staat zu gewährleisten. Vor der Debatte im Unterhaus lud Churchill Chaim Weizmann und andere führende Zionisten zum Mittagessen ein und las ihnen die Rede vor, die er halten wollte. Ihre Unterwürfigkeit war so groß, dass Weizmann selbst in seinen Memoiren einräumt, Churchill habe ihm angeboten, die Rede nach seinem Gutdünken zu ändern. Am 23. Mai 1939, während der Debatte, beschuldigte Churchill die Regierung des Verrats an der *Balfour-Erklärung*: „Jetzt gibt es einen Bruch", sagte er, „eine Verletzung des Versprechens, es gibt eine Aufgabe der Balfour-Erklärung, es gibt ein Ende der Vision, der Hoffnung, des Traums". Martin Gilberts Arbeit zeigt mit glasklarer Deutlichkeit, dass der britische Premierminister während des Zweiten Weltkriegs eine Schlüsselrolle im internationalen Zionismus spielte.

Die große Debatte endete mit einem Sieg für Chamberlain und sein Weißbuch mit einer Mehrheit von 268 zu 179 Stimmen; allerdings gab es 110 Enthaltungen. Die Debatte zeigte unter anderem, dass die Labour-Opposition die Zionisten unterstützte und war die erste Warnung an den Premierminister, dass seine eigene Partei ihn ersetzen könnte. Von diesem Moment an tauchte die Figur des Winston Churchill, eines Politikers, der sich seit zehn Jahren auf dem absteigenden Ast befand und seinen Biographen zufolge unter Depressionen litt, weil er glaubte, politisch „am Ende" zu sein, wie von Geisterhand auf, dank der Unterstützung des internationalen Zionismus, dessen Führer Chaim Weizmann gleich nach Kriegsausbruch im Büro des neu ernannten Ersten Lords der Admiralität erschien.[5]

Ein weiteres Beispiel ist Isaac Leslie Hore-Belisha, Sohn von Jacob Isaac Belisha, ein Jude, der nicht in England geboren wurde. Als Mitglied der Liberalen gelang es Hore Belisha, Chamberlain dazu zu bewegen, ihn zwischen 1937 und 1940 zum Kriegsminister zu ernennen. Die konservativen Abgeordneten beschimpften ihren Regierungschef, weil er einen Kriegstreiber mit einem so wichtigen Posten betraut hatte, den sie in Anspielung auf seine

---

[5] Die Herkunft von Churchills Mutter Jenny Jerome, die eigentlich Jenny Jacobson/Jerome heißt, ist umstritten, seit Moshe Kohn in einem am 18. Januar 1993 in der *Jerusalem Post* veröffentlichten Artikel feststellte, dass sie eine New Yorker Jüdin war. Wenn dem so wäre, wäre Winston Churchill selbst Jude. Der Historiker David Irving spielte in *Churchill's War* ebenfalls auf Churchills jüdische Abstammung an, obwohl es scheint, dass seine Quelle der bereits erwähnte Moshe Kohn war. Andere Autoren bestreiten jedoch, dass Jenny Jerome Jüdin war. In jedem Fall ist es nicht relevant, ob Churchill Jude war oder nicht, sondern ob er ein Zionist war, der der Sache diente. Daran besteht, wie bereits erläutert, kein Zweifel.

jüdische Herkunft (der Berg Sinai ist hebräisch für den Berg Horeb) Horeb-Elisha nannten. Viele Konservative warfen ihm vor, sich mehr um die Juden als um die Briten zu kümmern und einen Krieg gegen Deutschland herbeiführen zu wollen. Um die Streitkräfte zu kontrollieren, entließ der neue Minister drei prominente Mitglieder des Generalstabs. Einer von ihnen, Feldmarschall John Vereker Gort, Lord Gort, konnte es nicht ertragen, mit Hore Belisha in einem Raum zu sein. Hore Belisha holte bald viele jüdische Glaubensgenossen ins Ministerium, zum Beispiel drei Namen: Sir Isidore Salmon, den er zum stellvertretenden Berater machte; Humbert Wolfe, ein Intellektueller, der für den Minister eine Liste von Schriftstellern erstellte, die als Propagandisten dienen konnten; Lord Stanhope, Erster Lord der Admiralität. Schon bald drang die Empörung bis in die unteren Ränge der Armee und in die öffentliche Meinung vor. Britische Soldaten sangen in den ersten Kriegsmonaten ein Lied aus dem 19. Jahrhundert mit dem Titel *Onward, Christian Soldiers*, was übersetzt soviel heißt wie:

> „Vorwärts, Zwangsarmee,/ Ihr habt nichts zu befürchten,/ Isaac Hore-Belisha/ wird euch von hinten führen,/ Gekleidet von Monty Burton (Montague Maurice Burton, eigentlich Moshe Osinsky, ein litauischer Jude, der die größte Kette von Bekleidungsgeschäften besaß),/ Gefüttert von Lyoner Kuchen (eine Restaurantkette in jüdischem Besitz);/ Kämpft für jiddische Eroberungen,/ Während die Briten sterben./ Vorwärts gezwungene Armee, / marschiert in den Krieg, / kämpft und stirbt für das Judentum, / wie wir es früher getan haben (Anspielung auf die Balfour-Erklärung).

Der Schatzkanzler, der die millionenschweren Kriegskredite mit den Bankern aushandelte, war Sir John Simon, Freund und Protegé von Sir Philip Sassoon, einem jüdischen Finanzier und zionistischen Führer, der mit den Rothschilds verbunden war und am 3. Juni 1939 vorzeitig starb. Die Sassoons, Juden irakischer Herkunft, die sich durch die Produktion und den Export von Opium bereichert haben, sind im chinesischen und indischen Bankwesen führend. Der Vater von Philip Sassoon, Sir Edward Albert Sassoon, heiratete eine Rothschild. Am 15. Februar 1939 erklärte der Schatzkanzler Sir John Simon im Unterhaus, dass das Finanzministerium beabsichtige, die öffentliche Kreditaufnahme für den Kauf von Rüstungsgütern von 400 Millionen Pfund auf 800 Millionen Pfund zu verdoppeln. Simon wurde in Deutschland eine Zeit lang als Jude angesehen, aber es scheint, dass die Nazibehörden selbst dies später dementierten.

Zahlreiche Sekretariate, Unterstaatssekretäre, Ratsämter und sogar einige andere Ministerien im Kabinett, das Deutschland den Krieg erklärte, waren in den Händen von Juden, Freimaurern und Nichtjuden, die mit jüdischen Frauen verheiratet waren. Die Verheiratung jüdischer Frauen mit wohlhabenden oder einflussreichen Nichtjuden wurde ab dem 19. Jahrhundert zur gängigen Praxis. „Heirate sie nicht. Deine Tochter sollst du nicht ihrem Sohn geben, und ihre Tochter sollst du nicht für deinen Sohn nehmen." Dieses Verbot, das aus dem *Deuteronomium* stammt, wird aus Gründen des Interesses nicht oft angewendet. Da die Mutter über das Judentum entscheidet (man ist von Rechts wegen Jude, wenn man von einer jüdischen Mutter geboren wurde), begannen viele Frauen, Aristokraten, Wissenschaftler, Intellektuelle, reiche Männer oder einflussreiche Politiker zu heiraten. Lenin, Stalin und Molotow heirateten, wie wir wissen, jüdische Frauen.

TEIL 2
DER FRÜHEN KRIEGSJAHRE

In diesem zweiten Abschnitt über den Zweiten Weltkrieg widmen wir uns den Ereignissen des Zweiten Weltkriegs, über die wenig berichtet wurde. Einige werden ignoriert oder verschwiegen, während andere, die bekannt sind, nicht die Aufmerksamkeit erhalten, die sie verdienen, und absichtlich vergessen werden. Das erste dieser Ereignisse, auf das im Folgenden eingegangen wird, ist das Massaker an der Zivilbevölkerung der deutschen Minderheit in Polen, dessen bekannteste Episode der so genannte „Blutsonntag" von Bromberg ist. Bereits am 19. September 1939 prangerte Hitler in einer Rede in Danzig einige der Ereignisse an. Nachdem der deutsche Reichskanzler den polnischen Soldaten, die auf dem Schlachtfeld tapfer gekämpft hatten, seine Anerkennung ausgesprochen und die polnischen Heerführer für ihre Inkompetenz kritisiert hatte, berichtete er, dass 300.000 Polen gefangen genommen worden waren, darunter 2.000 Offiziere. Anschließend prangerte er an, dass Tausende von Menschen, darunter viele Frauen, junge Mädchen, Kinder und alte Menschen, auf brutale Art und Weise ermordet worden seien. Er beschrieb die Ereignisse als die grausamsten seit Jahrhunderten und behauptete, dass er als Soldat an der Westfront während des Ersten Weltkriegs noch nie so etwas gesehen habe. Nachdem er das Schweigen der so genannten demokratischen Länder angeprangert hatte, das zuvor von Botschafter Henderson so oft beklagt worden war, behauptete er, er habe der Luftwaffe dennoch befohlen, nur gegen militärische Einheiten vorzugehen. Hitler bezeichnete die Verbrecher als „sadistische Bestien, die ihren perversen Instinkten freien Lauf gelassen haben, während die scheinheilige demokratische Welt tatenlos zusah".

Die willkürliche Tötung der deutschen Minderheit in Polen

1940 wurde in Berlin der Text *Dokumente Polnischer Grausamkeit* veröffentlicht, der in englischer Sprache im Internet Archive unter dem Titel *The polish atrocities against the German minority in Poland* nachgelesen werden kann. Es handelt sich um ein Buch, das aus den Strafregistern der in Bromberg und Posen eingerichteten Sondergerichte, den Berichten der polizeilichen Untersuchungskommissionen, den Aussagen medizinischer Sachverständiger der Gesundheitsinspektion des Oberkommandos der Wehrmacht und den Originaldokumenten der dem Oberkommando unterstellten Militärkommission, die zur Untersuchung von Völkerrechtsverletzungen eingesetzt wurde, zusammengestellt wurde. Bei den in Bromberg und Posen eingerichteten Gerichten handelte es sich um ordentliche Gerichte, die auf der Grundlage des Strafgesetzbuches von und der Rechtsprechung des Reichsgerichts Recht sprachen. Der Bericht, der im Auftrag des Auswärtigen Amtes herausgegeben wurde, enthält somit eine Fülle von Dokumenten, die von verschiedenen Stellen zusammengetragen wurden. Ein zweites Werk über das gigantische Pogrom gegen die Deutschen in Polen wurde ebenfalls 1940 von Edwin Erich Dwinger unter dem Titel *Der Tod in Polen. Die Volksdeutsche Passion"*.

Bis zum 1. Februar 1940 hatten die Behörden 12.857 Leichen identifiziert, doch von den 45.000 noch vermissten und vermutlich toten Angehörigen der deutschen Minderheit fehlte jede Spur, so dass sie zur Gesamtzahl der Opfer hinzugezählt wurden, die sich somit auf etwa 58.000 belief. Auf den vorangegangenen Seiten wurde bereits dargelegt, dass die Vertreibung, Massendeportation und Ermordung der deutschen Minderheit in Polen bereits lange vor dem Einmarsch begonnen hatte. Trotz dieser Tatsache und trotz der wiederholten Behauptungen, dass im Falle eines Krieges mit Deutschland alle Deutschen getötet und die Höfe niedergebrannt werden sollten, beschlossen die meisten von ihnen, verwurzelt in ihren Häusern und ihrem Eigentum, das in vielen Fällen von ihren Vorfahren vor Hunderten von Jahren erworben und von Generation zu Generation vererbt worden war, in ihren Häusern zu bleiben, da sie nicht glauben konnten, dass die Morddrohungen wahr gemacht würden.

Unmittelbar nach Kriegsbeginn, am 1. September, wurde über den Rundfunk ein offizielles Kennwort ausgegeben, das den Beginn einer von den Behörden im Voraus geplanten verbrecherischen Aktion gegen die deutsche Zivilbevölkerung anordnete. Diese Radiosendung ist ein eindeutiger Beweis dafür, dass es sich um einen organisierten Völkermord handelte. Nach den Aussagen von Frau Weise, der Ehefrau eines angesehenen Arztes, der im Evangelischen Krankenhaus in Posen arbeitete, und von Dr. Reimann begann die Nachricht mit diesen Worten. „Hallo! Hallo! Deutsche, Tschechen und Böhmen! Führt den Befehl Nummer... sofort aus." Keiner der beiden Zeugen war sich über die genaue Nummer sicher, aber ein anderer Zeuge, Konrad Kopiera, Leiter des Schichtzentrums in Warschau, erinnerte sich, dass die Nummer des Befehls 59 war. Eine andere Nachbarin aus Posen (Poznan), Frau Klusseck, berichtete von einem zweiten Befehl, den sie am Abend des 1. September über das Radio hörte. Wie der erste Befehl sollte er sofort ausgeführt werden und war an alle Gerichte, Staatsanwälte und andere Behörden gerichtet. Er endete mit einem Code, der mehr als sieben Ziffern, einige Buchstaben und andere Zeichen enthielt, die von den deutschen Behörden, die zum Zeitpunkt der Veröffentlichung des Buches noch mit der Untersuchung beschäftigt waren, nicht entschlüsselt werden konnten.

Der Zeitraum vom 31. August bis zum 6. September war der Höhepunkt der Gewalt gegen die deutsche Zivilbevölkerung, die am 3. September in Bromberg, einer Stadt an der Brahe, die nach dem Krieg in Bydgoszez umbenannt wurde, ihren Höhepunkt erreichte. Dort wurden, wie die den *Dokumenten Polnischer Grausamkeit* beigefügten Fotos zeigen, Männer, Frauen und Kinder mit entsetzlicher Grausamkeit und Sadismus massakriert. Zu den Opfern gehörten protestantische Priester, jugendliche Mädchen, die oft vergewaltigt wurden, kleine Kinder, alte Menschen und sogar schwangere Frauen. Ein Beispiel für eine solche schwangere Frau ist Helene Sonnenberg, die zusammen mit Martha Bunkowski und anderen in Rudak ermordet wurde. Helene war die Frau des evangelischen Küsters der Gemeinde Rudak, Albert

Sonnenberg. Am 1. September wurde der Pfarrer mit dem Bajonett aus seinem Haus geholt. Helene, die mit ihrem dreijährigen Sohn Heinrich unterwegs war, beschloss, nicht zurückzukehren. Niemand wollte sie beschützen, und so versteckten sie sich sechs Tage lang in Scheunen und Ziegeleien. Am 6. September lernte sie Martha Bunkowski kennen, eine alleinstehende Frau, die sich wie sie vor dem Mob versteckte. Am 7. September ging Martha los, um Kleidung für den kleinen Heinrich zu holen. Als sie zurückkehrte, wurde sie von Soldaten begleitet. Am 8. September wurden beide Frauen tot im Schweinestall des Küsterhauses gefunden. Im gerichtsmedizinischen Bericht von Dr. Panning heißt es: „Die Tatsache, dass die Überreste des Fötus nicht im Körper der Mutter, sondern zwischen den Oberschenkeln gefunden wurden, ist auf einen bekannten Vorgang zurückzuführen, der als 'Bahre' bezeichnet wird. Das heißt, die Ausstoßung des Kindes aus dem Mutterleib erfolgt in solchen Fällen durch Verwesung...''.

Die polnischen Zeuginnen Maria Szczepaniak und Luzia Spirka, beide Nachbarinnen Brombergs, die sich in einem Keller versteckt hatten, sagten aus, dass deutsche Bürger wahllos getötet wurden, unabhängig von Alter, Religion oder Geschlecht. Die Zeugen bestätigten, dass keine soziale Schicht oder kein sozialer Rang von dem Gemetzel verschont blieb: Bauern, Landwirte, Lehrer, Priester, Ärzte, Kaufleute, Arbeiter oder Geschäftsleute wurden ermordet, zu Tode gefoltert, geschlagen und ohne Grund erstochen. Paul Zembol, ein Zeuge aus Pless (Pszczyna), einer Stadt in Südpolen nahe der tschechischen und slowakischen Grenze, sagte: „Nie zuvor hatte ich so wutverzerrte Gesichter oder bestialische Mienen gesehen. Sie hatten eindeutig aufgehört, Menschen zu sein''.

Erschossene oder zu Tode geprügelte Leichen wurden überall verstreut aufgefunden: auf Türschwellen, in Höfen und Gärten, an Straßenrändern, manchmal mit Laub und Ästen bedeckt, in Feldgräben, am Ufer von Flüssen und Seen, in der Nähe von Wäldern. In fast allen Fällen hatten sie grausame Verstümmelungen erlitten: aus den Augenhöhlen ausgestochene Augen, ausgeschlagene Zähne, aus den Schädeln quellendes Hirn, herausgeschnittene Zungen, aufgeschlitzte Bäuche, herausgerissene Gedärme, gebrochene Beine und Arme, amputierte Finger und Zehen, Kastrationen, Frauen mit abgeschnittenen Brüsten.... Manchmal lagen die Leichen zu zweit, zu dritt oder in Reihen gefesselt auf dem Boden, die Hände hinter dem Rücken gefesselt.

Der „Blutsonntag'' in Bromberg fand statt, bevor sich die deutschen Truppen in der Stadt melden konnten, in die sie am Dienstag, dem 5. September, einmarschierten. Die Täter waren Polizisten, sich zurückziehende polnische Soldaten in Massen und die verrohte Bevölkerung. Um die Dynamik der Verbrechen zu veranschaulichen, werden wir den Fall der Familie Schmiede schildern, für den uns zwei Quellen zur Verfügung stehen: die Aussage von Frau Irma Ristau, einer 25-jährigen Protestantin, die in der Kartuzkastraße 10 in Bromberg wohnte und vor einem Militärrichter eine eidesstattliche Erklärung abgab, und die Darstellung der Ereignisse im zweiten Kapitel des oben erwähnten Werks von Edwin Erich Dwinger. Die Zusammenführung der beiden Texte wird es uns ermöglichen, ein vollständigeres Bild der Fakten zu erhalten.

Vor Gericht gab Frau Ristau, deren Mädchenname Bloch war, an, dass ihr Mann in Bromberg bei einem Gärtnermeister, Herrn Schmiede, arbeitete und dass ihr Mann am Samstag, den 2. September, bei Schmiede anrief, um sich zu erkundigen, ob er wie üblich zur Arbeit kommen sollte. Frau Ristau begleitete ihren Mann, weil sie am Vortag an ihrem Arbeitsplatz mit einer Eisenstange bedroht und geschlagen worden war und Angst hatte, allein gelassen zu werden. Außerdem hatte ein Nachbar namens Pinczewski, der in der Kartuzkastraße 8 wohnte, sie am Vortag beschuldigt, „zwei Hitleristen" zu sein, und gedroht, sie zu zerstückeln, sobald der Krieg beginne. Die Familie Schmiede hatte sechs kleine Kinder, und Irma Ristau half schon seit einiger Zeit im Kindergarten der Familie aus. Das Ehepaar Ristau übernachtete im Haus der Lehrerin Schmiede, deren Garten am Rande der Stadt lag.

Beim Mittagessen am nächsten Tag, so E. E. Dwinger, betrat ein Lehrling den Raum, in dem das Ehepaar und seine sechs Kinder aßen. Der Gärtnermeister fragte ihn, was es denn Neues gäbe: „Nur derselbe Anruf", antwortete er. „Das geht schon seit einer Stunde so! Ich verstehe nicht, was Sie meinen." Herr Schmiede zwang ihn mit einem Blick zum Schweigen; aber Frau Schmiede bemerkte dies und fragte: „Sind Sie sicher, dass sie nicht irgendeinen Unfug vorhaben?" Herr Schmiede versuchte, sie zu beruhigen. „Was können sie uns schon antun, wir sind doch Zivilisten! Wir haben immer unsere Pflichten erfüllt und unsere Steuern schneller bezahlt als die Polen selbst, wir haben als Soldaten in ihrer Armee gedient.... Vielleicht werden sie uns aus der Stadt vertreiben, wenn Bromberg an die Deutschen übergeben werden muss, das ist natürlich zu erwarten." Zunehmend verängstigt schlug Frau Schmiede vor, ob es nicht besser wäre zu fliehen. In diesem Moment erzählte Irma Ristau, die ebenfalls anwesend war, von den Drohungen, die sie von ihrem Nachbarn Pinczewski erhalten hatte. „Beruhigen Sie sich", unterbrach Meister Schmiede sie, „außerdem ist es schon zu spät, die Truppen sind auf dem Rückzug, und sich jetzt in den Weg zu stellen ist gefährlicher, als im Haus zu bleiben."

Kurz darauf überschwemmten Tausende von sich zurückziehenden Polen die Straßen der Stadt und rückten auf das Zentrum zu. Wie ein feuriger Strom aus geschmolzener Lava", schreibt Dwinger, „füllten sie Straßen und Gassen und stürzten sich fieberhaft auf jedes von Deutschen bewohnte Haus. Der Kern dieser Massen waren Soldaten, begleitet von Pöbel und Studenten, die ihnen den Weg zu ihren Zielen wiesen. Eine Gruppe von Soldaten betrat das Haus der Schmiede mit gezogenen Bajonetten. Der verängstigte Gärtnermeister konnte sich nicht auf Polnisch ausdrücken. Du kannst kein Polnisch, du Hurensohn", rief ein Soldat, „aber du hast eine Waffe. Die Aufforderung, das Haus zu durchsuchen, blieb erfolglos, der Soldat befahl ihm, drei Schritte zurückzutreten und schoss auf ihn. Frau Schmiede stürzte neben ihrem tödlich verwundeten Mann zu Boden. Wie durch ein Wunder traf keiner der drei Schüsse, die auf sie abgefeuert wurden, das Ziel (die Verbrecher waren wahrscheinlich betrunken). Sie sprang auf und schaffte es, mit den Kindern schreiend das Haus zu verlassen, bevor die Soldaten erneut schießen konnten. Draußen rannten sie in einen Keller, der als Luftschutzkeller diente, wo sich Frau Schmiede mit ihren Kindern und anderen Angestellten, darunter Irma Ristau und ihr Mann, einschloss.

Die Polen umstellten daraufhin das Haus und setzten es in Brand. Im Keller brach Panik aus, und aus Angst, zu verbrennen oder zu ersticken, versuchten einige, nach draußen zu gelangen, aber der Eingang stand in Flammen, so dass der einzige Weg nach draußen durch ein Fenster führte. Der erste, der es versuchte, war ein Lehrling, aber er wurde in den Kopf geschossen, sobald er einen Fuß nach draußen setzte. Die nächsten, die es wenig später wagten, waren die Familie Ristau. Irma Ristau sagte wie folgt aus:

> „Mein Mann und ich kletterten hoch und schafften es, auf die Straße zu gelangen. Wir hoben die Hände in die Luft und sagten den Polen, dass wir uns ergeben und nicht schießen sollten, aber die Zivilisten schrien: 'Ihr müsst sie töten, sie sind Hitleristen und Spione'. Dann schoss ein polnischer Soldat und mein Mann brach mit einer Kugel im Kopf zusammen. Ich fiel inmitten des Lärms zu Boden und verlor vor Schreck das Bewusstsein. Als ich wieder zu mir kam, stand ein Soldat mit einem Bajonett neben mir und nahm meinem Mann den Ehering, seine Uhr und 45 Zloty ab. Die Schuhe meines Mannes, die er nur bei unserer Hochzeit und ein paar Tage lang getragen hatte, übergab er den Zivilisten. Er packte mich an den Haaren und hob mich hoch, aber ich fiel neben meinem Mann auf den Boden zurück. Als ich den Soldaten bat, mir wenigstens den Ring als Andenken zu überlassen, schlug er mir mit dem Gewehrkolben so heftig auf Nacken und Rücken, dass ich mich bis heute kaum bewegen kann. „

Irma Ristau landete unter Schmerzen und mit dem Blut ihres Mannes getränkt in einer Kaserne, wo sie darum bettelte, getötet zu werden, da sie nicht mehr leben wollte. „Es ist schade, eine Kugel an dich zu verschwenden", sagte einer der Soldaten, „fahr zur Hölle". So kehrte Frau Ristau zu der Stelle zurück, an der man die Leiche ihres Mannes abgelegt hatte, und sah, wie Soldaten und Zivilisten ihn zerstückelten. Wir fügen nur hinzu, wie E. E. Dwinger den Bericht von Frau Schmiede abschließt, über die Imma Ristau in ihrer Aussage keine weiteren Angaben macht. Demnach rettete sie ihren Kindern das Leben, indem sie ihnen in Essig getränkte Handtücher in den Mund steckte und sie mit ihrem eigenen Körper vor den Schüssen schützte, die durch das Fenster in den Keller drangen. Am Abend stürzte das verbrannte Haus ein und der Mob löste sich auf. Am nächsten Tag wagten sie sich aus dem Keller und wurden zwar verhaftet, konnten aber glücklicherweise ihr Leben retten.

Praktisch jedes Haus in Bromberg, in dem Deutsche lebten, wurde angegriffen, und ganze Familien wurden getötet. Keines der Stadtviertel blieb vom Pogrom verschont. Wir könnten Hunderte von Fällen aufzählen, die in den *Dokumenten* aufgeführt sind, denn es handelt sich um einen ausführlichen Bericht von mehr als 400 Seiten, aber das würde nur das bereits Gesagte ergänzen. Es könnte jedoch von Interesse sein, zumindest eine vollständige Aussage wörtlich wiederzugeben. Wir haben uns aus zwei Gründen für die Aussage von Paul Sikorski entschieden: Sie ist kurz und ermöglicht es uns, die extreme Grausamkeit der Verbrecher zu verstehen. Wir schließen daraus, dass Sikorski, ein Mann von fünfunddreißig Jahren, für einen Polen gehalten wurde, weil er perfekt polnisch sprach; er erklärte jedoch unter Eid, dass er katholisch sei und zur deutschen Minderheit gehöre:

„Am Sonntag, dem 3. September 1939, ging ich gegen sechs Uhr morgens zur Mühle, um das Licht und die Turbine abzuschalten. Auf dem Weg dorthin hörte ich plötzlich lautes Geschrei, das vom Bahnhof kam. Etwa neunzig Meter entfernt sah ich in der Nähe der Bahnsteige eine Gruppe von Eisenbahnern, Zivilisten und Militärs, die mit Gewehrkolben, Bajonetten und Stöcken auf sieben Personen im Alter zwischen zwanzig und sechzig Jahren einschlugen. Sie hatten die Opfer umzingelt. Ich näherte mich und hörte, wie sie auf Polnisch riefen: „Lasst uns die Deutschen töten". Schon von weitem sah ich, wie das Blut herausspritzte. Ich drehte mich um, als ich merkte, dass die Horde auf mich zukommen wollte. Um neun Uhr kehrte ich zurück und untersuchte die Leichen. Zwei von ihnen waren die Augen mit Bajonetten ausgestochen worden. Die Augenhöhlen waren leer und es gab nur noch eine blutige Masse. Bei drei anderen Leichen war der Schädel aufgespalten und das Gehirn lag einen Meter entfernt. Die anderen Leichen waren zerschmettert. Einer von ihnen war völlig offen. Zwei der Opfer kannte ich, es waren Leichnitz, ein Fleischer aus Jagershof, und Herr Schlicht.
Am Nachmittag, zwischen drei und vier Uhr, kam eine Gruppe von Soldaten und Eisenbahnern zu meiner Mühle und brachte achtzehn Deutsche mit, die paarweise gefesselt waren. Ich konnte sie von meinem Garten aus gut sehen. Die achtzehn wurden paarweise erschossen, und als sie auf dem Boden lagen, wurden sie geschlagen. Unter den Toten waren auch ein vierzehnjähriger Junge und eine Frau. Bei dieser Gelegenheit musste alles schnell gehen, denn sie zogen sofort weiter. Ich habe dann die Leichen untersucht; sie lagen drei Tage lang dort.
Am Montagmorgen, als die polnischen Soldaten die Stadt evakuiert haben sollten, brachten zwei Soldaten ein älteres Ehepaar herein. Sie stellten sie vor mir an eine Mauer in der Mühle. Ich eilte zu den Soldaten, kniete vor ihnen nieder und flehte sie auf Polnisch an, die alten Männer, die etwa fünfundsechzig Jahre alt waren, freizulassen. Einer der Soldaten stieß mich jedoch mit dem Gewehrkolben weg und sagte: „Lasst diese verdammten Deutschen sterben. Bevor ich aufstehen konnte, wurden beide erschossen und ihre Körper fielen in einen Graben...".

Vor dem Einmarsch wurden immer häufiger Kolonnen von Verhafteten der deutschen Minderheit nach Polen gebracht. Zahlreiche Personen sagten vor Gericht über ihre Erfahrungen mit diesen Märschen aus, die mit Beginn des Krieges immer häufiger stattfanden. Einen ausführlichen Bericht gab Gotthold Starke, Chefredakteur der *Deutschen Rundschau* in Bromberg, am 15. September vor dem Militärtribunal ab. Er schilderte seine Erlebnisse ab dem 1. September, als er in seinem Haus verhaftet und zusammen mit anderen Personen deutscher Minderheit und deutscher Nationalität, wie Konsul Wenger, seiner Sekretärin und anderen Beamten des Generalkonsulats in Thorn, in ein Waisenhaus gebracht wurde. Diesem Zeugen zufolge wurden bereits Ende April und Anfang Mai Listen mit den zu verhaftenden Personen erstellt. Es gab drei Arten von Verhafteten, die mit Hilfe von farbigen Karten in drei Gruppen eingeteilt wurden: rot, rosa und gelb.
Eine kurze Zusammenfassung des Berichts vermittelt einen Eindruck von den Strapazen dieser Märsche. Starke berichtet, dass am 2. September weitere Gefangene im Waisenhaus eintrafen. Um fünf Uhr nachmittags wurden sie auf dem Hof versammelt und in zwei Reihen aufgeteilt. Dann begann der Marsch durch die Straßen Brombergs unter Beschimpfungen und Bespuckung durch die polnische Bevölkerung. Die Inhaftierten, darunter Kinder, Frauen und alte

Menschen, sollten in das sechsunddreißig Kilometer entfernte Thorn gebracht werden. Am 4. September wurden sie von Thorn nach Ciechocinek marschiert, wo sie in Lagern für Jugendliche untergebracht und nach Geschlechtern getrennt wurden. Diejenigen, die sich nicht selbst verpflegt hatten, und das war die Mehrheit, hatten bereits seit Tagen nichts mehr gegessen. Am 5. September verließen sie Ciechocinek in Richtung Wloclawek und kampierten mittags unter sengender Sonne auf einer Mülldeponie in Nieszawa. Dort stießen sie auf eine große Gruppe von Häftlingen aus Pommern, darunter alte Männer und Frauen, die unter schrecklichen Bedingungen lebten. Bei ihrer Ankunft in Wloclavek wurden sie alle in einer Turnhalle eingesperrt, wo sie nicht einmal Wasser bekamen. Am nächsten Tag, dem 6. September, machten sie sich auf den Weg nach Chodsen, wo sie von neuen Häftlingskolonnen aus Pommern aufgenommen wurden. Nach Angaben von Starke zählte die Zahl der Gefangenen nun etwa 4.000, von denen 600 bis 800 aus Bromberg stammten. Unter ihnen befanden sich etwa tausend Polen: Sozialdemokraten, Sträflinge und andere zwielichtige Gestalten. Kurz gesagt, der Marsch wurde an mehreren Tagen fortgesetzt, bis sie am 9. September unter deutschem Artilleriefeuer Lowitsch erreichten, wo die polnischen Wachen sie aufgaben. Von den 4.000 Gefangenen blieben nur 2.000 übrig. Die 1.000 Polen waren verschwunden. Die Gefangenen begannen sich aufzulösen, viele von ihnen erreichten die deutschen Stellungen unter. Seit sie Bromberg verlassen hatten, waren sie etwa 150 Meilen zu Fuß unterwegs gewesen.

Betrachten wir nun einen dieser Märsche anhand des Berichts von Herbert Mathes, Inhaber einer Möbelfabrik in Brombreg, der vor Gericht unter Eid berichtete, was mit 150 Deutschen geschah, die nach Piecki bei Brzoza marschierten. Sein Sohn Heinz Mathes bestätigte diese Aussage. Herbert Mathes und seine beiden Söhne im Alter von dreizehn und fünfzehn Jahren wurden am 3. September in Bromberg von vier mit Äxten bewaffneten Männern verhaftet und den Soldaten übergeben. Mit gefesselten Händen wurden sie in einer Gruppe von hundert bekannten Bürgern der Stadt zusammengetrieben und zur Bahnhofskaserne gebracht. Auf dem Weg dorthin wurden sie geschlagen, bespuckt und mit Messern und Äxten bedroht. Weitere Häftlinge, darunter auch andere Eltern mit ihren Kindern, versammelten sich am Bahnhof. Insgesamt waren es etwa vierhundert Menschen, von denen die Glücklichsten zur Seite genommen wurden, um Munition zu laden und ihr Leben zu retten. Der Rest marschierte in Richtung Brzoza. „Die alten Männer, die nicht mehr weiter konnten", so Mathes, „wurden mit Bajonetten verwundet und einige starben. Kurz darauf ertönte hinter der Stadt das Wort 'Halt' und wir wurden von vorne und hinten beschossen. Viele wurden auf diese bestialische Weise getötet. Daraufhin wurde ein Konvoi von etwa einhundertfünfzig Personen organisiert. „Ich habe meine Kinder beschützt", fährt der Zeuge fort, „und wurde mit einem Bajonett in den Oberschenkel verwundet". Während des Marsches wurden diejenigen, die nicht weitergehen konnten und sich setzten, „mit einem Gewehrkolben erschossen, denn nach etwa zwei Stunden verbot der Leutnant das Schießen." Um fünf Uhr morgens waren nur noch vierundvierzig Menschen am Leben, als man sie in einem Stall ausruhen ließ. Heinz Mathes, der Polnisch verstand, teilte seinem Vater mit, dass sie sich auf die Suche nach Benzin gemacht hatten, um sie dort zu verbrennen, obwohl die Kinder nach Hause zurückkehren durften. Da sie kein Benzin fanden, befahlen die Soldaten um halb acht Uhr morgens, die Gefangenen in Dreierreihen aufzustellen. Die ersten drei wurden erschossen, und die Geschichte geht wie folgt:

„Dies wurde bis zu sechsmal wiederholt. Heinz plädierte tapfer dafür, weder ihn noch seinen Bruder Horst zu töten; er wurde mit einem Bajonett in die rechte Schulter verwundet. 'Noch drei'. Heinz erzählte mir dann, dass der Gefreite gesagt hatte, es sei eine Verschwendung von guten Patronen und man solle den Rest abstechen. 'Oh mein Gott!' Er konnte sich gerade noch hören. Diejenigen, die nicht still waren, bekamen die tödlichen dumpfen Schläge der Gewehrkolben ab. Wir drei waren die Nächsten, dahinter noch fünf andere. Wir gingen Hand in Hand hinaus, wurden aber nach links zur Seite gedrängt. Zwei Soldaten, Gefreite, packten uns und schoben uns ein paar Schritte vorwärts. Es waren die Räuber, denen Heinz im Laufe des Tages klugerweise gesagt hatte, dass wir Wertsachen und Geld besäßen. Wir gaben ihnen dann alles, was wir hatten, und sie begannen, sich um die Verteilung zu streiten. Da haben wir die Gelegenheit genutzt und sind weggelaufen.... Wir irrten die ganze Nacht herum; es war Montagabend. Heinz wurde mit einem Stück meines Hemdes bandagiert. Wir waren in unseren Hemden, die Schuhe hatte man uns in Bromberg ausgezogen. Am Mittwochabend war unsere Lage katastrophal, wir sahen viele Soldaten in der Nähe und mussten der Gefahr ausweichen. Ist es nicht besser zu sterben?", fragte Horst. Unsere Zungen waren geschwollen und ganz weiß, unsere Lippen dick und verkrustet. Die Rettung kam: ein schwerer Tau legte sich auf die Blätter der Bäume, wir leckten ihn gierig auf und aßen einen Frosch, 'leckerer als Wein', sagte Heinz. Horst, der sich verabschiedet hatte, erwachte wieder zum Leben...".

Am Donnerstag, den 7. September, trafen Herbert, Heinz und Horst Mathes auf deutsche Soldaten. In Bromberg angekommen, konnten sie Frau Mathes, Mutter und Ehefrau, umarmen, die nicht glauben konnte, dass ein solches Wunder geschehen war.

Viele der Massenmorde wurden durch die Entdeckung zahlreicher Massengräber bestätigt, in denen die Leichen der Opfer verscharrt wurden: Im Vorort Jagershof in der Nähe von Bromberg wurden dreiundsechzig Menschen erschossen. In Slonsk, südöstlich von Thorn, einer seit Jahrhunderten von Deutschen bewohnten Stadt, wurde ein Grab mit 58 Leichen von Angehörigen der deutschen Minderheit gefunden. Das größte Massengrab wurde am 14. Oktober 1939 in der Nähe von Tarnowa, nördlich von Turek, gefunden, wo die Leichen von einhundertvier ethnischen Deutschen gefunden wurden, von denen viele grausam verstümmelt waren. Im Dezember 1939 wurden Massengräber in Klodawa und Krosniewice gefunden.

Zu den 63 Leichen, die im Massengrab von Jagershof gefunden wurden, gibt es zwei Aussagen: In der einen wird berichtet, dass achtzehn Menschen erschossen wurden, in der anderen wird die Ermordung von zwanzig weiteren Opfern bezeugt, die im selben Grab gelandet sind. Wir schließen diesen Abschnitt über die Massaker an der deutschen Minderheit in Polen mit einer kurzen Darstellung der ersten dieser beiden Aussagen ab. Unter den achtzehn Erschossenen befand sich der evangelische Pfarrer Kutzer, Vater von vier

Kindern im Alter zwischen drei und vierzehn Jahren. In seinem Haus beherbergte dieser Küster andere deutsche Flüchtlinge aus anderen Gemeinden. Am 3. September um 15 Uhr wurden der Pfarrer und sein dreiundsiebzigjähriger Vater Otto Kutzer, zwei junge Männer, Herbet Schollenberg, vierzehn Jahre, und Hans Nilbitz, siebzehn Jahre, sowie drei weitere Flüchtlinge verhaftet. Sie alle wurden zu einem Damm in der Nähe der Gemeinde gebracht, wo sie sich mit zwölf anderen Verhafteten, darunter eine Frau, Frau Kobke, trafen. In einer Reihe aufgestellt, erschossen zwölf Soldaten einen nach dem anderen aus einer Entfernung von sieben Metern. Als Frau Kobke die erste Hinrichtung miterlebte, fiel sie in Ohnmacht. Nach der Hinrichtung banden sie der Frau die Hände los und ließen sie gehen, nachdem sie die Leichen, die eine nach der anderen auf dem Boden lagen, betrachtet hatte. Das „Spektakel" wurde von etwa zweihundert Menschen mitverfolgt.

Vom Krieg gegen Deutschland zur Carte blanche für die UdSSR

Die Polen waren nicht in der Lage, in einem der Gebiete, durch die die deutschen Truppen nach Polen vordrangen, eine Front zu errichten, so dass am 6. September klar war, dass sie den Krieg verloren hatten. In *Hitlers Krieg* bestätigt David Irwing Folgendes: „Hitlers territoriale Pläne für Polen waren noch unbestimmt. Er hatte gehofft, dass er gezwungen sein würde, die italienische Vermittlung und einen eventuellen Waffenstillstand zu akzeptieren, und um seine Position am Verhandlungstisch zu verbessern, hatte er in den ersten Tagen so viele Gebiete wie möglich erobert". Nach dem Scheitern von Ciano hoffte Hitler, dass der Einmarsch in die Sowjetunion Großbritannien zwingen würde, auch Moskau den Krieg zu erklären. Wie wir jedoch wissen, sah eine Geheimklausel in dem im August von Beck und Halifax unterzeichneten Vertrag vor, dass London sich nur zur Verteidigung Polens gegen eine einzige „europäische Macht" verpflichtete, was den Naziführern unbekannt war.

Stalin, der seine Armee noch nicht in Bewegung gesetzt hatte und immer noch in der Warteschleife stand, teilte Berlin am 9. September seine Absicht mit, den Teil Polens zu besetzen, der gemäß dem am 23. August unterzeichneten Pakt an die UdSSR zurückgegeben werden sollte. Unter dem Vorwand, „ihren ukrainischen und weißrussischen Blutsbrüdern zu Hilfe zu kommen", die sie durch den „Zerfall des polnischen Staates" bedroht sah, rückte die Rote Armee am 17. September 1939 in Polen ein. Zu diesem Zeitpunkt war Beck bereits zurückgetreten und der polnische Regierungschef Sikorski bat in einer pathetischen Geste die Briten und Franzosen, der UdSSR den Krieg zu erklären. Natürlich begriffen die Polen schließlich, dass sie verraten worden waren, denn niemand hatte einen Finger gerührt, um ihnen zu helfen. Marschall Rydz-Smigly, Chef des Generalstabs, befahl seinen Einheiten, nicht gegen die Sowjets zu kämpfen, die, abgesehen von gelegentlichem Widerstand einiger wütender Polen, fast keinen Widerstand leisteten. Roosevelt besaß die Frechheit, den sowjetischen Einmarsch in Polen als eine Aktion zu rechtfertigen, die verhindern sollte, dass das ganze Land von den Deutschen besetzt wurde". Nach dem Einmarsch der Kommunisten gerieten 230.000 Soldaten, darunter 15.000

Offiziere, in sowjetische Gefangenschaft. Das Debakel war vollbracht. Bald war Polen nicht mehr auf der europäischen Landkarte zu finden.

Am 28. September reiste Ribbentrop nach Moskau und einigte sich mit Stalin und Molotow darauf, die ursprünglich geplante deutsche Grenze über die Weichsel nach Bug zu verlegen. Im Gegenzug lässt Deutschland Litauen in die sowjetische Interessensphäre fallen. Die Sowjetunion annektierte 180.000 Quadratkilometer, die von zwölf Millionen Ukrainern, Weißrussen und Polen bewohnt wurden, Gebiete, die in die Sowjetrepubliken Ukraine und Weißrussland integriert wurden. Natürlich erhob niemand in Europa auch nur den geringsten Einspruch. Das heißt, Großbritannien und Frankreich erklärten Deutschland den Krieg, obwohl sie wussten, dass die deutsche Minderheit in Polen allen möglichen Ungerechtigkeiten und Gräueltaten ausgesetzt war, weil sie nicht damit einverstanden waren, dass Danzig, eine von Deutschen bewohnte Stadt, wieder in das Reich eingegliedert wurde; sie akzeptierten jedoch bereitwillig, dass Stalin „seinen ukrainischen und weißrussischen Blutsbrüdern zu Hilfe kam" und das halbe Land annektierte.

Die offizielle Geschichtsschreibung ist nicht willens oder in der Lage, angemessen zu erklären, warum die berühmten Demokratien der UdSSR einen Freibrief für ihr Handeln ausstellten. Nur die Interpretationslinie der historischen Tatsachen, die wir in dieser Arbeit vertreten, kann angemessen klären, was geschah und was geschehen sollte. In dem Bestreben, Deutschland, Großbritannien und die Vereinigten Staaten vollständig zu vernichten, haben die angeblich unterwürfigen Demokratien, die den Schattenmächten, die den Krieg erzwungen haben, unterworfen waren, bekanntlich zugelassen, dass der Kommunismus halb Europa besetzte und bis nach Berlin vordrang. Es lohnt sich, noch einmal daran zu erinnern, dass die Sowjetunion eine rücksichtslose kommunistische Diktatur war, die die traditionellen westlichen Werte ablehnte. Seit 1917 waren Millionen von Gegnern ermordet worden, und die jüdisch-bolschewistischen Machthaber hatten für ihre Herren den größten Raubzug der Geschichte unternommen. Der Kommunismus war, wie wir gesehen haben, mit Billigung der Vereinigten Staaten und Großbritanniens durch blutrünstigen Terror gefestigt worden. Seine Verbrechen, die über einen Zeitraum von 22 Jahren begangen wurden, hatten 1939 alle Rekorde gebrochen.

Nachdem Stalin „seinen Blutsbrüdern zu Hilfe gekommen" war und Pläne zur Annexion des polnischen Territoriums in die Wege geleitet hatte, richtete er seinen Blick auf die baltischen Republiken, deren Außenminister nacheinander einberufen wurden. Sie kommen nacheinander nach Moskau und werden innerhalb von zwei Wochen, vom 26. September bis zum 10. Oktober, durch die Auferlegung von Beistandsverträgen gezwungen, der Sowjetunion Militärstützpunkte zu gewähren. Im Oktober 1939 waren 25.000 sowjetische Truppen in Estland, 30.000 in Lettland und 20.000 in Litauen stationiert. Diese Truppen waren den Armeen der einzelnen Länder zahlenmäßig überlegen, so dass der Militäreinsatz die Unabhängigkeit dieser Länder effektiv beendete. Am 11. Oktober ordnete Beria, der neue Chef des NKWD nach dem Sturz von Jeschow, die „Ausrottung aller antisowjetischen und asozialen Elemente" in diesen Republiken an: Offiziere, Beamte, regimekritische Intellektuelle und andere feindliche Elemente wurden verhaftet.

Der nächste Schritt sollte Finnland sein. Am 5. Oktober 1939 bittet Molotow den finnischen Botschafter in Moskau, einen Bevollmächtigten nach Helsinki zu schicken, um „konkrete politische Fragen" zu besprechen. Die Finnen, die bereits von den Forderungen der baltischen Republiken wussten, betrachteten die Vorladung mit Misstrauen. Um sich nicht überrumpeln zu lassen, berief die Regierung vorsorglich Reservisten für außerordentliche Manöver und zur Erhöhung der Verteidigungsbereitschaft ein. Damit begann der Weg, der zu der ungeheuerlichen Aggression der Sowjetunion führen sollte, die Finnland annektieren wollte. Da der finnische Fall sehr bedeutsam ist und die Doppelmoral und Heuchelei der westlichen Demokratien aufgedeckt hat, wollen wir uns kurz damit befassen und ihm ein wenig mehr Aufmerksamkeit schenken.

Alles begann im April 1938, als der finnische Außenminister Rudolf Holsti einen ungewöhnlichen Besuch von Boris Yartsev erhielt, einem Juden ukrainischer Herkunft, der eigentlich Boruch Aronovich Rivkin hieß. Diese Person, die seit 1922 in der Geheimpolizei (OGPU) tätig war und 1945 als Agent an der Konferenz von Jalta teilnahm, war ein persönlicher Gesandter Stalins, der als zweiter Sekretär in der Botschaft von Helsinki eingesetzt war. Jartsev wollte, dass Finnland einem Militärpakt zustimmt, da Deutschland seiner Meinung nach die Absicht hatte, die UdSSR über Finnland anzugreifen. Holsti versicherte ihm, dass man nicht die Absicht habe, die nordische Neutralität aufzugeben, geschweige denn sein Territorium für einen Angriff auf Moskau abzutreten. Trotz des Drängens des Gesandten Stalins, der sich im Sommer zweimal mit Ministerpräsident Aimo Cajander traf, blieb die finnische Regierung standhaft. Ende August 1938 wurde Jartsev mitgeteilt, dass seine Forderungen einen Angriff auf die finnische Souveränität darstellten und gegen die nordische Neutralitätslinie verstießen. Der neue Außenminister Eljas Erkko änderte die Position der finnischen Regierung kein Jota, als ein zweiter Abgesandter jüdischer Herkunft, Boris Jefimowitsch Schtein, versuchte, ihn zu überreden, Finnland dazu zu bewegen, die Inseln östlich des Finnischen Meerbusens an die UdSSR zu verpachten.

Als Molotows Ersuchen am 5. Oktober 1939 eintraf, beschlossen die Finnen, nicht den Außenminister nach Moskau zu schicken, sondern Paasikivi, einen ausgezeichneten Russland-Spezialisten, mit der Mission zu beauftragen. Juho Kusti Paasikivi nahm sich einige Tage Zeit, um sich auf seine Mission vorzubereiten, und am 9. Oktober fuhr die finnische Delegation, die am Bahnhof mit patriotischer Begeisterung empfangen wurde, mit dem Zug nach Moskau. Im Kreml schlugen Stalin und Molotow den Finnen einen Beistandsvertrag vor, ähnlich dem, den sie gerade Estland, Lettland und Litauen auferlegt hatten, doch Paasikivi lehnte ab. Dann schlugen die Sowjets unter Hinweis auf die Sicherheit Leningrads eine langfristige Pacht der Halbinsel Hanko, dem Tor zum Finnischen Meerbusen, vor, um im Hafen von Lappohja einen Flottenstützpunkt zu errichten. Außerdem verlangten sie die Überlassung eines Teils der karelischen Landenge und einiger Inseln. Die finnische Delegation blieb hartnäckig und argumentierte, ihre Regierung habe ihnen verboten, territoriale Zugeständnisse zu machen. Als sich die Krise zuspitzte, trafen sich die nordischen Staatsoberhäupter und Außenminister am 18. und 19. Oktober in Stockholm. König Gustav V. von Schweden teilte dem finnischen Präsidenten Kyösti Kallio mit, dass Schweden Finnland im Falle eines Konflikts keine militärische Unterstützung gewähren würde. Als Paasikivi am 23. Oktober nach Moskau zurückkehrte, um die Verhandlungen wieder aufzunehmen, wusste er, dass sein Land auf sich allein gestellt war und nicht auf nordische Unterstützung zählen konnte. Obwohl die finnischen Unterhändler einige Zugeständnisse machten, zeigte eine neue Gesprächsrunde zwischen dem 2. und 4. November 1939, dass die von den Finnen angekündigten Verzichtserklärungen nicht den Forderungen der UdSSR entsprachen. Die Paasikivi-Delegation kehrte am 13. November nach Helsinki zurück, ohne dass ein neuer Termin für die Wiederaufnahme der Verhandlungen festgelegt worden war.

Während des Herbstes hatte die Sowjetunion Truppen entlang der Grenze zusammengezogen. Am 26. November beschuldigte Molotow plötzlich die finnische Armee, die Stadt Mainila mit Artillerie beschossen zu haben, wobei die Granaten zu Opfern unter den dort stationierten Soldaten geführt haben sollen. Um Zwischenfälle zu vermeiden, wurde Finnland aufgefordert, seine Truppen 30 Kilometer von der Grenzlinie zurückzuziehen. Die Anschuldigung war falsch, aber die finnische Regierung war bereit, den Vorfall zu untersuchen und über einen gegenseitigen Truppenabzug im Grenzgebiet zu sprechen. Daraufhin beschuldigte Moskau Helsinki öffentlich, die Sicherheit Leningrads zu bedrohen, und kündigte den bis 1945 geltenden Nichtangriffspakt. Die diplomatischen Beziehungen wurden abgebrochen, und am 30. November begann eine halbe Million Truppen der Roten Armee mit dem Einmarsch in finnisches Gebiet von verschiedenen Punkten entlang einer 1.000 Kilometer langen Front. Gleichzeitig bombardierte die Luftwaffe die wichtigsten städtischen Zentren, insbesondere Helsinki. Erklärtes Ziel ist die schnelle Eroberung des Landes, möglichst innerhalb von zwei Wochen, und die Beendigung der Unabhängigkeit des Landes.

Stalin und Molotow tarnen ihre Aggression mit einer plumpen Ausrede: Nachdem sie in Terijoki (Karelische Landenge) eine Marionettenregierung unter der Führung des Kommunisten Otto Kuusinen eingesetzt hatten, die sich aus finnischen Kommunisten im Exil in der UdSSR zusammensetzte, behaupteten sie, dass die Truppen auf einen Aufruf dieser Regierung hin in Finnland einmarschiert seien, die sie als legitim anerkannten. Am 2. Dezember schließen die Sowjets einen Beistandsvertrag mit der „Volksregierung von Terijoki" ab. Die kommunistische Propaganda verkündet die baldige Einnahme der finnischen Hauptstadt, die Befreiung des finnischen Volkes vom weißen Terror und die Schaffung einer Volksrepublik in Finnland. Damit sollte den ausländischen Mächten erklärt werden, dass die Rote Armee das finnische Volk nicht angreift, sondern es auf Wunsch der Volksregierung befreit. Tatsache ist, dass das finnische Volk den Bürgerkrieg von 1918 überwunden hatte und vollkommen geeint war. L. A. Puntila schreibt in seiner *Histoire politique de la Finlande de*

1809 à 1955: „Die großen inneren Reformen, die durch die wirtschaftliche Entwicklung seit 1935 beschleunigt wurden, hatten die Lage der Arbeiter und Bauern verbessert, das Bildungswesen war intensiviert worden und die Arbeit der Kulturgesellschaften hatte Früchte getragen. Das Nationalgefühl hatte sich gefestigt und die Menschen hatten gelernt, die Unabhängigkeit zu schätzen".

Die finnischen Streitkräfte, die sich seit Anfang Oktober im Manöver befanden, wurden von dem Angriff nicht überrascht. Ein Gefühl tiefer Ergriffenheit überkam das ganze Land, und in den ersten Stunden des Krieges wurde Marschall Mannerheim zum Oberbefehlshaber der Armeen ernannt. Die Sowjets setzten 1.000 Flugzeuge in den Kampf ein, aber Finnland konnte ihnen nur 150 Flugzeuge entgegensetzen. Im Vergleich zu den 2.000 Panzern, die von den Kommunisten eingesetzt wurden, verfügten die Finnen nur über 50 Panzer. Die Hoffnungen des Landes ruhten auf 330.000 relativ gut ausgebildeten Männern mit einem patriotischen Gefühl, das entscheidender war als jede Bewaffnung, dem berühmten Winterkriegsgeist, der den unerschütterlichen Willen der Finnen unterstrich, ihr Land gegen die Invasoren zu verteidigen. In dem Gedicht *Die müden Soldaten* beschreibt Yrjö Yylha auf bewegende Weise den fast religiösen Geist, der die finnischen Kämpfer beseelte. In einigen Zeilen des Gedichts bitten die Soldaten am Ende ihrer Kräfte darum, in die himmlischen Legionen aufgenommen zu werden. Gott antwortet ihnen: „Mein Heer ist auf Erden, / Wer seine Waffen niederlegt, weiß ich nicht".

Die Russen konzentrierten ihre Offensive auf die Landenge von Karelien und starteten im Dezember 1939 eine Offensive nach der anderen, um die finnischen Linien zu durchbrechen. Der erste Großangriff fand Anfang des Monats statt, der zweite Mitte Dezember, wobei beide auf die Verteidiger trafen. Die Angreifer versuchten daraufhin, eine Lücke nördlich des Ladogasees zu öffnen, doch die Finnen gewannen mehrere Gefechte in Tolvajärvi, die die Moral der Bevölkerung stärkten und das Ausland beeindruckten. Zu Weihnachten versuchten die Roten erneut, die Front an der Karelischen Landenge zu durchbrechen, doch das Ergebnis war ein weiterer Verteidigungssieg. Weiter nördlich hielten die Stellungen von Ilomantsi, Lieksa und Kuhmo dem Ansturm der sowjetischen Truppen ebenfalls stand. Der Versuch, das Land um Oulu in zwei Teile zu spalten, scheiterte ebenfalls, und die Kommunisten erlitten eine demütigende Niederlage bei Suomussalmi, wo die Finnen auf eine Umzingelungstaktik zurückgriffen und eine bedeutende Kriegsbeute machten.

Nach einem Monat der Feindseligkeiten waren alle Angriffe der Roten Armee zurückgeschlagen worden. Natürlich waren die personellen Ressourcen Finnlands begrenzt und die Lage der finnischen Armee war heikel, aber nicht hoffnungslos. Die Sowjetunion schickte zwar Hunderttausende von neuen Kämpfern auf das Schlachtfeld, beschloss aber schließlich im Januar, Verhandlungen mit der rechtmäßigen finnischen Regierung aufzunehmen, was das Ende der Regierung Terijoki bedeutete. Die Forderungen Moskaus waren für Helsinki unannehmbar, und so startete die Rote Armee im Februar 1940 eine neue Offensive auf der Karelischen Landenge, wo sie am 11. Februar schließlich Summa durchbrechen konnte. Ende Februar waren die finnischen Truppen gezwungen, sich auf die zweite Verteidigungslinie westlich der Landenge zurückzuziehen. Bei Viipuri kam es erneut zu Kämpfen. Unter dem Druck der Umstände reiste Ministerpräsident Risto Ryti am 7. März an der Spitze einer Delegation nach Moskau, um sich um einen möglichst schmerzlosen Frieden zu bemühen, der trotz der harten Bedingungen am 12. März 1940 unterzeichnet wurde. Nach 125 Tagen war der Winterkrieg zu Ende.

Die Bedingungen des Moskauer Friedens sahen bedeutende Gebietsabtretungen vor, darunter den Petsamo-Korridor, der Finnland einen Zugang zur Arktis verschaffte. Die öffentliche Meinung war schockiert und die finnischen Flaggen wehten im ganzen Land auf Halbmast. Der größte Teil von Finnisch-Karelien wurde an die UdSSR abgetreten, und mehr als 400 000 Menschen flohen oder wurden vertrieben. Dies war einer der am wenigsten bekannten Bevölkerungstransfers des Zweiten Weltkriegs. Die Karelier verließen ihre Heimat 1940, kehrten 1941 dorthin zurück, als Finnland sich Deutschland beim Einmarsch in Russland anschloss, und verließen sie 1945 endgültig. Am Ende des Krieges gab es den unglaublichen Transfer von sechzehn Millionen Deutschen, die ebenfalls aus ihrer Heimat vertrieben wurden, aber das ist ein Thema für ein anderes Kapitel.

Kurzum, die Finnen waren auf sich allein gestellt. Nur elftausend ausländische Freiwillige kamen, um an ihrer Seite gegen die Kommunisten zu kämpfen. Siebentausend von ihnen waren Schweden, die sich trotz der offiziellen Haltung ihrer Regierung mit ihren Nachbarn solidarisierten. Die übrigen 4.000 Freiwilligen waren Dänen, Norweger, Ungarn und Amerikaner. Obwohl Finnland die Sympathie der internationalen Öffentlichkeit genoss, handelte die Sowjetunion ungestraft, da ihr Ausschluss aus dem sterbenden Völkerbund nur ein Scherz war. Alle nahmen ungerührt hin, dass Finnland, ein Land von enormer strategischer Bedeutung, in den Einflussbereich des Kommunismus geriet. Doch einige Monate zuvor war Danzig, eine Stadt, in der etwa eine halbe Million Deutsche lebten, die ins Reich zurückkehren wollten, ein casus belli gewesen.

Roter Terror und jüdischer Terror in Estland und Lettland

Stalins verbrecherische Aktionen endeten nicht in Finnland. Vor der Besetzung Estlands, Lettlands und Litauens, zwischen dem 15. April und dem 10. Juni 1940, begann Stalin, Millionen von Soldaten entlang der rumänischen Grenze zu konzentrieren. Am 26. Juni, kurz nach der Kapitulation Frankreichs (22. Juni), stellte Molotow dem rumänischen Botschafter in Moskau, Davidescu, ein Ultimatum, in dem er die sofortige „Rückgabe" Bessarabiens, einer Region im Osten Rumäniens, die zum Zarenreich gehört hatte, an die UdSSR forderte. Außerdem forderte er die Übergabe der nördlichen Bukowina. Am 28. Juni kapitulierte die rumänische Regierung auf Anraten Deutschlands und Italiens und evakuierte die Armee und die Verwaltung aus diesen beiden Regionen. Die Sowjets besetzten ohne Erklärung auch die Region Hertza. Die Bukowina und ein Teil Bessarabiens wurden in die Ukraine eingegliedert, der Rest Bessarabiens wurde zur Republik Moldau, aus der mehr als 30.000 antisowjetische Elemente deportiert wurden, zu denen noch weitere 12.000 aus dem in die Ukraine eingegliederten Bessarabien hinzukamen. Während sich Deutschland im Krieg mit Großbritannien und Frankreich befand, expandierte die UdSSR also problemlos weiter.

Die Strategie zur endgültigen Eingliederung der baltischen Staaten in die UdSSR wurde im Juni 1940 eingeleitet. Unter dem Vorwand von „Provokationen gegen sowjetische Garnisonen" besetzten Hunderttausende von Soldaten Estland, Lettland und Litauen in Anwendung des Beistandsvertrags. Die Institutionen der drei baltischen Länder wurden aufgelöst und ihre Vertreter verhaftet. In *Das Schwarzbuch des Kommunismus* gibt Nicolas Werth an, dass zwischen 15.000 und 20.000 Menschen verhaftet wurden, und nennt die Zahl von 1.500 hingerichteten Oppositionellen allein in Lettland. Am 14. und 15. Juli 1940 wurden in den baltischen Republiken Wahlen abgehalten, bei denen nur Kandidaten der kommunistischen Parteien antraten. Es folgten Verhaftungen, Deportationen und Hinrichtungen in allen drei Ländern: etwa 60.000 Esten wurden deportiert oder hingerichtet, in Lettland etwa 35.000 und in Litauen mehr als 30.000. Der estnische Autor Jüri Lina berichtet ausführlich über die Geschehnisse in seinem Heimatland. In seinem Buch *Im Zeichen des Skorpions* prangert Lina auf etwa zwanzig Seiten die verbrecherische Rolle der marxistischen Juden in Estland während der kommunistischen Machtübernahme an. Wir stützen uns daher hauptsächlich auf diese Quelle.

Die Besetzung Estlands begann am 17. Juni 1940. Der Präsident der Republik, der Freimaurer Konstantin Päts, und der Oberbefehlshaber der Armee, Johan Laidoner, der ebenfalls Freimaurer war, beschlossen, keinen Widerstand zu leisten. Zwei jüdische, vermeintlich kulturelle Organisationen spielten eine Schlüsselrolle bei der Durchsetzung des Kommunismus in Estland. Die eine, „Licht", gegründet 1926, hatte ihren Sitz in Tallinn und arbeitete mit der Internationalen Roten Hilfe und der Kommunistischen Partei Estlands zusammen. Die zweite, „Schalom Aleichem" (Friede sei mit dir), arbeitete in Tartu und war ebenfalls maßgeblich an der Einführung des bolschewistischen Kommunismus in Estland beteiligt. Die meisten Mitglieder von Licht, dessen Vorsitzender Moses Sachs war, waren Zionisten oder Kommunisten. Drei jüdische Kommunisten, die mit Licht in Verbindung standen, Leo Aisenstadt, ein Bankdirektor, Ksenia Aisenstadt und Sosia Schmotkin, druckten die *kommunistische* Zeitung im Haus von Leo Aisenstadt. Ein weiteres Mitglied der Familie Aisenstadt, Hirsh, war ein Beamter der Jewish Agency in Estland und unter dem Namen Grigori Aisenstadt ein NKWD-Agent, der für eines der so genannten „Vernichtungsbataillone" verantwortlich war. Zahlreiche Mitglieder von Licht nahmen an der offiziell so genannten „sozialistischen Revolution von 1940" teil. Zwei von ihnen, Viktor Feigin und Herman Gutkin, Sohn des wohlhabenden jüdischen Kaufmanns Heinrich Gutkin, senkten am 17. Juni die estnische Flagge und hissten die rote Fahne auf dem Hermannsturm. Ein anderer von Jüri Lina zitierter estnischer Autor, Olaf Kuuli, stellt in *Die Revolution in Estland 1940* fest, dass Viktor Feigin zum Direktor des Hauptgefängnisses von Tallinn ernannt wurde und eine schreckliche Organisation, die RO (Rahva Omakaitse), anführte, die übersetzt Volksgarde heißt und an deren Spitze er in Tallinn Terror ausübte. Arnold Brenner, ein weiteres Licht-Mitglied und ehemaliger NKWD-Kommandant, und Viktor Feigin waren laut Kuuli in den Spanischen Bürgerkrieg verwickelt.

Jüri Lina zitiert einen am 24. Juni 1940 in der *Chicago Tribune* veröffentlichten Bericht, dessen Korrespondent Donald Day über die Ereignisse berichtete. Der Journalist berichtete, dass jüdische Extremisten unter der Führung von Herman Gutkin durch Tallinn zur sowjetischen Botschaft marschiert seien, wo die Juden die estnische Flagge zerrissen hätten. In seinen Memoiren stellt Donald Day fest, dass der Redakteur der Zeitung die Worte „die Juden" gestrichen hat, die im gedruckten Text nicht vorkamen. Die Eroberung von Tartu, der zweitgrößten Stadt Estlands, wurde von Schalom Aleichem in Abstimmung mit der Kommunistischen Partei organisiert. Eine Aktivistin von Schalom Aleichem, Selda Pats (Zelda Paatz), und ihr Bruder Jaakov Pesah koordinierten die Aktivitäten. Am 22. Juni gründete Selda selbst zusammen mit Moisei Sverdlov das Revolutionäre Jugendkomitee.

Der Terror gegen „Klassenfeinde" wurde von estnischen und russischen Juden in Zusammenarbeit mit den sowjetischen Besatzern inszeniert. Lina hebt Hans Grabbe (Hasa Hoff), ein führendes Mitglied der Kulturorganisation Licht, als den größten Verbrecher der modernen estnischen Geschichte hervor. Grabbe wurde einer der Leiter des NKWD und war einer der Hauptverantwortlichen für die Deportationen und Gräueltaten der Kommunisten. Lina zufolge ordnete Grabbe „die Massenerschießung estnischer Offiziere" an. In einem von der estnischen Autorin zitierten Bericht des schwedischen Geheimdienstes heißt es, dass fast alle Juden auf die eine oder andere Weise in den Diensten des NKVD standen. In demselben Dokument heißt es, dass während der sowjetischen Besatzung das Justizsystem umgestaltet wurde und viele Juden und andere Personen mit dunkler Vergangenheit zu Richtern ernannt wurden.

Die finno-ugrischen Sprachen, zu denen Estnisch gehört, sind nicht Teil der indoeuropäischen Sprachen. Es handelt sich um agglutinierende Sprachen, für die sich kaum jemand interessiert, denn abgesehen davon, dass sie nur von wenigen Menschen gesprochen werden, sind sie sehr schwer zu erlernen. Die Tatsache, dass Jüri Lina Zugang zu schriftlichen Quellen in estnischer Sprache hat, ist sehr interessant, da nur wenige Wissenschaftler Zugang zu ihnen haben. Er verweist auf seine Nachforschungen im Nationalarchiv in Tallinn im Jahr 1993, wo er Dokumente in Händen hielt, die belegten, dass viele Licht-Mitglieder der sowjetischen Miliz angehörten. Ausländische Diplomaten und Militärbeobachter stellten in ihren Berichten fest, dass estnische Juden plötzlich zu politischen Kommissaren und Henkern des NKWD geworden waren. Zu den wichtigsten jüdischen Verbrechern, die ihr Land verrieten und Esten grausam folterten, zählt Lina Dr. A. Tuch und Dr. B. Glückmann, die beide mit dem NKWD verbunden waren. Glückmann, beide mit Licht verwandt; der Zahnarzt Budas, der in der Stadt Kuresaare auf der Insel Saarema die Füße und Hände seiner Opfer in kochendem Wasser verbrühte; die Staatsanwältin Stella Schliefstein, eine bucklige bekannt als „die Spinne", die es verstand, die Muskeln von Beinen und Händen in tausend Stücke zu reißen. Andere Juden, die der estnische Autor anprangert, sind Manne Epstein, Hirsch Kitt und Gershom Zimbalov. Eine jüdische Quelle, Professor Dov Levin, bestätigt, dass

Leo Aisenstadt und Sosia Schmotkin wichtige sowjetische Beamte wurden. Laut dieser Quelle wurden Leo Aisenstadt und ein anderer Jude, Dr. Gens, Teil der Marionettenregierung in Moskau.

Vor der sowjetischen Besatzung, in der Zeit der Unabhängigkeit Estlands, genossen die estnischen Juden uneingeschränkte Freiheit: fast die Hälfte der Geschäfte in Tallinn wurden von Juden betrieben, sie hatten ihre eigenen Organisationen, ihre eigenen Schulen, in denen der *Talmud* gelehrt wurde, ihre eigenen Zeitungen und sogar einen Lehrstuhl für jüdische Studien an der Universität Tartu. Laut dem ausführlichen Essay *Eesti Juudi Kogukond* (*Die estnische jüdische Gemeinde*), das von Eugenia Gurin-Loov und Gennadi Gramberg verfasst und 2001 in Tallinn veröffentlicht wurde, gab es in Estland neben verschiedenen kulturellen Vereinigungen auch zionistische politische Organisationen, In Estland gab es politische zionistische Organisationen wie die WIZO (Women's International Zionist Organisation), „Beitar", eine von Wladimir Jabotinsky gegründete zionistische Jugendbewegung, und „Hashomer Hazair" (The Youth Guard), eine weitere zionistische Jugendbewegung mit sozialistischer Tendenz. 1924 leitete Päts, der Präsident der Freimaurer, die Eröffnungsfeier einer jüdischen Mittelschule in Tallinn. Am 12. Februar 1925 wurde das Gesetz über die kulturelle Autonomie der Estnischen Republik verabschiedet, und im Juni 1926 wurde die jüdische kulturelle Autonomie in Kraft gesetzt, wobei die jüdische Gemeinde ihren Rat für kulturelle Autonomie wählte. Den Autoren des Artikels zufolge war „die Kulturregierung selbst von großer Bedeutung für die estnischen Juden und stellte ein einzigartiges Phänomen in der Geschichte des europäischen Judentums dar". Außerdem war die zionistische Bewegung in dieser baltischen Republik so stark, dass David Ben Gurion Tallinn in den 1930er Jahren besuchte.

Zwischen Juli und August 1940 war Licht für die Erstellung von Listen von Juden verantwortlich, die nicht mit den Kommunisten und den neuen sowjetischen Behörden zusammenarbeiten wollten. Am 7. September 1940 begann diese Organisation mit der Herausgabe der Wochenzeitung *Na Leben* (*Das neue Leben*) für estnische Juden, deren Chefredakteur Simon Perlman war. Unter der Führung von Moisei Scheer und Leo Epstein beschloss Licht, alle jüdischen Organisationen, die ihm feindlich gesinnt waren, zu schließen und ihre Mittel und Ressourcen zu beschlagnahmen. Bald darauf lösten die marxistischen Revolutionäre von Licht ihre eigene Organisation auf, und die sowjetischen Behörden beendeten die kulturelle Autonomie, die Estland den Juden gewährt hatte. In der Folgezeit verbreiteten Propagandisten wie der Schriftsteller Max Isaac Dimont, ein in Finnland geborener Jude und Autor des Buches *Juden, Gott und die Geschichte*, die Unwahrheit, dass es im unabhängigen Estland zwischen den Kriegen keine Demokratie gegeben habe und dass der Antisemitismus im Lande vorherrsche. Dimont zufolge wurden die Juden in Estland verfolgt und die antisemitische Gesetzgebung nahm zu. Sie waren daher dankbar für die besondere Behandlung, die sie von der estnischen Bevölkerung erfahren hatten.

Nach dem Beginn des deutschen Angriffs auf die UdSSR am 22. Juni 1941 ordnete General Konstatin Rakutin, Befehlshaber der NKWD-Grenztruppen im Baltikum, am 26. Juni auf der Grundlage eines Beria-Erlasses vom 24. Juni die Bildung spezieller Vernichtungsbataillone an, die jeweils aus dreihundertzwanzig Mitgliedern bestanden. Nach Angaben von Jüri Lina hatte der litauische Jude Michael Pasternak, nach dem in Tallinn eine Straße benannt ist, den Oberbefehl über diese Bataillone. Josef Goldman, ein Mitglied von Licht, befehligte im Juli 1941 eines der brutalsten Vernichtungsbataillone.

1993 veröffentlichte Mart Laar während seiner Zeit als estnischer Ministerpräsident das Buch *Metsavennad* (*Die Bruderschaft des Waldes*), ein Titel, der auf eine in den drei Republiken entstandene Partisanenbewegung des Widerstands gegen die sowjetische Invasion und Besetzung anspielt. In diesem Werk enthüllt Mart Laar, dass sich eines der Vernichtungsbataillone ausschließlich aus Juden zusammensetzte. Jüri Lina hat seinerseits festgestellt, dass viele Mitglieder von Licht diesen Bataillonen angehörten, die für viele Esten eine schändliche Erinnerung sind. Lina führt die folgende Liste der aktivsten Verbrecher an: Zemach Delski, Jakob Vigderhaus, die Brüder Moisei und Gerschom Zimbalov, Refoel Goldmann, Isaak Halupovitsch, Schimon (Semjon) Hoff, Simon Strassman, Abram Vseviov, Isaak Bulkin, Meier und Issak Minsker, Moisei Schimschelevitsch, Leo Epstein und Boruch Schor. Einige Mitglieder von Schalom Aleichem in Tartu schlossen sich freiwillig den Vernichtungsbataillonen an, darunter Josef Mjasnikov, Gründer der estnischen zionistischen Bewegung „Netzach", sowie die bereits erwähnten Selda Pats und Jaakov Pesah.

Einem Bericht der Zeitung *Eesti Ekspress* vom 7. Juni 1991 zufolge waren mindestens fünfhundertvierzig Juden in diesen rücksichtslosen Einheiten. Die Vernichtungsbataillone", schreibt der estnische Autor, „waren bekannt für ihre unbeschreibliche Brutalität und Grausamkeit, insbesondere gegenüber Frauen und Kindern. Die Opfer wurden lebendig ins Feuer geworfen, Körperteile wurden amputiert, sie wurden an die Wände genagelt...". Tausende von Oppositionellen wurden während der zwei Monate des Roten Terrors, der erst am 28. August 1941 mit dem Einmarsch der Deutschen in Tallinn endete, verhaftet oder beseitigt. Jüri Lina verortet die Verbrecher in den Gebieten, die sie terrorisiert haben. So verortet er Boris Friedam in der Stadt Voru, Jakob Jolanski in Pärnu und Shustov in Kuresaare. Die Taten der Mörder sind gut dokumentiert. Es gibt zum Beispiel den Fall von zwanzig Esten, die am Bahnhof verhaftet und nach einem Verhör in Tallinn auf Befehl des jüdischen Bataillonskommandeurs L. Rubinov im Wald von Liiva hingerichtet wurden. Hier ist ein kurzer Bericht über einen anderen Fall, den Lina geschrieben hat:

> „Josef Goldman, der eines der Vernichtungsbataillone befehligte, ordnete an, dass alle Frauen und Mädchen, die auf der Straße, auf den Höfen oder auf den Feldern gefunden wurden, zuerst vergewaltigt, dann die Brüste abgeschnitten und schließlich lebendig verbrannt werden sollten. Auch mit den Männern wurde ähnlich verfahren: Zuerst wurden ihnen die Genitalien entfernt, dann die Augen, danach wurden die Mägen aufgeschnitten und sie starben so langsam wie möglich."

Lina nennt in ihrer Arbeit die Vor- und Nachnamen einiger Opfer und die Art und Weise, wie sie gefoltert und getötet wurden, zum Beispiel Anna Kivimäe und ihre Töchter. Der Mutter wurde der Schädel eingeschlagen, die Töchter wurden vergewaltigt und bekamen anschließend die Augen ausgestochen. Der Gärtner Albert Palu wurde am 5. Juli 1941 in Helme lebendig verbrannt. Das Gleiche geschah mit Albert Simm und seiner Frau in Pühajoe. Am selben Tag wurde in Aseri ein vierzehnjähriger Jugendlicher, Tiit Kartes, verhaftet, gefoltert und seine Genitalien abgeschnitten, dann ermordet und seine Leiche in einem Wald abgelegt. Manchmal häuteten die Kammerjäger ihre Opfer bei lebendigem Leib. Mart Laar, der bereits erwähnte estnische Ministerpräsident, hat einige der Verbrechen der Vernichtungsbataillone in einem Artikel mit dem Titel „Die Zeit des Grauens" beschrieben. Laar berichtet von der menschenverachtenden Zerstörung dreier estnischer Dörfer und all ihrer Bewohner: Kinder wurden an Bäume genagelt und schwangere Frauen zu Tode geprügelt. Im Dorf Ehavere wurden Säuglinge mit Bajonetten an der Brust ihrer Mütter erstickt, Frauen wurden Zungen und Brüste amputiert. Jüri Lina fügt hinzu, dass er persönlich Informationen finden konnte, die belegen, dass Schweine manchmal mit den Leichen der estnischen Waldbrüderschaft gefüttert wurden, und schreibt die Verantwortung für diese Verbrechen letztlich den Juden Hans Grabe (Hasa Hoff) und Michael Pasternak zu.

Der estnische Forscher stützt sich immer wieder auf jüdische Quellen, um seine Behauptungen zu untermauern. So gab Irina Stelmach in der Ausgabe der Zeitung *Hommikuleht* vom 17. Dezember 1993 zu, dass viele ihrer jüdischen Landsleute in den Vernichtungsbataillonen waren. Augustina Gerber, Redakteurin der jüdischen Zeitung *Hasahar*, behauptete, das sowjetische Estland sei das „gelobte Land der Juden" geworden. Jüri Lina bestätigt, dass dies so war, denn „Juden wurden im besetzten Estland zu hochrangigen Köpfen im sowjetischen Apparat". Der lettische Jude Idel Jakobson war die Nummer zwei in der Forschungsabteilung des NKWD. Im April 1942 unterzeichnete Jakobson einen Hinrichtungsbefehl für 621 Esten, die im Lager Vostok-Uralsky in der sibirischen Stadt Sosva inhaftiert waren, was Jakobson nicht daran hinderte, im Alter von 93 Jahren in Tallinn zu sterben, ohne jemals für seine Verbrechen verurteilt worden zu sein, berichtet Lina.

In jüdischer Hand befand sich die Kontrolle über die Medien, die Plattenindustrie, die wissenschaftliche Entwicklung und alles, was mit Propaganda zu tun hatte. Die wichtigsten Radiokommentatoren waren die Juden Herbert Vainu, Gabriel Hazak und Simon Joffe. Lina erwähnt auch den Namen des jüdischen Marxisten, der für die Geschichtsfälschung zuständig war, Herber-Armin Lebbin, der ständig Lügen über Estlands Bereitschaft zum Beitritt zur Sowjetunion verbreitete. Wie üblich hatten viele Juden wichtige Positionen in der politischen Polizei inne. Unter ihnen erwähnt der estnische Autor die Geschäftsleute Epstein, Mirvitz, Bakszt, Kofkin, Himmelhoch; die Rechtsanwälte Markovitch und Kroppman; den Fotografen Schuras. Als Leiter der Strafvollzugsabteilung nennt er den Juden Feodotov; der russische Jude Lobonovich war stellvertretender Vorsitzender des Kommissariats für innere Angelegenheiten.

In Lettland, wo die Okkupation von vielen jüdischen Kommunisten gefeiert wurde, die sich an den Unruhen beteiligten, als die sowjetischen Panzer in Riga einrollten, spielten jüdische Aktivisten ebenfalls eine führende Rolle beim Terror gegen die „Volksfeinde". Unter den jüdischen Leitern des NKWD in Lettland waren Simon (Semion) Shustin, Alfons Noviks und Moses Citron, eine Troika, der sich Isaac Bucinskis, der Leiter der lettischen Miliz, anschloss. Die beiden erstgenannten organisierten die Deportation der Letten am 13. und 14. Juni 1941. Auf den Bahnhöfen wurden die Männer auf der einen Seite und die Frauen und Kinder auf der anderen Seite zusammengetrieben. Allein an diesen beiden Tagen wurden etwa 16.000 Menschen deportiert, von denen viele vor Erreichen der Lager starben, andere im ersten Winter.

Simon Shustin kam aus Moskau nach Lettland, wo er durch einen Erlass von Lawrenti Beria zum Kommissar für innere Angelegenheiten in Lettland ernannt worden war. Viele seiner Gefolgsleute im NKWD waren einheimische Juden. Nach dem Abzug der Sowjets wurden Dokumente gefunden, die zeigten, dass die Hinrichtung lettischer Patrioten unmittelbar nach Beginn der Besatzung begann. Vor seiner Flucht nach Moskau unterzeichnete Shustin am 26. Juni 1941 den Befehl Nr. 412, der die Hinrichtung von achtundsiebzig Personen, darunter sechs Frauen, anordnete. Mit roter Tinte schrieb er: „In Anbetracht der Tatsache, dass sie eine öffentliche Gefahr darstellen, müssen sie alle erschossen werden". Nach Angaben von Jüri Lina wanderte Shustin, der als „Henker von Lettland" bekannt war, in den 1970er Jahren nach Israel aus; dies konnte jedoch nicht überprüft werden. Anderen Quellen zufolge erhob die lettische Staatsanwaltschaft am 8. Februar 1996 Anklage gegen Shustin wegen Verbrechen gegen die Menschlichkeit, und es wurde bekannt, dass er zwischen 1960 und 1972 in Kolpino (Bezirk St. Petersburg) gelebt hatte. Während der Ermittlungen fand die lettische Generalstaatsanwaltschaft einen an Alfons Noviks gerichteten Brief vom 12. Juli 1968. Die Ermittlungen ergaben schließlich, dass er am 3. August 1978 gestorben war, und der Fall wurde am 30. Juni 1997 abgeschlossen.

Alfons Noviks, Leiter des NKWD in Daugavpils, der zweitgrößten Stadt Lettlands, wurde verhaftet und vor Gericht gestellt, wo er und sein Kollege Moses Citron Terror ausübten. Seine kriminelle Karriere in Lettland verlief in zwei Etappen: Mit dem Einmarsch der deutschen Truppen floh er im Juli 1941 nach Moskau; 1945 kehrte er jedoch zurück und wurde zum Kommissar für innere Angelegenheiten und zum Leiter der Staatssicherheit ernannt. Nach dem Urteil des Rigaer Gerichts vom 13. Dezember 1995, das ihn wegen Völkermordes und Verbrechen gegen die Menschlichkeit zu lebenslanger Haft verurteilte, war er zwischen 1940 und 1953 an der Deportation von fast 100.000 Letten nach Sibirien beteiligt. Das Gericht in Riga befand ihn auch für schuldig, zahlreiche politische Gefangene gefoltert und hingerichtet zu haben (nach Aussage mehrerer Zeugen, die gegen ihn aussagten, folterte und schlug Noviks während seiner Verhöre mit äußerster Grausamkeit). Allein im Jahr 1949 ordnete er persönlich die Deportation von 41.544 Menschen an, wofür er mit der Rote-Fahne-Medaille ausgezeichnet wurde. Das Gericht stellte fest, dass etwa 150.000 Letten und Litauer aufgrund seiner Politik ins Exil gehen mussten. Alfons Noviks lebte zurückgezogen in Riga, als er im März 1994 verhaftet wurde. Er war nur kurze Zeit inhaftiert, da er am 12. März 1996 starb.

Beria und das Massaker von Katyn

Nach dem Einmarsch der Roten Armee in Polen wurden die NKWD-Einheiten mit der Beseitigung der polnischen Führung und der Deportation von Hunderttausenden von Zivilisten aus den neu besetzten Gebieten in Arbeitslager beauftragt. Die sowjetische Besetzung veranlasste Teile der ethnischen Minderheiten, die die Polen hassten, mit ihnen abzurechnen. In den Städten wurden Arbeitsschutzeinheiten und auf dem Lande Bauernschutzeinheiten gebildet, die sich zumeist aus begeisterten jüdischen Kollaborateuren zusammensetzten, die den NKWD mit Informationen über den polnischen Widerstand versorgten und untergetauchte Mitglieder der Armee, der Polizei und andere „Feinde" denunzierten. Sie waren maßgeblich an der Erstellung von Listen von Personen beteiligt, die verhaftet werden sollten. NKVD-General Iwan Serow beauftragte den jüdischen Oberst Semion Moisejewitsch Kriwoschajnin mit der Liquidierung derjenigen, die sich der Sowjetmacht widersetzten. Krivoshéin ist bereits in diesem Werk erwähnt worden: Er war der Chef der Tanker, die die Goldreserven der Banco de España auf die Schiffe verluden, die sie von Cartagena nach Odessa transportierten. In der Schlacht von Madrid befehligte Semion Krivoshéin die Panzer der republikanischen Armee und war bei den Spaniern als „Melé" bekannt.

Über die von den Sowjets zwischen September 1939 und Januar 1940 in Polen durchgeführten Verhaftungen und Deportationen von Zivilisten liegen keine zuverlässigen Daten vor, wohl aber über vier nachfolgende größere Deportationen: die ersten drei fanden in der ersten Hälfte des Jahres 1940 statt, die vierte im Sommer 1941. Polnische Historiker beziffern die Gesamtzahl der Deportierten auf über eine Million, andere Quellen gehen von einer halben Million aus. In jedem Fall müssen die Kriegsgefangenen gesondert gezählt werden, die, wie bereits erwähnt, 230.000 Personen umfassten, von denen nur 82.000 den Sommer 1941 überlebten. Unter diesen Gefangenen befanden sich 25.700 polnische Offiziere und Zivilisten, die Beria zu erschießen vorschlug, wie in einem Brief an Stalin vom 5. März 1940 festgehalten wurde. Nachdem das Verbrechen, das als Massaker im Wald von Katyn in die Geschichte eingegangen ist, begangen worden war, schoben die Sowjets die Schuld auf die Deutschen, unter Mitwirkung der Briten, die, obwohl sie die Wahrheit kannten, sie verheimlichten und dazu beitrugen, die falsche Behauptung über die Verantwortung für das Massaker zu verbreiten.

Am 11. Oktober 1951 hielt ein Ausschuss des US-Kongresses in Washington die erste öffentliche Anhörung über das Kriegsverbrechen von Katyn ab. Die Untersuchung wurde 1952 mit weiteren Anhörungen in Washington (4., 5., 6. und 7. Februar), in Chicago (13. und 14. März), in London (16., 17., 18. und 19. April), in Frankfurt (21., 22., 23., 24., 25. und 26. April) und später fortgesetzt. Bei diesen Anhörungen sagten rund 100 Zeugen vor dem Ausschuss aus. Es wurde einstimmig als erwiesen angesehen, dass für das Massaker an den polnischen Armeeoffizieren das NKWD, d. h. das Volkskommissariat für Innere Angelegenheiten, verantwortlich war, dessen Kommissar der Jude Lavrenti Beria war. Der Ausschuss kam zu dem Schluss, dass die Sowjets bereits im Herbst 1939, kurz nach dem Einmarsch, die Vernichtung der polnischen Führung planten. Nach den Erkenntnissen des Untersuchungsausschusses kann kein Zweifel daran bestehen, dass das Massaker ein geplantes Komplott zur Beseitigung aller nationalen Führer war, die sich später den sowjetischen Plänen zur Errichtung des Kommunismus in Polen widersetzt hätten. Genau das Gleiche war in Russland geschehen, wie sich der Leser erinnern wird, wo die jüdisch-bolschewistischen Machthaber die „Intelligenz" des Landes mit der gleichen Absicht eliminierten.

Von September 1939 bis März 1940 führte der NKWD einen perfekt organisierten Plan aus, um polnische Offiziere und führende Intellektuelle von den übrigen Gefangenen zu trennen. Die ausgewählten Personen - Armeechefs und Offiziere, Juristen, Ärzte, Priester, Techniker, Beamte und Intellektuelle - wurden in Kozelsk, Starobelsk und Ostashkof interniert, drei Lagern auf dem Gebiet der Sowjetunion. Den Anhörungen des Untersuchungsausschusses zufolge waren 5.000 Gefangene in Kozelsk bei Smolensk interniert; 4.000 polnische Offiziere waren in Starobelsk bei Charkow interniert; 6.000 Gefangene waren in Ostaschkow bei Kalinin interniert. *In den Venona-Geheimnissen*, auf die wir im nächsten Kapitel zurückkommen werden, wird berichtet, dass Vassiliy Zarubin am 31. Oktober 1939 im Lager Kozelsk eintraf. Zarubin, ein Geheimagent, der in den Vereinigten Staaten später den Namen Vassiliy Zubilin verwendete, verhielt sich, als sei er der Lagerkommandant. Er wählte die Gefangenen aus, die zum gründlichen Verhör in die Lubjanka in Moskau geschickt werden sollten. Zarubin entschied, welche polnischen Offiziere für ihre früheren antisowjetischen Aktivitäten hart bestraft werden sollten und welche als sowjetische Agenten rekrutiert werden konnten.

Aus den Aussagen von 26 Personen, die in diesen drei Lagern waren, ging hervor, dass die Sowjets die Polen in Gruppen einteilten: Höhere Militärs wurden in Kozelsk zusammen mit Ärzten, die Reservisten der Armee waren, interniert; Unteroffiziere, politische Führer und Lehrer wurden in Starobelsk zusammengefasst; Grenzsoldaten, Polizisten und andere Beamte schließlich wurden in Ostaschkow interniert. Die religiösen Führer wurden auf die drei Lager aufgeteilt. Die Gesamtzahl der Häftlinge in den drei Einrichtungen belief sich auf fünfzehntausendvierhundert, und ihre Verwahrung wurde ausgewählten NKWD-Mitarbeitern anvertraut. Während ihrer Inhaftierung wurden sie beobachtet und verhört, um herauszufinden, ob es eine Möglichkeit gab, sie zum Kommunismus zu bekehren: Nur sechs erklärten sich bereit, sich den sowjetischen Streitkräften anzuschließen. Im März 1940 wurden die Verhöre beendet und die Schließung der Lager angekündigt. Unter den Häftlingen verbreitete sich das Gerücht, dass sie nach Hause geschickt würden, was von den Lagerbehörden unterstützt wurde. Während der Evakuierung, die bis Mitte Mai 1940 andauerte, verließen jeden Tag oder jeden zweiten Tag Gruppen von zwei- bis dreihundert Personen das Lager, um getötet zu werden. Nur vierhundert Häftlinge überlebten. Diese wurden nach Pawlischew-Bor gebracht, einem anderen Lager, wo der NKWD sie weiter verhörte, um sie zum Kommunismus zu bekehren. Die Polen, die im Wald von Katyn massakriert wurden, kamen aus dem Lager Kozelsk.

Der „sehr geheime" Text des Briefes, den Beria am 5. März 1940 an den Genossen Stalin schickte, erscheint in vollem Wortlaut in *Das Schwarzbuch des Kommunismus*. Beria berichtet, dass sich in den Kriegsgefangenenlagern 14.736 Offiziere, Beamte, Gutsbesitzer, Polizisten, Gendarmen, Gefängnisbeamte, Siedler in den Grenzgebieten und Geheimdienstler befanden. Es folgt der letzte Teil des Briefes:

„... Enthalten sind:
- Generäle, Oberst und Oberstleutnants: 295.
- Kommandanten und Hauptleute: 2.080.
- Leutnants, Unterleutnants und Trainees: 6.049.
- Offiziere und Unteroffiziere der Polizei, des Zolls und der Gendarmerie: 1 030.
- Polizeibeamte, Gendarmen, Strafvollzugsbeamte und Nachrichtendienstmitarbeiter: 5.138.
- Beamte, Grundbesitzer, Priester und Siedler: 144.
Darüber hinaus sind 18.632 Männer in Gefängnissen in den westlichen Regionen der Ukraine und Weißrusslands inhaftiert (davon 10.685 Polen).
Enthalten sind:
- Ehemalige Beamte: 1.027.
- Ehemalige Geheimdienst-, Polizei- und Gendarmeriebeamte: 5.141.
- Spione und Saboteure: 347.
- Ehemalige Immobilienbesitzer, Fabrikbesitzer und Beamte: 465.
- Mitglieder von konterrevolutionären Widerstandsorganisationen und anderen Elementen: 5.345.
- Deserteure: 6.
Da es sich bei all diesen Personen um erbitterte und unerbittliche Feinde der Sowjetmacht handelt, hält der NKWD der UdSSR dies für notwendig:
1. das NKWD der UdSSR anweisen, vor Sondergerichten zu verhandeln:
(a) 14.700 ehemalige Beamte, Staatsbedienstete, Immobilienbesitzer, Polizeibeamte, Geheimdienstler, Gendarmen, Siedler in den Grenzregionen und Gefängnisbeamte, die in Kriegsgefangenenlagern festgehalten werden.
b) sowie 11.000 Mitglieder der konterrevolutionären Organisationen von Spionen und Saboteuren, ehemalige Immobilienbesitzer, Fabrikanten, ehemalige polnische Armeeoffiziere, Beamte und Deserteure, die verhaftet und in Gefängnissen in den westlichen Regionen der Ukraine und Weißrusslands eingesperrt wurden, um die Höchststrafe zu erhalten - die Todesstrafe durch Erschießen.
2. (2) Die Prüfung der einzelnen Akten erfolgt ohne das Erscheinen der Verhafteten und ohne Anklageerhebung. Die Schlussfolgerungen der Anklageschrift und das Endurteil werden wie folgt dargestellt:
(a) In Form von Bescheinigungen, die von der NKWD-Verwaltung für Kriegsgefangenenangelegenheiten der UdSSR für Personen ausgestellt wurden, die in Kriegsgefangenenlagern inhaftiert waren.
(b) In Form von Bescheinigungen für die anderen vom NKVD der Ukrainischen SSR und vom NKVD der Weißrussischen SSR inhaftierten Personen.
3. Die Prüfung der Akten und die Verurteilung erfolgt durch ein Tribunal, das sich aus drei Personen zusammensetzt, den Genossen Merkulov, Kobulov und Bashtakov.

Volkskommissar für innere Angelegenheiten der UdSSR L. Beria".

Die Exekutionen begannen am 5. April 1940. Von diesem Tag bis zum 14. Mai wurden 6.311 Kriegsgefangene und Polizisten in den Kellern des NKWD-Gefängnisses in Kalinin systematisch in den Hinterkopf geschossen. Das Massaker wurde von drei NKWD-Chefs persönlich geleitet: Wassili Blochin, Michail Kriwienko und Nikolai Siniegubow. Ersterer ist als einer der produktivsten Henker der Geschichte in die Geschichte eingegangen, der im Laufe seiner blutrünstigen Karriere Zehntausende von Menschen persönlich hingerichtet haben soll. In Bezug auf polnische Gefangene soll er in einer einzigen Nacht 300 getötet haben, also alle drei Minuten einen. Die Leichen wurden dann auf Lastwagen verladen und in Massengräbern etwa dreißig Kilometer von der Stadt Mednoje entfernt verscharrt. Unter, einem anderen NKWD-Zentrum in Charkow, wurden weitere 3 820 Kriegsgefangene exekutiert und mit Lastwagen in nahe gelegene Wälder transportiert, wo sie in Gruben versenkt wurden.

Für den Massenmord an Gefangenen wurde auch eine Methode verwendet, die bereits zweimal in diesem Werk behandelt wurde: das Versenken von mit Gefangenen beladenen Kähnen. Der erste, der diese Methode während der Französischen Revolution anwandte, war bekanntlich ein Verbrecher namens Carrier, der große, mit Menschen beladene Flöße in der Loire versenkte. Diese Methode wurde 1919 in Astrachan von den bolschewistischen Tschekisten wieder aufgegriffen. Tausende von Häftlingen wurden dann von den Booten aus mit einem Stein um den Hals in die Wolga geworfen. Adam Moszynski, Häftling in Starobelsk und Verfasser der vollständigsten Liste mit den Namen der in den drei Lagern internierten Gefangenen, erklärte vor dem Untersuchungsausschuss zu den Ereignissen im April/Mai 1940: „Soweit ich aufgrund umfangreicher Nachforschungen weiß, wurden die Gefangenen in Oschtakow auf zwei große, sehr alte Kähne verladen und, nachdem sie auf das offene Meer gezogen worden waren, durch Artilleriebeschuss zerstört". Angeblich wurden diese Gefangenen zur Arbeit in Kohleminen auf einer der arktischen Inseln gebracht.

Das Massaker im Wald von Katyn war das einzige bekannte Massaker während des Krieges. Dort wurden 4.421 polnische Kriegsgefangene, die von den polnischen Behörden seit Sommer 1941 vergeblich gesucht wurden, in Massengräbern verscharrt. Eine Chronologie der Ereignisse soll helfen, die Dynamik der Ereignisse zu verstehen. Nach dem deutschen Angriff auf die UdSSR am 22. Juni 1941 unterzeichneten Polen und die Sowjetunion am 30. Juli 1941 ein Abkommen, das ihnen die Wiederaufnahme der diplomatischen Beziehungen ermöglichte. Infolge dieses Abkommens wurden alle noch in Lagern festgehaltenen Polen von den Sowjets freigelassen. Am 14. August 1941 unterzeichneten die Polen und die Sowjets einen Militärpakt, und am 16. August begann General Wladyslaw Anders die vergebliche Suche nach seinen ermordeten Kameraden.

Am 13. April 1943 gaben die Deutschen die Entdeckung der Gräber von Katyn in der Nähe von Smolensk bekannt, in denen polnische Armeechefs und Offiziere, Mitglieder der Intelligenz, Regierungsbeamte und Priester begraben worden waren. Am 15. April 1943 bat die polnische Regierung in London das Internationale Rote Kreuz um die Entsendung einer Delegation an den Ort des

Geschehens, um die Wahrheit über die Geschehnisse herauszufinden. Am 26. April brach die UdSSR die diplomatischen Beziehungen zu Polen erneut ab, weil sie um eine neutrale Untersuchung durch das Rote Kreuz gebeten hatte. Am 30. April 1943 legte eine medizinische Untersuchungskommission unter der Leitung von Dr. François Naville, Professor für Gerichtsmedizin an der Universität Genf, die sich aus führenden Juristen, Ärzten und Kriminologen aus zwölf europäischen Universitäten und neutralen Ländern zusammensetzte, einen einstimmig angenommenen Bericht vor, in dem festgestellt wurde, dass die in den Gruben verscharrten Polen im Frühjahr 1940 massakriert worden waren. Am 24. Januar 1944 veröffentlichte eine sowjetische Sonderkommission ihren eigenen Bericht über die Geschehnisse in Katyn, demzufolge die Deutschen die Gräueltat im August 1941 begangen hatten. Erst 1992 erkannte die UdSSR ihre Verantwortung für die Eliminierung der polnischen Elite im Jahr 1940 an.

Bei der Leiche von Major Adam Solski, einem der in den Gräbern von Katyn bestatteten Opfer, wurde ein Tagebuch gefunden, dessen Eintragungen es der Untersuchungskommission des Kongresses ermöglichten, die Daten zu erfahren, an denen die Massaker stattfanden. Die letzten Worte wurden am 8. und 9. April 1940 geschrieben. Am 8. schrieb er: „Seit zwölf Uhr mittags stehen wir in Smolensk in einer Sackgasse". Am 9. April schrieb er zweimal. Im ersten Eintrag heißt es: „Wenige Minuten vor fünf Uhr morgens Weckruf auf den Waggons und Vorbereitungen zur Abfahrt". Das Tagebuch endete mit dem zweiten Eintrag am selben Tag, dem 9. Hier ist zu lesen: „Schon im Morgengrauen begann der Tag seltsam. Wir fuhren in Transportern mit kleinen Häftlingszellen (schrecklich). Wir wurden irgendwo in den Wald gebracht, in ein Sommerlager. Hier eine gründliche Durchsuchung. Sie nahmen die Uhr, die 6:30 Uhr anzeigte, verlangten meinen Ehering, den sie behielten, Rubel, meinen Gürtel und ein Taschenmesser." Dieses Tagebuch wurde von General Bor-Komorowski zu den Sitzungen des Untersuchungsausschusses in London im April 1952 mitgebracht.

Bevor die Deutschen die Gräber im April 1943 entdeckten, hatte sich General Anders persönlich mit Stalin getroffen. Im Dezember 1941 erkundigte sich Anders in Begleitung von General Sikorski, dem Chef der polnischen Exilregierung, bei Stalin nach dem Verbleib der vermissten Offiziere. Die Antwort lautete, dass sie nicht inhaftiert waren und auch nicht inhaftiert wurden. General Anders sagte vor dem Ausschuss in London aus und gab den Dialog mit dem sowjetischen Führer wieder: „Wir fragten: 'Nun, wohin könnten sie gegangen sein?' Worauf Stalin antwortete: 'Sie sind entkommen. Wir versuchten herauszufinden: 'Wohin könnten sie geflohen sein?' Stalin antwortete: 'In die Mandschurei'. Ich sagte, das sei unmöglich. Am 18. März 1942 traf Anders ein zweites Mal mit Stalin im Kreml zusammen und überreichte ihm eine Liste mit den Namen der vermissten Offiziere. Er betonte, dass noch keiner von ihnen Kontakt mit der polnischen Armee aufgenommen habe. Stalin sagte: „Was nützen sie uns denn, warum sollten wir sie behalten wollen?" Bei diesem zweiten Gespräch ließ Stalin durchblicken, dass sie vielleicht getrennt geflohen waren, als die Deutschen in Russland einmarschierten.

Am 13. April 1943 wurde in Berlin eine Radiosendung ausgestrahlt, die nicht nur die internationale Meinung erschütterte, sondern auch dazu diente, die Polen von der Suche nach ihren vermissten Soldaten abzuhalten:

> „Aus Smolensk kommen Nachrichten, die die einheimische Bevölkerung an die deutschen Behörden weitergegeben hat. Dort wurden Massenerschießungen durchgeführt. Die Bolschewiken ermordeten zehntausend polnische Offiziere. Die deutschen Behörden machten eine grausame Entdeckung. Sie fanden eine achtundzwanzig Meter lange, sechzehn Meter breite und zwölf Meter tiefe Grube, in der die Leichen von dreitausend polnischen Offizieren lagen. Sie waren uniformiert, zum Teil in Ketten gelegt und wiesen alle Schusswunden im Nacken auf. Die Suche nach und die Entdeckung von weiteren Gräbern geht weiter.

Auf die Bekanntgabe folgte eine intensive Propagandakampagne, um die Entdeckung politisch auszunutzen. Die Nazis bemühten sich verzweifelt darum, dass das Internationale Komitee vom Roten Kreuz eine unparteiische Untersuchung durchführt. Hitler wies das deutsche Außenministerium persönlich an, alles zu tun, um eine solche Untersuchung zu erreichen. Das Internationale Komitee teilte dem Polnischen Roten Kreuz mit, dass eine Untersuchung nur stattfinden könne, wenn alle drei beteiligten Nationen mitmachten. Als die Polen die Untersuchung beantragten, beschuldigten die Sowjets die Polen angeblich der „Kollaboration mit den Nazis" und brachen die diplomatischen Beziehungen abrupt ab.

In London traf Sikorski am 15. April 1943 mit Churchill zusammen und teilte ihm mit, dass die von ihm gefundenen Beweise unwiderlegbar darauf hindeuteten, dass die sowjetischen Alliierten für die Massenmorde verantwortlich waren. Wie Lord Cadogan in seinem Tagebuch schrieb, sagte Churchill zu Sikorski: „Die Enthüllungen der Deutschen sind wahrscheinlich wahr. Die Bolschewiken können sehr grausam sein." Trotz dieses Eingeständnisses riet er ihm schließlich, die Angelegenheit zu vergessen, da die ermordeten Offiziere durch nichts wieder zum Leben erweckt werden könnten. Anthony Eden, der Staatssekretär im Außenministerium, der Lord Halifax abgelöst hatte, trat am 4. Mai 1943 vor das Unterhaus und teilte mit, dass die britische Regierung die Schuld für die Geschehnisse dem gemeinsamen Feind zuschieben werde. Eden fügte hinzu, er bedaure „den Zynismus, mit dem die deutsche Regierung die Sowjetunion beschuldigt, mit dem verschleierten Ziel, die Einheit der Alliierten zu brechen". Natürlich kannte auch F. D. Roosevelt die Wahrheit über die Geschehnisse und verheimlichte sie vor der Öffentlichkeit. Kürzlich freigegebene Dokumente aus den US-Nationalarchiven zeigen, dass Roosevelt 1943 wusste, dass die sowjetische Geheimpolizei 22.000 Polen, die militärische und intellektuelle Elite des Landes, in den Hinterkopf geschossen hatte. Winston Churchill selbst hatte ihm einen detaillierten Bericht geschickt, der von Owen O'Malley, dem britischen Botschafter bei der polnischen Exilregierung in London, verfasst worden war.

Die Situation in Westeuropa: Norwegen und die Neutralen

Nachdem die Sudetenlandfrage geklärt war, hatte Hitler aktiv und passiv erklärt, dass er keine weiteren Gebietsansprüche in Westeuropa habe und dass Frankreich in Bezug auf Elsass und Lothringen beruhigt sein könne. Nachdem Großbritannien und Frankreich Deutschland den Krieg erklärt hatten, konnten jedoch nur wenige Länder vermeiden, in den Konflikt verwickelt zu werden, der sich schließlich unaufhaltsam über den Kontinent ausbreitete. Die Propaganda der Alliierten, die über die Weltpresse verbreitet wurde, setzte eine Vorstellung durch, die sich bis heute durchgesetzt hat: Deutschland griff die neutralen Länder an, weil es die Welt beherrschen wollte, und diese wiederum traten als uneigennützige Retter der angegriffenen Völker auf. Die Realität sah, wie wir gesehen haben, ganz anders aus, denn weder das Vereinigte Königreich noch Frankreich oder die Vereinigten Staaten haben einen Finger gerührt, um die osteuropäischen Länder zu verteidigen, die ohne Grund von der UdSSR angegriffen wurden, deren Expansion nach Westen nicht die geringste Sorge zu sein schien.

Der König von Belgien und die Königin von Holland boten im November ihre guten Dienste an, um den Frieden wiederherzustellen. Sie bitten Präsident Roosevelt, die Leitung einer Liga der Neutralen zu übernehmen, und schlagen ihm vor, einen Protest gegen die von der UdSSR begangenen Verstöße durch die Invasion Polens, die Unterwerfung der baltischen Länder und den Angriff auf Finnland zu unterstützen. Natürlich weigerte sich Roosevelt trotz seiner scheinheiligen Reden zugunsten des Friedens, sich den Bemühungen der beiden Monarchen anzuschließen. Lord Halifax seinerseits schloss in einer öffentlichen Rede, die Ribbentrop als „unverschämt" bezeichnete, jegliche Möglichkeit von Verhandlungen aus. David Irving macht in *Hitlers Krieg* deutlich, dass die Ablehnung des Friedens darauf zurückzuführen war, dass „London einer verrückten, von Juden kontrollierten Minderheit unterstand, gegen die Chamberlain ein rückgratloser und ohnmächtiger Mann war". Holland und vor allem Belgien befanden sich im Falle eines Krieges zwischen Frankreich und Deutschland in einer unmöglichen Lage. Als Hitler am 19. Oktober 1939 den ersten Befehl zur Vorbereitung des Großangriffs auf Frankreich, die „Operation Fall Gelb", gab, glaubte er jedoch, dass es möglich sein würde, Feindseligkeiten mit den Niederlanden zu vermeiden, sofern die Briten ihre Neutralität respektierten und nicht in dem Land landeten. Die deutschen Generäle legten dem Führer ihre Skrupel vor, belgisches Territorium zu verletzen, was zu wiederholten Verzögerungen bei der Durchführung des „Fall Gelb" führte, der im November beginnen sollte.

Die Tatsache, dass die Sympathien der niederländischen Bevölkerung mit Ausnahme der flämischen Minderheit auf Seiten der Alliierten lagen, führte dazu, dass sich die Streitkräfte beider Länder fast vollständig auf die deutsche Grenze konzentrierten. Die NS-Führung befürchtete vor allem, dass die Briten und Franzosen über Nacht gemeinsam mit den Belgiern die „Achillesferse" Deutschlands, das Ruhrgebiet, angreifen könnten, was ein schwerer Schlag gewesen wäre. Andererseits verletzten die Briten ständig die Neutralität der

Niederlande, indem sie RAF-Flugzeuge überflogen, so dass bereits im November klar war, dass die Niederlande überfallen werden mussten, wenn die auf den 3. Dezember verschobene Operation beginnen sollte.

Im Dezember 1939 warnte Admiral Erich Räder Hitler vor der katastrophalen strategischen Lage, in die Deutschland geraten würde, wenn die Briten Norwegen besetzten. Der Beweis dafür, dass Räders Befürchtungen berechtigt waren, kam von Rosenbergs Kontaktmann in Norwegen, Major Vidkun Quisling, der bis 1933 Verteidigungsminister gewesen war. Quisling, ein überzeugter Antikommunist, der die „Nasjonal Samling" (Nationale Einheit) gegründet hatte, eine antijüdische, dem Nationalsozialismus nahestehende Partei, hatte schlüssige Beweise dafür, dass London plante, das Land mit Unterstützung von Carl Hambro, dem jüdischen Sprecher des norwegischen Parlaments, zu kontrollieren, der laut Quisling dem britischen Geheimdienst erlaubt hatte, den norwegischen Nachrichtendienst von Deckung zu Deckung zu unterwandern. Auch die Presse befand sich in den Händen von Freunden Hambros, einer sehr einflussreichen Persönlichkeit, die aus einer mächtigen jüdischen Bankiersfamilie stammte.

Hitler wollte sich einen persönlichen Eindruck von Quisling verschaffen, der sich am 14. Dezember in Begleitung des Geschäftsmannes Viljam Hagelin dem deutschen Kanzler vorstellte. Während des Gesprächs betonte der Führer nachdrücklich, dass er es politisch vorziehe, wenn Norwegen und ganz Skandinavien neutral blieben, und dass er nicht die Absicht habe, den Kriegsschauplatz zu erweitern und weitere Länder in den Konflikt einzubeziehen, es sei denn, er sei dazu gezwungen. Quisling teilt Hitler jedoch mit, dass er zweihunderttausend Anhänger habe, von denen einige sehr gut gestellt seien und bereit seien, die Macht zu übernehmen, wenn die Regierung Hambro, die seine Amtszeit verlängert habe, ab dem 10. Januar illegal an der Macht bleibe. Quisling schlug vor, ihn zu stürzen und dann Deutschland um die Entsendung von Truppen nach Oslo zu bitten.

Im Januar 1940 bestätigt der deutsche Nachrichtendienst, dass Belgien trotz zunehmender Konzentrationen anglo-französischer Truppen an der Grenze zu Frankreich nur seine Grenze zu Deutschland verstärkt. Außerdem förderten die Behörden die Verbrüderung der Belgier mit den Franzosen und Briten. Außerdem hatte die belgische Gendarmerie den Befehl erhalten, den Einmarsch in Frankreich zu erleichtern, und im Westen waren sogar entsprechende Schilder aufgestellt worden. Die Anzeichen dafür, dass die Alliierten ihre Offensive über Belgien vorbereiten, sind eindeutig. Mit Ausnahme einer Division sind alle mechanisierten Infanterie-, Panzer- und Kavalleriekräfte an der deutschen Grenze stationiert.

Am 17. Februar 1940 fuhr die *Altmark*, ein 15.000 Tonnen schweres Versorgungsschiff, unbewaffnet unter der Flagge der deutschen Handelsmarine durch norwegische Gewässer. An Bord befanden sich etwa 300 britische Seeleute, die von dem Kreuzer *Graf Spee* aus dem Meer gerettet worden waren, nachdem die britischen Schiffe, zu denen sie gehörten, gesunken waren. *Die Altmark* versorgte den berühmten Kreuzer in südatlantischen Gewässern und hatte diese Gefangenen in Empfang genommen, bevor der Kapitän der *Graf*

Spee, Langsdorff, sie in der Mündung des Río de la Plata versenken ließ, um eine Gefangennahme zu vermeiden. Zwei norwegische Aufklärungs-Torpedoboote verhörten den Kapitän der *Altmark*, der nicht verriet, dass er Gefangene an Bord hatte, obwohl sich seine Rechtslage in diesem Fall nicht geändert hätte, und fuhren fort, ihn zu eskortieren. Der britische Kreuzer *Cossack* und sechs Zerstörer befanden sich in der Nähe und erhielten den Befehl, das deutsche Schiff zu beschlagnahmen, auch wenn dies eine Verletzung der norwegischen Hoheitsgewässer bedeutete. Als die britischen Schiffe gesichtet wurden, suchte der Kapitän der *Altmark* Zuflucht im Jössingfjord. Die norwegischen Torpedoboote genehmigten dies und hielten die Briten bis zum Einbruch der Nacht in Schach. Schließlich drangen die britischen Schiffe in den Fjord ein und enterten das deutsche Schiff. Im Bericht *der Altmark* wird beschrieben, wie die Entermannschaft das Steuerhaus in Beschlag nahm „und wie blinde Fanatiker auf die deutsche Besatzung zu schießen begann, die natürlich keine Waffe hatte". Sechs Männer wurden getötet, viele weitere wurden verwundet. Einige Besatzungsmitglieder versuchten, über das Eis, das das Schiff umgab, zu fliehen, andere stürzten sich ins Meer. Die Norweger sagten später aus, die Briten hätten auch auf die wehrlosen Männer im Wasser geschossen. Die Gefangenen wurden freigelassen, Schiff und Besatzung wurden geplündert. Die Deutschen gaben keinen einzigen Schuss ab.

Die norwegische Reaktion war natürlich entrüstet. Die Kriegshandlung im Fjord war eine flagrante Verletzung der norwegischen Neutralität, die nicht toleriert werden konnte, und die Regierung in Oslo legte scharfen diplomatischen Protest ein. Hitler erfuhr seinerseits aus den in Berlin entschlüsselten Funksprüchen, dass der Kapitän der *Cossak* sogar den Befehl erhalten hatte, das Feuer auf die norwegischen Torpedoboote zu eröffnen, falls diese sich dem Vorgehen gegen die *Altmark* widersetzten. In Deutschland berichteten die Medien über den Vorfall und es kam zu einem öffentlichen Aufschrei. Obwohl Hitler weder in seinen Weisungen an die Wehrmacht noch in seinen Reden an seine Generäle die Besetzung Skandinaviens vorausgesagt hatte, wurde von diesem Zeitpunkt an die Besetzung Norwegens in Betracht gezogen. Am 1. März unterzeichnete der deutsche Bundeskanzler die erste Anweisung für die geplante Besetzung Norwegens und Dänemarks. Zu diesem Zeitpunkt hatten Flugzeuge der RAF bereits unzählige Male den Luftraum Dänemarks und Norwegens sowie Belgiens und der Niederlande verletzt, um der deutschen Flugabwehr zu entgehen.

Seit Winston Churchill 1948 *The Gathering Storm* veröffentlichte, ist bekannt, dass die Pläne der britischen Marinebehörden für einen Angriff auf Norwegen bereits im September 1939 bekannt waren. Bereits am 16. Dezember 1939, als er noch nicht Premierminister war, hatte Churchill der Regierung ein Memorandum vorgelegt, in dem er auf die Notwendigkeit eines Vorgehens in Norwegen hinwies. Kleine Nationen dürfen uns nicht die Hände binden", sagte er. Am 6. Februar 1940 billigte der britische Kriegsrat den Plan, der die Einnahme von Narvick und die gewaltsame Besetzung von Nordnorwegen und Schweden vorsah. In letzterem Land war die Einnahme des Ostseehafens Lulea vorgesehen. Der geheime Name dieser Pläne lautete „Operation Stradford". Im

März 1940 bereiteten also sowohl das Vereinigte Königreich als auch Deutschland eine Landung in Norwegen vor, aber die britischen Pläne waren schon viel weiter fortgeschritten.

Anfang März schickte der Diplomat Walter Hewel zahlreiche Telegramme aus Helsinki, Trondheim und Oslo an den Führer, in denen er anprangerte, dass die Briten beabsichtigten, unter dem Vorwand, Finnland zu helfen, in Skandinavien zu intervenieren. Ribbentrop erhielt auch Informationen von Quisling, aus denen hervorging, dass die britischen und französischen Invasionspläne bereits weit fortgeschritten waren. Als am 12. März bekannt wurde, dass Moskau und Helsinki über einen Waffenstillstand verhandelten, wurde den Alliierten klar, dass sie sofort eingreifen mussten, wenn sie ihre Landung mit dem Alibi des russisch-finnischen Krieges legitimieren wollten. London", schreibt David Irving, „unternahm verzweifelte Anstrengungen, um den Krieg noch einige Tage zu verlängern. Winston Churchill war offenbar am 11. März nach Paris geflogen, um der französischen Regierung mitzuteilen, dass sein Expeditionskorps am 15. März nach Narvik segeln würde". Dieser britische revisionistische Historiker stellt fest, dass das Forschungsamt, der deutsche Nachrichtendienst, der auf die Entschlüsselung von Nachrichten spezialisiert ist, am 12. März ein dringendes Telefongespräch des finnischen Botschafters in Paris mit seinem Außenminister entschlüsselt hatte, in dem mitgeteilt wurde, dass Churchill und Daladier Hilfe zugesagt hatten, falls Finnland unverzüglich darum bitten würde. Mit anderen Worten, nach mehr als drei Monaten Angriffskrieg gegen Finnland waren sie plötzlich in Eile.

Die Operation „Fall Gelb" wurde unterdessen weiter verschoben. Die strategische Bedeutung Norwegens und Dänemarks für die Sicherung des deutschen Rückens war offensichtlich, so dass die Sicherung dieser Länder zur Priorität wurde. Da die Häfen im März eingefroren waren, war es ratsam, bis April zu warten. Am 28. März 1940 beschloss der Oberste Kriegsrat der Alliierten, Anfang April eine zweistufige Operation zu starten. Der Plan sah vor, zunächst neutrale Gewässer zu verminen, um Deutschland zu einer überstürzten Besetzung Südnorwegens zu provozieren, was eine groß angelegte Landung in Narvik im Norden rechtfertigen würde, um die Kontrolle über die Eisenbahnlinien zu erlangen, die das für Deutschland lebenswichtige Eisenerz aus den schwedischen Minen zu diesem Hafen transportierten. Die Unmittelbarkeit der britischen Operation wird erneut von Quisling bestätigt, der vor der Ankunft britischer und französischer Agenten warnt, die sich als Konsularbeamte getarnt an wichtigen Orten in Norwegen niederlassen. Admiral Räder appelliert an Hitler, die Invasion so schnell wie möglich einzuleiten, und schlägt den 7. April als Termin vor.

Der britische Plan wird am 5. April in die Tat umgesetzt. Dank des Forschungsamtes, das eine Mitteilung entschlüsselte, in der etwa 20 U-Booten der Einsatzbefehl erteilt wurde, konnten die Deutschen feststellen, dass ein größeres Manöver begonnen hatte. Man hielt es für möglich, dass die Briten den deutschen Invasionsplan entdeckt hatten und sich aufmachten, um ihn abzubrechen; die deutschen Marineexperten schlossen jedoch richtig, dass der Feind beabsichtigte, ein Minensperrfeuer als Vorbereitung für eine Intervention in Norwegen zu legen. Am 8. April wurde bestätigt, dass britische Kriegsschiffe in norwegischen Gewässern einen Minenvorhang legten, was eine unbestreitbare Verletzung der Neutralität des skandinavischen Landes darstellte. In der Nacht vom 6. auf den 7. April hatte die deutsche Flotte die seit Anfang März geplante Operation begonnen. Schlachtschiffe, Kreuzer und Zerstörer liefen die norwegischen Häfen Narvik, Trondheim, Bergen und Oslo an. Hitler konnte die Einnahme Norwegens als Antwort auf die alliierte Aktion darstellen. Am 9. April, 24 Stunden nachdem die Briten die Hoheitsgewässer vermint hatten, landeten deutsche Truppen in Norwegen und besetzten Dänemark, dessen Regierung sich widerstandslos ergeben hatte.

Es ist nicht mehr nötig, die Operationen in Norwegen zu beschreiben. Es sei nur gesagt, dass die deutsche Kriegsmarine erhebliche Verluste erlitt: zahlreiche Schiffe wurden versenkt, und die Verluste an Menschen waren beträchtlich. Die norwegischen Küstenbatterien und die Aktionen der britischen U-Boote und anderer in diesem Gebiet operierender Schiffe fügten den Landungstruppen erheblichen Schaden zu. Die Briten landeten bei Namsos, südlich von Narvik, und bei Aandalsnes, südlich von Trondheim. Etwa 12.000 Briten, Franzosen und Polen landeten auch in Narvik und versuchten, diesen Hafen zurückzuerobern, von dem aus schwedisches Eisen nach Deutschland verschifft wurde. Zweitausend deutsche und österreichische Soldaten hatten sich dank der Kooperation eines Quisling nahestehenden Kommandeurs ungehindert in Narvik niedergelassen. Diese strategische Enklave wurde zum Hauptschauplatz eines mehrwöchigen Kampfes. Anfang Mai 1940 hatten die Briten ihre Truppen aus Namsos und Aandalsnes evakuiert, und nur die Truppen, die um die Rückeroberung Narviks kämpften, waren noch im Einsatz.

In Norwegen wurden wichtige britische Militärunterlagen beschlagnahmt. Eine Infanteriebrigade, die südlich von Aandalsnes kämpfte, war gezwungen, vor den anrückenden Deutschen zu fliehen, die wichtige Dokumente erbeuteten, deren Bedeutung bald erkannt wurde. Der Brigadekommandeur hatte Anweisungen erhalten, die auf die Besetzung von Stavanger abzielten. Die Befehle waren auf den 2., 6. und 7. April datiert, also auf Tage vor dem deutschen Einmarsch. Aus anderen Dokumenten ging hervor, dass Landungsoperationen in Bergen, Trondheim und Narvik geplant waren. Zusätzlich zu diesen Dokumenten wurden im französischen und britischen Konsulat in Oslo Akten gefunden, die zweifelsfrei bewiesen, dass der Plan der Alliierten, in Norwegen einzumarschieren, bereits im Januar festgelegt worden war und dass bestimmte norwegische Führer kooperierten und darauf hinarbeiteten, dass keinen Widerstand leisten würde. Am Mittag des 27. April verteilte Ribbentrop diese belastenden Dokumente an die ausländischen Diplomaten, die ins Außenministerium gerufen worden waren. Am Nachmittag wird in einer weltweit zu hörenden Radiosendung der britische Humbug und das Geschwätz über die kleinen neutralen Länder angeprangert. Ribbentrop veröffentlicht ein Weißbuch über die norwegischen Dokumente, das die internationale Öffentlichkeit schockiert. Schließlich wurde Admiral Räder in Nürnberg wegen Planung und Leitung eines Angriffskrieges gegen Norwegen zu lebenslanger Haft verurteilt.

Das Geheimnis von Dünkirchen

Am 10. Mai 1940 beginnt die lange erwartete „Operation Gelb", d.h. der Generalangriff der Wehrmacht entlang der französischen Front und der Einmarsch in Holland, Belgien und Luxemburg. Die französischen Verteidigungslinien waren nicht in der Lage, die halsbrecherische Offensive aufzuhalten, und innerhalb von zehn Tagen war klar, dass Deutschland Frankreich besiegt hatte. Am 20. Mai stellen die deutschen Generäle fest, dass mindestens zwanzig feindliche Divisionen nördlich der Somme eingeschlossen sind. Am Abend teilte General Brauchitsch Hitler telefonisch mit, dass seine Panzer Abbeville erreicht hatten, eine Stadt zehn Kilometer vor der Somme-Mündung am Ärmelkanal. Die Deutschen konnten mit der zweiten Phase der Kampagne beginnen, die den Codenamen „Rot" trug und aus einem Vorstoß nach Süden zur Schweizer Grenze bestand. Zuvor mussten jedoch die rund 340.000 britischen und französischen Truppen, die nördlich der Somme eingekesselt waren, gefangen genommen werden. Dazu kam es jedoch nicht, weil Hitler mit dem „Halt-Befehl" den Vormarsch auf Dünkirchen stoppte - eine folgenschwere Entscheidung, die es Großbritannien ermöglichte, sich zu erholen, und die schließlich zur Niederlage Deutschlands führte.

Eines der militärischen Genies hinter diesem spektakulären Sieg war General Heinz Guderian, der 1937 *Achtung Panzer!* veröffentlicht hatte, ein Werk, das den Grundstein für den „Blitzkrieg" legte, der erstmals am 1. September 1939 in Polen angewendet wurde. Guderians Theorie einer militärischen Taktik, die einen so schnellen und verheerenden Vormarsch vorsah, dass ein Land innerhalb weniger Wochen erobert werden konnte, wurde bestätigt. Diejenigen, die den Erfolg des Blitzkriegs auf die mangelnde Substanz der polnischen Armee zurückführten, mussten am 10. Mai 1940 feststellen, dass das alliierte Oberkommando, das in den Theorien des Zermürbungskriegs aus dem Ersten Weltkrieg verankert war, keine Antwort auf einen Krieg der großen Bewegungen hatte, der sich auf große, autarke Panzereinheiten stützte, die am „Schwerpunkt", dem entscheidenden Punkt der Schlacht, konzentriert waren. Da die Verteidigungsanlagen dem Erdboden gleichgemacht wurden, waren die gegnerischen Logistik- und Kommandozentralen den Panzereinheiten ausgeliefert, die sich frei im Hinterland bewegten und auf die Ankunft der Infanterie warteten, um den Sieg zu vollenden. Um die Folgen des „Halt-Befehls" zu verstehen, muss man bedenken, dass die Mobilität einer der Schlüssel zu Guderians Blitzkrieg war. Der Angriff war auf die feindlichen Frontlinien gerichtet und sollte erst dann beendet werden, wenn aufgrund der entstandenen Unordnung die operative Reaktionsfähigkeit nicht mehr gegeben war. Dann wurde Luftunterstützung bereitgestellt, um die Panzer zu schützen und jede Möglichkeit der Neuorganisation zu verhindern.

Der Sieg war so klar, dass Admiral Räder am 21. Mai angesichts der Tatsache, dass der Großteil der britischen Armee in der Falle saß, dem Führer unter vier Augen mitteilte, dass er seit November die Probleme einer Invasion der britischen Inseln auf dem Seeweg untersucht hatte. Hitler weigerte sich zunächst, den Plan ohne Erklärung in Erwägung zu ziehen, und lehnte ihn Tage später erneut ab, als Jodl darauf bestand, dass die Vorbereitung der Invasion wünschenswert sei. Am 22. Mai beschloss Churchill, der am 10. Mai zum Premierminister des Vereinigten Königreichs ernannt worden war, nach zweitägigen Beratungen den Rückzug der British Expeditionary Force (BEF) aus Frankreich. Aus diesem Grund ordnete Lord Gort, Chef der BEF, am 22. Mai den Rückzug von Arras an die Küste an, ohne das französische Kommando, dem er unterstellt war, zu informieren.

Als die Deutschen sahen, dass eine ungewöhnliche Anzahl von Truppentransportern in See stach, deuteten sie dies als die Absicht der Briten, ihr Expeditionskorps zu evakuieren. Die Generäle Brauchitsch und Halder befahlen, ohne den Führer zu informieren, General Fedor von Bock, von Süden vorzustoßen, um die Umzingelung zu vollenden. Am 23. Mai nehmen die drei Divisionen von Guderians Panzerkorps Boulogne und Calais ein, zwei der drei Häfen, die für eine mögliche Evakuierung der Briten in Frage kommen, und bereiten sich auf den Marsch auf Dünkirchen vor, den letzten Punkt, über den die alliierten Streitkräfte, die gegen die Heeresgruppe des Generals von Bock kämpfen und sich zurückziehen, fliehen können. Zu diesem Zeitpunkt war Guderian näher an Dünkirchen als die gesamte britische Armee, und seinem Vormarsch stand nichts mehr im Wege. Hätte Guderian Dünkirchen erreicht, wären die anglo-französischen Armeen vollständig umzingelt gewesen und hätten nur zwei Möglichkeiten gehabt: Kapitulation oder Vernichtung.

In den frühen Morgenstunden des 24. Mai meldete sich Hitler in Begleitung der Generäle Jodl und Schmundt im Hauptquartier in Charleville, wo er mit Unterstützung von Generalfeldmarschall Gerd von Rundstedt, dem konservativsten General der Wehrmacht, den Befehl, den Bock erhalten hatte, widerrief. Hitler verließ sich offenbar auf Rundstedt, um seine Entscheidung, den Vormarsch auf Dünkirchen zu stoppen, durchzusetzen. In einer ungerechtfertigten Nervosität, die durchaus theatralisch gewesen sein mag, forderte er Rundstedt auf, die Bedrohung durch die französische Armee von der Südflanke her zu beurteilen. Rundstedt, der verstand, dass der Führer zur Vorsicht mahnte, schlug vor, die Operationen einzustellen und den Panzern einige Tage Ruhe zu gönnen. Hitler stimmte von ganzem Herzen zu. Die Möglichkeit, dass die Briten nach England entkommen könnten, wurde nicht einmal diskutiert. Am Abend des 24. erhielt Guderian ein Telegramm vom Hauptquartier in Rundstedt, in dem es hieß: „Die Panzerdivisionen sollen innerhalb der mittleren Artilleriereichweite von Dünkirchen bleiben. Die Erlaubnis wird nur für Aufklärungs- und Schutzbewegungen erteilt. Guderian, der wusste, dass es im Blitzkrieg darauf ankam, den „Schwung" nicht zu verlieren, war fassungslos über diesen Befehl. Da er ihn nicht verstehen konnte und keine Argumente zu seiner Rechtfertigung vorgebracht wurden, entschied er sich, ihn zu ignorieren und seinen Marsch nach Dünkirchen fortzusetzen, das nur achtzehn Kilometer entfernt war. Dann kam ein zweiter Befehl, der sich auf die Autorität des Führers stützte und in dem wiederholt wurde, dass der Vormarsch nicht fortgesetzt werden dürfe und dass er sich auf die vorherigen Linien zurückziehen müsse.

In *The Other Side of the Hill untersucht* Captain B. H. Liddell Hart, ein renommierter Militärkritiker, die deutsche Invasion in Frankreich und analysiert die Ereignisse in Dünkirchen in einem Kapitel mit dem Titel „Wie Hitler Frankreich besiegte und Großbritannien rettete". Der britische Historiker gibt die Worte von Gunter Blumentritt wieder, einem von Rundstedts Generalstabsoffizieren, der am 24. Mai mit Hitler zusammentraf:

> „Dann sprach er voller Bewunderung über das britische Weltreich, über die Notwendigkeit seiner Existenz und über die Zivilisation, die Großbritannien der Welt gebracht habe. Er verglich das britische Empire mit der katholischen Kirche und sagte, dass beide wesentliche Elemente für die Stabilität in der Welt seien. Alles, was er von Großbritannien wolle, sei, dass es die Stellung Deutschlands auf dem Kontinent anerkenne. Die Rückgabe der verlorenen deutschen Kolonien sei zwar wünschenswert, aber nicht unbedingt notwendig. Er sagte, er würde sogar anbieten, britische Truppen zu unterstützen, falls sie irgendwo in Schwierigkeiten geraten sollten. Sie schloss mit den Worten, dass es ihr Ziel sei, mit Großbritannien Frieden zu schließen, und zwar aus Gründen, die sie mit ihrer Ehre für vereinbar halte."

Einige Historiker versuchen, den „Haltebefehl" aus der Sicht der militärischen Logik zu rechtfertigen. Sie argumentieren, dass es notwendig war, die Panzer für die Offensive im Süden zu schonen, dass der Schlamm der flämischen Sümpfe eine Gefahr für die Panzerfahrzeuge darstellte, dass Rundstedts Entscheidung die klügste war.... All diese Gründe sind äußerst schwach. Andere Historiker weisen darauf hin, dass die BEF aufgrund der Unfähigkeit von Göring und der Luftwaffe entkommen konnte. Angeblich unterstützte Hitler die Behauptung Görings, der sich damit brüstete, dass die Luftwaffe ausreichend sei, um die Evakuierung zu verhindern. Wenn dem so war, war dies eine unglaubliche Fehleinschätzung, da die meisten deutschen Flugzeuge auf Flugplätzen in Deutschland stationiert waren, während die RAF von der anderen Seite des Kanals aus operierte. Guderian selbst schrieb in seinen Memoiren, dass die Befürchtungen Hitlers und Rundstedts, die Panzer würden im Schlamm stecken bleiben, unbegründet waren. Bevin Alexander, Autor von mehr als einem Dutzend Büchern über Militärgeschichte, Spezialist für Militärstrategie und einer der weltweit führenden Militärhistoriker, schreibt in *How Hitler Could Have Won World War II*, dass in Dünkirchen eine große Chance zum Sieg über Großbritannien vertan wurde.

Die britische Propaganda schuf, anstatt Hitlers quixotische Geste einzugestehen, den Mythos des „Wunders von Dünkirchen" oder des „Geistes von Dünkirchen". In Wirklichkeit war das einzig Wunderbare eine unverständliche Entscheidung, die für die in Dünkirchen eingeschlossenen britischen Truppen zweifellos eine wundersame Wirkung hatte. Entgegen der Meinung der meisten seiner Generäle, die sich fast einhellig für eine Schließung der Zange aussprachen, verhinderte Hitler, dass die Panzer die Umzingelung vollendeten und das BEF sowie die besten Einheiten der französischen Armee einkesselten. Am 26. Mai notiert General Halder in seinem Tagebuch enttäuscht, dass die Panzer „wie angewurzelt" stehen bleiben. Die Luftwaffe konnte aus der Luft sehen, dass sich die Strände immer mehr mit Soldaten füllten. David Irving spricht von der Menschenflut, die in den Hafen strömte, und stellt fest, dass „die Straßen mit Lastwagenkolonnen von fünfzehn Meilen Länge verstopft waren".

Erst am Abend des 26. Mai gab Rundstedt die Erlaubnis, den Vormarsch fortzusetzen, aber der Schwung war bereits verloren gegangen. Am 27. Mai stellen die Deutschen fest, dass die Briten in den fast drei Tagen des Stillstands Zeit hatten, einen starken Verteidigungsgürtel zu errichten, der das Vordringen stoppte und die „Operation Dynamo" ermöglichte, den Codenamen für die Evakuierung, die am 27. Mai begann und um 2.30 Uhr am Morgen des 4. Juni 1940, dem Tag, an dem Guderians Panzer im Hafen eintrafen, beendet wurde. In diesen acht Tagen konnten 226.000 britische und 112.500 französische Soldaten Frankreich verlassen. Weitere 40.000 blieben vor Ort und ergaben sich. Siebenhundert Panzer, 2.400 Geschütze und 50.000 Fahrzeuge wurden aufgegeben.

Angesichts dieser Tatsachen ist es unausweichlich, dass Hitlers ungesunde Anglophilie Deutschland schweren Schaden zugefügt hat. Es ist unseres Erachtens unverständlich, dass Hitler gegenüber Großbritannien weiterhin eine Strategie verfolgte, die durch die Tatsachen wiederholt widerlegt worden war. Es ist nicht nachvollziehbar, warum er sich weigerte, die Vorschläge von Räder und Jodl zur endgültigen Niederwerfung Großbritanniens in Betracht zu ziehen, obwohl er das Gros des feindlichen Heeres in seinen Händen hatte. Wäre die britische Expeditionsarmee in Frankreich vernichtet worden, hätten Italien und Deutschland Gibraltar einnehmen und Nordafrika und das Mare Nostrum kontrollieren können. Die Drohung einer Invasion hätte die Briten daran gehindert, sich im Mittelmeerraum zu halten. Es ist auch nicht verständlich, dass Hitler so tat, als wüsste er nicht, dass die Rothschilds und andere jüdische Bankiers England und die Vereinigten Staaten kontrollierten, deren Regierungen in den Händen ihrer Agenten waren. Das Rätsel von Dünkirchen ist jedoch nur eines von vielen, die die rätselhafte Gestalt Hitlers umgeben.

Kapitel 8 hat sich bereits mit den zahlreichen Widersprüchen und Ungereimtheiten befasst, die das Leben und die politischen Aktivitäten Adolf Hitlers kennzeichnen. Das Rätsel beginnt mit seiner Großmutter väterlicherseits, Maria Anna Schicklgruber, deren Sohn Alois (Hitlers Vater) ein Bastard war, angeblich gezeugt durch eine uneheliche Beziehung mit dem wohlhabenden Juden Frankenberger. Fritz Thyssen, einer von Hitlers Finanziers, enthüllt in *I Paid Hitler*, dass Großmutter Schicklgruber schwanger wurde, als sie als Dienstmädchen im Haus von Salomon Rothschild in Wien diente, weshalb einige Autoren Frankenberger als Strohmann für den Bankier ansehen. 2. 1909 freundete sich Hitler mit dem Gründer der Zeitschrift *Ostara* und des ONT (Orden der Neutempler) an, einem gnostischen Kabbalisten namens Adolf Josef Lanz, der seine jüdische Herkunft verbarg und in Wirklichkeit ein Zionist war, der Palästina für die Juden forderte. Während er die Rassenreinheit predigte, heiratete Lanz die Jüdin Liebenfels und wurde so als Georg Lanz von Liebenfels bekannt. 3. 1920 stellten zwei jüdische Freunde Hitlers, der britische Doppelagent Moses Pinkeles, alias Trebisch-Lincoln, und Ernst Hanfstängl, „Putzi", der Roosevelts Kriegsberater wurde, den größten Teil des Geldes zur

Verfügung, das es der NSDAP ermöglichte, die Zeitung *Völkischer Beobachter* zu kaufen. Zwischen 1929 und 1933 traf Hitler dreimal mit James Paul Warburg zusammen, dem Sohn von Paul Warburg und Vertreter derselben jüdischen Bankiers, die das Federal Reserve Kartell gegründet und die bolschewistische Revolution finanziert hatten. Als Ergebnis dieser Treffen erhielten die Nazis Finanzmittel von der Wall Street. Hitler wusste offensichtlich, dass er Geld von den mächtigsten internationalen jüdischen Bankiers erhielt, und ließ sich von ihnen benutzen. Wir sollten uns auch daran erinnern, dass Hitlers Zusammenarbeit mit den Zionisten entscheidend dazu beitrug, den Grundstein für den zukünftigen jüdischen Staat zu legen. Während Judäa Deutschland den Krieg erklärte - eine Proklamation, die am 24. März 1933 in einer siebenspaltigen Schlagzeile auf der Titelseite des *Daily Express* erschien -, unterzeichneten die Nazis und die Zionisten das Haavara-Abkommen, das etwa sechzigtausend deutschen Juden die Auswanderung nach Palästina mit mehr als 100 Millionen Dollar, damals ein Vermögen, ermöglichte. Der zionistische Schriftsteller Edwin Black räumt ein, dass dieses Abkommen für die Gründung Israels „unerlässlich" war. Zum Abschluss dieser Rekapitulation möchten wir daran erinnern, dass die sehr mächtige B'nai B'rith-Loge ihre konspirative Arbeit in Deutschland bis 1939 fortsetzen konnte.

Eine nicht sehr glaubwürdige und unbeweisbare These

2005 veröffentlichte Greg Hallett das Buch *Hitler war ein britischer Agent*, in dem er behauptet, Hitler sei eine Marionette in den Händen der Verschwörer gewesen, die den Zweiten Weltkrieg ausgelöst und ihn als Sündenbock benutzt hätten. Ohne endgültige Beweise zu liefern, behauptet Hallett, Hitler sei ein britischer Agent gewesen, ebenso wie Wilhelm Canaris, der Leiter des militärischen Geheimdienstes (Abwehr). Über Canaris sagt Bernard Fay, der auf Petains Anweisung zwischen 1940 und 1944 mit freimaurerischen Dokumenten in Frankreich arbeitete, in *La guerre des trois fous* (*Der Krieg der drei Narren*), dass er „den Nationalsozialismus wie ein Kreuzritter bekämpfte, der ein ansteckendes Monster vernichten wollte", und fügt hinzu, dass er „einige Tage vor der Offensive im Mai 1940 den britischen Generalstab gewarnt" habe. Greg Hallett, der davor warnt, dass wir die Wahrheit in der Regel nicht akzeptieren können, weil sie die Filter, die ihr durch die Erziehung auferlegt werden, nicht passiert, stützt sich auf Aussagen von Geheimdienstagenten im Ruhestand, aber auch auf Texte und Aussagen, die überprüft werden können. Hallett zufolge haben Historiker und sogar Hitlers Biograph John Toland Hitlers Aufenthalt in England ignoriert.

Hitlers Schwägerin, Bridget Hitler, geborene Bridget Dowling, veröffentlichte 1979 *die Memoiren von Bridget Hitler*. Das Buch ist uninteressant, aber Bridget bescheinigt darin, dass ihr Schwager Adolf Hitler in ihrem Haus in Liverpool lebte. Wir haben ein Exemplar des Buches und können sehen, wie diese Frau, die von Alois Hitler, einem Halbbruder Hitlers, den sie 1909 in Dublin kennenlernte, verführt wurde, ihre persönlichen Erfahrungen mit dem zukünftigen Führer schildert. Zunächst ist festzustellen, dass Hitler seinen

Aufenthalt in England in *Mein Kampf* verschwiegen hat. In seinem autobiografischen Bericht heißt es, dass er Wien im Mai 1912 in Richtung München verließ, aber Bridget Hitlers Arbeit zeigt, dass dies nicht stimmt: Er kam erst im Mai 1913, also ein Jahr später, aus England und nicht aus Wien in München an.

Es folgt ein kurzer Bericht über Hitlers Aufenthalt in England, wo er im Alter von dreiundzwanzig Jahren ankam. Im November 1912 fuhren Alois und Bridget zum Bahnhof Lime Street in Liverpool, um Angela Hitler und ihren Mann Leo Raubal, einen Zollbeamten in Wien, zu treffen. Beide waren eingeladen worden, ein paar Tage bei ihnen zu verbringen. Anstelle von Leo und Angela Raubal", schreibt Bridget, „kam ein ärmlich aussehender junger Mann auf Alois zu und gab ihm die Hand. Es war der jüngere Bruder meines Mannes, Adolf, der an seiner Stelle gekommen war". Alois' entrüstete Reaktion erschreckte seine Frau: „Er war wütend, missachtete den Platz und sprach so barsch und laut, dass alle Leute uns erstaunt ansahen." Zunächst ertrug der Neuankömmling die Zurechtweisung klaglos, doch schon bald begann er, sich noch heftiger zu wehren. Auf dem Höhepunkt des Streits, fährt Bridget fort, „kam Adolf näher und packte Alois' Mantel am Revers. Einen Moment lang war die Spannung so groß, dass ich daran dachte, zu gehen; sie hatten vergessen, dass ich da war. Ich verließ sie. So erzählt Bridget in ihrem Buch von der ersten Begegnung mit dem zukünftigen deutschen Bundeskanzler.

Die beiden Brüder erschienen erst am Abend in der Upper Stanhope Street 102, Princes Road, einer Wohnung mit drei Schlafzimmern, wo der Gast in dem für die Raubals vorbereiteten Zimmer untergebracht war. Der Ärger zwischen den beiden war verflogen und die Stimmung war freundlich. „Adolf jedoch, ohne, war völlig erschöpft. Seine Blässe und Abgeschlagenheit waren so ausgeprägt", schreibt der Erzähler, „dass ich befürchtete, er sei krank. Unmittelbar nach dem Essen zog er sich zurück." Bridget erklärt, dass sie dann die Gelegenheit nutzte, ihrem Mann die Szene am Bahnhof vorzuwerfen, und erklärt, dass Alois darauf sarkastisch antwortete: „Du verstehst nicht. Wenn du alles wüsstest, würdest du so denken wie ich.... Ich hatte Angela und ihren Mann eingeladen. Diesen nutzlosen Adolf hatte ich nicht eingeladen. Er ist eine Schande für uns alle. Ich will nichts mit ihm zu tun haben". Sehen wir uns nun einen von Greg Hallet ausgewählten Auszug an:

> „Mein Schwager blieb von November 1912 bis April 1913 bei uns, und ich kann mir keinen uninteressanteren und unangenehmeren Gast vorstellen. Zunächst blieb er in seinem Zimmer und schlief oder lag auf dem Sofa, das er die meiste Zeit als Bett benutzte. Ich hatte den Eindruck, dass er krank war, so schlecht war seine Gesichtsfarbe und so seltsam war sein Aussehen. Er tat mir leid, trotz allem, was Alois mir erzählt hatte. Als ich sein Hemd wusch - er hatte kein Gepäck mitgebracht - war der Kragen so fadenscheinig, dass es sich nicht einmal mehr lohnte, ihn auf links zu drehen. Ich überredete Alois, ihm ein paar Sachen zu geben, und er hatte auch nichts dagegen. Ich glaube sogar, er wäre eher bereit gewesen, Adolf zu helfen, wenn dieser nicht so undankbar und kompliziert gewesen wäre. Adolf hat alles, was wir gemacht haben, unterschätzt."

Hallett führt die schlechte Farbe und den merkwürdigen Blick in seinen Augen auf die Gehirnwäsche zurück, der er während der Monate seiner Indoktrination durch den MI6 unterzogen wurde, aber das ist natürlich nur eine persönliche Interpretation.

Bridget erzählt, wie Adolf in die Küche ging, sie bei der Zubereitung des Essens begleitete und mit ihrem kleinen Jungen, William Patrick, spielte. Dort drückte er ihr gegenüber seine große Enttäuschung darüber aus, dass er nicht an der Wiener Kunstakademie studieren konnte. Alois nahm ihn mehrmals mit nach London; „aber er begann bald, sich selbständig zu bewegen und kehrte erst spät in der Nacht zurück", schreibt Bridget. Obwohl es heißt, dass Hitler während seiner Zeit in England Englisch gelernt hat, bestreitet seine Schwägerin dies. Ihr zufolge kannte er nur ein paar Worte. Eine weitere interessante Information in den Memoiren von Bridget Hitler betrifft die Astrologie. Sie behauptet, dass Adolfs Interesse in Liverpool geweckt worden sei. Eine Astrologin, Mrs. Prentice, „erstellte sein Horoskop immer und immer wieder".

Alois, der die Anwesenheit seines Bruders leid war, schlug ihm vor, nach Amerika zu gehen und bot ihm sogar an, die Reise zu bezahlen. Am Anfang", sagt Bridget, „war Adolf begeistert, aber nach ein paar Wochen ließ sein Interesse nach. Er argumentierte, dass er erst einmal Englisch lernen sollte." Als sich der Aufenthalt in dem Haus in Liverpool hinzog, wurde das Verhältnis der Brüder immer angespannter, und die Gastgeber begannen zu überlegen, wie sie den peinlichen Gast, der das Familienleben mit seiner Anwesenheit störte, loswerden könnten. Als ihm nahegelegt wurde, das Haus zu verlassen, sagte er: „Ihr könnt nicht erwarten, dass ich gehe, bevor ich auf eigenen Füßen stehen kann. Das ist doch nicht zu viel verlangt von einem Bruder, „. Schließlich überzeugte Alois seinen Bruder nach zornigen Diskussionen davon, dass er nach München reisen solle und übernahm die Kosten für die Reise. „Wenn ich an seine Abreise denke", schreibt Bridget, „sehe ich wieder das blasse, dünne Gesicht meines Schwagers und seine hageren Augen, als er mich und Alois eilig küsste, bevor er den Zug bestieg. Er lehnte sich aus dem Fenster, als der Zug den Bahnhof verließ, und rief etwas, das mit 'Zukunft wirst du erstatten von mir erhalten' endete." Übersetzt hieße das: „In Zukunft wirst du mir zurückzahlen, was ich erhalten habe". Worte, die Alois nicht willkommen waren, denn sie hatten, wie er seiner Frau sagte, eine doppelte Bedeutung. Als Adolf Hitler im Mai 1913 in München eintraf, war er gerade vierundzwanzig Jahre alt geworden.

Eine weitere überraschende Aussage in Hallets Werk betrifft den Tod Adolf Hitlers, der nach Aussage des Autors im Berliner Bunker keinen Selbstmord begangen hat. Auch hier gibt es sehr interessante Zeugenaussagen, die es ermöglichen, diese Möglichkeit zumindest in Betracht zu ziehen. Einer der Texte, die Zweifel an der offiziellen Version aufkommen lassen, stammt von US-Außenminister James Francis Byrnes, der als einer der allmächtigen Männer von Bernard Baruch in Washington gilt,, der in seinem 1947 erschienenen Buch *Speaking Frankly* ein Gespräch mit Stalin am 17. Juli 1945 in Potsdam schildert. Hier ein Auszug:

„... Der Präsident (Truman) bat Stalin, Molotow und Pavlov, den qualifizierten sowjetischen Dolmetscher, ganz formlos, zu bleiben und mit ihm zu Mittag zu essen. Sie stimmten zu. Das Gespräch war allgemeiner Natur und sehr herzlich. Der Präsident war von Stalin wohlwollend beeindruckt, wie ich es auch in Jalta gewesen war. Als wir über unseren Besuch in Berlin sprachen, fragte ich den Generalissimus (Stalin) nach seiner Meinung über den Tod Hitlers. Zu meiner Überraschung sagte er, dass er glaube, dass Hitler am Leben sei und dass es möglich sei, dass er sich in Spanien oder Argentinien aufhalte. Ungefähr zehn Tage später fragte ich ihn, ob er seine Meinung geändert habe, und er sagte, er habe sie nicht geändert."

Das heißt, die Person, die bestätigen sollte, dass Hitler tot war, da es Soldaten der Roten Armee waren, die den Bunker erreichten, in dem er angeblich Selbstmord beging, teilte Außenminister James F. Byrnes zweimal mit, dass er glaube, Hitler sei am Leben, anstatt die Entdeckung der Leiche zu melden. Um die sowjetischen Behauptungen zu widerlegen, dass Hitler nicht tot war und von den Alliierten geschützt wurde, beauftragte die Regierung Hugh Trevor-Roper, der während des Krieges für den britischen Militärgeheimdienst arbeitete, mit der Untersuchung des Todes von Adolf Hitler. Im Jahr 1947 veröffentlichte er das Buch *Hitlers letzte Tage*. Trevor-Roper war ein Freund und Kollege des berühmten sowjetischen Spions Kim Philby, den er nach dem Krieg beschuldigte, Admiral Wilhelm Canaris daran gehindert zu haben, Hitlers Regime zu stürzen, um mit der britischen Regierung zu verhandeln.

Natürlich können wir die Theorien von Greg Hallett, der glaubt, dass britische Agenten Hitler im letzten Moment aus Berlin herausgeholt haben, nicht ohne weiteres akzeptieren; da es sich bei dem „Halt-Befehl" jedoch um einen Befehl handelte, der an Hochverrat grenzte, wollten wir sie dem Leser zur Verfügung stellen, damit er selbst beurteilen kann, ob sie Glaubwürdigkeit verdienen oder nicht.

Der Waffenstillstand und die Briten. Jüdische Agenten umzingeln De Gaulle

Nach Dünkirchen fragte Ribbentrop den Führer, ob er einen Plan für den Frieden mit Großbritannien ausarbeiten solle. David Irving zitiert Hitlers Antwort: „Nein, das werde ich selbst tun. Es werden nur ein paar Punkte sein. Erstens darf nichts getan werden, was dem Ansehen Großbritanniens in irgendeiner Weise schaden könnte; zweitens muss Großbritannien uns eine oder zwei unserer früheren Kolonien zurückgeben; und drittens müssen wir einen stabilen Modus Vivendi mit Großbritannien erreichen." Wenige Tage später, am 10. Juni 1940, erklärte Italien Frankreich und Großbritannien offiziell den Krieg. Einen Tag zuvor war die Front völlig zusammengebrochen, und die Deutschen hatten sich auf die Verfolgung der französischen Truppen gestürzt, die in einer Flut von Millionen von Flüchtlingen auf der Flucht waren.

Am 11. Juni landete Churchill in Frankreich an Bord seines Flugzeugs Flamingo, das von elf Hurricane-Kampfflugzeugen begleitet wurde. An seiner Seite befinden sich der zum Kriegsminister ernannte Anthony Eden sowie die Generäle Dill, Ismay und Spears. Letzterer, den der französische Diplomat Paul Cambon als „einen intriganten Juden, der sich überall einschleust" bezeichnete, war der Sohn von Isaac Spiers und Hannah Moses und hatte 1918 seinen Nachnamen geändert, um seine jüdische Herkunft zu verbergen. Diese Delegation hatte ein entscheidendes Treffen mit Mitgliedern der Regierung von Paul Reynaud, darunter Marschall Petain, der am 17. Mai die Botschaft in Madrid verlassen hatte, um das Verteidigungsressort zu übernehmen, Jeroboam Rothschild alias Georges Mandel, Brigadier Charles De Gaulle und Maxime Weygand, ein General belgischer Herkunft, der am 17. Mai Gamelin abgelöst hatte. General Weygand galt als der leibliche Sohn des belgischen Königs Leopold II. und war von einem wohlhabenden sephardischen Juden mit weitreichenden geschäftlichen und internationalen Verbindungen, David de Leon Cohen, einem Berater des Monarchen, aufgezogen worden. Das Treffen fand im Schloss Muguet, dem Hauptquartier von Weygand, statt. Im Laufe der Gespräche bemühte sich Churchill nach Kräften, Frankreich im Kampf zu halten und schlug einen umfassenden Widerstand vor, bot aber keine wirksame Hilfe an.

Am 12. Juni tritt der französische Ministerrat am Nachmittag im Schloss von Cangé, der Residenz von Albert Lebrun, dem Präsidenten der Republik, zusammen. Petain besteht auf der Notwendigkeit, um einen Waffenstillstand zu bitten, und der Rat beschließt, die Briten für den folgenden Tag, den 13. Juni, einzuladen. Churchill wird von Lord Halifax, Lord Beaverbrook, einem jüdischen Zeitungsmagnaten, den Churchill gerade zum Minister für Flugzeugbau ernannt hatte, Alexander Cadogan und den Generälen Ismay und Spears begleitet. Präsident Lebrun empfängt sie in Begleitung des neuen Außenministers Paul Baudoin und bittet die Briten, Frankreich zu erlauben, sich von seinen Verpflichtungen zu lösen. Churchill wies darauf hin, dass zunächst Präsident Roosevelt informiert werden müsse, und wartete auf dessen Antwort; dieser erklärte jedoch schließlich, dass er die französische Position verstehe, und verließ mit seiner Delegation resigniert das Schloss. Weygand und Petain, die sich weigerten, Frankreich zu verlassen, um nach Afrika zu gehen, wie es der Premierminister vorgeschlagen hatte, baten Reynaud, einen Waffenstillstand zu beantragen, was dieser am 15. Juni tat, als die französische Hauptstadt bereits von deutschen Truppen besetzt war.

Der Ministerrat, der am Nachmittag des 15. Juni 1940 auf Ersuchen von Petain zusammentritt, beschließt, nicht nach Afrika zu ziehen, es sei denn, die Bedingungen des Waffenstillstands seien wirklich unannehmbar. Admiral Darlan wirft die Frage der Marine auf, deren mögliche Übergabe an die Deutschen die Briten so sehr beunruhigt, dass sie am 16. Juni um 13.30 Uhr verlangen, dass die Flotte britische Häfen anläuft, bevor Verhandlungen mit Deutschland aufgenommen werden können. Reynaud selbst hält die Forderung Londons für angemessen, da die Flotte im Wesentlichen das Mittelmeer schützt. Um 15:45 Uhr stellen die Briten eine neue Forderung: Die Luftwaffe soll nach England oder Nordafrika auslaufen. Angesichts dieser Forderungen droht Marschall Petain mit seinem Rücktritt.

Jean Lombard Coeurderoy erklärt in *Das verborgene Gesicht der modernen Geschichte*, dass London daraufhin beschloss, eine erstaunliche Lösung anzubieten: nichts weniger als die Vereinigung der beiden Reiche mit einem gemeinsamen Parlament. Der Text des Vorschlags, der von der britischen Regierung gebilligt wurde, wurde von drei Persönlichkeiten verfasst, die in der Nachkriegszeit wichtige Ämter bekleiden sollten: dem Finanzier Emmanuel Monick, René Plevén und Jean Monnet, von denen die beiden Letztgenannten das Vertrauen der Lazards genossen, jüdische Bankiers mit Sitz in Paris, London und New York, die 1913 zum Gründungskartell der Federal Reserve gehörten. Bei Ausbruch des Zweiten Weltkriegs war Monnet zum Leiter des französisch-britischen Wirtschaftskoordinierungsausschusses ernannt worden. Der Vizepräsident der französischen Regierung, Camille Chautemps, lehnte es strikt ab, dass sein Land ein britisches „Dominion" werden sollte. Als über den Vorschlag abgestimmt wurde, stellte sich der französische Ministerrat hinter den Vizepräsidenten und lehnte den britischen Vorschlag mit 14 gegen 10 Stimmen ab. Am 16. Juni um 19:30 Uhr desselben Tages trat Präsident Reynaud zurück.

Am 17. Juni bildet Marschall Petain eine elfköpfige Regierung und bittet Deutschland unter Vermittlung des spanischen Botschafters in Paris, José Félix de Lequerica, und des Nuntius des Vatikans um die Einstellung der Feindseligkeiten und die Bedingungen des Waffenstillstands. Am selben Tag verließ General Spears Frankreich und nahm in seinem Flugzeug Brigadegeneral Charles De Gaulle mit, der ihn am Abend zuvor heimlich um einen Platz in seinem Flugzeug gebeten hatte. De Gaulle nahm neben umfangreichen Dokumenten auch 100.000 Francs an Geheimgeldern mit nach London. Am 18. und 19. Oktober hielt er über die Mikrofone der BBC eine lebhafte Radioansprache, in der er sich mit folgenden Worten an das französische Volk wandte: „Ich, General de Gaulle, bin mir bewusst, im Namen Frankreichs zu sprechen".

Die Deutschen hatten ein Dokument vom 9. November 1939 beschlagnahmt, in dem es um die Reparationen ging, die Frankreich Deutschland nach Hitlers Niederlage auferlegen würde. Trotz der harten Bedingungen des Waffenstillstands, die in diesem Dokument enthalten waren, waren die von Hitler angebotenen Bedingungen äußerst flexibel. Am 20. Juni fragt Admiral Räder Hitler, ob Deutschland die Kapitulation der französischen Flotte, der drittgrößten der Welt, verlangen würde. Der Führer antwortet, dass die deutsche Marine kein Recht habe, die französischen Schiffe einzufordern, da sie nicht besiegt worden seien. Außerdem sei die Flotte für sie unerreichbar und die Franzosen sollten sie behalten, um ihre kolonialen Interessen zu wahren. Am 21. begab sich der deutsche Bundeskanzler in den Wald von Compiègne, um den Waffenstillstand in demselben hölzernen Speisewagen zu unterzeichnen, der 1918 von den Franzosen benutzt worden war. General Keitel verlas eine von Hitler selbst verfasste Präambel, aus der der folgende Auszug stammt: „Frankreich ist nach heldenhaftem Widerstand besiegt worden. Deutschland hat daher nicht die Absicht, den Bedingungen des Waffenstillstandes oder der Verhandlungen einen missbräuchlichen Charakter gegenüber einem so tapferen Feind zu verleihen. Der einzige Zweck der deutschen Forderungen besteht darin, jede Wiederaufnahme des Krieges zu verhindern, Deutschland die notwendige Sicherheit für die Fortsetzung des Kampfes gegen Großbritannien zu geben und den Anbruch eines neuen Friedens zu ermöglichen, dessen Hauptelement die

Wiedergutmachung der dem Deutschen Reich auferlegten brutalen Ungerechtigkeiten sein wird „.

Am Abend des 22. Juni 1940 wurde der Waffenstillstand unterzeichnet, der vorsah, dass die Deutschen den nördlichen Teil Frankreichs, einschließlich Paris, sowie die gesamte Atlantikküste bis zur spanischen Grenze besetzen würden. Die französische Regierung sollte mit den deutschen Streitkräften zusammenarbeiten und für die Verwaltung des gesamten Landes zuständig sein. Die französische Regierung würde für den Unterhalt der Besatzungstruppen aufkommen müssen. Alle französischen Truppen müssten demobilisiert werden, aber das französische Kaiserreich würde intakt bleiben. Deutschland forderte nicht einmal Kamerun und Togo zurück, Kolonien, die ihm Frankreich in Versailles abgenommen hatte. Henry Coston, Autor des fünfbändigen *Dictionaire de la politique française*, zitiert Marschall Petains Worte an General Alphonse Joseph Georges zu den großzügigen Bedingungen des Waffenstillstands: „Die Deutschen haben einen großen Fehler begangen, als sie uns diesen Waffenstillstand gewährten. Wir hatten nichts, um uns zu verteidigen, und wenn sie die Flotte gefordert hätten, hätten wir sie ihnen geben müssen." Vier Jahre später, 1944, gestand Churchill in Marrakesch demselben General, dass „Hitler einen Fehler begangen hatte, als er Frankreich den Waffenstillstand gewährte". Wie Churchill zu General Georges sagte, „hätte er in Nordafrika einmarschieren, es einnehmen und nach Ägypten weiterziehen sollen."

Nach dem Rücktritt von Reynaud hält der Präsident der Republik Marschall Philippe Petain für die geeignetste Person an der Spitze der Regierung und er wird von der Nationalversammlung gewählt. Die Vichy-Regierung wird mit Ausnahme Großbritanniens von allen Ländern der Welt anerkannt, auch von den Vereinigten Staaten und der UdSSR. Der Waffenstillstand verlangte nicht, dass Frankreich die Beziehungen zu London abbrach, so dass klargestellt werden sollte, dass es die Briten waren, die ihren ehemaligen Verbündeten nicht anerkannten. Am 27. Juni befahl Churchill die „Operation Catapult". Am 2. Juli 1940, zehn Tage nach der Unterzeichnung des Waffenstillstands, verließ eine Flotte der Royal Navy Gibraltar in Richtung des algerischen Hafens Mers-el-Kebir im Golf von Oran, wo ein Teil der französischen Flotte stationiert war, darunter vier Schlachtschiffe, vier Kreuzer, eine Superzerstörerdivision und eine Flottille von Zerstörern. Der britische Admiral Sommerville verlangt von Admiral Gensoul die Übergabe aller Schiffe, d.h. die Kapitulation der Flotte. Als er sich weigerte, eröffneten die Briten am 3. Juli um 16.53 Uhr das Feuer auf die französischen Schiffe, von denen die meisten ihre Kanonen auf das Land gerichtet und ihre Maschinen ausgeschaltet hatten, so dass nur wenige von ihnen auf das Meer hinausfahren konnten. Um sie daran zu hindern, die Bucht zu verlassen, beleuchteten britische Flugzeuge den Hafen mit Magnetminen. 1.300 französische Seeleute wurden getötet und mehrere hundert verwundet. Die Briten verloren nur vier Flugzeuge und zwei Torpedoboote. Frankreich brach daraufhin die diplomatischen Beziehungen zum Vereinigten Königreich ab. Man kann sagen, dass Mers-el-Kebir das französische Pearl Harbour war.

Die französische Öffentlichkeit stellt fest, dass ihr ehemaliger Verbündeter im Gegensatz zu Deutschland die Kapitulation der Flotte fordert.

Die Tatsache, dass der Angriff auf heimtückische Weise und ohne jegliche Rechtfertigung durchgeführt worden war, löste in der Bevölkerung eine wachsende Anglophobie aus. Angesichts der Verblüffung der Franzosen rechtfertigt de Gaulle am 8. Juli die Aktion und erklärt, dass die französische Regierung der Übergabe der Schiffe an den Feind zugestimmt habe, der sie gegen England oder das französische Reich eingesetzt hätte. De Gaulle erklärte unverblümt: „Nun, ich will es unverblümt sagen, es ist besser, dass sie zerstört wurden". Man muss wissen, dass der Präsident der Republik am 23. Juni 1940 als Strafe für seine Reden aus London die Entlassung von Charles de Gaulle aus der Armee unterschrieben hatte, und am folgenden Tag, dem 24. Juni, sandte Außenminister Baudoin folgende Nachricht an das Außenministerium: „Die französische Regierung betrachtet es als einen Akt der Feindschaft, wenn ein französischer General im britischen Rundfunk zum Aufstand gegen ihre Entscheidungen aufruft."

So wurde in London das Französische Nationalkomitee gegründet, das zunächst dazu diente, zu verkünden, dass die Vichy-Regierung Frankreich nicht vertrete, und Aktionen wie die von Mers-el Quebir zu rechtfertigen. Später wurde daraus das Französische Nationale Befreiungskomitee. Bereits 1944 wurde dieses Gremium zur provisorischen Regierung. De Gaulle war bald von einer Schar von Politikern und Agenten jüdischer Herkunft umgeben. Von Anfang an stehen ihm zwei Schwergewichte zur Seite: Maurice Schumann und René Samuel Casin. Ersterer wird ab Juli 1940 Propagandachef und spricht bei mehr als tausend Gelegenheiten im Radio London. Schumann, der für de Gaulle unentbehrlich war, nutzte seine Konversion zum Katholizismus, um als Bindeglied zwischen den französischen Zionisten und dem Vatikan zu fungieren. Letzterer war ein zionistisches Mitglied der Universal Israelite Alliance, das als Jurist internationalen Ruhm erlangte. Casin ging 1940 mit de Gaulle ins Exil nach London und war einer seiner Wortführer. Dort schuf er die Grundlagen für die Verfassung der Vierten Republik. 1943 vertrat er das Komitee für die Befreiung in der von den Alliierten eingesetzten Kommission für Kriegsverbrechen, und 1944 setzte er sich im Justizministerium dafür ein, dass die französische Militärjustiz gegen die Nazis vorgehen konnte.

Zu den prominentesten Juden in der Entourage von General de Gaulle gehörten folgende: Hervé Alphand, ein Handelsexperte, der für wirtschaftliche und finanzielle Angelegenheiten zuständig war. René Mayer, Sohn des Großrabbiners von Paris Michel Mayer und Vertreter der Rothschild-Bankinteressen, war zuständig für das Nachrichtenwesen und Mitglied des Befreiungskomitees, bis De Gaulle ihn 1944 zum Minister für Verkehr und öffentliche Arbeiten ernannte. Später war er Vizepräsident der Universal Israelite Alliance. Daniel Mayer, der im Januar 1941 das Sozialistische Aktionskomitee gründete und vom General den Auftrag erhielt, die in Frankreich tätigen Gruppen in einer einzigen Organisation zu vereinen: dem CNR (Conseil National de la Résistance). Marie-Pierre Koenig, ein General, der von Anfang an mit de Gaulle zusammenarbeitete und später Verteidigungsminister wurde. Admiral Louis-Lazare Kahn, der im Namen der Regierung von General de Gaulle an der Seite der Alliierten am Kampf gegen die U-Boote im Atlantik teilnahm. Georges Boris, ein britischer Verbindungsoffizier, der aus Dünkirchen evakuiert worden war, wurde von de Gaulle mit den Kontakten der Freien Franzosen zur BBC betraut. Manche sahen in ihm den Bernard Baruch Frankreichs, da er Berater mehrerer französischer Premierminister gewesen war. Pierre Mendès France, ein Sephardite portugiesischer Herkunft, kam 1941 nach London und wurde 1943 von de Gaulle zum Finanzkommissar des französischen Komitees für die nationale Befreiung ernannt. 1944 unterzeichnete er die Abkommen von Bretton Woods, die die Weltwirtschaftspolitik der Nachkriegszeit prägen sollten, und 1953 wurde er Premierminister. André Diethelm, der in der Nachkriegszeit Vizepräsident der Nationalversammlung wurde, bekleidete mehrere Kommissariate, bis er 1944 zum Kommissar für Produktion des Komitees für die Befreiung ernannt wurde und im selben Jahr Kriegsminister wurde. Jean Pierre-Bloch, Freimaurer der Loge „Liberté" und nach der Befreiung Präsident von B'nai B'rith Frankreich, kam 1942 nach London und wurde Leiter der Spionageabwehr. Marc Bloch, Vorsitzender des Befreiungskomitees, dessen Künstlername „Narbonne" war, war mit der Vorbereitung der Landung der Alliierten in Frankreich beauftragt. Er wurde schließlich von der Gestapo entdeckt und erschossen. Carole Fink, Autorin von *Marc Bloch. Ein Leben für die Geschichte*, enthüllt die Namen einer Reihe von Juden, die den Widerstand anführten. Dazu gehören Raymond Aubrac, Maurice Krigel-Varlimont, Max Heilbronn, Jean Pierre Lévy, Georges Altman, André Kaan, Georgette Lévy, Léo Hammon, Jean Maurice Hermann, André Weil-Curiel, Jacques Brunschwig-Bordier, Robert Hirsh, der 1951 von De Gaulle zum Generaldirektor für nationale Sicherheit ernannt wurde.

Der Plan zur endgültigen Ausrottung der deutschen Ethnie

Anstatt sie richtig zu verbreiten, haben es die offiziellen Historiker vorgezogen, Texte wie Theodore N. Kaufmans *Germany must perish*, Henry Morgenthau Jr.'s *Morgenthau Diary* oder Michel Bar Zohar's *Les Vengeurs* in Vergessenheit geraten zu lassen. Wir werden sie zu gegebener Zeit in diesem Buch vorstellen. Nun ist es an der Zeit, sich dem Buch von Kaufman zuzuwenden, da es chronologisch gesehen das erste ist, das erscheint. Bevor wir es kommentieren, ist es sinnvoll, es in die Zeit seiner Entstehung und Veröffentlichung einzuordnen, indem wir in einigen Absätzen die Kriegssituation und Hitlers illusorische Pläne skizzieren.

Nach der quixotischen Geste von Dünkirchen und der Unterzeichnung des überraschenden Waffenstillstands mit Frankreich machte sich Hitler auf den Weg zurück nach Berlin, um Großbritannien im Reichstag ein öffentliches Friedensangebot zu machen. Admiral Räder bestand auf der Notwendigkeit, die wichtigsten Marinestützpunkte sofort anzugreifen und die Invasion vorzubereiten; doch der Führer wollte die Luftwaffe nicht entfesseln und hatte sogar jeden Angriff mit der Androhung eines Kriegsgerichts untersagt, das seiner Meinung nach einen nicht wieder gutzumachenden Hass hervorrufen könnte. Zusammenhanglos glaubte er immer noch, dass die Briten nach der Niederlage Frankreichs auf die Vernunft hören würden. In seinen Friedensplänen hatte

Hitler an eine Lösung des Judenproblems gedacht. Sein Plan sah vor, Frankreich um die Insel Madagaskar zu bitten, um die europäischen Juden dort unterzubringen. Im Sommer 1940 arbeiteten die Experten des Auswärtigen Amtes intensiv an der Deportation. Reichsführer SS Heinrich Himmler erteilte den Polizeigeneralen in Osteuropa entsprechende Anweisungen, und Hans Frank, der Generalgouverneur, war erleichtert, als er den Befehl erhielt, die Überführung der Juden in das Generalgouvernement Polen zu stoppen. Alle Juden, auch die, die sich bereits auf polnischem Gebiet befanden, sollten nach Madagaskar deportiert werden.

Es muss noch einmal betont werden, dass diese Pläne in der Annahme gemacht wurden, dass London sie schließlich akzeptieren würde. Erstaunlich ist, wie unrealistisch die Voraussetzungen waren, auf denen diese Hoffnung beruhte. Dokumente, die von den deutschen Besatzern in Frankreich erbeutet wurden, zeigten unmissverständlich, auf welche Art von Krieg sich die Briten vorbereiteten. Ein geheimes Dokument aus dem Jahr 1939 besagt eindeutig, dass Deutschland besiegt und zerstückelt werden soll. David Irving berichtet, dass er unter den schriftlichen Aufzeichnungen des Obersten Kriegsrats ein Dokument vom November 1939 fand, in dem es heißt, dass Chamberlain den Plan für die Zerstörung des Ruhrgebiets durch Langstreckenbomber vorgestellt habe. Es waren Luftaufnahmen gemacht und Modelle der gesamten Industrieregion gebaut worden. Der britische Premierminister selbst hatte zugegeben, dass die Bombardierung für die Zivilbevölkerung verheerende Folgen haben würde. Tatsächlich wurde der Befehl zur Durchführung dieses Plans am 11. Mai 1940, zwei Wochen vor Dünkirchen, erteilt. Der erste Sekretär des britischen Luftministeriums, J. M. Spaight, nannte den Befehl eine „großartige Entscheidung", wie Frederick John Partington Veale, Autor von *Advance to barbarism*, einem bemerkenswerten Werk über den Luftterror und andere Verbrechen der Sieger, berichtet, auf das wir zurückkommen werden, wenn wir den Holocaust in Dresden untersuchen.

Hitler kehrt am 6. Juli nach Berlin zurück. Am 14. Juli erklärt er gegenüber der Presse seine Bereitschaft, jede Vermittlung zu akzeptieren, die zu einer Einigung mit dem Vereinigten Königreich führen würde. Am 16. Juli akzeptierte er halbherzig einen Entwurf von General Jodl, in dem er der Wehrmacht befahl, sich auf die Invasion Großbritanniens vorzubereiten, „falls dies notwendig werden sollte". Am 19. Juli 1940 fand schließlich die lang erwartete Rede vor dem Reichstag statt, in der der deutsche Reichskanzler trotz der Tatsache, dass die Briten seit Mai eine nächtliche Luftoffensive begonnen hatten, die in deutschen Städten große Unruhe ausgelöst hatte, an die „britische Vernunft" appellierte und Frieden und eine Rückkehr zu den Grenzen von 1939 im Westen sowie ein Abkommen mit Polen anbot. Während Deutschland in Europa noch nach Möglichkeiten suchte, eine Ausweitung des Krieges zu verhindern, hatte Roosevelt in den Vereinigten Staaten begonnen, sein künftiges Eingreifen vorzubereiten. Am 16. Mai 1940 legte er in einer Botschaft an den Kongress ein Ziel von 50.000 Flugzeugen pro Jahr fest. Am 31. Mai verpflichtete sich der Oberste Rat des Schottischen Ritus auf seiner Tagung in Washington ( ), die Intervention zu fördern.

Am 3. August 1940 lehnt Churchill die guten Dienste des schwedischen Königs ab, die der letzte Vermittlungsversuch vor Beginn der Schlacht um Großbritannien waren. Vom 8. August bis zum 5. September griff die Luftwaffe Häfen, Flugplätze, Flugzeugfabriken und andere militärische Ziele an. Am 27. August jedoch bombardierten RAF-Flugzeuge Berlin, und in den folgenden Nächten wurden die Angriffe immer heftiger. Die deutschen Städte im Ruhrgebiet wurden bereits seit dreieinhalb Monaten bombardiert. Als die Bomben auf die Reichshauptstadt fielen , öffnete Hitler schließlich die Augen und befahl die nächtlichen Luftangriffe auf London. Wenn sie verkünden, dass sie unsere Städte in vollem Umfang angreifen werden", sagte er wütend, „werden wir ihre Städte auslöschen. Dennoch erlaubte er nicht die Bombardierung von Wohngebieten in der englischen Hauptstadt, wie es Jeschonnek, Görings Stabschef, gefordert hatte. Die Hauptziele sollten Bahnhöfe, Industrie, Gas- und Wasserreservoirs sein, „vorerst nicht die Bevölkerung". Vom 7. September bis zum 2. November 1940 wurde London jede Nacht bombardiert, wobei das Industriezentrum Coventry am schwersten getroffen wurde.

Am 28. Oktober 1940 griff Italien von Albanien aus Griechenland an und erklärte damit den Krieg. Diese Aktion sollte die Ausweitung des europäischen Konflikts auf den Balkan in den ersten Monaten des Jahres 1941 auslösen. Vor dem Hintergrund dieses Krieges wurde das Werk von Theodore N. Kaufmann, dem wir uns nun zuwenden, veröffentlicht: *„Deutschland muss untergehen".* Kaufman, ein in Manhattan geborener Jude, der Präsident der American Federation for Peace war, schlug in seinem Werk die systematische Sterilisierung der gesamten deutschen Bevölkerung vor, um sie für immer auszurotten. Der Text wurde Ende 1940 oder Anfang 1941 gedruckt. Eine zweite Auflage wurde im März 1941 von Argyle Press in Newark, New Jersey, veröffentlicht. Erst im Juli 1941 entdeckten die Nazis das Buch und waren nicht nur schockiert, sondern beschlossen auch, das Pamphlet für ihre Propaganda zu nutzen. Am 23. Juli erschien auf der Titelseite der Zeitung *Der Angriff* ein Artikel mit der Überschrift „Teuflischer Plan zur Ausrottung des deutschen Volkes", in dem das Werk als Beispiel für „alttestamentarischen Hass" bezeichnet wurde. Am 24. Juli veröffentlichte der *Völkische Beobachter, eine* Zeitung der NSDAP, ebenfalls auf der Titelseite einen Artikel mit der Überschrift „Das Produkt jüdischen verbrecherischen Sadismus". Die Zeitung behauptete, Kaufman sei ein Mitarbeiter von Samuel Irving Rosenman, dem auffälligen Ideologen des Brain Trust und Berater von Roosevelt im Weißen Haus. Auszüge aus dem Buch erschienen am 3. August in der Wochenzeitung *Das Reich*, die landesweit veröffentlicht wurde. Joseph Göbbels ließ das Buch übersetzen und etwa eine Million Exemplare mit Roosevelts Bild auf dem Umschlag drucken. Diese Übersetzung wurde an die deutschen Soldaten verteilt, um sie auf das schreckliche Schicksal aufmerksam zu machen, das die Juden für den Fall einer Kriegsniederlage vorausgesehen hatten.

Obwohl es heißt, dass das Buch in Deutschland viel und in den Vereinigten Staaten nur sehr wenig Wirkung zeigte, widmeten ihm große Zeitungen in jüdischem Besitz wie *die New York Times* und die *Washington Post*

Kommentare, die sich sehen lassen können. Erstere nannte es „eine Blaupause für dauerhaften Frieden unter zivilisierten Nationen". Letztere bezeichnete Kaufmans Vorschlag als „eine provokative Theorie, die auf interessante Weise präsentiert wird". Das *Times Magazine* bezeichnete das Projekt als „eine sensationelle Idee". Der *Philadelphia Record*, die führende Zeitung der Stadt, war der Meinung, dass die Arbeit von Kaufman, der Mitglied des American Jewish Congress war, „mit völliger Aufrichtigkeit die schreckliche Unterströmung der Nazi-Seele darstellte." Es sei darauf hingewiesen, dass *Germany must perish* fast ein Jahr vor dem Kriegseintritt der Vereinigten Staaten erschien und dass das Gefangenenlager Auschwitz noch nicht einmal eröffnet war.

Der Sterilisationsplan wurde in dem Buch als die praktischste Methode zur Ausrottung der deutschen Ethnie dargestellt, da ein Massaker „bei einer Bevölkerung von siebzig Millionen Menschen nicht durchführbar" sei. Kaufman betrachtete seinen Vorschlag als eine „moderne Methode", die die Wissenschaft als „eugenische Sterilisation" bezeichnete, die beste Möglichkeit, „die Menschheit von ihren Außenseitern zu befreien: Degenerierte, Geisteskranke und erblich bedingte Verbrecher". Er warnte davor, die Sterilisation mit der Kastration zu verwechseln, da es sich um einen viel einfacheren und schnelleren Eingriff handele, der nicht länger als zehn Minuten dauere, obwohl er einräumte, dass er bei Frauen etwas komplizierter sei. Die Sterilisation des deutschen Volkes, so Kaufman, sei eine Gesundheitsmaßnahme, die „von der Menschheit gefördert werden sollte, um sich gegen das Virus des Germanismus zu immunisieren". Zur Umsetzung seines Plans schlug er die folgende Methode vor:

> „Die Bevölkerung Deutschlands, ohne die annektierten und eroberten Gebiete, beträgt etwa 70 Millionen, die sich fast gleichmäßig auf Männer und Frauen verteilen. Um das Ziel der Ausrottung der Deutschen zu erreichen, wäre es notwendig, nur 48 Millionen zu sterilisieren - eine Zahl, die wegen ihrer begrenzten Zeugungskraft die Männer über sechzig und die Frauen über fünfundvierzig ausschließt. Was die zu sterilisierenden Männer anbelangt, so wären die Armeekorps als organisierte Einheiten der einfachste und schnellste Weg, um zu operieren. Bei einer willkürlichen Zahl von 20.000 Chirurgen und der Annahme, dass jeder von ihnen mindestens fünfundzwanzig Operationen pro Tag durchführt, würde die Sterilisation höchstens einen Monat in Anspruch nehmen. Je mehr Ärzte zur Verfügung stehen, und es könnten weit mehr als 20.000 sein, wenn man bedenkt, welche Nationen in Frage kommen, desto weniger Zeit würde benötigt..... Wenn man davon ausgeht, dass die Sterilisation von Frauen etwas mehr Zeit benötigt, muss man damit rechnen, dass die Frauen in Deutschland in einem Zeitraum von drei Jahren oder weniger sterilisiert werden könnten.... Natürlich gäbe es nach einer vollständigen Sterilisation keine Geburtenrate mehr in Deutschland. Bei einer Sterberate von 2 Prozent pro Jahr würde das Leben in Deutschland um eineinhalb Millionen Menschen pro Jahr abnehmen....".

Immer wieder betonten jüdische Autoren wie die bereits erwähnten Kaufman, Morgenthau, Bar Zohar unmissverständlich, dass der Krieg nicht gegen die Nazis, sondern gegen das deutsche Volk gerichtet war. Noch vor den Nürnberger Gesetzen und fast zwei Jahre vor dem Krieg hatte der Zionistenführer Wladimir Jabotinsky es im Januar 1934 in einem Artikel in der *Mascha Rjetsch* klar ausgesprochen:

> „Der Kampf gegen Deutschland wird seit Monaten in jeder jüdischen Gemeinde, auf jeder Konferenz, in jeder Arbeitergewerkschaft und von jedem Juden in der ganzen Welt geführt. Es gibt allen Grund zu der Annahme, dass unsere Teilnahme an diesem Kampf von allgemeiner Bedeutung ist. Wir werden einen geistigen und materiellen Krieg der ganzen Welt gegen Deutschland beginnen. Deutschland strebt danach, wieder eine große Nation zu werden und seine verlorenen Gebiete sowie seine Kolonien zurückzuerobern. Aber unsere jüdischen Interessen verlangen die vollständige Vernichtung Deutschlands."

Theodore N. Kaufman betont in dem soeben besprochenen Buch immer wieder diesen Gedanken: „Dieser Krieg wird gegen die Deutschen geführt. Sie sind es, die verantwortlich sind. Sie sind es, die für den Krieg bezahlen müssen. Sonst wird es immer einen deutschen Krieg gegen die Welt geben. Und mit diesem Schwert, das ständig über den zivilisierten Nationen hängt, werden sie, wie groß ihre Hoffnungen und wie mühsam ihre Anstrengungen auch sein mögen, niemals einen dauerhaften Frieden erreichen." Trotz der Tatsache, dass es die internationalen jüdischen Organisationen waren, die 1933 Deutschland den Krieg erklärten, gibt Kaufman den Deutschen die ganze Schuld daran, die Welt in den Krieg zu führen. In der Tat wurde dies in den Gymnasien und Universitäten in der ganzen Welt, insbesondere in Deutschland, dank der Rolle der offiziellen Geschichtsschreibung immer gelehrt. Kaufman ist besonders wütend über die deutsche Seele, die er mit der von wilden Tieren vergleicht, die nur im Dschungel leben können:

> „Ich empfinde für diese Menschen nicht mehr persönlichen Hass als ich für eine Herde oder für wilde Tiere oder für eine Gruppe giftiger Reptilien empfinden könnte. Man hasst nicht diejenigen, deren Seelen keine geistige Wärme ausstrahlen können; man empfindet nur Mitleid. Wenn das deutsche Volk allein, in der Finsternis leben will, so ist das seine Sache. Wenn es aber ständig versucht, die Seelen anderer Völker in die fettigen Hüllen zu hüllen, die seine eigene umhüllen, dann kommt die Zeit, in der es aus dem Reich der zivilisierten Menschheit ausgestoßen werden muss, in dem es keinen Platz und keine Daseinsberechtigung haben kann."

Ende September 1941 verfasste Wolfgang Diewerge eine etwa dreißigseitige Broschüre mit dem Titel *Das Kriegsziel der Weltplutokratie*, die vom NSDAP-Verlag in Berlin veröffentlicht wurde. Darin wird hervorgehoben, dass Theodore N. Kaufman kein allein handelnder talmudischer Fanatiker war, sondern dass er sich in den Kreisen der jüdischen Berater von Präsident Roosevelt bewegte und sich daher als pazifistischer Patriot, Philosoph und Anthropologe darstellte, der das Wohl der Menschheit suchte.. Um den Widerstand gegen die unvermeidliche Niederlage zu fördern, veröffentlichten die Nazis 1944 eine vierseitige Broschüre mit dem Titel „*Niemals!*", in der sie an Kaufmans Völkermordplan und andere schreckliche Drohungen der Alliierten gegen Deutschland erinnerten.

Rudolf Hess' Flucht nach Schottland

Fast zeitgleich mit dem Erscheinen des Plans zur Ausrottung der Deutschen durch Sterilisation in den Vereinigten Staaten unternahm Rudolf Hess seine berühmte Flucht nach Schottland. Pläne für einen Überfall auf Russland wurden bereits seit den ersten Monaten des Jahres 1941 erwogen, und Hitler sehnte sich immer noch nach einem Frieden mit Großbritannien, um die volle Kraft der Wehrmacht auf den Angriff auf die Sowjetunion konzentrieren zu können. Vor diesem Hintergrund fand der letzte Versuch, den Krieg mit den Briten zu beenden, statt. Am 10. Mai 1941 um 17:40 Uhr flog Rudolf Heß von Ausburg nach Schottland, um der Regierung Churchill einen angeblich im Oktober 1940 ausgearbeiteten Friedensplan anzubieten.

In *„Hitlers Krieg"* ( ) scheint David Irving der Idee Glauben zu schenken, dass Heß auf eigenes Risiko nach Glasgow reiste, um den Herzog von Hamilton zu treffen, einen wahren Freund Deutschlands, den er 1936 kennengelernt hatte. Irving schildert die Szene, in der Hitler vor General Karl Bodenschatz, Görings Vertreter, erstaunt war, als ein Adjutant von Heß in den großen Saal des Berghofs platzte und dem Führer einen dünnen Umschlag überreichte. Der General öffnete ihn und reichte Hitler die zwei Seiten, die er darin fand, der seine Brille aufsetzte und lustlos zu lesen begann. Plötzlich stand er auf und rief mit einer so lauten Stimme, dass sie im ganzen Haus zu hören war: „Oh mein Gott, mein Gott, er ist nach England geflogen!" Zahlreiche Schaulustige strömten in den Raum und Hitler fragte den Adjutanten von Heß wütend, warum er dies nicht früher gemeldet habe. Der Adjutant antwortete, er habe dies aus Loyalität zu seinem Chef nicht getan. Daraufhin wandte sich der Führer an die Bodenschaft: „Warum, Herr General, hat die Luftwaffe Heß fliegen lassen, obwohl ich es verboten hatte? Lassen Sie Göring vortreten!" Es scheint uns klar zu sein, dass Hitler überreagierte, um vor seinen skeptischen Generälen zu verbergen, dass er zum x-ten Mal einen Pakt mit Großbritannien anstrebte. Wir halten es nicht für glaubhaft, dass Rudolf Heß eine so folgenschwere Entscheidung ohne die Erlaubnis des Führers getroffen hätte. Logischerweise wusste der deutsche Kanzler, dass die Bekanntgabe, dass Rudolf Heß offiziell mit einem separaten Friedensplan zwischen Deutschland und dem Vereinigten Königreich gereist war, einem Bruch der Achse gleichkam und seine Verbündeten im Stich ließ.

Wie dem auch sei, die BBC meldete schließlich am 12. Dezember, dass Rudolf Heß mit dem Fallschirm über Schottland abgesprungen sei und sonst nichts. Es ist Heß' Verdienst und Mut, dass er, nachdem er dem Flakfeuer und der Verfolgung durch eine Spitfire ausgewichen war, mit dem Fallschirm absprang, obwohl er zuvor noch nie mit dem Fallschirm abgesprungen war und sich dabei den Knöchel verstaucht hatte. Natürlich war seine Mission erfolglos. Auf Vermittlung des Herzogs von Hamilton plante Heß ein Treffen mit König Georg VI. und Churchill, um sie davon zu überzeugen, dass der Führer den „sinnlosen Krieg" nicht fortsetzen wolle und dass „der wahre Feind Russland" sei. Bekanntlich sprach Rudolf Heß weder mit dem König noch mit Churchill, der in Unkenntnis der Tatsache, dass Heß gekommen war, um den Frieden vorzuschlagen, ihm die Rückkehr nach Deutschland verwehrte und ihn inhaftieren ließ. Churchill schrieb später, er sei „nicht direkt für die Art und Weise verantwortlich gewesen, wie Heß behandelt wurde". Der berüchtigte Spandauer Häftling starb 1987 im Alter von 93 Jahren im Gefängnis, ein Opfer der „Gerechtigkeit" der Sieger. Die britische Regierung beschlagnahmte die Dokumente, die Hess bei sich trug, und beschloss, sie erst 2017 zu veröffentlichen, was darauf schließen lässt, dass ihr Inhalt einige interessante Informationen enthalten könnte.

TEIL 3
PEARL HARBOUR: ROOSEVELT OPFERT SEINE MATROSEN, UM IN DEN KRIEG EINZUTRETEN

Obwohl Umfragen ergaben, dass die Amerikaner den Kriegseintritt ihres Landes hartnäckig ablehnten, nahmen Roosevelts antideutsche Manöver mit dem Fortschreiten der Feuersbrunst zu. Im Juni 1940 befürworteten nur 14% der Bevölkerung eine Intervention. Ein Jahr später waren es bereits 21%, und im September 1941 waren trotz einer intensiven Pressekampagne nur noch 26% für die Aufgabe der Neutralität. Im September 1940 hatten Henry Ford, Charles Lindbergh, General Robert Wood und Douglas Stuart Jr. das Antikriegs-Komitee America First gegründet, das von der *Chicago Daily Tribune* unterstützt *wurde*. Fast eine Million Menschen waren in diesem Komitee aktiv, das sich offen gegen das Komitee „Fight for Freedom" wandte. Letzteres war am 19. April 1941 von den interventionistischen Lobbys ins Leben gerufen worden und stützte sich auf die „Century Group", eine Schöpfung des „Council on Foreign Relations", der bekanntlich eine sehr mächtige Machtstruktur des „Runden Tisches" ist, der die amerikanische Außenpolitik bestimmt. Dem kriegstreiberischen Komitee gehörten Persönlichkeiten an wie Paul Warburg, die Alma Mater der Federal Reserve; Lewis Douglas, eine weitere Wall-Street-Koryphäe, die mit dem „Runden Tisch" verbunden ist; Dean Acheson, ein Mitglied des CFR; und Publizisten wie Joseph Alsop, Leitartikler der *Herald Tribune*; Henry Luce, ein Think-Tank-Magnat, der Mitglied des Geheimbundes Skull & Bones und Herausgeber mehrerer Publikationen war; Henry Luce, Mitglied des Geheimbundes Skull & Bones und Herausgeber mehrerer Publikationen; und die amerikanischen Medien. Elmer Davis, der fünfmal wöchentlich auf CBS die Amerikaner zugunsten des Krieges indoktrinierte und von Roosevelt zum Direktor des US-Kriegsinformationsbüros ernannt wurde, und andere Personen, die an der Spitze der großen Medienunternehmen standen.

Bereits im September 1940 verstieß der amerikanische Präsident gegen das Neutralitätsgesetz, das die Ausfuhr von Kriegsmaterial in Länder, die sich im Krieg befanden, untersagte, und überredete den Kongress, ihm die Übergabe von fünfzig Zerstörern an das Vereinigte Königreich im Austausch für die Nutzung von acht Stützpunkten in der westlichen Hemisphäre zu gestatten. Auf diese Weise konnte die britische Flotte die Verluste wettmachen, die sie bei den Zusammenstößen mit der deutschen Marine erlitten hatte. Nachdem Roosevelt im November 1940 seine dritte Wiederwahl mit dem Versprechen gewonnen hatte, die Vereinigten Staaten aus dem Krieg herauszuhalten, verlangte er volle Vollmachten, was einen großen Teil des Landes beunruhigte. Clyton Morrison, Herausgeber von *The Christian Century*, erkannte die Absichten des Präsidenten und schrieb: „Es wird kein Krieg der Nation sein, sondern ein Krieg des Präsidenten. Die Geschichte wird eines Tages ein strenges Urteil über Roosevelts Haltung in dieser für die Welt kritischen Zeit fällen." Am 10. Januar 1941 ersetzte Roosevelt die „Cash and Carry"-Formel, die den Verkauf von Waren ohne militärische Zinsen an Kriegsparteien erlaubte, sofern sie in bar bezahlt und auf Schiffen der Käuferländer transportiert wurden, durch den „Lend Lease Act", der Verkäufe auf Kredit an Großbritannien erlaubte. Außerdem wurden die Waren unter flagranter Verletzung der Neutralität auf amerikanischen Schiffen unter britischer Flagge transportiert.

Am 29. März 1941 ordnete Franklin D. Roosevelt die Beschlagnahmung deutscher und italienischer Schiffe in amerikanischen Häfen an, eine Maßnahme, die von Mexiko und Kuba unterstützt wurde. Diese Aktion, ein wahrer Akt der Piraterie, der eines neutralen Landes nicht würdig war, zeigte endgültig, dass die Vereinigten Staaten sich anschickten, zugunsten Großbritanniens in den Krieg einzugreifen. Wenige Tage später, am 9. April, unterzeichnete der dänische Botschafter in Washington, Henrik Kaufmann, genannt der „König von Grönland", ein Abkommen mit den Vereinigten Staaten, das die Besetzung Grönlands ohne die Genehmigung Kopenhagens erlaubte. Die dänische Regierung setzte sich über Kauffmann hinweg, entließ ihn und verfolgte ihn wegen Hochverrats, doch Roosevelt ignorierte die dänischen Proteste und besetzte Grönland, von dessen Küsten aus er den Seeverkehr im Atlantik kontrollieren konnte.

Roosevelt provoziert Deutschland und stellt sich in den Dienst der UdSSR

Roosevelts Provokationen gegenüber der deutschen Marine im Atlantik, mit denen er eine Reaktion anstrebte, die den Kriegseintritt der USA rechtfertigen würde, verstärkten sich mit Beginn der „Operation Barbarossa". Am 22. Juni 1941, als die Invasion des Vereinigten Königreichs endgültig ausgeschlossen war, befahl Hitler die Aktion, auf die alle außer Stalin gewartet hatten: den Überfall auf die Sowjetunion. Dies war das, was die jüdischen Bankiers, die die Nazis an die Macht gebracht hatten, ursprünglich beabsichtigt hatten. Bei der Untersuchung der Moskauer Prozesse hat sich gezeigt, dass ein deutscher Angriff auf Stalin einen Krieg auslösen sollte, der es Trotzki ermöglichen würde, wieder an die Macht zu kommen. 1941 war Trotzki bereits ermordet worden, so dass die jüdischen Kommunisten, die in Roosevelts „Brain Trust" wuchsen, zuversichtlich waren, dass Stalin nach dem Krieg durch vertrauenswürdigere Agenten ersetzt werden könnte, die es ihnen ermöglichen würden, die absolute Kontrolle über die riesigen Ressourcen Asiens und den Kommunismus wiederzuerlangen, dessen Tentakel, wie von Trotzki 1918 beabsichtigt, bis nach Berlin reichen sollten. Das zweite große Ziel der Finanzierung durch Hitler war die Entfesselung der Judenverfolgung, die es dem Zionismus ermöglichen sollte, nach dem Krieg ein für alle Mal den Staat Israel zu gründen.

In einen Krieg verwickelt, der fast ganz Europa umfasste und sich bereits auf Nordafrika und den Nahen Osten ausgebreitet hatte, begann Hitler am 22. Juni eine rasante Flucht nach vorn, die katastrophale Folgen für das deutsche Volk haben sollte. Eine Woche nach dem Einmarsch in die UdSSR versuchte Roosevelt, den sofortigen Kriegseintritt der Vereinigten Staaten zu beschleunigen, und ordnete die Entsendung von Seepatrouillen in den

Nordatlantik an, die deutsche U-Boote und Schiffe aufspüren sollten. Ende Juli 1941 wurden die Patrouillen intensiviert und der Befehl erteilt, die in diesem Gebiet fahrenden Schiffe unabhängig von ihrer Flagge zu schützen. Mit anderen Worten: Das Geschwader eines neutralen Landes sollte deutsche Kriegsschiffe, die Konvois mit Waffen und Nachschub für die Sowjetunion und das Vereinigte Königreich abfangen könnten, beobachten, informieren und sogar angreifen.

Nach Beginn des Angriffs auf Russland hatte Roosevelt Harry Hopkins, seine rechte Hand, nach London und Moskau geschickt, der paradoxerweise ein sowjetischer Agent war, und zwar der Agent „19", wie 1995 durch die „Venona"-Dokumente bewiesen wurde, auf die später noch eingegangen wird. Mitte Juli traf Hopkins mit Churchill in London zusammen, wo im Rahmen zahlreicher amerikanischer Lend-Lease-Act-Missionen die Lieferung aller möglichen Materialien organisiert wurde, wie z. B. die fliegenden Festungen B-17, die in den folgenden Jahren Hunderttausende von deutschen Zivilisten im Rahmen des massiven Luftterrors töten sollten. Hopkins und Churchill unterzeichneten ein gemeinsames Aktionsabkommen, das vielfältige Hilfe und Unterstützung im Krieg gegen Deutschland vorsah, und verpflichteten sich, obwohl sich die Vereinigten Staaten noch nicht im Krieg befanden, nicht über einen separaten Waffenstillstand oder Friedensvertrag zu verhandeln. Robert E. Sherwood berichtet in *Roosevelt und Hopkins. An Intimate History*, dass Hopkins Churchill eine Karte zeigte, auf der Roosevelt selbst mit Bleistift eine Linie im Atlantik eingezeichnet hatte, westlich derer die US-Marine und die Luftfahrt patrouillieren sollten, „so dass britische Geleitschiffe für den Einsatz in anderen Gebieten, insbesondere auf der Murmansk-Route, frei blieben".

Von Schottland aus flog Hopkins nach Archangel und von dort nach Moskau, wo er drei Tage verbrachte. Am 30. Juli traf er zum ersten Mal mit Stalin zusammen, dem er eine Botschaft übermittelte, die ihm der amtierende Außenminister Benjamin Sumner Welles, ein Zionist, der sich für die Gründung des Staates Israel einsetzte und dessen Familie mit den Roosevelts verwandt war, telegrafiert hatte. Der Text, der in Sherwoods Werk wiedergegeben ist, zeigt, wie sehr der amerikanische Präsident fünf Monate vor dem Eintritt seines Landes in den Krieg bereit war, den kommunistischen Totalitarismus in Russland zu verteidigen:

> „Der Präsident wünscht, dass Sie, wenn Sie Stalin zum ersten Mal sehen, ihm die folgende Botschaft im Namen des Präsidenten übermitteln:
> Herr Hopkins ist auf mein Ersuchen hin in Moskau, um mit Ihnen persönlich und mit anderen von Ihnen benannten Beamten die äußerst wichtige Frage zu erörtern, wie wir die Hilfe, die die Vereinigten Staaten Ihrem Land bei seinem großartigen Widerstand gegen die verräterische Aggression Hitlerdeutschlands leisten werden, wirksam und rasch leisten können. Ich habe Ihren Botschafter, Herrn Umansky, bereits davon in Kenntnis gesetzt, daß die Regierung der Vereinigten Staaten jede mögliche Unterstützung bei der Lieferung von Munition, Rüstungsgütern und anderen Vorräten gewähren wird, die zur Deckung Ihres dringendsten Bedarfs erforderlich sind und in den nächsten zwei Monaten in Ihrem Land zum Einsatz kommen können. Wir werden die Einzelheiten dieser Angelegenheiten mit der Mission besprechen, die sich unter der Leitung von General Golikov zur Zeit in Washington befindet. Ich gehe davon aus, daß der

Besuch von Herrn Hopkins in Moskau von unschätzbarem Wert sein wird, da er den Vereinigten Staaten zeigen wird, was Ihre dringendsten Bedürfnisse sind, so daß wir die praktischsten Entscheidungen zur Vereinfachung und Beschleunigung der Lieferung der angeforderten Güter treffen können.

Bis zum nächsten Winter werden wir in der Lage sein, das Material, das Ihre Regierung aus diesem Land beziehen möchte, zu vervollständigen, egal wie viel. Daher glaube ich, dass sich das Hauptinteresse beider Regierungen auf das Material konzentrieren sollte, das innerhalb der nächsten drei Monate in Russland eintreffen kann.

Ich bitte Sie, Herrn Hopkins mit demselben Vertrauen zu behandeln, das Sie empfinden würden, wenn Sie direkt mit mir sprechen würden. Er wird mir, ebenfalls direkt, die von Ihnen vorgetragenen Ansichten mitteilen und mir sagen, welches die dringendsten Probleme sind, bei denen wir Ihnen helfen können.

Lassen Sie mich abschließend die große Bewunderung zum Ausdruck bringen, die wir alle in den Vereinigten Staaten für die Tapferkeit empfinden, die das russische Volk bei der Verteidigung seiner Freiheit und im Kampf für die russische Unabhängigkeit gezeigt hat. Der Erfolg des russischen Volkes und der anderen Völker im Widerstand gegen Hitlers Aggression und seine Pläne zur Eroberung der Welt hat das amerikanische Volk sehr ermutigt."

Wir stellen fest, dass der Botschafter in den Vereinigten Staaten, Konstantin Umanskij, ebenfalls ein Jude war, ebenso wie sein Nachfolger, der allgegenwärtige und unermüdliche Maksim Litwinow, der, nachdem er 1939 das Kommissariat für Auswärtige Angelegenheiten an Molotow übergeben hatte, im November 1941 nach Washington geschickt wurde, um Umanskij zu ersetzen. Wir wissen bereits, dass der sowjetische Botschafter in London während des Krieges, Iwan Maisky, ebenfalls ein Jude und Zionist war. Maisky wurde, wie bereits erwähnt, ein enger Freund Negrins und war der Mann, den Beria nach der Ermordung Stalins 1953 für den Posten des Außenministers vorgesehen hatte. Auch der US-Botschafter in Moskau, Laurence A. Steinhardt, war ein Jude. Steinhardt war ebenfalls ein zionistischer Jude. Es wurde bereits in Kapitel acht erwähnt, dass Steinhardt der Neffe von Samuel Untermayer war und in der Federation of American Zionists aktiv war.

Steinhardt war mit Hopkins bei dem Treffen mit Molotow im Kreml und fasste das Gespräch für das Außenministerium zusammen. Aus seinen Worten geht hervor, dass Hopkins Molotow versicherte, dass Washington keinen japanischen Vorstoß nach Sibirien dulden würde. Hopkins' eigener Bericht bestätigte Steinhardts Aussage und bestätigte, dass Molotow ihm sagte, dass, wenn der Präsident (Roosevelt) „angemessene Mittel finden könnte, um eine Warnung an Japan zu richten", dieses von jedem aggressiven Schritt abgehalten werden würde. Hopkins schreibt: „Auch wenn Herr Molotow sich nicht so ausgedrückt hat, war die implizite Bedeutung seiner Worte, dass die Warnung eine Warnung beinhalten sollte, dass die Vereinigten Staaten der Sowjetunion zu Hilfe kommen würden, wenn sie von Japan angegriffen würde.

Wenn Stalin 1938 und 1939 den Absichten Großbritanniens und Frankreichs misstraut hatte, könnte er bei Beginn der Invasion am 22. Juni 1941 geglaubt haben, dass das Komplott, gegen das er in den Moskauer Prozessen gekämpft hatte, wiederkehrt. Wahrscheinlich befürchtete er, dass dies der erste

Schritt in einem Plan des Westens war, ihn loszuwerden, weshalb er aus Angst seinen Posten verließ und das Land und die Armee ohne seine oberste Führung zurückließ. Nur so kann man seine Haltung und die Angst, die ihn ergriff, verstehen. Es war Beria, der reagierte und nach ihm suchte. Chruschtschow berichtet, dass Stalin, als Beria ihn bat, das Kommando wieder zu übernehmen, antwortete: „Alles ist verloren. Ich ergebe mich." Der Besuch von Hopkins bestätigte ihm zweifelsfrei, dass die Dinge ganz anders lagen: Er konnte sich auf die Vereinigten Staaten verlassen, da ihre bedingungslose Hilfe kam, als sein Land überfallen wurde. Zwei Monate später, am 28. September, trifft William Averell Harriman, Partner bei Kuhn, Loeb & Co, Mitglied des CFR und der „Skulls & Bones", in Moskau ein, um ein neues Versorgungsprogramm aufzustellen.

Roosevelt war bestrebt, den Krieg gegen Deutschland so schnell wie möglich zu beginnen, und so kam es bald zu Aufwiegelungen im Atlantik: US-Marinepatrouillen provozierten deutsche U-Boote, indem sie Wasserbomben abwarfen, aber die U-Boote zögerten, auf die Angriffe zu reagieren. Hitler hatte Admiral Räder erklärt, er wolle unter keinen Umständen „einen Zwischenfall provozieren, der zu einer Kriegserklärung der Vereinigten Staaten führen würde". Am 4. September ereignete sich ein Missgeschick, das Roosevelt auszunutzen suchte. Britische Flugzeuge zeigten dem US-Zerstörer *Greer* die Position des deutschen U-Boots U-652 an, das in der Seeblockadezone operierte. Die *Greer* griff mit Wasserbomben an, woraufhin das U-Boot zwei Torpedos abfeuerte, die das Schiff verfehlten. Als die Nachricht von dieser Konfrontation die Vereinigten Staaten erreichte, wurde Deutschland der Piraterie und des Versuchs, einen Zerstörer auf seinen „harmlosen Patrouillen" zu versenken, beschuldigt. Admiral Harold Stark, Chief of Naval Operations, gab einen detaillierten Bericht heraus, in dem es hieß, dass sowohl die britischen Flugzeuge als auch die *Greer* das U-Boot stundenlang bedrängt und mit Wasserbomben angegriffen hätten. Am 11. September gab Präsident Roosevelt den Befehl, „bei Sichtkontakt zu schießen". Hitler erklärte, ich zitiere: „Präsident Roosevelt hat seiner Marine befohlen, auf Sicht zu schießen, sobald sie unsere Schiffe entdeckt. Ich verbiete meinen Befehlshabern, das Gleiche zu tun, aber ich befehle ihnen, sich zu verteidigen, wenn sie angegriffen werden. Jeder Offizier, der gegen diesen Befehl verstößt, wird vor ein Kriegsgericht gestellt."

Das Paradoxe am 16. September war, dass die unter britischer Flagge fahrenden Konvois unter dem Schutz von Kriegsschiffen eines neutralen Landes fuhren. Senator Wheeler erkannte daher, dass Deutschland allen Grund hatte, sein Land anzugreifen. Hopkins drückte es anders aus: „Wenn Hitler geneigt wäre, uns den Krieg zu erklären, hat er bereits jeden erdenklichen Vorwand." Am 17. Oktober 1941 geschah schließlich, was Roosevelt sich gewünscht hatte: Der Zerstörer *Kearny*, der einen Konvoi eskortierte, griff das deutsche U-Boot U-568 an, das seinerseits britische Handelsschiffe angegriffen hatte. Das U-Boot antwortete mit einem Torpedo, der das amerikanische Schiff traf und elf Besatzungsmitglieder tötete und zweiundzwanzig weitere verletzte. Trotz dieser Verluste gelang es Roosevelt erneut nicht, die Zustimmung des Repräsentantenhauses zu einer Kriegserklärung zu erhalten. Was die öffentliche

Meinung anbelangt, so beklagte Hopkins, dass der Vorfall „von der Bevölkerung der Vereinigten Staaten als selbstverständlich hingenommen" wurde. Zweifellos war dies so, weil die Amerikaner wussten, dass es ihr Präsident war, der amerikanische Schiffe und das Leben der Seeleute aufs Spiel setzte. Der *Washington Times-Herald* ging so weit zu berichten, dass die Familien der Opfer schmerzliche Nachrichten erhielten, die sie quälten: „Ihr lieber Sohn", hieß es in einer, „wurde von dem kriminellen Schwachkopf an der Spitze unserer Regierung in den Tod geschickt".

Wenige Tage nach dem Angriff auf die *Kearny* forderte General Robert E. Wood, ein Mitglied des America First Committee, den Präsidenten öffentlich auf, vor den Kongress zu treten und um eine endgültige Abstimmung darüber zu bitten, ob die Vereinigten Staaten in den Krieg eintreten sollten oder nicht. Robert E. Sherwood schreibt dazu in *Roosevelt and Hopkins. Eine intime Geschichte*:

> „Dies war genau die gleiche Forderung nach schnellem und kühnem Handeln, die Roosevelt während der letzten sechs Monate von vielen Leuten, wie Stimson und anderen, sowohl innerhalb als auch außerhalb der Regierung, geraten worden war. Aber allein die Tatsache, dass ein solcher Vorschlag nun von einem so überzeugten Verfechter der Isolationisten kam, bestätigte Roosevelt hinreichend in seiner Überzeugung, dass er eine katastrophale und sichere Niederlage erleiden würde, wenn er tat, was ihm gesagt wurde."

Robert Sherwood und Samuel Rosenman, ein jüdischer Richter am Obersten Gerichtshof, der dem Erzmissionar Louis D. Brandeis nahe stand und Berater von Roosevelt war, schrieben die Reden des Präsidenten. Die zitierten Worte stammen also aus einer sehr maßgeblichen Quelle. Trotz der unerbittlichen Pressekampagne zugunsten der Intervention wusste Roosevelt mit Sicherheit, dass die öffentliche Meinung gegen den Krieg war. Es bedurfte also eines Ereignisses wie des japanischen Angriffs auf Pearl Harbour, um die Stimmung in der amerikanischen Bevölkerung zu ändern. Rosenman und Sherwood waren die Autoren der berühmten Rede vom 28. Oktober 1940, in der Roosevelt während des Wahlkampfes für seine dritte Wiederwahl Folgendes sagte: „Ich habe es schon einmal gesagt, aber ich werde es wieder sagen, und wieder, und wieder, und wieder: Ihre Jungs werden nicht in einen fremden Krieg geschickt werden.

Einige Tage nach dem *Kearny-Zwischenfall*, am 31. Oktober, wurde der Zerstörer *Reuben James* versenkt, als ein anderes deutsches U-Boot, U-552, den Angriff abwehrte. Ein Torpedo traf ihren Bug und das Granatenmagazin explodierte. Das Schiff sank, und einhundertfünfzehn Besatzungsmitglieder, darunter alle Offiziere, kamen ums Leben. Auch dieses Mal erhielt Roosevelt keine Genehmigung für eine Kriegserklärung. Entgegen den Erwartungen reagierte die Öffentlichkeit zunehmend ablehnend. Sherwood schrieb damals: „Es gab eine Art stillschweigende Übereinkunft unter den Amerikanern, dass keiner von ihnen entrüstet sein sollte, selbst wenn die Deutschen unsere Schiffe mit ihren Tauchbooten versenkten, denn eine solche Entrüstung könnte uns wieder in den Krieg führen.

Japans wirtschaftlicher Würgegriff

Als sich herausstellte, dass es aufgrund der Zwischenfälle mit den Deutschen im Atlantik unmöglich war, das Land in den Krieg zu führen, verstärkte Roosevelt die Maßnahmen zur wirtschaftlichen Strangulierung Japans, das seit 1937 einen kostspieligen Krieg in China führte. In diesem Zusammenhang hatten die Vereinigten Staaten bereits 1940 beschlossen, die Öllieferungen an Tokio zu unterbrechen, das andere Lieferanten finden musste, wenn es den Kampf gegen die Chinesen fortsetzen wollte. Anfänglich konnten die Japaner Rohöl aus Mexiko und Venezuela beziehen. Sie hatten auch die Möglichkeit, sich aus den anglo-holländischen Kolonien Birma und Indien zu versorgen, die die Japaner in der Regel problemlos mit Öl, Kautschuk und anderen Rohstoffen belieferten. Roosevelt und sein Clan jüdischer Berater beschlossen daraufhin, Großbritannien und Holland unter Druck zu setzen, damit sie sich seinem Ölembargo gegen Japan anschlossen. Standard Oil, ein Trust im Besitz von Rockefeller und Jacob Schiff,[6], dem das venezolanische Öl gehörte, kündigte seinerseits an, dass es die Lieferungen einstellen würde. Mexiko, das unter Druck stand, folgte diesem Beispiel.

Zum Zeitpunkt des deutschen Angriffs auf Russland erwog Japan, die sich durch die Invasion des Westens bietende Gelegenheit zu nutzen, um die UdSSR anzugreifen und Truppen in Sibirien zu landen, um die Ölfelder zu erobern, was für Stalin katastrophal und für Hitler hilfreich gewesen wäre. Ribbentrop drängte in diese Richtung, aber die Sowjets wussten das und unterhielten dort umfangreiche Truppengarnisonen. Als Roosevelt Berichte erhielt, die vor japanischen Absichten in Sibirien warnten, gab er umgehend eine Warnung heraus und ließ sich von Tokio versichern, dass der Angriff nicht stattfinden würde. Kurz darauf traf, wie oben erwähnt, Harry Hopkins in Moskau ein, wo Molotow die Vereinigten Staaten ausdrücklich aufforderte, Japan mitzuteilen, dass sie der Sowjetunion im Falle eines Angriffs zu Hilfe kommen würden. Damit nicht genug, ordnete Roosevelt am 26. Juli 1941 das Einfrieren japanischer Gelder in den Vereinigten Staaten an, wodurch Japans Finanzgeschäfte im Import und Export, die größtenteils mit amerikanischen Finanzinstituten zusammenarbeiteten, lahmgelegt wurden. Die britische und die niederländische Regierung, letztere im Londoner Exil, folgten dem Beispiel

---

[6] Standard Oil war einer der großen Nutznießer der Revolution der jüdisch-bolschewistischen Regierung, die trotz der Verstaatlichung des Erdöls dem Unternehmen eine Kette von Bohrlöchern im Kaukasus verkaufte. Standard Oil baute eine Raffinerie in Russland und verkaufte russisches Öl an europäische Länder. 1927 gewährte das Bankhaus Kuhn Loeb & Co, das Jacob Schiff, dem jüdischen Bankier, der die Revolution finanziert hatte, gehörte, den Bolschewiki einen neuen Kredit in Höhe von 65 Millionen Dollar. Im Jahr 1928 verkaufte Rockefellers Chase National Bank kommunistische Staatsanleihen in den USA. Zwischen 1917 und 1930 baute der Rockefeller-Trust neunzehn große Raffinerien in der UdSSR, deren Industrieanlagen und Maschinen aus den Vereinigten Staaten kamen. Im Gegenzug gewährten die Kommunisten amerikanischen Unternehmen Goldabbaurechte in Russland.

Roosevelts. Mit dem Einfrieren ihrer Guthaben wurde die japanische Wirtschaft erdrosselt.

Die Krise war unvermeidlich. Infolgedessen bieten die Japaner an, sich im Gegenzug für die Aufhebung des Embargos und die Rückgabe ihrer beschlagnahmten Vermögenswerte von ihren Stützpunkten in Indochina zurückzuziehen, doch Roosevelt und Churchill lehnen den Vorschlag aus Tokio ab. Auch das Angebot Japans, seine Truppen aus China abzuziehen, das ohne Erdöl, Eisen und Kautschuk den Krieg nicht wirklich fortsetzen konnte, wurde nicht angenommen. Im November 1941 hatte Japan vier Monate lang die Blockade von Roosevelt ertragen und war daher gezwungen, in den Krieg zu ziehen, um zu überleben. Der britische Botschafter in Tokio hielt die Niederländisch-Ostindischen Inseln für das wahrscheinlichste Ziel eines künftigen japanischen Angriffs, da dort die Ölfelder erobert werden könnten. Ein geheimer Bericht der US-Marine legte nahe, dass Japan Russland oder die anglo-holländischen Kolonien angreifen könnte. Ein Angriff auf Pearl Harbour war eine Option, die offenbar nicht in Erwägung gezogen wurde. Selbst der britische Premierminister, der zwischen dem 9. und 12. August in Neufundland die Atlantikkonferenz mit dem amerikanischen Präsidenten abhielt und die Zusicherung erhielt, dass die Vereinigten Staaten in den Krieg eintreten würden, wurde nicht darüber informiert, dass der Angriff dort stattfinden würde.

Die US-Flotte in Pearl Harbour

Unter dem Pseudonym Mauricio Karl veröffentlichte Mauricio Carlavilla 1954 in Madrid *Pearl Harbour, Roosevelts Verrat*, ein Buch mit, das äußerst aufschlussreiche Informationen über den japanischen Angriff auf Pearl Harbour am Sonntag, den 7. Dezember 1941 enthält. Es gibt zahlreiche Bücher und Artikel, die von revisionistischen Autoren über Roosevelts Haltung geschrieben wurden. Der erste, der eine Kontroverse auslöste, war John T. Flynn, der bereits 1944 *The Truth about Pearl Harbour* veröffentlichte, in dem er Roosevelt und seinen Kumpanen vorwarf, den Angriff provoziert zu haben. Heute besteht kein Zweifel mehr daran, dass es sich bei Pearl Harbour nicht um eine Überraschung handelte, sondern um einen verbrecherischen Akt, eine Schandtat Roosevelts, der keine Skrupel hatte, rund 2 500 Amerikaner zu opfern, um sein Land in den Zweiten Weltkrieg zu ziehen. Das Verdienst von Carlavillas Buch besteht darin, dass er einer der ersten Autoren, vielleicht der erste in spanischer Sprache, war, der die Geschehnisse anprangerte. Sein Werk wird daher auf den folgenden Seiten verwendet, ebenso wie mehrere in der *Zeitschrift The Journal of Historical Review* veröffentlichte Artikel.

Die Anwesenheit des Geschwaders in Pearl Harbour wurde bereits im April 1940 von Admiral James O. Richardson in Frage gestellt. Richardson, der bis 1958 seine Memoiren fertiggestellt hatte. Das Buch, das unter dem Titel *On the Treadmill to Pearl Harbour: The Memoirs of Admiral James O. Richardson (USN Retierd)* erschien, wurde von der United States Navy herausgegeben. *Richardson (USN Retired), As Told to Vice Admiral George C. Dyer (USN Retired)*, musste bis 1973 warten, um das Licht der Welt zu erblicken. Grund dafür war offenbar die Kritik von Admiral Harold Stark, dem Chef der Marineoperationen, der erst 1972 starb. In diesen fünfzehn Jahren hatten die offiziellen Historiker mehr als genug Zeit, um die Wahrheit über die Geschehnisse in Pearl Harbour zu verdrehen und zu verschleiern.

Auf Vorschlag von Admiral Richardson sollte die Flotte von Pearl Harbour im Mai 1940 an die Westküste der Vereinigten Staaten zurückkehren, aber die Pläne änderten sich und Richardson wurde angewiesen, in den Gewässern vor Hawaii zu bleiben. In seinen Memoiren schreibt er: „.... Die Entscheidung, die Flotte im Mai 1940 in Pearl Harbour zu belassen, beruhte meiner Meinung nach auf einer völlig falschen Prämisse. Die Prämisse, dass die dort positionierte Flotte einen zwingenden Einfluss auf Japans Aktionen ausüben würde.... 1940 glaubten die außenpolitischen Entscheidungträger der Regierung - der Präsident und der Außenminister -, dass sie durch die Stationierung der Flotte auf Hawaii die Japaner unter Druck setzen könnten. Sie fragten ihre militärischen Berater nicht, ob sie dieses Ziel tatsächlich erreichen würden. Sie zwangen ihnen ihre Entscheidung auf.

Admiral Richardson setzte seine Karriere aufs Spiel, indem er zweimal nach Washington reiste, um sich persönlich gegen die Entscheidung des Präsidenten auszusprechen, die Flotte in Pearl Harbour zu belassen. Bei seinem zweiten Besuch sagte er Roosevelt wörtlich: „Herr Präsident, ich glaube, ich muss Ihnen sagen, dass wir im Oberkommando der Marine nicht das Vertrauen in die zivile Führung dieses Landes haben, das für den Erfolg eines Krieges im Pazifik unerlässlich ist." Richardson wies unter anderem darauf hin, dass die Schiffe für einen Krieg nicht ausreichend ausgerüstet seien und dass die Flotte auf den Inseln zu stark exponiert sei, da die dortigen Verteidigungselemente nicht ausreichten, um sie vor einem möglichen Angriff zu schützen. Der Admiral fragte den Präsidenten, ob die Vereinigten Staaten Japan den Krieg erklären würden, wenn es in die anglo-holländischen Kolonien eindringen würde. Roosevelt antwortete ausweichend und merkte an, dass er nicht sicher sei, ob die Amerikaner bereit wären, aus einem solchen Grund zu kämpfen. Der Posten des CINCUS (Commmander-in-Chief, U.S. Fleet) wurde normalerweise für einen Zeitraum von achtzehn bis vierundzwanzig Monaten bekleidet; Richardson wurde jedoch am 31. Januar 1941, kaum zwölf Monate nach seinem Amtsantritt, abgesetzt. Sein Nachfolger war Admiral Husband E. Kimmel.

Anstatt auf Richardsons Beschwerden über die Wehrlosigkeit der Flotte in Pearl Harbour einzugehen, wurde im März 1941 der Befehl erteilt, einen Flugzeugträger, drei Schlachtschiffe, vier leichte Kreuzer und achtzehn Zerstörer aus dem Stützpunkt abzuziehen, wodurch dieser gegenüber der japanischen Flotte stark benachteiligt war. Dieses Ungleichgewicht hinderte Admiral Kimmel daran, präventive Aufklärungsmanöver vom Stützpunkt aus durchzuführen. Die aus Pearl Harbour evakuierten Einheiten wurden in den Atlantik geschickt, wo das britische Geschwader bereits eine immer deutlichere Überlegenheit genoss.

Der violette Code

In dem bereits erwähnten Werk widmet Mauricio Carlavilla (Mauricio Karl) ein Kapitel der Erklärung, dass es der amerikanischen Spionage gelungen war, einen hochsicheren japanischen Code zu entschlüsseln, der als „Purple Code" bekannt war und durch eine sehr ausgeklügelte Maschine verschlüsselt wurde, die eine enorme Anzahl von Variationen in den Depeschen ermöglichte. Den Amerikanern „gelang es, den japanischen Purpurcode zu entschlüsseln", schreibt Carlavilla, „und es gelang ihnen sogar, ein Modell einer Maschine zu bauen, die die Depeschen ebenso leicht entziffern konnte wie die in der japanischen Botschaft in Washington installierte Vorrichtung. Die Purpurmaschine stellte den Schlüssel zu jeder Chiffre mit Hilfe eines eigenen Mechanismus her. Ohne eine Zwillingsmaschine wäre es unmöglich gewesen, eine japanische Botschaft zu entziffern....". Die Amerikaner gaben ihrem System den Namen „Magic". Es wurden fünf solcher Maschinen gebaut, von denen bezeichnenderweise keine in Pearl Harbour installiert wurde. So konnte der Stützpunkt nur wissen, was Roosevelt und seine Günstlinge ihm mitteilen wollten. Nach dem Angriff wurde eine Untersuchungskommission eingesetzt, um die Geschehnisse zu untersuchen. Regierungsvertreter sagten vor der Kommission aus, dass der Marinestützpunkt der „Magie" beraubt wurde, um zu verhindern, dass er von den Japanern identifiziert werden konnte.

Selbst wenn dies zuträfe, würde nichts dagegen sprechen, dass die Befehlshaber von Pearl Harbour über alle in Washington gesammelten Informationen oder zumindest über die relevanten Daten, die die Sicherheit der dort stationierten Flotte betreffen, informiert werden. In der Tat hatte Admiral Kimmel zweimal, am 18. Februar und am 26. Mai 1941, darum gebeten, informiert zu werden. Seine Bitte lautete wörtlich: „Ich würde vorschlagen, dass es ein wesentlicher Grundsatz sein sollte, dass der Chef der Pazifikflotte mit größter Dringlichkeit über alle wichtigen Entwicklungen informiert wird, sobald sie eintreten, und zwar auf dem schnellsten Wege". Im Juni traf Kimmel persönlich mit Admiral Stark zusammen, der ihm versicherte, dass er die gewünschten Informationen erhalten würde.

Zwei oder drei Monate lang wurde das Versprechen eingehalten, doch plötzlich, in den drei Monaten vor dem Angriff auf Pearl Harbour, erhielt Kimmel keine interessanten Berichte mehr, die es ihm ermöglicht hätten, Rückschlüsse auf die geplanten Maßnahmen zu ziehen. Zu denjenigen, die regelmäßig die entschlüsselten Nachrichten von Magic erhielten, gehörten Präsident Roosevelt, Stabschef George Marshall, Marineminister Frank Knox, Admiral Harold Stark, genannt „Betty", und Außenminister Cordell Hull, der wie sein Gegenspieler Molotow mit einer Jüdin verheiratet war, Rosalie Frances Witz, Tochter des Bankiers Isaac Witz.

Der US-Botschafter in Tokio, Joseph Grew, schickte am 3. November 1941 ein Telegramm an das Außenministerium, in dem er davor warnte, dass „Japan eher ein nationales Harakiri riskieren würde, als dem ausländischen Druck nachzugeben."Grew, ein aufrichtiger Diplomat, wusste zweifellos nichts von Roosevelts Wünschen, denn er beendete sein Telegramm mit den folgenden

Worten: „Meine Absicht ist es nur, zu verhindern, dass mein Land in einen Krieg mit Japan eintritt, weil es die Fähigkeit Japans falsch einschätzt, sich kopfüber in einen selbstmörderischen Konflikt mit den Vereinigten Staaten zu stürzen." Obwohl der Botschafter es nicht ahnte, waren dies genau die Worte, die der amerikanische Präsident hören wollte, nämlich die Bestätigung, dass Japan angreifen würde.

Seit April 1941 bemühte sich Japan verzweifelt um ein Abkommen mit den Vereinigten Staaten, um die Beziehungen zwischen den beiden Ländern zu retten. Am 5. November wurde eine Botschaft aus Tokio an die japanische Botschaft in Washington entschlüsselt, in der der Botschafter aufgefordert wurde, „maximale Anstrengungen" zu unternehmen und mit „maximaler Entschlossenheit" zu handeln, um ein Abkommen zu erreichen. Am 12. November entschlüsselte das Außenministerium eine am Vortag bei der Botschaft eingegangene Nachricht, in der es hieß, der Termin sei „absolut unverrückbar". Angesichts des Stillstands der Verhandlungen entsandte die japanische Regierung einen Sondergesandten, Saburo Kurusu, nach Washington, der am 15. November in der amerikanischen Hauptstadt eintraf. Am 17. November transkribierte Magic die erste Nachricht, die Kurusu als Antwort auf eine zuvor von dem Sondergesandten aus Washington übermittelte Nachricht erhielt. Der Text endete wie folgt: „Seht, dass die Zeit knapp ist. Lassen Sie deshalb nicht zu, dass die Vereinigten Staaten die Verhandlungen weiter hinauszögern. Bemühen Sie sich um eine Lösung auf der Grundlage unserer Vorschläge und tun Sie alles, um sie zu erreichen". Sehen wir uns nun einen längeren Text an,, der von Mauricio Carlavilla transkribiert wurde, der am 22. November von Tokio an die Botschaft geschickt und am selben Tag entziffert wurde:

> „Es ist furchtbar schwierig für uns, den Termin zu ändern, den ich in meiner 736 festgelegt habe, das wissen Sie. Ich weiß, dass Sie hart arbeiten. Halten Sie sich an die Politik, die wir festgelegt haben, und tun Sie alles, was Sie können. Scheuen Sie keine Mühe und versuchen Sie, die von uns gewünschte Lösung zu erreichen. Ihre Sachkenntnis erlaubt es Ihnen zu erahnen, warum wir die amerikanisch-japanischen Beziehungen vor dem 25. wiederherstellen müssen; aber wenn Sie innerhalb der nächsten drei oder vier Tage Ihre Gespräche mit den Amerikanern abschließen können; wenn die Unterzeichnung bis zum 29. erreicht werden kann, was ich Ihnen gegenüber wiederhole - neunundzwanzigster; wenn die entsprechenden Noten ausgetauscht werden können; wenn wir mit Großbritannien und den Niederlanden nachrichtendienstliche Erkenntnisse erlangen können; und, kurz gesagt, wenn alle Dinge abgeschlossen werden können, haben wir beschlossen, bis zu diesem Datum zu warten, und wir sagen, dass dieses Mal die Frist nicht geändert werden kann. Danach werden die Dinge automatisch geschehen. Bitte schenken Sie der Sache Ihre Aufmerksamkeit und arbeiten Sie noch härter als bisher. Dies ist vorerst nur zur Information von Ihnen, den beiden Botschaftern, gedacht."

Vier Tage später, am 26. November, wurde eine neue Botschaft von der Washingtoner Botschaft nach Tokio übermittelt, die zwei Tage später entschlüsselt wurde. Darin ist von „völligem Scheitern und Demütigung" die

Rede. Botschafter Nomura und Kurusu waren mit Außenminister Cordell Hull zusammengetroffen, der die letzten Angebote der Botschafter vom 20. November zurückgewiesen und ihnen einen absolut unverschämten und inakzeptablen Neun-Punkte-Vorschlag unterbreitet hatte. Die Antwort aus Tokio wurde am 28. November abgeschickt und noch am selben Tag im Außenministerium entschlüsselt:

> „Nun, Sie beide Botschafter haben übermenschliche Anstrengungen unternommen, aber trotzdem sind die Vereinigten Staaten vorgeprescht und haben ihren demütigenden Vorschlag unterbreitet, der völlig unerwartet und äußerst bedauerlich ist. Die Reichsregierung kann ihn auf keinen Fall als Grundlage für Verhandlungen akzeptieren. Aus diesem Grund und mit einem Bericht über die Ansichten der Reichsregierung, den ich Ihnen zukommen lassen werde, werden die Verhandlungen de facto abgebrochen; das ist unvermeidlich. Ich möchte jedoch nicht, dass Sie den Eindruck erwecken, die Verhandlungen seien abgebrochen. Sagen Sie ihnen nur, dass Sie auf Anweisungen warten und dass die kaiserliche Regierung, auch wenn Ihnen die Ansichten Ihrer Regierung nicht klar sind, nach Ihrer Auffassung immer gerechte Forderungen gestellt und große Opfer für die Sache des Friedens im Pazifik gebracht hat....."

Mit dem offensichtlichen Ziel, die Amerikaner völlig zu überrumpeln, sollten die Botschafter die Verhandlungen von nicht abbrechen und die Gespräche so weit wie möglich hinauszögern. Abschließend sei noch auf zwei weitere Botschaften vom 30. November hingewiesen, die von Magic am 1. Dezember entschlüsselt wurden. Die erste wurde von Tokio an die japanische Botschaft in Berlin gesandt. Sie enthielt die Anweisung an den Botschafter, Hitler „ganz heimlich" mitzuteilen, dass die Gespräche mit Washington abgebrochen wurden und dass der Krieg zwischen den angelsächsischen Nationen und Japan „plötzlich durch einen Gewaltschlag ausbrechen könnte, der schneller kommen könnte, als man sich vorstellen kann". Das zweite Schreiben ging an die Botschaft in Washington. Darin wird darauf hingewiesen, dass die Lage nach Ablauf der Frist immer kritischer wird. Um zu verhindern, dass die Amerikaner misstrauisch werden, wird der Presse und anderen Quellen mitgeteilt, dass die Verhandlungen trotz großer Differenzen fortgesetzt werden.

Mit dem Purple Code verschlüsselte Nachrichten, die sich auf den Stützpunkt Pearl Harbour bezogen und mit dem Näherrücken des Angriffstermins immer zahlreicher wurden, wurden von Magic abgefangen und entschlüsselt. Der Inhalt dieser Nachrichten bezog sich zunächst auf die Aufteilung der Gewässer zwischen den Inseln in Zonen und Unterzonen, die Anzahl der Schiffe, ihre Position: ob sie vor Anker lagen oder festmachten, die Bewegungen der Einheiten und so weiter. Alle diese Voruntersuchungen wiesen eindeutig darauf hin, dass der vorbereitete Angriff auf die US-Marinebasis auf Hawaii gerichtet war. Die Befehle zur Zerstörung der Codes, ein offensichtliches Symptom für den bevorstehenden Krieg, wurden Ende November und Anfang Dezember erteilt.

Am 25. November 1941 traf Roosevelt mit Außenminister Cordell Hull, Marineminister Frank Knox, Admiral Stark und Kriegsminister Henry Lewis Stimson zusammen, einem Mitglied des Geheimbundes „Skulls & Bones", der

Bruderschaft des Todes an der Yale University, die von William H. Russell gegründet und als Anhängsel der Illuminaten in die Russell Trust Association aufgenommen worden war. Stimson sollte Jahre später ein ausgesprochener Befürworter des Abwurfs von Atombomben sein. Der Präsident teilte ihnen mit, dass die Japaner innerhalb einer Woche angreifen könnten. Am 27. November schickte das Marineministerium eine Depesche an Admiral Kimmel, die „als Kriegswarnung" zu betrachten war. Darin wird ihm mitgeteilt, dass die Verhandlungen beendet sind und ein japanischer Angriff erwartet wird, der sich gegen die Philippinen, Thailand oder Borneo richten könnte. Kimmel erhielt den Befehl, sich in Verteidigungsstellung zu begeben, obwohl die möglichen Ziele Tausende von Meilen entfernt waren.

Im Dezember 1941, kurz nach dem Angriff auf Pearl Harbour, wurde die von Präsident Roosevelt eingesetzte Roberts-Kommission gebildet. Admiral Kimmel sagte vor dieser Kommission aus, dass er im Juli 1941 sieben von Washington abgefangene und verschlüsselte japanische Depeschen erhalten habe,, dass er aber im August keine Informationen mehr über die Spannungen zwischen den Vereinigten Staaten und Japan nach der von Roosevelt am 26. Juli verhängten Wirtschaftsblockade erhalten habe. In Bezug auf die Depesche vom 27. November erklärte er der Kommission Folgendes:

> „Der Bericht des Marineministeriums, der mir mitteilte, dass die Verhandlungen am 27. November eingestellt worden seien, spiegelte die tatsächliche Situation nur blass wider und war so parteiisch, als wäre er zur Irreführung verfasst worden. Die Diplomaten hatten nicht nur aufgehört zu verhandeln, sie standen auch mit dem Schwert in der Hand vor der Brust. Was Japan betrifft, so waren die Gespräche, die nach dem 26. November folgten - wie sich herausstellte - eine reine Komödie. Sie waren ein Trick, um den von Japan vorbereiteten Staatsstreich zu verschleiern. Das Marineministerium ließ sich von einer solchen List nicht täuschen. Die Marine war sich des Plans wohl bewusst. Das Geschwader wurde angesichts des japanischen Manövers enttarnt, weil das Marineministerium mir die ihm vorliegenden Berichte über die Pläne der Japaner nicht mitteilte."

Wie Admiral Richardson in seinen Memoiren berichtet, wurde die Roberts-Kommission auf Anregung von Felix Frankfurter gegründet, einem auffälligen Zionisten, der von Roosevelt an den Obersten Gerichtshof berufen worden war und der in die Verwaltung und die Justiz eine Legion jüdischer Richter und Anwälte eingeführt hatte, die auf seinen Befehl hin handelten. Richardson erklärt, dass die Roberts-Kommission von sorgfältig ausgearbeiteten Prinzipien geprägt war: Es handelte sich um eine paritätische Kommission, die sich aus Mitgliedern der Streitkräfte und einem Rat von Zivilisten zusammensetzte und von einem Mitglied des Obersten Gerichtshofs geleitet wurde. Sie unterlag nicht den Beweisregeln, die in zivilen oder militärischen Untersuchungsgerichten gelten. Nach Ansicht von Richardson war der Bericht der Roberts-Kommission „das parteiischste, unfairste und unehrlichste Dokument, das je gedruckt wurde". Richardson stellte fest, dass militärische Mitglieder der Kommission „später für ihre Dienste mit vorteilhaften Versetzungen und Beförderungen belohnt wurden." Die Tatsache, dass die Roosevelt-Regierung, nachdem sie Admiral Husband E. Kimmel und

Generalleutnant Walter C. Short, die Kommandeure der Basis, verraten hatte, versuchte, sie zum Sündenbock zu machen und ihnen die Schuld für das Pearl Harbour-Debakel zuzuschieben, empörte Admiral Richardson, der in seinen Memoiren schrieb, dass das Land nie ein schändlicheres Schauspiel erlebt habe als das, das von Regierungsbeamten dargestellt wurde, die sich weigerten, die Verantwortung für Pearl Harbour zu übernehmen.

1995 veröffentlichte Kapitän Edward L. Beach, ein angesehener Seemann, das Buch *Scapegoats: A Defense of Kimmel and Short at Pearl Harbour*, eine *Verteidigung* von Kimmel und *Short*, die entlassen und unter Verlust ihres Ranges vorzeitig pensioniert wurden. Bis zu seinem Tod im Jahr 1968 arbeitete Kimmel unermüdlich daran, seinen Namen aus der Geschichte zu tilgen. Kurz vor seinem Tod erklärte Kimmel in einem Interview: „Sie haben mich zum Sündenbock gemacht. Sie wollten Amerika in den Krieg bringen.... Franklin D. Roosevelt war der Architekt des ganzen Plans. Er gab die Anweisung - obwohl ich es nicht kategorisch beweisen kann -, dass nur Marshall Berichte über die Bewegungen der japanischen Flotte nach Pearl Harbour schicken durfte, und dann wies er Marshall an, nichts zu schicken." Kimmel beschuldigte also direkt Präsident Roosevelt, George C. Marshall und „andere im Oberkommando", das herbeigeführt zu haben, was Roosevelt selbst als „ein Datum, das in Schande bleiben wird" bezeichnete. Captain Beach legt in seinem Buch genügend Beweise vor, um zu zeigen, dass Kimmel und Short zu Unrecht der Verbrechen von Roosevelt und Co. beschuldigt wurden.

Die Stunden vor dem Anschlag

In den frühen Morgenstunden des Samstags, 6. Dezember, wurde die so genannte japanische „Pilotbotschaft", die an die Botschaft in Washington geschickt worden war, aufgefangen. Um 18.00 Uhr war sie entschlüsselt, und kurz darauf wurden Kopien an die üblichen Empfänger von Magic verteilt. Es handelte sich um ein langes Kommuniqué in vierzehn Teilen, das am nächsten Tag an Außenminister Cordell Hull übergeben werden sollte. Es enthielt eine historische Rechtfertigung für den Angriff, den der Krieg mit sich bringen würde. Im zweiten Teil wurden die Vereinigten Staaten und Großbritannien beschuldigt, „alle möglichen Maßnahmen ergriffen zu haben, um den Abschluss eines allgemeinen Friedens zwischen Japan und China zu verhindern". Der neunte Teil spielt auf Roosevelts Wunsch an, Deutschland anzugreifen: „Man kann sagen, dass die amerikanische Regierung, besessen von ihren eigenen Ansichten und Meinungen, die Ausweitung des Krieges plant. Während sie einerseits versucht, sich durch die Stabilisierung des pazifischen Raums abzusichern, ist sie andererseits damit beschäftigt, Großbritannien zu helfen und bereitet sich im Namen der Selbstverteidigung darauf vor, Deutschland und Italien anzugreifen, zwei Länder, die um die Stabilisierung einer neuen Ordnung in Europa kämpfen...". Im letzten Teil der Botschaft heißt es, es sei „eindeutig die Absicht der amerikanischen Regierung, sich mit England und anderen Ländern zu verschwören, um Japans Bemühungen um die Festigung des Friedens zu behindern". Der Text schliesst mit den Worten: „Die japanische

Regierung bedauert, der amerikanischen Regierung mitteilen zu muessen, dass wir angesichts ihrer Haltung nur die Auffassung vertreten koennen, dass es unmoeglich ist, durch weitere Verhandlungen ein Abkommen zu erzielen." Diese Nachricht sollte erst nach Erhalt einer neuen Anweisung übermittelt werden, eine klare Anspielung darauf, dass man warten wollte, bis der Angriff auf Pearl Harbour begonnen hatte. Dieser Befehl, der auch von Magic entschlüsselt wurde, traf am selben Tag, dem 7. Dezember, ein, und die Uhrzeit fiel mit dem Zeitpunkt des Angriffs zusammen.

General George Marshall, der sofort General Short hätte anrufen sollen, war Gegenstand eines legendären Verschwindens, das in die Geschichte seines Landes eingegangen ist. Als er am 10. Dezember vor der Roberts-Kommission unter Eid aussagte, konnte er sich nicht daran erinnern, wo er den Nachmittag/Abend des 6. Dezember, also nur vier Tage zuvor, verbracht hatte. Seine Frau Katharine Tupper Marshall half ihm, sein Gedächtnis aufzufrischen, und erklärte, er sei bei ihr gewesen. Tatsächlich konnte nicht nachgewiesen werden, wo sich General Marshall zwischen 18.00 Uhr am Abend des 6. Dezember und 9.00 oder 10.00 Uhr am Morgen des 7. Dezember aufgehalten hatte. Unter den vielen Erklärungen ist diejenige am auffälligsten, die in Kreisen des militärischen Geheimdienstes im Ruhestand mündlich verbreitet wurde, wonach Marshall insgeheim dipsomanisch war und sich in der Nacht des 6. Dezember 1941 im Walter Hospital Reed in Behandlung befand, nachdem er an der Rezeption einen falschen Namen angegeben hatte. Mrs. Marshall schrieb in ihrem Buch *Together*, dass er am Sonntag, dem 7. Dezember, mit ihr im Bett gefrühstückt habe. Eine andere Version besagt, dass General Marshall nur eine Stunde später als gewöhnlich frühstückte. Beide Berichte stimmen darin überein, dass der General nach dem Frühstück, während alle versuchten, ihn zu erreichen, zu seinem üblichen Sonntagsausritt in den Rock Creek Park aufbrach. Um 11:20 Uhr erschien Marshall schließlich in seinem Büro.

Von Admiral Stark ist bekannt, dass er am Abend des 6. um etwa sieben Uhr vom Marineministerium nach Hause kam und mit seiner Frau und einigen Freunden in aller Ruhe ins Theater ging. Als er zurückkam, teilte ihm ein Diener mit, dass er aus dem Weißen Haus gerufen worden sei, woraufhin er sich in sein Büro begab und am Abend mit dem Präsidenten sprach. Da sowohl er als auch Roosevelt den letzten von Magic entschlüsselten Bericht erhalten hatten, hätte Stark Admiral Kimmel in diesem Moment vor dem bevorstehenden Angriff warnen können; wahrscheinlich auf Anweisung von Präsident Roosevelt hat er dies jedoch nicht getan. Um 9.25 Uhr am Morgen des 7. Septembers traf Stark in seinem Büro ein. Zu diesem Zeitpunkt war es fünf Uhr morgens auf Hawaii. Es dauerte noch mehr als zwei Stunden, bis die Morgendämmerung über Pearl Harbour hereinbrach. Stark hatte auf seinem Schreibtisch alle Informationen, die er brauchte, um mit fast absoluter Sicherheit zu wissen, dass der Angriff stattfinden würde, sobald die Sonne aufging. Ein Anruf hätte vielen seiner Untergebenen das Leben retten können; doch anstatt die Loyalität zu wahren, die er ihnen schuldete, entschied er sich, zum Komplizen eines der schlimmsten Verbrechen in der amerikanischen Geschichte zu werden.

Kapitän Wilkinson schlug Admiral Stark vor, eine Warnmeldung an das Geschwader in Pearl Harbour zu senden, aber erst um 12 Uhr mittags war die von General Marshall verfasste Nachricht fertig. In Hawaii war es 7.30 Uhr, und die ersten Wellen japanischer Flugzeuge waren bereits im Anflug auf den Stützpunkt. Marshall veranlasste die Übermittlung der Chiffre auf normalem Wege, so dass sie von Washington über die Western-Union-Leitung nach San Francisco und von dort nach Honolulu übermittelt wurde, wo General Short stationiert war, der sie sechs Stunden nach dem Angriff erhielt, während Admiral Kimmel sie acht Stunden nach der militärischen Katastrophe erhielt. General Marshall verfügte über das transpazifische Telefon. Hätte er es benutzt, hätten Short und Kimmel mindestens eine halbe bis dreiviertel Stunde Zeit gehabt, Abwehrmaßnahmen zu ergreifen. Es gibt keinen historischen Präzedenzfall dafür, dass ein Staat, der über so viele Informationen über einen feindlichen Angriff verfügte, tatenlos zusah und sich überraschen ließ.

Fast 2.500 Tote und 1.200 Verwundete waren der Preis, den Roosevelt für seinen „Tag der Schande" zahlte, um den amerikanischen Widerstand gegen eine Beteiligung an dem weltweiten Konflikt zu beenden. In den folgenden Jahren war die Menschheit einer immer brutaleren Kriegsführung ausgesetzt, die sich zu einem beispiellosen Ausmaß an Barbarei steigerte. Der lokal begrenzte Krieg, der in zwei Tagen hätte beendet werden können, wenn Lord Halifax den von Italien vorgeschlagenen und von Deutschland und Frankreich akzeptierten Waffenstillstand akzeptiert hätte, wurde endgültig global. Der gesamte Ferne Osten und der Pazifik wurden zum Schauplatz eines apokalyptischen Weltkriegs, der nach dem Abwurf der völkermörderischen Bomben auf Hiroshima und Nagasaki im August 1945 60 Millionen Tote forderte. Der Kriegseintritt der Vereinigten Staaten ermöglichte es Stalin, die an der Westfront unentbehrlichen Truppen endgültig aus Sibirien abzuziehen, wo die Deutschen bis in die Nähe von Moskau vorgedrungen waren.

Im Zusammenhang mit diesem Rückzug der sowjetischen Truppen aus Sibirien und ihrer Entsendung an die Westfront, dem vorrangigen Ziel Roosevelts, ist hinzuzufügen, dass einer der berühmtesten sowjetischen Spione, Richard Sorge, der an der deutschen Botschaft in Tokio arbeitete und dessen Deckname „Ramsey" lautete, am 15. Oktober 1941 eine Nachricht von außerordentlicher Bedeutung nach Moskau geschickt hatte: „Die Armee von Kouantoung wird Sibirien nicht angreifen. Japan hat beschlossen, nur die Vereinigten Staaten und England anzugreifen. Ich wiederhole: Die Neutralität Japans ist gesichert. Wird Russland nicht angreifen. Fünf Monate zuvor, am 20. Mai 1941, hatten Sorge und sein Operator Max-Gottfried Klausen die folgende Nachricht übermittelt: „Hitler konzentriert einhundertsiebzig bis einhundertneunzig Divisionen. Der Angriff wird am 20. Juni erfolgen und sein unmittelbares Ziel wird Moskau sein". Bei dieser Gelegenheit wies Stalin die Information zurück, und zwei Tage nach dem angekündigten Datum fand die Invasion statt. Der Fehler, der damals gemacht wurde, sollte sich nicht wiederholen, denn einen Monat nach der Nachricht von Sorge wurde die Armee von Marschall Eremenko, die im Fernen Osten stationiert war, zur Verstärkung nach Moskau geschickt und verhinderte so den Fall der russischen Hauptstadt.

Drei Tage nach der Übermittlung der Informationen an die UdSSR wurde das Spionagenetz von Richard Sorge entdeckt. [7]

---

[7] Richard Sorge gilt als einer der größten Spione der Geschichte. Unverständlicherweise belohnten die Kommunisten seine Dienste, indem sie die Hinrichtung des Mannes zuließen, der sie vor dem deutschen Angriff gewarnt hatte und dass Japan die UdSSR nicht angreifen würde. 1941 verhaftet, wurde Sorge am 7. November 1944 hingerichtet. Gleich dreimal schlugen die Japaner der sowjetischen Botschaft in Tokio vor, ihn gegen einen japanischen Gefangenen auszutauschen. Alle drei Male lautete die Antwort: „Wir kennen keinen Mann namens Richard Sorge". Richard Sorge wurde in Baku als Sohn eines deutschen Bergbauingenieurs und einer russischen Mutter geboren und war der Enkel von Adolphus Sorge, der Sekretär von Karl Marx gewesen war. Er verfügte über eine außergewöhnliche Sprachbegabung: Neben Deutsch, Englisch, Französisch, Japanisch und Chinesisch sprach er auch Russisch, was aber nur wenige der Deutschen und Japaner, die mit ihm in Kontakt kamen, wussten. Im Januar 1929 lernte Sorge in China Agnes Smedley kennen, die berühmte amerikanische Journalistin, die auch eine sowjetische Agentin war. Mit ihr baute er in Schanghai einen Spionagering auf, der sich über den gesamten Fernen Osten ausbreitete und sich schließlich in Japan konzentrierte, denn 1932 erhielt Sorge aus Moskau den Auftrag, sich in der japanischen Hauptstadt niederzulassen. Im Mai 1933 reiste er nach Berlin, um seine Tarnung auszubauen. Dort gelingt es ihm, in die NSDAP einzutreten, und er erhält eine Stelle als Korrespondent bei der Frankfurter Zeitung, deren China-Korrespondentin Agnes Smedley ist. Sorge reiste über Kanada und die Vereinigten Staaten nach Japan, wo er Kontakt zu anderen sowjetischen Agenten aufnahm. Am 6. September 1933 landete er in Yokohama. In der deutschen Botschaft lernte er Oberst Ott kennen, einen Militärattaché, der bald zum General befördert wurde und später Botschafter wurde. Ott, der bei seiner Ankunft nichts über den Fernen Osten wusste, fand in Sorge einen Assistenten, der nach und nach zu einem unverzichtbaren Berater wurde. Dadurch erhielt der sowjetische Spion Zugang zu offiziellen Informationsquellen.

TEIL 4

LUFTTERROR UND ATOMARER TERROR

Zu den Verbrechen des Zweiten Weltkriegs, über die am wenigsten berichtet wurde, gehörte der Terror aus der Luft über Deutschland, ein Terror, der auch in Japan praktiziert wurde, wo er mit dem Abwurf der Atombomben auf Hiroshima und Nagasaki seine endgültige Apotheose erreichte. Nicht einmal dieses unsägliche Verbrechen, das auf Befehl von Harry Solomon Truman, dem jüdischen, zionistischen und freimaurerischen Präsidenten 33. Grades, begangen wurde, der diesen Holocaust nach der totalen Niederlage Japans anordnete, wurde als ausreichend angesehen, um diesen politischen Führer unter die schlimmsten Verbrecher aller Zeiten zu stellen. Im Gegenteil, es wurde behauptet, dass Truman als demokratischer Präsident in die Geschichte einging, der die Entscheidung traf, eine Invasion zu verhindern, die das Leben von einer Million Amerikanern gekostet hätte. Für die Geschichte des nuklearen Terrors wird später noch Zeit sein, doch jetzt ist es an der Zeit, zwei weitere zionistische Freimaurer anzuprangern: Roosevelt und Churchill, die letztlich für den Luftterror über Deutschland verantwortlich waren, der im Holocaust von Dresden gipfelte.

Der breiten Öffentlichkeit wurde die Vorstellung eingeimpft, dass es die Deutschen waren, die das Vereinigte Königreich gnadenlos bombardiert haben. Die berühmte „Battle of Britain" ist als das ultimative Beispiel für das Leiden des englischen Volkes in die Geschichte eingegangen. Die Realität sieht jedoch ganz anders aus, und die Zahlen belegen dies. In zwei Monaten, zwischen dem 7. September und dem 2. November 1940, forderten die deutschen Bombenangriffe auf London etwa 14.000 Tote und 20.000 Verwundete. Die Gesamtzahl der Opfer deutscher Bombenangriffe auf britische Städte belief sich im Mai 1941, als die Angriffe der Luftwaffe endeten, auf 41.650 Tote und 48.073 Verwundete. Diese schmerzlichen Zahlen wurden in einer einzigen Nacht in Dresden um das Drei- oder Vierfache erhöht, wo nach den konservativsten Schätzungen zwischen dem 13. und 14. Februar 1945 135.000 Menschen starben. Fünfundzwanzig deutsche Städte mit mehr als einer halben Million Einwohnern wurden von der RAF in Schutt und Asche gelegt. In Hamburg, um ein weiteres Beispiel zu nennen, führten mehr als 700 britische Bomber über mehrere Nächte hinweg die „Operation Gomorrah" durch, benannt nach einer der von Sündern und Verbrechern bewohnten Städte, die Jehova, der Gott der Juden, mit einem Feuer- und Schwefelregen vernichtet hatte. In Hamburg verursachten Bombenangriffe in drei oder vier Nächten Ende Juli und Anfang August 1943 einen Feuersturm, der etwa fünfzigtausend Menschen tötete und mehr als einhundertzwanzigtausend verwundete. Fast eine Million Deutsche, die in der Stadt lebten, wurden in andere Teile des Landes und sogar nach Polen vertrieben.

Diese Art der Kriegsführung gegen zivile Ziele ist nicht von heute auf morgen entstanden, sondern wurde bereits im Vorfeld konzipiert. Bevor Soldaten den ersten Schuss abfeuern, werden Kriege schon lange vorher in Büros vorbereitet. Bereits 1933 riefen internationale jüdische Organisationen zum „heiligen Krieg" gegen Deutschland auf. F. J. P. Veale stellt in *Advance to Barbarism* fest, dass die Briten 1936 in einer Sitzung des Luftministeriums beschlossen, dass im Falle eines künftigen Krieges nichtmilitärische Ziele bombardiert werden sollten. Großbritannien hielt damit an seiner Taktik fest, zivile Opfer zu provozieren, denn man darf nicht vergessen, dass im Ersten Weltkrieg die Haupttodesursache für die deutsche Bevölkerung die britische Blockade war, die nach der Unterzeichnung des Waffenstillstands noch fast ein Jahr andauerte und zum Verhungern von fast einer Million nicht kämpfenden Zivilisten führte.

Deutschland hat sich nicht auf diese Art von Krieg vorbereitet.

Winston Churchill und andere Kriegstreiber verbreiteten eine Menge Unsinn über das deutsche Rüstungsprogramm, den die britische Führung aufgriff, um ihr eigenes Rüstungsprogramm zu rechtfertigen. Die perversen Absichten Churchills wurden in mehreren Werken von Francis Neilson entlarvt, einer vielschichtigen Persönlichkeit und Autorin, die 1915 ihr Mandat im britischen Parlament niederlegte. Im Jahr 1950 veröffentlichte Neilson *das Buch The Makers of War*, in dem er Churchills Lügen anprangerte und verschiedene Studien und Berichte über die Rüstungsausgaben der kriegführenden Länder vorlegte. Es ist allgemein anerkannt, dass die Nazis seit ihrer Machtübernahme ihre Bemühungen auf die Verbesserung der inneren Situation konzentrierten. Die sozialen und wirtschaftlichen Errungenschaften der ersten vier Jahre des Nationalsozialismus in Deutschland sind bereits erwähnt worden. Angesichts dieser Politik des Wirtschaftswachstums unternahmen jedoch Nachbarländer wie Frankreich und die Tschechoslowakei Schritte, die in Deutschland nur Misstrauen und Argwohn hervorrufen konnten. Im Folgenden wird ein kurzer Überblick über die Ereignisse im Zusammenhang mit der Rüstungs- und Verteidigungspolitik gegeben.

Am 2. Mai 1935 unterzeichneten Frankreich und die UdSSR einen Vertrag über gegenseitige politische und militärische Unterstützung. Am 15. Juni desselben Jahres schlossen die Sowjetunion und die Tschechoslowakei ein ähnliches Abkommen. Im Februar 1936 ratifizierte das französische Parlament den Pakt mit der UdSSR, und Deutschland verurteilte ihn als feindselige Geste, die nicht mit dem Vertrag von Locarno vereinbar sei. Vor der Ratifizierung glaubte Hitler, dass die zögerlichen französischen Parlamentarier den Pakt verhindern könnten, und versuchte daher, Frankreich davon abzubringen, indem er sich in einem arrangierten Interview mit Bertrand de Jouvenel von *Paris-Midi* direkt an die französische Öffentlichkeit wandte. Hier ist Hitlers Antwort auf eine Frage von Bertrand de Jouvenel: „Sie wollen eine deutsch-französische Annäherung, wird der französisch-sowjetische Pakt diese nicht gefährden?"

„Meine persönlichen Bemühungen um eine solche Annäherung werden immer bestehen bleiben. Aber in der Praxis würde ein solcher Pakt natürlich eine neue Situation schaffen. Begreifen Sie nicht, was Sie da tun? Sie lassen sich auf das diplomatische Spiel einer Macht ein, die nichts anderes will, als die großen europäischen Nationen in ein Chaos zu stürzen, von dem sie profitiert. Wir dürfen nicht aus den Augen verlieren, dass Sowjetrussland ein politisches Element ist, das über eine explosive revolutionäre Idee und gigantische Argumente verfügt. Als Deutscher ist es meine Pflicht, eine solche Situation zu betrachten. Der Bolschewismus hat bei uns keine Aussicht auf Erfolg, aber es gibt andere große Nationen, die vor dem Virus des Bolschewismus weniger zurückschrecken als wir. Sie täten gut daran, ernsthaft über meine Angebote zur Zustimmung nachzudenken. Noch nie hat Ihnen ein deutscher Führer so oft solche Vorschläge gemacht. Und von wem kommen diese Vorschläge? Von einem pazifistischen Scharlatan, der sich seine Meinung über die internationalen Beziehungen gebildet hat? Nein, sondern von dem größten Nationalisten, den Deutschland je an der Spitze hatte? Lasst uns Freunde sein!"

Es scheint, dass dieses Interview aufgrund des Drucks der Regierung, über den einige Autoren berichten, erst am Tag nach der Abstimmung im französischen Parlament, die am 27. Februar 1936 stattfand, in *Paris Midi* erschien. Der Beistandsvertrag zwischen Frankreich und der Sowjetunion wurde mit 353 zu 164 Stimmen angenommen. Als Reaktion darauf remilitarisiert Deutschland am 7. März das linke Rheinufer und stellt damit die deutsche Souveränität über das gesamte Reichsgebiet wieder her, allerdings unter Verletzung der Verträge von Versailles und Locarno, die zuvor von Frankreich gebrochen worden waren.

Außerdem hatte Deutschland einige Monate zuvor, am 18. Juni 1935, das deutsch-britische Flottenabkommen mit Großbritannien unterzeichnet, das die Größe der Kriegsmarine im Verhältnis zur Royal Navy regelte. Deutschland verpflichtete sich, dass die Größe seiner Kriegsflotte dauerhaft 35% der Tonnage der britischen Flotte betragen sollte. Es handelte sich um eine Vereinbarung ohne Gegenleistung, da Großbritannien sich zu nichts verpflichtete. Am 28. April 1939, nach der Aushändigung des Blankoschecks an Polen, kündigte Deutschland dieses Abkommen.

Am 19. März 1936 wird Ribbentrop vor den Völkerbund geladen und erinnert von der Tribüne aus an alle Friedensvorschläge des deutschen Bundeskanzlers, die abgelehnt worden waren. Dazu gehören die allgemeine Abrüstung, die paritätische Aufrüstung auf der Grundlage von Armeen mit 200.000 oder 300.000 Soldaten, ein Luftpakt und der Vorschlag, ein Maßnahmenpaket zur Sicherung des Friedens in Europa zu verabschieden, ein Angebot vom Mai 1935. In dieser Rede bestritt Ribbentrop, dass Deutschland einseitig gegen den Vertrag von Locarno verstoßen habe. Monate später, am 31. März 1936, legte Deutschland ein Memorandum vor, in dem die Einrichtung eines Schiedsgerichts zur Beilegung möglicher Konflikte zwischen Nationen vorgeschlagen wurde. Es bestand auf den Vorschlägen für einen Nichtangriffspakt. Zu den Vorschlägen, die sich direkt auf den Luftterror und die Kriegsführung im Allgemeinen bezogen, gehörten folgende: Verbot des Abwurfs von Giftgas- und Brandbomben; Verbot der Bombardierung offener Städte oder Dörfer außerhalb der mittleren Reichweite der schweren Artillerie oder der Kampffront; Verbot der Bombardierung von Städten, die mehr als zwanzig Kilometer vom Schlachtfeld entfernt sind, mit

Langstreckengeschützen; Abschaffung und Verbot des Baus von Panzern schwersten Typs; Abschaffung und Verbot von Artillerie schwersten Kalibers. Deutschland erklärt sich bereit, diese Regelung umzusetzen, wenn sie international unterstützt wird. Die Niederlande begrüßten die Vorschläge und baten Frankreich, Druck auf Großbritannien auszuüben, um das Memorandum zumindest teilweise zu akzeptieren. Einige Zeit später, am 14. Februar 1938, erklärte Chamberlain im Parlament, dass „die Regierung Seiner Majestät nicht bereit sei, die Tätigkeit ihrer Luftstreitkräfte einzuschränken.

David L. Hoggan bestätigt, dass die britische Führung nicht nur an einer Luftwaffe interessiert war, die in der Lage war, sich gegen eine mögliche deutsche Luftoffensive zu verteidigen. Hoggan zufolge basierte die britische Strategie ab 1936 auf der Doktrin massiver Angriffe auf Ziele weitab von der Frontlinie. Diese Strategie", schreibt Hoggan, „steht im Gegensatz zu der der Deutschen, die davon ausgingen, dass Luftangriffe im Falle eines Krieges auf Aktionen an der militärischen Front beschränkt sein würden. Der Unterschied in der Strategie spiegelte sich in den von den beiden Ländern hergestellten Flugzeugtypen wider. Deutschland baute viele leichte und mittlere Bomber für taktische Einsätze zur Unterstützung der Truppen am Boden, während die Briten den Schwerpunkt auf die Produktion schwerer Bomber legten, um zivile Ziele fernab der Front anzugreifen. Der britische Ausschuss für Verteidigungsbedarf beschloss bereits im Februar 1934, dass Deutschland im Falle eines Krieges der größte potenzielle Feind sein würde". Im Frühjahr 1938 hatten die Briten geplant, ab April 1939 jährlich 8.000 Kampfflugzeuge zu produzieren, ein Ziel, das sogar noch übertroffen wurde. Darüber hinaus lieferte Roosevelt Churchill während des Krieges im Rahmen des Lend-Lease-Gesetzes schwere Langstreckenbomber, die B-17 Flying Fortresses. [8]

In den ersten sechsunddreißig Stunden der militärischen Operationen in Polen zerstörten die Deutschen fast die gesamte polnische Luftwaffe. Präsident Roosevelt, ein Ausbund an Heuchelei, appellierte am 1. September 1939 an Deutschland und Polen, die Zivilbevölkerung nicht zu bombardieren. Lord Lothian, der britische Botschafter in Washington,, erklärte, dass Roosevelt den Appell im Namen der Polen verfasste und dass der Präsident erklärt hatte, dass die Bombardierung von Zivilisten in den letzten Kriegen „die Herzen aller zivilisierten Männer und Frauen krank gemacht" habe. Am selben Tag antwortete Hitler Roosevelt, dass seine Botschaft mit seinen Ansichten übereinstimme, und schlug daher vor, dass die Regierungen der kriegführenden Parteien in jedem Krieg eine öffentliche Erklärung abgeben sollten, in der sie die Luftangriffe auf Zivilisten verurteilen. Auch das Oberkommando der Wehrmacht gibt am Nachmittag/Abend des 1. September ein Kommuniqué zu diesem Thema heraus. Die Behörden dementierten empört Berichte in der unterwürfigen westlichen Presse, wonach Deutschland offene Städte bombardiert habe. Das deutsche Militär beharrte darauf, dass die Luftangriffe

---

[8] Dieser stark bewaffnete Bomber war ein viermotoriger Bomber für große Höhen und große Reichweiten, der mit einer schweren Bombenlast sechs bis zehn Stunden in der Luft bleiben konnte. Sein Preis war exorbitant: Er kostete damals etwa 240.000 Dollar. Trotzdem wurden während des Krieges mehr als 13.000 Stück produziert.

ausschließlich militärischen Zielen gegolten hätten; diese Aussage fand jedoch in den Zeitungen wenig Beachtung, die stattdessen Bilder von ermordeten Angehörigen der deutschen Minderheit veröffentlichten, die als unschuldige polnische Opfer des Luftkriegs dargestellt wurden.

Der schwedische Unterhändler Birger Dahlerus, der im Begriff war, sich von der diplomatischen Bühne zurückzuziehen, rief am Nachmittag des 1. September ein letztes Mal im Außenministerium an, um Lord Halifax seine Bereitschaft zur Fortsetzung der Vermittlung anzubieten. Dahlerus nutzte diesen letzten Kontakt, um Görings Versprechen zu übermitteln, dass Deutschland niemals offene Städte bombardieren würde, wenn die Briten zustimmten, diese Praxis zu unterlassen. Halifax muss den Vorschlag mit Ablehnung aufgenommen haben, denn er wusste, dass die Bombardierung offener Städte eine grundlegende Formel für den Sieg in dem Krieg, den sie gegen Deutschland zu erklären gedachten, sein würde.

Die „großartige und heldenhafte Entscheidung".

Im April 1944, als die Luftwaffe wegen Treibstoffmangels praktisch lahmgelegt war und der Ausgang des Krieges bereits feststand, wurde *Bombing Vindicated*, ein Werk von James Molony Spaight, der bis 1937 Erster Unterstaatssekretär des Luftministeriums war, in Großbritannien zur Veröffentlichung freigegeben. Spaight erklärt darin, dass das Luftfahrtministerium am 11. Mai 1940, einen Tag nach Beginn der deutschen Offensive in Frankreich, die „großartige und heldenhafte Entscheidung" traf, die strategische Bombenoffensive auf die Zivilbevölkerung in Deutschland zu starten, die sieben Millionen Häuser zerstörte oder schwer beschädigte und nach der niedrigsten Schätzung sechshunderttausend Menschen tötete, obwohl einige Autoren, darunter F. J. P. Veale, die Zahl auf zwei Millionen schätzten, eine Zahl, die von vielen Forschern unterstützt wird. Der englische Historiker David Irving schätzt die Zahl auf zweieinhalb Millionen. Hinzu kommen Millionen Verletzte, Verstümmelte und chronisch Kranke infolge der Kohlenoxidvergiftung, darunter vor allem ältere Menschen, Frauen und Kinder.

Im ersten Kapitel von *Bombing Vindicated*, „Der Bomber rettet die Zivilisation", wird versucht, das Abschlachten Hunderttausender unschuldiger Zivilisten unter dem Vorwand zu rechtfertigen, dass „die Zivilisation zerstört worden wäre, wenn es im Krieg keine Bomben gegeben hätte. Es war der Bomber", schreibt Spaight pathetisch, „der mehr als jedes andere Kriegsinstrument die Kräfte des Bösen daran gehindert hat, die Oberhand zu gewinnen". J. M. Spaight gibt nicht nur zu, dass die Verantwortung für die Bombardierung der Zivilbevölkerung bei der Churchill-Regierung liegt, sondern besteht auch darauf, dass das gesamte Verdienst für die Erfindung und Durchführung dieser Praxis bei Großbritannien liegt. Spaight bekräftigt vehement, dass die „großartige Entscheidung" nicht gedankenlos oder spontan getroffen wurde, sondern auf eine „brillante Idee" zurückgeht, die britische Experten 1936 hatten, als das Bomber Command gegründet wurde. Spaight behauptet, dass „die ganze Daseinsberechtigung des Bomber Command darin bestand, Deutschland zu bombardieren, falls es unser Feind werden sollte". Es sei offensichtlich gewesen, dass Hitler die Absichten der Briten für den Fall eines Krieges erkannte und daher bestrebt war, mit Großbritannien ein Abkommen zu schließen, „das den Einsatz von Flugzeugen auf die Kampfzonen beschränkte".

In *Advance to Barbarism*, einem bahnbrechenden Werk des Geschichtsrevisionismus, das in England bereits 1948 unter dem Pseudonym „a jurist" veröffentlicht wurde, paraphrasiert der englische Historiker F. J. P. Veale ausführlich *Bombing Vindicated*. Veale kommentiert in seinem großartigen Werk einen Artikel, den Air Marshal Arthur Harris, Oberbefehlshaber des Bomber Command, in der Presse als „Bomber" Harris und in der RAF als „Butcher" Harris bekannt, am 12. Dezember 1946 in *The Star* veröffentlichte. Harris stimmt mit Spaight überein, wenn er die Kurzsichtigkeit der Berufssoldaten in der ganzen Welt und insbesondere in Deutschland verunglimpft, die 1939 nicht erkannten, dass schwere Bomber eine weitaus wirksamere Waffe gegen Zivilisten als gegen Kampftruppen sein würden. Lesen wir dazu die Worte von F. J. P. Veale:

> „Er (Harris) stellt fest, dass Deutschland den Krieg verloren hat, weil es, als es im September 1940 gezwungen war, einen Blitzkrieg zu führen, feststellte, dass die Generäle, die die Luftwaffe kontrollierten und den Bomber lediglich als Langstreckenartillerie für den Einsatz in der Schlacht betrachteten, es versäumt hatten, die Luftwaffe mit schwer bewaffneten schweren Bombern auszurüsten, die für den Blitzkrieg konzipiert waren. Die Deutschen, schreibt Luftmarschall Harris, hatten ihren Soldaten erlaubt, die gesamte Politik der Luftwaffe zu bestimmen, die ausdrücklich darauf ausgerichtet war, das Heer bei schnellen Offensiven zu unterstützen.... Zu spät erkannten sie den Vorteil einer strategischen Bomberstaffel.... Das Ergebnis war, dass das deutsche Heer an allen Fronten keine Luftdeckung und Luftunterstützung mehr hatte, um Deutschland gegen unabhängige strategische Aktionen aus der Luft zu verteidigen."

Mit anderen Worten: Harris, der auch das Buch *Bomber Offensive* veröffentlicht hat, kritisiert die Deutschen dafür, dass sie nicht über schwer bewaffnete schwere Bomber verfügten, die es ihnen ermöglicht hätten, die gegnerische Zivilbevölkerung anzugreifen und sich vor Angriffen aus der Luft zu schützen. Wären die Deutschen in der Lage gewesen, ihre Angriffe fortzusetzen," schreibt Harris, „hätte London unwiderruflich das schreckliche Schicksal erlitten, das Hamburg zwei Jahre später ereilte. Aber im September 1940 standen den Deutschen fast unbewaffnete Bomber zur Verfügung..... So war die Zerstörung der Bomberstaffeln in der Schlacht um Großbritannien so etwas wie das Erschießen von Kühen auf einer Wiese."

Captain Liddell Hart stellt in seinem Buch *The Revolution in Warfare* (1946) nüchtern fest, dass Winston Churchill der Hauptverantwortliche für die Bombardierung von Zivilisten ist. Als Churchill an die Macht kam", schreibt Liddell Hart, „war eine der ersten Entscheidungen seiner Regierung, die Bombardierung auf Nicht-Kampfgebiete auszuweiten". In einer Rede am 21. September 1943 vor einem selbstgefälligen Unterhaus wurde Churchill mit den Worten zitiert: „Bei der Ausrottung der Nazi-Tyrannei gibt es keine Grenzen der Gewalt, an die wir nicht gehen würden." Am 6. Juli 1944 richtete Churchill ein geheimes vierseitiges Memorandum an seinen Stabschef, General Hastings Ismay, das 1985 von der Zeitschrift *American Heritage* und von Mark Weber im *Journal of Historical Review* wiedergegeben *wurde*. Die große Ikone der Demokratie in der Welt schlug darin folgendes Projekt vor:

> „Ich möchte, dass Sie sehr ernsthaft über die Frage der Erstickungsgase nachdenken. Es ist absurd, in dieser Frage die Moral in Betracht zu ziehen, wenn die ganze Welt sie während des letzten Krieges ohne jeglichen Protest von Moralisten oder der Kirche eingesetzt hat. Andererseits war damals die Bombardierung offener Städte verboten, und heute praktiziert sie jeder mit Selbstverständlichkeit. Es ist einfach eine Modeerscheinung, vergleichbar mit der Entwicklung der Länge von Frauenröcken. Ich würde mir gerne einmal ausrechnen, wie viel der Einsatz von Erstickungsgasen kosten würde. Wir dürfen uns nicht durch dumme Prinzipien die Hände binden lassen. Wir könnten die Städte des Ruhrgebiets und andere Städte in Deutschland so überfluten, dass ein Großteil der Bevölkerung ständig medizinisch versorgt werden müsste. Es wird vielleicht ein paar Wochen oder sogar ein paar Monate dauern, bis Deutschland mit Erstickungsgas geflutet werden kann. Ich wünsche mir, dass diese Frage von vernünftigen Menschen kühl geprüft wird und nicht von einer Truppe uniformierter Psalmsänger, Spielverderber, denen man überall begegnet."

Vielleicht hatte Churchill *Last and First Men* gelesen, einen 1930 veröffentlichten Roman, in dem Olaf Stapledon das Aufkommen der Gentechnik vorhersagt und einen verheerenden Krieg beschreibt, in dem Bomberstaffeln riesige Mengen Giftgas auf die Städte Europas abwerfen. Auch H.G. Wells, ein Mitglied der Fabian Society, der bereits in früheren Kapiteln vorgestellt wurde, schrieb ein Drehbuch für den Film *Things to come* (1936), der auf einem seiner Romane basiert und das Kommende vorwegnimmt. Die Handlung spielt genau im Jahr 1940. Der Krieg überrascht die normalen Menschen, die ein sorgloses Leben führen. Flugzeuge zerstören Städte und ermorden die Zivilbevölkerung mit giftigen Gasen.

Abgesehen von den Science-Fiction-Romanen, die das Kommende vorhersagten, hielt Edwin Baldwin, dreimaliger Premierminister des Vereinigten Königreichs in der Zwischenkriegszeit, 1932 vor dem britischen Parlament eine Rede mit dem Titel „A Fear for the Future" (Angst vor der Zukunft), in der er seine Ansicht über das Kommende deutlich zum Ausdruck brachte. Am 18. Februar 1932, ein Jahr vor Hitlers Machtübernahme, hatte Deutschland der Abrüstungskonferenz in Genf einen Vorschlag unterbreitet, der die Abschaffung der Kampfflugzeuge vorsah. Der britische Delegierte bei der Konferenz sicherte zu, dass der Vorschlag berücksichtigt werden würde. Am 9. November 1932 räumte Baldwin im Parlament ein, dass eine große Aufrüstung unweigerlich zum Krieg führe, und sagte Folgendes:

> „... Ich denke, es ist auch gut für den Mann auf der Straße zu erkennen, dass es keine Macht auf der Welt gibt, die ihn davor schützen kann, bombardiert zu werden. Egal, was die Leute ihm erzählen, der Bombenleger wird immer durchkommen. Die einzige Verteidigung besteht in der Offensive, was bedeutet, mehr Frauen und Kinder zu töten als der Feind, und zwar schneller, wenn wir uns selbst retten wollen.... Wenn das Gewissen der jungen Leute im Zusammenhang

mit diesem Instrument (der Bombardierung) das Gefühl bekommen sollte, dass es böse ist und aufgegeben werden sollte, wird es getan werden; aber wenn sie nicht auf diese Weise denken..... Nun, wie ich schon sagte, die Zukunft liegt in ihren Händen. Aber wenn der nächste Krieg kommt und die europäische Zivilisation vernichtet wird, was der Fall sein wird, und zwar durch keine andere Kraft als diese Kraft, dann lasst nicht zu, dass sie den Älteren die Schuld geben. Erinnert sie daran, dass sie selbst, oder sie allein, für die Schrecken, die über die Erde gekommen sind, verantwortlich sind."

Es ist eindeutig inakzeptabel und empörend, dass Baldwin versucht, die Verantwortung für den möglichen Einsatz des Terrors von Luftangriffen auf die jüngere Generation abzuwälzen, weil diese sich nicht dagegen gewehrt hat. Der Vorschlag Deutschlands war gemacht worden, und es lag in der Hand der politischen Führer, die 1932 die Macht hatten, ihn anzunehmen.

Die fortschreitende Zerstörung Deutschlands

Die „großartige Entscheidung", deutsche Städte zu bombardieren, wurde am 11. Mai 1940 getroffen. Am selben Tag warf die RAF ihre ersten Bomben auf Freiburg ab, eine Stadt weitab der Front. Ohne kriegswichtige Industrien und ohne Ziele von militärischem Interesse war Freiburg die erste Stadt, die von Bombern aus großer Höhe angegriffen wurde. Einem Bericht des Roten Kreuzes zufolge, der am 13. Mai in der *New York Times* veröffentlicht wurde, wurden dreiundfünfzig Menschen getötet, darunter fünfundzwanzig Kinder, die in einem öffentlichen Park spielten. Einhunderteinundfünfzig weitere Zivilisten wurden verwundet[9]. Die Luftwaffe hätte mit einem ähnlichen Angriff reagieren können, erhielt aber keine Anweisung dazu. Es dauerte fast vier Monate, in denen die Angriffe auf deutsche Städte fortgesetzt wurden, bevor Hitler Vergeltungsbombenangriffe auf England anordnete. Damit begann die Zerstörung Deutschlands aus der Luft: Etwa sechzig Städte mit mehr als 100.000 Einwohnern waren vorrangige Angriffsziele. Einige dieser Großstädte, wie z. B. Köln, wurden von 1940 bis 1945 wiederholt angegriffen.
Der Fall Köln veranschaulicht die systematische Strategie der Zerstörung und des Todes, die Churchill und seine Berater verfolgten und der wir im Folgenden die ihnen gebührende Aufmerksamkeit widmen werden. Köln, das im Mai und Juni 1940 zum ersten Mal bombardiert wurde, war als Kommunikationszentrum am Rhein für die Piloten, die auf dem Rückflug zu ihren Stützpunkten kostenlos Bomben abwarfen, leicht auszumachen, so dass die Stadt bis April 1942 nicht massenhaft bombardiert wurde. Die rund 800.000 Einwohner wurden daher nur selten beunruhigt. Das änderte sich in der Nacht vom 30. auf den 31. Mai 1942, als mehr als 1.000 Bomber aller Typen unter dem

---

[9] Zu den Bombenangriffen auf Freiburg vertritt David Irving die Theorie, dass es die Deutschen selbst waren, die die Stadt versehentlich bombardiert haben. Ihm zufolge wurden die Heinkel 111, die von Lecheld bei München aus gestartet waren, um einen französischen Luftwaffenstützpunkt in Dijon anzugreifen, verwechselt und warfen die Bomben auf Freiburg ab.

Codenamen „Millennium" 1.500 Tonnen Bomben auf die Stadt abwarfen, zwei Drittel davon Brandbomben. Ein Jahr später, zwischen dem 16. Juni und dem 9. Juli 1943, wurde Köln vier Mal massiv bombardiert. Allein bei einem dieser Angriffe, der in der Nacht zum 28. Juni von etwa 600 viermotorigen Bombern durchgeführt wurde, kamen fast 4 500 Menschen ums Leben und 230 000 wurden obdachlos. Im Jahr 1944 wurde Köln im Oktober achtundzwanzig Mal bombardiert. Vom 28. Oktober bis zum 1. November fielen neuntausend Tonnen Bomben auf das Rheinviertel. Am 2. März 1945 wurde die Stadt zum letzten Mal von etwa 900 Lancaster- und Halifax-Bombern bombardiert. Die Toten wurden unbestattet auf den Straßen zurückgelassen, da die Bevölkerung die Stadt bereits verlassen hatte. Als die Amerikaner am 6. März in Köln einmarschierten, waren von der fast völlig zerstörten Altstadt nur noch zehntausend Menschen übrig.

Der erste der groß angelegten Bombenangriffe fand auf Essen statt und begann am 8. März 1942. Zwischen März und April wurde die Stadt sechsmal von mehr als 1.500 Bombern angegriffen. Im gleichen Monat März, am Sonntag, den 29. März, wurde Lübeck, eine der Hansestädte an der Ostsee, die weder militärisch noch industriell von Interesse war, bombardiert, obwohl ihr Hafen ein Tor für den Nachschub aus Norwegen war. Mehr als 3.000 Gebäude wurden schwer beschädigt oder völlig zerstört. Das gesamte historische Zentrum der als „Königin der Hanse" bekannten Stadt wurde praktisch in Schutt und Asche gelegt. Ab 1942 wurden diese so genannten „strategischen" Bombenangriffe, ein Euphemismus für „strategische" Bombenangriffe, immer häufiger und intensiver. Die schreckliche Zerstörung Hamburgs ist dabei besonders hervorzuheben.

Im Laufe der Kampagne wurden die Bombenangriffe immer tödlicher, da die Erfahrung und die verbesserten Techniken ihre Zerstörungskraft erhöhten. Hans Erich Nossack, Autor von *Der Untergang. Hamburg, 1943*, wird Zeuge des größten jemals durchgeführten Bombenangriffs auf eine Stadt, eines nie dagewesenen und verheerenden Luftangriffs. Nossack beobachtete die Zerstörung Hamburgs als Zuschauer von einer Hütte fünfzehn Kilometer südöstlich der Stadt aus. „Alles schien in das schillernde Licht der Hölle getaucht", schreibt er. Der Terror begann am 24. Juli, als die britische und die US-amerikanische Luftwaffe die „Operation Gomorrah" starteten, an der rund 800 Bomber der Typen Lancaster, Halifax, Stirling und Wellington beteiligt waren. Beim Anflug auf die Küste luden sie tonnenweise kleine Aluminiumstreifen ab, die das deutsche Radar stören sollten. In dieser Nacht fielen 2.300 Tonnen Brandbomben auf die Stadt. Am 25. wurden weitere 2.400 Tonnen Bomben auf Hamburg abgeworfen. Am dritten Tag, obwohl Hamburg weiter brannte, führten amerikanische Flugzeuge einen weiteren Bombenangriff durch, der die Temperatur auf über 1.000 Grad Celsius ansteigen ließ. Die Fackeln reichten Hunderte von Metern in die Luft. Sprengbomben hatten zuvor Dächer, Türen und Fenster zerstört, und die überhitzte Luft schickte Feuerströme mit 240 Stundenkilometern in Tornados, die überall einschlugen.

Der Feuersturm entsteht durch einen Konvektionseffekt, bei dem heiße Luft von der Seite angesaugt wird und aufsteigt. Dabei entstehen Strömungen, die Tausende von Grad Celsius erreichen und Geschwindigkeiten von Hunderten von Kilometern pro Stunde erreichen. Das Gebiet trocknet aus, der Sauerstoff wird abgesaugt, was den Heißluftsturm weiter beschleunigt und alles mit sich reißt. Am 27. warfen weitere siebenhundert schwere RAF-Bomber Brandbomben ab: Das Öl setzte die Kanäle in Brand, der Asphalt schmolz, und die wehrlosen Einwohner bekamen keine Luft mehr und konnten sich nicht einmal in die Kanäle stürzen, um dem Hochofen zu entkommen, zu dem ihre Stadt geworden war. Aufklärungsflugzeuge flogen am 29. Aufklärungsflüge und kontrollierten Hamburg. Das war wohl noch nicht genug, denn am Abend erhielten weitere 800 schwere Flugzeuge den Befehl, zu starten und ihre Bomben auf die ausgebrannte Stadt abzuwerfen. Der Terror hörte erst am 2. August auf, als 740 Bomber in der letzten Nacht angriffen. Insgesamt fielen 8.621 Tonnen Brand- und Sprengbomben auf Hamburg. Als der Alptraum vorbei ist, beschreibt Nossack seine Einfahrt in die Stadt in einem Flüchtlingslastwagen als eine apokalyptische Pilgerfahrt.

Die Zahlen zu den Toten, Verwundeten und Vertriebenen in Hamburg wurden bereits oben genannt. Es gibt jedoch einen interessanten Bericht über den Zustand der Stadt im März 1949, fast sechs Jahre später. In *Memoirs of a Diplomat* schreibt George F. Kennan:

> „Ich wurde mit dem Auto auf eine Tour durch Hamburg mitgenommen und besuchte vor allem die von den Bomben zerstörten Gebiete. Es war kein schöner Anblick und kein schöner Gedanke. Alles war dem Erdboden gleichgemacht, Meile um Meile. Das alles war in drei Tagen und drei Nächten im Jahr 1943 geschehen. Siebzigtausend Menschen waren bei der Bombardierung ums Leben gekommen. Man schätzt, dass noch mehr als dreitausend Leichen in den Trümmern liegen. Ich hatte die ersten sechzig britischen Luftangriffe auf Berlin persönlich miterlebt und seit Kriegsende viele Trümmer gesehen, aber diese haben mich besonders beeindruckt".

Es mangelt nicht an Historikern, die den Terror aus der Luft als Reaktion auf die Bombardierung Londons und sogar als Vergeltung für die Bombardierung Warschaus oder Rotterdams rechtfertigen wollen. J. M. Spaight, Autor von *Bombing Vindicated*, lehnt solche Vergleiche persönlich ab. Als Warschau und Rotterdam bombardiert wurden", schreibt Spaight, „standen die deutschen Armeen vor ihren Toren. Die Bombardierung aus der Luft war Teil einer offensiven taktischen Operation". Auch Liddell Hart teilt diese Ansicht und stellt fest: „Die Bombardierung erfolgte erst, als die deutschen Truppen sich in die Städte vorkämpften, sie entsprach also den alten Regeln." Was jedoch Hamburg betrifft, so besteht Spaight darauf, dass „der Verlust wertvoller Menschenleben als der Preis betrachtet werden muss, der für einen militärischen Vorteil zu zahlen ist." Es ist kaum anzunehmen, dass ein militärischer Vorteil dadurch erlangt wurde, dass die Einwohner Hamburgs weiter massakriert wurden, als es nichts mehr zu zerstören gab.

Lindemann, der jüdische Ideologe von Churchill

Winston Churchill selbst räumt in seinen Memoiren ein, dass der Anstifter des Luftterrors über Deutschland Lord Cherwell war, Frederick Alexander Lindemann, sein jüdischer Berater, enger Freund und rechte Hand, ein in Baden-Baden geborener Physiker, der die zu zerstörenden Gebiete in Deutschland vorschlug. Der Wikipedia-Artikel versucht zwar, seine jüdische Herkunft zu verschleiern: „Es wurde manchmal angenommen, dass er Jude war", heißt es in der renommierten Enzyklopädie, „aber er war es nicht". In Wahrheit behauptet die „Oxford Chabad Society", deren Ziel es ist, dass jüdische Studenten an der Universität Oxford ihre jüdische Identität vertiefen, stolz, dass er einer der jüdischen Professoren in Oxford war, wo er Professor für experimentelle Philosophie und Direktor des Clarendon Laboratory war, in dem jüdische Physiker von der Universität Göttingen, denen er half, nach England zu kommen, zusammenkamen. Lindemann wird in Wikipedia als unsensibler Elitist beschrieben, der die Arbeiterklasse, Schwarze und Homosexuelle verachtete. Als Befürworter der Eugenik unterstützte er die Sterilisation von geistig Unzurechnungsfähigen. Die Autoren von *The Semblance of Peace*, J. W. Wheller-Bennet und A. Nicholls, stellen fest, dass „Lindemanns Hass auf Deutschland pathologisch war und ein fast mittelalterliches Verlangen nach Rache zu seinem Charakter gehörte". Vielleicht ist das der Grund, warum Lindemann nach der Planung des Luftangriffsterrors, der zwei Millionen Menschen das Leben kostete, den Deutschlandplan seines jüdischen Kollegen Morgenthau unterstützte, über den wir einige Seiten später schreiben werden.

F. A. Lindemann, dessen Privatsekretär David Bensussan-Butt, ebenfalls jüdischer Herkunft, war der wichtigste wissenschaftliche Berater der Regierung Churchill und nahm an den Sitzungen des Kriegskabinetts teil. Im November 1940 wurde eine Luftaufklärungseinheit eingerichtet, die das wahre Ausmaß der Bombenangriffe auf Deutschland untersuchen sollte. Die im Sommer 1941 aufgenommenen Fotos wurden von Bensussan-Butt sorgfältig studiert, um die Effizienz zu verbessern. Ende 1941 legte Lindemann Churchill einen ersten Plan zur Zerstörung von 43 deutschen Städten mit einer Bevölkerung von 15 Millionen Menschen vor. Der Plan sah vor, dass dafür viertausend Bomber benötigt würden, eine Zahl, die der RAF noch nicht zur Verfügung stand.

Am 12. Februar 1942 legte Lord Cherwell Churchill einen ausgefeilteren Plan für massive Sättigungsbombardements auf deutsche Städte vor, um „den Geist des Volkes zu brechen". Sein Vorschlag lautete: „Die Bombardierung muss auf die Häuser der Arbeiterklasse gerichtet sein. Die Häuser des Bürgertums haben zu viel Platz um sich herum, und die Bomben können verschwendet werden". Am 30. März 1942 legte er dem Ministerpräsidenten ein Memorandum vor, in dem er die Möglichkeit des Einsatzes von bis zu zehntausend Bombern ansprach, deren Bomben auf die dicht besiedelten Viertel der deutschen Arbeiterklasse fallen könnten. Untersuchungen scheinen zu zeigen", so der Ministerpräsident in seinem Memorandum, „dass die Zerstörung des eigenen Hauses der Moral am meisten schadet. Es scheint die Menschen mehr zu kümmern, als wenn ihre Freunde oder sogar ihre Verwandten getötet werden. Churchill betrachtete Baron de Cherwell als einen seiner ältesten und besten Freunde. Nach Angaben von General Hastings Ismay hatte Lord Cherwell Zugang zu den sensibelsten Geheimdienstinformationen, aß regelmäßig mit Churchill zu Abend und begleitete ihn zu seinen Treffen mit Roosevelt und Stalin.

Ein weiterer jüdischer Professor, Solomon Zuckerman, arbeitete ebenfalls mit Lindemann zusammen und erstellte die Studien und Berichte, die Churchill vorgelegt wurden. Zuckerman und Bensussan-Butt, Lindemanns sephardische Sekretärin, untersuchten wissenschaftlich, wie man mit maximaler Wirksamkeit töten und zerstören kann. In seinen Studien kam Solomon „Solly" Zuckerman zu dem Schluss, dass eine Tonne Bomben vier Menschen tötete und 140 obdachlos machte. Es scheint jedoch, dass Zuckerman die Strategie der Sättigungsbombardierung großer städtischer Zentren von Professor Lindemann, dem großen Wissenschaftsguru, der schließlich seine verbrecherische Doktrin durchsetzte, nicht ganz teilte. Zuckerman hielt Sättigungsbombardements für zu teuer und verschwenderisch. 1943 entwarf Solly Zuckerman den Bombenplan vor der Landung der Alliierten in Frankreich, der Dwight D. Eisenhower vorgelegt wurde. Die Amerikaner diskutierten ein Jahr lang darüber und zogen es vor, die Treibstofffabriken zu bombardieren, anstatt die Transportnetze anzugreifen, wie in Sollys Entwurf vorgeschlagen.

Präsident Roosevelt unterstützte die Strategie der Bombardierung deutscher Städte durch seine Äußerungen und durch namhafte Propagandisten. Der Pressesekretär des Weißen Hauses, Stephen T. Early, verteidigte persönlich die Notwendigkeit der Bombardierung. Zwei andere Journalisten jüdischer Herkunft, William L. Shirer und Walter Lippmann, argumentierten in ihren Artikeln, dass es keine Alternative gab. Walter Lippmann war Amerikas einflussreichster Journalist. Er wurde in New York als Sohn von Jacob Lippmann und Daisy Baum, beide deutsche Juden, geboren. Dr. Caroll Quigley hebt ihn in *Tragedy in Hope* als einen der Organisatoren des Runden Tisches in Amerika hervor. „Lippmann", schreibt Quigley, „war von 1914 bis heute das authentische Sprachrohr des amerikanischen Journalismus in internationalen Angelegenheiten, im Dienste des 'Establishments' auf beiden Seiten des Atlantiks." Als Theoretiker der öffentlichen Meinung schrieb Lippmann zweimal wöchentlich Artikel, die in Hunderten von amerikanischen Zeitungen erschienen und von der *Herald Tribune* in New York urheberrechtlich geschützt waren. In einem Artikel in der *Sunday Times* vom 2. Januar 1944 schrieb Lippmann, der zu Roosevelts „Brain Trust" gehörte: „Wir sollten uns für uns selbst und unsere Sache schämen, wenn wir nicht mit gutem Gewissen unsere moralische Verantwortung für die Zerstörung der deutschen Städte übernehmen könnten". Doch während die Zivilbevölkerung mit absoluter moralischer Verantwortung bombardiert wurde, erreichte die deutsche Industrie Mitte 1944 ihren höchsten Produktionsstand.

Dresden, der vergessene Holocaust

In der Nacht vom 13. auf den 14. Februar 1945 fand in Dresden das größte wahllose Massaker der Geschichte statt: An einem einzigen Tag wurden mindestens 135.000 Menschen ermordet, die meisten von ihnen, wie üblich, Frauen, Kinder und alte Menschen. Nichts kann die brutale Ausrottung erklären oder rechtfertigen, die innerhalb von vierzehn Stunden in der Hauptstadt Sachsens, einer der schönsten Städte Europas, die einst als Florenz des Nordens bekannt war, verübt wurde. Deutschland hatte den Krieg bereits verloren, und Hunderttausende von Menschen aus den östlichen Provinzen waren auf der Flucht vor der Roten Armee. Die Straßen um die Stadt herum und durch die Stadt hindurch füllten sich mit Menschenmassen, die in Richtung Westen zogen. In Dresden, etwa einhundertzwanzig Kilometer von der Front entfernt, hatten sich mehr als eine halbe Million Flüchtlinge versammelt, hilflose Zivilisten, die nicht kämpfen konnten. Diese Menschenmenge hatte alle Aufnahmemöglichkeiten überfordert und kam zu den mehr als sechshunderttausend Einwohnern der Stadt hinzu. Alle öffentlichen Gebäude waren mit diesen unglücklichen Flüchtlingen, die alles verloren hatten, überfüllt. Dresden hatte keine Kasernen, keine Waffenfabriken, keine militärischen Ziele. Im Gegenteil, es gab zahlreiche Krankenhäuser, auf deren Dächern große rote Kreuze gemalt waren. Trotzdem beschlossen die Briten und die Amerikaner unverständlicherweise, einen massiven Luftangriff auf die sächsische Stadt zu starten, einen sogenannten Sättigungsangriff.

Selbst „Bomber" Harris schien den Grund für den Angriff nicht zu verstehen. In seinem Buch „*Bomber Offensive*" findet sich ein gewisses Zögern oder Zaudern bezüglich der Bombardierung Dresdens in der Nacht des 13. Februar. Marschall Arthur Harris lässt uns mit diesen aufschlussreichen Worten zurück: „Ich will nur sagen, dass der Angriff auf Dresden damals von Leuten, die viel wichtiger waren als ich, als militärische Notwendigkeit angesehen wurde." F. J. P. Veale verkennt in *Advance to Barbarism* nicht, dass hinter diesem Geständnis der Wunsch steht, sich zu distanzieren, und schreibt: „Es sei angemerkt, dass der Luftmarschall ausdrücklich davon absieht, die Meinung dieser wichtigen Leute zu billigen." Auf jeden Fall verzichtet Harris darauf, die Identität der Personen preiszugeben, die ihm den Befehl zur Zerstörung Dresdens gegeben haben, und er hält ihnen die Loyalität vor, die er ihnen angeblich schuldet.

Da David Irvings *Die Zerstörung Dresdens* ( ) einen detaillierten Bericht über diese unglaubliche Episode des Zweiten Weltkriegs enthält, wird den Lesern empfohlen, es als gute Informationsquelle heranzuziehen. Irving zufolge hatten am 7. Oktober 1944 etwa 30 amerikanische Bomber die Raffinerie Ruhland in der Nähe der Stadt angegriffen und die Situation genutzt, um das Industriegebiet zu bombardieren. Mehr als 400 Menschen wurden getötet, die meisten von ihnen Fabrikarbeiter. Es war der erste Angriff auf Dresden, und die Einwohner der Stadt, in der französische, belgische, britische und amerikanische Kriegsgefangene arbeiteten, hielten dies für einen Einzelfall, der sich nicht wiederholen würde. Die guten Beziehungen zwischen diesen Kriegsgefangenen und der Bevölkerung sind das Thema des britischen Historikers, der die Worte eines britischen Gefangenen vom 24. Dezember 1944 wiedergibt: „Die Deutschen, die hier leben, sind die besten, die ich je in meinem Leben gesehen habe. Der Kommandant ist ein Gentleman, und wir haben außerordentliche Freiheiten in der Stadt. Der Sergeant hat mich mitgenommen, um das Zentrum von Dresden zu besichtigen. Dresden ist zweifellos großartig und ich würde gerne noch viel mehr davon sehen. Die Tatsache, dass die Stadt so lange vom Kriegsschauplatz entfernt war, hat vielleicht zu diesen freundschaftlichen Beziehungen beigetragen und erklärt, warum es im Februar 1945 nicht einmal eine Flugabwehr gab, die von den alliierten Führern nicht ignoriert werden konnte. Es gab sie zwar, aber als man feststellte, dass sie dort nichts nützten, war das Regionalkommando der Meinung, dass sie im Ruhrgebiet oder in anderen Gebieten nützlicher wären. So entstand unter den Bürgern die weit verbreitete Legende, dass Dresden nie angegriffen werden würde. Vielleicht einige der umliegenden Industriegebiete, aber nicht das Zentrum.

Die ersten Flüchtlinge waren im Oktober 1944 in Dresden angekommen, als die sowjetische Offensive das Herz Ostpreußens bedrohte. In seinen *Memoiren eines Diplomaten* beschreibt George F. Kennan die Geschehnisse in Dresden folgendermaßen: „Die Katastrophe, die mit dem Einmarsch der sowjetischen Streitkräfte über dieses Gebiet hereinbrach, war in der Geschichte des modernen Europas beispiellos. In weiten Teilen des Gebietes wurde nach dem ersten Einmarsch der Sowjets kaum ein Mann, eine Frau oder ein Kind der einheimischen Bevölkerung am Leben gelassen, und es ist schwer zu glauben, dass es ihnen allen gelungen ist, in den Westen zu fliehen". Bei den ostpreußischen Flüchtlingskolonnen, die vor dem Eintreffen der Roten Armee nach Süden flohen, handelte es sich vor allem um Frauen, Kinder und Invaliden aus den ländlichen Regionen, die massenhaft (etwa sechshunderttausend Menschen) in die sächsischen Städte und auch nach Thüringen und Pommern evakuiert worden waren. Unter den massenhaft evakuierten Menschen befanden sich auch russische und westliche Kriegsgefangene. Mehr als viereinhalb Millionen Deutsche lebten in Schlesien, der Provinz östlich von Sachsen. Als sich in den ersten Wochen des Jahres 1945 die Nachricht verbreitete, dass die Sowjets eine neue Offensive gegen die deutschen Linien an der Weichsel vorbereiteten, wurde die Notwendigkeit einer erneuten Evakuierung dringend. Ein Teil der Geflüchteten ging nach Südwesten in das Bergland zwischen Böhmen und Mähren, andere wanderten nach Sachsen aus, so dass Dresden eine neue Welle von Flüchtlingen aufnehmen musste. Die Nachricht von der Behandlung der Deutschen, die Ostpreußen nicht verlassen hatten, hatte sich in ganz Deutschland verbreitet, so dass die Menschen in Schlesien den Befehl zur Evakuierung oft nicht abwarteten. Bekanntlich kam es in den Gebieten Schlesiens, durch die die sowjetischen Horden zogen, zu einer wilden Orgie von Mord, Vergewaltigung und Brandstiftung.

Am 16. Januar 1945 wurde Dresden unerwartet erneut bombardiert: Etwa 400 „Liberators" der US-Luftwaffe griffen ohne Gegenwehr die Raffinerien und Verteilerstationen Dresdens an. Der Angriff forderte etwa 350 Opfer, darunter den ersten britischen Gefangenen, der in einem „Arbeitskommando" arbeitete und auf dem Transport ins Krankenhaus starb. Irving hebt erneut die vorzügliche Behandlung der britischen Kriegsgefangenen hervor und berichtet, dass, während die deutschen Toten nach einem Massenbegräbnis in einem Massengrab auf einem städtischen Friedhof bestattet wurden, „die Dresdner Kommandantur mit überraschender Achtung vor der Genfer Konvention eine Parade anordnete, bei der die verschiedenen Streitkräfte der Stadt vertreten waren, und der unglückliche britische Soldat mit allen militärischen Ehren begraben wurde, wobei ihm eine britische und eine deutsche Wache auf dem Militärfriedhof von Dresden-Albertstadt die Ehre erwiesen". Diese Information stammt vom Leiter des Gefangenenlagers, der die Eltern des Opfers davon in Kenntnis setzte. Kurz nach der Zerstörung Dresdens veröffentlichte die britische Regierung ein Dossier über die offiziell bekannten Gefangenenlager, von denen sich zum Zeitpunkt des Angriffs neunzehn im Transit befanden. Ein Bericht des Roten Kreuzes bezifferte die Zahl der in Dresden konzentrierten alliierten Gefangenen auf über 26.000, darunter 2200 Amerikaner.

Am 26. Januar trafen die ersten offiziell organisierten Evakuierungszüge in Dresden ein. Am Hauptbahnhof warteten über tausend Mädchen aus der Mädchenjugend des Reichsarbeitsdienstes auf sie. Ihre Aufgabe war es, den Alten und Invaliden beim Aussteigen zu helfen, ihr Gepäck zu tragen, sie unterzubringen und mit Essen zu versorgen. Nach der Räumung kehrten die Züge in den Osten zurück, um neue Flüchtlingsgruppen aufzunehmen, die wochenlang in der Stadt eintrafen. Die Arbeit der Mädchen des Arbeitsdienstes war so umfangreich, dass sie durch die Hitlerjugend, die Deutsche Mädchenjugend und andere Frauenschaften verstärkt werden mussten. Grund- und Oberschulen wurden zu Lazaretten umfunktioniert, so dass die Schüler auch bei der Aufnahme der Tausenden von Evakuierten halfen, die täglich in der sächsischen Hauptstadt eintrafen. Entlang der Bahnlinien und Straßen, die nach Dresden führten, gelang es den Sozialorganisationen der Partei, in regelmäßigen Abständen Hilfs- und Versorgungsstationen einzurichten, um die Folgen des Hungers und der bitteren Kälte des Winters so weit wie möglich zu lindern.

In Breslau, der Hauptstadt Niederschlesiens, waren die Truppen der Wehrmacht umzingelt und leisteten vom 13. Februar bis zum 6. Mai 1945 heldenhaften Widerstand, als die Stadt erst nach Berlin kapitulierte. Als der Artilleriedonner näher kam, wurde die Bevölkerung der Stadt von Angst ergriffen, und am 21. Januar wurde die Evakuierung der in Breslau verbliebenen Frauen, Kinder, Alten und Invaliden angeordnet. Da die Eisenbahn nicht ausreicht, fliehen mehr als 100.000 Menschen zu Fuß, da die Landbevölkerung mit Waggons evakuiert wurde. Es dauerte Wochen, bis die Flüchtenden Sachsen erreichten. Als die Belagerung von Breslau begann, befanden sich kaum noch 200.000 Einwohner in der Hauptstadt. Auf der Flucht ins Reich blieben viele erschöpfte Menschen in Dresden, das zum Hauptumschlagplatz für den Flüchtlingsverkehr geworden war.

Drei Viertel der in Dresden Aufgenommenen waren Flüchtlinge aus Schlesien, der Rest kam aus Ostpreußen und Pommern. David Irving schätzt die Gesamtbevölkerung vor der Bombardierung auf 1.200.000 bis 1.400.000. Am Abend des 12. Februar, als die letzten Flüchtlingskonvois eintrafen, erreichte

Dresden seine höchste Einwohnerdichte pro Quadratkilometer. Die Bahnhöfe waren überfüllt mit Menschen, die mit ihren Habseligkeiten untergebracht waren. In den nächsten Tagen sollten die Züge in den Westen fahren, um die Stadt so weit wie möglich zu entlasten. Bis zum letzten Moment strömten die Menschen zu Fuß oder in überfüllten Karren auf die Straßen. Da die öffentlichen Gebäude bereits mit Feldbetten und Betten belegt waren, hatte man im größten Park der Stadt, dem „Großen Garten", Zelte für Zehntausende von Menschen aufgestellt, von denen Tausende bei der Bombardierung ums Leben kamen. Unter die Zivilisten mischten sich auch umherziehende Soldaten, deren Einheiten entlang der Front verstreut worden waren. Die Feldgendarmerie verwies sie in Gebiete am Stadtrand, da die örtlichen Straßen durch den Karawanenverkehr von Wagen und Pferden blockiert waren.

Irving bestätigt, dass das Auftauchen von Dresdens Namen als spezifisches Ziel für das Bomber Command eine Überraschung war, da die Stadt nie auf den wöchentlichen Ziellisten erschienen war. Gegen die Aufnahme der sächsischen Landeshauptstadt in die Liste wurden mehrere Einwände erhoben, unter anderem, dass nichts darauf hindeutete, dass es sich um eine Stadt von großer industrieller Bedeutung handelte oder dass es in der Region eine große Anzahl von Gefangenen gab, deren Lager nicht gut gelegen waren. Arthur Harris wies den ihm unterstellten Luftmarschall Robert Saundby an, das Luftfahrtministerium zu bitten, die Angelegenheit zu überdenken. Nachdem die Entscheidung an „höhere Instanzen" weitergeleitet worden war, wurde Sir Robert Saundby Tage später telefonisch unter vier Augen darüber informiert, dass der Angriff Teil eines Programms sei, an dem der Premierminister persönlich interessiert sei. Die Antwort habe sich wegen der Abwesenheit Churchills, der sich zu dieser Zeit in Jalta aufhielt, verzögert, wurde ihm gesagt. Sir Charles Portal, ein Krypto-Jude hugenottischer Abstammung, der am 25. Oktober 1940 zum Chef des Luftwaffenstabs ernannt worden war, war ebenfalls in Jalta und begleitete den Premierminister. Charles Portal, der im Oktober 1940 vorübergehend zum Luftmarschall ernannt und im April 1942 dauerhaft in diesem Rang bestätigt wurde, war einer der führenden Verfechter von Lindemanns Doktrin der Massenbombardierungsstrategie.

Die Konferenz von Jalta, die vom 4. bis 11. Februar 1945 stattfand, endete ohne die Zerstörung Dresdens, die Tage zuvor angeordnet worden war. Der Grund für die Verzögerung war das neblige Wetter, das sich über Mitteleuropa gelegt hatte. Am 12. Februar schließlich zeigte die Wettervorhersage gute Wetterbedingungen an. Am Morgen des 13. Februar 1945 erschienen schnelle Aufklärungsflugzeuge über der Stadt, die an einem Elbmäander liegt. Sie lösten bei den Einwohnern keine Angst, sondern Neugierde aus, denn sie waren weiterhin davon überzeugt, dass Dresden nicht angegriffen werden würde. Die Piloten konnten in absoluter Sicherheit so viel beobachten, wie sie wollten, so dass sie zwangsläufig die Fluchtwelle sehen mussten, die die Straßen überschwemmte und auf keinen Fall mit den Kolonnen der sich zurückziehenden Soldaten verwechselt werden konnte.

Es war mehrere Stunden nach Einbruch der Dunkelheit, als die Einwohner Dresdens den Klang von „Mosquito"-Suchgeräten hörten, die sechshundert Meter über den Dächern der Stadt flogen. Ihre Aufgabe war es, rote Leuchtraketen abzufeuern, die den in großer Höhe anfliegenden Bombern Ziele signalisierten. Um 22:07 Uhr erhielten die Piloten dieser Flugzeuge die letzten Worte von der Leitstelle: „Beenden Sie die Ortung bald und verschwinden Sie von dort". Die Bevölkerung wurde über die drohende Gefahr informiert und eilte in die Schutzräume. Um 22.13 Uhr in der Nacht des 13. Februar fielen die ersten Sprengbomben, gigantische Bomben mit einem Gewicht von zwei- und viertausend Kilogramm, die alles zum Bersten brachten und die mittelalterlichen Dächer der Altstadt von Dresden abrissen. Die Lancaster-Staffeln zogen nacheinander vorbei, und schon bald verbreiteten sich die Blitze der großen Bomben in der ganzen Stadt. So begann das bestialischste Bombardement der Geschichte, das vierzehn Stunden und fünfzehn Minuten lang andauern sollte.

Da Dresden ein weit von den Stützpunkten entferntes Ziel war, mussten die Bomber nach England zurückkehren, sobald sie ihre Bäuche von der tödlichen Ladung, die sie an Bord hatten, geleert hatten. Nachdem sich die ersten Staffeln zurückgezogen hatten, wagten es Retter, auch aus benachbarten Städten, den Opfern zu Hilfe zu kommen; doch um 1.30 Uhr traf eine neue Welle von über fünfhundert Lancasters ein, denen Jagdgeschwader vorausgingen, die für den Nachtkampf und den Beschuss deutscher Flugplätze ausgerüstet waren. Diese Bomber waren mit Sprengbomben beladen, die die Brände ausbreiteten und jegliches Eingreifen der deutschen Feuerwehrleute und Soldaten verhinderten. Diesem zweiten „Angriff" folgte eine neue Gruppe von Bombern in zwei Formationen: In der ersten Formation trugen die Flugzeuge eine zweitausend Kilogramm schwere Sprengbombe und fünf Brandbomben mit einem Gewicht von dreihundertfünfundsiebzig Kilogramm; in der zweiten Formation wogen die Sprengbomben zweihundertfünfzig Kilogramm und der Rest der Ladung bestand aus Brandbomben ohne ballistische Eigenschaften, was bedeutete, dass sie ohne jede Präzision abgeworfen wurden. Da das Ziel darin bestand, Brände enormen Ausmaßes zu legen, erfüllten diese über die Stadt verstreuten Brandbomben ihren Zweck perfekt. Insgesamt warfen die Lancastrians 650.000 Brandbomben (1.182 Tonnen) und 1.478 Tonnen Sprengbomben auf Dresden ab.

Die deutschen Nachtjäger waren kaum in der Lage, Abwehrmaßnahmen zu ergreifen, und die Bodenverteidigung blieb völlig stumm. David Irving, der zahlreiche an der Zerstörung Dresdens beteiligte Piloten interviewt hat, schreibt, dass „viele Lancaster-Besatzungen sich fast für ihren mangelnden Widerstand schämten und viele von ihnen die brennende Stadt absichtlich mehrmals umkreisten, ohne durch irgendeine Art von Verteidigung gestört zu werden". So sehr, dass eine mit Kameras ausgestattete Lancaster zehn Minuten lang über die schreckliche Szene flog und für die RAF-Filmabteilung filmte. Dieser 250 Meter lange Film", schreibt Irving, „befindet sich heute in den Archiven des Imperial War Museum und ist eines der düstersten und großartigsten Zeugnisse des Zweiten Weltkriegs. Aber er liefert den unwiderlegbaren Beweis, dass Dresden nicht verteidigt wurde, denn in der gesamten Länge des Films erscheint kein einziger Suchscheinwerfer, keine einzige Flakbatterie." Irving bietet das folgende Zeugnis eines zurückgelassenen Lancaster-Piloten:

> „Ein Feuermeer von, meiner Meinung nach, etwa fünfundsechzig Quadratkilometern bedeckte alles. Von unserem Flugzeug aus war die Hitze des Feuers deutlich spürbar. Der Himmel hatte eine atemberaubende scharlachrote und weiße Färbung, und das Licht im Inneren des Flugzeugs erinnerte an einen seltsamen Herbstsonnenuntergang. Wir waren so überwältigt von dem Anblick des furchterregenden Feuers, dass wir, obwohl wir allein über der Stadt waren, noch einige Minuten darüber flogen, bevor wir uns auf den Rückweg machten, überwältigt von dem Schrecken, den wir uns unter uns vorstellten. Dreißig Minuten nach dem Verlassen des Ortes konnten wir immer noch die Glut des Holocausts sehen.

Ein anderer zurückkehrender Pilot, der von dem rötlichen Schein beeindruckt war, überprüfte mit seinem Navigator die Position des Flugzeugs und stellte fest, dass es mehr als 150 Meilen von Dresden entfernt war. Das Luftfahrtministerium selbst stellte das Ausmaß des Brandes über Dresden fest und gab in einem Kommuniqué bekannt, dass die Flammen „fast dreihundert Kilometer vom Ziel entfernt" sichtbar waren. Die Briten berichteten auch, dass 1.400 Flugzeuge an der Operation teilgenommen hatten und dass sie nur sechs Lancasters verloren hatten, da zehn andere, die nicht zu ihren Stützpunkten zurückkehrten, auf dem Kontinent landen konnten, als ihnen der Treibstoff ausgegangen war.

Was den britischen Terror anbelangt, so war geplant, dass auch die Amerikaner ihren Teil dazu beitragen würden. Es war an ihnen, das Gemetzel fortzusetzen. Zehn Tage zuvor hatten sie ihr Können in Berlin unter Beweis gestellt, wo sie am 3. Februar einen verheerenden Angriff auf „Eisenbahn- und Verwaltungsgebiete" gestartet hatten, der an einem einzigen Nachmittag 25.000 Berliner getötet hatte. Die Besatzungen von 1.350 Flying Fortresses und Liberators wurden am 14. Februar um 4.40 Uhr morgens eingewiesen. Es war die Aufgabe der 1. Luftlandedivision, das Massaker fortzusetzen. Um 8:00 Uhr morgens starteten 450 schwere B-17-Bomber, die die schwersten Bomben von 4.000 und 2.000 Kilogramm tragen konnten, in Richtung Elbe. Weitere 300 fliegende Festungen der 3rd Airborne Division sollten Chemnitz angreifen. Die Ziele für die leichteren Flugzeuge waren Magdeburg und Wesel. Dresden brannte noch immer und Hunderttausende von Verwundeten lagen noch immer unbehandelt in den Trümmern, als der dritte massive Angriff in weniger als vierzehn Stunden begann. Um 12:12 Uhr beendete ein weiterer Bombenhagel das unfassbare Verbrechen, das die Briten in der Nacht zuvor begonnen hatten. Insgesamt warfen die Amerikaner 475 Tonnen Hochleistungsbomben und 297 Tonnen Brandbomben in Paketen und Bündeln ab. Die mittelalterlichen und barocken Viertel der Stadt waren die Hauptziele der Bombardierung.

Nachdem die Bomber ihre Arbeit getan hatten, gingen die 37 P-51-Jäger, deren Aufgabe es gewesen war, die fliegenden Festungen zu schützen, und drei weitere an der Operation beteiligte Gruppen von Kampfflugzeugen, als sie feststellten, dass sie keine Gegner hatten, dazu über, die Kolonnen der

Überlebenden, die versuchten, dem Inferno zu entkommen, zu beschießen. Krankenwagen, Feuerwehrautos, Autos und alle Fahrzeuge, die sich auf den Straßen bewegten, waren das Ziel der amerikanischen Piloten, die fast in Bodennähe flogen. Der Flugplatz Dresden-Klotzsche, auf dem sich viele Kampfflugzeuge befanden, wurde jedoch nicht angegriffen. Die Flugbesatzungen der Einheiten waren evakuiert worden, da es sich um Nachtjagdgeschwader handelte und die Piloten nicht an Einsätzen bei Tageslicht teilnehmen konnten. Die deutschen Piloten, die nicht verstanden, warum die auf dem Flugplatz stationierten Jagd- und Transportflugzeuge nicht angegriffen wurden, sahen hilflos zu, wie Zivilisten von Feldern westlich der Stadt aus beschossen wurden.

Was den Angriff auf Chemnitz betrifft, eine Stadt fünfunddreißig Meilen von Dresden und hundertachtzig Kilometer von den sowjetischen Linien entfernt, so haben die dreihundert B-17-Flugzeuge, die die Stadt am Morgen des 14. Februar bombardierten, nur den ersten Teil der Aufgabe erledigt. Sir Arthur Harris hatte geplant, dass die Briten die Arbeit am Abend abschließen sollten. So wurden die Besatzungen der Lancastrians, die Dresden verwüstet hatten, am Nachmittag des 14. Februar um 15 Uhr nach nur sechsstündiger Ruhezeit zu einem Briefing für einen weiteren langen Angriff einberufen. In Chemnitz, erklärt David Irving, gab es eine Panzerfabrik, große Textil- und Uniformfabriken, Lokomotivwerkstätten und andere klare Ziele. Die Nachrichtenoffiziere auf den verschiedenen Flugplätzen wiederholten jedoch die gleichen Anweisungen, die nichts mit der Zerstörung dieser Ziele zu tun hatten. Den Besatzungen der Gruppe 1 wurde gesagt: „Heute Abend wird euer Ziel Chemnitz sein... ihr sollt die Flüchtlingskonzentrationen angreifen, die sich dort nach dem letzten Angriff auf Dresden versammelt haben. Irving transkribiert den folgenden Auszug aus dem Briefing der Gruppe 3, die sich auf einem anderen Flugplatz befand: „Chemnitz ist eine Stadt etwa dreißig Meilen östlich von Dresden und daher ein viel kleineres Ziel. Der Grund, warum wir uns heute Abend dorthin begeben, ist die Auslöschung aller Flüchtlinge, denen die Flucht aus Dresden gelungen ist. Sie werden die gleiche Ladung Bomben mit sich führen, und wenn der Angriff heute Abend genauso gut verläuft wie der letzte, werden sie die russische Front nicht mehr besuchen." Bei diesen Worten sind Adjektive und Kommentare überflüssig. Glücklicherweise bewahrheiteten sich die vorhergesagten Wetterbedingungen nicht, die Wolken verdeckten die Stadt vollständig, und der Angriff konnte nicht so tödlich sein wie gewünscht.

Ein britischer Gefangener in Dresden schrieb, die Stadt habe sieben Tage und Nächte lang gebrannt. Die Behörden schätzten, dass achtzehn Quadratkilometer von den Flammen verschlungen wurden. Die gleichen Phänomene, die in dem Bericht über die Bombardierung Hamburgs beschrieben wurden, wiederholten sich in Dresden, und sie waren sogar noch erschreckender. Die durch die Feuerstürme ausgelösten Wirbelstürme verschlangen Menschen und schleuderten sie zusammen mit Gegenständen aller Art in die Luft, die von den Feuerwirbeln aufgewirbelt wurden. Menschen, die entlang der Bahndämme flohen", erklärt Irving, „der einzige Weg, der nicht durch Trümmer blockiert war, berichteten, dass Autos in den am stärksten gefährdeten Bereichen vom

Wirbelsturm wie ein Blatt Papier hochgehoben wurden. Selbst Freiflächen, wie große Plätze und ausgedehnte Parks, boten keinen Schutz vor dem Tornado. Wir ersparen dem Leser die Aufzählung weiterer dantesker Szenen, denn sie sind leicht vorstellbar.

Der von F. A. Lindemann, Lord Cherwell, formulierte Anspruch, „den Geist des Volkes zu brechen", wurde mit der Zerstörung Dresdens voll erfüllt. In Berlin kursierten Berichte über die Zahl der Toten, und es war die Rede davon, dass zwei- oder dreihunderttausend Menschen in einer einzigen Nacht vernichtet worden waren. Die öffentliche Meinung, die von Theodore N. Kaufmans Plan zur Ausrottung des deutschen Volkes wusste, begann ernsthaft zu glauben, dass die Alliierten beschlossen hatten, das deutsche Volk auszulöschen. Der Morgenthau-Plan, der der Regierung und der NSDAP bereits bekannt war, bestätigt die schlimmsten Vorzeichen. Einige deutsche Führer erkennen, dass der Luftterror und das wahllose Töten die deutsche Moral zersetzt haben.

Die Gesamtzahl der Toten in Dresden wird immer eine Sache der Spekulation bleiben. Die Umstände verhinderten, dass die Behörden die Identifizierung der Opfer fortsetzen und eine zuverlässige Zählung vornehmen konnten. Die Tatsache, dass im Dresdner Hochofen Temperaturen von über 1.000 Grad Celsius erreicht wurden, führte dazu, dass Zehntausende von Leichen vollständig verkohlt waren, was ihre Identifizierung unmöglich machte. Dennoch wurde am 6. Mai 1945 offiziell bekannt gegeben, dass 39.773 der Toten identifiziert worden waren. Ende Februar vertrat die „Abteilung Tote" die Auffassung, dass die Identifizierungsarbeiten die Bestattung der Leichen verzögerten und die Gefahr von Epidemien mit sich brächten. Verwesende, zerbrochene, kopflose, verkohlte oder zu Asche verbrannte Leichen mussten dringend begraben werden, weshalb die Massengräber immer mehr zunahmen. Tagelang versuchten die Überlebenden, ihre vermissten Angehörigen ausfindig zu machen, um eine Bestattung in einem Massengrab zu vermeiden. Während sie nach einer Schubkarre suchten, trafen häufig Rettungsteams ein und brachten die Leichen ihrer Angehörigen auf Karren gestapelt in die Eukalyptus- und Kiefernwälder außerhalb der Stadt. SS- und Polizeieinheiten brachten die Leichen auf Lastwagen zu den Berliner Friedhöfen.

Zwei Wochen nach der Katastrophe sahen die Behörden in den endlosen Leichentransporten in die Wälder nördlich der Stadt eine Gefahr für Typhus und andere Epidemien und beschlossen, dass die Tausenden von Leichen, die noch in den Trümmern, Kellern und Straßen des Stadtzentrums lagen, nicht mehr in die Massengräber in den Wäldern gebracht werden sollten. Der Zugang zum Stadtzentrum und zum Alten Markt wurde daraufhin für die Bevölkerung gesperrt. Von nun an wurden die mit Leichen beladenen Lastwagen am Rande der Sperrzone an Wehrmachtsoffiziere übergeben, die die Fahrzeuge in die Mitte des Alten Marktes fuhren und dort auf den Boden kippten. Große Eisenträger, die auf Steinblöcken ruhten, bildeten große, etwa acht Meter lange Gitter, auf denen jeweils fünfhundert Leichen aufgestapelt wurden, mit Strohhaufen zwischen jeder Schicht. Holz und Stroh wurden unter die Gitter gelegt und ein Feuer entzündet. Mit dieser rudimentären Methode wurden die Leichen verbrannt, eine Aufgabe, die alle Stunden eines Tages in Anspruch nahm. Nach der Einäscherung verfrachteten die Soldaten die Asche auf Lastwagen und brachten sie zum Heidefriedhof, wo sie in einem acht Meter breiten und sechzehn Meter langen Grab beigesetzt wurde. Neuntausend Leichen wurden an einem einzigen Tag verbrannt.

Es ist daher verständlich, dass es unter diesen Bedingungen unmöglich war, die Zahl der Toten genau zu ermitteln. In Berlin wurde die Zahl der Opfer nach der Bombardierung von offizieller Seite auf 180.000 bis 220.000 geschätzt. Das Internationale Komitee vom Roten Kreuz gab auf der Grundlage von Berichten der Behörden die Zahl von 275.000 Toten im gesamten Raum Dresden im Jahr 1948 an. 1951 veröffentlichte Axel Rodenberger das erschütternde Buch *Der Tod von Dresden*, das sich mehr als eine Viertelmillion Mal verkaufte und bis Mitte der 1960er Jahre ein Meilenstein in der Bundesrepublik blieb. Der Autor schätzt die Zahl der Todesopfer auf 350.000 bis 400.000. Diese Zahlen gelten als überhöht, da sich der Autor nicht auf Dokumente, sondern auf eigene Erfahrungen, Augenzeugenberichte und Informationen aus dem Propagandaministerium stützt. In *Advance to Barbarism*, dem oben zitierten Werk von Frederick John Partington Veale, wird die Zahl der Todesopfer auf weit über 300.000 geschätzt. Um diese hohe Zahl zu rechtfertigen, verweist er darauf, dass jedes Haus in Dresden überfüllt war und dass die öffentlichen Gebäude mit den unglücklichen Flüchtlingen überfüllt waren, von denen viele sogar auf der Straße kampierten. In Irvings Werk, das wir als Hauptquelle verwendet haben und dessen englische Originalausgabe 1963 erschien, wird die Zahl der Todesopfer auf 135.000 bis 150.000 geschätzt. Zehn Jahre später, 1973, bestand der deutsche Historiker Hans Dollinger jedoch darauf, dass 250.000 Menschen in Dresden ihr Leben verloren. 1974 gab Rolf Hochhuth, der deutsche Schriftsteller und Dramatiker, der durch sein Stück *Der Vikar* (1963) bekannt wurde, ein Drama, in dem er die Haltung Pius' XII. gegenüber dem Nationalsozialismus anprangerte, auf der Grundlage der Forschungen von David Irving die Zahl von 202.000 Toten an. Die Zahl der Verwundeten und Verstümmelten, über die wenig bekannt ist, wird auf 300.000 geschätzt.

Am schockierendsten an der ganzen Angelegenheit ist, dass Bundeskanzlerin Angela Merkel, die Tochter einer polnischen Jüdin namens Herlind Jentzsch und wieder verheiratet mit dem jüdischen Professor Joachim Sauer, versucht hat, das Geschehene zu verharmlosen, anstatt einen Weg zu finden, wie Deutschland die Toten von Dresden öffentlich anerkennen und ehren kann. Eine von der Stadt Dresden selbst beauftragte „Historikerkommission" stellte 2009 fest, dass zwischen 18.000 und 25.000 Menschen bei der Bombardierung ums Leben kamen. Mit anderen Worten: Sie wollen nicht einmal die fast 40.000 Toten anerkennen, die identifiziert werden konnten. Die Angehörigen der Toten und andere deutsche Bürger, die alljährlich am 13. Februar versuchen, zum Gedenken an die Opfer des Dresdner Holocausts zu demonstrieren, wurden in den letzten Jahren von sozialistischen und kommunistischen Gegendemonstranten beschimpft und müssen deshalb durch umfangreiche Polizeieinsätze geschützt werden. Während die völkermordenden Täter der verbrecherischen Bombardierung Deutschlands und Japans unbefleckt in die Geschichte eingegangen sind, werden in Deutschland nicht mehr ganz so alte Menschen verfolgt, die das Pech hatten, 1944 Wachmann in Auschwitz zu sein, wie Oskar Gröning, der im Alter von 93 Jahren im März 2014 verhaftet wurde und 2015 wegen Kriegsverbrechen vor Gericht gestellt werden sollte. Mehr dazu in einem späteren Kapitel.

Luftfahrtterror in Japan: Atomterrorismus

Der Luftterror erreichte seinen widerlichsten Ausdruck mit dem Atomterrorismus, dem in Japan wie in Deutschland die Zerstörung fast aller japanischen Großstädte vorausging. Der Höhepunkt des nichtnuklearen Luftterrors wurde in Tokio erreicht, das von März bis Juli 1945 verheerenden Angriffen ausgesetzt war. Sowohl die Bombardierung der japanischen Hauptstadt als auch der Abwurf der Atombomben auf Hiroshima und Nagasaki waren grundlos und hätten vermieden werden können, da Japan den Krieg längst verloren hatte und bereits ein halbes Jahr lang auf der Suche nach Frieden war. Da bereits erläutert wurde, wie der Terror aus der Luft in Deutschland praktiziert wurde, werden wir den größten Teil dieses Abschnitts den wenig bekannten, weil verborgenen Aspekten der Entscheidung zum Einsatz des Nuklearterrorismus widmen. Zunächst müssen wir jedoch ein paar Zeilen über die Bombenangriffe auf Tokio schreiben.

Die Eroberung der Marianen im Sommer 1944 ermöglichte es den B-29-Flugzeugen, von näher an Japan gelegenen Basen aus zu starten. Gegen Ende des Jahres wurden die ersten Angriffe auf Tokio durchgeführt. Bis März 1945 operierten mehr als 300 schwere Bomber von den Marianen aus und es begannen massive Bombenangriffe. Allein im März wurden mehr als 100.000 Tonnen Bomben auf 66 japanische Städte abgeworfen. Besonders tödlich waren die Angriffe auf die Hauptstadt, die am 9. März 1945 einem massiven Bombenteppich ausgesetzt wurde, bei dem wie in Deutschland Spreng- und Brandbomben kombiniert wurden, um so viel Zerstörung wie möglich zu verursachen. Von den 2.000 Tonnen Bomben, die auf Tokio abgeworfen wurden, waren eine halbe Million Brandbomben aus Napalm und Magnesium. Es sei darauf hingewiesen, dass die typischen japanischen Häuser Dächer und Wände aus Holz haben, und im Inneren gibt es viele Tatami-Matten und mit Reisfasern oder Reispapier ausgekleidete Platten. Die Bombardierung wurde von etwa 350 B-29 durchgeführt und begann bis tief in die Nacht hinein. Zum Unglück der unglücklichen Bewohner der Stadt zog kurz vor dem Angriff ein starker Sturm auf, der die Auswirkungen der Feuerstürme noch verstärkte. Die Auswirkungen dieser Stürme waren so brutal, dass eine Luftwirbelwelle eine Höhe von zehn Kilometern erreichte und die Bomber selbst von den heißen Luftströmen Hunderte von Metern in die Höhe geschleudert wurden. Die japanischen Behörden brauchten fast einen Monat, um alle verkohlten Leichen aus den Trümmern zu bergen. Durch die Bombardierung wurden mehr als 100.000 Menschen getötet und fast 400.000 schwer verletzt, die meisten von ihnen mit schweren Verbrennungen und Verstümmelungen. Etwa 280.000 Häuser wurden zerstört und mindestens eine Million Tokioter wurden obdachlos.

Zwei Tage später, am 11. März, befahl General Curtis LeMay den Angriff auf das Stadtgebiet von Nagoya, das von fast 300 Flugzeugen im Tiefflug bombardiert wurde. Zwei Nächte später war Osaka an der Reihe, die zweitgrößte Stadt Japans in Bezug auf Bevölkerung und Industrieproduktion. Dreizehnhundert weitere B-29 warfen 1.700 Tonnen Bomben auf Osaka ab, die wiederum so starke Luftströmungen erzeugten, dass sie, wie in Tokio, bis zu den Flugzeugen aufstiegen. Am 16. März 1945 war Kobe das vierte Ziel von LeMay: Dreihundertsieben B-29 warfen zweitausenddreihundert Tonnen auf die Stadt ab, die dem Erdboden gleichgemacht wurde. 250.000 Menschen, ein Drittel der Bevölkerung, verloren ihr Zuhause, Zehntausende wurden getötet und verwundet. Die Aufzählung der Heldentaten der Amerikaner durch den Terror aus der Luft ließe sich fortsetzen, aber wir halten sie für überflüssig. In Washington,, berichtete General Norstad auf einer Konferenz über die Schäden, die den Japanern bei den Bombenangriffen im März 1945 zugefügt wurden. Nach seinen eigenen Worten handelte es sich um „den größten Schaden, der jemals in der Weltgeschichte einem Volk in so kurzer Zeit zugefügt wurde".

Der Atomterror wird den Rest des Platzes in diesem vierten Teil des Kapitels über den Zweiten Weltkrieg einnehmen. Die Atombombe war von Anfang bis Ende eine jüdische Bombe: Sie wurde von Juden geplant oder gewünscht; Juden waren diejenigen, die Roosevelt ihre Herstellung vorschlugen; Juden waren Roosevelt und Baruch, die ihre Produktion anordneten; Juden waren diejenigen, die sie in Los Alamos herstellten; jüdische Wall-Street-Banken finanzierten das „Manhattan-Projekt"; und Juden waren Truman, der den Abwurf der Bomben auf Hiroshima und Nagasaki genehmigte. Die Konnotationen und Implikationen hinter der Entscheidung, diesen unsäglichen Massenmord vorzubereiten, sind weitreichend. Deshalb werden wir später auf dieses Thema zurückkommen, in einem zweiten Abschnitt über das Monopol der nuklearen Gewalt, der einen Teil des nächsten Kapitels, des elften Kapitels unseres Werkes, bilden wird, das für den Autor und für die Leser, sollten wir sie jemals haben, immer länger wird.

Zur Entwicklung der Atombombe ist zunächst anzumerken, dass die Forschung zur Entwicklung der Kernspaltung in Deutschland und Japan weit fortgeschritten war und die Wissenschaftler für die Entwicklung der Atomwaffe lediglich finanzielle und politische Unterstützung benötigten. Doch weder der japanische Kaiser noch der deutsche Bundeskanzler, wo die Universitäten Göttingen, Berlin und München zwischen 1920 und 1930 die weltweit führenden Zentren der modernen Physik waren, waren bereit, den Sprung zu wagen, da beide ethische Bedenken hatten. Hirohito gab den japanischen Weisen zu verstehen, dass er eine solche Waffe nicht gutheißen würde. Hitler seinerseits hielt solche Bomben für unmenschlich. Der Nationalsozialismus behauptete eine „arische Wissenschaft" im Gegensatz zur „jüdischen Wissenschaft", die sich durch einen Materialismus auszeichnete, auf den es zu verzichten galt, weil er alles zu korrumpieren drohte. Die beiden prominentesten Verfechter der arischen Wissenschaft waren Philip Lenard und Johannes Stark (Nobelpreisträger für Physik 1905 und 1919). Diese beiden Wissenschaftler glaubten, dass eine Symbiose zwischen Geist und Materie geschaffen werden müsse. Ihrer Meinung nach ist die Natur im Wesentlichen geheimnisvoll. Der Mensch müsse die Grenzen seines Wissens erkennen und dürfe nicht in bestimmte Geheimnisse eindringen, sondern müsse sie respektieren.

Die philosophische Grundlage für die besonnene und bescheidene Haltung dieser deutschen Wissenschaftler könnte die griechische „hybris" sein. Ein vorsokratisches Konzept, das auf die Strafe anspielt, die von den Göttern über diejenigen verhängt wird, die ohne Mäßigung, mit Arroganz und Unmäßigkeit agieren. Die Überschreitung der den Menschen auferlegten Grenzen, ein häufiges Thema in der griechischen Mythologie und Tragödie, führte zur Hybris. Die Protagonisten, die sich ihres Platzes im Universum nicht bewusst waren und sich mit ihrem Handeln den Göttern widersetzten, wurden unerbittlich bestraft. In einem Artikel in der *Zeitschrift Politics* vom September 1945 zitierte Dwight Macdonald, Herausgeber dieser pazifistischen Publikation, Albert Einsteins Worte kurz nach dem Abwurf der Atombomben: „Niemand auf der Welt sollte irgendwelche Ängste oder Befürchtungen in Bezug auf die Atomenergie haben, weil sie ein übernatürliches Produkt ist. Bei der Entwicklung der Atomenergie ahmt die Wissenschaft einfach die Reaktion der Sonnenstrahlen nach. Die Atomenergie ist so natürlich, wie wenn ich mit meinem Boot auf dem Saranac Lake segle". Als er jedoch nach den unbekannten radioaktiven Giften gefragt wurde, die sogar die Redakteure zu beunruhigen begannen, antwortete er mit Nachdruck: „Ich werde nicht darüber sprechen." Albert Einstein hätte zweifellos die griechischen und römischen Götter der Antike verärgert, die ihn für seine unverschämte Arroganz bestraft hätten.

Im Januar 1939 erfuhr die wissenschaftliche Gemeinschaft, dass deutsche Physiker die Kernspaltung entdeckt hatten, was bedeutete, dass sie theoretisch das Atom spalten konnten. Niels Bohr, ein dänischer Physiker jüdischer Herkunft, dessen Mutter Ellen Adler einer sehr bedeutenden jüdischen Familie im dänischen Bankwesen angehörte, glaubte aus einem Gespräch, das er in Kopenhagen mit Carl F. von Weizsäcker, dem Sohn des Staatssekretärs für Auswärtige Angelegenheiten und einem Pionier der Kernforschung in Deutschland, geführt hatte, zu entnehmen, dass deutsche Physiker für Hitler an der Atombombe arbeiteten. In Wirklichkeit stimmte das nicht, denn das Ziel, eine Atomwaffe zu bauen, hatte für die Nazis nie Priorität und blieb immer auf der Kippe. Bohr nahm Kontakt zu Edward Teller auf, einem anderen jüdischen Physiker ungarischer Herkunft, der nach Amerika ausgewandert war, wo er wiederum mit Leó Szilárd und Eugene Wigner in Verbindung stand, ebenfalls jüdische Physiker, die aus Ungarn stammten und in den Vereinigten Staaten lebten. Diese drei Wissenschaftler überredeten Albert Einstein, Präsident Roosevelt vor den Informationen zu warnen, die Bohr an sie weitergegeben hatte.[10]

---

[10] Einstein kam mit einem Hauch von Prestige in die USA. Angeblich engagierte er sich für Friedens- und Abrüstungsprojekte, was ihn nicht daran hinderte, den Bau der Atombombe zu fordern. Die Fakten zeigen, dass Einstein in Wirklichkeit ein überzeugter Zionist und Rassist war. Chistopher Jon Bjerknes, ein jüdischer Dissident, der auf seiner Website *Jewish Racism* den Zionismus und die ihn umgebende Verschwörung unmissverständlich anprangert, ist der Autor von *Albert Einstein the Incorrigible*

Am 2. August 1939 unterzeichnete Einstein auf der Grundlage eines von Szilárd entworfenen Textes einen Brief, den er Alexander Sachs übergab, einem russischstämmigen jüdischen Wirtschaftswissenschaftler, der als inoffizieller Berater Roosevelts fungierte und zusammen mit Justice Brandeis für die Zionist Organisation of America gearbeitet hatte. In dem ausführlichen Artikel *The Secret History of the Atomic Bomb* von 1998 (online im PDF-Format abrufbar) schreibt Eustace Mullins über diese Figur: „Sachs war eigentlich ein Rothschild-Kurier, der regelmäßig große Mengen Bargeld an das Weiße Haus lieferte. Sachs war ein Berater von Eugene Meyer, von Lazard Frères International Banking und auch von Lehman Brothers". Einstein hätte Roosevelt den Brief selbst überreichen können, denn als er 1933 in die Vereinigten Staaten kam, wurde er ins Weiße Haus eingeladen und beteiligte sich sofort an den Kampagnen von Eleanor Roosevelt. Die Wahl fiel jedoch auf Alexander Sachs, der am 11. Oktober 1939 Einsteins Brief persönlich an Roosevelt übergab. Darin wird der Präsident gebeten, das Kernspaltungsprogramm in den Vereinigten Staaten zu fördern, um zu verhindern, dass „die Feinde der Menschheit" es zuerst tun. Mullins ist der Ansicht, dass die Tatsache, dass Sachs ausgewählt wurde, um den Brief zu überreichen, Präsident Roosevelt deutlich signalisierte, dass die Rothschilds das Projekt guthießen und es schnell umsetzen wollten. Das Atomprogramm wäre ohne die Unterstützung und das Sponsoring der Wall Street nicht möglich gewesen: Das Bankenkartell der Federal Reserve hat das Manhattan-Projekt mit mehr als 2 Milliarden Dollar unterstützt.

Plagiarist (2002) und *The Manufacture and Sale of St. Einstein* (2006). In diesen Werken, die in Auszügen auf seiner Website zu lesen sind, deckt er die Hintergründe von Einsteins Ruhm auf und beschuldigt ihn, ein skrupelloser, zwanghafter Plagiator zu sein, der stets die Arbeit und die Bemühungen anderer ausnutzte, ohne sie zu zitieren. Zu den von Einstein plagiierten Wissenschaftlern gehören Robert Brown, ein Forscher, der sich mit der Bewegung von Teilchen in Flüssigkeiten beschäftigte; Jules Henri Poincaré, der als Erster nachwies, dass Zeit und Raum nur relativ sein können; Hendrik Lorentz, dessen Theorien über die Umwandlung von Materie in Energie und umgekehrt von Einstein nur umgedeutet wurden, was Max Planck und Walter Kaufmann anprangern mussten; Philipp von Lenard, der den photoelektrischen Effekt bei Kathodenstrahlen entdeckte, und Friedrich Hasenöhrl, der österreichische Physiker, der 1904 die Grundgleichung E=mc2 aufstellte und ein Jahr vor der Übernahme der Formel durch Einstein starb.
Philipp Lennard behauptete, dass die berühmte Gleichung Hasenöhrl zugeschrieben werden sollte, da er sie ein Jahr vor Einstein geschrieben hatte. Bevor er 1915 im Krieg starb, hinterließ Hasenöhrl seine Arbeit im Patentamt in Bern, wo der unaussprechliche Plagiator arbeitete. Einstein las die Theorie dort und veröffentlichte sie nach Hasenöhrls Tod noch im selben Jahr 1915, ohne die Ehrlichkeit zu haben, den Autor zu zitieren. Bei einem Vortrag am 24. August 1920 in Berlin warf der Physiker Ernst Gehrke Einstein vor, Lorentz' mathematische Formalismen für die Relativitätstheorie und Melchior Palagyis Konzepte von Zeit und Raum plagiiert zu haben. Vor allen Anwesenden wandte er sich persönlich an Einstein, der nicht in der Lage war, zu antworten. Stephen Hawking bestätigt in *Eine kurze Geschichte der Zeit*, dass Einstein eine Theorie zugeschrieben wird, die bereits von Poincaré, Lorentz, Hasenöhrl und anderen vorweggenommen wurde. Kurz gesagt, die gesamte wissenschaftliche Gemeinschaft kennt die Wahrheit und nur die Öffentlichkeit wird in die Irre geführt.

Eustace Mullins, Schüler und Freund von Ezra Pound und Autor von *The Secrets of the Federal Reserve (Die Geheimnisse der Zentralbank)*, wurde in seiner langen und produktiven schriftstellerischen Laufbahn zu einem der klarsten Autoren bei der Aufdeckung der Verschwörung der Illuminaten-Banker. In *The Secret History of the Atomic Bomb* Mullins Bernard Baruch, den Henry Ford als Konsul von Juda in Amerika betrachtete, als Amerikas graue Eminenz für das Atombombenprogramm heraus. Baruch, jahrzehntelang das unbestrittene Faktotum der US-Politik, war der große New Yorker Agent der Rothschilds, für die er seit Anfang des 20. Jahrhunderts intrigierte. Neben anderen Verdiensten für diese talmudistische Bankendynastie schreibt Mullins Baruch die Gründung der Tabak- und Kupfer-Trusts zu. Baruch selbst war es, der den jüdischen Physiker Julius Robert Oppenheimer als wissenschaftlichen Leiter des Manhattan-Projekts im Los Alamos-Labor in New Mexico auswählte. Im Nagasaki-Atombombenmuseum, das anlässlich des 50. Jahrestages des Abwurfs der Bombe eröffnet wurde, sind die Porträts von Einstein und Oppenheimer, dem so genannten „Vater der Atombombe", ausgestellt, die damit zu den Verantwortlichen für den nuklearen Völkermord gehören.

Jack Rummel enthüllt in seiner Biographie *Robert Oppenheimer Dark Prince*, dass Oppenheimer 1926 wegen seiner emotionalen Probleme einen Psychiater aufsuchte. Einige Monate zuvor, zu Weihnachten 1925, hatte er grundlos versucht, seinen Freund Francis Ferguson in Paris zu erwürgen. Der Psychiater diagnostizierte bei ihm eine Demenz praecox, die damalige Bezeichnung für Schizophrenie. Oppenheimers Diagnose war nach Aussage des Psychiaters nicht günstig. Damals galt die Demenz praecox als unheilbare Krankheit, die schließlich einen dauerhaften Krankenhausaufenthalt erforderlich machen würde. Drei Jahre später, in Berkeley, zeigte Oppenheimer in der Öffentlichkeit Anzeichen seiner Unausgeglichenheit, indem er sich gegenüber einem ehemaligen jüdischen Professor aus Göttingen, James Franck, der 1925 den Nobelpreis für Physik erhalten hatte, hochmütig und äußerst respektlos verhielt. „Tragischerweise", schreibt Rummel, „erkannte Oppenheimer seinen selbstzerstörerischen Charakter, den er 'Bestialität' nannte, konnte aber oft nicht anders, als in ihn hineinzufallen." 1936 begann er, sich in kommunistischen Organisationen zu engagieren und für linke Gruppen zu arbeiten. „Oppenheimer", so Rummel, „las eifrig über Politik. Ein Buch, das ihn besonders beeindruckte, war ein Werk von Sidney und Beatrice Webb mit dem Titel *Soviet Communism. A New Civilization*", in dem die Errungenschaften der Sowjetunion gepriesen wurden. Das FBI überwachte ihn lange Zeit, da es herausgefunden hatte, dass seine frühere Freundin (Jean Tatlock), seine Frau Kitty, sein Bruder Frank und seine Schwägerin Mitglieder der Kommunistischen Partei waren oder gewesen waren. Im November 1940, vor seiner Ernennung zum wissenschaftlichen Leiter des Manhattan-Projekts, hatte Oppenheimer Kitty Puening geheiratet, eine Frau, die drei Ehemänner gehabt hatte, von denen der zweite, Joe Dallet, Mitglied der Kommunistischen Partei Amerikas und Kämpfer im Spanischen Bürgerkrieg in den Reihen des Lincoln-Bataillons, 1937 bei Fuentes de Ebro gefallen war.

Die wichtigsten Wissenschaftler, die Oppenheimer für das Manhattan-Projekt anforderte, waren fast alle Juden oder mit jüdischen Frauen verheiratet. Der bereits erwähnte Edward Teller, der später als Vater der H-Bombe (Wasserstoffbombe) gelten sollte, arbeitete von Anfang an mit, obwohl er 1954 gegen Oppenheimer aussagte, als dieser der Spionage für die Sowjets beschuldigt wurde, ein Umstand, den wir im nächsten Kapitel erörtern werden. Zur ersten Gruppe, die an der Entwicklung der Bombe arbeitete, gehörte Hans Bethe, ein jüdischer Physiker deutscher Herkunft, der später Leiter der Theoretischen Abteilung des Labors wurde. Ihm zur Seite standen John von Newman und Richard Freyman. Ersterer, ein in Budapest geborener Mathematiker, war der Sohn eines jüdischen Bankiers namens Max Newman und Margaret Kann, die ebenfalls aus einer wohlhabenden jüdischen Familie in Pest stammte; letzterer wurde als Sohn jüdischer Eltern in Manhattan geboren. Ein weiterer Physiker, der von Oppennheimer für die Arbeit an der Bombe rekrutiert wurde, war Robert Serber, dessen Frau Charlotte, die wie er Jüdin war, Leiterin der technischen Bibliothek des Labors wurde. Beide wurden vom FBI kontrolliert, das sie verdächtigte, Kommunisten zu sein. Oppenheimer selbst wurde, wie bereits erwähnt, wegen seiner Beziehungen zur Kommunistischen Partei bespitzelt: Sein Telefon wurde abgehört, seine Korrespondenz geöffnet, und als Leibwächter getarnte Geheimdienstler beobachteten ihn. Obwohl der Oberst des Geheimdienstes, Boris Pash, verlangte, dass er „vollständig aus dem Projekt entfernt und von der US-Regierung entlassen wird", gelang es ihm, seinen Job zu behalten, nicht zuletzt weil Bernard Baruch sein Mentor war.

Felix Bloch, ein in Zürich geborener Jude, der 1952 den Nobelpreis für Physik erhielt, war ebenfalls Teil der Gruppe, als das Los Alamos National Laboratory im März 1943 eröffnet und am 15. April offiziell eingeweiht wurde. Neben den oben Genannten nahmen auch andere von Oppenheimer angeworbene jüdische Wissenschaftler am Manhattan-Projekt in Los Alamos teil. Zu den wichtigsten gehörten Victor „Viki" Weisskopf, George Kistiakowsky, Stanislaw Ulam, Emilio Segré und Otto Frisch. Der wichtigste und angesehenste der nichtjüdischen Physiker, die mit Oppenheimer an der Bombe arbeiteten, war Enrico Fermi, der seit 1928 mit einer Jüdin, Laura Capon, verheiratet war. Fermi, der 1938 den Nobelpreis für Physik erhielt, hatte die erste Kernzelle an der Universität von Chicago gebaut, bevor er nach Los Alamos kam. Im Dezember 1942 gelang Fermi die erste kontrollierte Kettenreaktion der Kernspaltung. Niels Bohr und sein Sohn kamen ebenfalls Ende 1943 oder Anfang 1944 ins Labor, um am Bau der Bombe mitzuarbeiten.

Nach den schrecklichen Bombardierungen im März forderte Japan die Beendigung des Krieges. Im Mai war die Lage unhaltbar: Mehr als eine halbe Million Menschen waren durch Bombenangriffe und Feuerstürme verbrannt, und fast 20 Millionen Japaner hatten ihr Zuhause verloren. General MacArthur räumte ein, dass im Frühjahr 1945 Kaiser Hirohito selbst eine Koalition anführte, die einen Verhandlungsfrieden anstrebte, der die Qualen der Nation beenden sollte. Nur vier japanische Städte waren bei den Bombenangriffen nicht zerstört worden: Hiroshima, Kokura, Niigata und Nagasaki. Die Einwohner ahnten nicht, dass der Grund für die Immunität darin lag, dass diese vier Städte als Ziele für

Atombombentests ausgewählt worden waren. In *Hiroshimas Schatten* (1998) bestätigt Dr. Shuntaro Hida, der einige Opfer des atomaren Holocausts behandelt hat, dass sie es seltsam fanden, dass B-29-Maschinen jeden Tag über die Stadt flogen, ohne sie jemals anzugreifen. Erst nach dem Krieg", sagt er, „erfuhr ich, dass Hiroshima nach amerikanischen Angaben unversehrt gelassen worden war, um es als Ziel für den Einsatz von Atomwaffen zu erhalten.

Am 25. April 1945 fand in San Francisco eine Vorbereitungskonferenz für die Gründung der UNO statt, an der Delegationen aus fünfzig Ländern teilnahmen. Unter den Amerikanern befanden sich vierundsiebzig Mitglieder des Council on Foreign Relations (CFR), eines Schlüsselgremiums des Round Table, des von Rhodes und Milner in Zusammenarbeit mit Rothschild, Morgan, Rockefeller und anderen gegründeten Geheimbundes. Leiter der amerikanischen Delegation war Außenminister Edward Stettinius, Sohn eines Mitarbeiters von J.P. Morgan, der im Ersten Weltkrieg einer der großen Waffenhändler gewesen war. Stettinius trat zu Beginn des Kalten Krieges zusammen und war der erste Amerikaner, der sich mit der US-Delegation traf. Anfang Mai lud Stettinius eine ausgewählte Gruppe von vier Mitgliedern seiner Delegation in den Gartenhof des Palace Hotels ein, um die Situation zu erörtern, die durch die hartnäckigen japanischen Forderungen nach einem Ende des Krieges entstanden war, was ein Problem darstellte: Die Bombe würde erst in einigen Monaten fertig sein und konnte nicht an den zuvor ausgewählten Städten getestet werden, die absichtlich unversehrt geblieben waren.

Mullins gibt den folgenden Dialog zwischen dem Treffen wieder: „Wir haben Deutschland bereits verloren", sagte Stettinius. Wenn Japan kapituliert, haben wir keine Bevölkerung mehr, an der wir die Bombe testen können". Alger Hiss, der als Berater von Roosevelt an der Konferenz von Jalta teilgenommen hatte und gleichzeitig ein Agent des sowjetischen KGB war, antwortete: „Aber Herr Minister, niemand kann die schreckliche Macht einer solchen Waffe ignorieren." Stettinius betonte: „Dennoch hängt unser Nachkriegsprogramm vollständig von der Fähigkeit ab, die Welt mit der Atombombe zu terrorisieren." John Foster Dulles, ein zukünftiger Außenminister und CFR-Mitglied, der 1933 mit seinem Bruder Allen nach Köln gereist war, um die Finanzierung für Hitler zu sichern, fügte kühl hinzu: „Um dieses Ziel zu erreichen, braucht man eine sehr hohe Anzahl. Ich würde sagen, eine Million." Stettinius bestätigte: „Ja, wir rechnen mit etwa einer Million, aber wenn sie kapitulieren, haben wir nichts." „Dann", sagte Foster Dulles, „müssen Sie sie im Krieg halten, bis die Bombe fertig ist. Das wird kein Problem sein. Bedingungslose Kapitulation. Lassen Sie uns den Krieg noch drei Monate verlängern, und wir können die Bombe in ihren Städten einsetzen; wir werden diesen Krieg mit der brutalen Angst aller Völker der Welt beenden, die sich dann unserem Willen unterwerfen werden." Es ist also klar, dass die Vereinigten Staaten beabsichtigten, in der Nachkriegszeit das alleinige Monopol auf den atomaren Terror zu behalten. Die vierte Person, die an diesem Treffen teilnahm, war Averell Harriman, der seit Oktober 1943 Botschafter in Moskau war.

Mullins zufolge wurde das Manhattan-Projekt so genannt, weil sein geheimer Leiter, Bernard Baruch, in Manhattan wohnte, ebenso wie viele andere, die an dem Projekt arbeiteten, darunter General Leslie R. Groves, der für das Projekt verantwortliche Befehlshaber der Armee. Oppenheimer wählte den Namen „Trinity" für den Test der ersten Kernwaffenexplosion, der am 16. Juli 1945 in Alamogordo in der Wüste Jornada del Muerto stattfand, dem spanischen Namen aus dem 17. Jahrhundert für eine trockene Ebene aus Vulkangestein und Sand, die von Klapperschlangen, Skorpionen und Vogelspinnen befallen ist und deren Temperatur im Sommer etwa 40 Grad Celsius beträgt. Das spaltbare Material der Bombe, die umgangssprachlich als „das Gerät" bezeichnet wird, war Plutonium, das gleiche Material, das auch in der Nagasaki-Bombe „Fat Man" enthalten war. Die Hirosima-Bombe, „Little Boy", bestand aus Uran. Nachdem er die Explosion beobachtet hatte, sagte Oppenheimer: „Ich bin der Tod geworden, der Zerstörer der Welten".

Nur ein Zivilist konnte an der historischen Prüfung von Trinity teilnehmen, William L. Laurence, ein litauischer Jude, dessen richtiger Name Leib Wolf Siew war, der seine Karriere 1926 als Journalist bei der *New York World* begonnen hatte, einer Zeitung, die Bernard Baruch gehörte und deren Herausgeber, ein anderer Jude namens Herbert Bayard Swope, auch Baruchs Werbeagent war. Ab 1930 arbeitete Laurence als Wissenschaftsexperte *für die New York Times*. Am 9. August 1945 wurde Laurence (Siew), der auf einem der Kopilotensitze der B-29 saß, Zeuge des Atombombenabwurfs auf Nagasaki. Dieser unheimliche Journalist wurde 1946 für seinen Augenzeugenbericht über die Atomexplosion mit dem Pulitzer-Preis ausgezeichnet.

Als Truman am 12. April 1945 neuer Präsident der Vereinigten Staaten wurde, ließ er sich bei seinem Amtsantritt in allen Fragen der Atombombe vom National Defence Research Committee unter dem Vorsitz von James Bryant Conant beraten, einem Chemiker, den Churchill 1942 mit der Entwicklung der Milzbrandbombe für den Abwurf auf deutsche Städte beauftragt hatte. Conant war von 1955 bis 1957 US-Botschafter in Deutschland und veranlasste dort mit Hilfe von Otto John die Beschlagnahmung und Verbrennung von zehntausend Exemplaren von *The Secrets of the Federal Reserve Bank. The London Conexion*, das Buch von Eustace Mullins, das in Oberammergau erschienen war (siehe Anmerkung 29 in Kapitel 5). Zwei weitere prominente Mitglieder des Ausschusses waren George Leslie Harrison, ein Mitglied der Bruderschaft des Todes (Skull & Bones), der dreizehn Jahre lang Präsident der Federal Reserve gewesen war, und James F. Byrnes, einer von Bernard Baruchs Männern in Washington, der im Juli 1945 Stettinius als Leiter des Außenministeriums ablöste. Am 25. Juli 1945 schrieb Harry Solomon Truman in sein Tagebuch:

„Wir haben die schrecklichste Bombe in der Geschichte der Welt entdeckt. Es könnte die feurige Zerstörung sein, die im Zeitalter des Euphrattals, nach Noah und seiner sagenhaften Arche, prophezeit wurde.... Diese Waffe wird gegen Japan eingesetzt werden... Wir werden sie so einsetzen, dass militärische Ziele und Soldaten und Seeleute ins Visier genommen werden und nicht Frauen und Kinder. Obwohl die Japaner wild, rücksichtslos, grausam und fanatisch sind, können wir als Führer der Welt für das Gemeinwohl diese schreckliche Bombe nicht auf die alte Hauptstadt abwerfen.... Das Ziel wird ein rein militärisches sein..... Es scheint das Schrecklichste zu sein, was je entdeckt wurde, aber es kann auch das Nützlichste sein."

Am 6. August 1945 um 08:17 Uhr die von der B-29 *Enola Gay* abgeworfene Uranbombe, *die* nach Enola Gay Haggard, der Mutter des Piloten Paul Tibbets, *benannt ist*, schließlich 584 Meter über der Stadt Hiroshima zur Explosion gebracht, um eine maximale Sprengwirkung zu erzielen. Etwa 80.000 Menschen kamen dabei ums Leben, doch Monate später war die Zahl der Todesopfer auf 140.000 angestiegen. Viele Tausende von ihnen waren Kinder, die zum Zeitpunkt der Explosion in Klassenzimmern saßen. In *Hiroshimas Schatten*, das als eines der besten Bücher über dieses historische Ereignis gilt, das die gesamte Menschheit für immer geprägt hat, wird festgestellt, dass letztlich 750.000 Menschen, einschließlich der Toten, der Verwundeten und der durch Radioaktivität Erkrankten, Opfer der beiden Atombomben wurden.

Am nächsten Tag, dem 7. August 1945, erschien *die New York Times* mit einer dreizeiligen Schlagzeile auf der Titelseite, wobei jede Zeile die gesamte Seite einnahm: „First Atomic Bomb Dropped on Japan; Missile Equals 20,000 Tons of TNT; Truman Warns Enemy of 'Rain of Ruin'". In den folgenden Ausgaben der Zeitung erschienen Artikel des späteren Pulitzer-Preisträgers William L. Laurence, der zusätzlich zu seinem Zeitungsgehalt vom Kriegsministerium ein zusätzliches Gehalt für die Öffentlichkeitsarbeit zur Atombombe erhielt. Laurence leugnete in seinen Artikeln jegliche radioaktive Wirkung auf die Opfer der Bomben.

Wilfred Burchet, der Gesandte *des* Londoner *Daily Express* in Hiroshima und Verfasser eines der Kapitel von *Hiroshimas Schatten*, schrieb Mitte September 1945 einen ehrlichen Bericht, der sich von Laurence' vorgefertigter Berichterstattung weit entfernt. Burchet beginnt das Kapitel mit diesen Worten. „Als ich Hiroshima betrat, nur vier Wochen nach der Verbrennung der Stadt, hätte ich nie gedacht, dass dies ein Wendepunkt in meinem Leben sein würde, dass es meine gesamte berufliche Laufbahn und meine Vorstellung von der Welt beeinflussen würde." Hier sind einige Auszüge aus seiner ersten Chronik:

> „In Hiroshima sterben dreißig Tage nach der ersten Atombombe, die die Stadt zerstörte und die Welt erschütterte, immer noch Menschen auf mysteriöse und grausame Weise. Hiroshima sieht nicht wie eine zerbombte Stadt aus. Es sieht aus, als wäre eine gigantische Dampfwalze über die Stadt gefahren und hätte alles zermalmt. Ich schreibe diese Fakten so sachlich wie möglich auf, in der Hoffnung, dass sie der Welt als Warnung dienen.... Wenn man in Hiroshima ankommt, kann man sich umsehen und auf fünfundzwanzig oder dreißig Quadratmeilen kaum ein Gebäude sehen. Man bekommt ein leeres Gefühl im Magen beim Anblick einer solchen von Menschenhand geschaffenen Zerstörung.... Meine Nase nahm einen merkwürdigen Geruch wahr, den ich noch nie zuvor gerochen hatte. Es ist etwas wie Schwefel, aber nicht genau. Ich konnte ihn riechen, wenn ich an einem Feuer vorbeikam, das noch brannte, oder an einer Stelle, an der man noch dabei war, Leichen aus den Trümmern zu bergen. Aber ich konnte ihn auch riechen, wenn alles verlassen war. Man glaubt, dass er von den giftigen Gasen herrührt, die aus der Erde kommen und mit der Radioaktivität durchsetzt sind, die nach der Explosion der Uranbombe freigesetzt wurde.... Seit dem Moment, in dem diese

Verwüstung über Hiroshima hereinbrach, haben die Überlebenden den weißen Mann gehasst. Es ist ein Hass, dessen Intensität fast so furchtbar ist wie die Bombe selbst.... An dem Tag, an dem ich in Hiroshima war, starben einhundert Menschen. Von den 13.000 durch die Explosion schwer verletzten Menschen starben jeden Tag hundert und werden wahrscheinlich alle sterben. Weitere 40.000 Menschen leiden an weniger schweren Verletzungen...".

Dabei handelte es sich um vorläufige Zahlen der Polizei, die später auf 130.000 korrigiert wurden. Einen Monat später wusste man immer noch nicht, wie viele Menschen noch in der Asche lagen und wie viele an den Folgen der Strahlung sterben würden. Der Journalist besuchte in Begleitung von Dr. Katsube einige baufällige Krankenhäuser, für deren Diagnosen es keinen Präzedenzfall gab, auf den sie sich stützen konnten. Zu dem in seinem *Daily Express-Artikel* erwähnten „Hass auf den weißen Mann" erklärt Wilfred Burchet, er habe ihn in den Reaktionen der Angehörigen und der Patienten selbst gespürt, die er mit nässenden Verbrennungen dritten Grades, blutenden Augen und Kiefern und auf den Boden fallenden Haaren sah, wo sie wie „schwarze Heiligenscheine" neben ihren Betten aussahen: „Die Opfer und ihre Familienangehörigen", schrieb er, „sahen mich mit einem brennenden Hass an, der mich wie ein Messer traf." Dr. Katsube spürte das auch und sagte ihm auf Englisch: „Sie müssen gehen. Ich kann die Verantwortung für Ihr Leben nicht übernehmen, wenn Sie noch länger bleiben." Die letzten Worte von Dr. Katsube, der Burchet für einen Amerikaner hielt, waren: „Bitte berichten Sie, was Sie gesehen haben, und sagen Sie Ihren Leuten, sie sollen einige Spezialisten schicken, die sich mit dieser Krankheit auskennen, und die notwendigen Medikamente. Andernfalls sind alle hier dem Tode geweiht".

Hiroshimas Schatten enthält den Text des Kommuniqués, das das Schweizer Konsulat am 11. August 1945 von Tokio aus an das Außenministerium sandte: „Das Schweizer Konsulat hat eine Nachricht von der japanischen Regierung erhalten. Am 6. August warfen amerikanische Flugzeuge Bomben eines neuen Typs auf das Wohnviertel von Hiroshima ab, die in einer Sekunde eine grosse Anzahl von Zivilisten töteten und einen grossen Teil der Stadt zerstörten. Hiroshima ist nicht nur eine Provinzstadt ohne jeglichen Schutz oder besondere militärische Einrichtungen, sondern auch keine der benachbarten Regionen oder Städte ist ein militärisches Ziel". Es dauerte fünfundzwanzig Jahre, bis dieses Dokument des Schweizer Konsulats veröffentlicht wurde.

Eustace Mullins transkribiert Auszüge aus dem Text *Reflections of a Hiroshima Pilot*, einem Werk, in dem der Pilot Ellsworth Torrey Carrington, ein Flight Lieutenant, der die *Jabit III* mitfliegt, einige sehr interessante Informationen liefert. So schreibt er beispielsweise sarkastisch: „Nach dem Abwurf der ersten Bombe war das Bombenkommando sehr besorgt, dass Japan kapitulieren würde, bevor die zweite Bombe abgeworfen werden konnte, und so arbeiteten unsere Leute vierundzwanzig Stunden am Tag, um dieses Unglück zu verhindern". Dieser Pilot bestätigt, dass Japan zum Zeitpunkt des Abwurfs der Atombomben völlig verwüstet und bereits ein wehrloses Land war. Admiral William D. Leahy, Stabschef unter Roosevelt und Truman, gab in seinem Buch *I Was There* (1950) ehrlich zu: „Mein Eindruck ist, dass wir als erste, die die

Atombombe einsetzten, ein ethisches Muster annahmen, das der Grausamkeit des finsteren Zeitalters ähnelte. Man hatte mir nicht beigebracht, auf diese Weise Krieg zu führen, und Kriege kann man nicht gewinnen, indem man Frauen und Kinder opfert".

In dem Bestreben, mit einer zweiten Bombe, einer Plutoniumbombe, zu experimentieren, wurde der drei Tage zuvor in Hiroshima begangene Massenmord am 9. August 1945 in Nagasaki wiederholt. Das ursprüngliche Ziel war Niigata, wurde aber wegen des Regens auf Kokura verlegt. Kokura wurde von der B-29 *Bockscar* überflogen, war aber vollständig von Wolken bedeckt und die Sichtweite war gleich Null. Kommandant Charles Sweney beschloss daraufhin, die Bombe auf Nagasaki abzuwerfen. Um 11:02 Uhr explodierte „Fat Man" 560 Meter über dem Boden. Aufgrund der Temperatur von 3.000 Grad wurde ein Quadratkilometer (das Epizentrum) vollständig in Schutt und Asche gelegt. In einem weiteren Umkreis von zwei Kilometern riss ein Wind von 1.500 Stundenkilometern Häuser aus dem Boden, und Bäume und Menschen wurden vier Kilometer weit weggeschleudert. Anschließend stieg der schwarze Pilz des Atomsatans in eine Höhe von fast zwanzig Kilometern auf, während der Fallout auf die Stadt niederregnete. In Nagasaki starben sofort 70.000 Menschen, doch in den folgenden Wochen stieg die Zahl der Todesopfer auf 170.000. Darüber hinaus wurden 60.000 Menschen verletzt.

Am selben Tag, dem 9. August, wandte sich Präsident Truman per Funk an die Nation und erklärte: „Die Welt wird erkennen, dass die erste Atombombe auf einen Militärstützpunkt in Hiroshima abgeworfen wurde. Dies geschah, weil wir bei diesem ersten Angriff die Tötung von Zivilisten so weit wie möglich vermeiden wollten." In den folgenden Tagen warfen US-Flugzeuge Tausende von Flugblättern über Städten ab, in denen sie warnten: „Wir sind im Besitz des größten jemals von Menschen entwickelten Sprengstoffs, der dem gesamten Arsenal entspricht, das zweitausend B-29-Flugzeuge tragen können. Wir haben damit begonnen, diese neue Bombe gegen Ihr Volk einzusetzen. Wenn Sie irgendwelche Zweifel haben, fragen Sie uns, was in Hiroshima und Nagasaki geschehen ist". Am 15. August erklärt der Kaiser die bedingungslose Kapitulation Japans.

Äußerungen von hochrangigen US-Militärs lassen keinen Zweifel an der Unangemessenheit des Einsatzes von Nuklearterror. Der Stabschef der Air Force, Curtis LeMay, räumte ein, dass die Entscheidung, die Atombomben auf Hiroshima und Nagasaki abzuwerfen, nichts mit der Beendigung des Krieges zu tun hatte. Brigadegeneral Carter Clark ging in seinem Eingeständnis noch etwas weiter: „Wir hatten sie zu Brei geschlagen und in eine erbärmliche Kapitulation gezwungen, indem wir einfach ihre Handelsmarine versenkten und sie verhungern ließen. Das hätten wir nicht tun müssen, und das wussten wir auch. Wir haben sie als Experiment für zwei Atombomben benutzt." Wie auf diesen Seiten gezeigt wurde, ist die Propagandaausrede, man habe auf den Atomterror zurückgegriffen, um eine Invasion zu vermeiden, die eine Million amerikanischer Soldaten das Leben gekostet hätte, unhaltbar. Jahre später wurde Präsident Truman gefragt, ob er irgendwelche Zweifel oder Bedenken bezüglich des Einsatzes von Atombomben auf Japan gehabt habe. Er antwortete, dies geschehe „zur Verteidigung der Freiheit".

Es bleibt noch hinzuzufügen, dass die „Hibakusha", das japanische Wort für Menschen, die die Atombomben überlebten, ein miserables Leben führen mussten: Sie waren durch Verbrennungen oder hervorstehende Narben entstellt, verloren ihre Haare, litten unter grauem Star in ihren Augen, entwickelten Blutkrankheiten oder eine Form von Krebs. Frauen, die der Strahlung ausgesetzt waren, bekamen Kinder mit abnorm kleinen Köpfen, was eine irreversible Beeinträchtigung der Intelligenz bedeutete. 1951 unterzeichnete Japan einen Vertrag mit den Vereinigten Staaten, in dem es im Gegenzug zum Rückzug der Amerikaner auf jegliche Entschädigungsansprüche für die „Hibakusha" verzichtete. Erst 1957, zwölf Jahre nach dem atomaren Holocaust, beschloss die japanische Regierung, ein Gesetz zu erlassen, das 360.000 noch lebenden Opfern kostenlose medizinische Versorgung gewährte. Im Jahr 1968 kündigte die Regierung eine besondere finanzielle Unterstützung für die „Hibakusha" an, aber bis 1976 hatte nur ein Drittel von ihnen die angekündigte Entschädigung erhalten.

TEIL 5
DER MORGENTHAU-PLAN.
HALB EUROPA FÜR DEN KOMMUNISMUS

In dieser Arbeit wurde immer wieder betont, dass der Kommunismus schon bei der Gründung der bayerischen Aufklärung durch Adam Weishaupt eine von den Bankiers erdachte Doktrin war. Die Abschaffung des Patriotismus und der Nationen selbst, die Idee der Weltrevolution und die Schaffung einer universellen Gesellschaft entstanden lange bevor Marx das *Kommunistische Manifest* für den Bund der Gerechten schrieb. Das Bündnis zwischen den Illuminaten und den Frankisten von Jacob Frank, einer Sekte, der die bedeutendsten Finanziers Europas angehörten, wurde von Mayer Amschel Rothschild, dem Gründer der Dynastie, gefördert. Um 1830 war die lehrmäßige Grundlage des Kommunismus in Europa und Amerika bereits etabliert, wo Clinton Roosevelt 1841 *The Science of Government, Founded on Natural Law* veröffentlichte, ein Werk, das Weishaupts Ideen aktualisierte und eine Diktatur zur Errichtung einer neuen Gesellschaftsordnung befürwortete. Heinrich Heine, dessen Informationsquelle James Rothschild war, verkündete schon Jahre vor dem Erscheinen *des Manifests*, dass der Kommunismus auf einen Befehl warte, um auf die Bühne zu treten. Auf der anderen Seite erklärte Moses Hess, dass der Sozialismus unter der roten Rothschild-Flagge entstehen sollte. Rabbi Antelman glaubt, dass Moses Hess, der Einführer von Marx und Engels in die Freimaurerei, der Schlüssel zum Verständnis der Illuminaten-Kommunisten-Zionisten-Verschwörung ist. Es war Hess, der vorschlug, den „Bund der Gerechten" in eine kommunistische Partei umzuwandeln.

Die weltrevolutionäre Bewegung wurde also von Anfang an von den internationalen jüdischen Bankiers finanziert, die ein Auge auf die immensen Ressourcen und den Reichtum des zaristischen Russlands geworfen hatten. Es wurde gezeigt, wie eine Legion jüdischer Agenten, die für diese Bankiers arbeiteten, von denen Trotzki der auffälligste war, die Revolution in Russland anführte, die von Jacob Schiff, Alfred Milner, Felix Warburg, Otto Kahn, Olof Ashberg, Bernard Baruch, J. P. Morgan, Guggenheim usw. finanziert und unterstützt wurde. Das Scheitern der kommunistischen Revolution in Deutschland, der Tod Lenins und die Fähigkeit Stalins, Trotzki, den Mann, der die Macht in Moskau übernehmen sollte, zu verdrängen, ermöglichten es dem Nationalkommunismus, sich in der UdSSR durchzusetzen. Trotzdem haben die internationalen Bankiers, die seit der Gründung der Illuminaten die Weltherrschaft an sich reißen wollten, ihre Ziele nicht aufgegeben. Das Fehlen jeglicher Skrupel und der unbarmherzige Terror des Kommunismus hatten es ihnen ermöglicht, in epischem Ausmaß zu stehlen. Die Ausplünderung Russlands durch jüdische Agenten, die heimliche Kontrolle seiner enormen Ressourcen und die systematische Ausschaltung wirtschaftlicher Konkurrenten und politischer Gegner erfolgten in beispiellosem Tempo. Es ging einfach darum, wieder verdeckte Agenten an die Spitze der Sowjetunion zu setzen, die ihnen besser dienen konnten als Stalin.

Nachdem alle Versuche, ihn zu verdrängen, gescheitert waren, verstärkte Stalin nach den Moskauer Prozessen und dem spanischen Bürgerkrieg sein Misstrauen gegenüber den kapitalistischen Ländern, was zu dem überraschenden Ribbentrop-Molotow-Pakt führte. Zur gleichen Zeit, als Stalin die Trotzkisten ausschaltete und in den Vereinigten Staaten Fuß fasste, wurde Franklin Delano Roosevelt, ein Handlanger der internationalen Bankiers und des Zionismus, an die Macht gebracht. Als Illuminaten-Freimaurer des 32. Grades des schottischen Ritus war Roosevelt, der den hochtrabenden Titel „Erhabener Prinz des königlichen Geheimnisses" trug, zwölf Jahre lang von sozialistischen und zionistischen Juden umgeben, die während seiner drei Amtsperioden die US-Regierung kontrollierten. Große Kapitäne wie Felix Frankfurter, Louis D. Brandeis, Bernard Baruch, Henry Morgenthau und andere überschwemmten die Regierung mit ihren Mittelsmännern und Strohmännern. Als Hitler im Juni 1941 die Sowjetunion überfiel, beeilten sich die Vereinigten Staaten, wie wir gesehen haben, Stalin bedingungslos zu unterstützen. Es war ihnen egal, dass der Kommunismus fünfundzwanzig Jahre lang gemordet hatte, dass sieben Millionen Ukrainer verhungert waren (Holodomor), dass Stalins Regime eine rücksichtslose Diktatur war, dass er Trotzki beseitigt hatte, dass er halb Polen, Estland, Lettland und Litauen besetzt hatte und dass er in einem Eroberungskrieg in Finnland eingefallen war. All dies sollte nicht berücksichtigt werden, denn es war bereits geplant, den Kommunismus bis ins Herz Europas auszudehnen, um es wieder heimlich kontrollieren zu können, wie es bei Lenin und Trotzki der Fall gewesen war. Zu diesem Zweck wurden verdeckte Agenten in der Kammer gehalten, die zu gegebener Zeit Stalin und seine Clique ersetzen konnten, der wichtigste von ihnen war der Kryptojude Lavrenti Beria.

Ein beunruhigendes Geheimdokument

Vom 14. bis 24. Januar 1943 fand in Marokko die Casablanca-Konferenz statt, an der Stalin nicht teilnehmen wollte. Einen Monat später teilte Roosevelt dem sowjetischen Führer seine Absichten in dem folgenden Brief mit. In Casablanca fassen Roosevelt und Churchill einen folgenschweren Beschluss: den Krieg zu verlängern. Zu diesem Zweck erklärten sie, dass sie nur eine bedingungslose Kapitulation Deutschlands akzeptieren würden, die die Deutschen zu einem verzweifelten Widerstand zwingen würde. In Casablanca wurde vereinbart, die entsetzlichen Massenbombardements auf die Zivilbevölkerung zu verstärken. Die Forderung nach einer bedingungslosen Kapitulation machte deutlich, dass die Vernichtung Deutschlands beabsichtigt war, und vereitelte alle Bemühungen derjenigen, die einen Weg zur Beendigung des Krieges suchten, einschließlich Spaniens, dies zu tun.

Kurioserweise war es das spanische Außenministerium, das als erstes von den wahren Absichten von Präsident Roosevelt und seiner Clique in Bezug auf Europa und die Welt erfuhr. Ein auf den 20. Februar 1943 in Washington datiertes Dokument, das so genannte „Zabrousky-Dokument", gelangte in die Hände von General Franco, dem Staatschef, zu einem Zeitpunkt, als die spanische Diplomatie sich um die Vermittlung im Weltkonflikt bemühte und um die Unterstützung anderer neutraler Länder warb. Das Dokument, ein geheimer Brief von Roosevelt an den Juden Zabrousky, der als Verbindungsmann zwischen ihm und Stalin fungierte, war ein herber Schlag für die spanische Diplomatie, die im Einvernehmen mit Außenminister Francisco Gómez-Jordana, Graf von Jordana, hoffte, dass die Vereinigten Staaten eine ganz andere Politik verfolgen würden als die, die Roosevelt in dem an Zabrousky gesandten Text vorgeschlagen hatte.

Der Brief wurde erstmals in dem Buch *España tenía razón 1939-1945 (Spanien hatte Recht 1939-1945)* veröffentlicht, das 1949 von Espasa-Calpe herausgegeben wurde. Der Autor dieses Werks, José Mª Doussinague, war während des Zweiten Weltkriegs Generaldirektor für Außenpolitik im Außenministerium. Sechs Jahre später, 1955, gab Mauricio Karl (Carlavilla) den Text vollständig im Prolog von *Jalta* wieder, einem Buch, das in Spanien die vom US-Außenministerium veröffentlichten Dokumente über die Konferenz von Jalta präsentierte. Später gab auch Graf Léon de Poncins das Zabrousky-Dokument in zwei seiner Werke wieder: in *Freimaurerei und Vatikan* (1968) und in *Top secret. Secrets d'Etat anglo-américains* (1972), ein Buch, das später auf Englisch unter dem Titel *State Secrets* veröffentlicht wurde. Léon de Poncins, der den Text als äußerst wichtig bezeichnet, weist darauf hin, dass das Dokument außerhalb Spaniens praktisch unbekannt war, und stellt fest, dass die spanische Regierung seine Quelle geheim hielt. Doussinague stellt jedoch fest, dass *er* in *Spanien Recht hatte,* dass es eine Frau mit einem tiefen christlichen Gefühl war, die „helfen wollte, den Untergang der Welt aufzuhalten", die den Text der spanischen Regierung zugespielt hat, wofür er ihr öffentlich dankt. Doussinague merkt an, dass Spanien ausgeplündert worden war und nicht über das Gold und die Mittel verfügte, um die sehr teuren Informationsdienste einzurichten, über die die Großmächte verfügten, was sie jedoch nicht daran hinderte, „auf dem einen oder anderen Weg" die „geheimsten Nachrichten und vertraulichsten Dokumente" zu erhalten.

Léon de Poncins ist der festen Überzeugung, dass die spanische Regierung von der Echtheit des Zabrousky-Dokuments überzeugt ist, da es in ihrer Politik und den Reden ihrer führenden Politiker seither nicht unberücksichtigt geblieben ist. Außerdem stimmten die in Teheran und Jalta getroffenen Vereinbarungen mit den in Roosevelts Brief geäußerten Vorstellungen überein. Als Doussinague Botschafter Spaniens in Rom war, traf Léon de Poncins ihn persönlich in der Ewigen Stadt und erkundigte sich nach dem berühmten Brief. Ohne natürlich irgendwelche diplomatischen Geheimnisse zu verraten, machte Doussinague einige sehr treffende Bemerkungen, die Léon de Poncins in *Staatsgeheimnisse* wiedergibt: „Die Echtheit des Dokuments", erklärte Doussinague, „ergibt sich allein aus seinem Kontext. Wer von uns - es sei denn, er wäre ein Prophet, dem man vorwerfen würde, ein Spinner zu sein - hätte sich im Voraus vorstellen können, dass Roosevelt, der bei klarem Verstand handelte, im Begriff war, mehr als die Hälfte Europas und Asiens heimlich und ohne Gegenleistung an die Sowjets zu übergeben?

„Das Weiße Haus - Wahington, 20. Februar 1943".

„Mein lieber Herr Zabrousky, ich hatte das Vergnügen, Ihnen und Herrn Weis mündlich mitzuteilen, dass ich zutiefst gerührt bin, dass der Nationalrat des Jungen Israel so freundlich war, mich unserem gemeinsamen Freund Stalin als Vermittler anzubieten, in diesen schwierigen Zeiten, in denen jede Gefahr von Reibereien zwischen den Vereinten Nationen - die um den Preis von so viel Verzicht erreicht wurden - fatale Folgen für alle, vor allem aber für die Sowjetunion selbst haben würde.

Es liegt daher in Ihrem und unserem Interesse, die Differenzen auszugleichen, was sich im Umgang mit Litwinow als schwierig erweist, den ich zu meinem Bedauern warnen musste, dass „diejenigen, die vorgeben, mit Onkel Sam zu kämpfen, die Folgen bereuen könnten", und zwar sowohl in der Innen- als auch in der Außenpolitik. Denn ihre Ansprüche auf kommunistische Aktivitäten in den Staaten der Amerikanischen Union sind schon jetzt äußerst unerträglich.

Timoschenko war bei ihrem kurzen, aber fruchtbaren Besuch vernünftiger und wies darauf hin, dass ein Gespräch mit Marschall Stalin der schnellste Weg zu einem direkten Meinungsaustausch sein könnte, den ich für immer dringlicher halte, vor allem, wenn ich daran denke, wie viel Gutes Churchill bei seinen Gesprächen mit Stalin herausgekommen ist.

Die Vereinigten Staaten und Großbritannien sind bereit, der UdSSR - ohne jeden mentalen Vorbehalt - absolute Parität und eine Stimme bei der künftigen Neuordnung der Nachkriegswelt zu geben. Zu diesem Zweck wird die UdSSR - wie der britische Premierminister ihr aus Adana mitteilte, als er ihr den Vorentwurf übermittelte - der führenden Gruppe innerhalb der europäischen und asiatischen Räte angehören. Dazu hat es nicht nur wegen seiner ausgedehnten interkontinentalen Lage Anspruch, sondern vor allem wegen seines großartigen und in jeder Hinsicht bewundernswerten Kampfes gegen den Nazismus, der in der Geschichte der Zivilisation alle Lorbeeren verdienen wird.

Es ist unsere Absicht - und ich spreche für mein großes Land und das mächtige Britische Empire -, dass sich diese Kontinentalräte aus der Gesamtheit ihrer jeweiligen unabhängigen Staaten zusammensetzen sollten, wenn auch mit gleichem Anteil.

Und Sie - mein lieber Zabrousky - können Stalin versichern, dass die UdSSR zu diesem Zweck und mit gleicher Macht im Vorstand der genannten Räte (von Europa und Asien) sein wird, und auch wie England und die Vereinigten Staaten Mitglied des Hohen Gerichtshofs sein wird, der zur Beilegung von Streitigkeiten zwischen den verschiedenen Nationen eingerichtet werden soll, und auch an der Auswahl und Vorbereitung der internationalen Streitkräfte sowie an der Bewaffnung und Führung dieser Streitkräfte gleichermaßen beteiligt sein wird, die unter dem Befehl des Kontinentalrates in jedem Staat handeln werden, damit die weisesten Postulate zur Erhaltung des Friedens im Sinne des Völkerbundes nicht wieder vereitelt werden, sondern diese zwischenstaatlichen Gebilde und die ihnen angeschlossenen Armeen ihre Entscheidungen durchsetzen und sich gefügig machen können.

Diese hohe Führungsposition in der Tetrarchie des Universums sollte Stalin so weit befriedigen, dass er keine Ansprüche mehr erhebt, die uns vor unlösbare Probleme stellen. So wird der amerikanische Kontinent außerhalb jeglichen sowjetischen Einflusses und unter der ausschließlichen Kontrolle der Vereinigten Staaten bleiben, wie wir es unseren kontinentalen Ländern versprochen haben. In Europa wird Frankreich in die englische Umlaufbahn zurückkehren. Wir haben für Frankreich ein Sekretariat mit Stimme, aber ohne Stimmrecht reserviert, als Belohnung für seinen derzeitigen Widerstand und als Strafe für seine frühere

Schwäche. Portugal, Spanien, Italien und Griechenland werden sich unter dem Schutz Englands zu einer modernen Zivilisation entwickeln, die sie aus ihrem historischen Zusammenbruch herausführen wird.

Wir werden der UdSSR einen Zugang zum Mittelmeer garantieren; wir werden ihren Wünschen in bezug auf Finnland und die baltischen Länder nachkommen, und wir werden von Polen eine vernünftige Haltung der Verständigung und des Kompromisses verlangen. Stalin wird ein weites Feld der Expansion in den kleinen und unaufgeklärten Ländern Osteuropas haben - immer unter Berücksichtigung der Rechte, die der jugoslawischen und tschechoslowakischen Loyalität zustehen -, er wird die vorübergehend von Großrussland genommenen Gebiete vollständig zurückgewinnen.

Und das Wichtigste von allem: Nach der Teilung des Reiches und der Eingliederung seiner Fragmente in andere Gebiete, um neue, von der Vergangenheit losgelöste Nationalitäten zu bilden, wird die deutsche Bedrohung definitiv verschwinden und aufhören, eine Gefahr für die UdSSR, für Europa und für die ganze Welt zu sein.

Es hat wenig Sinn, weiter über die Türkei zu diskutieren. Er muss das verstehen, und Churchill hat Präsident Inönü im Namen unserer beiden Länder die notwendigen Zusicherungen gegeben. Der Vorstoß in Richtung Mittelmeer sollte Stalin zufriedenstellen.

In Bezug auf Asien stimmen wir mit Ihren Behauptungen überein, abgesehen von weiteren Komplikationen, die später auftreten können. Was Afrika betrifft, so gibt es keinen Grund, sich zu streiten. Frankreich muss etwas zurückbekommen und für seine Verluste in Asien entschädigt werden. Auch Ägypten muss etwas erhalten, was den Wafadisten (nationalistische Partei) bereits zugesagt wurde. Spanien und Portugal müssen in irgendeiner Form für ihren Verzicht entschädigt werden, der im Interesse eines besseren weltweiten Gleichgewichts notwendig ist. Auch die Vereinigten Staaten werden sich an der Verteilung durch das Eroberungsrecht beteiligen und zwangsläufig einige wichtige Punkte für ihre Einflusszone beanspruchen. Das ist nur gerecht. Auch Brasilien muss die kleine koloniale Ausdehnung zugestanden werden, die ihm angeboten worden ist.

Überzeugen Sie Stalin - mein lieber Herr Zabrousky -, dass er zum Wohle aller und zur raschen Vernichtung des Reiches (auch wenn dies alles nur eine allgemeine Skizze ist, die zum Studium vorgelegt wird) bei der Kolonisierung Afrikas nachgeben muss, und in Bezug auf Amerika muss er seine Propaganda und Intervention in den Zentren der Arbeit zurückziehen. Überzeugen Sie ihn auch von meinem absoluten Verständnis und meiner vollen Sympathie und meinem Wunsch, Lösungen zu erleichtern, wofür das persönliche Gespräch, das ich vorschlage, sehr geeignet wäre.

Und das sind die Themen, um die es geht.

Wie ich Ihnen damals mitteilte, war ich sehr erfreut über den freundlichen Wortlaut des Briefes, in dem Sie mir Ihre Entscheidung mitteilten, und über Ihren Wunsch, mir im Namen des Nationalrates eine Kopie des größten Schatzes Israels, der Torarolle, zu überreichen. Dieser Brief ist der Beweis dafür, dass ich das Angebot annehme; denjenigen, die mir so treu ergeben sind, antworte ich mit größtem Vertrauen. Bitte seien Sie so freundlich, dem hohen Gremium, dem Sie vorstehen, meinen Dank auszusprechen, und erinnern Sie mich an den glücklichen Anlass Ihres XXXI.

Ich wünsche Ihnen viel Erfolg bei Ihrer Übersetzungsarbeit".

„Mit freundlichen Grüßen,
Franklin D. Roosevelt".

Wie es im Text heißt, handelt es sich um eine Skizze, einen Arbeitsvorschlag, der für eine spätere Analyse bestimmt ist. Nichtsdestotrotz ist der Wert dieses Briefes, der zwei Jahre vor den Vereinbarungen von Jalta geschrieben wurde, unbestreitbar, denn er zeigt, dass diejenigen, die den Weltkrieg erzwungen hatten, Anfang 1943 einen globalen Plan hatten, der demjenigen, der schließlich umgesetzt wurde, ziemlich ähnlich war. Die erste relevante Tatsache ist, dass die Vermittlung zwischen Roosevelt und Stalin vom „Nationalen Rat des Jungen Israel" angeboten wurde, einer Organisation orthodoxer Juden, die eindeutig mit dem Zionismus verbunden war. Die Tatsache, dass die Vermittler zwischen Roosevelt und Stalin Juden waren, ist ein weiterer Beweis für den enormen Einfluss, den sie auf den Präsidenten ausübten, und für die Verantwortung dieser jüdischen Kreise für das verhängnisvolle Abkommen von Jalta, das die Ausbreitung des Kommunismus in Europa und Asien ermöglichte. Bezeichnenderweise räumt Roosevelt in dem Brief ein, dass die Aktivitäten der Kommunisten in den Vereinigten Staaten bereits so dreist waren, dass er sie nicht länger tolerieren konnte. Inwieweit kommunistische Agenten die Verwaltung und die Machtstrukturen problemlos infiltriert hatten, wird sich später zeigen. Hinreichend aussagekräftig ist auch die Verwendung des Syntagmas „Tetrarchie des Universums" als Bezeichnung für die Macht, die die vermeintlichen Herren der Nachkriegswelt ausüben würden. Der „Erhabene Fürst des königlichen Geheimnisses" wollte es sich nicht nehmen lassen, seine Autorität durch die Verwendung dieser eindeutig freimaurerisch konnotierten Begriffe zu demonstrieren.

Zwischen dem 28. November und dem 1. Dezember 1943 trafen Roosevelt, Churchill und Stalin zum ersten Mal zusammen, um Entscheidungen über die Fortsetzung des Krieges zu treffen. Das Treffen fand in der UdSSR-Botschaft in Teheran statt. Dabei wurden einige der im Brief an Zabrousky angesprochenen Fragen erörtert, die jedoch erst auf der Konferenz von Jalta endgültig geklärt werden sollten. Der informelle Charakter der Gespräche zwischen den Großen Drei war eines der charakteristischen Merkmale der Teheraner Konferenz. Mit Rücksicht auf Roosevelts Lähmung und um ihm die Reise zu ersparen, schlug Stalin dem amerikanischen Präsidenten vor, bei den Sowjets zu Gast zu sein, und bot ihm eine Unterkunft in seiner Botschaft, dem Tagungsort der Konferenz, an. Auf diese Weise gelingt es ihm, die Amerikaner an sich zu binden und sich von Churchill zu distanzieren, der Stalins Manöver hilflos mitansehen muss. Als Churchill Roosevelt ein gemeinsames Abendessen vorschlug, erwiderte der amerikanische Präsident, er wolle nicht, dass Stalin sich übergangen fühle. Die Treffen waren weder streng noch methodisch, und Roosevelt selbst gab zu, dass es sich um politische Kumpanei handelte. In Wirklichkeit ging Stalin nur die notwendigen Kompromisse ein. In Teheran richtete Stalin eine Lawine von Forderungen an Roosevelt und Churchill, darunter die Einsetzung von Marionettenregierungen in Osteuropa und die neuen Grenzen Polens, die in Jalta endgültig festgelegt werden sollten. Stalin hatte bereits angekündigt, dass er beabsichtigte, die ostpolnischen Gebiete an die Sowjetunion anzugliedern, und schlug vor, dass Polen durch Gebietsabtretungen zu Lasten Deutschlands entschädigt werden sollte. Die Oder-Neiße-Linie als

Landgrenze zwischen Polen und Deutschland wurde stillschweigend akzeptiert, da es in erster Linie um Deutschland ging, dessen künftige Aufteilung Gegenstand mehrerer Vorschläge war.

Auch der Umgang mit den Nazis nach ihrer Niederlage wurde erörtert. Diesbezüglich hat Elliott Roosevelt, der Sohn des US-Präsidenten, der mit seinem Vater nach Teheran reiste, eine berühmte Geschichte erzählt. In seinem Buch *As He Saw It* schrieb er, dass das Thema, wie mit den Deutschen umzugehen sei, zur Überraschung aller bei den Trinksprüchen eines prächtigen Banketts zur Sprache kam, bei dem „Stalin", so Elliott Roosevelt, „Wodka mit 100% Alkoholgehalt getrunken hatte", während Churchill „bei seinem Lieblingsschnaps geblieben war". Als er sich erhob, um seinen x-ten Trinkspruch auszubringen, sagte Stalin: „Ich bringe einen Toast auf die schnellstmögliche Gerechtigkeit für alle deutschen Kriegsverbrecher aus, Gerechtigkeit vor einem Erschießungskommando. Ich trinke auf unsere Einheit, um sie zu eliminieren, sobald wir sie gefangen nehmen, alle, und es müssen mindestens 50.000 sein." Churchill witzelte daraufhin: „Das britische Volk würde einen solchen Massenmord niemals unterstützen." Der Premierminister riet, den Schein zu wahren und sie einem Gerichtsverfahren zu unterziehen. Nach Angaben des Sohnes von Präsident Roosevelt mischte sich sein Vater in die anschließende Diskussion ein und schlug sardonisch vor. „Vielleicht könnten wir sagen, dass wir, anstatt 50.000 summarisch hinzurichten, die Zahl niedriger ansetzen sollten. Sollen wir es bei 49.500 belassen?" In Wirklichkeit waren Churchills Einwände nur vorgeschoben, denn wie wir gesehen haben, hatte er keine Skrupel, Deutsche zu vergasen, und er hatte auch keine Skrupel, die Bombardierung von Dresden, Hamburg und so vielen anderen Städten zu genehmigen, in denen die Zivilbevölkerung zu Hunderttausenden abgeschlachtet wurde.

Das *Morgenthau-Tagebuch*. Der Morgenthau-Plan für Deutschland

Am 24. Juni 1934 enthüllte der Kongressabgeordnete McFadden, dessen Reden in Kapitel acht vorgestellt wurden, im Kongress, wer Henry Morgenthau war. Wir leihen uns seine Worte, um mit der Vorstellung dieser Figur fortzufahren:

> „... Durch Heirat ist er mit Herbert Lehman, dem jüdischen Gouverneur des Staates New York, verbunden, und durch Heirat oder anderweitig ist er mit Seligman verwandt, dem Inhaber des großen internationalen Bankhauses J. & W. Seligman, dem während der Untersuchung des Senats nachgewiesen wurde, dass er versucht hat, eine ausländische Regierung zu bestechen. Morgenthau ist mit Lewinsohn, dem internationalen jüdischen Bankier, und auch mit den Warburgs verbunden, die gemeinsam Kuhn, Loeb & Co, die International Acceptance Bank und die Bank of Manhattan kontrollieren und darüber hinaus viele andere Geschäfte und Interessen im In- und Ausland haben. Diese Bankiers verursachten ein Defizit von 3 Milliarden Dollar im US-Finanzministerium und schulden diesen Betrag noch immer dem Finanzministerium und den US-Steuerzahlern. Morgenthau ist auch mit der Strauss-Familie verbunden und steht auch mit

verschiedenen anderen Mitgliedern der jüdischen Bankenwelt in New York, Amsterdam und anderen Finanzzentren in Beziehung oder ist mit ihnen verbunden."

Henry Morgenthau Jr. war einer der jüdischen Tycoons, die während der zwölfjährigen Amtszeit von Franklin D. Roosevelt die meiste Macht anhäuften. Er war von Januar 1934 bis Juli 1945 Finanzminister und finanzierte den Krieg durch die Ausgabe von „Kriegsanleihen". Morgenthau schrieb ein Tagebuch, das als *Morgenthau-Tagebuch* bekannt ist und im November 1967 von der Staatsdruckerei in Washington veröffentlicht wurde. Es ist ein Auszug aus mehr als 1.650 Seiten, die in zwei großen Bänden zusammengefasst sind und sich ausschließlich mit der amerikanischen Politik in Bezug auf den Krieg, Deutschland und Europa befassen. Anlass für die Veröffentlichung war die Untersuchung des Unterausschusses für Innere Sicherheit des Justizausschusses des US-Senats über die außergewöhnlichen Aktivitäten Morgenthaus während seiner Zeit als Finanzminister.

Im Vorwort der Veröffentlichung heißt es, dass Dr. Anthony Kubek, Hauptprofessor des Fachbereichs Geschichte an der Universität Dallas, den Unterausschuss bei der Auswahl der Dokumente beriet. Er wies darauf hin, dass die Morgenthau-Tagebücher, die in der Regierungsveröffentlichung zusammengefasst sind, in 864 nummerierten Bänden geschrieben wurden, zu denen noch weitere, nicht nummerierte Bände hinzukommen, so dass sich der Gesamtumfang auf 900 Bände mit jeweils 300 Seiten beläuft. Dr. Kubek schrieb eine Einleitung, in der er die in den Tagebüchern aufgezeichneten Ereignisse in ihren historischen Kontext einordnete. Der Unterausschuss stellte fest, dass Kubeks Analyse die Fakten brillant und mit historischer Tiefe darstellte, und bot dem Senat die 81 Seiten der Einleitung als informative Ergänzung an. Léon de Poncins legt in seinem mehrfach erwähnten Werk *Staatsgeheimnisse* eine sehr sachdienliche Auswahl von Texten zum Werk von Professor Kubek vor, anhand derer wir die Politik des Finanzministeriums gegenüber Deutschland während des Zweiten Weltkriegs untersuchen werden.

Verschiedene Mitarbeiter von Morgenthau warnten damals, dass das in den Tagebüchern enthaltene Material für viele Personen kompromittierend sein könnte, insbesondere wenn es im Rahmen einer Untersuchung des Roosevelt-Regimes in die Hände von Republikanern fiele. John Pehle, ein jüdischer Anwalt im Finanzministerium, schlug vor, Material zu entfernen, das bestimmte Personen gefährden könnte. Die von der Regierung freigegebenen Dokumente offenbaren zwangsläufig den enormen Einfluss von Roosevelts jüdischen Beratern, darunter Bernard Baruch, Felix Frankfurter, Louis D. Brandeis, Harry Dexter White, Henry Morgenthau selbst und andere in maßgeblichen politischen Kreisen, die in einem entscheidenden Moment in der Lage waren, die amerikanische Außenpolitik zu lenken und den Verlauf der Ereignisse in Europa zu bestimmen. Es liegt auf der Hand, dass Morgenthau, der ausschließlich von jüdischen Mitarbeitern und Beratern umgeben war, eine Politik verfolgte, die ausschließlich von jüdischen Interessen diktiert wurde, ohne sich um die Interessen seines Landes zu kümmern.

Bevor er ins Finanzministerium kam, hatte Morgenthau zwei Jahrzehnte lang in der Nähe von Roosevelts Haus in New York gelebt und war einer seiner engsten Freunde. Obwohl er nur Finanzminister war, trafen Morgenthau und Roosevelt in den Jahren 1934-1945 heimlich Entscheidungen, die in den Zuständigkeitsbereich des Außen- und des Kriegsministeriums fielen, wobei sie die jeweiligen Sekretäre manchmal ignorierten. An der Konferenz von Quebec, die vom 17. bis 24. August 1943 stattfand, nahm Roosevelt zum Beispiel in Begleitung von Morgenthau und Harry Dexter White teil. Dort vereinbarten sie mit Churchill und dem kanadischen Premierminister Mackenzie King die Aufnahme von Gesprächen über die Operation Overlord, den Codenamen für die Invasion Frankreichs, und die Verstärkung der Operationen im Mittelmeer, die beide das Kriegsministerium direkt betrafen. Am 19. August unterzeichneten Roosevelt und Churchill in Quebec ein Geheimabkommen über die gemeinsame Nutzung der Nukleartechnologie.

Morgenthaus Einmischung in Angelegenheiten, die in den Zuständigkeitsbereich des Außenministeriums fielen, verärgerte andere Mitglieder der Regierung zutiefst und führte zu Spannungen mit Cordell Hull. In den *Memoiren von Cordell Hull* schreibt der Außenminister: „Verärgert über den Aufstieg Hitlers und seine Judenverfolgung versuchte Morgenthau oft, den Präsidenten zu veranlassen, dem Außenministerium zuvorzukommen oder entgegen unseren Absichten zu handeln. Manchmal entdeckten wir, dass er Gespräche mit ausländischen Regierungen führte, die in unserer Zuständigkeit lagen. Seine Arbeit bei der Ausarbeitung eines katastrophalen Plans für die Behandlung Deutschlands nach dem Krieg und sein Eifer, den Präsidenten zu überzeugen, diesen Plan zu akzeptieren, ohne das Außenministerium zu konsultieren, sind hervorragende Beispiele für seine Einmischung."

Hull erwähnt in seinen Memoiren die enorme Bedeutung von Harry Dexter White, einem in Litauen geborenen Juden, der Unterstaatssekretär des Finanzministeriums und Morgenthaus wichtigster Mitarbeiter war. Sowohl Whites Vater, Joseph Weit, als auch seine Mutter, Sarah Magilewski, waren Juden, die 1885 nach Amerika gekommen waren. Das FBI entdeckte später, dass Harry Dexter White ein sowjetischer Agent war, die Schlüsselfigur in der „Operation Schnee", deren Ziel es war, die strategische Politik der USA zu beeinflussen. In Kenntnis der Wahrheit behielt Truman, anstatt seine Verhaftung anzuordnen, ihn als Direktor des neu geschaffenen Internationalen Währungsfonds im Amt und bewies damit erneut, dass der Kommunismus ein Instrument der Verschwörung der internationalen jüdischen Bankiers war.

Professor Kubek schreibt in seiner Einleitung zu den *Morgenthau-Tagebüchern* einige sehr interessante Seiten über die Figur des Dexter White. Laut Kubek „waren White und seine Kollegen in der Lage, einen Einfluss auf die amerikanische Außenpolitik auszuüben, der, wie die Tagebücher zeigen, tiefgreifend und beispiellos war. Sie nutzten ihre Macht auf vielfältige Weise, um den so genannten Morgenthau-Plan für die Behandlung Deutschlands nach dem Krieg auszuarbeiten und zu fördern." Über den Status von Harry Dexter White als sowjetischer Agent schreibt Professor Kubek in seinem Bericht an den Senat:

„... Was dies zu einem einzigartigen Kapitel in der amerikanischen Geschichte macht, ist die Tatsache, dass Dr. White und mehrere seiner Kollegen, die in jenen entscheidenden Jahren wichtige nationale Politiken entwarfen, später in Anhörungen des Kongresses als Teilnehmer eines kommunistischen Spionagenetzes identifiziert wurden, das sich im Schatten des Washington Monuments befand. Zwei von ihnen, Frank Coe und Solomon Adler, hatten mehrere Jahre in Asien für die chinesischen Kommunisten gearbeitet. Aus den Morgenthau-Tagebüchern lassen sich viele Einzelheiten über die umfangreichen politischen Spionageoperationen dieser Gruppe, insbesondere im Bereich der politischen Subversion, entnehmen."

Im Sommer 1948 sagten Elizabeth Bentley und Whittaker Chambers, zwei übergelaufene sowjetische Agenten, vor dem House Committee on Un-American Activities (HUAC) aus und lieferten wichtige Informationen über die Aktivitäten von White und Co. Professor Kubek bestätigt in seiner Einleitung zu Morgenthau's Diary, dass Whites Name wiederholt in Anhörungen vor dem Unterausschuss für innere Sicherheit des Senats auftauchte, wo die beiden Spione die Aktivitäten der kommunistischen Gruppe innerhalb des Institute of Pacific Relations aufdeckten, einer Einrichtung, die dazu beitrug, dass China dem Kommunismus verfiel. Später", schreibt Kubek, „als der Unterausschuss sich mit den Verbindungen der Regierung zur Subversion befasste, enthüllten die Anhörungen zusätzliche Informationen über Whites Aktivitäten und seine Verwicklung mit Mitgliedern einer kommunistischen konspirativen Gruppe innerhalb der Regierung. Dr. White stand im Zentrum all dieser Aktivitäten."

Der Morgenthau-Plan zur Deindustrialisierung Deutschlands nach der Kriegsniederlage und zur Reduzierung der Aktivitäten des deutschen Volkes auf die Weidewirtschaft hatte eine versteckte Absicht: rigoroses und unterschiedsloses Elend unter der Bevölkerung als Mittel, um Deutschland in die Arme der Sowjetunion zu treiben. Am 10. Juli 1946 erklärte Molotow, die Sowjetunion wolle Deutschland in einen „demokratischen und friedliebenden Staat verwandeln, der neben seiner Landwirtschaft auch eine eigene Industrie und einen eigenen Außenhandel haben wird". Im Lichte dieser Erklärungen stellt Professor Kubek folgende Überlegungen an: „Wollte Russland wirklich der Retter der niedergeschlagenen Deutschen angesichts des rachsüchtigen Schicksals werden, das die Vereinigten Staaten für sie ausgeheckt hatten? Wenn dies das verborgene Ziel des Morgenthau-Plans war, was ist dann mit dem Hauptorganisator? War dies die Absicht von Harry Dexter White? Handelte White als Kommunist ohne spezifische Anweisungen? Handelte er als sowjetischer Agent, als er das Projekt entwarf?" Kubek weist darauf hin, dass jeder, der die Morgenthau-Tagebücher studiert, sofort die enorme Macht erkennt, die H. D. White anhäufte. Eine Woche nach Pearl Harbour, so Kubek, gab das Finanzministerium eine Verfügung heraus, in der Henry Morgenthau ankündigte, dass „der stellvertretende Sekretär Harry D. White die volle Verantwortung für alle Angelegenheiten im Zusammenhang mit den Außenbeziehungen übernehmen wird, die vom Finanzministerium zu behandeln sind." Die ungeheure Macht, die Morgenthau damit in die Hände eines kommunistischen Agenten legte, kann niemandem entgehen.

In *State Secrets (Staatsgeheimnisse)* entnimmt Graf Léon de Poncins der Einleitung von Professor Kubek zu Morgenthaus Tagebuch einen Auszug aus der Erklärung, die die Überläuferin Elizabeth Bentley 1952 vor dem Senatsunterausschuss für innere Sicherheit abgab. Die Mitglieder dieses Unterausschusses wollten wissen, ob es einen Morgenthau-Plan für den Fernen Osten gab. Hier ist ihre Niederschrift:

> „Miss Bentley: Nein, der einzige mir bekannte Morgenthau-Plan war der deutsche.
> Senator Eastland: Wissen Sie, wer diesen Plan ausgearbeitet hat?
> Miss Bentley: Das lag an Mr. Whites Einfluss. Er drängte auf die Zerstörung Deutschlands, weil die Russen das wollten.
> Senator Eastland: Glauben Sie, dass es eine kommunistische Verschwörung war, um Deutschland zu zerstören und es so weit zu schwächen, dass es uns nicht helfen konnte?
> Miss Bentley: Das ist richtig. Es könnte nicht länger eine Barriere sein, die die westliche Welt schützt.
> Senator Eastland: Und Herr Morgenthau, der Finanzminister der Vereinigten Staaten war, wurde von kommunistischen Agenten benutzt, um dieses Komplott zu fördern?
> Miss Bentley: Ich fürchte ja, ja.
> Senator Smith: Es wurde unwissentlich verwendet.
> Senator Ferguson: Sie haben also bewusste und unbewusste Agenten?
> Miss Bentley: Natürlich..."

Am 17. November 1952 bestätigte J. Edgar Hoover, Direktor des FBI, vor dem Unterausschuss, dass Elizabeth Bentleys Aussage durch Whittaker Chambers und durch Manuskripte von White selbst belegt und bestätigt worden sei. Ob Henry Morgenthau, wie von Senator Smith behauptet, benutzt wurde, steht nicht fest, aber er wusste sehr wohl, was beabsichtigt war und billigte es, wie weiter unten zu sehen sein wird.

Die Meinungsverschiedenheiten zwischen dem Finanzministerium und dem Außenministerium in Bezug auf Deutschland nahmen zu, je näher das Kriegsende rückte. Nach der Konferenz von Bretton Woods im Juli 1944, auf der sich Harry D. White gegen John M. Keynes, den britischen Vertreter, durchsetzte und die Gründung der Weltbank und des Internationalen Währungsfonds beschlossen wurde, erfuhr Morgenthau von dem Entwurf des Außenministeriums für Deutschland. Professor Kubek vermutet, dass White eine Kopie des Dokuments entweder von Virginius Frank Coe, einem jüdischen Kommunisten, der schließlich mit Mao in China zusammenarbeitete, oder von Harold Glasser, einem anderen sowjetischen Spion, der wie Dexter White Sohn jüdischer Emigranten aus Litauen war, erhalten haben könnte. Glasser, Codename „Ruble", war seit 1933 Mitglied der Kommunistischen Partei der USA und arbeitete eng mit White zusammen.

Henry Morgenthau war besorgt über die Pläne des Außenministeriums und beschloss am 5. August 1944, mit White nach London zu reisen. Am 7.

August fand in Südengland ein Treffen mit General Eisenhower statt. Sie setzten sich auch mit Oberst Bernard Bernstein in Verbindung, einem anderen Juden, der als Jurist im Finanzministerium tätig war und als Morgenthaus persönlicher Vertreter im Stab von General Eisenhower fungierte. Bernstein, ein Extremist, der später vom Unterausschuss des Senats als glühender Verfechter des Kommunismus identifiziert wurde, war der auffälligste der so genannten „Morgenthau-Jungs" und symbolisierte Morgenthaus Geist im US-Militär. „Nur die Russen", erklärte Bernstein im Februar 1946 gegenüber dem *Daily Worker*, „haben gezeigt, dass sie den Faschismus und den Nazismus ausrotten wollen." Am 12. August berief Morgenthau in London ein Treffen mit mehreren amerikanischen Beamten ein, die sich offiziell für das Nachkriegsdeutschland interessierten. Er erklärt ihnen, dass die einzige Möglichkeit, einen dritten Weltenbrand zu verhindern, darin besteht, es Deutschland unmöglich zu machen, jemals wieder Krieg zu führen.

Das Außenministerium war jedoch nicht bereit, sich zu einem Plan zwingen zu lassen, den es für absurd hielt. Als Morgenthau darauf hingewiesen wurde, dass sein Plan unmöglich sei, weil das Land nicht so viele Arbeitskräfte aufnehmen könne, erwiderte er, dass die überschüssige Bevölkerung in Nordafrika deponiert werden sollte. Unmittelbar nach seiner Rückkehr aus England suchte der Finanzminister die Fürsprache seines Freundes Roosevelt und rief Außenminister Hull an, um ihm mitzuteilen, dass er General Eisenhower erklärt habe, wie die Deutschen nach dem Krieg zu behandeln seien. Morgenthau ließ Hull wissen, dass der Oberbefehlshaber ihm versichert hatte, dass „Deutschland nach dem Einmarsch der Alliierten mehrere Monate lang in seiner eigenen Soße schmoren würde".

Eisenhower stand zu seinem Wort, denn in seinen Todeslagern ließ er von April bis Oktober 1945 Millionen deutscher Gefangener „in ihrer eigenen Soße schmoren", indem er sie ohne Unterkunft, Medizin, Wasser oder Nahrung im Freien ließ. Mindestens 800.000 bis 900.000 Deutsche verhungerten und verdursteten, starben an Ruhr, Typhus und anderen Krankheiten. Dies ist ein weiteres Kapitel des Zweiten Weltkriegs, das kaum jemand kennt, weil es nie erzählt wurde. Die Amerikaner nahmen mehr als fünfeinhalb Millionen deutsche Soldaten in Europa gefangen, die Gefangenen in Nordafrika nicht mitgerechnet. Am 10. März 1945 unterzeichnete Eisenhower einen Befehl zur Schaffung einer neuen Art von Gefangenen, „Disarmed Enemy Forces" (DEF), damit sie nicht die Behandlung erhielten, die die Genfer Konvention für Kriegsgefangene vorsah. Am selben Tag erklärte er auf einer Konferenz in Paris, dass die USA die Genfer Konvention respektierten.

Infolge dieses Befehls wurden die Gefangenen nie durchsucht. Sie wurden trotz Kälte und Regen auf dem nackten Boden gehalten und mussten Löcher in den Boden graben, um sich zu schützen. Die Latrinen bestanden aus Gruben und Holz, die neben den Zäunen errichtet wurden. Die deutschen Gefangenen blieben tagelang ohne Wasser und Nahrung: weder das Rote Kreuz noch die Bevölkerung konnten sich den Lagern nähern: die vom Roten Kreuz gelieferten Hilfsgüter und Lebensmittel wurden auf Befehl Eisenhowers zurückgegeben: die Kranken und Verwundeten starben ohne jegliche

Versorgung. Vom 1. Mai bis zum 15. Juni ist die Zahl der Toten in den Lagern am Rheinufer erschreckend hoch. Die Militärärzte stellten fest, dass die Sterblichkeitsrate achtzigmal höher war als in jeder anderen ihnen bekannten Situation: Durchfall, Typhus, Septikämie (Blutvergiftung), Ruhr, Tetanus, Herzstillstand, Lungenentzündung, Auszehrung und Erschöpfung waren die festgestellten Todesursachen. James Bacque's *Other Losses* (1989) ist das Buch, in dem alle Informationen über diesen stillen Holocaust zu finden sind, ein weiterer, auf den wir am Ende dieses Kapitels in einem eigenen Abschnitt eingehen werden.

Dwight David Eisenhower, Sohn von David Jacob Eisenhower, war an der Militärakademie von West Point als „der schreckliche schwedische Jude" bekannt, wie es in einem Jahrbuch von West Point aus dem Jahr 1915 heißt. Zu seinen Mentoren gehörten Bernard Baruch und Morgenthau selbst. Vielleicht wurde er deshalb, trotz seiner mittelmäßigen akademischen Leistungen und seines schlechten Dienstzeugnisses, von Militärs wie George Patton und Douglas MacArthur übergangen, zum General-in-Chief befördert und zum kommandierenden General aller alliierten Armeen in Europa ernannt. Auch sein Antigermanismus muss ihm bei seinem kometenhaften Aufstieg zugute gekommen sein. In einem Brief an seine Frau schrieb er im September 1944: „Gott, ich hasse die Deutschen!" James Bacque gibt in *Other Losses* die peinliche Aussage von Dr. Ernest F. Fisher, einem Major der US-Armee, wieder: „Eisenhowers Hass, geduldet von einer Militärbürokratie, die ihm gefügig war, brachte den Schrecken der Todeslager hervor, der in der amerikanischen Militärgeschichte seinesgleichen suchte. So war es Morgenthau selbst, der General Eisenhower erklärte, wie die Deutschen zu behandeln seien, und der zeigte, dass er sie ebenso hasste wie der Finanzminister. Bekanntlich wurde Eisenhower 1953 zum Präsidenten der Vereinigten Staaten gewählt und ist wie Roosevelt, Truman, Churchill und so viele andere von der Propaganda gepriesene Verbrecher als Vorkämpfer für Freiheit und Demokratie in die Geschichte eingegangen.

Professor Kubek bestätigt, dass in den Gesprächen zwischen Morgenthau und White, die im Tagebuch festgehalten sind, immer wieder der Plan auftaucht, die industriellen Ressourcen des Saar- und Ruhrtals völlig zu zerstören. Morgenthau erklärte kategorisch, er wolle das Ruhrgebiet in eine „Geisterregion" verwandeln. Präsident Roosevelt hatte nichts dagegen, denn auf der zweiten Konferenz von Quebec, die vom 11. bis 16. September 1944 stattfand, legte er Churchill den Morgenthau-Plan vor und verteidigte ihn. Roosevelt hatte Stalin eingeladen, doch Stalin lehnte die Einladung ab, weil er vielleicht befürchtete, dass man ihm Zugeständnisse abverlangen würde, da seine Truppen sich auf den Einmarsch in Osteuropa vorbereiteten. Stalin hätte Roosevelts Bereitschaft, Deutschland industriell zu demontieren und in ein Agrarland umzuwandeln, zweifellos begrüßt, doch Churchill begann, die Nachteile einer Ausdehnung des russischen Imperialismus in das Herz Europas in Frage zu stellen. Er vertrat daher die Ansicht, dass Deutschland notwendig sein könnte, um ein europäisches Gleichgewicht herzustellen. Dennoch unterzeichneten Roosevelt und Churchill am 15. September 1944 die folgende Erklärung, die die Annahme des Morgenthau-Plans beinhaltete:

„Es ist nur gerecht, dass die zerstörten Länder, insbesondere Russland, das Recht haben, das Material zu beschlagnahmen, das sie zum Ausgleich der erlittenen Verluste benötigen. Die Industrien an Ruhr und Saar sollen daher unbrauchbar gemacht und stillgelegt werden. Es wird akzeptiert, dass diese beiden Regionen unter die Aufsicht eines Gremiums im Rahmen einer Weltorganisation gestellt werden, das die Stilllegung dieser Industrien überwacht und verhindert, dass sie unter Vorspiegelung falscher Tatsachen in Betrieb genommen werden. Dieses Programm zur Beseitigung der Kriegsindustrien setzt voraus, dass Deutschland in ein Agrarland umgewandelt wird."

Als der Morgenthau-Plan und seine Annahme durch die alliierte Führung am 24. September 1944 bekannt gegeben wurden, wuchs in Deutschland die Verzweiflung, als klar wurde, wohin die in Casablanca vereinbarte bedingungslose Kapitulation führen würde. Folglich wurde über die Medien zum Widerstand aufgerufen: Im Radio wurde Tag und Nacht berichtet, dass Deutschland im Falle einer Kapitulation zu einem Land mit hungernden Bauern werden würde.

In den Vereinigten Staaten reagierten Stimson und Hull, die Kriegs- und Verteidigungsminister, die sich gegen Morgenthau gestellt hatten, als sie erfuhren, dass der Präsident den Plan des Finanzministers in Quebec gebilligt hatte. Stimson legte Roosevelt ein Memorandum vor, in dem er den Plan, Deutschland in ein Agrarland zu verwandeln, ablehnte, und Cordell Hull nannte die vorgeschlagene Politik für Deutschland „katastrophal". Daraufhin wurde beschlossen, einen Teil der Presse zum Gegenangriff zu nutzen, wobei in einem Artikel behauptet wurde, die Briten seien gekauft worden, um den Morgenthau-Plan zu akzeptieren. Die ressortübergreifende Konfrontation eskalierte im Laufe der Monate, wie die Einträge im *Morgenthau-Tagebuch* zeigen, aus *denen* hervorgeht, dass sich der Finanzminister durch die Zustimmung Churchills und Roosevelts zu dem Plan gestärkt fühlte.

In der Überzeugung, dass sie ihren Willen durchsetzen würden, konnten Morgenthau und White die Grundzüge ihres Plans in die militärischen Befehle der Joint Chiefs of Staff (JCS) aufnehmen. Der Befehl JCS/1067, den General Eisenhower unmittelbar nach seiner Ankunft in Deutschland erhielt, betraf die Kontrollmaßnahmen nach der Kapitulation und spiegelte die knallharte Rachephilosophie von Morgenthau, White und ihrem Team aus jüdischen Finanzbeamten wider. JCS/1067 vom 22. September 1944 wurde zu einer offiziellen, abgeschwächten Version des Morgenthau-Plans, die fast drei Jahre lang in Kraft blieb, bis sie im Juli 1947 durch eine neue politische Richtlinie des JCS ersetzt wurde.

Sobald Franklin D. Roosevelts neuer Sieg bei den Wahlen im November 1944 bestätigt wurde, setzten Harry Dexter White und sein Team von jüdischen Kommunisten im Finanzministerium ihre Bemühungen fort, das Programm zur endgültigen Zerstörung Deutschlands umzusetzen. Über verschiedene Kanäle sammelte White Informationen über die Richtlinien, die andere Ministerien vorbereiteten, um sie zu kontern. Unter den Militärs und in bestimmten politischen Kreisen der Alliierten werden jedoch immer mehr Stimmen laut, die darauf hinweisen, dass die deutsche Industrie für die Versorgung der verwüsteten Gebiete in ganz Europa benötigt wird. In Kenntnis dieser Initiativen legte Morgenthau am 10. Januar 1945 Präsident Roosevelt ein strenges Memorandum vor, in dem er die Befürchtungen des Finanzministeriums vor einem neuen Militarismus in Deutschland hervorhob, die Argumente der Gegner seines Plans kühn in Frage stellte und ihnen vorwarf, aus Angst vor Russland und dem Kommunismus gegen ein schwaches Deutschland zu sein. Einen Monat später sollten die Fakten beweisen, dass diese Befürchtungen nicht unbegründet waren, denn die erste Forderung Stalins in Jalta war die Zerstückelung Deutschlands.

Der Morgenthau-Plan war auf der Konferenz von Jalta über den Großen Drei geschwebt, doch als Roosevelt in die Vereinigten Staaten zurückkehrte, musste er feststellen, dass das Außenministerium sein eigenes Programm für die Nachkriegszeit in Deutschland ausgearbeitet hatte. Der neue Außenminister Edward Stettinius, der den im November 1944 zurückgetretenen Cordell Hull ersetzt hatte, legte dem Präsidenten am 10. März einen Entwurf für die Besatzungspolitik vor, ohne das Finanzministerium zu konsultieren. Dieses Memorandum des Außenministeriums war ein vernünftiger Ersatz für die JCS/1067-Richtlinie, die Morgenthau und White so gut gefallen hatte, und basierte auf der Idee, dass Deutschland für die wirtschaftliche Erholung Europas notwendig sei. Als Morgenthau eine Kopie des Memorandums sah, war er wütend. Professor Kubek gibt seine Worte an Stettinius wieder: „Ich habe das Gefühl, dass dies eine völlig andere Philosophie ist..., mit der ich nicht einverstanden sein kann".

In seiner Einleitung zu *Morgenthaus Tagebuch* stellt Professor Kubek fest, dass Morgenthau davon überzeugt war, dass die Billigung des Plans des State Department die völlige Niederlage seines Projekts bedeuten würde, weshalb er seine Kollegen anwies, eine absatzweise Widerlegung des Dokuments vorzubereiten, um zu zeigen, dass das Memorandum des State Department von der Philosophie der bereits akzeptierten geheimen Anweisung JCS/1067 abwich. Eine Dringlichkeitssitzung am 19. März 1945, bei der Dexter White und die jüdischen Berater Coe und Glasser ihn berieten, wie er an Präsident Roosevelt herantreten sollte, wurde in das Tagebuch aufgenommen. Am nächsten Tag eilte Morgenthau ins Weiße Haus, um sich Roosevelts Unterstützung zu sichern, der in drei Wochen sterben sollte und bereits unter geistigen Aussetzern litt. Am 21. März begann eine ressortübergreifende Sitzung, um den Plan des Außenministeriums zu erörtern. Die Diskussionen dauerten bis zum 23. März und endeten mit einem überwältigenden Triumph für das Finanzministerium. Morgenthau teilte seinen Kollegen freudig mit, dass der Präsident davon überzeugt worden sei, das Memorandum des Außenministeriums vom 10. März zurückzuziehen. Im Folgenden geben wir einen sehr wichtigen Absatz aus Kubeks Einleitung wieder, wie er im Werk von Léon de Poncins wiedergegeben ist:

„Für White und seine Mitarbeiter war die Aktion des Präsidenten ein Sieg von tiefgreifender Bedeutung..., aber der Erfolg wäre nicht vollständig, fügte Morgenthau hinzu, bevor nicht bestimmte Personen in Schlüsselpositionen aus der Regierung entfernt worden seien. Diese abschließende Bemerkung enthält einen bemerkenswert skrupellosen Auszug aus seiner politischen Philosophie und gehört zu den schärfsten Formulierungen, die in den Tagebüchern zu finden sind: „Es ist sehr ermutigend, dass wir den Rückhalt des Präsidenten haben.... Die Leute vom Außenministerium haben versucht, ihn dazu zu bringen, es zu ändern, aber sie konnten es nicht. Früher oder später wird der Präsident in seinem Haus aufräumen müssen. Ich spreche von den gemeinen Leuten.... Sie sind Anhänger von Herbert Hoover (Präsident vor Roosevelt) und Herbert Hoover hat uns ins Chaos gestürzt und sie sind im Herzen Faschisten.... Sie sind ein bösartiges Volk, und früher oder später müssen sie ausgerottet werden. Es waren diese Leute, die uns ohne Regeln bekämpft haben". Das Außenministerium war zutiefst enttäuscht über die Ablehnung seines Memorandums vom 10. März durch den Präsidenten."

In einem weiteren sehr interessanten Auszug hebt Kubek Notizen in *Morgenthaus Tagebuch* über eine Sitzung von Bernard Baruch mit dem Kriegskabinett am 21. April 1945 hervor. Baruch handelt in seiner Eigenschaft als Berater von Präsident Truman (Roosevelt starb am 12. April). Er wird nach seiner Haltung zum deutschen Problem befragt. Laut Morgenthau antwortet Baruch, dass seine jüngste Europareise ihn in seiner Idee der Dezentralisierung Deutschlands bestärkt habe und dass der Plan des Finanzministeriums zu weich und sein Verfasser fast ein Weichei sei. In seinem Tagebuch berichtet Morgenthau einem Vertreter des Außenministeriums namens Clayton, der ihm anscheinend Widerstand leistet, von Baruchs harschen Worten. Der Finanzzauberer droht ihm ernsthaft und sagt ihm, dass er ihm „das Herz herausschneiden wird, wenn er sich nicht benimmt". Dem Tagebuch zufolge sagte Baruch Clayton öffentlich, dass er entweder die deutsche Frage verstehe oder es in seinem Interesse sei, „die Stadt zu verlassen". Morgenthau schrieb mit offensichtlicher Genugtuung, dass Baruch unnachgiebig war: „Das Einzige, wofür ich noch leben kann", erklärte Baruch, „ist, dafür zu sorgen, dass Deutschland entindustrialisiert wird, und zwar auf die richtige Weise, und ich werde nicht zulassen, dass sich mir jemand in den Weg stellt." Nach dem Kommentar, Baruch sei zu Tränen gerührt gewesen, bemerkte Morgenthau, er habe „noch nie einen Mann so hart sprechen sehen wie ihn". Morgenthau schrieb, er habe „den Eindruck, dass Baruch die Bedeutung der Aufrechterhaltung freundschaftlicher Beziehungen zu Russland erkannt hat". Es ist schockierend, das Ausmaß von Baruchs Arroganz und Schlägertum zu sehen, der sich wie ein Mafia-Capo benehmen konnte, um einen hochrangigen Beamten des Außenministeriums zu bedrohen und einzuschüchtern, der es wagte, eine andere politische Meinung zu vertreten. Wie wir wissen, war Baruch nicht nur ein persönlicher Freund von Roosevelt, sondern auch politischer Berater amerikanischer Präsidenten seit den Tagen von Woodrow Wilson. Seine Macht war allmächtig und blieb es auch nach dem Amtsantritt von Truman. Die Tatsache, dass er den Morgenthau-Plan für zu weich hielt, lässt erahnen, welcher Hass auf das deutsche Volk in den Eingeweiden der mächtigsten Juden Amerikas schlummerte.

Mit der Übernahme der Präsidentschaft durch Truman versuchte das Außenministerium langsam, die Kontrolle über die amerikanische Außenpolitik zurückzugewinnen, da der Einfluss des Finanzministeriums nach dem Tod von Morgenthaus brüderlichem Freund Roosevelt langsam zu schwinden begann. Schritt für Schritt verloren die Prinzipien, die seinen Plan für Deutschland inspirierten, innerhalb der Regierung an Unterstützung, bis am 5. Juli 1945, einen Tag bevor Truman nach Europa reisen sollte, um an der Potsdamer Konferenz teilzunehmen, in Washington bekannt gegeben wurde, dass Henry Morgenthau nach elf Jahren als Finanzminister zurückgetreten war. Admiral Leahy enthüllte, dass Morgenthau beabsichtigte, an der Konferenz in Potsdam teilzunehmen, und mit seinem Rücktritt drohte, falls er nicht in die amerikanische Delegation aufgenommen würde, woraufhin sein Rücktritt akzeptiert wurde. Dies hinderte Oberst Bernstein und andere „Morgenthau-Jungs" jedoch nicht daran, nach dem Abgang ihres Chefs an ihren Posten festzuhalten. Ende 1945 hatten etwa 140 „Spezialisten" des Finanzministeriums immer noch wichtige Positionen in der deutschen Militärregierung inne und setzten weiterhin die geheime Direktive JCS/1067 um.

Die Behandlung Deutschlands in der Zeit der anfänglichen Kontrolle war das Hauptthema, das auf der Potsdamer Konferenz im Juli erörtert wurde. Die Staats- und Regierungschefs der Alliierten kamen im Geiste des Morgenthau-Plans, und die angenommenen Vereinbarungen wichen nur wenig von dessen Grundzügen ab. Das Potsdamer Abkommen enthielt eine Klausel, mit der die Leiter der vier Zonen ermächtigt wurden, Maßnahmen zur Verhinderung von Hungersnöten und Krankheiten zu ergreifen. Es wurde jedoch bereits gezeigt, dass in der amerikanischen Zone die unmenschlichen Maßnahmen von General Eisenhower zum Tod von fast einer Million Gefangener führten. Andererseits hatten die Alliierten in Jalta vereinbart, alle Sowjetbürger an Stalin auszuliefern, so dass russische Antikommunisten, die in der amerikanischen, französischen und britischen Zone Mitteleuropas Zuflucht gefunden hatten, sowie Flüchtlinge aus Satellitenländern wie Ungarn, Bulgarien, Rumänien und anderen verhaftet wurden. Die Zwangsrepatriierung von fünfzigtausend Kosaken gegen ihren Willen in die UdSSR wurde bereits in Kapitel acht behandelt. Insgesamt wurden mehr als zwei Millionen Unglückliche, deren Schicksal die Deportation oder der Tod war, an die Sowjets ausgeliefert. Dies war ein verabscheuungswürdiger Akt, begangen von Ländern, die vorgaben, die Freiheit zu verteidigen.

Da es sich bei den Anweisungen des JCS/1067 um virtuelle Befehle handelte, konnten die US-Verwalter in der amerikanischen Zone nicht umhin, sie umzusetzen. Schon bald wurde Journalisten und internationalen Beobachtern klar, dass die Politik in der amerikanischen Zone absolut wahnsinnig war. Wie White vorausgesehen hatte, war die Lage in Deutschland drei Jahre lang verzweifelt. Die Städte, in die ein unaufhörlicher Strom von Millionen von Flüchtlingen aus dem Osten strömte, blieben ein Trümmerhaufen. Wäre der Plan des Schatzamtes, die gesamte Bevölkerung einer besiegten Nation unter Quarantäne zu stellen und ins Elend zu stürzen, so umgesetzt worden, wie es Morgenthau, White und ihre Clique kommunistischer Juden geplant hatten, wäre es zum größten Völkermord der Geschichte gekommen. Doch wie in

Eisenhowers Vernichtungslagern starben von den siebzehn Millionen Deutschen, die aus ihrer Heimat vertrieben wurden, weitere zwei Millionen einen unmenschlichen Tod auf ihrer Pilgerreise in den Westen. Wir werden später noch Gelegenheit haben, davon zu berichten.

All diese Tatsachen ermöglichen es, zum hundertsten Mal zu beweisen, dass der Kommunismus von Anfang an eine Ideologie war, die in den Dienst des Plans der jüdischen Bankiers zur Weltherrschaft gestellt wurde. Adam Weishaupt, Jacob Frank, Moses Hess, Karl Marx, Israel Helphand (Alexander Parvus), Trotzki, Lenin, Sinowjew, Kamenjew und alle wichtigen Führer der bolschewistischen Revolution waren jüdische Agenten, die ihr Leben der Sache der internationalen kommunistischen Revolution gewidmet haben. Die Tatsache, dass die sehr große Gruppe von Juden, die unter Morgenthau und White agierten, gleichzeitig Kommunisten waren, ist also kein Novum oder eine Ausnahme, sondern eine Bestätigung der Regel. Es besteht kein Zweifel, dass der Morgenthau-Plan psychopathologisch antideutsch war. Douglas Reed vertritt in *The Controversy of Zion* die Ansicht, dass das, was den Deutschen widerfuhr, talmudische Rache war, und dies wurde in *The Hidden Tyranny* von Benjamin H. Freedman, dem zum Katholizismus konvertierten jüdischen Milliardär, bestätigt, der behauptete, Roosevelt sei von talmudischen Juden manipuliert worden. Die relevante Frage ist, ob der Morgenthau-Plan nicht nur antideutsch, sondern auch prokommunistisch war. Zwei unbestreitbare Fakten sprechen dafür: Der Plan entsprach Stalins Wünschen für Deutschland, und Harry Dexter White und seine Helfer waren sowjetische Agenten. Professor Kubek beendet seine 81-seitige Einleitung zu *Morgenthau's Diary* mit diesem Absatz:

„Niemals zuvor in der amerikanischen Geschichte hat eine nicht gewählte geheime Bürokratie anonymer hochrangiger Beamter so willkürlich Macht ausgeübt oder einen so schändlichen Schatten auf die Zukunft der Nation geworfen wie Harry Dexter White und seine Mitarbeiter im Finanzministerium unter Henry Morgenthau. Was sie in ihrer bizarren Verdrehung amerikanischer Ideale vorhatten und wie nahe sie dem Erfolg waren, zeigen diese Dokumente. Das ist aber auch schon alles, was man mit Sicherheit weiß. Welche unbezahlbaren amerikanischen Geheimnisse durch die geheimen kommunistischen Tunnel nach Moskau gelangten, wird man wohl nie erfahren. Und wie groß der Schaden ist, den diese finsteren Männer für die Sicherheit der Vereinigten Staaten angerichtet haben, bleibt, zumindest im Moment, eine Frage von Vermutungen."

Daraus lässt sich schließen, dass eine Gruppe von Juden, die sich in den wesentlichen Machtzirkeln befand, die amerikanische Regierung bestimmte und eine entscheidende Rolle dabei spielte, die amerikanische Politik in ihrem Sinne zu lenken. Es besteht kein Zweifel, dass sie die Absicht hatten, dem deutschen Volk als Ganzes so viel Schaden wie möglich zuzufügen und die Errichtung des Kommunismus in Europa voranzutreiben, ein Ziel, das in Jalta weitgehend erreicht wurde. Aus dem *Morgenthau-Tagebuch* geht hervor, dass eine jüdische Elite, die das Finanzwesen beherrschte, wie üblich die politische Macht kontrollierte, von der aus sie im Geheimen auf die Verwirklichung ihrer Ziele hinarbeitete, zu denen die Zersetzung der christlichen Gesellschaften Europas durch revolutionäre Lehren wie den internationalen atheistischen Kommunismus gehörte. Ihr anderes großes Ziel war die Schaffung des zionistischen Staates. Um dies zu erreichen, brauchten sie die Verfolgung der europäischen Juden, denen nach dem Verlust ihres Besitzes und ihrer Häuser das gelobte Land Israel angeboten werden sollte. Henry Morgenthau war einer der führenden Köpfe der Bretton-Woods-Vereinbarungen, die zur Gründung der Weltbank und des Internationalen Währungsfonds führten, und wurde nach seinem Rücktritt Finanzberater Israels,, wo 1948 ihm zu Ehren eine Landgemeinde („Kibbuz") „Tal Shahar" genannt wurde, was auf Hebräisch, wie Morgenthau auf Deutsch, „Morgentau" bedeutet.

Die Konferenz von Jalta

1955 brachten die Amerikaner die offiziellen Dokumente der Konferenz von Jalta ans Licht, die bis dahin geheim geblieben waren. Das Außenministerium räumte jedoch ein, dass wichtige Teile ausgelassen worden waren. Im selben Jahr veröffentlichte die AHR die Texte in Spanien in zwei Bänden mit dem Titel *Jalta*, so dass sie auf Spanisch gelesen werden können. John Foster Dulles, der Außenminister, verbarg die versteckten Gründe des politischen Interesses hinter der Veröffentlichung und erklärte auf einer Pressekonferenz, dass sie dazu bestimmt sei, die öffentliche Meinung im Interesse der Wahrheit und der historischen Genauigkeit zu informieren. Sowohl die Regierung als auch die britische Presse kritisierten das Manöver von Foster Dulles: *Die Times* befand, die Entscheidung sei „zur falschen Zeit und aus ungeschickten Gründen" getroffen worden. Die *Daily Mail* nannte die Veröffentlichung „einen diplomatischen Schnitzer ersten Ranges". In den Vereinigten Staaten übten einige Zeitungen scharfe Kritik an der Entscheidung. Die *New York Daily News* warf dem Außenministerium vor, die internationalen Beziehungen trüben zu wollen. Der *Daily Mirror* verlangte zu erfahren, wie viele Seiten und Wörter aus welchen Gründen weggelassen worden waren. Von Jerusalem aus versicherte Eleanor Roosevelt, die sich auf einem achttägigen Besuch bei ihren zionistischen Freunden in Israel befand,, dass ihr Mann die Dokumente niemals freigegeben hätte.

Vor ihrer Ankunft in Jalta trafen Churchill und Roosevelt in Malta zusammen, um die Lage in Europa und im Pazifik zu erörtern, doch wie schon in Teheran zögerte Roosevelt, sich allein mit dem britischen Premierminister zu treffen, da er befürchtete, Stalin könnte denken, seine westlichen Verbündeten seien gegen ihn verbündet. Diejenigen, die sich am 1. Februar trafen, waren seine Außenminister, Außenminister Edward Stettinius und Außenamtsminister Anthony Eden. Beide stimmten Berichten zufolge darin überein, die bekannten territorialen Forderungen Polens, wie sie von der provisorischen Marionettenregierung in Lublin geäußert wurden, zu missbilligen, aber ihre Ablehnung wurde in Jalta abgeschwächt. Am 3. Februar flogen Roosevelt und Churchill auf die Krim. Der amerikanische Präsident erhielt eine Sonderbehandlung und wohnte im Zimmer des Zaren im Livadia-Palast, dem zentralen Ort für die Treffen. Stalin traf am Sonntag, dem 4. Februar 1945 ein, dem Eröffnungstag der Konferenz, auf der über die Zukunft von Millionen von Menschen in der Nachkriegswelt entschieden werden sollte. Die Rote Armee war in Warschau und Budapest einmarschiert, und die Deutschen leisteten auf ihrem eigenen Territorium bereits unter unmöglichen Bedingungen Widerstand. Die Zerstörung Dresdens stand unmittelbar bevor. In der Zwischenzeit hatte Japan seit Ende Januar die Sowjets vergeblich gebeten, mit den Vereinigten Staaten zu vermitteln, um einen Waffenstillstand zu schließen.

Während der einwöchigen Konferenz hielten die drei großen Delegationen vier Arten von Treffen ab: Plenarsitzungen, Treffen der Außenminister, Treffen der Stabschefs und Treffen der Staats- und Regierungschefs, die entweder trilateral oder bilateral waren. So trafen sich die Sowjets und die Amerikaner bereits am 4. Februar um 16.00 Uhr im „petit comité". Roosevelt wurde von Charles „Chip" Bohlen begleitet, einem diplomatischen Experten für die UdSSR, der angeblich nur als Dolmetscher fungierte. Stalin wurde von Molotow und seinem Dolmetscher Wladimir Pawlow begleitet. Bereits bei diesem Treffen gestand Roosevelt, dass er noch blutrünstiger sei als in Teheran und dass er erwarte, dass Marschall Stalin erneut einen Toast auf die Hinrichtung von 50.000 deutschen Offizieren ausspreche. Stalin bestätigte daraufhin, dass sie alle blutrünstiger seien. Nach der Erörterung der militärischen Lage an den beiden Fronten. Roosevelt erkundigt sich nach dem Gespräch von Charles de Gaulle mit Stalin, und Stalin erklärt, er halte ihn nicht für einen komplizierten Menschen, auch wenn er sich von seinen Ansprüchen täuschen lasse. Stalin fragte, ob Frankreich eine Besatzungszone haben sollte und aus welchen Gründen. Sowohl Molotow als auch Stalin waren sich darüber nicht ganz im Klaren, aber im Laufe der Woche machten die Sowjets schließlich dieses Zugeständnis zugunsten anderer Prioritäten, bei denen sie keine Kompromisse eingehen wollten.

Polen und Deutschland waren die Hauptthemen der Diskussion. Die Gründung der UNO, Japan, der Balkan, der Nahe Osten und das von Stalin als „befreit" bezeichnete Europa waren die anderen wichtigen Themen. Die polnische Frage wurde zum ersten Mal in einer Plenarsitzung erörtert, die am Dienstag, dem 6. Februar, um 16 Uhr im Livadia-Palast begann. Die Briten und Amerikaner akzeptierten zunächst ohne weitere Probleme die Curzon-Linie und legitimierten damit die Invasion und Annexion von 1939. Auf diesen über 181.000 Quadratkilometern lebten laut der Volkszählung von 1931 10.640.000 Menschen, deren Wünsche oder Meinung für die Verfechter der Freiheit irrelevant waren. Alles, was sie von Stalin über diese Gebiete zu verlangen wagten, war, dass er die Abtretung von Lemberg an Polen in Betracht ziehen würde. Churchill bat ihn um „eine Geste der Großzügigkeit, die bejubelt und bewundert werden würde". Die britische Position zu Polen war während der gesamten Konferenz erbärmlich. Das Land, das den Krieg provoziert hatte, indem es sich weigerte zu akzeptieren, dass die Danziger Deutschen dem Reich wieder beitreten konnten, übergab nun Millionen von Polen dem kommunistischen Totalitarismus. In London hatten die Exilpolen alles von den Briten erwartet, weshalb Churchill daran erinnerte, dass er in den Krieg gezogen war, um Polen gegen die deutsche Aggression zu schützen, und erklärte, dass die Briten kein materielles Interesse an dem Land hätten, sondern dass es sich um eine Frage der Ehre handele, weshalb „seine Regierung sich niemals mit einer Lösung zufrieden geben würde, die Polen nicht als freien und unabhängigen Staat belassen würde... Herrin ihres eigenen Hauses und Herrin ihrer Seele". Churchill fügte dann hinzu, dass Großbritannien „die polnische Regierung in London anerkennt, aber keinen engen Kontakt mit ihr hat". Er fragte, ob es möglich sei, mit den Männern in der Regierung eine Interimsregierung zu bilden, bis eine neue Regierung aus den Wahlen hervorgeht. Stalin bittet um eine zehnminütige Pause, um seine Antwort vorzubereiten.

Auf die Frage nach der Ehre antwortete Stalin, dass es für die Russen nicht nur eine Frage der Ehre, sondern auch der Sicherheit sei. Auf die Frage nach dem großmütigen Akt erinnerte er daran, dass die Curzon-Linie von Lord Curzon und Clemenceau gezogen worden sei. „Sollten wir also, fragte er, weniger russisch sein als Curzon und Clemenceau? Zur Bildung einer polnischen Regierung nach dem Vorbild der Exilregierung in London sagte er: „Man nennt mich einen Diktator und keinen Demokraten, aber ich habe genug demokratische Gefühle, um mich zu weigern, eine polnische Regierung zu bilden, ohne die Polen zu konsultieren; die Frage kann nur mit Zustimmung der Polen geregelt werden." Stalin erinnerte dann an die Gespräche, die im Herbst in Moskau zwischen Stanislaw Mikolajczyk, dem Vertreter der Londoner Regierung, und den Polen in Lublin stattgefunden hatten, wo die polnische kommunistische Regierung unter Stalins eigener Schirmherrschaft residierte, die, wie er Churchill andeutete, zumindest „eine demokratische Basis hatte, die der von Charles De Gaulle zumindest gleichwertig war". Nach dieser ersten Annäherung war also klar, dass das unlösbare Problem nicht die Grenzen, sondern die Existenz zweier polnischer Regierungen sein würde.

Um die Diskussion über Polen in Jalta besser zu verstehen, ist es notwendig, einige Fakten kurz zu betrachten. Die polnische Exilregierung hatte gegenüber London und Washington die Notwendigkeit zum Ausdruck gebracht, Ostpreußen in das Polen einzugliedern, das nach dem Sieg der Alliierten entstehen würde. Nach dem deutschen Angriff im Juni 1941 unterstützte Stalin diese Idee, ohne zu verraten, dass er die nördliche Hälfte, einschließlich Königsberg, für sich selbst begehrte. Am 15. März 1943 kamen Roosevelt und Eden bei einem Abendessen in Washington, an dem auch Hopkins teilnahm, überein, dem Wunsch der Polen zu entsprechen. Hopkins rief am nächsten Tag den Botschafter in den Vereinigten Staaten, Litwinow, an, um dies zu bestätigen. Litwinow erinnerte Roosevelts Berater daran, dass die UdSSR den Teil Polens behalten würde, der ihr durch den Ribbentrop-Molotow-Pakt genommen worden war. Als die Polen in London von den sowjetischen Ansprüchen erfuhren, wandten sie sich an ihre westlichen Verbündeten und baten sie um Hilfe. Dies brachte die Briten in eine peinliche Situation, da sie im Begriff waren, die Annexion der Hälfte des polnischen Vorkriegsgebiets zu billigen, obwohl sie eigentlich in den Krieg gezogen waren, um die territoriale Integrität Polens zu garantieren. Auf der Konferenz von Teheran widersetzten sich trotz des polnischen Widerwillens weder Churchill noch Roosevelt Stalin, und die Idee einer Entschädigung der Polen auf Kosten der Deutschen war geboren. Mit anderen Worten: Ohne Rücksprache mit irgendjemandem und um dem sowjetischen Diktator einen Gefallen zu tun, beschlossen sie, die Grenzen 240 Kilometer nach Westen zu verschieben, ohne Rücksicht auf die Rechte der Millionen betroffenen Menschen.

Trotz versprochener Entschädigungen konnte die polnische Exilregierung den Verzicht auf die Hälfte ihres Gebiets im Osten nicht akzeptieren. Außerdem hatten sich die Beziehungen der Polen in London zur Sowjetunion nach der Entdeckung der Gräber von Katyn im Frühjahr 1943 stetig verschlechtert. Wie bereits in diesem Kapitel erwähnt, beantragte General Sikorski, Präsident der Exilregierung, eine Untersuchung durch das Internationale Rote Kreuz, deren Ergebnisse zeigten, dass Beria und Stalin für das Massaker verantwortlich waren. Die Sowjets gaben sich nicht nur entrüstet, sondern nutzten die Gelegenheit, um Sikorski der Zusammenarbeit mit Hitler zu beschuldigen, und brachen die Beziehungen zur polnischen Regierung in London ab. Am 4. Juli 1943 tötete eine in Sikorskis Flugzeug platzierte Bombe den schwerfälligen Mann und Mikolajczyk wurde sein Nachfolger[11]. Auf diese Weise machte sich Stalin die Situation schnell zunutze, denn mit einem Schlag beseitigte er die nichtkommunistischen Polen und bildete in Moskau eine maßgeschneiderte polnische Regierung, die im Gegensatz zu Sikorski und Mikolajzcyk bereit war, die Übergabe Ostpolens an den Sowjetkommunismus zu billigen.

Im Sommer 1944 begann die Rote Armee, die Deutschen aus Polen zu vertreiben und das Land zu besetzen. In ihrem Gefolge kamen die polnischen Kommunisten aus Moskau, die sich beeilten, die tatsächliche Autorität vor Ort zu übernehmen, während die von London protegierten Polen aus der Ferne nichts tun konnten. Der Präsident der polnischen Exilregierung, Stanislaw Mikolajczyk, hatte Roosevelt im Juni besucht, und sowohl der amerikanische Präsident als auch Churchill drängten ihn, nach Moskau zu reisen und sich direkt an Stalin zu wenden. Am 27. Juli 1944, dem Tag, an dem die Zeitungen eine Vereinbarung zwischen der sowjetischen Regierung und dem Polnischen Kommunistischen Komitee der Nationalen Befreiung verkündeten, die es dem Komitee erlaubte, „die volle Leitung aller Angelegenheiten der Zivilverwaltung" zu übernehmen, reiste Mikolajczyk nach Moskau, um sich mit Stalin und Molotow zu treffen.

---

[11] Roland Perrys Buch „Der fünfte Mann", auf das wir im nächsten Kapitel näher eingehen werden, enthält einige sehr interessante Fakten über die Ermordung Sikorskis. Diesem Autor zufolge wusste Donald Maclean, einer der als „Cambridge Five" bekannten sowjetischen Spione, dass Sikorski im Juli nach Gibraltar reisen würde, um sich mit anderen Exilanten zu treffen. Nach dem Start vom Felsen in einer Liberator mit seiner Tochter und zwei britischen Soldaten, Victor Cazalet und Brigadier John Whiteley, explodierte das Flugzeug in 300 Metern Höhe. Oberst Victor Rothschild, der dritte Baron Rothschild, der während des Krieges von Guy Liddell zum Sicherheitsinspektor ernannt worden war, wurde mit der von den Polen geforderten Untersuchung beauftragt. Seine Untersuchungen ergaben, dass es eine Explosion an Bord gegeben hatte, was darauf hindeutete, dass es sich nicht um einen Unfall, sondern um einen Sabotageakt handelte.

Die Polen in London waren bereits dem Untergang geweiht, denn das Einzige, was man ihnen anbieten konnte, war ein Posten in der von den Kommunisten gebildeten Regierung. Churchill verstand dies sofort und warnte sie, dass sie am besten das Massaker von Katyn vergessen und versuchen sollten, mit Stalin zusammenzuarbeiten, andernfalls würden sie als Akteure im zukünftigen Polen ausscheiden. Die erste Voraussetzung für eine Verständigung mit den Russen war das Einlenken in der Frage der Ostgrenze. Am Morgen des 14. Oktober 1944, nur wenige Monate vor der Konferenz von Jalta, riefen Churchill und Eden, die sich in Moskau aufhielten, Mikolajczyk in die britische Botschaft, um ihn zu drängen, die Curzon-Linie ohne Lemberg und Galizien zu akzeptieren. Alfred M. de Zayas gibt in *Nemesis at Potsdam* einen guten Auszug aus dem Gespräch wieder, der uns, wie der Autor zu Recht betont, erkennen lässt, welchen Grad an Spannung oder Druck auf die politische Macht erreichen kann:

„Mikolajczyk: Ich weiß, dass unser Schicksal in Teheran besiegelt wurde.

Churchill: Er wurde in Teheran gerettet.

Mikolajczyk: Ich bin kein Mensch, dem es völlig an patriotischen Gefühlen mangelt, um die Hälfte Polens aufzugeben.

Churchill: Was meinen Sie, wenn Sie sagen, dass es Ihnen nicht an patriotischem Geist mangelt? Vor fünfundzwanzig Jahren haben wir Polen wieder aufgebaut, obwohl im letzten Krieg mehr Polen gegen uns als mit uns gekämpft haben. Jetzt sind wir wieder dabei, sie vor dem Verschwinden zu bewahren, aber ihr wollt das Spiel nicht mitspielen. Sie sind völlig verrückt.

Mikolajczyk: Aber diese Lösung ändert nichts.

Churchill: Wenn Sie die Grenze nicht akzeptieren, kommen Sie für immer nicht mehr in Frage. Die Russen werden Ihr Land dem Erdboden gleichmachen, und Ihr Volk wird liquidiert werden. Sie stehen am Rande der Vernichtung.

Eden: Wenn wir uns über die Curzon-Linie einigen können, werden wir auch in allen anderen Fragen eine Einigung mit den Russen erzielen. Sie werden von uns eine Garantie erhalten.

Churchill: Polen wird von den drei Großmächten und sicherlich von uns gesichert werden. Die amerikanische Verfassung hindert den Präsidenten daran, die Vereinigten Staaten zu verpflichten. Auf jeden Fall geben Sie nichts auf, denn die Russen sind schon da.

Mikolajczyk: Wir verlieren alles.

Churchill: Die Pinsker Sümpfe und fünf Millionen Menschen. Die Ukrainer sind nicht Teil seines Volkes. Er rettet sein eigenes Volk und ermächtigt uns, mit Gewalt zu handeln.

Mikolajczyk: Sollen wir das unterschreiben, wenn wir unsere Unabhängigkeit verlieren werden?

Churchill: Sie haben nur eine Wahl. Es würde einen großen Unterschied machen, wenn Sie zustimmen.

Mikolajczyk: Wäre es nicht möglich, zu verkünden, dass die Großen Drei über die Grenzen Polens entschieden haben, ohne dass wir dabei sind?

Churchill: Wir werden Sie bald satt haben, wenn Sie sich weiter streiten.

Eden: Sie könnten sagen, dass Sie in Anbetracht der Erklärung der britischen und der sowjetischen Regierung eine De-facto-Formel akzeptieren, wenn Sie so wollen unter Protest, und uns die Schuld zuschieben. Ich verstehe die Schwierigkeit, zu sagen, dass dies mit Ihrem Willen geschehen ist.

Mikolajzcyk: Wir verlieren jede Autorität in Polen, wenn wir die Curzon-Linie akzeptieren, und außerdem wird nichts darüber gesagt, was wir von den Deutschen bekommen könnten.
Eden: Ich denke, wir könnten es tun. Wir könnten das Risiko eingehen. Wir könnten sagen, was ihr bekommen werdet."

Daraufhin holte Churchill einen Entwurf der Erklärung, in der die polnische Annahme der Curzon-Linie festgelegt wurde, und erklärte Mikolajczyk, dass die Deutschen wütend sein würden, wenn sie wüssten, was man ihnen wegnehmen wolle, und dass ihr Widerstand noch größer sein würde. Damit war die Sitzung beendet, die am Nachmittag fortgesetzt wurde. Churchill zeigte sich schlecht gelaunt und zunehmend ungeduldig. Mikolajczyk teilte ihm mit, dass seine Regierung den Verlust von fast der Hälfte des Gebiets im Osten nicht akzeptieren könne, ohne die Meinung des polnischen Volkes gehört zu haben, nachdem sie es sich noch einmal überlegt habe. Churchill bestritt in aller Schärfe, dass es sich um eine Regierung handele, da sie nicht in der Lage sei, Entscheidungen zu treffen. Ihr seid", sagte er, „herzlose Unholde, die Europa zerstören wollen. Ich überlasse euch euren eigenen Problemen. Ihr habt kein Verantwortungsgefühl, wenn ihr euer Volk im Stich lassen wollt, dessen Leiden euch gleichgültig ist. Sie kümmern sich nicht um die Zukunft Europas. Sie denken nur an ihre eigenen, elenden, egoistischen Interessen. Ich werde die anderen Polen anrufen müssen und diese Regierung in Lublin kann sehr gut funktionieren. Sie wird die Regierung sein. Es ist ein krimineller Versuch ihrerseits, mit ihrem 'Liberum Veto'[12] das Abkommen zwischen den Alliierten zu ruinieren. Das ist Feigheit." Mit dieser heftigen Anschuldigung wurde das Gespräch abgebrochen, da Churchill am selben Nachmittag zu einem Gespräch mit Stalin verabredet war.

Am nächsten Tag, dem 15. Oktober, trifft Mikolajczyk erneut mit Churchill zusammen und bietet an, die Curzon-Linie zu akzeptieren, wenn Lemberg und die galizischen Ölfelder für Polen erhalten blieben. In einem Wutausbruch rief Churchill dem Polen, bevor er die Tür zuschlug, zu: „Es ist aus zwischen uns." Mikolajczyk seinerseits verließ den Raum, ohne dem Sekretär des Außenministeriums die Hand geben zu wollen. Es ist daher verständlich, dass Stalin sich in Jalta weigerte, eine „Geste der Großzügigkeit" in Bezug auf Lemberg zu machen, denn er wusste, dass sowohl Roosevelt als auch Churchill die Curzon-Linie bereits akzeptiert hatten und dass er keine Notwendigkeit hatte, Galizien und/oder Lemberg abzutreten. George F. Kennan, ein Diplomat, der mit Bullitt und Davies in Moskau gedient hatte, brachte in seinen Memoiren wiederholt seine Frustration über die Haltung der Alliierten zum Ausdruck. Kennan hatte sich seit Juli 1944 zusammen mit Botschafter Averell Harriman in der russischen Hauptstadt aufgehalten und war gut darüber informiert, was am Ende des Krieges ausgeheckt worden war. Dieser Diplomat

---

[12] Durch die Verwendung dieses lateinischen Ausdrucks beweist Churchill seine Kenntnis des polnischen Parlamentarismus. „Liberum Veto" bedeutet „freies Veto" oder „Veto frei". So nannte man im polnischen Landtag das Vetorecht, mit dem jeder Abgeordnete jeden Beschluss der Versammlung ablehnen konnte.

gehörte zu denjenigen, die der Meinung waren, dass die Vereinigten Staaten und Großbritannien sich Stalin hätten widersetzen können, da dieser auf ihre militärische und wirtschaftliche Hilfe angewiesen war.

Während die Verhandlungen mit Moskau scheiterten, hatte die Regierung in Lublin die Curzon-Linie bereits anerkannt und konsolidierte ihre Macht in Polen. Es dauerte nicht lange, bis Mikolajczyk erkannte, dass Ostpolen nicht zu retten war und dass die einzige Möglichkeit darin bestand, im Westen eine größtmögliche Entschädigung auf Kosten Deutschlands zu erhalten. Bei den deutschen Gebieten war Stalin absolut großzügig und hatte nicht nur die Grenze der Oder, sondern sogar die der Lausitzer Neiße, des senkrecht aus der Tschechoslowakei kommenden Nebenflusses am linken Ufer der Oder, angeboten. Die Oder-Neiße-Grenze wurde von Dr. Stefan Jedrichovski, dem Propagandachef des Lubliner Komitees, in einem langen Artikel in der *Pravda* vom 18. Dezember 1944 öffentlich gefordert. Jedrichovski beanspruchte auch die westlich der Oder gelegene pommersche Hauptstadt Stettin, die zu einem neuen polnischen Hafen werden sollte.

Zwei Neißeflüsse fließen am linken Ufer in die Oder. Zwischen der Lausitzer Neiße und der östlichsten Neiße, beide in Niederschlesien, liegt ein landwirtschaftlich genutztes Gebiet, das von etwa drei Millionen Deutschen bewohnt wird. Es ist niemandem entgangen, dass die Forderungen Khedrichovskys die Position der sowjetischen Regierung zur Westgrenze Polens widerspiegeln. Der erste, der ernsthafte Bedenken äußerte, war Kennan, der Botschafter Harriman vor den Auswirkungen des Artikels warnte. „Ich wusste damals nicht", schreibt Kennan in seinen Memoiren, „dass dieses Abkommen bereits ein Jahr zuvor auf der Konferenz von Teheran praktisch akzeptiert worden war, und zwar ausdrücklich von Churchill und stillschweigend von Roosevelt." Sechs Wochen vor Beginn der Jalta-Konferenz legte Kennan ein Memorandum vor, in dem er davor warnte, dass in den von den polnischen Kommunisten beanspruchten Gebieten zwischen neun und zehn Millionen Deutsche lebten.

Wir können nun nach Jalta zurückkehren, um die Diskussionen über die polnische Frage fortzusetzen. Auf der Plenarsitzung am Mittwoch, dem 7. Februar, verliest Molotow die sowjetischen Vorschläge zu Polen. Was die Grenzen betrifft, so hält der Außenkommissar an der Curzon-Linie im Osten und der Oder-Neiße-Grenze im Westen mit der Stadt Stettin für Polen fest, obwohl sie westlich der Oder liegt. In Bezug auf die Provisorische Regierung in Lublin war er bereit, die Aufnahme von „demokratischen Führern aus Emigrantenkreisen" in diese Regierung zu akzeptieren, wenn dies zu ihrer Anerkennung durch die alliierten Regierungen beitragen würde. Churchill lehnte den Begriff „Emigranten" ab, da dieses Wort aus der Zeit der Französischen Revolution stamme und in England eine Person bezeichne, die von ihrem eigenen Volk aus dem Land vertrieben worden sei. Er erklärte, dass er Molotows Vorschläge zur Verschiebung der polnischen Grenzen unterstütze; im Zusammenhang mit der Neiße-Grenze wies er jedoch darauf hin, dass „es schade wäre, die polnische Gans mit so viel deutschem Futter zu stopfen, dass sie Verdauungsstörungen bekäme." Stalin kommentierte, dass die Deutschen bei der

Ankunft seiner Truppen geflohen seien, aber Churchill bemerkte, dass sich dann das Problem stellte, wie man in Deutschland mit ihnen umgehen sollte. „Wir haben sechs oder sieben Millionen getötet", sagte er kalt, als spräche er von Tieren in einem Schlachthof, „und wir werden wahrscheinlich eine weitere Million töten, bevor der Krieg zu Ende ist." „Eine oder zwei?", erwiderte Stalin. „Nun, ich schlage keine Begrenzung vor. Dann", stellte Churchill klar, „wird es in Deutschland noch Platz für diejenigen geben, die die freien Stellen besetzen wollen. Ich habe keine Angst vor dem Problem des Völkerwechsels, solange das Verhältnis zwischen dem, was die Polen schaffen können, und dem, was sie anstelle der Toten nach Deutschland bringen, gewahrt bleibt."

Die Frage der nichtkommunistischen Mitglieder der Regierung in Lublin veranlasste Churchill und Roosevelt zu dem Vorschlag, demokratische Führer aus „Innenpolen" einzubeziehen. Roosevelt wies auf die Notwendigkeit hin, dass die künftige provisorische Regierung Wahlen organisieren müsse, und schlug vor, dass Londoner Polen wie Mikolajczyk, Romer und Grabski der neuen Regierung angehören sollten. Es ging also weniger um die Frage der Grenzen als um die künftige polnische Regierung, ein Thema, bei dem Churchill und Roosevelt ihre Glaubwürdigkeit aufs Spiel setzten. Nach dem Treffen richtete Roosevelt den folgenden Brief an Stalin:

„Mein lieber Marschall Stalin, ich habe über unser Treffen heute Nachmittag gründlich nachgedacht und möchte Ihnen meine Meinung ganz offen sagen.

Was die polnische Regierung anbelangt, so bin ich sehr unglücklich darüber, dass die drei Großmächte sich nicht über die politische Wiederherstellung Polens einig sind. Ich habe den Eindruck, daß es uns in den Augen der Welt in ein schlechtes Licht rücken würde, wenn Sie eine Regierung anerkennen würden, während wir und die Briten in London eine andere anerkennen. Ich bin sicher, dass dieser Zustand nicht andauern sollte, und wenn er andauert, würde dies nur dazu führen, dass unsere Bevölkerung denkt, dass es eine Spaltung zwischen uns gibt, was nicht der Fall ist. Ich bin fest entschlossen, dass es zwischen uns und der UdSSR keinen Riss geben darf. Sicherlich wird es einen Weg geben, unsere Differenzen auszugleichen.

Ich war sehr beeindruckt von dem, was Sie heute gesagt haben, insbesondere von Ihrer Entschlossenheit, die russische Nachhut auf ihrem Weg nach Berlin zu schützen. Sie können und wir können keine Übergangsregierung dulden, die Ihren Streitkräften eine solche Störung zufügen würde. Ich möchte, daß Sie wissen, daß dies für mich eine Angelegenheit von großer Bedeutung ist.

Sie können mir glauben, wenn ich Ihnen sage, wenn unsere Leute das, was sie in dieser entscheidenden Phase des Krieges als eine Kluft zwischen uns betrachten, mit kritischem Blick betrachten. Sie sagen nämlich, wenn wir uns jetzt, wo unsere Armeen gegen den gemeinsamen Feind anrücken, nicht einigen können, werden wir uns in Zukunft auch in noch wichtigeren Fragen nicht mehr verstehen können. Ich muss Ihnen klar machen, dass wir die Regierung in Lublin in ihrer jetzigen Zusammensetzung nicht anerkennen können und dass es ein bedauerlicher Beginn unserer Arbeit hier wäre, wenn wir uns von einer offensichtlichen Divergenz in dieser Frage trennen würden.

Sie haben heute gesagt, dass Sie bereit sind, jeden Vorschlag zu unterstützen, der Aussicht auf Erfolg bei der Lösung dieses Problems bietet, und Sie haben auch die Möglichkeit erwähnt, einige Mitglieder der Regierung in Lublin hierher zu bringen.

Ich verstehe, dass wir alle den gleichen Wunsch haben, diese Angelegenheit zu regeln. Ich möchte etwas zu Ihrem Vorschlag sagen und vorschlagen, dass wir sofort die Herren Bierut und Osubka-Morawski von der Lubliner Regierung sowie zwei oder drei Polen, die nach unseren Berichten ratsam wären, nach Jalta einladen. Herr Bierut und Herr Osubka-Morawski von der Regierung in Lublin sowie zwei oder drei Polen, die nach unseren Berichten als Vertreter anderer Teile des polnischen Volkes bei der Bildung einer neuen provisorischen Regierung, die wir alle drei anerkennen und unterstützen könnten, ratsam wären: Bischof Sapieha von Krakau; Vincent Witos; Herr Zurlowski (Zulawski); Professor Buyak (Bujak) und Professor Kutzeba. Wenn wir uns aufgrund der Anwesenheit dieser politischen Führer gemeinsam mit ihnen auf eine provisorische Regierung in Polen einigen könnten, der sicherlich auch einige politische Führer aus dem Ausland wie Herr Mikolajcvzyk, Herr Graber und Herr Romer angehören würden, wären die US-Regierung und, wie ich glaube, sicherlich auch die britische Regierung bereit, sich von der Londoner Regierung zu distanzieren und ihre Anerkennung der neuen provisorischen Regierung zu übertragen.

Ich halte es nicht für notwendig, Ihnen zu versichern, dass die Vereinigten Staaten niemals eine polnische Übergangsregierung unterstützen werden, die ihren Interessen zuwiderläuft.

Es versteht sich von selbst, dass sich jede Übergangsregierung, die als Ergebnis unserer Konferenz hier mit den Polen gebildet werden könnte, verpflichten sollte, zum frühestmöglichen Zeitpunkt freie und demokratische Wahlen in Polen auszurufen. Ich weiß, daß dies ganz in Ihrem Sinne ist, wenn Sie ein neues, demokratisches und freies Polen aus dem Sumpf dieses Krieges hervorgehen sehen wollen.

Mit freundlichen Grüßen Franklin D. Roosevelt".

Obwohl auf diesen Seiten gezeigt wurde, dass Zynismus, Heuchelei und Schamlosigkeit für diesen amerikanischen Präsidenten während seiner gesamten politischen Laufbahn kennzeichnend waren, sind Roosevelts letzte Worte wirklich verrückt, um es vorsichtig auszudrücken. Man stellt sich vor, wie Stalin, ein skrupelloser Diktator, sich kaputtlacht, wenn er liest, dass Roosevelt ihm sagt, er wisse, dass er „ein neues demokratisches und freies Polen" wolle. Der Inhalt des Briefes ist natürlich das Bemühen, das Gesicht vor einer Öffentlichkeit zu wahren, die bald sehen sollte, wie ihre Führer in Jalta halb Europa dem Kommunismus überlassen hatten.

Auf der Plenarsitzung am 8. Mai bestätigt Molotow den Eingang des Schreibens von Roosevelt. Er betont, dass es unmöglich sei, die Existenz der Regierung in Lublin oder Warschau zu ignorieren, „die an der Spitze des polnischen Volkes stehe und im Lande großes Ansehen und Popularität genieße". Jede Vereinbarung müsse daher auf der Grundlage ihrer Erweiterung getroffen werden, zu der er sich bereit erklärt habe. In der Frage der Grenzen sind die Sowjets nicht bereit, sich zu bewegen. Der britische Premier begann mit der Feststellung, dass die Regierungen in Lublin oder Warschau seinen Berichten zufolge nicht die überwältigende Masse des polnischen Volkes vertraten, und wiederholte, dass „wenn die britische Regierung die Londoner

Regierung absetzen und die Regierung in Lublin akzeptieren würde, es in Großbritannien einen gereizten Aufschrei geben würde." Er erinnerte daran, dass an den Westfronten eine polnische Armee von einhundertfünfzigtausend Mann tapfer gekämpft habe und dass sie „einen Akt des Verrats an Polen" nicht akzeptieren werde. Churchill, der sich zunehmend unwohl fühlte, wies die Grenzen zurück und erklärte, dass er den sowjetischen Standpunkt akzeptiere; er betonte jedoch, dass „ein vollständiger Bruch mit der rechtmäßigen Regierung Polens, die während der Kriegsjahre anerkannt wurde, in England auf schärfste Kritik stoßen würde". In diesem Zusammenhang wies er auf die Notwendigkeit hin, Wahlen auf der Grundlage des allgemeinen Wahlrechts einzuberufen, und versicherte, dass Großbritannien die aus den Wahlen hervorgegangene Regierung anerkennen könne.

Roosevelt befürwortete den Vorschlag und argumentierte, dass das einzige Problem, wenn man sich darüber einig sei, darin bestehe, „wie Polen in der Zwischenzeit regiert werden würde". Stalin meldete sich zu Wort und bestätigte, dass er und die Briten in der Tat unterschiedliche Aufgaben hätten. Er räumte ein, dass die Polen die Russen jahrelang gehasst hätten, dass aber die alten Gefühle verschwunden seien und dass er den Eindruck habe, „dass die Vertreibung der Deutschen durch die Rote Armee von den Polen wie ein großer Feiertag aufgenommen worden sei." Er akzeptierte die Idee, die Provisorische Regierung zu erweitern. Roosevelt fragte dann direkt, wie lange es nach Meinung des Marschalls dauern würde, bis in Polen Wahlen abgehalten werden könnten. Stalin antwortete, dass sie, wenn es nicht zu einer Katastrophe an der Front käme, innerhalb eines Monats möglich sein würden. Der Präsident schlug sofort vor, die Angelegenheit den Außenministern zur Beratung vorzulegen. Wenn Roosevelt und Churchill wirklich glaubten, dass in nur einem Monat, mitten im Krieg, Wahlen unter Beteiligung der Exilanten abgehalten werden könnten, würde man sie für zwei Spinner halten; die Fakten zeigen jedoch, dass es sich um zwei erfahrene Politiker handelte.

Um die Stimmung aufzulockern, gab Stalin am Abend ein Abendessen für die Delegationen im Jussupowski-Palast. Der Gastgeber, gut gelaunt und in bester Stimmung, sorgte für eine äußerst herzliche Atmosphäre. Nicht weniger als fünfundvierzig Trinksprüche wurden ausgesprochen: auf die Streitkräfte, auf die Länder, auf die militärischen Führer, auf die Freundschaft der drei Mächte.... Die schwülstigsten Lobreden hielt Stalin, der einen Toast auf den britischen Premier aussprach, „die mutigste Regierungsfigur der Welt". Der Marschall sagte, dass er „nur wenige Beispiele in der Geschichte kenne, in denen der Mut eines einzelnen Mannes so wichtig für die Zukunft der Welt gewesen sei, und dass er auf Mr. Churchill, seinen Freund, Kämpfer und mutigen Mann, trinke". In seiner Antwort stieß Churchill auf Marschall Stalin an, „den mächtigen Führer eines mächtigen Landes, der dem Schock der deutschen Maschinerie widerstanden, sein Schwert gezückt und Tyrannen von seinem Boden vertrieben hat". Roosevelt antwortete seinerseits auf einen Trinkspruch Stalins, dass die Atmosphäre bei dem Abendessen „die einer Familie" gewesen sei.

Auf der Plenarsitzung am nächsten Tag, Freitag, dem 9. Februar, kam Bewegung in die polnische Frage, als die Sowjets beschlossen, Mikolajczyk an den Wahlen teilnehmen zu lassen, weil er, so Stalin, „Führer der Bauernpartei war, die keine faschistische Partei war". Roosevelt appellierte an die sechs Millionen Polen, die in den Vereinigten Staaten lebten, freie Wahlen zuzusichern. Stalin akzeptierte daraufhin eine von Roosevelt verlesene Erklärung, in der von „Übergangsbehörden, die weitgehend alle Teile der Bevölkerung repräsentieren, und der Verpflichtung, so bald wie möglich durch freie Wahlen eine dem Volk verantwortliche Regierung zu schaffen" die Rede war. Das Protokoll von H. Freeman Matthews, Assistent des Außenministers, gibt diesen Dialog wieder:

> „Churchill: Ich möchte, dass diese Wahl in Polen vor allem eines ist. Sie muss wie Cäsars Frau sein. Ich weiß es nicht, aber man sagt, sie war rein.
> Stalin. So sagt man, aber in Wirklichkeit hatte er seine Sünden.
> Churchill: Ich möchte nicht, dass die Polen die polnischen Wahlen in Frage stellen können. Das ist nicht nur eine Frage des Prinzips, sondern der praktischen Politik.
> Molotow: Das sind wir den Polen schuldig. Wir haben Angst, dass sie es als mangelndes Vertrauen ansehen, wenn wir uns nicht mit ihnen beraten.

Roosevelt schlug den Außenministern vor, die Erklärung fertig zu stellen, und schlug vor, mit der Frage der befreiten Zonen fortzufahren. Offensichtlich hatten die Sowjets bereits beschlossen, es Polen leicht zu machen, um die Briten und Amerikaner in der öffentlichen Meinung im eigenen Land nicht zu blamieren. Die Wahlen mussten wie Cäsars Frau rein sein; aber Stalin hatte bereits vor Cäsars Frau gewarnt....

Auf dem Treffen der Außenminister wurde schließlich der Text vereinbart, der am Ende der Konferenz vorgelegt werden sollte. Kurz gesagt wurde beschlossen, dass die bestehende Regierung in Polen auf eine breitere Basis gestellt und unter Einbeziehung von demokratischen Führern aus Polen selbst und aus dem Ausland reorganisiert werden sollte. Die neue Regierung sollte den Namen „Polnische Provisorische Regierung der Nationalen Einheit" tragen. Mólotov und die beiden Botschafter in Moskau, Sir Archibald Clark Kerr und Averell Harriman, wurden ermächtigt, miteinander zu vermitteln, um die Bildung einer solchen Regierung zu ermöglichen, die verpflichtet sein würde, so bald wie möglich freie Wahlen auf der Grundlage des allgemeinen Wahlrechts und geheimer Abstimmungen durchzuführen. Sobald diese Voraussetzungen erfüllt sind, werden die drei Regierungen die Ergebnisse anerkennen. Was die Grenzen anbelangt, so wurde im Schlussdokument vereinbart, dass die Curzon-Linie, mit leichten Anpassungen von fünf bis acht Kilometern in einigen Regionen zugunsten Polens, die Ostgrenze bilden sollte. Die westliche Oder-Neiße-Grenze wurde zwar stillschweigend akzeptiert, aber die endgültige Genehmigung wurde auf die Potsdamer Friedenskonferenz verschoben.

In Wirklichkeit galten die guten Absichten, die in Bezug auf Polen geäußert wurden, auch für den Rest der von den Sowjets besetzten europäischen Länder. Nur sehr naive Politiker - und das war nicht der Fall - konnten darauf vertrauen, dass in einem dem Kommunismus ausgelieferten Europa Demokratien entstehen würden, nachdem sie der Roten Armee den Einzug in das Brandenburger Tor ermöglicht hatten. Es ist daher weder akzeptabel noch glaubwürdig, dass Roosevelt und Churchill erwarteten, dass ein Diktator wie Stalin auf Anhieb zum Demokraten würde, so dass es angebracht ist, von Verrat an den Völkern Osteuropas zu sprechen. Nach Potsdam wurden die Vereinbarungen von Jalta über die Errichtung frei gewählter demokratischer Regime systematisch missachtet. In Polen wurden die wichtigsten Oppositionellen während des gesamten Jahres 1945 ermordet. Anstelle der von Stalin versprochenen Wahlen wurde 1946 ein betrügerisches Referendum abgehalten, das die Macht der Kommunisten festigte. Als am 19. Januar 1947 Wahlen angesetzt wurden, waren praktisch alle Oppositionsparteien für illegal erklärt worden. Eine regierungsfreundliche Nationale Einheitsfront, die sich aus den Kommunisten und ihren Verbündeten zusammensetzte, gewann unweigerlich. Mikolajczyks Bauernpartei konnte wenig ausrichten. Da er als ausländischer Spion beschuldigt wurde und ihm die Verhaftung drohte, verließ Mikolajczyk das Land. Die wenigen verbliebenen Gegner folgten seinem Beispiel. Was in Polen geschah, wurde in den so genannten Satellitenländern in unterschiedlicher Form erlebt.

Die Idee der Zerstückelung Deutschlands, zu der auch die Abtretung Ostpreußens, Schlesiens, Pommerns und Ostbrandenburgs an Polen gehörte, war schon lange vor Jalta beschlossen worden. Im Oktober 1943, kurz vor der Konferenz von Teheran, hatten sich die Außenminister in Moskau darauf geeinigt, eine Europäische Beratungskommission einzurichten. Der Vorschlag stammte von den Briten, die wollten, dass sich dieses beratende Gremium mit allen europäischen Fragen von gemeinsamem Interesse im Zusammenhang mit dem Krieg befasst. Ende 1943 wurde in London eine solche Beratungskommission eingerichtet, die am 14. Januar 1944 zu ihrer ersten Arbeitssitzung zusammentrat. Schon damals legten die Briten detaillierte Vorschläge für die künftigen Besatzungszonen Deutschlands vor, die mit wenigen Abweichungen schließlich umgesetzt wurden. Am 18. Februar akzeptierten die Russen die Londoner Pläne.

Am 1. Mai 1944 erhielt John Winant, der amerikanische Botschafter, der Joe Kennedy abgelöst hatte, Anweisungen aus Washington, in denen er die Grenzen der Ostzone akzeptierte, was zeigt, dass alles entschieden wurde, während die Rote Armee noch mit der Wehrmacht auf sowjetischem Territorium kämpfte, d.h. weit im Voraus. Wie wir gesehen haben, arbeiteten Morgenthau, Dexter White und ihre Schar jüdischer Kommunisten daran, dass Deutschland in die Hände der Sowjets fallen würde. Stalin erwog in Jalta die Möglichkeit, die gesamte Bevölkerung zur Zwangsarbeit zu verurteilen, damit sie die Reparationszahlungen in Höhe von 20 Milliarden Dollar leisten konnte, von denen die UdSSR die Hälfte erhalten sollte. Es wurde festgelegt, dass die drei Mächte Teile Deutschlands besetzen würden und dass eine Zentrale Kontrollkommission mit Sitz in Berlin die Verwaltung kontrollieren würde. Was Frankreich anbelangt, so stimmte Stalin widerwillig zu, dass er Mitglied der Kontrollkommission werden könne, wenn die Briten und Amerikaner ihm einen Teil ihrer Zonen abtreten wollten. In Jalta wurde die vereinbarte Aufteilung jedoch nicht bekannt gegeben, da beschlossen wurde, die bedingungslose Kapitulation und die Friedenskonferenz abzuwarten.

Es ist nicht möglich, den Gesprächen über die UNO, den Nahen Osten oder Japan Platz zu widmen. Daher möchten wir abschließend auf ein Gespräch eingehen, das bei einem Dreierdinner am 10. Februar um 21 Uhr in der Woronzow-Villa stattfand. Daran nahmen Roosevelt, Churchill und Stalin allein teil, begleitet von ihren jeweiligen Außenministern und Dolmetschern. Während des Essens wurde das Thema des Nahen Ostens angesprochen, und Stalin sagte in diesem Zusammenhang, dass das jüdische Problem sehr schwierig sei und dass man versucht habe, in Birobidjan[13] eine Heimat für die Juden zu errichten, dass sie dort aber nur zwei oder drei Jahre geblieben seien und sich dann in die Städte zerstreut hätten. Präsident Roosevelt, der wusste, dass die jüdischen Führer kein anderes Gebiet als Palästina akzeptieren würden und dass Churchill wie er für den Zionismus arbeitete, um nach dem Krieg einen jüdischen Staat zu errichten, erklärte öffentlich, dass er Zionist sei und fragte Marschall Stalin, ob er auch einer sei. Stalin, der zweifellos von dieser Frage überrascht war, bejahte dies, erkannte aber die Schwierigkeit. Später, bei der Betrachtung der Ermordung Stalins, wird es Gelegenheit geben, auf die Beziehungen Stalins zu den Zionisten zurückzukommen.

---

[13] Die Ansiedlung von Juden in Birobidjan hatte in den 1920er Jahren begonnen. In den 1920er Jahren siedelte die Regierung Juden in die Region um, um die Sicherheit im Fernen Osten der Sowjetunion zu erhöhen. Am 28. Mai 1928 wurde der Bezirk Birobidjan gegründet, und in diesem Jahr begann die Massenauswanderung von Juden aus Weißrussland, der Ukraine und sogar aus den Vereinigten Staaten. Nach der japanischen Besetzung der Mandschurei im Jahr 1931 verstärkte sich die Ansiedlung in Birobidjan. Am 7. Mai 1934 wurde der Bezirk Birobidjan durch einen Erlass des Zentralen Exekutivkomitees der UdSSR zum Jüdischen Autonomen Gebiet erklärt. Damit schuf Stalin den jüdischen Staat Birobidjan in Sibirien, der in seiner Größe mit Israel vergleichbar war. In jenen Jahren kamen etwa 30.000 Juden in die Autonome Region.

TEIL 6
IMMUNITÄTSVERBRECHEN UND MASSAKER AM DEUTSCHEN VOLK

Die Verbrechen, die die Sieger am deutschen Volk begangen haben, sind nicht allgemein bekannt. Wie wir seit mehr als siebzig Jahren anprangern, haben Lügen und die Verfälschung der Realität verhindert, dass die Menschen in Europa und der Welt von der Tragödie der Deutschen erfahren. Die ununterbrochene Propaganda und die gefälschte Version der Ereignisse, die in den Schulen und in den Medien verbreitet wurden, waren unerbittlich und haben es fast unmöglich gemacht, das Geschichtsbild zu ändern, das Deutschland die alleinige Verantwortung für den Zweiten Weltkrieg zuschreibt, wofür es keine Gnade und eine ewige Verurteilung verdient. Eine vernachlässigte Episode ist die Deportation der in den von der UdSSR besetzten Teilen Europas lebenden Deutschen, die systematisch aus ihrer Heimat und ihrem Land vertrieben wurden, unabhängig davon, ob sie Mitglieder der NSDAP waren oder nicht.

Zusätzlich zu den deutschen Gebieten, die vertrieben und an Polen übergeben wurden, wurden Millionen von Deutschstämmigen verfolgt und/oder kurzerhand aus den Ländern vertrieben, in denen sie vor dem Krieg gelebt hatten. Polen, Rumänien, Jugoslawien, Ungarn, die Tschechoslowakei, die Sowjetunion, Estland, Lettland, Litauen und nicht zuletzt die Stadt Danzig vertrieben die deutsche Bevölkerung. Insgesamt verloren etwa 19.000.000 Menschen alles, denn wenn sie nicht flüchteten, wurden sie nach Deutschland vertrieben, wo sie die Verwüstung und das Elend eines zerstörten Landes erwartete. Viele konnten die von den Briten, Amerikanern und Franzosen kontrollierten Gebiete nicht erreichen und ließen sich in Österreich und im kommunistischen Deutschland nieder. Etwa zwei Millionen Menschen starben auf ihrem Weg nach Westen an Hunger, Erschöpfung, Kälte und Krankheiten. Diese Vertreibungen, der größte Bevölkerungstransfer der Geschichte, werden in Kapitel XI behandelt: „Ich habe keine Angst", hatte Churchill in Jalta erklärt, „vor dem Problem des Transfers von Völkern". Bevor im ersten Teil des nächsten Kapitels auf diese kolossale Tragödie eingegangen wird, müssen die Verbrechen und Massaker an den Deutschen in den letzten Kriegsmonaten und in der frühen Nachkriegszeit beschrieben werden.

Das Nemmersdorfer Präludium

Die Flucht um ihr Leben war ein Vorspiel für die Massenvertreibungen oder Bevölkerungsumzüge, die nach Kriegsende folgten. Einen Vorgeschmack auf das, was die Deutschen erwartete, wenn sie die von der Roten Armee eingenommenen Städte nicht aufgaben, gab es im Oktober 1944 in der ostpreußischen Stadt Nemmersdorf. Am 16. Oktober starteten die Sowjets eine Offensive, mit der sie zum ersten Mal in das Reichsgebiet eindrangen. Am 19. Oktober besetzten sie Gumbinnen, und einen Tag später rückte die 25.

Panzerbrigade in Nemmersdorf ein, eine Stadt mit etwas mehr als 600 Einwohnern zehn Kilometer südwestlich von Gumbinnen. Da die befestigte deutsche Verteidigungslinie durchbrochen war, hätten die Sowjets ungehindert nach Westen und Nordwesten vordringen können, was sie jedoch nicht taten. Obwohl General Budenny, Befehlshaber des 2. Panzerkorps, den sofortigen Vormarsch anordnete, blieb die Brigade anderthalb Tage lang unbeweglich, so dass die Deutschen zwei Panzerdivisionen auf beiden Seiten des sowjetischen Durchbruchs aufstellen konnten. Am 23. Oktober schließt sich die Zange an der Rückseite von Budennys Korps, das nach dem Verlust von tausend Panzern und siebzehntausend Mann zurückfällt und am 27. Oktober in die Defensive gehen muss.

Nach dem Erfolg der energischen Gegenoffensive der Wehrmacht, die die Russen aus ihrem Gebiet vertrieb, eroberten die Truppen von General Hossbach Nemmersdorf zurück. Die Ereignisse des 20. und 21. Oktober in diesem ostpreußischen Ort waren so schrecklich, dass sich sein Name für immer in das kollektive Gedächtnis einprägen sollte, denn er wurde zu einem Symbol. Als die Tatsachen bekannt wurden, löste dies eine Massenflucht deutscher Bürger aus, nicht nur aus Ostpreußen, sondern auch aus Schlesien und Pommern. Als die Soldaten in Nemmersdorf eintrafen, fanden sie in den Straßen die Leichen von alten Frauen und Kindern, die mit brutalen Wunden im Gesicht und am Schädel verwest waren. Die Frauen zeigten deutliche Anzeichen dafür, dass sie massenhaft vergewaltigt worden waren, bevor sie ermordet wurden. Häuser wurden geplündert, verwüstet und verbrannt. Auf dem Weg aus dem Dorf hatten Panzer die Wagen der Flüchtlinge überrollt, die aus dem Dorf geflohen waren.

Am 5. Juli 1946 sagten deutsche und russische Soldaten sowie belgische, französische und britische Kriegsgefangene vor einem amerikanischen Gericht in Neu-Ulm über die Ereignisse in Nemmersdorf aus. Dr. Heinrich Amberger, ein Leutnant der Reserve, gab eine eidesstattliche Erklärung ab, in der er bestätigte, dass die Flüchtlingskolonne von Panzern überrollt wurde, die Menschen und Wagen überfuhren. Diesem Zeugen zufolge wurden die Zivilisten, zumeist Frauen und Kinder, so sehr zerquetscht, dass sie auf dem Asphalt liegen blieben. Am Rande einer Straße", so dieser Deutsche, „saß eine Kornblume zusammengekauert mit einer Kugel im Hinterkopf. Nicht weit von ihr lag ein wenige Monate altes Baby, das aus nächster Nähe durch einen Schuss in die Stirn getötet wurde.... Eine Gruppe von Männern, die keine tödlichen Wunden davongetragen hatten, war durch Schaufelschläge oder Gewehrkolben getötet worden. Ihre Gesichter waren völlig zertrümmert. Ein Mann war an die Tür eines Bauernhauses genagelt worden."

Alfred M. de Zayas gibt in *Nemesis at Potsdam* erschütternde Auszüge aus diesen Aussagen vor dem Neu-Ulmer Tribunal wieder, die später von den Verteidigern bei den Nürnberger Prozessen vorgetragen wurden. Die Grausamkeit und Rücksichtslosigkeit der sowjetischen Truppen wird in dem Bericht von Karl Potrek deutlich, einem Zivilisten aus Königsberg, der eingezogen und eilig in die Gegend von Gumbinnen und Nemmersdorf geschickt worden war:

„Am Ende des Ortes, links von der Straße, befindet sich das große Gasthaus 'Weißer Krug'... im Hof, weiter unten an der Straße, stand ein Karren, an den vier nackte Frauen in Kreuzform durch die Hände genagelt waren. Hinter dem 'Weißen Krug' in Richtung Gumbinnen befindet sich ein Platz mit einem Denkmal für den Unbekannten Soldaten. Etwas weiter befindet sich eine weitere große Gaststätte, der „Rote Krug". In der Nähe, parallel zur Straße, befand sich eine Scheune, an deren beiden Türen jeweils eine nackte Frau mit Nägeln durch die Hände gekreuzigt war. In den Wohnhäusern fanden wir insgesamt zweiundsiebzig Frauen, darunter auch Mädchen, und einen vierundsiebzigjährigen Mann. Alle tot... alle auf bestialische Weise ermordet, bis auf einige wenige, die Einschusslöcher im Nacken hatten. Einigen Babys wurden die Köpfe weggesprengt. In einem Zimmer fanden wir eine vierundachtzigjährige Frau, die auf einem Sofa saß... die Hälfte ihres Kopfes war mit einer Axt oder einer Schaufel abgetrennt worden. Wir brachten die Leichen auf den Dorffriedhof, wo wir sie aufbahrten, um auf die ausländische medizinische Kommission zu warten. In der Zwischenzeit traf eine Krankenschwester aus Insterburg, eine gebürtige Nemmersdorferin, ein und suchte nach ihren Eltern. Unter den Leichen befanden sich ihre zweiundsiebzigjährige Mutter und ihr vierundsiebzigjähriger Vater, der einzige Mann unter den Toten. Sie bestätigte, dass es sich bei allen Toten um Nachbarn aus Nemmersdorf handelte. Am vierten Tag wurden sie in zwei Gräbern beigesetzt. Als am nächsten Tag die Ärztekommission eintraf, mussten die Gräber wieder geöffnet werden, damit die Leichen untersucht werden konnten. Die Türen der Scheunen wurden als Block aufgestellt, damit die Leichen darauf ausgebreitet werden konnten. Diese ausländische Kommission stellte einstimmig fest, dass alle Frauen sowie Mädchen im Alter von acht bis zwölf Jahren und sogar eine vierundachtzigjährige Frau vergewaltigt worden waren. Nach der Untersuchung durch die Kommission wurden die Leichen wieder begraben.

Hauptmann Emil Herminghaus spricht von einer Gruppe von Frauen, darunter mehrere Nonnen, die alle brutal niedergestochen und erschossen wurden. Nach Angaben des Hauptmanns lud die Armee sofort die neutrale Presse ein: Schweizer und schwedische Journalisten sowie einige spanische und französische berichteten über die grausame Szene. In Nemmersdorf befanden sich auch französische, belgische und britische Kriegsgefangene, die nicht evakuiert worden waren und das Verhalten der sowjetischen Soldaten miterlebt hatten. Sie berichteten später in Veteranenzeitungen über ihre Erlebnisse. Einige britische Kriegsgefangene bestätigten nach ihrer Repatriierung, dass die mangelnde Disziplin in der Roten Armee auffällig war. In den ersten Wochen der Besatzung", so berichtete ein britischer Gefangener, der in einem Lager zwischen den ostpommerschen Städten Schlawe, Lauenburg und Buckow interniert war, „vergewaltigten die roten Soldaten alle Frauen im Alter zwischen zwölf und sechzig Jahren. Das mag wie eine Übertreibung klingen, aber es ist die Wahrheit. Die einzigen Ausnahmen waren Mädchen, die es schafften, sich in den Wäldern zu verstecken oder die die Tapferkeit hatten, ansteckende Krankheiten wie Typhus oder Diphtherie vorzutäuschen..... Die Roten suchten in jedem Haus nach Frauen, schüchterten sie mit Pistolen oder Maschinengewehren ein und brachten sie in ihren Panzern oder Fahrzeugen weg."

Normalerweise findet man in russischen Quellen nur sehr wenige Hinweise auf das verbrecherische Verhalten der Roten Armee. Einer von ihnen ist Alexander Solschenizyn, der 1945 Hauptmann der Roten Armee war, dessen Regiment im Januar in Ostpreußen einmarschiert war. Auf Seite 43 des ersten Bandes der dreibändigen englischen Ausgabe des *Archipels Gulag* schreibt er: „Ja! Wir waren seit drei Wochen in Deutschland im Krieg, und wir wussten alle sehr gut, dass man sie, wenn sie Deutsche (er meint Polen) gewesen wären, ruhig hätte vergewaltigen und dann erschießen können und es fast als Kriegsverdienst hätte gelten lassen...". Alexander Werth, ein in Russland geborener britischer Autor von etwa 20 Werken, berichtete als Korrespondent *für die Sunday Times* über den Krieg in Russland. Werth erinnert sich in *Russia at War 1941 to 1945* an ein Gespräch mit einem russischen Kommandanten, der frech kommentiert:

> „Eine Kameradinnen brauchte nur zu sagen: 'Frau komm', und sie wusste, was von ihr erwartet wurde.... Fast vier Jahre lang war die Rote Armee sexuell ausgehungert..... In Polen geschahen von Zeit zu Zeit bedauerliche Dinge, aber im Großen und Ganzen wurde eine strenge Disziplin eingehalten, was Vergewaltigungen betraf.... Plünderungen und Vergewaltigungen in großem Stil begannen erst, als unsere Soldaten in Deutschland einmarschierten. Unsere Männer waren so hungrig nach Sex, dass sie oft alte Frauen in ihren Sechzigern, Siebzigern oder sogar Achtzigern vergewaltigten - zur Überraschung dieser Großmütter, wenn auch nicht wirklich zu ihrer Freude. Aber ich gebe zu, dass es eine obszöne Angelegenheit war.

Goebbels, der Propagandaminister, zeigte der deutschen Bevölkerung die Gräueltaten, die die Sowjets in Nemmersdorf begangen hatten, so wie er es mit der Arbeit von Theodore Kaufman getan hatte. Es war das erste Mal, dass die Rote Armee auf deutsche Zivilisten traf, und die Erfahrung war so schrecklich, dass ganz Deutschland zu verstehen schien, was kommen würde. Danach war der Widerstand derjenigen, die kämpfen konnten, noch heftiger, aber Nemmersdorf markierte auch den Beginn einer Massenflucht von Zivilisten, die weder kämpfen konnten noch wussten, wie sie kämpfen sollten. Wie wir in dem Bericht über den Holocaust in Dresden gesehen haben, hatten allein in der sächsischen Hauptstadt bis Anfang Februar 1945 mehr als 600.000 Menschen Zuflucht gesucht. Sie flohen aus Angst vor den Nachrichten, die bestätigten, dass Nemmersdorf kein Einzelfall war, sondern der Auftakt zu einem Schauspiel, das in jeder besetzten Stadt geschrieben wurde und erst mit dem Epilog in Berlin enden würde.

Flüchtlingsmassaker auf See: drei vergessene Schiffswracks

Die Grausamkeiten gegen die deutsche Zivilbevölkerung auf ihrer Flucht nach Westen fanden nicht nur auf den Straßen statt, wo Tiefflieger die Flüchtlingskolonnen beschossen, während sie sich durch Schneeverwehungen auf vereisten Straßen kämpften. Hunderttausende von Flüchtlingen, die die Schwierigkeiten einer Flucht auf dem Landweg kannten, steuerten die baltischen Häfen an, in der Hoffnung, auf dem Seeweg evakuiert werden zu können. Die

Admirale Oskar Kummetz und Konrad Engelhardt, die von Admiral Dönitz mit der „Operation Hannibal" beauftragt wurden, konnten mehr als tausend Schiffe aller Art zusammenstellen, um die Evakuierung durchzuführen. Alle verfügbaren Schiffe in der Ostsee wurden für diese Operation eingesetzt. Engelhardt und Kummetz nutzten die Handelsmarine, die Marine und sogar private Schiffe, einschließlich Fischerboote. Nach Angaben von Alfred M. de Zayas wurden von Ende Januar bis Anfang Mai 1945 mehr als zwei Millionen Deutsche, Zivilisten und Soldaten (hauptsächlich Verwundete und Kranke), im Rahmen der größten Seeevakuierung der Geschichte gerettet. Zwischen 25.000 und 30.000 Menschen, zumeist Zivilisten, kamen jedoch auf See ums Leben. In und nahe der Danziger Bucht wurden drei große Schiffe mit Flüchtlingen und Verwundeten, die nach Deutschland evakuiert werden sollten, von sowjetischen U-Booten versenkt.

Die erste dieser Katastrophen ereignete sich am 30. Januar 1945, als das sowjetische U-Boot S-13 unter dem Kommando von Kapitän Alexander Marinesko die *Wilhelm Gustloff* versenkte, einen modernen Ozeandampfer, der auf Hitlers Befehl für das Programm „Kraft durch Freude" gebaut und als Lazarettschiff eingesetzt worden war. Zu diesem Zweck war sie weiß gestrichen und mit einem grünen Band vom Bug bis zum Heck versehen worden, und an verschiedenen Stellen des Rumpfes und des Decks waren mehrere rote Kreuze zu sehen. *Die Wilhelm Gustloff* war von Pillau (polnisch Balstik) nach Mecklenburg ausgelaufen, vollgepackt mit neuntausend Zivilisten: Frauen, Kinder und ältere Menschen sowie etwa siebzehnhundert Militärangehörige: tausend Marinekadetten und der Rest Verwundete. Nach mehrstündiger Fahrt bei rauer See und Temperaturen von fast minus 20 Grad Celsius war das Deck gefroren und die Rettungsboote waren zugefroren. Drei Torpedos trafen das Schiff, das langsam sank, so dass etwa 850 Menschen mit Hilfe anderer Schiffe des Konvois gerettet werden konnten, so deutsche Quellen.

Elf Tage später, am 10. Februar 1945, versenkte das gleiche U-Boot S-13 von Kapitän Marinesko sein zweites Schiff, die *General von Steuben*, ein von der Marine beschlagnahmtes und zu einem Krankenhaus umgebautes Luxuspassagierschiff. An Bord befanden sich mehr als 5.200 Menschen: 2.000 Zivilisten, wie üblich Frauen und Kinder, die vor den anrückenden sowjetischen Truppen flohen, 2.700 Verwundete, 320 Krankenschwestern und 30 Ärzte sowie etwa 300 Besatzungsmitglieder. In dieser Nacht wurden auf dem Schiff drei Kinder geboren, und die Passagiere waren erleichtert, dass sie der Hölle Ostpreußens entkommen waren. Zwei Torpedos trafen das Schiff, das ebenfalls Pillau verlassen hatte und auf dem Weg nach Swinemünde war. Ein begleitendes Torpedoboot konnte sechshundertneunundfünfzig Überlebende retten, der Rest kam in den eisigen Fluten der Ostsee um.

Die Tragödie der *Goya*, eines weiteren Krankenhausschiffs, das 1940 in Oslo gebaut worden war, ereignete sich am 16. April 1945, kurz vor Kriegsende. Sein Untergang war sinnlos, da die Sowjets und Polen bereits beschlossen hatten, die Deutschen zu vertreiben. Das Schiff war mit Flüchtlingen aus dem Hafen von Danzig ausgelaufen. Die Kapitäne dieser Schiffe ließen in der Regel weit mehr Menschen an Bord, als sie durften, und sie hielten sich nicht an die entsprechenden Befehle. Das war unvermeidlich, denn es fiel ihnen sehr schwer, so viele mittellose Zivilisten, die alle möglichen Entbehrungen auf sich genommen hatten, an Land zu lassen. Im Falle der *Goya* wurde die Passagierliste gestoppt, als die Zahl der Passagiere 6.100 erreichte, so dass sich etwa 7.000 Menschen an Bord befanden, die Besatzung nicht mitgerechnet. Bei dieser Gelegenheit wurden vom U-Boot S-3 unter dem Kommando von Kapitän Wladimir Konowalow zwei Torpedos abgefeuert, die das Schiff in weniger als sieben Minuten sinken ließen. Nur 165 Menschen überlebten. In *Die letzten hundert Tage* (1967) zeichnet Hans Dollinger das Zeugnis eines Überlebenden namens Brinkmann auf, der die Szenen des kollektiven Terrors schildert, die auf den Ruf „Jeder für sich" folgten. 2003 wurde das Wrack der *Goya* in einer Tiefe von achtzig Metern gefunden.

Im Zuge der Evakuierungsaktion in der Ostsee wurden dreizehn Lazarettschiffe eingesetzt, von denen vier versenkt wurden, und einundzwanzig Verwundetentransporte, von denen acht auf dem Meeresgrund landeten. Die UdSSR hatte sich ausdrücklich geweigert, die deutschen Lazarettschiffe anzuerkennen, und sie während des gesamten Krieges angegriffen, als seien sie legitime militärische Ziele, ein Kriegsverbrechen, das für die Sowjets, die jahrzehntelang die elementarsten Menschenrechte missachtet und internationale Konventionen ignoriert hatten, sicherlich eine „peccata minuta" gewesen sein muss. Die Untergänge der *Wilhelm Gustloff* und der *Goya* gelten als die beiden schlimmsten Schiffskatastrophen der Geschichte, was die Zahl der Todesopfer angeht, eine Tatsache, die kaum jemandem bewusst ist. Am 9. Mai 1945, als Deutschland bereits kapituliert hatte, fand der letzte Untergang statt: Das kleine 500-Tonnen-Tankschiff *Liselotte Friedrich*, das mehr als 300 Flüchtlinge an Bord hatte, wurde von einem Flugzeug aus torpediert und sank bei Bornholm (Dänemark). Mindestens fünfzig Menschen verloren ihr Leben.

Königsberg

Die ostpreußische Hauptstadt Königsberg hielt bis zum 9. April 1945 stand. Die Evakuierung auf dem Seeweg aus den baltischen Häfen in der Nähe der Stadt hing zu einem großen Teil davon ab. Da Königsberg, die alte Hauptstadt des Deutschen Ordens, in den Vereinbarungen von Jalta an Stalin verschenkt worden war, machten sich die Sowjets an die Verwaltung der Stadt und gingen von Anfang an rücksichtslos vor. Als kleineres Übel sollte die gesamte deutsche Bevölkerung deportiert werden, wobei auch die Möglichkeit bestand, einen großen Teil von ihr auszurotten. Am 9. April befanden sich schätzungsweise 110.000 Deutsche in Königsberg, aber als die Sowjets im Juni die Deportierten zählten, waren es nur noch 73.000. Giles MacDonogh, von dem diese Information stammt, berichtet in *After the Reich* über den Einzug der Roten Armee in Königsberg. Eine der wichtigsten Quellen für die Einnahme der Stadt ist *Ostpreußisches Tagebuch: Aufzeichnungen eines Arztes aus den Jahren 1945-1947*, ein 1961 von Dr. Hans Graf von Lehndorff, einem Chirurgen, der Augenzeuge der Ereignisse war, veröffentlichtes Werk.

Die Belagerung der preußischen Hauptstadt wurde am 26. Januar 1945 beendet, aber General Lasch gelang es, die Belagerung von Königsberg zweieinhalb Monate lang auszuhalten. Er kapitulierte am 10. April, als Wellen von Soldaten in die Stadt eindrangen und rücksichtslos gegen die Bevölkerung vorgingen, die es wagte, aus den Unterkünften zu kommen, in denen sie die lange Belagerung überlebt hatten: „Sie wurden geschlagen, ausgeraubt, nackt ausgezogen", schreibt MacDonogh, „und, wenn es sich um Frauen handelte, vergewaltigt. Die Schreie der Frauen waren überall zu hören. Schieß doch!', schrien sie. Schwestern in einem Krankenhaus wurden von blutrünstigen Jungen, die höchstens sechzehn Jahre alt waren, vergewaltigt". Viele Menschen nahmen sich das Leben, um der Grausamkeit der Sowjets zu entgehen, die mit ihren Flammenwerfern in die Bunker eindrangen und sie kurzerhand in Brand setzten. Dr. Hans Lehndorff berichtet in seinem Tagebuch von der Erstürmung seines Krankenhauses durch die Soldaten: „Die Kranken und Verwundeten wurden aus ihren Betten geworfen, die Verbände an ihren Wunden abgerissen....".

Am 11. April fanden die Soldaten Alkohol, machten eine Brennerei ausfindig und begannen, die wenigen Häuser der Stadt in Brand zu setzen, die im August 1944 durch die schrecklichen britischen Bombenangriffe nicht beschädigt worden waren. Bis auf die von den Sowjets besetzten Gebäude wie die Kommandozentrale und die alte Gestapo-Kaserne wurde der Rest dem Erdboden gleichgemacht. Dr. Lehndorff erinnert sich daran, dass Soldaten mit Syphilis und Gonorrhöe ins Krankenhaus zurückkehrten und mit vorgehaltener Waffe eine Behandlung ihrer Krankheiten verlangten, obwohl sie in ihrer Grausamkeit die Ambulanz zertrümmert hatten. Lehndorff erzählt, dass seine „Seelenverwandte", die er „Doktor" nennt, in seiner Abwesenheit von einem Operationstisch gezerrt und vergewaltigt wurde. Als er seine Kollegin sah, deren Kittel zerrissen war, die aber immer noch versuchte, die Verwundeten zu verbinden, verstand er, was geschehen war. Sie bat um eine Bibel und bereitete einige Pillen vor, falls sie sie brauchen würde. Das Schlimmste sollte noch kommen, denn der Arzt musste drei weitere Angriffe abwehren. Dr. Lehndorff gibt zu, dass er erleichtert war, als sie in Tränen ausbrach: „Ich war froh, dass sie endlich aufgegeben hatte."

Nachdem die Stadt niedergebrannt und die Orgien beendet waren, wurden die Bürger zusammengetrieben und in die Lager gebracht. Dr. Lehndorf war einer derjenigen, die Königsberg am 12. April auf einer der Expeditionen verließen. Lehndorff schrieb in seinem Tagebuch, dass eine Patientin mit einer Kopfwunde vor dem Verlassen des Krankenhauses unzählige Male vergewaltigt wurde, ohne dass sie sich dessen bewusst war. Seiner Aussage zufolge wurden alle Verwundeten und alle, die als zu alt galten, in ihren Betten oder in den Gräben getötet. Während des 25 Kilometer langen Marsches zerrten die Soldaten mit Hilfe kommunistischer polnischer Hilfstruppen die Frauen mit den Rufen „Davai suda" („Komm, Frau!") aus der Kolonne.

In einigen von Giles MacDonog erwähnten Quellen heißt es, die Russen hätten junge Mitglieder der Hitlerjugend an Pferde gebunden und ihnen die Gliedmaßen ausgerissen. Die Bewohner von Dörfern in der Nähe von

Königsberg erlitten das gleiche Schicksal. Ein Zeuge, dem es gelang, in den Osten zu fliehen, berichtete, dass ein armes Dorfmädchen von acht Uhr abends bis neun Uhr morgens von Mitgliedern einer Panzerstaffel vergewaltigt wurde. Eine andere Quelle, Josef Henke, berichtet in *Die Vertreibung* über die Erfahrungen der Überlebenden, die alle Arten von Grausamkeiten umfassen. Eine Erzählerin berichtet, dass sie, nachdem sie Zeuge der Ermordung eines Ehepaars durch einen Schuss in den Hinterkopf geworden war, gefangen genommen und zwanzig Mal vergewaltigt wurde, bevor sie mit acht anderen Frauen, darunter ein vierzehnjähriges Mädchen, in einer Hütte im Wald eingesperrt wurde, wo sie alle eine Woche lang vergewaltigt wurden. Eine andere Überlebende berichtet, dass ein Mann nach seiner Ermordung in einen Schweinestall geworfen wurde, um von Schweinen gefressen zu werden.

Zwei Millionen Frauen vergewaltigt

Dem oben zitierten russischen Kommandeur zufolge wurde in Polen die „Disziplin" aufrechterhalten, wo „bedauerliche Dinge passierten" (Plünderungen und Diebstähle), aber keine Verbrechen und Massenvergewaltigungen. Während also in Polen keine Exzesse gegen die Zivilbevölkerung erlaubt waren, wurde in Deutschland das bestialische Verhalten der sowjetischen und polnischen Soldaten von den Befehlshabern geduldet. Der blutrünstige Jude Ilja Ehrenburg, dessen Hetzrede mit dem Titel „Töten" bereits im neunten Kapitel auszugsweise wiedergegeben wurde, spielte in seiner Propagandatätigkeit eine führende Rolle. Seine widerwärtigen Artikel erschienen in der *Prawda*, in der *Iswestija* und in der Zeitung *Roter Stern*, die an die Frontsoldaten an der Front verschickt wurde. Bereits 1943 veröffentlichte Ehrenburg das Buch *Der Krieg*, in dem er systematisch zur Vergewaltigung und zum rücksichtslosen Töten aufrief. „Die Deutschen sind keine Menschen", schrieb dieser finstere Hass- und Todesprediger, der die Soldaten zum kaltblütigen Töten aufrief:

> „...Wir werden uns nicht aufregen, wir werden töten. Wenn du nicht mindestens einen Deutschen pro Tag getötet hast, hast du den Tag verloren...... Wenn du deinen Deutschen nicht mit einer Kugel töten kannst, töte ihn mit deinem Bajonett. Wenn es an der Front ruhig ist und du erwartest, dass die Kämpfe wieder aufgenommen werden, töte einen Deutschen, während du dabei bist. Wenn Sie einen Deutschen am Leben lassen, wird der Deutsche einen Russen aufhängen und eine russische Frau vergewaltigen. Wenn du einen Deutschen tötest, töte einen anderen - für uns gibt es nichts Lustigeres als einen Haufen deutscher Leichen..... Tötet die Deutschen, das ist die Bitte eurer Großmutter. Tötet die Deutschen, das ist das Gebet eures Sohnes. Tötet die Deutschen, das ist die Bitte eures Mutterlandes. Versagt nicht. Verpasse die Chance nicht. Töte."

Während des Vormarsches der Roten Armee auf Berlin wurden zwei Millionen deutsche Frauen vergewaltigt, von denen mehr als 200.000 entweder durch unmenschliche Übergriffe, Verletzungen oder Selbstmord starben. Manche Frauen wurden in einer einzigen Nacht mehr als sechzigmal vergewaltigt. Mädchen und junge Frauen, Nonnen, Frauen jeden Alters, auch Frauen in den Achtzigern, wurden ununterbrochen vergewaltigt. Die Männer bildeten Schlangen, manchmal angeführt von den Offizieren. Ehrenburg hatte ausdrücklich zum Zerreißen von Frauen aufgerufen, die ein Kind im Leib trugen: „Unter den Deutschen gibt es keine Unschuldigen, weder unter den Lebenden noch unter den Ungeborenen.... Zerreißt den Rassenstolz der germanischen Frauen mit Frechheit. Nehmt sie als rechtmäßige Beute."

Überraschenderweise erschien 2008 der Film *Anonyma - Eine Frau in Berlin*, dessen englische Fassung im Internet verfügbar ist. Unter der Regie von Max Färberböck basiert er auf dem persönlichen Tagebuch von Marta Hillers, einer mehrfach vergewaltigten deutschen Journalistin, die Russisch und Französisch sprach. Der Film ist sehr sehenswert. Darüber hinaus erschien 2010 Thomas Goodrichs *Höllensturm: Der Tod von Nazi-Deutschland (1944-1947)*, ein Buch, das die verschwiegene Tragödie so vieler deutscher Frauen, an die nie gedacht wurde, umfassend darstellt. Der interessierte Leser kann die reißerischen Details erfahren und das Ausmaß des Grauens verstehen. Es gibt jedoch ein bahnbrechendes Werk von Dr. Johannes Kaps: *Die Tragödie Schlesiens 1945/1946 in Dokumenten* (1952), das in großen Teilen ins Englische übersetzt und unter dem Titel *Martirio y heroísmo de la mujer alemana del este (Martyrium und Heldentum ostdeutscher Frauen)* veröffentlicht wurde. Es handelt sich um eine Sammlung schockierender Dokumente über Vergewaltigungen, unsägliche bestialische Morde und andere Gräueltaten, die von sowjetischen und polnischen Soldaten begangen wurden. In einigen Zeugenaussagen wird behauptet, dass die Polen noch sadistischer waren als ihre Kumpane.

Goodrich behauptet, dass Amerikaner, Briten und Franzosen von den Gräueltaten wussten und nicht nur nichts unternahmen, um sie zu stoppen, sondern dass viele sogar an den Orgien sexueller Verderbtheit und Sadismus teilnahmen, insbesondere französische Marokkaner. Die Szenen, die von Opfern und Zeugen in *Hellstorm* geschildert werden, sind erschütternd. So waren einige Soldaten so betrunken, dass sie den Akt nicht beenden konnten und zur Flasche griffen, wobei viele Frauen auf obszöne Weise verstümmelt wurden. Nach Berichten aus den beiden großen Berliner Krankenhäusern (es handelt sich also nur um Zahlen von Frauen, die die Krankenhäuser erreichen konnten) wurden allein in der Hauptstadt mehr als 100.000 Frauen vergewaltigt, von denen 10.000 starben, viele durch Selbstmord: „Herr Pfarrer", sagte eine dieser unglücklichen Frauen zu ihrem Beichtvater, „ich kann nicht mehr weiterleben. Dreißig Männer haben mich letzte Nacht vergewaltigt". Viele Mütter mussten mit ansehen, wie ihre zehn-, elf- und zwölfjährigen Töchter immer wieder von Dutzenden von Männern vergewaltigt wurden; aber auch Mädchen und Teenager mussten mit ansehen, wie ihre Mütter und sogar ihre achtzigjährigen Großmütter vergewaltigt wurden. Frauen, die sich wehrten, wurden brutal und erbarmungslos zu Tode gefoltert. Manchmal schlitzten Soldaten ihren Opfern die Kehle auf oder weideten sie aus, nachdem sie der Vergewaltigung zugestimmt hatten. Der Historiker Anthony Beevor, Autor des Buches *Berlin: Der Untergang 1945*, bezeichnet die Ereignisse als „das größte

Massenvergewaltigungsphänomen der Geschichte". Saint-Paulien, das Pseudonym von Maurice-Yvan Sicard, behauptet in *La Bataille de Berlin*, dem ersten Band seines Werks *Les Maudits* (1958), dass die Zahl der vergewaltigten Frauen im Großraum Berlin weit über eine Million betrug.

In Kapitel acht wurde bereits erwähnt, dass es laut Andrej Swerdlow, dem Sohn des jüdischen Bolschewiken, der die Ermordung des Zaren Nikolaus II. und seiner Familie befohlen hatte, in der Roten Armee während des Zweiten Weltkriegs 35 jüdische Generäle gab. Dies war eine Folge der von Trotzki verfolgten Politik, der sich bei der Gestaltung der Kommandostrukturen der Roten Armee auf seine Blutsbrüder verlassen hatte. Natürlich unterstützten sowohl die Generäle als auch die mittleren Kommandeure die massenhafte Verteilung von Millionen von Flugblättern durch Ilja Ehrenburg (ursprünglich Elijahu genannt) an die nach Deutschland einrückenden sowjetischen Soldaten. Ehrenburg muss sicherlich als Ideologe der Vergewaltigung, Folterung und Ermordung wehrloser deutscher Frauen angesehen werden, von denen viele schwanger wurden: Man schätzt, dass etwa 300.000 Babys geboren wurden. Viele dieser Babys starben aus Mangel an Mitteln und Pflege. Dieser jüdische „Philanthrop" wurde 1952 mit dem Stalin-Friedenspreis ausgezeichnet. In Israel,, wird Ehrenburg natürlich mit allen Ehren bedacht. Seine Unterlagen werden dort im „Yad Vashem Holocaust Museum" aufbewahrt.

Zu diesem Zeitpunkt haben wir erfahren, dass ein neues Buch über die wahllose Vergewaltigung deutscher Frauen, *„Alle die Soldaten kamen"*, soeben erschienen ist. Zum ersten Mal wird darin die Haltung der amerikanischen, britischen und französischen Soldaten untersucht. Professor Miriam Gebhardt, die in ihrem Buch Opfer und Nachgeborene befragt, schätzt, dass die alliierten Soldaten - abgesehen von der sowjetischen Vergewaltigungsorgie - während und nach dem Zweiten Weltkrieg rund 860.000 Frauen vergewaltigt haben.

Deutsche Kriegsgefangene
Eisenhowers Todeslager

In einem späteren Kapitel, das ausschließlich der Untersuchung der Anschuldigungen gegen Nazi-Deutschland im Zusammenhang mit der angeblichen Vernichtung von sechs Millionen Juden gewidmet ist, werden wir das deutsche Gefängnissystem untersuchen. Wir wollen nur sagen, dass es zunächst Straflager, Arbeitslager und Konzentrationslager gab, deren Infrastrukturen gut konzipiert waren, um ihre Funktion zu erfüllen. Deutschland war bei weitem das Land, das die Genfer Konvention am besten einhielt und somit die Kriegsgefangenen im Einklang mit den internationalen Konventionen behandelte, wie aus den Berichten des Roten Kreuzes hervorgeht, das die Lager regelmäßig besuchte. Die Behandlung der deutschen Kriegsgefangenen war eine andere Sache. Es ist bekannt, dass Eisenhower dem Internationalen Roten Kreuz den Zutritt zu seinen Todeslagern verwehrte, in denen fast eine Million Deutsche unter freiem Himmel umkamen. Auf diese lange verborgene historische Tatsache werden wir gleich näher eingehen.

Die Behandlung der Kriegsgefangenen durch die Sowjetunion steht kaum in Frage: Die Tatsache, dass die UdSSR, der Verbündete der Demokratien, eines der wenigen Länder der Welt war, das die Genfer Konvention nicht unterzeichnet hatte, erklärt in gewisser Weise ihr skandalöses Vorgehen. Bereits im Frühjahr 1940 hatte Beria 22.000 Polen, die Crème de la Crème der polnischen Armee und der polnischen Intelligenz, eliminiert, ohne dass jemand davon wusste. Mit anderen Worten, es war nicht möglich, die Sowjets zu kontrollieren und zu verlangen, dass sie die Gefangenen menschlich und würdevoll behandeln. Wir haben gesehen, wie ihre eigenen Bürger jahrzehntelang behandelt wurden, und wir wissen, wie sieben Millionen Menschen in der Ukraine verhungert sind (Holodomor). Die Behandlung der feindlichen Soldaten darf uns daher nicht überraschen.

Am 29. Dezember 1941 wurden in einem deutschen Feldlazarett in Theodosia (Krim) 160 verwundete Soldaten getötet. Einige wurden aus den Fenstern geworfen und mit Wasser übergossen, um sie zu erfrieren. Im Februar 1943, nach der Kapitulation von General von Paulus in Stalingrad, machten sich 91.000 deutsche Soldaten zu Fuß durch den Schnee auf den so genannten „Todesmarsch" in die Konzentrationslager. Die Hälfte von ihnen starb an den Strapazen des Marsches, an der extremen Kälte und an den Schlägen. Der Rest wurde in einem Dutzend Konzentrationslager interniert, und nur 6.000 überlebten die unmenschlichen Bedingungen der Internierung. In Charkow (Ukraine) wurden im Sommer 1943 150 Häftlinge vor einer jubelnden Menge öffentlich gehängt. In Glowno (Polen) wurden zweitausend deutsche Gefangene, die sich ergaben, gezwungen, auf Landminen zu treten, und diejenigen, die es überlebten, wurden mit Flammenwerfern verbrannt. Diese Beispiele reichen aus.

Von den drei Millionen deutschen Gefangenen, die in die Hände der Roten Armee fielen, starben zwischen 1945 und 1953 eine Million im sowjetischen Gulag. Nach Stalins Tod begann das Internationale Rote Kreuz, sich für die Rückkehr von Gefangenen aus Ländern einzusetzen, die gegen die UdSSR gekämpft hatten: Rumänien, Ungarn, Italien, Japan, Finnland, Slowakei, Vichy-Frankreich und andere, darunter Spanien. Von den über eine halbe Million ungarischen Gefangenen, die in sowjetischen Lagern festgehalten wurden, kamen etwa 200.000 ums Leben. Auch die Rumänen litten sehr unter der Behandlung, die sie in den Lagern der UdSSR erfuhren: Von 400 000 Gefangenen überlebte nur die Hälfte und konnte nach Rumänien zurückkehren.

Von der Sowjetunion, einem Land, das sich seit 1917 durch die rücksichtslose Beseitigung aller Gegner und durch die uneingeschränkte Missachtung des Lebens der eigenen Bürger, die als Klassenfeinde galten, auszeichnete, konnte man daher wenig erwarten. Andererseits konnte man von Ländern, die sich selbst als Verteidiger von Freiheit und Demokratie bezeichneten, etwas mehr verlangen. Es war daher völlig undenkbar, dass Dwight D. Eisenhower das Internationale Rote Kreuz aus seinen Todeslagern verbannte. Es ist nun angebracht, auf dieses Thema zurückzukommen, um die oben gegebenen kurzen Informationen auf einigen Seiten zu vertiefen.

Zunächst einmal ist festzustellen, dass es an der Westfront zu Massenkapitulationen kam, weil die deutschen Befehlshaber davon überzeugt waren, dass die Alliierten sie besser behandeln würden als die Sowjets. An der Ostfront kämpften die Wehrmachtseinheiten bis zum Schluss, um zu verhindern, dass viele ihrer Landsleute in die Hände der Kommunisten fielen. Es war Admiral Dönitz, der diese Strategie anordnete, die aber letztlich vergeblich war, denn der langsame Tod, den Eisenhower für sie vorbereitet hatte, war mit das Grausamste, was man einem Menschen antun konnte: „Ich sah Tausende von Männern zusammengekauert", sagte Martin Brech, ein amerikanischer Soldat, der eines der Lager bewachte, „durchnässt und frierend, im Schlamm schlafend, ohne Schutz oder Decken, Gras essend, weil wir sie kaum fütterten, sterbend.... Es wurde klar, dass es unsere bewusste Norm war, sie nicht richtig zu ernähren.... Sie bettelten, wurden krank und starben vor unseren Augen."

Die Veröffentlichung von James Bacques *Other Losses* im Jahr 1989, die zweifelsfrei bewies, was geschehen war, brachte eine Wahrheit ans Licht, die bis dahin verborgen geblieben war. Es dauerte vierundvierzig Jahre, bis die Welt erfuhr, dass Eisenhower, „der schreckliche schwedische Jude", ein Völkermörder war, der in nur wenigen Monaten absichtlich fast eine Million Deutsche tötete. Das Ausmaß dieses Verbrechens lässt sich erahnen, wenn man sich vor Augen führt, dass die Zahl der Toten die Zahl der Toten, die die deutsche Armee während des gesamten Krieges in Westeuropa zu beklagen hatte, bei weitem überstieg. Bacque befragte Hunderte von amerikanischen Gefangenen, Wachleuten und Offizieren und trug umfassendes Beweismaterial aus Archiven in Deutschland, Frankreich, Großbritannien, Kanada und den Vereinigten Staaten zusammen, das es ihm ermöglichte, die schockierende Geschichte eines gigantischen Verbrechens aufzudecken, das in ekelerregenden Sümpfen vollzogen wurde, die sich in einen Sumpf aus Schmutz, Epidemien und Krankheiten verwandelten.

Die Deutschen schätzten, dass mehr als 1.700.000 Soldaten, die bei Kriegsende noch am Leben waren, nicht mehr nach Hause zurückkehrten; die Alliierten wiesen jedoch jede Verantwortung zurück und schoben die Schuld auf die Russen. Zwischen 1947 und 1950 wurden die meisten Berichte über US-Gefangenenlager vernichtet. Willy Brandt selbst, die treibende Kraft hinter der „Ostpolitik" zwischen 1969 und 1974, subventionierte Bücher, in denen die Gräueltaten in amerikanischen Lagern geleugnet wurden. James Bacque stellt fest, dass Brandt sich Jahre später weigerte, über seine Rolle bei der Zensur und Subventionierung von Büchern zu sprechen, die Verbrechen gegen das deutsche Volk verschleierten. Bacque wirft dem Internationalen Komitee vom Roten Kreuz in Genf vor, ihm nicht erlaubt zu haben, in den Archiven nachzuforschen, die über die britischen und kanadischen Lager berichteten, die wussten, was in Eisenhowers Todeslagern vor sich ging.

Als Morgenthau im August 1944 mit White nach Europa reiste, hatte er Gelegenheit, Eisenhower, den Oberbefehlshaber der Alliierten Expeditionsstreitkräfte in Europa, zu treffen, der ihm, wie gesagt wurde, versicherte, er werde „die Deutschen in ihrer eigenen Soße kochen". James Bacque, der neben dem *Morgenthau-Tagebuch* und der von uns verwendeten Einführung von Professor Anthony Kubek auch John Morton Blums *Roosevelt and Morgenthau* zitiert, bestätigt, dass der Finanzminister zufrieden mit

Eisenhowers Bereitschaft zurückkehrte, da der General versprach, die Deutschen „hart zu treffen". Morgenthau teilte Roosevelt jedoch im Weißen Haus mit, dass die Europäische Beratende Kommission nicht darüber nachdenke, „wie man Deutschland so hart angehen könne, wie wir es uns wünschen". Auf jeden Fall war Morgenthau davon überzeugt, dass er seinen Plan gegen die Deutschen durchsetzen würde, und sagte dem Präsidenten: „Geben Sie mir dreißig Minuten mit Churchill, und ich kann das wiedergutmachen." Roosevelts Antwort, die aus den *Presidential Diaries*[14] stammt, ist nicht zu überhören: „Wir müssen Deutschland gegenüber hart sein, und ich meine das deutsche Volk, nicht nur die Nazis. Entweder müssen wir die Deutschen entmannen, oder wir müssen sie so behandeln, dass sie keine Menschen mehr hervorbringen können, die das fortsetzen wollen, was sie in der Vergangenheit getan haben".

Diese Worte stimmen mit Theodore N. Kaufmans Vorschlag überein, alle Deutschen zu sterilisieren, was darauf schließen lässt, dass Kaufman, wie Göbbels und andere nationalsozialistische Führer einst anprangerten, sich im Weißen Haus bewegte, und zwar als ein Mann von Samuel Rosenman, einem der wichtigsten jüdischen Berater des Präsidenten. Noch kurz vor seinem Tod bestätigte Roosevelt gegenüber Morgenthau, der sich in der Nacht des 11. April 1945 in Warm Springs, Georgia, aufhielt, dass er seine Pläne teilte. Wie der Staatssekretär für das Finanzministerium in den *Präsidententagebüchern* vermerkte, waren die letzten Worte des Präsidenten an ihn in politischen Fragen: „Henry, ich stehe zu 100 Prozent hinter Ihnen."

Auf der zweiten Konferenz von Quebec, die vom 11. bis 16. September 1944 stattfand, hatte Morgenthau mehr als die von ihm gewünschte halbe Stunde Zeit, um Churchill zu überzeugen, der mit einem alten Bekannten nach Quebec gereist war, der die Deutschen ebenso hasste wie Morgenthau, Lord Cherwell, d.h. Frederick Alexander Lindemann, sein jüdischer Berater, sein enger Freund, der Ideologe des Luftterrors über Deutschland. Die beiden kamen überein, Churchill von der Notwendigkeit zu überzeugen, den Morgenthau-Plan umzusetzen. „Morgenthau und Churchills Berater Lord Cherwell", schreibt Bacque, „entwarfen einen Plan, um Churchills Widerstand zu überwinden." Nur Anthony Eden, Sekretär des Auswärtigen Amtes, stellte sich in Quebec gegen den Morgenthau-Plan und Lord Cherwell, den Hauptbefürworter des Plans in Großbritannien. Mitte Oktober erläuterte Churchill in Moskau Stalin den Morgenthau-Plan für Deutschland, der ihm zustimmte. Im britischen Kriegskabinett gab es jedoch Zweifel. Lindemann gelang es, den Außenminister zu verärgern, als er Churchill gegenüber andeutete, dass Edens Bedenken hinsichtlich einer Hungersnot in Deutschland völlig falsch seien. Laut Bacque

---

[14] In den *Morgenthau-Tagebüchern* gibt es eine Reihe von rund 2.000 Seiten, die so genannten *Presidential Diaries*, in denen Morgenthaus Gespräche mit FDR festgehalten sind. In dieser Sammlung handschriftlicher Dokumente finden sich neben ihren Scherzen und „tête-à-tête"-Gesprächen auch ministerielle Treffen. Diese Dokumente geben einen Einblick in die enge Freundschaft zwischen den beiden Juden und zeigen, wie sehr sie in ihrem Hass auf das deutsche Volk auf einer Wellenlänge lagen. Die *Präsidententagebücher* enthalten auch Materialien zu Harry Salomon Truman und Dwight David Eisenhower.

musste Churchill zwischen den beiden vermitteln und Eden beschwichtigen, der daraufhin wütend reagierte.

Am 10. März 1945 fand Eisenhower einen Weg, gegen die Genfer Konvention zu verstoßen und zu verhindern, dass Kriegsgefangene (POWs) gemäß den internationalen Standards behandelt wurden. Zu diesem Zweck schuf er eine neue Art von Gefangenen: DEF (Unarmed Enemy Forces). Die aus Briten und Amerikanern bestehenden Combined Chiefs of Staff (CCS) erhielten die Nachricht im April im Supreme Headquarters Allied Expeditionary Force (SHAEF). Der CCS genehmigte den DEF-Status nur für amerikanische Kriegsgefangene, da die Briten sich weigerten, Eisenhowers Plan für ihre eigenen Kriegsgefangenen zu übernehmen. Die wichtigsten Bedingungen des Befehls waren in den Punkten B, C und D aufgeführt und lauteten wie folgt:

„(B) Die Deutschen sind für die Verpflegung und den Unterhalt der unbewaffneten deutschen Truppen verantwortlich.

(C) Das beschlossene Verfahren gilt nicht für Kriegsverbrecher oder andere Kategorien gesuchter deutscher Angehöriger oder anderer Personen, die in den deutschen Streitkräften angetroffen und aus Sicherheitsgründen festgehalten werden. Diese Personen werden weiterhin als mutmaßliche Kriegsverbrecher oder aus militärischen Sicherheitsgründen und nicht als Kriegsgefangene inhaftiert sein. Sie werden von den alliierten Streitkräften verpflegt, untergebracht und somit überwacht. Die deutschen Behörden werden keinerlei Kontrolle über sie ausüben.

D) Es werden keine öffentlichen Erklärungen über den Status der Bundeswehr oder der unbewaffneten Truppen abgegeben".

Am 10. März, dem Tag, an dem er den DEF-Status für deutsche Kriegsgefangene einführte, hielt Eisenhower in Paris eine Pressekonferenz ab, auf der er sagte: „Wenn die Deutschen wie normale Menschen denken würden, wüssten sie, dass die Vereinigten Staaten und Großbritannien im Laufe der Geschichte gegenüber dem besiegten Feind Großzügigkeit gezeigt haben. Wir halten uns an alle Regeln der Genfer Konvention". Durch die Bestimmung D wurde der Verstoß gegen die Genfer Konvention geheim gehalten, was eine Voraussetzung dafür war, dass die Öffentlichkeit nicht die Wahrheit erfuhr und dabei entdeckte, dass Eisenhower ein zynischer Lügner war. Die Genfer Konvention sah drei grundlegende Rechte für die Gefangenen vor: Verpflegung und Unterkunft auf demselben Niveau wie die Truppen der gefangenen Armee; Empfang und Versand von Korrespondenz; das Recht auf Besuch durch Delegierte des Internationalen Komitees vom Roten Kreuz.

Klausel B sah vor, dass die Deutschen selbst für die Verpflegung und den Unterhalt ihrer unbewaffneten Truppen sorgen sollten. Der Morgenthau-Plan sah jedoch vor, dass die deutschen Institutionen abgebaut werden sollten, einschließlich aller Einrichtungen, die soziale Dienstleistungen erbringen. Dem Plan zufolge sollte die Herstellung von bis zu 500 Produkten verhindert oder abgeschafft werden. So zu tun, als ob man die Verantwortung auf die deutschen Behörden abwälzen wollte, war absolut illusorisch, denn nach der Abschaffung der Armee, der Regierung, der Wohlfahrtsverbände, des Deutschen Roten Kreuzes und anderer Institutionen, einschließlich der kommerziellen, gab es keine Behörden mehr. Eisenhower wusste sehr wohl, dass die berühmte Direktive JCS 1067 die Politik, die er in Bezug auf alle deutschen Institutionen zu verfolgen hatte, genau festlegte: Er musste die Armee, die Zentralregierung und die NSDAP abschaffen, Schulen, Universitäten, Radiosender und Zeitungen schließen und die Soldaten daran hindern, mit Deutschen zu sprechen.... Geist und Buchstabe des Morgenthau-Plans, wie er von Harry Dexter White, Frank Coe und Harry Glasser, den drei jüdischen Kommunisten im Finanzministerium, die ihn ausgearbeitet hatten, beabsichtigt war, waren in der JCS-Richtlinie 1067 enthalten.

Am 21. April 1945 unterzeichnete Eisenhower einen Text an SHAEF, in dem er General Marshall mitteilte, dass die neuen eingezäunten Häftlingsunterkünfte „keine Unterkünfte oder andere Annehmlichkeiten" haben würden. Er fügte hinzu, dass die Gefangenen sie selbst „mit lokalen Materialien" ausbauen sollten. Diese dachlosen Räume, die als „Prisoner of War Temporary Enclosures" (PWTE) bezeichnet wurden, waren nichts anderes als offene, von Stacheldraht umgebene Felder. Das so genannte Provisorium dauerte mehr als ein halbes Jahr. Eisenhower gestattete nicht einmal die Errichtung eines armseligen Zeltes, sondern ordnete die Aufstellung von Scheinwerfern, Wachtürmen und Maschinengewehren an. Was die Erlaubnis für die Gefangenen anbelangt, die Lager so weit wie möglich „unter Verwendung lokaler Materialien" auszubauen, so verbot ein Befehl vom 1. Mai ausdrücklich die Einfuhr von Materialien in die Lager. Als die Häftlinge, die sich ergeben hatten, ab April in diesen Lagern untergebracht wurden, gab es keine Wachtürme, keine Zelte, kein Wasser, keine Latrinen und keine anderen Einrichtungen. In einigen Lagern waren die Männer so beengt, dass sie sich nicht einmal auf den Boden legen konnten. Hier ist eine Beschreibung der Situation aus dem Inneren eines Lagers aus der Rubrik „Andere Verluste":

> „Im April 1945 wurden Hunderttausende von deutschen Soldaten sowie Krankenhauspatienten, Amputierte, weibliche Hilfskräfte und Zivilisten inhaftiert.... Ein Gefangener im Lager Rheinberg war über achtzig Jahre alt, ein anderer erst neun.... Seine Kameraden waren vom Hunger überwältigt, vom Durst gequält und starben an der Ruhr. Ein grausamer Himmel schüttete Woche für Woche Wasser auf sie. Amputierte krochen wie Amphibien durch den Schlamm, durchnässt und fröstelnd. Unter freiem Himmel, Tag für Tag, Nacht für Nacht, lagen sie verzweifelt im Rheinberger Sand oder schliefen erschöpft in ihren verfallenen Löchern.

Nachts leuchteten die Scheinwerfer auf die Männer, die in ihren dunklen Löchern lagen und in ihren Albträumen schrien. Einer dieser Unglücklichen, Charles von Luttichau, wurde 1987/88 in Washington, D. C., von James Bacque interviewt. Luttichaus Mutter war Amerikanerin, und als er sich zu Hause erholte, beschloss er, sich freiwillig zu stellen. Er wurde in Kripp, einem Lager bei Remangen am Rhein, inhaftiert. Der folgende Text ist ein Auszug aus seiner Schilderung gegenüber dem Autor von *Other Losses*:

> „Die Toiletten waren nur Baumstämme, die in Gräben neben dem Stacheldraht lagen. Zum Schlafen konnten wir nur mit bloßen Händen ein Loch in den Boden

graben und uns dann gegenseitig in das Loch stecken. Wir kauerten dicht beieinander. Wegen der Krankheiten mussten die Männer auf dem Boden entleeren. Bald waren viele von uns zu schwach, um zuerst die Hosen auszuziehen. Die Folge war, dass unsere Kleidung infiziert war und auch der Schlamm, auf dem wir gehen, sitzen und liegen mussten. Am Anfang gab es überhaupt kein Wasser, nur den Regen. Nach ein paar Wochen konnten wir dann etwas Wasser aus einem Rohr holen. Aber die meisten von uns hatten nichts, womit sie es auffangen konnten, so dass wir nach stundenlangem Anstehen, manchmal sogar in der Nacht, nur ein paar Schlucke nehmen konnten. Wir mussten zwischen den Löchern laufen, auf der nassen Erde, die sich beim Graben auftürmte, so dass man leicht in ein Loch fallen und nur schwer wieder herauskommen konnte. In diesem Teil des Rheins regnete es im Frühjahr fast ununterbrochen. Mehr als die Hälfte der Tage hatten wir überhaupt nichts zu essen. Die restliche Zeit hatten wir eine kleine K-Ration. Aus den Paketen konnte ich ersehen, dass sie uns ein Zehntel der Rationen gaben, die sie ihren Männern gaben. Am Ende bekamen wir also vielleicht fünf Prozent einer normalen Ration der US-Armee. Ich sagte dem Lagerkommandanten, dass ich gegen die Genfer Konvention verstoße, aber er sagte nur: „Vergessen Sie die Konvention. Du hast keine Rechte. Innerhalb weniger Tage waren Männer, die das Lager bei guter Gesundheit betreten hatten, tot. Ich sah, wie unsere Männer viele Tote zum Lagertor schleppten, wo sie übereinander gestapelt und in Lastwagen abtransportiert wurden.

Ein siebzehnjähriger Junge, der sein Dorf in der Ferne sehen konnte, weinte immer, wenn er am Stacheldrahtzaun stand. Eines Morgens fanden die Häftlinge ihn erschossen am Fuße des Zauns. Seine Leiche wurde von den Wachen am Stacheldraht aufgehängt und zur Warnung offen liegen gelassen. Die Gefangenen wurden gezwungen, in der Nähe der Leiche zu gehen. Viele schrien „Mörder, Mörder". Als Vergeltung verweigerte der Lagerkommandant drei Tage lang die ohnehin miserable Verpflegung. Für uns, die wir bereits am Verhungern waren und uns vor Schwäche kaum noch bewegen konnten, war das schrecklich. Für viele bedeutete es den Tod. Das war nicht das einzige Mal, dass der Kommandant den Häftlingen die Verpflegung vorenthielt, um sie zu bestrafen.

Fast alle von Bacque befragten Überlebenden sind sich einig, dass der Wassermangel eines der schlimmsten Dinge war. George Weiss, ein Panzermechaniker, erinnert sich, dass sie dreieinhalb Tage lang kein Wasser hatten und deshalb ihren eigenen Urin tranken. Der Geschmack war schrecklich", erinnert sich Weiss, „aber was konnten wir tun? Einige der Männer leckten den Boden ab, um ein wenig Feuchtigkeit zu bekommen". In anderen Berichten heißt es, dass sich unter den Häftlingen in den Lagern auch Kinder im Alter von sechs Jahren, schwangere Frauen und ältere Menschen befanden. Es ist anzumerken, dass es in den DEF-Lagern keine Aufzeichnungen gab und dass die meisten Aufzeichnungen der Kriegsgefangenenlager später vernichtet wurden. Daher lässt sich nicht feststellen, wie viele Zivilisten gefangen genommen wurden.

Die französische Armee verlangte von den Amerikanern die Überstellung von Gefangenen, um sie für Reparaturarbeiten zu verwenden. Französischen Berichten zufolge überstellten die Amerikaner bei einer Lieferung von 100.000 Gefangenen, die für die Arbeit nützlich sein sollten, 32.640 Frauen, Kinder und alte Menschen. James Bacque weist auf die katastrophale Lage der französischen

Gefangenenlager hin, die so katastrophal war, dass sie den Amerikanern fast nacheiferten, denn von den insgesamt 740.000 Gefangenen, die sie von der US-Armee erhielten, starben 250.000 an Hunger und der miserablen Behandlung, der sie ausgesetzt waren. Hinzu kommen mindestens 800.000 Menschen, die durch die Amerikaner starben, so dass sich die Gesamtzahl der Toten auf über eine Million beläuft.

General Patton war der einzige, der im Laufe des Monats Mai eine größere Anzahl von Gefangenen freiließ und sie so vor dem Verhungern bewahrte. Als andere Generäle versuchten, seinem Beispiel zu folgen und ebenfalls die Freilassung von Gefangenen anordneten, brach ein am 15. Mai von Eisenhower unterzeichneter Gegenbefehl ihren Versuch ab. Bacque bestätigt, dass Patton innerhalb eines Monats etwa eine halbe Million entlassen hat. Von den mehr als fünf Millionen Soldaten, die von den Amerikanern in Nordwesteuropa gefangen genommen wurden, blieben fast vier Millionen in Freiluftgefängnissen eingesperrt. Bacque zufolge waren bis zum 8. September 1945 etwa 2,2 Millionen Gefangene entlassen worden. Weitere 3.700.000 der Gefangenen aller europäischen Einsatzgebiete befanden sich noch in den Lagern, waren gestorben oder in britische oder französische Obhut übergegangen. Mit dem Einsetzen des Sommers verbessern sich die Wetterbedingungen und die klimatischen Unbilden lassen nach, doch die Hungersnot hält an. Darüber hinaus wurden im Juni und Juli Gefangene mit Kriegsgefangenenstatus heimlich in den DEF-Status überführt. Zwischen dem 2. Juni und dem 28. Juli stieg die Zahl der Gefangenen in den DEF-Lagern um fast 600.000 an.

Die US-Regierung verweigerte dem Internationalen Komitee vom Roten Kreuz die Erlaubnis, die Lager zu betreten und die Gefangenen zu besuchen, was einen eklatanten Verstoß gegen die Genfer Konvention darstellt. Nach dem Zerfall der deutschen Regierung war die Schweiz ermächtigt worden, die Rolle der Schutzmacht auszuüben, die sicherstellen sollte, dass die Berichte des Roten Kreuzes in der Schweiz ankommen. Um dies zu verhindern, teilte das US-Außenministerium am 8. Mai 1945, unmittelbar nach der bedingungslosen Kapitulation Deutschlands, dem Schweizer Botschafter in Washington mit, dass die Schweiz die Schutzmachtrolle abgelehnt habe. Daraufhin teilte das State Department dem IKRK (Internationales Komitee vom Roten Kreuz) mit, dass Besuche sinnlos seien, da es keine Schutzmacht gebe. Trotzdem teilte das Aussenministerium der Schweiz dreist mit, dass die USA die Gefangenen weiterhin „in Übereinstimmung mit den Bestimmungen der Genfer Konvention" behandeln würden.

Im Gegensatz dazu wurden in diesem Frühjahr zwei Millionen britische, amerikanische, französische und kanadische Gefangene aus den deutschen Lagern entlassen. Das Rote Kreuz, das die Aktion überwachte, begrüßte sie mit Paketen aus seinen Lagerhäusern in der Schweiz, wo es Millionen von Paketen gelagert hatte. Die befreiten Gefangenen hatten die Gelegenheit, dem Roten Kreuz für seine Hilfe mit den Lebensmittelpaketen zu danken, die in den Internierungslagern eingetroffen waren. Trotz der Tatsache, dass die deutsche Bevölkerung am Ende des Krieges unter strengen Ernährungsbeschränkungen litt, hatten die Deutschen die Gefangenen fast bis zum Schluss mit 1.500 Kalorien pro Tag versorgt. Weitere Hilfsgüter erreichten die Lager auf dem Postweg. Nach Berichten des Roten Kreuzes vom Mai 1945 kehrten 98% der in deutschen Gefangenenlagern festgehaltenen Gefangenen sicher nach Hause zurück. Ihr Gesundheitszustand war gut, da sie nicht nur Nahrung, sondern auch warme Kleidung und Medikamente erhalten hatten, die mit Duldung der deutschen Behörden regelmäßig per Post eingetroffen waren.

Das US-Kriegsministerium verbot den deutschen Kriegsgefangenen am 4. Mai 1945, Post zu senden oder zu empfangen. Das Internationale Komitee vom Roten Kreuz schlug im Juli einen Plan zur Wiederherstellung des Postverkehrs mit deutschen Kriegsgefangenen vor, der jedoch von den Amerikanern abgelehnt wurde. Die Briten akzeptierten jedoch den Vorschlag des Roten Kreuzes und stellten im Juli und August den Postverkehr wieder her. Ein weiterer IKRK-Versuch wurde Ende Mai oder Anfang Juni unternommen. Zwei Züge mit Lebensmitteln aus den Lagerhäusern in der Schweiz, in denen über 100.000 Tonnen Lebensmittel lagerten, wurden nach Deutschland geschickt. Einer war für Mannheim und der andere für Ausburg bestimmt, Städte im amerikanischen Sektor. Beide Züge erreichten ihren Bestimmungsort, wo die Beamten von den Amerikanern darüber informiert wurden, dass die Lager voll waren. Die Züge mussten mit ihrer Ladung in die Schweiz zurückkehren.

Die erste Zone, die Lieferungen des Roten Kreuzes zuließ, war die britische Zone, allerdings erst im Oktober 1945. Die Franzosen hingegen ließen die Hilfe erst im Dezember zu. In der sowjetischen und der nordamerikanischen Zone hingegen wurden die Lieferungen des Roten Kreuzes während des gesamten besonders strengen Winters 1945/46 verweigert. Obwohl die umfangreichen irischen und schweizerischen Spenden nach Angaben des IKRK ausdrücklich als für Deutschland bestimmt gekennzeichnet waren, rieten die amerikanischen Militärbehörden dem Delegierten des Internationalen Komitees vom Roten Kreuz in Berlin, alle verfügbaren Hilfssendungen in andere bedürftige Gebiete Europas zu schicken. Max Huber, der Leiter des IKRK, beschloss schließlich, eine Untersuchung einzuleiten, die jedoch wenig Erfolg hatte, da die US-Armee bis zur Ablösung Eisenhowers durch Lucius Clay im November keinerlei Leistungen an die Deutschen zuließ. Dennoch wurde erst im März 1946 internationale Hilfe in der amerikanischen Zone zugelassen. Die Sowjets verzögerten ihre Zustimmung bis April. Zu diesem Zeitpunkt waren bereits Hunderttausende von Deutschen an Hunger, Kälte und Krankheiten gestorben.

Eisenhower wird sicherlich als einer der größten Verbrecher des Zweiten Weltkriegs in die Geschichte eingehen. Am 10. März 1945, noch vor den großen deutschen Gefangennahmen, schuf er den DEF-Status, was zeigt, dass die von ihm beabsichtigte Politik im Voraus konzipiert war. Im Einklang mit der Forderung nach einer harten Behandlung der Deutschen und in perfekter Übereinstimmung mit dem Morgenthau-Plan, der in Wirklichkeit ein Völkermordplan war, plante Eisenhower, den Gefangenen Nahrung, Wasser und Unterkunft vorzuenthalten. Obwohl die US-Armee über einen Überschuss an Zelten verfügte und das Rote Kreuz in der Schweiz Lebensmittel in Hülle und

Fülle vorrätig hatte, wurde beschlossen, die Deutschen in Freiluft-Gefangenenlager (PWTEs - Temporary Prisoner of War Enclosures) zu sperren und die Verteilung von Lebensmitteln und die medizinische Versorgung durch das Rote Kreuz zu untersagen. Damit wurden Hunderttausende von Deutschen zum Tode verurteilt. Der einzige General, der mehr oder weniger verstand, was geschah, und es wagte, zu widersprechen, war George Smith Patton, der schließlich im Dezember 1945 getötet wurde.

Die Ermordung von General Patton

Eisenhower wusste, dass er Gegenstand einer Untersuchung durch einen Ausschuss des Kongresses oder des Senats sein könnte, weshalb er von seinen Untergebenen Loyalität verlangte. Diese Befürchtung Eisenhowers spiegelt sich in Pattons persönlichem Tagebuch wider: „Nach dem Mittagessen sprach General Eisenhower sehr vertraulich mit uns über die Notwendigkeit von Solidarität für den Fall, dass einer von uns vor einen Kongressausschuss gerufen werden könnte..... Er skizzierte eine Form der Organisation. Obwohl keiner von uns genau zustimmte, war sie nicht so gegensätzlich zu unseren Ansichten, dass eine allgemeine Unterstützung ausgeschlossen war." Eisenhower musste nicht nur eine Untersuchung des Kongresses wegen all der Dinge vermeiden, die in der amerikanischen Besatzungszone vertuscht wurden, sondern auch Unstimmigkeiten mit Generälen wie Patton selbst, der die Ehre der Armee und die Einfachheit und Großzügigkeit des amerikanischen Volkes repräsentierte. Pattons Ansehen wurde von den Deutschen selbst anerkannt, die ihn für eines der militärischen Genies Amerikas hielten.

Seine Gedanken zur Behandlung der Deutschen äußerte er bei der Beantwortung einer Frage, die ihm ein Militärrichter gestellt hatte. Patton bestätigte, dass er in seinen Ansprachen an die Truppen „die Notwendigkeit einer angemessenen Behandlung der Kriegsgefangenen, sowohl was ihr Leben als auch ihr Eigentum betrifft", betonte. Er galt als der beste Soldat seines Landes im Zweiten Weltkrieg und wurde von seinen Soldaten bewundert, zu denen er unverblümt sprach: Er ermutigte sie, so viele Deutsche wie möglich auf dem Schlachtfeld zu töten, „aber stellt sie nicht an eine Wand und tötet sie. Tut es, während sie kämpfen." Martin Blumenson zitiert in den *Patton Papers* die folgenden Worte von General Patton: „Wenn ein Mann sich ergeben hat, sollte er genau nach den Regeln des Bodenkampfes behandelt werden, und zwar genau so, wie Sie behandelt werden möchten, wenn Sie dumm genug gewesen wären, sich zu ergeben. Wir Amerikaner schlagen den Leuten nicht die Zähne ein, wenn sie geschlagen sind". Wie wir weiter unten sehen werden, bedauerte Patton Eisenhowers Politik gegenüber den Deutschen und die Behandlung Deutschlands durch die Sieger: „Was wir tun", prangerte er an, „ist die völlige Zerstörung des einzigen modernen Staates in Europa, damit Russland ihn ganz schlucken kann."

Patton war im Begriff, die Tschechoslowakei und Deutschland zu besetzen, als er den Befehl erhielt, die Offensive zu stoppen, weil in Jalta vereinbart worden war, dass die Sowjetunion diesen Teil Mitteleuropas besetzen sollte. Um deren Vormarsch zu verhindern, übergab Eisenhower Montgomery den Treibstoff für seine Panzer. Nach dem Krieg wurde Patton zum Militärgouverneur von Bayern ernannt und wagte es, unverblümt zu sagen, dass Stalin ohne Roosevelts Unterstützung nicht die Hälfte Europas besetzt hätte. Als er herausfand, dass sein Land mit der Sowjetunion konspiriert hatte, prangerte Patton diese Konspiration öffentlich an. Dies bereitete ihm viele Probleme und machte ihm viele Feinde, sowohl in den Vereinigten Staaten als auch in der UdSSR. Seine Ansichten hielt er in seinem Tagebuch und in Briefen an seine Familie und Freunde fest, von denen viele in *The Patton Papers* enthalten sind.

Wahrscheinlich hat Patton, der alles, wofür die Sowjetunion stand, uneingeschränkt verachtete, nie ganz verstanden, warum halb Europa dem Kommunismus überlassen wurde. Aus seiner militärischen Logik heraus hatte er offensichtlich keine akzeptable Erklärung. Er hatte dafür gekämpft, Europa vom Nationalsozialismus zu befreien, und war der Ansicht, dass es einem Scheitern gleichkam, wenn man es Stalin überließ, zumal er davon überzeugt war, dass die Rote Armee bis an ihre Grenzen zurückgedrängt werden konnte, wenn man die Gunst der Stunde nutzte. Am 18. Mai 1945 schreibt Patton in sein Tagebuch, dass die amerikanische Armee die Russen mit Leichtigkeit besiegen könne. Zwei Tage später schrieb er einen Brief an seine Frau, in dem er denselben Gedanken wiederholte: „Wenn wir gegen die Russen kämpfen müssen, ist jetzt der richtige Zeitpunkt. Von jetzt an werden wir schwächer und sie stärker werden". Bald erreichten seine Ansichten und seine abfälligen Worte gegenüber den Sowjets die Ohren seiner Feinde und Kritiker.

Am 21. Juli 1945 schrieb er nach einem Besuch der Ruinen von Berlin an seine Frau: „Berlin hat mich traurig gemacht. Wir haben zerstört, was eine gute Ethnie hätte sein können, und sind kurz davor, sie durch brutale Mongolen zu ersetzen. Und ganz Europa wird kommunistisch sein. Es ist traurig, dass in der ersten Woche, in der sie in Berlin einmarschierten, alle Frauen, die wegliefen, erschossen und die, die nicht wegliefen, vergewaltigt wurden. Wenn man sie mir überlassen hätte, hätte ich sie mitnehmen können." Hätte man Patton erlaubt, Berlin einzunehmen, wären die grausamen Überfälle, Morde und Vergewaltigungen natürlich vermieden worden. Der Hinweis auf die Mongolen hat damit zu tun, dass die sowjetischen Truppen, die die Reichshauptstadt besetzten, reichlich mongolische Soldaten hatten, weshalb mehrere Historiker von Vergewaltigungen deutscher Frauen durch „asiatische Horden" sprechen. Patton besteht in seinem Tagebuch auf der Achtung vor der deutschen Ethnie. In einem anderen Eintrag vom 31. August schreibt er: „Die Deutschen sind wirklich das einzige anständige Volk, das es in Europa noch gibt. Es ist eine Wahl zwischen ihnen und den Russen. Ich bevorzuge die Deutschen.

Auch die Juden waren kein Heiliger seiner Verehrung. Im Gegenteil, sie stießen ihn ab. Es scheint uns klar zu sein, dass Patton die wahren Gründe, warum die Welt in den verheerendsten Krieg der Geschichte hineingezogen wurde, nicht ganz verstand, und so sah er mit Erstaunen zu, wie ein Schwarm von Juden aus Russland und Polen in Deutschland einfiel, sobald die Feindseligkeiten beendet waren. Während sie auf ihre Überführung nach Palästina warteten, wurden sie in den Displaced Persons (DP)-Lagern untergebracht, die die Amerikaner für sie errichtet hatten. Ihr Verhalten und ihre mangelnde Hygiene in diesen Lagern empörten Patton. Einmal bestand Eisenhower darauf, dass er ihn zu einem jüdischen Gottesdienst begleitete, ein Erlebnis, das er am 17. September in sein Tagebuch eintrug:

„Es stellte sich heraus, dass es der Jom-Kippur-Feiertag war, und so versammelten sie sich in einem großen Holzgebäude, das sie Synagoge nennen. Es fiel General Eisenhower zu, eine Rede für sie zu halten. Wir gingen in die Synagoge, die vollgestopft war mit dem stinkendsten Haufen von Menschen, den ich je gesehen habe. Als wir die Hälfte der Zeremonie hinter uns hatten, kam der Oberrabbiner, der eine ähnliche Haut wie Heinrich VIII. von England und ein sehr schmutziges, besticktes Gewand trug, um den General zu sehen.... Der Gestank war so furchtbar, dass ich fast in Ohnmacht fiel, und etwa drei Stunden später ruinierte ich mein Mittagessen, weil er mich daran erinnerte.

In einem weiteren Eintrag, ebenfalls im September, hielt Patton seine Empörung über die günstige Behandlung fest, die Washington für die Juden forderte. Ihm wurde befohlen, Deutsche aus ihren Häusern zu entfernen, um Juden unterzubringen: „Offensichtlich", so schrieb er, „ist das Virus der semitischen Rache gegen alle Deutschen, das von Morgenthau und Baruch in Gang gesetzt wurde, immer noch am Werk. Harrison (ein Beamter des Außenministeriums) und seine Mitarbeiter sagen, dass deutsche Zivilisten aus ihren Häusern entfernt werden sollten, um dort Displaced Persons unterzubringen." In Wirklichkeit handelte es sich bei den meisten dieser Juden, die untergebracht werden sollten, nicht um Displaced Persons, sondern um Gruppen, die freiwillig nach Deutschland gekommen waren. Obwohl er mit der offiziellen Politik nicht einverstanden war, was ihn dazu veranlasste, sich dem JCS 1067 zu widersetzen, versuchte Patton, Befehle auszuführen, die nicht gegen sein Gewissen verstießen: „Wir haben heute Befehle erhalten", notierte er in einem anderen Eintrag, „die uns auffordern, Juden besonders unterzubringen." In einem anderen Brief an seine Frau beklagte er nachdrücklich die Behandlung der Deutschen: „Ich bin in Frankfurt gewesen, um an einer Konferenz der Zivilregierung teilzunehmen. Wenn das, was wir den Deutschen antun, Freiheit ist, dann gib mir den Tod. Ich kann nicht sehen, dass wir Amerikaner uns so weit herabgelassen haben. Das ist semitisch, da bin ich mir sicher." Es scheint klar, dass Patton zu diesem Zeitpunkt die Kommunisten bereits mit den Juden in Verbindung gebracht hatte.

Pattons Ansichten waren inzwischen inakzeptabel, und so wurde eine Pressekampagne gestartet, um ihn zu diskreditieren. Die Schikanen begannen mit dem Vorwurf, er sei zu nachgiebig gegenüber den Deutschen; doch ein Vorfall im August 1943 während des Sizilienfeldzugs wurde bald aufgegriffen. Dort schlug er einen Faulpelz namens Charles H. Kuhl mit seinen Handschuhen, weil er dachte, er spiele krank. In den Lazaretten gab es eine große Anzahl von ihnen, die vorgaben, krank zu sein, um sich dem Kampf zu entziehen. Um den General des Antisemitismus zu bezichtigen, berichtete eine New Yorker Zeitung, dass Patton den Soldaten, der Jude war, bei der Ohrfeige als „feigen Juden" bezeichnet habe, was nicht stimmte. Auf einer Pressekonferenz am 22.

September stellte der General fest, dass einige Reporter ihn provozierten, um ihn aus der Fassung zu bringen. Am selben Tag schrieb er in sein Tagebuch: „In der Presse gibt es einen sehr offensichtlichen semitischen Einfluss. Sie versuchen zwei Dinge: erstens, den Kommunismus einzuführen, und zweitens, alle Geschäftsleute deutscher Abstammung ohne jüdische Vorfahren dazu zu bringen, ihre Arbeitsplätze zu verlieren.... Sie haben ihren Gerechtigkeitssinn verloren und denken, dass ein Mann entlassen werden kann, weil jemand sagt, er sei ein Nazi." Auch seiner Frau erklärte er, was auf der Pressekonferenz geschehen war: „Bevor du diesen Brief erhältst, werde ich wahrscheinlich in den Schlagzeilen sein, denn die Presse ist sehr daran interessiert zu sagen, dass ich mehr daran interessiert bin, die Ordnung in Deutschland wiederherzustellen als Nazis zu jagen."

Der Aufschrei der Presse gegen Patton wurde bald von Eisenhower aufgegriffen, der am 28. September beschloss, ihn als Militärgouverneur von Bayern abzulösen und ihm das Kommando über die Dritte Armee zu entziehen, nachdem er ihm seine Ansichten vorgehalten hatte. Am 7. Oktober verabschiedete sich Patton in einer traurigen Zeremonie von seinen Untergebenen mit den Worten: „Alle guten Dinge müssen zu einem Ende kommen. Das Beste, was mir bisher widerfahren ist, ist die Ehre und das Privileg, die Dritte Armee befehligt zu haben." Seine neue Aufgabe war das Kommando über die Fünfzehnte Armee in einer kleinen Kaserne in Bad Nauheim. Am 22. Oktober schrieb er einen langen Brief an General James G. Harbord, der nach Bad Nauheim zurückgekehrt war. Harbord, der bereits in die Vereinigten Staaten zurückgekehrt war. Darin verurteilte Patton die Umsetzung von Morgenthaus Politik, Eisenhowers kleinmütiges und feiges Verhalten gegenüber den jüdischen Ansprüchen, die ausgeprägte prosowjetische Ausrichtung der Presse sowie die Politisierung, Korruption, Degradierung und Demoralisierung, die diese Dinge in der Armee verursachten.

Am 9. Dezember 1945 schließlich stieß der Cadillac, in dem General Patton unterwegs war, in der Nähe von Mannheim mit einem zwei Tonnen schweren Armee-Lkw zusammen, der unerwartet die Straße kreuzte. Der Aufprall war nicht tödlich, da sowohl der Fahrer, Horace Woodring, als auch sein Stabschef, General Hobart Gay, Spitzname „Hap", das Auto mit nur leichten Kratzern verlassen konnten; Patton wurde jedoch in den Nacken geschossen, jedoch nicht schwer. Auf dem Weg zum Krankenhaus wurde das Fahrzeug, das den General gerettet hatte, erneut von einem anderen schweren Militärlastwagen gerammt. Diesmal waren Pattons Verletzungen schwerwiegender, aber er schaffte es lebend ins Krankenhaus, von wo aus er seine Frau in den Vereinigten Staaten kontaktieren konnte. Sie bat ihn, ihn dringend aus dem Krankenhaus zu holen, weil sie ihn töten wollten: „Sie werden mich hier umbringen". Und das tat er auch. Am 21. Dezember 1945 wurde Patton an einer Embolie für tot erklärt. Die Armee führte nicht nur keine Untersuchung der „Unfälle" durch, sondern es wurden auch keine Fragen zu seiner „Embolie" gestellt. Der Leichnam des amerikanischen Helden wurde nie in die Vereinigten Staaten überführt. Es wurde keine Autopsie durchgeführt.

Die Ermordung von General George Patton wurde zu einem der geheimsten Ereignisse der Militärgeschichte. Obwohl seine Akte in den National Archives in St. Louis über 1 300 Seiten umfasst, beziehen sich nur wenige Seiten auf den Unfall. Fünf Berichte, die am Unfallort gemacht wurden, verschwanden kurz nach ihrer Ablage. Obwohl Pattons Fahrer angab, dass der erste Lkw am Straßenrand auf sie wartete, wurde keiner der Lkw-Fahrer verhaftet, und ihre Namen wurden nicht genannt. Später berichtete Ladislas Farago, ein ehemaliger Geheimdienstmitarbeiter, dass es sich bei dem Fahrer des ersten Lkw um Robert L. Thompson handelte, der nach London abgeführt wurde, bevor er befragt werden konnte. Thompson war nicht berechtigt, den Lkw zu fahren, und hatte entgegen den Vorschriften zwei mysteriöse Passagiere im Fahrzeug.

2008 veröffentlichte der Autor Robert K. Wilcox *das Buch Target: Patton: The Plot to Assassinate General George S. Patton*, in dem er das Attentat auf den General aufdeckte. Das Attentat wird dank des Aufenthaltsortes einer direkt beteiligten Person rekonstruiert, nämlich des libanesischen Juden Douglas Bazata, eines Agenten des OSS (Office of Strategic Services), des Vorgängers der CIA, der von Wilcox vor seinem Tod im Jahr 1999 interviewt wurde. Es war Bazata selbst, der ein Projektil mit geringer Geschwindigkeit auf den General abfeuerte und ihn am Hals verletzte. Laut Bazata kam der Befehl, Patton zum Schweigen zu bringen, vom Leiter des OSS, General William Joseph („Wild Bill") Donovan, der als Vater der CIA gilt und enge Beziehungen zu den Kommunisten unterhielt. Bazata zufolge lauteten Donovans Worte: „Wir haben eine schreckliche Situation mit diesem großen Patrioten. Er ist außer Kontrolle geraten, und wir müssen ihn vor sich selbst retten und ihn daran hindern, alles zu ruinieren, was die Alliierten erreicht haben." Bazata bestätigte, dass viele Menschen Patton hassten, und verriet Wilcox, dass er von Donovan angeheuert wurde, der ihm 10.000 Dollar für die Inszenierung des Unfalls bot. Nach seiner Einlieferung ins Krankenhaus wurde Patton in Isolationshaft gehalten und starb während seiner Genesung einen überraschenden Tod. Laut Bazata erlaubten die amerikanischen Geheimdienste Stalins Agenten, ihn mit einer Injektion zu töten[15]. Die Embolie wäre also durch das Einbringen einer Blutblase in den Blutkreislauf verursacht worden, die ein lebenswichtiges Organ erreichte, was jeder nach einer kurzen medizinischen Ausbildung mit einer Spritze tun kann.

Bruder Nathanael Kapner, ein zum (orthodoxen) Christentum konvertierter Jude, berichtet auf seiner Seite *Real Jew News!*, dass Bill Donovan,

---

[15] Die Zusammenarbeit zwischen dem OSS (Office of Strategic Services) und dem NKWD nahm im Dezember 1943 Gestalt an. Zu diesem Zeitpunkt reiste Donovan nach Moskau, um die Zusammenarbeit zwischen den beiden Geheimdiensten während des Krieges zu organisieren. Wie Herbert Romerstein und Eric Breindel in *The Venona Secrets* erklären. Am 23. Dezember traf Donovan mit Pavel Fitin, dem Leiter der Abteilung für Auslandsaufklärung des NKWD, zusammen und bot ihm sogar an, ihm die Namen amerikanischer Agenten zu nennen, die im von den Nazis besetzten Europa operierten, um die Zusammenarbeit zu verbessern. Romerstein kommentiert: „Nie zuvor hatte ein erfahrener Geheimdienstoffizier einem anderen Geheimdienst die Namen von Agenten angeboten. Fitin begrüßte natürlich den Vorschlag und schlug vor, amerikanische Einrichtungen in Deutschland und Frankreich zu nutzen.

obwohl er sich als irischer Herkunft ausgab, angeblich ein Krypto-Jude war, da seine Mutter, Anna Letitia „Tish" Donovan, wahrscheinlich Jüdin war. Bruder Nathanael bringt Donovan mit dem inneren Kreis der Juden in Verbindung, die Franklin D. Roosevelt berieten. Insbesondere glaubt er, dass die Annahme ihrer jüdischen Identität durch ihre Rolle als Assistentin des Richters Samuel Rosenman bei den Nürnberger Prozessen gestärkt wird, wo Donovan deutlich machte, dass sie mehr als nur Sympathie für Juden empfand.

Jüdischer Terrorismus

1969 veröffentlichte ein prominenter Zionist namens Michel Bar-Zohar *Les vengeurs* (*Die Rächer*), ein Buch, das in diesem Kapitel bereits bei der Erörterung der Ermordung von Wilhelm Gustloff, dem NSDAP-Führer, der von dem jüdischen Terroristen David Frankfurter in seinem Haus erschossen wurde, zitiert wurde. Mehr als zwanzig Jahre nach den Ereignissen, die er in seinem Werk aufdeckt, und als sich die Holocaust-Religion nach dem Sechstagekrieg bereits weltweit zu verbreiten begann, hat Bar-Zohar, der offizielle Biograph von David Ben Gurion, Shimon Peres und Isser Harel, Bar-Zohar, der offizielle Biograf von David Ben Gurion, Schimon Peres und Isser Harel, dem legendären Chef des Mossad, enthüllt im ersten Teil des Buches, „Rache", dass Gruppen jüdischer Terroristen sofort nach Kriegsende in Europa damit begannen, angebliche Nazi-Führer zu ermorden und planten, deutsche Bürger massenhaft zu vergiften. Der Autor stellt die Verbrecher als heldenhafte Rächer dar, die im Namen einer Gerechtigkeit handeln, für die sie nur Gott gegenüber verantwortlich sind. Offensichtlich vor ihrem Gott, Jahwe, dem Gott, der die Juden aus allen Völkern der Erde auserwählt hat. Auf diese Weise werden die Terroristen, die meisten von ihnen Zionisten, die in den späten 1960er Jahren prominente Positionen in Israel innehatten, gleichzeitig zu Polizisten, Staatsanwälten, Richtern und Henkern, die aus einer unbestreitbaren moralischen Überlegenheit heraus handeln, mit beispielloser Integrität und natürlich mit völliger Straffreiheit.

Dank dieser schamlosen Arbeit wurde bekannt, dass bestimmte jüdische Gruppen in der Absicht, „jüdische Rache" zu üben, Tausende von Deutschen ermordeten, von denen viele ihrer Meinung nach SS-Verbrecher waren. Bei der ersten von Bar-Zohar vorgestellten Gruppe handelt es sich um eine autonome jüdische Brigade, die Ende Mai 1945 versuchte, an der Spitze einer britischen Kolonne, die in Dodge-Fahrzeugen unterwegs war, von Italien aus nach Deutschland zu gelangen. Auf ihren Autos prangte neben der israelischen Flagge auch die Aufschrift: „Deutschland kaputt! Kein Volk, kein Reich, kein Führer! Die Juden kommen!" (Deutschland kaputt! Kein Volk, kein Reich, kein Führer! Die Juden kommen!). Wenige Kilometer vor der Grenze erging ein Gegenbefehl des britischen Kommandos, und die Brigade, die aus jüdischen Offizieren bestand, die der Haganah angehörten (der embryonalen militärischen Organisation der künftigen zionistischen Armee), wurde nach Tarvisio in der Nähe von Triest geschickt. Kurz vor ihrer Ankunft, so berichtet Bar-Zohar, war es in der Stadt zu Übergriffen auf Deutsche gekommen, Häuser von Nazis waren in Brand gesetzt und deutsche Frauen vergewaltigt worden. Es wird angedeutet, dass es sich bei den Tätern dieser Taten um jüdische Soldaten in Tarvisio handelte, und obwohl die Schuldigen nicht entdeckt wurden, war das Brigadekommando besorgt, dass solche ungeordnete Gewalt der jüdischen Sache schaden könnte. Es war notwendig, „das Gefühl der Rache zu kanalisieren, das in allen jüdischen Soldaten von Tarvisio schlummert", schreibt Bar-Zohar, „und zu diesem Zweck beschlossen die Führer der Haganah, das Recht, im Namen des jüdischen Volkes Blut zu vergießen, einer Gruppe von Männern anzuvertrauen, die besonders selbstbewusst und für ihre moralischen Qualitäten bekannt waren.

Der Anführer der jüdischen Brigade war ein Haganah-Chef, Israel Karmi, der 1969 Oberbefehlshaber der israelischen Militärpolizei geworden war. Er und Shalom Gilad sind Bar-Zohars Hauptinformationsquellen in diesem Teil des Buches. Einem geheimen Bericht Gilads zufolge, der in den Archiven der Haganah in Israel aufbewahrt wird, erhielt Karmi Befehle von Shlomo Shamir, alias „Fistouk", einem zukünftigen Armeegeneral. Amerikanische und palästinensische Juden, die in den alliierten Geheimdiensten arbeiteten, lieferten Informationen über künftige Opfer. Der geheime Bericht von Gilad berichtet über eine Aktion, an der er teilgenommen hat, was unserer Meinung nach Zweifel an den Kriterien für die Auswahl der Opfer und, wie in diesem Fall, an der Zuverlässigkeit der Informationsquellen aufkommen lässt:

> „Ich erinnere mich, dass wir einmal einen Polen verhafteten, der mit den Nazis kollaboriert hatte. Wir haben ihm eine gute Mahlzeit serviert, mit ausreichend Wasser, und dann zu ihm gesagt. Wir wissen, dass du ein Pole bist, kein Deutscher, wir wissen auch, dass du getan hast, was du getan hast, weil du keine andere Wahl hattest. Wir wollen Ihnen nicht wehtun, aber um uns zu beweisen, dass Sie ein reines Gewissen haben, werden Sie sich hinsetzen und uns eine Liste von Verbrechern geben, die Sie kennen, und uns sagen, wo wir sie finden können.

Laut Bar-Zohar schrieb der verängstigte Pole eine Liste mit mehreren Dutzend Namen von Deutschen auf. Später, so bestätigt der Autor, wurden diese von dem Polen beschuldigten Personen von den Rächern der jüdischen Brigade hingerichtet.

Innerhalb der Brigade wurde auf Befehl der Haganah „eine zweite Gruppe von Rächern" gebildet, aber als Vorsichtsmaßnahme wussten beide Kommandos nichts von der Existenz der anderen. Marcel Tobias, der dieser zweiten Gruppe angehörte, erzählte 1964 einem israelischen Journalisten, dass die Rächer der Jüdischen Brigade monatelang durch Städte und Dörfer in Norditalien, Österreich und Süddeutschland zogen und ihre Aktionen erst einstellten, als Gerüchte aufkamen und sich Familien von vermissten Nazis bei den britischen Behörden über den Verbleib ihrer Angehörigen beschwerten: In der Regel holten die Terroristen, die britische Armeeuniformen trugen, die Auserwählten unter dem Vorwand, sie zum britischen Kommando zu bringen, um dort auszusagen, von zu Hause ab. Einheimische oder Militärpatrouillen begannen, Leichen am Waldrand, am Straßenrand oder sogar auf dem Grund eines Teiches zu finden. Es gab sogar merkwürdige Todesfälle unter den

Kranken im Krankenhaus von Tarviso und das Verschwinden („Entweichen") in Gefängnissen, wenn jüdische Wächter der Brigade anwesend waren.

Im Herbst 1945 stieß eine weitere jüdische Einheit, das „deutsche Bataillon", zur Brigade in Tarvisio. Dieses Bataillon war in Palästina aus deutschen Juden gebildet worden, die im Rahmen des Haavara-Abkommens in das Heilige Land gekommen waren. Das deutsche Bataillon, so Bar-Zohar, ging aus dem „Palmach" hervor, einer Schocktruppe der Haganah unter dem Kommando von Yitzhak Sadeh. Das deutsche Bataillon, die „Deutsche Abteilung", war also ein Palmach-Kommando, das aus Freiwilligen bestand, die die Techniken und die Terminologie der Wehrmacht beherrschten und deutsche Uniformen trugen. Ihr Anführer, Simon Koch, genannt Oberst Avidan, und einige Mitglieder des Bataillons, das in Camporosso, zwei Kilometer von Tarvisio entfernt, stationiert war, wurden in das Kommando der Rächer integriert. Ihr Einsatzdreieck war Tarvisio, Innsbruck und Judenburg, aber sie unternahmen auch Angriffe in Deutschland. Bar-Zohar zitiert wiederum den Bericht von Gilad, um den Besuch eines jungen Mitglieds der „Deutschen Abtelung", Sohn eines Christen und einer Jüdin, im Haus seiner Mutter in der Nähe von Stuttgart zu schildern:

> „Er fand seine Mutter und seine Schwester wohlauf, aber sie weigerten sich, mit ihm zu sprechen. Dann fragte er sie, wo sein Vater sei. Sie antworteten schließlich knapp, dass er tot sei. Er fragte weiter, und sie gaben zu, dass er von den Deutschen getötet worden war. Der junge Mann wollte wissen, wer seinen Vater getötet hatte. Da seine Mutter und seine Schwester sich weigerten, ihm zu antworten, bedrohte er sie mit dem Maschinengewehr, woraufhin sie ihm die Namen und Adressen der Verantwortlichen nannten."

Als schließlich die Angehörigen der Hingerichteten darauf bestanden, dass die Behörden zur Verantwortung gezogen werden sollten, beschloss das britische Oberkommando, dass es besser sei, die jüdische Brigade von Tarvisio wegzuziehen, und schickte sie nach Belgien, dann in die Niederlande und später nach Frankreich. In diesen Ländern setzten die Rächer die Hinrichtungen ehemaliger Nazis fort und drangen auch nach Deutschland vor, um dort angebliche Verbrecher zu töten. Wie viele Nazis", fragt Bar-Zohar, „wurden von der jüdischen Brigade hingerichtet?

> „Die Schätzungen variieren, was verständlich ist, da die meisten Rächer nur von den Operationen wussten, an denen sie persönlich beteiligt waren. Marcel Tobias meint, dass 'mehr als fünfzig' Nazis hingerichtet wurden. Andere geben viel höhere Zahlen an. Laut Gilad operierte das Kommando sechs Monate lang fast jede Nacht, so dass es etwa einhundertfünfzig Exekutionen durchgeführt haben dürfte. Zu dieser Zahl sind noch die Nazis hinzuzurechnen, die unter den vermeintlich Kranken im Krankenhaus von Tarviso entdeckt und hingerichtet wurden. Ein anderer glaubwürdiger Rächer sagte mir: 'Zwischen zwei- und dreihundert Menschen'".

In dem Kapitel „Das Brot des Todes" interviewt Bar-Zohar Beni, Jacob und Moshe in einem Kibbuz. Anfang 1945 waren sie in Lublin, wo die von Stalin in Russland gebildete kommunistische Regierung eingesetzt worden war. Dort wurde eine Organisation gegründet, die sich dafür einsetzte, Zehntausenden von Juden aus Mittel- und Westeuropa die Reise nach Palästina zu ermöglichen. Mehrere zionistische Organisationen verfolgten dieses Ziel, sobald der Krieg zu Ende war. Im Abschnitt „Die Zionisten und die Konferenz von Evian" wurde gezeigt, dass der internationale Zionismus sich weigerte, Juden in anderen Ländern anzusiedeln, da er wollte, dass sie nach Palästina auswandern. Anstatt seinem Volk Leid zu ersparen, wollte der Zionismus, dass es verfolgt wird. Dies ist eine grundlegende Prämisse des Syllogismus, der wie folgt formuliert werden könnte: Wenn die Juden nicht verfolgt werden, werden sie nicht nach Israel auswandern. Wenn Juden nicht nach Israel auswandern, wird der zionistische Staat nicht entstehen. Ergo, wenn die Juden nicht verfolgt werden, wird der zionistische Staat nicht entstehen.

Im Frühjahr 1945 widmete sich die zionistische Gruppe in Beni, wie Bar-Zohar schreibt, der konstruktiven Aufgabe, „die Überlebenden der Lager, die in Lumpen herumliefen und hungerten, zu sammeln und in Sicherheit zu bringen und ihnen zu helfen, den Weg nach Palästina zu nehmen". Als Beweis für die perfekte Organisation, die der Zionismus am Ende des Krieges aufgebaut hat, geben wir einen interessanten Auszug wieder:

> „Zunächst planten Beni und seine Gefährten, ein paar hundert Männer zu versammeln. Sehr bald wurden ihre Pläne übertroffen. Tausende und Tausende von erschöpften, mittellosen, orientierungslosen Juden holen sie ein und hängen sich an sie. Sie führen und disziplinieren diese erbärmliche Herde. Sie bilden die „Eastern European Survivors Division", eine echte Militäreinheit, die einzige Möglichkeit, dieser Flut von armen, verzweifelten Menschen ein Mindestmaß an Zusammenhalt zu geben. Die Division ist auf dem Weg durch Polen und nach Rumänien. Spezielle Abteilungen kümmern sich um den Nachschub, während andere, die vorausgeschickt wurden, die Quartiere für die Etappen vorbereiten.
> - Wir hatten auch einen geheimen Missionsdienst", erzählte mir Jacob,. „Ich war der Leiter, weil ich im NKWD gedient hatte. Ich war der Leiter, weil ich im NKWD gedient hatte und über Akten, Archive, Namenslisten... verfügte, deren Ziel es war, ehemalige Kollaborateure zu bestrafen.
> In Bukarest, am Ende einer langen Reise, trafen die Leiter der Abteilung die ersten jüdischen Abgesandten aus Palästina.
> - Wir hatten geplant", sagt Moshe, „in Constanza am Schwarzen Meer ein Schiff zu kaufen, alle Leute darauf zu setzen und nach Israel zu fahren. Das Projekt war zu klein für uns. Wir wussten, dass die palästinensische Brigade der britischen Armee in Norditalien war, und wir beschlossen, uns ihr anzuschließen.

Kurz gesagt, die bedingungslose Kapitulation Deutschlands hatte noch nicht stattgefunden, und die Operation war bereits im Gange, um „Tausende und Abertausende erschöpfter Juden" nach Palästina zu bringen, die infolge der Verfolgung durch die Nazis alles verloren hatten und daher bereit waren, wie geplant in das Gelobte Land zu reisen.

Sobald diese erste Mission erfüllt war, reisten ein halbes Hundert Mitglieder der Lubliner Gruppe, darunter acht junge Mädchen, nach Jugoslawien und von dort aus weiter nach Italien. Die Männer der „Deutschen

Abteilung" von Simon Koch begrüßten und unterstützten Benis Gruppe, die bald unter dem geheimen Decknamen „Nakam", was auf Hebräisch „Rache" bedeutet, in terroristische Aktivitäten verwickelt wurde. Im Juli 1945 begannen sie mit den Vorbereitungen für das Eindringen in deutsches Gebiet. Die Führer der Nakam-Gruppe untersuchten drei Projekte, von denen das erste, A genannt, nur wenigen mitgeteilt wurde. „Für die Umsetzung des Projekts wurde viel Zeit und Geld aufgewendet", gesteht Beni, der den Plan mehr als zwanzig Jahre später als „teuflisch" bezeichnet. Bar-Zohar gibt Benis Worte wieder: „Es ging darum, Millionen von Deutschen zu töten. Ich meine Millionen, auf einen Schlag, ohne Unterschied von Alter oder Geschlecht. Die Hauptschwierigkeit bestand darin, dass wir nur Deutsche treffen wollten; auf dem Reichsgebiet befanden sich jedoch alliierte Soldaten und Bewohner aller europäischen Nationen, die aus Arbeitslagern befreit und aus Konzentrationslagern entkommen waren. Außerdem waren einige unserer Leute nicht entschlossen, eine so schreckliche Tat auszuführen, auch nicht gegen die Deutschen....".

Nachdem Plan A verworfen worden war, beschloss man, Plan B umzusetzen, der darin bestand, etwa 36.000 Angehörige der Schutzstaffel (SS), die in einem Lager in der Nähe von Nürnberg versammelt waren, zu töten. Wir hatten beschlossen", erklärt Jacob, „die 36.000 SS-Angehörigen zu vergiften, und ich war mit der Durchführung des Projekts beauftragt. Zuerst stellte ich zwei meiner Männer im Lager an: einen als Fahrer und einen als Lagerist. Später wurden andere als Büroangestellte angestellt. Eines unserer Mädchen wurde für den Rundfunkdienst eingesetzt." Sobald feststand, dass das im Lager verteilte Brot aus einer Nürnberger Großbäckerei stammte, wurde beschlossen, das Brot zur Liquidierung der Deutschen zu verwenden, wobei darauf geachtet werden musste, dass nicht gleichzeitig die Lagerwachen getötet wurden. Proben des Brotes wurden in Labors gebracht, wo Chemiker mit verschiedenen Giften experimentierten. Weder Beni noch Jacob wollten den Standort dieser Laboratorien preisgeben, die Bar-Zohar in Frankreich und in der Nähe von Tarvisio ansiedelt. Da das Gift nicht zu schnell wirken sollte, beschloss man nach verschiedenen Tests, Arsen in die Mehlschicht zu geben, mit der das Brot bestreut wurde.

Im April 1946 waren die Vorbereitungen abgeschlossen: Die Nakam-Gruppe wurde im Lager von amerikanischen Soldaten jüdischer Herkunft unterstützt, die für die Überwachung zuständig waren, und mehrere Männer waren auch in die Großbäckerei gebracht worden. Es war geplant, etwa 14.000 Brote zu vergiften, was sechs Stunden Arbeit und fünf Männer erforderte. „Zwei Männer waren auch nötig, um die Mischung im Kessel umzurühren, denn das Arsen hatte die Tendenz, sich von den anderen Zutaten zu trennen. Wir hatten uns aus zwei Gründen für einen Samstagabend entschieden: Am Sonntag war die Bäckerei geschlossen, und zwischen der Zubereitung des Brotes und seinem Transport ins Lager lagen vierundzwanzig Stunden mehr Zeit. Daher wurde die Nacht vom 13. auf den 14. April 1946 gewählt". Letztendlich verhinderte eine Reihe von Umständen, dass die Aktion ein voller Erfolg wurde. Am Samstagmorgen streikten die Arbeiter infolge eines Streits mit der Geschäftsleitung, verließen mittags die Fabrik und schlossen die Türen ab. Am

Abend brach ein Sturm los, und eine Windböe riss einen hölzernen Fensterladen ab, wodurch Fensterscheiben zu Bruch gingen. Dadurch wurde das Wachpersonal der Fabrik alarmiert, das die Polizei rief.

Einer der Rächer erklärt, sie hätten geahnt, dass sie sich als Diebe ausgeben würden, wenn sie entdeckt würden, und verteilten die vergifteten Brote eilig im Lager und flohen. Am Montag, dem 15. April, wurden vergiftete und unberührte Brote ins Lager geliefert. Ein Laib Brot wurde an fünf oder sechs Häftlinge verteilt, von denen Tausende unter heftigen Koliken litten. Im Text des Bar-Zohar heißt es weiter: „Nach Gerüchten, die in den Zeitungen kursieren, sollen zwölftausend Deutsche Opfer von arsenhaltigem Brot geworden sein, und mehrere tausend sollen gestorben sein. Diese Zahlen sind übertrieben. Nach den Schätzungen der Rächer sollen sich viertausenddreihundert Gefangene unwohl gefühlt haben. Tausend wurden in amerikanische Krankenhäuser eingeliefert. In den darauffolgenden Tagen starben zwischen sieben- und achthundert. Andere, die an Lähmungen litten, starben im Laufe des Jahres. Insgesamt schätzten die Rächer die Zahl der Toten auf 1.000. Die Operation wurde als Fehlschlag betrachtet, da der ursprüngliche Plan vorsah, 36.000 deutsche Gefangene zu liquidieren, und es nur gelang, drei Prozent zu töten.

Im Sommer 1946 setzte die Nakam-Gruppe die Ermordung von Häftlingen in den Lagern fort. Gekleidet in amerikanische, britische oder polnische Uniformen, gaben sie sich mit falschen Befehlen aus und ließen Häftlinge unter dem Vorwand abliefern, sie in andere Lager zu verlegen. Nach ihren Angaben handelte es sich dabei um ehemalige SS-Angehörige oder NS-Würdenträger, die sofort nach Verlassen des Lagers hingerichtet wurden. *Les Vengeurs* berichtet von zahlreichen weiteren Aktionen, die durchgeführt wurden, aber auch von Projekten, die aufgegeben wurden, weil sie von den zionistischen Führern gefordert wurden, die der Gründung Israels stets Vorrang einräumten: „Paradoxerweise", schreibt Bar-Zohar, „war es die Gründung des Staates Israel, die mehr als alles andere die Verringerung dieser jüdischen Rache beeinflusst hat". Aus Quellen, die der Autor lieber nicht preisgeben möchte, erfuhr er, dass es Pläne gab, mehrere deutsche Städte in Brand zu setzen und die Bevölkerung von Berlin, München, Nürnberg, Hamburg und Frankfurt zu vergiften. „Technisch war das nicht unmöglich. Das Gift musste in die Wassertanks eingeleitet werden. Die größte Schwierigkeit bestand darin, die Soldaten der Besatzungsmacht und die nichtdeutschen Flüchtlinge, die in diesen fünf Städten untergebracht waren, nicht zu vergiften." Über die Beschaffung des Giftes berichtet *Les vengeurs*, dass sich ein Wissenschaftler aus einem anderen Land bereit erklärt hat, es den Rächern zu liefern.

Seit Hitlers Machtübernahme 1933 hatten verschiedene jüdische Führer und Organisationen damit gedroht, Deutschland vollständig zu vernichten. Samuel Untermayer war der erste, der zum „heiligen Krieg" aufrief. Theodore Kaufman skizzierte in *Deutschland muss untergehen* das Vorhaben, die deutsche Ethnie durch Sterilisation auszurotten. Der Morgenthau-Plan beinhaltete, wie bereits erwähnt, den Völkermord am deutschen Volk. Sein Gefolgsmann Eisenhower hätte, nachdem er eine Million Gefangene in seinen Todeslagern vernichtet hatte, gerne mit dem Finanzminister zusammengearbeitet, wenn

Morgenthau im Amt geblieben wäre. Das Werk von Michel Bar-Zohar zeigt einmal mehr, dass der Hass der jüdischen Führung auf Deutschland und die Deutschen grenzenlos war.

CAPÍTULO XI

DIE ENTSCHEIDENDEN NACHKRIEGSJAHRE

TEIL 1
DEUTSCHLAND, EINE NATION
AM RANDE DES ABGRUNDS

Viele der Deutschen, die ihre Heimat verließen und zu Flüchtlingen wurden, als die Rote Armee die Offensive begann, die sie in die Reichshauptstadt führen sollte, taten dies in der Absicht, später zurückzukehren. Keiner von ihnen wusste zu diesem Zeitpunkt von den Plänen der Alliierten, ihre Provinzen zu amputieren und diejenigen zu vertreiben, die es riskiert hatten zu bleiben. Viele dieser Geflüchteten nahmen daher die Risiken der Besetzung ihrer Städte in Kauf und versuchten, nach der bedingungslosen Kapitulation Deutschlands in ihre Heimat im Osten zurückzukehren. In den meisten Fällen wurden diese Versuche von den polnischen und russischen Behörden vereitelt, die sie entweder an der Rückkehr hinderten oder sie festhielten. Die inhaftierten Männer landeten in der Regel in Arbeitslagern in der UdSSR und wurden nie wieder gesehen. Diejenigen, denen es gelang, zurückzukehren, fanden ihre Häuser zerstört oder bereits von Russen oder Polen besetzt vor, obwohl es auch einige gab, die das Glück hatten, einige Monate in Ruhe in ihren Dörfern zu leben, bis sie schließlich ohne Entschädigung vertrieben wurden.

Einige Autoren haben versucht, die westlichen Länder von der Vertreibung von fünfzehn Millionen Menschen freizusprechen, weil sie sich in Potsdam dafür ausgesprochen haben, den Bevölkerungstransfer zu begrenzen und auf jeden Fall in geordneter Weise durchzuführen. Sie vergessen, dass Churchill und Roosevelt den Polen die Curzon-Linie auferlegt haben, um Stalins territoriale Ansprüche zu befriedigen, und versprachen, sie mit deutschen Gebieten im Westen zu entschädigen. Weder Roosevelt noch Churchill sprachen sich in Jalta gegen die massenhafte Vertreibung der Deutschen aus, sondern duldeten sie: „Ich habe keine Angst vor dem Problem der Völkerwanderung", erklärte Churchill auf der Plenarsitzung vom 7. Februar, „solange das Verhältnis zwischen dem, was die Polen verkraften können, und dem, was sie anstelle der Toten nach Deutschland bringen, gewahrt bleibt". Es ist daher reine Heuchelei, die Verantwortung für den größten Bevölkerungstransfer in der Geschichte nur auf die Länder abwälzen zu wollen, die die Vertreibungen durchgeführt haben, da keine einzige echte Druckmaßnahme ergriffen wurde, um sie zu verhindern.

Es wurde bereits gesagt, dass der Geist des Morgenthau-Plans auf der Potsdamer Konferenz, die zwischen dem 17. Juli und dem 2. August 1945 auf

Schloss Cecilienhof stattfand, im Entstehen begriffen war. Morgenthau, der versuchte, mit Truman in der amerikanischen Delegation in Berlin zu sein, trat am 22. Juli als Finanzminister zurück, was jedoch nicht bedeutete, dass sein verbrecherischer Plan begraben wurde. Viele der beschlossenen Maßnahmen, wie z. B. das Deindustrialisierungsprogramm, gehen auf seine Vorschläge zurück. Auch die Behandlung der deutschen Gefangenen durch Eisenhower war, wie bereits erwähnt, eine Folge der Forderung des Finanzministers. Ehrliche Menschen in den Vereinigten Staaten und in Europa stellten fest, dass die Bedingungen, die Deutschland ursprünglich auferlegt wurden, die des Morgenthau-Plans waren, auch wenn dieser offiziell aufgegeben worden war. Noch ein Jahr nach Kriegsende wurde diese Tatsache von US-Senator Henrick Shipstead, der von Alfred M. de Zayas in *Nemesis at Potsdam* zitiert wird, scharf angeprangert. Am 15. Mai 1946 übte Shipstead im Senat heftige Kritik an der amerikanischen Besatzungspolitik. Shipstead bezeichnete „den Morgenthau-Plan zur Vernichtung des deutschen Volkes als ein ewiges Denkmal der Schande für Amerika".

Die Vertreibung der Deutschen, ein noch nie dagewesener Bevölkerungstransfer

Im Laufe der Jahrhunderte war die Migration der Deutschen nach Mittel- und Osteuropa eine Konstante. Infolgedessen lebten Millionen ethnischer Deutscher, die als „Volksdeutsche" bezeichnet wurden, außerhalb der Grenzen des Reichs. Die in Deutschland lebenden Deutschen wurden als „Reichsdeutsche" bezeichnet. Dazu gehörten auch diejenigen, die in den östlichen Provinzen Schlesien, Ostpreußen und Pommern lebten. Einige besonnene Stimmen hatten schon lange vorher davor gewarnt, dass die Idee von Massenvertreibungen der deutschen Bevölkerung nach dem Krieg Wahnsinn sei. Die Vernünftigeren hielten es für offensichtlich, dass die Deportationen unter den gegebenen Bedingungen nicht durchgeführt werden konnten, und dies wurde von immer mehr Menschen akzeptiert. Mit der Umsiedlung der deutschen Bevölkerung aus den europäischen Ländern zu beginnen, während das Reich verwüstet war und Hunger und Krankheit eine Plage darstellten, war mehr als Wahnsinn, es war ein Verbrechen, denn es würde eine neue Katastrophe bedeuten, die zu der Katastrophe hinzukäme, die bereits ganz Deutschland heimgesucht hatte. Leider setzten sich diejenigen durch, die kein anderes Interesse hatten, als sich zu beeilen, um Zeit zu gewinnen und ihre Pläne gegen das deutsche Volk umzusetzen.

Wie bereits erwähnt, begann die Massenvertreibung der Deutschen, sobald die Rote Armee die Gebiete eroberte, in denen sie traditionell gelebt hatten. Millionen von ihnen flohen auf eigene Faust oder wurden beim Rückzug der deutschen Armee evakuiert. Millionen jedoch hatten sich entschieden, ihre Heimat nicht zu verlassen und in ihren Dörfern zu bleiben. Für sie begann die Vertreibung bereits im Frühjahr 1945, Monate vor Beginn der Potsdamer Konferenz. Damals hätten nur die sowjetischen Behörden und die provisorischen Regierungen Polens und der Tschechoslowakei die Vertreibung verhindern können. Stattdessen beschleunigten sie die Vertreibungen bewusst, obwohl die Amerikaner und Briten darum baten, keine einseitigen Entscheidungen zu treffen und abzuwarten, bis ein internationales Abkommen zwischen den Alliierten erreicht war. Während sich die westlichen Alliierten also gegen eine vorzeitige Deportation aussprachen, hatte die Sowjetunion ein Interesse daran, diese zu fördern. Die Deportationen in Ostpreußen, Pommern und Schlesien begannen daher bereits Monate vor dem Ende der Feindseligkeiten. Die sowjetische Besatzungsmacht ermutigte die Polen, die Deutschen aus ihren Häusern in diesen Provinzen zu vertreiben. Exzessive Vertreibungen waren üblich, und viele Deutsche, die sich geweigert hatten, ihr Land und ihren Besitz zu verlassen, waren gezwungen, alles aufzugeben und nach Westen zu marschieren.

In der Tschechoslowakei und im Sudetenland, wo Feldmarschall Ferdinand Schörner noch die von Deutschen bewohnten Gebiete besetzte und verteidigte, begannen die grausamen Ausbürgerungen, sobald die deutsche Armee entwaffnet war. Zuvor kam es jedoch zu dem brutalen Massaker in Prag, wo etwa 42.000 Volksdeutsche und weitere 20.000 antinazistische Beamte und Flüchtlinge lebten. Am 5. Mai um 11.00 Uhr brach in der tschechischen Hauptstadt ein vororganisierter antideutscher Aufstand aus. Nach der Verteilung von Waffen tauchten tschechische Fahnen auf den Straßen auf, und es begann ein wahlloses Massaker an Deutschen und Österreichern. Nach der Besetzung des Radiosenders wurden die Parolen „Tod den Deutschen", „Tod allen Deutschen" und „Tod allen Besatzern" gerufen. Diese Befehle wurden buchstabengetreu ausgeführt, und tagelang gab es selbst für Frauen und Kinder keine Gnade. Viele angesehene Deutschstämmige aus Prag wurden getötet. Giles MacDonogh nennt in seinem Buch *After the Reich* mehr als ein halbes Dutzend Namen prominenter Professoren, Wissenschaftler und anderer Persönlichkeiten, die kurzerhand erhängt wurden. Er beschreibt auch das Massaker in der Scharnhorst-Schule in der Nacht zum 5. Mai, wo „Männer, Frauen, Kinder und sogar Säuglinge in Zehnergruppen auf dem Hof erschossen wurden". Dem Autor zufolge trieben die Tschechen im Prager Strahov-Stadion zehn- bis fünfzehntausend Gefangene zusammen und „organisierten ein Spiel, bei dem fünftausend Gefangene um ihr Leben rennen mussten, während die Wachen mit Maschinengewehren auf sie schossen. Einige", so MacDonogh weiter, „wurden in den Latrinen erschossen. Die Leichen wurden nicht abtransportiert, und wer die Toilette benutzte, musste auf seine toten Mitgefangenen koten".

In der Nacht vom 6. auf den 7. Mai 1945 verließen die deutschen Truppen Brüx. Am selben Tag drangen sowjetische Soldaten in die Stadt ein und es begann eine Welle von Plünderungen und Vergewaltigungen, gefolgt von zahlreichen Selbstmorden: Einige Quellen schätzen, dass sich 600 Menschen das Leben nahmen. Der Terror in dieser Stadt hielt monatelang an. In Prag blieben die Verhandlungen zwischen der Wehrmacht und dem tschechischen Nationalrat erfolglos, und etwa 50 000 verwundete und kranke Soldaten durften nicht evakuiert werden und wurden ihrem Schicksal überlassen. Am 9. Mai rückte die Rote Armee in Prag ein, und Tschechen griffen in Scharen die deutschstämmige

Bevölkerung an: Mit Eisenstangen geschlagen oder mit Pflastersteinen beworfen, starben Männer und Frauen auf der Straße vor den jubelnden Massen. Die SS-Männer wurden in der Regel durch Schüsse in den Hinterkopf oder in den Bauch getötet. Einige SS-Männer wurden an den Füßen an Laternenpfählen aufgehängt und ihre Körper angezündet; eine weibliche Hilfskraft der Wehrmacht wurde gesteinigt und gehängt. Viele Zeugen", schreibt MacDonogh, „sagten aus, dass nicht nur Soldaten, sondern auch Jungen und Mädchen erhängt und angezündet wurden.

Inmitten dieses Strudels traf am 13. Mai Edvard Benes, der Großmeister der tschechischen Freimaurerei, aus London kommend in Prag ein und wurde von Rudolf Slánsky, dem jüdischstämmigen Kommunistenführer, mit lebenden Fackeln begrüßt: Auf dem Wenzelsplatz brannten an den Füßen aufgehängte deutsche Leichen an Laternenpfählen und Tafeln. Tausende von Gefangenen wurden im Militärgefängnis, in der Reitschule, im Bildungsministerium und in anderen Gebäuden konzentriert. Auch viele Tschechen, die friedlich mit den Deutschen zusammengelebt hatten, wurden misshandelt und der Kollaboration beschuldigt, insbesondere Frauen, die deutschstämmige Geliebte gehabt hatten. Viele Tschechen setzten ihr Leben aufs Spiel, um Freunde und Bekannte zu schützen. Nach MacDonoghs Angaben starben, als nach dem 16. Mai die Ordnung wiederhergestellt war, täglich zwischen einem Dutzend und einer Handvoll Menschen an den Folgen der Folter im Stadion und wurden in einem Güllewagen abtransportiert. Tausende von Deutschen wurden auf dem Friedhof von Wokowitz begraben.

In den Wochen nach der Kapitulation wurden Zehntausende von Sudetendeutschen an die Grenzen zwischen Deutschland und Österreich gebracht. Am 30. Mai 1945 fand in Brünn (Brno), der Hauptstadt Mährens, die rücksichtslose Vertreibung von 30 000 Deutschen statt. Victor Gollancz, einer der wenigen jüdischen Autoren (und es gab einige), die Mitleid mit den Deutschen hatten, prangerte die Ereignisse in Brünn in *Our Threatened Values* (1946) an. Er zitiert einen Artikel, der am 6. August 1945 in der Londoner *Daily Mail* erschien und in dem die Journalistin Rhona Churchill, die einen mit einem Deutschen verheirateten englischen Freund hatte, die Ereignisse schilderte:

„... Junge Revolutionäre der tschechischen Heimwehr beschlossen, die Stadt zu 'säubern'. Kurz vor neun Uhr abends zogen sie durch die Straßen und befahlen den deutschen Bürgern, sich um neun Uhr mit nur einem Koffer pro Person vor die Tür ihrer Häuser zu stellen, bereit, die Stadt für immer zu verlassen. Die Frauen hatten zehn Minuten Zeit, um aufzustehen, ihre Kinder anzuziehen, einige Sachen in die Koffer zu packen und auf die Straße zu gehen. Dort wurden sie aufgefordert, ihren gesamten Schmuck, ihre Uhren, Pelze und ihr Geld den Wachen zu übergeben. Ihre Eheringe durften sie behalten. Dann wurden sie mit vorgehaltener Waffe aus der Stadt in Richtung der österreichischen Grenze geführt. Als sie dort ankamen, war es stockdunkel. Kinder schluchzten, Frauen wankten. Tschechische Grenzsoldaten drängten sie zu den österreichischen Wachen. Dann begann der Ärger. Die Österreicher nahmen sie nicht auf, und die Tschechen weigerten sich, sie zurückzunehmen. Sie wurden in ein Lager getrieben, wo sie die Nacht verbrachten. Am nächsten Tag wurden Rumänen zur Bewachung geschickt. Sie befinden sich immer noch in diesem Lager, das zu

einem Konzentrationslager geworden ist. Sie erhalten nur das Essen, das ihnen
die Wachen von Zeit zu Zeit geben. Sie haben keine Rationen erhalten... Unter
ihnen breitet sich jetzt eine Typhusepidemie aus, und man glaubt, dass täglich
hundert Menschen sterben...".

Neben diesem Bericht des Journalisten *der Daily Mail*, der von Gollancz
wiedergegeben wird, gibt es viel härtere Berichte von Überlebenden des so
genannten „Brünner Todesmarsches" und auch des „Todesmarsches nach
Pohrlich". Diese Zeugnisse ermöglichen eine genauere Rekonstruktion des
Ablaufs der Ereignisse. Sie sind gesammelt in *Dokumente zur Vertreibung der
Sudetendeutschen: Überlebende kommen zu Wort*, 1951 von Dr. Wilhelm
Turnwald auf Deutsch herausgegeben und 2002 ins Englische übersetzt und
bearbeitet. Die folgenden Informationen sind dieser englischen Ausgabe
entnommen, die im Internet verfügbar ist. Nach Angaben des Zeugen M. v. W.
nannten einige der Vertriebenen den Marsch, der den ganzen Tag dauerte,
„Fronleichnamsprozession". Nach der Vertreibung in der Nacht zum 29. Mai
wurden die Deutschen auf dem Hof eines Klosters am Stadtrand konzentriert,
wo sie die Nacht in Angst verbrachten und keine Ruhe fanden. Von dort aus
zogen am Morgen des 30. Mai um 9 Uhr im Regen endlose Prozessionen in
Richtung der österreichischen Grenze. In den Kolonnen befanden sich alte
Menschen aus dem Altersheim, Kranke aus den Krankenhäusern und Kinder.
Nachdem sie die Nacht zuvor auf den Beinen verbracht hatten, fielen die
Schwächsten nach zehn Meilen in Ohnmacht. Diejenigen, die zurückblieben,
wurden mit Knüppeln und Peitschen geschlagen, die, die nicht mehr weiter
konnten, wurden erschossen. Einige wurden in ein Lager bei Raigern gebracht,
wo wiederum viele zu Tode geprügelt wurden. Die Ankunft in Pohrlich, etwas
mehr als auf halber Strecke zur Grenze, erfolgte in der Nacht zu Fronleichnam.
Die meisten der Deportierten fielen erschöpft um. Am nächsten Tag setzten
diejenigen, die in der Lage waren, zu Fuß zu gehen, ihre Deportationsreise zur
Grenze fort, aber etwa 6.000 Menschen blieben in Pohrlich, wo sie in einer
Autofabrik und in Getreidelagern untergebracht waren.
   Diejenigen, die den Marsch nicht fortsetzen konnten, waren natürlich die
Schwächsten, unter denen die älteren Menschen und Frauen mit kleinen Kindern
überwogen. M. v. W., eine Krankenschwester vom Roten Kreuz, blieb bei ihnen
in Pohrlich. Zu den erschütternden Berichten dieser Krankenschwester gehörte
der einer Frau in den Dreißigern, die mit zwei Kindern, „einem dreijährigen und
einem mehrere Wochen alten Baby", leblos auf dem Boden gefunden wurde. Die
Frau hatte mit Gift Selbstmord begangen und „ihr Gesicht war bereits blau. Das
Baby war ebenfalls tot, denn seine Mutter hatte es an ihre Brust gedrückt, bis es
tot war". Ein tschechischer Gendarm fragte die Krankenschwester, was passiert
sei. Wir erteilen nun diesem Zeugen das Wort:

> „Ich erwiderte, dass sie sich wahrscheinlich selbst vergiftet habe. Er beschimpfte
> sie, nannte sie eine Nazi-Hure und ein dreckiges Schwein, weil sie Selbstmord
> begangen hatte, und befahl mir, 'die Sau mit ihrem Bastard in die Latrine zu
> werfen'. Als ich protestierte, dass ich als Rotkreuzschwester aufgrund meines
> Versprechens einen solchen Befehl nicht befolgen könne, selbst wenn es mich

umbringen würde, beschimpfte er mich als „deutsches Schwein" und „deutsche Hure". Dann rief er drei andere Frauen, die er leichter einschüchtern konnte, weil sie es nicht wagten, auf seine Drohungen zu antworten. Bei diesen Frauen handelte es sich um Agnes Skalitzky, eine 63-jährige Witwe aus Leskau, Franziska Wimetal, Mitte 30, und eine dritte Frau, deren Namen er nicht kannte. Diese Frauen wurden gezwungen, die Leiche der Mutter und ihres Kindes in die offene Latrine zu werfen. Die Häftlinge des Lagers wurden dann angewiesen, die Latrine zu benutzen, damit „die Sau und ihr Bastard so schnell wie möglich aus dem Blickfeld verschwinden". Und genau das geschah. Noch Tage und Wochen später konnte man das Köpfchen des Kindes und einen Arm der Mutter aus dem Dreck ragen sehen."

Diesem Bericht zufolge wurden die Frauen, auch die kranken und über 70 Jahre alten, Nacht für Nacht zwei- oder dreimal im Lager vergewaltigt. Es folgt eine Anspielung dieser Krankenschwester auf ihre eigene Vergewaltigung:

„Ich wurde Zeuge, wie ein Soldat beschloss, ein elfjähriges Mädchen zu vergewaltigen. Die verängstigte Mutter versuchte, sie zu verteidigen und bot sich schließlich an, um ihre Tochter zu retten. Der Soldat schlug sie, bis sie blutete, aber sie hielt das Mädchen immer noch fest umklammert. Ich griff ein, als der Soldat die Mutter mit seinem Revolver bedrohte. Da ich ein wenig Russisch spreche, konnte ich dem Soldaten Vorhaltungen machen, und er ließ sie schließlich gehen. Kurz darauf riefen mich die Partisanen und ich ging zu einer Tür. Dort wurde ich demselben Mann übergeben, der mich zur Zuckerraffinerie geschleppt hatte, wo ich von fünf Russen vergewaltigt wurde. Als ich beschloss, Selbstmord zu begehen, und nach einem Mittel dazu suchte, wurde ich Zeuge des Selbstmordes eines älteren Ehepaares, das sich in einem leeren Getreidespeicher erhängte...".

Die Toten wurden in der Nähe des Lagers Pohrlitz in Massengräbern sehr flach verscharrt, so dass der Gestank der Verwesung überall zu riechen war. Erst am 18. Juni wurden die Unglücklichen aus Pohrlich evakuiert, wo täglich siebzig bis achtzig Menschen starben, viele davon an Typhus: „Die ersten, die Pohrlich verließen", so Giles MacDonogh, „waren die Kranken, die herausgeholt und in den sumpfigen Mooren in der Nähe des Flusses Thaya nahe der österreichischen Grenze abgeladen wurden. Auf diese Weise quälten sie sich zu Tode. Die Leichen wurden fotografiert und in Wochenschauen in Großbritannien und den Vereinigten Staaten gezeigt. Die Tschechen entgegneten, sie seien von den Österreichern getötet worden.

Dieser Fall, der als Beispiel für eine unmenschliche Deportation und eine unsägliche Behandlung erscheinen mag, ist ein wahres Spiegelbild der Barbarei, die die Vertreibung der Deutschen während des gesamten Jahres 1945 kennzeichnete. Die tschechische Miliz und die Armee von Svoboda, einem kommunistischen General, der von Präsident Benes zum Verteidigungsminister ernannt worden war, waren ebenfalls damit beschäftigt, im Laufe des Monats Juni eine große Zahl von Sudetendeutschen in die sowjetische Zone Deutschlands zu bringen. Gleichzeitig bemühte sich die Regierung Benes um die Zustimmung der westlichen Alliierten, um den Deportationen den Anschein der Legalität zu verleihen. Benes war am 27. März 1945 nach Moskau gereist und hatte sich bereit erklärt, die Ministerien für Verteidigung, Inneres, Information, Landwirtschaft und Volksbildung an Kommunisten oder kommunistische Sympathisanten zu übergeben. Er hatte sich auch den Forderungen Stalins nach Beseitigung der tschechischen Agrarier und katholischen Populisten gebeugt. Laut Dokumenten über die Potsdamer Konferenz sagte Stalin, als Churchill meinte, man müsse darüber nachdenken, wohin die Deutschen gehen würden, allen Ernstes, dass die Tschechen bereits alle Sudetendeutschen in die russische Zone Deutschlands evakuiert hätten, was nicht stimmte, da es noch mindestens zwei Millionen Sudetendeutsche und mehrere hunderttausend Anti-Nazi-Flüchtlinge aus dem Reich gab. In jedem Fall aber bestätigte Stalins Bemerkung, dass tatsächlich bereits eine große Zahl von Deutschen in die russische Zone vertrieben worden war, was den sowjetischen Diktator keineswegs beunruhigte.

Die Frage des Transfers der deutschen Bevölkerung Polens, der Tschechoslowakei und Ungarns kam in Potsdam während der Sitzung am 21. Juli zur Sprache. Es gab keine Einigung über die Zahl der Deutschen, die noch östlich der Oder-Neiße-Linie leben. Truman sprach von den neun Millionen, die 1939 dort gelebt haben sollen, aber Stalin antwortete, dass viele während des Krieges gestorben seien und der Rest geflohen sei. Der Generalissimus betonte dreist, dass es in dem an Polen abzutretenden Gebiet keinen einzigen Deutschen mehr gebe. Die polnische Delegation, die aufgefordert wurde, ihren Standpunkt darzulegen, schätzte, dass es in den fraglichen Gebieten nur noch 1,5 Millionen Deutsche gebe. Die Polen waren der Meinung, dass diese Deutschen nach der Ernte freiwillig gehen würden. In Wirklichkeit hielten sich dort nicht weniger als vier Millionen Deutsche auf, und eine weitere Million versuchte zurückzukehren, wie sowohl die Russen als auch die Polen wussten. Es war daher vorgesehen, dass Truman und Churchill/Attlee, deren Besatzungszonen in Deutschland überfüllt waren, einem zusätzlichen Transfer von fünf Millionen Menschen aus den polnisch verwalteten Gebieten zustimmen sollten.

Churchill, der am 25. Juli erfährt, dass er die Wahlen vom 5. Juli verloren hat, muss akzeptieren, dass der Labour-Politiker Attlee ihn als Leiter der britischen Delegation in Berlin ablöst. Von den drei Führern, die in Jalta die Welt aufgeteilt hatten, blieb also nur Stalin übrig. Auf jeden Fall ist der Churchill von Potsdam nicht mehr derselbe wie der Churchill von Jalta, denn er beginnt zu begreifen, dass dem Kommunismus Grenzen gesetzt werden müssen, der sich nicht nur in den von der Roten Armee besetzten europäischen Ländern durchzusetzen droht ( ), sondern auch in Italien, Griechenland und Frankreich, wo die kommunistischen Parteien zu Streiks aufrufen, ihre Aktivitäten verstärken und 1948 sogar ankündigen, dass die Rote Armee willkommen sei. Während der Sitzung am 21. Dezember widersetzte sich Churchill dem polnisch-sowjetischen Plan und versuchte nicht nur, die Vertreibungen zu begrenzen, sondern schlug auch vor, dass ein Teil der Flüchtlinge, die nach Westen geflohen waren, östlich der Oder-Neiße-Linie zurückkehren durften.

Auf der Sitzung vom 22. Juli betonte Churchill, der in Jalta das Prinzip des Bevölkerungstransfers mit Freude verteidigt hatte, dass die Regierung Seiner Majestät die polnischen Ansprüche nicht akzeptieren könne und berief sich auf moralische Bedenken. „Wir könnten", sagte er, „einen Transfer von Deutschen akzeptieren, der der Zahl der Polen entspricht, die östlich der Curzon-Linie transferiert werden, sagen wir zwei oder drei Millionen; aber ein Transfer von acht oder neun Millionen Deutschen, wie es aus dem polnischen Antrag hervorgeht, wäre zu viel und völlig falsch." Trotz dieser schwerwiegenden Einwände stimmten die westlichen Alliierten schließlich dem Transfer von Deutschen zu. Der Artikel XIII des Potsdamer Abkommens wurde schließlich wie folgt formuliert:

> „Die drei Regierungen erkennen nach Prüfung aller Aspekte der Frage an, daß die Überführung der in Polen, der Tschechoslowakei und Ungarn verbliebenen deutschen Bevölkerung oder von Teilen davon nach Deutschland durchgeführt werden muß. Sie stimmen darin überein, daß diese Überführung in geordneter und humaner Weise erfolgen soll."

Mit der Akzeptanz der Vertreibung der Deutschen wurde implizit anerkannt, dass die Westalliierten nicht in der Lage waren, sich der UdSSR und Polen entgegenzustellen, es sei denn, sie waren, wie General Patton vorschlug, bereit, sich Stalin entgegenzustellen, um die Rote Armee an ihre Vorkriegsgrenzen zurückzudrängen. Im Falle der Tschechoslowakei war die sudetendeutsche „Endlösung" bereits im Vorfeld akzeptiert worden. Vor der Jalta-Konferenz hatte das US-Außenministerium geschätzt, dass 1,5 Millionen Menschen vertrieben werden würden; auf der Potsdamer Konferenz wurde die Zahl jedoch auf 2,5 Millionen geschätzt, zu denen noch 800.000 Anti-Nazi-Flüchtlinge hinzukommen sollten, die angeblich nicht umgesiedelt werden mussten. Einer von ihnen, Bruno Hoffmann, berichtet in einem der oben zitierten Ausweisungsdokumente, wie er gezwungen wurde, sein Haus in Gablonz zu verlassen. Sein Bericht beginnt: „Da meine Frau und ich nie Anhänger des Hitler-Regimes waren und meine Frau 1942 von der Gestapo wegen antifaschistischer Aktivitäten verhört worden war, glaubten wir nicht, dass uns etwas passieren könnte". Am Ende wurden auch diese Deutschen ausgewiesen, einfach weil sie Deutsche waren. Es gibt also keinen Raum für irgendwelche Ausflüchte: Die Vertreibungen wurden durch die Zustimmung der Westmächte legalisiert, was von zahlreichen britischen und amerikanischen Autoren öffentlich anerkannt wurde, wie zum Beispiel von Anne O'Hare McCormick, der ersten Frau, die 1937 den Pulitzer-Preis für Journalismus erhielt. Die Auslandskorrespondentin der *New York Times* bezeichnete die Vertreibungen in einem am 13. November 1946 veröffentlichten Artikel als „die unmenschlichste Entscheidung, die jemals von Regierungen getroffen wurde, die sich der Verteidigung der Menschenrechte verschrieben hatten".

Die westlichen Alliierten mussten jedoch die Bevölkerungsströme in ihre Gebiete so gut wie möglich regulieren und überwachen, da sie für den Lebensunterhalt der Deportierten verantwortlich waren. Der unaufhörliche und unkontrollierte Zustrom von Millionen mittelloser Menschen konnte das Chaos, das in dem von ihnen besetzten Deutschland bereits herrschte, nur noch verschlimmern. Sie beschlossen daher, ein Moratorium für die Ausweisungen zu fordern, und nahmen in den genannten Artikel XIII des Vertrags Klauseln auf, in denen vor ihren störenden oder schädlichen Auswirkungen gewarnt wurde. Während also im ersten Absatz die Deportationen formell gebilligt werden, wird im dritten Absatz ausdrücklich gefordert, sie vorübergehend auszusetzen, damit die Besatzungsmächte das von ihnen geschaffene Problem untersuchen können. Stalin akzeptierte aus Rücksicht auf seine Verbündeten die Einführung dieser „humanitären" Paragraphen und stimmte zu, dass die Außenminister zusammenkommen sollten, um ein Programm zur Regelung des Zustroms von Deutschen in die verschiedenen Besatzungszonen auszuarbeiten. Dies war nur eine leere Geste, denn zu keinem Zeitpunkt wurde ernsthaft erwogen, die Deportationen auszusetzen und das Moratorium zu gewähren. Die sowjetischen Behörden in Polen und der Tschechoslowakei unternahmen nichts, um die Regierungen dieser Länder daran zu hindern, weiterhin Deutsche in ihre Besatzungszone zu deportieren. Nur Ungarn hielt sich an das Moratorium und stoppte die Vertreibungsmaßnahmen bis Januar 1946.

Nach dem Ende der Potsdamer Konferenz dachten die westlichen Alliierten, dass sie einige Monate Zeit hätten, um die Katastrophe zu mildern, bevor der Winter 1945-46 eintrat, eine Zeit, in der es zu einem Massensterben durch Kälte, Hunger und Krankheiten kommen könnte, wenn die Deportierten nicht mit Unterkünften und Lebensmitteln versorgt würden. Die polnische und die tschechoslowakische Regierung schienen die Aussetzung der Vertreibung formell zu akzeptieren, aber das war nur ein Schein, denn die Polen gaben eine Erklärung ab, in der sie ankündigten, dass sie die Deutschen aus der Stadt Stettin und aus Schlesien loswerden müssten, da sie mit dem sofortigen Wiederaufbau dieser Gebiete fortfahren wollten. Unter diesem Vorwand brachten sie weiterhin Deutsche in die Sowjetzone. Natürlich wollten die Deportierten nicht in einem kommunistischen Deutschland bleiben, und so versuchten die meisten von ihnen, weiter nach Westen zu marschieren, mit dem Ziel, die britische und amerikanische Zone zu erreichen. Angesichts dieser Tatsachen schlugen die Briten den Sowjets und den Amerikanern dringend vor, gemeinsam die Polen aufzufordern, die Vertreibungen sofort einzustellen. Der Text des Vorschlags ist auf den 9. September 1945 datiert. Er stammt aus Band 2 der *Foreign Relations of the United States* und wurde teilweise von Alfred M. de Zayas transkribiert:

> „... trotz der von den drei Regierungen nach der Potsdamer Konferenz an sie gerichteten Aufforderung fahren die polnischen Behörden fort, die noch verbliebenen deutschen Bewohner der der polnischen Verwaltung übergebenen deutschen Gebiete zu vertreiben, jedenfalls auf indirektem Wege. Die Schwierigkeiten für die Kontrollkommission, die schon durch frühere Vertreibungen gewaltig sind, werden dadurch täglich größer."

Mehrere Berichte amerikanischer Beamter in der Tschechoslowakei bestätigen, dass die Bene¨-Regierung die wiederholten Misshandlungen und Schikanen gegenüber Deutschen nicht verhinderte, sondern sie sogar förderte. Dies führte zu einer ungeordneten Wiederaufnahme der Massenbewegung der deutschen Zivilbevölkerung in die amerikanische Besatzungszone, wenn sie überhaupt jemals aufgehört hatte. Im Hintergrund befürchtete Benes, dass sich die Briten und Amerikaner schließlich gegen die Vertreibungen wehren könnten, und so verfolgte er eine Politik der vollendeten Tatsachen. In sudetendeutschen Städten kam es zu schweren Gewaltausbrüchen.

Zwei Tage vor dem Ende der Potsdamer Konferenz, am 31. Juli 1945, kam es in der Elbestadt Aussig zu einem besonders schweren Pogrom. In den frühen Morgenstunden griffen Soldaten der Svoboda-Armee, die in der Nacht in Aussig eingetroffen waren, ethnische Deutsche an, erkennbar an den weißen Armbinden, die sie an ihren Armen trugen. Über diese Armee wurde 1977 das Buch *Jews in Sovoboda's Army in the Soviet Union* veröffentlicht, in dem die wichtige Rolle hervorgehoben wird, die Juden aus der Tschechoslowakei während des Zweiten Weltkriegs in der Armee von Ludvík Svoboda spielten. Der Autor, Erich Kulka, recherchierte im Auftrag des Institute of Contemporary Jewry an der Hebräischen Universität Jerusalem. Bis zur Veröffentlichung dieses Werkes war wenig über die Tätigkeit von Juden in der Svoboda-Armee bekannt.

Das Pogrom begann gegen 15 Uhr. Auslöser war eine Explosion in einem Munitionsdepot nordwestlich der Stadt in Schönpriesen. Auslöser war eine Explosion in einem Munitionsdepot im Nordwesten der Stadt, in Schönpriesen. Dieser Vorfall diente als Vorwand für das Massaker von Aussig, wo eine verrückte tschechische Miliz, die Revolucni Garda", die seit Anfang Mai Gräueltaten verübte, in einen Rausch verfiel. Diese Fanatiker, die mit dem Zug aus Prag gekommen waren, verübten einen Massenmord an deutschen Zivilisten, indem sie sie wahllos mit Eisenstangen und Pflöcken erschlugen. Die genaue Zahl der Todesopfer konnte nicht ermittelt werden: die Schätzungen schwanken zwischen 1.000 und 2.700 Opfern. Die Verbrecher trieben die Menschen über die neue Elbbrücke und warfen alles, von Babys mit Kinderwagen bis zu alten Menschen, in den Fluss. Diejenigen, die versuchten, sich in Sicherheit zu bringen, wurden erbarmungslos erschossen. In Pirna, einer sächsischen Stadt in der Nähe von Dresden, etwa fünfzig Kilometer von Aussig entfernt, wurden schwimmende Leichen geborgen und allein dort achtzig Leichen verscharrt. Dies ist das Zeugnis von Therese Mager:

> „Ich lief zur Elbbrücke und sah, wie Hunderte von deutschen Arbeitern, die von ihren Maurerarbeiten kamen, in die Elbe geworfen wurden. Selbst Frauen und Kinder mit ihren Kinderwagen wurden von den Tschechen in den Strom geworfen. Die meisten von ihnen trugen schwarze Uniformen mit roten Armbinden. Sie warfen Frauen und Kinder, die sich nicht wehren konnten, von der zwanzig Meter hohen Brücke ins Wasser. Die Massenverfolgung der Deutschen dauerte bis weit in die Nacht hinein. Von jeder Straße und Straßenecke aus hörten wir die Menschen schreien und weinen. Weder die tschechischen Behörden noch die russischen Besatzer unternahmen etwas, um das Gemetzel zu verhindern. Zahlreiche aus dem Wasser gerettete Deutsche wurden mit Maschinengewehren erschossen...".

Das Makabere ist", schreibt Alfred M. de Zayas, „dass dieses Pogrom gegen die deutsche Bevölkerung von der tschechoslowakischen Regierung als Argument benutzt wurde, um die westlichen Alliierten zu veranlassen, das Tempo der Vertreibungen zu beschleunigen. Inzwischen waren Hunderttausende von Sudetendeutschen in Lagern interniert und warteten auf ihre Ausweisung.

Diejenigen, die in ihren Dörfern und Städten blieben, lebten in ständiger Angst vor Verhaftung. Präsident Bene˝ forderte öffentlich die „Liquidierung" der Deutschen. Nach seinen Worten war es notwendig, „die Republik zu säubern". Es ist unbestreitbar, dass die verbrecherischen Schikanen gegen die deutsche Bevölkerung in Europa als paradigmatischer Fall einer groß angelegten ethnischen Säuberung zu betrachten sind. Im Übrigen sei darauf hingewiesen, dass die Gebiete, die die tschechoslowakische Regierung neu eingrenzen wollte, um Eigentum zu beschlagnahmen und zu entgermanisieren, seit siebenhundert Jahren von Deutschen bewohnt waren.

Am 15. September 1945 prangerte der Londoner *Economist* die Situation an: „Trotz der Potsdamer Erklärung, in der eine Pause bei den ungeordneten und unmenschlichen Vertreibungen der Deutschen gefordert wird, geht die erzwungene Abwanderung aus den Provinzen Ostpreußen, Pommern, Schlesien und Teilen Brandenburgs, die 1939 eine Bevölkerung von etwa neun Millionen hatten, weiter." In demselben Bericht spielte die Londoner Zeitung auch auf die Situation in der Tschechoslowakei an, wo „die Vertreibung von dreieinhalb Millionen Sudetendeutschen ebenfalls anhält". *Der Economist* forderte den Rat der Außenminister auf, dieser „entsetzlichen Tragödie" ein Ende zu setzen und wies darauf hin, dass Millionen von Menschen in den Besatzungszonen „praktisch ohne Nahrung oder Unterkunft" umherirrten. Der Artikel behauptete, dass die großen städtischen Zentren bereits vor der Ankunft der Deportierten überfüllt waren und warnte: „Das unvermeidliche Ergebnis wird sein, dass Millionen an Hunger und Erschöpfung sterben werden".

Außenminister Ernest Bevin wurde am 10. Oktober 1945 im Unterhaus befragt. Ein Abgeordneter, Bower, fragte den Minister, ob die Regierung bei Polen gegen „die Gräueltaten, die deutschen Frauen und Kindern im Zusammenhang mit ihrer Vertreibung zugefügt wurden", protestiert habe. Bevin bejahte die Frage, doch in Wirklichkeit war die Demarche nicht weiter gegangen als bis zu einer Protestnote an den polnischen Botschafter in London, die nichts bewirkt hatte. Drei Tage später, am 13. Oktober, forderte *The Economist* erneut einen Stopp der Ausweisungen. Leider zeigte die Realität der Situation Tag für Tag, dass die Bemühungen erfolglos waren und nichts erreicht wurde. Am 19. Oktober schrieb Bertrand Russell in *der Times*: „In Osteuropa führen unsere Alliierten jetzt Massendeportationen in einem noch nie dagewesenen Ausmaß durch, und zwar in einem offenbar absichtlichen Versuch, viele Millionen Deutsche auszurotten, und zwar nicht mit Gas, sondern indem man sie ihrer Häuser und ihrer Nahrung beraubt und sie auf langsame und qualvolle Weise verhungern lässt". Captain Alfred E. Marples, ein konservativer Abgeordneter und späterer Verkehrsminister, verkündete am 22. Oktober 1945 im Unterhaus: „Nach einem jüngsten Bericht des Internationalen Roten Kreuzes haben die Proteste gegen die unorganisierten Deportationen der Deutschen keine Wirkung gezeigt, und die Flüchtlinge strömen weiterhin nach Berlin, wo Tausende auf den Straßen sterben."

Drei Tage später, am 25. Oktober, besuchte eine von Sir William Beveridge geleitete Delegation, der sieben Mitglieder des Parlaments, vier Bischöfe, der Verleger Victor Gollancz und andere Würdenträger angehörten,

Premierminister Attlee. Über das Treffen wurde *in der Times* berichtet, die am 26. Oktober meldete, dass das VIP-Komitee gefordert hatte, dass „angesichts der drohenden Gefahr des Todes durch Hunger und Krankheit für Millionen von Menschen" die Regierung Ihrer Majestät mit den Regierungen Russlands, Polens und der Tschechoslowakei verhandeln solle, „um die Vertreibung der Deutschen aus ihren Heimatorten in Osteuropa sofort und während des gesamten Winters zu stoppen". Am Vorabend eines strengen Winters, in dem ganze Familien erfrieren sollten und die Tagesrationen nur 1.000 Kalorien betrugen, wurde also das in Artikel XIII des Potsdamer Abkommens vorgesehene Moratorium nicht eingehalten, und die Deportationen wurden nicht nur nicht gestoppt, sondern öffentlich angekündigt.

Ende Oktober 1945 verkündeten die polnischen Behörden in Breslau anlässlich der Abrissfeierlichkeiten für das Denkmal Kaiser Wilhelms I., eines der wenigen verbliebenen deutschen Denkmäler, dass 200.000 Deutsche, die sich noch in der Stadt aufhielten, gezwungen würden, in eine der deutschen Besatzungszonen zu gehen. Der jüdische Bürgermeister Stanislav Gosniej verkündete in seiner Rede am abgerissenen Denkmal, dass jede Woche viertausend Deutsche die Stadt verließen und dass Breslau innerhalb eines halben Jahres die zweitgrößte Stadt Polens sein würde. In Breslau hatte Beria die Juden an die Spitze der Repressionsorgane gestellt. Der jüdische Schriftsteller John Sack, Autor von *An Eye for an Eye. The Untold Story of Jewish Revenge Against Germans in 1945. The Untold Story of Jewish Revenge Against Germans in 1945*) berichtet, dass der Polizeichef Shmuel „Gross", der den polnischen Namen Mieczyslaw „Gross" führte, und der Leiter der Abteilung für Deutsche Juden waren. Nach dieser Quelle, aus der wir im Folgenden zitieren werden, waren auch der Polizeichef von Kattowitz, Pinek Piekanowski, und die Polizeichefs von Kielce, Lublin und Stettin sowie der Leiter des Korps der inneren Sicherheit der polnischen Armee Juden.

Schließlich beschloss der Alliierte Kontrollrat, einen Plan zur Rationalisierung der Vertreibungen auszuarbeiten. Ziel ist es nicht, die Vertreibungen zu stoppen, sondern dafür zu sorgen, dass die Umsiedlung der Bevölkerung geordneter und unter besseren Bedingungen durchgeführt wird. Der Plan wurde bereits am 20. November 1945 skizziert. Zu diesem Zeitpunkt schätzte man, dass nach mehr als einem halben Jahr grausamer Deportationen noch dreieinhalb Millionen Deutsche in den von den polnischen Behörden verwalteten Gebieten lebten. Man rechnete damit, dass zwei Millionen von ihnen von den Sowjets aufgenommen werden könnten und der Rest in die britische Zone überführt werden würde. Was die Deutschen in der Tschechoslowakei anbelangt, so wurde geschätzt, dass zweieinhalb Millionen im Land verblieben, die meisten von ihnen im Sudetenland, eine Million siebenhundertfünfzigtausend würden in die amerikanische Zone gehen und der Rest würde den Sowjets zugeteilt werden. Was die halbe Million Deutsche in Ungarn betrifft, so sollten sie alle in die amerikanische Besatzungszone aufgenommen werden. Außerdem war geplant, 150.000 Deutsche aus Österreich in die französische Zone zu überführen. Der Plan geht davon aus, dass alle Bevölkerungstransfers bis August 1946 abgeschlossen werden können.

Alfred M. de Zayas stellt fest, dass mehr als zwei Millionen Deutsche während oder als Folge der Vertreibungen ihr Leben verloren haben. Im Folgenden finden Sie einen Auszug aus seinem Bericht aus *Nemesis at Potsdam*, der eine der Hauptquellen für unsere Arbeit darstellt:

> „Mehr als zwei Millionen Deutsche haben ihre Vertreibung nicht überlebt. Vermutlich eine Million kam im Zuge der militärischen Evakuierungen und während der Flucht in den letzten Kriegsmonaten ums Leben. Die übrigen, meist Frauen, Kinder und Alte, starben an den Folgen der rücksichtslosen Vertreibungsmethoden. Natürlich wurden nicht alle Transporte auf brutale Art und Weise durchgeführt. Die Transporte in die westlichen Gebiete in den Sommern 1946 und 1947 waren relativ gut organisiert, und die Zahl der Todesopfer ging deutlich zurück. Andererseits waren die Vertreibungen von 1945, die Transportmittel im Allgemeinen und die meisten Transporte in die sowjetische Besatzungszone in ihrer Methode und ihren Folgen katastrophal."

Der Autor unterteilt die Deportationen in drei Phasen: die vor der Potsdamer Konferenz, die er als „brutale Deportationen" bezeichnet; die nach Potsdam bis Dezember 1945; und die Jahre 1946-47, die Zeit der „organisierten" Deportationen (in Anführungszeichen). Man kann jedoch sagen, dass die Deportationen von 1945 allesamt bestialisch waren; Frauen und Kinder wurden wie Vieh auf Züge verladen. Die Reise konnte mehrere Tage dauern, während derer es keine Verpflegung gab. Kinder, die während der Fahrt starben, wurden aus den Fenstern geworfen. An den Ankunftsbahnhöfen wurden routinemäßig zahlreiche Leichen aus den Waggons geholt. Am 24. August 1945 veröffentlichte der britische *News Chronicle* einen Bericht seines Berliner Korrespondenten Norman Clark, in dem der Journalist über die Ankunft eines Zuges aus Danzig in Berlin berichtet. Der Text ist, trotz seiner beträchtlichen Länge, in dem oben genannten Werk vollständig wiedergegeben. Hier sind einige beredte Auszüge:

> „... Der Zug aus Danzig war eingetroffen. Diesmal hatte die Reise sieben Tage gedauert; manchmal dauert sie länger. Diese Menschen in den Viehwaggons und Hunderte, die auf den Bahnsteigen und in der Bahnhofshalle auf den Ballen ihrer Habseligkeiten lagen, waren die Toten, die Sterbenden und die Hungernden, die von der Flut des menschlichen Elends verlassen wurden, die täglich Berlin erreicht und am nächsten Tag zurückkehren wird, um einen Zug in eine andere Stadt zu nehmen, auf der verzweifelten Suche nach Nahrung und Hilfe. Tausende mehr - bis zu 25.000 an einem Tag - wandern zu den Berliner Slums, wo sie angehalten und daran gehindert werden, die überfüllte Stadt zu betreten. Jeden Tag werden zwischen fünfzig und hundert Kinder - insgesamt bereits fünftausend in kurzer Zeit -, die ihre Eltern verloren haben oder ausgesetzt wurden, an den Bahnhöfen abgeholt und in Waisenhäuser gebracht oder auf die Suche nach Pflegemüttern geschickt.
> ... Nach einer niedrigen Schätzung - die mir von Dr. Karl Biaer, dem Anti-Nazi, der jetzt als Leiter des Berliner Sozialausschusses eingesetzt wurde, gegeben wurde - gibt es 8.000.000 obdachlose Nomaden, die in Teilen der Provinzen in der Nähe von Berlin umherziehen. Nimmt man die aus der Tschechoslowakei vertriebenen Sudetendeutschen und die von anderswo Herumziehenden hinzu, so

erhöht sich die Zahl derer, die nicht mit Lebensmitteln versorgt werden können, auf mindestens 13.000.000.... Was das Problem noch verschärft und unlösbar gemacht hat, ist die Fortsetzung der Vertreibung der Deutschen durch die Polen....".

Ein letztes Beispiel soll endgültig verdeutlichen, wie brutal und rücksichtslos die Vertreibungen sein konnten. In der Monatszeitschrift *The Nineteenth Century and After* berichtete der britische Journalist Frederick Augustus Voigt im November 1945 über die Ankunft eines Zuges aus Troppau (Tschechoslowakei) in Berlin, mit dem Männer, Frauen und Kinder achtzehn Tage lang in offenen Viehwaggons unterwegs waren. Von den 2.400 Menschen, die Troppau verließen, starben fast die Hälfte, 1.50, unterwegs.

Obwohl die Deportationen im Sommer 1946 enden sollten, dauerten sie bis 1947. Obwohl sie bis 1946 „organisiert" werden sollten, war der Anblick der Deportierten für alle, die ihre Tragödie von einem christlichen Standpunkt aus betrachteten, bewegend. Im März 1946 veröffentlichte der *Manchester Guardian* eine traurige Chronik seines Lübecker Korrespondenten: Er beschrieb die Ankunft deutscher Zivilisten aus Polen in der britischen Zone, die in überfüllten Zügen in die Hansestadt kamen, in denen man sich nicht hinsetzen und ausruhen konnte, da die Deportierten im Stehen zusammengepfercht waren. Im ersten Transport kamen ein dreiundsiebzigjähriger Mann und ein achtzehn Monate altes Kind tot an, in einem zweiten Transport waren es drei Tote. Obwohl die Vertriebenen verpflegt werden sollten, hatte jeder im ersten Zug nur eine halbe Scheibe Brot für die gesamte Fahrt erhalten. Der Journalist *des Manchester Guardian* beschrieb den miserablen körperlichen Zustand der Flüchtlinge, an denen teilweise noch die Spuren der Misshandlungen zu sehen waren. Die meisten Frauen, so bestätigten britische Ärzte, die die Deportierten untersuchten, waren vergewaltigt worden, darunter ein zehnjähriges und ein sechzehnjähriges Mädchen. Das Alter der Deportierten lag im Allgemeinen bei über fünfzig Jahren, obwohl es viele ältere Menschen in den Achtzigern gab, darunter einige Krüppel und Gelähmte.

Als sich ein neuer Winter ankündigte und die Vertreibungen fortgesetzt wurden, gelang es den Militärbehörden, die Katastrophe des Winters 1945-46, in dem Tausende von Menschen an Kälte oder Erfrierungen gestorben waren, zu vermeiden, indem sie mehrere Zugfahrten absagten. Leider begann der Winter 1946/47 an mehr als der Hälfte der Tage mit Temperaturen unter dem Gefrierpunkt. Es gab ständig Schnee und Frost. Es gilt als der kälteste Winter seit Menschengedenken. Zu Weihnachten kamen die Züge aus Polen erfroren an. Fünfunddreißig Deportierte starben in einem Zug und weitere 25 mussten amputiert werden. Die Delegation des Internationalen Komitees vom Roten Kreuz (IKRK) in Warschau, die im Januar 1947 feststellte, dass die Konvois mit den Deportierten in Deutschland unter beklagenswerten Bedingungen ankamen, machte das polnische Innenministerium auf das Problem aufmerksam. Trotz dieser Bemühungen wurden die Deportationen nicht gestoppt, und nur einige wenige Deportationen von Personen, die nicht in Internierungslagern untergebracht waren, wurden ausgesetzt. Die Tatsache, dass die Empfangsbehörden über die Anzahl der Personen, die sie aufnehmen würden, und deren Ankunftsdaten informiert waren, ermöglichte zumindest eine bessere Organisation, die dazu beitrug, Leben zu retten. Im Rahmen der „organisierten Transfers" deportierten die verschiedenen an der ethnischen Säuberung der Deutschen beteiligten Länder etwa sechs Millionen Menschen.

Was mit den deutschen Gefangenen und Zivilisten in der Sowjetunion geschah, darüber ist wenig bekannt. Es wurde bereits gesagt, dass die UdSSR die Genfer Konvention nicht unterzeichnet hatte und daher von jeder internationalen Kontrolle ausgenommen war. Dennoch ist es sicher, dass mehr als eine Million deutscher Soldaten im sowjetischen Gulag starben. Die Zahl der deutschen Zivilopfer in Russland schätzt Alfred M. de Zayas auf 1,5 bis 2 Millionen Menschen.

Darüber hinaus versuchte das Rote Kreuz, in anderen europäischen Ländern, in denen deutsche Zivilisten ebenfalls verfolgt wurden, präsent zu sein. Ab März 1945 bemühte sich das Internationale Komitee vom Roten Kreuz um Zugang zu den Internierungslagern in Rumänien, wurde aber wiederholt abgewiesen. In Ungarn wurden im November 1945 und im Januar 1946 einige Besuche genehmigt. Im Anschluss an diese Inspektionen richtete die IKRK-Delegation eine Reihe von Forderungen an die ungarische Regierung, um die Bedingungen für die Häftlinge zu verbessern. Was die in den Lagern in Jugoslawien internierten Zivilisten anbelangt, so erhielt das IKRK private Appelle und Berichte über die schlechten Internierungsbedingungen, da neben der Nahrungsmittelknappheit auch die Hygiene und die Behandlung der Gefangenen beklagenswert waren. Das Rote Kreuz konnte wenig tun, um die Situation der Zivilisten zu verbessern, und musste sich auf die Hilfe für die Kriegsgefangenen beschränken. Die Behandlung der deutschstämmigen Minderheit in Jugoslawien war ein weiterer typischer Fall von ethnischer Säuberung. In jüngster Zeit hat sich der Internationale Strafgerichtshof in Den Haag mit Verbrechen im Zusammenhang mit ethnischen Säuberungen befasst, die während der Balkankriege Ende des letzten Jahrhunderts begangen wurden, aber niemand hat sich je die Mühe gemacht, die Verfolgung der deutschen Zivilbevölkerung in halb Europa nach dem Zweiten Weltkrieg anzuprangern.

Im Jahr 1939 lebten nach Angaben des Bundesministeriums für Vertriebene aus dem Jahr 1967 etwa zwei Millionen Deutsche in Südosteuropa, d.h. in Jugoslawien (537.000), Ungarn (623.000) und Rumänien (786.000). Sie siedelten entlang und in der Nähe der Donau und waren als Donauschwaben" bekannt. Die meisten von ihnen waren Nachkommen von Siedlern, die im 17. und 18. Jahrhundert, d. h. nach der Befreiung Ungarns vom türkischen Joch, in diese fruchtbare Region Europas gekommen waren. Sie galten als Vertreter der christlichen Zivilisation angesichts der Islamisierung des Balkans und Europas und wurden in Österreich und Österreich-Ungarn geschätzt. Mit dem katastrophalen Versailler Vertrag von 1919 begann sich für sie alles zu ändern.

Am Ende des Zweiten Weltkriegs wurde in Jugoslawien das kommunistische Regime von Josip Broz Tito, einem Krypto-Juden, der eigentlich Josif Walter Weiss hieß, und Moses Pijade, einem anderen Juden, der die graue Eminenz und der eigentliche Machthaber war, installiert. In einem Dekret vom 21. November 1944 wurden die Deutschen als „Volksfeinde" bezeichnet, ihre Bürgerrechte wurden ihnen entzogen und ihr Eigentum entschädigungslos beschlagnahmt. Mit einem Gesetz vom 6. Februar 1945 wurde ihnen die jugoslawische Staatsbürgerschaft entzogen. Die Reichsbehörden hatten 220.000 Deutsche evakuiert; Ende Mai 1945 befanden sich jedoch mehr als zweihunderttausend deutschstämmige Jugoslawen noch in ihrer Heimat und wurden verhaftet und gefangen genommen. Von ihnen starben zwischen 1945 und 1950 63.635 an Unterernährung, Erschöpfung und Krankheiten. Etwa 100.000 kleine Unternehmen - Fabriken, Geschäfte, Bauernhöfe und verschiedene Gewerbebetriebe - wurden beschlagnahmt. Zusätzlich zu den Zivilisten starben etwa 70.000 deutsche Soldaten in jugoslawischer Gefangenschaft durch Misshandlungen, Erschießungen, Repressalien und Zwangsarbeit in Bergwerken, beim Straßenbau, auf Werften usw. Die deutschen Soldaten hatten sich 1950 ergeben und wurden zur Arbeit als Soldaten gezwungen. Die deutschen Soldaten hatten sich im Süden Österreichs den Briten ergeben, aber London übergab 150.000 Kriegsgefangene an Titos kommunistisches Regime unter dem Vorwand, dass sie später nach Deutschland zurückgeführt werden sollten.

De Zayas schreibt in seinem Werk, dass vierzig Jahre nach der Vertreibung aus ihrer Heimat die Messen der Ostpreußen, Pommern, Schlesier und Sudetendeutschen von mehreren hunderttausend Vertriebenen besucht wurden. Ihre Führer sprachen von dem Recht, ihre Rechtsansprüche mit friedlichen Mitteln aufrechtzuerhalten, denn es gab damals in der Bundesrepublik Deutschland Leute, die es für eine Gefahr für den Frieden in Europa hielten, das Thema anzusprechen. Es gibt noch heute alte Menschen, die sich an die Tragödie der Vertreibung erinnern. Im Jahr 2012 veröffentlichte Erika Vora das Buch *Silent no More*, in dem sie mehrere Berichte von achtzigjährigen und nicht mehr ganz so alten Frauen sammelt, die 1945 Kinder waren und die Deportationen überlebten. Frederick A. Lindemann, Lord Cherwell, der jüdische Ideologe, der hinter den Massenbombardements auf deutsche Arbeiterwohnungen stand, soll gesagt haben, dass „die Zerstörung des eigenen Hauses der größte Schaden für die Moral ist". Im Vorwort zu *Silent no More* zitiert Erika Vora den Humanisten Albert Schweitzer, Theologe und Philosoph, der die Vertreibung aus dem eigenen Haus als grausamsten Verstoß gegen die Menschenrechte bezeichnet. Wir schließen mit einigen seiner Fragen: „Was bedeutet es, ein Zuhause zu haben? Was bedeutet es, von dem Ort vertrieben zu werden, an dem Generationen von Vorfahren jahrhundertelang hart gearbeitet haben? Was bedeutet es, mit einem Kind in den Armen auf die eisigen Straßen geworfen und obdachlos und rechtlos zurückgelassen zu werden? Was bedeutet es, von seinem hilflosen Kind getrennt zu werden ? Was bedeutet es, überall den Tod zu sehen und zu befürchten, jeden Moment angegriffen zu werden? Was bedeutet es, nie wieder an den Ruheort zurückkehren zu können, an dem man und seine Lieben Frieden gefunden haben?"

Jüdische Verbrecher in Konzentrationslagern

Zu den Internierungslagern ist zu sagen, dass die Menschen, die nicht in ihren Häusern bleiben durften, dort eingesperrt wurden. Für das Internationale Komitee vom Roten Kreuz war es äußerst schwierig, sie zu besuchen, um Hilfsgüter an die Inhaftierten zu verteilen. Selbst in den wenigen Lagern, zu denen es Zutritt hatte, zumeist in der Tschechoslowakei, wurden die Bedingungen als unbefriedigend empfunden, was in Berichten an die Bene͏̈ Regierung in Prag festgehalten wurde. In Polen war die Verteilung von Hilfsgütern des Roten Kreuzes in fast allen Lagern nicht erlaubt. Nur die Verwandten der Internierten durften Pakete ausliefern, die in der Regel von den Wachen geöffnet wurden, die sie zerpflückten, um das Beste zu behalten und den Rest abzugeben. Erst im Juni 1947 gestatteten die polnischen Behörden dem Delegierten des Internationalen Komitees vom Roten Kreuz trotz wiederholter Aufforderungen, einige Lager zu besuchen, aber da waren die meisten Häftlinge bereits ausgewiesen worden.

Heinz Esser, ein deutscher Arzt, der die schrecklichen Bedingungen der Internierung im Lager Lamsdorf in Oberschlesien überlebte, veröffentlichte 1949 *Die Hölle von Lamsdorf: Dokumentation über ein polnisches Vernichtungslager*, eine 127-seitige Broschüre, in der er alle Grausamkeiten und die Rücksichtslosigkeit der Polen anprangerte, die das Lager kontrollierten. Interessierte Leser, die Deutsch lesen können, können dieses Werk, von dem es mehrere Ausgaben gibt, noch immer erwerben. Die Lektüre bestätigt, dass es sich bei Lamsdorf tatsächlich um ein Vernichtungslager handelte, denn von den 8.064 Häftlingen starben 6.488 an Hunger, Krankheiten, Zwangsarbeit, körperlicher und geistiger Folter, Schlägen und Misshandlungen. Im Lager befanden sich 828 Kinder, von denen diejenigen, die älter als zehn Jahre waren, die härteste und unmenschlichste Arbeit verrichten mussten: 628 starben. Der Lagerkommandant Ceslaw Gimborski, ein junger Jude in den Zwanzigern, verlangte, dass die Häftlinge mit einer Diät von zwei- bis dreihundert Kalorien pro Tag arbeiten. Täglich wurde ihm die Liste der toten Deutschen vorgelegt, und seine übliche Frage lautete: „Warum so wenige? Die Lamsdorfer Wärter, die laut Dr. Esser alle an Geschlechtskrankheiten litten, waren wahre Psychopathen, die im betrunkenen Zustand ständig die Frauen im Lager vergewaltigten. Manchmal zwangen diese Degenerierten die Frauen, Urin und Blut zu trinken und Exkremente zu essen, neben anderen Grausamkeiten.

Eine erschütternde Episode über das Lager Lamsdorf wird in zwei verschiedenen Quellen berichtet: von Heinz Esser in dem oben erwähnten Werk und von dem jüdischen Autor John Sack in *An Eye for an Eye*. Sack, der bereits oben zitiert wurde, war ein langjähriger Journalist, der mehrere Bücher geschrieben hat, vor allem *An Eye for an Eye*, das den Untertitel *The Untold Story of Jewish Revenge Against Germans in 1945* trägt. Das Buch erregte Aufsehen, denn Sack prangert darin an, dass die polnischen kommunistischen Konzentrationslager nach dem Krieg von Juden betrieben wurden, die Zehntausende von deutschen Zivilisten folterten und töteten: „Ich erfuhr", schreibt Sack im Vorwort, „dass 1945 eine große Zahl von Deutschen getötet wurde: nicht Nazis, nicht Hitlers Schergen, sondern deutsche Zivilisten, Männer, Frauen, Kinder, Babys, deren einziges Verbrechen darin bestand, Deutsche zu sein". Wir wählen daher die Version von Sack, die auf den Seiten 130-131 erscheint:

> „Während des Krieges hatte die SS einige Polen, fünfhundert Leichen, auf einer großen Wiese bei Lamsdorf vergraben, aber Ceslaw hatte gehört, dass es neunzigtausend waren, und befahl den Frauen von Gruben, sie auszugraben. Die Frauen taten dies und begannen zu würgen, als die Leichen zum Vorschein kamen, schwarz wie Kanalisationssubstanz. Die Gesichter waren verdorben, das Fleisch war Leim, aber die Wächter riefen den Frauen von Gruben zu: „Werft euch zu ihnen! Die Frauen taten dies, und die Wachen schrien: „Umarmt sie, küsst sie, liebt sie!" Mit ihren Gewehren stießen sie die Köpfe der Frauen nach hinten, bis ihre Augen, Nasen und Münder in den Schleim der polnischen Gesichter eindrangen. Die Frauen, die ihre Lippen aufeinander pressten, konnten nicht schreien, und die, die schrien, mussten etwas Ekelhaftes schmecken. Die Frauen, die spuckten und sich erbrachen, kamen schließlich wieder heraus, mit Dreck am Kinn, an den Fingern, an den Kleidern, mit Feuchtigkeit, die in die Fasern eindrang. Von dem Gestank bespritzt kehrten sie nach Lamsdorf zurück."

Der Bericht von Dr. Esser fügt hinzu, dass auch Männer in der Grube gegraben haben und betont, dass der Verwesungsgestank, der von den Frauen ausging, so unerträglich war, dass er nachts alle Räume und das ganze Lager durchdrang. Der schreckliche Gestank hielt wochenlang an, da es keine Duschen gab. Sack bestätigt, dass vierundsechzig der Grubenfrauen starben. Angesichts der Notwendigkeit, diese Grausamkeit zu vertuschen, ist es verständlich, dass dem Roten Kreuz der Zugang zu den Lagern verweigert wurde.

In *An Eye for an Eye* erklärt John Sack, dass das größte Lager in Polen Potulice war, das von Juden in der Nähe der Ostsee für dreißigtausend potenzielle Unterdrücker errichtet wurde. Jeden Abend ging der Kommandant in eine Baracke, rief „Achtung!" und zwang die Gefangenen, ein demütigendes Lied zu singen. Wenn sie gesungen hatten, schlug er sie mit den Hockern und tötete oft mehrere von ihnen. Im selben Lager holten jüdische Wachleute im Morgengrauen Deutsche aus dem Lager und zwangen sie, in der Nähe eines Waldes ein Grab auszuheben, ein Hitler-Porträt hineinzuwerfen und zu weinen. Dann wurden sie gezwungen, sich nackt auszuziehen und mit Gülle übergossen. Manchmal „nahmen die Wachen eine Kröte", schreibt Sack, „und schoben das dicke Ding in den Hals eines Deutschen, der dann bald starb. Dieser Quelle zufolge war die Zahl der Todesopfer in Potulice enorm. Im Lager Myslowitz starben jeden Tag hundert Deutsche. In Grottkau, schreibt der jüdische Autor, „wurden die Deutschen in Kartoffelsäcken begraben, aber in Hohensalza kamen sie direkt in die Särge, wo der Kommandant sie verabschiedete. In Blechhammer sah der jüdische Kommandant die Deutschen nicht einmal an, und sie starben, ohne untersucht zu werden". Sack nennt die Zahl von 1.255 Lagern für Deutsche, die in dem vom Ministerium für Staatssicherheit kontrollierten Gebiet auf ihre Deportation warteten, und behauptet, dass in jedem dieser Lager zwischen fünfundzwanzig und fünfzig Prozent der Häftlinge starben.

Verantwortlich für die Staatssicherheit war Jakub Berman, ein Warschauer Jude, der den Geheimdienst der Kommunistischen Partei Polens geleitet hatte. Berman war nach dem deutschen Einmarsch 1939 nach Moskau geflüchtet, und Stalin hatte ihn in die Regierung berufen, die mit der Roten Armee nach Lublin marschierte. In Warschau war er Berias Mann, so dass er direkten Kontakt zu Moskau hatte. John Sack berichtet über einen Besuch von Jakub Berman in Kattowitz, wo ein anderer Jude, Pinek Piekanowski, ebenfalls für die Sicherheit zuständig war. Berman wurde von Wladyslaw Gomulka, der mit einer Jüdin verheiratet war, und zwei weiteren jüdischen Geistlichen begleitet. Gomulka räumte ein, dass er Probleme mit dem Roten Kreuz hatte, und versuchte, Piekanowski dazu zu bewegen, Inspektionen in den Lagern zu genehmigen. Die Antwort lautete: „Ich habe keinen Respekt vor dem Roten Kreuz". Der wütende Dialog, der in *Auge um Auge* wiedergegeben ist, zeigt, dass Gomulka nicht in der Lage war, sich gegen seinen Untergebenen durchzusetzen: „Wenn Sie mir befehlen, das Rote Kreuz durchzulassen, werde ich das tun." Gomulka antwortete: „Nein, ich werde Ihnen nicht befehlen." Berman, der das Handgemenge schweigend verfolgt hatte, sagte schließlich langsam: „Genosse, wir haben Ihr Wort, dass die Deutschen gut behandelt werden."

In Gleiwitz war die Lagerkommandantin eine junge Jüdin, Lola Potok, die Hauptfigur des Theaterstücks von John Sack, der behauptet, dass Lola und ihre Kollegen unversehrt aus Auschwitz herausgekommen seien und deshalb aus Rache Deutsche gefoltert und ermordet hätten. Die meisten der fünfzig Vorarbeiter von Lola Potok waren Juden, einige von ihnen Frauen, die Spaß daran hatten, deutsche Gefangene zu foltern. Lolas zuverlässiger Assistent hieß Moshe Grossman. Leiter aller Lager und Gefängnisse in Schlesien war Chaim Studniberg, ein sechsundzwanzigjähriger Jude, dessen Hass auf die Deutschen krankhaft war. Für das Lager Lamsdorf hatte Studniberg persönlich Czeslaw und die zehn jungen Juden ausgewählt, die seine Gruppe von Kriminellen bildeten. Andere polnische Juden, die Teil des Terrorapparats waren, sind in verschiedenen Quellen erwähnt: Henryk Chmielewski, Jan Kwiatowski, Josef Jurkowski, Jechiel Grynszpan, Karol Grabski, Berek Einsenstein, Adam Krawiecki, Pinek Maka, Shlomo Singer, Stefan Finkel, Adela Glikman, David Feuerstein, Aaron Lehrman, Mordechai Kac, Salek Zucker, Hanna Tinkpulwer, Nahum Solowic, Albert Grunbaum und viele andere, deren Namen wir hier nicht nennen und die der Leser auf der Website *Raport Nowaka* (ein Bericht des polnischen Forschers Zbigniew Nowak) finden kann.

Zu den großen jüdischen Verbrechern, die in John Sacks Buch vorgestellt werden, gehört Shlomo (Solomon) Morel, der von den sowjetischen Besatzern zum Kommandanten des Lagers Zgoda in Schwientochlowitz ernannt wurde, wo die meisten Vernehmungsbeamten ebenfalls Juden waren. Morel, der laut Sack der Geliebte von Lola Potok gewesen war, tötete persönlich ein Kind, indem er dessen Kopf gegen eine Wand schlug. Im Dezember 1989 übergab eine Kommission zur Untersuchung von Verbrechen gegen die polnische Nation seinen Fall an Piotr Brys, Staatsanwalt in Kattowitz, der Morel am 27. Februar 1991 zum ersten Mal vorlud. Am 24. November desselben Jahres machte die *Zeitung Wiésci* den Fall publik. Tage später konfrontierte der Staatsanwalt Morel mit einer Polin, Dorota Boreczek, die im Alter von 14 Jahren mit ihrer Mutter in Schwientochlowitz gewesen war. Aus Angst, dass die Dinge kompliziert werden könnten, nahm Shlomo Morel ein Flugzeug und landete im Januar 1992 in Tel Aviv, aber seine Rente konnte in Israel nicht ausgezahlt werden, so dass er im Juni zurückkehrte. Zu dieser Zeit befanden sich Dokumente aus dem Bundesarchiv in den Händen der Ermittler. John Sack zitiert einige Aussagen aus den Berichten: „Der Kommandant war Morel, ein Schweinehund ohnegleichen". „Der Kommandant, Morel, erschien. Stöcke und Peitschen regneten auf uns herab. Sie brachen mir die Nase und schlugen mir zehn Nägel, die schwarz wurden und später abfielen." „Der Kommandant Morel kam. Ich sah mit eigenen Augen, wie er viele meiner Mitgefangenen tötete." Angesichts der Tatsache, dass ihm der Prozess gemacht werden sollte, flog Morel zurück nach Israel, wo er im Juni 1993 lebte.

Nach der Auflösung der Sowjetunion wurde Morel vom polnischen Nationalen Institut des Gedenkens wegen Verbrechen gegen die Menschlichkeit angeklagt. In den Jahren 1998 und 2004 beantragte Polen die Auslieferung an Israel ( ), das beide Male ablehnte und Morels Verbrechen bestritt. Die Zionisten behaupteten, dass eine antisemitische Verschwörung gegen ihn geschmiedet worden sei. Eine weitere von Polen beantragte Auslieferung, in diesem Fall an Großbritannien, betraf Helena Wolinska, eine in Warschau geborene Jüdin im Rang eines Oberstleutnants. Zweimal, 1999 und 2001, lehnten die Briten ihre Auslieferung ab und begründeten dies mit Wolinskas Alter und der langen Zeit, die seit den mutmaßlichen Verbrechen verstrichen war. Die ablehnende Haltung Israels und des Vereinigten Königreichs steht im Gegensatz zu der bedingungslosen Bereitschaft der deutschen Behörden. Während Israel bekannte jüdische Verbrecher schützt und ehrt und diejenigen, die sie aufgedeckt und rehabilitiert haben, des Antisemitismus bezichtigt, werden in Deutschland ältere Menschen, die nicht mehr leben, weiterhin verfolgt und vor Gericht gestellt, nur weil sie in Auschwitz gedient haben. Im Jahr 2015 zum Beispiel wartet Oskar Gröning, ein dreiundneunzigjähriger ehemaliger Buchhalter des Arbeitslagers, wegen angeblicher Kriegsverbrechen in Haft auf seinen Prozess.

Angela Merkel, die jüdischstämmige Bundeskanzlerin, spricht Deutschland die „ewige Verantwortung" zu, zieht es aber vor, die Massaker aller Art, die an deutschen Zivilisten begangen wurden, zu ignorieren. Während Wissenschaftler, die versuchen, die Geschichte zu revidieren, als Revanchisten, Antisemiten und Neonazis beschuldigt werden, besteht die offizielle Geschichtsschreibung darauf, die gleichen Lügen bis zum Überdruss zu wiederholen und die historische Wahrheit zu verschleiern. In einem Artikel des Instituts für Geschichtswissenschaft, in dem das Schicksal der jugoslawischen Volksdeutschen analysiert wird, stellt Tomislav Sunic die Frage: „Warum werden die Leiden und Opfer einiger Nationen oder ethnischer Gruppen ignoriert, während die Leiden anderer Nationen und Gruppen von den Medien und Politikern mit übertriebener Aufmerksamkeit und Sympathie verfolgt werden?" Die Frage ist rhetorisch für diejenigen von uns, die die Antwort kennen, aber sie verdient es dennoch, gestellt zu werden.

Was in Polen geschah, wo die absolute Kontrolle über die Polizei und die Internierungslager in den Händen skrupelloser jüdischer Krimineller lag, gab es auch in Ungarn, Rumänien, Jugoslawien und anderen Ländern, wo Zehntausende von Juden, die aus den Konzentrationslagern entlassen wurden, um angeblich vernichtet zu werden, von den kommunistischen Besatzungstruppen mit offenen Armen empfangen und in Berias repressiven Polizeiapparat integriert wurden.

Gleichzeitig strömte ein stetiger Strom von Juden nach Deutschland, der als Sprungbrett für die illegale Einwanderung nach Palästina dienen sollte. Generalleutnant Sir Frederick Edgeworth Morgan, Leiter der UNRRA (United Nations Relief and Rehabilitation Administration) in Deutschland, prangerte die Existenz einer geheimen Organisation an, die hinter der Ankunft so vieler „rötlicher, gut gekleideter, wohlgenährter" Juden steckte, die mit viel Geld hantierten. Im Januar 1946 löste der britische General einen Skandal aus, als er auf einer Pressekonferenz unverblümt anprangerte, dass eine zionistische Organisation heimlich mit sowjetischer Hilfe arbeitete, um den „Exodus" der europäischen Juden nach Palästina zu erleichtern. Frederick E. Morgan schrieb 1961 seine Memoiren mit dem Titel *Peace and War: A Soldier's Life*, denen dieses Zitat entnommen ist:

> „Ich war in der Lage, eine vollständige und vernünftige Einschätzung der Art und Weise zusammenzustellen, in der die Agentur der Vereinten Nationen geschickt benutzt wurde, um etwas zu fördern, was nichts anderes als eine zionistische Angriffskampagne in Palästina war. Das zionistische Kommando, das sich über das Verbot des britischen Mandats hinwegsetzte und nach wie vor zögerte, entschiedene Maßnahmen zu ergreifen, setzte jedes Mittel ein, um die Einwanderung in das Land zu erzwingen, ohne Rücksicht auf die Not und das Leid der Einwanderer, von denen nur wenige eine spontane Begeisterung für die zionistische Sache zu haben schienen. Das ganze Projekt wurde offensichtlich von den Russen gebilligt, wenn nicht sogar unterstützt, da sein Erfolg zur Beseitigung der britischen Autorität in einem wichtigen Gebiet des Nahen Ostens führen würde."

General Morgans Anprangerung, die auf Informationen des militärischen Geheimdienstes beruhte, löste einen Sturm in der Presse aus, die seine Äußerungen schnell als antisemitisch bezeichnete und seinen Rücktritt forderte. Da er nicht „motu proprio" zurücktrat, wurde er vom Leiter der UNRRA, dem Juden Fiorello La Guardia, dem ehemaligen Bürgermeister von New York, entlassen.

Nach Angaben von Giles MacDonogh gab es insgesamt fast 200 jüdische DP-Lager (Displaced Persons) in den alliierten Besatzungszonen, die meisten davon in der amerikanischen Zone. Das bekannteste Lager war Landsberg (Bayern), wo sie die *Landsberger Caytung* (*Landsberger Zeitung*) herausgaben, die in jiddischer Sprache über die Nürnberger Prozesse informierte. Ende 1946 befanden sich mehr als 200.000 Juden in alliierten Lagern in Deutschland und Österreich. MacDonogh berichtet in *After the Reich*, dass es in Bad Ischl, einer Kurstadt im österreichischen Salzkammergut, im Sommer 1947 zu Ausschreitungen wegen der Bevorzugung von Juden bei der Verteilung von

Milchkontingenten kam. Die jüdischen Displaced Persons waren in einem Hotel untergebracht, das von Randalierern umstellt war, die es mit dem Ruf „Raus, ihr dreckigen Juden, hängt die Juden auf! Die amerikanischen Behörden verurteilten einen der Randalierer zu 15 Jahren Haft.

Wie General Patton vor seiner Ermordung anprangerte, war es im Nachkriegseuropa ein großes Privileg, Jude zu sein. Rabbi Judah Nadich bestätigte diese Tatsache am 4. Februar 1949 in der südafrikanischen Zeitung *Jewish Times*. Judah Nadich, ein Oberstleutnant, der als Eisenhowers jüdischer Berater fungierte, erklärte, dass der amerikanische General persönlich eine Vorzugsbehandlung für die Juden anordnete, die in speziellen Lagern untergebracht wurden und mehr Lebensmittelrationen erhielten als andere Vertriebene. Zusätzlich zur Vertreibung der Deutschen aus ihren Häusern, die Patton empörte, um sie den Juden zu überlassen, die in Massen nach Deutschland kamen, kehrten Hunderte von jüdischen Journalisten zurück und übernahmen die Medien in den besetzten Gebieten, wo spezielle jüdische Polizeikräfte die Sender kontrollierten. Sie erhielten Lebensmittelrationen, ohne sich wie die anderen anstellen zu müssen, und erhielten sofort Reisepässe, die ihnen Bewegungsfreiheit gewährten. Das Monopol auf dem Schwarzmarkt lag in ihren Händen. Außerdem organisierten sie, wie wir gesehen haben, die Deportationen in die baltischen Länder, nach Polen, Österreich, Ungarn, Jugoslawien und in die Tschechoslowakei, wo die tschechischen Kommunisten sie mit der Ausbürgerung der Sudetendeutschen betrauten.

Nürnbergs katastrophale Konstellation

Über die Nürnberger Prozesse ist schon viel geschrieben worden, genug, um sie nicht mehr mit dem geringsten Respekt zu erwähnen. In Spanien jedoch schlug Justizminister Alberto Ruiz Gallardón vor, die Leugnung von Tatsachen, die „von den Nürnberger Gerichten bewiesen wurden", unter Strafe zu stellen, um den Forderungen der jüdischen Verbände nachzukommen. Im Oktober 2012, wenige Tage bevor er dem Ministerrat die Änderungen an der Reform des Strafgesetzbuches vorstellte, traf sich Gallardón mit dem Präsidenten des American Jewish Committee, David Harris, und dem Präsidenten der Jüdischen Gemeinden Spaniens, Isaac Querub, die ihre Zufriedenheit zum Ausdruck brachten. Juristische Kreise mit einem Mindestmaß an professionellem Anstand bezeichneten den Vorschlag vorhersehbar als „extravagant" und hielten den Verweis auf die in Nürnberg nachgewiesenen Verbrechen für „weit übertrieben und unnötig". Sicherlich bedarf es eines großen Maßes an Ungeschicklichkeit und Ignoranz oder einer großen Unverfrorenheit, um der finsteren Maskerade von Nürnberg irgendeinen rechtlichen Wert beizumessen. Wie auch immer man es betrachtet, Nürnberg war eine makabre Farce, ein vollendeter Rachefeldzug des internationalen Judentums, ein weiterer seit 1933, als seine Führer den „heiligen Krieg" gegen Deutschland erklärten, obwohl Hitler noch gar nicht gegen die deutschen Juden vorgegangen war. Autoren wie Douglas Reed, Louis Marschalko, Joaquín Bochaca und andere haben nicht gezögert, das Geschehen in der bayerischen Stadt als „talmudische Rache" zu bezeichnen.

Als Roosevelt, Baruch und Co. 1939 beschlossen, die Atombombe zu bauen, hatten sie zunächst die Absicht, sie über Deutschland abzuwerfen. Dann kamen, wie wir gesehen haben, eine Reihe von jüdischen Führern mit aufeinanderfolgenden Vernichtungsplänen: Theodore N. Kaufman (*Deutschland muss untergehen*), Henry Morgenthau (Morgenthau-Plan), Frederick A. Lindemann (Ideologe des Luftterrors), Dwight D. Eisenhower (die völkermörderischen Todeslager) und die von Michel Bar-Zohar gepriesenen Rächer. Sie alle hatten die Absicht, dem deutschen Volk, der deutschen Nation als Ganzes, so viel Schaden wie möglich zuzufügen. Schon in der Nachkriegszeit machte sich, wie wir gerade gesehen haben, eine Truppe rücksichtsloser Juden daran, Hunderttausende von Deutschen in den Gefangenenlagern in Polen zu foltern und zu ermorden. Es gab noch eine weitere Show für die Galerie, eine Travestie der Gerechtigkeit, die sich in hohe ethische Prinzipien und höhere moralische Werte kleidete: die Nürnberger Prozesse.

Dabei darf nicht vergessen werden, dass die gesamte Bevölkerung des Sudetenlandes, Ostpreußens, Pommerns und Schlesiens unter den oben beschriebenen Bedingungen verfolgt, verhaftet, in Lagern interniert und deportiert wurde, was den Tod von mehr als zwei Millionen Menschen zur Folge hatte (Alfred M. de Zayas gibt die Zahl von 2.211.000 und Gerhard Ziemer 2.280.000 an). Gleichzeitig wurden die Mitglieder der NSDAP, die etwa dreizehn Millionen zählte, in Deutschland politisch verfolgt. Wegen der Zugehörigkeit zu einer politischen Partei konnte jeder Bürger verhaftet und verhört werden, bevor er in einem „demokratischen Gefängnis" landete.

Nahum Goldmann, der sowohl Präsident des Jüdischen Weltkongresses als auch der Zionistischen Weltorganisation war, rühmt sich in seinen Memoiren, dass das Nürnberger Tribunal die Idee des WJC war, der Organisation, der er vorstand, was von verschiedenen Quellen bestätigt wird. Der WJC war nicht nur der Vater der Schöpfung, sondern spielte auch während des gesamten Prozesses eine wichtige Schattenrolle. Nahum Goldmann hatte bereits in seiner Eröffnungsrede auf der Panamerikanischen Konferenz des Jüdischen Weltkongresses in Baltimore 1941 den Plan für die Prozesse angedeutet. Zwischen 1942 und 1943 widmete sich der WJC der sorgfältigen Prüfung und Ausarbeitung des Projekts, das der US-Regierung vorgelegt wurde. Roosevelt und sein Gefolge von zionistischen Beratern nahmen es natürlich mit Begeisterung auf. Bereits auf der Teheran-Konferenz im November 1943 erörterten die Großen Drei das Thema. In *Memories: The Autobiography of Nahum Goldman* schreibt dieser Zionistenführer Folgendes:

„Der Jüdische Weltkongress gründete das Institut für Jüdische Angelegenheiten, in dem Vorarbeiten geleistet wurden, die vor allem zwei Ziele verfolgten: sicherzustellen, dass die Nazi-Verbrecher nicht ihrer Strafe entgehen, und vom besiegten Deutschland eine maximale Entschädigung zu erhalten. In diesem Institut entstand die Idee, die Naziverbrecher zu bestrafen, eine Idee, die von einigen großen amerikanischen Juristen, insbesondere dem Richter am Obersten Gerichtshof Robert H. Jackson, aufgegriffen und in den Nürnberger Prozessen umgesetzt wurde. Die Idee, militärische Führer wegen Verbrechen gegen die Menschlichkeit anzuklagen und zu verurteilen, war für die internationale Justiz völlig neu. Viele Juristen, die nicht in der Lage waren, über die Konzepte der konventionellen Rechtsprechung hinauszublicken, zögerten oder waren strikt dagegen. Auch der Grundsatz, dass man nicht für ein Verbrechen verurteilt werden kann, das zum Zeitpunkt seiner Begehung gesetzlich nicht vorgesehen war, und die Tatsache, dass Untergebene nicht dafür bestraft werden können, dass sie Befehle von Vorgesetzten befolgt haben, wurden als Gegenargumente angeführt. Diese Argumente wurden jedoch durch die Bedeutung der Bestrafung der ungeheuerlichen Nazi-Verbrechen gegen Juden und Nichtjuden aufgewogen. Es musste klargestellt werden, dass nationale Souveränität keine Rechtfertigung für die Verletzung der elementarsten Grundsätze der Menschlichkeit ist und dass Gehorsam gegenüber einem Vorgesetzten kein akzeptabler Vorwand für individuelle und massenhafte Verbrechen ist. Unter diesem Gesichtspunkt waren die Nürnberger Prozesse ein bedeutendes Ereignis in der Geschichte der Moral und der internationalen Justiz. Sie haben sich nicht nur dadurch bewährt, dass sie die Hauptverbrecher des Nationalsozialismus vor Gericht brachten, sondern sie waren auch eine wirksame Warnung und Abschreckung für die Zukunft. Unter der Führung von Jacob und Nehemiah Robinson hat der Jüdische Weltkongress all seine intellektuellen und moralischen Anstrengungen in die Vorbereitung dieser Prozesse gesteckt, und es ist einer der Triumphe der Roosevelt-Administration, dass sie diese Prinzipien trotz der Bedenken einiger einflussreicher alliierter Kreise, insbesondere in England, mit Überzeugung akzeptiert hat."

Zwei jüdische Offiziere der Armee der Vereinigten Staaten, Oberst Murray C. Bernays, ein prominenter New Yorker Anwalt, und Oberst David „Mickey" Marcus, ein fanatischer Zionist, spielten eine entscheidende Rolle bei der Organisation der Nürnberger Prozesse. Nach Angaben der ADL (Anti-Defamation League) plante Bernays, ein in Litauen geborener, eingebürgerter amerikanischer Jude, den gesamten rechtlichen und verfahrensrechtlichen Rahmen. Er schlug vor, nicht nur Privatpersonen, sondern auch Organisationen wie die SS, die NSDAP und die Gestapo vor Gericht zu stellen. Der Historiker Robert Conot hält ihn für den „einflussreichen Geist, der den Weg nach Nürnberg ebnete". Der zweite, Marcus, war ein wichtiger Manager der US-Politik im besetzten Deutschland. Da er zum Leiter der Abteilung für Kriegsverbrechen ernannt worden war, war er es, der fast alle Richter, Staatsanwälte und Rechtsanwälte für die Nürnberger Militärprozesse (NMT) auswählte. Arthur Robert Butz spürt ihn auf und enthüllt in *The Hoax of the Twentieth Century,* dass Marcus Ende 1947 die US-Armee verlassen hatte und als Oberbefehlshaber der jüdischen Streitkräfte in Jerusalem tätig war.

Im Januar 1945 ernannte Roosevelt den Richter Samuel I. Rosenman, einen der auffälligsten jüdischen Zionisten des Brain Trust, zu seinem persönlichen Vertreter für Kriegsverbrechen. Nach der Jalta-Konferenz reiste Rosenman nach England, um Verhandlungen aufzunehmen, die zur Einrichtung eines Rechtssystems führen sollten, das die Verfahren der Nürnberger Tribunale abdecken sollte. Das Ergebnis war das Londoner Abkommen („London Agreement"), das als Grundlage für den Beginn der Prozesse dienen sollte. Als Roosevelt am 12. April 1945 starb, arbeitete Rosenman gerade in der englischen Hauptstadt. Truman bat ihn, nach San Francisco zu reisen, wo die Konferenz der Vereinten Nationen stattfinden sollte. Dort entwarfen Richter Jackson und

Rosenman ein Dokument, das auf der Konferenz vorgelegt und angenommen wurde. Die Vereinbarung sah die Einrichtung eines Internationalen Militärtribunals (IMT) vor, das die obersten Naziführer vor Gericht stellen sollte. Im Juni 1945 waren Jackson und Rosenman zurück in London, wo sie in Begleitung von Murray C. Bernays die Vorarbeit für die Einrichtung des IMT leistete. Nach Beendigung seines Auftrags kehrte Bernays im November 1945 in die Vereinigten Staaten zurück und verließ die Armee.

Das Londoner Abkommen ging also der Eröffnung der Prozesse voraus und wurde am 8. August 1945 veröffentlicht, aber die Einzelheiten der Sitzungen wurden erst vier Jahre später bekannt. Erst dann wurde klar, welche Unstimmigkeiten und Bedenken einige der Verhandlungsführer hatten. Die Sieger, die sich ihrer eigenen Verbrechen bewusst waren, fragten sich, wie das Tribunal reagieren würde, wenn die Verteidigung der Deutschen die Frage der Angriffskriege und Verbrechen anderer Nationen aufwerfen würde. Logischerweise war vorgesehen, dass sich das Tribunal mit dem amerikanischen und britischen Luftangriffsterror auf wehrlose Städte befassen müsste. Andererseits war unklar, wie Militärangehörige oder Einzelpersonen für Handlungen angeklagt und verurteilt werden konnten, die nach geltendem Recht nicht als Verbrechen galten. Später schrieb William O. Douglas, Richter am Obersten Gerichtshof der USA: „Ich dachte damals und denke auch heute noch, dass die Nürnberger Prozesse zynisch waren. Das Gesetz wurde ex post facto geschaffen"[16].

Außerdem sei es sarkastisch, dass die Sowjetunion einen Sitz im künftigen internationalen Gerichtshof anstrebe, da sie an der Teilung Polens beteiligt gewesen sei und Angriffskriege gegen Finnland und andere Staaten geführt habe und daher zu den Angeklagten und nicht zu den Richtern gehören sollte. Die britische Delegation zog auch die Möglichkeit in Betracht, dass die Anwälte der Angeklagten argumentieren könnten, die Besetzung Norwegens sei in Selbstverteidigung erfolgt, da es Beweise dafür gebe, dass Großbritannien die Invasion des skandinavischen Landes im Voraus geplant habe. Kurz gesagt, die Vereinigten Staaten, Großbritannien und die UdSSR, die Sieger des Krieges, gaben vor, ihre Gräueltaten zu ignorieren und sich als Verfechter von Moral und Gerechtigkeit aufzuspielen, nachdem sie zum atomaren Terror, einem absoluten Übel satanischer Natur, gegriffen hatten, nachdem sie Millionen von Zivilisten in Europa und Japan durch Sättigungsbombardements ermordet hatten, nachdem sie unaussprechliche Verbrechen aller Art begangen hatten.

Richter Jackson fand die Formel, um all diese Fallstricke zu überwinden: Eine in die Satzung eingefügte Klausel schränkte den Zuständigkeitsbereich des Tribunals ein, das sich nur mit den Handlungen der Angeklagten befassen durfte. Mit anderen Worten: Kritik und/oder Diskussionen über die Handlungen der Sieger waren formell verboten. Wenn die Verteidigung der Angeklagten

---

[16] Ex post facto ist ein Rechtsbegriff, der sich auf ein Gesetz bezieht, das den rechtlichen Status einer Handlung ändert, die vor dem Erlass dieses Gesetzes begangen wurde. Das heißt, ein Gesetz, dem ein rückwirkender Charakter verliehen wird, um eine Handlung zu einem Verbrechen zu machen, die zu dem Zeitpunkt, zu dem sie begangen wurde, kein Verbrechen war.

versuchte, bestimmte Tatsachen vorzutragen, lautete die Antwort des vorsitzenden Richters stets: „Es interessiert uns nicht, was die Alliierten getan haben könnten". Auf diese Weise wurde ein Rechtskorpus geschaffen, der zum Gründungsakt des IMT (Internationaler Militärgerichtshof) wurde, der seine Sitzungen am 20. November 1945 eröffnete und nach vierhundertsieben Sitzungen am 30. September 1946 schloss.

Neben anderen rechtlichen Fehlentwicklungen legte Artikel 9 fest, dass die Behauptung, Befehle zu befolgen, keine Entschuldigung ist. Mit anderen Worten: Soldaten und Offiziere sollten ihren Befehlshabern nicht gehorchen, was in keiner Armee der Welt und schon gar nicht in Kriegszeiten denkbar ist. In einem weiteren Artikel, Artikel 19, heißt es, dass das Gericht „nicht an technische Beweisregeln gebunden" ist... und alle Beweise akzeptiert, die als beweiskräftig ansieht. Auf dieser Grundlage wurden die undurchsichtigsten Aussagen und die zweifelhaftesten „Beweise", die von sowjetischen und amerikanischen „Untersuchungskommissionen" vorgelegt wurden, als gültig akzeptiert. Ein bezeichnendes Beispiel ist das Dokument USSR-54, ein detaillierter Bericht einer sowjetischen Untersuchungskommission, der „beweist", dass die Deutschen Tausende von polnischen Offizieren im Wald von Katyn ermordet haben. Um die „Beweise" zu vervollständigen, stellten die Sowjets drei Zeugen auf, die „bestätigten", dass Deutschland für das Massaker verantwortlich war. Es ist heute allgemein anerkannt, dass einige der wichtigsten in Nürnberg vorgelegten Dokumente gefälscht waren.

Es sollte klargestellt werden, dass der große Prozess, der nach dem Krieg in Nürnberg gegen die Naziführung stattfand und der die Aufmerksamkeit der Weltmedien auf sich zog, als IMT („Internationaler Militärgerichtshof") bekannt ist. Bereits bei diesem Prozess erhoben die Alliierten den Vorwurf der Judenvernichtung, obwohl außer eidesstattlichen Erklärungen und Zeugenaussagen keine weiteren Beweise vorgelegt wurden. Zwischen 1946 und 1949 führten die Amerikaner zwölf weitere Prozesse an verschiedenen Orten in ihrer Besatzungszone durch. Diese sind als NMT („Nürnberger Militärtribunal") bekannt. In diesen Prozessen wurde jeweils ein Hauptverantwortlicher ausgewählt, der die zwölf Fälle vorstellte, darunter die Konzentrationslager (Oswald Pohl), die Einsatzgruppen (Otto Ohlendorf), den Fall der I. G. Farben (Karl Krauch) usw.

In der Hauptverhandlung wurden zwar viele Personen mit Hilfe von Überredungsmethoden gezwungen, eidesstattliche Erklärungen zu unterschreiben und gegen ihre Vorgesetzten auszusagen, aber die meisten Naziführer wurden nicht gefoltert, da sie zu prominent waren und man der Ansicht war, dass sie in gutem Zustand vor dem Gericht und der internationalen Presse erscheinen sollten. Eine Ausnahme bildete Julius Streicher, der Herausgeber der Zeitung *Der Stürmer*. In Kapitel 8 haben wir bereits gesehen, dass Streicher von schwarzen und jüdischen Soldaten gefoltert wurde, die ihm in den Mund spuckten und ihn zwangen, die Spucke zu schlucken. Er wurde ausgepeitscht und auf seine Genitalien und seinen ganzen Körper geschlagen, und zwar ungestraft, weil das Gericht die Beschwerde seines Anwalts Hans Marx ignorierte.

Bei den anderen Prozessen (NMT) war Folter an der Tagesordnung. Mark Weber, Direktor des Institute for Historical Review, zitiert in einem umfassenden und gut dokumentierten Aufsatz mit dem Titel *The Nuremberg Trials and the Holocaust (Die Nürnberger Prozesse und der Holocaust)* mehr als ein halbes Dutzend Quellen, die zum Beispiel bestätigen, was in Dachau geschah. Eine Untersuchungskommission der US-Armee, der auch der Richter Edward van Roden aus Pennsylvania und der Richter Gordon Simpson vom Obersten Gerichtshof von Texas angehörten, stellte fest, dass die Angeklagten in Dachau brutal gefoltert wurden, und zwar durch Schläge, Schläge auf die Hoden (die in einhundertsiebenunddreißig Fällen ruiniert wurden), zerschlagene Zähne, brennende Streichhölzer unter den Fingernägeln, monatelange Einzelhaft, Nahrungsentzug und Drohungen oder Repressalien gegen die Familien. Kleinere Prozesse wurden in Dachau abgehalten, unter der Aufsicht der Abteilung für Kriegsverbrechen, deren Leiter der Zionist Marcus, der spätere General Israels, war. Ein Journalist, der den Anhörungen des Dachauer Tribunals beiwohnte, war schockiert über das, was im Namen der Gerechtigkeit geschah, verließ seinen Posten und sagte schließlich vor einem Untersuchungsausschuss des US-Senats aus, dass die brutalsten Vernehmer drei deutsche Juden gewesen seien.

In *After the Reich* enthüllt Giles MacDonogh, dass sich unter den Vernehmungsbeamten in Großbritannien auch viele Juden befanden. Zum Team der Vernehmer und Nazi-Jäger gehörte auch Robert Maxwell, der berühmte Pressemagnat und Mossad-Agent. Maxwell, ein Jude slowakischer Herkunft, hieß eigentlich Ján Ludvik Hoch. Laut MacDonogh war die Abteilung zur Untersuchung von Kriegsverbrechen voll von deutschen und österreichischen Juden, die die Angeklagten in ihrer eigenen Sprache verhören konnten. Er erwähnt unter anderem Peter A. Alexander, einen Bankangestellten in Wien; Major Frederick Warner, der in Hamburg Manfred Werner gewesen war; Oberstleutnant Bryant (eigentlich Breuer); Peter Jackson (früher Jacobus), der für die Verhaftung des Auschwitz-Kommandanten Rudolf Höss verantwortlich war; Anton Walter Freud, Enkel von Sigmund Freud, der Dr. Bruno Tesch, dessen Firma das berühmte Gas Zyklon B herstellte, gefangen nahm und verhörte; Fred Pelican (geboren als Friedrich Pelikan); Feldwebel Wieselmann...

Joseph Halow, ein junger Armeereporter, der 1947 über die Dachau-Prozesse berichtete, erinnert sich in dem Artikel „Unschuldig in Dachau", der im *Journal of Historical Review* veröffentlicht wurde, dass die amerikanischen Ermittler, die die Fälle vor den Dachauer Militärtribunalen vortrugen, „jüdische Flüchtlinge aus Deutschland waren, die Deutsche hassten". Zu den brutalsten Vernehmungsbeamten gehörte Leutnant William R. Perl, ein in Prag geborener zionistischer Jude, der 1940 in die Vereinigten Staaten eingewandert war und sich bei der US-Armee meldete. Perl war ein Protegé des Zionistenführers Wladimir Jabotinsky und war an der Intensivierung der illegalen Einwanderung von Juden nach Palästina beteiligt gewesen. Er wurde in seinem Verhörteam von anderen Juden unterstützt, die ebenso skrupellos waren wie er, darunter Frank Stein, Harry W. Thon, Morris Ellowitz.... Hallow berichtet über den Fall von Gustav Petrat, einem vierundzwanzigjährigen Soldaten, der als Wächter in

Mauthausen diente. Nachdem er brutal geschlagen und verprügelt worden war, unterschrieb er schließlich, wie gefordert, einen falschen Bericht gegen ihn und wurde 1948 gehängt.

Ein skandalöser, tragikomischer Fall in Dachau wird von Freda Utley in *The High Cost of Vengeance* (1949) und auch von Arthur R. Butz in seinem bereits erwähnten Werk geschildert: Joseph Kirschbaum, ein jüdischer Ermittler in Perls Team, brachte einen jüdischen Zeugen namens Einstein vor das Dachauer Gericht, um auszusagen, dass der Angeklagte Menzel seinen Bruder getötet hatte. Zum allgemeinen Erstaunen erkannte Menzel das angebliche Opfer, das ruhig im Gerichtssaal saß, und warnte das Gericht. Kirschbaum, verlegen, schrie den Zeugen wütend an: „Wie kann ich dieses Schwein an den Galgen bringen, wenn Sie so dumm sind, Ihren Bruder vor Gericht zu bringen." Nach Angaben des ungarischen nationalistischen Schriftstellers Louis Marschalko, Autor von *Die Welteroberer* (1958), waren zweitausendvierhundert der dreitausend Beamten, die an der Nürnberger Farce teilnahmen, Juden.

Der Oberst, der als Leiter der Abteilung für Kriegsverbrechen in Dachau fungierte, war ein weiterer Jude, A. H. Rosenfeld. Eine von Rosenfeld angewandte Methode war die Durchführung von Scheinprozessen („mock trial"). Wenn ein Häftling die Zusammenarbeit verweigerte, wurde er in einen Raum gebracht, in dem Ermittler in Uniform der US-Armee um einen schwarzen Tisch saßen. In der Mitte des Tisches befand sich ein Kruzifix, an den Seiten standen zwei Kerzen. Es gab keine andere Beleuchtung. In dieser düsteren Atmosphäre führte das „Tribunal" die Farce auf, die mit einer fingierten Verurteilung endete. Nach der „Verurteilung" wurde dem Gefangenen versprochen, dass er begnadigt werden könne, wenn er mit den Anklägern kooperiere und Beweise vorlege. Als Oberst Rosenfeld 1948 seinen Posten verließ, wurde er von einem Journalisten interviewt, der ihn fragte, ob die Geschichten über die Scheinprozesse, bei denen falsche Todesurteile verhängt wurden, wahr seien. Seine Antwort lautete: „Ja, natürlich. Sonst hätten wir diese Vögel nicht zum Singen bringen können..... Es war ein Trick, und er hat wunderbar funktioniert."

Frederick John Partington Veale argumentiert in *Advance to Barbarism*, dass, wenn die Schuld der Nazis so offensichtlich gewesen wäre, das Ergebnis der Prozesse dasselbe gewesen wäre, wenn die Sieger angesehene internationale Juristen aus nicht kriegführenden Ländern eingeladen hätten: Schweizer, schwedische, portugiesische, spanische, argentinische, die sich zweifellos bereit erklärt hätten, sich den Ermittlungen zu stellen und den Vorsitz über die aus neutralen Richtern bestehenden Tribunale zu übernehmen. Die Heuchelei von Nürnberg wurde von integeren Juristen angeprangert, die, obwohl sie von der US-Armee rekrutiert worden waren, die gerichtliche Rache, die dort verübt wurde, schriftlich verurteilten. Einer der Richter im Prozess gegen die I. G. Farben wagte es, anzuprangern, dass es „zu viele Juden im Prozess" gab. Harlam Fiske Stone vom Obersten Gerichtshof der USA drückte seine Enttäuschung über die Art und Weise aus, in der Richter Jackson zugestimmt hatte, den Nürnberger Prozess zu führen. Mark Weber zitiert ihn mit den Worten: „Jackson führt seinen Lynchmob in Nürnberg an. Es ist mir egal, was er mit den Nazis macht, aber ich hasse es, wenn er so tut, als würde er ein Gericht nach dem Gewohnheitsrecht führen". Der amerikanische Richter Charles F. Wennerstrum vom Obersten Gerichtshof in Iowa protestierte öffentlich und lautstark gegen die Travestie der Justiz, die in Deutschland praktiziert wurde. In Texten, die im Februar 1948 in der *Chicago Tribune*, einer Zeitung in nichtjüdischem Besitz, veröffentlicht wurden, schrieb er:

> „Wenn ich vor sieben Monaten gewusst hätte, was ich heute weiß, wäre ich nie hierher gekommen.
> Natürlich ist der Sieger eines Krieges nicht der beste Richter für Kriegsverbrechen. Wie auch immer man es versucht, es ist unmöglich, die Verteidigung, ihre Anwälte und diejenigen, die sie vertreten, davon zu überzeugen, dass das Tribunal versucht, die gesamte Menschheit zu vertreten und nicht nur ein Land, das seine Mitglieder ernannt hat. Was ich über den nationalistischen Charakter der Gerichte gesagt habe, gilt auch für die Anklage. Die hohen Ideale, die als Motiv für die Einrichtung dieser Gerichte angepriesen wurden, sind nicht in Erscheinung getreten. Das Verfahren hat es versäumt, Objektivität zu wahren, sich von Rachegelüsten, persönlichen Überzeugungen und Ambitionen fernzuhalten. Es wurde versäumt, Präzedenzfälle zu schaffen, die der Welt hätten helfen können, künftige Kriege zu vermeiden.
> Die ganze Atmosphäre hier ist ungesund. Es wurden Linguisten gebraucht. Amerikaner sind besonders schlechte Linguisten. Die Anwälte, Beamten, Dolmetscher und Forscher, die eingestellt wurden, waren erst vor kurzem Amerikaner geworden und ihre Ausbildung war durchdrungen von europäischem Hass und Missständen (ein klarer Hinweis auf jüdische Einwanderer).
> [...] Die meisten Beweise in den Prozessen waren Dokumente, die aus der enormen Menge der beschlagnahmten Akten ausgewählt wurden. Die Auswahl wurde von der Staatsanwaltschaft getroffen. Die Verteidigung hatte nur Zugang zu den Dokumenten, die die Staatsanwaltschaft als relevant für den Fall erachtete. Unser Gericht führte eine Verfahrensregel ein, die besagte, dass, wenn die Staatsanwaltschaft eine Zusammenfassung eines Dokuments vorlegte, das gesamte Dokument der Verteidigung zur Verfügung gestellt werden sollte, um die Beweise zu prüfen. Die Staatsanwaltschaft protestierte vehement. General Taylor stellte das Gericht auf die Probe und berief eine Sitzung aller vorsitzenden Richter ein, um diese Regel zu kippen. Dies war nicht die Haltung eines Offiziers, der sich bewusst war, dass von den Gerichten Gerechtigkeit verlangt werden muss.
> Abscheulich für die amerikanische Rechtsauffassung ist auch, dass sich die Staatsanwaltschaft auf selbstbelastende Berichte stützt, die von Angeklagten unterschrieben wurden, die mehr als zweieinhalb Jahre inhaftiert waren und ohne ihre Anwälte verhört wurden. Zweieinhalb Jahre Gefängnis sind an sich schon eine Form des Drucks.
> Das Ausbleiben von Rechtsmitteln hinterlässt bei mir das Gefühl, dass der Gerechtigkeit nicht Genüge getan wurde.
> [...] Sie sollten nach Nürnberg gehen. Sie würden dort ein Gerichtsgebäude sehen, in dem neunzig Prozent der Menschen an der Strafverfolgung interessiert sind. Das deutsche Volk sollte mehr Informationen über die Prozesse erhalten und die Angeklagten sollten das Recht haben, bei den Vereinten Nationen Berufung einzulegen."

Nach der Veröffentlichung dieser Worte beschuldigte General Taylor den Richter, sich „subversiv gegenüber den Interessen und der Politik der Vereinigten Staaten" zu äußern. Es scheint uns jedoch klar zu sein, dass Wennerstrum es vermied, die Juden in seiner Kritik zu erwähnen, um weiteren Ärger zu vermeiden. Er wusste offensichtlich, dass sie bei allen Anschuldigungen im Vordergrund standen und dass sie von blindem Hass und maßlosen Rachegelüsten getrieben waren, die, wie der Richter hervorhebt, nichts mit Gerechtigkeit zu tun hatten. Was Wennerstrums Bemerkung über die Tonnen von Dokumenten betrifft, so bestätigen Arthur R. Butz, Mark Weber und andere Quellen, dass die Alliierten Deutschland gründlich nach Unterlagen durchsuchten, die das nationalsozialistische Regime belasten konnten. Regierungsarchive wurden vollständig durchwühlt. Beschlagnahmt wurden auch die Unterlagen der NSDAP und der ihr nahestehenden Organisationen, der Industrie und privater Unternehmen sowie offizieller und privater Institutionen. Allein die beschlagnahmten Archive des Außenministeriums umfassten fast 500 Tonnen Papier. Mehr als eine Million Seiten an Dokumenten über die Judenpolitik des Dritten Reiches wurden in die Vereinigten Staaten geschickt und befinden sich in den National Archives. Bezeichnenderweise wurde in dieser riesigen Menge an Informationen kein einziges Dokument gefunden, das die Existenz eines Vernichtungsprogramms bestätigte.

Aus dieser enormen Menge von Papieren wählte der „amerikanische" Stab nur zweitausend Dokumente aus, die er als die belastendsten für den Nürnberger Prozess ansah. Nur die Staatsanwaltschaft hatte Zugang zu den deutschen Dokumenten, die sich im Besitz der Alliierten befanden, und die Anwälte der Verteidigung wurden daran gehindert, ihr eigenes Material auszuwählen. Der Historiker Werner Maser stellte in *Nürnberg: Eine Nation vor Gericht* (1979) fest, dass in Nürnberg „Tausende von Dokumenten verschwanden, die offensichtlich die Alliierten belasten und die Angeklagten entlasten konnten". Dieser Autor wirft vor, dass wichtige Dokumente, die von den Verteidigern gefordert wurden, nicht gefunden wurden. „Es ist klar", so Maser, „dass die Dokumente 1945 beschlagnahmt, der Verteidigung vorenthalten oder sogar gestohlen wurden." Eines der wichtigsten Dokumente, das den Anwälten der Angeklagten vorenthalten wurde, war der geheime Zusatz zum deutsch-sowjetischen Pakt, der Osteuropa in zwei Einflusssphären aufteilte. Zu allem Überfluss startete die „Vereinigung der Verfolgten des Naziregimes" eine Propagandakampagne und erreichte, dass ehemalige KZ-Häftlinge von der Aussage für die Verteidiger ausgeschlossen wurden.

Bei dem Tribunal, das ab dem 20. November 1945 die obersten Naziführer vor Gericht stellte, wurden die Vereinigten Staaten von Richter Robert H. Jackson und zehn Assistenten vertreten. Der Chefankläger Großbritanniens war Generalstaatsanwalt Sir Hartley Shawcross, der von Lordkanzler Jowitt und elf Assistenten unterstützt wurde. Frankreich wurde von Robert Falco, Anwalt des Berufungsgerichts, und Professor André Gros, einem Spezialisten für internationales Recht, vertreten. Die Sowjetunion wurde vertreten durch General Iona T. Nikitchenko, stellvertretender Vorsitzender des Moskauer Obersten Gerichtshofs, der von zwei Assistenten unterstützt wurde.

Das Urteil wurde am 30. September 1946 verkündet. Zwölf Angeklagte - Göring, Ribbentrop, Keitel, Kaltenbrunner, Rosenberg, Frick, Frank, Streicher, Sauckel, Jodl, Seyss-Inquart und Martin Bormann (in Abwesenheit) - wurden zum Tode verurteilt. Hess, Funk und Räder wurden zu lebenslänglichem Freiheitsentzug verurteilt. Schirach und Speer erhielten 20 Jahre, Neurath 15 Jahre, Dönitz 10 Jahre, Hans Fritzsche, Hjalmar Schacht, der Vertreter der internationalen Hochfinanz, und Franz von Papen, der nie Mitglied der NSDAP wurde, wurden freigesprochen.

Der Star des Nürnberger IMT war keiner der Nazi-Hierarchen, sondern SS-Oberst Rudolf Höss, der Zeuge der Anklage, der am 5. April 1946 eine eidesstattliche Erklärung unterzeichnete, auf der die Geschichte von der Vernichtung von Millionen von Juden in Auschwitz beruhte. Rudolf Franz Ferdinand Höss unterzeichnete, nachdem er von britischen Beamten gefoltert worden war, ein Geständnis, in dem er sich selbst belastete und zugab, dass zweieinhalb Millionen Menschen in Awschwitz in den Gaskammern des Arbeitslagers ermordet worden waren. Höss' Aussage vor dem Nürnberger Tribunal bildete den Höhepunkt des Prozesses, und sein Geständnis gilt als zentrales Dokument des Holocaust und als wichtigstes Beweismittel für das viel gepriesene Vernichtungsprogramm. Arthur Robert Butz' *The Hoax of the Twentieth Century* liefert Beweise und Argumente, die zu dem Schluss führen, dass Höss gelogen hat, um sich selbst zu retten. Wir werden zu einem späteren Zeitpunkt auf dieses verblüffende Geständnis zurückkommen.

Der Hauptangeklagte vor dem IMT in Nürnberg war Hermann Göring, der jahrelang der zweite Mann im Reich war. Göring bestritt vehement, dass es während des Krieges ein Vernichtungsprogramm gegeben habe: „Das erste Mal, dass ich von dieser schrecklichen Ausrottung gehört habe, war hier in Nürnberg". Die deutsche Politik sei es gewesen, die Juden zu vertreiben, nicht sie zu töten. Soweit er wisse, habe auch Hitler nichts von einer Vernichtungspolitik gewusst, sagte er. Berichten zufolge waren mehr als drei Viertel des Personals, das sich in Nürnberg tummelte, Juden: in der US-Armee ausgebildete Juristen, Journalisten, Dolmetscher, Übersetzer und verschiedene Beamte. Ihre Anwesenheit war überwältigend. Einmal erkannte Göring sie auf einem der Podien im Publikum und konnte sich nicht zurückhalten, auf sie zu zeigen und zu sagen: „Seht sie euch an, niemand kann sagen, wir hätten sie alle ausgerottet!" Göring, Ribbentrop und Rosenberg bestanden darauf, dass das Tribunal keine Legitimität oder Autorität besitze und dass Briten und Amerikaner gleichermaßen schuldig seien, das Völkerrecht gebrochen zu haben. Als den Angeklagten ein sowjetischer Film über deutsche Gräueltaten gezeigt wurde, spottete Göring, der über einige der Bilder entsetzt war, gähnte und sagte, die Russen seien nicht gerade für ihre Moral bekannt. Sein Spott war schon nicht mehr zu bremsen, als der Film Bilder von der Abschlachtung polnischer Offiziere in den Gruben von Katyn zeigte.

General Alfred Jodl, Chef des Oberkommandos der Wehrmacht und einer der engsten militärischen Berater Hitlers, verlor nie die Fassung und verhielt sich wie der Soldat, der er war. Auf die Frage nach dem angeblichen Plan zur Vernichtung der Juden erklärte er: „Ich kann nur sagen, im vollen Bewusstsein meiner Verantwortung, dass ich niemals, weder in Andeutungen noch in gesprochenen oder geschriebenen Worten, etwas über eine Vernichtung der Juden gehört habe.... Ich hatte nie eine private Information über die Vernichtung der Juden. Ich gebe mein Wort, so sicher wie ich hier sitze, dass ich all diese Dinge zum ersten Mal am Ende des Krieges gehört habe."

Zu den zum Tode Verurteilten gehörte auch Ernst Kaltenbrunner, der seit Anfang 1943 Leiter des Reichssicherheitshauptamtes (RSHA) war, das die Geheime Staatspolizei (Gestapo), den Sicherheitsdienst (SD) und die Kriminalpolizei (Kripo) umfasste. Im Februar 1944 ordnete ein Hitler-Erlass an, dass alle politischen und militärischen Geheimdienstfunktionen vom RSHA übernommen werden sollten. Mark Weber bemerkt in dem oben zitierten Aufsatz, dass Kaltenbrunner wusste, dass alles, was er sagte, verurteilt werden würde. Weber gibt Kaltenbrunners Aussage vor Gericht wieder: „Der Oberst, der das britische Gefängnis, in dem ich inhaftiert war, befehligte, hat mir gesagt, dass ich so oder so gehängt werde, unabhängig vom Ausgang des Verfahrens. Da ich mir dessen voll bewusst bin, möchte ich nur einige grundsätzliche Dinge klarstellen, die hier falsch sind." An einer Stelle des Verhörs wurde er beschuldigt, die Vergasung der Häftlinge persönlich angeordnet zu haben: „Ein Zeuge nach dem anderen hat durch Zeugenaussagen und eidesstattliche Erklärungen ausgesagt", erinnerte ihn der Ankläger, „dass die Tötungen durch die Gaskammer auf allgemeinen oder besonderen Befehl Kaltenbrunners durchgeführt wurden." Die Antwort von Kaltenbrunner, der zusammen mit Papen und Seyss-Inquart regelmäßig zur Messe ging, lautete: „Zeigen Sie mir einen dieser Männer oder einen dieser Befehle. Das ist völlig unmöglich." Der Ankläger beharrte: „Praktisch alle Befehle kamen von Kaltenbrunner." Entgegnung: „Völlig unmöglich." Bevor er am Galgen starb, verabschiedete sich Dr. Ernst Kaltenbrunner mit folgenden Worten von dieser Welt: „Ich habe mein Vaterland und das deutsche Volk von ganzem Herzen geliebt! Viel Glück, Deutschland!"

Ein besonders empörender Fall, der den Missbrauch von Nürnberg zeigt, ist der von Rudolf Hess, dem Häftling von Spandau, der, nachdem er sein Leben für den Frieden mit Großbritannien riskiert hatte, zu lebenslanger Haft verurteilt wurde und am 17. August 1987 im Alter von dreiundneunzig Jahren in seiner engen Zelle starb. Das Gefängnisregime, dem er unterworfen war, war berüchtigt, da er nur einen 15-minütigen Besuch pro Monat empfangen durfte und sogar seine Korrespondenz zensiert wurde. Der britische Historiker A. J. P. Taylor, Autor des Buches *The Origins of the Second World War (Die Ursprünge des Zweiten Weltkriegs)*, sagte gegenüber dem Sohn von Hess: „Hess kam 1941 als Friedensbotschafter in dieses Land. Er kam mit der Absicht, den Frieden zwischen Großbritannien und Deutschland wiederherzustellen. Er hat in gutem Glauben gehandelt. Er geriet in unsere Hände und wurde zu Unrecht als Kriegsgefangener behandelt. Nach dem Krieg hätten wir ihn freilassen müssen. Stattdessen übergab ihn die britische Regierung dem IMT zur Verurteilung.... Ein Verbrechen gegen Hess konnte nie nachgewiesen werden." Am 20. Juli 2011 wurde er im bayerischen Wunsiedel beigesetzt. Die evangelische „christliche" Gemeinde verweigerte seinen Angehörigen die Verlängerung der Pacht für sein

Grab, um zu verhindern, dass es zu einem Wallfahrtsort wird. Sein Leichnam wurde eingeäschert und seine Asche ins Meer gestreut.

Nach der Anhörung zu seinem Todesurteil bestand Joachim von Ribbentrop darauf, dass sein Anwalt seine Rechte nicht normal ausüben konnte und dass es ihm nicht erlaubt war, die deutsche Außenpolitik zu verteidigen und zu erklären. Ribbentrop erinnerte das Gericht daran, dass sie einen Antrag auf Herausgabe von Beweismitteln gestellt hatten, der abgelehnt worden war. Er sagte auch, dass die Hälfte der dreihundert von seiner Verteidigung vorgelegten Dokumente nicht zugelassen worden sei, ohne dass eine Erklärung für die Ablehnung gegeben worden wäre. Weder die Korrespondenz zwischen Hitler und Chamberlain noch Botschaftsberichte oder diplomatische Protokolle wurden zugelassen. Ribbentrop wies darauf hin, dass nur die Staatsanwaltschaft Zugang zu den Akten des Auswärtigen Amtes erhalten habe und dass der Verteidigung dieses Recht vorenthalten worden sei. Schließlich empörte er sich über die einseitige Verwendung belastender Dokumente durch die Staatsanwaltschaft, die dagegen entlastende Berichte und Dokumente bewusst zurückgehalten und der Verteidigung vorenthalten habe.

Die Hinrichtungen der Naziführer und Generäle der deutschen Armee fanden am 16. Oktober 1946 statt, dem Tag, an dem die Juden den Feiertag „Hoshanah Rabbah" feiern, d.h. den „Tag des jüdischen Gerichts" für die Nationen. Douglas Reed schreibt in *The Controversy of Zion (Der Streit um Zion)*, dass die westlichen Führer mit der Wahl dieses Datums dem Ende des Zweiten Weltkriegs den Anschein einer Vergeltung gaben, die speziell im Namen der Juden vollzogen wurde. Der folgende Text ist ein Auszug aus Reeds oben genanntem Werk:

> „Bestimmte symbolische Handlungen hatten offensichtlich die Bedeutung, die Urheberschaft oder das Wesen der Rache festzustellen. Diese symbolträchtigen Handlungen waren die Reproduktion ähnlicher Handlungen während der Revolution in Russland nach fast dreißig Jahren: die talmudische Prahlerei an der Wand des Raumes, in dem die Romanows hingerichtet wurden, und die Heiligsprechung von Judas Iskariot. Nach dem Zweiten Weltkrieg wurden die Naziführer am Tag des Jüngsten Gerichts 1946 gehängt, und ihre Hinrichtung wurde dem Judentum in Form von Mordechais Rache an Haman und seinen Söhnen präsentiert. Im bayerischen Oberammergau, wo die weltberühmten Passionsspiele seit drei Jahrhunderten aufgeführt werden, wurden die Darsteller der Hauptrollen wegen „nationalsozialistischer Aktivitäten" vor ein kommunistisches Gericht gestellt. Diejenigen, die Jesus und die Apostel spielten, wurden für schuldig befunden; der einzige Schauspieler, der freigesprochen wurde, war derjenige, der Judas spielte. Solche Dinge passieren nicht zufällig, und die Rache an Deutschland, wie zuvor die an Russland, erhielt so den Stempel einer talmudischen Rache...".

In Kapitel zwei wurde festgestellt, dass der Henker, der am 21. Januar 1973 König Ludwig XVI. guillotinierte, ein jüdischer Freimaurer namens Samson war. Wie Douglas Reed in dem obigen Zitat in Erinnerung ruft, waren die Mörder der Familie von Zar Nikolaus II. ebenfalls Juden. Es ist bezeichnend, dass auch die Schergen, die die vom Nürnberger IMT Verurteilten hinrichteten,

Juden waren. *Das Stag Magazine* (Bd. 3, Nr. 1, Dezember 1946) enthüllte, dass der Chef-Henker, der amerikanische Sergeant John Clarence Woods, Jude war. Woods wurde von Joseph Malta unterstützt, der einigen Quellen zufolge ebenfalls Jude war. Woods erklärte gegenüber der Presse, er habe die Qualen der Naziführer so lange wie möglich hinausgezögert, und Malta erklärte fünfzig Jahre später, 1996, es sei ihm ein Vergnügen gewesen. In Kapitel acht wurde bereits erwähnt, dass die Henker bei der Hinrichtung der Nazi-Häuptlinge Pfusch betrieben, um deren Todeskampf zu verlängern. Fast zwanzig Minuten lang zog sich die Schlinge um Ribbentrops Hals zu, bevor der ehemalige Reichsaußenminister verstarb. General Alfred Jodl, der wie General Keitel rief: „Alles für Deutschland. Alles für Deutschland. Deutschland über alles" rief, brauchte fünfzehn Minuten zum Sterben. Julius Streicher wurde zum Tode verurteilt, ohne ein Verbrechen begangen zu haben: Sein Verbrechen bestand darin, eine Zeitung, *Der Stürmer*, herauszugeben, in der Juden scharf angegriffen wurden. Sein Todeskampf dauerte vierzehn Minuten, und auf dem Weg zum Galgen sagte er: „Das ist das Purimfest von 1946".

Am Purimfest feiern die Juden einen der großen Rächer ihrer Geschichte. Nach dem Buch Esther gelang es dem Juden Mordechai, den Willen des persischen Königs Ahasveros (wahrscheinlich Xerxes) über seine Nichte Esther zu gewinnen, ohne deren rassische Herkunft zu verraten. Nachdem die persische Königin verdrängt worden war und Königin wurde, beschuldigte Esther den Ministerpräsidenten Haman, der die Existenz eines über die Provinzen verstreuten Volkes angeprangert hatte, das die Gesetze des Reiches nicht wie andere Völker akzeptierte. Haman, ein eingeschworener Feind der Juden, und seine zehn Söhne wurden gehängt. Mordechai trat an seine Stelle als Ministerpräsident und ordnete die Ermordung aller Judenfeinde von Indien bis Äthiopien an, insgesamt 75.000, wie es im Buch Esther heißt. Der König wurde so zum historischen Symbol eines Marionettenherrschers in den Händen der Juden. Das Gebot, das Purimfest über alle Generationen, in jeder Familie und in jeder Stadt zu feiern und sich daran zu erinnern, wird seit fünfundzwanzig Jahrhunderten eingehalten. Es ist eine religiöse Pflicht, sich zu betrinken, um des historischen Gemetzels zu gedenken, und dies wird in den Synagogen auf der ganzen Welt getan. Während also für das Christentum das größte Fest die Geburt Christi ist, dessen höchste Lehre die „Nächstenliebe" ist, ist das größte Fest des Judentums Purim, ein Fest des Hasses und der Rache.

Neben den zwölf von der US-Regierung zwischen 1946 und 1949 organisierten Sekundärprozessen (NMTs) führten die Briten auch Prozesse in Lüneburg und Hamburg und die Amerikaner selbst in Dachau durch. Spätere Holocaust-Prozesse fanden in Westdeutschland, den Vereinigten Staaten und Israel statt ( ), wo 1961 in Jerusalem der berühmte Prozess stattfand, in dem Adolf Eichmann, der 1960 in Buenos Aires entführt worden war, zum Tode verurteilt wurde. In Bezug auf die NMTs ist zu betonen, dass immer wieder Folter eingesetzt wurde, um eidesstattliche Erklärungen und Zeugenaussagen zu erlangen. Mark Weber fasst in seinem 2002 im *Journal of Historical Review* erschienenen Artikel „The Nuremberg Trials and the Holocaust" einige der Fälle zusammen. Er erwähnt zum Beispiel den Fall von Josef Kramer, Kommandant der Lager Bergen-Belsen und Auschwitz-Birkenau, und anderer Angeklagter im so genannten Belsen-Prozess, der von den Briten geführt wurde. Einige von ihnen wurden so erbarmungslos gefoltert, dass sie sogar um ihren Tod baten.

Die Bände 12 und 14 des Nürnberger Militärtribunals enthalten den Fall Nr. 12, „Wilhelmstraße", auch bekannt als „Die Minister" oder „Vereinigte Staaten gegen Weizsäcker", den Politiker, der den Fall als Hauptfigur verkörperte. In diesem Prozess wurden die Aussagen der wichtigsten Zeugen der Anklage durch physische und psychische Folter erzwungen. Dem amerikanischen Anwalt Warren Magee gelang es, die Niederschrift des ersten Verhörs von Friedrich Gaus vor dem Prozess zu erhalten. Überraschenderweise erlaubte der Richter trotz der verzweifelten Proteste des jüdischen Staatsanwalts Robert Kempner Rechtsanwalt Magee, das Vernehmungsprotokoll zu verlesen, in dem Kempner gedroht hatte, Gaus an die Sowjets auszuliefern und ihn hängen zu lassen. Gaus beschwor den Vernehmungsbeamten, an seine Frau und seine Kinder zu denken, doch Kempner versicherte ihm, dass er nur gerettet werden könne, wenn er vor Gericht gegen seine ehemaligen Kollegen aussage. Nach vier Wochen in Einzelhaft und zunehmend verzweifelt, willigte Gaus ein. Mark Weber, der sich bei der Schilderung dieser Episode auf mehrere Quellen stützt, schreibt: „Als Magee das unwiderlegbare Protokoll zu Ende gelesen hatte, saß Gaus mit beiden Händen im Gesicht, völlig niedergeschlagen". Während des Wilhelmstraßen-Prozesses wurde Hans Lammer, von 1933 bis 1945 Leiter der Reichskanzlei und juristischer Berater Hitlers, gefragt, ob er immer noch glaube, dass es nie ein Programm zur Ausrottung der Juden gegeben habe. Seine Antwort lautete: „Ja, das glaube ich. Zumindest habe ich nie von einem solchen Programm gehört. Das Programm konnte nicht existieren..... Ich habe nie von Massenmorden gehört und bei den Fällen, von denen ich gehört habe, handelte es sich um Behauptungen, Gerüchte.... Die Tatsache, dass es an der einen oder anderen Stelle Einzelfälle gab, die Erschießung von Juden während des Krieges in der einen oder anderen Stadt, darüber habe ich etwas gelesen und gehört. Das ist durchaus möglich.

Ein weiterer bezeichnender Fall für die Perversion, die den Prozessen zugrunde lag, ist der des SS-Generals Oswald Pohl, der während des Krieges Leiter des WVHA (Wirtschafts-Verwaltungshaupamt) war, einer umfangreichen Einrichtung, deren Aufgabe darin bestand, verschiedene wirtschaftliche Aspekte der SS-Arbeit zu überwachen, vor allem in Bezug auf die Verfügbarkeit und die Arbeit der Häftlinge in den Konzentrationslagern. Die Lagerkommandanten unterstanden der Inspektion der Konzentrationslager, die von General Glücks geleitet wurde, der wiederum Pohl Bericht erstattete, der die Berichte an Himmler weiterleitete. Pohl wurde 1946 gefangen genommen und nach Nenndorf gebracht, wo britische Soldaten ihn an einen Stuhl fesselten und bewusstlos schlugen. Die Schläge wiederholten sich und er verlor mehrere Zähne. Anschließend wurde er den Amerikanern übergeben, die ihn mehr als ein halbes Jahr lang in vierstündigen Sitzungen verhörten. Insgesamt musste Pohl etwa 70 Verhöre über sich ergehen lassen, ohne dass er jemals das Recht auf einen Anwalt oder andere Unterstützung hatte. Ihm wurde nie etwas Konkretes vorgeworfen, und es wurde ihm nie klar gemacht, warum er verhört wurde. Sein

Prozess, Vereinigte Staaten gegen Oswald Pohl, ist der Konzentrationslager-Fall Nummer 4 und ist in den Bänden 5 und 6 des NMT enthalten.

Im November 1947 wurde Oswald Pohl von einem amerikanischen Militärtribunal zum Tode verurteilt. Nachdem er von seinem Urteil erfahren hatte, beschrieb er die emotionale Behandlung, der er ausgesetzt war, in einem Bericht, der in Deutschland veröffentlicht wurde. Mark Weber, der aus diesem Bericht zitiert, stellt fest, dass die Amerikaner ihn in Nürnberg nicht wie die Briten physisch folterten, sondern brutalere psychologische Folter anwendeten. Die amerikanischen Vernehmungsbeamten, die meisten von ihnen Juden, beschuldigten Pohl, 30 Millionen Menschen ermordet und 10 Millionen zum Tode verurteilt zu haben. Die jüdischen Ankläger wussten, dass sie logen und nur versuchten, seinen Widerstand zu brechen. „Da ich emotional nicht zäh bin", schrieb Pohl, „zeigten diese teuflischen Einschüchterungen Wirkung, und die Vernehmer bekamen, was sie wollten: nicht die Wahrheit, aber genug Aussagen, um ihre Bedürfnisse zu befriedigen." Pohl wurde gezwungen, selbstbelastende eidesstattliche Erklärungen zu unterschreiben, die im Prozess gegen ihn verwendet wurden. „Infolge der heftigen körperlichen Misshandlungen in Nenndorf und meiner Behandlung in Nürnberg war ich seelisch ein völlig gebrochener Mann", behauptete Pohl in seinem Bericht, „ich war 54 Jahre alt und hatte dreiunddreißig Jahre lang unehrenhaft meinem Land gedient und war mir keines Verbrechens bewusst." Pohl wurde am 7. Juni 1951 gehängt. In seinem letzten Plädoyer vor dem Gericht brachte er seinen Glauben zum Ausdruck, dass die blinde Hysterie eines Tages einer gerechten Einsicht weichen würde.

Auch wenn es im 21. Jahrhundert immer noch inkompetente Leute gibt, die sich wie Minister Ruiz Gallardón in ihrer Ignoranz auf die Parodie der Nürnberger Justiz berufen, wissen die meisten Juristen, dass das, was geschah, unerhört, inakzeptabel und das Gegenteil von Gerechtigkeit war. Schon damals gab es sowohl in Europa als auch in Amerika zahlreiche Stimmen, die anprangerten und bedauerten, was in Deutschland geschah. Am 5. Oktober 1946 prangerte Senator Robert A. Taft, der als das Gewissen der Republikanischen Partei galt, in einer Rede in Ohio den Geist der Rache an, der in Nürnberg herrschte. Rache", sagte er, „ist fast nie Gerechtigkeit. Die Hinrichtung der elf Verurteilten wird ein Schandfleck in unserer Geschichte sein, den wir lange bedauern werden. Der Kongressabgeordnete John Rankin aus Mississippi richtete am 28. November 1947 folgende Worte an den US-Kongress: „Als Vertreter des amerikanischen Volkes möchte ich sagen, dass das, was in Nürnberg, Deutschland, stattfindet, eine Schande für die Vereinigten Staaten ist..... Vertreter einer rassischen Minderheit lassen zweieinhalb Jahre nach dem Krieg in Nürnberg nicht nur deutsche Soldaten hängen, sondern stellen auch deutsche Geschäftsleute im Namen der Vereinigten Staaten vor Gericht". Ein anderer Kongressabgeordneter, Lawrence H. Smith, der Wisconsin vertrat, sagte am 15. Juni 1949 vor dem Repräsentantenhaus: „Die Nürnberger Prozesse sind so abscheulich, dass wir uns für immer für diese Seite unserer Geschichte schämen sollten."

Ein umfassendes Bild der Unmoral und Unverschämtheit von Nürnberg gibt Mark Lautern in *Das letzte Wort über Nürnberg*. Er schreibt, dass die Juden, die die Szene beherrschten und allgegenwärtig waren, in den Pausen zwischen den Verurteilungen oder Hinrichtungen mit amerikanischen Zigaretten, Porzellan, Silber, Gold, Pelzen und Kunstwerken handelten. Einer war ein Uhrenspezialist, ein anderer schmuggelte Kunstwerke. *Das letzte Wort über Nürnberg* ist derzeit nicht verfügbar; es ist jedoch eine Quelle für Louis Marschalko in *Die Welteroberer*, dem das folgende Zitat aus Lautern entnommen ist:

> „Aber es war nicht nur der Schwarzmarkt, der die Gegend um das Nürnberger Tribunal in eine Höhle Europas verwandelte. Noch schrecklicher war der moralische Verfall, der von dort ausging. Die Orgien, die ausländische Mitarbeiter in Privatwohnungen und Hotels veranstalteten, sorgten oft für Empörung im ganzen Viertel. Die Zahl der jungen Frauen, die am Hof beschäftigt waren, wuchs ständig. Unter ihnen befanden sich sowohl Deutsche als auch Ausländerinnen, die von dem Strudel der Verderbtheit und Korruption angezogen wurden. In diesen Kreisen herrschten sexuelle Inkontinenz und die abscheulichsten Perversionen vor. Unbegrenzte Skandale, die durch eine Fülle von Beweisen belegt wurden, lieferten jahrelang Material für bestimmte Zeitungen und Zeitschriften."

Propaganda, Entnazifizierung, Bestrafung und Plünderung

Zehntausende von Gefangenen starben am Ende des Krieges in deutschen Konzentrationslagern aufgrund der Hungersnot und der Epidemien, die das gesamte Reichsgebiet verwüsteten. Die deutsche Bevölkerung war selbst Opfer der Härten, die der fortschreitende Zusammenbruch des Landes mit sich brachte: Die Städte waren zerstört, die Energieressourcen waren knapp, und die Bevölkerung wurde von Hunger und Krankheiten geplagt. Unter diesen Umständen wurde es unmöglich, die Häftlinge zu ernähren, die in den Arbeitslagern vor dem Zusammenbruch etwa fünfzehnhundert Kalorien zu sich genommen hatten. Es geht nicht darum, nach Rechtfertigungen für die Existenz der Lager zu suchen. Natürlich ist es verwerflich, dass Menschen aus rassischen oder ideologischen Gründen verhaftet und in Konzentrations- oder Arbeitslagern inhaftiert wurden; aber genau dasselbe haben die Amerikaner mit ihren japanischstämmigen Bürgern gemacht, die in elenden Internierungslagern interniert wurden. Am Ende des Krieges sperrten sie sogar ihren besten Schriftsteller, Ezra Pound, ein, weil er die wahren Schuldigen an der Weltkatastrophe anprangerte - eine Geschichte, der wir mehr Aufmerksamkeit widmen könnten, wenn wir Platz hätten. Die Briten haben auch Menschen inhaftiert, die mit dem Faschismus oder dem Nationalsozialismus sympathisierten. Die ideologische Verfolgung und die Verbrechen, die nach dem Krieg in Frankreich begangen wurden, würden ebenfalls ein eigenes Kapitel verdienen.

Es wäre absurd, die Verbrechen einer Seite in der blutigsten und tödlichsten Feuersbrunst, die die Menschheit kennt, zu leugnen. Zweifellos haben die Nazis Gräueltaten begangen, und es gab unter ihnen Fanatiker der schlimmsten Sorte. Ihr schlimmstes Gesicht zeigten sie im Krieg gegen die Sowjetunion. Die Einsatzgruppen zum Beispiel erschossen massenhaft Partisanen, die gegen die deutsche Armee kämpften, darunter Juden, Nichtjuden und Zivilisten beiderlei Geschlechts, die ihnen Deckung gaben. Nach dem Überfall auf die Sowjetunion im Jahr 1941 warnte Hitler selbst, dass der Krieg in Russland nicht nach den Regeln der traditionellen Kriegsführung geführt werden würde, und erteilte Himmler die Befugnis, „in eigener Verantwortung selbständig zu handeln". Auch die Aktivitäten der Partisanen sahen keinerlei Einschränkungen vor, und auch sie liquidierten kurzerhand die Soldaten, die ihnen in die Hände fielen. Wir werden später auf die Einsatzgruppen zurückkommen.

Wie wir auf diesen Seiten gesehen haben, hatten die Vereinigten Staaten, Großbritannien und die UdSSR unsägliche Verbrechen begangen, die sie in jeder Hinsicht delegitimierten. Trotzdem organisierten die Sieger als erstes eine Propagandakampagne, die sie von jeglicher Verantwortung freisprach und alles auf Deutschland schob. Von Anfang an versuchten sie, im deutschen Volk ein Schuldgefühl zu erzeugen, was ihnen auch voll und ganz gelang und bis heute anhält. Die Alliierten präsentierten sich als Befreier, vorbildliche Demokraten, Verteidiger der Menschenrechte und begannen, die Besiegten umzuerziehen, damit sie akzeptierten, dass der Nationalsozialismus die übelste Ideologie war, die es je gegeben hatte. In deutschen Städten in der amerikanischen Besatzungszone erschienen Plakatwände mit Bildern von Skeletten, verkohlten Knochen, erhängten Gefangenen in Uniform und hungernden Kindern. Über dem Bild stand die Frage „Wer ist schuldig? Ein zweites Plakat enthielt die Antwort: „Diese Stadt ist schuldig! Ihr seid schuldig!". Der nächste Schritt waren Propagandafilme, die in Konzentrationslagern wie Belsen oder Buchenwald aufgenommen wurden, wo viele Häftlinge an Hunger und Krankheiten gestorben waren und viele der Überlebenden lebende Skelette waren.

Während in einigen Lagern weiterhin täglich Häftlinge starben, machten die Alliierten die Lager zu einem makabren touristischen Spektakel für Journalisten, Kongressabgeordnete, Senatoren und mehr oder weniger krankhaft Neugierige, anstatt die Überlebenden sofort zu evakuieren, um ihr Leid zu lindern. Die deutschen Bürger wurden gezwungen, Buchenwald zu besuchen, wo zu den Hauptattraktionen das Krematorium, die berühmten Lampenschirme, die theoretisch aus tätowierten Häuten hergestellt wurden, die Schrumpfköpfe usw. gehörten. All dies war angeblich das Werk von Ilse Koch, der Frau des Lagerkommandanten Karl Koch. Die Leichen der Toten wurden tagelang für die Besucher liegen gelassen. Es gab sogar einen Rundgang durch die Konzentrationslager.

Das Ungeheuerliche daran ist, dass die Befreier sich zwar als Beispiel für die Achtung der Würde des menschlichen Lebens aufspielten, aber anstatt mit gutem Beispiel voranzugehen, hatten sie ihre eigene Lagerroute, die Eisenhower-Todeslager, wo sie im selben Gebiet Millionen deutscher Kriegsgefangener unter freiem Himmel hielten, von denen sie fast eine Million verhungern, erfrieren und an Seuchen sterben ließen. Zur gleichen Zeit gab es in Polen und der Tschechoslowakei Hunderte von Lagern, in denen Zehntausende von deutschen Zivilisten sterben sollten und wie Tiere behandelt wurden. Wie wir gesehen haben, ließen die Retter des deutschen Volkes und die Verfechter der Menschenrechte außerdem zu, dass Millionen ethnischer Deutscher aus ihrer Heimat vertrieben und unter unmenschlichen Bedingungen deportiert wurden. Auf der anderen Seite funktionierten die Lager der kommunistischen Verbündeten so reibungslos wie eh und je. Jahrzehntelang starben in ihnen Millionen von Menschen, ohne dass sich jemals jemand an diese Toten erinnerte. Bezeichnenderweise gibt es kaum Fotos vom sowjetischen Gulag und seinen Opfern.

Während er versuchte, die Bevölkerung umzuerziehen, setzte JCS 1067 eher auf Zerstörung als auf Aufbau, was zu einer unmenschlichen Behandlung der Menschen führte. Obwohl der Morgenthau-Plan offiziell aufgegeben worden war, blieben sein Geist und seine Politik noch lange nach dem Krieg in Kraft. Die Mitgliedschaft in der NSDAP war ein unüberwindliches Hindernis, das die Bürger daran hinderte, Arbeit zu finden und in Frieden zu leben. Hunderttausende landeten im Gefängnis, denn die berühmte JCS-Direktive 1067, das Ergebnis von Morgenthaus Racheplänen, forderte Strafmaßnahmen für Personen, die Nationalsozialisten gewesen waren. Nach Schätzungen waren von den dreizehn Millionen Mitgliedern der NSDAP bei Kriegsende noch acht Millionen in der Partei. Diese Massenmitgliedschaft ist als Ergebnis der Sozialpolitik zu sehen, die die Nationalsozialisten in Deutschland betrieben hatten. Wir haben bereits gesehen, dass die Arbeitslosigkeit, die die Arbeiterklasse jahrzehntelang gequält hatte, beendet wurde; der Bevölkerung wurde Wohnraum zur Verfügung gestellt, um die Geburtenrate zu stimulieren und zu belohnen; die Bankzinsen wurden praktisch abgeschafft; Tourismus und Reisen wurden für die Arbeiterklasse gefördert; kurzum, es wurden soziale Bedingungen geschaffen, die eine mehrheitliche Anerkennung der Politik der NSDAP bewirkten.

Um Nazis aus dem öffentlichen Leben auszuschließen, wurden dreizehn Millionen Fragebögen gedruckt, die aus zwölf Seiten und 133 Fragen bestanden, die von denjenigen zu beantworten waren, die einen Arbeitsplatz suchten, um zu überleben. Keine Gruppe war von dem Fragebogen-Filter ausgenommen. Je nach dem Grad der Zugehörigkeit oder Sympathie zur Partei oder einer ihr nahestehenden Organisation wurde ermittelt, ob der Betreffende „schuldig", „engagiert", „mäßig engagiert", „sympathisch".... Ein Arzt zum Beispiel durfte seinen Beruf nicht ausüben, wenn er der NSDAP angehört hatte. Die meisten Beamten hatten der Partei angehört, so dass die Säuberung der Verwaltung deren Funktionieren gefährdete. Der Fragebogen enthielt Fragen wie die, was man 1932 gewählt hatte, ob man Vertrauen in den deutschen Sieg hatte, ob man Narben am Körper hatte.... In den Fragebögen wurde davor gewarnt, dass „falsche Angaben zu einer strafrechtlichen Verfolgung durch die Gerichte der Militärregierung führen würden". Erst nach Rücksendung des ausgefüllten Formulars und nach Prüfung durch die Besatzungsbehörden konnte man in den Arbeitsmarkt eintreten, sofern man die Überprüfung bestanden hatte. Wenn nicht, gab es keine Möglichkeit zu arbeiten und keine Möglichkeit, eine Lebensmittelkarte zu erhalten. Das Schlimmste war, dass man als Nationalsozialist als Verbrecher angesehen und ins Gefängnis gesteckt werden konnte. Je nach Qualifikation bekam man unterschiedliche Lebensmittelkarten und konnte bestimmte Tätigkeiten ausüben.

Über die Lebensmittelrationierung berichtete Victor Gollancz zum Beispiel, dass die Hamburger Bevölkerung im März 1946 nur 1.050 bis 1.591 Kalorien pro Tag erhielt, d.h. vier Scheiben trockenes Brot, drei mittelgroße Kartoffeln, drei Löffel Haferflocken, eine halbe Tasse Magermilch, eine Scheibe Fleischreste und eine Prise Fett. Die Säuglingssterblichkeit war zehnmal höher als 1944. Im Februar 1946 wurden in Dortmund 257 Kinder geboren, von denen sechsundvierzig starben. Giles MacDonogh schreibt: „Politiker und Soldaten wie Sir Bernard Montgomery bestanden darauf, dass keine Lebensmittel aus Großbritannien geschickt wurden. Der Hungertod war eine Strafe. Montgomery sagte, dass drei Viertel der Deutschen immer noch Nazis seien". In dem Bestreben, eine Kollektivschuld aufzuerlegen, mussten sogar diejenigen, die sich dem Nationalsozialismus widersetzt hatten, die Folgen der rachsüchtigen Politik tragen, die den Deutschen als Ganzes auferlegt wurde.

In Bayern ernannte General Patton den als Anti-Nazi bekannten Fritz Schäffer zum Ministerpräsidenten, der jedoch schließlich entlassen wurde, weil Schäffer nicht alle Nazis hasste. Es hat sich bereits gezeigt, dass Patton selbst in Ungnade fiel, weil er die Hass- und Rachepolitik des JCS 1067 nicht teilte. MacDonogh erklärt, dass im Ruhrgebiet „alle Bergbauingenieure von den Nazis entlassen wurden. Daraufhin gab es Explosionen, die Hunderte von Menschenleben forderten - darunter auch Engländer - und General Templer kam zu dem Schluss, dass sich die Militärregierung wie ein Idiot verhielt". Nach Angaben des Autors wurden bis September 1946 in der amerikanischen Zone 66.500 und in der britischen Zone 70.000 Nazis ins Gefängnis gesteckt. In Nordhein-Westfalen wurden zweieinhalb Millionen Fälle untersucht, und viele Männer und Frauen waren jahrelang unter schrecklichen Bedingungen eingesperrt. Über die Russen schreibt MacDonogh: „Sie glaubten fest an eine Kollektivschuld und daran, dass jeder Deutsche eine Strafe und sogar den Tod verdienen könnte. Sie ließen die Deutschen arbeiten und gaben ihnen das absolute Minimum zum Überleben. Sie untersuchten eine halbe Million Fälle in ihrem Gebiet".

Wenn man sich vergegenwärtigt, dass die Alliierten nicht in der Lage waren, das Leben der Bevölkerung würdig zu gestalten, und nicht den Wunsch hatten, sie überhaupt zu ernähren, ist ihre Behauptung, sie seien als Befreier nach Deutschland gekommen, in der Tat beleidigend. Victor Gollancz, der feststellt, dass die Häftlinge in Belsen 800 Kalorien erhielten, berichtet in *In Darkest Germany* (1947), dass die britischen Behörden in Deutschland Anfang 1946 vorschlugen, die tägliche Ration auf 1.000 Kalorien zu senken. Die Amerikaner stellten daraufhin 1.270 Kalorien zur Verfügung, während die Franzosen bereits bei 950 Kalorien lagen. In dem oben zitierten Werk berichtet Gollancz von seinem Besuch in Hamburg, einer Stadt, die nach der völligen Zerstörung durch die verbrecherischen Sättigungsbombenangriffe über keine Unterkünfte für die

Bevölkerung verfügte, so dass siebzigtausend Menschen in Bunkern und Kellern unter entsetzlichen Bedingungen lebten. Viele Deutsche", schreibt MacDonogh, „waren zunächst bereit, die Alliierten als befreiende Engel zu sehen, wurden aber bald enttäuscht, als sie erkannten, dass die sehr humanen Soldaten mit Propaganda und Hass auf die Zivilbevölkerung beladen ankamen.

Gleichzeitig betrieben die Erlöser des deutschen Volkes einen Raubzug wie selten zuvor in der Geschichte. Alle Regierungen waren an der Ausplünderung des Landes beteiligt. Selbst das britische Königshaus hatte keine Skrupel, Görings Jacht, die *Carin II*, für sich zu behalten. Es sei darauf hingewiesen, dass der Großteil der anglo-amerikanischen Streitkräfte erst am Freitag, dem 6. Juli 1945, in Berlin einmarschierte, so dass die Sowjets mehr als zwei Monate Vorsprung bei der Plünderung der Reichshauptstadt hatten. Die Kommunisten, seit der bolschewistischen Revolution Experten im bewussten Raub, planten die Operation nicht nur in Berlin, sondern in ihrer gesamten Besatzungszone wie wahre Experten. Zweieinhalb Millionen Kunstwerke verschiedener Art, darunter 800.000 Gemälde von Rubens, Fra Angelico, Luca Signorelli, Zurbarán und Murillo, wurden nach Russland verschifft. Darüber hinaus wurden etwa fünf Millionen Tonnen Ausrüstung und Materialien aller Art beschlagnahmt, die zumeist aus der Demontage von Fabriken stammten. Von großer Bedeutung war der Diebstahl wertvoller militärischer, wissenschaftlicher und industrieller Geheimnisse sowie deutscher Erfindungspatente. Joaquín Bochaca, der in *Los crímenes de los buenos* interessante Zahlen und Daten über die Ausplünderung Deutschlands liefert, nennt die Zahl von 346.000 beschlagnahmten Patenten. Bochaca weist darauf hin, dass sich die Knechtschaft der Regierung der Bundesrepublik Deutschland Jahre später auf erschütternde Weise zeigte, als sie gezwungen war, eine astronomische Schuld gegenüber Israel anzuerkennen, einen Staat, der nicht einmal existierte.

TEIL 2
SCHEITERN DES PLANS DER WELTREGIERUNG AUF DER GRUNDLAGE DES MONOPOLS DER ATOMAREN GEWALT

„Unser Nachkriegsprogramm hängt vollständig von der Fähigkeit ab, die Welt mit der Atombombe zu terrorisieren. Diese Worte des Außenministers Edward Stettinius an den sowjetischen Agenten Alger Hiss, der als Roosevelts Berater auf der Konferenz von San Francisco fungierte, sind sehr aufschlussreich. Im April 1945, Monate bevor Truman den Abwurf der ersten Atombombe auf Hiroshima anordnete, verdeutlichen sie, dass die USA das Nuklearmonopol aufrechterhalten wollten, um eine Regierung oder eine internationale Föderation zu errichten, die sie durch ihr Monopol der atomaren Gewalt schützen würden. Um dieses Ziel zu erreichen, war es unabdingbar, die Zustimmung der anderen Mächte zu erhalten, insbesondere der UdSSR, die durch ihr Netz von Agenten, darunter Dexter White und Alger Hiss, von Anfang an von den Plänen der Amerikaner wusste.

Wäre Trotzki, der Agent der Illuminaten-Banker, der starke Mann in der Sowjetunion gewesen, wäre alles einfacher gewesen, denn derjenige, der den Plan der Weltregierung auf der Grundlage des Monopols des atomaren Terrors vorstellte, war Bernard Baruch, der allmächtige Jude, der die Freilassung von Lew Dawidowitsch Bronstein arrangiert hatte, als dieser in Kanada verhaftet wurde, der Bankier, von dem Trotzki träumte, um die Kontrolle über die Finanzen Russlands zu übernehmen: „Was wir hier brauchen, ist ein Organisator wie Bernard Baruch", sagte Trotzki einmal. Aber in der UdSSR hatte Stalin das Sagen, der Mann, der alle Trotzkisten brutal verfolgte, der Trotzkis Ermordung angeordnet hatte und der die Macht mit eiserner Faust ausübte. Wie schon seit Lenins Tod machte die Affäre um das Atommonopol deutlich, dass Stalin eine Figur war, die sie nicht ganz unter Kontrolle hatten.

Einer der ersten, der sich öffentlich für die vielbeschworene Weltregierung einsetzte, war Emery Reves, ein in Ungarn geborener Jude, der bereits 1945 das Buch *Anatomie des Friedens* veröffentlichte, das in fünfundzwanzig Sprachen übersetzt und in dreißig Ländern veröffentlicht wurde und in dem er ein Ende der staatlichen Souveränität zugunsten einer internationalen oder globalen Regierung forderte. Dieser „Pazifist" war davon überzeugt, dass die Existenz souveräner Nationen dem Frieden abträglich ist und künftige Kriege garantiert. Seiner Meinung nach waren die Nationalstaaten ein Anachronismus, der überwunden werden musste: „Wir können keine Demokratie haben", sagte er, „in einer Welt unabhängiger Nationen". Bald darauf begrüßte Albert Einstein, ein weiterer „Pazifist", der Roosevelt den Brief mit dem Aufruf zum Bau der Atombombe gegeben hatte, in einem Interview das Projekt, das er als „die politische Antwort auf die Atombombe" bezeichnete.

Am 1. Februar 1946 veröffentlicht *das Bulletin of the Atomic Scientists*, die Publikation der Wissenschaftler, die die Welt in das Atomzeitalter geführt haben, den Plan für die Weltföderation der Atomwaffen: „Wenn Russland oder andere Länder nicht dazu gebracht werden können, der Föderation sofort beizutreten, muss sie auf jeden Fall von den Nationen gegründet werden, die bereit sind, den Plan zu akzeptieren", heißt es in dem Artikel. Am 15. Februar 1946 veröffentlichte *The Bulletin* einen weiteren Artikel, in dem betont wurde, dass die Wissenschaftler, die die Bombe gebaut hatten, eine Weltregierung für notwendig hielten. In seiner Ausgabe vom 1. März 1946 kündigt *The Bulletin* das Erscheinen des Buches „*One World or None*" an, das genau von den jüdischen Wissenschaftlern, zumeist internationalen Sozialisten, geschrieben wurde, die die Uran- und Plutoniumbomben gebaut oder den Bau gefördert hatten.

Es ist klar, dass die Befürworter der berüchtigten Neuen Weltordnung Wissenschaftler benutzten, um ihr seit langem bestehendes Projekt, die absolute Kontrolle über den Planeten zu erlangen, in pazifistische und humanitäre Ideen zu kleiden. Die jüdischen Wissenschaftler, die Roosevelt gebeten hatten, die Atombombe für den Einsatz gegen Deutschland zu bauen, wollten ihrerseits ihr Image aufpolieren und zeigen, dass sie sich der Gefahr bewusst waren. Deshalb ließen sie sich scheinheilig benutzen und appellierten nun, als wären sie für nichts verantwortlich, an die Politiker, das alte Projekt der Illuminaten umzusetzen, um das biblische Armageddon, d.h. das im Alten Testament und in der Apokalypse angekündigte Ende der Welt, zu verhindern. In Wirklichkeit handelten sie als Team. Unter dem Deckmantel fortschrittlicher und menschenfreundlicher Ideen wurde einmal mehr die Notwendigkeit präsentiert, eine Weltregierung für die gesamte Menschheit zu schaffen und die Staaten und überholten patriotischen Gefühle abzuschaffen. An dieser Stelle ist es von Interesse, bevor wir weitergehen, über die historischen Momente nachzudenken, in denen wir im Laufe dieser Erzählung, die wir verfasst haben, auf dieselbe Idee gestoßen sind.

Die Ursprünge des Projekts gehen auf den Talmud zurück. Im dritten Kapitel wurde bereits erwähnt, dass der Zionist Michael Higger sein 1932 veröffentlichtes Werk „*The Jewish Utopia*" der Hebräischen Universität Jerusalem widmete. Darin beschreibt er den zionistischen Plan für die Weltherrschaft, die erreicht werden soll, wenn „alle Schätze und natürlichen Ressourcen der Welt in Erfüllung der Prophezeiung Jesajas in den Besitz der Gerechten (Juden) übergehen". Die Idee, die Weltrevolutionäre Bewegung (WRM) zu finanzieren und zu leiten, um die Kontrolle über die Ressourcen und den Reichtum der Welt zu erlangen, entstand bei den Rothschilds bereits im späten 18. Ihr Agent Adam Weishaupt (Spartacus) gründete am 1. Mai den Bayerischen Orden der Illuminaten und wählte als Symbol die Pyramide mit dem Allsehenden Auge. Die Abschaffung von Regierungen, Privateigentum, Erbschaft, Religionen, Patriotismus und Familie waren die Ziele der Sekte für den „Novus Ordo Seclorum" oder die Neue Weltordnung. Die Illuminaten vermittelten ihren Anhängern, dass das universelle Glück durch die Abschaffung der Nationen und die Vereinigung der Menschheit in einer internationalen Gesellschaft erreicht werden würde. Der Zusammenschluss der Illuminaten und Jakob Franks Frankisten, die von den jüdischen Bankiers hinter dem MRM gesponsert wurden, ging dem Erscheinen des *Kommunistischen Manifests* voraus (Karl Marx und Moses Hess stammten aus Frankistenfamilien), das Marx für den „Bund der Gerechten", eine Geheimorganisation der Illuminaten, verfasst hatte.

Wie wir gesehen haben, decken sich die Ziele des Kommunismus mit denen von Weishaupt, werden aber nun ausdrücklich konkretisiert. Das Proletariat und die Gewalt sollten von den internationalen Bankiers zur Eroberung der Welt eingesetzt werden: Die Weltdiktatur des Proletariats sollte durch den Umsturz der bestehenden Ordnung mittels Terror und Gewalt erreicht werden: Der Zweck heiligte die Mittel. Als Adolphe Cremieux, Großmeister des Großorient in Frankreich, 1860 die Universelle Israelitische Allianz gründete, verkündete er im Gründungsmanifest, dass die Zeit naht, „wenn alle Reichtümer und Schätze der Welt den Kindern Israels gehören werden". In den *Protokollen der Weisen von Zion* wird der Plan für eine Weltregierung noch einmal konkretisiert: „Wenn wir unseren großen Schlag ausgeführt haben, werden wir allen Völkern sagen: Es geht euch sehr schlecht, ihr seid alle erschöpft vom Leid. Wir werden die Ursache eurer Qualen abschaffen, nämlich die Nationalitäten, die Grenzen, die verschiedenen Währungen". Kurzum, die Idee der „universellen Brüderlichkeit", eines „unsichtbaren Königs", der „Einigung der Menschheit", eines Völkerbundes mit dem Ziel der Welteinheit waren Klischees, die von jüdischen und zionistischen Ideologen immer wieder geäußert wurden. „Wir werden eine Weltregierung haben, ob sie es wollen oder nicht. Die Frage ist nur, ob wir sie durch Eroberung oder durch Zustimmung erreichen werden." Diese Worte des Illuminaten-Bankiers Paul Warburg, des großen Architekten der Federal Reserve, die er am 17. Februar 1950 vor dem US-Senat äußerte, sind ein weiterer Beweis dafür, dass hinter dieser Idee die üblichen Verschwörer standen.

Bernard Baruch stellt Plan für Global Governance vor

Zwei Juden, Bernard Baruch und David Lilienthal, letzterer in Kontakt mit Dean Acheson, dem Unterstaatssekretär, waren die Verfasser des Plans für eine Weltregierung, den die US-Regierung Stalin aufzwingen wollte. Baruch, der laut der *Encyclopaedia Judaica* in Versailles als persönlicher Wirtschaftsberater von Präsident Wilson diente und Berater von fünf amerikanischen Präsidenten gewesen war, wurde von Truman beauftragt, den Plan der UNAEC (United Nations Atomic Energy Commission) vorzulegen. Der Plan war im Voraus ausgearbeitet und unter im *Bulletin of the Atomic Scientists* diskutiert worden, einer zweiwöchentlich erscheinenden Zeitschrift, die Ende 1945 von zwei jüdischen Wissenschaftlern, Eugene Rabinowitch und Hyman H. Goldsmith, gegründet worden war und deren Redakteure Baruch und Lilienthal waren. Robert Oppenheimer, der „Dunkle Prinz", veröffentlichte am 1. Juni 1946 in der Ausgabe 12 des *Bulletins* einen Artikel mit dem Titel „The International Control of Atomic Energy", in dem er das Projekt seines Mentors Baruch kommentierte. Oppenheimer, der „Zerstörer der Welten", kündigt die Einberufung der Kommission der Vereinten Nationen an, befürwortet die Schaffung einer Behörde für die Entwicklung der Atomenergie, plädiert dafür, dass die Länder einen Teil ihrer Souveränität abtreten, und appelliert an die

Vereinigten Staaten, sich bereit zu erklären, „die Monopolstellung des technischen Vorsprungs auf dem Gebiet der Atomenergie" aufzugeben. Bekanntlich stand Oppenheimer wegen seiner Beziehungen zur Kommunistischen Partei unter strenger Beobachtung durch das FBI. Daher bevorzugte er eine Kompromiss- und Konvergenzlösung mit der UdSSR.

Am 14. Juni 1946 stellte Baruch den Plan schließlich der UNAEC vor. In seinen einleitenden Bemerkungen stellte er das Dilemma dar: Die Wahl bestand zwischen Weltfrieden oder Weltzerstörung. „Die Wissenschaft hat der Natur ein Geheimnis abgerungen, das in seinen Möglichkeiten so groß ist", sagte Baruch, „dass unser Verstand vor dem Schrecken, den es hervorruft, zurückschreckt." Nach dem Baruch-Plan sollte die Atomenergiebehörde die Entwicklung und Nutzung von Energie überwachen, bombenfähige Atomanlagen leiten und die Forschung zu friedlichen Zwecken kontrollieren. Der illegale Besitz von Atombomben wurde verboten. Länder, die gegen das Verbot verstoßen, und solche, die die Inspektionen behindern, sollen angemessen bestraft werden. Ein Sicherheitsrat sollte für die Bestrafung und Verhängung von Sanktionen gegen Länder zuständig sein, die gegen die Bestimmungen des Plans verstoßen. Ein sehr wichtiger Punkt betraf das Vetorecht. Der Baruch-Plan sah vor, dass die Mitglieder des UN-Sicherheitsrats ihr Vetorecht in allen Angelegenheiten verlieren würden, die Sanktionen gegen Staaten betreffen, die an verbotenen Aktivitäten beteiligt sind. Erst wenn der Plan in Kraft getreten war, würden die Vereinigten Staaten mit der Vernichtung ihres Atomwaffenarsenals beginnen.

In der Zwischenzeit setzten die Amerikaner ihren Atomtestplan auf dem Bikini-Atoll fort. Nur zwei Wochen, nachdem das Projekt der UNAEC vorgestellt worden war, begann die Operation Crossroads, die mehrere Atomexplosionen mit einer Sprengkraft von jeweils 21 Kilotonnen vorsah. Die erste, „Able", wurde am 1. Juli 1946 durchgeführt, die zweite, „Baker", am 25. Juli. Eine dritte, „Charlie", war geplant, wurde aber wegen der enormen radioaktiven Verseuchung durch „Baker" abgesagt.

Am 19. Juni fand eine zweite UNAEC-Sitzung statt, auf der Andrej Gromyko, Botschafter in den Vereinigten Staaten und Vertreter bei den Vereinten Nationen, den Vorschlag der UdSSR vorstellte. Gromyko brachte zum Ausdruck, dass sein Land nicht bereit sei, auf sein Vetorecht im Sicherheitsrat zu verzichten, der nach Aussage des sowjetischen Botschafters bereits sehr günstig für die Vereinigten Staaten sei. Gromyko, der zweifellos über die Operation Crossroads informiert gewesen sein muss, vertrat die Ansicht, dass der Plan nur dann glaubwürdig sei, wenn die in Baruchs Bericht angekündigten Sanktionen sofort verhängt würden. Er forderte auch den Austausch von wissenschaftlichen Informationen. Außerdem waren sie nicht bereit, internationale Inspektionen ihrer Anlagen zuzulassen. Die Kommunisten verstanden den Plan von Anfang an so, dass er den Vereinigten Staaten die Aufrechterhaltung ihres Nuklearmonopols ermöglichen würde. Die sowjetische Presse verurteilte den Plan als „Versuch, Amerikas atomare Weltherrschaft zu errichten". Am 1. Juli 1946, dem Tag, an dem der erste Test auf dem Bikini-Atoll durchgeführt wurde, gab *das Bulletin*, das zu einer Plattform für die

Debatte über die Weltregierung und die Kontrolle der Atomenergie geworden war, die Texte von Baruch und Gromyko vor der UNAEC wieder.

Seit dem Auftauchen der bayerischen Illuminaten-Sekte hat sich die Verschwörung zur Errichtung der von Adam Weishaupt geplanten Weltregierung diversifiziert und in verschiedene Richtungen aufgeteilt. Zu den wichtigsten gehörten der Kommunismus, der Zionismus, der britische Imperialismus (der von Anfang an von den Rothschilds als globales Machtinstrument eingesetzt wurde), der Fabianische Sozialismus usw. Der gemeinsame Nenner, das übergreifende Element, war, dass die Verschwörung zur Errichtung der Weltregierung einen gemeinsamen Nenner hatte, der gemeinsame Nenner war der gemeinsame Nenner der Weltregierung. Der gemeinsame Nenner, das übergreifende Element, das sie alle durchzog, waren die Juden. Der Kommunismus, die echteste Fraktion der Verschwörung, unterstützte 1946 den Baruch-Plan nicht. Der Kommunismus war offensichtlich mit Stalin zu einem expansionistischen, von Moskau aus gesteuerten Nationalkommunismus geworden und hatte sich der ursprünglichen Kontrolle aus der Zeit Lenins und Trotzkis entzogen. Wie gesagt, hätte Trotzki Stalin in seinem Kampf um die Macht in Russland besiegt, hätten sich zwei theoretisch parallele Ideologien nach dem Zweiten Weltkrieg paradoxerweise angenähert und die Weltregierung wäre endlich im Konsens errichtet worden, denn die Juden-Bolschewiki waren ein äußerst wirksames Instrument der Verschwörung der internationalen jüdischen Bankiers. In der UdSSR jedoch hatte Stalin immer noch das Sagen, und er war an die Macht gekommen, indem er seine trotzkistischen Feinde mit der gleichen Medizin versorgte, mit der sie ihre Gegner ausgeschaltet hatten. In Wirklichkeit war das Problem nicht unlösbar: Es ging darum, einen neuen Trotzki an die Macht zu bringen. Zu diesem Zweck würde sowohl in Russland als auch in den besetzten Ländern Osteuropas bald der Kampf um die Macht beginnen. Das Problem war nicht der Kommunismus, sondern der von Stalin geführte Kommunismus. „Stalins kommen und gehen", hatte Krivitsky seinem Freund Reiss gesagt, „aber die Sowjetunion wird fortbestehen."

Fabianische Sozialisten, darunter Bertrand Russell, H.G. Wells, Arnold Toynbee... gehörten zu den Befürwortern der Weltregierung. Am 1. Oktober 1946 veröffentlichte Bertrand Russell in The Bulletin einen langen dreiseitigen Artikel mit dem Titel „The Atom Bomb and the prevention of war". Darin stellte er fest, dass die Verhandlungen mit Stalin in eine Sackgasse geraten waren und dass das Abkommen mit der Sowjetunion immer komplizierter wurde. Russell machte unmissverständlich klar, dass das Monopol der nuklearen Gewalt ausschließlich der Weltregierung vorbehalten sein sollte:

> „Es ist völlig klar, dass es nur einen Weg gibt, um große Kriege dauerhaft zu verhindern, und das ist die Einrichtung einer internationalen Regierung mit einem Monopol auf mächtige Streitkräfte. Wenn ich von einer internationalen Regierung spreche, meine ich eine, die wirklich regiert, nicht eine freundliche Fassade wie der Völkerbund oder eine anmaßende Vortäuschung wie die Vereinten Nationen in ihrer jetzigen Zusammensetzung. Eine internationale Regierung muss, wenn sie fähig sein soll, den Frieden zu bewahren, über die

einzigen Atombomben, die einzige Fabrik zu ihrer Herstellung, die einzige Streitmacht, die einzigen Kriegsschiffe und ganz allgemein über alles verfügen, was sie unwiderstehlich macht. Ihr Atompersonal, ihre Luftgeschwader, ihre Kriegsschiffsbesatzungen und ihre Infanterieregimenter müssen fest aus Männern verschiedener Nationalitäten zusammengesetzt sein; in keiner Einheit, die größer als eine Kompanie ist, darf sich ein nationales Gefühl entwickeln können. Jedes Mitglied der internationalen Streitkräfte sollte sorgfältig in der Loyalität gegenüber der internationalen Regierung geschult werden."

Russell erinnerte sich offensichtlich an Machiavellis politische Überlegungen zur Notwendigkeit des Gewaltmonopols in den Händen des Fürsten: „Das Monopol der bewaffneten Gewalt ist das notwendigste Attribut einer internationalen Regierung". In einem alles andere als versöhnlichen Ton riet Russell den Amerikanern und Briten, dass sie, wenn sie, nachdem sie deutlich gemacht hätten, dass ihr Ziel die internationale Zusammenarbeit sei, nicht die Kooperation der sowjetischen Regierung bekämen, nicht glauben sollten, dass sie für den Frieden um jeden Preis seien. Zu einem bestimmten Zeitpunkt", so schrieb er, „sollten sie, nachdem sie ihren Plan für eine internationale Regierung fertiggestellt haben, diesen der Welt anbieten und um maximale Unterstützung werben.... Wenn Russland bereitwillig annehmen würde, wäre alles in Ordnung. Wenn nicht, müsste man den Bären unter Druck setzen, bis hin zur Gefahr eines Krieges, denn in diesem Fall würden die Russen fast sicher zustimmen. Wenn Russland der Bildung der internationalen Regierung nicht zustimmt, wird es früher oder später zum Krieg kommen. Es ist daher ratsam, den notwendigen Druck auszuüben".

Ende 1946 wurde in den Vereinigten Staaten die Atomic Energy Commission (AEC) gegründet, die alle nuklearen Angelegenheiten übernahm und die zivile Kontrolle über die atomaren Produktionsanlagen übernahm. Ebenfalls Ende 1946 lehnte Stalin den Baruch-Plan endgültig ab, da er eine Unterwerfung unter Washington implizierte. Von diesem Zeitpunkt an verschlechterten sich die Beziehungen zwischen den beiden Ländern, und kurz darauf begann der Kalte Krieg. Die Ablehnung des Baruch-Plans bedeutete jedoch nicht zwangsläufig den Verzicht auf die Weltregierung, die man der Menschheit schon so lange aufzuzwingen versucht hatte, obwohl zumindest eine gute Gelegenheit dazu vertan worden war.

Die Wissenschaftler, die die Atombombe entwickelten, teilten mit den jüdischen Politikern und Tycoons des Brain Trust den gleichen Wunsch, Nazideutschland zu vernichten. Als Einstein dem amerikanischen Präsidenten die Bombe in einem Brief vorschlug, tat er dies mit der Vorstellung, dass sie gegen Deutschland eingesetzt werden würde. Dies war auch die Absicht von Roosevelt, Baruch, Morgenthau, Rosenman usw., als sie das Manhattan-Projekt ins Leben riefen. Abgesehen von ihrer antideutschen Gesinnung waren die meisten jüdischen Physiker, einschließlich Einstein, Zionisten, was bedeutete, dass ihre Zugehörigkeit zu dem einen oder anderen Staat sehr relativ war, wenn nicht gar nicht existierte. Viele von ihnen, wie Oppenheimer, befürworteten eine Weltautorität, die auf internationalistischen Grundsätzen beruhte, die über Ideen der nationalen Zugehörigkeit hinausgingen. Einige engagierten sich für den

Kommunismus und waren bereit, für ihn zu arbeiten. In der Tat waren es jüdische Wissenschaftler, die der UdSSR beim Bau der Atombombe halfen.

Oppenheimer wurde schließlich beschuldigt, für die Sowjetunion zu spionieren, was er dank seiner privilegierten Stellung als Mitglied des Allgemeinen Beirats der Atomenergiekommission (AEC), dessen erster Vorsitzender David Lilienthal war, tun konnte. Eine der ersten Aufgaben von Lilienthal als Vorsitzender der AEC war die Ernennung der Mitglieder des Beirats. Die erste Wahl fiel auf seinen Freund Oppenheimer, der auch zum Direktor des prestigeträchtigen Institute for Advanced Study an der Princeton University ernannt wurde, wo Albert Einstein das Sagen hatte.

Am 4. Januar 1947, nachdem sein Plan endgültig gescheitert war, trat Bernard Baruch als Vertreter der USA bei der Atomenergiekommission der Vereinten Nationen zurück. Sein Nachfolger war ein anderer als antikommunistisch geltender Jude, Lewis Lichtenstein Strauss, ein Mann, den Felix M. Warburg in die Bank Kuhn Loeb & Co. eingeführt hatte, wo er sein Vermögen gemacht hatte. Obwohl er Mitglied des Exekutivkomitees des American Jewish Committee war, war er offenbar kein Zionist, sondern ein Befürworter der Assimilation der Juden in den Ländern, in denen sie lebten. Strauss erfuhr bald von Oppenheimers kommunistischen Aktivitäten, und es begann ein langsamer Prozess der Entfremdung zwischen den beiden.

Zweifel an Oppenheimers Loyalität zu den USA, die bereits 1942 aufgekommen waren, wurden im März 1947 vollständig ausgeräumt: Das FBI erfuhr mit Sicherheit, dass Oppenheimer die UdSSR bespitzelte und berichtete David Lilienthal und Lewis Strauss von seinen Aktivitäten. Beide waren mit ihm befreundet und wollten den Berichten, er sei ein Infiltrator, keinen Glauben schenken. Auch die Mitglieder des ACS-Rates waren nicht bereit, an seiner Loyalität zu zweifeln, so dass sie im Sommer 1947 beschlossen, ihn als Vorsitzenden des Allgemeinen Beirats beizubehalten. Dennoch wurde Lewis Strauss misstrauisch und seine Beziehungen zum Dunklen Prinzen verschlechterten sich. Eine wichtige Entwicklung war Oppenheimers Zerwürfnis mit Edward Teller, dem jüdischen Physiker, der in Los Alamos an einer neuen Version der Kernfusionsbombe gearbeitet hatte: der thermonuklearen Bombe oder H-Bombe, die sie „Super" nannten. In seiner Position als Vorsitzender des AEC-Rates empfahl Oppenheimer der Regierung, kein Geld für das Projekt auszugeben. Im Juli 1947 besaßen die Vereinigten Staaten bereits dreizehn Kernspaltungsbomben, und die UdSSR arbeitete an der Herstellung ihrer eigenen Bombe. Oppenheimer wollte offenbar verhindern, dass es Teller gelang, eine stärkere und zerstörerische Atombombe zu bauen, was das Gleichgewicht wieder zugunsten der USA verschieben würde.

1949 kam Lewis Strauss zu der Überzeugung, dass Oppenheimer nicht nur versuchte, die Produktion der Wasserstoffbombe zu boykottieren oder zu verzögern, sondern dass er auch die nationale Sicherheit verletzt hatte. Die Gerüchte über Oppenheimers Illoyalität nahmen zu, und die Regierung beschloss daraufhin, Strauss zum Vorsitzenden der AEC zu ernennen und damit David Lilienthal, Oppenheimers engen Verbündeten, abzulösen. Das Misstrauen wurde auf mehreren Ebenen deutlich: Senator Joseph McCarthy hatte eine

Untersuchung über Oppenheimers Beziehungen zu den Kommunisten eingeleitet, und die Luftwaffenführung forderte seine Ablösung. Im Dezember 1953 schickte schließlich der Gemeinsame Ausschuss für Atomenergie des Repräsentantenhauses ein Schreiben an das FBI und die AEC, in dem es hieß, dass Oppenheimer zwischen 1939 und 1942 für die Sowjetunion spioniert habe und seit 1942 ein Agent gewesen sei, der auf Anweisung der Sowjets Einfluss auf das Militär, Fragen der Atomenergie, den Geheimdienst und die Diplomatie in den Vereinigten Staaten genommen habe. Bevor der Senat eine weitere Untersuchung einleitete, forderte Lewis Strauss seinen Rücktritt als Vorsitzender des Allgemeinen Beirats der AEC. Als Oppenheimer sich weigerte, ordnete Strauss einen Prozess an, der vom 5. April bis 6. Mai 1954 stattfand. Oppenheimer ging schließlich in den Ruhestand nach Princeton, wo Einstein den Vorsitz des Institute for Advanced Study innehatte, einer Denkfabrik, die von den Rothschilds über eine ihrer zahlreichen geheimen Stiftungen finanziert wurde. Der Fall Oppenheimer ist Teil eines großen Spionagekomplotts zugunsten der UdSSR, bei dem heute alles, was mit der Atombombe zu tun hat, von Interesse ist.

Kommunistische Juden übergeben Atombombengeheimnisse an die UdSSR

Am Ende des Zweiten Weltkriegs schätzten die Amerikaner, dass die Sowjets sieben bis zehn Jahre brauchen würden, um ihre eigene Atombombe zu bauen. Dies bedeutete, dass die Vereinigten Staaten für in dieser Zeit ein unerreichbares nukleares Monopol haben konnten. Als bekannt wurde, dass die UdSSR am 29. August 1949 ihre erste Atombombe mit dem Codenamen „Joe" zu Ehren Josef Stalins gezündet hatte, war dies für einige eine große Überraschung. Die russische Bombe war eine exakte Nachbildung der „Fat Man", der Plutoniumbombe, die in der Wüste am Tag des Toten getestet und am 9. August 1945 über Nagasaki abgeworfen wurde. Viele Stimmen wurden laut, die behaupteten, es gäbe Verräter im eigenen Land, die ein Komplott gegen die Vereinigten Staaten schmiedeten.

Es ist eine erwiesene Tatsache, dass die Invasion sowjetischer Spione in die Verwaltung von Roosevelt während seiner drei Amtsperioden schwindelerregende Ausmaße annahm. Die wichtigsten Fälle von kommunistischen Agenten - Alger Hiss, Harry Hopkins, Harry Dexter White - wurden bereits erwähnt und werden auf den folgenden Seiten behandelt. Alger Hiss, Mitglied der amerikanischen Delegation in Jalta, wurde dort von Dean Acheson unterstützt, einer der treibenden Kräfte hinter der Anerkennung der UdSSR im Jahr 1933. Acheson, Dexter Whites Begleiter in Bretton Woods, Unterstaatssekretär von 1945-47 und Außenminister von 1949-53, ignorierte wiederholt FBI-Berichte, die auf die Unterwanderung des Außenministeriums durch Kommunisten hinwiesen. Roosevelt selbst verachtete die Bemühungen von Whistleblowern innerhalb der Verwaltung.

Im Jahr 1940, als die UdSSR ihre osteuropäischen Nachbarn angegriffen hatte, warnte Martin Dies, ein demokratischer Kongressabgeordneter aus Texas, der von 1938 bis 1945 den Vorsitz des House Committee on Un-American Activities innehatte, Roosevelt, dass Tausende von Kommunisten und kommunistischen Sympathisanten auf der Gehaltsliste der Regierung stünden. Roosevelt sagte ihm: „Ich glaube genauso wenig an den Kommunismus wie Sie, aber es gibt kein Problem mit Kommunisten in diesem Land. Einige meiner besten Freunde sind Kommunisten..... Ich sehe die Kommunisten weder als gegenwärtige noch als zukünftige Bedrohung an; ich sehe Russland sogar als unseren besten Verbündeten für die kommenden Jahre. Wie ich Ihnen zu Beginn Ihrer Nachforschungen sagte, sollten Sie sich auf Nazis und Faschisten beschränken. Obwohl ich nicht an den Kommunismus glaube, ist Russland viel besser dran und die Welt unter dem Kommunismus viel sicherer als unter den Zaren". Absurderweise rechtfertigte Roosevelt, der Führer der Welt, der behauptete, für die Werte der Freiheit, der Demokratie und der Menschenrechte zu stehen, den kommunistischen Totalitarismus der UdSSR, ein blutrünstiges Regime, das in einer einzigen Woche mehr Menschen umgebracht hatte als die Zaren im gesamten 19. Roosevelts Worte kann man nur verstehen, wenn man bedenkt, dass der Kommunismus ein Instrument der verborgenen Macht war und dass er ein Agent dieser Macht war, die die MRM (World Revolutionary Movement) ins Leben gerufen hatte, den Kommunismus in Russland einführte und ihn in China durchsetzen wollte, wie in diesem Kapitel zu sehen sein wird.

Die Instabilität in den ersten Nachkriegsjahren im Außenministerium, einem Ministerium mit dem Ruf, konservativ zu sein, zeigt, dass der Plan der USA, die Weltherrschaft allein durch ein Monopol auf atomaren Terror zu übernehmen, nicht einstimmig war. Edward Stettinius, der sein Amt am 1. Dezember 1944 angetreten hatte, wurde im Juni 1945 durch James F. Byrnes ersetzt. Wenige Wochen später trat Unterstaatssekretär Joseph Grew, ein Veteran des diplomatischen Corps, der versucht hatte, einen Krieg mit Japan zu vermeiden, zurück, nachdem die Presse ihn zwei Monate lang als Reaktionär bezeichnet und seinen Rücktritt gefordert hatte. Grews Nachfolger wurde Dean Acheson, ein „Progressiver", der zur dominierenden Figur im Ministerium wurde und dazu führte, dass alle Verbündeten von Grew das Land verließen. Obwohl Acheson in einigen Quellen als antisowjetisch dargestellt wird, vertrat er eine Politik der Versöhnung mit Moskau und arbeitete eng mit Alger Hiss zusammen, bis dieser 1946 zum Rücktritt gezwungen wurde, nachdem er als sowjetischer Spion enttarnt worden war. Auch Byrnes blieb nicht lange Außenminister. Wie Truman in *Years of Decisions* (Band 1 seiner Memoiren) schreibt, teilte Byrnes ihm mit, dass er es leid sei, die Sowjets zu hätscheln". Byrnes, der dafür eintrat, Hiss aus dem Ministerium zu entfernen, den Morgenthau-Plan für Deutschland endgültig zu begraben, und der sich zunehmend gegen Stalin stellte, drohte mehrmals mit seinem Rücktritt. Schließlich akzeptiert das Weiße Haus am 21. Januar 1947 seinen Rücktritt. Byrnes verließ daraufhin verärgert die Regierung, und Truman ersetzte ihn durch George C. Marshall. In der Regierung Truman wie auch in der von Roosevelt gab es also viele „Freunde" der Sowjetunion, in der Beria im Verborgenen manövrierte, um Stalin zu ersetzen. Zu den Befürwortern einer Annäherung an den Kommunismus und einer gemeinsamen Nutzung der Nukleartechnologie mit der UdSSR gehörte Robert Oppenheimer, der aus seinem Interesse an einer Annäherung an die UdSSR keinen Hehl gemacht hatte. Die Ausbreitung des Kommunismus in ganz Asien, mit China als Hauptakteur, war Teil der Pläne der Internationalisten. Die Weitergabe von Atomgeheimnissen an die Sowjetunion muss in diesem Zusammenhang gesehen werden.

Die 1948 entschlüsselten „Venona"-Dokumente bestätigten den Wahrheitsgehalt der Behauptungen des FBI über die sowjetische Spionage im Zusammenhang mit dem Atomprogramm. Sie wurden 1995 von der NSA (National Security Agency) veröffentlicht und zeigen, dass der Kreml bereits 1941 Informationen über das geheime britisch-amerikanische Atombombenprojekt erhielt. „Venona" ist der Code für die geheimen Mitteilungen sowjetischer Spione, die von den Vereinigten Staaten abgefangen wurden. Neben diesen Dokumenten gibt es nun weitere Quellen, die belegen, dass Beria nicht nur Informationen über das Manhattan-Projekt und die Forschungen in Los Alamos, sondern auch über die Arbeit der britischen erhielt. In *The Venona Secrets* bestätigt Herbert Romerstein, ein jüdischer Autor, der einen gewissen trotzkistischen Beigeschmack nicht verbergen kann, dass die ersten Informationen, die die Sowjets über das Atomprojekt hatten, am 25. September 1941 aus London kamen. Es handelte sich um einen Bericht über eine neun Tage zuvor abgehaltene Sitzung des britischen Urankomitees. Die Quelle der Information war ein Agent mit dem Codenamen „List". Romerstein, der sich auf Pavel Sudoplatovs *Special Tasks* als Quelle beruft, stellt fest, dass es sich bei „List" in Wirklichkeit um John Cairncross handelte, den Privatsekretär von Lord Hankey, dem Vorsitzenden des britischen Uranausschusses. Cairncross, von dem einige Autoren behaupten, er sei der „fünfte Mann" in der Cambridge-Gruppe gewesen, bestreitet in seinen Memoiren, dass er die Quelle war, die Moskau informiert hat.

Bevor wir weitergehen, sollte erwähnt werden, dass die berühmte Cambridge-Spionagegruppe aus fünf Agenten bestand: Donald Maclean, Guy Burgess, Kim Philby, Anthony Blunt und einem fünften Mann. Roland Perry veröffentlichte 1994 ein Buch mit dem Titel *The Fifth Man*, in dem er kategorisch feststellt, dass der fünfte Agent der „Cambridge Five" nicht Cairncross war, sondern Nathaniel Mayer Victor Rothschild (1910-1990), besser bekannt als der dritte Lord Rothschild, ein Dreifachagent, der für den britischen MI5, den KGB und den Mossad gearbeitet haben soll. Burgess und Maclean wurden 1959 entdeckt, Philby, dessen Codename in Venona „Stanley" lautete, wurde 1963 entdeckt. 1979 war es Margaret Thatcher selbst, die im Parlament anzeigte, dass Blunt ein sowjetischer Spion war. Anthony Blunt, der vierte Mann, wurde Berichten zufolge 1940 vom MI5 rekrutiert und war Kurator der königlichen Gemäldesammlung und persönlicher Berater der Königin, wofür er den Titel „Sir to the Crown" trug. In den 1960er Jahren verbrachte Blunt die Weihnachtsferien im Haus von Victor Rothschild in Cambridge. Laut MI5-Dokumenten, die 2002 veröffentlicht wurden, enthüllte Moura Budberg, ein alter Bekannter in dieser Arbeit, bereits 1950, dass Blunt ein Kommunist war, wurde aber ignoriert. Das Buch von Roland Perry enthält sehr interessante

Informationen über die Aktivitäten von Victor Rothschild, über den er Folgendes schreibt:

„Der dritte Lord Rothschild war dank seiner mächtigen Position innerhalb des Establishments als der fünfte Mann getarnt. Der immense Reichtum seiner Bankendynastie verankerte ihn in der Machtelite mehr als jedes andere Mitglied der Gruppe der Fünf. Das war eine perfekte Tarnung und diente zu seinem Schutz. Er schien das britische Establishment des 20. Jahrhunderts zu verkörpern, und es war undenkbar, dass er ein Verräter sein könnte. Bei näherer Betrachtung zeigte sich jedoch, dass er andere Loyalitäten hatte.... Rothschild war seinem jüdischen Erbe gegenüber loyaler als gegenüber allem Englischen. Er bewies dies durch seine anhaltende Hingabe an die Angelegenheiten seiner Ethnie.... Niemals war er seinem Heimatland und dessen etablierter Ordnung mehr verpflichtet. Wenn er zwischen Ethnie und Land wählen musste, entschied er sich mehr als einmal für die Ethnie."

Wenn man bedenkt, dass die Weltrevolutionäre Bewegung seit der Gründung von Weishaupts Illuminaten von Mitgliedern der Rothschild-Dynastie finanziert wurde, ist es nur folgerichtig, dass ein Rothschild sich der Aufgabe widmete, den Kommunismus, eines der beiden von der okkulten Macht kontrollierten Systeme, zu konsolidieren und auszubauen.

Zu den Mitgliedern der britischen Delegation, die mit Oppenheimer am Manhattan-Projekt arbeiteten, gehörten zwei jüdische Physiker, die Victor Rothschild sehr nahe standen, Rudolf Peierls und Otto Frisch. Beide arbeiteten in Birmingham. Ersterer behauptete, dass die nukleare Kettenreaktion möglich sei, so dass Fermis Experiment in Chicago 1942 zum Teil die Demonstration oder Bestätigung von Peierls' Theorien gewesen wäre. Letzterer konstruierte 1940 den ersten Detonationsmechanismus für eine Atombombe. Beide wurden von Sir Mark Oliphant unterstützt, einem anderen in Australien geborenen Juden, der Physikprofessor an der Universität Birmingham war. Im Frühjahr 1941 ermächtigte Oliphant seine Kollegen, Klaus Fuchs einzustellen, der zu diesem Zeitpunkt als Agent des sowjetischen Militärgeheimdienstes (GRU) in England tätig war.

Die Herkunft von Fuchs ist umstritten: Einige Quellen behaupten, er sei Jude gewesen, während andere dies mit der Begründung verneinen, sein Vater, Emil Fuchs, sei protestantischer Theologe gewesen. Fuchs, der seit 1930 Mitglied der Kommunistischen Partei war, hatte Deutschland nach Hitlers Machtübernahme verlassen und sich in England niedergelassen, von wo aus er in die Vereinigten Staaten geschickt wurde, um an der Atombombe zu arbeiten. Klaus Fuchs wurde erst im September 1949 als Spion identifiziert, als die Briten ihn verhafteten, nachdem sie Berichte des FBI erhalten hatten, die auf der Analyse der Venona-Dokumente beruhten. Peierls, Frisch und Fuchs legten ein Memorandum über die radioaktiven Eigenschaften der Bombe und ihre Machbarkeit vor, das von Oliphant an die britische Regierung weitergeleitet wurde. Laut Roland Perry erhielt der MI5 eine Kopie des Dokuments, und Victor Rothschild soll es über einen Agenten namens Krotov, der in der britischen Botschaft arbeitete, an Beria weitergegeben haben.

Wie wir bereits berichtet haben, war der Verdacht der Illoyalität von Julius Robert Oppenheimer fast seit seiner Ernennung zum wissenschaftlichen Leiter des Manhattan-Projekts ständig präsent. Der erste FBI-Bericht über Oppenheimer ist vom 28. März 1941. Darin heißt es, er habe im Herbst 1940 an einem Treffen im Haus von Haakon Chevalier, einem auffälligen Marxisten, teilgenommen, an dem auch prominente Kommunisten wie Isaac Folkoff und William Schneiderman teilgenommen hätten. Ersterer, in der Venona als „Onkel" bezeichnet, war einer der Gründer der Kommunistischen Partei Kaliforniens und diente als Verbindungsmann zum sowjetischen Geheimdienst. Der zweite, mit dem Codenamen „Nat", war als Führer der Kalifornischen Kommunistischen Partei aufgeführt. Das FBI zeichnete zahlreiche Hinweise auf Oppenheimer auf, in denen er wiederholt als ein geheimes Mitglied der Kommunistischen Partei bezeichnet wurde. In einem dieser Berichte heißt es: „Im Dezember 1942 war Julius Robert Oppenheimer Gegenstand einer Diskussion zwischen Steve Nelson (einem Juden namens Steve Mesarosh, der mit der Lincoln-Brigade am Spanischen Bürgerkrieg teilgenommen hatte) und Bernadette Doyle, der Organisationssekretärin der Kommunistischen Partei von Alameda County, Kalifornien. Steve Nelson berichtete dann, dass Dr. Hannah Peters ihn aufgesucht habe, um ihm mitzuteilen, dass Dr. Oppenheimer wegen seiner Arbeit an einem speziellen Projekt nicht in der Partei aktiv sein könne...". Im Mai 1943 wird derselbe Umstand in einem ähnlichen Vermerk weiter ausgeführt: Wiederum informiert Bernadette Doyle einen sowjetischen Agenten, John Murra, dass Frau Oppenheimer und ihr Mann „Genossen" seien und dass Robert Oppenheimer an einem speziellen Projekt im Berkeley Radiation Laboratory arbeite. Doyle teilt Murra mit, dass Oppenheimer „Mitglied der Partei sei, aber er solle ihn aus den von ihm geführten Verteilerlisten streichen und überhaupt nicht erwähnt werden".

Bereits am 10. März 1942 hatte Beria Stalin die Einsetzung eines Atombombenkomitees vorgeschlagen, das sich aus Wissenschaftlern, Politikern und Geheimdienstmitarbeitern zusammensetzen sollte. Pawel Sudoplatow, ein Veteran des NKWD, war für die Koordinierung der Daten und Berichte zuständig, die von Agenten aus den Vereinigten Staaten, England und Kanada übermittelt wurden. In dem oben zitierten Buch *Special Tasks* (1994) behauptet Sudoplatov, der im Februar 1944 von Beria zum Leiter der Abteilung „S" ernannt wurde, die den NKWD und den militärischen Geheimdienst (GRU) vereinte, um das sowjetische Atombombenprojekt zu sichern, dass Oppenheimer ihnen geheime Informationen über die Entwicklung der Atombombe geliefert habe. Dieser Quelle zufolge gelangten die Informationen über Lisa Zarubina, die Ehefrau des „Rezidenten" Vassiliy Zarubin[17], an sie, der zunächst vom Konsulat

---

[17] Ein „Rezident" war ein Spion, der sich für längere Zeit in einem fremden Land aufhielt und für die nachrichtendienstlichen Operationen einer „Rezidentura" verantwortlich war, der sowjetischen Bezeichnung für eine Organisation, die von einem oder mehreren Rezidenten geleitet wurde. In den Vereinigten Staaten gab es vier Rezidenturen, drei davon legal und eine illegal. Die drei legalen operierten von der sowjetischen Botschaft in Washington,, und von den Konsulaten in New York und San Francisco aus.

in San Francisco und später von Washington aus operierte. Zarubina[18], eine in Bessarabien geborene Jüdin, die eigentlich Liza Rozensweig hieß, reiste häufig nach Kalifornien und stand in direktem Kontakt mit Oppenheimers Frau Kitty. Auch Jerrold und Leona Schecter behaupten in *Sacred Secrets*, dass Elizabeth Zarubin in der Lage war, wichtige Informationen über die Geheimnisse der Atombombe zu erhalten.

Am 26. April 1996, zwei Jahre nach der Veröffentlichung von Sudoplatovs Buch, erschien in der Zeitung *Pravda* ein Artikel, der sich auf Quellen in der SVR, dem Nachfolger des KGB, stützte und bestätigte, dass die von Oppenheimer und anderen westlichen Wissenschaftlern erhaltenen Dokumente immer noch in den sowjetischen Geheimarchiven lagen. *The Venona Secrets* gibt den folgenden Auszug aus dem Artikel wieder:

> „Es ist kein Geheimnis, dass die Informationen über das 1942 von dem italienischen Physiker E. Fermi in Chicago durchgeführte Kernreaktionsexperiment aus erster Hand von Wissenschaftlern stammen, die Oppenheimer nahe stehen. Die Quelle dieser Informationen war ein ehemaliges Mitglied der Komintern, G. Kheifitz, unser 'Rezident' in Kalifornien und ehemaliger Sekretär von N. Krupskaja (Lenins Frau). Er war es, der Moskau über die Tatsache informierte, dass die Entwicklung der Atombombe eine praktische Realität war. Zu dieser Zeit hatte Kheifitz Kontakt zu Oppenheimer und seinem Umfeld aufgenommen. Tatsächlich hatte Oppenheimers Familie, insbesondere sein Bruder, Verbindungen zu der damals illegalen Kommunistischen Partei der USA an der Westküste. Einer der Orte für illegale Treffen und Kontakte war das Haus der Sozialistin Madam Bransten in San Francisco. Genau dort trafen sich Oppenheimer und Kheifitz. Für unseren Geheimdienst waren Leute, die mit den Kommunisten sympathisierten, äußerst wertvoll für die Kontaktaufnahme.... Der Salon von Madame Bransten bestand von 1936 bis 1942. Er wurde von den Sowjets finanziert. Kheifitz half, die Mittel für die Finanzierung zu beschaffen."

Wie die meisten der an der Atomspionage beteiligten Agenten war Gregory Kheifitz jüdisch, ebenso wie Louise Rosenberg Bransten. Beide waren Geliebte. Kheifitz war von 1941 bis Juli 1944 Leiter der San Francisco Rezidentura. Sein Deckname war „Kharon". Im Jahr 1948 wurde er vom KGB während der Kampagne gegen das Jüdische Antifaschistische Komitee verhaftet, die später im Zusammenhang mit dem Stalin-Attentat untersucht werden wird. Louise Bransten, eine wohlhabende Kommunistin aus Kalifornien, hatte sich von Richard Bransten scheiden lassen, einem wohlhabenden kommunistischen

---

[18] Diese sowjetische Spionin, die zwischen 1923 und 1928 in der Wiener Residenz arbeitete, war auch als Lisa Gorskaya bekannt und konnte Jiddisch, Rumänisch, Russisch, Deutsch, Französisch und Englisch sprechen. 1929 arbeitete sie in der Türkei mit Jakow Blumkin zusammen, dem jüdischen Terroristen, der am 6. Juli 1918 im Auftrag Trotzkis den deutschen Botschafter in Russland, Wilhelm Mirbach, ermordete, um Deutschland zur Wiederaufnahme des Krieges anzustacheln. Wie bereits in einem anderen Kapitel erwähnt, verkaufte Blumkin aus der Zentralen Buchhandlung in Moskau gestohlene chassidische Manuskripte in der Türkei, um Trotzki zu finanzieren. Einer der jüdischen Sekretäre des Physikers Leó Szilárd, des Verfassers des Briefes, der Roosevelt die Herstellung der Atombombe vorschlug, war von der Zarubina angeworben worden.

Schriftsteller und Verleger, der ein von ihrem Vater, Morris J. Brandenstein, gegründetes Kaffeeimportgeschäft geerbt hatte. Richard Bransten wurde später ein erfolgreicher Hollywod-Drehbuchautor. Im Jahr 1947 heiratete Louise einen anderen jüdischen Kommunisten, Lionel Berman, und wurde in Louise Berman umbenannt. Der in dem Zitat erwähnte „Salon von Madame Bransten" diente Kheifitz als Tarnung für die Anwerbung von Agenten.

Der Venona-Code wurde erst im April 1948 geknackt, aber das FBI untersuchte bereits seit Anfang der 1940er Jahre die kommunistische Unterwanderung des Berkeley-Labors, eines der Zentren, die mit dem Manhattan-Projekt verbunden waren. Die anfängliche Untersuchung mit der Bezeichnung COMRAP („Commintern Apparatus") führte schließlich zu einem Memo, das 1944 fast 600 Seiten umfasste und etwa 400 Namen enthielt. Das FBI beschloss daraufhin, eine neue Akte für Atomspionage anzulegen: CINRAD („Communist Infiltration of the Radiation Laboratory"). Bis 1942 hatte das FBI genügend Beweise für Oppenheimers Illoyalität, so dass für ihn eine eigene Akte angelegt wurde.

Eine weitere sehr wichtige Quelle für Informationen und Material über die Arbeiten in Los Alamos war der bereits erwähnte Klaus Fuchs, der in England für den GRU (sowjetischer Militärgeheimdienst) gearbeitet haben soll, obwohl seine Spionagetätigkeit in den Vereinigten Staaten vom NKWD geleitet wurde. Fuchs kam im September 1943 als Mitglied einer britischen Mission nach Amerika, die an „Enormous" (dem Atombombenprojekt) arbeiten sollte. Sein Kontakt war ein jüdischer Kommunist namens Harry Gold, der von Jacob Golos[19] angeworben worden war, einem anderen jüdischen Agenten, der bis zu seinem Tod 1943 der Geliebte von Elisabeth Bentley war. Es sei daran erinnert, dass Bentley und Whittaker Chambers die Überläufer waren, die dem FBI das Ausmaß und die Komplexität der sowjetischen Spionage in den Vereinigten Staaten offenbarten. Harry Gold, „Gus", und Klaus Fuchs, „Rest" und auch „Charles „, trafen sich zum ersten Mal am 5. Februar 1944 in New York, genauer gesagt in Manhattan. Weitere Kontakte fanden am 25. Februar und 11. März 1944 statt. Bei beiden Gelegenheiten übergab Fuchs Gold Material über seine

---

[19] Jacob Golos, ein trotzkistischer Jude ukrainischer Herkunft, hatte an der Revolution von 1905 in Russland teilgenommen, die von Trotzki und Parvus angeführt wurde. Im Jahr 1910 kam er nach San Francisco und gehörte 1919 zu den Gründern der Kommunistischen Partei der USA. 1926 kehrte er in die UdSSR zurück, wurde aber von seinen amerikanischen Genossen zurückgerufen und kehrte nach Amerika zurück, wo er ab 1933 für den NKWD arbeitete. Elisabeth Bentley lernte ihn 1938 kennen und wurde nicht nur seine Geliebte, sondern erklärte sich auch bereit, als sowjetische Spionin zu arbeiten. Doch bereits im September 1939 berichtete Pawel Fitin, während des Zweiten Weltkriegs Leiter der Auslandsabteilung des NKWD, Beria, dass die amerikanische Organisation unter allen trotzkistischen Organisationen die mächtigste sei, sowohl was die Mitgliederzahl als auch die Finanzierung betrifft. In demselben Bericht wurde davor gewarnt, Jacob Golos, einem der wichtigsten Spione in den USA, nicht zu trauen. Da seine Kenntnisse über das Netzwerk sehr umfangreich waren, empfahl Fitin, ihn zwecks Verhaftung zurückzuschicken. Noch vor Jahresende wies Pawel Fitin Beria auf die trotzkistischen Aktivitäten von Golos hin, der US-Bürger war und die „Einladung" zur Rückkehr nach Moskau nicht annahm.

Arbeit an „Enormous". Bei dem Treffen am 11. März war das Dossier fünfzig Seiten lang. Der Kurier Harry Gold traf Fuchs gelegentlich im Haus der Schwester des Physikers, die in Cambridge, Massachusetts, lebte.

Im Juni 1944 übergab Fuchs Gold ein Dokument mit dem Titel „Fluktuationen und Leistung einer Diffusionsanlage", bei dem es sich um eine Kopie eines Originaltextes vom 6. Juni handelte. Harry Golds Vorgesetzter war der NKVD-Oberstleutnant Semyon Semyonov (geb. Aba Taubman), ein weiterer Jude, der dem FBI als Semen Semenov bekannt war und dessen Deckname „Twen" lautete. Ab August 1944 arbeitete Klaus Fuchs in Los Alamos unter dem Befehl von Hans Bethe, dem jüdischen Physiker, der die Abteilung für Theoretische Physik in Los Alamos leitete und in der Wüste von Dead Man's Day anwesend war, als der Trinity-Test durchgeführt wurde. Nach dem atomaren Völkermord an der Bevölkerung von Hiroshima und Nagasaki arbeitete und spionierte Fuchs weiter in Los Alamos, wo Edward Teller an der Wasserstoffbombe arbeitete.

1946 wurde in den Vereinigten Staaten der McMahon oder Atomic Energy Act verabschiedet, der die Weitergabe von Informationen über die Kernforschung selbst an Großbritannien verbot. Dies hinderte Fuchs jedoch nicht daran, der UdSSR weiterhin wichtige Dokumente über die Operation Crossroads auf dem Bikini-Atoll zu liefern. Von Ende 1947 bis 1949 übergab er Alexander Feklissow, dem NKWD-Agenten, der das Spionagenetz von Semjon Semjonow übernommen hatte, die wichtigsten theoretischen Studien zur Entwicklung der Wasserstoffbombe, die den Sowjets helfen sollten, ihre eigene Fusionsbombe zu bauen und damit den Vorteil der „Super" zu neutralisieren.

Im Jahr 1948 bestätigte das FBI, dass Fuchs Mitglied der Kommunistischen Partei war, und begann, ihn mit den Kontakten seiner Schwester Kristel zu einem sowjetischen Agenten mit dem Decknamen „Gus" in Verbindung zu bringen. 1947 hatte das FBI auch entdeckt, dass Kristels Ehemann, Robert Heineman, seit 1936 Kommunist gewesen war. 1949 waren sich die FBI-Agenten bereits sicher, dass Klaus Fuchs, der die Vereinigten Staaten bereits verlassen hatte, „Rest" war, so dass sie mit Fotos von angeblichen Spionen nach London reisten, um ihn zu verhören. Im Mai 1950 identifizierte Fuchs Harry Gold und die Amerikaner, obwohl die Sowjets am 5. Oktober 1944 seinen Codenamen in „Arno" geändert hatten, erfuhren schließlich die Identität des in Venona „Gus" genannten Spions. Dies ermöglichte die Verhaftung von Harry Gold. Seine Aussagen führten zur Verhaftung von Julius und Ethel Rosenberg, zwei weiteren berühmten jüdischen Spionen.

In seiner Autobiographie *Mein stiller Krieg* beklagte Kim Philby, der nach seiner Enttarnung in die Sowjetunion geflüchtet war, dass Fuchs es versäumt hatte, seinen Mund zu halten. Fuchs gestand nicht nur seine eigene Rolle in der Affäre", schrieb Philby, „sondern nannte auch seinen Kontaktmann in den Vereinigten Staaten, Harry Gold. Über Gold, der ebenfalls gesprächig war, gelangte die Kette unaufhaltsam zu den Rosenbergs, die ordnungsgemäß durch Stromschlag getötet wurden." Die Rosenbergs waren die einzigen jüdischen Spione, die auf dem elektrischen Stuhl verurteilt wurden. Klaus Fuchs wurde zu vierzehn Jahren verurteilt, verbüßte aber nur neun Jahre im Gefängnis und beendete seine Tage im kommunistischen Deutschland. Harry Gold wurde 1951 zu dreißig Jahren Haft verurteilt, kam aber 1965 frei.

Die Aussagen von Harry Gold führten zur Identifizierung von David Greenglass, der am Manhattan-Projekt in Los Alamos arbeitete. Der Sohn jüdischer Einwanderer aus Russland und Österreich hatte 1942 Ruth Printz, ebenfalls jüdischer Herkunft, geheiratet. Im selben Jahr traten beide der Young Communist League bei. Greenglass war der Bruder von Ethel, die seit 1936 Mitglied der YCLUSA (Young Communist League USA) war, wo sie Julius Rosenberg, den Führer der Organisation, kennenlernte und ihn 1939 heiratete. Die Verhaftung von David Greenglass am 15. Juni 1950 war der Auslöser für eine Reihe von Verhaftungen. Die Rosenbergs, beunruhigt über die absehbaren Folgen des Verhörs von Harry Gold, planten, das Land zu verlassen. Julius Ronsenberg versuchte, die Greenglasses zur Flucht zu überreden und bot ihnen sogar 4.000 Dollar an, aber die Zeit lief ihnen davon. Am 17. Juni wurde Rosenberg verhaftet, gefolgt von seiner Frau Ethel.

Nachdem wir diese vier Personen vorgestellt haben, wollen wir uns nun das Ausmaß ihrer Spionagetätigkeit ansehen. 1942 rekrutierte Semyon Semyonov Julius Rosenberg, der bereits als Inspektionsingenieur für das Army Signal Corps im Laboratorium von Fort Monmouth tätig war, für den NKWD. Dort wurde an geheimen militärischen Projekten in den Bereichen Elektronik, Radar, Lenkraketen, Flugabwehrsysteme usw. geforscht. Die Spionage in Fort Monmouth wurde 1953 von dem geschmähten Joe McCarthy untersucht, einem Patrioten, der in der Geschichte auf die schwarze Liste gesetzt wurde, weil er es wagte, die Verschwörung aufzudecken, was dazu führte, dass er sich mit der verborgenen Macht dahinter auseinandersetzte. In *Blacklisted by History. The Untold Story of Senator Joe McCarthy*, einem Werk von M. Stanton Evans, das die Figur des Senators, der „Hexen jagte", rechtfertigt, wird die Spionageverschwörung in Fort Monmouth (New Jersey), wo Julius Rosenberg, Morton Sobell, Joel Barr, Al Sarant und Aaron Coleman, allesamt Juden, Teil eines Netzes von sowjetischen und/oder zionistischen Spionen waren, im Detail erläutert. Wie die Karriere von Joe McCarthy beendet wurde, wird an anderer Stelle in diesem Kapitel behandelt. Als Semjonow 1944 nach Moskau zurückgerufen wurde, berichtete Julius Rosenberg an Alexander Feklissow, dem er Hunderte von als „streng geheim" eingestuften Berichten übergab. 1945 entdeckte die Armee Julius Rosenbergs kommunistische Zugehörigkeit und er wurde aus Fort Monmouth entlassen, ohne dass weitere Maßnahmen ergriffen wurden.

Den abgefangenen Venona-Dokumenten zufolge wurde Julius Rosenberg, dessen Codename „Liberal" war, selbst zum Leiter eines Spionagerings. Er rekrutierte nicht nur seine Frau und seinen Schwager, sondern empfahl auch Ruth Greenglass, „ein kluges und cleveres Mädchen". Da David Greenglass in Los Alamos arbeitete, wurde er damit beauftragt, ein Diagramm einer Linse zu beschaffen, die zur Zündung der Bombe verwendet werden sollte. Greenglass sollte das Diagramm der Sprenglinse aus dem Labor mitnehmen und es an J. Rosenberg übergeben. *Die Venona Secrets* geben die folgende Nachricht vom Dezember 1944 wieder, die von der New Yorker Rezidentura herausgegeben wurde und 1948 entschlüsselt werden konnte:

> „Osa' (Ruth Greenglas) kehrte von einer Reise zurück, um 'Kalibr' (David Greenglass) zu sehen. Kalibr' erklärte sich bereit, bei der Aufklärung der Arbeiten in Camp 2 (Los Alamos) mitzuhelfen, und berichtete, dass er bereits über das Thema nachgedacht habe. Kalibr' sagt, dass die Lagerbehörden offen alle Vorsichtsmaßnahmen ergriffen, um zu verhindern, dass Informationen über „Enormous" in russische Hände fallen. Dies sorgt für große Unzufriedenheit unter fortschrittlichen Arbeitern.... Mitte Januar wird 'Kalibr' in 'Tiro' (New York) sein. Der „Liberale" (Julius Rosenberg) äußert unter Hinweis auf seine Unkenntnis des Problems den Wunsch, dass unser Mann „Kalibr" zu einer persönlichen Befragung treffen möge. Er versichert uns, dass 'Kalibr' sich sehr über das Treffen freuen wird. Halten Sie ein solches Treffen für ratsam? Wenn nicht, sehe ich mich gezwungen, einen Fragebogen zu entwerfen und ihn 'Liberal' zu geben. Geben Sie ihm Bescheid, wenn Sie Fragen haben, die für uns von vorrangigem Interesse sind".

Trotz der im Text erwähnten verstärkten Sicherheitsmaßnahmen in Los Alamos erhielt Greenglass also das Diagramm der wesentlichen Linsen, die die Bombe zur Detonation brachten.

Zwei weitere jüdische Agenten im Rosenberg-Kreis waren Mike und Ann Sidorovich. Mike Sidorovich war nach seiner Teilnahme am Spanischen Bürgerkrieg in der Lincoln-Brigade im Februar 1939 in die Vereinigten Staaten zurückgekehrt. Er hatte zuvor für den sowjetischen Geheimdienst gearbeitet und erklärte sich bereit, den Kontakt mit dem NKWD wieder aufzunehmen. Im Oktober 1944 empfahl Rosenberg ihn und seine Frau Ann, ebenfalls eine enge Freundin, für die Spionagegruppe. Die New Yorker Rezidentura meldete sie nach Moskau. In dem Bericht wurde nicht nur Mikes Zeit in Spanien und seine dreijährige politische Untätigkeit erwähnt, sondern auch, dass Julius Rosenberg und Sidorowitsch seit ihrer Kindheit befreundet waren. Ann Sidorovich soll eine Schneiderin sein, die als Tarnung ein Geschäft eröffnen könnte. Moskau wurde gefragt, ob Mike Sidorovich, dessen Codename „Linza" war, Rosenberg helfen sollte oder „Yakov", der Codename von William Perl, einem anderen wichtigen jüdischen Agenten der Sowjets, dessen richtiger Nachname Mutterperl war.

Bei der Genehmigung des Entwurfs wies Moskau das Ehepaar Sidorowitsch zunächst dem Kreis um Rosenberg zu, doch bald darauf schickte die New Yorker Rezidentura sie nach Cleveland, Ohio, wo William Perl lebte. Da Mike Sidorowitsch Fotograf war, half er Rosenberg, gestohlene Dokumente zu fotografieren. Die Rosenbergs planten, dass Ann Sidorovich nach New Mexico reisen sollte, um die atomaren Daten zu sammeln, die David Greenglass aus dem Labor gestohlen hatte. Vielleicht weil sie schließlich Perl zugeteilt wurden, war jedoch nicht in der Lage, die Reise selbst anzutreten, und Julius Rosenberg benutzte Harry Gold als Kurier. Dieser Umstand führte 1950, nach den Aussagen von Klaus Fuchs und Harry Gold selbst, dazu, dass sich das FBI an den Rosenberg-Kreis wandte. Im Prozess, der am 6. März 1951 begann, gestand Gold, dass er Greenglass in dessen Wohnung in Albuquerque getroffen und ihm Informationen über das Bombenprojekt gegeben hatte.

Julius Rosenberg fungierte als direkte Verbindung zwischen dem sowjetischen Geheimdienst und dem Führer der Kommunistischen Partei der USA, Earl Browder. Darüber hinaus rekrutierte er ständig neue Agenten für seine Vorgesetzten. Im Jahr 1944, als er noch im Army Signal Corps arbeitete, wurde er für zehn Tage nach Washington geschickt,, wo er die Gelegenheit nutzte, Max Elitcher zu besuchen, einen jüdischen Freund, mit dem er eine kommunistische Ideologie teilte. Er hatte an ihn gedacht, um Dokumente zu fotografieren, da er ein ausgezeichneter Fotograf war. Als 1948 der Venona-Code geknackt wurde, wurde Elitcher identifiziert. Im Jahr 1951 wurde er als erster Zeuge der Anklage präsentiert: Nachdem er sich mit dem Staatsanwalt auf die für ihn günstigsten Bedingungen geeinigt hatte, machte er eine Aussage, die nicht nur für Julius Rosenberg, sondern auch für Morton Sobell sehr schädlich war, der mit seiner Frau Helen, die wie er Jüdin war und deren Mädchenname Levitov war, nach Mexiko geflohen war. Von Mexiko aus versuchten sie, nach Europa zu gelangen, wurden aber am 16. August 1950 von bewaffneten Männern aufgehalten, die sie an der Grenze dem FBI auslieferten. Alexander Feklissov, Rosenbergs sowjetischer Chef, bestätigte in *The Man behind the Rosenbergs* (1999), dass Morton Sobell, ein Elektronikingenieur, im Sommer 1944 als sowjetischer Spion angeworben worden war. Max Elitcher beschuldigte Sobell, geheime Informationen für Rosenberg verfilmt zu haben, wofür er zu dreißig Jahren Gefängnis verurteilt wurde, von denen er fast achtzehn verbüßte, den Großteil davon auf Alcatraz.

Der Richter, der die Rosenbergs und Morton Sobell verurteilte, Irving R. Kaufman, war ebenfalls Jude. Hier ist ein Auszug aus *den Venona-Geheimnissen* aus dem Urteil vom 5. April 1951:

> „Ich halte sein Verbrechen für schlimmer als Mord..... Ich denke, dass ihr Verhalten, die Atombombe in die Hände der Russen zu geben, Jahre bevor diese sie bauen konnten, wie von unseren besten Wissenschaftlern vorhergesagt, meiner Meinung nach bereits die kommunistische Aggression in Korea verursacht hat, die mehr als 50.000 Tote zur Folge hatte, und wer weiß, ob nicht Millionen Unschuldiger den Preis für ihren Verrat zahlen werden. In der Tat haben sie mit ihrer Illoyalität zweifellos den Lauf der Geschichte zum Nachteil unseres Landes verändert. Niemand kann behaupten, dass wir nicht in einem ständigen Zustand der Spannung leben. Jeden Tag haben wir überall Beweise für ihren Verrat, denn die Aktionen des Zivilschutzes unseres Landes zielen darauf ab, uns auf einen atomaren Angriff vorzubereiten."

Es gab noch eine weitere Gruppe jüdischer Kommunisten, die im Auftrag der Sowjetunion Atomspionage betrieben, ohne jemals verhaftet zu werden. Zu ihnen gehörte der jüngste Agent, Theodore Hall, ein Neunzehnjähriger, der eigentlich Theodore Alvin Holtzberg hieß. Dank seiner mathematischen Fähigkeiten, die er an der Harvard-Universität erworben hatte, gehörte Hall zu den jungen Wissenschaftlern, die für das Manhattan-Projekt in Los Alamos rekrutiert wurden, wo er an Experimenten mit der Implosionsvorrichtung „Fat Man" teilnahm und auch bei der Berechnung der Uranmasse von „Little Boy" half. Sein Codename in der Venona war „Mlad", das russische Lexem für das Wort „jung". Er kam 1944 in Los Alamos an. Im November wurde er nach New

York beurlaubt, wo er sich eine Wohnung mit Saville Sax teilte, einem anderen jungen Juden, der Mitglied der YCL („Young Communist League") war. Laut Herbert Romerstein überzeugte Sax, als Hall seinem Kollegen erklärte, was für eine Arbeit er verrichtete, ihn, Informationen über die Experimente in Los Alamos an die UdSSR weiterzugeben. Um mit dem sowjetischen Geheimdienst in Kontakt zu treten, überlegten sie, sich Earl Browder, dem Führer der Kommunistischen Partei, anzubieten, der in der Tat tief in die sowjetische Spionage in den Vereinigten Staaten verstrickt war. Browders Sekretärin war misstrauisch gegenüber einem Teenager, der wichtige Geheimnisse preisgab, und lehnte ihn ab, da sie befürchtete, er könnte ein FBI-Agent sein. Schließlich wurde der Kontakt über Sergey Kurnakov, „Bek", hergestellt, der sowohl Korrespondent des *Daily Worker* als auch Agent des sowjetischen Geheimdienstes war. Die New Yorker Rezidentura informierte Moskau über den Fall, und Kurnakov wurde zunächst Kurier für Ted Hall, der ihm die Informationen über Saville Sax übermittelte.

Hall und Sax übergaben Kurnakov Berichte und Listen von Mitarbeitern, die am Atombombenprojekt arbeiteten. Zu Halls Freunden in Los Alamos gehörte Samuel Theodore Cohen, ein junger, in Österreich geborener Jude, der an der Studie des Neutronenverhaltens im „Fat Man" arbeitete. Jahre später sollte Sam Cohen als der Vater der Neutronenbombe gelten. Im März 1945 bestätigte das NKWD gegenüber der New Yorker Rezidentura, dass die Berichte von „Mlad" mit großem Interesse aufgenommen wurden. Im Mai desselben Jahres schickte die Rezidentura einen neuen Bericht nach Moskau, in dem Hall die Versuchsstandorte und die Namen der Leiter der einzelnen Forschungsgruppen nannte. Nur Oppenheimer war unter dem Decknamen „Veksel" aufgeführt. 1950 vermutete das FBI, dass Hall in sowjetische Spionage verwickelt war, doch obwohl er im März 1951 verhört wurde, konnte man ihn nicht anklagen. 1962 ließen sich Ted Hall und seine Familie in England nieder. Erst als die National Security Agency 1995 die Venona-Dokumente veröffentlichte, wurde bekannt, dass Saville Sax und Theodore Hall sowjetische Agenten gewesen waren. Drei Jahre zuvor, 1992, waren in Russland Dokumente über Atomspionage aufgetaucht, aus denen hervorging, dass „Charles „ und „Mlad" die UdSSR über den Trinity-Test informiert hatten. In Venona entsprachen diese Codenamen den Namen Fuchs und Hall.

Der Empfänger der Berichte, die Hall an Sax lieferte, war nicht mehr Kurnavov, da er durch einen anderen New Yorker Rezidentura-Agenten, Anatoli Jacob Yakovlev, alias „John" laut FBI, ersetzt wurde, der ihn im Zusammenhang mit den Fällen Fuchs, Gold und Greenglass identifiziert hatte. Sax selbst trat als Kurier zurück, die Aufgabe wurde von einer legendären kommunistischen Spionin, Lona Cohen, übernommen, deren Mädchenname Leontina Petka war, die Tochter polnischer Juden, die in die Vereinigten Staaten ausgewandert waren. Lona hatte 1941 Morris Cohen, einen anderen in New York geborenen Juden russischer Herkunft, geheiratet. Morris Cohen war Mitglied des Lincoln-Bataillons gewesen und trug den Namen Israel Altman, der auch auf dem gestohlenen Reisepass stand, mit dem er nach Spanien einreiste. Cohen war für den NKWD rekrutiert worden, während er sich in einem Krankenhaus in

Barcelona von seinen 1937 an der Aragonienfront erlittenen Verwundungen erholte. Lona reiste regelmäßig nach New Mexico, um nach Berichten zu suchen, die ihm von „Perseus" geliefert wurden, der nicht identifiziert werden konnte, obwohl vermutet wurde, dass es sich um Ted Hall selbst handelte. Die National Security Agency hat nie herausgefunden, wer hinter „Volunteer" und „Lesley" steckt. Heute weiß man, dass es sich um Morris und Lona Cohen handelt.

Teil 3
Die Errichtung des zionistischen Staates in Palästina

Auf den vorangegangenen Seiten haben wir festgestellt, dass die Welt nach dem Zweiten Weltkrieg ein turbulenter Ort war, an dem die Nationen, erschöpft von der Katastrophe, die sie erlebt hatten, versuchten, wieder zu Atem zu kommen. Eine totalitäre Ideologie, deren Brutalität seit ihrem Triumph in Russland unübersehbar war, beherrschte halb Europa und die halbe Welt, während sie in China und anderen asiatischen Ländern Fuß zu fassen begann. Unter diesen Umständen bereiten sich die alten Kolonien darauf vor, das „Machtvakuum" zu nutzen, um sich gegen die Metropolen aufzulehnen und für ihre Unabhängigkeit zu kämpfen. Mit der Explosion der Atombomben hatten sich nicht nur die Bedingungen des Krieges, sondern auch die des Friedens drastisch verändert. Die Tatsache, dass eine Superbombe hergestellt wurde, die in einer Sekunde auf 130 Quadratkilometern rund um den Nullpunkt alles Leben auslöschen und auf 750 Quadratkilometern Menschen und Tiere schwer verbrennen konnte, vermittelt eine Vorstellung von der neuen Situation, die auf dem Planeten entstanden war. Unter diesen internationalen Bedingungen gelang es den Zionisten schließlich, der Welt den Staat Israel in Palästina aufzudrängen.

Der Teilungsplan für Palästina, die Resolution 181, die mit 33 gegen 13 Stimmen bei 10 Enthaltungen angenommen wurde, teilte Palästina in sechs Regionen auf: drei davon (56% der Gesamtfläche) sollten den jüdischen Staat bilden; die anderen drei mit der Enklave Jaffa (43,35%) sollten den arabischen Staat bilden. Jerusalem und sein Umland (0,65%) sollten eine „internationale Zone" sein, die von der UNO verwaltet werden sollte. Die erste eklatante Ungerechtigkeit des Teilungsplans bestand darin, dass den Juden nur 6,6% des ihnen zugewiesenen Landes gehörten. Im arabischen Staat, der 552 arabische Dörfer und 22 jüdische Dörfer umfasste, würden 725.000 Araber und nur 10.000 Juden leben. Im vorgeschlagenen jüdischen Staat sollten 498.000 Juden in 183 Dörfern und 497.000 Araber in etwa 274 Dörfern leben. Die Teilung war, wie man sieht, zutiefst einseitig zugunsten der Juden, denen das beste Land zugesprochen wurde, und konnte nur zu Konfrontationen führen, was genau das war, was die Zionisten geplant und vorbereitet hatten.

Der zionistische Druck sowohl innerhalb als auch außerhalb der Vereinten Nationen war beispiellos. In den Vereinigten Staaten brach die Nötigung von Kongressabgeordneten und Senatoren zusammen mit der Propagandakampagne in den Medien alle Rekorde. Wie üblich wurden diejenigen, die versuchten, die Rechte des palästinensischen Volkes zu verteidigen, des Antisemitismus bezichtigt, als ob die Palästinenser keine Semiten wären. Erpressung und Bestechung wurden nicht nur gegen Einzelpersonen, sondern auch gegen Nationen eingesetzt, da in den Delegationen der Länder Mikrofone angebracht wurden, um die Richtung der Abstimmung im Voraus zu kennen und um Druck ausüben und diejenigen erpressen zu können, die gegen den Teilungsplan stimmen würden. In der Nacht des 29. November 1947 fand die Abstimmung schließlich statt. Während die Zionisten in Tel Aviv die Nachricht von der Teilung euphorisch mit Tanz und Gesang begrüßten, kam es in der arabischen Welt in allen Hauptstädten der Arabischen Liga zu einer Explosion der Wut. In Damaskus wurden die amerikanischen und sowjetischen Delegationen angegriffen. Auch in Jerusalem kam es zu zahlreichen gewalttätigen Szenen. Das Hohe Arabische Komitee rief zu einem dreitägigen Generalstreik auf, bei dem es zu zahlreichen Zwischenfällen kam. Es war alles umsonst, denn obwohl der Staat Israel erst am 15. Mai 1948 proklamiert wurde, wurde er bereits im November 1947 gegründet.

Einige historische Ereignisse vor 1936

In diesem Buch werden einige der Schlüssel zum Verständnis dafür geliefert, wie es zur Aneignung von Land vom palästinensischen Volk kam. Im ersten Kapitel wurde erläutert, dass die Zionisten keine sephardischen oder sephardischen (semitischen) Juden sind, sondern zumeist aschkenasische oder aschkenasische (Nachkommen der Chasaren), so dass keiner ihrer Vorfahren aus Palästina stammt. Es hat sich auch gezeigt, dass die Prophezeiungen und messianischen Träume einiger Kabbalisten einige Juden, insbesondere Chassidim, dazu veranlassten, bereits im 18. Jahrhundert nach Palästina zu reisen. Jahrhundert nach Palästina reisten. Ihre Zahl war jedoch gering: Anfang des 19. Jahrhunderts lebten nur einige Tausend Juden im Heiligen Land. Es ist auch die Rede davon, dass die Rothschilds gebeten wurden, Palästina vom osmanischen Sultan zu kaufen, und von dem pro-zionistischen Nationalismus von Moses Hess, dem Lehrer von Karl Marx, dessen Werk *Rom und Jerusalem* als theoretischer Ursprung des Zionismus gilt.

Die Idee, dass die Rothschilds ihren Reichtum für die Wiederherstellung eines jüdischen Königreichs in Palästina einsetzen sollten, gewann nach der Damaskus-Affäre an Dynamik. Nach und nach engagierte sich die Bankendynastie nicht nur bei der Finanzierung von Projekten in Jerusalem und anderswo, sondern auch bei der Förderung der Gründung von Kolonien in Palästina. Dabei arbeitete sie mit Zadok Kahn und Michael Erlanger zusammen, die Mitglieder des Zentralkomitees der Universal Israelite Alliance waren, die bekanntlich von Großmeister Adolphe Isaac Crémieux gegründet wurde. Eine der ersten Kolonien war „Rishon le Zion", südlich von Jaffa gelegen. 1895 forderte Theodor Herzl, Pariser Korrespondent der *Neuen Freien Presse* in Wien, die Rothschilds auf, das jüdische Problem nur zu lösen, wenn sie Europa verlassen und einen eigenen Staat gründen würden. Im Februar 1896 veröffentlichte Herzl das Buch *Der Judenstaat*, das sofort auf großes Interesse stieß. Darin vertrat er die These, dass die Juden, wenn sie sich in Palästina ansiedeln würden, eine Art Mauer gegen Asien bilden würden: „Wir wären der vorgeschobene Wächter der Zivilisation gegen die Barbarei". Im Juni 1896 reiste Herzl nach Konstantinopel, um Sultan Abdul Hamid II. zu treffen, der sich weigerte, ihn zu empfangen. In seinem *Tagebuch* notiert Herzl die Antwort des Sultans: „Das Reich gehört nicht mir, es gehört dem türkischen Volk. Ich kann keinen Teil davon abtreten. Vielleicht werden sie an dem Tag, an dem das Reich aufgeteilt wird, Palästina umsonst haben. Aber es ist unser Leichnam, der aufgeteilt werden wird". Unter diesen Umständen gelingt es Herzl, am 29. August 1897 den ersten Zionistenkongress einzuberufen, an dem etwa zweihundert Delegierte aus aller Welt teilnehmen.

Angesichts der zunehmenden Organisation des Zionismus war eines der Probleme, mit denen sich die nationale Widerstandsbewegung in Palästina von Anfang an konfrontiert sah, die quasi feudale Struktur der palästinensischen Gesellschaft, in der die großen Familien nicht in der Lage waren, sich politisch zu organisieren und sich zu einer nationalen Einheitsfront zusammenzuschließen. Bis zum Aufkommen des Zionismus waren die Palästinenser jedoch trotz der Zusammenarbeit der Großgrundbesitzer mit den osmanischen Behörden und der vorherrschenden sozialen Hierarchie sehr geschlossen und die unter ihnen lebenden nicht-zionistischen Juden, vor allem in Jerusalem, waren gut integriert und wurden von der vielfältigen palästinensischen Gesellschaft akzeptiert. Jerusalem, Haifa, Gaza, St. John von Akkon, Nazareth, Jaffa, Jericho, Nablus und Hebron waren blühende Städte. Die Hänge wurden durch das Terrassensystem sorgfältig bearbeitet, und die Zitrusfrüchte, Oliven, Getreide und anderen Produkte der palästinensischen Landwirtschaft waren in der ganzen Welt bekannt und geschätzt. Manufakturen, Textilien und Kunsthandwerk vervollständigten die kommerziellen Aktivitäten. Anfangs waren die Palästinenser gegenüber den frühen zionistischen Siedlungen unklugerweise tolerant, doch zu Beginn des 20. Jahrhunderts begannen sie die Gefahr zu erkennen und lehnten sie ab.

1903 gab es trotz des türkischen und palästinensischen Widerstands gegen den Zionismus etwa dreißig jüdische Siedlungen in Palästina, von denen die meisten von Edmond de Rothschild subventioniert wurden. Die Palästinenser begannen, die zionistischen Siedler als „unerwünschte Ausländer" zu betrachten, und der Widerstand wuchs mit der Zeit. Israel Zangwill, ein fabianischer Sozialist, der für eine Weltregierung eintrat, in der seine Ethnie eine entscheidende Rolle spielen sollte, schlug 1904 einen Slogan vor, der populär werden sollte: Er forderte „ein Land ohne Volk für ein Volk ohne Land". Dieser jüdische Nationalist, der ansonsten internationalistisch eingestellt war und die Unterdrückung anderer Nationalismen befürwortete, begründete damit einen der Mythen, mit denen der Zionismus den Diebstahl des Landes von den Palästinensern rechtfertigte, einem Volk, dessen Vorfahren, die Kanaaniter, es lange vor den ersten Hebräern bewohnt hatten, die sich in Kanaan niederließen. Seitdem haben die Zionisten diese Idee kultiviert, um Palästina als einen abgelegenen und trostlosen Ort darzustellen, der sicher eingenommen werden konnte. Dies bedeutete, dass man den Palästinensern von Anfang an ihre Identität, ihre Nationalität und natürlich jede Legitimität über das Land, das sie bewohnten und besaßen, absprach. Ralph Schönman, ein jüdischer Autor, der den Zionismus anprangert, schreibt in *Die verborgene Geschichte des Zionismus* zu diesem Ziel folgendes:

> „Was den Zionismus von anderen kolonialen Bewegungen unterscheidet, ist die Beziehung zwischen den Siedlern und dem zu erobernden Volk. Das erklärte Ziel der zionistischen Bewegung ist nicht nur die Ausbeutung der Palästinenser,

sondern ihre Vertreibung und Enteignung. Ziel ist es, die einheimische Bevölkerung durch eine neue Siedlergemeinschaft zu ersetzen, die Bauern, Handwerker und Einwohner Palästinas auszurotten und sie durch eine völlig neue Arbeitsbevölkerung zu ersetzen, die aus den Siedlern besteht. Indem er die Existenz der Palästinenser leugnet, zielt der Zionismus darauf ab, das politische Klima für ihre Auslöschung zu schaffen, nicht nur aus ihrem Land, sondern aus der Geschichte."

1908 wurde die antizionistische Zeitung *Al-Karmal* gegründet, und 1911 entstand in Jaffa eine antizionistische Partei, die Nationale Partei, deren Ziel es war, die Zionisten zu bekämpfen, nicht weil sie Juden waren, sondern weil sie Ausländer waren, die ein Kolonisierungsprojekt verfolgten. So kam es zum Ersten Weltkrieg. Die Briten versuchten, den Scherif von Mekka, Hussein, den einzigen arabischen Prinzen, der vom Propheten abstammte und eine Fatwa zur Rechtfertigung eines heiligen Krieges gegen die Türkei ausstellen konnte, zur Unterstützung zu bewegen. Lord Herbert Kitchener, der britische Kommissar in Ägypten, versprach dem Scherif Hussein schriftlich, dass Großbritannien seine Hilfe gegen jede ausländische Intervention garantieren würde. Nach Beratungen zwischen Hussein und den arabischen Nationalisten in Syrien und Palästina begannen die anglo-arabischen Verhandlungen, die in acht Briefen zwischen Hussein und Sir Henry MacMahon, dem Hochkommissar in Kairo, festgehalten wurden. Diese Korrespondenz fand zwischen Juli 1915 und Januar 1916 statt. Bekanntlich rief Scherif Hussein, der von der Zuverlässigkeit der britischen Versprechungen überzeugt war, am 5. Juni 1916 die Araber zum Aufstand auf, ein Ereignis, das im Westen dank des verfilmten Epos des berühmten Lawrence von Arabien einem breiten Publikum bekannt wurde.

Einige Monate zuvor, im Frühjahr 1916, hatten Georges Picot, ein Vertreter des französischen Außenministeriums, und Sir Mark Sykes vom Foreign Office einen geheimen Vertragsentwurf ausgearbeitet, der den Nahen Osten in fünf Zonen aufteilte. Das als Sykes-Picot-Abkommen bekannte Abkommen wurde am 6. Mai 1916 von Paul Cambon, dem französischen Botschafter in London, und Edward Grey, dem Staatssekretär des Außenministeriums, ratifiziert. Die von den europäischen Diplomaten gezogenen Grenzen schränkten den Geltungsbereich der dem Scherif Hussein gemachten Versprechungen ein und sollten die Zukunft der arabischen Welt bestimmen. Im Dezember 1916 stürzte die Regierung von Herbert Henry Asquith, der seit April 1908 Premierminister gewesen war. Wir verweisen auf das siebte Kapitel, in dem wir beschrieben haben, wie der Kriegsminister David Lloyd George, unterstützt von einer Medienkampagne gegen Asquith, kurz vor dem Friedensschluss mit Deutschland versuchte, den Premierminister zu isolieren und die Kontrolle über die Regierung zu übernehmen, nachdem er mit einer Delegation amerikanischer Zionisten ein Abkommen geschlossen hatte, um die Vereinigten Staaten in den Krieg einzubeziehen. Am 7. Dezember 1916 wurde Lloyd George Premierminister des Vereinigten Königreichs und Lord Balfour wurde zum Außenminister ernannt. Die Zionisten hatten die Zusicherung erhalten, dass Großbritannien einen Feldzug zur Eroberung

Palästinas starten würde. Am 2. November 1917 wurde die berühmte *Balfour-Erklärung* abgegeben.

In Kapitel acht haben wir auch gesehen, wie die Konferenz von San Remo im April 1920 das britische Mandat für Palästina festlegte, das im Juli 1922 vom Rat des Völkerbundes bestätigt wurde. Es sei daran erinnert, dass die Resolution von San Remo von den Zionisten als Verpflichtung der Briten angesehen wurde, ihnen die Souveränität über Palästina zu übertragen. Lord Curzon, der 1917 die Balfour-Erklärung ablehnte, war in San Remo Sekretär des Außenministeriums und verteidigte energisch den zweiten Teil des Textes, der sich auf die Notwendigkeit bezog, die Rechte der Araber und Christen zu garantieren, die von den britischen und französischen Diplomaten als Minderheiten bezeichnet wurden, obwohl sie in Wirklichkeit den Großteil der Bevölkerung Palästinas ausmachten, da die Juden 1920 eine sehr kleine Minderheit darstellten. All dies ist im ersten Teil des achten Kapitels ausführlich behandelt worden, so dass wir uns jetzt darauf beschränken, den Text der *Balfour-Erklärung*, in Wirklichkeit ein Schreiben des Sekretärs des Außenministeriums an Lord Rothschild, vollständig wiederzugeben:

> „Lieber Lord Rothschild,
> Ich habe das Vergnügen, Ihnen im Namen der Regierung Seiner Majestät die folgende, dem Kabinett vorgelegte und von diesem gebilligte Erklärung der Sympathie mit den zionistischen Bestrebungen der Juden zu übermitteln.
> Die Regierung Seiner Majestät steht der Errichtung einer nationalen Heimstätte für das jüdische Volk in Palästina positiv gegenüber und wird sich nach besten Kräften bemühen, die Verwirklichung dieses Ziels zu erleichtern, wobei selbstverständlich nichts unternommen wird, was die bürgerlichen und religiösen Rechte der nichtjüdischen Gemeinschaften in Palästina sowie die Rechte und den politischen Status der Juden in jedem anderen Land beeinträchtigen könnte.
> Ich wäre Ihnen dankbar, wenn Sie diese Erklärung der Zionistischen Föderation zur Kenntnis bringen würden".

Am 19. November 1917 räumt Lord Balfour in einer parlamentarischen Anfrage ein, dass es „keine offiziellen Informationen an die Alliierten zu diesem Thema" gegeben habe. Trotzdem sagte Balfour, ich zitiere: „Die Regierung Ihrer Majestät glaubt, dass die betreffende Erklärung von ihr gebilligt werden wird". Einige Wochen später, im Dezember 1917, erläuterte Stéphen Pichon, Frankreichs Außenminister, in der Abgeordnetenkammer die französische Position der „Internationalisierung Palästinas", eine Tatsache, die die *Balfour-Erklärung* zu ignorieren schien. Pichon vertrat die Auffassung, dass die türkische Herrschaft durch „ein internationales Regime auf der Grundlage von Recht und Freiheit" und nicht durch eine britische oder französische Verwaltung ersetzt werden sollte. Diese Position rief eine sofortige Reaktion der Zionisten hervor. Nahum Sokolov, der in London ansässige Generalsekretär des Zionistischen Weltkongresses, reist sofort an der Spitze einer großen Delegation nach Paris. Baron Rothschild wandte sich auch an G. Clemenceau, der am 16. November gerade seine zweite Amtszeit als französischer Premierminister angetreten hatte.

Am 9. Februar 1918 führte Sokolov ein Gespräch mit Pichon, aus dem ein Kommuniqué hervorging, in dem verkündet wurde, dass Großbritannien und Frankreich in allen Fragen der jüdischen Ansiedlung in Palästina völlig einig seien. Am 14. Februar 1918 schrieb Pichon einen Brief an Sokolov, in dem er seine Unterstützung für die Erklärung bekräftigte. Im Dezember 1918 war es Clemenceau selbst, der Lloyd George anbot, auf Frankreichs „Rechte" in Palästina zu verzichten, im Gegenzug für eine Lösung des Rheinlandproblems und die britische Anerkennung des „ausschließlichen Einflusses Frankreichs auf Syrien". Am 31. August 1918 schickte US-Präsident Woodrow Wilson ein Schreiben an Rabbi Stephen Wise, in dem er die Erklärung billigte. Die Tragödie des palästinensischen Volkes, die immer noch nicht abgeschlossen war, begann sich zu entfalten. 1949 schrieb Arthur Koestler, damals Zionist, der der Ausrufung des Staates Israel beigewohnt hatte, in dem Essay *Analyse d'un miracle: naissance d'Israel* folgendes über die *Balfour-Erklärung*: „Es handelt sich um ein Dokument, mit dem eine Nation einer anderen Nation feierlich das Gebiet einer dritten Nation verspricht; obwohl die Nation, der das Versprechen gegeben wird, keine Nation, sondern eine Religionsgemeinschaft war und das Gebiet zum Zeitpunkt des Versprechens einer vierten Nation, der Türkei, gehörte". Der Kommentar wäre überflüssig, wenn Koestler nicht das Substantiv „Wunder" verwenden würde: Es war eindeutig kein Wunder, sondern ein unmissverständlicher Beweis dafür, dass die Zionisten in der Lage waren, ihren Willen bis zu unvorstellbaren Extremen durchzusetzen.

Nach der Konferenz von San Remo begann das britische Mandat über Palästina. Auf Ersuchen von Chaim Weizmann wird Herbert Samuel, ein zionistischer Jude und Mitglied der Liberalen Partei, zum Hochkommissar ernannt. Er trifft am 1. Juli 1920 ein und beginnt, Maßnahmen zur Förderung der zionistischen Kolonisierung zu ergreifen: die Gründung des Jüdischen Nationalfonds, die Vergabe des Elektrizitätsmonopols an den Zionisten Rosenberg, die Erteilung von Vollmachten an die Zionistische Organisation zur Förderung der jüdischen Einwanderung, usw. Die palästinensischen Proteste gegen die jüdische Einwanderung hielten an, und am 1. Mai 1921 brachen in Jaffa mehrere Tage lang gewalttätige antizionistische und antibritische Unruhen aus. Bichara Khader zitiert in *The Sons of Agenor* verschiedene Quellen, um die Zahl der Opfer zu beziffern, und gibt folgende Zahlen an: 157 Tote und 705 Verletzte auf palästinensischer Seite und etwa hundert Tote auf jüdischer Seite, Zahlen, die eine Vorstellung von den Spannungen vermitteln, die durch die Politik Herbert Samuels verursacht wurden. Die Gewalt der Unruhen rief die britische Regierung auf den Plan, die am 3. Juni 1922 ein als „Weißes Manifest" bekanntes Dokument veröffentlichte, in dem die Bestrebungen der Zionisten relativiert und Beschränkungen für die Einwanderung angekündigt wurden.

Die Palästinenser versuchten, sich politisch zu organisieren, und hielten zwischen 1919 und 1928 nicht weniger als sieben Kongresse ab. Der erste, der am 15. Februar in Jerusalem stattfand, hatte die Ablehnung der *Balfour-Erklärung*, die Vereinigung mit Syrien und die volle palästinensische Unabhängigkeit im Rahmen der arabischen Einheit beschlossen. Die Unwirksamkeit dieser Form der politischen Opposition wurde jedoch aufgrund der Rivalitäten und der Vielfalt der zum Ausdruck gebrachten Positionen bald deutlich. Dazu trug auch bei, dass es den Briten gelang, innerhalb der palästinensischen Bewegung eine so genannte „gemäßigte" Strömung zu schaffen. Infolgedessen gelang es der palästinensischen Nationalbewegung nicht, sich richtig zu strukturieren, und sie geriet in eine Sackgasse.

In der Zwischenzeit ging die illegale Einwanderung weiter. Der Zionismus wusste, dass es nur durch Einwanderung möglich war, ein von Arabern bewohntes Land in einen jüdischen Staat zu verwandeln. Von 1920 bis 1932 landeten 118.378 neue Einwanderer in Palästina[20]. Der Höhepunkt war zwischen 1924-26, der berühmten „Aliyah" der polnischen Juden, die unter der antisemitischen Politik Polens litten. Laut der Volkszählung von 1931 lebten in Palästina 1.035.821 Menschen, davon 759.712 Muslime, 174.006 Juden, 91.938 Christen und 10.101 nicht klassifizierte Personen. Der Anteil der Juden war von 11% im Jahr 1922 auf 17,7% angestiegen. Die Dinge liefen jedoch nicht nach Plan, da viele dieser Einwanderer die Lebensbedingungen nicht als ausreichend anregend empfanden, um sich niederzulassen, so dass zwischen 1924 und 1931 fast ein Drittel der Einwanderer, die nach Palästina gekommen waren, das Land wieder verließen, nachdem sie einige Zeit dort verbracht hatten. Im Jahr 1927 gab es sogar mehr Abgänge als Zugänge.

Die Unruhen und Zusammenstöße eskalierten 1928, als die Zionisten versuchten, Land und Immobilien in der Nähe der Westmauer zu kaufen, um den Status quo des Zugangs zur Westmauer zu ändern. Die Palästinenser reagierten und gründeten auf Initiative des Obersten Muslimischen Rates von Hadsch Amin al-Husseini das „Komitee zur Verteidigung der Al-Aksa-Moschee". Die Juden ihrerseits betonten 1929 auf einem Kongress in Zürich die Bedeutung der Klagemauer und zogen im August durch die Straßen von Jerusalem. Die Palästinenser antworteten eine Woche später mit einer weiteren Demonstration. Am 23. August kam es schließlich zu schweren Unruhen, die von Jerusalem auf Jaffa, Haifa und Safed übergriffen. Zionistische Siedlungen wurden angegriffen und die Feindseligkeiten hielten eine Woche lang an. Die Zahl der Toten und Verwundeten auf beiden Seiten gibt einen Eindruck von der Schwere der Unruhen: 133 Juden wurden getötet und 339 verwundet; bei den Palästinensern waren es 116 Tote und 232 Verwundete. Am 26. Oktober desselben Jahres hielten palästinensische Frauen, die sich gegen Einwanderung und Kolonisierung wehren wollten, ihren ersten nationalen Kongress ab.

Die explosive Situation veranlasste die Briten, eine Untersuchungskommission, die so genannte „Shaw-Kommission", einzusetzen, deren Bericht zu dem Schluss kam, dass die Ursache für die Ausbrüche in der Angst der Araber lag, ihres Landes beraubt und von den zionistischen Juden beherrscht zu werden. Darüber hinaus legte Sir Henry Hope Simpson, ein von London entsandter Experte, der die Lage vor Ort beurteilen sollte, einen Bericht vor, in dem er zu dem Schluss kam, dass palästinensische Arbeiter diskriminiert

---

[20] Die nachstehenden Zahlen sind dem oben zitierten Werk *The Sons of Agenor* von Bichara Khader entnommen, der sie wiederum hauptsächlich aus Mark Tesslers *A History of the Israeli-Palestinian Conflict* (1994) übernommen hat.

wurden und dass zionistische Organisationen „teuflische" Methoden anwandten, um jüdische Einwanderer nach Palästina zu bringen. 1930 kam es zu erneuten Protesten, und die Behörden verhängten den Ausnahmezustand über Nablus.

Auf der Grundlage des Berichts der Shaw-Kommission und des Memorandums von Hope Simpson veröffentlichte die britische Regierung am 21. Oktober 1930 ein neues Weißbuch. Darin heißt es, die Regierung Seiner Majestät habe „eine doppelte Verpflichtung, einerseits gegenüber dem jüdischen Volk und andererseits gegenüber der nichtjüdischen Bevölkerung". Die Zionisten reagierten entrüstet. Aus Protest trat Chaim Weizmann von der Präsidentschaft der Zionistischen Organisation und der Jewish Agency zurück. Felix Warburg trat als Vorsitzender des Verwaltungsausschusses der Agentur zurück. Trotzdem übte Weizmann Druck auf Premierminister Ramsay Mac Donald aus, der am 31. Februar im Repräsentantenhaus eine Erklärung an Weizmann verlas, in der er das Weißbuch faktisch für ungültig erklärte. Eine Passage lautete: „Eine Aussetzung oder ein Verbot der jüdischen Einwanderung in irgendeiner Form wird von der Regierung Seiner Majestät weder vorgeschrieben noch in Erwägung gezogen.... Die Erklärung der Regierung Seiner Majestät impliziert nicht das Verbot des Landerwerbs durch Juden..." Die Araber betrachteten diese Erklärung als „das schwarze Buch", da sie das Weiße Buch praktisch ablehnte.

Auf jeden Fall lud die Atmosphäre in Palästina die europäischen Juden nicht dazu ein, die Länder, in denen sie lebten, zu verlassen und ihre Heimat zu verlassen. Die Zahlen zeigen, dass die Einwanderung zwischen 1928 und 1931 völlig stagnierte. Trotz aller Bemühungen der zionistischen Organisationen kamen in diesen vier Jahren insgesamt nur 16.445 Juden nach Palästina. Dank des Haavara-Abkommens, das am 25. August 1933 zwischen den Nazis und den Zionisten unterzeichnet wurde, erfuhr Palästina einen erheblichen demografischen und wirtschaftlichen Aufschwung. Wie in Kapitel 8 erläutert, ermöglichte Hitler den Transfer des Vermögens Zehntausender deutscher Juden nach Palästina und legte damit den Grundstein für die Gründung des künftigen Staates Israel. Zwischen 1933 und 1936, den Jahren der größten „Nazi"-Kollaboration, wanderten 178.671 Juden nach Palästina ein. Man schätzt, dass zwischen 60.000 und 80.000 von ihnen aus Deutschland kamen und somit unter optimalen Bedingungen nach Palästina einreisten. Wahrscheinlich in Unkenntnis der Tragweite des Haavara-Abkommens erklärte Jamal Husseini, der Gründer der Palästinensischen Arabischen Partei, in einem Interview in London im Mai 1937, und ich zitiere:

> „Die Zionisten haben Hitler viel zu verdanken. Nach den Aufständen von 1929 erlitt der Zionismus einen schweren Rückschlag, und 1931 verließen tatsächlich mehr Juden Palästina als einwanderten. Man muss sagen, dass die Nazi-Revolution den Zionismus gerettet hat. In Deutschland begann ein Wiederaufleben des Judentums, und junge Juden machten sich auf den Weg nach Palästina. Eine zionistische Zeitung stellte klar, dass eine Nazi-Regierung in jedem europäischen Land dem Zionismus enorm helfen würde."

Der Kampf um Land war in diesen Jahren entscheidend. Die Zionisten zählten auf die britische Unterstützung vor Ort, um die Eroberung „eines Landes ohne Volk für ein Volk ohne Land" einzuleiten. Der zionistische Trugschluss stieß jedoch von Anfang an auf eine hartnäckige Realität: Das palästinensische Volk existierte und besaß das Land, war sich seines Wertes voll bewusst und wollte es nicht hergeben. Die zionistische Führung konzentrierte einen Großteil ihrer Bemühungen auf die Vermehrung der Siedlungen. Der Jüdische Nationalfonds stellte große Geldsummen für den Erwerb ländlicher Gebiete zur Verfügung, und der britische Verwaltungsapparat tat alles, was er konnte, um die Zionisten zu unterstützen. Das Endergebnis dieser Landnahmepolitik war jedoch ein Fehlschlag. Im Jahr 1922 besaßen die Zionisten 71 Siedlungen mit einer Fläche von 594.000 Dunum (59.400 Hektar). Bis 1931 besaßen sie einhundertzehn Siedlungen und 1.068.000 Dunum. Mehr als 85 Prozent des Landes waren von Großgrundbesitzern, Abwesenden oder Einwohnern gekauft worden, was zur Vertreibung von 20.000 palästinensischen Bauernfamilien führte. Dennoch besaßen die Zionisten zum Zeitpunkt der Teilung im November 1947 nur 6,6% der Gesamtfläche Palästinas bzw. 15% des Ackerlandes.

Die Situation zwischen 1936 und November 1947

Der Verlust von Land und die fortgesetzte Unterdrückung durch die Briten und die Zionisten schärften das Bewusstsein der palästinensischen Bevölkerung für das Schicksal, das sie erwartete. Am 13. September 1933 brachen in Jerusalem schwere Unruhen aus, die brutal niedergeschlagen wurden. Aus Protest demonstrierten die arabischen Führer am 13. Oktober, und wieder gingen die Briten mit exzessiver Gewalt vor, die 32 Tote und 97 Verwundete forderte, darunter den achtzigjährigen Führer Musa Jazem al-Husseini. Die Revolte breitete sich am nächsten Tag auf das ganze Land aus. Im November 1935 schlossen sich schließlich die Führer von fünf arabischen Parteien zusammen, um mit dem britischen Hochkommissar zu verhandeln, dem sie die Einsetzung eines Legislativrats mit einem von London ernannten britischen Präsidenten vorschlugen. Dieser Rat sollte die Aufgabe haben, die britischen Behörden zu beraten und zu unterstützen. Ebenfalls im November 1935 kam es zum Aufstand von Scheich Izzidim al-Kassam, einem arabischen Führer, der glaubte, dass nur eine „bewaffnete Revolution" Palästina vom anglo-zionistischen Kolonialismus befreien könne. Al-Kassam hatte Widerstandsgruppen gebildet und eine geheime Organisation von Muslimen, meist Bauern und Arbeitern, gegründet, die schworen, ihr Leben für das Vaterland zu opfern. Diese Einheit war so organisiert, dass sie über eine Abteilung für den Kauf von Waffen, eine Ausbildungseinheit, eine Spionagegruppe und eine Propagandaabteilung verfügte. Am 12. November beschlossen die „Fedajin" (Milizionäre oder Kämpfer), eine revolutionäre Aktion zu starten, und bezogen Stellung im Dorf Yabed in der Nähe des Hafens von Haifa. Die britische Armee ging gut mit ihnen um, und am 21. November wurde Izzidim al-Kassam zusammen mit anderen Fedajin getötet. Seine Gestalt wurde zu einem Symbol des palästinensischen Widerstands, und heute ist eine islamistische Militärzelle in Gaza nach ihm benannt. Die Izzidim al-Kassam-Brigaden sind unter den palästinensischen Widerstandsgruppen einhellig anerkannt.

Im Frühjahr 1936 wird der von den Palästinensern vorgeschlagene Gesetzgebungsrat abgelehnt. Das britische Parlament beugte sich erneut den Protesten der Zionisten und lehnte das Gesetz ab. In diesem Kontext fand der große Volksaufstand statt, der drei Jahre lang bis 1939 andauerte. Ziviler Ungehorsam und bewaffneter Aufstand waren die Formen, die der Aufstand annahm. Am 15. April 1936 wurden zwei Juden ermordet, und die Lage begann sich rasch zu verschlechtern. Tägliche Zusammenstöße weiteten sich auf das gesamte Gebiet aus. Die Nationalisten in Nablus gründeten ein Nationalkomitee, dem sich die sechs wichtigsten palästinensischen Parteien anschlossen. Am 25. April wurde dieses Komitee zum Arabischen Hohen Komitee unter dem Vorsitz von Mufti Hajj Amin al-Husseini. Das Komitee beschloss einen Generalstreik, um die Briten zu zwingen, die palästinensischen Forderungen zu akzeptieren. Am 7. Mai fand ein Kongress statt, an dem 150 Delegierte aus allen Teilen der Bevölkerung teilnahmen. Es wurde beschlossen, keine Steuern mehr zu zahlen, und der Generalstreik in ganz Palästina, der ein halbes Jahr dauern sollte, wurde gebilligt.

Wie üblich reagierten die Briten mit äußerster Härte und entfachten eine Kampagne der Repression. Diejenigen, die als Organisatoren oder Sympathisanten des Streiks galten, wurden verhaftet. Im ganzen Land wurden Häuser durch die Zündung von Sprengstoff zerstört. Am 18. Juni 1936 wurde ein großer Teil der Stadt Jaffa von den britischen Behörden zerstört, wodurch 6.000 Menschen obdachlos wurden. Auch in den Gemeinden im Umland der Stadt wurden zahlreiche Häuser zerstört. Am 30. Juli wurde das Kriegsrecht verhängt. Ende August 1936 begannen geheime bewaffnete Gruppen aus den arabischen Nachbarländern nach Palästina einzudringen. Man könnte sagen, dass der Aufstand die Züge einer sozialen Revolution annahm und die Frustration und Verwirrung der ärmeren Bevölkerungsschichten zum Ausdruck brachte. Der Einfluss der Notabeln in den Mittelschichten und in der Mittelschicht der Bevölkerung war ein wichtiger Faktor für den Aufstand. Der Einfluss der Honoratioren, der angesichts der Spontaneität des Aufstands, der hauptsächlich von der Bauernschaft getragen wurde, schwand, konnte die Situation noch sechs Monate lang nicht umlenken. Beunruhigt über das Ausmaß und die Dauer des Streiks luden die Briten die prominentesten arabischen Führer des Nahen Ostens nach London ein, um mit dem Hohen Arabischen Komitee zu vermitteln. Am 11. Oktober 1936 rief das Komitee schließlich zur Ruhe auf und ordnete ein Ende des Streiks für den folgenden Tag an. Einen Monat später, am 11. November, gab das Generalkommando der arabischen Revolution in Südsyrien-Palästina ein Kommuniqué heraus, in dem es dazu aufrief, „die Feindseligkeiten einzustellen, um die Atmosphäre der laufenden Gespräche, auf die die Nation all ihre Hoffnungen setzt, nicht zu vergiften".

Um herauszufinden, was geschehen war, entsandte Großbritannien Ende des Jahres eine Untersuchungskommission nach Palästina, die von Lord Peel geleitet wurde. Nur unter dem Druck der arabischen Herrscher in diesem Gebiet willigten die Palästinenser ein, ihre Beschwerden vor der so genannten Peel-Kommission vorzutragen, die ein am 7. Juli 1937 veröffentlichtes Dokument vorlegte. Darin wurden die ersten fünfzehn Jahre des Mandats analysiert. Sie zog im Wesentlichen zwei Schlussfolgerungen zu den Ursachen des Aufstands: den Wunsch des palästinensischen Volkes nach nationaler Unabhängigkeit und die Befürchtung, dass die Zionisten eine Kolonie auf ihrem Land errichten würden. Der Peel-Bericht nannte auch andere zugrunde liegende Faktoren: die Ausbreitung nationalistischer Gefühle außerhalb Palästinas; die zunehmende jüdische Einwanderung ab 1933; die Fähigkeit der Zionisten, die britische öffentliche Meinung zu beeinflussen und die Unterstützung der Regierung zu gewinnen; mangelndes Vertrauen in die Absichten Londons; die Furcht vor weiteren Landkäufen von abwesenden Grundbesitzern, die zur Vertreibung der Bauern, die das Land bearbeitet hatten, führen würden; das britische Ausweichen in Bezug auf die Berücksichtigung der palästinensischen Souveränität. Der Bericht der Peel-Kommission schließlich fasste die Forderungen in drei Punkten zusammen: sofortige Beendigung der zionistischen Einwanderung, Stopp und Verbot der Übertragung von arabischem Landbesitz an zionistische Siedler und Einsetzung einer von Palästinensern kontrollierten demokratischen Regierung. Ein weiterer wichtiger Aspekt war die erstmalige Empfehlung einer Teilung Palästinas, um eine endgültige Regelung zu erreichen. Die Peel-Kommission sprach dem arabischen Staat 85 Prozent des Territoriums zu und schlug für den jüdischen Staat nur die Küstengebiete nördlich von Tel Aviv und das Galiläa-Gebirge vor.

Einen Monat später fand der 20. Zionistenkongress in Zürich statt. Da der Zionismus davon ausging, dass der künftige jüdische Staat ganz Palästina umfassen würde, wollte er grundsätzlich nichts mit den Vorschlägen der Peel-Kommission zu tun haben. 1938, ein Jahr nach der Veröffentlichung des Peel-Berichts, legte David Ben Gurion dem Weltrat von Poale Zion, dem Vorläufer der Arbeiterpartei, einen Bericht vor, der seine wahren Absichten widerspiegelte: „Die Grenzen der zionistischen Bestrebungen umfassen Südlibanon, Südsyrien, das gesamte Westjordanland und den Sinai". Chaim Weizmann versicherte dem Kongress jedoch, dass die Teilungsidee zunächst „ein Schritt in die richtige Richtung" sei. Ben Gurion beschloss daraufhin, die Strategie von Weizmann zu unterstützen, und der Kongress genehmigte Gespräche mit der britischen Regierung.

Gleichzeitig flammen die Kämpfe in Palästina wieder auf, und am 26. September wird der britische Kommissar für den Distrikt Galiläa, Andrews, der beschuldigt wird, die Umsiedlung der arabischen Bevölkerung der Region vorzubereiten, ermordet. Die britischen Behörden reagierten mit der Auflösung des Hohen Arabischen Komitees und seiner lokalen Organisationen. Mehrere seiner Mitglieder wurden verhaftet, andere flohen nach Damaskus, wo sich die politische Führung der Revolution befand. Die Situation wurde erneut explosiv, und Ende 1937 beschloss London, zusätzlich 20 000 Soldaten zu entsenden, um den Aufstand niederzuschlagen.

Ralph Schönman prangert an, dass die zionistischen Kräfte in den britischen Geheimdienst integriert wurden, der dann begann, sich auf die

Zionisten als Vollstreckungsorgan zu stützen. Ab Oktober 1938 besetzten siebzehn britische Infanteriebataillone die Altstadt von Jerusalem, und es begann eine rücksichtslose Unterdrückung: Erhängungen, Kollektivstrafen, massenhafte Zerstörung von Bevölkerungszentren, Verhaftungen, Bombardierung von aufständischen Dörfern. Die Revolution", schreibt Bichara Khader, „wurde in Blut ertränkt. Ende 1938 wurden schätzungsweise 2.000 Menschen zu langen Haftstrafen verurteilt. Allein im Gefängnis von Akkon wurden 148 Araber gehängt. Fünftausend Häuser wurden zerstört, und fast fünfzigtausend Menschen wurden verhaftet". Ende 1938 hält London die Idee einer Teilung Palästinas für undurchführbar und lehnt sie endgültig ab. Es schlug daraufhin eine Konferenz vor, zu der es Vertreter der Jewish Agency, der Palästinenser und Araber aus den Nachbarstaaten einlud.

Die Londoner Konferenz unter dem Vorsitz von Neville Chamberlain begann am 7. Februar 1939 und endete Ende März. Die Positionen blieben unversöhnlich, und die Regierung Chamberlain legte ihre Entschließungen in einem weiteren, von Sir Malcolm MacDonald ausgearbeiteten und im Mai veröffentlichten Weißbuch dar, das die arabische Forderung nach der Schaffung eines Staates für Araber und Juden innerhalb von zehn Jahren enthielt. MacDonalds Weißbuch legte eine Obergrenze für die Einwanderung von 75.000 Personen innerhalb von fünf Jahren fest; danach sollte die jüdische Einwanderung von der Zustimmung der arabischen Mehrheit abhängen. Churchills Reaktion wurde bereits im vorigen Kapitel erörtert: Nach einem Treffen mit Chaim Weizmann protestierte er im Parlament im Namen des internationalen Zionismus und warf der Regierung Chamberlain vor, das in der *Balfour-Erklärung* gegebene Versprechen zu verletzen.

Am 16. August 1939 fand in Genf ein neuer Zionistenkongress statt, auf dem Weizmann und Ben Gurion den britischen Verrat entrüstet anprangerten. Ende 1939, als der Zweite Weltkrieg bereits im Gange war, kündigten die zionistischen Führer eine Gegenoffensive an, um den jüdischen Staat zu errichten, auch wenn dies einen Konflikt mit den Briten bedeutete. In den USA verärgerte die Veröffentlichung des Weißbuchs die Zionisten, die Roosevelt zu einem mündlichen Protest „zwangen". Die Zionisten lehnten das Weißbuch von MacDonald, das sie als „Schwarzbuch" betrachteten, ab, und auch die Palästinenser sahen es nicht positiv, da sie der Meinung waren, dass zehn Jahre ein zu langer Zeitraum für die Gründung eines arabischen Staates seien. Außerdem vertrauten sie den Briten nicht mehr.

Da es 1941 so aussah, als ob Deutschland den Krieg gewinnen könnte, zogen beide Seiten in Erwägung, Hitler um Hilfe zu bitten. Angesichts des Zögerns und der Unentschlossenheit Londons macht sich der revisionistische Zionismus auf, um die Briten zu bekämpfen. Ende 1940 fand in Beirut, wo die Vichy-Regierung noch die Kontrolle ausübte, ein Treffen zwischen Otto von Hentig, dem Leiter der Orient-Abteilung des deutschen Außenministeriums, und Naftali Lübentschik, einem Mitglied der von Abraham „Yair" Stern gegründeten Stern-Gruppe, statt. Lübentschik schlug vor, eine Front gegen Großbritannien zu bilden. Ein Dokument vom 11. Januar 1941, „Vorschlag der Nationalen Militärischen Organisation (Irgun Zvai Leumi) zur Lösung der Judenfrage in

Europa und zur Teilnahme der NMO (Nationale Militärische Organisation) am Krieg an der Seite Deutschlands", wurde von der Reichsbotschaft in der Türkei übermittelt. Die Irgun, die sich von der Haganah abgespalten hatte, war 1931 von Jabotinsky, dem Begründer des revisionistischen Zionismus, gegründet worden. Die Gruppe Stern (Lehi) nahm für sich in Anspruch, die wahre Essenz des Irgun zu repräsentieren. Da die Zionisten bereits das Haavara-Abkommen mit den Nazis unterzeichnet hatten, griff das Dokument die Ideen auf, die bereits 1933 eine Zusammenarbeit ermöglicht hatten: Es forderte die Evakuierung der jüdischen Massen aus Europa, um sich in Palästina niederzulassen, stellte gemeinsame Interessen und die Möglichkeit der Verständigung fest und schlug vor, den künftigen jüdischen Staat durch einen Vertrag mit dem Reich zu verbinden. Die Deutschen waren unentschlossen, und so schickte Stern im Dezember 1941, nachdem die Briten den Libanon eingenommen hatten, Nathan Yalin-Mor in die Türkei, doch der britische Geheimdienst war bereits alarmiert und hielt ihn auf dem Weg auf.

Amin al-Husseini, der Mufti von Jerusalem im Exil, schickte seinerseits am 20. Januar 1941 einen Brief an Hitler, in dem er ihn um Hilfe gegen Großbritannien bat, „diesen bitteren und listigen Feind der wahren Freiheit der Völker". Am 28. November 1941 kam es zu einem Gespräch zwischen dem Führer und dem Mufti, der Hitler mitteilte, dass die Araber „Deutschlands natürliche Freunde sind, weil sie die gleichen Feinde haben wie Deutschland, insbesondere die Engländer, die Juden und die Kommunisten". Al Husseini forderte Deutschland auf, eine öffentliche Erklärung abzugeben, in der die Unabhängigkeit und Einheit Palästinas, Syriens und des Iraks unterstützt wird, da „dies für die Propaganda gegenüber den arabischen Völkern sehr nützlich wäre." Hitler, der eine solche Erklärung nicht für angebracht hielt, nachdem er von 1933 bis zum Ausbruch des Krieges der wichtigste Kollaborateur der Zionisten gewesen war, nachdem er Palästina durch das Haavara-Abkommen mit wohlhabenden deutschen Juden befruchtet hatte, verkündete zynisch seinen Widerstand gegen die jüdische nationale Heimstätte in Palästina, die, wie er dem Mufti sagte, „ein Zentrum in Form eines Staates im Dienste des zerstörerischen Einflusses jüdischer Interessen" sei.

Im Februar 1942 entdeckten die Briten das Versteck von Abraham Stern in Tel Aviv und töteten ihn. Viele Mitglieder der Organisation wurden daraufhin verhaftet. Isaac Shamir löste Stern als Leiter von Lehi ab und war einer der Verantwortlichen für die Antwort, die für die Briten vorbereitet wurde. Am 6. November 1944 verübten Mitglieder von Lehi in Kairo ein Attentat auf Lord Moyne, Staatsminister für den Nahen Osten und enger Freund von Churchill. Bei der Gerichtsverhandlung erklärten die Attentäter, sie hätten Lord Moyne wegen der im Weißbuch von MacDonald dargelegten Politik gegenüber den Juden umgebracht. Dieses Attentat sollte den Beginn der Terrorkampagne gegen Großbritannien markieren, um den Rückzug aus Palästina zu provozieren. Die britischen Behörden gaben Fahndungsplakate mit den Fotos und Namen von einem Dutzend Irgun- und Lehi-Terroristen heraus, darunter Menachem Beguin, der spätere Ministerpräsident Israels von 1977-83 und Friedensnobelpreisträger von 1978, und Isaac Shamir, der Drahtzieher des Attentats auf Lord Moyne, der von 1983-84 und von 1986-92 ebenfalls Ministerpräsident Israels werden sollte.

Die zionistischen Führer machten in den Jahren des Weltkriegs deutlich, was sie mit dem palästinensischen Volk vorhatten. Ralph Schönman zitiert zum Beispiel die Worte des Leiters der Kolonisationsabteilung der Jewish Agency, Joseph Weitz, dem Hauptverantwortlichen für die Organisation der Siedlungen, der 1940 schrieb: „Es muss uns klar sein, dass es in diesem Land keinen Platz für die beiden Völker gibt. Wir werden unser Ziel nicht erreichen, wenn die Araber in diesem kleinen Land sind. Es gibt keinen anderen Ausweg, als die Araber von hier in die Nachbarländer zu bringen. Und zwar alle. Es darf kein einziges Dorf und kein einziger Stamm übrig bleiben. Mit diesen Ideen im Kopf rüsteten sie sich, um Palästina zu gegebener Zeit gewaltsam zu erobern. Im Juni 1945, sobald der Krieg in Europa zu Ende war, beeilten sich die Zionisten, Großbritannien um die Gründung des Staates Israel zu bitten. Im August 1945 fand in London die zionistische Weltkonferenz statt, auf der sie forderten, dass „eine sofortige Entscheidung getroffen wird, Palästina zu einem jüdischen Staat zu machen". Sie verlangten, dass die Jewish Agency die „volle Befugnis erhält, so viele Juden nach Palästina zu bringen, wie sie für notwendig hält".

Vor diesem Hintergrund hatte die Regierung Attlee nur zwei Alternativen: entweder den Parlamentsbeschluss von 1939 aufzugeben oder das Mandat zu kündigen und sich aus Palästina zurückzuziehen. Die zweite Option wird von den Zionisten gewünscht, da sie es ihnen ermöglichen würde, die einheimische Bevölkerung, die unbewaffnet ist, zu vertreiben. Das Problem entstand mit der Ernennung von Ernest Bevin zum Außenminister, einem Gewerkschafter, der während des Krieges Arbeitsminister gewesen war und landesweites Ansehen genoss. Es scheint, dass der Monarch selbst, Georg VI., Premierminister Attlee bat, ihn für diesen Posten zu ernennen, da er ihn für den besten Mann und den stärksten Politiker unter den Nachkriegsbedingungen hielt. Obwohl Mitglied der Labour Party, war Bevin ein Antikommunist. Douglas Reed schreibt in *The Controversy of Zion*, einem Werk, das wir oft zitiert haben, Folgendes über Bevin:

> „Er war ein kräftiger Mann, mit der Energie und der Luft des Landes in seinen Knochen und Muskeln und seinem traditionellen Mut in seinem Blut; aber selbst er wurde in wenigen Jahren durch die Grausamkeit der unerbittlichen Verleumdung psychisch gebrochen. Er ließ sich geistig nicht einschüchtern. Er erkannte, dass er es mit einem im Wesentlichen konspirativen Unternehmen zu tun hatte, einer Verschwörung, von der Revolution und Zionismus miteinander verbundene Teile waren, und er war vielleicht der einzige unter den Politikern dieses Jahrhunderts, der das Wort Verschwörung benutzte, das nach der Definition im Wörterbuch eindeutig auf diesen Fall zutraf. Er sagte Dr. Weizmann unverblümt, dass er sich nicht zu einer Handlung zwingen oder überreden lassen würde, die den Interessen Großbritanniens zuwiderliefe. Dr. Weizmann hatte solche Warnungen auf dieser hohen Ebene seit 1904 nicht mehr erlebt, und seine Empörung, die sich über die zionistische Weltorganisation äußerte, war der Grund für die fortgesetzte Misshandlung von Herrn Bevin, die daraufhin folgte."

Bevin teilte die zionistischen Pläne nicht und erklärte, dass er den Ansatz, die Juden aus Europa zu entfernen, nicht akzeptiere. Natürlich war die Macht des internationalen Zionismus in der Lage, die Politik des neuen britischen Außenministers zu ruinieren, und es wurde eine Kampagne auf breiter Front gestartet: Wie üblich wurde Bevin des Antisemitismus beschuldigt; Churchill von der konservativen Opposition warf ihm vor, „antijüdische Gefühle" zu hegen; die Anti-Defamation League erfand einen neuen diffamierenden Begriff: „Bevinismus".

Die zionistische Offensive wurde in den Vereinigten Staaten geschmiedet, wo es eine Reihe von jüdischen Präsidenten gab. Roosevelt, umgeben von Kommunisten und/oder Zionisten, hatte bereits 1938 die Idee, die Araber aus dem Heiligen Land zu vertreiben. Seine jüdischen Berater hatten sogar berechnet, dass die Operation den Steuerzahler rund 300 Millionen Dollar kosten könnte. Roosevelt, der Weltmeister der Demokratie, hatte kein Problem damit, seinen Kollaborateuren zu erklären, dass Palästina ausschließlich den Juden gehören sollte und dass es keine Araber mehr geben sollte. Am 24. Juli 1945, kurz bevor Churchill die Wahl verlor, schrieb Harry S. Truman, der neue US-Präsident, an Churchill, um ihm mitzuteilen, dass die amerikanische Öffentlichkeit gegen eine Beschränkung der jüdischen Einwanderung nach Palästina sei. Am 16. August 1945 wurde Truman über die Haltung seiner Regierung in dieser Angelegenheit befragt. „Die amerikanische Position", antwortete er, „ist, dass wir so viele Juden wie möglich nach Palästina lassen wollen". Tage später, am 31. August, schlug der amerikanische Präsident in einem Brief an Premierminister Attlee vor, dass die britische Regierung 100.000 Visa für Juden aus Österreich und Deutschland ausstellen sollte. Truman selbst gibt jedoch in *Years of Trial and Hope* zu, dass er im September 1945 ein Memo des Außenministeriums erhielt, in dem ihm geraten wurde, dass die USA „von der Unterstützung einer Politik Abstand nehmen sollten, die darauf abzielt, die Masseneinwanderung nach Palästina während der Übergangszeit zu fördern".

In der Zwischenzeit fand nach dem Krieg eine massive illegale Einwanderung statt, die ein noch nie dagewesenes Ausmaß erreichte. Hunderttausende von Juden aus Russland und Osteuropa (Chasaren) wurden von zionistischen Organisationen in das Heilige Land geschleust. Dort verfügten die Zionisten, die sich zunehmend auf den großen Moment vorbereiteten, bereits über eine echte Armee, die Haganah, und eine Vielzahl von Milizen, darunter die Palmach, die Elitetruppe der Haganah, die Irgun und der Stern. Diese Milizen schikanierten nicht nur die geschwächte palästinensische Bevölkerung, die über keine politische Führung verfügte, sondern verübten auch vermehrt Sabotageakte und Bombenanschläge, und am 28. Januar 1946 erließen die Briten ein Sondergesetz, um den zionistischen Terror einzudämmen. Mit wenig Erfolg, denn die terroristischen Aktionen gingen nicht nur nicht zurück, sondern nahmen zu: Zwischen dem 16. und 17. Juni sprengten die Palmach und der Stern neun Brücken in die Luft und griffen Eisenbahndepots in Haifa an.

Angesichts dieser neuen Terrorwelle ging das britische Militär zum Angriff über: Es besetzte die Büros der Jewish Agency, beschlagnahmte wichtige Geheimdokumente und führte Razzien durch, bei denen rund 2.700

Verdächtige, darunter auch führende Zionisten, verhaftet wurden. In diesem Zusammenhang fand auch der berühmte Bombenanschlag auf das King David Hotel in Jerusalem statt, das als Armeehauptquartier diente. Am 22. Juli 1946 zündeten Irgun-Terroristen, deren Anführer Menahem Beguin, der spätere Friedensnobelpreisträger, war, 350 Kilogramm Sprengstoff aus dem Untergrund und zerstörten alle sieben Stockwerke des Südflügels des Hotels. Bei dem brutalen Anschlag kamen 91 Menschen ums Leben.

Einer der berühmtesten Propagandisten des zionistischen Terrors gegen die Briten und die Palästinenser, Ben Hecht, ein Journalist, Romanautor, Dramatiker, Filmregisseur, Produzent und Autor von etwa siebzig Drehbüchern, für die er als „Shakespeare von Hollywood" bezeichnet wurde, schaltete in großen US-Zeitungen eine ganzseitige Anzeige mit der Aufschrift „To the terrorists of Palestine". Der Text lautete: „Die Juden Amerikas sind mit euch. Ihr seid ihre Meister... Jedes Mal, wenn ihr ein britisches Arsenal in die Luft jagt oder einen britischen Zug in die Luft jagt oder eine britische Bank ausraubt oder mit euren Gewehren und Bomben die britischen Verräter und Eindringlinge in euer Land angreift, haben die Juden Amerikas ein kleines Fest in ihren Herzen." Dieser glühende Zionist empörte die Londoner Regierung mit seiner Apologetik für den Terrorismus so sehr, dass seine Werke in England boykottiert wurden. Douglas Reed prangert in *The Controversy of Zion* den Hass dieses fanatischen Juden auf Jesus Christus an, der darauf schließen lässt, dass er ein Talmudist war. „Eines der hervorragendsten Dinge, die je von den Menschen getan wurden", schrieb Hecht, „war die Kreuzigung Christi. Intellektuell war es eine großartige Tat. Aber sie haben es nicht ganz richtig gemacht. Wissen Sie, was ich getan hätte, wäre gewesen, ihn nach Rom zu schicken, um die Löwen zu füttern. Sie hätten niemals einen Retter aus Hackfleisch machen können."

Während Bevin nach einer gesichtswahrenden Lösung suchte, um Großbritanniens Interessen im Nahen Osten zu verteidigen, wo es nach dem Verlust seiner Position in Ägypten nur noch den Suezkanal kontrollierte, nahm Truman seinen Druck wieder auf: Am 4. Oktober 1946 bestand er darauf, dass Großbritannien die Aufnahme von 100.000 Juden im Heiligen Land gestatten sollte. Der amerikanische Präsident erklärte außerdem, dass sein Land bereit sei, bei der Errichtung eines „jüdischen Gemeinwesens in Palästina" zu helfen. Bevin war verärgert über Trumans wiederholtes Drängen, das zu einem Zeitpunkt kam, als er versuchte, Juden und Araber an einen Tisch zu bringen, um einen Kompromiss zu erreichen. Der von Bevin vorgelegte Plan sah kurz gefasst wie folgt aus: Palästina sollte in zwei Kantone aufgeteilt werden, und Großbritannien sollte für weitere fünf Jahre die Mandatsmacht sein. In den ersten zwei Jahren sollten jeden Monat viertausend Juden einwandern dürfen (96.000 in zwei Jahren). Danach würde keine weitere Einwanderung ohne Rücksprache mit den Arabern zugelassen, obwohl die endgültige Entscheidung von einem britischen Hochkommissar und dem UN-Treuhandrat getroffen werden sollte.

Bevins Bemühungen und die Zukunft des Vereinigten Königreichs im Nahen Osten waren in der Schweiz zum Scheitern verurteilt. Der Terrorismus als Mittel zur Beendigung des britischen Mandats in Palästina wurde auf dem 22. Zionistenkongress in Genf im Dezember 1946 gebilligt. Danach überließen die zionistischen Führer den Terroristenführern der drei bewaffneten Gruppen die Initiative und die Kontrolle der Ereignisse, bis das erste Ziel, die Briten aus Palästina zu vertreiben, erreicht war. Der Kongress ernannte David Ben Gurion zum Leiter und Koordinator aller bewaffneten Aktivitäten der Jewish Agency. Die Überfälle häuften sich, und Hunderte von Soldaten wurden auf verschiedene Weise getötet. Die Situation war unhaltbar. Am 14. Februar 1947 lehnten Juden und Palästinenser Bevins letzten Vorschlag rundweg ab, und enttäuscht gab er schließlich auf. Am 18. Februar verkündete er im Parlament in London: „Die Regierung Ihrer Majestät steht vor einem Konflikt mit unversöhnlichen Prinzipien.... Wir haben beschlossen, die Vereinten Nationen zu bitten, eine Lösung vorzuschlagen." Am 23. Februar 1947 fand im Unterhaus eine große Debatte über Palästina statt. Bevin erklärte öffentlich, dass die Haltung der Vereinigten Staaten zum Scheitern ihrer Politik geführt habe, und machte Präsident Truman bittere Vorwürfe wegen seiner Hartnäckigkeit, mit der er die Einreise von 100.000 Juden in das Heilige Land forderte, bevor die Frage vollständig geklärt war.

Am 28. April 1947 wurde die Generalversammlung der Vereinten Nationen zu einer außerordentlichen Sitzung einberufen, um den britischen Antrag auf Übergabe der palästinensischen Akten zu prüfen. Mit der Resolution 106 setzte die Versammlung den UNSCOP (Sonderausschuss der Vereinten Nationen für Palästina) ein, der am 26. Mai seine Arbeit aufnahm. Großbritannien warnte, dass es sich aus Palästina zurückziehen würde, wenn andere Mächte, wobei es eindeutig auf die Vereinigten Staaten anspielte, die Verwaltung Palästinas unmöglich machten. Am 8. August 1947 teilte General Marshall, der seit Anfang des Jahres neuer Außenminister war, der Regierung mit, dass ein britischer Rückzug „einen blutigen Kampf zwischen Arabern und Juden provozieren würde". Eine Woche später, am 15. August, warnte Unterstaatssekretär Robert A. Lovett vor der Gefahr einer Konsolidierung der anti-amerikanischen Stimmung unter den arabischen und muslimischen Völkern. Die Tatsache, dass 1948 ein Wahljahr in den Vereinigten Staaten war, veranlasste Robert Hannegan, einen von Trumans Wahlkampfmanagern, dem Präsidenten am 4. September 1947 zu empfehlen, eine politische Erklärung abzugeben und auf die britischen Drohungen zu reagieren, indem er die Aufnahme von 150.000 Zionisten in Palästina forderte. Hannegan sagte, dass diese neue Forderung „einen großen Einfluss und eine große Wirkung bei der Beschaffung von Mitteln für das Nationalkomitee der Demokratischen Partei haben würde".

Eine neue Persönlichkeit sollte plötzlich zum führenden Kritiker der US-Politik zugunsten des Zionismus werden. Am 17. September 1947 trat James Forrestal, ein wohlhabender Bankier, der seinem Land während des Krieges aus Patriotismus gedient hatte, von seinem Amt als Marineminister zurück und wurde der erste Verteidigungsminister der USA. Forrestal kämpfte hinter den Kulissen einen Kampf, der ihn das Leben kosten sollte. Am 29. September 1947 bat Forrestal als Verteidigungsminister den Präsidenten in einer Kabinettssitzung darum, dass die Palästinafrage nicht die nationalen Interessen prägen und aus dem Wahlkampf herausgenommen werden sollte. Truman antwortete auf der nächsten Kabinettssitzung am 6. Oktober. Er wies Forrestals Vorschlag mit folgenden Worten zurück: „Mr. Hannegan brachte die Palästina-Frage zur Sprache. Er sagte, dass viele Leute, die zur Kampagne der Demokraten beigetragen hatten, Druck ausübten und von der Regierung Zusicherungen über eine definitive Unterstützung der jüdischen Position zu Palästina verlangten." Von diesem Moment an verstand Forrestal, dass Truman entschlossen war, vor dem Druck der Zionisten zu kapitulieren, die der Meinung waren, dass die Vereinigten Staaten in der Generalversammlung der Vereinten Nationen nicht genug taten, um sich die Stimmen anderer Länder für die Teilung Palästinas zu sichern.

Während Forrestal sowohl innerhalb der Demokratischen Partei als auch im Weißen Haus einen aussichtslosen Kampf führt, rückt der Abstimmungstermin näher. Chaim Weizmann war zweifellos ein sehr hoher Funktionär des Zionismus, der höchste; aber über ihm standen die hohen Tiere in den Vereinigten Staaten: Bernard Baruch, Henry Morgenthau, Felix Frankfurter und andere, deren Unterstützung die größte Garantie für den Erfolg seiner Bemühungen war. Andere mächtige Juden bewegten sich innerhalb der Demokratischen Partei, darunter Senator Herbert Lehman, dessen Vater einer der Gründer des Bankhauses Lehman Brothers gewesen war. Lehman war zwischen 1943 und 1946 der erste Generaldirektor der UNRRA gewesen und hatte diese UN-Agentur benutzt, um Juden aus Osteuropa nach Palästina zu schmuggeln. Am 19. November 1947 bat Weizmann Präsident Truman, dass die Vereinigten Staaten die Einbeziehung des Negev (wo später das Kernkraftwerk Dimona gebaut werden sollte) in das zionistische Gebiet unterstützen sollten, da dieses Gebiet als sehr wichtig angesehen wurde. In seiner Autobiographie „Versuch und Irrtum" schreibt Weizmann: „Er versprach mir, die amerikanische Delegation sofort zu informieren".

Kurzum, die Macht des Zionismus in den Vereinigten Staaten war unaufhaltsam, und Truman erwies sich als vorbildlicher und disziplinierter Präsident. All diejenigen im Außen- oder Verteidigungsministerium, die sich wie Forrestal aus wirtschaftlichen, strategischen oder militärischen Gründen gegen die Pläne der Zionisten stellten, wurden des Antisemitismus bezichtigt. Alfred Lilienthal, ein jüdischer Freund des palästinensischen Volkes, der schon früh zu einem unerbittlichen Kritiker des Zionismus und des Staates Israel wurde, prangerte in *What Price Israel?* (1953) an, dass wirtschaftliche Erpressung eingesetzt wurde, um Andersdenkende zum Schweigen zu bringen, und dass diejenigen, die nicht mit den Zionisten übereinstimmten, moralisch gelyncht wurden. Der Fall James Forrestal ist das beste Beispiel dafür.

Der offiziell „selbstmordgefährdete" Verteidigungsminister schrieb in *den Forrestal-Tagebüchern* sehr interessante Einträge über die Methoden des Zionismus, Regierungen zu kontrollieren und zu manipulieren. Forrestal war vom Herbst 1947 bis zum Frühjahr 1948 Zeuge des Kampfes im Untergrund, um die Gründung des zionistischen Staates in Palästina zu erreichen. Wie bereits erwähnt, forderte Forrestal, der über geheime Informationen des Geheimdienstes verfügte, Truman am 29. September 1947 auf, sich dem zionistischen Druck auf Palästina zu widersetzen. Forrestal, der sich mit sehr mächtigen Feinden konfrontiert sah, legte am 21. Januar 1948 ein Memorandum vor, in dem er die Folgen einer Unterwerfung unter den Zionismus für die amerikanische Außenpolitik analysierte. Am 3. Februar 1948 isst Forrestal mit Baruch zu Mittag. In seinem Tagebuch schrieb er: „Ich hatte ein Mittagessen mit B. M. Baruch. Er riet mir, mich aus dieser Angelegenheit herauszuhalten, da ich durch meine Opposition gegen die Palästina-Politik der Vereinten Nationen bereits in einem Maße identifiziert worden sei, das nicht in meinem Interesse liege. Dies ist ein Beispiel für Mobbing auf höchster Ebene.

Douglas Reed berichtet in *The Controversy of Zion* über seine eigenen Erfahrungen, als er Anfang 1949 in die Vereinigten Staaten reiste. Er stellte mit Verwunderung fest, dass Presse und Rundfunk „vergiftete Angriffe" auf den Verteidigungsminister starteten. Am 9. Januar 1949 wurde berichtet, dass Truman „den Rücktritt Forrestals innerhalb einer Woche akzeptieren würde". Am 11. Januar hieß es, der Rücktritt sei „bereits angenommen" worden. In Wirklichkeit war dies alles Teil der Druckkampagne. Schließlich, am 31. März, entließ Truman ihn. Am 2. April in das Bethesda Naval Hospital eingeliefert, beging Forrestal nach der offiziellen Version am 21. Mai 1949 Selbstmord. „Zufällig" sprang er genau an dem Tag, an dem er wegen seiner Entlassung gehen sollte, aus einem Fenster im zehnten Stockwerk. Unter seinen persönlichen Gegenständen befand sich ein Sammelalbum mit Zeitungsangriffen auf ihn. Erst 2004 wurde sein Tod bekannt, aber seine Verwandten erklärten sofort, er sei ermordet worden, da Selbstmord für ihn inakzeptabel war. Bei seiner Beerdigung bezeichnete Truman ihn als „Kriegsopfer".

Von der Teilung (29/11/1947) bis zur Ausrufung Israels (14/5/1948)

Zu Beginn dieses dritten Teils des Kapitels haben wir bereits das Ergebnis der Abstimmung vom 29. November 1947, die Aufteilung des Landes und die Bevölkerungszahlen in den beiden vorgesehenen Staaten beschrieben. Zwei Tage später, am 1. Dezember, fand die erste Sitzung der Truman-Administration statt, bei der Unterstaatssekretär Robert Lovett gestand, dass er „noch nie in seinem Leben so unter Druck gestanden habe wie in den letzten drei Tagen". Lovett erklärte, dass die Zustimmung Liberias durch die Firestone Rubber and Tire Company, die die Konzession für diese Rohstoffe im Lande besaß, erwirkt worden war. Der Vertreter des Unternehmens wurde angewiesen, Druck auf die liberianische Regierung auszuüben, die dagegen stimmen wollte, damit sie ihr Votum ändert. Es ist bekannt, dass der Druck aus Erpressung bestand.

Am 21. Januar 1948 legte Fames Forrestal in seinem Bestreben, den Widerstand des Außenministeriums gegen Trumans Politik zu unterstützen, ein Memorandum vor, in dem er die Gefahren einer fehlgeleiteten Politik analysierte: „Es gibt kaum einen Bereich unserer Außenbeziehungen, der von größerer Bedeutung oder Gefahr für die Sicherheit der Vereinigten Staaten ist", schrieb Forrestal, „als unsere Beziehungen im Nahen Osten." An anderer Stelle des Textes warnte er vor der Notwendigkeit, „dauerhafte Schäden in unseren Beziehungen zur islamischen Welt" zu vermeiden. Im Außenministerium legte

Unterstaatssekretär Lovett nach der Lektüre von Forrestals Bericht ein weiteres Memo vor, das vom Planungsstab des Ministeriums erstellt worden war. Darin wurde dem Präsidenten mitgeteilt, dass der Teilungsplan nicht durchführbar sei und dass die Vereinigten Staaten nicht verpflichtet seien, ihn zu unterstützen, wenn er nicht ohne Gewaltanwendung umgesetzt werden könne. Außerdem wurde erklärt, dass es den Interessen der USA zuwiderliefe, den Zionisten Waffen zu liefern, während sie den Arabern verweigert würden. Robert Lovett fügte hinzu, dass das Außenministerium „durch Niles' Aktivitäten im Weißen Haus ernsthaft in Verlegenheit gebracht und desavouiert wurde, nachdem er sich in palästinensischen Fragen direkt an den Präsidenten gewandt hatte". Später beschwerte sich der Staatssekretär darüber, dass Niles ihn vom Weißen Haus aus angerufen habe und dabei „die Hoffnung geäußert habe, dass das Embargo für Waffenverkäufe an die Zionisten aufgehoben werde". David K. Niles, ein in Russland geborener Jude, war Roosevelts Berater für jüdische Angelegenheiten gewesen. Er und der bereits erwähnte Richter Samuel Rosenman waren in erster Linie für Trumans Handlungen verantwortlich, die Bevin und die Londoner Regierung in eine unhaltbare Lage gebracht hatten, wie der ehemalige Außenminister Byrnes anprangerte.

Der Eintrag, den James Forrestal am 3. Februar 1948 in sein Tagebuch schrieb, verdient es, ausführlich wiedergegeben zu werden, da er an diesem Tag von Roosevelts Sohn besucht wurde und später mit dem allmächtigen Bernard Baruch zu Mittag aß. Er ist der ersten Ausgabe *der Forrestal-Tagebücher* entnommen und lautet wie folgt:

„Besuch von Franklin D. Roosevelt, Jr., der den jüdischen Staat in Palästina nachdrücklich verteidigte und sagte, dass wir die 'Entscheidung' (die Anführungszeichen in dem Begriff stammen von Forrestal) der Vereinten Nationen unterstützen sollten.... Ich wies darauf hin, dass die Vereinten Nationen noch keinen „Beschluss" gefasst hätten, dass es sich lediglich um eine Empfehlung der Generalversammlung handele, dass eine Umsetzung dieses „Beschlusses" durch die Vereinigten Staaten wahrscheinlich nicht zu einer Teilmobilisierung führen würde und dass ich die Methoden, die von Personen außerhalb der Exekutive der Regierung angewandt worden seien, um andere Nationen in der Generalversammlung zu erpressen und zu zwingen, für einen Skandal halte. Er gibt zu verstehen, dass er den letzten Punkt nicht verstanden hat, und kehrt zu seiner allgemeinen Darstellung des Falles der Zionisten zurück. Er sprach keine Drohungen aus, aber er machte deutlich, dass die Fanatiker in dieser Sache in dem Glauben handelten, die Palästina-Politik der Regierung vereiteln zu können. Ich entgegnete ihm, dass ich nicht befugt sei, Politik zu machen, dass ich aber meine Pflichten vernachlässigen würde, wenn ich nicht darauf hinweisen würde, was ich von den Folgen einer bestimmten Politik halte, die die Sicherheit meines Landes gefährden könnte. Ich sagte ihm, dass ich mich nur darum bemühe, das Thema aus der Politik herauszunehmen, d.h. dass die beiden Parteien sich darauf einigen sollten, in dieser Frage nicht um Stimmen zu kämpfen. Er sagte, dass dies unmöglich sei, dass die Nation bereits zu sehr gefährdet sei und dass außerdem die Demokratische Partei durch eine solche Vereinbarung verlieren und die Republikaner gewinnen würden. Ich sagte ihm, dass ich ihm gegenüber wiederholen müsse, was ich Senator McGrath auf dessen Bemerkung hin gesagt hatte, dass unsere Nichtunterstützung der Zionisten den

Verlust der Staaten New York, Pennsylvania und Kalifornien bedeuten könnte - dass es meiner Meinung nach an der Zeit sei, dass jemand darüber nachdenke, ob es die Vereinigten Staaten seien, die wir verlieren könnten.
Ich hatte ein Mittagessen mit B. M. Baruch. Nach dem Mittagessen kam er auf dieselbe Frage zu sprechen. Er riet mir, mich in dieser Frage nicht zu sehr zu engagieren, da ich bereits durch meine Opposition gegen die Palästina-Politik der Vereinten Nationen in einem Maße identifiziert worden war, das meinen Interessen zuwiderlief. Er sagte, dass er selbst die Aktionen der Zionisten nicht billige, fügte aber sofort hinzu, dass die Demokratische Partei nur verlieren könne, wenn sie versuche, die Politik unserer Regierung zu ändern, und er sagte, dass es ungerecht sei, die Araber von den Briten bewaffnen zu lassen und dass wir den Juden keine ähnliche Ausrüstung liefern würden."

Man könnte sich fragen, wer es war, der Verteidigungsminister Forrestal wegen seiner Ablehnung der Palästina-Politik identifiziert hatte. Nach Baruchs Warnung wurde in der Presse eine Verleumdungskampagne gegen den Verteidigungsminister inszeniert. Die Angriffe erreichten ein extremes Ausmaß, und innerhalb eines Jahres wurde James Forrestal aus der Regierung entfernt. Wie bereits erwähnt, kann kaum ein Zweifel daran bestehen, dass sein Tod im April 1949 ein Mordanschlag war.

Die konzertierten Aktionen des Außen- und des Verteidigungsministeriums fanden ihren Niederschlag in einer Erklärung von Warren Austin, dem US-Botschafter bei den Vereinten Nationen. Am 24. Februar 1948 erklärte er: „Die Vereinigten Staaten sind nicht der Ansicht, dass Gewalt angewendet werden sollte, um eine Empfehlung der Generalversammlung zu unterstützen". Er fügte hinzu, dass eine Teilung keine realistische Option zu sein scheine. Am 25. Februar veröffentlichte die *New York Post* einen Artikel von Rabbi Baruch Korff, in dem er behauptete, Austins Worte seien „purer und einfacher Antisemitismus". Zionistische Organisationen organisierten umgehend eine massive Brief- und Telegrammkampagne: Etwa 100.000 Protestschreiben erreichten das Weiße Haus.

Im März 1948 eskalierte die Gewalt in Palästina weiter und machte deutlich, dass die Warnungen des Außenministeriums, der Teilungsplan sei undurchführbar, wohl begründet waren. Botschafter Austin kündigte am 19. März eine Änderung der US-Politik an. Da er feststellte, dass die Resolution der Versammlung nicht friedlich umgesetzt werden konnte, schlug er vor, den Teilungsvorschlag auszusetzen, einen Waffenstillstand zu vereinbaren und nach dem Ende des Mandats eine UN-Treuhandschaft einzusetzen. Dies war auch der Vorschlag des Außenministeriums in seinem Memorandum vom Januar gewesen. Die Zionisten waren wütend: Einige beschuldigten die Vereinigten Staaten nicht nur als antisemitisch, sondern auch als „teuflische Betrüger". Gleichzeitig beschlossen sie jedoch, die terroristischen Aktionen vor Ort zu verstärken.

Im April 1948 kämpft Ernest Bevin, der Sekretär des Außenministeriums, einen einsamen Kampf gegen die konservative Opposition und die Mehrheit der Labour Party, deren Mitglieder ihn nicht unterstützen. Unter diesen Umständen beschloss Bevin, seine Hände in Unschuld zu waschen und das Handtuch zu werfen. Das Ende des britischen Mandats war ursprünglich für den 1. August

1948 vorgesehen, aber im April erfuhren die Zionisten von ihren Kontakten in London, dass die Briten den Rückzug vorziehen wollten, und beschlossen, etwas zu unternehmen. Am 9. April 1948 fand das berühmte Massaker von Deir Yassin, einem Dorf weniger als fünf Kilometer westlich von Jerusalem, statt. Dieses Massaker ist als das erste einer Reihe von Völkermorden, die im Laufe des Jahres 1948 verübt wurden, in die Geschichte eingegangen. Deir Yassin ist wegen seiner Bedeutung und seiner psychologischen Wirkung Teil des kollektiven Gedächtnisses des palästinensischen Volkes, denn es gelang ihm, die Araber zu terrorisieren und die Massenflucht der Bewohner des von der UNO den Juden zugewiesenen Gebiets auszulösen. Paul Eisen, ein jüdischer Freund des palästinensischen und deutschen Volkes, der mutig gegen den Zionismus kämpft, gründete den Verein „Deir Yassin Remembered", um das Andenken an die Opfer des Massakers zu ehren.

In den frühen Morgenstunden des 9. April wurde das Dorf von terroristischen Kommandos der IZL (Irgun Zwa'i Leumi) und der Lehi (Stern-Gruppe) unter der Führung von Menahem Begin und Benzion Cohen angegriffen. Sie töteten 254 Männer (viele von ihnen ältere Menschen), Frauen (einige von ihnen schwanger) und Kinder. Die erwachsenen Männer waren mit der Feldarbeit beschäftigt, als die Verbrecher das Dorf betraten. Einige verwundete Männer wurden verhaftet und mit verbundenen Augen, Handschellen und blutiger Kleidung auf Lastwagen verladen und nach Jerusalem gebracht, wo sie unter dem Beifall und dem Gejohle der Zionisten in der Stadt durch die Straßen paradiert wurden. Nach der Parade wurden sie nach Deir Yassin zurückgebracht, an einer Mauer aufgereiht und ermordet. Jacques de Reynier, der Leiter des Internationalen Roten Kreuzes, wurde auf die Geschehnisse in Deir Yassin aufmerksam und bat um ein Treffen mit dem Kommandeur des Irgun-Kommandos, der ihm erzählte, dass die Dorfbewohner 24 Stunden im Voraus über Lautsprecher aufgefordert worden waren, ihre Häuser zu verlassen. Diejenigen, die sich nicht daran hielten, hätten „das Schicksal bekommen, das sie verdienten". Dieser hochrangige Beamte des Roten Kreuzes begab sich sofort mit einem Krankenwagen und einem Pick-up-Truck in das Dorf. Ralph Schönman gibt den Bericht von Jacques de Reynier in *Die verborgene Geschichte des Zionismus* wieder:

> „... Ich erreichte das Dorf mit meinem Konvoi und der Beschuss hörte auf. Die Gruppe (Irgun) trug Uniformen mit Helmen. Es waren alles junge Männer, einige sogar Teenager, Männer und Frauen, die bis an die Zähne bewaffnet waren: Revolver, Maschinengewehre, Handgranaten und auch Entermesser in ihren Händen. Eine schöne junge Frau mit kriminellen Augen zeigte mir ihres, das noch blutgetränkt war; sie stellte es wie eine Trophäe zur Schau.... Ich versuchte, ein Haus zu betreten. Ein Dutzend Soldaten umringten mich mit ihren auf mich gerichteten Maschinengewehren. Ihr Offizier verbot mir, mich zu bewegen. Die Toten, falls es welche gäbe, würden zu mir gebracht werden, sagte er. Wütend wie nie zuvor in meinem Leben sagte ich diesen Verbrechern, was ich von ihrem Verhalten hielt, und bedrohte sie mit allem, was mir einfiel, dann stieß ich sie beiseite und betrat das Haus. Der erste Raum war dunkel, alles war in Unordnung, aber es war niemand da. Im zweiten fand ich inmitten von zerschlagenen Möbeln und allerlei Schutt einige Leichen, die kalt waren. Die „Säuberung" dort war mit

Maschinengewehren und Handgranaten durchgeführt worden. Sie war mit Messern beendet worden, das konnte jeder sehen. Das Gleiche im nächsten Raum, aber als ich gerade gehen wollte, hörte ich so etwas wie einen Seufzer. Ich sah mich um, drehte die Leichen um und entdeckte schließlich einen kleinen Fuß, der noch warm war. Es war ein Mädchen von etwa zehn Jahren, verstümmelt durch eine Handgranate, aber noch am Leben.... Überall bot sich das gleiche Schauspiel. Es waren etwa vierhundert Menschen im Dorf gewesen, etwa fünfzig waren mit dem Leben davongekommen. Der Rest war kaltblütig ermordet worden....
Zurück in meinem Büro bekam ich Besuch von zwei Herren in Zivil, die schon seit einer Stunde auf mich gewartet hatten. Es waren der Kommandeur der Irgun-Abteilung und sein Stellvertreter. Sie hatten ein Papier vorbereitet, das ich unterschreiben sollte. Es handelte sich um eine Erklärung, dass ich von ihnen sehr zuvorkommend empfangen worden war und dass ich alle für die Erfüllung meines Auftrags erforderlichen Erleichterungen erhalten hatte, und dass ich ihnen für die Hilfe, die ich erhalten hatte, dankte. Da ich ihnen meine Zweifel zeigte und anfing, mit ihnen zu diskutieren, sagten sie mir, dass ich sofort unterschreiben solle, wenn mir mein Leben lieb sei. Die einzige Möglichkeit, die mir blieb, war, sie davon zu überzeugen, dass ich mein Leben nicht im Geringsten schätze.

Die Irgun machte Fotos von den Ermordeten und verteilte sie an die arabische Bevölkerung mit der Aufschrift auf der Rückseite: „Das wird euch passieren, wenn ihr nicht verschwindet". Die rassische Säuberung war das Hauptziel, da ein zukünftiger ethnisch reiner jüdischer Staat angestrebt wurde. Das Massaker von Deir Yassin hatte den gewünschten Effekt. In weniger als zwei Wochen verließen 150.000 Araber ihre Dörfer und flohen nach Jordanien und Gaza. Sie waren die ersten palästinensischen Flüchtlinge. Diese Massenflucht, die später in skandalöser Weise zunehmen sollte, war auf die hierarchische und patriarchalische Struktur der arabischen Gesellschaft zurückzuführen. Christian Zentner schreibt in *Die Nachkriegskriege*: „Die Unterordnung der Bauern unter den Grundherrn und der Beduinen unter die Familien der Scheichs bestimmte den Massenexodus der Araber, denn die Flucht einer ihrer Familien riss Hunderte oder gar Tausende von Menschen mit sich". Lenni Brenner berichtet in *The Iron Wall: Zionist Revisionism from Jabotinsky to Shamir* von Begins Erklärungen, die sich mit den Auswirkungen des Massakers brüsten und prahlen:

> „Eine Legende des Terrors verbreitete sich unter den Arabern, die bei der bloßen Erwähnung unserer Irgun-Soldaten in Panik gerieten. Sie war für die israelischen Streitkräfte ein halbes Dutzend Bataillone wert. Die Araber im ganzen Land gerieten in helle Panik und begannen, um ihr Leben zu fliehen. Diese Massenflucht verwandelte sich bald in eine unkontrollierbare Massenpanik. Von den 800.000 Arabern, die im heutigen Israel lebten, sind nur noch etwa 165.000 übrig. Die politische und wirtschaftliche Bedeutung dieses Ereignisses kann kaum überschätzt werden".

Am 12. April wollten arabische Guerillas das Massaker von Deir Yassin rächen und griffen eine Fahrzeugkolonne an, die sich frühmorgens vom neuen Teil Jerusalems in Richtung Berg Scopo aufmachte, wo die Zionisten die Hassada-Klinik und die Jüdische Universität hatten. Zwischen dem neuen, weitgehend von Juden bewohnten Teil und dem Berg Scopo liegt die arabische Altstadt. Der Streifen zwischen der Altstadt und dem Berg Scopo sowie das umliegende Land gehörten ebenfalls den Arabern, so dass der Konvoi unweigerlich durch arabisches Gebiet fahren musste. Ein gepanzertes Fahrzeug der Haganah diente als Eskorte und führte den Weg an. Dahinter folgten ein Krankenwagen mit dem roten Davidstern, zwei gepanzerte Busse, ein zweiter Krankenwagen und drei LKW-Ladungen mit Lebensmitteln und Medikamenten für das Krankenhaus. Ein zweites gepanzertes Begleitfahrzeug schloss die Kolonne ab. An einer engen Stelle der Straße am Fuß des Hügels erfolgte der Angriff mit Granaten, Gewehren und Molotowcocktails. Die Busse wurden in Brand gesteckt, und die Insassen, die versuchten, den Wagen zu verlassen, wurden von den Angreifern erschossen, die immer zahlreicher wurden, da Araber aus der Altstadt Jerusalems und den nahe gelegenen Städten kamen, um Rache zu üben und die Ärzte und Krankenschwestern des Konvois ins Visier zu nehmen. Siebenundsiebzig Menschen wurden getötet oder vermisst. Unter ihnen befanden sich der Direktor des Krankenhauses, ein Psychologieprofessor der Universität und drei Professoren.

Am 19. April begannen die Zionisten ihre Kampagne der Besetzung und ethnischen Säuberung palästinensischer Städte mit der Einnahme von Tiberias. Am 20. April beschließen sie angesichts der Passivität der britischen Truppen eine groß angelegte Aktion mit den Truppen der Haganah, die im Gegensatz zur Irgun militärisch organisiert ist und faktisch eine Armee darstellt. Das Ziel war die Hafenstadt Haifa mit 158.000 Einwohnern, überwiegend Araber. Der Angriff der Haganah erfolgte vom jüdischen Viertel auf dem Berg Karmel aus, der die Stadt überragte. Die Araber hatten keine bewaffneten Kräfte in der Stadt und nur die Briten konnten sie verteidigen, aber sie hatten den Befehl, nicht in die Kämpfe einzugreifen. Infolgedessen gab es praktisch keinen Widerstand, und innerhalb von zwei Tagen beschlossen die Araber, die Briten zu bitten, über die Kapitulation von Haifa zu verhandeln. Der Kommandeur der britischen Streitkräfte fungierte als Vermittler zwischen den Zionisten und den Palästinensern. Während in fast allen von den Zionisten eroberten Städten die einheimische Bevölkerung evakuiert wurde, konnte in Haifa trotz der Tatsache, dass der Hafen im Teilungsplan dem jüdischen Staat zugewiesen worden war, fast ein Viertel der Einwohner in der Stadt bleiben. Auf jeden Fall stieg die Zahl der arabischen Flüchtlinge weiter an und erreichte vor der einseitigen Ausrufung des zionistischen Staates dreihunderttausend.

Einige Tage später, am 25. April, griff die Haganah das Gebiet an, in dem der Überfall auf den medizinischen Konvoi stattgefunden hatte, d. h. die Region zwischen dem Berg Scopo und dem jüdischen Viertel von Jerusalem. Innerhalb von drei Stunden befand sich das gesamte Gebiet unter jüdischer Kontrolle. Da es nach dem Teilungsplan den Arabern gehörte, griffen Einheiten der jordanischen arabischen Legion, von Briten ausgebildete und trainierte Berufstruppen, die von britischen Offizieren befehligt wurden, die Zionisten an, wurden aber besiegt und verloren drei Panzer. Angesichts der Symbolik und Bedeutung Jerusalems, der dreimal heiligen Stadt, wurden die Briten schließlich zum Eingreifen aufgefordert. Drei mit Artilleriegeschützen, Mörsern und

Maschinengewehren ausgerüstete Kompanien wurden in das Gefecht geworfen. Nach schweren Kämpfen war die Haganah schließlich gezwungen, den von ihr besetzten Sektor zu evakuieren. Die Briten beschlossen, das Gebiet östlich von Jerusalem zur Militärzone zu erklären und Juden und Palästinensern den Zutritt zu verwehren.

Am gleichen Tag, dem 25. April, wurde auch die Stadt Jaffa angegriffen. Das UN-Teilungsabkommen sah vor, dass der arabische Staat über mindestens einen Hafen verfügen sollte. Die Hafenstadt Jaffa war daher für die Palästinenser von entscheidender Bedeutung. Tel Aviv, das im Jahrzehnt zuvor von den Juden erbaut worden war, lag in der Nähe von Jaffa, und so machten sich die Zionisten unter Missachtung der UN-Resolution daran, die Stadt zu erobern, die bis zum 12. Mai 1948 standhielt. Es gibt einen Bericht aus erster Hand über den Fall von Ramla, in der Nähe von Jaffa. In Ramla, das ganz in der Nähe von Lod und sechzehn Kilometer südöstlich von Jaffa liegt, lebte der damals zwölfjährige Jalil Wazir. Wazir, bekannt als Abu Jihad, war zusammen mit Jassir Arafat Mitbegründer der Fatah[21] und viele Jahre lang stellvertretender Führer der PLO. Der Journalist Alan Hart, Autor von *Arafat. A Political Biography* (1989), interviewte Abu Jihad vor seiner Ermordung. Der folgende Text ist diesem Interview in Harts Buch entnommen:

> Ich erinnere mich, als wäre es gestern gewesen, an den Tag, an dem die zionistischen Streitkräfte Jaffa angriffen", erzählte mir Abu Jihad. Die Araber in der Stadt schickten uns Autos und Lastwagen nach Ramla. Hilfe für Jaffa', riefen sie, 'Hilfe für Jaffa'. Ich erinnere mich, wie die Männer und Frauen von Ramla in die Fahrzeuge stiegen. Ein Mann hatte ein sehr altes Gewehr und mehrere Messer und Stöcke dabei. Zu dieser Zeit halfen wir uns gegenseitig. Wir wussten, dass die Juden nach Ramla und Lod kommen könnten, wenn sie Jaffa einnehmen. Und genau das ist passiert. In einer Nacht umzingelten sie Ramla, was ihnen ohne Schwierigkeiten gelang, denn die Jordanier zogen sich kampflos zurück. Wir waren allein und umzingelt. Unsere Leute konnten nicht kämpfen, sie hatten nichts, womit sie kämpfen konnten. Der Kommandant und eine städtische Delegation besuchten die jüdischen Kommandanten. Unser Kommandant sagte ihnen: „Gut, ihr könnt in die Stadt eindringen, aber ihr dürft der Bevölkerung keinen Schaden zufügen oder gefangen nehmen, und ihr müsst den Menschen erlauben, in ihren Häusern zu bleiben und ihr Leben normal weiterzuführen."

Natürlich beabsichtigten die Zionisten genau das Gegenteil. Als sie feststellten, dass die Einwohner von Ramla und Lod nicht flohen, setzten sie beide Städte unter Artilleriebeschuss. Ein Granatensturm ging auf Ramla nieder. Das Haus von Wazir im christlichen Viertel von Ramla wurde zerstört. Inmitten der Explosionen flüchteten er und seine Familie in die katholische Kirche, wo

---

[21] Die 1957 gegründete Fatah war die größte und einflussreichste der Befreiungsorganisationen, aus denen die 1964 gegründete PLO (Palästinensische Befreiungsorganisation) hervorging. Von 1957 bis 1965 bestand die Fatah aus einem Netz von geheimen und klandestinen Zellen. Arafat (Abu Amar) und Wazir (Abu Jihad) waren die beiden Organisatoren dieses Netzwerks. Abu Jihad wurde im April 1987 in Tunesien von einem israelischen Kommando ermordet.

Männer, Frauen und Kinder zwei Tage lang zusammengekauert ausharrten. Als die Juden in die Stadt eindrangen, kletterte Jalil Wazir auf das Dach der Kirche: „Ich habe mit eigenen Augen gesehen, wie die jüdischen Soldaten auf die Frauen und Kinder schossen, die noch auf der Straße waren. Das kann ich nicht vergessen. Dann sah ich, wie sie in unsere Häuser eindrangen, die Türen eintraten und schossen. Manchmal stießen sie Menschen hinaus und töteten sie dann. In der Kirche weinten die Menschen. Sie riefen: 'Deir Yassin, Deir Yassin'. Wir waren sicher, dass wir massenhaft getötet werden würden.

Als die Soldaten die Kirchenstraße betraten, ging der Pfarrer ihnen mit einer weißen Fahne entgegen und kehrte mit den Juden zurück, die begannen, die Menschen zu trennen. Alle Männer im Alter zwischen vierzehn und fünfzig Jahren wurden in Internierungslager gebracht. Nur die ältesten Männer, Frauen und Kinder wurden in der Stadt gelassen und durften nach Hause zurückkehren. Zwei Tage später wurden sie über Lautsprecher aufgefordert, ihre Häuser zu verlassen und sich an verschiedenen Punkten entlang der Straße zu versammeln, wo sie drei Tage lang auf Busse warteten, die sie nach Ramallah bringen sollten. Am zweiten Tag wurden die Ältesten aufgefordert, zu Fuß nach Ramallah zu gehen. Am dritten Tag trafen die Busse ein, und in einen von ihnen stieg Khalil Wazir mit drei Brüdern, von denen einer noch ein Baby war, drei Schwestern, seiner Mutter, seiner Großmutter und seiner Tante ein. Doch die Qualen waren noch nicht zu Ende: Fünfzehn Kilometer vor der Stadt waren die Menschen gezwungen, auszusteigen und den Rest des Weges zu Fuß zurückzulegen:

„Also begannen wir zu laufen. Wir mussten langsam gehen. Einige der Frauen waren zu alt und krank und mussten alle paar Minuten anhalten, um Luft zu holen und sich auszuruhen. Einige der anderen Frauen, die besser laufen konnten, waren erschöpft vom Tragen ihrer Kinder auf dem Arm. Nachts griffen uns die Juden mit ihrer Artillerie und ihren Mörsergranaten an. Zuerst gingen wir hinter einigen Felsen in Deckung. Als wir dann sahen, dass die Angriffe weitergingen, fingen wir alle an zu weinen und gerieten in Panik... und wir mussten in Richtung Ramallah rennen und rennen. Ich kann nicht vergessen, was passiert ist. Einige Mütter ließen ihre Kinder im Stich, sie waren zu erschöpft, um sie weiter zu tragen. Sogar meine Tante sagte meiner Mutter, sie solle einige ihrer Kinder zurücklassen. Meine Mutter hatte drei bei sich. Meine Tante sagte ihr: „Du kannst nicht mit drei Kindern auf dem Rücken laufen. Sie werden dich umbringen. Lass zwei von ihnen zurück und wir werden Hilfe schicken, wenn wir in Ramallah ankommen". Meine Mutter weigerte sich. Dann sagte sie: 'Jalil, meinst du, du könntest eine deiner Schwestern nehmen und fliehen?' Ich sagte: 'Ja', und das tat ich. Einige Kinder wurden zurückgelassen, weil es niemanden gab, der sie mitnehmen konnte. Andere blieben zurück, weil ihre Mütter gestorben waren. Bis heute habe ich das nicht vergessen können."

Etwa 60.000 Menschen wurden in den Flüchtlingskarawanen, die aus verschiedenen Teilen Palästinas nach Ramallah geleitet wurden, vertrieben. Andere Ortschaften erlitten das gleiche Schicksal wie Ramallah und Lod. Am 8. Mai wurde Safad besetzt, wo etwa 10.000 Araber ethnisch gesäubert wurden, so dass die Stadt in die Hände von etwas mehr als 1.000 Juden fiel, und am 12. Mai, demselben Tag, an dem Jaffa aufgegeben wurde, fiel auch die arabische Stadt

Bissan. Inmitten der zionistischen Terrororgie und in Unkenntnis der damit verbundenen humanitären Katastrophe verkündeten die Briten am 14. Mai 1948 unter Verletzung ihrer Verpflichtungen die Beendigung ihres Mandats in Palästina. Wie in der UNO vereinbart, sollte nach dem Rückzug der Briten, der am 1. August erfolgen sollte, eine Kommission für die Durchsetzung der vereinbarten Teilung zuständig sein. Nach der Übernahme durch die UNO sollten in beiden Staaten Wahlen abgehalten werden, und die UNO sollte dann die Macht an die jeweiligen Regierungen übergeben.

Einseitige Ausrufung der Unabhängigkeit und Eroberungskrieg

Bevor die Briten ihren Rückzug aus dem Mandatsgebiet Palästina ankündigten, hatten die Zionisten bereits die meisten arabischen Städte besetzt und ihre Einwohner vertrieben. Am 14. Mai, dem Tag, an dem Sir Allan Cunningham, der letzte britische Hochkommissar, das Heilige Land an Bord des Kreuzers *Euryalus* verließ, begann die Haganah mit dem Angriff auf St. John's in Akkon, das am 17. Mai fiel. Die Fakten zeigen also, dass die Zionisten von Anfang an nie die Absicht hatten, sich den UN-Plänen zu unterwerfen. In *The Fatal Triangle: The United States, Israel and Palestine* zitiert Noam Chomsky die Worte von Beguin, der 1948 erklärte: „Die Teilung des Heimatlandes ist illegal. Sie wird niemals anerkannt werden. Die Unterzeichnung des Teilungsabkommens sowohl durch Institutionen als auch durch Einzelpersonen ist ungültig. Sie wird das jüdische Volk nicht binden. Jerusalem war und wird immer unsere Hauptstadt sein. Eretz Israel wird an das Volk Israel zurückgegeben werden. Das ganze Land. Und zwar für immer."

Um die Resolution 181 ungestraft zu verletzen, bedurfte es jedoch der Komplizenschaft oder Passivität der Nationen, die den Weltkrieg gewonnen hatten. Die Geschehnisse in den Vereinigten Staaten zeigen einmal mehr, in welchem Ausmaß jüdische Lobbyisten tatsächlich Macht ausübten. Am 13. Mai 1948 erhielt Präsident Truman einen Brief von Chaim Weizmann, in dem er ankündigte, dass die provisorische Regierung des jüdischen Staates am 15. Mai um null Uhr ihr Amt antreten würde. Aus dem Schreiben ging hervor, dass mit einer raschen Anerkennung gerechnet wurde. Der Text des Schreibens wird von Weizmann selbst in *Trial and Error* wiedergegeben. Es folgt ein Auszug, der in *The Sons of Agenor* von Bichara Khader zitiert wird:

> „... Die Führung, die die amerikanische Regierung unter Ihrer Inspiration ausübte, ermöglichte die Errichtung eines jüdischen Staates.... Aus diesen Gründen hoffe ich von ganzem Herzen, dass die Vereinigten Staaten, die unter Ihrer Führung so viel für eine gerechte Lösung getan haben, die provisorische Regierung des jüdischen Staates umgehend anerkennen werden. Ich denke, die Welt wird es besonders angemessen finden, dass die größte Demokratie, die es gibt, die erste ist, die das jüngste Mitglied der Familie der Nationen willkommen heißt".

B'nai Brith-Präsident Frank Goldman erschien am Morgen des 14. Mai 1948 im Weißen Haus und wurde von Truman empfangen. Im Jahr 1947 hatten die Mitglieder der New Yorker Loge, deren Präsident Lester Gutterman war, einzeln 50.000 Dollar für die Haganah gespendet. Nach der Ausrufung der Unabhängigkeit schickte B'nai Brith ein Schiff nach dem anderen mit Vorräten im Wert von 4.000.000 Dollar nach Haifa. Goldman wollte offensichtlich sicherstellen, dass Truman nicht scheitern würde. Der nächste Besucher an diesem Morgen war Eliahu Epstein, der Vertreter der Jewish Agency in Washington,, der dem Präsidenten die formelle Mitteilung überreichte, dass Israel am selben Tag um 18.01 Uhr (US-Zeit) ausgerufen werden würde.

Am Nachmittag des 14. Mai 1948 trat der Jüdische Nationalrat im großen Saal des Museums von Tel Aviv zusammen. Die Mitglieder der Jewish Agency saßen auf einem Podium. Über ihren Köpfen befand sich ein großes gerahmtes Porträt von Theodor Herzl. Der Vorsitzende des Rates, David Ben Gurion, erhob sich und alle Anwesenden sangen „Hatikwah", das Lied der Hoffnung, das von nun an die Hymne Israels sein sollte. Anschließend verlas Ben Gurion die Unabhängigkeitserklärung, die mit den folgenden Worten endete: „Wir, die Mitglieder des Nationalrats, Vertreter des jüdischen Volkes von Palästina und der internationalen zionistischen Bewegung, sind in feierlicher Versammlung zusammengekommen. Auf der Grundlage des nationalen und historischen Gesetzes des jüdischen Volkes und der Resolution der Vereinten Nationen verkünden wir die Gründung des jüdischen Staates im Heiligen Land, dessen Name Israel sein soll". Das Exekutivkomitee der Jewish Agency wurde die erste Regierung des neuen Staates.

Elf Minuten nach der Proklamation, d.h. um 18.11 Uhr US-Zeit, verliest Charlie Ross, der Pressesprecher des Präsidenten, das von Harry Solomon Truman unterzeichnete knappe Kommuniqué: „Diese Regierung ist darüber informiert worden, dass in Palästina ein jüdischer Staat ausgerufen wurde und die vorläufige Regierung dieses Staates um Anerkennung gebeten hat. Die Vereinigten Staaten erkennen die provisorische Regierung als die faktische Autorität dieses neuen Staates Israel an". Die Anerkennung erfolgte also, wie von Weizmann gefordert, unverzüglich. Die Sitzung im Museum in Tel Aviv war noch im Gange, als die Zionisten die Nachricht erhielten. Es war ein beispielloses Tempo, das bis heute nicht übertroffen wurde. Die US-Delegierten bei der UNO, die nicht informiert worden waren, konnten es nicht glauben, denn sie hatten einen Entwurf für eine internationale Treuhandschaft für Palästina vorgelegt, der von der Generalversammlung geprüft wurde. Nach einigen Momenten der Verwirrung setzten sie sich mit dem Weißen Haus in Verbindung und erhielten die Bestätigung, dass die Nachricht wahr sei. Monate später, als Chaim Weizmann als erster Präsident des Staates Israel den US-Präsidenten besuchte, erklärte Truman, die Anerkennung sei „das Stolzeste in seinem Leben".

Am 15. Mai 1948 marschierten Truppen aus Syrien, Libanon, Irak und Jordanien in Palästina ein. Dies war der Beginn des ersten arabisch-israelischen Krieges (1948-1949). Der Generalsekretär der im März 1945 gegründeten Arabischen Liga sandte ein Telegramm an die Vereinten Nationen, in dem er sein Erstaunen über die rechtswidrige Entscheidung der Zionisten zum Ausdruck brachte. Er prangerte die Tatsache an, dass die Juden fast ganz Palästina in Besitz genommen hatten, und rechtfertigte die Intervention: „Die arabischen Staaten waren gezwungen zu intervenieren, um Frieden und Sicherheit zu gewährleisten, die Ordnung in Palästina wiederherzustellen und auch um das von den Briten hinterlassene Vakuum zu füllen". Eigentlich sollten die Truppen die Sektoren schützen, die gemäß dem Teilungsplan an die Araber übergeben worden waren, und nur in diese Gebiete eindringen. Die Vorbereitung und Ausrüstung der Soldaten war jedoch sehr schlecht. Außerdem fehlte ihnen ein zentrales Kommando, das ihre Aktionen koordinieren konnte. Syrien und der Libanon hatten erst vor kurzem ihre Unabhängigkeit erlangt und ihre Armeen umfassten nur 8 000 Mann. Ägyptens König Farouq verfügte zwar über mehr Truppen, doch diese waren unprofessionell und ebenso schlecht ausgerüstet. Nur die Arabische Legion von König Abdullah von Transjordanien war eine wirklich gut bewaffnete und organisierte Streitmacht, die von den Briten ausgebildet worden war, die immer noch das Kommando hatten. Ihr General war John Glubb, „Pascha". Die ihm unterstellten Kommandeure und Offiziere waren ebenfalls Briten. Nur die Arabische Legion konnte sich behaupten; die anderen arabischen Armeen wurden an allen Fronten von der Haganah besiegt. Die Araber kannten nicht einmal die elementarste Infanterietaktik, sie stürmten in Scharen mit alten Stachelgewehren und handelten töricht, denn sie gingen in das feindliche Feuer, weil sie eine vom Mufti gesegnete Sure des Korans bei sich trugen.

Der wichtigste Zusammenstoß zwischen der Haganah und der Arabischen Legion fand in Jerusalem statt. Der Teilungsplan hatte einen Korridor zwischen der Heiligen Stadt und dem Meer gelassen, damit die Araber und die dort ansässigen internationalen Behörden einen freien Zugang zur Küste hatten. Die Zionisten marschierten auf Jerusalem zu und griffen das arabische Viertel von der Straße nach Tel Aviv aus an; aber sie scheiterten nicht nur bei dem Versuch, die Altstadt einzunehmen, sondern verloren auch das jüdische Viertel, das in diesem alten Teil Jerusalems lag. Es war eine schmerzliche Niederlage, denn zum ersten Mal in der Geschichte wurden alle Juden ohne Ausnahme aus dem historischen Teil der Stadt vertrieben. Das jüdische Viertel wurde von Truppen der arabischen Legion besetzt und seine rund 2.000 Bewohner mussten es verlassen. Die Juden verließen die Stadt am 28. Mai 1948 durch das Zionstor und wurden unter Aufsicht des Roten Kreuzes nach Transjordanien verschleppt.

Am 29. Mai, als die letzten Juden die Altstadt von Jerusalem verließen, wurde der vom Sicherheitsrat vorgeschlagene Waffenstillstand angenommen. Die Kriegshandlungen sollten für einen Zeitraum von vier Wochen ausgesetzt werden, während dessen eine Vermittlungskommission versuchen sollte, die Feindseligkeiten zu beenden. Während des Waffenstillstands sollten keine neuen Truppen nach Palästina einmarschieren und kein Kriegsmaterial eingeführt werden. Die Nichteinhaltung der Waffenstillstandsbedingungen würde entsprechende Sanktionen nach sich ziehen. Zum Vorsitzenden der UN-Vermittlungskommission wurde der schwedische Graf Folke Bernadotte ernannt, der mit dem schwedischen Königshaus verwandt war und viele Jahre lang dem Internationalen Schwedischen Roten Kreuz angehörte. Folke Bernadotte kündigte am 7. Juni an, dass der Waffenstillstand am 11. Juni um 6.00 Uhr morgens beginnen würde.

Bernadottes Wahl wurde von den Zionisten gut aufgenommen, da er sich am Ende des Zweiten Weltkriegs als Vertreter des Roten Kreuzes bei Himmler für Tausende von Juden eingesetzt hatte, was ihm internationales Ansehen eingebracht hatte. Wie James Forrestal führte auch Graf Bernadotte ein Tagebuch, das nach seinem Tod veröffentlicht wurde. Darin vermerkte er, dass er, nachdem er seine Friedensmission angenommen hatte, auf dem Weg nach Palästina in London Halt machte und Nahum Goldman, den damaligen Vizepräsidenten der Jewish Agency und Vertreter des zionistischen Staates, besuchte, der ihm versicherte, dass „der Staat Israel nun in der Lage sei, die volle Verantwortung für die Taten der Stern-Bande und der Mitglieder der Irgun zu übernehmen". Von diesen Worten getröstet, traf Bernadotte in Ägypten ein, wo er mit dem Premierminister Nokrashi Pascha zusammentraf, der ihm mitteilte, dass er „das Ausmaß der jüdischen Wirtschaftsmacht anerkenne, da sie das Wirtschaftssystem vieler Länder kontrolliere, darunter die Vereinigten Staaten, England, Frankreich, Ägypten selbst und vielleicht sogar Schweden". Bernadotte vermerkte in seinem Tagebuch keine Einwände gegen die Bezugnahme auf sein Land. Nokrashi Pascha teilte ihm auch mit, dass die Araber „nicht erwarten, sich dieser Herrschaft entziehen zu können", fügte aber hinzu, dass sie nicht akzeptieren könnten, dass man dies mit Gewalt und Terrorismus erreichen wolle, und Widerstand leisten würden.

Die Zionisten akzeptierten den Waffenstillstand vor den Arabern, obwohl diese nicht die Absicht hatten, sich an die Vereinbarung zu halten. Der Waffenstillstand ermöglicht es ihnen, ihre Kontingente entscheidend zu verstärken, da Tausende von gut ausgebildeten Juden aus Europa eintreffen, die keine militärische Ausbildung benötigen. Hinzu kommen umfangreiche Waffenlieferungen aus der Tschechoslowakei, ein entscheidender Beitrag, der im März nach dem kommunistischen Staatsstreich in Prag, der die Beneš-Regierung im Februar 1948 unblutig gestürzt hatte, begonnen hatte. Der Putsch war von jüdischen Kommunisten unter der Führung von Lavrenti Beria inszeniert worden. Der führende Kopf der Verschwörung war der Jude Rudolf Slansky (Rudolf Salzmann), Generalsekretär der Kommunistischen Partei der Tschechoslowakei, der Verbrecher, der Benes 1945 mit lebenden Fackeln an Laternenpfählen empfangen hatte.

Es ist erwähnenswert, dass die prominentesten Juden, die nach dem Staatsstreich vom Februar 1948 in Prag an die Macht kamen, im November 1951 und in den folgenden Monaten verhaftet wurden. Unter dem Vorwurf, Zionisten zu sein, wurden sie im November 1952 vor Gericht gestellt und auf Befehl Stalins hingerichtet. Wie schon bei den Moskauer Prozessen in den 1930er Jahren bezeichneten die westlichen Medien den Prozess, der am 20. November 1952 eröffnet wurde, als Farce und beschuldigten Stalin des Antisemitismus, weil er Juden aus den kommunistischen Parteiapparaten Osteuropas aussortiert hatte. Die Wahrheit ist jedoch, dass Slansky und Co., sobald sie die Kontrolle über die tschechoslowakische Regierung erlangt hatten, rasch Waffenlieferungen an die Zionisten in Palästina schickten. Neben Slansky kamen die folgenden jüdischen Kommunisten unter Berias Schutz an die Macht: Wladimir Clementis, Außenminister, der bei den Waffenschmuggeloperationen an die Israelis eine entscheidende Rolle spielte; Bedrich Reicin, der zum stellvertretenden Verteidigungsminister ernannt wurde; Bedrich Geminder, Slanskys rechte Hand und eine führende Persönlichkeit in der Komintern; Josef Frank, Slanskys Stellvertreter und stellvertretender Generalsekretär der Kommunistischen Partei; Rudolph Margolius, stellvertretender Außenhandelsminister; Stefan Rais, Justizminister im April 1950; Artur London, stellvertretender Außenminister; André Simone (eigentlich Otto Katz), Leiter der Presseabteilung des Außenministeriums, ein Propagandist, der etwa zwanzig Pseudonyme benutzte und dessen Rolle im Spanischen Bürgerkrieg bereits erwähnt wurde; Otto Fischl, stellvertretender Finanzminister, der im Prager Prozess zugab, ein jüdischer Nationalist zu sein und mit dem israelischen Geheimdienst zusammenzuarbeiten; Ludwig Frejka (eigentlich Ludwig Freund), Wirtschaftsberater des Staatspräsidenten Klement Gottwald; Evzen Löbl, stellvertretender Minister; Vavro Hajdu, ebenfalls stellvertretender Minister, und viele andere, die weniger wichtige Posten innehatten. Später, im September, bildeten die in der Tschechoslowakei regierenden Zionisten eine Brigade tschechischer Juden, die nach Palästina verlegt wurde.

Im Gegensatz zu den Juden zögerten die Araber, den Waffenstillstand zu akzeptieren, da sie überzeugt waren, dass er im Interesse Israels lag. Außerdem war die Zahl der palästinensischen Flüchtlinge und Vertriebenen im Juni auf über 600.000 angestiegen, die eine Niederlage der Zionisten herbeisehnten, damit sie in ihre Heimat zurückkehren konnten. In Jordanien und Ägypten wurde argumentiert, dass die Juden gezwungen werden müssten, den UN-Beschlüssen nachzukommen und den Vertriebenen die Rückkehr zu ermöglichen. Schließlich zwang eine Entscheidung der britischen Regierung die Araber, den UN-Waffenstillstand zu akzeptieren: Die Briten kündigten an, ihre Offiziere aus der Arabischen Legion abzuziehen. Christian Zentner zitiert in seinen *Nachkriegskriegen* Major Glubb Pascha: „Der Abzug der britischen Offiziere war ein schwerer Schlag für die Legion. Unter ihnen befanden sich die Stabschefs, zwei Brigade- und vier Regimentschefs sowie das gesamte Artilleriekommando. Und da die Artillerie drei Monate zuvor organisiert worden war, gab es keine jordanischen Offiziere, die sie hätten ersetzen können. Die britischen Offiziere waren bis 1948 das Rückgrat des Gebäudes, ohne sie wäre die ganze Sache zusammengebrochen....". Schließlich gaben die Araber nach, und die Kämpfe wurden mehr oder weniger eingestellt.

Trotz eines ausdrücklichen UN-Verbots verkauften die jüdischen Kommunisten in der Tschechoslowakei den Zionisten nicht nur Kleinwaffen, sondern auch Artillerie, Panzer und sogar Flugzeuge, sowohl Jagdflugzeuge als auch Bomber. Die Lieferungen umfassten Waffen, die von den Deutschen am Ende des Weltkriegs erbeutet worden waren, wie 98 K-Gewehre, M 42-Sturm-Maschinengewehre, Panzerabwehrbomben und M-109-Jagdflugzeuge. Das Material wurde auf dem Luftweg von der Tschechoslowakei nach Palästina transportiert, mit einer Zwischenlandung in dem von General Markos, dem Anführer der kommunistischen Guerilla im griechischen Bürgerkrieg, beherrschten griechischen Gebiet. Das Material wurde auch nach Jugoslawien geschickt, dessen Anführer die jüdischen Kommunisten Tito und Pijade waren, und von dort aus per Schiff zu den Häfen von Haifa und Tel Aviv weitergeleitet. Als die Feindseligkeiten am 9. Juli 1948 wieder aufgenommen wurden, starteten die Zionisten gut gerüstet eine zehntägige Offensive, die sie von Sieg zu Sieg führte: Nazareth, der Geburtsort Jesu Christi, wurde erobert und ganz Galiläa war in jüdischer Hand. Am 19. Juli bemüht sich Graf Bernadotte um einen neuen Waffenstillstand, denn nicht nur die Zivilbevölkerung, die durch die von den Juden durchgeführten ethnischen Säuberungen zunehmend verängstigt ist, sondern auch die arabischen Truppen, die der Haganah nicht gewachsen sind, fliehen. Am 29. Juli gelang es dem schwedischen Vermittler, die Kämpfe für weitere vier Wochen einzustellen.

Der UN-Delegierte und die von ihm geleitete Kommission, die sich aus französischen, amerikanischen und belgischen Vertretern zusammensetzte, waren entschlossen, die Israelis dazu zu bringen, die UN-Resolution einzuhalten, d. h. die Grenzen des zionistischen Staates sollten so sein, wie sie in der „Empfehlung" vom 29. November 1947 vorgesehen waren; Jerusalem sollte unter UN-Kontrolle internationalisiert werden; die UN sollten das Recht der vertriebenen Araber auf Rückkehr in ihre Häuser bekräftigen und garantieren. Im August kam es zu heftigen Diskussionen zwischen dem schwedischen Vermittler und den zionistischen Führern. Die Juden waren mit Graf Bernadotte nicht einverstanden und demonstrierten zunächst mit Lautsprechern vor dem Gebäude der UN-Delegation; dann hielten sie Plakate und Flugblätter gegen den UN-Vertreter und seine Verhandlungskommission hoch; schließlich töteten sie ihn am 17. September 1948 auf einer Straße in Jerusalem. Wenn eine der Parteien den Vermittler ermordet, die Person, der man angesichts der Schwierigkeit ihrer Mission höchsten Respekt und Rücksicht schuldet, kann man angesichts des Schocks und der Enttäuschung über eine solch schwere Verletzung nur wenig sagen. Der Stammesfanatismus der Verbrecher wurde der internationalen Öffentlichkeit jedoch deutlich vor Augen geführt. In diesem Fall kam erschwerend hinzu, dass Graf Folke Bernadotte etwa zwanzigtausend Juden aus den Händen der Nazis gerettet hatte, was die Wertschätzung des schwedischen Adligen für das jüdische Volk beweist.

Gegen 17 Uhr am 17. September verließen drei UN-Fahrzeuge den Regierungssitz mit der Absicht, durch Jerusalem zu fahren. Als die drei Fahrzeuge auf der Straße von Katamon nach Rehaviah fuhren, blockierte ein „Jeep" mit vier Männern neben dem Fahrer die Straße. Die Attentäter, die Uniformen des Afrikakorps trugen, sprangen auf den Boden und feuerten mit ihren automatischen Waffen auf die drei Autos. Einer der Terroristen ging auf den Wagen zu, in dem Graf Bernadotte saß. Auf dem Beifahrersitz saßen Oberst Begley, der den Jeep fuhr, und Hauptmann Cox, der belgische Delegierte. Hinter ihnen saß Bernadottes Assistent, der schwedische General Lundström, am Fenster, durch das sich der Schütze näherte, in der Mitte der französische Oberst Serot und auf der anderen Seite Graf Bernadotte. Die Schüsse töteten Oberst Serot auf der Stelle. Folke Bernadotte, der durch Schüsse in den Kopf schwer verwundet wurde, starb sofort nach seiner Ankunft im Krankenhaus. Die drei Autos der Delegation waren von Kugeln durchlöchert. Wie sich später herausstellte, war der von den Verbrechern benutzte Jeep einige Zeit zuvor von den Terroristen der Stern-Bande gestohlen worden.

General Lundström, der das Attentat unverletzt überstand, erklärte am nächsten Tag, dem 18. September, dass „die vorsätzliche Ermordung zweier hochrangiger internationaler Beamter einen Bruch des Waffenstillstands von äußerster Schwere und eine schwarze Seite in der Geschichte Palästinas darstellt, für die die Vereinten Nationen volle Rechtfertigung verlangen werden". General Lundström irrte sich: Es wurde keine Forderung an die Zionisten gestellt. Die Druckmechanismen, die seit der *Balfour-Erklärung* hinter den Kulissen wirksam waren, funktionierten einmal mehr perfekt. Die Ermordung des UN-Vermittlers hatte nicht die geringsten Auswirkungen: Die Zionisten ignorierten die Vorschläge von Graf Bernadotte: Sie eroberten und behielten alle Gebiete, die sie wollten, lehnten das Recht der Palästinenser auf Rückkehr in ihre Heimat ab und verkündeten, dass sie eine Internationalisierung Jerusalems nicht zulassen würden.

Die Londoner *Times* ging sogar so weit, den schwedischen Vermittler für die Geschehnisse verantwortlich zu machen, da der Vorschlag zur Internationalisierung Jerusalems „zweifellos einige Juden dazu veranlasst hat, Graf Bernadotte zu töten". Natürlich fuhren die Zionisten fort, all jene des Antisemitismus zu beschuldigen, die sich für die arabische Sache einsetzten, was der abwegigste aller Sarkasmen war, da die wahren Semiten die Palästinenser waren und die Zionisten überwiegend aschkenasische Juden (Nachkommen der Chasaren) waren. Die Straffreiheit der Zionisten ist seither ungebrochen: Der Staat Israel hat sich nie an eine einzige UN-Resolution gehalten und agiert seit 1948 ununterbrochen und ohne das geringste Problem außerhalb des Völkerrechts.

Was die Terroristen betrifft, die den internationalen Vermittler ermordet haben, so wurden zwei Stern-Mitglieder namens Yellin und Shmuelevitz vier Monate später von einem Sondergericht zu acht und fünf Jahren Gefängnis verurteilt. Bei der Verlesung des Urteils sagte der vorsitzende Richter, dass „es keinen Beweis dafür gibt, dass der Befehl zum Mord an Graf Bernadotte von der Führung erteilt wurde". Mit anderen Worten: Die Terroristen haben wie üblich auf eigene Faust gehandelt. In *The Controversy of Zion* schreibt Douglas Reed über das, was mit den Verurteilten geschah, Folgendes: „Die beiden Männer (so die Jewish Telegraph Agency) schenkten (angesichts der Tatsache, dass vom Staatsrat eine Generalamnestie erwartet wurde) dem Gerichtsverfahren wenig Beachtung" und wurden wenige Stunden nach ihrer Verurteilung freigelassen, um im Triumph zu einem Volksempfang eskortiert zu werden."

Bernadottes Nachfolger ist ein amerikanischer Diplomat, Ralph Bunche, der aus Pflichtgefühl und ohne viel Energie protestiert: Die Präsidentschaftswahlen stehen vor der Tür, und jüdische Stimmen und Geld sind für Truman wichtig. Außerdem führen die Vereinigten Staaten den Vorsitz im Sicherheitsrat. Unter diesen Umständen nahmen die Zionisten ihren Eroberungskrieg wieder auf und eroberten Beerscheba, eine Stadt, die nach dem Teilungsplan Teil des arabischen Staates sein sollte. Der Sicherheitsrat ordnete am 22. Oktober 1948 einen Waffenstillstand und am 14. Oktober, eine Woche vor der Offensive, den Rückzug der Juden auf die bestehenden Stellungen an. Die Israelis akzeptierten zwar den Waffenstillstand, ignorierten aber den Rückzugsbefehl und setzten ihre Politik der vollendeten Tatsachen ungestraft fort. Im Februar 1949 nahmen sie ihre Angriffe auf die ägyptischen Streitkräfte wieder auf. Zwischen März und April waren die arabischen Staaten gezwungen, einen Waffenstillstand zu akzeptieren, der ihre Niederlage besiegelte. Die Juden hatten 1 300 Quadratkilometer erobert, die für die Palästinenser bestimmt waren, darunter vierzehn Städte und 313 Dörfer, deren Bewohner in Scharen geflohen waren, um der nach dem Pogrom von Deir Yassin angekündigten ethnischen Säuberung zu entgehen: „Das wird mit euch geschehen, wenn ihr nicht verschwindet". Aus den 56% des Gebiets, die dem jüdischen Staat zugestanden wurden, als die Zionisten nur 6,6% des Landes besaßen, waren 74% der Gesamtfläche Palästinas geworden.

Nach dem Ende des ersten arabisch-israelischen Krieges wurde den Palästinensern klar, dass das, was geschehen war, eine Katastrophe war, „al-Nakba", und sie wiederholen sie bis heute. Das politische Palästina verschwand von der Landkarte, als König Abdullah von Transjordanien das Westjordanland annektierte, das linke Ufer des Jordans, das heute Westjordanland heißt, und der Gazastreifen von der ägyptischen Militärverwaltung übernommen wurde. Zwischen November 1947 und Dezember 1951 wurden etwa 850 000 Palästinenser, drei Viertel der Gesamtbevölkerung, zu Flüchtlingen, deren unverzichtbares Streben nach Rückkehr den zweiten großen Begriff des palästinensischen Volksepos hervorgebracht hat, „al-Awda", das Recht auf Rückkehr, symbolisiert durch die Weitergabe eines Schlüssels zu dem Haus, das ihre Vorfahren bei der Vertreibung durch die zionistischen Juden verlassen mussten, von Generation zu Generation. Diese Exilanten haben sich in Flüchtlingslagern im Libanon, in Jordanien, in Syrien, im Westjordanland und im Gazastreifen niedergelassen, wo sie in großer Not überleben. Im November 1948 starteten die Vereinten Nationen ein Hilfsprogramm für palästinensische Flüchtlinge, das am 8. Dezember 1949 durch die Resolution 302 ersetzt wurde, mit der das Hilfswerk der Vereinten Nationen für Palästinaflüchtlinge (UNRWA) gegründet wurde, das für die Verteilung von Lebensmittelrationen und die Schulbildung der Kinder zuständig ist.

Tötungen und ethnische Säuberungen

Plan Dalet (Plan D) wurde Anfang April 1948 aktiviert und zielte darauf ab, arabische Dörfer in vom Kommando festgelegten Gebieten zu beschlagnahmen, zu räumen und zu zerstören. Das erste Gebiet, das ausgewählt wurde, waren die ländlichen Dörfer in den Bergen Jerusalems und wurde zwischen April und Mai 1948 durchgeführt. Die „Operation Najson", die von Palmach-Einheiten durchgeführt wurde, sollte als Modell für die Zukunft dienen. Die Alexandroni-Brigade war für den Angriff auf die Küstendörfer zuständig. Die Golani-Brigade wurde am 6. Mai mit der Räumung des östlichen Galiläa beauftragt. 2008 wurde das Buch *La limpieza étnica de Palestina* von Ilan Pappé, der 2007 wegen seiner Kritik am Zionismus und seiner Verteidigung der Rechte des palästinensischen Volkes aus Israel verbannt wurde, auf Spanisch veröffentlicht. Wir empfehlen dem interessierten Leser, das Werk von Professor Pappé zu lesen, dem einige seiner Gegner vorwarfen, „ein Jude zu sein, der sich selbst hasst, weil er Jude ist", eine übliche Verleumdung, die Juden, die ihre Würde bewahren und ihren Status als Mensch über die ethnische Zugehörigkeit stellen, oft ertragen müssen.

Da der Fall von Ilan Pappé sehr bedeutsam ist, lohnt es sich, den Ursprung seiner akademischen Ächtung in Israel zu erläutern. Er selbst berichtet darüber in seinem Artikel „Israelischer akademischer Boykott: der 'Fall Tantura'". In den späten 1980er Jahren unterrichtete Pappé an der Universität Haifa einen Kurs über den israelisch-palästinensischen Konflikt. Der Kurs weckte das Interesse des Studenten Teddy Katz, der, ermutigt von Professor Pappé, beschloss, über das Schicksal des Dorfes Tantura am 23. Mai 1948 zu forschen. Im Jahr 1998 reichte Katz seine Magisterarbeit an der Universität Haifa ein, in der er zu dem Schluss kam, dass 225 Palästinenser in Tantura getötet wurden: Zwanzig wurden während der Schlacht getötet, der Rest wurde nach der Kapitulation des Dorfes hingerichtet. Seine Note war mit 97% sehr hoch (Professor Pappé merkt an, dass er ihr 100% gegeben hätte).

Ende Januar 2000 interviewte die Tageszeitung *Ma'ariv* Katz und einige Veteranen der Alexandroni-Brigade, während andere die Forschungsdaten bestätigten, sich weigerten, das Massaker zuzugeben, eine Verleumdungsklage einreichten und eine Entschädigung von einer Million Schekel forderten. „Wenn man die Geschichte Israels erforscht", schreibt Professor Pappé, „und dem zionistischen Narrativ widerspricht, muss man mit Repressalien rechnen." Der Druck von Seiten der Universität und seiner eigenen Familie löste bei Katz eine Depression aus, die ihn fast das Leben kostete. Schließlich willigte er ein, ein Entschuldigungsschreiben zu unterzeichnen, in dem er seine Aussage zurückzog und zugab, dass es in Tantura kein Massaker gegeben hatte, was er jedoch schnell bereute. Die Untersuchung bestätigte die ethnische Säuberung und Richter Pilpel stellte den Fall ein. Die Universität forderte jedoch die Annullierung der Qualifikation und beschuldigte den Studenten, die Beweise gefälscht zu haben, und Professor Pappé, ihn zu unterstützen.

Nach drei Tagen und drei Nächten, in denen er sich die Aufnahmen des jungen Katz mit den Zeugenaussagen und Beweisen angehört hatte, wurde Pappé klar, dass er die ungeheuerlichen Ereignisse in Tantura nicht verteidigen konnte. Er beschloss, eine Zusammenfassung zu erstellen und sie auf der Website der Universität zu veröffentlichen. Er schlug auch vor, die Angelegenheit mit anderen Experten zu besprechen, aber die Universität war der Ansicht, dass ihre Aufgabe nicht in der Suche nach der Wahrheit, sondern in der Verteidigung des Zionismus bestehe, und lehnte den Vorschlag ab. Auf diese Weise entdeckte Professor Pappé, dass seine Universität die Geschichte systematisch manipuliert hatte. Auf diese Weise", so Pappé weiter, „wurde ich de facto boykottiert und in meiner eigenen Universität zu einem Paria. Freunde und Kollegen sagten Einladungen zu Kursen und Seminaren ab, die an mich gerichtet waren, bevor die Tantura-Affäre ausbrach und die brutale Natur der ethnischen Säuberung Israels im Jahr 1948 aufdeckte". Ilan Pappés Engagement und seine

Entschlossenheit, die Fakten zu verbreiten, führten dazu, dass er zur „persona non grata" erklärt wurde.

Leider gibt es keine Universitätsarbeiten, die es ermöglichen, wie im Fall von Tantura, die von den Zionisten verübten Massaker mit absoluter Strenge zu dokumentieren. Einige Autoren, wie der bereits erwähnte Ralph Schönman, haben jedoch Zeugenaussagen oder in den israelischen Medien veröffentlichte Informationen veröffentlicht. Am 28. Oktober 1948 fand das Massaker von Al-Dawayima, einige Kilometer östlich von Hebron, statt. Die Schrecken des Massakers wurden durch die Aussagen eines Soldaten bekannt, der an den Ereignissen beteiligt war und die in der hebräischsprachigen Zeitung *Davar* erschienen, die von der General Federation of Workers in the Land of Israel herausgegeben wird. Der Soldat behauptete, dass zwischen achtzig und hundert Menschen getötet wurden; andere Quellen legen jedoch nahe, dass die Zahl höher war. In *The Hidden History of Zionism (Die verborgene Geschichte des Zionismus)* veröffentlicht Schönman diesen Auszug aus der Zeugenaussage des Soldaten:

> „... Sie töteten zwischen achtzig und einhundert arabische Männer, Frauen und Kinder. Um die Kinder zu töten, schlugen sie ihnen mit Stöcken die Köpfe ab. Es gab kein einziges Haus ohne Leichen... Ein Kommandant befahl einem Soldaten, zwei Frauen in ein Gebäude zu bringen, das er in die Luft jagen wollte..... Ein anderer Soldat brüstete sich damit, eine arabische Frau vergewaltigt zu haben, bevor er ihr in den Kopf schoss. Eine andere arabische Frau mit ihrem neugeborenen Kind wurde gezwungen, ein paar Tage lang das Haus zu putzen, und dann wurden sie und das Baby erschossen. Höfliche und gut erzogene Kommandanten, die als „gute Jungs" galten, wurden zu gewöhnlichen Verbrechern, und zwar nicht in der Hitze des Gefechts, sondern als Methode der Vertreibung und Ausrottung. Je weniger Araber übrig blieben, desto besser."

Es gibt auch einen Bericht über dieses Massaker vom 14. Juni 1949, der vom Kongress der arabischen Flüchtlinge in Ramallah dem Technischen Ausschuss der UN-Versöhnungskommission für Palästina vorgelegt wurde. Aus diesem Bericht geht hervor, dass die Einwohnerzahl von Al-Dawayima etwa sechstausend betrug, da vor dem Massaker etwa viertausend Menschen dort Zuflucht gefunden hatten. Da dieses Dokument verfügbar ist, wird es hier fast vollständig wiedergegeben:

> „Der Grund, warum so wenig über dieses Massaker bekannt ist, das in vielerlei Hinsicht noch brutaler war als das Massaker von Deir Yassin, liegt darin, dass die Arabische Legion (die Armee, die dieses Gebiet kontrollierte) befürchtete, dass eine Verbreitung der Nachricht die gleiche Wirkung auf die Moral der Bauern haben würde wie Deir Yassin, nämlich eine weitere Flüchtlingswelle auslösen würde.
> Um die in Lausanne versammelten arabischen Delegationen zu unterstützen, wird hier ein kurzer Bericht über das Massaker gegeben. Dieser Bericht ist einer eidesstattlichen Erklärung von Hassan Mahmoud Ihdeib, dem Mukhtar (Chef) von Al-Dawayima, entnommen. Ich habe den Mukhtar persönlich befragt und ihn als einen vernünftigen und ruhigen Mann kennen gelernt, der nicht zu Übertreibungen neigt.

Er berichtet, dass er am Freitag, dem 28.10.48, eine halbe Stunde nach dem Mittagsgebet im westlichen Teil des Dorfes Schüsse hörte. Als er der Sache nachging, sah er, wie sich ein Trupp von etwa zwanzig gepanzerten Fahrzeugen dem Dorf Qubeida - auf der Al-Dawayima-Straße - näherte, ein zweiter Trupp aus Richtung Beit Jibril und weitere bewaffnete Fahrzeuge aus Richtung Mafkhar-Al-Dawayima. Das Dorf hatte nur zwanzig Wachen, die auf der Westseite stationiert waren.

Als die Fahrzeuge einen halben Kilometer vom Dorf entfernt waren, eröffneten sie das Feuer mit ihren automatischen Waffen und Mörsern und rückten in einer halbkreisförmigen Bewegung auf das Dorf vor, so dass es von Westen, Norden und Süden umzingelt wurde. Ein Teil der gepanzerten Fahrzeuge drang in das Dorf ein und feuerte seine automatischen Waffen ab. Die jüdischen Soldaten sprangen heraus und verteilten sich in den Straßen des Dorfes, wobei sie wahllos auf alles schossen, was sie sahen. Die Dorfbewohner begannen, aus dem Dorf zu fliehen, während die Älteren in der Moschee und andere in einer nahe gelegenen Höhle namens Iraq El Zagh Zuflucht suchten. Die Schießerei dauerte eine Stunde lang an.

Am nächsten Tag traf sich der Mukhtar mit den Dorfbewohnern und vereinbarte, noch in der Nacht in das Dorf zurückzukehren, um sich über das Schicksal der Zurückgebliebenen zu informieren. Er berichtet, dass in der Moschee die Leichen von etwa sechzig Menschen lagen, hauptsächlich ältere Männer, die dort Zuflucht gefunden hatten. Sein Vater war unter ihnen. Er sah eine große Anzahl von Leichen auf den Straßen, Leichen von Männern, Frauen und Kindern. Dann ging er zur Höhle von Iraq El Zagh. Am Eingang der Höhle fand er die Leichen von etwa fünfundachtzig Menschen, ebenfalls Männer, Frauen und Kinder.

Die Mukhtar nahmen eine Zählung der Dorfbewohner vor und stellten fest, dass 455 Personen vermisst wurden, davon 280 Männer und der Rest Frauen und Kinder.

Unter den Flüchtlingen gab es weitere Opfer, deren Zahl Mukhtar nicht ermitteln konnte.

Der Mukhtar berichtet ausdrücklich, dass die Menschen nicht zur Kapitulation gezwungen wurden und dass die jüdischen Truppen keinen Widerstand leisteten. Es ist überflüssig zu erwähnen, dass dieser brutale, unprovozierte Angriff während des Waffenstillstands stattfand".

Es wäre wenig sinnvoll, immer wieder die gleichen Fälle und Tatsachen aufzuzählen. Die ethnischen Säuberungen wurden nicht nur 1948 und 1949 fortgesetzt, sondern auch in den darauf folgenden Jahren. In den frühen 1950er Jahren kam es in den Flüchtlingslagern von Gaza zu verschiedenen Massakern. Im selben Jahrzehnt kam es auch zu Massakern in Dörfern im Westjordanland. Das bekannteste dieser Massaker ist das von Qibya, wo im Oktober 1953 fünfundsiebzig Zivilisten, Männer, Frauen und Kinder, nachts in ihren Häusern kaltblütig ermordet wurden. Der Hauptverantwortliche war Ariel Scharon, der spätere Ministerpräsident Israels ( ), der sich einen Ruf als Mörder zu erwerben begann. Zu den international bekanntesten Verbrechen Scharons gehörten die Massaker von Sabra und Chatila, den Flüchtlingslagern im Südlibanon, wo am 16. September 1982 auf Befehl Scharons mindestens 2 400 Menschen, allesamt Frauen, Kinder und alte Menschen, ermordet wurden. Ein belgisches Gericht hat 2001 einer Klage zahlreicher Überlebender stattgegeben, und in Europa haben mehrere Komitees die Kampagne für Gerechtigkeit für die Opfer von Sabra und

Chatila organisiert. Wie immer blieben die Verbrechen der Zionisten ungesühnt, da Ariel Sharon nie vor Gericht gestellt wurde.

Schönman liefert eine Liste der von Israel zerstörten arabischen Dörfer in allen Bezirken Palästinas, die von Israel Shahak, dem Präsidenten der Israelischen Liga für Bürger- und Menschenrechte und Autor des immer wieder zitierten Buches *Jüdische Geschichte, jüdische Religion*, zusammengestellt wurde. Die Zahlen geben einen Einblick in das Ausmaß von „al-Nakba". Vor 1948 gab es in Palästina insgesamt 475 Dörfer, von denen 1988 nur noch 90 übrig waren, d.h. 385 Dörfer wurden im Zuge der systematischen Zerstörung durch die israelische Regierung zerstört, dem Erdboden gleichgemacht. Manchmal wurden anschließend Bäume auf den Grundstücken der Dörfer oder Weiler gepflanzt, um alle Spuren ihrer Existenz zu verwischen; oft wurde an der Stelle des arabischen Dorfes ein neues Dorf errichtet. Shahak berichtet, dass die Liste unvollständig ist, weil es unmöglich ist, zahlreiche arabische Gemeinden zu finden. Das liegt daran, dass die offiziellen israelischen Daten mehr als vierzig Beduinendörfer als „Stämme" bezeichnen, ein Trick, der es ihnen ermöglicht, die Zahl der dauerhaft bestehenden palästinensischen Gemeinden zu verringern. Etwa 93% des Landes im Staat Israel werden heute von der Israelischen Landverwaltung kontrolliert, die sich an den Richtlinien des Jüdischen Nationalfonds orientiert. Um auf dem Land zu leben, es zu pachten oder zu bewirtschaften, muss man eine jüdische Abstammung seit mindestens vier Generationen nachweisen. Auch für die Arbeit in einem Kibbuz (landwirtschaftliche Gemeinde) muss die Rassenreinheit nachgewiesen werden. Christliche Saisonarbeiter, die mit jüdischen Frauen verwandt sind und eine Kibbuz-Mitgliedschaft anstreben, müssen zum Judentum konvertieren. Christliche Kandidaten für eine Kibbuz-Mitgliedschaft durch Konversion", schreibt Professor Shahak, „müssen versprechen, in Zukunft zu spucken, wenn sie an einer Kirche oder einem Kreuz vorbeikommen".

Der zionistische Nuklear-Golem

Die Zionisten beschlossen von Anfang an, dass der jüdische Staat, der auf dem dem palästinensischen Volk entrissenen Land errichtet werden sollte, über die Atombombe verfügen musste. Roland Perry bestätigt in *The Fifth Man*, dass Victor Rothschild Monate nach der Ausrufung Israels an der Gründung einer speziellen Abteilung für Atomphysik in einem wissenschaftlichen Institut in Rehovot beteiligt war, wo Chaim Weizmann 1934 das Sieff-Institut gegründet hatte, das im November 1949 zum Weizmann-Institut für Wissenschaft werden sollte. Sein Ziel war es, so Perry, die Atomwaffe für Israel herzustellen. Dieser Plan wurde das bestgehütete Geheimnis und der sehnlichste Wunsch der Gründer des neuen Staates.

Perry behauptet, dass Victor Rothschild durch seine Kontakte zu jüdischen Physikern, die in der Kernforschung tätig waren, voll in die Atomspionage involviert war, und berichtet von mehreren Reisen des dritten Barons Rothschild in die Vereinigten Staaten, wo er 1947 mit Lewis Lichtenstein Strauss, dem Vorsitzenden der Atomenergiekommission (AEC), mit dem ihn eine persönliche Freundschaft verband, zusammenkam. Lewis Strauss organisierte ihm zu Ehren ein Abendessen, zu dem er Wissenschaftler und Militärangehörige einlud. Rothschild brachte den Austausch von Informationen über atomare Geheimnisse zur Sprache, was die Amerikaner beunruhigte, die ihr Atommonopol so lange wie möglich aufrechterhalten wollten. Strauss, so Perry, gewährte Rothschild keinen Zugang zu den Informationen der AEC, obwohl die Sowjets manchmal über ihr Spionagenetz an diese Informationen gelangten.

Victor Rothschild versuchte, sich über die Atomforschung auf dem Laufenden zu halten, um Informationen an das Weizmann-Institut weiterzugeben, wo man bereits über den Atomreaktor Dimona in der Negev-Wüste nachdachte. Unter dem Deckmantel der Besorgnis über die Verbreitung und die Gefahren von Atomwaffen", schreibt Perry, „gelang es ihm, mit den entsprechenden Wissenschaftlern in der ganzen Welt Kontakt zu halten. Er begann diesen offiziellen und legitimen Prozess am Ende des Zweiten Weltkriegs, als er Experte für Kollateralschäden wurde, was ihn in die Lage versetzte, das Manhattan-Projekt zu beaufsichtigen. In den 1950er Jahren setzte er diesen Prozess fort und nahm sogar an Konferenzen über nukleare Rüstungskontrolle teil, die von britischen Atomwissenschaftlern organisiert wurden." Rothschild unterrichtete die Führer des israelischen Geheimdienstes, dem er als Geheimagent des Mossad angehörte, über Wissenschaftler, die von Nutzen sein könnten, darüber, wo sich die erforderliche Technologie befinden könnte und wie sie beschafft und finanziert werden könnte.

Während der Suez-Krise war die Zeit reif für die Atombombe. In Ägypten führte nach der Niederlage im Krieg gegen die Juden eine Reihe von Ereignissen dazu, dass Oberst Gamal Abdel Nasser Präsident der Republik wurde. Am 23. Juli 1952 wurde König Farouq durch eine unblutige Palastrevolution unter Führung einer Gruppe von Offizieren abgesetzt und ging ins Exil. Am 18. Juli 1953 wurde die Republik ausgerufen, mit General Mohamed Naguib als erstem Präsidenten. Im November desselben Jahres setzte Oberst Nasser, den Naguib zum Vizepräsidenten ernannt hatte, den General ab und wurde zum starken Mann der ägyptischen Revolution. Er selbst entwarf eine Verfassung, die ihn als „Rais" (Führer) bezeichnete. Im Jahr 1956 kam der Moment der großen Entscheidung. Am 26. Juli verkündete Nasser in einer dreistündigen Rede über das Radio die Verstaatlichung des Suezkanals und seiner technischen Anlagen. Das Eigentum der anglo-französischen Gesellschaft, die ihn betrieb, sollte beschlagnahmt und eine Entschädigung gezahlt werden. Ein ägyptisches Staatsunternehmen sollte diese wichtige Wasserstraße, die größte Einnahmequelle des Landes, die bis dahin an ein ausländisches Unternehmen gegangen war, verwalten. Das ägyptische Volk hatte Anspruch auf die Gewinne aus dem Betrieb des Kanals, und Ägypten würde in der Lage sein, den Bau des Assuan-Staudamms zu bezahlen.

In Großbritannien und Frankreich war die Reaktion wie immer. Die britische Presse bezeichnete Nasser als „den Hitler vom Nil". Bekanntlich ist es üblich geworden, aus jedem, der sich den Plänen der Siegermächte widersetzt, einen neuen Hitler (das Ungeheuer schlechthin) zu machen. In Frankreich wurde Nassers Entscheidung mit dem Einmarsch von Hitlers Truppen in den Rhein verglichen. Der französische Außenminister Christian Pineau eilte nach London, um eine gemeinsame Strategie zu finden. Anthony Eden, der britische Premierminister, bittet die Vereinigten Staaten, Druck auf Ägypten auszuüben, um Nasser zum Verzicht auf die Verstaatlichung zu bewegen. Die Franzosen und Briten zogen sofort eine militärische Intervention in Erwägung. Frankreich lieferte nicht nur die üblichen Waffen, sondern auch zwei Dutzend moderne Mystère-Kampfbomber nach Israel. Die Reaktion der USA fiel nicht wie erwartet aus, und Frankreich und Großbritannien beschlossen, auf eigene Faust zu handeln.

Ägypten berief sich auf seine Souveränitätsrechte über den Kanal, und da es sich immer noch im Krieg mit Israel befand, argumentierte, dass es keinen Grund habe, feindliche Schiffe durch den Kanal fahren zu lassen, wie es die Briten im Zweiten Weltkrieg mit deutschen Schiffen getan hatten. Die Demarchen der UNO blieben erfolglos, und am 14. September 1956 verließen die westlichen Techniker ihre Arbeitsplätze und wurden durch ägyptische Piloten ersetzt. Neben der wirtschaftlichen Bedeutung des Suezkanals, durch den Öl floss, spielte auch die politische Rolle eine Rolle, die Nasser, ein panarabischer Führer, spielen konnte und gestürzt werden sollte. Seit seiner Machtübernahme in Ägypten hatte Israel erwogen, einen Präventivkrieg zu führen und den Gazastreifen zu besetzen, von dem aus die palästinensischen Fedajin operierten.

Zwischen 1948 und 1956 hatte der Sicherheitsrat mehrfach die Aggressionen Israels gegen seine Nachbarn verurteilt, mit denen es in ständiger Spannung stand. Am 10. Oktober 1956 starteten die Zionisten einen unerwarteten Angriff auf Jordanien, bei dem es zu schweren Verlusten kam. Da Großbritannien einen Bündnis- und Beistandspakt mit Jordanien geschlossen hatte, bat König Hussein, der eine israelische Großoffensive befürchtete, die Briten um Hilfe. Jordanien erwirkte nur über seinen Delegierten im UN-Sicherheitsrat, dass London Israel als Aggressorstaat verurteilte. König Hussein zog daraufhin in Erwägung, irakische Truppen nach Jordanien zu lassen, um einen möglichen Krieg mit Israel zu führen, und war auch bereit, sich mit Ägypten zusammenzutun.

Unter diesen Umständen beschlossen die Zionisten, Frankreich und Großbritannien anzubieten, für sie in den Krieg zu ziehen. Shimon Peres, der damalige Chef des Verteidigungsministeriums, dessen Stabschef Moshe Dayan war, traf sich häufig mit Ministern der Regierung von Guy Mollet, einem Sozialisten, der lange Zeit Vizepräsident der Sozialistischen Internationale gewesen war. Sein Hauptkontakt war der Verteidigungsminister Maurice Bourgès-Maunoury, zu dem er über Abel Thomas, Generaldirektor des Innenministeriums, Zugang hatte, wo Bourgès-Maunoury Minister gewesen war, bevor er Verteidigungsminister wurde. Peres' Verhandlungen mit Bourgès-Maunoury brachten das erwartete Ergebnis: Frankreich verpflichtete sich, Israel als Gegenleistung für den Angriff auf Ägypten den ersten Atomreaktor für Dimona zu liefern.

Im darauffolgenden Jahr wurde Bourgès-Maunoury für einen kurzen Zeitraum von dreieinhalb Monaten, vom 13. Juni bis zum 30. September 1957,

Premierminister Frankreichs und hatte die Gelegenheit, seine Verpflichtung gegenüber Peres zu erfüllen, denn sein Außenminister Christian Pineau unterzeichnete ein streng geheimes Abkommen mit Shimon Peres und Asher Ben-Nathan, einem Mossad-Agenten im israelischen Verteidigungsministerium. Darin verpflichteten sich die Franzosen, Israel einen leistungsstarken 24-Megawatt-Reaktor, die technische Unterstützung für dessen Betrieb und etwas Uran zu liefern. Dieser geheime Pakt war nur einem Dutzend Personen bekannt, darunter laut Perry Victor Rothschild. Das Kleingedruckte des Dokuments beinhaltete die Lieferung von Ausrüstung, die es den Israelis ermöglichen sollte, Waffen mit Kernbrennstoff herzustellen. Im selben Jahr, 1957, begannen französische Ingenieure mit dem Bau einer unterirdischen Baustelle mit sechs Ebenen in der Negev-Wüste, wo der zweistöckige Reaktor installiert werden sollte. Nach seinem Ausscheiden aus dem Vorsitz des Ministerrats wurde Bourgès-Maunoury Innenminister.

Am 14. Oktober 1956 trafen General Maurice Challe und Arbeitsminister Albert Gazier im Auftrag von Premierminister Guy Mollet heimlich mit dem Flugzeug in London ein und trafen sich mit Premierminister Eden, dem sie die Pläne erläuterten, die sie mit den Zionisten geschmiedet hatten. Es ging darum, herauszufinden, wie die Briten auf einen Angriff Israels auf Ägypten reagieren würden. Der britische Botschafter in Paris hatte die britische Regierung bereits darüber informiert, dass Frankreich fünfundsiebzig Mystère-Jets an Israel geliefert hatte ( ), die es dem Land ermöglichen würden, den Luftraum des Nahen Ostens zu beherrschen. London, das nicht genau wusste, worum es bei dem Geschäft ging, erkannte, dass zwischen den Franzosen und den Israelis etwas sehr Wichtiges ausgeheckt worden war. Der Plan sah vor, dass Israel schnell in den Sinai eindringen würde, um den Suezkanal zu erreichen. Frankreich und Großbritannien würden dann beiden Seiten ein Ultimatum stellen und den Rückzug der Truppen aus dem Gebiet fordern. Da Ägypten dem nicht zustimmen würde, hätten London und Paris den Vorwand, den Kanal militärisch zu besetzen, um ihn vor der Instabilität eines Krieges zu bewahren. Auf diese Weise würden sie in der Öffentlichkeit als Friedensstifter erscheinen, die eine Wasserstraße von internationalem Interesse schützen wollen. Die Vereinigten Staaten wurden nicht informiert, aber der amerikanische Geheimdienst teilte Präsident Eisenhower am 15. Oktober mit, dass die Israelis ihre Truppen mobilisiert hatten und über mehr Mystère-Flugzeuge verfügten als die zwölf, die Frankreich offiziell zur Verfügung gestellt hatte.

Als Ablenkungsmanöver unterhält Israel über die Presse eine dialektische Offensive gegen die Jordanier und weist so auf Jordanien als künftigen Kriegsschauplatz hin. Gleichzeitig richtet sich die Aufmerksamkeit der Welt auf Ungarn, wo das ungarische Volk am 23. Oktober einen Aufstand gegen die kommunistische Tyrannei begonnen hat, der von sowjetischen Truppen blutig niedergeschlagen werden soll. Unter diesen Umständen begann in der Nacht vom 29. zum 30. Oktober 1956 der „Sinai-Feldzug". Neben der Luftüberlegenheit verfügten die Israelis über 250.000 Soldaten gegenüber 75.000 ägyptischen Soldaten. Der Angriff überraschte die Ägypter, die mit einer Offensive auf Jordanien gerechnet hatten. Was den Rest der Welt betrifft, so war die Enttäuschung in den Vereinigten Staaten, die sich nicht zu Wort gemeldet hatten, groß. Am 30. Oktober ging in Washington ein Telegramm von Guy Mollet ein, in dem er erklärte, dass Großbritannien und Frankreich einen „feierlichen Appell" an Israel und Ägypten gerichtet hätten, ihre Truppen aus der Kanalzone zurückzuziehen und die Feindseligkeiten einzustellen. Kurz darauf traf eine Nachricht des britischen Premiers Eden in Washington ein, die das Wort „Ultimatum" von zwölf Stunden an beide Seiten und die Ankündigung enthielt, dass französisch-britische Truppen die Kanalzone besetzen würden.

Am 31. Oktober starteten britische Bomber in der Abenddämmerung von Zypern aus und griffen ägyptische Luftstützpunkte an, deren Flugzeuge am Boden fast vollständig zerstört wurden. Weitere Wellen von Bombern griffen Kairo, Alexandria, Port Said und Ismailia an. Am 1. November brach Ägypten die diplomatischen Beziehungen zu Großbritannien und Frankreich ab. Am 2. November trat die Vollversammlung in New York zusammen. Eisenhower verzichtete natürlich darauf, die Juden für ihre Aggression gegen Ägypten zu verurteilen, aber die Amerikaner legten einen Waffenstillstandsvorschlag vor, der den Rückzug der israelischen Truppen und die Wiederaufnahme des Schiffsverkehrs im Kanal vorsah. Der Vorschlag wurde mit 65 zu 5 Stimmen angenommen, die UdSSR stimmte dafür. Nach der Machtdemonstration in Ungarn wäre es absurd gewesen, die beiden Verbündeten der USA in der UNO verurteilen zu wollen. Am Nachmittag des 4. November war Ungarn vollständig besetzt, und die Sinai-Halbinsel war in israelischer Hand, einschließlich Sharm El-Sheikh an der Südspitze der Halbinsel und der Insel Tiran am Eingang zum Golf von Akaba. Der mit palästinensischen Flüchtlingen bevölkerte Gazastreifen war zum ersten Mal vollständig besetzt.

Als ob der Waffenstillstand für sie nicht gelten würde und nur die Ägypter und Israelis beträfe, bereiteten die Briten und Franzosen mit der Begründung, sie könnten kein militärisches Vakuum hinterlassen, während eine UN-Truppe gebildet würde, wie geplant ihr Eingreifen vor. Am 5. November entsandten London und Paris Luftlandetruppen in das Gebiet und besetzten Port Said. Am 6. November landeten weitere britische Truppen aus Malta in Port Said und die Franzosen besetzten Port Fuad. Gemeinsame Kräfte begannen den Vormarsch auf das Westufer des Kanals. Die Israelis beobachteten die Kämpfe von der anderen Seite, ohne einzugreifen, da sie ihre Ziele bereits erreicht hatten. Sowohl die Sowjets als auch die Amerikaner hatten jedoch erkannt, dass sie eine ideale Gelegenheit hatten, den französisch-britischen Einfluss im Nahen Osten zu beenden, und spielten in der Krise ihre Karten aus, um ihren Platz in der Zukunft einzunehmen.

Moskau warnte Eden, Mollet und Ben Gurion, dass es bereit sei, „alle verfügbaren Mittel" einzusetzen, um die Aggression zu stoppen, eine klare Anspielung auf Atomwaffen. Bulganin, Vorsitzender des Ministerrats, schlug Eisenhower vor, gemeinsam zu handeln, um „die Aggressoren zu vertreiben"; der US-Präsident lehnte diese Option jedoch mit der Begründung ab, dass die UNO bereits die Entsendung von Truppen zur Friedenssicherung vorbereite. Am 6. November verschärft die UdSSR den Ton ihrer Drohungen und erklärt über Chruschtschow, dass sie die Aggressorländer mit Raketen angreifen werde. Der amerikanische Geheimdienst stellte fest, dass zahlreiche sowjetische Kampfflugzeuge über die Türkei nach Syrien flogen, theoretisch mit dem Ziel, in den Konflikt einzugreifen. Im Bewusstsein des Ernstes der Lage erklärte Eisenhower vor dem Nationalen Verteidigungsausschuss: „Wenn die Sowjets Frankreich und Großbritannien angreifen, werden wir in den Krieg ziehen müssen". Als die Franzosen und Briten feststellten, dass Washington sie bei ihrem Vorhaben nicht unterstützen würde, sahen sie sich gezwungen, ihre Operationen gegen die ägyptischen Streitkräfte einzustellen. Am 7. November herrschte am Suezkanal ein angespannter Frieden.

Letztendlich hatten Frankreich und Großbritannien die Tragweite ihres Abenteuers falsch eingeschätzt, und als das UN-Expeditionskorps, bestehend aus Soldaten aus Indonesien, Indien, Brasilien, Kolumbien und den skandinavischen Ländern, auftauchte, mussten sie sich aus Ägypten zurückziehen. Ihr Scheitern war offensichtlich, und Nasser ging trotz der Niederlage als Sieger hervor, da er sein Ziel, den Kanal zu verstaatlichen, durchsetzen konnte. Die Folgen des Debakels waren vielfältig: Premierminister Eden wurde zum Rücktritt gezwungen und Großbritannien geriet in eine schwere politische Krise. Der Suezkanal, der durch die gesunkenen Schiffe blockiert war, wurde für ein halbes Jahr geschlossen, was zu Engpässen in den europäischen Ländern und steigenden Ölpreisen führte. Die amerikanischen Ölkonzerne profitierten davon und steigerten ihren Absatz in Europa. Nasser wurde für die Araber zu einem Helden und für andere Länder zu einem Beispiel für Widerstand. Die UdSSR wurde von der arabischen Öffentlichkeit als wahrer Freund angesehen und konnte so den Grundstein für ihren künftigen Einfluss legen.

Ein weiterer Gewinner der Suez-Krise war Israel. Obwohl es das Land war, das die Aggression ausgelöst hatte, weigerte es sich zunächst, sich aus dem Sinai und dem Gaza-Streifen zurückzuziehen. Erst im März 1957 gelang es dem Druck der Amerikaner, die mit einem Wirtschaftsboykott drohten, die Zionisten umzustimmen. Um sie dazu zu bringen, den UN-Beschluss zu akzeptieren, wie es die Franzosen und Briten getan hatten, musste man ihnen eine Entschädigung anbieten, einschließlich der Öffnung des Golfs von Akaba, den die Ägypter an der Straße von Tiran blockierten. So konnten sie den Hafen von Eilat, ihren Zugang zum Roten Meer bei Akaba, zu einem der modernsten Häfen der Region machen. Die UNO garantierte den freien Zugang zum Hafen von Eilat und errichtete einen Kontrollpunkt mit UN-Truppen in Scharm El-Sheikh, einem wichtigen Punkt am Golf.

Die größte Errungenschaft des zionistischen Staates war jedoch die Schaffung seines nuklearen Golems, dessen Existenz heute eine unbestreitbare Bedrohung für die ganze Welt darstellt, denn er ist ein Element der Massenvernichtung in den Händen eines supremistischen Staates, in dem Rassenhass die Grundlage der Erziehung ist. Nach dem jüdischen Gesetz ist nur die Opferung eines Juden eine Sünde, Nichtjuden können also wie Tiere geopfert werden. Das talmudische Gesetz besagt mit Nachdruck, dass nur der Jude ein Mensch ist und Nichtjuden Bestien in Menschengestalt sind. Mehr als ein halbes Jahrhundert nach seiner Herstellung existiert der zionistische Nuklear-Golem immer noch im Verborgenen, ohne von der internationalen Gemeinschaft kontrolliert zu werden. Die Gleichsetzung der israelischen Atommacht mit dem Golem ist eine Metapher, die die Gefahr eines unkontrollierten Monsters beschreibt.

Die Legende des Golem ist derzeit bei den Israelis sehr beliebt. Es ist wahrscheinlich, dass Mary Shelley, die Autorin von *Frankenstein*, ihn im Kopf hatte, als sie ihren berühmten Roman schrieb. Jahrhundert zurück, als Rabbi Judah Loew den Golem schuf, um die jüdische Gemeinde in Prag vor Angriffen zu schützen, da die tschechischen Juden, wie auch anderswo in Europa, der Ausübung ritueller Verbrechen beschuldigt wurden und der Kaiser aufgefordert wurde, sie zu vertreiben. Rabbi Loew formte eine Figur aus Ton und steckte ihr eine Schriftrolle mit dem geheimen Namen Gottes in den Mund. So wurde der Golem geboren, ein Automat von enormer Kraft, der seinem Schöpfer gehorchte. Während des Sabbats nahm der Rabbi die Schriftrolle aus dem Mund und machte sie unbeweglich. Eines Sabbats vergaß er dies und marschierte zur Synagoge. Bald kamen die Nachbarn, die befürchteten, dass der Golem in seiner Wut alles zerreißen würde. Als Löw zu seinem Haus kam, fand er es in Trümmern vor, seine Tiere waren im Hof geschlachtet worden. Dem Rabbi gelang es, das Ungeheuer zu hypnotisieren und ihm die Schriftrolle aus dem Maul zu ziehen. Der Golem fiel und Loew hat ihn nie wieder ermutigt. Die Legende besagt, dass der Golem noch immer auf dem Dachboden der Prager Synagoge aufbewahrt wird.

Die Welt erfuhr, dass Israel ein Vierteljahrhundert lang Atombomben gebaut hatte, dank der Aussage von Mordechai Vanunu, dem israelischen Nukleartechniker, der, nachdem er zum Christentum konvertiert war, 1986 gegenüber *der Londoner Sunday Times* das Geheimnis lüftete, das die politischen Eliten seit John F. Kennedy kannten. Vanunu wurde vom Mossad in Rom entführt, vor Gericht gestellt und zu achtzehn Jahren Gefängnis verurteilt, von denen er elf in Einzelhaft verbrachte. Nach Verbüßung seiner Strafe versuchte er, das Land zu verlassen, was ihm jedoch nicht gestattet wurde. Am 22. April 2004 beantragte er in Norwegen einen Reisepass und politisches Asyl. Am 11. November 2004, drei Wochen nachdem er gegenüber der in London erscheinenden arabischen Zeitung *al-Hayat* erklärt hatte, er glaube, John F. Kennedy sei ermordet worden, weil er versucht habe, Israel an der Herstellung von Atomwaffen zu hindern, wurde er von der israelischen Polizei auf dem Gelände der anglikanischen Kirche in Jerusalem verhaftet, wo er seit seiner Freilassung gelebt hatte. Seitdem ist er in einer Wohnung eingesperrt und darf das Land nicht verlassen.

Im Februar 2015 hat das US-Verteidigungsministerium nach mehr als fünf Jahrzehnten des Vortäuschens von Unwissenheit endlich einen geheimen Bericht des Institute for Defense Analyses aus dem Jahr 1987 veröffentlicht, der bestätigt, dass Israel Atombomben besitzt. Während alle Länder verpflichtet sind, den Atomwaffensperrvertrag (NPT) zu unterzeichnen, was bedeutet, dass sie regelmäßigen Inspektionen durch die Internationale Energieagentur unterworfen sind, hat Israel diesen Vertrag nie unterzeichnet und folglich wurde sein nuklearer Golem nie inspiziert, niemand kennt seine Zerstörungskraft, seine

Dimensionen. Seit Vanunu vor der Existenz des Monsters und der Gefahr, die es für die Welt darstellt, gewarnt hat, hat Israel in diesem Bereich, wie in allen anderen, außerhalb der internationalen Legalität gehandelt. Nur Präsident Kennedy wagte es, dem Zionismus die Stirn zu bieten, und wir wissen, wie das endete: am 22. November 1963 wurde er in Dallas ermordet.

Avner Cohen, ein Professor, der sich auf die politische Strategie Israels und die Geschichte der Atomenergie spezialisiert hat, veröffentlichte 1998 das Werk *Israel and the Bomb*, das ihm viele Probleme bereitete. Seitdem ist dieses Werk eine unumgängliche Referenz. Cohen weist ausführlich nach, dass Präsident Kennedy David Ben Gurion konfrontierte und klarstellte, dass er unter keinen Umständen zustimmen würde, dass Israel ein Atomstaat wird. Cohens Buch deutet an, dass der zionistische Staat heute wahrscheinlich keine Atommacht wäre, wenn Kennedy noch am Leben gewesen wäre. Am 16. Juni 1963 schickte JFK einen Brief an Ben Gurion, der dem israelischen Professor zufolge eine ausdrückliche und ungewöhnlich harte Botschaft enthielt: die Drohung, dass eine unbefriedigende Lösung der Atomfrage das Engagement und die Unterstützung der US-Regierung für Israel gefährden würde. Seit Kennedys Tod hat kein anderer US-Präsident jemals wieder den geringsten Druck auf Israels Atomprogramm ausgeübt.

Angesichts der Tatsache, dass bisher niemand in der Lage war, den zionistischen Nuklear-Golem zu sehen oder auch nur die geringste Kontrolle über ihn auszuüben, ist klar, dass die Welt praktisch von einer inakzeptablen Bedrohung heimgesucht wird. Die Angst, dass irgendein talmudischer Fanatiker, der von Rassenhass besoffen ist, in Tel Aviv an die Macht kommt und das Monster aktiviert, ist real und dauerhaft. Dr. Martin van Creveld, ein in Rotterdam geborener Jude, bis 2007 Professor an der Hebräischen Universität Jerusalem und später an der Universität Tel Aviv, ein Experte für Militärgeschichte und Militärtheorie, machte im September 2003 gegenüber der angesehenen niederländischen Wochenzeitung *Elsevier* einige äußerst beunruhigende Aussagen. Das Interview fand in Jerusalem statt und wurde von Ferry Biedermann geführt. Der Interviewer fragte nach einem Plan, alle Palästinenser zu deportieren, und Martin van Creveld antwortete, dies sei durchaus möglich. Es folgten diese beiden Fragen und Antworten:

„Biedermann: Glauben Sie, die Welt würde diese Art von ethnischer Säuberung zulassen?
Creveld: Das hängt davon ab, wer es tut und wie schnell es geschieht. Wir haben mehrere hundert nukleare Sprengköpfe und Raketen und können sie gegen Ziele in allen Richtungen einsetzen, vielleicht sogar gegen Rom. Die meisten europäischen Hauptstädte sind Ziele für unsere Luftwaffe.
Biedermann: Würde Israel dann zu einem Schurkenstaat werden?
Creveld: Lassen Sie mich General Moshe Dayan zitieren. Israel muss wie ein tollwütiger Hund sein, zu gefährlich, um gestört zu werden". Ich denke, das wäre im Moment alles sinnlos. Wir werden versuchen zu verhindern, dass es zu diesem Extrem kommt, wenn es möglich ist. Unsere Streitkräfte sind jedoch nicht die dreißigstärksten der Welt, sondern die zweit- oder drittstärksten. Wir haben die Fähigkeit, die Welt mitzunehmen. Und ich kann Ihnen versichern, dass dies geschehen wird, bevor Israel untergeht."

Trotz Crevelds abscheulicher Annahme, dass Israel europäische Hauptstädte als mögliche Ziele ins Auge fasst, besteht die größte Gefahr natürlich für die arabischen und muslimischen Länder im Nahen und Mittleren Osten, von denen die meisten unter den Folgen der aggressiven Politik des zionistischen Staates seit 1948 zu leiden haben. Israel Shahak, dessen Ansichten wir sehr schätzen, bestätigt, dass Israel keinen Frieden anstrebt und ihn auch nie angestrebt hat. 1997 veröffentlichte Professor Shahak das Buch *Open Secrets: Israeli Foreign and Nuclear Policies (Offene Geheimnisse: Israels Außen- und Atompolitik)*, in dem er vor dem Mythos der angeblichen Unterschiede zwischen den säkularen zionistischen Parteien warnt. Shahak argumentiert, dass die israelische Lobby in den Vereinigten Staaten Israels expansionistische Politik unterstützt, um sich im gesamten Nahen Osten durchzusetzen. Shahak weist darauf hin, dass die israelische Atompolitik eine reale Gefahr darstellt, die sich nur wenige vorzustellen wagen.

TEIL 4
IN DEN VEREINIGTEN STAATEN SIND ES „HEXEN".
IN CHINA UND KOREA, KOMMUNISMUS

„Ich glaube, dass die kommunistische Verschwörung nur ein Zweig einer viel größeren Verschwörung ist". Mit diesen Worten von Bella Dodd, die bis zu ihrem Austritt 1949 Mitglied des Nationalkomitees der Kommunistischen Partei der USA war, beginnt Willard Cleon Skousen sein Werk *The Naked Capitalist* (1962). Dr. Bella Dodd veröffentlichte 1954 *School of Darkness (Schule der Finsternis)*, in dem sie feststellte, dass die Ziele des Kommunismus die Erlangung der Macht und die Zerstörung der christlichen Zivilisation waren, obwohl Millionen naiver Idealisten davon überzeugt waren, dass sein Zweck darin bestand, den Armen zu helfen. Cleon Skousen arbeitete im FBI unter Edgar Hoover (FBI-Direktor von 1935 bis 1972) in den Jahren, als das Ausmaß der kommunistischen Durchdringung der Verwaltung entdeckt wurde. John Edgar Hoover berichtete Präsident Truman in mehreren Memos über das Ausmaß der Verschwörung. Skousen bestätigt in seinem Buch, dass der FBI-Direktor erstaunt war, dass die Truman-Regierung trotz seiner Berichte nicht reagierte.

Im Februar 1950, als China bereits an den Kommunismus gefallen war und die Sowjetunion dank Verrat und Spionage über eine eigene Atombombe verfügte, trat Senator Joseph „Joe" McCarthy auf den Plan und begann einen titanischen Kampf und prangerte die tiefe kommunistische Durchdringung der Verwaltung an. McCarthy löste wohl den sieben Jahre lang amtierenden Vorsitzenden des Kongressausschusses für unamerikanische Umtriebe, Martin Dies, ab, dem Roosevelt bekanntlich riet, die Kommunisten zu vergessen und sich auf die Nazis und Faschisten zu konzentrieren. Joe McCarthy (1912-1957), ein ehrlicher und engagierter Patriot, steht heute auf dem Misthaufen der Geschichte seines Landes. Die offizielle Geschichtsschreibung hat es geschafft, seinen Namen in den Schmutz zu ziehen und verwendet den Begriff „McCarthyismus", um eine dunkle Periode in der Geschichte der Vereinigten Staaten zu bezeichnen. Joe McCarthy wird weltweit als hysterischer Mann dargestellt, der ohne Beweise eine „Hexenjagd", einen „antikommunistischen Kreuzzug" entfesselt hat. Die Venona-Dokumente und andere Forschungen beweisen jedoch zweifelsfrei, dass die kommunistische Verschwörung weitreichend war und dass Senator McCarthy Recht hatte. Er sollte von der schwarzen Liste der Geschichte gestrichen und als Held rehabilitiert werden, der den Mut hatte, sich gegen mächtige okkulte Kräfte zu stellen, die er sich selbst nicht vorstellen konnte.

Die Überläufer Elizabeth Bentley und Whittaker Chambers, die beiden kommunistischen Spione, trugen entscheidend dazu bei, dass das FBI begann, das Netz der kommunistischen Spionage in den Vereinigten Staaten zu entwirren. Chambers, dessen Überlaufen im Jahr 1938 mit den Kämpfen zwischen Trotzkisten und Stalinisten in Verbindung gebracht wird, und Elisabeth Bentley, die sich im August 1945 dem FBI als Doppelagentin anbot, sagten 1948 vor dem Congressional Un-American Activities Committee aus, und ihre Aussagen lösten die Verfolgung und Verhaftung zahlreicher kommunistischer Agenten aus. Einige der Personen und Ereignisse, die in diesem vierten Abschnitt des Kapitels behandelt werden, sind im Laufe unserer Arbeit bereits aufgetaucht, aber wir werden ihnen nun den Raum geben, den sie verdienen, damit ihre wahre Dimension besser verstanden werden kann. Harry Dexter White, Alger Hiss und Harry Hopkins hatten in den Regierungen Roosevelt und Truman so vertrauenswürdige Positionen inne, dass es schwer vorstellbar ist, dass ihre Handlungen ihren Vorgesetzten nicht bekannt waren. Der unglaublichste Fall ist der von Dexter White, dem in Litauen geborenen jüdischen Wirtschaftswissenschaftler, der 1934 unter Jacob Viner, einem anderen jüdischen Wirtschaftswissenschaftler, der persönlicher Berater von Henry Morgenthau war, ins Finanzministerium gekommen war.

Harry Dexter White als Leiter des Internationalen Währungsfonds

Bei der Untersuchung des Morgenthau-Plans wurde die entscheidende Rolle, die Dexter White und sein Team von jüdischen Kommunisten bei seiner Ausarbeitung gespielt haben, deutlich. Es wurde auch darauf hingewiesen, dass der Morgenthau-Plan zur Deindustrialisierung Deutschlands letztlich dazu diente, in Europa ein wirtschaftliches Vakuum zu schaffen, das von der Sowjetunion ausgenutzt werden konnte. Auf Whites Rolle in den entscheidenden Nachkriegsjahren und die Aufdeckung seiner Spionagetätigkeit für den Kommunismus soll nun eingegangen werden. Am 30. April 1946, fast sechs Monate nachdem er vom FBI darüber informiert worden war, dass Harry Dexter White ein kommunistischer Agent war, schickte Präsident Truman ihm ein Schreiben, in dem er ihm zu seinem Dienst an der Nation und zu seiner Bestätigung durch den Senat als Exekutivdirektor des Internationalen Währungsfonds gratulierte. In diesem Schreiben erklärte Truman, er bedaure sein Ausscheiden aus dem Finanzministerium. Mein Bedauern wird gemildert", schrieb er, „durch das Wissen, dass Sie das Finanzministerium nur verlassen, um neue Aufgaben im Internationalen Währungsfonds zu übernehmen.... In dieser Position werden Sie in der Lage sein, die Arbeit fortzusetzen, die Sie in Bretton Woods.... so gekonnt begonnen haben. Ich bin sicher, dass Sie in Ihrer neuen Position Ihrer bereits ausgezeichneten Karriere im Finanzministerium weitere Verdienste hinzufügen werden."

Siebeneinhalb Jahre später, am 6. November 1953, erklärte der Generalstaatsanwalt der USA, Herbert Brownell Jr., in einer Rede in Chicago öffentlich, dass der damalige Präsident Truman Harry Dexter White in ein Amt von höchster Bedeutung berufen hatte, da er zweifelsfrei wusste, dass White ein kommunistischer Agent war. Diese Behauptung erregte natürlich großes Aufsehen. Um sich gegen die Behauptung des Generalstaatsanwalts zu verteidigen, trat Truman am 16. November in einer Fernsehsendung auf, die von allen vier großen Fernsehanstalten des Landes gleichzeitig an die ganze Nation übertragen wurde. Am nächsten Tag, dem 17. November, erschien Brownell vor dem Untersuchungsausschuss des US-Senats und erläuterte die am 6. November gegen Truman erhobene Anklage. Am selben Tag erschien auch J. Edgar

Hoover, Direktor des Federal Bureau of Investigation (FBI), vor dem von Senator Joe McCarthy geleiteten Ausschuss und gab einen ausführlichen Bericht zu der Angelegenheit ab. Sowohl Brownell als auch Hoover äußerten sich äußerst scharf über den ehemaligen Präsidenten Truman und erhoben begründete Vorwürfe gegen ihn. Generalstaatsanwalt Brownell reagierte am 17. November 1953 auch auf die im Fernsehen übertragene Ansprache des ehemaligen Präsidenten Truman an die Nation. Brownell erstattete dem Senatsunterausschuss für innere Sicherheit Bericht. Ein Auszug aus dieser Rede wird von Léon de Poncins in *Staatsgeheimnisse* wiedergegeben. Der folgende Text ist diesem Werk entnommen:

„Seit April 1953 hat dieser Unterausschuss eine Reihe von Anhörungen abgehalten, um die Pläne kommunistischer Agenten zur Unterwanderung der Regierung der Vereinigten Staaten aufzudecken. Die Arbeit dieses Unterausschusses hat das Ergebnis des erfolgreichen Eindringens kommunistischer Spionage in unsere Regierung während des Zweiten Weltkriegs und danach genau dokumentiert.... Das Justizministerium ist seit dem Amtsantritt der neuen Regierung mit der Säuberung der Regierung beschäftigt. Eines der wichtigsten und lebenswichtigen Probleme besteht darin, alle Personen mit fragwürdiger Loyalität zu entfernen und eine künftige kommunistische Unterwanderung der Regierung der Vereinigten Staaten zu verhindern. Neben anderen Reden und Artikeln habe ich am 6. November in Chicago eine Rede gehalten, in der ich öffentlich das Problem der kommunistischen Unterwanderung der Regierung und die von der Eisenhower-Regierung unternommenen Schritte zur Lösung dieses Problems erörterte. In dieser Rede bezog ich mich auf den Fall Harry Dexter White und die Art und Weise, wie er von der Truman-Regierung auf der Grundlage der festgestellten Fakten und der Berichte des Justizministeriums behandelt wurde.

Es wurde behauptet, ich hätte die Möglichkeit angedeutet, dass der ehemalige US-Präsident illoyal sei. Ich wollte nicht, dass diese Schlussfolgerung gezogen wird.... Ich habe ausdrücklich gesagt, dass ich der Meinung bin, dass die Unkenntnis der Beweise im Fall White auf die Weigerung von Nicht-Kommunisten in verantwortlichen Positionen zurückzuführen ist, sich dem Fall zu stellen, und auf die anhaltende Illusion, dass der Kommunismus in der Regierung der Vereinigten Staaten ein Ablenkungsmanöver sei, und dass die Art und Weise, in der die bewiesenen Fakten über Whites Illoyalität ignoriert wurden, typisch für die Blindheit ist, unter der die frühere Regierung in dieser Angelegenheit litt. Wenn dieser Unterausschuss seine Untersuchung abschließt, wird er, wie ich, zu dem Schluss kommen, dass Truman und andere in seinem Umfeld sich weigerten, den Tatsachen ins Auge zu sehen, und dass sie die kommunistische Spionage an hohen Stellen in der Regierung für eine Illusion hielten. Und ich denke, wird zu dem Schluss kommen, dass diese Haltung unserer Nation großen Schaden zugefügt haben könnte.

Die Truman-Regierung war mindestens seit Dezember 1945 darüber informiert, dass innerhalb der Regierung zwei Spionageringe operierten.... White übernahm sein Amt und wurde am 1. Mai 1946 US-Exekutivdirektor des Internationalen Währungsfonds. Was wusste das Weiße Haus vor diesem Datum über seine Spionageaktivitäten? Am 4. Dezember 1945 übermittelte das FBI dem Brigadegeneral Harry H. Vaughan, dem militärischen Assistenten des Präsidenten, einen Bericht über die allgemeinen Aspekte der sowjetischen

Spionage in den Vereinigten Staaten.... Es handelte sich um einen geheimen und sehr wichtigen Bericht von etwa einundsiebzig Seiten. Er behandelte das gesamte Thema der sowjetischen Spionage in den Vereinigten Staaten während des Zweiten Weltkriegs und danach. Er nannte viele Namen und beschrieb zahlreiche sowjetische Spionageorganisationen. Auch Harry Dexter White und der Spionagering, dem er angehörte, wurden in dem Bericht porträtiert. Kein Verantwortlicher, der den Bericht gelesen hat, kann leugnen, dass die Zusammenfassung eine angemessene Warnung vor der Gefahr war, die von Whites Berufung in den Internationalen Währungsfonds oder seinem Verbleib in der Regierung ausging.

Kopien dieses Berichts wurden an eine Gruppe von Beamten der Regierung und der Truman-Administration, einschließlich des Justizministers, geschickt. Es wäre schwer zu verstehen, wie ein Dokument über derart sensible und gefährliche Angelegenheiten unter keinen Umständen dem Präsidenten zur Kenntnis gebracht werden konnte. Darüber hinaus habe ich hier einen Brief von J. Edgar Hoover an General Vaughan vom 8. November 1945. Wie Sie wissen, hat General Vaughan vor diesem Unterausschuss ausgesagt, dass das FBI im Einvernehmen mit Mr. Truman an ihn verwiesen wurde, wenn es über Informationen verfügte, die für den Präsidenten von Bedeutung waren. Vaughan hat ausgesagt, dass er wusste, dass ein solcher Bericht dem Präsidenten vorgelegt wurde.

Der Generalstaatsanwalt verlas dann das Schreiben, in dem der FBI-Chef Vaughan auf die Bedeutung des beigefügten Berichts hinwies. In dem Dokument wurden die Namen der Spione aufgeführt, die in der Regierung verantwortungsvolle Positionen innehatten. Unter anderem wurden Harry Dexter White, Gregory Silvermaster, George Silverman, Frank Coe, Laughlin Currie, Victor Perlo, Maurice Halperin genannt. Mit Ausnahme von Laughlin Currie waren sie alle Juden und wurden 1948 von Wittaker Chambers denunziert, was die Richtigkeit der in der Mitteilung von 1945 an das Weiße Haus enthaltenen Informationen bestätigte. In diesem Dokument hieß es, dass Dexter White seit 1942 als Spion tätig gewesen sei. Edgar Hoover merkte an, dass White, wenn er zum Direktor des Internationalen Währungsfonds ernannt würde, großen Einfluss auf alle Angelegenheiten im Zusammenhang mit dem internationalen Finanzwesen ausüben könnte, und fügte hinzu, dass er ihn nicht überwachen könne, da die Büros des Internationalen Währungsfonds als neutrales Territorium gälten und FBI-Agenten sie folglich nicht betreten könnten. Herbert Brownell berichtete, dass handschriftliche Berichte von Dexter White an die Sowjets im Herbst 1948 wiedergefunden worden seien und sich im Besitz des Justizministeriums befänden. Der Generalstaatsanwalt beendete seine Ausführungen mit einem Verweis auf den Auftritt des ehemaligen Präsidenten Truman in den großen Fernsehsendern:

„...Im Lichte von Mr. Trumans Fernsehansprache gestern Abend scheint es nun jedoch zuzugeben, dass Mr. Truman am 6. Februar 1946, dem Tag, an dem Whites Ernennung vom Senat bestätigt wurde, den wichtigsten der von mir erwähnten Berichte gelesen hatte und dass er kurz danach, obwohl er das gesetzliche Recht hatte, die Rücknahme der Ernennung zu verlangen, die Ernennung unterzeichnete und ihm erlaubte, sein Amt zum 1. Mai anzutreten, in voller Kenntnis der vom FBI erwähnten Tatsachen. Es ist natürlich außergewöhnlich, von Mr. Truman im Lichte seiner jüngsten Erklärungen zu erfahren, dass er die Ernennung von White mit dem Gedanken unterzeichnete, dass sie ihm bei seiner Verhaftung helfen könnte.... Noch erstaunlicher erscheint mir, dass Truman 1946 wusste, dass in seiner eigenen Verwaltung ein Spionagering operierte, obwohl er dem amerikanischen Volk seither so viele Jahre lang genau das Gegenteil erzählt hat. Ich habe den Eindruck, dass diese Erklärung für Whites Ernennung - nämlich dass er ernannt wurde und mehr als ein Jahr im Amt bleiben durfte, um dem FBI zu helfen, ihn als Spion zu überführen - mehr Fragen aufwirft, als sie beantwortet."

Die gesamte US-Presse verfolgte die Anhörungen dieser hochrangigen Beamten vor dem Unterausschuss für innere Sicherheit des Senats im Detail und berichtete in ihren Ausgaben ausführlich über ihre Aussagen. Die von Leon de Poncins in *Staatsgeheimnisse* wiedergegebenen Texte sind regelmäßig journalistischen Quellen entnommen. So berichtete zum Beispiel die Pariser Ausgabe der *New York Herald Tribune* am 19. November 1953 über Edgar Hoovers Erklärung vom Vortag. Der FBI-Direktor bestätigte, dass Elisabeth Bentley und Whittaker Chambers bereits Anfang November 1945 der Denunziation von Harry Dexter White zugestimmt hätten und dass die Ermittlungen die Richtigkeit der Informationen der beiden kommunistischen Überläufer hätten beweisen können. Hoover behauptete, dass sie, als sie erfuhren, dass Whites Name trotz seines Memorandums dem Senat zur Bestätigung seiner Ernennung zum Exekutivdirektor des IWF übermittelt worden war, beschlossen, Präsident Truman ein neues 28-seitiges Dokument mit den konsolidierten Informationen aus Bentleys und Chambers' Erklärungen vorzulegen, das General Vaughan am 4. Februar 1946 übergeben wurde. Der FBI-Direktor teilte dem Unterausschuss mit, dass zwischen dem 8. November 1945 und dem 24. Juli 1946 sieben Kommuniqués über Spionageaktivitäten, in denen Whites Name besonders erwähnt wurde, an das Weiße Haus übermittelt worden waren. Im gleichen Zeitraum wurden zwei Berichte über sowjetische Spionage an das Finanzministerium und sechs weitere zum gleichen Thema an den Generalstaatsanwalt gesandt. Hoover bezog sich auch auf Virginius Frank Coe, einen weiteren Mitarbeiter von Morgenthau und White im Finanzministerium, der von Juni 1946 bis Dezember 1952 Sekretär des IWF war. Der FBI-Direktor erinnerte daran, dass Frank Coe sich auf den fünften Verfassungszusatz berufen und sich geweigert hatte, die Fragen des Unterausschusses zu White zu beantworten, was zu seiner Entlassung aus dem IWF[22] geführt hatte.

Eines der Exemplare des Berichts von Edgar Hoover gelangte auch in die Hände von Außenminister James F. Byrnes, der, wie er später berichtete, Truman noch am selben Tag aufsuchte, an dem er den Bericht las, ihm seine

[22] Der fünfte Zusatzartikel der US-Verfassung besagt, dass niemand gezwungen werden darf, gegen sich selbst auszusagen, und zwar nicht nur in Gerichtsverfahren, sondern auch bei polizeilichen Vernehmungen. Sich jedoch vor einem Untersuchungsausschuss des Kongresses oder des Senats auf den fünften Verfassungszusatz zu berufen und die Antwort zu verweigern, kommt einem Eingeständnis der Verwicklung in die betreffende Angelegenheit gleich, was häufig politische Folgen hat.

Bestürzung mitteilte und ihn fragte, was er zu tun gedenke. Byrnes zufolge sagte der Präsident, dass auch er über diese Information schockiert sei. Byrnes schlug vor, die Nominierung zurückzuziehen, obwohl sie bereits vom Senat bestätigt worden war. Truman hätte entweder die Nominierung ablehnen oder den Rücktritt von White fordern können. Byrnes schlug beide Möglichkeiten vor, aber der Präsident befolgte seinen Rat nicht.

Die Fälle von Harry Dexter White und Frank Coe sind äußerst bedeutsam, denn sie bestätigen die Worte von Bella Dodd und das, was wir in diesem Werk über die wahre Natur des internationalen Kommunismus als Instrument der Illuminaten-Banker argumentiert haben. Dexter White war nicht einfach ein kommunistischer Spion, sondern der Agent einer größeren Verschwörung, deren Ziel die Errichtung einer globalen oder internationalen Macht war. Wenn dies nicht der Fall ist, wie ist es dann zu erklären, dass White einer der Gründer der Weltbank und zu einem großen Teil der Vater des Internationalen Währungsfonds war, denn er war es, der bereits 1942 den ersten Entwurf für diese Finanzinstitutionen ausarbeitete. Beide Institutionen wurden auf der Konferenz von Bretton Woods beschlossen und sind die Säulen, auf denen das Wirtschaftssystem aufgebaut wurde. Die Form und die Aufgaben des IWF wurden 1944 in Bretton Woods festgelegt, wo White der Wirtschaftswissenschaftler war, der dank der politischen und wirtschaftlichen Macht der Vereinigten Staaten den Plan von Keynes durchsetzen konnte. White war es, der dafür plädierte, dass der IWF eine auf dem Dollar basierende Institution sein sollte. Ein Beweis dafür, dass Dexter White kein Agent Stalins, sondern der verborgenen Macht war, die nach dem Krieg die Kontrolle über die Sowjetunion anstrebte, war sein Beharren auf, dass die UdSSR Teil des IWF sein sollte, obwohl ihre wirtschaftlichen Grundsätze der Handels- und Finanzfreiheit zuwiderliefen. Obwohl Keynes und andere sich gegen die Teilnahme der Sowjetunion an der Konferenz von Bretton Woods aussprachen, gelang es White, sie einzuladen. Stalin bewies jedoch erneut, dass er nicht der Mann war, den die internationalen Finanziers an der Spitze der UdSSR haben wollten, denn ein Jahr später beschloss er, dass sein Land dem Internationalen Währungsfonds nicht beitreten würde.

Die Venona-Dokumente belegen in vollem Umfang, dass Harry Dexter White das war, was in Fachkreisen als „Einflussagent" bezeichnet wird. Er gehörte zum Kreis von Nathan Gregory Silvermaster, einem russischstämmigen jüdischen Wirtschaftswissenschaftler, der mit White in Bretton Woods war und eine Gruppe von Spionen anführte, die vor allem im Finanzministerium und im Economic War Council tätig waren. Elisabeth Bentley, die das FBI bereits 1945 darüber informiert hatte, dass Dexter White ein sowjetischer Agent war, sagte 1948 vor dem Ausschuss des Repräsentantenhauses aus, dass White über Silvermaster Informationen an die Sowjets weitergab. Die Venona-Dokumente belegen, dass White, dessen Codenamen „Lawyer", „Richard" und „Jurist" sich im Laufe der Zeit änderten, während des Zweiten Weltkriegs Informationen an den sowjetischen Geheimdienst weitergab, dessen Top-Mann Lawrenti Beria war, der jüdische Agent, der vorzugsweise Stalins Nachfolger werden sollte. Silvermaster, „Robert", nutzte Whites Macht und Einfluss im

Finanzministerium, um weitere sowjetische Agenten einzuschleusen, darunter Harold Glasser, „Rubel", der in einem anderen Spionagering tätig war, dessen Anführer ein anderer jüdischer Kommunist, Victor Perlo, war, so dass Silvermaster beantragte, Glasser seiner Gruppe zuzuweisen. Am 31. März 1945 lud Außenminister Stettinius White ein, der US-Delegation in San Francisco bei der Gründungskonferenz der Vereinten Nationen beizutreten. White leitete daraufhin Informationen über die Gespräche der US-Delegation weiter.

Am 19. Juni 1947 trat Harry Dexter White als Exekutivdirektor des IWF zurück. Präsident Truman schrieb ihm einen Brief, in dem er seine hohe Wertschätzung und Achtung für seine Arbeit zum Ausdruck brachte und hinzufügte, dass er „nicht zögern würde, ihn von Zeit zu Zeit um Unterstützung zu bitten." Kurz darauf, am 15. August 1947, wurde White zum ersten Mal vom FBI befragt. Dabei gab er zu, dass er Silvermaster seit 1934 kannte. Er räumte ein, dass sie als Regierungsangestellte Kollegen waren und dass sie sich häufig in Silvermasters Haus trafen, wo sie Instrumente spielten: Silvermaster spielte Gitarre, seine Frau Helen Klavier, William Ullman, ein anderer Beamter des Finanzministeriums, der mit den Silvermasters zusammenlebte, spielte Schlagzeug und White Mandoline. White erklärte, dass Silvermaster ihn nie um vertrauliche Informationen gebeten hatte und dass „es eine Überraschung und ein großer Schock wäre, zu erfahren, dass Silvermaster in Spionage verwickelt war." Im August 1947 hatte die NSA (Nationale Sicherheitsbehörde) den Venona-Code noch nicht geknackt, und die abgefangenen Informationen sollten bestätigen, dass das, was Elisabeth Bentley enthüllt hatte, absolut wahr war. Am 13. August 1948 sagte Harry Dexter White schließlich vor dem HUAC (House Un-American Activities Committee) aus und bestritt die Anschuldigungen von Chambers und Bentley. Kurz nach seiner Aussage erlitt White einen Herzanfall und starb am 16. August 1948.

Die Fälle von Harry Hopkins und Alger Hiss

Harry Hopkins, verheiratet mit einer ungarischen Einwanderin jüdischer Herkunft, Ethel Gross, mit der er drei Kinder hatte, starb am 29. Januar 1946. Zu seinen Lebzeiten bestand kein Verdacht auf seine Loyalität gegenüber den Vereinigten Staaten. Hopkins wurde von Franklin D. Roosevelt mit der Verwaltung des Lend-Lease-Programms betraut, das massive militärische und wirtschaftliche Hilfe für die Alliierten ermöglichte, und wurde während des Krieges zu einer einflussreichen Persönlichkeit. Von besonderer Bedeutung ist die Tatsache, dass die Hilfe für die UdSSR im Rahmen des Lend-Lease-Programms durch das Eingreifen von Hopkins, dem engsten Vertrauten von Präsident Roosevelt, der von Anfang 1940 bis Dezember 1943 im Weißen Haus wohnte, bedingungslos gewährt wurde. Sein Fall scheint ein Hexenfall zu sein, denn es ist absurd anzunehmen, dass Hopkins das, was er für den Kommunismus und die UdSSR getan hat, hätte tun können, ohne dass jemand Verdacht geschöpft hätte. Zweifellos wäre dies ohne die ständige Unterstützung Roosevelts unmöglich gewesen. Man müsste wissen, inwieweit der „Big Boy" (wie einige amerikanische Kommunisten FDR nannten) von allen Manövern und Handlungen seiner rechten Hand wusste.

Erst in jüngster Zeit ist man zu dem Schluss gekommen, dass Harry Hopkins ein sowjetischer Agent war. Die Tatsache, dass er 1946 starb, ohne entdeckt zu werden, bedeutete, dass seine Aktivitäten einfach in die Geschichte eingingen. Es sei darauf hingewiesen, dass die Venona-Dokumente, obwohl sie 1948 entschlüsselt wurden, erst 1995 durch die Veröffentlichung der NSA zugänglich wurden. Erst danach begannen mehrere Historiker und Forscher über sie zu schreiben, und es ist erstaunlich, dass die meisten von ihnen darin übereinstimmen, dass Harry Hopkins Agent „19" war. Die Einstimmigkeit ist nicht absolut: John Earl Haynes und Harvey Klehr, Autoren von *Venona: Decoding Soviet Espionage in America*, glauben, dass „19" Laurence Duggan vom Außenministerium war. Da ihre These in der Minderheit ist, werden wir uns an die Schlussfolgerungen von Herbert Romerstein und Eric Breindel in *The Venona Secrets* halten, die von dem Militärhistoriker Eduard Mark und M. Stanton Evans sowie anderen Autoren geteilt werden, die zu dieser Zeit Bücher über die Venona veröffentlicht haben.

In jedem Fall ist es wichtig, einige sehr interessante Informationen zu kennen, bevor man die Daten prüft, die auf Hopkins als Agent „19" hinweisen. Am 1. Februar 1943 erhielt die Firma Chemator Incorporation in New York von der sowjetischen Regierung einen Auftrag über 100 Kilo Uranoxid, 100 Kilo Urannitrat und 11 Kilo Uranmetall. Das Unternehmen hatte bereits im Rahmen des Lend-Lease-Programms kleine Mengen an Chemikalien an die UdSSR geliefert. Da die Sowjets zum ersten Mal beabsichtigten, Uran zu kaufen, bat das Unternehmen die Behörden um eine Genehmigung. Im März bestellten die Sowjets Tonnen von Uran. Fast sieben Jahre später, am 5. Dezember 1949, kurz nachdem die Kommunisten ihre erste Atombombe gezündet hatten, sagte Major George Racey Jordan, der bei der Verschiffung des Uranmaterials in die Sowjetunion zunächst von Newark (New Jersey) und dann von Great Falls (Montana) aus mitgeholfen hatte, vor dem HUAC (House Un-American Activities Committee) aus, das die Uranlieferungen an die UdSSR im Zusammenhang mit der Atomspionageaffäre untersuchte. Jordan bestätigte die Uranlieferungen und sagte aus, Harry Hopkins habe ihn telefonisch angewiesen, die Lieferungen zu beschleunigen. Zwei Tage später, am 7. Dezember 1949, sagte auch Generalleutnant Leslie Groves, der Leiter des Manhattan-Projekts, vor dem HUAC aus. General Groves sagte vor dem Kongress aus, dass er sich bei den Führungskräften, die am Lend-Lease-Programm arbeiteten, beschwerte, die ihm sagten, dass „wir unter großem Druck standen, das Lend-Lease-Programm durchzuführen, angeblich um den Russen alles zu geben, was sie sich vorstellen konnten. Es wurde großer Druck ausgeübt, ihnen dieses Uranmaterial zu geben. Wir wollten nicht, dass dieses Material geliefert wird", betonte Groves, „aber sie (die Führungskräfte) kamen immer wieder zurück. Bekanntlich leitete Hopkins, FDRs Freund und Berater, das Lend-Lease-Programm.

1952 veröffentlichte Major Jordan *From Major Jordan's Diaries (Aus den Tagebüchern von Major Jordan)*, das seine Aussage vor dem HUAC enthält.

Jordan beschuldigt Hopkins, gegen die Interessen der USA gehandelt zu haben, um den Sowjets zu helfen, an die er nukleare Geheimnisse weitergab. In dem Buch wird behauptet, dass Harry Hopkins 1943 heimlich ein Flugzeug mit schwarzen Koffern nach Russland schickte, die Dokumente über die Atombombe enthielten. Major Jordan berichtet in seiner Aussage vor dem Kongressausschuss erneut von mehreren Uranlieferungen, die Hopkins in Auftrag gegeben hatte, ohne dass dies in schriftlichen Unterlagen festgehalten wurde. Nach Ansicht von Experten reichten die an die UdSSR gelieferten Mischungen von raffiniertem Uran aus, um eine Atomexplosion zu erzeugen. Trotz des Erscheinens dieses Buches und des Skandals, den es auslöste, kam damals niemand auf die Idee, dass Hopkins ein sowjetischer Agent war. Es ist sehr schwer zu erklären, wie es möglich ist, dass Hopkins 1943, mitten im Prozess des Atombombenbaus, als das FBI Oppenheimer und anderen in Los Alamos tätigen Wissenschaftlern misstraute, trotz der Einwände der Militärbehörden die Uranlieferung an die Sowjets fortsetzen konnte. Allein diese Tatsache hätte ausreichen müssen, um ihm das Vertrauen zu entziehen. Dennoch blieb Hopkins unentbehrlich für Roosevelt, mit dem er in Jalta war, und, wäre er nicht gestorben, für Truman, dem er bei der Vorbereitung der Potsdamer Konferenz half.

Den Venona-Dokumenten zufolge war der Jude Isaac Akhmerov, ein „illegaler Resident" in den Vereinigten Staaten während des Zweiten Weltkriegs, der Kontakt von Harry Hopkins. Akhmerov, seit 1930 OGPU-Agent, war nach seinem Dienst in China 1934 in die Vereinigten Staaten gereist. Seine Frau Elena schloss sich ihm an. 1936 lernte Akhmerov Helen Lowry kennen, die Enkelin von Earl Browder, dem Führer der Kommunistischen Partei der USA, die vom sowjetischen Geheimdienst rekrutiert worden war. Helen wurde beauftragt, Akhmerov in einem Haus in Washington zu unterstützen, das als sicherer Treffpunkt dienen sollte. Im Jahr 1939 heirateten sie. Helen, die frühere Frau von Isaac Achmerow, kehrte nach Moskau zurück, wo sie Sekretärin des ominipotenten Beria wurde, der seit 1938 oberster Chef der Polizei und des Geheimdienstes (NKWD) war. Das frisch vermählte Paar wurde im Sommer desselben Jahres nach Moskau zurückgerufen, wo Helen die sowjetische Staatsbürgerschaft erhielt. Im September 1941, kurz nach Hopkins' erster Reise nach Moskau, wurden beide in die Vereinigten Staaten zurückgeschickt. Isaac Akhmerov gründete die illegale Rezidentura wieder und wurde zum Chefspion dieser Organisation von Geheimagenten. Im Dezember 1945 kehrten Helen und Isaac Akhmerov in die UdSSR zurück.

Eine der entschlüsselten Nachrichten, die Forscher als entscheidend für den Nachweis ansehen, dass Harry Hopkins für die Sowjets arbeitete, wurde von Achmerow am 29. Mai 1943 von New York aus verschickt. Darin teilte er mit, dass „19" über Gespräche zwischen Roosevelt und Churchill berichtet hatte, bei denen er anwesend war. Der Militärhistoriker Eduard Mark bezeichnet dieses Treffen zwischen dem amerikanischen Präsidenten und dem britischen Premierminister als „Trident-Konferenz". Es handelte sich um eine Geheimkonferenz, da es in den offiziellen Archiven des Außenministeriums keine Aufzeichnungen über die Gespräche gibt. Bezeichnenderweise sind nur sowjetische Berichte darüber verfügbar. Eduard Mark argumentiert überzeugend, dass Roosevelt niemandem außer Hopkins genug vertrauen konnte, um bei einem geheimen Treffen mit Churchill anwesend zu sein. Auf jeden Fall brauchte Hopkins seine Beziehungen zu den Sowjets nicht zu vertuschen, denn seine führende Position in den offiziellen Beziehungen zur UdSSR ermöglichte ihm viele legale, persönliche Begegnungen. Seit 1942 unterhielt er öffentlich intime Kontakte zu General A. I. Beljajew, dem Vorsitzenden der sowjetischen Regierungsankaufskommission. Zwei Venona-Nachrichten, die im März und April 1943 von Washington nach Moskau geschickt wurden, enthielten Nachrichten von Hopkins, die Beljajew an seine Vorgesetzten weiterleitete. Hopkins stand in regelmäßigem Kontakt mit Andrei Gromyko, der im August 1943 Litwinow als Botschafter der UdSSR in den Vereinigten Staaten ablöste. Nach Jalta und dem Tod Roosevelts schickte Truman Hopkins im Mai 1945 nach Moskau, um sich mit Stalin zu treffen. Unterstaatssekretär Charles Bohlen, der als ein Hopkins nahestehender Diplomat galt, fertigte ein schriftliches Protokoll des Treffens an. Anstatt auf freie Wahlen in Polen zu drängen, wie es die USA angeblich beabsichtigten, sagte Hopkins zu Stalin, dass „die Vereinigten Staaten ein sowjetfreundliches Polen wünschen und in der Tat freundliche Länder entlang der sowjetischen Grenzen wünschen". Darauf erwiderte Stalin: „Wenn das so ist, können wir uns in Bezug auf Polen leicht verstehen."

Im Fall von Alger Hiss, einem Protegé von Felix Frankfurter, Richter am Obersten Gerichtshof, wurde FDR vor dem Zweiten Weltkrieg gewarnt, dass er ein wichtiger Spion für die Sowjetunion war. Die Informationen stammten von Whittaker Chambers, der seit 1938 übergelaufen war. Roosevelt wies die Anschuldigungen zurück und wollte sie nicht einmal untersuchen. Als Chambers 1948 vor dem Kongressausschuss aussagte, wurde endgültig klar, dass einer der prominentesten Männer im Außenministerium, der vertrauenswürdige Berater von Präsident Roosevelt in Jalta, der eine wichtige Rolle bei den Arbeiten zur Gründung der UNO spielte, ein kommunistischer Agent war. Ob Alger Hiss Jude war oder nicht, ist umstritten. In einem der Tonbänder, die im Watergate-Fall gegen Präsident Richard Nixon verwendet wurden, sagt Nixon: „Die einzigen Nicht-Juden in der kommunistischen Verschwörung waren Chambers und Hiss. Viele glauben, dass Hiss es war. Er mag es zum Teil gewesen sein, aber nicht im religiösen Sinne. Die einzigen Nicht-Juden. Alle anderen waren Juden. Und dann brach die Hölle über uns herein."

In *Blacklisted by History*, dem bereits erwähnten Werk über den Kampf des unglückseligen Senators McCarthy, schreibt M. Stanton Evans: „Wenn schon White und Oppenheimer ein Beweis für die Gleichgültigkeit gegenüber Sicherheitsstandards waren, so war es der Fall Alger Hiss noch mehr. Dies war natürlich der berühmteste aller Spionagefälle. Es war auch der Fall, der die Bereitschaft der Truman-Administration demonstrierte, nicht nur die Sicherheit im Geheimdienst zu ignorieren, sondern auch die Zeugen zu schikanieren, die sie lieferten. Diese Haltung der Regierung wurde von der Presse aufgegriffen, die eine Kampagne startete, die die Verfolgung kommunistischer Spione und Agenten schließlich mit einer Hexenjagd gleichsetzte. Doch nicht alle in der

Regierung teilten diese Unbeweglichkeit. Anfang 1946, nach Erhalt der fortlaufenden FBI-Berichte, die sich auf die Aussagen von Chambers und Bentley stützten, erkannte Außenminister Byrnes, dass Hiss aus seinem Ministerium entfernt werden musste, was den Rücktritt des sowjetischen Spions zur Folge hatte. Als jedoch im Sommer 1948 die Aussagen der beiden Überläufer an die Öffentlichkeit gelangten, wandten sich das Weiße Haus und das Justizministerium, anstatt Hiss anzugreifen und zu diskreditieren, den Schikanen gegen Chambers zu.

Die Strategie gegen Chambers wurde in einem Vermerk des Weißen Hauses festgehalten, der von George Elsey, Assistent von Präsident Truman, unterzeichnet war. Am 16. August 1948 richtete Elsey den Bericht mit den bei einem Treffen mit Generalstaatsanwalt Tom C. Clark vereinbarten Leitlinien an Clark Clifford, Trumans Berater, der von Samuel Rosenman ins Weiße Haus eingeführt worden war. Darin wurde vorgeschlagen, dass das Justizministerium „alle Anstrengungen unternehmen sollte, um festzustellen, ob Whittaker Chambers des Meineids schuldig ist". Der nächste Punkt forderte eine „Untersuchung der Einweisung von Chambers in eine psychiatrische Anstalt". Mit anderen Worten: Es wurde vorgeschlagen, zu untersuchen, ob Chambers in einer psychiatrischen Anstalt untergebracht war. Am 20. August wies das FBI die These zurück, dass Chambers geisteskrank sein könnte. In einem Schreiben an Generalstaatsanwalt Clark teilte Edgar Hoover mit: „In Bezug auf Whittaker Chambers gibt es weder in den Akten des 'Bureau' noch in den Aufzeichnungen des New Yorker Büros Hinweise darauf, dass Chambers jemals eingewiesen wurde." Trotz alledem wurden die Bemühungen, Chambers zu diskreditieren und ihn anzuklagen, fortgesetzt; im November 1948 legte er jedoch vor dem HUAC Papiere und Mikrofilme vor, die unwiderlegbare Beweise für die Lüge von Hiss darstellten. Diese Dokumente waren ausschlaggebend dafür, dass Alger Hiss später ins Gefängnis kam.

Dennoch wurden die Bemühungen, Hiss zu retten und Chambers zu verurteilen, nicht eingestellt: Der stellvertretende Generalstaatsanwalt Alexander Campbell reagierte auf die Aussage von Chambers vor dem Kongressausschuss mit einem Schreiben, in dem es hieß: „Es wäre wünschenswert, dass eine sofortige Untersuchung durchgeführt wird, um zu überprüfen, ob Chambers einen Meineid geleistet hat. In diesem Zusammenhang sollten fotostatische Kopien dieser Dokumente zusammen mit einer Kopie der Aussage von Chambers angefordert werden". Stanton Evans gibt an, dass noch mehr solcher Notizen in Hoovers Besitz gelangten. Er hat sie in verschiedenen Bänden der Hiss-Chambers-Akte des FBI gefunden. Ein anderer vom 2. Dezember 1948 besagt, dass das Justizministerium „eine sofortige Untersuchung durch das 'Bureau' wünscht, um festzustellen, ob Chambers einen Meineid geleistet hat". Nachdem er seine Agenten angewiesen hatte, wie vorgeschrieben vorzugehen, notierte Hoover am Rande: „Ich kann nicht verstehen, warum so viele Anstrengungen unternommen werden, Chambers zu belasten, um Hiss zu entlasten." Später bemerkte er erneut: „Ich frage mich, warum sie nicht auch gegen Hiss vorgehen." Stanton Evans kann sich eine sarkastische Bemerkung nicht verkneifen und schreibt: „Es war - ist - eine ausgezeichnete Frage."

Der Kongressausschuss wurde von Robert Stripling geleitet, der von einem Republikaner unterstützt wurde, der Jahre später US-Präsident werden sollte: Richard Nixon, der von der Presse im Rahmen des Watergate-Komplotts „ermordet" wurde[23]. Beide waren entschlossen, die Wahrheit ans Licht zu bringen. Als Stripling und Nixon von den Plänen der Regierung erfuhren, protestierten sie entrüstet und warnten, dass ein solches Verhalten unerhört sei. Daraufhin mussten Truman und Co. zurücktreten. Senator Joe McCarthy fand Jahre später bei seinen Ermittlungen heraus, dass das Außenministerium bereits 1946 über ungünstige Informationen über Hiss verfügte, die Chambers' Behauptungen bestätigten. Am 16. Dezember 1948 bekannte sich Alger Hiss, der wegen Meineids angeklagt war, nicht schuldig. Sein erster Prozess wurde am 10. Juli 1949 für ungültig erklärt. Er wurde erneut vor Gericht gestellt und am 20. Januar 1950 wegen Meineids zu einer fünfjährigen Haftstrafe verurteilt. Hiss wurde im November 1954 aus dem Gefängnis entlassen. Trotz der vielen Beweise verteidigte Truman den kommunistischen Spion bis zum Schluss. Im Jahr 1956 druckte *U.S. News & World Report* ein Fernsehinterview mit dem

---

[23] Die Nixon-Regierung versuchte, Israel unter Druck zu setzen, damit es die UN-Resolutionen einhält und sich aus den im Sechstagekrieg besetzten Gebieten zurückzieht. Nach dem Jom-Kippur-Krieg 1973 verhängte König Feisal von Saudi-Arabien als Vergeltung für die Unterstützung Israels ein Embargo für Öllieferungen an die USA, Kanada und die Niederlande. Nixon erkannte, dass es den Interessen seines Landes zuwiderlief, wenn man der jüdischen Lobby erlaubte, die Außenpolitik zu lenken, und Anfang 1974 verteidigte er einen mit Jassir Arafat erzielten Kompromiss für ein Friedensabkommen. Er schickte General Vernon Walters in das Gebiet, der nach Washington zurückkehrte und überzeugt war, dass die Palästinenser die Ministaatsformel akzeptierten und in Frieden mit Israel leben wollten. Außenminister Kissinger brachte die Gespräche zum Scheitern und verhinderte künftige Kontakte von Walters mit der PLO. Im Juni desselben Jahres, kurz nachdem Kisinger den Dialog zwischen Nixon und der PLO sabotiert hatte, reiste der US-Präsident in den Nahen Osten. Nixons Besuch in Saudi-Arabien endete mit einer unter Diplomaten als sensationell geltenden Botschaft. In seiner Abschiedsrede nahm Feisal unerwartet Bezug auf Nixons Probleme mit Watergate und der Innenpolitik und brach damit mit dem Brauch, dass sich ein Staatsoberhaupt eines Landes niemals in die inneren Angelegenheiten eines anderen Landes einmischt. Hier sind die genauen Worte des Königs aus der offiziellen Erklärung des saudischen Informationsministeriums: „Wichtig ist, dass unsere Freunde in den USA klug genug sind, Sie zu unterstützen, Ihnen zur Seite zu stehen, Herr Präsident, bei Ihren edlen Bemühungen, die fast beispiellos in der Geschichte der Menschheit sind, Bemühungen, deren Ziel es ist, Frieden und Gerechtigkeit in der Welt zu sichern.... Und jeder, der sich Ihnen widersetzt, sei es zu Hause oder im Ausland, oder der sich uns, Ihren Freunden in diesem Teil der Welt, widersetzt, hat offensichtlich nur ein Ziel vor Augen, nämlich die Spaltung der Welt, die fehlgeleitete Polarisierung der Welt herbeizuführen, eine Zwietracht zu schaffen, die niemals zu Ruhe und Frieden in der Welt führen wird." Nixon soll seinem Gesprächspartner gesagt haben, er sei bereit, seinem Volk zu erklären, dass Israel und seine amerikanischen Freunde die Außenpolitik kontrollierten. Am 9. August trat Richard Nixon unter dem Druck des Watergate-Skandals zurück, und am 25. März 1975 wurde König Feisal ermordet. Die Saudis verhörten Ibn Musa'ed, den Attentäter, zehn Wochen lang und fanden bekanntlich heraus, dass er eine Freundin in Amerika hatte, die eine Mossad-Agentin war und nach dem Attentat spurlos verschwand.

ehemaligen Präsidenten ab, in dem Truman darauf bestand, dass Nixon „ein Ablenkungsmanöver" untersucht habe. Der Interviewer stellte ihm die Frage: „Glauben Sie, dass Hiss ein kommunistischer Spion war? Seine Antwort lautete: „Nein, das glaube ich nicht."

Venona bewies, dass Chambers nicht gelogen hatte und Hiss schon. Laut Chambers erschien im Herbst 1936 ein neuer sowjetischer Agent auf der Bildfläche, von dem er Befehle erhielt. Diese Person stellte sich als „Peter" vor; obwohl Chambers später von Walter Krivitsky, der, wie wir wissen, Ende 1938 in die Vereinigten Staaten floh, erfuhr, dass es sich bei Peter in Wirklichkeit um Boris Yakovlevich Bukov handelte, bekannt als Boris Bykov und auch „Sasha", ein Jude, der mit Krivistsky im GRU (Militärischer Nachrichtendienst) gearbeitet hatte, so dass es sehr wahrscheinlich ist, dass er ein Trotzkist war. Als Bykov eintraf, hatte Chambers nur dreimal Dokumente erhalten, aber mit dem neuen Agenten, der einige der Infiltratoren innerhalb der Roosevelt-Administration persönlich treffen wollte, wurden die Lieferungen beschleunigt. Im Frühjahr 1937 reiste Alger Hiss nach New York, um Bykov zu treffen. Chambers holte Hiss in der Nähe des Bahnhofs Brooklyn Bridge ab und sie fuhren mit dem Zug nach Brooklyn, wo sie Bykov in der Nähe des Prospect Theatre trafen. Die drei nahmen die U-Bahn und dann ein Taxi, um sicherzugehen, dass sie nicht verfolgt wurden, und fuhren nach Chinatown in Manhattan, wo sie im Restaurant Port Arhur aßen. Da Bykovs Englisch schlecht war, sprach er auf Deutsch, und Chambers übersetzte seine Worte für Hiss, der sich verpflichtete, die Freigabe von Dokumenten des Außenministeriums zu erhöhen. Chambers erklärte dem FBI, wie die Übermittlung des Materials funktionierte: In vorher vereinbarten Nächten besuchte er Hiss in seiner Wohnung in der 30. Straße, wo Hiss die Papiere aus einem Koffer mit Reißverschluss nahm und in einen anderen Koffer mit Reißverschluss packte und in seine Wohnung brachte, wo er die Dokumente mit einer Leica-Kamera und anderer von Bykov bereitgestellter Ausrüstung fotografierte oder mikroverfilmte. Die Originale wurden an Hiss zurückgegeben und die Mikrofilme und Fotokopien wurden Bykov übergeben. Einige dieser von Chambers aufbewahrten Dokumente wurden dem FBI übergeben, als er überlief.

Eine am 30. März 1945 von der Wahingtoner Rezidentura nach Moskau gesendete Nachricht wurde 1969 von der NSA entschlüsselt. Daraus geht hervor, dass Alger Hiss, „Ales", damals in Kontakt mit Isaac Akhmerov stand, dem illegalen Rezidenten, an den Harry Hopkins ebenfalls Informationen weitergab. Diese Nachricht bestätigte, dass Hiss mit dem militärischen Geheimdienst (GRU) verbunden blieb, während alle anderen eingeschleusten Spione zum NKWD versetzt wurden. Nach der Konferenz von Jalta, wo Hiss als Sonderberater von Präsident Roosevelt fungierte und viele militärische Informationen erhielt, reiste er mit Außenminister Stettinius nach Moskau, wo er Berichten zufolge von Wyschinski offiziell ausgezeichnet wurde. Die Frau von Alger Hiss, Priscilla, und sein Bruder Donald, ebenfalls Beamter im Außenministerium, waren ebenfalls sowjetische Spione. Alger Hiss starb im Jahr 1996. Am 30. Dezember 1996 veröffentlichten Herbert Rommerstein und Eric Breindel, die Autoren des Buches *The Venona Secrets*, in *The New Republic* einen Artikel mit dem Titel „Hiss: Still Guilty" (Hiss: Immer noch schuldig), in dem sie neue Beweise für die Schuld von Alger Hiss anführten.

„Eine riesige Verschwörung": Chinas Kapitulation vor dem Kommunismus

Unter den bedeutsamsten Ereignissen der entscheidenden Nachkriegsjahre ist die Kapitulation Chinas vor dem Kommunismus vielleicht das bedeutendste. Am 14. Juni 1951 hielt Joe McCarthy vor dem Senat eine lange Rede, in der er die Ereignisse vom Oktober 1949 scharf anprangerte. Hier ist ein kurzer Auszug aus der Empörung und Fassungslosigkeit des Senators:

> „Wie können wir unsere gegenwärtige Situation erklären, wenn wir nicht glauben, dass sich Männer in hohen Positionen in dieser Regierung zusammengetan haben, um uns ins Unglück zu stürzen? Dies muss die Frucht einer großen Verschwörung sein, einer Verschwörung von so gewaltigem Ausmaß, dass sie jedes derartige Unternehmen in der Geschichte in den Schatten stellt. Eine Verschwörung von solch schwarzer Niedertracht, dass ihre Leiter, wenn sie schließlich aufgedeckt werden, für immer den Fluch aller ehrlichen Menschen verdienen werden.... Was ist von dieser ununterbrochenen Reihe von Entscheidungen und Handlungen zu halten, die zur Strategie der Niederlage beigetragen haben? Sie können nicht auf Inkompetenz zurückgeführt werden. Wäre Marshall einfach nur dumm, würden die Gesetze der Wahrscheinlichkeit darauf hindeuten, dass ein Teil seiner Entscheidungen den Interessen des Landes gedient hätte...".

Um die Geschehnisse in China angemessen zu erklären, müssen wir in den Mai 1919 zurückgehen und uns in das Hotel Majestic in Paris begeben. Im achten Kapitel wurde erläutert, dass Colonel Mandell House im Rahmen der Friedenskonferenz ein Treffen organisierte, bei dem die Gründung einer Reihe globaler Gremien geplant wurde, die mit der von Alfred Milner gegründeten Geheimgesellschaft Round Table in Verbindung stehen, der neben anderen Illuminatenfamilien auch die Rothschilds und Astors angehörten. Vertreter von Morgan, Rockefeller und anderen internationalen Bankiers, die nach Europa geschickt wurden, gründeten dann das RIIA (Royal Institute or International Affairs) und den CFR (Council on Foreign Relations). Der Leser wird sich daran erinnern, dass die Finanzeliten auch das IPR („Institute of Pacific Relations") gründeten, dessen Hauptaufgabe die Führung der Angelegenheiten im pazifischen Raum sein sollte. Das IPR wurde schließlich 1925 gegründet und von Wall-Street-Kapitalisten gesponsert. Zu seinen Zielen gehörte die Verbreitung der kommunistischen Ideologie, obwohl es theoretisch ein Forum für die Diskussion asiatischer Probleme und ihrer Beziehungen zum Westen sein sollte. Die IPR, eine private, nicht steuerpflichtige Vereinigung, wurde hauptsächlich von Morgan, Rockefeller und anderen Banken und Firmen der Wall Street finanziert. Die IPR gab sich zwei Organe: die vierteljährlich erscheinende Zeitschrift *Pacific Affairs*, deren Herausgeber der Krypto-Jude Owen Lattimore war, und *Far Eastern Survey*, die vom American Council der

IPR herausgegeben wurde, dessen geschäftsführender Sekretär Frederick Vanderbilt Field war, der als „der kommunistische Millionär" bekannt war. Im Jahr 1937 entsteht ein weiteres Presseorgan, *Amerasia*, eine Monatszeitschrift, die eine herausragende Rolle spielt. Das vom IPR genehmigte *Amerasia-Projekt* gehörte dem jüdischen Kommunisten Philip Jacob Jaffe und Vanderbilt Field selbst. Die US-Politik in China wurde letztlich vom IPR durchgesetzt, wie wir auf den folgenden Seiten sehen werden.

In seinem berühmten Werk *Tragedy and Hope (Tragödie und Hoffnung)* räumt *der* Insider Carroll Quigley ein, dass das IPR für den Sturz Chinas in das kommunistische Lager verantwortlich war, und verweist auf die Untersuchung, die 1951 vom Unterausschuss für innere Sicherheit des Senats (Senate Internal Security Subcommittee - SISS) durchgeführt wurde, der am 21. Dezember 1950 gegründet wurde und das Äquivalent zum Ausschuss für unamerikanische Umtriebe des Kongresses (House Un-American Activities Committee - HUAC) war. Quigley erklärt, dass der SISS nachweisen wollte, dass China durch das vorsätzliche Handeln einer Gruppe von Akademikern mit Fachwissen über den Fernen Osten, die vom Institute of Pacific Relations kontrolliert und koordiniert wurde, in die Hände des Kommunismus gefallen war. An dieser Stelle deutet Quigley an, dass diese Agenten ohne die Unterstützung, die sie hatten, wenig getan hätten, und fügt hinzu: „Der Einfluss der Kommunisten auf das IPR ist wohlbekannt, aber das Sponsoring durch die Wall Street ist weniger gut bekannt". Er erklärt, dass die IPR aus zehn unabhängigen nationalen Räten in ebenso vielen Ländern bestand, die sich mit pazifischen Angelegenheiten befassten. Der Hauptsitz der IPR und ihr amerikanischer Rat befanden sich in New York, wo sie eng zusammenarbeiteten. Zwischen 1925 und 1950", so Quigley, „gab jeder der beiden Räte etwa zweieinhalb Millionen Dollar aus, die hauptsächlich von der Rockefeller- und der Carnegie-Stiftung bereitgestellt wurden. Die jährlichen finanziellen Defizite wurden von „finanziellen Engeln, die fast alle mit der Wall Street verbunden waren", getragen. Darüber hinaus steuerten Privatpersonen fleißig große Summen bei, um Forschungs-, Reise- und andere Ausgaben zu decken.

Vor diesem Hintergrund ist ein kurzer Blick auf den historischen Prozess in China, der zu Beginn des 20. Jahrhunderts begann, notwendig, um das Endergebnis besser zu verstehen. Der Hass auf Ausländer war die treibende Kraft hinter dem revolutionären Prozess. Die demütigende Präsenz von Mächten wie Großbritannien, Frankreich, Russland, Japan und Deutschland im 19. Jahrhundert veranlasste nationalistische Revolutionäre, in den Städten zu kämpfen. Sun Yat-sen, ein von der kaiserlichen Polizei gejagter Arzt, floh ins Ausland und legte von den USA und London aus den Grundstein für die KMT (Kuomintang). Während des Ersten Weltkriegs brachten die Alliierten China dazu, Deutschland 1917 den Krieg zu erklären, im Austausch für Versprechen, die es nicht einhielt. Am 4. Mai 1919 demonstrierten Studenten in Peking vor ausländischen Botschaften und setzten mehrere Gebäude in Brand. In der Zwischenzeit schickte die Kommunistische Internationale Agenten nach China, um die revolutionäre nationalistische Bewegung wieder auf den Weg des Kommunismus zu bringen.

Zunächst wurde eine Einheitsfront zwischen der im Juli 1921 gegründeten Kommunistischen Partei Chinas und den Nationalisten der Kuomintang (Nationale Volkspartei) von Sun Yat-sen organisiert, der Freimaurer war und mit einer Chinesin jüdischer Herkunft, Soong Ching-ling, verheiratet war, die der chinesisch-jüdischen Volksgruppe der Tiao Kiu Kiaou[24] angehörte. Bekannt als Madame Sun Yat-sen, arbeitete Soong Ching-ling nach der Gründung des Kommunismus eng mit Mao zusammen. Auch Sun Yat-sens Sekretär und rechte Hand war ein Jude namens Morris Cohen. Es war der Vierte Kongress der Kommunistischen Internationale (November/Dezember 1922), der das Bündnis zwischen Kommunisten und Nationalisten vorschlug. Lenin entsandte als Botschafter nach China Adolf Abramowitsch Joffe, den Juden, der die sowjetische Delegation bei den Friedensverhandlungen von Brest-Litowsk mit Trotzki geleitet hatte. Bekanntlich beging Joffe, ein überzeugter Trotzkist, 1927 Selbstmord, um gegen Trotzkis Ausschluss aus der Partei zu protestieren. Am 26. Januar 1923 gaben Sun Yat-sen und Adolf A. Joffe in Schanghai eine Erklärung ab, die ein gemeinsames Bündnis für den Zeitraum 1924-27 besiegelte. Zu dieser Zeit kommen einige Chinesen aus den wohlhabenden Schichten über den radikalen Nationalismus zum Kommunismus. Zu Joffe gesellte sich ein weiterer Jude, Jacob Borodin (Grusenberg), der politischer Berater der Kuomintang wurde, die er zu bolschewisieren versuchte. Auf dem ersten Kuomintang-Kongress im Januar 1924 wurden viele Kommunisten in der Partei in vorteilhafte Positionen gebracht. Nach dem Tod von Sun Yat-sen im Jahr 1925 wählte Borodin als seinen Nachfolger Chiang Kai-shek, der wie Sun Yat-sen ein hochgradiger Freimaurer war und außerdem eine Tiao Kiu Kiaou aus der Familie Soong, die Schwester von Sun Yat-sens Frau, geheiratet hatte. Die Zeit der Koalition war geprägt von Kontroversen und Meinungsverschiedenheiten zwischen den beiden Parteien.

Nach einem Aufenthalt in Moskau im Jahr 1927 kam Chiang Kai-shek zu dem Schluss, dass die Sowjets beabsichtigten, die junge Kommunistische Partei Chinas als Instrument ihrer Außenpolitik einzusetzen. Die Feindseligkeiten begannen am 12. April 1927 mit einem antikommunistischen Staatsstreich von

---

[24] Um mehr über die Tiao-Kiu Kiaou zu erfahren, gibt es ein Werk, das auf Englisch gelesen werden kann: *El comunismo chino y los judíos chinos*, von Itsvan Bakony, der sich wiederum hauptsächlich auf eine andere Quelle stützt: *The History of the Jews in China*, von S. M. Perlmann. *Die Enciclopedia Judaica Castellana* und die *Jüdische Enzyklopädie* liefern ebenfalls interessante Daten, nach denen chinesische Juden in der Landwirtschaft, im Handel, in der Justiz und in der Armee eine wichtige Rolle spielten. Diesen Quellen zufolge reicht die Präsenz von Juden in China bis in die Antike zurück. Marco Polo verweist auf den starken wirtschaftlichen und politischen Einfluss der Juden in China. Im 19. Jahrhundert betrieben die Tiao-Kiu Kiaou-Juden in Shanghai und Hongkong den Opiumhandel in Zusammenarbeit mit den Briten und dem jüdischen Bankier Elias David Sassoon. Alles deutet darauf hin, dass ihre Zusammenarbeit mit den Kommunisten sehr bedeutsam war, da viele der Anführer Tiao-Kiu Kiaou waren. Jean Lombard schreibt in *The Hidden Face of Modern History*, dass chinesische Juden an der Entwicklung der Freimaurerei und der chinesischen Geheimgesellschaften beteiligt waren. Mao selbst und einige seiner Mitarbeiter in der Kommunistischen Partei und der Roten Armee gelten als Tiao-Kiu-Kiaou", so der Autor.

Chiang Kai-shek, und am 28. April stürmten sie die UdSSR-Botschaft in Peking. Tausende von KPCh-Mitgliedern, die beschuldigt wurden, China gegenüber illoyal zu sein, wurden liquidiert. Heinz Neumann, ein weiterer jüdischer Trotzkist, der die Komintern in Spanien vertrat und 1937 von Stalin beseitigt werden sollte, organisierte einen kommunistischen Aufstand in Nanjing, der scheiterte. Die Einheitsfront war endgültig gebrochen. Die trotzkistischen Internationalisten hatten dem Triumph des Kommunismus in China von Anfang an große Bedeutung beigemessen, und so dienten diese Ereignisse von 1927 Trotzki als Auslöser, eine Kampagne gegen Stalin zu starten und zu versuchen, die Macht zurückzugewinnen. Trotzki, Sinowjew und andere jüdische Führer der trotzkistischen Opposition beschuldigten Stalin der Unfähigkeit und starteten eine Verschwörung gegen ihn, die scheiterte und, wie bereits erwähnt, mit Trotzkis Inhaftierung in Alma Ata 1928 endete.

In China sollte ein langer Bürgerkrieg beginnen, der mit dem Triumph von Mao Tse-tung im Jahr 1949 enden sollte. In einer Rede auf dem Plenum des Zentralkomitees am 1. August 1927 kündigte Stalin dies mit folgenden Worten an: „Kommen wir nun zur zweiten Etappe der Revolution in China. Während sich die erste Etappe dadurch auszeichnete, dass sich die Revolution hauptsächlich gegen den ausländischen Imperialismus richtete, ist das Kennzeichen der zweiten Etappe, dass sich die Revolution nun direkt gegen die inneren Feinde richtet." Doch die sowjetischen Berater mussten das Land verlassen, die KPCh verlor alle Städte und blieb nur noch im Untergrund auf dem Lande. In Maos Heimatprovinz Hunan hatte er im Auftrag der Kommunistischen Partei und der Kuomingtang Bauernbünde organisiert. Man kann sagen, dass Chiang Kai-shek den städtischen Kommunismus vernichtete, während Mao Tse-tung den Bauernkommunismus retten konnte. Ende 1929 erkannten Großbritannien, die Vereinigten Staaten und Frankreich die neu gebildete nationalistische Regierung von Chiang Kai-shek an.

In den 1930er Jahren reisten viele Agenten der Kommunistischen Internationale, die heimlich für die trotzkistischen Internationalisten arbeiteten, darunter viele Amerikaner, nach China ein. Gleichzeitig entwickelten sich Aktivitäten chinesischer Kommunisten in den Vereinigten Staaten, deren bekannteste Chi Chao-ting war, die mit einer amerikanischen jüdischen Kommunistin namens Harriet Levine verheiratet war, einer Cousine von Philip Jaffe. Chi Chao-ting schrieb unter dem Pseudonym R. Doonping Artikel für den *Daily Worker*, in denen er Chiang Kai-shek beschuldigte, ein Konterrevolutionär zu sein, der die chinesische Revolution 1927 verraten hatte. Chi Chao-ting promovierte anschließend an der Columbia University in Wirtschaftswissenschaften und arbeitete für das Zentralkomitee der Kommunistischen Partei der USA. Er war auch sehr aktiv in den American Friends of Chinese People, einer Organisation, die sich für die Unterstützung der Kommunisten einsetzte und eine Publikation mit dem Titel *China Today* herausgab, an der auch Madame Sun Yat-sen mitarbeitete. Zu den prominenten amerikanischen Kommunisten in dieser Organisation gehörten Frederick Vanderbilt Field, Philip Jaffe, Thomas A. Bisson, Max Granich, Owen Lattimore, Anna Louise Strong und Grace Hutchins. Mit Ausnahme von

Vanderbilt Field waren alle von ihnen Juden. 1936 war Chi Chiao-ting bereits Mitglied des Internationalen Sekretariats des IPR in New York und schrieb für *Far Eastern Survey* und *Pacific Affairs*. Im Jahr 1937 wurde er Mitglied von *Amerasia*. Zwei weitere chinesische Kommunisten, die im Institute of Pacific Relations und seinen Publikationen sehr aktiv waren und später prominente Positionen im kommunistischen China bekleideten, waren Chen Han-seng und Hsu Yung-ying.

In China führte Generalissimus Chian Kai-shek Anfang der 1930er Jahre mehrere Vernichtungsfeldzüge gegen Maos Kommunisten durch, die nur durch die japanische Invasion in der Mandschurei aufgehalten werden konnten. Nach mehreren Niederlagen begannen Maos Bauernsoldaten im Oktober 1934 den legendären „langen Marsch", um nicht eingekesselt und vernichtet zu werden. Ein Jahr lang marschierten die von Mao Tse-tung befehligten Truppen fast ohne Unterbrechung, bedrängt und verfolgt von Hunderttausenden von Kuomingtang-Soldaten. Sie legten mehr als zehntausend Kilometer zu Fuß zurück, eine Strecke, die beispielsweise doppelt so lang ist wie die Entfernung von Lissabon nach Moskau. Sie durchquerten achtzehn Gebirgszüge, vierundzwanzig Flüsse, mehrere Wüsten und Sümpfe. Politische Ausbilder ließen in den Städten und Dörfern, die sie durchquerten, Sowjets zurück und bildeten Guerilla-Einheiten. Von den 100.000 Mann, die Maos Truppen bildeten, starben 80.000 an Hunger, Kälte und Erschöpfung, wenn sie nicht in den Flüssen ertranken oder in die Schluchten geworfen wurden. Christian Zentner zufolge hatte Mao auch mit inneren Feinden zu kämpfen, mit Genossen, die versuchten, ihn zu töten, weil er nicht der von Stalin gewählte Mann war, der ihn durch jemanden ersetzen wollte, dem er mehr vertraute. In Moskau wurde Mao Tse-tung nie als Parteivorsitzender betrachtet. Alles deutet darauf hin, dass Stalins Mann damals Chang Kuo-tao war, der Chef der Vierten Armee, der innerhalb der KPCh offiziell über Mao stand und den er während des „langen Marsches" mehrmals zu beseitigen versuchte. Diese Tatsache ist von großer Bedeutung, da die amerikanischen Kommunisten von Anfang an auf Mao Tse-tung setzten, der laut Jean Lombard ein Tiao Kiu Kiaou war.

Im Oktober 1936 kam Moskau zu dem Schluss, dass eine neue Einheitsfront zwischen der Kuomingtang und der KPCh notwendig sei, um die Japaner, den äußeren Feind, zu besiegen. Die Kommunistische Partei der USA und Mao Tse Tung selbst teilten diese Idee, nicht aber Chiang Kai-shek, für den die Japaner das geringere Übel waren und der es als vorrangig ansah, die Kommunisten zu besiegen, den inneren Feind, der ihn und sein System beseitigen wollte. In einem Memorandum vom 18. Mai 1954 mit dem Titel *Potentialities of Chinese Communist Intelligence Activities in the United States* enthüllt John Edgar Hoover, der Direktor des FBI, dass im Juni 1937 wichtige amerikanisch-jüdische Kommunisten mit Verbindungen zur IPR Mao in Yenan besuchten. Zu ihnen gehörten Philip Jacob Jaffe, Agnes Jaffe, Thomas A. Bisson und Owen Lattimore. In einem Brief ließ Mao Earl Browder, den Kommunistenführer in den Vereinigten Staaten, wissen, dass er Informationen über die Angelegenheiten in den Vereinigten Staaten von „verschiedenen amerikanischen Freunden und anderen Quellen" erhielt.

Bezeichnenderweise wurde einer dieser „amerikanischen Freunde" Maos, Professor Lattimore, im Frühjahr 1941 von Roosevelt als Berater des Nationalistenführers Chiang Kai-shek in Chungking, der Kriegshauptstadt des freien China, eingesetzt. Damit knüpfte das IPR einen erstklassigen strategischen Kontakt an einem besonders sensiblen Ort: Owen Lattimore hörte und sah offensichtlich alles, was für die Entwicklung der Strategie für den Triumph von Mao und des Kommunismus in China von Interesse sein konnte. Als Berater von Chiang Kai-shek reiste Lattimore sporadisch nach San Francisco, um dort als Leiter des Office of War Information (OWI) Pacific Coast zu arbeiten.

Schließlich wurde Ende 1937 insgeheim vereinbart, die Zweite Einheitsfront zu gründen, um sich den Japanern entgegenzustellen. Die Kommunisten versprachen der Kuomintang Berichten zufolge vier Dinge: Sie verzichteten auf die von ihnen durchgeführte landwirtschaftliche Umstrukturierung; sie garantierten, dass sie die Kuomintang nicht gewaltsam stürzen würden; sie akzeptierten neue demokratische Regionalregierungen in den Grenzgebieten, in denen Sowjets eingerichtet worden waren; sie erklärten sich bereit, die Rote Armee in eine nationale revolutionäre Armee umzuwandeln. Während dieser neuen Einheitsfrontperiode richteten *China Today* und die American Friends of the Chinese People ihre gesamte Propagandaartillerie gegen Japan und stellten ihre Angriffe auf Chiang Kai-shek ein. Im Dezember 1937 wurde in den Vereinigten Staaten der China Relief Council gegründet, um Spenden für Hilfsprojekte in China zu organisieren. Zu den Direktoren des Rates gehörten Philip Jaffe und Chi Chao-ting, beide Mitglieder der IPR und *Amerasia*.

Die Zeit der Zweiten Einheitsfront war in den Vereinigten Staaten laut Edgar Hoovers Memorandum gekennzeichnet durch die Unterwanderung der Roosevelt-Regierung durch Agenten, die auf kommunistische Ziele in China hinarbeiteten. Edgar Hoover erwähnt Lauchlin Currie, Michael Greenberg, Harry Dexter White, Solomon Adler und die *Amerasia-Gruppe*, die dem FBI-Bericht zufolge Zugang zu geheimen Regierungsdokumenten hatte. Besondere Erwähnung findet auch Chi Chao-ting, der in dieser Zeit theoretisch im Auftrag der Regierung Chiang Kai-shek handelte, die er 1944 auf der Konferenz von Bretton Woods vertrat.

Nach dem japanischen Angriff auf Pearl Harbour begannen sich die Dinge in China zu ändern, und Misstrauen kennzeichnete erneut die Beziehungen zwischen Chiang Kai-shek und den Kommunisten, die den Krieg als Gelegenheit nutzen konnten, um sich selbst zu stärken. Für Chiang Kai-shek, der von Owen Lattimore, dem Strategen des IPR, beraten wurde, war klar, dass China, so wie Polen 1939 für Großbritannien ein casus belli gewesen war, ein casus belli für die Amerikaner war, die es unterstützt hatten, um die japanische Eroberung einzudämmen. 1944 jedoch verfügten die kommunistischen Kräfte von Mao Tse-tung und Chou En-lai in ihrem Lehen Yenan über eine unabhängige Machtbasis, befehligten ihre eigenen Armeen und bereiteten sich auf den entscheidenden Moment vor. Außerdem hatten sich zwei kommunistische Agenten, die sich als hochrangige amerikanische Beamte ausgaben, der Diplomat John Stewart Service und Solomon Adler, der Harry

Dexter White im Finanzministerium nahestand, zu Owen Lattimore nach Chungking gesellt. Um das Trio zu vervollständigen, wurde Chi Chao-ting neben dem Finanzminister der Kuomintang platziert. Sie alle waren angeblich in China, um den Nationalisten zu helfen, aber in Wirklichkeit hassten sie Chiang Kai-shek und arbeiteten im Verborgenen für den Triumph des Kommunismus. In Chungking wohnten Solomon Adler, John Stewart Service und Chi Chao-ting zusammen in einem Haus. Im Zusammenhang mit der IPR-Affäre in China sagte Elisabeth Bentley am 14. August 1951 vor dem SISS aus, dass Solomon Adler zu Silvermasters Gruppe gehörte und dass sie der Kurier zwischen ihnen war. Bentley bestätigte, dass auch Harry Dexter White Informationen von Adler erhielt.

Im *Morgenthau-Tagebuch: China* findet sich eine Nachricht von Solomon Adler an Harry Dexter White, der sie offensichtlich mit Finanzminister Henry Morgenthau besprach, da Morgenthau das Gespräch in seinem Tagebuch vermerkte. Das Kommuniqué wurde im Februar 1945 verfasst, und Adler argumentiert darin, dass sie Chiang nur dann unterstützen sollten, wenn er wirklich versucht, eine Koalitionsregierung mit Mao zu fördern. Das Mittel, um darauf zu drängen, ist laut Adler, die Macht des Finanzministeriums zu nutzen und die finanzielle Hilfe für Chiang zurückzuziehen, insbesondere einen zuvor zugesagten Kredit von 200 Millionen Dollar in Gold. Santon Evans gibt Auszüge aus dem Text von Solomon Adler an Dexter White in *Blacklisted by History* wieder:

> „Es scheint für das Finanzministerium keine andere Möglichkeit zu geben, als eine negative Politik gegenüber China zu verfolgen. Wir sollten weiterhin so wenig Gold nach China schicken wie möglich. Denn dieses Gold wird nicht wirksam zur Bekämpfung der Inflation eingesetzt werden.... Wir sollten bei der Genehmigung von Militärausgaben in China hart und langsam vorgehen. Es gibt keinen Grund, in dieser Hinsicht ein schlechtes Gewissen zu haben, denn die Chinesen täuschen uns bei der geringsten Gelegenheit..... Wir sollten chinesische Forderungen nach Waren bei Krediten und Pachtverträgen im zivilen Bereich unter dem Deckmantel der Inflationsbekämpfung ablehnen.... Wir sollten die chinesischen Gelder in den Vereinigten Staaten genau im Auge behalten."

Diese Worte zeigen deutlich, welche Pläne das Finanzministerium im Februar 1945 zu verabschieden bereit war. Stanton Evans kommentiert: „Diese Strategie, die von einem kommunistischen Agenten einem anderen kommunistischen Agenten dargelegt wurde, sollte innerhalb weniger Monate zur offiziellen US-Politik gegenüber China werden". Der Autor zitiert Worte, die Henry Morgenthau in sein Tagebuch schrieb: „Ich liebe diese Briefe von Adler". Evans fügt hinzu: „White sorgte dafür, dass Finanzminister Morgenthau die Adler-Memos und ausgewählte Berichte des Stewart Service zu sehen bekam. Morgenthau würde die Nachricht ins Weiße Haus bringen, wo er direkten Zugang zu FDR hatte, seinem langjährigen Nachbarn im New Yorker Hudson Valley. Da Lauchlin Currie, der zum 'Stab' des Weißen Hauses gehörte, aktuelle Berichte vom Service erhielt, konnte jedes Memo als Bestätigung des anderen angeführt werden."

Was die Bemühungen zur Bekämpfung der Japaner betrifft, so gehen die Berichte, die Washington erreichen, je nach Quelle weit auseinander. Während der Diplomat Stewart Service berichtete, dass nur die Kommunisten gegen die Japaner kämpften und Chiang Kai-shek nichts unternahm, behauptete General Albert Wedemeyer das genaue Gegenteil. Wedemeyer, ein Militärexperte, der viele Monate in China war und den Kampf gegen Japan befehligte, veröffentlichte Jahre später das Buch *Wedemeyer Reports* (1955). Dieser Quelle zufolge trugen die chinesischen Kommunisten nur wenig zum Kampf gegen die Japaner bei und waren keine Hilfe: „Es gab keine chinesischen kommunistischen Kräfte - schreibt Wedemeyer -, die in irgendeiner der wichtigen Schlachten des sino-japanischen Krieges kämpften". Aufgrund von Berichten, die ihm sein Nachrichtendienst übermittelte, schrieb der General in dem oben zitierten Werk: „Ich erfuhr, dass Mao Tse-tung, Chou En-lai und andere chinesische Kommunistenführer nicht daran interessiert waren, die Japaner zu bekämpfen, da ihr Hauptanliegen darin bestand, das Gebiet zu besetzen, das die nationalistischen Kräfte bei ihrem Rückzug geräumt hatten."

Im Frühjahr 1945 teilte der US-Botschafter in Chungking, General Patrick Hurley, der von 1929 bis 1933 Kriegsminister gewesen war, seinen Vorgesetzten in Washington mit, dass er einem ihm unterstellten Diplomaten, John Stewart Service, nicht vertraute, und bat darum, ihn vom Dienst in der Botschaft abzuberufen. Ende 1944 kehrte Service im Rahmen einer zweimonatigen Beurlaubung in die Vereinigten Staaten zurück. Während seines Besuchs traf er nicht nur Lauchlin Currie und Dexter White, sondern auch Personen, die vom FBI überwacht worden waren, wie Grace Granich, eine Kommunistin jüdischer Abstammung, die Earl Browders Sekretärin gewesen war; Andrew Roth, ein Jude ungarischer Abstammung, der Ermittler des IPR und Leutnant in der Fernostabteilung des Marine-Nachrichtendienstes gewesen war; Rose Yardumian, eine weitere Jüdin armenischer Abstammung, die das IPR-Büro in Washington leitete und eine alte Freundin der Lattimores war. In der Abwesenheit von John Service hatte Botschafter Hurley Zeit, die Depeschen und Kommuniqués des Diplomaten, der angeblich für ihn arbeitete, zu lesen, und sie gefielen ihm überhaupt nicht. Hier ist eines von ihnen, das von M. Stanton Evans in Fragmenten wiedergegeben wurde und das der offiziellen Linie der Botschaft besonders widerspricht:

„Unsere Beziehungen zu Chiang Kai-shek beruhen anscheinend weiterhin auf der unrealistischen Annahme, dass er China ist und dass er für unsere Sache notwendig ist...... Unter den gegenwärtigen Umständen ist die Kuomintang für ihren Unterhalt auf amerikanische Hilfe angewiesen. Aber wir sind überhaupt nicht auf die Kuomintang angewiesen. Wir brauchen sie nicht aus militärischen Gründen.... Wir brauchen den Zusammenbruch der Kuomintang-Regierung nicht zu fürchten..... Wir brauchen die Kuomintang nicht aus internationalen politischen Gründen zu unterstützen..... Wir brauchen Chiang nicht in dem Glauben zu unterstützen, dass er pro-amerikanische oder pro-demokratische Gruppen vertritt.... Wir müssen uns Chiang gegenüber nicht dankbar fühlen.... Es mag eine Periode einiger Verwirrung geben, aber die Vorteile eines Zusammenbruchs der Kuomintang werden dies letztendlich aufwiegen."

Als John Service Ende Januar 1945 nach Chungking zurückkehrte, hatte Pat Hurley bereits entschieden, dass er ihn nicht in der Botschaft haben wollte. Der Botschafter zeigte nicht nur seine Feindseligkeit, sondern gab auch bekannt, dass er um seine Ablösung gebeten hatte. Im Frühjahr gab Washington dem Antrag statt, und Service wurde ohne Abschiedszeremonie in die Vereinigten Staaten zurückgeschickt. Am 12. April war er in Washington,, wo Andrew Roth ihn mit Philip Jacob Jaffe, dem Herausgeber der prokommunistischen Zeitung *Amerasia*, zusammenbrachte. Das Treffen zwischen den beiden fand im Statler Hotel statt. Jaffe stand bereits seit einigen Wochen unter strenger Beobachtung, einschließlich Abhörmaßnahmen und der Überwachung seiner Bewegungen. Als ob das erste Treffen mit Granich, Roth und Yarmudian nicht schon genug gewesen wäre, tauchte nach diesem Treffen auch noch Service in den FBI-Akten auf: Am 11. Mai 1945 übermittelte das FBI dem Weißen Haus ein achtzigseitiges Memorandum zum Fall *Amerasia*. Es enthielt die April-Bewegungen von Philip Jacob Jaffe, John Service, Andy Roth, Mark Gayn (ein weiterer Jude, der eigentlich Julius Ginsberg hieß) und Emmanuel Larsen (vom Außenministerium). Als die *Amerasia-Akte* freigegeben wurde, umfasste sie mehr als zwölftausend Seiten. Im Juni verhaftete das FBI John Service und andere Beamte des Außenministeriums unter dem Vorwurf der Spionage, aber Lauchlin Currie sorgte dafür, dass er letztlich nicht angeklagt wurde.

Am 24. April 1945 wies Mao Tse-tung in einem Bericht an den Siebten Nationalkongress der Kommunistischen Partei Chinas auf die Notwendigkeit hin, die japanischen Aggressoren nach außen und die Kuomintang nach innen zu beseitigen. Mao wies auf die Wiederaufnahme des Bürgerkriegs hin. Im Folgenden wird näher erläutert, wie es Mao Tse-tung gelang, Chiang Kai-shek zu besiegen und die Volksrepublik China zu proklamieren. Als Auslöser für den Plan kann die oben beschriebene Sabotage der Goldanleihe durch Harry Dexter White und Solomon Adler gelten. 1951 veröffentlichte Freda Utley *The China Story*, in der sie die US-Politik in China seit 1945 analysiert. Sie bezieht sich auf eine Rede, die Colonel L. B. Moody vom Artilleriekorps am 11. April 1950 in Washington hielt. Moody beschuldigte die US-Regierung, Chiang Kai-shek ständig militärische Hilfe verweigert zu haben. Am 16. Juli 1951 veröffentlichte Moody in der Zeitschrift *The Freeman* einen längeren Artikel, in dem er die verdeckten Bemühungen um die Verweigerung der Militärhilfe detailliert darlegte. Im Sommer 1945 inspizierte dieser Armeespezialist einen Überschuss an Munition, die für die KMT (Kuomintang) bestimmt war. Colonel Moody behauptet, dass die Beamten, die mit diesem Material umgingen, alles taten, um sicherzustellen, dass es nicht geliefert wurde. Die Munition von stand unter der Kontrolle der Bundeswirtschaftsverwaltung, der Nachfolgerin der Behörde für wirtschaftliche Kriegsführung. Als der Nachschub an Chiang geliefert werden sollte, schrieb Moody, „tat die FEA alles in ihrer Macht Stehende, um die Lieferung dieses wichtigen Materials zu blockieren oder zu verzögern, wahrscheinlich durch Botschaftsbeamte". Dem Oberst zufolge erhielt Chiang von den 153.000 Tonnen Munition nur zwei Prozent, „der Rest wurde ins Meer gekippt oder anderweitig entsorgt." Von den Deutschen erbeutete Gewehre, die für das Generalsamt bestimmt waren, wurden abgezweigt. „Eine kleine

Lieferung wurde verschickt", notiert Moody, „aber das Projekt wurde auf Befehl aus Washington abgebrochen."

Im Herbst 1945 wurde John Carter Vincent zum Direktor des Büros für fernöstliche Angelegenheiten ernannt. Dieser Diplomat sollte, wie zuvor John Stewart Service, eine entscheidende Rolle spielen. Gleichzeitig mit seiner Ernennung trat Patrick Hurley, der amerikanische Botschafter in China, zurück, der seit der Service-Episode zu einem Hindernis für die Pläne geworden war, Chiang zu untergraben und die Kommunisten zu begünstigen. Pat Hurley begann zu erkennen, dass mehr Beamte des Auswärtigen Dienstes in die Strategie verwickelt waren, aber seine Kommentare wurden als Tiraden angesehen und er selbst wurde als Angeber und Wichtigtuer abgestempelt. Da er es nicht gewohnt war, schlecht behandelt zu werden, und sich einer offensichtlichen Kampagne zur Diskreditierung seiner Person gegenübersah, trat Botschafter Hurley Ende November 1945 zurück. Sein Nachfolger wurde der berühmte General George Marshall, der Mann, der am 6. Dezember 1941 plötzlich sein Gedächtnis verlor und nicht mehr wusste, wo er in den zwölf Stunden vor dem japanischen Angriff auf Pearl Harbour gewesen war.

Es sei darauf hingewiesen, dass Stalin in Jalta zugesagt hatte, Japan drei Monate nach der Niederlage Deutschlands den Krieg zu erklären. Dies war im Grunde ein nettes Geschenk von Roosevelt, denn es war eine Einladung an die Sowjets, in der Mandschurei Fuß zu fassen, deren Häfen und Eisenbahnlinien von entscheidender Bedeutung waren. Nach dem Abwurf der Atombombe auf Hiroshima befahl Moskau den Beginn der Operation in Mandschukuo (Mandschurei), dem Satellitenstaat Japans. Es war ein Blitzkrieg nach deutschem Vorbild, in dem die Sowjetarmee innerhalb von drei Wochen einen ihrer glänzendsten Siege errang. Die Übergabe der Mandschurei an Stalin diente logischerweise der Errichtung des Kommunismus in China.

Es gibt unterschiedliche Interpretationen darüber, was nach der japanischen Niederlage geschah. Da die Kuomintang keine Truppen in der Mandschurei hatte, waren 50.000 US-Marines in China gelandet und amerikanische Flugzeuge flogen die Soldaten von Chiang Kai-shek in die Mandschurei, um an der Kapitulation der Japaner teilzunehmen, die sich den Sowjets ergeben hatten. Dann wurde erneut deutlich, dass Mao nicht Moskaus Mann war, denn Stalin, der bei der Besetzung halb Europas rücksichtslos vorgegangen war, stimmte zu, die wichtige Industriezone der Mandschurei an Chiang Kai-shek zu übergeben, und erlaubte der Kuomintang, die wichtigsten Städte in Nordchina zu besetzen. Hätte er Mao Tse-tung vertraut, hätte er wohl nie so gehandelt.

Im November 1945 konnte das FBI durch die Aussagen von Elisabeth Bentley und Whittaker Chambers feststellen, dass sich die Parallelen überraschenderweise verdichteten: Alle Spionagenetze, gegen die sie ermittelten, schienen miteinander verbunden zu sein. Am 27. November legte das FBI Präsident Truman ein neues 50-seitiges Memorandum über die sowjetische Spionage in den Vereinigten Staaten vor, das Informationen über COMRAP („Comintern Apparatus"), CINRAD („Communist Infiltration of the Radiation Laboratory") und *Amerasia* zusammenfasste. Dieser Bericht wurde

Jahre später berühmt, als Richard Nixon ihn auszugsweise vor den Untersuchungsausschüssen verlas. Unter den Namen, die in diesem Überblick über die kommunistische Infiltration auftauchten, waren: Oppenheimer, Silvermaster, Hiss, Currie, Bransten, Kheifitz, White, Service, Adler, Glasser... neben anderen, weniger relevanten.

Am 20. Dezember 1945 traf General Marshall in China ein, angeblich in der Mission, Mao und Chiang zur Bildung einer Einheitsregierung zu bewegen, und wurde dort von General Wedemeyer empfangen. Im September 1945 hatte der amerikanische Botschafter, Patrick Hurley, ein erstes Treffen zwischen Mao Tse-tung und Chiang Kai-shek vermittelt. Kampf oder Koalition waren also die beiden einzigen Optionen, als die Japaner kapitulierten. Bis dahin hatte sich jedoch alles zu Gunsten der Kommunisten verändert: 1937 hatte die KPCh vierzigtausend Mitglieder, 1945 waren es anderthalb Millionen. Die Zahl der regulären Soldaten war von achtzigtausend auf mehr als neunhunderttausend gestiegen. 1937 beherrschten die chinesischen Kommunisten ein Gebiet von 12.000 Quadratkilometern mit zwei Millionen Einwohnern; 1945 war ihr Herrschaftsgebiet mit mehr als 95 Millionen Einwohnern zehnmal größer. Dennoch war Chiang Kai-shek überzeugt, dass er den Kommunismus mit Hilfe seiner amerikanischen Verbündeten besiegen konnte. Die Drohung, Chiang Kai-shek die Hilfe zu entziehen, wenn er sich nicht mit den Kommunisten verbündet, kam jedoch Mao in die Hände, der, um zu verhindern, dass Chiang von seinen vermeintlichen amerikanischen Verbündeten unterstützt wird, nur noch die Bildung der Einheitsregierung verhindern musste.

General Marshalls wichtigster Mentor in China war John Carter Vincent, ein Diplomat, der ein ins Außenministerium eingeschleuster IPR-Führer, ein Kollege von Owen Lattimore und ein enger Verbündeter von John Stewart Service und Lauchlin Currie war. Im November 1945, bevor Marshall nach China reiste, legte Vincent ihm ein Memorandum zur Lage vor, das ihm zusammen mit zwei weiteren, von Truman selbst unterzeichneten Berichten als Leitfaden diente. Es ging um die Annahme des Abkommens mit „den so genannten Kommunisten" (Vincents Formulierung) durch Chiang Kai-shek. Von Anfang an war klar, dass die Vereinigten Staaten ihre Hilfe für den Generalissimus aussetzen würden, wenn Chiang das Abkommen nicht akzeptierte: „Ein durch einen Bürgerkrieg zerrüttetes China", so Truman in einem Schreiben, „kann realistischerweise nicht als geeigneter Ort für amerikanische Hilfe angesehen werden". Zu allem Überfluss gehörte Solomon Adler zu Marshalls wichtigsten Wirtschafts- und Finanzberatern. Trumans Haltung im Fall Dexter White wiederholte sich bei Solomon Adler, der 1944 Vertreter des Finanzministeriums in China gewesen war. Das FBI wusste, dass Adler in Chungking mit Chi Chao-ting und John Stewart Service im selben Haus gewohnt hatte. Trotz der wiederholten Berichte von Edgar Hoover, dass er ein kommunistischer Agent sei, behielt Präsident Truman ihn nicht nur im Finanzministerium, sondern beförderte ihn, erhöhte sein Gehalt und ernannte ihn in Schlüsselpositionen. Im Jahr 1946 war er Berater von General Marshall. Im Jahr 1947 wurde er damit beauftragt, General Wedemeyer mit Hintergrundinformationen über China zu versorgen. Von Dezember 1947 bis

Februar 1948 erörterte er mit dem Außenministerium Fragen der technischen und finanziellen Hilfe für Chiang Kai-shek. Da er ein Handlanger der internationalen kommunistischen Verschwörung war, um Chiang zu strangulieren, riet er natürlich dazu, die Hilfe für die chinesischen Nationalisten einzustellen.

Erst im Mai 1950, nachdem Senator Joseph McCarthy auf den Plan getreten war, hielt es Solomon Adler, der seine Mission erfüllt hatte, für klug, das Finanzministerium zu verlassen und nach England zu reisen, von wo aus er nach China floh, um für das kommunistische Regime zu arbeiten, das er mit aufgebaut hatte. Service, Vincent, Adler, Currie und Lattimore waren nur die Spitze des Eisbergs. Stanton Evans zitiert den Historiker Maochun Yu, der auf der Grundlage seines Studiums chinesischer Quellen schreibt: „Als George Marshall in China war, war die kommunistische Durchdringung der amerikanischen Medien weit verbreitet. Viele chinesische Schreibkräfte und Dolmetscher, die vom OSS und OWI (Office of War Information) beschäftigt wurden, waren Geheimagenten, die für Yenan arbeiteten. Wie aus kürzlich in China veröffentlichtem Material hervorgeht, stahlen sie Dokumente, organisierten geheime Aktivitäten, lieferten falsche Daten und versorgten amerikanische Geheimdienste in China mit gefälschten Informationen."

Dennoch gewinnen die Nationalisten der KMT in den ersten Monaten des Jahres 1946 den Krieg und verstehen nicht, warum die Amerikaner versuchen, sie zu einem Pakt mit den Kommunisten zu zwingen, anstatt ihnen zu helfen, sie zu besiegen. In der Tat war Marshalls erste Entscheidung, um einen Waffenstillstand zu bitten, den die Kommunisten logischerweise akzeptierten, da sie verloren. Ein anderer von Stanton Evans zitierter chinesischer Autor, der Kommunist Jung Chang, schreibt in einem Text mit dem Titel „Saved by Washington" Folgendes:

> „Marshall sollte Mao einen monumentalen Dienst erweisen. Als Mao im späten Frühjahr 1946 mit dem Rücken zur Wand stand, was man als sein Dünkirchen bezeichnen kann, übte Marshall starken und entscheidenden Druck auf Chiang aus, die Verfolgung der Kommunisten in der Nordmandschurei zu beenden.... Marshalls „Diktat" war wahrscheinlich die wichtigste Entscheidung, die den Ausgang des Bürgerkriegs beeinflusste. Rote, die diese Zeit miterlebt haben, von Biao bis zu pensionierten Armeeangehörigen, sagen privat, dass der Waffenstillstand ein fataler Fehler Chiangs war."

Im Juli 1946 trat Marshall auf das Gaspedal, um das ihm gesetzte Ziel zu erreichen. Der General warnte Chiang, dass seine Befehle darin bestünden, „Frieden und Einheit" zu erreichen, und dass er die Hilfe für die KMT aussetzen müsse, wenn die Kämpfe nicht aufhörten. Unbeeindruckt davon, dass niemand Druck auf die Kommunisten ausübte, wurde die gesamte Verantwortung für die Fortsetzung des Bürgerkriegs auf die nationalistische Seite geschoben. Joe McCarthy würde sich 1951 auf diese Momente beziehen. Nach Ansicht des Senators hatte General Wedemeyer einen vernünftigen und intelligenten Plan ausgearbeitet, der China als wertvollen Verbündeten erhalten hätte, aber er wurde sabotiert, was McCarthy als Hochverrat ansah. In einer Rede am 14. März

1951 erklärte er, dass der inzwischen kranke und geschwächte General Marshall in Wirklichkeit von den Verschwörern getäuscht worden sei:

> „Als Marshall mit geheimen Befehlen des Außenministeriums nach China geschickt wurde, waren die Kommunisten in zwei Gebieten eingeschlossen und kämpften auf verlorenem Posten; aber aufgrund dieser Befehle änderte sich die Situation radikal zugunsten der Kommunisten. In Ausführung dieser Befehle beschlagnahmte Marshall, wie wir wissen, alle Waffen und Munition unserer Verbündeten in China. Er erzwang die Einreise in die Mandschurei durch das von den Nationalisten kontrollierte Kalgan-Gebirge, um den Kommunisten Zugang zu den von den Japanern erbeuteten Ausrüstungen und riesigen Waffenmengen zu verschaffen. Es ist nicht nötig, dem Land zu erklären, wie Marshall versuchte, Chiang Kai-shek zu zwingen, eine Koalitionsregierung mit den Kommunisten zu bilden.

Das Waffenembargo begann im Sommer 1946 und war entscheidend. Es hinderte die Nationalisten nicht nur daran, Waffen und Munition zu kaufen, sondern auch daran, die bereits gekauften Lieferungen zu erhalten. Um die Blockade vollständig zu machen, wurde das Embargo mit den Briten koordiniert, die für die Nationalisten die wahrscheinlichste Alternative darstellten. Diese Politik wurde bis zum Frühsommer 1947 fortgesetzt, auch wenn sie in den folgenden Monaten mit klandestinen Methoden fortgesetzt wurde. Freda Utley erklärt in *The China Story*, dass Chiang Kai-shek ein Jahr lang versuchte, eine Aufhebung des Embargos zu erreichen, um Munition zu kaufen, die an niemanden sonst verkauft werden konnte, da sie während des Zweiten Weltkriegs nach zuvor vereinbarten Anforderungen hergestellt worden war. Dem Autor zufolge gestattete das Außenministerium der chinesischen Regierung zunächst den Kauf von Munition im Wert von drei Wochen, und ein weiterer kleiner Zuschuss wurde den Nationalisten gewährt, als 1947 die US-Marines, die China verließen, angewiesen wurden, Munition im Kaliber 30 mm für sechs Tage zurückzulassen. Freda Utley zitiert wiederum Colonel Moody, der schätzte, dass die Munition der nationalistischen Regierung im Dezember 1947 für etwas mehr als einen Monat reichte.

Anfang 1948 veranlasste die Besorgnis über die Geschehnisse in China den US-Kongress, auf eine Wirtschaftshilfe in Höhe von 125 Millionen Dollar zu drängen, die die militärische Notlage von Chiang Kai-shek lindern sollte. Wiederum gelang es Agenten der Verschwörung, im Verborgenen zu manövrieren, um die Hilfe zu verzögern. Am 5. April stellte der chinesische Botschafter in Washington das erste Ersuchen um Einhaltung des vom Kongress verabschiedeten Gesetzes. Zwei Monate lang baten die Chinesen vergeblich darum, ihre Lieferaufträge mit den dafür vorgesehenen Mitteln erteilen zu dürfen. Die gewünschte Munition konnte nur aus den „Beständen" der Regierung beschafft werden, doch Truman genehmigte zunächst nur kommerzielle Transaktionen. General Claire Chennault, langjähriger Befehlshaber der Luftwaffe in China, sagte aus, dass eine erste Lieferung im April genehmigt wurde, aber erst im Dezember Shanghai erreichte. Admiral Oscar Badger, der im Sommer 1948 zu einer Gruppe amerikanischer Beobachter in Nordchina gehörte, bestätigte die Aussage von General Chennault. Die KMT-

Truppen wussten, dass der Kongress die Hilfe bewilligt hatte, und warteten sehnsüchtig darauf, damit sie in entscheidende Kämpfe eingreifen konnten. Leider verzögerte sich nicht nur die Lieferung, sondern es kamen auch nur zehn Prozent der erwarteten Menge an. Admiral Badger fügte hinzu, dass das gelieferte Material zudem in vielerlei Hinsicht mangelhaft war. Für die KMT-Truppen", so Badger, „war dies der Tropfen, der das Fass zum Überlaufen brachte.

Anfang 1949 kam es zu der entscheidenden Episode, die bewies, dass Großmeister Truman voll in das Verschwörungsspiel verwickelt war. Präsident Truman, Dean Acheson, ein Mitglied des neu ernannten Außenministers des CFR (Council on Foreign Relations), und andere hochrangige Persönlichkeiten in der Regierung beschlossen trotz der Zustimmung des Kongresses, jegliche Militärhilfe für Chiang Kai-shek auszusetzen. Sie begründeten diesen Schritt damit, dass die Sache der KMT bereits verloren sei. Als der republikanische Senator Arthur Vandenberg erfuhr, was beabsichtigt war, drohte er damit, dies öffentlich anzuprangern. Um eine Debatte zu vermeiden, hob Truman den Befehl auf; aber Acheson, so berichtet Stanton Evans, wies seine Untergebenen im Außenministerium an: „Es ist wünschenswert, dass die Lieferungen verzögert werden, wann immer es möglich ist, und dass dies ohne formellen Befehl geschieht".

Am Ende trugen alle Maßnahmen und Tricks zur Niederlage von Chiangs nationalistischer Regierung Früchte, und die KMT-Truppen waren gezwungen, das Festland zu verlassen und auf Formosa zu landen. Doch anstatt den Kampf gegen ihn zu beenden, war Acheson entschlossen, den Generalissimus zu verfolgen, um ihn endgültig zu liquidieren. Unmittelbar nach der Machtübernahme durch die Kommunisten von Mao Tse-tung im Oktober 1949 fand im Außenministerium eine Konferenz statt, auf der Philip Jessup, Mitglied des IPR-Regierungsrats und ebenfalls Mitglied des CFR, als Hauptredner auftrat. Es wurde beschlossen, dass der Fall Chinas nicht das Ende des Prozesses sei, sondern nur der Anfang. Man war sich einig, dass weitere kommunistische Vorstöße in der Region zu erwarten seien und die empfohlene Politik für die Vereinigten Staaten darin bestehe, ihnen tatenlos zuzusehen. Konkret empfahlen die „Asienexperten", Maos Kommunisten in Formosa einmarschieren zu lassen. Mitte November riet Acheson Truman, das neue Regime in Peking anzuerkennen und sich vollständig von Chiang Kai-shek auf Formosa zu distanzieren. Diese politischen Direktiven waren öffentlich, aber andere Anti-Chiang-Manöver wurden erst Jahrzehnte später bekannt. So gab es im Außenministerium eine Reihe von Plänen, um Maos Arbeit zu erledigen und Chiang aus Formosa zu vertreiben: Es wurde eine militärische Intervention erwogen und sogar ein Staatsstreich gegen den Generalissimus in Betracht gezogen.

Stanton Evans enthüllt in *Blacklisted by History*, dass diese geheimen Machenschaften gegen den antikommunistischen Führer nicht neu waren und dass es bereits während des Zweiten Weltkriegs Pläne gab, ihn zu beseitigen. Er verweist insbesondere auf General Joseph Stilwell, der den Spitznamen „Vinegar Joe" trug, als zentrale Figur. Stilwell, der von keinem Geringeren als

John Service unterstützt wurde, gehörte während des Zweiten Weltkriegs zum Generalstab von Chiank Kai-shek. Nach Angaben von Vinegar Joes Adjutanten Frank Dorn beauftragte der General ihn 1944 mit der Ausarbeitung eines Plans, um Chiang durch ein Attentat von der Bildfläche zu entfernen. Dorn schrieb, General Stilwell habe ihm gesagt, dass „The Big Boy (Roosevelt) die Nase voll von Chiang und seinen Wutausbrüchen hatte". Frank Dorn spekuliert, dass die Idee von Harry Hopkins gekommen sein könnte. Stanton Evans schreibt, dass der gesamte Plan in Frage gestellt werden könnte, wenn er nicht 1985 von Eric Saul, dem Archivar der OSS, bestätigt worden wäre. Eric Saul zufolge gibt es in den Archiven dieser Einheit (die vor der CIA bestand) Aufzeichnungen über den Plan, der jedoch nicht ausgeführt wurde, weil der Befehl nicht eintraf.

Was den Plan anbelangt, Chiang durch einen Staatsstreich in Formosa abzusetzen, so gibt es schriftliche Berichte im Außenministerium, die dies bestätigen: Der Kandidat für die Führung des Staatsstreichs war ein KMT-Dissident, ein General namens Sun Li-jen. Mitte Januar 1950 erklärte Acheson, dass weder Formosa noch Korea in seinen Verteidigungsplänen vorkämen. Ebenfalls zu Beginn des Jahres bereiste Philip Jessup Asien, um genaue Informationen zu sammeln. Er war in Tokio und auch in Taipeh. Nach seiner Rückkehr berichtete er über seinen Besuch bei Chiang. Seine Worte sind in den *Foreign Relations of the United States* wiedergegeben: „Das Haus des Generalissimus liegt hoch oben in den Bergen, etwa zwanzig Autominuten vom Zentrum Taipehs entfernt. Es gab einen Wachposten mit einer Wache an einer der vielen Kurven der Bergstraße, und wir sahen ein paar Soldaten in der Nähe, aber keine große militärische Präsenz". Zweifellos waren diese Beobachtungen äußerst nützlich, wenn man Chiang durch eine Kommandoaktion aus dem Weg räumen wollte.

Alles, was bisher gesagt wurde, bestätigt die Existenz der von Senator Joseph McCarthy angeprangerten „großen Verschwörung". Zwischen 1945 und 1950 gelang es einer Reihe von Agenten, die den Interessen der Finanziers des internationalen Kommunismus dienen, China an Mao Tse-tung zu übergeben. Wäre 1945 gegen sie vorgegangen worden, wie es die Berichte des FBI von John Edgar Hoover nahelegten, hätte die Katastrophe in China wahrscheinlich vermieden werden können. Die Tatsache, dass Solomon Adler 1946 zusammen mit General Marshall nach China geschickt wurde, anstatt ihn aus dem Weg zu räumen, ist eine entscheidende Episode. Entscheidend war auch Chi Chao-tings Rolle als maoistischer Agent, der die KMT (Kuomintang) bis zu seinem Sturz 1949 infiltrierte. Wie Solomon Adler floh auch Chi nach Beendigung seiner Mission nach Peking. Lauchlin Currie ist die dritte Figur, die 1945 hätte enttarnt werden sollen, es aber nicht wurde. Elisabeth Bentleys Aussagen, die durch die Venona-Dokumente bestätigt werden, stellen Currie in den Kreis der Silvermaster und machen deutlich, dass er einer der wichtigsten kommunistischen Agenten innerhalb der Regierung war, da sein China-Ressort und sein Einfluss im Weißen Haus von größter Bedeutung waren. Zu diesen drei Hauptakteuren zählte Senator McCarthy 1950 mehr als ein Dutzend weiterer wichtiger Namen, die auf der Gehaltsliste der Bundesregierung standen und eng mit ihnen zusammenarbeiteten, um den Kommunismus in China zu etablieren.

Der *Amerasia-Fall*, obwohl er aus der Roosevelt-Ära stammte, war derjenige, der Truman am meisten kompromittierte und bloßstellte, da sich alles vor seiner Nase und mit seiner Zustimmung abspielte. *Amerasia* war eine Monatszeitschrift, die mit der IPR verbunden war und 1937 von Philip Jaffe und Frederick Vanderbilt Field gegründet wurde. Sie enthielt einschlägige Analysen und Informationen über die Lage in Asien und Amerika. In den frühen 1950er Jahren wurde dank der Beharrlichkeit von Senator McCarthy die Untersuchung der Spionage und der Weitergabe von Geheimdokumenten verschiedener Regierungsstellen, insbesondere des Außenministeriums, an *Amerika* vertieft. Erst viel später, im Jahr 1970, veröffentlichte der Unterausschuss für innere Sicherheit des Senats einen zweibändigen Bericht mit dem Titel *The Amerasia Papers: A Clue to the Catastrophe of China*. M. Stanton Evans beginnt Kapitel 28 seines wertvollen Buches über Joseph McCarthy mit diesen Worten über die Bedeutung der von dem Senator aus Wisconsin geführten Untersuchung:

> „Hätte McCarthy während seiner turbulenten Zeit im Senat nichts anderes getan, so würde seine Rolle bei der Aufdeckung des *Amerasia-Skandals* den Beifall einer dankbaren Nation verdienen. Das lag nicht nur an der eigentlichen Bedeutung des Falles, sondern auch daran, dass er das Tor zu anderen undenkbaren Enthüllungen aus den dunkelsten Nischen des Kalten Krieges war. Und es sollte kein Zweifel daran bestehen, dass es McCarthy war, der die Last trug - er hämmerte unablässig auf den Fall ein, grub Sicherheitsberichte über den Dienst aus und übte Druck auf die Leute *von Amerasia* und ihre Komplizen aus. Hoover und seine Agenten kannten die Fakten - sie wussten weit mehr als McCarthy - aber sie mussten ihren Kampf hinter den Kulissen führen, in einem geheimen Krieg der Kampfberichte. Diese internen Bemühungen reichten nicht aus, um zu verhindern, dass das Tydings-Komitee (gegen McCarthy) und das Justizministerium von Truman mit einer falschen Version der Geschichte hausieren gingen. McCarthy war es, der den Zorn der Öffentlichkeit erregte und für den nötigen Aufschrei sorgte, damit die mit dem Fall verbundenen Sicherheitsprobleme aufgedeckt und angemessen behoben werden konnten.
> Es ging nicht nur um Service-Jaffe und die Dokumente, die zwischen ihnen ausgetauscht wurden, oder gar um die schmutzige Liste der von den Technikern *von Amerasia* begangenen Bundesverbrechen. Die tiefere Bedeutung des Falles lag in all den Hintergründen, die erst aufgedeckt werden mussten, um an die Öffentlichkeit zu gelangen. Mit der Verfolgung von *Service/Amerasia* zog McCarthy die sichtbaren Fäden eines riesigen Netzes - das viel länger war, als wir wussten -, das sich über die gesamte Bundesregierung erstreckte und größere Ziele verfolgte als die Papiere, die Jaffe erreichten, so wichtig diese Papiere auch waren."

Es dauerte auch bis 1950, bis Joe McCarthy vor dem Senat die Rolle des IPR beim Fall Chinas anprangerte. Als eine so angesehene Einrichtung von Senator McCarthy angegriffen wurde, waren seine Gegner schockiert. Senator Clinton Anderson fragte ungläubig: „Will Senator McCarthy den Eindruck erwecken, dass das Institut für Pazifische Beziehungen in den Jahren 1935 und 1936 unter kommunistischer Kontrolle stand?" Obwohl das IPR erst in den 1950er Jahren öffentlich enttarnt wurde, wusste das FBI bereits 1945, dass die *Amerasia-Gruppe* Hand in Hand mit dem IPR arbeitete, das ihr als Tarnung diente. Am 6. Juni 1945 durchsuchten Edgar Hoovers Agenten mit Genehmigung des Generalstaatsanwalts, der die Untersuchung angeordnet hatte, das Hauptquartier *von Amerasia* und fanden fast achthundert als „streng geheim" gekennzeichnete Dokumente, die aus den Regierungsakten von gestohlen worden waren. In seinen frühen Reden vor dem Senat wies McCarthy darauf hin, dass prominente IPR-Mitglieder mit *Amerasia* verbunden waren, und brachte sie mit der unheilvollen US-Politik in China in Verbindung.

Bei den Nachforschungen über die IPR stieß man auf die prominente Figur Edward C. Carter, einen ehemaligen Funktionär der YMCA (Young Men's Christian Association), einer Vereinigung, die sich um die Verbreitung christlicher Werte bemühte, die offensichtlich im Gegensatz zum kommunistischen Atheismus stehen. Carter, der der IPR seit ihrer Gründung 1925 angehörte, war von 1933 bis 1946 Generalsekretär der Organisation und von 1946 bis 1948 ihr Vizepräsident. Nachdem er Gegenstand von McCarthys Ermittlungen geworden war, stellte sich heraus, dass Frederick Vanderbilt Field und Joseph Barnes seine engsten Mitarbeiter wurden. Bald wurde er von Owen Lattimore unterstützt, der die Redaktion des IPR-Flaggschiffs *Pacific Affairs* übernahm. Trotz seiner angeblich christlichen Wurzeln war Carter für seine Verdienste um den Kommunismus bekannt, eine Ideologie, die sich gegen das Christentum richtete, wo immer es Fuß fasste. Nach Angaben des kommunistischen *Daily Worker* war Carter während des Krieges Vorsitzender des National Committee for Medical Aid to the USSR; nach Angaben des FBI war er Vorsitzender des Russian War Relief Fund und Vorsitzender des Board of Directors des Russian-American Institute, einer Organisation, die vom US Attorney General's Office als subversiv eingestuft wurde. Louis Budenz, Herausgeber des *Daily Worker*, sagte vor Untersuchungsausschüssen aus, dass Carter Mitglied der Kommunistischen Partei war.

Im Jahr 1951 beschlagnahmte der Senatsunterausschuss für innere Sicherheit (SISS) unter dem Vorsitz von Pat McCarran die IPR-Akten dank der Nachforschungen von Senator McCarthy, der herausfand, dass sich die Akten auf einer Farm von Edward Carter in Neuengland befanden. Zu diesen Unterlagen gehörten der Schriftverkehr zwischen hochrangigen IPR-Beamten und Mitgliedern der Verwaltung sowie Memoranden, Sitzungsprotokolle und Berichte über Vereinbarungen mit Regierungsvertretern. Die Zwischenergebnisse des SISS ergaben, dass sowohl die Kommunistische Partei der USA als auch sowjetische Beamte das IPR als Instrument der kommunistischen Politik, der Propaganda und des militärischen Nachrichtendienstes betrachteten, das dazu diente, die US-Politik im Fernen Osten zugunsten kommunistischer Ziele zu lenken.

Senator McCarthy wies auf die führende Rolle hin, die Owen Lattimore, ein Mitglied des CFR und des IPR-Rates, bei der Zerstörung der nationalistischen Sache von Chiang Kai-shek und der Stärkung der Kommunisten von Yenan spielte. Joe McCarthy behauptete, dass Lattimore ein Büro im Außenministerium hatte, das ihm Zugang zu den höchsten Ebenen der Exekutive verschaffte. In den FBI-Akten, in denen Lattimore seit Mai 1941 als Kommunist geführt wurde, wurden die Thesen des Senators aus Wisconsin voll bestätigt. Die meisten Einträge im „Bureau"-Register trugen den Vermerk „Owen Lattimore, Espionage-R". Das „R" in der Überschrift stand für „Russisch". 1948 befragten Edgar Hoovers Leute Alexander Barmin, einen ehemaligen sowjetischen Geheimdienstoffizier, der ihnen mitteilte, dass General Berzin, Leiter des militärischen Geheimdienstes (GRU), der 1938 nach seiner Zeit in Spanien gesäubert worden war, ihm gesagt hatte, dass Owen Lattimore ein sowjetischer Agent sei, der beauftragt worden war, eine kommerzielle Tarnung für sowjetische Spionage in China aufzubauen. Alexander Barmins Aussage, die von M. Stanton Evans zitiert wird, liegt dem FBI vor:

> „Der Informant erinnert sich, dass Berzin ihm dann sagte:.... 'Wir haben die Organisation bereits. Berzin erzählte ihm, dass die Organisation 'Institut für pazifische Beziehungen' hieß und die Basis des Netzwerks in China war.... Zu diesem Zeitpunkt erwähnte Berzin die Tatsache, dass die beiden vielversprechendsten und klügsten Männer, die der sowjetische Militärgeheimdienst im IPR hatte, Owen Lattimore und Joseph Barnes waren."

Philip Jessup, einer der prominentesten prokommunistischen Vertreter des IPR, dessen Untersuchungsausschuss er leitete, wurde ebenfalls von Senator McCarthy angeklagt. Auf Veranlassung von Außenminister Acheson organisierte und leitete Jessup eine Konferenz von Fernost-Experten, auf der der weitere Kurs der US-Politik nach dem Debakel in China erörtert werden sollte. Monate zuvor, im März 1949, war er zu einer wichtigen Figur im Außenministerium geworden, nachdem er zum Sonderbotschafter ernannt worden war. Jessup, dem Dean Acheson die Leitung der Chinapolitik anvertraut hatte, führte den Vorsitz des Ausschusses, der das im August 1949 vorgelegte „Weißbuch" ausarbeitete. Darin wuschen die Vereinigten Staaten ihre Hände in Unschuld, verzichteten auf die Verteidigung der Freiheit des chinesischen Volkes und erklärten die Kommunisten zu den Siegern des Bürgerkriegs. Als das Weißbuch veröffentlicht wurde, waren die Kämpfe noch im Gange und die Truppen von Chiang Kai-shek kontrollierten immer noch den Süden Chinas, so dass Louis A. Johnson, der Verteidigungsminister, der am 28. März 1949 den „selbstmörderischen" James Forrestal abgelöst hatte, und General Claire Chennault argumentierten, dass das Dokument ein endgültiger Schlag gegen die Nationalisten sein würde, und darum baten, es nicht zu veröffentlichen.

General Albert C. Wedemeyer, der letzte amerikanische Oberbefehlshaber auf dem chinesischen Kriegsschauplatz, gesteht in *Wedemeyers Berichten*, dass er Generalissimo Chiang Kai-shek zugesichert hatte, sein Land werde den chinesischen Nationalisten nach dem Krieg bei der Einführung einer demokratischen Regierungsform helfen. Der US-Botschafter in China, John Leighton Stuart, schrieb am 17. März 1948, dass alle Gruppen in ihrer Verzweiflung Amerika die Schuld dafür gaben, dass es stur strukturelle Veränderungen und Reformen forderte, anstatt die versprochene Hilfe zu leisten, von der „das Überleben der demokratischen Institutionen abhing". Freda Utley gibt einige Worte des Botschafters vom 31. März 1948 wieder: „Die Chinesen wollen keine Kommunisten werden; aber sie sehen die Flut des Kommunismus unaufhaltsam voranschreiten. Inmitten dieses Chaos und dieser Lähmung erweist sich der Generalissimo als die einzige moralische Kraft, die in der Lage ist zu handeln". Leighton Stuart warnte wiederholt vor der Panik des chinesischen Volkes, einer kommunistischen Diktatur ausgeliefert zu werden, wie sie die Russen erlitten hatten: „Wir würden daher empfehlen", schrieb er am 10. August 1948, „dass die amerikanischen Bemühungen darauf gerichtet werden, die Bildung einer Koalitionsregierung zu verhindern, und dass unsere besten Mittel zu diesem Zweck eingesetzt werden und, wenn möglich, die Hilfe für die gegenwärtige Regierung erhöht wird." In seinem Buch *Fifty Years in China* (1955) prangerte John Leighton Stuart die Verantwortung des Außenministeriums für die „große Katastrophe" an und lehnte das Weißbuch als historisch wertlos ab, da es die Realität verzerrte. Auch Kenneth Colegrove, Professor für Politikwissenschaft an der Northwestern University, fand harsche Worte für Dean Acheson und sein Weißbuch: „eines der falschesten Dokumente, die je von einem Land veröffentlicht wurden".

Über die Verbrechen und Gräueltaten des Kommunismus in China könnte man lange schreiben, denn sie sind beispiellos. Robert Conquest, der britische Sowjetologe, der in diesem Buch immer wieder zitiert wird, beziffert die menschlichen Kosten des Kommunismus in Russland auf 35 bis 45 Millionen Menschenleben, eine Schätzung, die von den Autoren des *Schwarzbuchs des Kommunismus* mit 20 Millionen angegeben wird. Trotz dieser Größenordnung werden diese Zahlen in China verdoppelt oder verdreifacht. Professor Richard L. Walker von der University of South Carolina schätzt die Zahl der Opfer des Regimes von Mao Tse-tung auf 64 Millionen. In diesem Fall deckt sich die Zahl mit der im *Schwarzbuch* angegebenen Zahl von 65 Millionen. Es genügt, sich vor Augen zu führen, dass allein während der Kampagne des Großen Sprungs nach vorn zwischen 1958 und 1961 in China eine Hungersnot herrschte, die zwischen 18 und 32,5 Millionen Tote forderte. Die Kommunistische Partei unter der Führung von Mao Tse-tung leitete eine soziale, wirtschaftliche und politische Kampagne ein, um das Land durch Kollektivierung der Landwirtschaft und Industrialisierung in eine sozialistische Gesellschaft umzuwandeln. Private landwirtschaftliche Betriebe wurden verboten, und wie in Russland wurden diejenigen, die sich ihnen widersetzten, als Konterrevolutionäre betrachtet. Der Große Sprung nach vorn wurde zu einer beispiellosen Katastrophe, der Dutzende von Millionen Menschen zum Opfer fielen. Der niederländische Historiker Frank Dikötter vertritt die Ansicht, dass die Grundlage der Kampagne Gewalt und Terror waren, die zum größten Massensterben der Geschichte führten. Die Kulturrevolution sollte folgen. Zeng Yi, ein chinesischer Dissidentenschriftsteller, erklärt in seinem Buch *Scarlet Memorial: Tales of Cannibalism in Modern China* (1996), dass die chinesische kommunistische Führung in den Jahren der Kulturrevolution die Massen anwies, ihr Klassenbewusstsein zu demonstrieren, indem sie die Organe und das Fleisch ihrer Feinde aßen. Dem großen Schriftsteller Lu Xun zufolge war der Kannibalismus jedoch eine der schlimmsten Praktiken der chinesischen Zivilisation. Der Illuminaten-Banker David Rockefeller, dessen Clan seit dem späten 19. Jahrhundert mit den Rothschilds und anderen jüdischen Bankiers in der kommunistischen Verschwörung zusammenarbeitete, in einer am 10. August

1973 in der *New York Times* veröffentlichten Erklärung Maos Terrorregime als „eines der wichtigsten und erfolgreichsten in der Geschichte der Menschheit".

Und mehr vom Gleichen in Korea

Entgegen Stalins Vorhersagen und Wünschen hatte Mao Tse-tung den Bürgerkrieg in China, den längsten der modernen Geschichte, gewonnen. Bis 1948 hatte Moskau diplomatische Beziehungen und Kooperationsabkommen nur mit dem China von Chiang Kai-shek unterhalten, so dass die KPCh nicht von der UdSSR, sondern von ihren amerikanischen Freunden unterstützt wurde. Stalins Agenten innerhalb der chinesischen Kommunisten meldeten antisowjetische Tendenzen unter den Maoisten, und Stalin hatte keinerlei Kontrolle über das Geschehen in China, obwohl natürlich keine der beiden Seiten an einer Spaltung interessiert war. Trotz des gegenseitigen Misstrauens kam Mao Anfang 1950 nach Moskau, um einen chinesisch-sowjetischen Freundschaftsvertrag zu unterzeichnen. In seiner Biographie *Stalin. Breaker of Nations"* schreibt Robert Conquest, dass der chinesische Führer bei diesem Besuch um die Atombombe bat, was Stalin ablehnte. Dennoch erkannte Mao Stalin verbal als Führer des Weltkommunismus an, und laut Conquest denunzierte Stalin als Geste des guten Willens seinen Hauptagenten im Politbüro der KPCh, Kao Kang, Berias Mann, dem Stalin damals zu misstrauen begann, wie wir am Ende des Kapitels sehen werden. Bezeichnenderweise blieb Kao Kang ohne Probleme im Politbüro. In den Dokumenten, die bei Beria nach seiner Verhaftung beschlagnahmt wurden, fanden sich zahlreiche Texte über die „Beziehungen zum Zentralkomitee der Kommunistischen Partei Chinas". Bei den meisten handelte es sich um Berichte, die von Beria selbst verfasst oder von Kao Kang geschickt worden waren, der seine Zusammenarbeit mit Beria im Winter 1940 begonnen hatte und bis zur Verhaftung seines Chefs im Sommer 1953 andauerte. Kao beging offenbar Anfang 1954 Selbstmord, obwohl eine andere Version besagt, dass er verhaftet und erschossen wurde.

Im Januar 1950 verkündete Außenminister Acheson, dass Korea, Formosa und andere Gebiete in der Region nicht mehr innerhalb des amerikanischen Verteidigungsperimeters lägen, was zumindest eine Einladung zur Ausbreitung des Kommunismus darstellte. In Potsdam war vereinbart worden, die koreanische Halbinsel entlang des 38. Breitengrades in zwei Zonen aufzuteilen, wobei der Norden von der Roten Armee und der Süden von den Vereinigten Staaten besetzt wurde. Im Norden hatte sich ein kommunistisches Regime unter der Vormundschaft Moskaus konsolidiert, während im Süden ein antikommunistisches oder kapitalistisches Regime herrschte. Im März 1950 erschien Kim Il Sung, der kommunistische Führer Nordkoreas, der Stalin sehr bewunderte, in Moskau. Sung bat um die Erlaubnis, in die Republik Korea, d. h. in den Süden der Halbinsel, einmarschieren zu dürfen, und bat um Unterstützung für seine Eroberungspläne. Eine Sitzung des Politbüros, an der auch Kim Il Sung teilnahm, wurde einberufen, und der Plan wurde gebilligt.

So überquerten die nordkoreanischen Kommunisten am 25. Juni um 4 Uhr morgens den 38. Breitengrad und begannen den Angriff. Trotz unglaublicher Meinungsverschiedenheiten kam der in Tokio stationierte US-General Douglas MacArthur den Südkoreanern zu Hilfe. MacArthur gelang es, den Überraschungsangriff in den Vororten von Seoul zu stoppen und eine umfassende Gegenoffensive einzuleiten - ein strategisches Manöver, das sein militärisches Genie unter Beweis stellte. Obwohl Truman den amerikanischen Bombern strikt verbot, Ziele in Nordkorea anzugreifen und keine militärischen Aktionen jenseits des 38. Breitengrades vorzunehmen, wurde die nordkoreanische Rote Armee schwer geschlagen und zog sich in Chaos und Unordnung nach Norden zurück. Etwa 150.000 kommunistische Soldaten wurden gefangen genommen. Am 29. September setzte General MacArthur die südkoreanische Regierung in Seoul wieder ein. Am 4. Oktober 1950 beschloss die UN-Vollversammlung, dass die UN-Truppen (Südkoreaner, Amerikaner, Briten und eine neu hinzugekommene türkische Brigade) „ihren Vormarsch nach Norden in einer Polizeiaktion gegen die Aggressoren fortsetzen... um einen einheitlichen koreanischen Staat wiederherzustellen". Am 19. Oktober wurde Pjöngjang, die Hauptstadt Nordkoreas, angegriffen, und Mitte November erreichten die Amerikaner den Yalu-Fluss, die Grenze zwischen Korea und der Mandschurei. Die nordkoreanischen Kommunisten waren besiegt und ihre Armee vernichtet.

Am 19. November begannen Tausende von chinesischen Kommunisten, den Yalu nach Korea zu überqueren. Sobald MacArthur von den massiven Truppenbewegungen in der Mandschurei erfuhr - fast 900.000 Kämpfer wurden mobilisiert - schlug er vor, alle Brücken über den Yalu-Fluss durch intensive Bombardierung aus der Luft zu zerstören, um die Invasion praktisch unmöglich zu machen. Zu seinem Erstaunen erhielt General MacArthur einen Befehl, der ihn daran hinderte, die Brücken zu zerstören und die chinesischen Stützpunkte jenseits des Yalu-Flusses anzugreifen. Der Befehl stammte von dem unaussprechlichen General Marshall, der erst am 21. September 1950 zum Verteidigungsminister ernannt worden war. MacArthur protestierte entrüstet und berichtete, dass die Luftaufklärung gezeigt habe, dass die Invasion vollständig sei. Biographen und Autoren, die über diesen berühmten amerikanischen General geschrieben haben, berichten von zahlreichen wütenden Texten und Aussagen. MacArthur berichtet von einem tödlich verwundeten Geschwaderführer: „Von einem Arm war nur noch ein Stumpf übrig, und sein Mund schäumte vor Blut. Er flüsterte mir ins Ohr: 'Auf wessen Seite stehen Washington und die UN wirklich? Am selben Tag sagte MacArthur zu General Hickey, seinem Stabschef: „Dies ist sicherlich das erste Mal in der Militärgeschichte, dass einem Truppenkommandeur verboten wurde, zur Verteidigung seiner Soldaten und seiner Stellungen von der Waffe Gebrauch zu machen."

Am 28. November flohen die UN-Armeen nach Süden: Die türkische Brigade wurde von der roten Flut verschlungen, die britische Brigade wurde fast vernichtet, und die Amerikaner, die dicht verfolgt wurden, machten den längsten Rückzug ihrer Militärgeschichte. Am 29. November schlug General MacArthur das Eingreifen der nationalistischen chinesischen Streitkräfte vor. Chiang Kai-shek bat von Formosa aus darum, zur Befreiung seines Landes eingreifen zu dürfen, wurde aber daran gehindert, etwas zu unternehmen. Das Wetter erschwerte die Situation zusätzlich, denn Mitte Dezember erschwerten Schneestürme die Fortbewegung und die Temperaturen waren auf minus 35 Grad Celsius gesunken. Einigen amerikanischen Historikern zufolge gab es in der amerikanischen Geschichte keinen frustrierenderen Krieg als den Koreakrieg. General MacArthur durfte dem amerikanischen Volk nicht verkünden, dass sich das Land in einem neuen Krieg befand und dass der Feind Rotchina war. Die Verluste der amerikanischen Soldaten waren hoch, und der Befehlshaber der Achten Armee, Walton Walker, fiel im Kampf. Als die ersten Berichte über die Verluste der Armee das Land erreichten, schrieb der Kongressabgeordnete Joseph W. Martin an MacArthur, um aus erster Hand zu erfahren, warum so viele Soldaten starben, obwohl der Krieg doch angeblich gewonnen war. Am 20. März 1951 schrieb der General aus Tokio an den Kongressabgeordneten und erläuterte offen seine Ansichten. „Es scheint für einige äußerst schwierig zu sein", so MacArthur in einer Passage, „zu verstehen, dass die kommunistischen Verschwörer hier in Asien beschlossen haben, ihre Trümpfe für die weltweite Eroberung auszuspielen....".

Am 6. April 1951 verlas der Kongressabgeordnete Martin während einer Debatte über den Koreakrieg den Brief von General MacArthur vor dem gesamten Repräsentantenhaus in vollem Wortlaut. Am 11. April zwang der erzürnte Truman die Generalstabschefs, MacArthur aus militärischen Gründen des Kommandos zu entheben. In dem Text wurde argumentiert, dass das Vertrauen in seine Strategie verloren gegangen sei. Die Reaktion der Öffentlichkeit und des Kongresses auf die Nachricht von der Entlassung des Generals war überwältigend, und es folgte eine große Kontroverse mit schweren Anschuldigungen gegen Truman, dessen Zustimmungswerte sanken. Nach elf Jahren im Ausland kehrte Douglas MacArthur unverzüglich nach Washington zurück. Am 19. April 1951 trat er zum letzten Mal öffentlich vor dem Kongress auf, wo er eine Abschiedsrede hielt, die dreißig Mal durch stehende Ovationen unterbrochen wurde.

Der Krieg dauerte weitere zwei Jahre und kostete mehr als eine Million Menschen das Leben. Nach Stalins Tod wurde 1953 ein Waffenstillstand unterzeichnet, der die Teilung des Landes in zwei Staaten mit einer Grenze aufrechterhielt, die derjenigen von 1950 sehr ähnlich war, bevor die Nordkoreaner die erste Invasion starteten. Was nie gesagt wurde, war, dass Jessup, Lattimore, Jaffe und andere Strategen des Institute of Pacific Relations, die in das Außenministerium und die Regierung eingeschleust worden waren, ursprünglich vorhatten, dass die gesamte koreanische Halbinsel vom Kommunismus übernommen werden sollte. Dies war im Weißbuch und in der Erklärung von Dean Acheson, in der bestätigt wurde, dass Korea und Formosa nicht in den Zuständigkeitsbereich der USA fielen, stillschweigend akzeptiert worden.

„Hexen" und „Hexenmeister" schmieden Komplotte gegen McCarthy

Senator McCarthy und viele andere in Amerika und in der ganzen Welt konnten nicht verstehen, wie es möglich war, dass 600.000.000 Menschen, nachdem sie gegen Japan gekämpft hatten, um Chinas Freiheit zu erhalten, schamlos dem kommunistischen Block ausgeliefert werden konnten. Seit Jahren hatten Kongressabgeordnete und Senatoren den Ernst der Lage erkannt. Die Empörung darüber, dass Kommunisten, die die nationale Sicherheit gefährden könnten, in hohen Positionen in der Verwaltung geschützt wurden und dass trotz wiederholter Anschuldigungen nichts geschah, war groß. Das Auftreten von Joe McCarthy im Februar 1950 und seine Entscheidung, einzelne Personen zu entlarven, wurde daher von denjenigen begrüßt, die den Ernst des Verrats verstanden und Rechenschaft und Bestrafung für die Verräter forderten.

Doch die Aufgabe, die sich der Senator stellte, war das Werk von Giganten, und er war nur ein Mensch mit all den Beschränkungen und Schwächen eines Menschen. 1953 beschrieb FBI-Direktor J. Edgar Hoover, der drei Jahre lang den titanischen Kampf des Senators aus Wisconsin miterlebt hatte, ihn in einem Bericht an die Presse: „McCarthy ist ein ehemaliger Marinesoldat. Er war ein Amateurboxer. Er ist Ire. Kombiniert man all dies, erhält man einen energischen Menschen, der sich nicht unterkriegen lässt.... Er ist sicherlich ein kontroverser Mann. Er ist ernsthaft und ehrlich. Er hat Feinde. Wo immer man Subversive jeglicher Art angreift... läuft man Gefahr, Opfer der schärfsten und bösartigsten Kritik zu werden, die man üben kann." Dieser Beschreibung sind noch zwei weitere Punkte hinzuzufügen: Während seiner Zeit bei der Marine war er im Pazifik und war Nachrichtenoffizier. Er flog zwei Dutzend Einsätze und fotografierte Ziele vom Rücksitz eines Sturzkampfbombers oder als Heckschütze eines normalen Bombers.

Zu seinen unmittelbaren Feinden gehörte Präsident Truman, der die Anschuldigungen McCarthys schnell als Lügen abtat. Das Gleiche gilt für prominente Politiker, das Außenministerium, die Medien, alle Arten von so genannten Experten, Akademiker und verschiedene Meinungsführer. Mehr als drei Jahre lang war Joe McCarty eine Art amerikanischer Quijote, der im Gegensatz zu dem genialen Edelmann von La Mancha kein bisschen verrückt war, sondern bei klarem Verstand. Seine zahlreichen Gegner versuchten, die Realität zu verfälschen, und behaupteten, er sähe Hexen, wo es in Wirklichkeit Herden verräterischer Juden-Marxisten gab. McCarthy war wie die unsterbliche Figur von Cervantes ein Idealist, ein integrer Mann, der davon träumte, „Unrecht ungeschehen zu machen" und die Wahrheit aufzudecken - ein unmöglicher Traum, der sich in den schlimmsten Albtraum verwandelte. Obwohl unser Platz bereits begrenzt ist, werden wir seinen Kampf um die Entlarvung der Feinde Amerikas und der christlichen Zivilisation schildern.

Alles begann am 9. Februar 1950, einem Donnerstag, in Wheeling, West Virginia. Im Republican Women's Club war in diesem Monat eine Vortragsreihe von Senator Joseph McCarthy, einem praktisch unbekannten Politiker der republikanischen Minderheit im Senat, angesetzt. Seine Anprangerung der Unterwanderung des Außenministeriums durch etwa fünfzig Kommunisten fand kaum Beachtung, aber der örtliche *Wheeling Intelligencer* brachte es auf seine Titelseite, so dass die allmächtige Weltagentur Associated Press eine kurze Notiz an ihre Kunden schickte, und Tage später brachten mehrere Zeitungen die Geschichte für ihre Leser. Am 20. Februar hielt McCarthy eine Rede im Senat, in der er nicht nur an seiner Denunziation festhielt, sondern auch auf einen Kampf zwischen dem atheistischen Kommunismus und der westlichen christlichen Zivilisation anspielte. McCarthy kritisierte die Vernachlässigung des *Amerasia-Skandals* durch Präsident Truman und erwähnte unter anderem den John Stewart Service. Ohne Namen zu nennen, verwies er auf 81 Fälle von kommunistischen Unterwanderern im Außenministerium und anderen Abteilungen. So war z.B. die Nr. 1 ein Angestellter des Unterstaatssekretärs. Zum Fall 28 sagte er: „Diese Person ist seit 1936 im Außenministerium als Beamter des Auswärtigen Dienstes tätig". Während der Debatte forderten einige Senatoren McCarthy auf, die mit den Nummern verbundenen Namen zu nennen. Er antwortete, dass er bereit sei, vor einen Untersuchungsausschuss zu treten und die Identität jeder einzelnen Nummer preiszugeben, da er es für falsch hielt, sie im Senat öffentlich zu machen. Dies war die Geburtsstunde des Tydings-Ausschusses, der am 8. März 1950 seine öffentlichen Sitzungen eröffnete. Damit begann die McCarthy-Ära in der amerikanischen Politik.

Von Anfang an wurden die Sitzungen zu einer Schikane für Senator McCarthy, der versucht wurde, seine Beherrschung zu verlieren, da er während seines Vortrags mehr als hundert Mal aggressiv unterbrochen wurde. Anstatt Interesse an der Untersuchung der Vorwürfe zu zeigen, wurde bald deutlich, dass es vor allem darum ging, den Senator zu verhören, was bei einigen Republikanern Empörung auslöste. Ein Senator, der es leid war, zu sehen, wie sein Kollege schikaniert wurde, protestierte auf diese Weise:

> „Herr Vorsitzender, dies ist das ungewöhnlichste Verfahren, das ich gesehen habe, seit ich hier bin. Warum behandelt man den Senator aus Wisconsin nicht auf die übliche Art und Weise und erlaubt ihm, seinen Bericht so abzugeben, wie er es möchte, anstatt ihn einem Kreuzverhör zu unterziehen, bevor er die Möglichkeit hatte, zu sagen, was er zu sagen hat? Ich denke, dem Senator von Wisconsin sollte die Höflichkeit zuteil werden, die allen Senatoren und Zeugen zuteil wird, seine Aussage auf seine Art und Weise vorzutragen und nicht in Stücke gerissen zu werden, bevor er die Möglichkeit hatte, einen einzigen fortlaufenden Satz zu sagen.... Ich verstehe nicht, welches Spiel hier gespielt wird...".

Schließlich erklärte McCarthy, dass er Hinweise, Auszüge und Namen von Verdächtigen vorlegte, die gemäß dem Auftrag des Senats weiterverfolgt und untersucht werden sollten. Die Senatoren Tydings, Green und McMahon sahen es jedoch genau andersherum: McCarthy war es, der seine Anschuldigungen beweisen musste. Sie würden als eine Art Jury fungieren und über die vorgelegten Beweise urteilen. Mit anderen Worten, sie verzichteten darauf, die angezeigten Fälle zu untersuchen. Auf jeden Fall bot McCarthy mehr Beweise an als erwartet und brachte die von ihm präsentierten Namen, z. B. John Stewart Service, häufig mit *Amerasia* und der IPR in Verbindung, einer Einrichtung, die er als Problem für die Sicherheit der USA darstellen wollte und die einer genauen Prüfung unterzogen werden sollte.

Nach dieser ersten Sitzung begannen die Anhörungen. Die Dynamik war wie folgt: McCarthy trug seine Anschuldigungen vor, der Ausschuss rief den Angeklagten vor, der alles bestritt, den Senator aus Wisconsin als Schurken oder Rüpel anprangerte und eine Reihe von Bestätigungen bedeutender Persönlichkeiten vorlegte, die alle erklärten, der Angeklagte sei ein Patriot und ein ehrlicher Staatsdiener. Der Ausschuss akzeptierte diese Erklärungen ausnahmslos als „Fakten" und betrachtete die Antworten als schlüssige Widerlegung. Die Fälle von Philip Jessup und Owen Lattimore mögen als Beispiele dienen. Jessup kehrte aus Asien zurück und gab dem Unterausschuss einen ausführlichen Überblick über seinen Hintergrund und seinen Werdegang. Anschließend erwähnte er wichtige Personen, die seinen Entscheidungen vertrauten, und zeigte sich empört über die absurden Anschuldigungen McCarthys. Aus Sicht des Ausschusses unter dem Vorsitz von Tydings war dies mehr als genug, um ein positives Urteil für Jessup zu fällen. Owen Lattimore wurde mit übergroßer Höflichkeit behandelt. Er fragte, ob er ohne Unterbrechung lesen dürfe, und Tydings versicherte ihm, dass er dies könne. Lattimore legte daraufhin einen umfangreichen Bericht von etwa zehntausend Wörtern auf etwa dreißig Seiten vor, dessen Verlesung zweieinhalb Stunden dauerte. Im Gegensatz zu Senator McCarthy wurde Lattimore nur durch die Aufmerksamkeit des Präsidenten unterbrochen: „Herr Doktor", sagte Tydings fürsorglich, „wenn Sie irgendwann einmal eine Pause machen wollen, Ihr Vortrag ist lang, zögern Sie nicht, mich zu fragen. Nachdem er seinen Monolog über sein Leben, seinen Werdegang und seine Schriften beendet hatte, griff Lattimore McCarthy heftig an.

Einige Tage später erschien Louis Budenz vor dem Ausschuss. Es war ein Verfahren, das nicht von Tydings, sondern von McCarthy geplant war, der mit der Vorladung dieses Zeugen, der Mitglied des Politbüros der KP der USA und Chefredakteur *des Daily Worker* gewesen war, die Gelegenheit zum Gegenangriff hatte. Budenz war im Oktober 1945 übergelaufen, etwa zur gleichen Zeit wie Elisabeth Bentley. Seine Informationen waren erschöpfend, denn er wusste sehr genau, wer wer in der Organisation war. Die Mitglieder der Demokraten, die den Monologen von Jessup und Lattimore schweigend zugehört hatten, waren fassungslos. Budenz sagte aus, dass Mitglieder der PC-Führung ihm versichert hätten, dass Lattimore ein Agent der Partei sei und im *Daily Worker* als solcher behandelt werden sollte. Er erinnerte an die Propagandaarbeit und die Dienste, die Lattimore geleistet hatte. Seine Aussage erregte die Gemüter. Die seidenen Tücher, mit denen die demokratischen Senatoren Lattimore und Jessup geschützt hatten, wurden zu Boxhandschuhen. Trotz des Sturms skeptischer und beleidigender Fragen, mit denen der Zeuge überschüttet wurde, war die Aussage von Budenz niederschmetternd.

McCarthy, der von der Presse den Spitznamen „Tail-gunner Joe" erhielt, genoss dennoch die Unterstützung der Öffentlichkeit, wie Umfragen zeigten, und war eine beliebte Figur. Er deckte schnell den *Amerasia-Skandal* auf, der vor seinem Amtsantritt zweimal begraben worden war. In dieser Affäre ging es um Verbrechen, Diebstahl von amtlichen Dokumenten, Meineid, Vertuschung und andere sicherheitsrelevante Vergehen. Während der Amtszeit von Sessions hatte das Justizministerium die Absicht, die Affäre ein drittes Mal zu vertuschen. Senator Tydings hielt die Angelegenheit zunächst für eine Lappalie. Das FBI wusste jedoch von der Komplizenschaft des Justizministeriums in der Vergangenheit, um den ganzen Skandal zu begraben, und verfügte über Abhörgeräte und andere Dokumente, die dies belegen. In jedem Fall war das FBI ein Teil des Justizministeriums, das verpflichtet war, in der Öffentlichkeit zu kontroversen Themen zu schweigen, da es auf Anweisung des Generalstaatsanwalts handelte. Wurden die FBI-Agenten jedoch vor den Senat geladen, so waren sie aufgrund ihrer Unterordnung, ihrer Schweigekultur und ihrer traditionellen Diskretion nicht verpflichtet, einen Meineid zu leisten, um Beamte des Ministeriums zu schützen, die Verbrechen begangen hatten.

Diese Situation führte zu Konflikten, da versucht wurde, die Männer von Edgar Hoover mundtot zu machen, um die Vertuschung fortzusetzen. Um den Fall herunterzuspielen, wurden die Beweise zurückgewiesen und die Dokumente als unwichtig eingestuft. Zwei hochrangige Beamte, John Peurifoy vom Außenministerium und Peyton Ford, Assistent von Generalstaatsanwalt Howard McGrath, übernahmen es, diese Argumente an die Zeitungen weiterzugeben. Peurifoy ging bald noch einen Schritt weiter und gab eine Pressemitteilung heraus, in der er McCarthy beschuldigte, ein zwanghafter Lügner zu sein, und Hoover Worte zuschrieb, die einen Mangel an Besorgnis über die Amerasia-Affäre nahelegten. Als er erfuhr, dass ihm Worte zugeschrieben wurden, die er nicht gesagt hatte, protestierte der FBI-Direktor beim stellvertretenden Generalstaatsanwalt, der sich davon nicht beeindrucken ließ, und Edgar Hoover legte seinen Protest schriftlich bei Howard McGrath ein. Die Zeugenaussagen vor dem Unterausschuss des Senats, in denen dem FBI-Direktor ungesagte Worte und Berichte zugeschrieben wurden, irritierten Hoover sehr.

Der Gedanke, dass es sich bei der ganzen Sache um einen Sturm im Wasserglas handelte, gewann in der Presse an Boden und veranlasste den Republikaner Bourke Hickenlooper zu einer Reaktion. Hickenlooper, Mitglied des Unterausschusses des Senats, gab eine Pressemitteilung heraus, in der er darauf hinwies, dass viele der in *Amerasia* sichergestellten Dokumente militärische und strategische Angelegenheiten betrafen, die den Krieg im Pazifik hätten beeinflussen können oder für die Kommunisten in Yenan in ihrem Kampf um die Kontrolle Chinas von großem Wert gewesen seien. Hickenlooper beschrieb einige besonders wichtige Dokumente, wie z. B. den Standort von Marineeinheiten im Pazifik im November 1944 oder Nachrichten von Roosevelt an Chiang Kai-shek. Die Antworten und Gegenantworten in den Zeitungen machten deutlich, dass das Justizministerium die Absicht hatte, den Fall zu vertuschen. Nach langwierigen und wiederholten Anhörungen zu *Amerasia* waren Millard Tydings und Co. Ende Juni 1950 entschlossen, einen Bericht vorzulegen, der eine Affäre beenden würde, die gerade erst begonnen hatte. Am 7. Juli fand die letzte Sitzung statt, und am 17. Juli hatte der Unterausschuss den Bericht verfasst, der dem Senat vorgelegt wurde.

Parallel zu den öffentlichen Sitzungen im Senat wurde hinter den Kulissen eifrig daran gearbeitet, dass die McCarthy-Vorwürfe ohne weitere Konsequenzen abgeschlossen wurden. Theoretisch könnten viele der von dem

Senator aus Wisconsin aufgeworfenen Fragen in den Akten des Außenministeriums bestätigt werden, aber es gab viele Leute, die wollten, dass sie unzugänglich blieben, was zu Konflikten und Auseinandersetzungen führen sollte. Die Truman-Regierung hatte sich im März 1948 geweigert, dem Kongress Zugang zu Daten zu gewähren, die die Regierung angeblich aus Gründen der Staatsräson zurückhalten wollte. McCarthy hielt dieses „Gesetz des Schweigens" für eine Vertuschung von Verbrechen und bestand darauf, dass die angeforderten Akten angefordert werden sollten. Da die Senatsresolution 231, auf deren Grundlage der Unterausschuss arbeitete, ausdrücklich vorsah, dass die Unterlagen vom Unterausschuss angefordert und geprüft werden sollten, zog sich das Tauziehen zwischen dem Senat und der Truman-Regierung über mehrere Monate hin. McCarthy argumentierte, wenn seine Behauptungen über die katastrophale Sicherheitslage des Staates falsch seien, könne der Präsident dies durch die Herausgabe der Unterlagen leicht beweisen. Am 4. Mai verkündete Truman, dass er dem Senat den Zugang zu den angeforderten Dokumenten verweigere, und es kam zu einer „Pattsituation". Nach langem Hin und Her einigte man sich darauf, die Freigabe einzuschränken und nur einige Unterlagen zur Verfügung zu stellen. McCarthy und seine Mitarbeiter spielten auf Gerüchte an, wonach die Unterlagen entnommen werden sollten. Am 21. Juni teilte Tydings mit, das FBI habe ihn darüber informiert, dass alle vom FBI gesammelten Unterlagen über die Loyalität der untersuchten Personen noch im Außenministerium lägen, von denen einige vom Ausschuss geprüft würden. Senator McCarthy forderte den FBI-Direktor schriftlich auf, Tydings' Behauptung zu bestätigen. Edgar Hoover fragte Mickey Ladd, einen Agenten, dem er vertraute, ob die von Tydings angekündigte Überprüfung stattgefunden habe. Am nächsten Tag antwortete Ladd: „Wir haben die Akte des Außenministeriums nicht geprüft.... Wir haben Senator Tydings gegenüber nie eine solche Bemerkung gemacht." Dementsprechend schrieb Hoover in einem ungewöhnlichen Schritt am 10. Juli 1950 ein Antwortschreiben an Senator McCarthy, das von Stanton Evans in *Blacklisted by History*, der Hauptquelle für die von uns verfassten Zeilen, vollständig veröffentlicht wurde:

„Mein lieber Senator:
Ich habe Ihr Schreiben vom 27. Juni 1950 erhalten, in dem Sie fragen, ob das FBI die 81 Loyalitätsakten geprüft hat, die Mitglieder des Tydings-Ausschusses untersucht haben, und ob diese Prüfung durch das FBI ergeben hat, dass die Akten vollständig sind und nichts daraus entfernt wurde.
Das Federal Bureau of Investigation hat keine derartige Bestätigung abgegeben und ist daher nicht in der Lage, darüber zu berichten, ob die Akten des Außenministeriums vollständig oder unvollständig sind.
Zu Ihrer Information: Das Federal Bureau of Investigation hat Herrn Ford auf seine Bitte hin eine Aufzeichnung aller Loyalitätsunterlagen zu den 81 fraglichen Fällen zur Verfügung gestellt, die dem Außenministerium übermittelt wurden. Zu Ihrer Information füge ich eine Kopie des Schreibens von Herrn Ford an Senator Tydings bei, das ich vom Generalstaatsanwalt erhalten habe.
Mit freundlichen Grüßen
J. Edgar Hoover".

Die Tatsache, dass Joe McCarthy an den FBI-Direktor schrieb, deutet unserer Meinung nach darauf hin, dass er Tydings und allen Maßnahmen, die die Truman-Regierung zur „Bereinigung" der Akten des Außenministeriums ergreifen würde, misstraute. Dieser Brief zeigt, wie sehr Hoover und McCarthy auf einer Wellenlänge lagen. Das FBI wusste natürlich sehr wohl, dass die Verschwörung, die der Senator aufdecken wollte, existierte, denn es untersuchte sie bereits seit mehr als einem Jahrzehnt. Am 22. März 1947 hatte Präsident Truman die Executive Order 9835, die so genannte „Loyalty Order", unterzeichnet, mit der das LRB (Loyalty Review Board) geschaffen wurde, ein Gremium, das angeblich den kommunistischen Einfluss in der Bundesregierung untersuchen und ausmerzen sollte. Damit sollten kritische Stimmen zum Schweigen gebracht werden, die die Demokraten beschuldigten, den Kommunisten gegenüber weich zu sein. Etwa drei Millionen Menschen wurden untersucht, aber nur 300 Beamte wurden entlassen. In Wirklichkeit dienten all diese Maßnahmen dazu, Truman im Vorfeld der nächsten Wahlen zu diskreditieren und gleichzeitig die Rolle des FBI zu begrenzen, um eine so genannte „Hexenjagd" zu vermeiden.

Als sich McCarthys Auseinandersetzung mit der Truman-Regierung zuspitzte, bestätigte sich der Verdacht, dass das Außenministerium die Akten von Personen „säuberte", die hätten ausgewiesen werden müssen. So gelang es McCarthy, das Protokoll einer LRB-Sitzung vom 14. Februar 1951 in die Hände zu bekommen, in der die Loyalitätsfälle im Außenministerium, darunter auch der von John Stewart Service, und das weitere Vorgehen erörtert wurden. In den Diskussionen äußerten einige Mitglieder deutlich ihre Besorgnis über die Freigabe vieler Verdächtiger durch das Ministerium. Der LRB-Vorsitzende Bingham sagte in Bezug auf den Meinungsaustausch zu diesem Thema: „Ich denke, man kann mit Fug und Recht behaupten, dass das Außenministerium, wie Sie wissen,, die schlechteste Bilanz aller Ministerien bei den Maßnahmen dieses Loyalitätsausschusses.... Es hat niemanden nach unseren Vorschriften für schuldig befunden. Es ist das einzige Ministerium, das auf diese Weise gehandelt hat. Diese Worte stehen außer Zweifel, denn sie stammen weder von McCarthy noch von einem republikanischen Ratsmitglied, sondern vom Vorsitzenden des von Truman eingerichteten Loyalitätsrates.

Jeder Regierungsbeamte, gegen den ermittelt wurde, hatte die Möglichkeit, zurückzutreten. Wenn er oder sie dies tat, wurde die Untersuchung sofort eingestellt und das Verfahren blieb ohne Folgen. Oft wurde ein Mitarbeiter, der in einer Abteilung gekündigt hatte, später in einer anderen eingestellt. Joe McCarthy war verständlicherweise empört über diese Farce. Ich denke, wir sollten wissen", protestierte Senator McCarthy, „wie viele derjenigen, die gekündigt haben, eine Stelle in einer anderen Abteilung erhalten haben. Nehmen wir den Fall Meigs (Peveril Meigs war McCarthys Fall Nr. 3 im Senat). Während gegen ihn ermittelt wurde, trat er aus dem Außenministerium aus. Er trat in die Armee ein und erhielt eine Stelle. Ob er Zugang zu Verschlusssachen hatte oder nicht, weiß ich nicht. Sein Loyalitätsrat ordnete nach einer Anhörung an, dass er von den Vorwürfen freigesprochen wird. Ich frage mich, wie viele ähnliche Fälle es gibt." Drei Jahre lang waren Schikanen aller Art, um die Arbeit von Senator McCarthy zu behindern, an der Tagesordnung; aber 1952 gab es nach einer zwanzigjährigen Amtszeit der Demokraten den Wahlsieg der Republikaner, der theoretisch einige Dinge ändern sollte.

In den ersten Monaten des Jahres 1953 schien der große Durchbruch für Senator Joseph McCarthy gekommen zu sein, der in Wisconsin problemlos wiedergewählt wurde. Unter den neuen Umständen wurde McCarthy Vorsitzender des Senatsausschusses für Regierungsgeschäfte und des Ständigen Unterausschusses für Untersuchungen (Permanent Subcommittee on Investigations, PSI). Darüber hinaus behielt er seinen Sitz im Bewilligungsausschuss des Senats, der die Haushalte der Exekutivbehörden kontrollierte. Einige seiner erbittertsten Feinde wie William Benton, der Senator von Connecticut, der 1951 sogar eine Resolution einbrachte, um McCarthy aus dem Senat zu verweisen, oder Millard Tydings selbst, konnten keine Wiederwahl gewinnen. Der neue US-Präsident Eisenhower hatte Richard Nixon, der McCarthy in den Jahren des erbitterten Kampfes mit den Demokraten unterstützt hatte, zu seinem Vizepräsidentschaftskandidaten gemacht. Dies versprach, dass der Senator mit einer bedeutenden Unterstützung rechnen konnte. Aber nicht alles sollte so einfach sein, wie es scheinen mochte, denn in der Garde des Präsidenten gab es eine Reihe einflussreicher Berater, die McCarthy verachteten. Man darf nicht vergessen, dass Eisenhower, „der schreckliche schwedische Jude", der Mann, der für die Vernichtungslager verantwortlich war, der Mann von Morgenthau und Baruch, ein Einheimischer war, der Teil der internationalen Verschwörerkabale war.

Aber wenn McCarthy auch Feinde unter den Republikanern hatte, so zählte er doch die Kennedy-Brüder zu seinen Freunden bei den Demokraten, die ihm treu und zuverlässig zur Seite standen. Die Harmonie zwischen Robert Kennedy und Joe McCarthy war so groß, dass Bob ihn bat, seinen ersten Sohn zu sponsern. Joseph „joe" Patrick Kennedy, der Patriarch des Clans, wollte, dass sein Sohn Robert McCarthys Chefberater in dem neuen Ausschuss wurde, dem er vorstand. Um jedoch die üblichen Vorwürfe des Antisemitismus zu vermeiden, gab McCarthy am 2. Januar 1953 fälschlicherweise bekannt, dass der 26-jährige Jude Roy M. Cohn Chefberater des Ständigen Unterausschusses für Ermittlungen (PSI) werden sollte. Cohn, Sohn des Richters am Obersten Gerichtshof von New York, Albert Cohn, gab zu, dass er von Senator McCarthy ernannt worden war, weil er Jude war. Das Gerücht, dass McCarthy Juden hasste, wurde offensichtlich von ihm selbst verbreitet. In seiner Naivität wollte er verhindern, dass diese Verleumdungen seine Arbeit behinderten. Gleichzeitig muss die Tatsache, dass Joseph Kennedy als Antisemit galt, bei der Wahl hilfreich gewesen sein.

Die Pressekampagne zu Cohns Gunsten wurde von George Sokolsky, einem einflussreichen jüdischen Kolumnisten, den Cohn „Rabbi" nannte, und Richard Berlin, dem jüdischen Präsidenten der Hearst Corporation, angeführt, die beide angebliche Antikommunisten waren. Die meisten Print- und Rundfunkmedien führten eine intensive Kampagne gegen den Senator aus Wisconsin, der sich nach einer gewissen Medienpräsenz sehnte. Am Ende verkaufte McCarthy seine Seele an den Teufel, denn im Gegenzug für Cohns Nominierung hatte er die Unterstützung der Zeitungen der Hearst-Gruppe. Der republikanische Senator Everett Dirksen bestätigte: „Cohn wurde von den Hearst-Zeitungen in den Ausschuss gebracht, und Joe wagt nicht, diese Unterstützung zu verlieren. Cohn, ein Homosexueller, der 1986 an AIDS starb, holte einen anderen jungen jüdischen Milliardärserben, G. David Shine, in den Ausschuss, der sich dem Militärdienst und dem Koreakrieg entzogen hatte. Shine erklärte sich bereit, kostenlos zu arbeiten, so dass McCarthy keine Einwände gegen seine Aufnahme in das Team hatte. Im Laufe der Zeit sollte sich diese Unterschrift als entscheidend für den Verlauf der Ereignisse erweisen. Um noch deutlicher zu machen, wie falsch McCarthys Schritte waren, sollte hinzugefügt werden, dass Bob Kennedy und Roy Cohn eine tiefe Feindschaft hegten, die an Verachtung grenzte. Es genügt zu sagen, dass Robert Kennedy, als er Anfang der 1960er Jahre Generalstaatsanwalt wurde, versuchte, Cohn ins Gefängnis zu bringen.

Es ist nicht möglich, die verschlungenen Wege der Ereignisse, die McCarthy zu Fall brachten, im Detail nachzuvollziehen. Wir werden nur einige der Episoden aufzählen, die die Verschwörer gegen ihn nutzten, um seine bittere Niederlage herbeizuführen. Zu den Hauptfeinden McCarthys gehörte Maurice Rosenblatt, ein zionistischer Jude, der als Lobbyist agierte und ein Agent der „Zauberer" war, die hinter den Kulissen die Fäden zogen. Bereits Anfang der 1940er Jahre war dieser so genannte linke Aktivist der Katalysator für eine Mobilisierung gegen den HCUA (Congressional Committee on Un-American Activities) unter dem Vorsitz von Martin Dies gewesen. Rosenblatt wurde daraufhin zum Kopf einer Partei, die unter dem Namen „Coordinating Committee for Democratic Action" (Koordinationskomitee für demokratische Aktion) firmierte und alle, die Roosevelts prokommunistische Politik kritisierten, des Faschismus bezichtigte. In der McCarthy-Ära trat Rosenblatt erneut als Vorsitzender des NCEC (National Committee for an Effective Congress) in Erscheinung, einer 1948 von ihm gegründeten Gruppe, deren Hauptthese in Bezug auf den Senator aus Wisconsin lautete, dass Joe McCarthy ein neuer Hitler sei, der beseitigt werden müsse, bevor er den Faschismus in den Vereinigten Staaten verbreite. Mit dem Antritt der republikanischen Regierung im Jahr 1953 erhielt der NCEC über Paul G. Hoffman, einen weiteren Juden, der ein enger Freund und Berater Eisenhowers war, Zugang zum Weißen Haus. Hoffman, der Hauptverwalter des Marshall-Plans, heiratete später Anna Rosenberg, eine in Ungarn geborene Jüdin, die in verschiedenen Funktionen unter Roosevelt gedient hatte und zwischen 1950 und 1953 Unterstaatssekretärin für Verteidigung unter Truman war, eine Ernennung, die von Senator McCarthy stark kritisiert wurde. Maurice Rosenblatt hatte in Paul Hoffman einen wichtigen Kollegen direkt neben dem Präsidenten.

Im Juni 1953 ernannte McCarthy in einem Versuch, die Wogen zwischen Bob Kennedy und Roy Cohn zu glätten, Joseph Brown Matthews, bekannt als J. B. Mathwes, zum Forschungsdirektor des PSI, des Permanent Subcommittee on Investigation, dem er vorstand. Matthews, der sich seit Jahren an zahlreichen kommunistischen Fronten engagierte, brach enttäuscht mit der Partei und wurde zu einem der bekanntesten antikommunistischen Experten. Im Jahr 1938 berichtete er vor dem Dies-Ausschuss über die Aktivitäten zahlreicher Organisationen, die von der Partei verdeckt kontrolliert wurden, und wurde zu einem Beispiel für einen kollaborierenden kommunistischen Überläufer. Monate bevor er von McCarthy unter Vertrag genommen wurde, hatte Matthews einen Artikel für *The American Mercury* mit dem Titel „Reds in Our Churches" geschrieben, der fatalerweise kurz nach seiner Ernennung veröffentlicht wurde. McCarthys Feinde sahen in dem Artikel eine Gelegenheit, eine Krise im Team des Senators zu provozieren, und starteten eine regelrechte Kampagne. Der Artikel begann mit den Worten: „Die größte Unterstützergruppe für den kommunistischen Apparat in den Vereinigten Staaten besteht heute aus protestantischen Priestern. Dann wurden seltsame Gruppen angeprangert, wie das „People's Institute of Applied Religion", das den Marxismus in den ländlichen Kirchen förderte, und die Zeitschrift „*The Protestant*", die sich auf heftige antikatholische Verunglimpfungen und kaum verhüllte rote Propaganda spezialisiert hatte.

Rosenblatt und Co. begannen sofort mit ihrer Kampagne durch Journalisten, liberale Aktivisten und Geistliche. Alle waren empört über das Tandem Matthews-McCarthy, dem sie vorwarfen, protestantenfeindliche Fanatiker zu sein. Die Macht von Rosenblatts Gruppe zeigte sich im Ausmaß der Angriffe in der Presse und in der Reaktion, die sie bei den demokratischen Senatoren in McCarthys Unterausschuss zu erzielen vermochten. Die Druckgruppen waren so stark, dass es ihnen sogar gelang, Präsident Eisenhower dazu zu bewegen, Senator McCarthy anzugreifen, der sich bald in die Enge getrieben sah und keine andere Wahl hatte als Matthews zu entlassen. Eisenhowers Worte waren von seinen Beratern darauf ausgerichtet, so viel Schaden wie möglich anzurichten. Stanton Evans berichtet über den journalistischen Bericht von Joseph Alsop, der aufdeckte, was damals im Weißen Haus geschah. Eisenhower hat die Feindseligkeiten mit Senator Joseph McCarthy endgültig abgebrochen", schrieb Alsop, „durch die entschiedene Erklärung, in der er die Verleumdung protestantischer Geistlicher durch McCarthys Lieblingsermittler J.B. Matthews anprangerte." Alsop fügte hinzu, dass das eigentliche Interesse der Erklärung in einer entscheidenden Tatsache lag: „Das Weiße Haus suchte energisch die Gelegenheit, ja schuf die Gelegenheit, dem Senator aus Wisconsin diesen schweren Schlag zu versetzen."

Einer der angesehenen Journalisten, die eng mit Rosenblatts NCEC zusammenarbeiteten, war Drew Pearson, derselbe, der Jahre zuvor Pattons Zwischenfall mit einem jüdischen Soldaten in einem Krankenhaus zum Anlass genommen hatte, den General des Antisemitismus zu bezichtigen. Pearson, ein Lakai, der einigen Quellen zufolge ein Krypto-Jude war, schrieb mehrere vergiftete Kolumnen. In einer behauptete er, dass sowohl Matthews als auch McCarthy Katholiken seien, was nicht stimmte, da Matthews Protestant war, und dass beide einen wahllosen Angriff auf die protestantischen Kirchen der Nation unternähmen und aus politischen Gründen bewusst religiösen Hass schürten. Die Folgen der ganzen Angelegenheit waren für die PSI unter dem Vorsitz von McCarthy sehr schwerwiegend, da die demokratischen Mitglieder des

Unterausschusses weitere Entschuldigungen forderten. Als das Ganze in eine Konfrontation mit McCarthy und seinen republikanischen Kollegen ausartete, beschlossen diese, die Sitzungen bis zum Ende des Jahres zu boykottieren. Auch Robert Kennedy verließ die Debatten, kehrte aber später als Berater der demokratischen Senatoren zurück. Am Ende hatte sich die Strategie der „Lobbyisten" ausgezahlt: McCarthy, ein Fanatiker, der nicht nur Kommunisten verfolgte, sondern auch die protestantische Kirche verleumdete und in Verruf brachte, hatte seinen Kampf verfälscht, Präsident Eisenhower war ihm gegenüber voreingenommen, und der Senator aus Wisconsin war in den Augen der Öffentlichkeit beschädigt worden.

Ein weiteres Kapitel in dem ungleichen Kampf, den unser amerikanischer Quijote gegen seine übermächtigen Feinde führte, begann in Fort Monmouth, einem Forschungslabor des Army Signal Corps. Die Episode begann, als McCarthy im Frühjahr 1953 einen rätselhaften Anruf erhielt, in dem ihm wichtige Sicherheitsdokumente angeboten wurden. McCarthy traf sich mit dem mysteriösen Informanten, einem Geheimdienstoffizier, der ihm ein vertrauliches Memo über eine geheime Untersuchung übergab, die das FBI an die Armee übergeben hatte. Dies sollte eine der längsten und komplexesten Ermittlungen werden, die endlose Probleme verursachte. Bei dem Dokument handelte es sich um eine Zusammenfassung eines Berichts vom Januar 1951. Darin ging es um die Sicherheitslücke in Fort Monmouth, einem Armeelabor in Eatontown, New Jersey. Später wurde in einer der Senatssitzungen bekannt, dass das FBI gegen vierunddreißig Mitarbeiter der Einrichtung ermittelt hatte, die meisten von ihnen Juden. Die Ermittlungen von dauerten vom Sommer 1953 bis zum Frühjahr 1954, als sie wegen der unglaublichen Anschuldigungen der Armee gegen McCarthy wegen illegaler Aktivitäten plötzlich eingestellt wurden.

Auf den Seiten über Atomspionage wurde bereits erwähnt, dass die Armee 1945 Julius Rosenberg aus Fort Monmouth entlassen hatte, als bekannt wurde, dass er Kommunist war. Die anderen Mitglieder des Kreises der sowjetischen und/oder zionistischen Agenten arbeiteten und spionierten weiter im Labor. McCarthys Untersuchungen bestätigten, dass Monmouth seit Jahren ein Informationsleck und ein Sicherheitsdebakel war. Die Mitarbeiter des Senators fanden unter anderem heraus, dass der Komplex und die dazugehörigen Einrichtungen in hohem Maße sicherheitsrelevant waren und dass die Nachlässigkeit und Verantwortungslosigkeit auf höchster Ebene des Militärs skandalös war. Die Ermittlungen deckten schwere Nachlässigkeiten im Umgang mit offiziellen Papieren auf. Unter den Top-Undercover-Agenten, die zu Beginn der Anhörungen des PSI (Permanent Subcommittee on Investigations) noch im Labor arbeiteten, nannte das Team von Joe McCarthy Aaron Coleman, einen jüdischen Kommunisten, der bis September 1953 in der Einrichtung tätig war. Als er schließlich entlassen wurde, fand man bei ihm zu Hause geheime Dokumente aus Fort Monmouth. Am 8. und 19. Dezember 1953 erschien er vor dem Unterausschuss und wurde trotz mehrfacher Beweise für seine Beziehungen zu Julius Rosenberg (zum Tode verurteilt) und Morton Sobell (zu dreißig Jahren Gefängnis verurteilt) sowie für seine Spionagetätigkeit nie vor Gericht angeklagt. Ein anderer jüdischer Agent, Nathan Sussman, der für Julius

Rosenberg spioniert hatte, sagte während der PSI-Anhörungen aus, dass Coleman, Rosenberg, Sobell, Al Sarant und Joel Barr, alles Juden, die mit dem Labor in Fort Monmouth in Verbindung standen, kommunistische Agenten waren.

Zu Beginn der McCarthy'schen Ermittlungen war Fort Monmouth zehn Jahre lang ein Nest kommunistischer Agenten gewesen. Sechs weitere Juden, die von McCarthy beschuldigt wurden, Kommunisten zu sein, waren Jack Okun, Barry Bernstein, Samuel Simon Snyder, Joseph Levitsky, Harry Hyman und Ruth Levine. Der erste, Jack Okun, war Aaron Colemans Zimmergenosse und war 1949 aus Sicherheitsgründen aus Fort Monmouth verwiesen worden. Obwohl er Zugang zu den Dokumenten hatte, die Coleman in seinem Haus aufbewahrte, legte Okun erfolgreich Einspruch gegen die Entscheidung ein, woraufhin das Loyalty Review Board (LRB) seine Wiederzulassung im Pentagon genehmigte und sein Austritt später akzeptiert wurde. Dies war eine der Umkehrungen in Sicherheitsfällen, die McCarthy und seine Helfer alarmierten. Ähnlich verhielt es sich mit Barry Bernstein, einem hochrangigen Beamten im Evans Signals Laboratory, wo er eine besonders sensible Position mit Geheimhaltungsstufe innehatte. Bernstein war 1951 in Monmouth aus Sicherheitsgründen befragt worden und wurde nach einer Untersuchung durch einen Sicherheitsausschuss der Ersten Armee von seinem Dienst suspendiert. Er legte sofort Berufung beim Pentagon ein, die Entscheidung wurde aufgehoben und er wurde wieder eingestellt; aber im Gegensatz zu Okun trat er nicht zurück und war noch auf seinem Posten, als die McCarthy-Anhörungen begannen. Ein dritter Fall war der von Snyder, der Ende 1952 von einem Regionalrat der Ersten Armee aus dem Signallabor ausgeschlossen worden war. Auch ihm war es gelungen, das Pentagon dazu zu bewegen, seine Wiedereinstellung zu genehmigen, und er trat daraufhin zurück.

Die Anhörungen vor dem von McCarthy geleiteten Unterausschuss ergaben, dass sich zahlreiche Mitglieder der Rosenberg-Sobell-Gruppe Anfang der 1950er Jahre noch in Monmouth aufhielten. Joseph Levistsky hatte im Signallabor und anschließend im Federal Telecommunications Laboratory gearbeitet, wo er Zugang zu geheimen Armeeprojekten hatte. Als er von McCarthy gefragt wurde, ob er Teil der kommunistischen Verschwörung sei, während er für die Regierung mit sensiblen Informationen arbeitete, berief sich Levistsky auf den fünften Verfassungszusatz. Samuel Snyder berief sich ebenfalls auf den fünften Verfassungszusatz. Wenn sich eine beschuldigte Person auf den fünften Verfassungszusatz berief, bedeutete dies, dass sie die Anschuldigungen nicht beantworten konnte, ohne sich selbst zu belasten. Mit anderen Worten, die Berufung auf den fünften Verfassungszusatz wurde als Hinweis auf Schuld verstanden, auch wenn der Angeklagte nicht strafrechtlich belangt werden konnte. Mit Levitsky arbeitete bis 1951 im FTL (Federal Telecommunications Lab) Harry Hyman, der von zwei Personen, Lester Ackerman und John Saunders, beide ehemalige Kommunisten, als kommunistischer Agent identifiziert worden war. Das folgende Beispiel aus *Blacklisted by History* zeigt, wie die Verhöre durchgeführt wurden:

„McCarthy: Haben Sie jemals mit Mitgliedern der Kommunistischen Partei über Spionage gesprochen?

Hyman: Ich verweigere die Antwort aus den oben genannten Gründen (Fünfter Verfassungszusatz).

McCarthy: Haben Sie jemals Regierungsgeheimnisse an jemanden weitergegeben, der Ihnen als Spionageagent bekannt war?

Hyman: Ich verweigere die Antwort aus denselben Gründen.

McCarthy: Haben Sie zwischen dem 24. Januar 1952 und dem 21. Oktober 1953 76 Anrufe an das Federal Telecommunications Laboratory in Lodi, New Jersey, getätigt, um Verschlusssachen zu erhalten und sie an einen oder mehrere Spionageagenten weiterzugeben?

Hyman: Ich verweigere die Antwort aus denselben Gründen".

Diese Sitzung fand am 25. November 1953 statt. Senator McCarthy stellte zahlreiche Fragen zum Thema Spionage und bezog sich auf Hunderte von Telefongesprächen mit militärischen und wissenschaftlichen Einrichtungen. Jedes Mal berief sich Hyman auf den Fünften Verfassungszusatz. Eine weitere prominente Verdächtige im Zusammenhang mit Sicherheitsverstößen war Ruth Levine, die ein Jahrzehnt lang bei der CTF gearbeitet hatte, wo sie in eine hohe Position mit Geheimhaltungsstufe aufstieg. Als die Anhörungen von Joe McCarthy begannen, war Levine immer noch angestellt, obwohl mehrere Zeugen ausgesagt hatten, dass sie Teil einer kommunistischen Zelle innerhalb der CTF war,. Auch sie wies, wie ihre Kollegen, die Vorstellung zurück, dass sie Teil einer kommunistischen Zelle war. Wie ihre Kollegen verweigerte auch sie Fragen und berief sich auf den berüchtigten Fünften.

McCarthy wurde anfangs von Robert Stevens unterstützt, der am 4. Februar 1953 von Eisenhower zum Armeesekretär ernannt worden war. Stevens war ein Antikommunist, der gleich nach seinem Amtsantritt ein Briefing über das Loyalitäts- und Sicherheitsprogramm der Armee abhielt. Sein erstes Interesse galt der Frage, welche Schritte unternommen worden waren, um zu verhindern, dass illoyale Personen in die Institution eindrangen, und was unternommen worden war, um Verdächtige aufzuspüren und auszuschließen. Er wandte sich zunächst an Edgar Hoover, den Direktor des FBI, und bat ihn um Rat. Dann schickte er ein Telegramm an Senator McCarthy und bot ihm seine Hilfe bei den von ihm eingeleiteten Ermittlungen an. Als McCarthy am 10. Februar 1953 verkündete, dass es eindeutige Beweise für Spionage in Fort Monmouth gebe, wandte sich Stevens an General Kirke B. beauftragte Stevens General Kirke B. Lawton, den Postenkommandanten: „Kooperieren Sie! Machen Sie es ihnen leicht, jeden zu befragen, den sie wollen.

General Lawton war 1951 in Fort Monmouth eingetroffen und hatte die Sicherheitsprobleme erkannt, aber nicht wirksam gehandelt, weshalb seine Bereitschaft zur Zusammenarbeit aufrichtig war. Am 15. Oktober 1953 erschien er in nichtöffentlicher Sitzung vor dem Unterausschuss des Senats. Es folgt ein Auszug aus seinem Gespräch mit McCarthy, wiedergegeben von Stanton Evans:

„McCarthy: Würden Sie sagen, dass Sie seit Ihrem Amtsantritt und insbesondere in den letzten sechs Monaten daran gearbeitet haben, die angehäuften

Sicherheitsrisiken im Signalkorps zu beseitigen, und dass Sie eine beträchtliche Anzahl von ihnen auf Eis gelegt haben?

Lawton: Diese Frage werde ich mit Ja beantworten, aber nicht sechs Monate zurückgehen.... In den letzten zwei Wochen wurden wirksame Ergebnisse erzielt. Ich habe die letzten einundzwanzig Monate darauf hingearbeitet, das zu erreichen, was in den letzten zwei Wochen erreicht worden ist.

McCarthy: Würden Sie sagen, dass Sie in den letzten Wochen effektivere Ergebnisse erzielt haben?

Lawton: Auf jeden Fall, mehr als in den letzten vier Jahren.

McCarthy: Können Sie uns sagen, warum Sie erst in den letzten zwei oder drei Wochen effektive Ergebnisse erzielen konnten?

Lawton: Ja, aber ich sage es besser nicht. Ich weiß es sehr gut, aber ich arbeite für Herrn Stevens".

Obwohl es sich nicht um eine öffentliche Anhörung handelte, nahm ein Feind McCarthys, John Gibbons Adams, der General Counsel der Army, der als „Mrs. Rosenbergs Leute" (Leute, die der stellvertretenden Verteidigungsministerin Anna Rosenberg nahe standen) galt, an der Anhörung teil und teilte Stevens mit, dass Lawton gegenüber dem PSI eingeräumt hatte, McCarthy habe in zwei Wochen mehr erreicht als in zwei Jahren. Diese Äußerungen gefielen Minister Stevens nicht, ganz zu schweigen von seinen Vorgesetzten, die versuchten, McCarthy mit der Begründung zu schikanieren, er greife die Armee ungerechtfertigt an. Die verdeckte Arbeit der Feinde McCarthys bestand darin, Änderungen in den Positionen derjenigen in der Armee zu provozieren, die die Untersuchung unterstützten. So sah sich Minister Stevens, der zweifellos in Monmouth aufräumen und mit dem Senator aus Wisconsin zusammenarbeiten wollte, bald in den Konflikt verwickelt und von seinen Vorgesetzten zunehmend unter Druck gesetzt. General Lawton hatte bei den Anhörungen die größte Bereitschaft gezeigt, dem Unterausschuss zu helfen, so dass er eine Woche nach seinem Auftritt im Oktober von McCarthy gelobt wurde, der ihm für seine Haltung dankte. Lawton antwortete: „Ja, aber diese Position wird mich meine Beförderung kosten. Und ich kann mich glücklich schätzen, wenn ich hier in Fort Monmouth noch lange überlebe."

Seine Worte waren prophetisch, denn seine Beförderung wurde tatsächlich abgelehnt, und innerhalb eines Jahres wurde er von seinem Kommando entbunden. Nach seiner Rede vom 15. Oktober wurde der General nicht nur dafür gerügt, dass er kooperierte und mehr als nötig redete, sondern er wurde auch von John G. Adams unter Druck gesetzt, seine Säuberungsaktion in Fort Monmouth zu beenden. G. Adams, seine Säuberungsaktion in Fort Monmouth zu beenden. Später, bei einer der McCarthy-Anhörungen im April 1954, erklärte General Lawton, dass er im Oktober 1953 einen Anruf von Adams erhalten habe, in dem dieser sagte: „Ich hoffe, Sie sehen klar, dass Sie bestimmte Fälle, die Sie zur Entlassung empfohlen haben, wegen Sicherheitsrisiken zurückziehen müssen. Lawtons Antwort war: „Das werde ich nicht tun. Lassen Sie den Sekretär die Verantwortung übernehmen." Es wurde also ein Tauziehen unter den Militärs ausgetragen. Ende 1953 begann Robert Stevens, die Situation zu bereinigen, indem er erklärte, dass die Armee zum Zeitpunkt[25] nichts von Spionage in Fort Monmouth wusste.

Ein zweiter General, Ralph W. Zwicker, ein Veteran des Zweiten Weltkriegs, der Camp Kilner, eine weitere Armeeeinrichtung in New Jersey, befehligte, sollte als Werkzeug dienen, um die Ermittlungen von Senator McCarthy gegen kommunistische Unterwanderung zu stoppen und gegen ihn zu richten. Das Verhalten und die Demütigung Zwickers standen im Gegensatz zu der ehrlichen Haltung von General Lawton. Ende Januar 1954 bat ein Mitglied des McCarthy-Ausschusses, George Anastos, General Zwicker telefonisch um Informationen über einen sicherheitsrelevanten Fall in Camp Kilner, in den ein Mitarbeiter des Medical Corps verwickelt war. Zwicker muss zunächst gezögert haben, denn er antwortete, dass er selbst zurückrufen würde, was er eine Stunde später auch tat. Der General nannte Anastos den Namen des Verdächtigen, einen jüdischen Kommunisten namens Irving Peress, und fügte hinzu, dass er als Zahnarzt arbeitete. Am nächsten Tag rief General Zwicker erneut an, um zu bestätigen, dass Dr. Peress, der sich im Koreakrieg den Rang eines Hauptmanns verdient hatte, zum Major befördert worden war und seine Entlassung mit allen Ehren erwartete. Wie sich herausstellte, war dieser Zahnarzt ein Organisator kommunistischer Gruppen gewesen, der bei seinem Eintritt in die Armee einen Meineid geleistet hatte, indem er eine Erklärung unterzeichnete, in der er schwor, keine Verbindung zum Kommunismus zu haben.

McCarthy war empört, als er erfuhr, dass das Weiße Haus, nachdem es erfahren hatte, dass Peress zu einer kommunistischen Zelle gehörte, seine Beförderung zum Major und die Beschleunigung seiner Pensionierung angeordnet hatte. Als Peress am 30. Januar 1954 vor dem Ständigen Unterausschuss des Senats erschien, berief er sich wiederholt auf den Fünften Verfassungszusatz, um die Beantwortung folgender Fragen zu vermeiden: Haben Sie in Camp Kilner Militärangehörige für die Kommunistische Partei rekrutiert? Haben Sie in Ihrem Haus Treffen der Kommunistischen Partei mit Militärangehörigen in Camp Kilner abgehalten? Gibt es in Camp Kilner eine kommunistische Zelle, der Sie angehören? Haben Sie eine kommunistische Zelle

---

[25] Lawton loszuwerden wurde zu einem Ziel. Nur die Befürchtung, dass Senator McCarthy die Schikanen gegen den General öffentlich machen und eine unerwünschte Reaktion hervorrufen würde, hielt diejenigen zurück, die ihn loswerden wollten. In einem Versuch, Lawton während seines Kommandos in Fort Monmouth zu unterwerfen, wurde er angewiesen, nicht mehr an den Sitzungen von McCarthy teilzunehmen und nicht mehr mit ihm zusammenzuarbeiten. Wie schon bei Ezra Pound oder James Forrestal wurde versucht, ihn krank aussehen zu lassen. Er wurde einer medizinischen Untersuchung unterzogen, ohne dass angegeben wurde, woran er erkrankt war, und wurde in das Walter Reed Hospital eingeliefert. Diejenigen, die ihn besuchten, sahen keine Anzeichen von Krankheit. Minister Stevens berichtete seinerseits in seinen Erklärungen, dass General Lawton das Kommando in Monmouth behielt, um McCarthy in Schach zu halten. Bereits im Frühjahr 1954 wurde der Stab des Senators aus Wisconsin darauf aufmerksam gemacht, dass der General, sollte er vor dem PSI erscheinen, mit dem Verlust der ihm für seinen Armeedienst zustehenden Leistungen bestraft werden würde. Im Sommer 1954 wurde er schließlich seines Kommandos in Fort Monmouth enthoben und Ende August aus dem aktiven Dienst entlassen.

in Camp Kilner organisiert? Die Verweigerung der Antwort, um sich nicht selbst zu belasten, nachdem er eine eidesstattliche Erklärung unterzeichnet hatte, in der er seine Mitgliedschaft in der Kommunistischen Partei leugnete, war natürlich ein Beweis dafür, dass er ein Meineidskandidat war.

Dies war auch die Auffassung von Senator McCarthy, der umgehend einen Brief an das Pentagon schrieb und darauf drängte, die ehrenhafte Entlassung von Peress aufzuheben und ihn in der Armee zu belassen, damit er vor ein Kriegsgericht gestellt werden konnte. Da Minister Stevens in Asien weilte, gelangte der Brief in die Hände von John G. Adams, dem Rechtsberater der Armee. Adams veröffentlichte 1983 ein Buch mit dem Titel *Without Precedent*, in dem er behauptet, er habe McCarthy zu Fall gebracht. Seine eigene Reaktion auf den Brief des Senators: „Ich beschloss, nicht zu tun, was McCarthy verlangte, und ließ den Zahnarzt gehen. Kurz gesagt, zur Hölle mit McCarthy". Am 2. Februar 1954, einen Tag nach Erhalt des Briefes, wurde Irving Peress von General Zwicker mit allen Ehren aus der Armee entlassen.

Aus Verzweiflung verdoppelte McCarthy seine Bemühungen, um herauszufinden, wie er so dreist sein konnte. Nicht wenige in der Armee teilten die Ansicht, dass der Fall Peress eine Peinlichkeit war, die zeigte, wie leicht es war, die Sicherheit zu umgehen. Am 13. Februar begab sich James Juliana, einer der Ermittler von McCarthy, nach Camp Kilner, um sich mit Zwicker zu treffen, der ihm mitteilte, dass er gegen eine ehrenhafte Entlassung von Peress sei. Juliana kehrte mit der Überzeugung zurück, dass der General die Kritik an der laxen Handhabung von Sicherheitsfällen durch die Armee teilte. Daraufhin wurde beschlossen, dass Zwicker am 18. Februar zu einer Anhörung vor der Exekutive erscheinen sollte, um herauszufinden, wer Peress befohlen hatte, ungeschoren und durch die Vordertür zu entlassen. Senator McCarthy erschien erschöpft und gereizt, denn seine Frau hatte einen Autounfall gehabt und die ganze Nacht nicht geschlafen. Seine Berater wollten die Anhörung verschieben, was in Anbetracht der Spannung der Anhörung auch das Beste gewesen wäre.

Am Tag zuvor, am 17. Februar, hatte General Counsel Adams General Zwicker besucht und ihn angewiesen, vielleicht auch bestochen, den Namen der Person nicht preiszugeben, die den ehrenvollen Rücktritt des kommunistischen Agenten angeordnet hatte. John Adams selbst berichtet in *Without Precedent* über das Treffen, ohne jedoch ins Detail zu gehen: „Wir waren bestrebt, Zwicker zu verstehen zu geben", schrieb Adams, „dass weder Namen noch weitere Sicherheitsdetails preisgegeben werden durften. Zur Überraschung aller war Zwicker, von dem man einen gut informierten und kooperativen Zeugen erwartete, ausweichend, lieferte sich einen verbalen Schlagabtausch mit McCarthy, änderte seine Aussage drei- oder viermal und weigerte sich, Fragen zu Irving Peress' bizarrer Karriere und seiner grotesken Entlassung zu beantworten. All dies verärgerte Senator McCarthy, der die Behauptungen des Generals über seine Unwissenheit nicht akzeptieren konnte. Er leistete einen Meineid, als er sagte, er wisse nichts von Peress' Verbindungen zu den

Kommunisten, da er selbst Ende Januar gegenüber George Anastos offenbart hatte, dass er von dem Fall wusste. [26]

Ungewöhnlich gereizt von der angesammelten Müdigkeit, verrieten McCarthys Nerven ihn, und er stellte sich General Zwicker gegenüber, als wäre er ein anklagender Staatsanwalt. Das war ein schwerer Fehler, vielleicht der, auf den seine Feinde gewartet hatten. McCarthy fragte Zwicker, ob er der Meinung sei, dass ein General, der wissentlich einen kommunistischen Agenten deckt, seines Kommandos enthoben werden sollte. Zwicker antwortete, dass er dies nicht für einen ausreichenden Grund halte, um einen General zu entlassen. Der ehemalige Marinesoldat reagierte verärgert und sagte: „Dann, Herr General, sollten Sie des Kommandos enthoben werden. Ein Mann, der die Ehre hat, zum General befördert zu werden, und behauptet, er würde einen anderen General schützen, der kommunistische Agenten beherbergt hat, verdient es nicht, die Uniform zu tragen, General." Das war die Munition, die diejenigen brauchten, die den Senator aus Wisconsin beseitigen wollten. Die Presse machte sofort viel Aufhebens von McCarthys hartem Umgang mit Zwicker. Unter anderem soll er „die Uniform beleidigt" und einen dekorierten Kriegsgeneral beschuldigt haben, „Subversive zu schützen".

Von diesem Zeitpunkt an begann die endgültige Kampagne zur Zerstörung von Joe McCarthy, der seine Arbeit nicht mehr fortsetzen konnte. Eine ununterbrochene Reihe von Anschuldigungen wurde gegen ihn und seine Mitarbeiter erhoben, die ihre ganze Zeit und Energie darauf verwenden mussten, die ständigen Anschuldigungen zu widerlegen oder zu entkräften. In der Presse war der Propagandastrom im ganzen Land bereits ein ständiges Crescendo, das nicht abriss, bis McCarthy von seinen eigenen Senatskollegen getadelt und verurteilt wurde. Staatssekretär Stevens wollte General Zwicker und anderen Militärangehörigen nicht gestatten, weiter auszusagen.

Paul Hoffman, in dessen kalifornischer Residenz Präsident Eisenhower seinen Urlaub verbrachte, was einen Eindruck von der engen Freundschaft zwischen den beiden Juden vermittelt, rief Stevens an, um ihm zu der

---

[26] Es gibt Dokumente, die 1955 von einem Ausschuss des Kongresses, dem McClellan-Ausschuss, veröffentlicht wurden, die den Meineid von General Zwicker belegen, der sich schriftlich in sehr ähnlichen Worten wie McCarthy geäußert hatte. Am 21. Oktober 1953 hatte Zwicker an den Kommandierenden General der Ersten Armee geschrieben: „Dieser Offizier (Peress) hat sich geweigert, die Loyalitätsbescheinigung zu unterschreiben, und hat sich unter Berufung auf das verfassungsmäßige Privileg geweigert, Fragen über seine Zugehörigkeit zu subversiven Organisationen zu beantworten...". Über die Anwesenheit von Peress in der Armee sagte Zwicker: „Sie steht eindeutig im Widerspruch zu den Interessen der nationalen Sicherheit." Tage später, am 3. November, als Zwicker von der Beförderung von Peress erfuhr, schickte er ein zweites Schreiben an die First Army, in dem er darauf bestand, dass Peress ein kommunistischer Agent sei: „Eine am 15. April 1953 abgeschlossene Untersuchung hat ergeben, dass dieser Offizier ein bekannter und aktiver Kommunist in Queens N.Y. war." Diese Worte hatte er nur drei Monate, bevor er vor Joe McCarthy schwor, nichts über Peress' Beziehungen zum Kommunismus zu wissen, geschrieben. Es ist daher nicht verwunderlich, dass McCarthys Kollegen Zwicker für einen nützlichen Zeugen hielten und dass der Senator durch den Sinneswandel des Generals verunsichert war.

Entscheidung zu gratulieren, eine Gratulation, die natürlich auch von Eisenhower geteilt wurde, für den Hoffman sein engster Berater war. Aus dem Umfeld des Präsidenten erhielt John Adams den Auftrag, Informationen über das Verhalten von Roy Cohn und David Shine zu sammeln, den beiden Juden, die Sokolsky und die Hearst-Gruppe an die Seite von Senator McCarthy gestellt hatten. Der Auftrag wurde damit begründet, dass Cohn während der Ermittlungen in Fort Monmouth wegen seines Liebespartners in Konflikt mit der Armee geraten war. Homosexualität war damals beim Militär ein Tabuthema. Die Beziehung zwischen den beiden und das unberechenbare Verhalten von Cohn sollten dazu dienen, McCarthy weiter zu destabilisieren und seinen endgültigen Bruch mit der Armee zu provozieren.

Am 21. Januar 1954 hatte John Adams eine Sitzung im Büro des Generalstaatsanwalts Herbert Brownell abgehalten, an der unter anderem Eisenhowers Stabschef Sherman Adams, ein hochrangiger Freimaurer, teilnahm. Dort fand eine Unterrichtung über die Monmouth-Untersuchung statt, bei der Berater Adams behauptete, Cohn versuche, für Shine zu profitieren und habe sogar die Armee bedroht, indem er seine Position im Untersuchungsteam von Senator McCarthy nutzte. Sherman Adams forderte den Counselor auf, einen schriftlichen Bericht vorzulegen, was dieser am nächsten Tag tat. Der von ihm verfasste Text, den er in Auszügen der Presse zuspielte, enthielt eine Chronologie der Ereignisse in Bezug auf Cohns Aktivitäten und Shines Umgang mit McCarthys Ansichten und Handlungen.

Am 10. März erhob die Armee auf der Grundlage dieses Berichts öffentlich eine Reihe von Anschuldigungen, die sich im Wesentlichen auf Cohn bezogen, der mit McCarthys Duldung seine Macht im Unterausschuss des Senats ausgenutzt haben soll, um Shine zu begünstigen. Dies war der Auslöser für eine Reihe von Anhörungen zwischen April und Juni 1954, bei denen McCarthy sich gegen die Anschuldigungen der Armee verteidigen musste, die ihm und Cohn auf der Grundlage der von Counsel Adams und Minister Stevens vorgelegten Chronologie unehrliche Lobbyarbeit vorwarfen. McCarthy verteidigte sich mit dem Argument, die Army versuche, die Ermittlungen innerhalb der Army zu lähmen und das PSI, dem er vorstand, zu diskreditieren. Die Anhörungen wurden im Fernsehen übertragen, und rund zwanzig Millionen Menschen verfolgten das Spektakel täglich. Für die Dauer der Anhörungen, die etwa dreitausend Seiten gedruckter Protokolle ergaben, wurde Senator McCarthy vom Vorsitz der PSI abgesetzt. Sein Platz wurde vorübergehend von dem Republikaner Karl Mundt eingenommen.

Joe McCarthy musste zu seinem Bedauern feststellen, dass Minister Stevens, der ihn ursprünglich unterstützt hatte, auf Anweisung von Eisenhowers Gefolge handelte. Stevens sagte vierzehn Tage lang aus und erläuterte die Vorwürfe der Armee gegen McCarthy-Cohn; er konnte jedoch die angeblichen Drohungen gegen die Armee, die beiden Männern zugeschrieben wurden, nicht überzeugend begründen. Während der Anhörungen sagte Senator Everett Dirksen, ein Mitglied des McCarthy-Unterausschusses, aus, dass General Counsel John Adams und Gerald Morgan, ein Berater Eisenhowers, am 22. Januar 1954 an ihn herangetreten seien, um einen Teil der McCarthy-

Untersuchung zu unterdrücken. Dirksen behauptete, Adams habe ihm gegenüber erwähnt, dass die Armee eine Akte über Cohn und Shine besitze, und ihm gedroht, dass das Dossier sehr schädlich sein könnte, wenn es auf den Titelseiten der Zeitungen veröffentlicht würde. An diesem Punkt wurde John Adams klar, dass er nicht Eisenhowers Sündenbock sein durfte, und er enthüllte, dass Mitglieder des Eisenhower-Stabs ihm am Tag vor seinem Besuch bei Dirksen in einer Sitzung im Büro des Generalstaatsanwalts befohlen hatten, die Chronologie über Cohn und Shine zusammenzustellen.

Es war also klar, dass das Weiße Haus in die Verschwörung gegen McCarthy und in die Vertuschung der Subversion in der Regierung verwickelt war. Mit dem offensichtlichen Ziel, eine Untersuchung seiner eigenen Rolle zu verhindern, erließ Eisenhower am 17. Mai einen Erlass, in dem er sich auf den Verfassungsgrundsatz berief, dass der Präsident seinen Untergebenen verbieten könne, Informationen an den Kongress weiterzugeben. Am 27. Mai spielte McCarthy in aller Form auf Eisenhowers „gag order" an und forderte die Bundesbeamten auf, sich zu melden, wenn sie Informationen über Korruption oder Umsturz in der Regierung haben. In Bezug auf die Nachrichtensperre erinnerte er: „Der Eid, den jedes Mitglied der Regierung leistet, das Land gegen alle Feinde, ob im In- oder Ausland, zu schützen und zu verteidigen, überwiegt bei weitem jede Sicherheitsanweisung des Präsidenten." Die Antwort des Weißen Hauses kam am nächsten Tag. Eisenhowers Pressesekretär gab eine Erklärung an die Presse heraus, in der er McCarthy erneut mit Hitler verglich. Ein Vergleich, der einer Reihe von hochrangigen Kolumnisten gefiel, die ihn fortan ebenfalls verwendeten.

Dann erschien Joseph Welch auf der Bildfläche, eine schauspielerische Figur, deren perfekt abgemessener und kalkulierter Auftritt genau das war, was die Medien brauchten, um die Schikanen gegen Senator McCarthy zu vervollständigen und ihn zu demontieren. Joe Welch, ein Anwalt, der als Berater der Armee fungierte, ist dank seiner großartigen, im Fernsehen übertragenen Auftritte in die Geschichte eingegangen. Die schauspielerischen Fähigkeiten dieses berüchtigten Charakterdarstellers wurden 1959 bestätigt, als er die Rolle eines Richters in *Anatomie eines Mordes* übernahm, einem Hollywood-Film unter der Regie von Otto Preminger. In den Worten von Stanton Evans: „Welch behandelte das Ganze wie ein Melodrama, in dem Fakten und Vernunft eindeutig dem Bild und dem Eindruck untergeordnet waren. Vieles von dem, was er sagte und tat, war auf seine Vorstellung vom Prozess als einer Seifenoper ausgerichtet." Unter völliger Missachtung der Wahrheit log Welch beispielsweise unbeirrt vor den Fernsehkameras und erklärte, ein Teil des FBI-Berichts, in dem die Namen von mehr als dreißig in Fort Monmouth operierenden Subversiven genannt wurden, sei „eine Kopie von genau nichts", und obwohl FBI-Direktor Edgar Hoover gesagt hatte, er habe den Bericht geschrieben, bezeichnete Welch das Dokument als „perfekte Fälschung". Bei einer anderen Gelegenheit beschuldigte er McCarthy, ein manipuliertes Foto als Beweismittel vorgelegt zu haben. Dabei handelte es sich um ein echtes Foto von Shine, Stevens und Colonel Jack Bradley, das beschnitten und vergrößert worden war, um es deutlicher zu machen. Die Medien akzeptierten Welchs Version und ignorierten McCarthys Erklärungen.

Am 9. Juni 1954 spielte McCarthy auf einen Anwalt in Welchs Kanzlei, Fred Fisher, an, der Mitglied der National Lawyers Guild gewesen war, einer Organisation, die von der US-Staatsanwaltschaft als Hochburg der Kommunistischen Partei angesehen wurde. Fisher war nicht nur Kommunist, sondern wahrscheinlich auch Zionist: Er starb Jahre später in Tel Aviv, wohin er gegangen war, um einen von der israelischen Anwaltskammer gesponserten Vortrag zu halten. Welchs Gegenangriff war eine Attacke, die in Büchern und Videos immer wieder aufgegriffen wurde:

> „Bis zu diesem Moment, Senator, glaube ich nicht, dass ich Ihre Grausamkeit und Dummheit ganz verstanden habe. Fred Fisher ist ein junger Mann, der die Harward Law School besucht hat, zu meiner Kanzlei kam und eine brillante Karriere bei uns beginnt.... Ich hätte nie gedacht, dass Sie so unverantwortlich und grausam sein könnten, diesen Jungen zu verletzen..... Ich fürchte, er wird für immer die Narbe tragen, mit der Sie ihn unnötigerweise gebrandmarkt haben. Wenn es in meiner Macht stünde, Ihnen Ihre rücksichtslose Grausamkeit zu verzeihen, würde ich es tun. Ich halte mich für einen Gentleman, aber Ihre Vergebung muss von jemand anderem kommen."

McCarthy versuchte, die Hintergründe der National Lawyers Guild zu ergründen und mit einem lautstarken „tu quoque" auf die Anschuldigungen und die Schädigung des Rufs seiner Mitarbeiter durch Welch selbst zu antworten. Welch weigerte sich, zuzuhören und bestand auf den Beleidigungen gegen Fisher:

> „Lassen Sie uns diesen Jungen nicht weiter ermorden, Senator. Haben Sie denn gar keinen Anstand mehr? Haben Sie denn gar keinen Anstand?"

Nachdem er den Senator vor den Fernsehkameras, die die Anhörung übertrugen, als unanständig bezeichnet hatte, brach Welch in Tränen aus und wurde vom Publikum im Senatssaal beklatscht. Auf dem Weg aus dem Gerichtssaal weinte Welch erneut vor den Kameras der Pressefotografen. Die Zeitungen hoben übereinstimmend die große Menschlichkeit hervor, die Joe Welch zeigte, ein Mann, der von McCarthys Niedertracht schockiert war und von dem man nie erwartet hätte, dass er so kleinlich sein würde, um Fishers Karriere mit seinen Anschuldigungen zu ruinieren. Dass die Anschuldigungen des Senators wahr waren, interessierte die Medien nicht: Radio, Fernsehen und Zeitungen, traditionell in den Händen jüdischer Eigentümer, die der königlichen Macht gehorsam waren, hatten sich verschworen, um McCarthy zu Fall zu bringen, und würden nicht aufhören, bis sie es geschafft hatten. Scott Speidel von der Florida State University vertritt in einem Artikel mit dem Titel „How the Jewish Marxists in America Destroyed Joe McCarthy" die Auffassung, dass die Presse „seit Adolf Hitler nicht mehr so viel Hass auf eine öffentliche Person ausgegossen hat".

Der nächste Schritt der Anti-McCarthy-Verschwörer bestand darin, eine Verurteilung durch den Senat zu erreichen, um ihn endgültig zu diskreditieren und seine politische Karriere und seinen Ruf für immer zu ruinieren. Die Demokraten reichten dafür nicht aus, denn in der Öffentlichkeit war es wünschenswert, republikanische Senatoren zu gewinnen, die gegen ihn stimmen würden, um den Eindruck zu vermeiden, es handele sich um einen Parteienstreit. Die Wahl fiel vor allem auf Arthur Watkins, einen republikanischen Senator aus Utah, der den Vorsitz eines Sonderausschusses des Senats zur Untersuchung der Anschuldigungen gegen McCarthy übernehmen sollte, und Ralph Flanders, einen Senator aus Vermont, der seinen Kollegen im Senat heftig angegriffen und ihn, Cohn und Shine beschuldigt hatte, ein Trio von Homosexuellen zu sein. Flanders hatte auch nicht davor zurückgeschreckt, Ähnlichkeiten zwischen McCarthy und Hitler zu ziehen, was inzwischen gang und gäbe war. Wenige Tage nachdem den gemarterten McCarthy mit diesen Hetzreden überschüttet hatte, listete Flanders nicht weniger als dreiunddreißig konkrete Anschuldigungen gegen ihn auf, die die Grundlage für seine Zensur bilden sollten. Einige der Anschuldigungen waren so bizarr, dass einige Republikaner ihn fragten, woher sie stammten. Ohne die geringste Bescheidenheit gab Flanders zu, dass sie ihm vom NCEC (National Committee for an Effective Congress) übermittelt worden waren, dessen Alma Mater der zionistische Jude Maurice Rosenblatt war, ein erklärter Feind des Senators von Wisconsin und einer der Hauptagitatoren gegen ihn. Rosenblatt hatte das NCEC-Material extrahiert und Flanders hatte es lediglich im Senat vorgelesen. So begann der Weg zu McCarthys Kalvarienberg, der mit der Abstimmung am 2. Dezember 1954 enden sollte, die ihn ans Kreuz schlug.

So wurden die Senatsanhörungen gegen McCarthy unter republikanischer Kontrolle durchgeführt, obwohl einige Senatoren der Partei immer noch auf seiner Seite standen und eine Zensur nicht unterstützten. In den Jahren, in denen Joe McCarthy Truman die Stirn bot, konnte er zumindest auf die Unterstützung einer Mehrheit der Senatoren seiner Partei zählen; doch mit einem republikanischen Präsidenten im Weißen Haus, der sich gegen ihn stellte, war es zur Spaltung gekommen. Die Hauptstütze des NCEC in Eisenhowers Gefolge war wieder einmal Paul Hoffman, der als verdeckter Transmissionsriemen zwischen Rosenblatts Ausschuss und dem Weißen Haus fungierte, dessen Einfluss für die Ablehnung entscheidend war.

Die Führung des NCEC bei der Kampagne gegen McCarthy war so dreist, dass sie die finanziellen Ausgaben von Flanders und Co. übernahm. Stanton Evans gibt ein Budget der Organisation zur Deckung der Ausgaben vom 25. Juni bis zum 10. August 1954 wieder, das sich auf 23.650 Dollar beläuft, wovon 3.500 Dollar auf Anzeigen in drei Washingtoner Zeitungen entfielen. Derselbe Autor schreibt über die Verbindung zwischen Rosenblatt und Hoffman: „Hinter den Kulissen hatte Hoffman Rosenblatts Bemühungen mit finanziellen Beiträgen unterstützt. Inmitten der Zensurschlacht zeigte er jedoch öffentlich seine Verbindung, indem er die politische Verbindung zwischen dem NCEC und dem Weißen Haus hervorhob. Kurz nachdem Flanders seine Resolution gegen McCarthy eingebracht hatte, verfasste der NCEC ein weithin bekanntes Telegramm, in dem er auf die Unterstützung des Misstrauensantrags drängte, und Hoffman unterzeichnete es."

Ende September warfen viele von McCarthys verbliebenen Anhängern das Handtuch, als sie den Kampf als verloren ansahen. Obwohl einige seiner treuesten Freunde, die Senatoren William Jenner, Herman Welker und einige andere, die Vorgänge anprangerten, schlossen ihn seine Senatskollegen im November aus ihrem eigenen Ausschuss aus. Am 2. Dezember 1954 schließlich verurteilte ihn der Senat wegen „Verhaltens, das gegen die Traditionen des Senats verstößt". Das Abstimmungsergebnis war 67:22. Die Tatsache, dass sich unter den Verurteilungsstimmen 22 von Republikanern abgegebene Stimmen befanden, machte es möglich zu argumentieren, dass beide Parteien den Senator aus Wisconsin, der zu einer zu meidenden Person wurde, verurteilt hatten.

McCarthy war vier Jahre lang in einem Todeskampf gefangen, den er nie gewinnen konnte. Zu seinen Feinden gehörten zwei US-Präsidenten, das weltweite Medienimperium und schließlich die verdeckte Tyrannei, die den Kommunismus von Anfang an finanziert hatte und deren Lobbys das gesamte politische und wirtschaftliche Spektrum abdeckten. Joseph McCarthy starb im Alter von achtundvierzig Jahren am 2. Mai 1957, dreißig Monate nach seiner Verurteilung. Offenbar suchte er die falsche Zuflucht im Alkohol. Manche meinen, dass die Leere und Ausgrenzung, der er ausgesetzt war, seinen Lebenswillen schwächte. Andere behaupten, er habe sich zu Tode getrunken. In den darauffolgenden Jahrzehnten haben die Fälscher der Realität im Dienste der okkulten Macht es auf sich genommen, seinen Namen in den Mülleimer der Geschichte zu werfen, wo alle hingehören, die es gewagt haben, die Manipulationen und Verbrechen anzuprangern, die eine Kabale von Verschwörern über die Menschheit ausübt.

TEIL 5
DIE KONTROLLE DES KOMMUNISMUS
BERIA UND DIE ERMORDUNG STALINS

Die Figur des Stalin, Iosif Vissarionovich Dzhugashvili, ist eine der beeindruckendsten der Geschichte. Während seiner fast dreißigjährigen unbarmherzigen Machtausübung in Russland erwies er sich als ein furchterregender Polizist von unvergleichlicher Gerissenheit und Bosheit, der es verstand, sich all derer zu entledigen, die versuchten, ihn aus dem Weg zu räumen. Seine Fähigkeit, sich mit dem Trotzkismus und dem, was er vertrat, auseinanderzusetzen, seine Hartnäckigkeit bei der Aufgabe, seine Feinde systematisch auszuschalten, seine Intelligenz, als absoluter Diktator zu manövrieren und Widerstand zu leisten, sind erstaunlich, wenn man bedenkt, dass er, außer in den Jahren des Weltkriegs, mit globalen Kräften der Verborgenen Macht konfrontiert war, die ihn durch einen ihrer Agenten ersetzen wollten. So sehr die offizielle Geschichtsschreibung dies auch ignoriert, Stalin war sich bewusst, dass die trotzkistische Opposition beabsichtigte, Hitlers Aufstieg zur Macht auszunutzen, um einen Krieg mit Deutschland zu provozieren und die Kontrolle über die UdSSR zurückzugewinnen. Trotzki hatte keine Skrupel, öffentlich zu erklären, dass er und die Opposition im Falle eines Krieges Stalin entmachten und dann die Verteidigung organisieren würden, die den endgültigen Sieg ermöglichen würde[27].

Die Tatsache, dass von allen großen Mördern des Kommunismus - Trotzki, Lenin, Yagoda, Kaganóvich, Beria, Mao Tse-tung und viele andere - nur Stalin in den Augen der internationalen Öffentlichkeit kritisiert wird, ist äußerst aufschlussreich. Yagoda, Kaganóvich und Beria, drei Juden, die zu den größten Verbrechern aller Zeiten zählen, sind der breiten Öffentlichkeit nicht einmal bekannt. Trotzki und Lenin, deren Verbrechen in keiner Weise die ihrer Glaubensbrüder schmälern, bleiben in vermeintlich fortschrittlichen Kreisen auf der ganzen Welt emblematische und geachtete Figuren. Was Mao Tse-tungs schreckliche Massaker in China betrifft, so wird weder an sie erinnert noch

---

[27] Isaac Deutscher, ein polnischer Schriftsteller und Historiker jüdischer Herkunft, der als Trotzkist gilt, schrieb Biografien über Stalin und Trotzki. In *Stalin* schreibt er: „In der höchsten Krise des Krieges hätten die Führer der Opposition, wenn sie noch am Leben gewesen wären, in der Tat in der Überzeugung handeln können, dass Stalin den Krieg auf inkompetente und verhängnisvolle Weise führte, sei es wahr oder falsch. Hatte nicht Trotzki in seiner „Clemenceau-These" ein solches Vorgehen gegen Stalin vorausgesehen? Stellen wir uns einen Moment lang vor, die Führer der Opposition hätten die Niederlage der Roten Armee in den Jahren 1941 und 1942 überlebt und miterlebt, mit Hitler vor den Toren Moskaus und Millionen von Soldaten in deutscher Gefangenschaft, mit einem Volk in einer gefährlichen moralischen Krise wie im Herbst 1941, als die Zukunft der Sowjetunion auf dem Spiel stand und Stalins Autorität auf dem Tiefpunkt war. Es ist möglich, dass sie dann versucht hätten, Stalin zu stürzen". Das war genau der Plan, der in den Moskauer Prozessen aufgedeckt wurde. Das war die ursprüngliche Idee, als die jüdischen Wall-Street-Banker Hitler finanzierten.

angeprangert. Lediglich die Verbrechen Stalins werden mit einiger Regelmäßigkeit von den Medien aufgedeckt, deren Propaganda sich seit siebzig Jahren darauf konzentriert, das inhärent Böse des Nationalsozialismus und das beispiellose Leid der Juden bis zur Erschöpfung darzustellen.

Die Beseitigung zahlreicher trotzkistischer Juden, die seit Lenins Tod nach und nach von der Macht verdrängt worden waren, war eine außergewöhnliche Machtdemonstration Stalins, des einzigen „Bösewichts" im internationalen Kommunismus. Die Moskauer Prozesse, die von der Weltpresse als „Schauprozesse" bezeichnet wurden, zeigten denjenigen, die die Realität sehen wollten, dass es alle möglichen Manöver gab, um Stalin aus dem Kreml zu vertreiben. Nach dem Zweiten Weltkrieg kam die Frage seiner Ablösung als Oberhaupt der UdSSR allmählich wieder auf, vor allem als klar wurde, dass er nicht die Absicht hatte, seine Allmacht an jemanden abzutreten. Als Stalin erkannte, dass jüdische Agenten wie schon vor dem Krieg im Verborgenen intrigierten, um ihn loszuwerden, blieb er bei seinen alten Methoden und nahm die Politik der Verhaftung und Ermordung seiner Gegner wieder auf. Der Vorwurf des Antisemitismus tauchte überall auf. Heinz Galinsky, Vorsitzender der Jüdischen Gemeinde zu Berlin, brachte das Problem jedoch auf den Punkt: „Im Gegensatz zum nationalsozialistischen Antisemitismus", so Galinsky, „hat das kommunistische Vorgehen gegen die Juden keinen rassischen, sondern einen politischen Charakter. Mit anderen Worten: Stalin verfolgte die Juden nicht, weil sie Juden waren, sondern weil diejenigen, die ihn vernichten wollten, Juden waren, die für die okkulten Kräfte arbeiteten, die den Kommunismus von Anfang an finanziert hatten.

Nach dem Zweiten Weltkrieg begannen schon bald die Intrigen um die Nachfolge Stalins, die von einigen der Führer des Zentralkomitees und des Politbüros angeführt wurden. Die führende Figur der Verschwörung war Lavrenti Beria, ein Georgier wie Stalin. Von seiner Position als Volkskommissar für innere Angelegenheiten aus, die er seit dem 25. November 1938 innehatte, hatte er die Kontrolle über die Polizei und den Geheimdienst NKWD, was ihm die Hebel in die Hand gab, um nach dem ersehnten Ableben des unzerstörbaren Herrschers des Kremls die Macht zu übernehmen. Wie wir sehen werden, sind sich fast alle Wissenschaftler einig, dass er der Hauptverdächtige bei der Ermordung Stalins war. Vor der Beschreibung des Kampfes, der sich entwickelte, ist ein Rückblick auf die Person Beria, einen der brutalsten und skrupellosesten Massenmörder des Kommunismus, obligatorisch.

Lawrenti Pawlowitsch Beria

Als Stalin beschloss, gegen die zionistischen und/oder trotzkistischen Juden vorzugehen, die seine Führung in den von der Roten Armee „befreiten" europäischen Ländern in Frage stellten, begann auch den Juden zu misstrauen, die in der UdSSR selbst in führenden Positionen verblieben. Adburahman Avtorkhanov, ein Spezialist für die stalinistische Zeit, schreibt in *Staline assassiné. Le complot de Béria*, dass Stalin davon überzeugt war, dass überall zionistische Spione eingeschleust waren, und sie als potenzielle Verschwörer betrachtete. Dem Autor zufolge studierte Stalin die Familienstammbäume von Mitgliedern der Kommunistischen Partei bis in die zweite und sogar dritte Generation und versuchte, Juden unter ihren Vorfahren zu entdecken. Auf diese Weise entdeckte er, dass Berias Mutter als georgische Jüdin aufgeführt war. Da, wie bereits erwähnt, bei Juden die Mutter die ethnische Zugehörigkeit bestimmt, war Lavrenti Beria also Jude. Seine Mutter Tekle, die in Uria Sopeli, einem von Juden bewohnten Dorf, geboren wurde, brachte ihn am 29. März 1899 in Merkheuli zur Welt, einem Dorf in Abchasien, einer Region Georgiens, die von den Mingreliern, einem alten kaukasischen Stamm, bewohnt wird.

Im Alter von sechzehn Jahren reiste Beria mit dem Zug achthundert Kilometer vom Schwarzen Meer zum Kaspischen Meer, in die Weltstadt Baku, wo er an der Höheren Schule für Mechanik und Bauwesen, dem so genannten „Technicum", studierte. Dort kam er in Kontakt mit marxistisch-revolutionären Studenten, die zum Sturz des Zaren aufriefen, wie Wsewolod Merkulow, mit dem er sich anfreundete und der einer seiner Vertrauten wurde, Mir Dschafar Bagirow und Jewgeni Dumbadse, den er Jahre später ermorden sollte; gleichzeitig wurde er aber auch ein Vertrauter der Ojrana, der zaristischen Geheimpolizei. Thaddeus Wittlin stellt in *Kommissar Beria* fest, dass Beria, als im Februar 1917 in Russland die Provisorische Regierung unter Fürst Lemberg gebildet wurde, „es für klüger hielt, sich mit beiden Seiten gut zu stellen, und begann, mit zwei Karten zu spielen", d. h. im Alter von achtzehn Jahren, als er sich bereits wie ein Erwachsener verhielt, begann er, sowohl für die Ojrana als auch für die bolschewistischen Verschwörer zu arbeiten, deren Führer Beria als einen der ihren betrachteten.

Nach der Oktoberrevolution erklärten sich die drei kaukasischen Länder Aserbaidschan, Georgien und Armenien nach der Erklärung Lenins, die das Recht auf Selbstbestimmung garantierte, für unabhängig. In Aserbaidschan, dessen kaspische Ölquellen von internationalen Unternehmen ausgebeutet wurden, reagierten die Sowjets jedoch bald und setzten am 25. April 1918 in Baku den Rat der Volkskommissare ein, der sich Kommune Baku nannte und versuchte, im ganzen Land die Diktatur des Proletariats durchzusetzen. Stalin erklärte, dass Baku „die Festung der Sowjetmacht in Transkaukasien" werden sollte. Dann kam die Reaktion der Mussavatisten, die von den Briten unterstützt wurden. Die Kämpfe in der Hauptstadt waren äußerst erbittert und wurden Straße für Straße ausgetragen. Ende Juli 1918 hörte die bolschewistische Regierung in Baku auf zu existieren. Bald darauf rückten britische Regimenter unter dem Kommando von General Lionel Charles Dunsterville in Baku ein und besetzten die Stadt, deren Hafen das Zentrum des Erdölimperiums war. Die sechsundzwanzig Kommissare der Bakuer Kommune wurden verhaftet. Es wurde eine provisorische Regierung gebildet, die sich „Zentral-Kaspische Diktatur" nannte und in den Händen der aserbaidschanischen Mussavatisten bis April 1920 bestand. In diesen Jahren kam Beria in Baku in Kontakt mit dem britischen Geheimdienst, für den er ab 1919 arbeitete.

Nikita Chruschtschow bestätigte bei mehreren Gelegenheiten, dass Beria ein britischer Agent war. Sowohl der bereits erwähnte A. Avtorkhanov als auch Anton Kolendic, Autor von *Les derniers jours. De la mort de Staline à celle de*

Beria (März-Dezember 1953), beziehen sich auf die Umstände, unter denen Chruschtschow die Mitgliedschaft Berias in der britischen Spionage öffentlich bekannt gab. Kolendic gibt die Äußerungen Chruschtschows beim Abschlussessen des 22. Parteitags der KPdSU wieder, der 1961 in Moskau stattfand und auf dem er erneut zum Generalsekretär der Partei gewählt wurde. Bei dieser Gelegenheit schilderte Chruschtschow, wie die Verhaftung Berias während der Sitzung des Politbüros in der Nacht vom Samstag, dem 21. auf den Sonntag, dem 22. Juni 1953 stattfand: „Ich habe in meinem Leben viele Dinge gesehen", sagte der Generalsekretär, „aber diese weiße, erschöpfende Nacht werde ich nie vergessen...". Das Folgende ist dem Buch von Kolendic entnommen, in dem Chruschtschow beim Abendessen im Oktober 1961 erzählt, wie er Beria 1953 vor seinen Genossen im Politbüro beschuldigte, für die Briten gearbeitet zu haben:

> „-... Deshalb, Genossen, schlage ich vor, dass wir zunächst die Diskussion über den Fall des Genossen Beria.... aufnehmen.
> Alle stimmten zu, einige laut, andere mit Applaus, einige nickten mit dem Kopf... Beria, der allein war, war beunruhigt, überrascht, einfach überrumpelt. Er saß neben mir, ergriff freundschaftlich meinen Arm und murmelte:
> - Aber was ist mit dir los, Nikita, welcher böse Geist treibt dich an? Was bedeuten diese Witze?
> Ich stieß seinen Arm weg und antwortete ihm mit lauter Stimme, so dass alle es hören konnten:
> - Passen Sie auf, Sie werden es verstehen!
> Ich habe dann erklärt:
> - Was heute in Ost-Berlin geschieht, die Tatsache, dass Lavrenti Beria die Interessen der Sowjetunion verraten und verkauft hat, ist kein Zufall, nicht einmal ein einfacher Fehler. Nein! Es ist Beria! Ich möchte Sie zunächst an das Plenum des Zentralkomitees von 1937 erinnern. Damals hatte ein Mitglied des Zentralkomitees, der Genosse Grisha Kaminski, Beweise dafür vorgelegt, dass Beria, der damals für das Politbüro kandidierte, für die britische Spionage gearbeitet und mit den Mussavatisten kollaboriert hatte, und dass sein Fall deshalb nicht von der Partei, sondern vom Generalstaatsanwalt der Republik zu untersuchen sei. Was ist passiert, Genossen? Anstatt eine Untersuchung einzuleiten, wurde Beria ins Politbüro gewählt und Grischa Kaminski verschwand nach dem Plenum spurlos. Man hat nie wieder von ihm gehört."

Die gleichzeitige Zusammenarbeit Berias mit den Sowjets und den moslemischen Nationalisten war wahrscheinlich eine Voraussetzung für seine Arbeit für den britischen Geheimdienst. In *„Stalin ermordet"* bestätigt Avtorkhanov die Beziehungen Berias zu den aserbaidschanischen Nationalisten und erinnert daran, dass Chruschtschow bereits im Geheimbericht an den 20. Parteitag der KPdSU, der nicht in die offiziellen Berichte und Entschließungen des Parteitages aufgenommen wurde, weil er am 25. Februar 1956 in nichtöffentlicher Sitzung verfasst wurde, über die Denunziation Berias durch den Volkskommissar für Gesundheit, Grisha Kaminsky, berichtete. Bei dieser Gelegenheit wurde Chruschtschow präziser und teilte mit, dass Kaminsky unmittelbar nach dem Plenum des Zentralkomitees verhaftet und erschossen wurde.

Ende 1919 verließen die Briten das Gebiet und überließen Aserbaidschan den Mussawatisten, die als einzige legale Regierung des Landes anerkannt wurden. Die Sowjets wollten mit Lenins Recht auf Selbstbestimmung der Völker nichts zu tun haben, und sobald die Briten abzogen und die Nationalisten ohne ihren Schutz dastanden, begannen sie, einen Staatsstreich vorzubereiten. Im Morgengrauen des 20. April 1920 marschierte die XI. sowjetische Armee unter dem Kommando von Kirow und seinem Adjutanten Komandarm Gekher in Baku ein und nahm die Stadt ein. Noch am selben Tag wurden die Mitglieder der Regierung der Aserbaidschanischen Nationalrepublik verhaftet und im Gefängnishof von Bailow hingerichtet. Die Roten Soldaten erhielten einen Freibrief für ihr Vorgehen gegen die Bourgeoisie.

In *Kommissar Beria* schreibt Thaddeus Wittlin: „Bald wurden die Fenster und Türen der Häuser der Reichen eingeschlagen, Klöster wurden demoliert und geplündert. Nonnen wurden gezwungen, nackt zu tanzen, bevor sie vergewaltigt und erschossen wurden. Viele Häuser der Bourgeoisie und der wohlhabenden Schichten wurden geplündert und ihre Frauen ebenfalls vergewaltigt". In der Nacht vom 20. auf den 21. April erleuchteten die Flammen der verbrannten Häuser die Hauptstadt, und im Morgengrauen lagen die Leichen der mit Bajonetten aufgespießten oder erstochenen Einwohner verkohlt in den Ruinen. Beria, der seinem Grundsatz treu blieb, sich auf die Seite der Machthaber zu stellen, spielte eine zentrale Rolle bei der von seinen bolschewistischen Freunden entfesselten Unterdrückung. Da er als britischer Agent in Kontakt mit den Nationalisten stand, konnte er schwarze Listen von Personen erstellen, die mit der aserbaidschanischen Regierung kollaboriert hatten.

Der sechs Tage andauernde Terror ist als „Woche der Vernichtung der Bourgeoisie" in die Geschichte eingegangen. Alle Offiziere der Nationalen Armee Aserbaidschans wurden verhaftet und inhaftiert. Auch die Offiziere wurden aus ihren Wohnungen geholt, in Lastwagen verladen und ins Gefängnis gebracht. Das Bailov-Gefängnis war so überfüllt", schreibt T. Wittlin, „dass man nicht einmal auf dem Boden sitzen konnte. Männer, Frauen und Kinder, junge und alte, gesunde und kranke, mussten aufrecht stehen, zusammengepfercht,. Nicht nur die Zellen, sondern auch die Gänge und Räume, die Toiletten, die Waschküche, die Lagerräume und die Krankenstation waren voll. All diese Orte wurden in Massenzellen verwandelt". Bald wurde das Gefängnis jedoch evakuiert. Die Häftlinge wurden mit Booten auf die Insel Nargen gebracht, wo die Massenmorde begannen, ausgeführt von Maschinengewehrkolonnen, die ohne Unterscheidung von Alter oder Geschlecht auf Gruppen von hundert oder zweihundert Menschen schossen, die neben zuvor geöffneten Gräben aufgereiht waren, in die die Leichen fielen. Zwei kleine Dampfer fuhren zwei- bis dreimal am Tag vom Hafen zur Insel. Die von Serge Ordzhonikidse geleitete Operation wurde vom Komsomol (Kommunistische Jugend) in Baku durchgeführt, dessen wichtigste Führer Dumbadse, Bagirow und Dekanozow waren, unterstützt von Lavreni Beria, den T. Wittlin weist auf einen der Verantwortlichen für die Massaker hin: „Die von Lavrenti Beria erstellten Listen und anderen Dokumente - so Wittlin - enthielten die Namen und Adressen sowie die angeblichen

Anklagen gegen die Personen, die Beria als Feinde des Sowjetregimes betrachtete und bezeichnete".

Beria glaubte weder an Gott noch an Marx. Gelehrte beschreiben ihn übereinstimmend als kalten, berechnenden Mann ohne Ideologie. In der Tat positionierte sich Beria, während im Kaukasus die Ungewissheit über das Endergebnis anhielt, allmählich in der Nähe der Machthaber; ab Mai 1920 wurde jedoch klar, wohin er gehörte, und er wurde endgültig Kommunist. Auf dem bereits erwähnten Abendessen im Oktober 1961 sagte Chruschtschow über ihn: „Beria war nie ein Kommunist, sondern ein berechnender, egoistischer Karrierist, der in unserer Partei die ideale Möglichkeit sah, seine Pläne als Größenwahnsinniger, Verbrecher und Spion zu verwirklichen". Wie dem auch sei, im Mai 1920 begann Beria eine Karriere, die ihn im Laufe von dreiunddreißig Jahren zum gefürchtetsten und mächtigsten Mann in der UdSSR nach Stalin machen sollte. Es war Ordschonikidse, der Berias Talent in den Tagen der Massaker auf der Insel Nargen erkannte und ihm eine Stelle als stellvertretender Leiter der Abteilung für geheime Operationen anbot, die mit der Leitung des Gefängnisses von Bailow verbunden war, wo er sein Büro einrichtete.

Dort sammelte er Erfahrungen als Vernehmungsbeamter und Folterer. Aus dieser Zeit gibt es Zeugenaussagen darüber, wie er bei Verhören mit den Mädchen vorging: Er schlug sie nicht nur, sondern zwang sie, sich mit dem Gesicht nach unten auf den Boden zu legen, ihre Schuhe auszuziehen und ihre Röcke hochzuziehen, bis ihre Unterwäsche frei lag. Beria stellte einen Fuß auf den Hals des Opfers und peitschte mit einer Reitpeitsche ihr Gesäß und ihre Beine. Sein Biograph Taddeus Wittlin, der in den Jahren 1941-42 eine von Beria gefolterte Frau im Häftlingslager Vorkuta kennenlernte, schreibt dazu folgendes:

> „Die Auspeitschung der Mädchen erregte Beria sexuell, und zwar nicht nur, weil sie halbnackt vor ihm standen. Es besteht kein Zweifel daran, dass ein halbnacktes Mädchen einen jungen Mann von einundzwanzig Jahren, wie Lavrenti Beria es damals war, anmacht. Aber das war nicht der Hauptgrund, warum Beria davon betroffen war: Nach einigen Peitschenhieben färbte sich der Körper des Opfers lila, begann an einigen Stellen zu bluten, und schließlich, als das Mädchen die Schmerzen nicht mehr ertragen konnte, musste dem Ruf der Natur gehorcht werden. Der Anblick der Exkremente war nicht angenehm, und auch der Geruch war es nicht. Der wahre Grund für Berias Vergnügen war die Jugend des Opfers. Je verlassener, jünger und unschuldiger das Mädchen war, desto begehrenswerter und erregender war es und desto größer war das Vergnügen für Beria. Obwohl Beria ein reifer, starker Mann war, der mit einer animalischen Wollust ausgestattet war, hatte er ein strenges, spartanisches Leben geführt, und bis dahin waren seine sexuellen Erfahrungen begrenzt gewesen".

Innerhalb weniger Monate schlugen Anastas Mikojan und Ordschonikidse, seine mächtigsten Freunde, Beria als Belohnung für seine Arbeit im Bailow-Gefängnis die Beförderung zum Leiter der Abteilung für geheime Operationen und zum stellvertretenden Vorsitzenden der aserbaidschanischen Tscheka vor. Sein Aufstieg setzte sich 1921 fort, und im Juli, nach dem Fall Georgiens an die Sowjets, wies Stalin Ordschonikidse persönlich an, Beria, den er in Tiflis kennen gelernt hatte, zum Leiter der georgischen Tscheka zu ernennen. Er ließ sich jedoch erst im November 1922 in der georgischen Hauptstadt nieder, wo sich das Hauptquartier der Tscheka im Staatsgefängnis in der Olginskaja-Straße befand. Er nahm die wichtigsten Akten und Dokumente aus seinem Geheimarchiv mit. Schon bald wurde er mit der Feindseligkeit vieler Georgier gegenüber dem Sowjetregime konfrontiert: Menschewistische Netzwerke, Hafenarbeiter in Batumi, Tausende von Arbeitern in den Kohle- und Manganminen von Tschatura, Offiziere der ehemaligen nationalistischen Armee und Unabhängigkeitsbefürworter standen im Zentrum der nationalistischen und antibolschewistischen Bewegung. Beria begann mit der stillen Verhaftung von Intellektuellen und Oppositionsführern. Ursprünglich hatte er die Aktivitäten der Oppositionellen zugelassen, um sie zu besiegen und die Lorbeeren zu ernten.

Im Frühjahr 1923 tötete Beria in Suchumi, der Hauptstadt Abchasiens, zum ersten Mal einen Menschen durch einen Schuss in die Schläfe. Die Episode wird in *Kommissar Beria* ausführlich geschildert. Das Opfer war ein Lebensmittelhändler namens Ierkomoschwili, für den Berias Mutter gearbeitet hatte. Er und seine Frau hatten Tekle finanziell unterstützt, damit ihr Sohn, den sie „Lara" nannten, in Baku studieren konnte. Statt Dankbarkeit empfand Beria Hass und Abneigung gegen die beiden, so dass er beschloss, den Kaufmann antisowjetischer Aktivitäten zu beschuldigen und ihn zu inhaftieren. In der Überzeugung, dass „ihr lieber Junge" ihren Mann befreien würde, meldete sich Maro Ierkomoschwili als Fürsprecherin. Beria verhörte den Kaufmann im Beisein seiner Frau Maro. Nachdem er die Frau geohrfeigt und ihr vor seinen Augen zweimal ins Gesicht geschlagen hatte, befahl er dem Wachmann, den Gefangenen wieder wegzubringen. Beria ging dann in den Keller hinunter. Nach der Schilderung von T. Vittlin „befahl er dem ihn begleitenden Polizisten, draußen zu bleiben, und betrat die Zelle. Er nahm die Pistole aus dem Holster, spannte sie, setzte sie dem alten Mann an die Schläfe und drückte ab. Dann ging er hinaus. Diese erste Hinrichtung war paradigmatisch, da Beria seine Opfer stets mit größter Ruhe und ohne die geringste Aufregung oder Emotion hinrichtete, als handele es sich um eine unwichtige und unbedeutende Handlung.

Beria hatte Informationen über die Vorbereitungen für einen Aufstand, der von einem Untergrund-Nationalkomitee unter der Leitung des nationalistischen Generals Valiko Dzugheli organisiert wurde. Der Termin wurde auf den 25. August 1924 festgelegt, weshalb er zwei Tage zuvor die Verhaftung von General Dzugheli anordnete. Angesichts dessen griff Oberst Tscholokaschwili am 24. August die Kaserne der Roten Armee an. Viele Fischer, Bauern und Studenten schlossen sich den Patrioten an, und es kam zu Kämpfen in der Hauptstadt und anderen größeren Städten. In Tiflis gaben die sowjetischen Truppen die Kasernen auf und verließen die Stadt. Innerhalb von zehn Tagen begannen die Aufständischen jedoch zu weichen, und diejenigen, die nicht in die Türkei flohen, wurden gefangen genommen. Die Gefangenenlager, von denen viele verwundet waren, füllten sich schnell, und Beria, dessen Verhöre dazu dienten, weiterhin Daten und Namen für sein berühmtes Archiv zu sammeln, begann, Hinrichtungen anzuordnen, die sich über mehrere Monate hinzogen. Nachts verließen Lastwagenladungen von Verurteilten das Staatsgefängnis. Sie wurden zu einer Lichtung am Stadtrand von Tiflis gefahren, wo sie in Gruppen von fünfzig oder sogar hundert Personen an vorbereiteten Gräben erschossen wurden. *Das Schwarzbuch des Kommunismus* gibt die Zahl von 12.578 Menschen an, die vom 29. August bis zum 5. September 1924 erschossen wurden. Beria war häufig bei diesen summarischen Exekutionen anwesend und sah zu, bis die Toten begraben waren. Im Frühjahr 1925 endeten die Massenmorde. Beria, der Herr über Leben und Tod, war zum gefürchtetsten Mann in Georgien geworden.

Sowohl Anton Kolendic als auch Thaddeus Wittlins Werke über das Privatleben Berias, ein Tabuthema, über das nie berichtet wurde, bieten einige Einblicke in die Tatsache, dass er ein Verbrecher im wahrsten Sinne des Wortes war. Letzterer erzählt in *Kommissar Beria*, wie er sich seine Frau Nina ausgesucht hat. Als Tekle im Sommer 1929 in dem Dorf Merkheuli starb, reiste Beria in seinem speziellen Luxuszug nach Abchasien, der aus drei Pullman-Wagen bestand: einer diente als Schlafwagen, ein anderer hatte eine Bar und ein Restaurant, und der dritte war ein voll ausgestatteter Salon. Auf dem Rückweg nach Tiflis wurde der Zug im Bahnhof Suchumi auf einem Abstellgleis geparkt, wo Beria einige Tage blieb, um seine Geschäfte zu erledigen. Da er im Zug wohnte, sprach ihn im zentralen Abfertigungsgebäude ein hübsches sechzehnjähriges Mädchen an, das davon überzeugt war, dass der allmächtige Tscheka-Chef, ihr Landsmann, sich für ihren kürzlich verhafteten Bruder einsetzen könnte. Beria lud sie in den luxuriösen Schlafwagen ein und forderte das Mädchen auf, sich auszuziehen. Nachdem er sie geohrfeigt hatte, vergewaltigte er sie. Dann sperrte er sie ein und ging in den Speisewagen, um unter ein Abendessen und Wodka zu bestellen. Als er zurückkam, verbrachte er die ganze Nacht mit ihr. Im Morgengrauen bestellte er vor seiner Abreise ein Frühstück für zwei Personen. Während der Tage, die er in der Stadt blieb, behielt er seine junge Gefangene im Zug. Schließlich beschloss er, sie mit nach Tiflis zu nehmen und sie zu seiner Frau zu machen.

Anton Kolendic schreibt, dass das Privatleben des „Schwertes der Revolution", ein Spitzname, den ihm Stalin selbst gab, „besonders gut geschützt und geheim gehalten wurde. Niemand konnte es durchdringen, und niemand hatte den Mut, dies zu tun". Erst als Beria im Juni 1953 verhaftet wurde, wagten es einige, seine schmutzigen Tricks anzuprangern. Chruschtschow berichtet, dass Malenkow ihm wenige Tage nach der Verhaftung Berias gestand, der Chef seiner Garde habe sich mit folgenden Worten an ihn gewandt: „Ich habe soeben erfahren, dass Beria verhaftet worden ist. Ich muss Ihnen sagen, dass er meine schöne Tochter, ein fünfzehnjähriges Mädchen, vergewaltigt hat. Eines Nachmittags ging er auf einen Botengang. Meine Wohnung liegt neben der von Beria. Ein Kerl hat sie angesprochen und gezwungen zu gehen. Ein Mann hat sie belästigt und sie gezwungen, zu Beria zu gehen. Er wartete auf sie und überredete sie, mit ihm etwas zu essen. Er zwang sie zu trinken und als sie einschlief, vergewaltigte er sie." Schon bald häuften sich ähnliche Aussagen, die von Vergewaltigungen von Mädchen und Frauen berichteten, die Beria, immer auf die gleiche Weise, fütterte, betrunken machte und vergewaltigte. Es muss ausgeschlossen werden, dass Malenkow und Chruschtschow eine Reihe von Verleumdungen gegen den gefallenen Feind erfunden haben, denn, wie Kolendic schreibt, „wurde ein Dossier mit mehr als zweihundert Einzelberichten über die Verderbtheiten, Perversionen und intimen Beziehungen zu Mädchen, jungen Frauen und Frauen zusammengestellt". In allen Fällen enthielten die Zeugenaussagen sehr harte Aussagen, die meist mit dem gleichen Argument endeten: „Bis jetzt habe ich mich nicht getraut, jemandem etwas zu sagen, geschweige denn mich zu beschweren oder anzuklagen, weil...".

Als sich herausstellte, dass Stalin sich als Nachfolger Lenins etabliert hatte, arbeitete Beria methodisch seine Strategie aus, um sich bei ihm beliebt zu machen. Zu Ehren des sowjetischen Diktators nannte er den Sohn, den er mit Nina hatte, Joseph. Obwohl er Stalin eigentlich hasste, den er für einen groben und vulgären Kerl hielt, der nach billigem schwarzen Tabak stank, zögerte er nicht, sich unterwürfig und schäbig zu verhalten, um sein Vertrauen zu gewinnen. Im November 1931 ernannte ihn das Zentralkomitee in Moskau zum ersten Sekretär der georgischen kommunistischen Partei. Beria reiste in die Hauptstadt, um Stalin persönlich für sein Vertrauen zu danken. Da er in dem Fragebogen, den er ausfüllen musste, angeben sollte, wie lange er schon Mitglied der Partei war, schlug Stalin vor, das Jahr 1917 anzugeben. Von da an wurde Beria zu einem Vollstrecker der Kremlpolitik im Kaukasus. Um Stalin zu gefallen, entwarf er ein Loblied auf Stalin: „*Frühe Schriften und Aktivitäten Stalins: Zur Geschichte der bolschewistischen Organisationen in Transkaukasien*", ein Werk, das Stalin zu einem Helden der Revolution und einem Gott des Kommunismus machte, in dem die historische Wahrheit am unwichtigsten war.

In den 1930er Jahren legte Beria also den Grundstein für seinen Aufstieg an die Spitze des NKWD, der 1934 die Nachfolge der Tscheka, der GPU und der OGPU antrat. Die Ermordung Kirows, die Moskauer Prozesse und die Säuberung des Trotzkismus und der Roten Armee waren die Ereignisse, die seine Loyalität zu Stalin auf die Probe stellten. Beria beschloss daraufhin, eine neue Säuberungsaktion in Transkaukasien durchzuführen, um dem obersten Führer zu zeigen, dass er bei der Beseitigung unerwünschter Personen auf ihn zählen konnte. Nach dem Sturz Yagodas wollte er dessen Platz einnehmen, und die Ernennung Jeschows war für ihn eine Enttäuschung, aber er war geduldig und wartete auf seine Chance. Jeschow war sich durchaus bewusst, dass seine Position als Innenkommissar und Direktor der Geheimpolizei nicht sicher war, solange Beria auf der Lauer lag, und stellte ihm mehrere Fallen, um ihn zu beseitigen, was ihm jedoch nicht gelang. Am 28. Juli 1938 rief Stalin Beria persönlich an und befahl ihm ohne weitere Erklärung, sich in Moskau zu melden. Beria hegte den Verdacht, dass Jeschow hinter der Affäre steckte und verhaftet werden könnte. Er wusste, dass Jeschow ihn hasste und ihn auf seiner schwarzen Liste hatte. Er dachte, er könnte eine Denunziation gegen ihn vorbereitet haben, um Stalin von der Notwendigkeit zu überzeugen, ihn loszuwerden. Ein Beweis für sein Misstrauen ist der Befehl an Bogdan Kobulow, einen seiner engsten Mitarbeiter, seine Geheimakten zu vernichten, falls er nicht zurückkehren würde.

Bei seiner Ankunft in Moskau wurde er von General Alexander Poskrebyschew, Stalins persönlichem Sekretär und Leiter der Sonderabteilung der Geheimabteilung des Parteisekretariats, am Bahnhof von Kasan erwartet. Poskrebyschew, der dem so genannten „Geheimen Kabinett" angehörte, genoss das vollste Vertrauen des Diktators und war von ihm gelegentlich dazu benutzt worden, prominente Personen ohne Gerichtsverfahren zu beseitigen. Beria war nicht ganz beruhigt, bis er erfuhr, dass sein Ziel der Kreml war. Dort teilte ihm Stalin mit, dass er beschlossen habe, ihn nach Moskau zu versetzen, um ihn in der Lubjanka an der Seite von Kommissar Jeschow einzusetzen. Sein Posten sollte der eines stellvertretenden Kommissars sein, was ihn zur Nummer zwei im Kommissariat machte. Die Tatsache, dass der Chef ihn zum Stellvertreter des Mannes ernannt hatte, der versucht hatte, ihn zu beseitigen, wurde von Beria als Zeichen der Zustimmung interpretiert. Stalin hatte ihn zweifellos aus Tiflis geholt, um Jeschows Nachfolger zu werden. Am 25. November 1938 wurde Beria zum neuen Kommissar für innere Angelegenheiten und Leiter des NKWD ernannt. Jezhov wurde zum Kommissar für Wassertransport ernannt, ein Rückschritt in seiner Karriere, der seinen Sündenfall beweist.

Die erste Maßnahme, die Beria als neuer NKWD-Chef ergriff, war eine radikale Säuberung des Tscheka-Apparats: Alle Kollaborateure und viele Beamte, die unter Jezhov tätig waren, dessen Tage ebenfalls gezählt waren, wurden verhaftet. Tausende alter Tschekisten wurden erschossen oder in Arbeitslager gesteckt. Die Politik, seine Gegner zu vernichten und seine Anhänger in Schlüsselpositionen zu bringen, ermöglichte es ihm, in kurzer Zeit das ganze Land unter seine Kontrolle zu bringen. Als er an die Macht kam, bewies Beria seine Fähigkeit, die Arbeit und die Leistung der Häftlinge zu organisieren und zu optimieren, die unter der Kontrolle der Höheren Verwaltung der Zwangsarbeitslager, GULAG („Glavnoye Uprovlenye Lagerey"), standen. Ziel des kommunistischen Staates war es, die Versklavung von Millionen seiner eigenen Bürger zu nutzen, um zu möglichst niedrigen Kosten zu produzieren. Für jede Brigade von Arbeitern wurden spezifische Standards festgelegt, und man ging sogar so weit, bis zu vierzehn Arten von Lebensmitteln einzuführen. Die schlechteste Küche, die Nummer eins, war für die Bestraften, die ein Stück Brot und eine Schüssel mit wässriger Suppe erhielten. Die „Champions" bei der Arbeit verdienten die beste Mahlzeit, die Nummer vierzehn. Zugegeben, das System funktionierte perfekt. Mit Millionen von Sklaven, die für ein wenig Essen in Bergwerken und Wäldern arbeiteten und Straßen, Kanäle, Eisenbahnen und Tunnel bauten, verbesserte sich die Produktivität nicht nur, sondern stieg sogar erheblich.

Die Macht von Kommissar Beria wurde in allen Bereichen immer größer. Als Oberbefehlshaber der Spezialabteilungen der NKWD-Truppen verfügte er über eine sehr starke und disziplinierte Armee, die mit den modernsten Waffen, einschließlich Flugzeugen und Panzern, ausgerüstet war. Er leitete auch die Abteilung für Sondermissionen, die über ein Netz von Spionen verfügte, die in der ganzen Welt eingesetzt wurden. Letztlich war er für die so genannte Mobile Gruppe verantwortlich, die zur Ermordung und Entführung von Überläufern,

Trotzkisten und anderen Feinden der UdSSR im Ausland eingesetzt wurde[28]. Im Inneren des Landes verfolgte und eliminierte er Intellektuelle, die ihm lästig waren: Er war nicht nur der Zensor der Presse, sondern auch der Diktator aller kulturellen Angebote für das Volk: Theater, Literatur und Kunst standen unter seiner Kontrolle und Aufsicht.

Thaddeus Wittlin erklärt, dass Beria nicht nur für seine Arbeit lebte, sondern auch allen Vergnügungen frönte, die er in die Finger bekam. Seine Agenten im Ausland schickten ihm Fotos und pornografische Filme, die er unter in seinem Büro in der Katchalov-Straße in Moskau hinter Schloss und Riegel aufbewahrte. Zusammen mit seinem Assistenten, Oberst Sarkisow, fuhr er manchmal mit seinem schwarzen „Packard" in die Dostojewski-Straße, wo sich eine nach dem großen Schriftsteller benannte Mittelschule befand. Wenn er in der Nähe des Armeetheaters anhielt, beobachtete Beria die jungen Frauen, die das Gebäude verließen, hinter den Vorhängen des Wagens. Seine Favoritinnen, schreibt Wittlin, waren „Mädchen von vierzehn bis fünfzehn Jahren, etwas mollig, mit runden Gesichtern, rosigen Wangen, unschuldigen Augen, glattem Teint und vollen Lippen". Nachdem der Oberst die Beute ausgewählt hatte, ging er los, um das Mädchen zu holen, das auf den Rücksitz des Wagens gesetzt wurde. In der Lubjanka angekommen, hielt der Wagen im Innenhof neben dem Eingang zu Berias Büro an. Wittlin, der sich wahrscheinlich auf das oben erwähnte Dossier mit mehr als 200 dokumentierten Fällen stützt, schildert verschiedene Varianten der Handlungen des entarteten Kommissars. Sehen wir uns einige Beispiele genauer an:

> „Er erklärte dem kleinen Mädchen, dass sie sich ausziehen und ihre körperlichen Gelüste so befriedigen müsse, wie es ihm gefalle und was er ihr im Detail erklärte. Wenn sie das nicht täte, würden ihre Eltern noch in der gleichen Nacht verhaftet und in Arbeitslager in den entlegensten Teilen Russlands geschickt werden, und dasselbe würde mit ihren Brüdern und Schwestern geschehen. Das Schicksal ihrer Liebsten hing von ihr ab. Sie gab dem Kind einige Sekunden Zeit, um eine Entscheidung zu treffen. Wenn das Mädchen nachgab und splitternackt vor ihm kniete, würde er sie zwingen, einen Akt der Sodomie zu begehen. Beria

---

[28] Zwei wenig bekannte Attentate, die Erwähnung verdienen, sind die von Georges Agabekow und Jewgeni Dumbadse. Letzterer floh nach seiner Zeit als Tschekist in Tiflis desillusioniert nach Frankreich und veröffentlichte 1930 in Paris seine Memoiren „Na Sluzhee Cheka i Kominterna" (Im Dienste der Tscheka und der Komintern). In diesem Buch beschrieb er Beria als blutigen Verbrecher und Völkermörder. Dumbadse wurde tot in seiner bescheidenen Wohnung in der französischen Hauptstadt aufgefunden. Nach der offiziellen Version beging er Selbstmord, indem er Gas aus seiner Küche einatmete. Ebenfalls 1930 veröffentlichte Agabekow, der Leiter der Ostsektion der OGPU, ein Buch in russischer Sprache, das ins Englische, Französische und Deutsche unter dem Titel *OGPU. Der russische geheime Terror*. Wir haben zwei Exemplare ausfindig gemacht, die 1931 von Brentano's Publishers in New York herausgegeben wurden und beide etwa 300 Euro kosten, weshalb wir sie nicht gekauft haben. Wir können jedoch sagen, dass Agabekov die sowjetischen Spionagemethoden im Osten beschreibt, in Frankreich, den USA und Deutschland. Was Beria betrifft, so bezeichnet er ihn als engstirnigen Polizisten, der nur wenig über die Kommunistische Partei wusste. Berias Männer spürten den Überläufer in Brüssel auf, wo er mit einem falschen Pass lebte, und ermordeten ihn.

beobachtete das tränenüberströmte Gesicht des Mädchens und fand ein seltsames Vergnügen daran, einem unschuldigen Kind solche sexuellen Perversionen aufzuzwingen. Manchmal reichte ihm das nicht, und er war so erregt, dass er das Opfer zu Boden warf und sich auf sie stürzte, um sie zu vergewaltigen und ihre Jungfräulichkeit zu zerstören.

Zu anderen Zeiten brachte er das Mädchen nicht in sein Büro in der Lubjanka, sondern in sein Haus in der Katchalov-Straße. Dort lud er sie auf ein Glas Wein ein. Er ließ sie trinken, und wenn das Mädchen durch die Wirkung des Alkohols schläfrig wurde, nahm Beria sie in Besitz. Die Anwesenheit seiner Frau im Haus hielt Beria nicht von seinen Ausschweifungen ab. Das Haus war geräumig, hatte viele Zimmer und zwei Eingänge, und seine Frau hatte strikte und eindeutige Anweisungen, das Büro ihres Mannes unter keinen Umständen zu betreten".

Beria war süchtig nach Wodka und Cognac, weshalb er einen großen Schrank voller Flaschen besaß. Je mächtiger er sich fühlte, desto mehr Freude hatte er am Trinken, zumal er das Glück hatte, dass er, egal wie viel er trank, immer nüchtern blieb und sich seiner Worte und Taten bewusst war", so Wittlin. Niemals ist ihm im Zustand der Trunkenheit ein einziges Wort entgangen, das er hätte bereuen müssen", fügt der Biograph hinzu. Mit anderen Worten: Der Wodka vernebelte seinen Geist nicht, sondern klärte ihn und ermöglichte es ihm, mit größerer Schärfe und Klarheit des Denkens zu befragen. Über seine Verhörtechniken gibt Wittlin reichlich Auskunft. Neben einer eisernen Faust bewahrte Beria in seinen Schubladen eine ganze Reihe von Schwänzen und Knüppeln in allen Größen auf. In einer der Taschen seiner Jacke trug er oft eines dieser Instrumente, mit denen er einen Menschen mit einem einzigen Schlag töten konnte. Mit der Hand in einer der Jackentaschen", schreibt der Autor, „stellte sich Beria in einem Abstand von zwei oder drei Schritten hinter den Verhafteten. Blitzschnell holte er seine mit einer Art kleinem Spezialknüppel bewaffnete Hand aus der Tasche und schlug dem Gefangenen mit der Präzision des erfahrensten Schlächters hinter das rechte Ohr. Der Mann war auf der Stelle tot. Da die Verordnungen vorschrieben, dass geheime Hinrichtungen mit einem Schuss in den Hinterkopf durchgeführt werden mussten, befahl Beria, als er die Zelle verließ, einem Soldaten, hineinzugehen und dem Opfer eine Kugel in den Kopf zu jagen. Wittlin fügt hinzu, dass Beria in seinem Haus eine Schaufensterpuppe oder Attrappe aufbewahrte, mit der er das Schlagen mit größter Präzision übte.

Ab März 1939 war Beria Mitglied des Politbüros. Zu diesem Zeitpunkt beschloss er, Stalin von der Notwendigkeit zu überzeugen, Jeschow, den „blutigen Zwerg", loszuwerden. Nachdem er zum Rücktritt als Kommissar für Wassertransport gezwungen worden war, wurde Jeschow nach einem geheimen Prozess im April 1940 erschossen. Im selben Jahr beging Beria einige seiner bekanntesten Verbrechen, wie das Massaker an den Polen im Wald von Katyn und die Beseitigung Tausender Nationalisten in den baltischen Republiken. Weniger bekannt ist die Ermordung roter Soldaten auf dem Rückzug vor den Finnen. Nachdem in Kapitel 10 bereits über Berias Rolle beim Massaker an den polnischen Offizieren und über den Terror berichtet wurde, den jüdische Agenten auf seinen Befehl hin in Estland ausübten, soll nun kurz dargestellt werden, wie er die „Sperrkommandos" organisierte, um den Rückzug der vor dem Feind fliehenden Soldaten zu verhindern.

Als Mitglied des Hohen Verteidigungsrates bat Beria Stalin, die Generäle davon zu überzeugen, ihm einzelne Einheiten der Roten Armee zu übergeben,, die in seine Sicherheitskräfte integriert werden sollten. Die Militärs stimmten der Forderung nur widerwillig zu, und Beria erfand einen Slogan: „Der sowjetische Soldat zieht sich niemals zurück". So beschloss er, Einheiten mit berüchtigtem Gedächtnis zu schaffen, die heimtückisch und ohne Vorwarnung auf Soldaten schießen sollten, die sich zurückzogen oder sich dem Feind ergaben. Berias verbrecherische Methode wurde zuerst an der finnischen Front von den NKWD-Spezialtruppen angewandt, die, so unglaublich es auch klingen mag, ihre eigenen Landsleute ermordeten, die versuchten, sich vor den Hinterhalten der finnischen Patrioten in Sicherheit zu bringen.

Später, während des Krieges gegen Deutschland, wurde die Todesstrafe durch öffentliches Erhängen sowohl im Hinterland als auch an der Front eingeführt. Vor die Alternative gestellt, sich von den Tschekisten einen Strick um den Hals legen zu lassen oder von den deutschen Linien eine Kugel in die Brust zu jagen, entschied man sich in der Regel für Letzteres. Im Obersten Verteidigungsrat forderte Stalin die Formulierung von Grundsätzen für das Verhalten gegenüber russischen Soldaten, die von den Deutschen gefangen genommen wurden. Beria stellte klar, dass „nur Verräter, Spione und Feinde der Sowjetunion sich den Faschisten ergeben können". Dies bedeutete, dass alle, die sich dem Feind ergaben, den Tod verdienten. Auf Berias Vorschlag hin unterzeichnete Stalin einen Befehl, der in allen Einheiten verlesen wurde. Darin wurde verkündet, dass jeder gefangen genommene Soldat als Deserteur zu betrachten sei, dessen Strafe ein Kriegsgericht und die Hinrichtung sei, wenn er zur Roten Armee zurückkehre.

Das Militär hat Beria diese Verbrechen an seinen eigenen Soldaten nie verziehen. Anton Kolendic zitiert die empörten Worte von General Georgi Schukow an Malenkow und Worotschilow auf der Sitzung des Politbüros im Herbst 1953: „Wissen Sie, dass Sie von 1.700.000 unserer Männer, von unseren Soldaten, die während des Krieges gefangen genommen wurden und lebend aus der Gefangenschaft zurückgekehrt sind, mehr als eine Million getötet haben? Was die Familien der Soldaten anbelangt, so wurde die gesamte Familie eines jeden, der zum Feind überlief, mit Verhaftung und Deportation bedroht. So verhafteten und deportierten Berias Einheiten Hunderttausende von Angehörigen gefangen genommener Offiziere und Soldaten. Beria erließ auch ein Rundschreiben an die Wachmannschaften in den Hunderten von Zwangsarbeitslagern, in dem er anordnete, dass im Falle einer Evakuierung aus dem Gebiet alle Gefangenen mit Maschinengewehrfeuer zu exekutieren seien.

Diese mephistophelische Figur, die zu allen Arten von Betrug fähig war, pervers und rücksichtslos, aber gleichzeitig äußerst gerissen und intelligent, war in den Jahren des Zweiten Weltkriegs der Hauptansprechpartner für die mit dem Kommunismus verbündeten internationalen Verschwörer, die, wie wir in diesem Buch gesehen haben, hauptsächlich in den Vereinigten Staaten und Großbritannien operierten. Es gibt Dokumente, die beweisen, dass Beria ein

Agent der Briten war, aber es ist nicht bekannt, inwieweit er in den fünfzehn Jahren, in denen er der starke Mann der Sowjetunion war, mit ausländischen Geheimdiensten zusammengearbeitet hat.

Seine enge Zusammenarbeit mit Allen Dulles ist bekannt, der zwischen 1941 und 1945 Leiter der amerikanischen Geheimdienste in Europa war und daher über offizielle Kontakte verfügte. Sowohl Allen Dulles (späterer Direktor der CIA) als auch sein Bruder John Foster Dulles (späterer Außenminister) gehörten zu der ausgewählten Gruppe, die 1919 im Hotel Majestic in Paris „Colonel" Edward Mandell House bei der Gründung der Round-Table-Organisationen, der von Cecil Rhodes und den Rothschilds gegründeten Geheimgesellschaft, unterstützte. Folglich gehörten beide dem CFR (Council on Foreign Relations) an. Zusammen mit Morgan und Rockefeller, zwei der Bankiers, die den Kommunismus finanziert hatten, waren die Brüder Dulles Teil der Verschwörung.

Als Leiter des gesamten Geheimdienstes, der Spionage und Gegenspionage, überwachte Beria die gesamte Diplomatie der UdSSR, einschließlich der Botschafter, da seine Agenten in Botschaften, Handelskammern und Konsulaten tätig waren. Als Leiter der Propaganda befolgten die kommunistischen Parteien in den USA, Großbritannien und Frankreich seine Anweisungen. Beria hatte geheimen Zugang zu den einflussreichsten Personen, die sicherlich auf ihn als Stalins Nachfolger setzten. Er war der letzte Empfänger von Informationen, die von Harry Dexter White, Alger Hiss, Harry Hopkins und anderen Doppelagenten geliefert wurden, die in die oberen Ränge der amerikanischen Regierung eingeschleust waren und letztlich für die Verschwörer arbeiteten, die den Weltkrieg erzwungen hatten.

Als Leiter der Abteilung für die Entwicklung der Atomenergie erhielt Beria Berichte von R. Oppenheimer, von K. Fuchs, von N. Bohr, von Bruno Pontecorvo, einem italienischen Physiker jüdischer Herkunft, dem er 1949 zur Flucht über Frankreich und Finnland nach Russland verhalf, sowie von anderen jüdischen Physikern und Spionen, die, wie wir gesehen haben, für den internationalen Kommunismus arbeiteten. Auch der „Cambridge Circle" stand in engem Kontakt mit Beria. Einer der „Cambridge Five", Kim Philby, ein hochrangiger britischer Geheimdienstoffizier, gab wertvolle Detailinformationen an ihn weiter. Philby, ein Doppelagent im Dienste Londons und Moskaus, wurde später Leiter des Gegennachrichtendienstes in den Vereinigten Staaten und war einer der Organisatoren der CIA. Zwei weitere Mitglieder der Gruppe, Guy Burgess und Donald McLean, flohen 1951 mit Berias Hilfe in die UdSSR. Nicht zu vergessen der „fünfte Mann", Victor Rothschild. In *The Fifth Man* enthüllt Roland Perry den Namen des Agenten, den Beria als Verbindungsmann für die fünf britischen Spione einsetzte: Juri Modin. In dem Buch behauptet Perry, dass Beria 1947 auf Drängen Stalins, mehr Informationen über die Atombombe zu erhalten, sogar Briefe an den jüdischen Physiker Niels Bohr schickte und um Berichte über die neuesten Forschungsergebnisse bat. Bohr antwortete, dass die Amerikaner ihm den Zugang verweigerten.

Der Kampf um Macht und Kontrolle der kommunistischen Parteien und der kommunistischen Länder

Am 8. Februar 1945, während der Konferenz von Jalta, nahm Beria an einem Abendessen in der Villa Koreiz teil, bei dem er Roosevelt, Churchill und den anderen von Stalin eingeladenen Mitgliedern der amerikanischen und britischen Delegationen vorgestellt wurde. In den folgenden Tagen wurde er nicht mehr gesehen. Ein halbes Jahr später, in Potsdam, herrschte unter den Amerikanern und Briten, die an der Friedenskonferenz teilnahmen, große Aufregung. Es wurde allgemein angenommen, dass Beria Teil der sowjetischen Vertretung sein würde, und nicht wenige wollten diesen Mann treffen, der als Stalins Nachfolger gehandelt wurde. Beria erschien jedoch nicht, was eine Überraschung war, da niemand wusste, dass er der mächtigste Mann in der UdSSR war.

Nach dem Ende des Zweiten Weltkriegs wurde Beria in den Rang eines Marschalls der Sowjetunion befördert. Im März 1946 wurde beschlossen, die Volkskommissariate nach westlichem Vorbild in Ministerien umzubenennen, und Beria wurde Innenminister, Minister für Staatssicherheit und stellvertretender Vorsitzender des Ministerrats der UdSSR. Getreu seiner Strategie, sich als loyaler und unterwürfiger Bewunderer Stalins darzustellen, hatte Beria eine Ausgabe des Gesamtwerks des Diktators vorbereitet und Reden, Berichte, Briefe und sogar Telegramme des großen Führers gesammelt, um *Stalins Gesamtwerk* in mehreren Bänden zu veröffentlichen. Der erste dieser Bände erschien am 2. November 1946. Oberflächlich betrachtet schien also alles darauf hinzudeuten, dass Beria die unangefochtene Führung des großen Stalin akzeptierte; aber wir werden weiter unten sehen, wie er im Stillen Schritte unternahm und seine unzähligen Teile in Bewegung setzte, um der neue Führer der Sowjetunion zu werden, sobald sich die Gelegenheit ergab.

Die ersten Meinungsverschiedenheiten zwischen den Führern des Politbüros entstanden wegen des Jugoslawiens von Josip Broz Tito und Moshe Pijade, den beiden Juden, die von Churchill und Roosevelt auf der Konferenz von Jalta unterstützt worden waren. Jules Moch, ein Jude und ehemaliger sozialistischer Minister von Léon Blum, dessen Neffe er war, veröffentlichte 1953, nachdem er auf Einladung von Tito, den er als engen Freund betrachtete, einige Zeit in Jugoslawien verbracht hatte, *Yougoslavie, terre d'expérience*, ein aufschlussreiches Werk über die Ereignisse in Jugoslawien. Moch enthüllt, dass Stalin sich trotz Bitten weigerte, Tito während des Krieges Waffen, Geld oder Hilfe zukommen zu lassen. Laut Moch befürwortete Stalin, der Tito später des Trotzkismus bezichtigte, die Rückkehr von König Peter, aber Churchill und Roosevelt ließen General Draza Mihailovic und die Patrioten, die gegen die Deutschen kämpften, nach und nach im Stich. Stattdessen unterstützten sie Tito von Anfang an. In Jalta fragte Stalin, was der Bildung einer Einheitsregierung in Jugoslawien im Wege stehe. Es war Molotow, der auf dem Treffen der Außenminister in der Woronzow-Villa am 10. Februar 1945 auf Anweisung Stalins forderte, Telegramme an Tito und Subasic, den Ministerpräsidenten der monarchistischen Exilregierung, zu schicken, um die in Jalta getroffene

Vereinbarung über die Bildung einer Einheitsregierung rasch in die Tat umzusetzen.

Georgi Malenkow war der erste, der das Politbüro warnte, dass Tito, Pikhade und der bulgarische Jude Traycho Kostov „trotzanische Pferde" seien, die die trotzkistischen Internationalisten in den kommunistischen Orbit einschleusen wollten, den Stalin von Moskau aus zu kontrollieren trachtete; Doch Andrej Schdanow, Stalins Schwiegervater, der mit seiner Tochter Swetlana Alilujewa verheiratet war, stellte Malenkows Anschuldigungen in Frage und lehnte die These ab, dass sie entweder Trotzkisten oder Agenten des anglo-amerikanischen Imperialismus seien. Diese beiden Männer, Malenkow und Schdanow, waren die führenden Anwärter auf die Nachfolge Stalins, so dass Beria klar war, dass er die Differenzen zwischen den beiden Favoriten ausnutzen musste, um sie beide loszuwerden, wenn er an die Spitze gelangen wollte. Während des gesamten Krieges hatte Malenkow in der Praxis als Erster Sekretär der KPdSU im Einklang mit Stalin fungiert. Auf dem Plenum des Zentralkomitees im März 1946 löste Malenkow Schdanow, der dieses Amt seit 1934 ununterbrochen innehatte, als Sekretär des Komitees ab und wurde Mitglied des Politbüros, was seine Position gegenüber Stalin zu stärken schien.

Der Sowjetologe A. Avtorkhanov behauptet in seinem Buch „*Stalin ermordet*", dass Zhdanov, der einigen Quellen zufolge Jude war und eigentlich Liphshitz hieß, einen Bericht über Marschall Zhukov, Malenkovs Schützling, verfasst hat, der es ihm ermöglichte, das Vertrauen Stalins zurückzugewinnen und im Juli 1946 wieder Sekretär des Zentralkomitees zu werden. Nach Angaben des Autors wurde in dem Bericht über Schukow, Oberbefehlshaber der Bodentruppen und höchster Verteidigungsbeamter nach Stalin, dem Marschall vorgeworfen, er strebe danach, der russische Bonaparte zu werden. Diese Verleumdung beunruhigte den Diktator zutiefst, der ähnliche Thesen in der westlichen Presse gelesen hatte und diesem Militär, der für das russische Volk während des Krieges zu einem Helden geworden war, bereits misstraute. Schdanow gelang es nicht nur, Stalin dazu zu bewegen, Malenkow nach Turkestan zu schicken, sondern er machte auch General Chosif Schikin, einen seiner engsten Mitarbeiter, zum Leiter der Militärabteilung des Zentralkomitees, zum Nachteil von Schukow. Zwei weitere seiner Schützlinge besetzten ebenfalls wichtige Posten. Der erste, Nikolai Voznesensky, wurde zu Stalins Stellvertreter in der Regierung ernannt. Der zweite, Aleksei Kuznetsov, wurde Sekretär des Zentralkomitees für Sicherheit und Armee. Diese Manöver und der Einflussverlust Malenkows beunruhigten Beria, der sich für die Rückkehr Malenkows, der nicht aus dem Politbüro entfernt worden war, nach Moskau einsetzte und versuchte, seine Macht gegen Schdanow und seine Gruppe einzusetzen.

In diesem Kampf um die Macht spielte Stalins Plan, alle Länder Europas unter dem Einfluss der UdSSR seinem Diktat und dem Einfluss Moskaus zu unterwerfen, eine entscheidende Rolle. In der „*Permanenten Revolution*" hatte Trotzki geschrieben, dass „Stalins Nationalsozialismus die Kommunistische Internationale degradiert". Und genau diese Frage war der Auslöser für den Aufstand gegen Stalin und seinen Plan, Osteuropa zu sowjetisieren. Anfang

1947 trafen sich Tito und Georgi Dimitrov, der bulgarische Kommunist, der zwischen 1934 und 1943 Sekretär der Kommunistischen Internationale gewesen war, zu einem Geheimtreffen im slowenischen Bled. Sie unterzeichneten ein Protokoll, das die Föderation von Bulgarien und Jugoslawien vorsah, der Albanien später beitreten konnte. Präsident der künftigen Union der südslawischen sozialistischen Republiken sollte Dimitrov werden, Tito sollte den Vorsitz im Ministerrat übernehmen und Kostov sollte Stellvertreter des Präsidenten werden. Sobald der Plan bekannt wurde, stellte sich Moskau gegen das Projekt. Da die Rote Armee Bulgarien besetzt hatte, akzeptierte Dimitrow offenbar die Rüge. Tito seinerseits gab kein Lebenszeichen von sich. Bei den Diskussionen im Politbüro wurden einmal mehr die Meinungsverschiedenheiten zwischen Schdanow und Malenkow deutlich. Nach Ansicht von Malenkow scheint Genosse Schdanow nicht verstanden zu haben, dass es die Westmächte selbst waren, die in Jalta anerkannt hatten, dass diese europäischen Länder in den Einflussbereich der UdSSR fielen.

Vom 22. bis 27. September 1947 findet in Szklarska Poreba (Polen) eine Konferenz der Führer der europäischen kommunistischen Parteien statt. Die sowjetischen Vertreter waren Schdanow und Malenkow, die den Vorschlag zur Gründung von Kominform (Informationsbüro der kommunistischen und Arbeiterparteien) überbrachten, der Organisation, die an die Stelle der Kommunistischen Internationale (Komintern) treten sollte, die von Stalin während des Zweiten Weltkriegs aufgelöst worden war. Offiziell wurde die Kominform am 5. Oktober 1947 gegründet und ihr Sitz wurde in Belgrad eingerichtet. Zu den Gründungsmitgliedern gehören neben den kommunistischen Blockparteien auch die Kommunistische Partei Frankreichs und die Kommunistische Partei Italiens. Aufgabe des Kominform war es, die Tätigkeit der kommunistischen Parteien auf der Grundlage gegenseitiger Vereinbarungen zu koordinieren. Es wurde auch vereinbart, dass das Informationsbüro ein *Bulletin* herausgeben sollte. Bereits im Oktober begibt sich Pavel F. Iudin, ein Jude, der sich mit Beria bestens versteht, nach Belgrad, um die Herausgabe des Blattes in vier Ausgaben zu organisieren: Russisch, Englisch, Französisch und Serbokroatisch. Die Überschrift des Bulletins lautet *Für einen dauerhaften Frieden, für eine Volksdemokratie.*

Aber es war nicht nur Verständnis. Mauricio Karl (Carlavilla) bietet in seinem 1954 in Madrid erschienenen Werk *Malenkov* eine sehr wichtige Information, die in keinem der von uns untersuchten Werke auftaucht. Diesem heute in Vergessenheit geratenen spanischen Sowjetologen zufolge hatte Schdanow Josif Schikin, den General, der Schukow in der Militärabteilung des Zentralkomitees abgelöst hatte, als Beobachter nach Polen mitgenommen. Carlavilla zufolge erhielt Schdanow mitten in der Konferenz den dringenden Befehl, Schikin nach Moskau zu schicken. Der General reiste mit dem Flugzeug und kehrte am nächsten Tag mit einem Militärplan zurück, der die Eingliederung der Armeen der Satellitenländer in die Rote Armee vorsah, was gleichbedeutend mit der Aufhebung der Unabhängigkeit der nationalen Streitkräfte war. Nachdem das Dokument im Plenum verlesen worden war, bat Schdanow um seine Zustimmung, aber einer der beiden jugoslawischen Vertreter, Edvard

Kardelj, eigentlich Kardayl, auch bekannt als „Sperans" und „Kristof", ein Jude ungarischer Herkunft, der zwischen 1948 und 1953 Außenminister Jugoslawiens war, argumentierte, dass sie als Delegierte nicht befugt seien, ein militärisches Abkommen zu unterzeichnen, und schlug vor, die Sitzung zu vertagen, bis Anweisungen in die eine oder andere Richtung erteilt würden. Carlavilla zufolge flog der zweite Jusgoslawe, Milovan Djilas, mit dem Vorschlagsentwurf nach Belgrad und kehrte noch am selben Abend mit Titos und Pijades Antwort zurück. „Ich bedaure, mitteilen zu müssen", verkündete Kardelj, „dass das Zentralkomitee der Kommunistischen Partei Jugoslawiens das vorgeschlagene Militärprotokoll nicht billigt und uns anweist, es nicht zu unterzeichnen."

Obwohl die Weigerung Jugoslawiens, das Militärprotokoll zu unterzeichnen, ein schwerer Rückschlag war, rückte Schdanow, die treibende Kraft hinter der Kominform-Idee, im November 1947 auf den dritten Platz im Politbüro vor, den seit Januar 1946 Beria innehatte, der auf den fünften Platz zurückfiel. Da die Nummer zwei Molotow war, ein Mann der alten Garde, der nicht als möglicher Nachfolger Stalins galt, muss man davon ausgehen, dass Schdanow der klare Favorit war. Malenkow, der im Januar 1946 noch an vierter Stelle lag, wurde auf den neunten Platz zurückgedrängt. Die Gründung des Kominform fällt praktisch mit dem Start des Marshall-Plans zusammen, der die UdSSR nicht ausschließt, geschweige denn die sogenannten Volksdemokratien Osteuropas. Stalin lehnte die Hilfe jedoch ab, da er erkannte, dass es in Wirklichkeit um die politische und wirtschaftliche Vorherrschaft in Europa ging. Seiner Ansicht nach ging es darum, den Kommunismus in den osteuropäischen Ländern zu finanzieren und zu stärken, allerdings zum Vorteil der amerikanischen imperialistischen Interessen und zum Nachteil der Macht, die Moskau über sie ausüben wollte. Natürlich betrachtete Stalin das von Dimitrow und Tito geförderte Balkanföderationsprojekt als Teil der Strategie, seine Autorität über die kommunistischen Parteien und Länder zu untergraben.

Am 21. Januar 1948 betonte Dimitrow trotz einer Warnung aus Moskau auf einer Pressekonferenz in Sofia, dass die Balkanföderation wünschenswert und notwendig sei. *Die Prawda*, die unter der Kontrolle von Schdanow stand, berichtete über die Worte des bulgarischen Führers mit Kommentaren, die diese Idee zu unterstützen schienen. Malenkow ließ die Gelegenheit nicht ungenutzt, Schdanow anzuprangern und Stalin zu warnen, dass das Projekt als Gegengewicht zur Macht der UdSSR gedacht sei und dass die von Schdanow vertretene Linie zur Stärkung der ketrifugalen Tendenzen in Osteuropa führe. Am 28. Februar veröffentlichte *die Prawda* eine redaktionelle Erklärung, die laut Avtokhanov von Stalin verfasst worden war und in der er klarstellte, dass die Tatsache, dass die Pressekonferenz in Sofia veröffentlicht wurde, nicht bedeute, dass die Zeitung in irgendeiner Weise die Ansichten des Genossen Dimitrov akzeptiere: „Es ist möglich", hatte Dimitrov über das große Projekt gesagt, „dass die Föderation am Anfang Jugoslawien, Bulgarien und Albanien umfassen wird und dass später Rumänien, Polen, die Tschechoslowakei und vielleicht Ungarn beitreten werden.

Neben dem Marshallplan war die Abstimmung der Vereinten Nationen über die Teilung Palästinas das zweite wichtige Thema, das mit der Gründung des Kominform zusammenfiel. Obwohl die UdSSR die Resolution unterstützte, wurde Stalin bald des Antisemitismus bezichtigt. Einige Fakten sollen helfen, diesen Vorwurf zu relativieren. Seit dem Triumph der Oktoberrevolution hatten Lenin, Trotzki, Sinowjew, Kamenew und Co. beschlossen, Antisemiten hinzurichten: Allein der Besitz eines Exemplars der *Protokolle der Weisen von Zion* konnte ein Todesurteil bedeuten. Während der langen Flitterwochen mit Roosevelts zionistischer Regierung genehmigte Stalin auf Anraten von Beria die Gründung eines jüdischen antifaschistischen Komitees unter dem Vorsitz von Solomon Mikhoels, dem Direktor des berühmten Moskauer jiddischen Theaters, das mehrere Reisen nach London und New York unternahm. Die im Ausland lebenden Juden, insbesondere in den Vereinigten Staaten und England, schickten Geld und jede Art von Hilfe. Als stellvertretende Vorsitzende des Komitees setzte Beria Viktor Alter und Henrik Ehrlich ein, zwei polnische Juden, die vor dem Krieg an der Spitze des „Bund" (Allgemeiner Verband der jüdischen Arbeiter in Polen) standen. An der Spitze des Jüdischen Antifaschistischen Komitees standen auch Salomon Lozovsky, ein bekennender Zionist, der 1936 die Arbeiter in Barcelona organisiert hatte, und Polina Zhemchúzhina, die jüdische Ehefrau von Molotov. Hunderte von jüdischen Intellektuellen waren im Komitee mit intensiver Propagandaarbeit beschäftigt. Zu den prominentesten gehörten Ilja Ehrenburg, die Dichter Samuel Marshak und Peretz Markish, der Pianist Emile Guilels, Vassili Grossman und der Physiker Piotr Kapitza, einer der Väter der sowjetischen Atombombe. Im Februar 1944 unterzeichneten Mikhoels und andere einen Brief, in dem sie Stalin die Gründung einer autonomen jüdischen Republik auf der Krim vorschlugen, obwohl die Juden in Birobidschan in der UdSSR bereits einen „Nationalstaat" hatten. Es ist unbestreitbar, dass der jüdische Aktivismus in journalistischen, literarischen und künstlerischen Kreisen vorherrschend war. Anfang 1945 wurde die Veröffentlichung des *Schwarzbuchs* über die Gräueltaten der Nazis an den Juden, ein Werk von Peretz Markish, das vom Jüdischen Antifaschistischen Komitee, dessen Herausgeber Ilja Ehrenburg und Vassili Grossman waren, unterstützt wurde, verboten. Der Grund für das Verbot war die verzerrte Darstellung der historischen Fakten: Das Hauptargument war, dass der deutsche Einmarsch in die UdSSR kein anderes Ziel als die Vernichtung der Juden gehabt habe. In den Jahren 1946 und 1947 waren die zionistischen und nationalistischen Tendenzen des Jüdischen Antifaschistischen Komitees mehr als offensichtlich, was sich darin zeigte, dass es Stalin unter Druck setzte, für die Gründung des Staates Israel zu stimmen.

Mit der Gründung des zionistischen Staates in Palästina änderten sich die Dinge schlagartig, denn Stalin begann zu erkennen, dass sowohl in Russland als auch in den europäischen Ländern zahlreiche Juden gegen ihn arbeiteten. Überzeugt von der Existenz eines „zionistischen Komplotts", traute er bald nicht mehr den Mitgliedern der alten Garde, die mit jüdischen Frauen verheiratet waren, und das waren nicht wenige. Am 19. Dezember 1947 wurden mehrere Mitglieder des Jüdischen Antifaschistischen Komitees verhaftet und eine Untersuchung eingeleitet, die vier Jahre lang, bis August 1952, andauern sollte. Unter den Verhafteten befand sich auch Mikhoels, den Stalin sehr schätzte und

1946 mit dem Lenin-Orden ausgezeichnet hatte. Der Diktator hatte Beweise dafür gesammelt, dass das von Mikhoels geleitete Jüdische Antifaschistische Komitee eine amerikanische Spionagezentrale war. Nach der Verhaftung des berühmten jüdischen Schauspielers wurde, wie üblich, eine internationale Pressekampagne ausgelöst, die seine Freilassung forderte. Kurz nach seiner Entlassung aus dem Gefängnis, am 13. Januar 1948, kam er bei einem Autounfall ums Leben: „Leider", gestand Beria 1953 vor seiner Hinrichtung, „war Mikhoels nach seiner Entlassung aus dem Gefängnis so verstört, dass er zu trinken begann und bei einem Autounfall ums Leben kam. Diese Erklärung, in der die Ermordung geleugnet wird, bestätigt mit ziemlicher Sicherheit, dass Beria, der Stalins Befehlen gehorchte, gezwungen war, den Unfall zu arrangieren, um seine Loyalität zu beweisen. Die anlässlich des 22. Parteitags der KPdSU veröffentlichten Dokumente enthalten Erklärungen von Sicherheitsbeamten, aus denen die Vorbereitungen und die Durchführung des „Autounfalls" hervorgehen. Stalin ordnete nationale Begräbnisse an, wie es sich für einen Künstler, der den Lenin-Orden trägt, gehört.

Anfang 1948 sind das so genannte „zionistische Komplott" und die Dissidenz einiger europäischer kommunistischer Parteien für den Diktator der UdSSR von größter Bedeutung. Malenkow und Molotow waren sich einig, dass Tito und Pikhade zur Ordnung gerufen werden mussten, und so fassten sie den Plan, sie nach Moskau einzuladen. Die Einladung wurde ausgesprochen, aber die jugoslawische Führung ahnte das Schlimmste und nahm sie nicht an. Am Dienstag, dem 10. Februar 1948, trafen jedoch zwei Delegationen von Bulgaren und Jugoslawen im Kreml ein und wurden von Stalin persönlich empfangen. Die Quelle für die Gespräche ist *Conversations with Stalin* von Milovan Djilas, der an dem Treffen teilnahm. Auf sowjetischer Seite nahmen neben Stalin auch Molotow, Schdanow, Malenkow und Suschlow teil. Die bulgarischen Vertreter waren Dimitrov, Kolarov und Kostov. Die jugoslawischen Vertreter waren Kardelj, Bakaric und Djilas selbst.

Als erster ergriff Molotow das Wort, der Bulgarien und Jugoslawien scharf kritisierte, weil sie Bündnisse eingegangen waren und eine Föderation planten, ohne sie zu konsultieren. Stalin unterbricht ihn, um Dimitrow zu warnen, dass das, was er auf seinen Pressekonferenzen sage, im Ausland als Zustimmung Moskaus interpretiert werde. Als Beispiel nannte er ein Interview mit polnischen Besuchern, denen er folgende Frage gestellt hatte: „Was halten Sie von Dimitrovs Erklärung?" Die Antwort war, dass es ein vernünftiger Vorschlag sei. „Sie dachten", so Stalin, „dass Dimitrow die Erklärung mit dem vollen Einverständnis der sowjetischen Regierung abgegeben hatte." Der Ton der Anschuldigungen verschärfte sich, und Molotow fügte hinzu, man wisse von Kontakten zwischen Bulgarien und Rumänien zur Bildung einer Föderation. Dimitrow entschuldigte sich und sagte, dass sie nur allgemein gesprochen hätten. Wieder unterbrach ihn Stalin entrüstet: „Das ist falsch, denn es wurden Vereinbarungen über eine Zollunion und eine Koordinierung der Industriepläne getroffen." Unter Berufung auf Stalins Anschuldigung fragte Molotow: „Und können Sie uns erklären, was eine Zollunion und eine Koordinierung der Wirtschaftspläne bedeuten, wenn nicht die Schaffung eines einzigen Staates?"

Dimitrow versuchte sich zu entschuldigen, indem er den Fehler einräumte: „Wir mögen uns geirrt haben, aber selbst diese Fehler in der Außenpolitik sind lehrreich für uns." Djilas zufolge schüchterte Stalin ihn in einem heftigen und sarkastischen Ton der Ablehnung ein: „Ah, Sie sind lehrreich!".

Gleichzeitig beschließt Beria, der keine Gelegenheit auslässt, um Situationen auszunutzen, dass die Zeit reif ist für einen eigenen Schachzug. Die tschechoslowakischen Führer, die Freimaurer Benes und Masaryk, fühlten sich in der von Stalin geschaffenen Kominform ebenfalls nicht wohl. Beria sah eine Gelegenheit, dem großen Führer zu zeigen, wie effektiv er war, indem er sie endgültig aus dem Kominform entfernte und Männer an die Macht brachte, denen er vertraute. Noch im Februar 1948 organisierte er in der Tschechoslowakei eine Verschwörung, die als „Prager Putsch" in die Geschichte einging. In Jalta war beschlossen worden, die Tschechoslowakei an die Rote Armee zu übergeben, doch am 6. Mai 1945 erschienen amerikanische Panzer in den Vororten von Prag. General Patton ließ von seinem Hauptquartier aus verkünden, dass seine Panzertruppen die Stadt am nächsten Tag einnehmen würden. Tausende von Frauen bereiteten sich darauf vor, die Amerikaner mit Blumen zu begrüßen. Am 9. Mai marschierten schließlich, wie wir wissen, die roten Soldaten ein, und hinter ihnen kam die Geheimpolizei von Beria. Auf die Besetzung durch die Nazis folgte also die Besetzung durch die Kommunisten. Später, auf der Potsdamer Konferenz, wurde die Vertreibung von zweieinhalb Millionen Deutschen beschlossen. Berias Instrument für die „Endlösung" der Sudetendeutschen war der Führer der tschechischen Kommunisten, der Jude Rudolf Slansky, der eigentlich Rudolf Salzman hieß. Im Februar 1948 benutzte Beria ihn erneut, um den Staatsstreich auszuführen. Es war an der Zeit, sich der beiden Freimaurer Benes (Präsident) und Masaryk (Außenminister) zu entledigen, die die Kommunisten fast drei Jahre lang hatten gedeihen lassen.

Slansky, Generalsekretär der Kommunistischen Partei, umgab sich mit einer Clique von Juden, deren Namen und Positionen bereits im dritten Teil dieses Kapitels genannt wurden. Ihre unmittelbare Priorität bestand darin, Waffen an die Zionisten zu liefern, die ihren Eroberungskrieg in Palästina führten. Die Tatsache, dass die Häfen von Titos Jugoslawien und Pijade für die Verschiffung wichtiger Lieferungen aus der Tschechoslowakei genutzt wurden, beweist einmal mehr, dass Stalin keine Visionen hatte, als er das „zionistische Komplott" anprangerte, sondern Tatsachen schilderte. Im Jahr 1951 ordnete Stalin schließlich die Verhaftung von vierzehn tschechischen Kommunisten an, von denen elf Juden waren. Wir werden im Folgenden auf einige Aussagen dieser Juden eingehen, die 1952 in einem Prozess zum Tode verurteilt wurden. Was das Schicksal von Benes und Masaryk anbelangt, so hatte ersterer die Sache für Slansky/Salzman erleichtert und blieb in der Tschechoslowakei, wo er im September desselben Jahres starb. Masaryk ereilte ein schlimmeres Schicksal. Am 9. März 1948 suchte er Benes auf, um ihm mitzuteilen, dass er am nächsten Tag nach London fliehen wolle, was ihm jedoch nicht gestattet wurde. Beria erfuhr von dem Gespräch, und noch in derselben Nacht suchten zwei seiner „Gorillas" Masaryk in seinem Büro im Czernin-Palast, dem Sitz des Außenministers, auf und töteten ihn. Offenbar versuchten sie, ihn in der

Badewanne des Badezimmers zu ertränken. Nachdem er das Bewusstsein verloren hatte, wurde er aus dem Fenster in den Innenhof geworfen. Offiziell beging er Selbstmord, indem er sich aus dem Fenster stürzte; das Problem bei dieser Version ist, dass er nicht vergessen hat, es zu schließen.

Um zu versuchen, die durch die von Jugoslawien geförderten Föderationspläne, die Bulgarien, Rumänien und vielleicht auch Albanien einschlossen, entstandene Situation zu bereinigen, wurde beschlossen, alle Regierungschefs zu einer neuen Sitzung des Kominform zusammenzurufen, dessen Sitz jedoch in Belgrad blieb. Informelle Verhandlungen wurden aufgenommen, und Tito, der sein Land nicht verlassen wollte, legte auf der ersten Konferenz einen von Schdanow vorgelegten „Bericht über die internationale Lage" vor, demzufolge die Außenpolitik in die Zuständigkeit der Außenminister fiel. Nachdem diese Kontakte mit den Jugoslawen gescheitert waren, kam der erste Akt des Bruchs vom Politbüro der UdSSR, das Tito am 20. März 1948 mitteilte, dass die Sowjetunion ihre Militärtechniker und Zivilexperten aus Jugoslawien abziehe, weil die jugoslawische Regierung „keine Gastfreundschaft und kein Vertrauen" gezeigt habe. Es folgte ein Austausch von Kommuniqués voller gegenseitiger Beschuldigungen, die die Differenzen nur noch deutlicher machten. In einem Schreiben vom 27. März beschuldigten die Sowjets die Jugoslawen, Trotzkisten zu sein, und erinnerten sie daran, dass Trotzki ein Abtrünniger im Dienste des internationalen Kapitalismus gewesen sei. Tito persönlich schrieb am 13. April einen Brief, in dem er den Ton und den Inhalt des von der KPdSU übermittelten Textes bedauerte.

In der zweiten Junihälfte 1948 schließlich fand in Bukarest die zweite Kominform-Konferenz statt. Carlavilla zufolge scheiterte zu diesem Zeitpunkt ein Plan Malenkows, Tito zu ermorden, der möglicherweise von einem Mitglied des Politbüros, vielleicht Schdanow, gewarnt worden war. In Rumänien erklärten sich die anwesenden Delegationen auf sowjetischen Druck hin bereit, Titos Regime wegen seines Bruchs mit der sowjetischen Orthodoxie zu verurteilen. Traycho Kostov, der Tito einige Monate zuvor in Sofia empfangen hatte, war mit dem jugoslawischen Botschafter, Oberst Obrad Cicmil, übereingekommen, dass Bulgarien die Kominform-These aus taktischen Gründen unterstützen würde. Oberst Cicmil informierte ihn, dass die jugoslawische Presse eine Pressekampagne gegen ihn starten würde, um seine Opposition gegen Tito glaubwürdiger zu machen. Jugoslawien wurde ausgewiesen und der Sitz des Informationsbüros wurde nach Bukarest verlegt. Das Politbüro beschließt auf der Kominform-Sitzung den Beginn der Blockade Berlins, die am 24. Juni 1948 beginnt. Diese Ereignisse waren ein Beweis für das Misstrauen zwischen den Siegern des Krieges und das Ende der Flitterwochen zwischen der UdSSR und ihren westlichen Verbündeten.

Von diesem Zeitpunkt an verschärfte sich der Kampf um die Macht und die Kontrolle der kommunistischen Parteien, der Anfang März 1953 in der Ermordung Stalins gipfelte. Das erste Opfer war Zhdanov, der am 31. August 1948 starb. Seit 1913 Mitglied der Partei und seit 1930 Mitglied des Zentralkomitees, schien seine Position nach der Ablösung Malenkows unschlagbar; doch Beria, der sich der Taktik bediente, vor Stalin gut über ihn zu sprechen, und Malenkow wussten alle seine Fehler in der Jugoslawien-Affäre auszunutzen, die den Diktator so verunsicherten, dass er sogar an eine militärische Intervention dachte. Bereits am 29. Juni 1948, nach dem Ausschluss Jugoslawiens aus dem Kominform, erschienen in der *Prawda* die ersten Anzeichen für den Sündenfall von Schdanow, dessen Freunde und Kollegen im Kominform des „Titoismus" bezichtigt wurden. Schdanow selbst sprach sich Berichten zufolge gegen eine Ausweisung aus Jugoslawien aus. Dies verärgerte Stalin, der ihn durch Malenkow als zweiten Sekretär des Zentralkomitees, d. h. als Stalins Stellvertreter, ersetzte. Zwei Monate später erleidet Schdanow einen plötzlichen Herzinfarkt, ohne dass er jemals zuvor die geringsten Symptome gezeigt hätte. Es wurde keine Autopsie durchgeführt, und vier Ärzte von höchstem Ansehen - Jegorow, Winogradow, Mayorow und Wasilenko - unterzeichneten den Totenschein. Heute gibt es kaum noch Zweifel daran, dass Beria hinter dem Verschwinden von Schdanow steckt, der an einer Vergiftung starb. Wie üblich nahmen die Attentäter am 2. September an der Beerdigung teil und erwiesen dem mit Blumen geschmückten Sarg ihre Ehre.

Nach der Beseitigung Zhdanovs fielen nach und nach alle seine Anhänger und Mitarbeiter, was ein weiterer Beweis dafür ist, dass sein Tod kein Zufall war. In seiner Biographie über Beria erklärt Thaddeus Wittlin die Angelegenheit perfekt: „Beria war zu klug, um eine so wichtige Aktion allein mit Stalins Zustimmung zu starten; es gab andere Leute, die noch sehr mächtig waren, und er musste sie bitten, ihm zur Seite zu stehen. Der wichtigste von ihnen war Malenkow. Obwohl Beria Malenkow hasste, den er als seinen Rivalen betrachtete, bat er ihn, sich ihm anzuschließen und an dem Komplott teilzunehmen. Es war nicht schwer, ihn zu überzeugen. Malenkow, der einst von Schdanow besiegt worden war, war sein Feind." Die Säuberung von Schdanows Leuten wurde von Viktor Abakomow organisiert, der auf Anweisung von Beria das vorbereitete, was als „Leningrader Fall" in die Geschichte eingegangen ist. Unter den Verhafteten, die ins Gefängnis oder ins Konzentrationslager geschickt wurden, befanden sich neben vielen anderen auch die Männer, die Schdanow in wichtige Positionen gebracht hatte: Nikolai Voznesensky, Mitglied des Politbüros und Leiter der Staatlichen Planungskommission; sein Bruder Alexei, Rektor der Leningrader Universität; Aleksei Kuznetsov, Sekretär des Zentralkomitees für Sicherheit und Armee; Generalleutnant Josif Shikin....

Anfang September 1948 traf Golda Meyersohn in Moskau ein. Diese berühmte Zionistin sollte als Botschafterin Israels in der UdSSR fungieren. Sie wurde von einer Schar jubelnder Juden begrüßt. Etwa zehntausend Menschen feierten einen Gottesdienst in der Moskauer Chorsynagoge, um die sich Tausende von sowjetischen Juden drängten und „das Volk Israel lebt" riefen. Am 8. November bereitete Polina, ein führendes Mitglied des Jüdischen Antifaschistischen Komitees und Molotows Frau, ihm einen herzlichen diplomatischen Empfang. Robert Conquest schreibt in seiner Stalin-Biografie, dass diese öffentlichen und privaten Bekundungen des Zionismus und der jüdischen Gesinnung für den Diktator den letzten Strohhalm darstellten. Am 20. November 1948 ordnete das Politbüro die Auflösung des Jüdischen Antifaschistischen Komitees an. Seine Publikationen, allen voran die jiddische

Zeitung *Einikait*, wurden verboten und viele seiner Mitglieder verhaftet. Es begann eine Pressekampagne, in der die Juden als „wurzellose Kosmopoliten" beschuldigt wurden, die sich der Zerstörung der Werte des Landes verschrieben hätten. Um die Identität dieser Gruppe so genannter internationaler Verschwörer zu entlarven, denen man vorwarf, die russische Kultur nicht zu verstehen, begann man, die ursprünglichen jüdischen Namen in Klammern neben die falschen russischen Namen zu setzen, die sie angenommen hatten.

Ende 1948 forderte Stalin von Beria die Verhaftung von Polina Molotow, die am 21. Januar 1949 unter dem Vorwurf verhaftet wurde, „Dokumente mit Staatsgeheimnissen verloren zu haben". Die Tatsache, dass Polina Zhemchúzhina eine glühende Zionistin war, steht außer Zweifel. Vor dem Zweiten Weltkrieg war sie als Leiterin des Soviet Union Cosmetic Trust in die Vereinigten Staaten gereist. Roosevelts Frau, eine Zionistin wie sie selbst, hatte sie im Weißen Haus empfangen, wo sie einen ganzen Nachmittag miteinander verbrachten. Polina hatte in Amerika einen Bruder namens Samuel Carp, der Russland 1911 verlassen hatte und zum großen Teil dank der Gewinne aus dem Handel mit der Sowjetunion zu einem Multimillionär geworden war. Stalin war Polina und ihren Aktivitäten gegenüber zutiefst misstrauisch: Er hielt sie für eine bürgerliche Zionistin und einen Volksfeind. Nach der Verhaftung seiner Frau wurde Molotow, der zu Stalin ging und Polinas Verhaftung zustimmte, für kurze Zeit als Außenminister eingesetzt und durch Andrej Wyschinski ersetzt. Molotow wurde jedoch nicht völlig ins Abseits gedrängt und zum stellvertretenden Vorsitzenden des Ministerrats ernannt.

Um weiterhin das Vertrauen des Chefs zu genießen, während er im Verborgenen arbeitet, um ihn zu ersetzen, kann Beria, das unentbehrliche Instrument des Diktators in allen Fragen der Repression und der Sicherheit, nicht anders, als sich unterzuordnen und den Anweisungen des großen Stalin zu gehorchen, den er angeblich als unbestrittenen Führer der UdSSR betrachtet. Stalin war davon überzeugt, dass die Rebellion der europäischen kommunistischen Parteien mit dem zionistischen Komplott zusammenhing, so dass die beiden Themen miteinander verbunden waren und sich gegenseitig beeinflussten. Im Laufe des Jahres 1949 wurde dies immer deutlicher, da die Anführer des Aufstands in allen Ländern Juden waren. In *Les derniers jours. De la mort de Lenin a celle de Beria* widmet Anton Kolendic das Kapitel 12 mit dem Titel „Einige Archive von Beria" dem Fall Bulgarien. Nach der Verhaftung Berias im Juni 1953 wurden seine Archive beschlagnahmt und von Stalin verfasste Dokumente gefunden, von denen sich einige auf den Fall Georgi Dimitrov und Traycho Kostov bezogen. Diese Texte zeigen, wie sich die bulgarische Krise vom Austritt von Jugoslawien aus dem Kominform im Juni 1948 bis zum Prozess gegen Traycho Kostov im Juni 1949 entwickelte.

Die bulgarische Krise

Vor der Kominform-Konferenz in Bukarest kündigte Malenkow dem Vizepräsidenten des Ministerrats und Generalsekretär des Zentralkomitees der Bulgarischen Kommunistischen Partei, Kostow, an, dass er sein Land auf der

Kominform-Konferenz vertreten würde, die Tito und den jugoslawischen Ambitionen Einhalt gebieten sollte. Durch diesen Schritt fühlte sich Traycho Kostov gestärkt und griff am Samstag, den 26. Juni 1948, auf der außerordentlichen Sitzung des bulgarischen Politbüros Dimitrov gnadenlos an, den er für alle Fehler der Partei seit ihrer Gründung im Jahr 1919 verantwortlich machte. Er beschuldigte ihn, „trotz der formellen Warnungen des Genossen Stalin persönlich die veraltete und kompromittierende, ja offen antisowjetische Politik der Kollaboration mit Tito und seinen imperialistischen Agenten zu verfolgen, wovon das offen freundliche Telegramm an Tito vom Vortag zeugt." Die verächtliche Haltung des Juden Kostov ist offensichtlich, denn es war eine offensichtliche Demütigung, sich auf ein rein persönliches Telegramm zu berufen, um seinen Landsmann zu beschuldigen, ein „Titoist" zu sein[29]. Kostov hatte den Ruf eines brillanten und ehrgeizigen Politikers; seine Handlungen enthüllten jedoch seine Doppelzüngigkeit und zeigten, dass er in der Lage war, seine engsten Genossen zum persönlichen Vorteil zu verraten. Das Erstaunen der bulgarischen Genossen war groß, denn es war das erste Mal, dass Dimitrow, eine große Persönlichkeit der untergegangenen Internationale (Komintern) und Führer der bulgarischen Arbeiterklasse, offen angegriffen wurde. Traycho Kostov, der von der Existenz sowjetischer Agenten im bulgarischen Politbüro wusste, versuchte, sich hinter Dimitrov zu verstecken, um seine Loyalität gegenüber Moskau zu beweisen. Einige Tage später, Anfang Juli, fand eine Plenarsitzung des Zentralkomitees der bulgarischen Kommunistischen Partei statt, auf der die Cominform-Resolution gegen Jugoslawien einstimmig angenommen wurde.

Dimitrovs Gesundheitszustand war alles andere als gut, was vielleicht der Grund dafür war, dass die Angriffe Kostovs auf der Politbürositzung und die Kritik an ihm auf der Sitzung des Zentralkomitees ihn so überwältigten, dass er krank wurde. Als Stalin von seiner Krankheit erfuhr, ordnete er an: „Dimitrow muss dringend in ein Sanatorium gebracht werden, um seine Behandlung sicherzustellen. Vermeiden Sie alle Sorgen und Aktivitäten. Er soll sich um sich selbst kümmern und ausruhen. Dimitrow wurde nach Moskau verlegt und Traycho Kostov begann mit den Vorbereitungen für die Einberufung eines Parteikongresses, um die volle Kontrolle über die Partei zu übernehmen. Dennoch erhielt Dimitrow einen langen, von Kostow unterzeichneten offiziellen Bericht, der von Georgi Tschankow, einem Mitglied des bulgarischen Politbüros, persönlich nach Moskau gebracht wurde. Mit der Erlaubnis seiner behandelnden Ärzte beschloss Dimitrow, nach Sofia zu fliegen, wo er in der ersten Dezemberhälfte 1948 unermüdlich an den Dokumenten für den Kongress und vor allem an dem allgemeinen Bericht arbeitete, der die Ausrichtung Bulgariens festlegen sollte.

Vor der Rückkehr Dimitrovs nach Bulgarien hatte Kostov ein Telegramm an Stalin geschickt, das von ihm selbst als amtierendem Präsidenten im Namen

---

[29] Kolendic erklärt in einer Fußnote, dass Präsident Tito am 16. Juni 1948 ein Telegramm an Dimitrov, der sechsundsechzig Jahre alt wurde, geschickt hatte, um ihm zu seinem Geburtstag zu gratulieren. Am 25. Juni habe Dimitrov geantwortet: „Ich danke Ihnen von ganzem Herzen für Ihre Glückwünsche".

der bulgarischen Regierung unterzeichnet war. Darin bittet er um eine außerordentliche Hilfe in Form von zinslosen Krediten, einem langfristigen Darlehen und der dringenden Lieferung von Rohstoffen und Verbrauchsgütern über alle Erwartungen hinaus, um die Lage in Bulgarien zu stabilisieren. Am Rande dieses Telegramms schrieb Stalin: „Warum wurde die gewählte Lösung abgelehnt? Dies ist eine Gelegenheit, sie ohne Probleme anzuwenden." Die offizielle Antwort erreichte die bulgarische Regierung über die sowjetische Botschaft in Sofia: „In Beantwortung Ihrer im ersten Telegramm geäußerten Bitte um Unterstützung ist die Regierung der UdSSR bereit, Ihnen Genugtuung zu leisten, und erwartet von der Regierung der Volksrepublik Bulgarien, dass sie so bald wie möglich eine bevollmächtigte Delegation entsendet." Traycho Kostov war überglücklich, musste seine Euphorie jedoch bald dämpfen, da Berichte von Dmitri Ganev, dem Leiter der bulgarischen Delegation in Moskau im November 1948, darauf hindeuteten, dass die Russen einen Rückzieher machten. Laut Ganev fehlte Anastas Mikojan, der stellvertretende Vorsitzende des Ministerrats und Leiter des russischen Verhandlungsteams. Ganev schrieb in einem Bericht: „Im Ministerium wird gemunkelt, dass es keinen Vertrag geben wird, weil unsere Regierung, ebenso wie die jugoslawische, die Sowjetunion verraten und in das Lager der Imperialisten übertreten wird". Vor Beginn des Kongresses, am 12. Dezember 1948, schickt Kostov eine düstere Note, in der er auf die Notwendigkeit hinweist, die Unterzeichnung des Wirtschafts- und Handelsvertrags bis 1949 zu beschleunigen.

Der Kongress begann mit einer sechsstündigen Rede von Dimitrov, der den Delegierten seinen Bericht vorlas. Es folgte Traycho Kostov, der zum Parteisekretär wiedergewählt wurde. Unter Beifall und Jubel stellte er seinen Bericht über das neue Programm der Bulgarischen Kommunistischen Partei vor. Pavel Iudin nimmt in Begleitung von Mikhail Sushlov, dem offiziellen Delegierten aus der Sowjetunion, am Kongress teil. Die beiden verfassen einen Bericht, in dem sie „... die gegen die Sowjetunion gerichteten Demonstrationen in Form von frenetischem Beifall für Traycho Kostov, insbesondere aufgrund seiner geschickt verschleierten antisowjetischen Äußerungen" feststellen. Diese Denunziationen veranlassten Moskau endgültig zum Bruch mit der bulgarischen Führung. Am 13. Januar 1949 schickte Stalin über Michail Bodrow, den neuen sowjetischen Botschafter in Sofia, ein persönliches Schreiben an Dimitrow, in dem er ihn aufforderte, „... die Ordnung in Sofia wiederherzustellen, die Verantwortlichen für die Verschlechterung der Beziehungen zu ersetzen... und vor allem den langjährigen schamlosen Trotzkisten Troycho Kostov...".

Dimitrow berief sofort das Politbüro ein, das in seiner Residenz tagte. Nach der Verlesung von Stalins Brief ergriff als erster Vulko Tschervenkow das Wort, ein Stalinist, der mit Dimitrovs Schwester Elena verheiratet war und nicht nur Kulturminister, sondern auch ein Moskauer Agent war, der die Regierung unterwandert hatte. Dimitrow unterbrach ihn unhöflich mit der Bemerkung, dass es ältere und intelligentere Leute gebe, und übergab das Wort an Vasil Kolarov, den Außenminister, der in den Jahren, als er den Vorsitz der Komintern innehatte, sein Mitarbeiter gewesen war. Kolarow zögerte, sagte aber schließlich, dass alle mit dem Genossen Stalin übereinstimmten, auch wenn die

Angelegenheit vielleicht noch untersucht und den sowjetischen Genossen erklärt werden müsse. Wirtschaftsminister Petko Kunin berief eine Sitzung des Ministerrats ein, ein Vorschlag, der angenommen wurde, und verteidigte Kostovs Position zum Wirtschaftsvertrag. Die Warnung Stalins wurde jedoch nicht ignoriert, und es wurde beschlossen, den Genossen Kostov als Sekretär der Bulgarischen Kommunistischen Partei zu suspendieren. Auf Vorschlag von Kolarov übernahm Tschervenkov vorläufig das Amt, bis das Plenum des Zentralkomitees eine endgültige Entscheidung treffen würde.

Am nächsten Tag, dem 14. Januar, beruft Dimitrow eine außerordentliche Sitzung des Ministerrats ein, die sich mit den Beziehungen zur UdSSR und dem Problem der Weigerung Moskaus, den Wirtschafts- und Handelsvertrag für 1949 zu unterzeichnen, befasst. Da Beria mit Tschervenkow über eine Informationsquelle innerhalb des Rates verfügte, bat Stalin ihn um einen Bericht über die Reden der Minister. Auf diese Weise erfuhr er von den antisowjetischen Äußerungen des Wirtschaftsministers Kunin und des Finanzministers Iwan Stefanow. Der Rat bat Dimitrow, dringend beim Genossen Stalin zu intervenieren, um den Zusammenbruch aller seiner Pläne zu verhindern. Dimitrow sandte daraufhin ein Telegramm an den Diktator, in dem er ihn um sein persönliches Eingreifen bat, um die Unterzeichnung des Vertrages zu erreichen. Anton Kolendic bedauert in dem bereits erwähnten Kapitel seines Werkes über die Archive Berias, dass es keine Aufzeichnungen über die Diskussionen des Politbüros über dieses Telegramm der bulgarischen Regierung gibt. Überraschenderweise rief Ganev Dimitrov an, um ihm mitzuteilen, dass die Russen nachgegeben hätten. Am 18. Januar 1949 unterzeichneten Mikojan und Ganev in Moskau feierlich den „Vertrag über den Handel und die wirtschaftliche und kommerzielle Zusammenarbeit für das Jahr 1949".

Trotz des Erfolgs der Unterzeichnung des Abkommens hatte sich die Situation von Traycho Kostov, der von Stalin direkt beschuldigt wurde, ein Trotzkist zu sein, nicht geändert. Mit Unterstützung von Kolarow, Wladimir Poptomow und Georgi Damianow bildete Tschervenkow eine Kommission zur Untersuchung von Kostows Arbeit und Tätigkeit, die ihn verurteilte und vorschlug, ihn aller seiner Funktionen in der Partei und in der Regierung zu entheben. Der Bericht dieser Kommission wurde vor dem Politbüro verlesen, vor dem Kostov eine Selbstkritik abgab, die von der Mehrheit akzeptiert wurde.. Daraufhin wurde beschlossen, das Plenum des Zentralkomitees mit der Entscheidung über die Zukunft von Traycho Kostov zu betrauen, was eine Niederlage für Tschervenkow und die Pro-Russen bedeutete. Am 11. Februar 1949 leitete Dimitrow das Plenum des Zentralkomitees, in dem der Fall Kostow das Hauptthema war. Petko Kunin erklärte später, Dimitrow habe am Morgen einen Leberanfall erlitten und die Ärzte hätten ihm kurz vor dem Plenum eine große Menge Opium gegeben, um die Schmerzen zu lindern, so dass er unter Drogeneinfluss an der Sitzung teilnahm.

Natürlich galt die ganze Aufmerksamkeit Kostovs Rede, die wie üblich mit großem Beifall bedacht wurde. Dann kamen seine Hauptgegner, Vulko Tchervenkov und ein weiteres Mitglied des Zentralkomitees, Tsola Dragoitcheva, die wie Tchervenkov eine Moskauer Agentin war. Beide sind in

Berias Geheimdokumenten unter den Codenamen „Spartacus" und „Sonia" aufgeführt. Dragoitcheva griff Kostov unverblümt an und beschuldigte ihn lautstark, „ein Verräter, ein Feind, ein asoziales Element" zu sein. Es gab lautstarke Proteste und es kam zu einem erheblichen Tumult, so dass Dimitrov unter den Pfiffen der Demonstranten der Genossin Dragoitcheva das Wort entzog. Schließlich beschloss das Plenum des Komitees mit großer Mehrheit, die vorläufige Entscheidung des Politbüros, Kostov zu sanktionieren, aufzuheben und ihn in seinen Funktionen in der Partei und in der Regierung zu bestätigen.

Georgi Dimitrov war nach dem ereignisreichen Treffen schwer geprellt und litt am Abend unter Schwindel und Übelkeit. Die russischen Ärzte, die sich um ihn kümmerten, kamen zu dem Schluss, dass er in die UdSSR zurückgebracht werden sollte, um die begonnene Behandlung fortzusetzen, bevor er nach Bulgarien zurückkehrt. Am 12. Februar flog er mit einem sowjetischen Flugzeug nach Moskau, von wo er nicht mehr zurückkehrte und am 2. Juli 1949 starb. Am 3. Juli meldete *die Prawda*, dass er „in der Nähe von Moskau, in der Intensivstation in Barwikha, an den Folgen einer langen und schmerzhaften Krankheit (Leber, Diabetes)" gestorben sei. Natürlich wurden von der westlichen Presse alle möglichen Spekulationen angeheizt, und obwohl es keine Beweise gibt, ging man davon aus, dass Dimitrow nicht eines natürlichen Todes gestorben ist. In diesem Fall war die Krankheit jedoch vorhanden, so dass es nicht völlig unvernünftig wäre, die offizielle Version[30] zu akzeptieren.

Nach Dimitrovs Abgang nahm Kostov seine Funktionen als Vorsitzender des Ministerrats wieder auf. Im Parteisekretariat und im Politbüro regte sich jedoch offener Widerstand gegen seine Entscheidungen, die größtenteils boykottiert wurden. Vulko Tschervenkow schrie ihm auf einer Politbürositzung ins Gesicht, dass er weder mit ihm arbeiten noch zusammenarbeiten werde, da er „ein Feind und ein Agent des Ausländers" sei. Am 10. März 1949 unterzeichneten Stalin und Molotow im Namen der sowjetischen Regierung einen langen Brief an den Vorsitzenden des amtierenden bulgarischen Ministerrats, Kostow. Der Brief voller Anschuldigungen, Warnungen und Drohungen wurde Vasil Kolarov vom sowjetischen Botschafter Bodrov übergeben. In dem Brief kritisierte Stalin die Bulgaren scharf für ihren

---

[30] Dies war nicht das erste Mal, dass Stalin Dimitrow in Moskau festhielt. Als die sowjetischen Truppen am 8. September 1944 in Bulgarien einmarschierten, erlaubte Stalin dem berühmten bulgarischen Kommunisten trotz der Forderungen des Zentralkomitees und der Bitten Dimitrows selbst nicht die Rückkehr, da er behauptete, die Lage in Bulgarien sei noch nicht gefestigt und er fürchte um das Leben des Genossen Dimitrow. Die Gründe für seine Weigerung waren natürlich ganz andere: Da er Dimitrow schon damals nicht voll und ganz vertraute, behielt Stalin ihn einige Monate lang, um ein Netz von russischen und bulgarischen NKWD-Agenten in Bulgarien aufzubauen. Am 6. Dezember 1945, fünfzehn Monate nach der Regierungsbildung, traf Dimitrow schließlich in Sofia ein. Mit ihm kam sein seit 1938 unersetzlicher Sekretär, der Jude Jakob Mirov-Abramov. Laut Ivan Karaivanov, einem hohen Funktionär der Kommunistischen Internationale, war Mirov-Abramov, bevor er Dimitrovs Sekretär wurde, zunächst Sekretär von Trotzki und dann von Sinoviev und Kamenev gewesen. Diese bizarre Figur soll als Bindeglied zwischen Jagoda und Trotzki fungiert haben.

Antisowjetismus, bedauerte, dass antisowjetische Demonstrationen zugelassen wurden und dass es in der Regierung und der Partei „feindliche, antisowjetische Elemente und imperialistische Spione wie Kostov, Kunin, Stefanov und andere" gab. Angesichts der zunehmend empörten und unnachgiebigen Haltung Moskaus wurde beschlossen, für den 26. März ein neues außerordentliches Plenum des Zentralkomitees einzuberufen, um den Rücktritt der von Genosse Stalin angeprangerten Personen zu erzwingen.

Das Plenum des Ausschusses wurde von Kolarow und Tschervenkow geleitet, die den Brief Stalins mit den nominellen Anschuldigungen in Händen hielten. Bei dieser Gelegenheit wurde schließlich beschlossen, Kostow aus dem Politbüro auszuschließen und ihn als stellvertretenden Minister, Vorsitzenden des Ministerrats und Vorsitzenden des Wirtschafts- und Finanzausschusses zu entlassen. Nach seinem Ausschluss aus der Partei und aus den Regierungsbehörden wurde Kostov zum Direktor der Nationalbibliothek ernannt. Am 20. Juni 1949 wurde er schließlich zusammen mit Kunin und Stefanow verhaftet. Auf Anweisung Stalins, der von Kostov selbst eine schriftliche Erklärung verlangte, befahl Beria seinen Schergen, ihn ordentlich zu foltern. Nachdem er ein langes Geständnis geschrieben und unterschrieben hatte, begannen die Vorbereitungen für den Prozess, der auf ausdrücklichen Wunsch Stalins, wie es in einer Notiz an Beria und Abakuomow heißt, öffentlich und „wenn möglich in Anwesenheit ausländischer und westlicher Journalisten" stattfinden sollte.

Viktor Abakuomow war ein alter und erfahrener GPU-Beamter, der mit Yagoda und Yezhov zusammengearbeitet hatte, bevor er Berias rechte Hand wurde. Er traf Anfang November 1949 in Sofia ein und wurde mit der Organisation des Prozesses beauftragt. Er studierte die Dokumente und hörte Zeugen und Angeklagte. Die Verhandlung fand im Dezember im großen Saal des Armeeklubs statt. Die drei Hauptanklagen gegen Kostov lauteten: Kapitulation vor den bulgarischen Faschisten im Jahr 1942, Spionage für den britischen Geheimdienst und Organisation eines Komplotts mit der jugoslawischen Führung zur Gründung einer antisowjetischen Föderation. Vor der internationalen Presse trat Kostov als Held auf, da er die Anschuldigungen und die meisten der von ihm selbst verfassten und unterzeichneten Erklärungen, die in der vor Gericht vollständig verlesenen Anklageschrift enthalten waren, bestritt. Nachdem er eingeräumt hatte, dass das etwa dreißigtausend Wörter umfassende Dokument, das seine politische Biografie enthält, von seiner eigenen Hand geschrieben worden war, bestritt er vor Gericht die in der Anklageschrift enthaltenen Fakten.

1934 traf Kostov, Chef der Kader des Balkansekretariats, in Moskau zum ersten Mal mit Tito zusammen, der damals als „Walter „ bekannt war. In einem Fragment seiner Unterschriftserklärung schrieb er Folgendes über seine Beziehung zum künftigen Marschall Tito von Jugoslawien:

> „Die Lage der Kommunistischen Partei Jugoslawiens war nach wie vor schwierig. Ihre Führung wurde durch starke Fraktionskämpfe herausgefordert. Es ging darum, eine neue Parteiführung innerhalb des Landes zu unterstützen. Die Wahl von Bela Kun und Valetsky, die noch nicht als Trotzkisten entlarvt worden waren,

fiel auf Tito. Zu dieser Zeit war er unter dem Pseudonym „Walter „ bekannt. Die Wahl von Bela Kun und Valetsky war nicht zufällig, denn soweit ich persönlich aus den mir zur Verfügung stehenden Materialien und aus den Parteiakten über „Walter"-Tito feststellen konnte, hatte er trotzkistische Positionen eingenommen. 1934 sprach Tito mit mir über seine trotzkistischen Ideen und erklärte seine Bedenken..... Er gab mir gegenüber zu, dass er die Führung der KPdSU durch Stalin hasste. Nur dank der Unterstützung von Bela Kun und Valetsky und der positiven Berichte, die ich gab, konnte Tito 1934 nach Jugoslawien reisen und dort eine führende Position übernehmen."

In einem anderen Fragment der schriftlichen Erklärung verwies Kostov auf einen Besuch des in Ungarn geborenen Juden Kardelj, der zu Titos Vertrauten gehörte. Im November 1944 erläuterte Kardelj Kostov die große Strategie Titos für Osteuropa. Dies sind die Worte Kostovs in der Anklageschrift:

„Kardelj teilte mir auf streng vertraulicher Basis mit, dass die Briten und Amerikaner während des Krieges Waffen und Munition an die jugoslawischen Partisanen unter der strikten Bedingung geliefert hatten, dass Tito am Ende des Krieges Jugoslawien aus der UdSSR heraushalten und der Sowjetunion nicht erlauben würde, ihren Einfluss in Jugoslawien oder auf dem übrigen Balkan zu etablieren. Auf dieser Grundlage wurde noch während des Krieges ein formelles Abkommen zwischen den Briten und Amerikanern und Tito geschlossen".

Die Quelle dieser Zitate ist das digitale Magazin *Revolutionary Democracy* (revolutionarydemocracy.org), das halbjährlich im April und September in Neu-Delhi veröffentlicht wird. Die Materialien dieser im April 1995 gegründeten Publikation umfassten im April 2015 XXI Bände. Die Texte, aus denen zitiert, stammen aus einem Dokument mit dem Titel „Traycho Kostov and Tito's Plans for Eastern Europe". Daraus geht hervor, dass Kostov 1946 nach Belgrad reiste und Tito traf, den er seit 1934 nicht mehr gesehen hatte. In seiner unterzeichneten Erklärung schrieb er über dieses Treffen Folgendes:

„Ich hatte Tito seit zwölf Jahren nicht mehr gesehen und war sehr beeindruckt von der bemerkenswerten Veränderung, die er durchgemacht hatte. Er war pompös in seiner Militäruniform und seine Finger waren verkrümmt. Während unseres Treffens trat Tito ständig in Erscheinung und gab sich durch seine äußere Erscheinung und seine Art zu sprechen den Anschein, eine große Persönlichkeit zu sein. Tito begrüßte mich wie einen alten Freund, aber er verhielt sich dennoch arrogant und gab mir zu verstehen, dass er nicht mehr derselbe Tito wie vor zwölf Jahren war.... Er dankte mir für die Dienste, die ich ihm in Moskau erwiesen hatte, und gab zu, dass er sonst nicht in der Lage gewesen wäre, die Position zu erreichen, die er in Jugoslawien erreicht hatte.

Laut Kostovs schriftlichem Geständnis war geplant, dass Bulgarien als siebte Republik der Föderation slawischer Völker beitritt und damit die größte und bevölkerungsreichste der Föderation wird. Die Briten und Amerikaner hatten Tito versprochen, dass sie wie üblich die Presse nutzen würden, um ihre Nichteinhaltung des Abkommens von Jalta zu rechtfertigen. Es wurde erwartet, dass sich die UdSSR schließlich mit den vollendeten Tatsachen der Föderation abfinden würde. Obwohl Kostov sich weigerte, die in der Anklageschrift aufgeführten Tatsachen anzuerkennen, bestätigten die erschienenen Zeugen einer nach dem anderen, was er geschrieben hatte. Der zweite Angeklagte, Finanzminister Iwan Stefanow, wandte sich empört an Kostow mit den Worten: „Ich bin zutiefst erstaunt, dass der Hauptorganisator dieser Verschwörung, der dafür verantwortlich ist, dass ich heute vor diesem Gericht stehe, nicht den Mut hat, seine Schuld an den von ihm begangenen Verbrechen zuzugeben." Stefanov erhob sich, nahm seine Brille ab und fügte mit Blick auf Kostov hinzu: „Es scheint, dass Traycho Kostov ein Verräter bleiben und seine Feigheit bis zum Ende beweisen will." Auch die anderen Angeklagten waren wütend auf Kostov und warfen ihm vor, sie in die Verschwörung hineingezogen zu haben und sie dann zu verraten. Sie alle beschuldigten ihn und gaben detaillierte, belastende Berichte über seine Aktivitäten ab. Als Kostov nach seiner Verurteilung feststellte, dass er als einziger zum Tode verurteilt worden war, schickte er einen Brief an das Politbüro, in dem er die Richtigkeit seiner ausführlichen schriftlichen Erklärung einräumte und um Gnade bat. Hier sind einige seiner Worte:

> „Ich bekenne mich der vom Gericht formulierten Anschuldigung gegenüber schuldig und bestätige voll und ganz die von mir während der Untersuchung handschriftlich verfassten Verfügungen. Da ich mir im letzten Moment der Unangemessenheit meines Verhaltens vor dem Volksgerichtshof vollkommen bewusst war, bedauere ich aufrichtig meine Haltung, die auf eine extreme Erregung meiner Nerven und den krankhaften Egoismus eines Intellektuellen zurückzuführen ist... Ich bitte Sie, mein Todesurteil aufzuheben, wenn Sie es für möglich halten, und es in eine strenge lebenslange Haftstrafe umzuwandeln...".

Einem Kommuniqué der bulgarischen Regierung zufolge wurde Kostov am 16. Dezember 1949, zwei Tage nach dem Ende des Prozesses, hingerichtet. Von den zehn anderen Angeklagten, denen ebenfalls der Prozess gemacht wurde, wurden vier zu lebenslanger Haft verurteilt.

Da die nach Berias Sturz beschlagnahmten Dokumente die Berichte des NKWD über Kostov enthalten, lohnt es sich, noch ein paar Minuten zu verweilen, bevor wir den bulgarischen Fall verlassen. In den Direktiven, die an Lev E. Vlodzimirski, den Leiter der Abteilung für die Untersuchung besonders wichtiger Fälle des Innenministeriums, geschrieben wurden, bezieht sich Beria mehrmals auf Aussagen, Informationen und Anschuldigungen gegen Kostov, die von „Sonia" und „Spartacus" übermittelt wurden. Das Pseudonym „Spartacus" wurde von Vulko Tchervenkov seit seiner Untergrundarbeit für die GPU in den 1930er Jahren verwendet und er behielt es während seiner langen Mitarbeit im Propagandaapparat der Komintern und während des gesamten Krieges bei. Die „Spartacus"-Berichte über Traycho Kostov stammen also aus den Jahren vor dem Zweiten Weltkrieg. „Sonia" war der zweite sowjetische Agent, der schon vor dem Krieg Vlodzimirski, dem damaligen Sonderdirektor für geheime Angelegenheiten, vernichtende Berichte über Kostov schickte. Anton Kolendic stellt in seinem Buch fest, dass er aus der 1978 erschienenen Ausgabe der antijugoslawischen Memoiren von T. Dragoitcheva erfuhr, dass es sich bei „Sonia" um Tsola Dragoitcheva handelte, aus der hervorgeht, dass „Sonia" ihr geheimes Pseudonym war. Diese Memoiren wurden 1983 in Montreal auf Französisch unter dem Titel *De la défaite à la victoire (Mémoire d'une révolutionnaire bulgare)* veröffentlicht. Kolendic gibt an, dass er zwischen 1945 und 1947 Gelegenheit hatte, mit Kostov über Tsola Dragoitcheva zu sprechen, die er als „die Brieftasche" bezeichnete. Als Mitglied des Zentralkomitees der Partei war Tsola die Geliebte eines Chauffeurs, der in der sowjetischen Botschaft in Sofia arbeitete. Das Zentralkomitee der bulgarischen kommunistischen Partei unter der Leitung von Kostov nutzte sie als Verbindungsperson. Als 1945-46 die zweite Regierung der Vaterländischen Front gebildet wurde. Tsola Dragoitcheva gehörte ihr an.

Auf der Grundlage von Berichten in „Sonia" und „Spartacus" machte Vlodzimirsky Beria in einem Brief auf die trotzkistische Vergangenheit von Traycho Kostov und seine Verwicklung in antisowjetische Politik, Spionage und das „titoistische Komplott" aufmerksam. Was die trotzkistische Vergangenheit betrifft, so müssen wir auf die Jahre 1934-1935 zurückgehen, als Kostov und Tschervenkov im Kominternapparat unter der Leitung von Dimitrov und Kolarov arbeiteten. Dimitrov hatte Kostov mit einem verantwortungsvollen Posten in der Balkansektion der Internationale betraut, was die Zustimmung der GPU erforderte, mit der Kostov notwendigerweise zusammenarbeitete. Die GPU verlangte daraufhin, dass er die Anklage gegen zwei Mitglieder des Zentralkomitees der Bulgarischen Kommunistischen Partei, Vasil Tanev und Blagoi Popov, die beiden bulgarischen Kommunisten, die zusammen mit Dimitrov wegen des Reichstagsbrandes verhaftet und 1933/34 im Leipziger Prozess angeklagt worden waren, „vervollständigt". Nach langwierigen Verhandlungen mit den Nazis hatte die sowjetische Regierung ihre Freilassung erwirkt und ihnen und Dimitrow die sowjetische Staatsbürgerschaft verliehen, nachdem sie in Moskau mit allen Ehren empfangen worden waren. 1935 entdeckte die GPU, dass sie Trotzkisten waren, und lud Traycho Kostov vor, um die Beweise dafür zu „vervollständigen", dass die beiden die Ermordung Dimitrovs vorbereiteten; Kostov vervollständigte jedoch keine Anschuldigungen und fabrizierte keine Beweise gegen die beiden bulgarischen Kommunisten. Das rettete sie nicht, denn „Spartacus" (Vulko Tchervenko) und Vladimir Poptomov legten Beweise gegen sie vor und sagten aus, dass Tanev und Popov „... eine trotzkistische Fraktion gegründet, Dimitrov öffentlich beschuldigt und gedroht hatten, ihn zu töten". Beide wurden zu fünfzehn Jahren Haft verurteilt und verschwanden spurlos im sibirischen Lager Krasny. Die GPU begann daraufhin, ein Dossier über Kostov zusammenzustellen: Sein Verhalten hatte Misstrauen erregt, und er wurde in dem Dossier als Trotzkist abgestempelt. Als Dimitrow davon erfuhr, entfernte er ihn aus Moskau und schickte ihn unter dem Vorwand einer „dringenden Mission" ins zaristische Bulgarien, um dort heimlich zu arbeiten. Kurzum, in den Archiven der GPU fanden sich Unterlagen mit zahlreichen Anschuldigungen des Trotzkismus gegen Kostov, die in dem Prozess, der ihn zum Tode verurteilte, verwendet wurden.

Gescheiterter Putsch in Ungarn

Wir haben ausführlich über die bulgarische Krise gesprochen, aber wir können den gescheiterten Staatsstreich in Ungarn nicht auslassen, dessen Vorbereitungen mit den Ereignissen in Bulgarien zusammenfielen. Der Hauptakteur war wieder einmal ein zionistischer Jude namens Laszlo Rajk (eigentlich Reich). John Gunzberg schrieb in *Behind Europe's Curtain*, dass die Ungarn scherzten, Rajk sei in die Regierung eingetreten, weil man jemanden brauchte, der die Papiere am Sabbat unterschreiben konnte, und damit andeuteten, dass er der einzige Nicht-Jude war. Gunther nannte Rakosi, Gerö, Farkas, Vas, Vajda, Revai und andere Juden, die er als „Moskowiter" bezeichnete. Die jüdische Herkunft von Laszlo Rajk wird jedoch von dem jüdischen Autor Howard M. Sachar in *Israel and Europe: an appraisal in history* (1999) bestätigt. Derselbe Autor bestätigt auch, dass Traycho Kostov ebenfalls Jude war. Unsere Informationsquelle für die folgenden Zeilen ist „The Incredible Story of Laszlo Rajk" (Die unglaubliche Geschichte von Laszlo Rajk), ein Werk von *Revolutionary Democracy*, der oben zitierten Online-Publikation. Für den interessierten Leser ist das vollständige Dokument des Rajk-Prozesses unter dem Titel *László Rajk und seine Komplizen vor dem Volksgerichtshof* im Internet als pdf-Datei verfügbar.

Wenige Wochen nach dem Ausschluss Jugoslawiens aus dem Kominform wurde in der Nacht des 10. Juli 1948 die Leiche von Milos Moich, einem jungen Ungarn jugoslawischer Herkunft, von einer Freundin in seiner Budapester Wohnung gefunden. Moich lag sterbend in einer Blutlache, doch bevor er starb, hatte er noch Zeit, der Frau den Namen seines Mörders, Zivko Boarov, Presseattaché an der jugoslawischen Botschaft, zu verraten. Als die Polizei Boarov verhaftete, begannen langwierige Ermittlungen, die eine weitreichende Verschwörung aufdeckten. Die Spuren führten zu Laszlo Rajk, dem ungarischen Außenminister, dem Oberbefehlshaber der Armee, General George Palffy, dem Chef der ungarischen kommunistischen Partei, Tibor Szony, ebenfalls ein Jude, und Lazar Brankov, einem Diplomaten an der jugoslawischen Gesandtschaft. Über sie kam Titos Innenminister Aleksandar Rankovic, ein Jude österreichischer Herkunft, der eigentlich Rankau hieß.

In Titos Jugolavien war nicht alles einheitlich, und er hatte wenig Skrupel, diejenigen zu eliminieren, die sich dem Bruch mit Moskau widersetzten. Hunderte von Dissidenten wurden liquidiert, darunter auch Arso Jovanovic, ein führender Partisanengeneral, der bei dem Versuch, nach Rumänien zu gelangen, ermordet wurde. Diejenigen in Jugoslawien, die mit der Erklärung des Kominform übereinstimmten, wurden als „Informbirovtsi" („Kominformianer") bezeichnet und massenweise in Konzentrationslagern interniert. Das Hauptlager war Goli Otov (Nackte Insel). Nach Angaben des unabhängigen Analysten Vladimir Dedijer waren allein in diesem Lager etwa 32.000 Menschen interniert. Die Zahl der Todesfälle in allen Lagern durch Erschießung, Entkräftung, Verhungern, Seuchen oder Selbstmord ist nicht bekannt.

Einer derjenigen, die die Cominform-Resolution verabschiedeten, war Milos Moich, der seit Kriegsende als Agent in Ungarn für Rankovics Geheimpolizei (UDBA) tätig war. Moich machte den Fehler, sich Andras Szalai anzuvertrauen, einem Geheimagenten und Mitglied der Propagandaabteilung der Kommunistischen Partei, der Titos Pläne für Ungarn enthüllen wollte. Szalai alarmierte sofort den jugoslawischen Botschafter, Karl Mrazovich. Wie sich die Ereignisse von diesem Zeitpunkt an entwickelten, geht aus der Aussage von Moichs Henker Zivko Boarov hervor, der im Prozess gegen Rajk aussagte. Boarov erklärte, dass der Diplomat Lazar Brankov Belgrad informierte, als bekannt wurde, dass Moich vorhatte, Tito und die Aktivitäten der UDBA zu denunzieren. Innenminister Rankovic ordnete an, dass Moich gezwungen werden sollte, die Grenze zu überqueren, und wenn dies nicht möglich sei, solle er liquidiert werden. Nachfolgend ein Auszug aus seiner Prozessaussage:

Brankov", so Boarov, „befahl mir, es zu tun, und sagte mir, dass ich als Serbe und in der Nähe von Moich die besten Aussichten auf Erfolg hätte. Zuerst habe ich mich geweigert. Dann brachten mich Brankov und Blasich (erster Sekretär der jugoslawischen Gesandtschaft) zu Botschafter Mrazovich und sagten ihm, dass ich mich weigere, den Auftrag auszuführen. Mrazovich wiederholte den Befehl und befahl mir, ihn auszuführen. Ich wagte es nicht, mich zu widersetzen. Mrazovich reichte mir seinen eigenen Revolver.
Also ging ich am Abend des 10. Juli zu Moichs Wohnung, nachdem ich mich vergewissert hatte, dass er allein war. Wir hatten ein langes Gespräch. Ich versuchte ihn zu überreden, seine Absichten aufzugeben, und versuchte, ihn dazu zu bringen, einem Gespräch mit Brankov in der Botschaft zuzustimmen. Wenn er zustimmte, wusste ich, dass wir ihn über die Grenze bringen konnten. Ich wollte meine Waffe nicht gegen ihn einsetzen, aber Moich lehnte alle meine Angebote ab. Dann fing ich an, ihn zu bedrohen und sagte ihm, dass ich mit seinem Leben spiele, woraufhin ein Kampf ausbrach, in dessen Verlauf ich meinen Kopf verlor und ihn mit dem Revolver von Mrazovich erschoss. Ich ging zurück in die Botschaft und informierte Brankov, da Minister Mrazovich bereits nach Jugoslawien abgereist war".

Zwischen den von Boarov beschriebenen Ereignissen und der Verhaftung von Laszlo Rajk, Tibor Szonyi und General Palffy verging ein Jahr. Rajk wurde am 30. Mai 1949 in seinem Haus verhaftet, Palffy am 18. Juli. Bevor die Polizei gegen diese wichtigen Persönlichkeiten vorging, kam sie zu dem Schluss, dass sie einen Staatsstreich vorbereitete, der durch die Verhaftung und Ermordung von zwei jüdischen stalinistischen Führern, Matyas Rakosi, Generalsekretär der Kommunistischen Partei, und Ernö Gerö, „Pedro „ in Spanien während des Bürgerkriegs, wo er bei der Beseitigung der Trotzkisten eine wichtige Rolle spielte, in Gang gesetzt werden sollte. Nach den Plänen der Verschwörer sollten Rajk und Palffy im Falle eines Erfolgs der Verschwörung die neuen Machthaber in Ungarn werden.

General Palffy hieß mit Nachnamen Österreicher und änderte seinen Namen 1934. Wie von Ithiel de Sola Pool in *Satellite Generals. A Study of Military Elites in the Soviet Sphere berichtet,* war Palffy mit einer Jüdin, Katalin Sármány, verheiratet. Obwohl er in Militärkreisen verhaßt war, organisierte er nach Kriegsende die politische Abteilung des Verteidigungsministeriums und begann seine Karriere an der Spitze. Im Jahr 1945 wurde er vom Major zum Oberst und 1946 vom Oberst zum General befördert. Als Absolvent der Militärakademie Ludovika war er 1947 eine Persönlichkeit der Militärelite. Militärs, die unter dem vorherigen Regime aufgrund ihrer jüdischen Abstammung nicht aufsteigen konnten, stiegen zwischen 1947 und 1948 auf. Im Februar 1948 wurde Palffy zum Generalleutnant befördert und wurde Generalinspekteur der Armee und Verteidigungsminister. Palffy umgab sich dann mit einem Kreis von Freunden, die jüdisch oder mit jüdischen Frauen verheiratet waren, darunter Generalleutnant Kalman Revai, der Palffy für kurze Zeit als Generalinspekteur der Armee ablöste; Generalleutnant Laszlo Solym, Stabschef von 1948 bis 1950; General Gustav Illy, ein Homosexueller, der zwischen 1947 und 1949 Inspekteur der Ausbildung war; General Istvan Beleznay, verheiratet mit einer Jüdin. In Wirklichkeit waren sie alle relativ junge Männer, Opportunisten, die sich in den Dienst der Kommunisten gestellt hatten, um eine schwindelerregende Karriere zu machen.

Laszlo Rajk war, wie Lavrenti Beria oder Otto Katz, ein typischer Jude, der vor allem nach Macht strebte und sich unabhängig von Ideologien bewegte. Er war ein stahlharter, politischer Abenteurer, der in der Lage war, mehrere Rollen zu spielen. Wie Katz, ohne Ideale oder Loyalitäten, fühlte er sich nur dem Zionismus verpflichtet, der Ideologie der jüdischen Nationalisten in der ganzen Welt. Nachdem er 1931 wegen der Verbreitung kommunistischer Propaganda verhaftet worden war, erklärte er sich bereit, als Polizeispitzel an der Universität von Budapest zu arbeiten. Von da an begann seine Karriere, in der er je nach Bedarf verschiedene Rollen als Doppel- oder Dreifachagent spielen konnte. Der ungarische Polizeichef Sombor-Schweinitzer schickte ihn 1937 nach Spanien, angeblich, um über ungarische Kommunisten zu berichten, die im Rakosi-Bataillon kämpften. Er kam in Paris mit gefälschten Papieren an, die ihn als tschechischen Kommunisten auswiesen, und reiste von Frankreich aus nach Spanien ein, wo es ihm gelang, politischer Kommissar des Rakosi-Bataillons zu werden. Kurioserweise wurde Rajk beschuldigt, ein Trotzkist zu sein, und aus der Kommunistischen Partei ausgeschlossen. Nachdem er das Bataillon verlassen hatte, floh er 1939 nach Frankreich, wurde aber verhaftet. Die Franzosen lieferten ihn an die Deutschen aus, die ihn zunächst im Konzentrationslager St. Cyprien und dann in den Lagern Gurs und Vernet internierten. Vor dem Gericht, das ihn verurteilte, gab Rajk zu, dass er während der Internierung engen Kontakt zu ungarischen und jugoslawischen Trotzkisten hatte, und erwähnte insbesondere Vukmanovich, bekannt als „Tempo", der Premierminister von Mazedonien geworden war, und Mrazovich, den jugoslawischen Botschafter in Budapest, der Boarov die Pistole gegeben hatte.

Während seiner Internierung in Frankreich wurde Rajk von einem kommunistischen Agenten besucht, der an der Seite von Allen Dulles in das OSS (Office of Strategic Services) eingeschleust worden war, dem berühmten Noel H. Field, einer schattenhaften Figur, einem Doppel- oder Dreifachagenten, der wahrscheinlich ein Trotzkist war. Field teilte ihm mit, dass er von seinen Vorgesetzten den Auftrag habe, ihm bei der Rückkehr in die Heimat zu helfen.

Im August 1941 war Laszlo Rajk zurück in Ungarn, wo er Peter Hain, dem Leiter der politischen Polizei, über seine Mission in Spanien und seinen Aufenthalt in Frankreich berichtete. Damit die Kommunisten keinen Verdacht schöpften, beschloss man, ihn eine Zeit lang zu inhaftieren. So wurde Rajk, der aufgrund seiner außergewöhnlichen schauspielerischen Fähigkeiten in der Lage war, beide Seiten zu täuschen, als eines der besten Mitglieder der Kommunistischen Partei angesehen, und im Mai 1945 wurde er zum organisierenden Sekretär der Kommunistischen Partei im Bezirk Groß-Budapest ernannt.

In Kontakt mit Oberstleutnant Kovach von der amerikanischen Militärdelegation arbeitete er gleichzeitig mit dem amerikanischen Geheimdienst zusammen. Rajk wurde daraufhin beauftragt, innerhalb der Kommunistischen Partei eine Fraktion zu organisieren, die dazu dienen sollte, die Partei zu spalten und Rakosi die Mehrheit zu entreißen. Am 20. März 1946 wurde Laszlo Rajk zum Innenminister ernannt, eine entscheidende Position, die es ihm ermöglichte, britische und amerikanische Agenten im Ministerium einzusetzen, die in der Schweiz von Allen Dulles und Noel Field angeworben wurden. So setzte Rajk den Juden Tibor Szonyi als Leiter der Kaderabteilung ein, eine Schlüsselposition, die es ihm ermöglichte, seine Leute im Büro des Premierministers, im Außenministerium, in der Presse- und Rundfunkabteilung und natürlich im Innenministerium selbst unterzubringen.

Über Lazar Brankov, der unter dem Deckmantel seines Postens in der Botschaft der Leiter des jugoslawischen Geheimdienstes in Ungarn war, versorgte Rajk Tito in seiner Funktion als Innenminister mit sensiblen Informationen. Laut seiner Aussage im Prozess hatte er im Sommer 1947 sein erstes Treffen mit dem jugoslawischen Innenminister Rankovic. Rajk machte Urlaub in Abbazia, einer kroatischen Stadt an der Adriaküste. Eine blonde, ungarisch sprechende Frau in den Dreißigern meldete sich bei Rajk und teilte ihm mit, dass sein jugoslawischer Amtskollege mit ihm sprechen wolle und ihn in Abbazia besuchen werde. Einige Tage später traf Rankovic ein und die Frau fungierte als Dolmetscherin zwischen den beiden. Der jugoslawische Minister erklärte, er sei auf direkten Befehl von Tito zu ihm gekommen. Bei diesem Gespräch wurde die künftige Zusammenarbeit zwischen den beiden Innenministern besiegelt. Laszlo Rajk begann in Zusammenarbeit mit Szonyi, „geeignete" Personen in Armee und Polizei zu platzieren, die einen eventuellen Staatsstreich unterstützen würden.

Ende 1947 reisten Tito und Rankovic nach Ungarn, um einen Freundschaftspakt zu unterzeichnen, und es bot sich die Gelegenheit, die Entwicklung der Verschwörung zu vertiefen. Rajk organisierte eine Jagd und plante ein privates Treffen mit Rankovic in dem Zug, in dem sie zum Jagdgebiet fuhren. Der Dolmetscher bei dieser Gelegenheit war Brankov. Rankovic betonte, dass er Titos Anweisungen befolgt habe, als er ihm den Plan verriet. Während der Verhandlung bat der Richter Rajk, die Einzelheiten des Plans zu schildern. Kurz gesagt, der Plan sah vor, mehrere Föderationen zwischen Jugoslawien und anderen Ländern zu organisieren, um die Abhängigkeit der Volksdemokratien von Moskau zu brechen und den Einfluss Stalins durch den Titos zu ersetzen. Laut Rajk gab Rankovic an, dass eine große Föderation unter Titos Führung aufgebaut werden sollte. Als der Richter nachfragte, wie die Machtübernahme in Ungarn vonstatten gehen sollte, kam es zu folgendem Austausch:

> „Rajk: Die Aufgabe in Ungarn war es, das demokratische Regime des Volkes zu stürzen. Natürlich die Mitglieder der Regierung zu verhaften und innerhalb dieser...
> Richter: Wer waren die Hauptfeinde?
> Rajk:... und in diesem Rahmen mussten die gefährlichsten von ihnen, so Rankovic, eliminiert werden, wenn es keine andere Wahl gab.
> Richter: Nennen Sie die Namen der Personen, die sie waren.
> Rajk: Von den Namen her dachte er, dass die ersten Rakosi, Gerö und Farkas waren.
> Richter: Haben Sie sie ausdrücklich erwähnt?
> Rajk: Er hat sie erwähnt und mir gesagt, dass ich für die Durchführung des gesamten Programms in Ungarn verantwortlich sein würde, und in diesem Zusammenhang hat er mir erklärt, wie Tito die Lage einschätzt und mit welchen Kräften man rechnen kann.
> Richter: Haben Sie jugoslawische Hilfe zugesagt?
> Rajk: Ja, er betonte, dass er auf die Unterstützung einer angemessenen Gruppierung von Kräften zählen könne; aber er hielt es für absolut wichtig, dass ich mich bei politischen Aktionen, bei der Organisation von Kräften, auf meinen eigenen internen Rückhalt stützen sollte.

Im Frühjahr 1948 traf Rajk Selden Chapin, den amerikanischen Diplomaten, der von 1947 bis 1949 als bevollmächtigter Minister in Ungarn tätig war. Er fragte ihn, ob er bestätigen könne, dass Washington, wie Rankovic ihm gesagt hatte, Titos Plan billigte. Über dieses Gespräch sagte Rajk vor Gericht aus: „Chapin zögerte ein wenig, bevor er mir gegenüber eine Erklärung abgab, schließlich tat er es und sagte, dass er von diesem Plan wisse und dass die Vereinigten Staaten keine Einwände gegen die Umsetzung der jugoslawischen Politik hätten". Mit Hilfe von General Palffy, der in der Armee genauso arbeitete wie bei der Polizei, arbeitete Rajk also den Plan aus. Doch schon damals stand er unter Verdacht, wie die Tatsache beweist, dass Rajk nach einer Reise nach Moskau im August 1948 plötzlich nicht mehr Innenminister war, sondern Außenminister wurde, ein Amt, das ihn von der Geheimpolizei und der ungarischen Innenpolitik loslöste.

Die Außenminister der Satellitenstaaten wurden konditioniert und mussten sich der Politik des Kremls unterwerfen. Vielleicht aus diesem Grund teilte Brankov im August 1948 Rajk mit, dass Rankovic ihn dringend sprechen wolle. Da es für Rajk nicht möglich war, nach Belgrad zu reisen, musste Rankovic nach Ungarn zurückkreisen. Das geheime Treffen fand auf dem Anwesen eines Gutsbesitzers namens Antal Klein statt. Der jugoslawische Botschafter in Budapest, Mrazovich, fungierte als Dolmetscher. Mrazovichs Geliebte Georgina, eine Freundin Kleins und Tochter eines hochrangigen städtischen Beamten namens Gero Tarsznyas, arrangierte die vermeintliche Jagd, wie Antal Klein vor Gericht aussagte, der sehr empört und verärgert über die Ausnutzung seiner Person aussagte.

Das geheime Treffen fand Anfang Oktober 1948 statt, Botschafter Mrazovic hatte Georgina eingeladen, die auf dem Anwesen anwesend war und ebenfalls eine wertvolle Zeugenaussage machte, da sie und Antal Klein Rajk vor Gericht identifizierten. Der Gutsbesitzer Klein gab an, dass Mrazovich in Begleitung von Laszlo Rajk, der einen grünen Filzmantel und eine dunkle Brille trug, auf seinem Anwesen erschien. Hier ist der Moment der Identifizierung vor Gericht:

> „Richter: Welche Rolle hat Laszlo Rajk bei dieser sogenannten Jagd gespielt?
> Klein: Ich kenne Laszlo Rajk nicht. Ich kenne den Mann nicht; ich habe ihn nie zuvor gesehen. Jetzt, wo ich von den Behörden vorgeladen wurde, erkenne ich in ihm den Mann, der damals mit Mrazovich im grünen Filzmantel und mit Brille anwesend war.
> Richter: Erkennen Sie ihn jetzt?

Der alte Gutsbesitzer drehte sich um, blickte wütend auf das gesamte Gericht und sah dann jedem der Angeklagten ins Gesicht. Rajks Gesicht verzog sich zu einem breiten Lächeln. „Das ist er", rief Antal Klein und zeigte mit zitterndem Finger auf ihn. Als er den Gerichtssaal verließ, immer noch sichtlich empört darüber, dass er nicht vorgestellt worden war und dass er eine Gruppe von Verschwörern in seiner Kutsche zu seinem Jagdrevier gefahren hatte, war sein Unbehagen deutlich zu spüren.

General Palffy, der den Grenzschutz befehligte, erleichterte die Durchfahrt des Wagens des jugoslawischen Innenministers Aleksandar Rankovic, der unkontrolliert einreiste und im Haus des Grenzschutzes auf Rajk und Mrazovich wartete, die sich bereits im Jagdgebiet des Grundstücks befanden. Georgina, die mit Mrazovich und Rajk, der ihr und Klein nicht vorgestellt wurde, zusammen war. Sie erzählte dem Richter von dem Treffen zwischen den Verschwörern:

> „Als wir an der Försterhütte ankamen, sah ich dort einen Mann in Jägerkleidung warten, der ein Gewehr trug. Er war ein mittelgroßer Mann um die vierzig Jahre alt. Mrazovich bat mich, im Haus zu bleiben und das Mittagessen vorzubereiten. Ich war überrascht, dass er mir keinen der beiden Männer vorstellte. Dann unterhielten sie sich, liefen in der Nähe des Hauses des Wächters auf und ab und gingen manchmal weg. Ich hörte einen der Männer eine slawische Sprache sprechen. Immer wieder kamen sie nahe genug heran und ich konnte sie hören. Ich bin sicher, dass es nicht Russisch war, vielleicht Serbisch. Der Mann im grünen Mantel sprach Ungarisch und Mrazovich übersetzte zwischen den beiden. Ich konnte einige Worte des Gesprächs verstehen, als sie nahe bei mir waren, zum Beispiel sprach Mrazovich über Jugoslawien und sagte, dass Maßnahmen ergriffen werden sollten.... Dann sprachen sie über jemanden namens Palffy, der zum Verteidigungsminister ernannt werden sollte. Ich hörte auch die Namen der Minister Rakosi und Farkas mehrmals fallen. Als sie mit dem Gespräch fertig waren, gingen sie in die Hütte und aßen eine Kleinigkeit.
> Richter: Bitte kommen Sie her, erkennen Sie die Person auf diesem Foto als diejenige, auf die Sie im Haus des Wachmanns gewartet haben? Sehen Sie sie an.
> Georgina: Ja, ich erkenne sie.
> Richter: Sind Sie sicher?

Georgina: Ja.
Richter: Ich habe mich vergewissert, dass es sich bei dem Foto, auf dem der Zeuge die betreffende Person erkennt, um ein Foto von Rankovich handelt, das nun in die Dokumentation aufgenommen wurde.

Es sei darauf hingewiesen, dass das Treffen im Anwesen von Antal Klein kurz nach dem Rücktritt von Laszlo Rajk als Innenminister und Monate nach dem Ausschluss Jugoslawiens aus dem Kominform stattfand. Diese beiden Tatsachen begründen, warum Tito es für notwendig hielt, den Staatsstreich so schnell wie möglich durchzuführen. Rankovich teilte Rajk daher mit, dass Tito bereit sei, direktere Hilfe zu leisten. In Budapest traf Rajk mit General Palffy zusammen und teilte ihm mit, dass alles für die Besetzung der wichtigsten Orte vorbereitet werden müsse. Wie er dem Gericht mitteilte, war Ende 1948 alles bereit, und es waren sogar zwei erfahrene Attentäter aus Jugoslawien eingetroffen, die begannen, die Gewohnheiten und Bewegungen von Rakosi, Gerö und Farkas zu studieren, deren Verhaftung das Signal zur Auslösung des Staatsstreichs sein sollte. General Palffy erwähnte vor Gericht Oberst Korondy, der mit der Bildung von drei kleinen Gruppen von je einem Dutzend Männern betraut war, die die drei Anführer verhaften und im Falle ihres Widerstands töten sollten. Da sich alle drei in Budapest aufhalten mussten, wurde ein Tag ins Auge gefasst, an dem eine Sitzung des Politbüros oder des Ministerrats stattfand: Die drei konnten verhaftet werden, wenn sie nach den Sitzungen nach Hause kamen. Hier ein Auszug aus Palffys Zeugenaussage:

> „Palffy: Ich habe Rajk mündlich die Grundzüge meines Plans erläutert. Der Kern des Plans war, dass der Putsch von zehn Armeebataillonen und Polizeieinheiten eingeleitet werden sollte. In Budapest sollten diese Kräfte einige wichtige Orte besetzen, vor allem das Hauptquartier der Kommunistischen Partei, das Verteidigungs- und das Innenministerium, den Radiosender und die Büros der Parteizeitung „Szabad Nep", die Bahnhöfe, die öffentlichen Werke und einige Stadtteile, in denen Widerstand entstehen könnte. Gleichzeitig sollten die kleinen Gruppen unmittelbar nach der Besetzung die drei oben genannten Politiker verhaften. Ich würde die gesamten Streitkräfte befehligen und Oberst Korondy würde die Polizeieinheiten befehligen. Dies war mein allgemeiner Plan. Rajk billigte ihn. Dann wurde ich angewiesen, ihn im Detail zu erläutern.
> Richter. Wessen?
> Palffy: Von Rajk..."

Die Tatsache, dass die jüdische Abstammung von Laszlo Rajk, der auch Freimaurer war, nur von Howard M. Sachar in dem oben erwähnten Werk enthüllt wird, lädt uns dazu ein, zum Abschluss der Zitate aus dem Prozess den Moment zu erzählen, in dem der Richter sich nach seinem Namen erkundigte, eine Tatsache, die Rajk empörte, denn er interpretierte, dass der Richter versuchte, ihm zu unterstellen, dass er ein Jude sei:

> „Richterin: Wie hat Ihr Großvater seinen Namen geschrieben?
> Rajk: Mein Großvater, der sächsischer Herkunft war, buchstabierte seinen Namen Reich.

Richter: Also, Ihr Großvater hieß Reich. Wie wurde er zu Rajk? Rechtlich gesehen?

Rajk: Ja, rechtlich gesehen. Das genaue Datum, wann es legalisiert wurde, kann ich nicht nennen. Auf meinem Taufschein steht schon ein 'a', d.h. aus Reich wurde Rajk. Ich sehe nicht, wie dies für das Gericht auch nur im Geringsten von Interesse sein kann. In diesem Zusammenhang möchte ich hinzufügen, dass ich ein echter Arier bin. Das arische Gesetz von Ungarn..."

Der Richter ließ ihn nicht weiterreden und unterbrach ihn abrupt mit den Worten, es interessiere ihn nicht, ob er ein Arier sei oder nicht, sondern er wolle nur wissen, wie er seinen Namen geändert habe und ob dies legal geschehen sei. Rajk, der weiß, dass der Nachname Reich einer der Namen ist, die häufig von Juden angenommen werden, die ihre Ethnie verbergen wollen, versteht, dass der Richter auf seine Herkunft anspielt.

Kurz gesagt, Laszlo Rajk wurde aus dem Innenministerium entfernt, weil Rakosi schon vor dem Ausschluss Jugoslawiens aus dem Kominform erkannt hatte, dass Stalin mit seiner Untätigkeit unzufrieden war und befürchtete, dass er selbst unter den Verdacht der Illoyalität geraten könnte. Einigen Quellen zufolge soll Stalin Ende 1947 Rakosi öffentlich gesagt haben, er sei blind, weil er nicht sehe, was vor seiner Nase geschehe. Vor die Wahl zwischen Tito und Stalin gestellt, dachte Rakosi (eigentlich Rosenkranz) daran, sich zu retten, und entschied sich, Moskau gegenüber loyal zu bleiben. Dennoch wurde Rajk im Februar 1949 Generalsekretär der Volksfront für die Unabhängigkeit. Bei der Maifeier stand er neben Rakosi auf dem Podium, und nichts deutete darauf hin, dass seine Verhaftung und die seiner Kollegen, die am 30. Mai 1949 erfolgte, bevorstand. Seit seinem Ausscheiden aus dem Amt des Innenministers stand Rajk unter Beobachtung, und trotz seiner wachsenden Popularität leitete Rakosi, der sich in einer Zwickmühle befand, die Säuberungsaktion gegen Rajk und seine Komplizen ein, die der Spionage für die Westmächte beschuldigt wurden, um Ungarn vom sozialistischen Bereich zu trennen.

Am 15. Juni 1949 wurde bekannt gegeben, dass Laszlo Rajk als Außenminister entlassen und aus dem Politbüro und der Kommunistischen Partei ausgeschlossen worden war, weil er ein „Titoist", „Trotzkist" und „Nationalist" war. Am 10. September 1949 wurden die Anschuldigungen in der Weltpresse veröffentlicht, und am 16. September 1949 erschienen Laszlo Rajk, General George Palffy, Tibor Szonyi und ihre Komplizen vor Gericht, da sie beschuldigt wurden, ein Komplott organisiert zu haben, um Ungarn unter die Kontrolle der USA zu bringen und Militärhilfe aus Jugoslawien zu erhalten. Am 22. September 1949 wurden Laszlo Rajk, Tibor Szonyi und Andras Szalai von einem Zivilgericht zum Tode verurteilt. Der Jugoslawe Lazar Brankov erhielt eine lebenslange Haftstrafe. Darüber hinaus verurteilte ein Militärgericht Palffy, Korondy und zwei weitere Offiziere zur Höchststrafe. Das Urteil wurde Mitte Oktober vollstreckt. Nach dem Prozess gegen Rajk wurden vierundneunzig weitere Personen verhaftet und fünfzehn weitere zum Tode verurteilt.

In Ländern wie Rumänien und Albanien gab es 1949 auch Prozesse gegen die so genannten „pro-jugoslawischen trotzkistischen Fraktionen"; es würde jedoch den Rahmen dieser Arbeit sprengen, sich mit ihnen zu befassen. Im

November 1949, nachdem die titoistischen oder trotzkistischen Agenten in Bulgarien und Ungarn unterdrückt worden waren, berief Stalin eine neue Sitzung des Kominform in Budapest ein, die von Súslov geleitet wurde. Der Titel des Hauptberichts lautete: „Die Kommunistische Partei Jugoslawiens in den Händen von Attentätern und Spionen". Darin wird Tito beschuldigt, zum Nutzen der Vereinigten Staaten von Amerika gegen den Kommunismus zu handeln. In einem am 21. August 1949 veröffentlichten Artikel hatte Stalin selbst die Verbrechen des Tito-Regimes gegen die Bürger der UdSSR angeprangert und mit folgenden Worten gedroht: „Die sowjetische Regierung hält es für notwendig zu erklären, dass sie nicht die Absicht hat, eine solche Situation zu akzeptieren, und dass sie gezwungen sein wird, zu anderen, wirksameren Mitteln zu greifen..., um die Rechte und Interessen der sowjetischen Bürger in Jugoslawien zu verteidigen und die faschistischen Schergen zur Ordnung zu rufen, die glauben, dass ihnen alles erlaubt ist".

Zweifellos war die Unterstützung der Amerikaner, die für Stalin mehr als offensichtlich war, entscheidend, um eine militärische Intervention gegen Tito und Pijade zu verhindern. Tito selbst sprach im August 1949 vor Militärs und Parteimitgliedern in Skopje und bekräftigte seine Bereitschaft, sich einer Invasion der Roten Armee zu widersetzen. „Auf den ersten Blick mag es scheinen", sagte er, „dass wir allein sind, aber das ist nicht wahr. Am 4. September 1949 widmete die Parteizeitung „Borba" dem US-Außenminister Dean Acheson und dem Diplomaten des Außenministeriums Hector McNeil eine ganze Seite mit Kommentaren, in denen sie bestätigten, dass Marschall Titos Bemühungen um die Erhaltung und Verteidigung der jugoslawischen Unabhängigkeit im Westen Unterstützung fanden.

1951 erschien das Buch *Tito and Goliath*, das von dem amerikanischen Redakteur und Diplomaten Hamilton Fish Armstrong verfasst und in London von Victor Gollancz veröffentlicht wurde. Es analysiert den Konflikt zwischen Tito und Stalin aus einer für die jugoslawische Position günstigen Perspektive. Hamilton F. Armstrong, ein persönlicher Freund Titos, der 1949 und 1950 auf dem Höhepunkt der Konfrontation mit Moskau in Belgrad lebte, teilt in diesem Werk die Thesen des Marx-Übersetzers ins Serbokroatische, Moshe Pijade, den er als „intellektuelles Oberhaupt der jugoslawischen kommunistischen Partei und als ersten Strategen in ihrem Kampf gegen die Bolschewiki" betrachtet. Von 1928 bis 1972 war Armstrong Redakteur von *Foreign Affairs*, der Zeitschrift des Council on Foreign Relations (CFR), was ihn in den Bereich des Runden Tisches stellt. Schon der Titel seines Buches, von dem uns die erste Ausgabe vorliegt, ist bezeichnend: Es ist klar, dass der krypto-jüdische Tito als neuer David angesehen wird, der den riesigen Philister Goliath (Stalin) herausfordert. Pijade prangerte Anfang September 1949 an, dass Stalins Haltung gegenüber Jugoslawien mit Hitlers „rassistischer Haltung" gegenüber kleinen Nationen vergleichbar sei.

Nach Ansicht von Hamilton Fish Armstrong vertrat Schdanow die Anhänger „einer internationalen kommunistischen Gemeinschaft, die zwar von der UdSSR geführt wird, aber nicht in Angst und Unterwerfung unter Stalins Pläne, sondern von revolutionärem Eifer beseelt". Das Problem blieb also dasselbe wie immer. Es ging nicht darum, den Kommunismus zu verurteilen, sondern den Nationalkommunismus Stalins, der den Anspruch erhob, dass die Kontrolle und die Reinheit der Orthodoxie von Moskau aus ausgeübt werden sollte und nicht von den Büros der internationalen Bankiers, die ihn ursprünglich finanziert hatten. Da es also darum ging, die Kontrolle über den internationalen Kommunismus wiederzuerlangen, wies Roosevelt Martin Dies, den Vorsitzenden des Committee on American Activities, an, die Ermittlungen gegen die Kommunisten einzustellen und sich auf die Nazis zu konzentrieren. Als Senator McCarthy die Nachfolge von Dies antrat und versuchte aufzudecken, wie tief die Tentakel des Kommunismus in der Regierung steckten, wurde er, wie wir gesehen haben, von der Presse in Stücke gerissen.

Wie schon in den 1930er Jahren, als die Moskauer Prozesse stattfanden, begann die internationale Presse die These zu entwickeln, dass die Prozesse gegen die Juden Laszlo Rajk und Traycho Kostov „Schauprozesse" waren, Schauprozesse, in denen kommunistische Dissidenten, die gegen die stalinistische Diktatur kämpften, verurteilt wurden. Während des gesamten Zweiten Weltkriegs genoss Stalin absolute Immunität: Es gab kein Problem damit, dass er Polen, Finnland und andere Länder angriff und die Polen in Katyn auslöschte.... Es gab auch kein Problem in Jalta oder in Potsdam, wo die ethnische Säuberung von Millionen von Deutschen erlaubt wurde, wie bereits erläutert wurde. 1949 waren die Pläne jedoch gescheitert, und wie in den 1930er Jahren, als Hitler die Umsiedlung Trotzkis nach Moskau nach einem Krieg, der unentschieden enden sollte, finanziert hatte, war das Problem wieder Stalin.

Nachdem die schändliche Travestie von Nürnberg international als Modell der Gerechtigkeit gefeiert wurde, dienten die Rajk- und Kostov-Prozesse dazu, einen anderen Kommunismus zu rechtfertigen, nämlich den von Tito und Pijade, im Gegensatz zu Stalins „herrischem Imperialismus". Der Ausdruck, den Armstrong in *Tito und Goliath* zitiert, stammt von Moshe Pijade, der für sich in Anspruch nimmt, der Ideologe der wahren kommunistischen Orthodoxie zu sein und zwischen den Zielen des internationalen Kommunismus und den nationalen Zielen Russlands zu unterscheiden. Mit anderen Worten, anstatt die nationale Macht der Sowjetunion zu stärken, bestand die Aufgabe der Satellitenländer darin, der Sache der internationalen kommunistischen Revolution zu dienen, und somit sollten sie die Grundlage für die ideologische Propaganda für den Marsch des Kommunismus nach Westen bilden. Hamilton Fish Armstrong drückt es so aus: „Dies alles erinnert an die großen Kontroversen, die die Bolschewiki in den ersten Jahren entzweiten. Wie damals gab es eine Meinungsverschiedenheit zwischen denen, die internationale Revolutionäre waren, und denen, die entschlossen waren, den Sozialismus zuerst in einem Land aufzubauen."

Am ersten Jahrestag des Ausschlusses Jugoslawiens aus Cominform betonte *Borba*, das Organ der jugoslawischen Kommunistischen Partei, dass Titos Jugoslawien auf dem wahren Weg des Marxismus sei: „Die Wahrheit über den Kampf zwischen Cominform und Jugoslawien", *so Borba*, „und über die Prinzipien, für die unsere Partei kämpft, wächst in der internationalen Arbeiterbewegung täglich, und es gibt keinen Grund zu glauben, dass sie nicht triumphieren wird. Kurz darauf, im August desselben Jahres 1949, betonte Tito in Skopje, dass „die Mehrheit der fortschrittlichen Völker der ganzen Welt" auf ihrer Seite sei. Dies sind die Aussagen und Argumente, die die meisten Autoren zu überzeugen scheinen, denn in fast allen Werken, die wir konsultiert haben, sind die Verweise auf die Prozesse gegen die „Titoisten" von Sympathie für die Angeklagten und einer uneingeschränkten Verurteilung Stalins geprägt. Der erste, der diese Position vertritt, ist Armstrong selbst, denn *Tito und Goliath* ist vielleicht das erste Werk, das eine detaillierte Analyse dessen bietet, was in jenen entscheidenden Jahren ausgeheckt wurde.

In Anlehnung an die Argumente von Moshe Pijade kritisiert Armstrong den Kostov-Prozess auf der Grundlage eines Textes, den Pijade am 27. Januar 1950 in der *jugoslawischen* Wochenzeitschrift „*Yugoslav Fortnightly"* veröffentlicht hatte und dem zufolge Moskau angeblich an den Verhandlungen über die Vereinigung von Bulgarien und Jugoslawien beteiligt war. Armstrong wirft in Übereinstimmung mit Pijades Artikel vor, dass in dem Prozess nicht erwähnt wurde, dass Ende 1944 ein Treffen zwischen den Sowjets, den Bulgaren und den Jugoslawen in Moskau stattfand, bei dem ein von Kostov ausgearbeiteter Vertragsentwurf über eine hypothetische Vereinigung der beiden Länder vorgelegt wurde. Der Vertreter Belgrads bei diesem Treffen war Moshe Pijade selbst. Der sowjetische Vertreter Wyschinski schlug vor, als ersten Schritt einen Vertrag über politische, wirtschaftliche und militärische Zusammenarbeit zu schließen. Er kündigte an, dass die UdSSR einen Entwurf ausarbeiten werde, und bat Pijade, seinen eigenen Entwurf bei der nächsten Sitzung am 27. Januar 1945 vorzulegen. Pijade zufolge einigten sich die drei Delegationen dann auf einen endgültigen Text, gegen den Großbritannien Einwände erhob. Auf jeden Fall, so Pijade weiter, wurde vor der Abreise der Delegierten aus Moskau vereinbart, dass sie sich im Februar in Belgrad wieder treffen würden, um die Dokumente zu unterzeichnen. Das Treffen fand jedoch nicht statt, da Großbritannien sein Veto gegen die Föderation einlegte. Armstrong schreibt, dass trotz des britischen Vetos „die Tür für die Idee einer noch größeren Föderation, die auch Albanien einschließen könnte, nicht verschlossen war". Armstrong selbst räumt jedoch ein, dass die Sowjets daraufhin beschlossen, sogar einen bulgarisch-jugoslawischen Freundschaftsvertrag aufzuschieben. Für Hamilton Fish Armstrong sind diese Kontakte während des Krieges ein „erschütternder" Beweis, der den Prozess und die Anschuldigungen gegen Kostov entkräftet. Natürlich können wir diese Ansicht nicht teilen, weil, wie wir gesehen haben, die Position von Titos und Pijades Jugoslawien 1949 eine unbestreitbare Herausforderung für die angebliche Autorität der UdSSR darstellte.

Zum Abschluss dieser Seiten über den Kampf um die Kontrolle der kommunistischen Parteien und Länder, der länger gedauert hat als erwartet, wenden wir uns nun einem Interview zwischen Tito und dem Autor von *Tito und Goliath* aus dem Jahr 1950 zu, das die These untermauert, dass die Verschwörer, die die Oktoberrevolution von 1917 finanziert hatten, die Kontrolle zurückgewinnen wollten. Armstrong stellt fest, dass die jugoslawischen Kommunisten bei ihrer Suche nach potenziellen Verbündeten an das China von

Mao Tse-tung, dem vom „Institut für Pazifische Beziehungen" (IPR) auferlegten kommunistischen Führer, gedacht hatten:

> „Fast jedes Gespräch, das ich mit jugoslawischen Führern geführt habe", schreibt Armstrong, „ob in Belgrad oder im Ausland, führte früher oder später zu China, und immer besteht die Hoffnung, dass Stalin früher oder später die nationalen Interessen Chinas so eklatant verletzen wird, dass die chinesischen Kommunisten dies nicht dulden können, die Tatsache ausnutzen werden, dass sie physisch in der Lage sind, ihn zurückzuweisen, und dann stillschweigend oder vielleicht offen mit der jugoslawischen Kommunistischen Partei zusammenarbeiten werden. Ihre Argumente für diese Erwartung sind nicht unvernünftig".

Mit anderen Worten: 1950 bestand in Jugoslawien die Hoffnung, eine Achse gegen die Kominform zu bilden, die in Belgrad Fuß fassen sollte. Im weiteren Verlauf des Textes heißt es dann wie folgt:

> „Viele Experten in China bestreiten, dass es politische oder praktische Unterschiede zwischen dem chinesischen und dem russischen Kommunismus gibt. Tito ist der Ansicht, dass diese Ansichten die Tatsache nicht berücksichtigen, dass der Stalinismus nicht das ist, was er als Kommunismus bezeichnet, und er glaubt nicht, dass viele Chinesen ihn als Kommunismus bezeichnen würden, wenn sie ihn erleben würden. Tito behauptet, dass die chinesischen Kommunisten sicher sind, dass sie sich von den stalinistischen Kommunisten unterscheiden, einfach weil sie in der Lage sind, dies zu tun. Sein eigener Fall zeige, dass es in der kommunistischen Welt scharfe Unterschiede in Ideologie und Praxis gebe, die erst durch die stalinistische Weigerung, das Recht auf Autonomie der kommunistischen Parteien und kommunistischen Staaten anzuerkennen, zum Vorschein kämen.

Während ihrer Gespräche erinnerte Tito Armstrong daran, dass Mao Tse-tung in den 1930er Jahren sehr schlechte Beziehungen zu den Sowjets hatte und dass es eine Zeit lang zwei Zentralkomitees in der Kommunistischen Partei Chinas gab, eines mit Sitz in Moskau und das andere, das von Mao in China geleitet wurde. Tito hob die Tatsache hervor, dass es Mao nicht nur gelang, Moskaus Versuche, ihn ins Abseits zu drängen, zu umgehen, sondern dass er auch in der Lage war, seine kommunistischen Armeen ohne Stalins Hilfe zu organisieren. Was natürlich weder Tito noch Armstrong sagen, ist, dass dies nur möglich war, weil Roosevelt und Truman auf Betreiben der Verschwörer der IPR die Hilfe für Chiang Kai-shek zurückzogen und die Kommunisten von Mao Tse-tung unterstützten.

Stalins „paranoider Antisemitismus".

Trotz der Spannungen und Meinungsverschiedenheiten im Laufe des Jahres 1949 schien der Diktator der UdSSR seine Macht zu festigen, nachdem er einen klaren Schnitt gemacht hatte. Die Sowjetunion setzte nicht nur die Vorherrschaft Moskaus über die Satellitenstaaten durch, sondern wurde in diesem Jahr auch zur zweitgrößten Atommacht der Welt. Am 21. Dezember

1949, Stalins siebzigstem Geburtstag, war es Beria, der seit 1946 der Atomenergiekommission vorstand, gelungen, seinem Chef die lang ersehnte Errungenschaft zu präsentieren. Um den Geburtstag des Generals zu feiern, wurde der Tag zum Feiertag erklärt, und am Abend fand im Bolschoi-Theater eine Galavorstellung statt, die Stalin in Begleitung seiner Tochter Swetlana besuchte. Die Mitglieder des Politbüros und das gesamte diplomatische Korps waren in den Ehrenlogen anwesend. Während des anschließenden Galadinners im Kreml wurden Glückwunschtelegramme aus der ganzen Welt verlesen. Marschall Beria erhob sich und hielt eine Rede voller Begeisterung für die Arbeit seines geliebten Chefs. „Das ganze Leben des Genossen Stalin", so Beria, „ist untrennbar mit dem großen Kampf für die Schaffung und Stärkung der Kommunistischen Partei und dem Sieg der proletarischen Revolution zum Wohle des werktätigen Volkes und dem Sieg des Kommunismus verbunden." Draußen verfolgte die an den Kremlmauern versammelte Menge mit Erstaunen, wie das Bild des großen Führers am Himmel erschien. Beria hatte dieses neue Geschenk für den „Vater des Volkes" vorbereitet: Ein Dia von Stalin in Militäruniform mit Mütze und den Insignien des Generalissimus wurde von einem starken Flakscheinwerfer auf eine schwarze Wolke projiziert, die den Roten Platz bedeckte. Es war wie eine Erscheinung des angeblichen Gottes des internationalen Kommunismus.

Um das Vertrauen Stalins aufrechtzuerhalten, blieb Beria also offensichtlich der treue Hund, der dessen Pläne ausführte. Eines der Themen, die seine Fähigkeiten immer wieder auf die Probe stellten, war das so genannte „zionistische Komplott", das seit der Ermordung von Solomon Mikhoels im Januar 1948 immer größer wurde. Nach der Auflösung des Jüdischen Antifaschistischen Komitees im November 1948 und der Verhaftung von Polina Molotow im Januar 1949 setzte sich die Spirale der Verhaftungen von Juden, insbesondere in Leningrad und Moskau, das ganze Jahr 1949 hindurch fort. Eines der auffälligsten Mitglieder des Jüdischen Komitees, Solomon Lozovsky, wurde fünf Tage nach Molotovs Frau, am 26. Januar 1949, verhaftet. Im neunten Kapitel wurde bereits erwähnt, dass Lozovsky, der zusammen mit Andreu Nin die Rote Internationale Gewerkschaft leitete, einer der drei Juden war, die 1936 nach Spanien reisten, um die kommunistischen Zellen zu organisieren und die Gründung eines revolutionären Komitees vorzubereiten. Später ermutigte er zusammen mit anderen amerikanischen Zionisten Roosevelt, in den Krieg einzutreten. Die Verhaftung von Lozovsky, der zwischen 1945 und 1948 Vorsitzender des sowjetischen Nachrichtenbüros war, hatte eine große internationale Wirkung.

Ein weiteres bedeutsames Ereignis ereignete sich am 7. Juli 1949, als drei jüdische Richter des Leningrader Gerichts, Achille Grogorjewitsch Leniton, Ilja Zeilkowitsch Serman und Rulf Alexandrowna Sewina, verhaftet und wegen konterrevolutionärer und antisowjetischer Positionen angeklagt wurden. Sie wurden zu zehn Jahren Konzentrationslager verurteilt, legten jedoch erfolglos Berufung ein, da der Oberste Gerichtshof die Strafe auf fünfundzwanzig Jahre erhöhte, weil das Leningrader Gericht nicht berücksichtigt hatte, dass die Verurteilten „die Überlegenheit einer Nation über die anderen Nationen der

Sowjetunion behauptet hatten". Dies war eine klare Anspielung auf den jüdischen Suprematismus.

Die Untersuchung des Falles gegen die Angeklagten des Jüdischen Antifaschistischen Komitees dauerte mehr als zwei Jahre, während derer es zu einem unterirdischen Kampf kam, in dem Stalin, wie weiter unten zu sehen sein wird, versuchte, dem allmächtigen Beria die Kontrolle über die Sicherheitsdienste zu entreißen. Dadurch verzögerte sich zwangsläufig die Eröffnung des Prozesses, der unter Ausschluss der Öffentlichkeit stattfand und erst im Mai 1952 beginnen sollte. Von den fünfzehn Angeklagten wurden dreizehn zum Tode verurteilt. Nur Lina Solomonowna Stern blieb am Ende verschont. Die in Lettland geborene Jüdin war von Anna Allilujewa, der Schwester von Stalins zweiter Frau, die mit dem von Beria gehassten Tscheka-Chef Stanislaw Redens verheiratet war, in Stalins Gefolge eingeführt worden. Polina Molotow, deren Verhaftung Beria dazu gedient hatte, Molotows Position zu schwächen, pflegte eine Gruppe jüdischer Vertrauter und Freunde, zu denen neben Lina Stern auch Zinaida Bucharin, die Frau des 1938 von Stalin gesäuberten Nikolai Bucharin, und Miriam Swanidse gehörten, die mit Stalins 1941 hingerichtetem Schwager Alexander Swanidse, dem Bruder von Stalins erster Frau, Jekaterina „Kato" Swanidse, verheiratet gewesen war. Stalin, der die Machenschaften dieser Gruppe jüdischer Frauen leid war, ordnete ihre Verhaftung an, und Beria hatte kein Problem damit, Lina Stern des „Kosmopolitismus" zu bezichtigen, während er sich an Anna Allilujewa und Stanislaw Redens rächte, die er als Feinde betrachtete.[31]

Eine internationale Kampagne gegen Stalin wurde so geschickt wie immer organisiert, und er wurde mit Antisemitismusvorwürfen überhäuft. Im Allgemeinen hat sich die Vorstellung durchgesetzt, dass Stalin sich wie ein „Paranoiker" verhalten hat, da die offizielle Geschichtsschreibung sein Misstrauen gegenüber den Juden für absurd hält. Thaddeus Wittlin behauptet, er habe sie gehasst, doch der „antisemitische" Diktator hatte eine jüdische Geliebte, Rosa Kaganóvich. Ein Sohn von Lavrenti Beria, Sergo, behauptet, dass Stalin mit ihr einen Nachkommen namens Jura hatte. Die Frau von Alexander Poskrebyschew, seinem lebenslangen persönlichen Sekretär, war eine Jüdin namens Bronislawa Salomonowna Metallikowa, die 1941 unter dem Vorwurf

---

[31] Über Stanislaw Redens, der einigen Quellen zufolge ebenfalls Jude war, liefert T. Wittlin in *Kommissar Beria* interessante Informationen. Wittlin beschreibt ihn als „einen der grausamsten und brutalsten Chefs des NKWD". Jeschow setzte ihn in Tiflis als Stellvertreter neben Beria ein, um ihn auszuspionieren. Wie bereits erwähnt, wollte Jeschow Beria beseitigen, denn er sah in ihm seinen ärgsten Feind. Da Redens mit Anna Allilujewa verheiratet und mit dem Diktator verwandt war, verhielt sich Beria in seinen Beziehungen zu dem Ehepaar sehr diplomatisch. Er stellte ihnen eine luxuriöse Villa im Kurort Sotschi und ein komfortables Haus mit Garten in der Hauptstadt zur Verfügung. Als er herausfand, dass Stanislaw Redens Wodka und Mädchen mochte", schreibt Thaddeus Wittlin, „stellte er ihn einigen seiner ledigen Freunde vor, die den gleichen Geschmack hatten. Unnötig zu erwähnen, dass diese Leute Berias Agenten waren". Auf diese Weise versuchte er, Redens zu diskreditieren, damit er so schnell wie möglich nach Moskau zurückgerufen werden konnte.

des Trotzkismus hingerichtet wurde. Betrachtet man das Politbüro, so stellt man fest, dass neben Beria und Kaganowitsch, die Juden waren, auch Molotow, Worotschilow und Andrejew mit jüdischen Frauen verheiratet waren, so dass ihre Kinder jüdisch waren. In *Plot Against the Church (Verschwörung gegen die Kirche)* behauptet Maurice Pinay, ein Pseudonym, das von einer Gruppe katholischer Priester verwendet wurde, die gegen das Zweite Vatikanische Konzil waren, dass Malenkow ebenfalls Jude war. Nach dieser Quelle war er der Sohn von Maximilian Malenk, einem Nachnamen, der als jüdisch gilt. Außerdem, und hier stimmen andere Autoren zu, war Malenkow mit einer Schwester von Nikita Chruschtschow namens Pearl-Mutter verheiratet, die als „Genossin Schemschuschne" bekannt war. Einige Quellen weisen darauf hin, dass Chruschtschow ebenfalls Jude war und sein vollständiger Name Nikita Salomon Chruschtschow lautete. In *Staline Assassiné* schreibt A. Avtorkhanov, dass Stalin „herausfand, dass Chruschtschow eine Tochter hatte, deren Mutter Jüdin war". Avtorkhanov fügt hinzu, dass „Malenkovs eigene Tochter einen Juden geheiratet hatte". Wenn Stalin gegenüber den Juden, die sich um ihn herum bewegten, misstrauisch hätte sein müssen, wäre er sicherlich nie fertig geworden, da er von ihnen umgeben war. Was Stalin tatsächlich erkannte, war, dass hinter jedem Manöver gegen seine Politik oder seine Führung unweigerlich ein oder mehrere Juden standen, weshalb Avtorkhanov vielleicht zu dem Schluss kommt, dass Stalins Antisemitismus „pragmatisch" war.

Es wurde in dieser Arbeit gezeigt, dass Stalins Hauptfeinde seit seiner Machtübernahme trotzkistische, internationalistische Juden waren, die er zu beseitigen versuchte, oft mit Hilfe anderer Juden, die ihn, wenn auch nur aus persönlichem Interesse oder aus strategischen Gründen, unterstützten. Stalin war sich durchaus bewusst, dass Juden eine führende Rolle in der bolschewistischen Revolution gespielt hatten. Es wurde bereits festgestellt, dass fast alle Mitglieder der ersten kommunistischen Regierung von 1918 Juden waren. Außerdem waren alle Kommissariate von Anfang an mit Juden aus dem Ausland besetzt. Im Kommissariat des Inneren und im Kommissariat für Auswärtige Angelegenheiten besetzten sie alle wichtigen Posten. Dasselbe gilt für die Kommissariate für Wirtschaft, Justiz, Volksbildung, Armee, Gesundheit, Außenhandel usw..

Auch wenn die offizielle Geschichtsschreibung dieser Realität nach wie vor keine Beachtung schenkt und sie entweder verdrängt oder als Anekdote abtut, gibt es doch Gelehrte, die es wagen, die Wahrheit zu sagen. Alexander Solschenizyn, einer von ihnen, prangerte die Geschehnisse in Russland mit diesen vorausschauenden Worten an: „Man muss verstehen, dass die bolschewistischen Führer, die die Macht in Russland ergriffen, keine Russen waren. Sie hassten die Russen. Sie hassten die Christen. Geleitet von ethnischem Hass, folterten und massakrierten sie Millionen von Russen ohne die geringste Reue. Dies ist keine Übertreibung. Der Bolschewismus hat das größte Menschengemetzel aller Zeiten begangen. Die Tatsache, dass die Mehrheit der Welt gleichgültig oder unwissend gegenüber diesem enormen Verbrechen ist, beweist, dass die globalen Medien in den Händen der Verantwortlichen sind."

Zu diesen von Solschenizyn angeprangerten Medien kommt noch eine Vielzahl von Autoren und Propagandisten hinzu, die unter den zahllosen kommunistischen Verbrechern nur den „antisemitischen" Stalin herausgegriffen haben. Es sind diese Medien und Historiker, die Tito, Rajk, Slanski und andere kommunistische Mörder als unschuldige Opfer des Kreml-Diktators dargestellt haben. Die meisten Quellen halten es für eine anekdotische, irrelevante Tatsache, dass es Juden waren, die in allen Ländern Osteuropas an der Spitze der Anti-Stalin-Bewegungen standen; die Fakten beweisen jedoch immer wieder, dass dies die allgemeine Regel und kein Zufall war. In Jugoslawien gab es neben den Juden Tito, Pijade, Rankovic und Kardelj einen weiteren Juden aus Sarajevo, Josef Wilfan, der als Wirtschaftsberater des Marschalls fungierte. Der jugoslawische Vertreter bei der UNO war Alexander Bebler, ebenfalls ein Jude österreichischer Herkunft. Der ungarische Autor Louis Marschalko, der Laszlo Rajk fälschlicherweise als Nichtjuden betrachtet, der von stalintreuen Juden geopfert wurde, beschreibt in seinem Buch *Die Welteroberer* ausführlich, wie die Macht in Ungarn in die Hände jüdischer Verbrecher fiel, seien es Zionisten, Internationalisten oder Stalinisten, die die Verfolgung und Beseitigung von Ungarn durchführten, die aus dem einen oder anderen Grund unbedacht waren.

In Polen, wie auch in den anderen osteuropäischen Ländern, übernahmen Berias NKWD-Männer die Kontrolle und das Gemetzel begann. Wie zu Beginn dieses Kapitels erläutert, legte Beria die Repression in die Hände jüdischer „Rächer", die die Konzentrationslager leiteten und sich an Deutschen vergriffen, die in den Westen überführt werden sollten. Zur Zeit der Gründung des Kominforms lag die Macht in Polen in den Händen von drei Männern: zwei Juden, Jakub Berman und Boleslaw Bierut, und Wladyslaw Gomulka, der mit einer Jüdin verheiratet war. Berman war Mitglied des Politbüros und Leiter der polnischen Sicherheitsorgane, Bierut leitete das Zentralkomitee der Kommunistischen Partei. Beide waren laut Gomulka „Knospen" des NKWD, d.h. „Knospen" von Beria. Was Gomulka betrifft, der zum Zeitpunkt des Kominform-Treffens im Juni 1948 in Rumänien Ministerpräsident der polnischen Regierung war, so hatte er sich offenbar auf dem ersten Treffen im Oktober 1947 mit Titos Delegierten solidarisiert und sich in Bukarest gegen die Ausweisung der Jugoslawen ausgesprochen. Daraufhin wurde er von den Zeitungen *Glos Ludu*, *Nowe Drogi* und *Pravda* als Titoist oder Trotzkist bezeichnet und als „Genosse Gomulkas trotzkistische Bande" denunziert. Dies war der Beginn eines Kampfes, der 1951 zu Gomulkas Verhaftung führte. Die Tatsache, dass Bierut und Berman beide Agenten von Beria waren, verleiht dem Warschauer Prozess zusätzliche Bedeutung.

Gomulka selbst schildert die Ereignisse in seinen Memoiren mit dem Titel *Mes quatorze années*. Aus diesen Texten geht hervor, dass Stalin Beria gegenüber misstrauisch wurde, da er seinen beiden Handlangern in Warschau misstraute. Der Sowjetologe Avtorkhanov paraphrasiert in *Stalinne assassiné* einige Fragmente der von Gomulka in seinen Memoiren gegebenen Version. Stalin fasste den Plan, Berman und Gomulka zu verhaften, um sie zu zwingen, gegen Beria und Bierut auszusagen. Stalin wollte wissen, inwieweit Beria sich mit Hilfe seiner jüdischen Schützlinge in Polen gegen ihn verschworen hatte. In einem von Avtorkhanov wiedergegebenen Text erklärt Gomulka dies folgendermaßen:

> „Bierut hatte große Angst vor Berman, denn er befürchtete, dass Berman im Laufe eines Prozesses oder während der Ermittlungen die kompromittierendsten Dinge sagen könnte. So zum Beispiel, dass Beria zu einer bestimmten Zeit ein Komplott gegen Stalin angezettelt habe und dass Bierut in dieses angebliche Komplott verwickelt gewesen sei. Ich muss sagen, dass ich mir nicht ganz sicher bin, ob das wirklich so passiert ist, aber so wurde mir die Geschichte erzählt. Wie dem auch sei, Bierut war ständig auf der Hut und behielt Berman genau im Auge, und das tat ich damals auch, denn ich war der erste, der vor Gericht erschien. Das Szenario sah folgendermaßen aus... Bierut bestimmte die Dinge, solange er konnte, und griff sogar auf falsche Informationen zurück, die er nach Moskau schickte, zum Beispiel, dass ich todkrank sei.... So gelang es Bierut, die Schlinge so weit wie möglich zuzuziehen, und am Ende war es Stalins Tod, der uns alle vor diesem schlimmen Schritt bewahrte".

Man sollte logischerweise annehmen, dass der Veteran Gomulka viel mehr wusste, als er andeutet. Mit diesem Zitat, das eindeutig besagt, dass Stalins Tod von der Vorsehung gewollt war, ist es an der Zeit, sich mit der Geschichte der Ermordung des Diktators zu befassen. Berias Fähigkeit zur Intrige, sein grenzenloser Ehrgeiz, seine extreme Heuchelei, seine Gefühllosigkeit gegenüber den Gefühlen anderer, stellen ihn auf eine Stufe mit Stalin selbst, übertreffen ihn sogar. Seine Tochter Swetlana Alilujewa schrieb in *20 Briefen an einen Freund*: „Ich bin der Meinung, dass Beria gerissener, hinterlistiger, vorsichtiger, schamloser, entschlossener und entschlossener in seinen Handlungen und somit stärker als mein Vater war". Berias Manövrierfähigkeit war so groß, schreibt Avtorkhanov, dass „alle Intrigen und Verhöre in seinen Händen endeten, da seine Kreaturen verhört wurden, die von anderen seiner Kreaturen verhört wurden".

Der offene Kampf zwischen Stalin und Beria

Über Stalins Kampf im Untergrund gegen Beria in den letzten drei Jahren seines Lebens zu schreiben, ist vielleicht die schwierigste Aufgabe, der wir uns im Laufe unserer Arbeit gestellt haben. Das liegt an den Widersprüchen, absichtlichen Auslassungen und der offensichtlichen Voreingenommenheit einiger der verfügbaren Quellen. Anton Kolendic bietet Texte an, die Beria nach seiner Verhaftung und vor seiner Hinrichtung verfasst hat und die wenig Glaubwürdigkeit verdienen, aber manchmal nützlich sind. Auch die Texte von Nikita Chruschtschow, dem Mann, der nach dem Tod von Stalin und Beria die Macht in der UdSSR übernahm, können nicht vorbehaltlos akzeptiert werden. Was bestimmte Autoren betrifft, so wollen die meisten nicht Gefahr laufen, des Antisemitismus bezichtigt zu werden, und einige gehen sogar so weit, das Offensichtliche zu leugnen. So behauptet Robert Conquest in seiner Stalin-Biographie absurderweise, dass die elf zionistischen Juden, die 1952 nach dem Prager Prozess hingerichtet wurden und allesamt Agenten Berias waren,

altgediente Stalinisten und glühende Antizionisten waren („needless to say,"
schreibt er auf Englisch, „they were veteran Stalinists and fervent-anti-
Zionists"). Unserer Meinung nach ist die Position von Nicolas Werth am
zutreffendsten, der in dem Kapitel des *Schwarzbuchs des Kommunismus* mit
dem Titel „Die letzte Verschwörung" einräumt, dass die Komplexität der
Tatsachen so groß ist, dass der derzeitige Wissensstand über die Geschehnisse
es nicht erlaubt, die Wahrheit zu enträtseln, so dass wir auf den Zugang „zu den
Präsidentenarchiven warten müssen, wo die geheimsten und sensibelsten Akten
aufbewahrt werden".

Wir werden daher versuchen, glaubwürdige Fakten zu präsentieren. Eine
davon ist zunächst die gegenseitige Angst, die Stalin und Beria voreinander zu
haben begannen, so dass es bei ihrem Streit unter anderem darum ging, das
Leben des anderen zu retten. Sowohl Chruschtschow als auch Stalins Tochter
sind sich einig, dass Stalin befürchtete, Beria könnte ein Attentat auf ihn
verüben. Laut T. Wittlin hatte Beria seine Spione in die Kreise eingeschleust, die
dem „großen Chef" am nächsten standen. Er erwähnt unter anderem eine
Georgierin namens Alexandra Nakaschidse, die seine Geliebte in Tiflis gewesen
war. Diese Frau, eine Agentin der Sicherheitskräfte im Rang eines
Kommandanten, wurde als Haushälterin in Stalins Privatwohnung im Kreml
eingesetzt, wo sie die Vorgänge im persönlichen Umfeld des Diktators im Auge
behielt. Mit ihrem Charme betörte sie schließlich Wassili „Wassja" Stalin, den
Sohn des Diktators. Berias Biograph behauptet, dass Stalin in seinen späteren
Jahren einigen seiner engsten Mitarbeiter gegenüber misstrauisch war. Aus
Angst vor einem Attentat", schreibt Wittlin, „aß er nur in seinem Haus im
Moskauer Vorort Blizhny in Kuntsevo. Doch obwohl das Essen für ihn von
seiner alten Köchin Matriona Petrowna zubereitet und von seinem
Dienstmädchen und seiner Haushälterin Valentina Istomina, „Waletschka",
serviert wurde und beide ihm treu ergeben waren und ihn liebten, verlangte
Stalin, dass jedes Gericht und sogar jedes Stück Brot, das ihm serviert wurde,
vorher von einem Arzt untersucht wurde".

Als Stalin die georgische kommunistische Partei, die er über seine
ethnischen Mingrelianer kontrollierte, säubern wollte, hatte Beria keinen
Zweifel daran, dass dies gegen ihn gerichtet war, da Stalin beabsichtigte, dies
ohne ihn und ohne Viktor Abakumow zu tun, der seit dem 7. Mai 1946 Chef der
Staatssicherheit (MGB) und Berias rechte Hand war. Der Verdacht gegen
Abakumov und Beria hatte sich durch die Verhaftung des jüdischen Arztes Jacob
Etinger im November 1950 verstärkt. Ein Ermittler der Staatssicherheit, Michail
Rjumin, informierte Beria über Etingers Verbindungen zum Jüdischen
Antifaschistischen Komitee. Ryumin hatte herausgefunden, dass Dr. Etinger
Zhdanov und General Scherbakov (der im Mai 1945 verstorbene politische
Kommissar der Armee) wegen Kunstfehlern behandelt hatte, um sie zu
liquidieren. Abakuomow, der mit Beria das Verschwinden von Schdanow
organisiert hatte, informierte seinen Chef, der ihm angeblich befahl, die
Ermittlungen einzustellen. Rjumin denunzierte ihn bei Stalin, der im Sommer
1951 beschloss, Maßnahmen zu ergreifen, und damit die Ereignisse auslöste, die
1952 ihren Höhepunkt erreichen sollten.

Am 12. Juli 1951 ordnete Stalin die Verhaftung von Viktor Abakomov, Nikolai Selivanovsky, Mikhail Likhachev, Mikhail Belkin und Georgiy Uthekin an. Diese Verhaftungen richteten sich eindeutig gegen den unangreifbaren Beria. Am 9. August 1951 ernannte Stalin Semjon Ignatjew zum neuen Minister für Staatssicherheit. Mit dieser Ernennung wurde das Ministerium für Staatssicherheit vom Innenminister, d. h. von Beria, unabhängig. Abakuomow wurde verhaftet, weil er Beria gehorchte und Stalins Befehle missachtete. Laut Nicholas Werth wurde er zunächst beschuldigt, „Jakob Etinger absichtlich verschwinden lassen zu haben", der im Gefängnis starb. Darüber hinaus, so Werth weiter, wurde Abakuomow beschuldigt, „die Entlarvung einer kriminellen Gruppe jüdischer Nationalisten zu verhindern, die die höheren Ränge des Ministeriums für Staatssicherheit infiltriert hatte". Im Oktober 1951 befahl Stalin Beria, Generalleutnant Nahum Isaakovich Eitingon zu verhaften, den Organisator des Trotzki-Attentats, der in Spanien Caridad Mercader, Africa de las Heras und Carmen Brufau, die berühmten hispanischen Agenten des NKWD, rekrutiert hatte. Eitingons Schwester Sofia, die Ärztin war, und andere Juden, die wie er Beamte der Staatssicherheit waren, wurden ebenfalls verhaftet und beschuldigt, an einem zionistischen Komplott zur Machtübernahme in der UdSSR beteiligt zu sein. Abakumov wurde mit einer großen „jüdisch-zionistischen Verschwörung" in Verbindung gebracht, die das Jüdische Antifaschistische Komitee mit der so genannten „Weißkittel-Affäre", offiziell den „mörderischen Ärzten", verband, auf die später noch näher eingegangen wird. Der Prozess gegen Abakumov, der sich auf die Verbrechen bezog, die zuvor Lauvrenti Beria zur Last gelegt worden waren, begann in Leningrad am 12. Dezember 1954, lange nach dem Tod von Stalin und Beria. Am 19. Dezember 1954 wurde er hingerichtet.

In Georgien führte die „Mingrelian-Affäre" 1951 zeitgleich mit all diesen Verhaftungen zu einer beispiellosen Säuberung aller persönlichen Freunde Berias und aller Aktivisten in seiner Heimatregion. Hunderte von Parteisekretären in Städten und Bezirken wurden gesäubert. Unter dem Vorwurf des „bürgerlichen Nationalismus" ließ Ignatiev auf direkten Befehl Stalins die Führer des Zentralkomitees und der georgischen Regierung verhaften. Candide Charkviani, der 1939 von Beria eingesetzte erste Sekretär der Kommunistischen Partei, hatte die Geheimpolizei im Kaukasus geleitet, seit sein Chef nach Moskau gegangen war, um das Kommissariat für innere Angelegenheiten zu leiten. Charkviani wurde nachts auf dem Heimweg entführt. Die Säuberungen in Tiflis dauerten mehrere Monate an, und Ignatjew ließ den Justizminister der Republik, B. I. Schonija, den Generalstaatsanwalt, A. M. Rapaja, und den zweiten Sekretär des Zentralkomitees, Michail Iwanowitsch Baramija, eines der loyalsten Mitglieder der sogenannten „Beria-Bande", verhaften. Diese Tatsachen waren eine ernste Warnung und alarmierten Beria, der zu glauben begann, dass Stalin ihm das gleiche Schicksal wie seinen drei Vorgängern im Amt, Menzhinsky, Yagoda und Yezhov, zukommen lassen wollte. Tatsächlich hatte er selbst Jeschow beseitigt, nachdem er dessen Platz im Kommissariat für innere Angelegenheiten eingenommen hatte.

Ein weiterer Schritt gegen Berias Positionen war die Säuberung seiner Männer in der Tschechoslowakei, einem Land, das er seit dem „Prager Putsch" als sein persönliches Lehen betrachtet hatte. Kurz nach der Übernahme des Ministeriums für Staatssicherheit durch Ignatjew begann eine Verhaftungswelle, unter anderem gegen die Leiter der tschechischen Geheimpolizei, die Beria bis dahin direkt unterstellt waren. So sehr man Stalin auch als „paranoiden Antisemiten" bezeichnen mag, die Fakten beweisen einmal mehr, dass die meisten der verhafteten hochrangigen Offiziere nicht nur Juden, sondern auch Zionisten waren, wie die unschätzbare Hilfe beweist, die sie im Sommer 1948 ihren Kollegen bei der Eroberung Palästinas leisteten. Stalin und Ignatjew handelten so schnell, dass sich die Verhafteten von ihrem Beschützer im Stich gelassen und verraten fühlten, weil sie glaubten, dieser sei schuld an ihrem Sturz in Ungnade. Da uns das oben zitierte Buch von Jonathan Miles, *The Nine Lives of Otto Katz*, vorliegt, können wir einige Einzelheiten zum Ablauf der Ereignisse darlegen.

Dank dieser Arbeit wissen wir, dass André Simone (Otto Katz), ein Kommunist und Zionist, der zu den vielseitigsten Agenten seiner Zeit gehörte, mehrere Wochen mit Tito und Pijade in Belgrad verbracht hatte und auch nach Bulgarien von Traycho Kostov gereist war. Im März 1947 schrieb André Marty, der während des Spanischen Bürgerkriegs zahlreiche Trotzkisten in den Internationalen Brigaden enttarnt hatte, einen Brief, in dem er anprangerte, dass Otto Katz, ein Mann ohne ethnische Wurzeln, der als Chefpropagandist der Regierung Slansky diente, für den britischen Geheimdienst gearbeitet hatte. Marty brachte ihn mit trotzkistischen Kreisen in Verbindung. Sowjetische Berater reisten in die Tschechoslowakei und Katz stand unter Beobachtung. Jonathan Miles schreibt, dass „er begann, von der Partei isoliert zu werden, nicht mehr als Berater zu Konferenzen eingeladen wurde und seinen Posten als Auslandsredakteur der *Rudé Pravó* verlor". Der sowjetische Militärgeheimdienst teilte seinen tschechoslowakischen Kollegen von der Staatssicherheit mit, dass er einen Bericht von Katz benötigte, um den Fall eines anderen Verdächtigen, Karel Sváb, zu untermauern. Am 27. Januar 1950 gab Katz bei seiner Vernehmung zu, dass er viele Fehler gemacht hatte, behauptete aber, dass er der Partei und Russland gegenüber immer loyal gewesen sei. Im Mai 1950 wurde sein Verfahren eingestellt, und obwohl er den Wunsch äußerte, nach Deutschland zu reisen, wurde er dem Rundfunk zugewiesen.

Anfang 1951, noch vor der Ernennung Ignatjews, war die politische Atmosphäre in Prag immer angespannter geworden. Dies lässt sich vielleicht damit erklären, dass der sowjetische Militärgeheimdienst die Ermittlungen eingeleitet hatte. Einige StB-Führer wurden gesäubert, und im Februar wurden die ersten Verhaftungen von zwei hochrangigen jüdischen Beamten vorgenommen: Vladimir Clementis, der Außenminister, und Artur London, sein stellvertretender Minister. Ein weiterer jüdischer stellvertretender Minister, Evzen Löbl, der bereits früher verhaftet worden war, lieferte bei den Verhören die Beweise, die Ignatiev benötigte, um die Verhaftung von Rudolf Slansky (Salzmann), dem Generalsekretär der Kommunistischen Partei und Leiter der tschechischen Regierung, anzuordnen, der am 24. November 1951 verhaftet wurde. Dieser Jude war bekanntlich einer der Hauptakteure der ethnischen Säuberung von Millionen von Sudetendeutschen, und seine verbrecherischen Handlungen im Jahr 1945 waren unzählig. In den ersten Tagen des Jahres 1952 wurden zwei weitere Juden verhaftet: Rudolph Margolius, stellvertretender Außenhandelsminister, und Ludwig Frejka (Freund), der den Präsidenten der Republik, Klement Gottwald, in Wirtschaftsfragen beriet. Insgesamt wurden, wie wir bereits wissen, vierzehn hochrangige Beamte verhaftet, von denen elf Juden waren. Der letzte, der am 9. Juni 1952 verhaftet wurde, war André Simone (Otto Katz), dem mitgeteilt wurde, dass sowohl Artur London als auch Evzen Löbl gegen ihn ausgesagt hatten.

Präsident Gottwald, der schon als Präsident der Republik erkannt hatte, dass er keine andere Wahl hatte, als mit Stalin zu kollaborieren, reiste nach Moskau, um die Einzelheiten des Prager Prozesses zu besprechen, der am 20. November 1952 begann und acht Tage lang im Radio übertragen wurde. Söldner" und „dreckige Schlangenbande" waren einige der Adjektive, die an die Zuhörer gerichtet waren. Die vierzehn Gefangenen wurden beschuldigt, „Trotzkisten, Titoisten, Zionisten und bürgerlich-nationalistische Verräter zu sein, die unter der Leitung westlicher Spionageagenturen im Dienste der US-Imperialisten handeln". Freda Margolius schrieb einen Brief an Gottwald, in dem sie die Höchststrafe für ihren Mann forderte, eine Tatsache, die laut Jonathan Miles die ausländische Presse versteinerte, mit der einzigen Ausnahme der kommunistischen *L'Humanité*, die seine Haltung „bewundernswert" nannte. Wie üblich wurde der Prager Prozess damals und wird auch heute noch als „Schauprozess" disqualifiziert. Kein einziger der vielen Prozesse, mit denen Stalin seine Feinde entlarvte, hat jemals auch nur die geringste Glaubwürdigkeit verdient. Sie waren also immer gefälscht, Parodien, Erfindungen usw. usw.

Slansky (Salzmann) gab jedoch vor Gericht zu, dass er sich 1928 einer trotzkistischen Gruppierung anschloss, 1930 vom amerikanischen Geheimdienst rekrutiert wurde und während des Krieges auch für den britischen Geheimdienst arbeitete. Er enthüllte auch, dass er über Moshe Pijade und den britischen Agenten Konni Zilliacus Kontakt zu den Titoisten aufnahm und mit ihnen zusammenarbeitete. Slansky stellte eine Verbindung zwischen Freimaurerlogen und zionistischen Organisationen her und bestätigte, dass Präsident Beneš ein Großmeister der Freimaurerei und ein imperialistischer Agent gewesen sei. Er gab zu, dass er persönlich die anderen dreizehn Angeklagten in die Positionen gebracht hatte, die sie bei ihrer Verhaftung innehatten. Als der Richter ihn aufforderte, die Einschleusung von Zionisten in wichtige Positionen zu beschreiben, sagte er, dass „die Zionisten, sobald sie Machtpositionen innehatten, ihrerseits andere Zionisten in Sektoren des politischen und wirtschaftlichen Lebens platzierten.... Die in der Tschechoslowakei operierenden Zionisten waren Teil einer internationalen Verschwörung, die von amerikanischen Zionisten angeführt wurde". Hier ist eine Passage, in der Slansky seine Ansichten über die Macht des Zionismus in den Vereinigten Staaten zum Ausdruck bringt:

> „Die zionistische Bewegung in der ganzen Welt wird in der Tat von den Imperialisten, insbesondere den US-Imperialisten durch die amerikanischen

Zionisten, geführt und beherrscht. Denn die amerikanischen Zionisten, die wie in anderen Ländern die finanzkräftigsten und politisch einflussreichsten Zionisten sind, sind Teil der imperialistischen Machtzirkel in Amerika".

Wir werden nun einige Auszüge aus der Aussage von Otto Katz wiedergeben, damit sich der Leser ein Bild davon machen kann, wo sich dieser Mehrfachagent im Laufe seiner fantastischen Karriere bewegt hat. Otto Katz, der unter dem Namen André Simone angeklagt war, wurde als „gerissener Weltenbummler, ein Spion ohne Verpflichtungen" dargestellt. Nachdem er sich der Anklage schuldig bekannt hatte, forderte der Richter ihn auf, seine Fehler zu erklären. Katz gab zu, dass er für französische, britische und amerikanische Geheimdienste gearbeitet und gegen die Tschechoslowakei spioniert habe. Miles gibt diese Frage in seinem Buch wieder, was zu einer sehr interessanten Antwort führt:

> „Staatsanwalt: Wann und wie waren Sie mit dem französischen Spionagedienst verbunden?
> Katz: Im September 1939 war ich mit dem französischen Minister Mandel in Paris beschäftigt.... Mandel unterhielt seinen eigenen Spionagedienst mit der Unterstützung einiger jüdischer und französischer kapitalistischer Tycoons".

Wir haben bereits gesehen, dass Mandel, den Paul Reynaud 1940 für kurze Zeit zum Innenminister ernannte, eigentlich Jeroboam Rothschild hieß (obwohl er nicht zur Bankiersfamilie gehörte) und seinen Namen von in Louis George Rothschild änderte. Er war einer der führenden Kriegstreiber in Europa. Seine kriegsbefürwortende Haltung war so unverhohlen, dass einige französische Politiker ihm vorwarfen, sein Judentum über die Interessen Frankreichs zu stellen. Es ist sehr interessant zu erfahren, dass er, unterstützt von jüdischen Kapitalisten, so weit gegangen war, seinen eigenen Geheimdienst zu gründen, für den er 1939 Otto Katz anstellte, der seinen Razzien und Missionen in Spanien bereits ein Ende gesetzt hatte. Der Staatsanwalt fragte daraufhin: „Wann haben Sie sich verpflichtet, mit dem britischen Geheimdienst zusammenzuarbeiten?" Katz ging daraufhin ins Detail und nannte die Namen der beiden Personen, die ihm den Auftrag in Paris vorgeschlagen hatten: Paul Willert und Noël Coward, die ihn baten, ein Dokument in dreifacher Ausfertigung zu unterzeichnen, da Willert ihm sagte, dass es üblich sei, dass jeder Agent sich schriftlich verpflichte. Beide bestätigten dem Autor von *The Nine Lives of Otto Katz*, dass alles, was Katz vor Gericht gesagt hatte, absolut wahr war.

An einer anderen Stelle des Verhörs erklärte Katz, wie er von seinem Mitreligiösen David Schönbrunn in New York „erpresst" wurde, für die amerikanische Spionage zu arbeiten. Die Passage ist es wert, in vollem Umfang zitiert zu werden:

> „Katz: „...Schönbrunn drohte, der tschechoslowakischen kommunistischen Partei meine Verbindung zu Mandel zu verraten, und zwang mich, für die amerikanischen Spionagedienste zu arbeiten....
> Der vorsitzende Richter: Wer war Schönbrunn?

Katz: Der Sohn eines jüdischen Kapitalisten, der vor dem Ersten Weltkrieg in die Vereinigten Staaten eingewandert war. In den Jahren 1946-47 stand Schönbrunn im Dienst der Overseas News Agency, einem Organ der amerikanisch-jüdischen Kapitalisten, das unter anderem von dem berüchtigten Kriegstreiber Bernard Baruch finanziert wurde. Diese Agentur ist eines der wichtigsten Bindeglieder zwischen amerikanischen Zionisten und jüdischen Nationalisten in den Vereinigten Staaten und arbeitet eng mit dem State Department zusammen."

Die Overseas News Agency (ONA) wurde am 14. Juli 1940 als Ableger der Jewish Telegraph Agency (JTA) gegründet, die in Europa von Jacob Landau gegründet worden war. Im Jahr 1921 verlegte die JTA ihren Hauptsitz von London nach New York. Jonathan Miles erklärt, dass das OSS (Office of Strategic Services, Vorgänger der CIA) Katz über die ONA rekrutierte und enthüllt, dass Jacob Landau Otto Katz in Mexiko besucht hatte, um ihn dazu zu bringen, für die zionistische Bewegung zu arbeiten und Berichte über Deutschland zu schreiben.

Katz teilte dem Gericht mit, dass er im Frühjahr 1947 mit Slansky in dessen Büro gesprochen und seine Beziehungen zu den oben genannten Agenturen erläutert habe. Dann beschuldigte er Clementis und erklärte, der Außenminister habe ihm Dokumente gegeben und ihn für seine riskante Arbeit bezahlt. Clementis selbst bestätigte, dass er Katz geheime außenpolitische Berichte und vertrauliche Dokumente über Abkommen zwischen der UdSSR und ihren Satelliten zugespielt hatte. Clementis gab an, dass er Katz 60.000 Kronen aus den Mitteln des Ministeriums gegeben habe und dass bei einer anderen Gelegenheit der Betrag 50.000 Kronen betragen habe. Der Staatsanwalt nutzte die Gelegenheit, um darauf hinzuweisen, dass Clementis seine Spionagetätigkeit mit öffentlichen Geldern finanziert hatte. Ja", sagte Katz, „Clementis hat meine Spionagetätigkeit finanziert.

Im „Schauprozess" enthüllten die zionistischen Juden schließlich einer nach dem anderen ihre Verbindungen. Bedrich Geminder, Slanskys wichtigster Mitarbeiter, gab zu, dass er sich regelmäßig in deutschen zionistischen Kreisen bewegt hatte. Otto Fischl, der stellvertretende Finanzminister, gestand, dass er ein Gestapo-Agent gewesen war und während des Krieges mit den Nazis in der Tschechoslowakei kollaboriert hatte. Zu seinen Verbindungen zum Zionismus sagte Fischl aus, dass er als Agent des israelischen Geheimdienstes zahlreiche Zionisten für Slansky rekrutiert habe. Er gab auch zu, dass er vom Finanzministerium aus Geschäfte mit Israel vermittelt hatte, die eindeutig den zionistischen Staat begünstigten. Fischl, der in Israel den Spitznamen „der jüdische Himmler" trug, um seine wahren Taten zu verschleiern, gestand, dass er die Auszahlung von 6 Milliarden Kronen zur Unterstützung jüdischer Emigranten ermöglicht hatte. Bedrich Reicin, der stellvertretende Verteidigungsminister, gab zu, dass er als Gestapo-Agent die kommunistischen Führer verraten hatte und dass die Nazis ihm als Belohnung die Flucht nach Moskau ermöglichten, wo er Kontakt zu Slanskys Gruppe aufnahm. Ludwik Frejka (Freund), der Leiter der Wirtschaftsabteilung von Präsident Gottwald, behauptete, ein Geheimagent der Vereinigten Staaten gewesen zu sein, und enthüllte, dass er seine Position genutzt hatte, um die Wirtschaftsbeziehungen zwischen der Sowjetunion und der Tschechoslowakei zu sabotieren. Evzen Löbl und Rudolf Margolius sagten aus, dass sie vom Handelsministerium aus versucht hätten, die tschechoslowakische Wirtschaft an den Westen anzubinden. Beide gaben zu, für die amerikanische Spionage gearbeitet zu haben, wobei ersterer erklärte, dass er auch für den britischen, österreichischen und israelischen Geheimdienst tätig gewesen sei und mit Politikern des jüdischen Staates zusammengearbeitet habe, um die Beziehungen zwischen Prag und Moskau zu untergraben.

Am 27. November 1952 erhob sich der vorsitzende Richter Jaroslav Novák, um das Urteil zu verlesen. Von den vierzehn Angeklagten wurden Artur London, Vavro Hajdu und Evzen Löbl zu lebenslanger Haft verurteilt; die übrigen elf wurden zum Tode verurteilt. In seiner Urteilsbegründung begründete Richter Novák die Höchststrafe mit dem „Ausmaß ihres Verrats am Vertrauen des Volkes, dem Ausmaß ihrer Bosheit und Niedertracht und dem außergewöhnlichen Schaden, den sie unserer Gesellschaft durch ihre kriminellen Handlungen zugefügt haben.... Die Angeklagten sind in einem solchen Ausmaß Feinde des arbeitenden Volkes, dass es notwendig ist, sie unschädlich zu machen, indem man sie aus der menschlichen Gesellschaft ausrottet." Die Solidaritätsbekundungen jüdischer Künstler und Intellektueller in einigen europäischen Ländern blieben erfolglos, Slansky und Co. wurden am 3. Dezember gehängt. Das israelische Parlament (Knesset) zeigte sich nicht nur „zutiefst entsetzt", sondern auch besorgt über das Schicksal von dreieinhalb Millionen Juden, die hinter dem Eisernen Vorhang lebten. Premierminister Ben Gurion sprach von der „schwärzesten aller schwarzen Tragödien". Die Polizei von Tel Aviv war gezwungen, die tschechische Delegation zu schützen, die von wütenden Demonstranten angegriffen wurde.

Die Empörung gegen Stalin und die internationale Kampagne gegen seinen „paranoiden Antisemitismus" hatten weiter zugenommen, insbesondere nachdem einige Monate vor dem Prager Prozess weitere fünfundzwanzig Juden in der UdSSR zum Tode verurteilt worden waren. Der Prozess gegen die Mitglieder des Jüdischen Antifaschistischen Komitees fand vom 11. bis 18. Juli 1952 hinter verschlossenen Türen in Moskau statt. Es war ein Geheimprozess, der das Anfang 1949 begonnene Verfahren beendete. Am 12. August wurden dreizehn Mitglieder des Komitees wegen Spionage und Hochverrat hingerichtet, darunter neben dem bereits erwähnten Solomon Lozovsky ein Dutzend so genannter Intellektueller, meist Schriftsteller und Wissenschaftler. Zehn weitere Juden, die so genannten „Saboteur-Ingenieure" des Stalin-Automobilwerks, wurden mit ihnen zusammen hingerichtet. Im *Schwarzbuch des Kommunismus* heißt es, dass die Zusammenfassung des Jüdischen Antifaschistischen Komitees zu 125 Verurteilungen führte, von denen 25 Todesurteile und etwa 100 Verurteilungen zu Haftstrafen in Konzentrationslagern waren.

Im Zusammenhang mit der jüdisch-zionistischen Verschwörung sollte die Weißmantel-Affäre, die ebenfalls im Herbst 1952 explodierte, entscheidend sein. Stalin wollte sie wahrscheinlich gegen Beria verwenden, doch Beria konnte sie nutzen, um Stalin zu ermorden. Abakumov war bereits verhaftet und durch Ignatiev ersetzt worden, weil er den Befehl des Diktators zur Verhaftung der

Kreml-Ärzte ignoriert hatte. In *Les deniers jours* bezieht sich Anton Kolendic auf den Bericht von Nikita Chruschtschow an den 20. Kongress, in dem er einige Worte über die Verhaftung der Ärzte verliert. Chruschtschow zufolge verteilte Stalin im Politbüro die Atteste mit den Schuldbekenntnissen der Ärzte und sagte zu seinen Kollegen: „Ihr seid so blind wie Kätzchen. Was würde ohne mich geschehen. Das Land würde Schiffbruch erleiden, weil ihr nicht wisst, wie ihr eure Feinde erkennen könnt".

Kolendic stellt in seinem Buch die Texte, die Beria in der Haft geschrieben hat, den von Chruschtschow angebotenen Versionen gegenüber. Indem wir diese Texte mit anderen Quellen kombinieren, werden wir nun versuchen, kurz zusammenzufassen, wie es zur Verhaftung der Kreml-Ärzte, die wiederum fast alle Juden waren, kam. 1952 waren zweihundertsechsunddreißig Personen Nutznießer des medizinischen Dienstes des Kremls, der neben den leitenden Professoren des Dienstes etwa vierhundert Personen beschäftigte, darunter Ärzte, Krankenschwestern, Apotheker, technisches Personal und Wartungspersonal. Unter ihnen befand sich eine junge Radiologin, Dr. Lydia Timachuk, eine ehemalige Offizierin der Staatssicherheit. Beria zufolge war sie eine „Sek-sot" (Sekretny Sotroudnik), d. h. eine geheime Mitarbeiterin von Rjumin, Ignatjews Stellvertreter, der die Abteilung für Sonderermittlungen in Fällen gegen die Staatssicherheit leitete. Offensichtlich verärgert schrieb Beria, Dr. Timachuk sei „schrecklich ehrgeizig und eine echte Hure, die in ihrer Dienstnacht bis zu drei Liebhaber vorführen konnte". Lydia Timachuk hatte sich nach dem Tod Zhdanovs schriftlich bei Stalin darüber beschwert, dass er von den Ärzten Jegorov, Vasilenko und Mayorov unzureichend behandelt worden war. Später stellte sich heraus, dass dieselben Ärzte auch den bulgarischen Führer Georgi Dimitrow behandelt hatten. Berichten zufolge bewahrte der Diktator den Brief in seinen Akten auf, um ihn später zu verwenden.

Zu Ryumin, mit dem Dr. Timachuck eng zusammenarbeitete, ist zu sagen, dass Stalin ihn sehr schätzte und ihn für einen „ehrenwerten Mann und Kommunisten" hielt. Rjumin betrachtete die Juden als ein Volk von Spionen, weshalb er innerhalb der Staatssicherheit (MGB) jeden Kontakt zu ihnen abgebrochen hatte. Nach der Verhaftung Abakumovs hatte Stalin eine Untersuchung über Korruption und Misswirtschaft innerhalb des MGB angeordnet, die zum Ausschluss vieler seiner Führungskräfte geführt hatte. Stalin ordnete die Verhaftung aller jüdischen Obersten und Generäle innerhalb des MGB an. Laut A. Kolendic lehnte Dr. M.G. Kogan ein Ersuchen von Rjumin, dem Sicherheitschef des Kremls, ab, Lydia Timachuk zur „Chefärztin" zu machen. Als er der Ärztin die Nachricht überbrachte, sagte er ihr, dass dies „jüdische Küche" sei und fügte hinzu, dass „das jüdische Gesindel es sich im Kreml bequem gemacht und das Gesetz gemacht hat". Wir erteilen nun Kolendic das Wort, dessen Text wie folgt lautet:

> „Lydia erzählte dann, dass sie kürzlich gehört hatte, wie die Brüder Kogan, beide Professoren und Dienststellenleiter im Krankenhaus, über die Diagnose von Marschall Kóniev, dem Kranken, den sie betreuten, tuschelten. Sie behauptete, deutlich gehört zu haben, wie B. B. Kogan zu seinem jüngeren Bruder sagte....geh und hol die Diagnose raus, und wir schicken ihn zu Zhdanov". Als guter

Spionageabwehrprofi befahl Ryumin Lydia sofort, einen Bericht mit allen Einzelheiten zu verfassen und weiter in der Sache zu forschen. Ein paar Tage später hatte Lydia einen langen Bericht geschrieben, den sie Ryumin übergab."

Beria erklärte, er habe den Bericht gelesen, und bezeichnete ihn als „einen Haufen idiotischer Erfindungen, die ein Hund nicht geschluckt hätte, wenn man ihm Butter gegeben hätte". Daraufhin ordnete Rjumin an, den „hysterischen Arzt" aus dem Kreml zu verweisen und ihn in ein Frauenlager zu schicken, wo er als Arzt arbeiten sollte. Lydia Timachuk schrieb einen Brief aus dem Lager an Iosif Wissarionowitsch Stalin persönlich. Der zweite Kommandant des Lagers hatte eine Schwester, die in Stalins Datscha arbeitete, und über diesen Weg erreichte der Brief den Diktator. Darin prangerte der Arzt „die Allmacht der Verbrecher und Mörder an, die neue Anschläge auf den Führer des Volkes, den geliebten Stalin, vorbereiten". In diesem Brief wiederholte Dr. Timachuk alle Anschuldigungen, die im ersten Bericht an Ryumin enthalten waren. Es scheint, dass dieser Brief ohne Berias Wissen bei Stalin eingegangen ist. Außerdem hatte er einen weiteren Brief mit Anschuldigungen von Marschall Iwan Stepanowitsch Konejew erhalten, einem Kriegshelden, der kürzlich zum stellvertretenden Verteidigungsminister der UdSSR ernannt worden war. Stalin war der Ansicht, dass er „schreckliche Beweise in der Hand" hatte, und legte dem Politbüro den Text von Konewjew vor, in dem der Marschall behauptete, dass eine Gruppe jüdischer Ärzte im Kreml-Krankenhaus versucht habe, ihn zu vergiften, und dass er wisse, dass „diese Gruppe amerikanischer und englischer Spione bereits zahlreiche Führer, Schdanow und andere, ermordet habe und sich darauf vorbereite, den obersten Führer selbst, Stalin, zu töten".

Aus dem Zitat vor dem vorigen Absatz geht hervor, dass Dr. Timachuk Rjumin berichtet hatte, dass die Brüder Kogan versuchten, den Marschall, der im Krankenhaus lag, loszuwerden. Natürlich verknüpfte Beria die Briefe von Koniev und Timachuk und versuchte, beide zu diskreditieren. Nachdem er die Ärztin als „große Hure" bezeichnet hatte, setzte er diesen Weg fort und behauptete, dass Timachuk mit Koniew knutschte und dass sie es war, die den Verdacht des Marschalls erregt hatte. Anderen Quellen zufolge hatte Lydia Timachuk selbst Stalin versichert, dass die „Medizinmörder" Marschall Kóniev töten wollten, und ihm persönlich gesagt, „dass es seine Pflicht als Offizier und Parteimitglied sei, bei der Entlarvung der Banden ausländischer Spione zu helfen". Chruschtschow bestätigt in seinen Schriften auch, dass Konejew einen langen Brief an Stalin schickte, in dem er behauptete, „dass er mit denselben Medikamenten vergiftet wurde, mit denen Schdanow getötet wurde", und enthüllt, dass Marschall Iwan Stepanowitsch Konejew nach der Verhaftung Berias im Juni 1953 beauftragt wurde, den Fall gegen Stalins Mörder zu untersuchen.

Schließlich wurde am 7. November 1952 der jüdische Arzt Miron Vovsi, ein ehemaliger Chefarzt der Roten Armee,, wegen seiner Beteiligung an der unsachgemäßen Behandlung des bulgarischen Führers Dimitrov verhaftet. Dr. Mirov war ein Cousin von Solomon Mikhoels, dem vermissten Leiter des Jüdischen Antifaschistischen Komitees. Während seines Verhörs machte Mirov eine Reihe von Enthüllungen, die die von Stalin seit langem gewünschten

Verhaftungen auslösen sollten. Mirov gestand, dass Mikhoels unter der Leitung anglo-amerikanischer Agenten gehandelt hatte. Zu diesem Zeitpunkt befand sich der Kampf zwischen Stalin und Beria auf seinem Höhepunkt, so dass es nicht leicht ist, alle Ereignisse zu verstehen, die sich abspielten.

Dazu gehörte beispielsweise die Entlassung Ryumins aus seinem Amt beim MGB. Am 13. November 1952 entfernte ihn das Zentralkomitee überraschend mit der Begründung, er sei „für den Posten ungeeignet". Es ist nicht bekannt, ob Stalin davon wusste oder ob er den Befehl dazu gab; alles deutet jedoch darauf hin, dass es sich um ein verzweifeltes Manöver Berias handelte, dessen Lage immer prekärer wurde. Am 14. November erlitt Ignatiev einen Herzinfarkt und konnte erst im Januar 1953 wieder an die Arbeit gehen. Nach der Verhaftung Mirows waren die Verhaftungen und Verhöre der jüdischen Ärzte des Kremls, darunter die Gebrüder Kogan, Rapoport, Feldman, Grinstein und andere, bereits im Gange, doch Beria gelang es, einen seiner engsten Mitarbeiter, Sergo (Sergei) Goglidse, an die Spitze der Ermittlungen zu stellen. Dieser Tschekist zeichnete sich dadurch aus, dass er bei drei Innenkommissaren Chef der Sicherheitsdienste gewesen war. Er war 1938 zu Berias engstem Vertrauten geworden, als er als Leiter des NKWD in Georgien Jeschow verriet und Beria warnte, er habe den Befehl, ihn zu verhaften. Beria überredete daraufhin Stalin, den Befehl aufzuheben. Goglidse sollte zusammen mit seinem Chef im Dezember 1953 hingerichtet werden.

Bei den Verhören, zu denen auch Schläge auf Stalins eigenen Befehl gehörten, gestanden die Ärzte einer nach dem anderen ihre Schuld und ihre Kontakte zum „Joint" (American Joint Distribution Committee), einer internationalen Organisation jüdischer Nationalisten, die Sabotage und Spionage in der Sowjetunion finanzierte[32]. Am 13. Januar 1953 berichtet die Nachrichtenagentur *Tass* über die Zerschlagung einer „terroristischen Gruppe von Ärzten, deren Ziel es war, das Leben einer Reihe von Personen des öffentlichen Lebens in der Sowjetunion durch schädliche medizinische Behandlung zu verkürzen", durch die Organe der Staatssicherheit. Alle Ärzte, mit Ausnahme der Professoren V. N. Vinogradov und P. I. Yegorov, waren Juden. Den Informationen zufolge arbeiteten die Ärzte für zwei ausländische Informationsnetze. Alle jüdischen Ärzte im Dienste der Amerikaner waren von der „internationalen jüdischen bürgerlich-nationalistischen Organisation Joint" rekrutiert worden. Die Nachricht wurde gleichzeitig in der *Prawda* und der

---

[32] So wie aus westlichen Archiven hervorgeht, dass Stalin Recht hatte, als er Trotzki beschuldigte, ein ausländischer Agent zu sein, so lässt sich nachweisen, dass der Vorwurf des „paranoiden Antisemitismus" Teil einer Kampagne zur Verschleierung der Wahrheit war. Das „Joint Distribution Committee" war eine internationale zionistische Organisation, die 1914 gegründet wurde. Sie arbeitete auf internationaler Ebene mit wirtschaftlichen und propagandistischen Aktivitäten für das Judentum. Der Hauptsitz der Organisation befand sich in New York, aber sie hatte Vertreter in fast allen Ländern. Als einen ihrer prominentesten Führer nennt Jüri Lina Paul Warburg. Ab 1938 begann der „Joint" seine Manöver in der UdSSR. Jüri Lina zitiert in der *Encyclopaedia Judaica*, dass der Illuminat Felix Warburg Vorsitzender des amerikanischen Joint Distribution Committee war.

Iswestija, den beiden führenden sowjetischen Zeitungen, veröffentlicht. „Eine Gruppe von Spionen und schmutzigen Mördern, die sich hinter der Maske von Medizinprofessoren versteckt", hieß es in der *Prawda*, „wurde vor einiger Zeit von den Organen der Staatssicherheit aufgedeckt." Der Sowjetologe Avtorkhanov glaubt, dass der *Pravda-Artikel* von Stalin verfasst wurde, da er alle stilistischen Merkmale der Prosa des Diktators enthielt. Der Text endete so:

> „Das Sowjetvolk stigmatisiert mit dem Zorn der Empörung diese verbrecherische Mörderbande und ihre ausländischen Herren. Es wird diese elenden Söldner, die sich an Dollar und Pfund Sterling verkauft haben, wie ekelhafte Reptilien zerquetschen. Was die Inspiratoren dieser mörderischen Söldner betrifft, so können Sie im Voraus sicher sein, dass sie nicht vergessen werden und der Strafe nicht entgehen, und es werden Mittel und Wege gefunden werden, sie zu entlarven und sie an der harten Strafe teilhaben zu lassen."

Die Kampagne wurde in den darauffolgenden Tagen fortgesetzt. Zweifellos um die Menschen zu ermutigen, wurde am 21. Januar 1953 ein Dekret des Präsidiums des Obersten Sowjets der UdSSR veröffentlicht, in dem Dr. Timachuk mit der höchsten Auszeichnung geehrt wurde: „In Anbetracht der Hilfe, die sie Ihrer Regierung im Kampf gegen kriminelle Ärzte geleistet hat", so der Text, „wurde beschlossen, Dr. Timachuk Lydia Fedosseievna den Lenin-Orden zu verleihen. Am 31. Januar betonte der Leitartikel *der Pravda* die Notwendigkeit, „die Arbeiter im Geiste hoher politischer Wachsamkeit zu erziehen" und verwies auf die „Strafverfolgungen der letzten Jahre gegen Spionagebanden und subversive Elemente in Bulgarien, Ungarn, der Tschechoslowakei, Polen und anderen Ländern der Volksdemokratie". Sie wiederholte, dass es notwendig sei, „in der UdSSR eine Bande von niederträchtigen Spionen und abscheulichen Mördern zu zerschlagen". Am 6. Februar berichtete die Zeitung, dass die Staatssicherheit in verschiedenen Regionen des Landes Gruppen von Spionen verhaftet habe. Am 11. Februar schickte Lydia Timachuk einen Brief an die Redaktion der *Prawda*, um sich gemeinsam bei den Lesern für die „zahlreichen Telegramme und Glückwünsche" zu bedanken, die sie für ihre Anprangerung der „Feinde des Sowjetvolkes" erhalten hatte. Am 18. Februar forderte *die Prawda* die Bevölkerung in allen Regionen des Landes auf, „die Feinde des Volkes zu entlarven".

Die meisten Autoren sind sich einig, dass die „Weißmantel-Affäre" ebenso wie der Prager Prozess Teil des Kampfes um Leben und Tod zwischen Stalin und Beria war, dessen Nachlässigkeit bei der Überwachung des Komplotts aufgedeckt worden war. Beide waren unübertroffene Meister in der Kunst der Konspiration und des Attentats. Sie waren wahre Virtuosen darin, das Vertrauen ihres auserwählten Opfers zu gewinnen, um dann im unerwartetsten Moment den finalen Schlag zu führen. Beide waren sich zweifellos darüber im Klaren, dass sie es mit dem stärksten aller Feinde zu tun hatten, denen sie im Laufe ihrer kriminellen Karriere begegnet waren. Avtorkhanov stellt fest, dass beide während der von der *Pravda* initiierten Kampagne zwei Feinde töteten, die offiziell auf natürliche Weise ums Leben kamen. Beria habe General Sergej

Kossynkine, Oberbefehlshaber des Kremls und verantwortlich für Stalins Sicherheit, das Leben genommen. Am 17. Februar meldete *die Iswestija* den „vorzeitigen" Tod dieses Generals, den Stalin aus seiner Leibgarde für den Posten des höchsten Vertrauens ausgewählt hatte. Kossynkine, ein junger Mann bei ausgezeichneter Gesundheit, war Stalin fanatisch ergeben und in keiner Weise von Beria abhängig, den er zutiefst verachtete. Avtorkhanov zufolge hatte der junge General „die Fähigkeiten Berias sichtlich unterschätzt, was seinen frühen Tod erklärte".

Der Tod, der Stalin zugeschrieben wird, erfordert einige Zeilen, da er einen seiner Mitarbeiter betrifft, den Juden Lew Sacharowitsch Mechlis, einen Generalleutnant, der Sekretär des Diktators, stellvertretender Verteidigungsminister und politischer Kommissar der Roten Armee gewesen war. In den 1920er und 1930er Jahren wurde Mechlis, einer der vielen Juden, die Stalin umgaben und unterstützten, zu einem seiner bevorzugten Henker, weshalb er in intimen Kreisen den Spitznamen „der Hai" oder auch „der grimmige Teufel" trug. Stalin wählte ihn 1930 als Nachfolger Bucharins zum Redakteur *der Prawda*, von wo aus er die Moskauer Prozesse und den von seinem Chef entfesselten Großen Terror rechtfertigte. Im Dezember 1937 war er von seinem Posten als Politkommissar aus maßgeblich an der Säuberung der Roten Armee beteiligt. In einem ausführlichen Artikel, der 2005 von CODOH (Committee for Open Debate on the Holocaust) veröffentlicht wurde, enthüllt Daniel W. Michaels, dass Mekhlis 1938 jedoch gezwungen war, sich zu rechtfertigen, als ein in New York abgestempelter und von „Ihrem Bruder Solomon" unterzeichneter Brief bei den NKWD-Büros eintraf, in dem über Geschäftsfreunde und Verwandte von Mekhlis in New York informiert wurde. Der „Hai" ging sofort zu Stalin und behauptete, der Brief sei von Provokateuren geschickt worden, um ihn zu diskreditieren. Offensichtlich muss er den Diktator überzeugt haben, denn es wurde nichts mehr davon gehört. Während des Krieges war Mechlis Redakteur der Armeezeitung *Krasnaja zvezda* und verantwortlich für andere Militärpublikationen, in denen Propaganda und Hass inszeniert wurden, wie z. B. Ilja Ehrenburgs Aufforderungen zum Massenmord und zur Vergewaltigung von deutschen Frauen. Während des Krieges stand er als Leiter der Politischen Verwaltung des Heeres in enger Verbindung zu Beria und arbeitete mit ihm zusammen. Es gibt Zeugenaussagen, die belegen, dass die Truppen ihn wegen der von ihm angeordneten harten Strafen und Hinrichtungen fürchteten und hassten: „Er war aus tiefstem Herzen kalt und rücksichtslos", so der Schriftsteller Konstantin Simonov. Am Ende des Krieges verkündete er selbst den vier Winden in der *Prawda*, dass der Generalissimus ihn zum Minister für Staatskontrolle ernannt hatte, ein Amt von großem Vertrauen, das er bis Dezember 1949 innehatte und in dem er Korruption und Unregelmäßigkeiten in der sowjetischen Wirtschaft überprüfte.

Laut Avtorkhanov verdächtigte Stalin Mekhlis, ein Zionist zu sein, und brachte ihn mit dem Komplott der jüdischen Ärzte in Verbindung. In Erwartung des Gerichtsurteils über die „kriminellen Ärzte" schickte er Mechlis in „wichtiger Mission" nach Saratow. Der Autor schreibt, dass „es einfacher war, ihn still und heimlich zu verhaften, ohne dass jemand davon erfuhr. Er wurde in das Moskauer Gefängniskrankenhaus Lefortowo gebracht", behauptet Avtorkhanov, „machte alle für Stalin notwendigen Angaben und starb am 13. Februar 1953". Er wurde mit allen Ehren auf dem Roten Platz in Anwesenheit zahlreicher Politbüromitglieder, Marschälle und Minister beigesetzt; Stalin nahm jedoch nicht an der Beerdigung teil. Eine andere der oben zitierten Quellen, Thaddeus Wittlin, stimmt zu, dass Lew Mechlis von Stalin liquidiert wurde, führt dies aber einfach auf den Antisemitismus zurück: „Wenn Mechlis dem Großen Häuptling zum Opfer gefallen war", schreibt Wittlin, „bedeutete dies, dass Stalins Antisemitismus mit zunehmendem Alter so stark geworden war, dass er die Anwesenheit eines Juden nicht ertragen konnte". Dieser Autor fügt hinzu, dass Beria „die Hinrichtung von Mechlis als eine weitere persönliche Warnung an ihn verstand, da General Mechlis, Leiter der Politischen Verwaltung der Armee, ein enger Mitarbeiter von ihm gewesen war".

Stalin wird ermordet. Der Staatsstreich von Beria

Gegen diejenigen, die die These von der Paranoia Stalins vertreten, betont Avtorkhanov, dass „Stalin niemanden aus Instinkt oder mörderischer Leidenschaft getötet hat. Er war weder ein Sadist noch ein Paranoiker". Dieser Autor ist der Ansicht, dass diese Fehleinschätzung auf eine „falsche anthropologische Prämisse" zurückzuführen ist. Sehen wir uns einen Auszug aus *Stalinne assassiné* an, in dem dieser Sowjetologe die Idee einer Geisteskrankheit Stalins ablehnt:

> „In Wirklichkeit sind alle Handlungen Stalins, alle seine Initiativen, alle seine Verbrechen logisch, mit präzisen Zielen verbunden und gewissenhaft einer Reihe von Prinzipien treu. Man findet in seiner inneren Welt nicht die Zickzacklinien eines Geisteskranken, dessen Geist sich verfinstert und dann wieder klar wird, der von Enthusiasmus zu Melancholie wechselt, der in der Lage ist, heute ein Verbrechen zu begehen und es morgen zu bereuen, wie es bei Zar Iwan dem Schrecklichen der Fall war, der wirklich krank war. Stalin war ein politischer Mensch, der oft zu kriminellen Methoden griff, um seine Ziele zu erreichen. Man kann sogar sagen, dass er eine in ihrer Art und in der Geschichte einzigartige Kreuzung darstellte, in der sich die politische Wissenschaft organisch mit der Kunst des Verbrechens verband, in der er alle anderen politischen Männer übertraf. Stalin hat in seinen Handlungen nie ein Jota variiert, und seine Verbrechen waren von den strengsten Prinzipien geleitet."

Berias Biograph stimmt zu, dass sich Stalin trotz seiner dreiundsiebzig Jahre „in einem Zustand wirklich außergewöhnlicher geistiger Klarheit" befand. Wenige Tage vor seinem Tod, am 17. Februar 1953, empfing er Krishna Menon, den indischen Botschafter in der UdSSR, im Kreml. Menon zufolge schien Stalin trotz seines Alters bei ausgezeichneter Gesundheit zu sein. Der Botschafter veröffentlichte 1963 *The Flying Troika*, ein Werk mit Auszügen aus seinem Tagebuch, in dem er vermerkte, dass Stalin sich während des Gesprächs damit vergnügte, ein Rudel Wölfe auf seinem Notizblock zu skizzieren und als Kommentar zu seinen Zeichnungen eine Idee äußerte, die nichts mit dem diplomatischen Gespräch zu tun hatte. Stalin sagte laut, dass die Bauern bei der Ausrottung der tollwütigen Wölfe klug vorgegangen seien. 1963 hatte Krishna Menon erkannt, dass Stalin zweifellos an die „tollwütigen Wölfe" in seinem Politbüro dachte. In deutlicher Anspielung auf diese Zeichnungen Stalins veröffentlichte Stuart Kahan, der Neffe von Lazar Kaganóvich, Anfang der 1980er Jahre ein lockeres Werk mit dem Titel *The Wolf of the Kremlin*, eine ins Englische übersetzte Biografie von Kaganóvich, der wir wenig Glauben schenken. Darin behauptet Kahan, dass sein Onkel an dem Komplott zur Vergiftung Stalins beteiligt war, das von einigen Mitgliedern des Politbüros, darunter Woroschilow, Molotow und Bulganin, organisiert wurde.

Kongress der KPdSU im Oktober 1952, kurz vor Beginn des Prager Prozesses gegen Berias Zionisten und der Verhaftung der meisten jüdischen Ärzte des Kremls, in den Vordergrund getreten. Dieser Kongress fand nach einem langen Zeitraum statt, in dem die KPdSU entgegen den Bestimmungen der Satzung nicht zusammengetreten war. Seit dem 18. Kongress im März 1939 waren dreizehn Jahre vergangen. Dem von Malenkow verfassten und von der Mehrheit des Politbüros gebilligten „Bericht des Zentralkomitees" setzte Stalin am 2. Oktober die millionenfache Veröffentlichung seines Werkes *„Wirtschaftliche Probleme des Sozialismus in der UdSSR"* entgegen. Die These lautete, dass die Vereinigten Staaten versucht hatten, Deutschland und Japan außer Gefecht zu setzen, um ausländische Märkte, Rohstoffquellen und die Weltherrschaft an sich zu reißen. In seinem Werk *Malenkow* gibt Carlavilla eine Zusammenfassung von Stalins Pamphlet sowie den vollständigen Bericht Malenkows an das Zentralkomitee und die Reden von Marschall Bulganin, Genosse Beria, Worotschilow und die vollständige Rede Stalins. Obwohl das Studium dieser Texte interessante Daten liefert, werden wir uns nicht mit ihnen befassen, da es jetzt notwendig ist, sich damit zu befassen, wie es zu Stalins Ermordung kam.

Über den Kongress sei daher nur gesagt, dass bei den Verhören der Mitglieder des jüdischen antifaschistischen Komitees die Namen Molotow, Worotschilow und Mikojan genannt wurden, so dass Stalin das Vertrauen in sie völlig verloren hatte: Er hielt sie für Mitglieder des zionistischen Komplotts gegen ihn und verdächtigte sie, anglo-amerikanische Spione zu sein. Zwei der Söhne von Anastas Mikojan, beide Generäle, saßen im Gefängnis. Dennoch hielt Molotow die Eröffnungsrede des Kongresses und Worotschilow die Schlussrede. Obwohl der Generalissimus in allen Reden gelobt wurde, blieben Stalins Schwäche und Einsamkeit während der Sitzungen nicht unbemerkt. Beria, der sich geschickt mit Malenkow verbündet hatte, konnte sich vor den Delegierten rehabilitieren und zeigte in seiner Rede, dass er einen politischen Plan hatte. Neben der üblichen Lobeshymne auf den Diktator machte er deutlich, dass die Partei und ihre Prioritäten über Stalin stehen.

Aus dem Kongress ging ein neues Zentralkomitee hervor, das sich wie üblich mit organisatorischen Fragen wie der Wahl des Generalsekretärs und der Mitglieder des Politbüros befasste. In diesem Gremium führte Stalin den Kampf um die weitere Kontrolle der Partei. Stalin bot dem neuen Komitee seinen Rücktritt als Generalsekretär mit der Begründung an, er sei zu alt und zu müde, um dieses Amt mit dem des Vorsitzenden des Ministerrats zu verbinden. Die uns vorliegenden Quellen sind sich nicht einig, ob dieser Rücktritt angenommen wurde oder nicht: Robert Conquest behauptet, dass er abgelehnt wurde, da die Mitglieder des Zentralkomitees wussten, dass er unaufrichtig war. Adburahman Avtorkhanov hingegen behauptet, er sei angenommen worden. Ihm zufolge glaubte Stalin, dass sein Vorschlag nicht angenommen werden würde, und hatte ihn gemacht, um herauszufinden, wer seine Freunde waren. Die Annahme war, wie Avtorkhanov schreibt, „eine historische Niederlage für Stalin".

Das Zentralkomitee, das auf dem Kongress in geheimer Abstimmung von den Delegierten gewählt wurde, beschloss die Ersetzung des Politbüros durch ein neues Gremium, das „Präsidium", das aus fünfundzwanzig Mitgliedern bestand. Das neue Gremium umfasste die zehn Mitglieder des alten Politbüros, einschließlich der Namen, die Stalin in Frage gestellt hatte, sowie fünfzehn neue Mitglieder, zu denen elf stellvertretende Mitglieder hinzukamen. Stalin reagierte mit einer List in letzter Minute und wandte sich an das Präsidium des Zentralkomitees, um die Wahl eines kleineren Gremiums aus dem Präsidium heraus vorzuschlagen, das eine schnellere Erledigung der laufenden Angelegenheiten ermöglichen sollte. So wurde das neunköpfige „Präsidium" des Zentralkomitees der KPdSU eingerichtet. Auf diese Weise versuchte Stalin, Molotow, Worotschilow, Kaganowitsch und Mikojan zu entfernen. Zunächst gelang es ihm, Molotow und Mikojan aus dem neuen „Präsidium" herauszuhalten, dem neben Stalin auch Malenkow, Beria, Chruschtschow, Bulganin, Worotschilow, Kaganowitsch und zwei neue Mitglieder angehörten: Michail Perwuchin und Maksim Saburow. Chruschtschow erklärte später, dass die Gruppe in der Praxis auf fünf Personen reduziert wurde: Stalin, Malenkow, Beria, Bulganin und er selbst, so dass auch Worochilow und Kaganowitsch aus dem Kern ausgeschlossen wurden. Der politisch-polizeiliche Apparat blieb jedoch in den Händen von Malenkow, der die Partei kontrollierte, und Beria, dem Innenminister. Letzterer bemühte sich daher ständig um die Zusammenarbeit mit Malenkow. Stalin hatte die Partei über die Polizei kontrolliert, aber Beria wusste, dass er die Zustimmung der Partei brauchte, um Stalins Nachfolge anzutreten. Die Tatsache, dass Stalin versuchte, den politisch-polizeilichen Apparat zu säubern, erleichterte Berias Verschwörung, die Malenkow zunehmend beeinflusste.

Ende 1952, als die Affäre um die „kriminellen Ärzte" in vollem Gange war, konzentrierten sich Berias Prioritäten auf die Auflösung von Stalins sogenanntem „Geheimkabinett". Alles deutet darauf hin, dass die Verhaftung von Vinogradov, dem Leibarzt des Diktators, Teil der Strategie Berias war, ihn zu isolieren. Während in den Monaten Oktober und November jüdische Ärzte verhaftet worden waren, erschien Professor Winogradow am 4. Dezember, dem Tag nach der Erhängung der im Prager Prozess Verurteilten, zu einer öffentlichen Ansprache, die zeigte, dass er noch auf freiem Fuß war. Seine Verhaftung erfolgte also im Dezember, und es war Beria, der ihn in das Komplott der Kreml-Ärzte einbeziehen wollte. Die führende Persönlichkeit des Geheimkabinetts war General Poskrebyschew. Um ihn aus dem Weg zu räumen, organisierte Beria, wie Avtorkhanov schreibt, „das Verschwinden von geheimen persönlichen Dokumenten Stalins aus Poskrebyschews Büro". Avtorkhanovs Quelle sind die *Memoiren* von Chruschtschow. Der Sowjetologe hält es jedoch für möglich, dass Beria noch wichtigere Papiere als die von Chruschtschow erwähnten Wirtschaftsmanuskripte gestohlen hat, der in seinen *Memoiren* die Worte Stalins zitiert: „Ich habe Beweise dafür, dass Poskrebyschew geheime Materialien verlegt hat. Niemand außer ihm kann das getan haben. Der Verlust dieser Geheimdokumente wurde durch ihn herbeigeführt. Er ist es also, der die Geheimnisse, die ihm anvertraut wurden, weitergegeben hat." Poskrebyschew, der vor den Delegierten des 19. Kongresses gesprochen hatte und zum Mitglied des Zentralkomitees gewählt worden war, wurde in seinem Heimatdorf eingesperrt und durfte es nicht verlassen.

Ein weiterer der Männer, die Stalin schützten, war General Wlassik, der die Leibwache des Diktators befehligte. Wlassik war ein Tschekist, den Beria seit langem in der Nähe Stalins hielt und dessen Loyalität bereits unerschütterlich war; dennoch gelang es Beria, Stalin dazu zu bringen, seine Verhaftung anzuordnen. Dank Stalins Tochter Swetlana ist bekannt, dass sowohl Wlassik als auch Poskrebyschew Ende Dezember 1952 verhaftet wurden:

„Man kann sagen, dass im Laufe dieser letzten Periode sogar diejenigen, die jahrzehntelang die Vertrautheit meines Vaters genossen hatten, plötzlich in Ungnade fielen. Der unverrückbare Wlassik wurde im Winter 1952 inhaftiert, und gleichzeitig wurde sein persönlicher Sekretär Poskrebyschew, der ihm fast zwanzig Jahre lang gedient hatte, entlassen".

Ein drittes Hindernis war General Kossynkine, ein treuer Anhänger Stalins, der die Kremlwache befehligte. Es wurde bereits berichtet, dass Kossynkine, der relativ jung war, unerwartet starb, da er nicht für seine gesundheitlichen Probleme bekannt war. Zur Verhaftung von Professor Vinogradov schreibt Avtorkhanov in *Staline assassiné* folgenden Absatz:

„Es gibt allen Grund zu der Annahme, dass die Verhaftung von Vinogradov, dem Leibarzt Stalins, und Yegorov, dem Leiter der Medizin- und Krankenhausdirektion des Kremls, ebenfalls im Rahmen des von Beria ausgearbeiteten Plans erfolgte. Im Rahmen dieses Plans wurde zweifellos auch Jefim Smirnow, der Gesundheitsminister der UdSSR, der befugt war, Stalins Haus zu betreten, von seinen Aufgaben entbunden. Ein Arzt, den niemand kannte, ein gewisser Tretjakow, wurde sofort zu seinem Nachfolger ernannt (er trat sein Amt am 27. Januar 1953 an). Der neue Gesundheitsminister hatte persönliche Beziehungen zu Beria".

Sowohl die Hinrichtungen der tschechischen Zionisten als auch die Verhaftungen der Ärzte erregten die größte Aufmerksamkeit in Israel, wo die prosowjetische Vereinigte Arbeiterpartei (Mapam) und die Kommunistische Partei die Sympathie der Bevölkerung und der Regierung verloren. Moshe Sharett, der Außenminister und spätere Premierminister, wetterte vor der Knesset (Parlament) gegen Stalin, den er mit Hitler verglich. Im Dezember 1952 wurde Arieh Kubovy, der israelische Botschafter in Prag, der Spionage beschuldigt und zur Persona non grata erklärt. Kubovy vertrat sein Land auch in

Polen, das ebenfalls seinen Rücktritt forderte. Anfang 1953 erhob Budapest Spionagevorwürfe gegen Yosef Walter, den israelischen Kulturattaché, und wies ihn aus Ungarn aus.

Ebenfalls im Januar 1953, vor dem Amtsantritt des neu gewählten Eisenhower, fand ein bedeutendes Ereignis statt: Churchill reiste nach New York und übernachtete im Haus von Bernard Baruch, wo beide mit dem künftigen US-Präsidenten zusammentrafen. Auf dem Foto, das das Treffen dieser obersten Troika von Zionisten festhält, sitzt der unverbesserliche Baruch in der Mitte, an der Spitze des Dreiecks, in einer höheren Position als seine Gäste. Natürlich wurde nichts von dem, was besprochen wurde, umgesetzt; aber am 14. Januar, vier Tage nach Churchills Rückkehr nach London, kündigte die israelische Delegation bei der UNO an, dass sie beabsichtigte, den Fall der Ärzte und des „Antisemitismus" in der UdSSR bei der nächsten Generalversammlung zur Sprache zu bringen.

Am 6. Februar 1953 wurde in der Presse berichtet, dass in Ungarn 160 einflussreiche Juden verhaftet worden waren. Zu den Verhafteten gehörten unter anderem Imre Biro, der Vater der ersten Frau von Präsident Matyas Rakosi, der Präsident der Jüdischen Gemeinde Stöcker, General Gabor Peter, Chef der ungarischen Geheimpolizei, und sein Geheimdienstchef Oberst Caspo, der Direktor von Radio Budapest, Imre Szirmay, Richter Garay sowie die Professoren Benedek und Klimko. Am 9. Februar wurde der ungarische Justizminister Gyula Deesi, ebenfalls ein Jude im Rang eines Obersts der ungarischen Polizei, wegen seiner Verdienste bei der Untersuchung des Falls gegen Kardinal Mindszenty entlassen. Medienberichten in Wien zufolge bedeutete die Entlassung des Justizministers den Beginn einer antijüdischen Säuberung in den Reihen der Kommunistischen Partei.

Am selben Tag, dem 9. Februar 1953, explodierte ein kleiner Sprengsatz in der sowjetischen Gesandtschaft in Ramat Gan in Israel. Die Frau des Botschafters und zwei weitere Beamte wurden verwundet. Die Terroristen wurden nicht ausfindig gemacht. Drei Tage später, am 12. Februar, wies Moskau die Entschuldigung Ben Gurions zurück und bezeichnete sie als Tarnung, um seine Verantwortung für den Bombenanschlag zu verbergen. Außerdem wurde die Schließung der Botschaft der UdSSR in Israel angekündigt und die Forderung erhoben, dass die Zionisten ihre Botschaft in der Sowjetunion ebenfalls schließen sollten. Am 19. Februar wurde Iwan Maisky, eine weitere bedeutende jüdische Persönlichkeit, verhaftet, der als stellvertretender Außenminister Molotows engster Vertrauter war. Wie wir uns erinnern werden, war Maisky als Botschafter in London ein enger Freund des Spaniers Juan Negrin und seiner jüdischen Frau geworden, die nach ihrer Flucht aus Spanien in der britischen Hauptstadt im Exil lebten. Bei einem Verhör gestand Maisky, dass er von Winston Churchill als britischer Spion rekrutiert worden war. Täglich wurden in der UdSSR neue Verhaftungen vorgenommen, die den Umfang des Komplotts vergrößerten und es ermöglichten, bei der Untersuchung der Verschwörung erhebliche Fortschritte zu erzielen.

Es ist daher nicht verwunderlich, dass Stalin unter diesen Umständen entschlossen war, die jüdischen Ärzte und ihre Komplizen so schnell wie möglich vor Gericht zu stellen, um sie ein für alle Mal loszuwerden. Den ganzen Februar 1953 hindurch führte *die Prawda* eine ununterbrochene Kampagne, die die politische Atmosphäre des Landes in Flammen setzte. Tag für Tag erscheinen Artikel, Berichte und Kommentare über „Mörder", „Spione", „Verbrecher", „Umstürzler", „Abtrünnige" und „notwendige Wachsamkeit". Die letzten Lieferungen erfolgten am 20, 22, 23, 26, 27 und 28. Februar. Der Prozess sollte Mitte März 1953 beginnen. Einige Quellen legen nahe, dass Stalin Massendeportationen von sowjetischen Juden nach Birobidschan geplant hatte, was jedoch nicht durch Dokumente belegt ist.

Am Nachmittag/Abend des 1. März 1953, elf Tage nachdem Botschafter Krishna Menon Stalin getroffen und ihn als „Mann von ausgezeichneter Gesundheit" eingeschätzt hatte, entdeckte die alte Matriona Petrowna, eine der wenigen Personen, denen der Diktator noch vertraute, den Leichnam ihres geliebten Chefs in einem der Privaträume seiner Datscha in Kuntsevo neben einem Tisch auf dem Teppich liegend. Petrowna rief alarmiert um Hilfe und Stalin wurde auf ein Sofa gelegt. Zunächst glaubte man, dass er aufgrund von Trunkenheit das Bewusstsein verloren hatte, doch die alte Jungfer kam schnell zu dem Schluss, dass Stalin nicht betrunken war und dass es sich zweifellos um etwas Ernsteres handelte. Es handelte sich um eine Hirnblutung, die seine rechte Körperhälfte lähmte und ihn der Sprache beraubte. In Wirklichkeit war auf Stalin ein von Beria organisiertes, wenn nicht gar ausgeführtes Attentat verübt worden. Anton Kolendic, Thaddeus Wittlin, Adburahman Avtorkhanov, Peter Myers und Stuart Kahan, der Neffe von Kaganovich, behaupten unter anderem, dass Stalin ermordet wurde und dass Beria hinter seinem Tod steckt. Die große Unbekannte bleibt, wie Stalin getötet wurde, unter welchen Umständen das Attentat stattfand, wie der Staatsstreich organisiert wurde.

Bekannt ist, dass Beria, Malenkow, Chruschtschow und Bulganin die letzten waren, die bei Stalin waren. Es ist erwiesen, dass dieses Quartett am Samstag, dem 28. Februar, mit ihm in seiner Datscha bei Moskau zu Abend aß. Da der Diktator ein Mann war, der in der Regel gegen vier oder fünf Uhr morgens zu Bett ging und kurz vor Mittag aufstand, kann man davon ausgehen, dass das Treffen bis in die frühen Morgenstunden dauerte. Es scheint, dass Malenkow das Treffen unter dem Vorwand beantragt hatte, Stalins Empfehlungen zu bestimmten Fragen zu erfahren, die auf der Sitzung des Ministerrats am Montag, dem 2. März, erörtert werden sollten. Eine Woche zuvor hatte Stalin den Mitgliedern des Präsidiums mitgeteilt, dass der Prozess Mitte März stattfinden würde, und ihnen Kopien der endgültigen Anklageschrift des Generalstaatsanwalts Safonow, eines Gefolgsmanns von Beria, übergeben. Zu den Unterlagen des bevorstehenden Prozesses gehörten auch Dokumente, aus denen hervorging, dass es den Amerikanern während des Krieges gelungen war, Spionagezentren nicht nur innerhalb des Krankenhauspersonals des Kremls, sondern auch innerhalb des Zentralkomitees (Lozovsky) und der Staatssicherheit (Abakuomov) zu schaffen. Verschiedenen Quellen zufolge wurde Beria nach der Abreise von Malenkow, Chruschtschow und Bulganin mit dem Diktator allein gelassen, da er einige persönliche Angelegenheiten mit Stalin zu klären hatte. So war er die letzte Person, die mit Stalin zusammen war, bevor er am Sonntag, dem

1. März, von Matriona Petrowna auf dem Boden gefunden wurde. Einige Wissenschaftler haben die Tatsache hervorgehoben, dass Stalins Tod mit dem Purimfest zusammenfiel.

Mehr als ein halbes Dutzend Versionen von Stalins Tod sind von führenden internationalen Persönlichkeiten angeboten worden. Wir lehnen die Versionen von Ehrenburg, Ponomarenko und Harriman, dem amerikanischen Botschafter, als unzweifelhaft parteiisch ab. Auch die von Chruschtschow in seinen *Memoiren* wiedergegebene Version, wonach das Abendessen am Sonntag, dem 1. März, bis 5 Uhr morgens dauerte, werden wir nicht übernehmen. Dagegen möchten wir auf die gewagteste Hypothese hinweisen, die von Thaddeus Wittlin in seiner Biographie über Beria aufgestellt wurde. Der polnische Autor behauptet, Stalin und das Quartett hätten eine Kinovorstellung im Kreml besucht, bevor sie zum Abendessen in die Datscha von Kuntsevo gingen. In seiner Erzählung versucht er sich vorzustellen, wie sich die Ereignisse abgespielt haben könnten, stellt die Atmosphäre nach und beschreibt Details oder Nuancen mit einer gewissen literarischen Anmutung. Hier ist der letzte Absatz des Kapitels 46 von *Kommissar Beria* mit dem Titel „Letztes Gespräch":

> „Es war Anfang März, und der Schnee im Garten unter den Fenstern lag noch ziemlich hoch; auch auf den kahlen Ästen der Bäume, die sich im Wind wiegten, lag noch Schnee. Im Zimmer knisterten die Holzscheite im Kamin, und ihre Flammen verströmten einen blauen und rötlichen Schimmer. Die Atmosphäre war warm und gemütlich. Der Großgenosse ging mit seinen langsamen, schweren, aber sicheren Schritten in dem weiten Raum auf und ab,. Lavrenti stand mit gebührendem Respekt in der Nähe des Fensters. Der Blick auf den dunklen Garten auf der anderen Seite wirkte wie ein Bild auf blauem Grund. Einen Moment lang drehte sich Stalin um und starrte auf das lebendige Gemälde. Mit dem Rücken zu seinem Untergebenen zeigte der Diktator ihm seinen breiten Hals und darüber die tödliche Schwachstelle direkt unter dem rechten Ohr und den Knochen dahinter. Ein schneller, präziser Schlag mit dem Totschläger, den Beria immer in der Tasche trug, konnte die gleiche Wirkung haben, die er so oft bei seinen Opfern in den Kellern der Lubjanka erzielt hatte.
> Der lang ersehnte, präzise Moment war gekommen, ein Moment, der vielleicht nie wieder kommen wird. Hat Beria die Gelegenheit ergriffen? Das weiß niemand mit Sicherheit.

Die in der russischen Bevölkerung am weitesten verbreitete Hypothese ist die so genannte „alte bolschewistische" Version, die von Avtorkhanov in *Staline Assassiné* angeboten wird. Dies ist der Bericht des Autors über die Geschehnisse nach dieser Version:

> „... Am Abend besprachen Malenkow, Chruschtschow und Bulganin mit Stalin bestimmte Tagesordnungspunkte; sie tranken wie üblich ziemlich viel Alkohol und gingen relativ früh. Aber sie gingen nicht nach Hause, sondern machten sich auf den Weg zum Kreml. Beria seinerseits zog es vor, wie bei anderen Gelegenheiten bei Stalin zu bleiben, um mit ihm persönliche Angelegenheiten zu besprechen. An dieser Stelle tritt eine Person auf den Plan, die wir noch nicht kennen. Nach einer Version war es ein Mann, Berias Adjutant. Nach der anderen Version war es eine Frau, die in seinem Dienst arbeitete. Beria ließ Stalin wissen,

dass er im Zusammenhang mit der Affäre um die kriminellen Ärzte über Berichte von schrecklicher Tragweite über Chruschtschow verfüge, und rief seinen Adjutanten mit einem Dossier an. Doch bevor Beria es Stalin vorlegen konnte, hatte die Frau Stalin eine leichte Substanz, wahrscheinlich Äther, ins Gesicht gesprüht. Stalin verlor sofort das Bewusstsein, und sie selbst machte mehrere Einstiche und führte ein langsam wirkendes Gift in seine Venen ein. In den folgenden Tagen wurde Stalin weiterhin von derselben Frau 'gepflegt', die die Rolle des Arztes spielte und die Injektionen in solchen Dosen wiederholte, dass Stalin noch einige Zeit am Leben bleiben konnte und scheinbar eines langsamen natürlichen Todes starb."

Als erster wurde Malenkow benachrichtigt, der seinerseits Beria, Chruschtschow und Bulganin kontaktierte. Die vier meldeten sich in der Datscha zurück und riefen bereits am Morgen des 2. März Swetlana und ihren Bruder Wassili an, die ihren Vater bei ihrer Ankunft bereits bewusstlos und im Sterben vorfanden. Man erzählte ihnen, dass man Stalin am Abend zuvor in seiner Bibliothek gefunden hatte, zusammengesunken neben dem Sofa, und dass man ihn in sein Schlafzimmer gebracht hatte. So beschreibt Swetlana Alilujewa die Szene in ihren Briefen an eine Freundin:

„... Unbekannte Ärzte, die zum ersten Mal an das Bett des Patienten gerufen worden waren, schüttelten sich fieberhaft, setzten ihm Blutegel an Hals und Nacken an, machten Kardiogramme und Röntgenaufnahmen der Lungen, während eine Krankenschwester ihn immer wieder stach und einer der Ärzte Notizen machte, die die Entwicklung der Krankheit beschrieben.... Sie stritten sich alle, gingen hin und her, versuchten alles, ersannen neue Versuche, ein Leben zu retten, das niemand mehr retten konnte... Plötzlich wurde mir bewusst, dass ich die junge Ärztin kannte, dass ich sie irgendwo gesehen hatte. Leider war es unmöglich zu wissen, wo. Wir nickten uns stumm zu, ohne jedoch miteinander zu sprechen.

Die Pfleger des Diktators waren also unerfahrene Ärzte, die der Familie fremd waren und nicht einmal wussten, wie man das dringend benötigte Beatmungsgerät bedient. Ein Anästhesist des Wiederbelebungsteams erklärte später, dass das Gerät nicht in Betrieb genommen werden konnte, weil „es sich um moderne amerikanische Geräte handelte, die mit einer anderen Spannung arbeiteten". Dieser in *Les derniers jours* zitierte Zeuge fügt hinzu: „Angesichts der Unmöglichkeit, den Beatmungsapparat zu benutzen, alarmierten wir Professor Lukomski, der Handmassagen anordnete." Was die Blutegel an Stalins Hals betrifft, so handelte es sich um eine primitive Methode, die traditionell in russischen Dörfern angewandt wurde. Andererseits ist die Erwähnung des jungen Arztes oder der Krankenschwester, bei der es sich offensichtlich um dieselbe Person handeln könnte, die in der Version der alten Bolschewiki erwähnt wird, durchaus relevant. Ein weiterer interessanter Aspekt von Swetlanas Text ist die Feststellung, dass sich an Stalins Hals und Hinterkopf deutliche Spuren eines Blutergusses oder einer Prellung befunden haben müssen, an denen die Blutegel angesetzt wurden. Das bringt uns auf den Gedanken, dass die Wahrheit über die Geschehnisse vielleicht eine Synthese aus den beiden von uns angebotenen Darstellungen sein könnte. Mit anderen Worten: Beria könnte den Diktator mit einem nicht tödlichen Schlag geschockt haben, und unmittelbar danach wäre die geheimnisvolle Frau gekommen, um ihm eine Substanz zu injizieren, die ihm kurz darauf den Tod brachte, so dass Freunde und Familie akzeptieren konnten, dass er eines natürlichen Todes durch einen Schlaganfall gestorben war. Mehrere Zeugen bestätigen, dass Stalin plötzlich für einen Augenblick das Bewusstsein wiedererlangte. Der kindische Chruschtschow behauptet in seinen Memoiren über diesen Moment, dass „er begann, jedem von uns die Hand zu geben". Nur unter dem Gesichtspunkt der Dummheit ist diese absurde Version glaubwürdig. Im Gegensatz dazu gibt Swetlana die folgende Einschätzung ab:

> „Seine Qualen waren schrecklich... Sie verzehrte ihn unter den Blicken all der Anwesenden.... An einem bestimmten Punkt öffnete er abrupt die Augen und umfasste die Blicke der Menschen um ihn herum. Es war ein furchterregender Blick, von dem man nicht sagen konnte, ob er von Wahnsinn oder Zorn geprägt war. Dieser Blick durchdrang uns alle für den Bruchteil einer Minute. Und dann geschah plötzlich etwas Unfassbares und Schreckliches, das ich bis heute nicht erklären kann, das ich aber nicht vergessen kann. Plötzlich hob er seinen gültigen Arm, den linken, es war nicht klar, ob er etwas andeuten wollte oder ob er uns drohte. Seine Geste war nicht sehr deutlich, aber sie sah bedrohlich aus und niemand verstand, worauf er anspielte oder an wen er sich wandte".

Swetlana Alilujewa kannte Lawrenti Beria gut, der schon als Kind versucht hatte, ihre Sympathien zu gewinnen. Ein abschließendes Zitat von ihr, in dem sie Berias Verhalten in den letzten Momenten der Totenwache beschreibt, soll dazu dienen, die Schritte zu beschreiben, die Beria unternahm, um die Situation in den ersten Momenten des Umsturzes zu kontrollieren, in denen er sich ohne allzu große Schwierigkeiten durchsetzen konnte:

> „Nur ein Mann verhielt sich in einer Weise, die an Unanständigkeit grenzte, und das war Beria..... Wenn man ihn ansah, konnte man erkennen, dass er innerlich überreizt war..... Sein Gesicht hörte nicht auf, sich unter den Auswirkungen der Leidenschaften, die ihn erregten, zu verformen. Nun konnte man diese Leidenschaften auf einen Blick erkennen: Ehrgeiz, Grausamkeit, Gerissenheit, ein übermäßiges Verlangen nach Macht.... Man konnte sehen, wie er sich in diesem entscheidenden Moment bemühte, nicht zu hinterhältig zu erscheinen und sich auch nicht von jemandem überzeugen zu lassen, der geschickter war als er selbst.... Er trat an das Bett heran und schaute dem Kranken tief ins Gesicht. Mein Vater öffnete manchmal seine Augen, aber es war ein Blick ohne Gewissen..... Beria beobachtete ihn dann eindringlich: man könnte sagen, dass er den Glanz, der von den trüben Augen ausging, in sich aufnahm.... Als alles vorbei war, stürmte er als erster in den Korridor und man hörte ihn aus dem Saal rufen, ohne seinen Triumph verbergen zu können: „Chrustaljow, mein Wagen!

Chrustaljow war der Leibwächter des Diktators, dem Beria Befehle zu erteilen begann, als stünde er bereits in dessen Diensten. Es war der erste Beweis dafür, dass die Macht nach dem Tod Stalins in seine Hände übergehen sollte. Er befahl auch, Swetlana aus dem Schlafzimmer zu holen. Er verließ sofort die

Blizhny-Datscha und eilte in sein Büro, um die Situation unter Kontrolle zu bringen, bevor seine potenziellen Gegner reagieren konnten. Er rief Tretjakow, den neuen Gesundheitsminister, und die Medizinische Akademie an und ordnete an, die Leiche zu überführen, zu obduzieren und ein von Professoren und Spezialisten unterzeichnetes medizinisches Gutachten zu erstellen. Danach sollte der Leichnam in den Kreml gebracht werden, um der Öffentlichkeit mitzuteilen, dass der Große Genosse den Angriff erlitten hatte, als er allein in seinem Büro arbeitete. Beria setzte sich auch mit den Kommandeuren mehrerer Regimenter in Verbindung und befahl, Panzerdivisionen zur Verstärkung der Moskauer Garnison und zur Unterstützung seiner in der Hauptstadt und den umliegenden Städten stationierten Geheimpolizeibataillone bereitzuhalten. Was die Informationspolitik betrifft, so stellte er sofort alle Texte ein, die das Komplott der jüdischen Ärzte anprangerten, und verbot jegliche Trauerbekundungen. Die Kinos und Theater von blieben geöffnet, und die Trauermusik wurde aus dem Radio verbannt, bis die Todesnachricht offiziell verkündet wurde.

Am 4. März 1953 sendet Radio Moskau ein gemeinsames Kommuniqué der Regierung und des Zentralkomitees der KPdSU, in dem mitgeteilt wird, dass Genosse Stalin zwei Tage zuvor bei seiner Arbeit im Kreml eine Hirnblutung erlitten hat. Der Vater des Vaterlandes war bewusstlos und in der rechten Körperhälfte gelähmt. Er konnte nicht nur nicht mehr sprechen, sondern hatte auch Atemprobleme. Das Bulletin wurde von neun Ärzten unterzeichnet, deren Namen vom Sprecher verlesen wurden. Am 5. März, als er bereits drei Tage tot war, genehmigte Beria die Veröffentlichung des Todes des Diktators. Am 6. März, dem Tag nach dem offiziellen Tod, wurde das von Stalin vorgeschlagene Präsidium des Zentralkomitees aufgelöst und das alte Politbüro, das im Oktober 1952 aufgelöst worden war, wieder eingesetzt. Mit der Zustimmung von Malenkow, Chruschtschow und Bulganin, d.h. des Quartetts, das am letzten Abend mit dem Diktator zu Abend gegessen hatte, gelang es Beria, die Männer, die von Stalin für die Abschaffung des alten Politbüros ausgewählt worden waren, aus dem Sekretariat des Zentralkomitees zu verdrängen.

Da die Gefahr eines Aufstandes der Armee zur Verteidigung des Andenkens des Oberbefehlshabers bestand, wurden die führenden Offiziere, auf die sich Stalin stützte, entlassen. Zu ihnen gehörten Marschall Alexander Wassilewski, Verteidigungsminister, General Artemjew, Befehlshaber der Militärregion Moskau, und Generalleutnant Sinilow, Befehlshaber des Moskauer Platzes. Alle Kader des Sicherheitsministeriums wurden entlassen und verhaftet, darunter natürlich auch der stellvertretende Minister Rjumin, der mit den Ermittlungen in der Affäre um die „Weißkittel-Kriminalärzte" betraut war. Marschall Beria vereinigte die Ministerien für Sicherheit und Inneres zu einem einzigen Ministerium und übernahm wieder das Kommando. Ignatjew wurde somit seines Amtes enthoben, aber seltsamerweise wurde er nicht beseitigt und konnte, vielleicht dank des Schutzes von Malenkow, im Amt bleiben. Stalins Vertraute in den wichtigsten städtischen Zentren des Landes wurden gesäubert, wenn nicht gar eliminiert. Andrianow, Erster Sekretär des Leningrader Gebietsparteikomitees und Mitglied des Präsidiums des

Zentralkomitees, verschwand. Zwei weitere Mitglieder des Präsidiums, Melnikow und Patolitschew, Sekretäre der Komitees von Kiew und Minsk, wurden ebenfalls entlassen.

Beria ist bestrebt, die Zusammenarbeit mit Malenkow aufrechtzuerhalten, dem er das Amt des Vorsitzenden des Ministerrats der UdSSR überlässt, den zweiten Platz als erster stellvertretender Vorsitzender einnimmt und auch das Innenministerium behält. Bulganin wurde in das Verteidigungsministerium versetzt, in dem fortan das Kriegs- und das Marineministerium zusammengefasst wurden. Chruschtschow übernahm die Funktion des Ersten Sekretärs des Zentralkomitees der KPdSU unter der Leitung von Malenkow, der Generalsekretär der Partei war. Damit hatten die vier alle Hebel der Macht in der Hand: Beria wurde zum großen Strategen und Malenkow konnte die Partei und den Staat mobilisieren. Von Bulganin wurde erwartet, dass er die Armee im Auge behielt. Durch spätere Äußerungen von Malenkow und Beria selbst stellte sich heraus, dass Chruschtschow mit der neuen Aufgabenverteilung nicht einverstanden war und vorschlug, den von allen hochgeschätzten Marschall Georgijew Schukow als Minister für Nationale Verteidigung in die Regierung aufzunehmen, da er sich großer Beliebtheit erfreute und die Einheit zwischen Volk und Armee stärken konnte. Beria lehnte dies mit dem Argument ab, dass seine Aufgabe darin bestehe, Stalins Werk fortzusetzen und es nicht durch das Aufstellen „imaginärer Napoleons" zu zerstören. Molotow, Kaganowitsch, Woroschilow und Mikojan traten dem Ministerrat ebenfalls als Mitglieder des Oberkommandos bei. Der Staatsstreich war noch im Gange.

Bereits am 6. März, dem Tag nach dem offiziellen Tod des Diktators, erschien Beria in der Datscha von Kuntsevo und befahl dem Personal, Stalins persönliche Gegenstände einzupacken. Noch am selben Tag trafen Beamte des NKWD und der Geheimpolizei ein, um alle Arten von Eigentum des Genossen Stalin auf Lastwagen zu verladen, die in Lagerhäuser in der Nähe von Moskau gebracht wurden. Anschließend teilte Beria den Bediensteten der Datscha mit, dass ihre Dienste nicht mehr benötigt würden. Mit Ausnahme der Männer, die Beria für Spionagezwecke ins Haus geholt hatte, wurden Stalins Militärs und Leibwächter verhaftet. Laut T. Wittlin wurde die Villa schließlich „vollständig ausgeräumt, sogar die Bilder und Vorhänge, die Glühbirnen und elektrischen Leitungen wurden entfernt. Türen und Fenster wurden versiegelt. Da uns die ausführliche Schilderung dieser Episode durch Anton Kolendic in *Les derniers jours* vorliegt, können wir nicht umhin, sie zu zitieren. Diesem Autor zufolge, der sich auf die Aussagen Malenkows stützt, verließ der Leichnam des Diktators die Datscha in einem provisorischen leichten Holzsarg.

> „Als die Wache das große Eisentor hinter dem Lastwagen wieder schloss, trat ein neuer NKWD-Oberst, der gerade mit Beria eingetroffen war, an das im Hof versammelte Personal heran und befahl allen, sich vor der Garage zu versammeln, die zwei Bedienstete noch reinigten. Alle waren erstaunt, aber da sie gewohnt waren, blind zu gehorchen und Befehle wortlos auszuführen, gingen sie nacheinander in die Garage. Jemand hatte sogar Stalins altes Dienstmädchen Matriona Petrowna mitgebracht, die erschöpft vor Kummer in einer Ecke

zwischen zwei riesigen Köchen kauerte. Ein grauhaariger Mann in der Uniform eines Generals der NKWD-Truppen, der in Begleitung einiger Offiziere die Garage betreten hatte, wandte sich mit einer knappen, autoritären Stimme an das Personal. Der unbekannte General sagte streng und kurz:

Erstens: Sie haben Verpflichtungen unterschrieben. Deshalb wird der erste, der auch nur das kleinste Geheimnis über das Leben und den Tod unseres Chefs, des Genossen Stalin, verrät, schwer bestraft. Zweitens: Packen Sie Ihre Koffer! Seien Sie bereit, in fünf Minuten zu gehen!'

Inzwischen war ein Dutzend Lastwagen eingetroffen. Alle Bediensteten wurden mit ihren Habseligkeiten auf die Lastwagen gepfercht und von bewaffneten Soldaten nach Sibirien eskortiert. Auch die Soldaten und Offiziere von Stalins Leibwache wurden nach Sibirien gebracht. In derselben Nacht oder besser gesagt in den frühen Morgenstunden lud ein Zug des NKWD alle Möbel, persönlichen Gegenstände, jedes Buch und jedes Bild, den kleinsten Fetzen Papier.... Alles, alles muss eingesammelt und in das Depot gebracht werden", lautete Berias Befehl. Als alle Befehle von Beria ausgeführt waren, wurde Stalins Villa geschlossen und versiegelt.

Als alle persönlichen Gegenstände in das NKWD-Depot gebracht wurden, untersuchte eine sorgfältig ausgewählte Gruppe von Häftlingen sie systematisch unter der Kontrolle der Offiziere. Sie suchten jedes Dokument heraus, den kleinsten Zettel, Briefe, Fotos, Notizen, Protokolle... alles wurde katalogisiert und klassifiziert und dann an Beria weitergeleitet.

Nach der Liquidierung Berias erläuterte Malenkow auf einer Sitzung des Politbüros das Problem der Rückführung des gesamten Eigentums Stalins, nicht nur der Dokumente, Werke und Briefe, sondern auch des Mobiliars, der Bibliothek und der persönlichen Gegenstände, um ein großes, Stalin gewidmetes Museum zu eröffnen, wie es bereits eines für Lenin gab. Bei dieser Gelegenheit erzählte Malenkow all diese Einzelheiten und enthüllte, dass der größte Teil von Stalins persönlichem Besitz, abgesehen von den Dokumenten und Papieren, im Depot des Innenministeriums aufbewahrt wurde."

Am Abend desselben Tages, dem 6. Mai, wurde der Sarg mit Stalins einbalsamiertem Leichnam in der Säulenhalle des Gewerkschaftshauses aufgestellt, wo er drei Tage und Nächte lang öffentlich ausgestellt wurde. Die Schlange der Moskauer, die dem Großen Genossen die letzte Ehre erweisen wollten, reichte bis zu vier Kilometer weit. In der Nacht zum 7. März mussten die Miliz und die NKWD-Truppen die Kundgebungen auflösen. Das gesamte Zentrum Moskaus, beide Ufer der Moskwa, mit dem Roten Platz und dem Kreml in der Mitte, war blockiert worden. Im Verlauf der Auseinandersetzungen gab es Tote und Verletzte. Nach offiziellen Angaben kam es zu den Zusammenstößen und Unruhen, weil der Mob den Roten Platz übernehmen wollte. Im offiziellen Kommuniqué heißt es: „Konterrevolutionäre Elemente und imperialistische Spione betraten die Szene und hetzten die Massen mit gegen die Sowjetregierung und den Genossen Stalin gerichteten Parolen auf, worauf das Volk in würdiger Weise reagierte. Um Lynchjustiz und Blutvergießen zu verhindern, mussten die Organe des NKWD eingreifen....". Nach Angaben ausländischer Korrespondenten kam es in derselben Nacht an verschiedenen Orten in Moskau zu Massendemonstrationen, regelrechten Pogromen und Ausschreitungen, die sich gegen die Juden richteten. Die Schreie der Menschen deuteten darauf hin, dass die Wut durch Stalins Kampagne gegen jüdische Ärzte motiviert war. Der sowjetische Historiker Roy Medvedev, dem zufolge zwei Millionen Menschen nach Moskau kamen, um dem Diktator zu huldigen, behauptet, dass es zu zahlreichen und schweren Zusammenstößen kam, bei denen Hunderte, wenn nicht Tausende von Menschen starben.

Am Montag, dem 9. März, fand schließlich das Massenbegräbnis statt. Der Sarg wird auf den Schultern der Mitglieder der neuen Regierung aus der Säulenhalle getragen. Beria und Malenkow stehen dabei im Vordergrund. Um angeblich jegliche Unruhen zu verhindern, mobilisierte Beria seine Spezialkräfte: Panzer, gepanzerte Fahrzeuge und Infanterietruppen mit Maschinengewehren und Flammenwerfern deckten die überfüllten Straßen, durch die der Trauerzug ziehen sollte. Eine Machtdemonstration, die den am Putsch Beteiligten unmissverständlich ihre Macht demonstrierte. Zurück auf dem Roten Platz, in der Nähe von Lenins Mausoleum, hielten Malenkow, Beria und Molotow offizielle Reden. Verschiedene Autoren bestätigen, dass Wassili Stalin, „Vassia", der Sohn des Diktators, der General der Luftwaffe war, mehrmals das Schweigen der Zeremonie brach. Unter dem Einfluss von Wodka, der seine Empörung nicht verbergen wollte, beschuldigte Wassili Beria öffentlich, der Mörder seines Vaters zu sein, und beleidigte ihn aus der Ferne. Viele hörten deutlich unverschämte Worte wie „svolotch", „blad" und „suken-sin", d. h. „Schurke", „Hurensohn" und „Schwuchtel". Einige Tage später rief Beria seinen Kollegen Bulganin, den neuen Verteidigungsminister, zu sich, um ihm seine Meinung mitzuteilen, dass es für einen Alkoholiker wie Wassili Stalin unerträglich sei, General der Luftwaffe zu bleiben. Bulganin, der Beria fürchtete, stimmte zu. Er rief Wassili ins Ministerium und forderte ihn auf, ihm seinen Militärausweis und andere militärische Dokumente auszuhändigen. So wurde der Sohn des Diktators unehrenhaft aus Armee und Luftwaffe entlassen.

Obwohl der Autopsiebericht so verfasst war, dass er alle zufrieden stellte, beschloss Beria, da er befürchtete, dass die Ärzte in Zukunft gefährliche Zeugen sein könnten, auf sie zu verzichten". In *Kommissar Beria* wird enthüllt, dass Professor Arseni Rusakow, einer der Ärzte, die den Autopsiebericht unterschrieben hatten, „plötzlich und unerwartet" verstarb. Laut Wittlin wurde Gesundheitsminister Tretjakow in Berias Büro in der Lubjanka gebracht. Hier ist sein Bericht:

> „Dort erfuhr er, dass ihm eine neue Aufgabe anvertraut wurde: die Leitung eines riesigen neuen Krankenhauses mit zweitausend Betten, das gerade in Vorkuta, einem der größten Zwangsarbeitslager im hohen Norden, eröffnet worden war. Noch in derselben Nacht wurde der Gesundheitsminister in einen Gefängniszug gebracht, wo er in einem Viehwaggon zusammen mit sechzig anderen Häftlingen Professor Kuperin und zwei der acht Kollegen traf, die mit ihm die Todesurkunde Stalins unterzeichnet hatten. Die anderen vier Ärzte waren weniger wichtig, und Beria konnte vorerst warten, bevor er sich mit ihnen befasste."

Zwölf Tage nach Stalins Tod ordnete Beria die Verhaftung von Rjumin an, dem Mann, der auf Stalins Anweisung die jüdischen Ärzte persönlich gefoltert hatte, bis sie gestanden. Im Gefängnis von Lefortowo inhaftiert, wurde er mehrmals von Beria verhört. In einer der Sitzungen, schreibt T. Wittlin, „wurde Ryumin von Beria brutal geschlagen, der dem ehemaligen Sekretär Stalins mit beiden Fäusten die Zähne ausschlug". Mit Rjumin verbunden war Lydia Timachuk, die Frau, die den Brief an Stalin geschrieben hatte, in dem sie den verbrecherischen Plan der Kreml-Ärzte anprangerte. In der Nacht zum 3. April wurde sie ins Hauptquartier der Lubjanka gebracht, wo Beria sie aufforderte, den ihr von Stalin verliehenen Lenin-Orden abzulegen. Anschließend wurde sie in eine Einzelzelle im Keller des Gefängnisses gesperrt, wo sie auf ihre Verlegung in ein Zwangsarbeitslager wartete. Am 4. April veröffentlichte *die Prawda* die Nachricht, dass Lydia Timachuk der Lenin-Orden aberkannt worden war.

Am selben Tag, dem 4. April, erschien in der *Prawda* eine offizielle Erklärung des Innenministeriums. Darin rehabilitierte Beria alle jüdischen Ärzte, die, wie es in der Mitteilung hieß, zu Unrecht beschuldigt worden waren. In dem Vermerk erinnerte Beria daran, dass das Ministerium für Staatssicherheit damals nicht unter seiner Kontrolle gestanden und bei seinen Ermittlungen und Verhören Methoden angewandt habe, die nach den Gesetzen der Sowjetunion nicht erlaubt und verboten waren. Mit anderen Worten: Der oberste Folterknecht der UdSSR, der Mann, der dreißig Jahre lang Folter und Mord zu seinem üblichen Modus Operandi gemacht hatte, behauptete nun, Ärzte seien illegal gefoltert worden. In den folgenden Tagen prangerte *die Prawda* in ihren Nachrichten und Leitartikeln weiterhin die Feinde Berias an. Über Ignatjew hieß es, er sei ein Mann, der „in politischen Angelegenheiten völlig unwissend" sei und von seinem Stellvertreter Rjumin, „einem kriminellen und perversen Kerl", beherrscht werde.

Unter den von Beria freigelassenen Blutsbrüdern befand sich auch Polina Semjonowna Schemtschuzhina (geborene Perl Karpowskaja), die Tochter eines jüdischen Schneiders, die Molotows Frau geworden war. Dies war ein bequemer Weg, um die Loyalität des ehemaligen Außenministers zu gewinnen, der zwar für die Verhaftung des Jüdischen Antifaschistischen Komitees gestimmt hatte, aber nur bedauern konnte, dass die Verwicklung seiner Frau entdeckt worden war. Beria selbst schrieb vor seiner Hinrichtung über diese Angelegenheit: „Ich ordnete an, dass Polina Semjonowna nicht mehr verhört werden sollte und dass sie heimlich in ein spezielles Frauenlager geschickt werden sollte. Ich wusste, dass Genosse Stalin manchmal das Leben der zum Tode Verurteilten verlängern wollte". Einige Tage nach Stalins Tod besuchte Beria persönlich Molotow in seinem Haus und übergab ihm seine Frau wohlbehalten. Molotow", schrieb Beria, „weinte vor Freude wie ein Kind. Es dauerte einen guten Moment, bis er sich von der Realität der Rückkehr Polina Semjonownas überzeugen konnte.

Zwei weitere wichtige Juden, die von Beria befreit wurden, waren Ivan Maisky und Nahum Eitingon. Das Verschwinden Stalins rettete zweifellos das Leben beider. Maisky, der, wie bereits erwähnt, einige Tage zuvor unter dem Vorwurf der Spionage verhaftet worden war, war der Mann, den Beria als seinen Außenminister im Auge hatte, sobald er den Staatsstreich vollzogen und die Macht endgültig an sich gerissen hatte. Maisky, der von Berias Sohn als „der flinke, kleine Jude, der wie eine Maus aussieht" beschrieben wurde, war ein wichtiger Mitarbeiter von Chaim Weizmann und David Ben Gurion und hatte eine Schlüsselrolle dabei gespielt, Stalin zur Zustimmung zur Teilung Palästinas zu bewegen. Als Beria verhaftet wurde, kehrte Maisky ins Gefängnis zurück, wurde aber schließlich 1955 begnadigt.

Nahum Isaakovich Eitingon, Generalleutnant der Staatssicherheit, der Beria-Agent, der an der Ermordung von Andreu Nin beteiligt war und die Ermordung Trotzkis organisierte, wurde im Oktober 1951 zusammen mit anderen hochrangigen jüdischen Agenten verhaftet, die beschuldigt wurden, an dem „zionistischen Komplott zur Machtergreifung" beteiligt zu sein. *In den Venona Secrets* heißt es, dass das FBI am 26. Februar 1941 durch eine Abhöraktion erfuhr, dass ein Treffen zwischen Robert Oppenheimer, Isaac Folkoff, einem anderen jüdischen Agenten, der zu den Gründern der Kommunistischen Partei Kaliforniens gehört hatte, und einer nur als „Tom" bekannten Person mit dem Codenamen Nahum Eitingon geplant war. Den Venona-Dokumenten zufolge fungierten zwei von Eitingons Agenten zwischen 1942 und 1945 als Kuriere für das Netzwerk, das Beria mit US-Atomgeheimnissen versorgte. Neben Eitingon wurde 1951 auch seine Schwester Sophia verhaftet und zu zehn Jahren Gefängnis verurteilt. Sie war Ärztin und wurde beschuldigt, als Bindeglied zwischen jüdischen Ärzten im Kreml und den Verschwörern zu fungieren. Alle wurden nach der Absetzung Stalins freigelassen. Wie Maisky kehrte auch Eitingon nach der Hinrichtung Berias ins Gefängnis zurück. Bis zu seinem Prozess im November 1957 verbrachte er vier Jahre im Butyrka-Gefängnis. Wegen Verschwörung gegen das Regime verurteilte ihn das Gericht zu zwölf Jahren Haft. Nach dem Sturz Chruschtschows im Jahr 1964 wurde er schließlich freigelassen.

Deutschland und das Ende von Beria

Da das Ende Berias mit den Ereignissen vom Juni 1953 in der DDR zusammenhängt, haben wir einen Kommentar zu den Ereignissen in den beiden deutschen Staaten in Bezug auf Israel und den Kampf um die Kontrolle über die kommunistischen Parteien und das Kominform an den Schluss gestellt. Vieles hatte sich seit den letzten Kriegsjahren geändert, als Henry Morgenthau, Harry Dexter White und andere Agenten des internationalen Kommunismus die Roosevelt-Administration infiltrierten und planten, Deutschland in ein Land der Bauern zu verwandeln, um die Errichtung eines kommunistischen Regimes zu erleichtern. Infolge der unversöhnlichen Haltung Stalins, des Plans des Zionisten Morgenthau, der zu diesem Zeitpunkt bereits Finanzberater Israels war, verlor an Anhängern und die Beziehungen zur UdSSR verschlechterten sich zusehends.

Stalin hatte während seiner Jahre an der Spitze der Sowjetunion immer wieder gezeigt, dass er gegen die Weltregierung war. Es sollte nicht vergessen werden, dass Hitler ursprünglich finanziert wurde, um einen Krieg zu entfesseln, der es Trotzkis Internationalisten, die in den Moskauer Prozessen gesäubert worden waren, ermöglichen sollte, im Kreml wieder eingesetzt zu werden. Die erste ernsthafte Abweichung in der Nachkriegszeit war Stalins Weigerung, die Schaffung einer Weltregierung auf der Grundlage des Monopols der nuklearen

Gewalt zu akzeptieren, deren Vorschlag 1946 im *Bulletin of Atomic Scientists* von David Lilienthal und Bernard Baruch, Agenten der internationalen jüdischen Finanziers, ausgearbeitet worden war. Stalin lehnte ihn ab, weil er eine Unterwerfung unter Washington bedeutete, und die sowjetische Presse beschuldigte die Vereinigten Staaten, die „atomare Beherrschung der Welt" anzustreben. So begann der Kalte Krieg.

Dies war der Hintergrund, der das Misstrauen förderte und den Kampf um die Kontrolle der kommunistischen Länder in Europa entfachte, den wir hier beschrieben haben. In diesem Kontext wurde im November 1949 die Bundesrepublik Deutschland mit ihrer Hauptstadt Bonn gegründet, die von den westlichen Alliierten dank des Petersberger Abkommens anerkannt wurde. Einen Monat zuvor war bereits die Deutsche Demokratische Republik (DDR) entstanden. Konrad Adenauer muss große Meinungsverschiedenheiten und den Widerstand der Mehrheit der Bevölkerung überwinden. Eine kleine Neonazi-Partei in Sachsen wird ebenso verboten wie die kommunistische Partei. Bundeskanzler Adenauer nahm später Verhandlungen mit den Zionisten auf, die wir im Folgenden zusammenfassen wollen, da sie im Zusammenhang mit den von uns untersuchten Ereignissen von Interesse sind.

Wir beziehen uns auf die Frage der Reparationen, über die Howard M. Sachar in *Israel an Europe. Eine geschichtliche Würdigung*. Bereits 1941 hatte Nahum Goldmann die Idee der jüdischen Reparationen lanciert, und während des Krieges hatte ein Komitee unter der Leitung von Siegfried Moses darauf hingewiesen, dass der erste Begünstigte Israel sein würde, ein Staat, der nicht einmal existierte. David Ben Gurion forderte 1949, dass die „Bundesrepuplik" nicht entstehen dürfe, solange die Reparationsfrage nicht geklärt sei, und bat die Alliierten um Vermittlung, die sich jedoch nicht bereit sahen, zu vermitteln. Im April 1951 trafen schließlich zwei israelische Abgesandte, David Horowitz und Maurice Fischer, im Hotel Crillon in Paris[33] eine geheime Vereinbarung mit Bundeskanzler Adenauer und begannen direkte Verhandlungen. Die Zionisten richteten sogar eine „Abteilung für Wiedergutmachung „ im Außenministerium ein. Nahum Goldmann organisierte seinerseits die „Conference on Jewish Material Claims against Germany".

Im Dezember 1951 beschloss Ben Gurion, die Frage direkter Verhandlungen mit der Bundesrepublik Deutschland vor die Knesset zu bringen. Am 7. Januar 1952 fand die Debatte statt, und am 9. Januar erhielt das Parlament die Zustimmung zum Abschluss eines Abkommens mit Bonn. Sowohl die zionistische Regierung als auch die Claims Conference einigten sich darauf, zunächst eine voraussichtliche Entschädigung von 1,5 Milliarden Dollar für die jüdische Gemeinschaft insgesamt zu fordern, wovon 1 Milliarde Dollar als

---

[33] Nach der Machtergreifung der Nazis wurde Adenauer laut Howard M. Sachar als Oberbürgermeister von Köln abgesetzt. Um seine Situation zu meistern, wurde er von zwei jüdischen Freunden in den Vereinigten Staaten, Daniel Heinemann und Otto Kraus, unterstützt, die ihm regelmäßig Geldanweisungen in Dollar aus New York schickten. Diese privaten Verpflichtungen", schreibt der jüdische Autor, „lasteten zweifellos schwer auf dem Gewissen des Kanzlers".

Reparationszahlungen an Israel und der Rest an die Claims Conference als Entschädigung für jüdische soziale Organisationen gezahlt werden sollte. Als „neutraler" Ort für den Beginn der formellen Verhandlungen wurde Vassenaar gewählt, ein Vorort von Den Haag, wo das „Oudkasteel", ein ehemaliges herzogliches Schloss, das heute als Hotel dient, als Konferenzort diente.

In diesem Zusammenhang erhielten die Staats- und Regierungschefs der Vereinigten Staaten, Großbritanniens und Frankreichs am 10. März 1952 einen Vorschlag aus der Sowjetunion, der als Stalin-Note, auch bekannt als März-Note, in die Geschichte eingegangen ist. Darin schlug der Diktator der UdSSR die Wiedervereinigung Deutschlands mit einem Ansatz vor, der von einem großen Teil der politischen Klasse, einschließlich der CDU, positiv gesehen wurde, da man glaubte, der Vorschlag sei aufrichtig. Die Grundgedanken waren folgende: Die Grenzen sollten die in Potsdam festgelegten sein; eine einheitliche deutsche Regierung sollte an den Friedensverhandlungen teilnehmen; die Besatzungstruppen sollten sich zurückziehen; politische Parteien und Organisationen sollten frei agieren können; Deutschland sollte neutral sein und durfte keinem Militärbündnis angehören; Deutschland sollte eine eigene nationale Armee und Zugang zu den Weltmärkten haben; Mitglieder der Streitkräfte und der NSDAP, die nicht wegen Kriegsverbrechen verurteilt waren, konnten sich am Aufbau eines friedlichen und demokratischen Deutschlands beteiligen. Das Angebot wurde von den Alliierten abgelehnt, was viele Deutsche auf beiden Seiten der Grenze empörte. In bestimmten Kreisen und in Teilen der Bevölkerung tauchte die Theorie eines neuen „Dolchstoßes" wieder auf. Um die Ablehnung zu verstehen, muss man sich vor Augen halten, dass bereits 1951 in Petersberg zwischen deutschen Militärexperten und westlichen Vertretern Gespräche über den Beitrag der Bundesrepublik Deutschland zur Europäischen Verteidigungsgemeinschaft und den künftigen Beitritt zur NATO, der schließlich 1955 erfolgen sollte, aufgenommen wurden.

Nach diesem notwendigen Exkurs kehren wir nach Den Haag zurück, wo sich am 21. März 1952 Zionisten und Deutsche auf der Wassenaar-Konferenz trafen. Zur israelischen Delegation gehörten Felix Shinnar, ein in Deutschland geborener Rechtsanwalt, der die Reparationsabteilung des Außenministeriums leitete, und Giora Josephthal, Schatzmeister der Jewish Agency. Moses Leavitt und Alex Easterman, beide leitende Angestellte des Jewish Joint Distribution Committee, vertraten die Claims Conference. Auf deutscher Seite waren Professor Franz Böhn, Dekan der Johann Wolfgang Goethe-Universität in Frankfurt, und Dr. Otto Küster, der ein Kollege und Freund von Shinnar in Stuttgart gewesen war. Die Deutschen akzeptierten im Prinzip die Verpflichtung zu finanziellen Reparationen an die Juden, wollten aber die Höhe und die Bedingungen der Zahlungen an die deutsch-alliierte Schuldenkonferenz knüpfen, die 23 alliierte Delegationen zur gleichen Zeit mit der Bundesrepublik in London aushandelten. Hermann Abs, Präsident der westdeutschen Zentralbank, und Bundeskanzler Adenauer versuchten, jedes Engagement gegenüber Israel und den Juden zu verschieben, bis die Frage der Schulden gegenüber den alliierten Ländern geklärt war. Die deutschen Sozialdemokraten, deren Vorsitzender Kurt Schumacher war, setzten sich jedoch im Bundestag für

Israel ein und appellierten an die „moralische Verpflichtung" gegenüber Israel. Der Auswärtige Ausschuss, der zu einer Dringlichkeitssitzung zusammentritt, gibt den Forderungen der Zionisten im Mai 1952 den Vorrang. Es überrascht nicht, dass die gesamte Presse die Entschließung, die Londoner Schuldenkonferenz an die zweite Stelle zu setzen, vorbehaltlos unterstützt.

Ende Mai 1952 traten Küster und Böhn, die beiden deutschen Verhandlungsführer in Wassenaar, vor Bundeskanzler Adenauer zurück, der die Mitglieder der deutschen Delegation mit seiner Autorität dazu bringen musste, der Rückkehr in die Niederlande und der Wiederaufnahme der Gespräche mit einem neuen wirtschaftlichen Vorschlag zuzustimmen, der dem israelischen Premierminister David Ben Gurion vorab vorgelegt wurde. Am 9. Juni 1952 beschlossen die Zionisten, in die Niederlande zurückzukehren, und am 28. Juni wurden die Verhandlungen wieder aufgenommen und bis zum 22. August fortgesetzt. Die Regierung der Bundesrepublik billigte den Vertragsentwurf schließlich am 3. September, während die israelische Regierung ihn zwei Tage später genehmigte. Franz-Josef Strauß, der Vorsitzende der CSU (Christlich-Soziale Union), des bayerischen Ablegers von Adenauers Christlich-Demokratischer Union, legte ein von den Vorsitzenden mehrerer Parteien unterzeichnetes Schreiben vor, in dem er Adeanuer aufforderte, das Ausmaß der Israel zugesagten Reparationen zu überdenken; doch es gab kein Zurück mehr.

Erneut unter dem einhelligen Beifall der deutschen und internationalen Presse unterzeichneten Deutschland und Vertreter Israels und des Weltjudentums am 10. September in Luxemburg das Abkommen. Adenauer war auf dem Weg nach Paris, wo er den Vertrag über den Beitritt der Bundesrepublik Deutschland zur Europäischen Gemeinschaft für Kohle und Stahl unterzeichnen wollte. In der arabischen Welt reagierte man mit Empörung. Die saudi-arabische Regierung kündigte im Oktober einen Vertrag über Telekommunikationsausrüstung mit Siemens. Die syrische Regierung drohte, die Verhandlungen mit drei deutschen Unternehmen über den Ausbau der Häfen von Latakia und Tarsus abzubrechen, wenn der Luxemburger Vertrag nicht gekündigt würde.

Adenauer hatte den Luxemburger Vertrag zu einer Zeit unterzeichnet, als ein Drittel der deutschen Bevölkerung in erbärmlichen Wohnverhältnissen lebte. Ein Fünftel davon waren Flüchtlinge, die alles verloren hatten, nachdem sie aus ihren Häusern vertrieben und brutal in den Westen gebracht worden waren. Es ist daher nicht verwunderlich, dass der Bundestag sechs Monate lang über die wirtschaftlichen und diplomatischen Folgen des von Adenauer unterzeichneten Abkommens debattierte. Am 4. März 1953, zeitgleich mit Stalins Tod, fand die letzte Lesung des Vertrages im Bundestag statt. Der Bundeskanzler richtete scharfe Worte gegen die UdSSR und warf ihr vor, „Rassenhass und Rassenverfolgung als politische Waffen des kommunistischen Regimes" einzusetzen. Adenauer spielte sogar auf den jüngsten Prager Prozess an und beschuldigte die Prager Regierung des Antisemitismus. Abschließend brachte er seine Hoffnung zum Ausdruck, dass die Annahme des Luxemburger Vertrags „ein deutscher Beitrag zur Stärkung des Geistes der menschlichen Beziehungen und der Toleranz in der Welt" sei. Die zweite Lesung fand am 18. März statt, nur eine Woche vor dem Ende der Amtszeit der Regierung Adenauer, und der Vertrag wurde mit 239 Ja-Stimmen, 35 Nein-Stimmen und 86 Enthaltungen angenommen. Der Text wurde am 20. März an den Bundersrat weitergeleitet, der ihn ratifizierte. Am selben Tag wurde er von Bundespräsident Theodor Heuss unterzeichnet.

Während sich die geschilderten Ereignisse in der Bundesrepublik abspielten, führte Stalin, wie wir gesehen haben, einen unerbittlichen Krieg gegen die Juden in Osteuropa und der Sowjetunion, die für den Zionismus konspirierten, der für ihn gleichbedeutend mit dem kapitalistischen Imperialismus war. Natürlich gab es in der DDR viele jüdische Kommunisten, die Israel über alles stellten und als verdeckte Agenten für den jüdischen Staat und die zionistische Sache arbeiteten. Der erste jüdische Kommunist, gegen den in der DDR ermittelt wurde, war Paul Merker, der im Sommer 1948 die Schrift *Der Krieg in Pälastina* veröffentlicht hatte, in der er seine Solidarität mit den Juden und dem zionistischen Staat zum Ausdruck brachte. Im August 1950 wurde er wegen Spionage angezeigt, aus dem Zentralkomitee ausgeschlossen und unter Hausarrest gestellt. Merker, der entgegen der offiziellen Linie Moskaus dieselben Positionen wie die zionistischen Führer Israels vertrat, wurde vorgeworfen, die DDR „verkaufen" zu wollen, „das zionistische und kapitalistische Israel zu stärken", „das Vermögen des deutschen Volkes transferieren" zu wollen. Aussagen von Artur London, einem der im Prager Prozess Verurteilten, bestätigten die Anschuldigungen gegen Paul Merker, der Ende November 1952 schließlich inhaftiert wurde und dem der Prozess gemacht werden sollte. Neben ihm wurden weitere Mitglieder der Kommunistischen Partei angeklagt, die allesamt Juden waren. Dazu gehörten Alexander Abusch, Erika Glasser-Wallach, Leo Bauer, Bruno Goldhammer und Fritz Sperling.

Am 20. Dezember 1952 veröffentlichte der stalinistische Kommunistenführer Hermann Matern den Bericht „*Lehren aus dem Prozess gegen das Verschwörerzentrum Slansky*", der einen entscheidenden Schlag gegen Merker darstellte. Hermann Materns Dokument prangerte die „verbrecherischen Aktivitäten der zionistischen Organisationen" an. Darin heißt es: „Der amerikanische Imperialismus hat mit dem Staat Israel und mit Hilfe zionistischer Organisationen verschiedene Spionageaktivitäten in den Volksdemokratien organisiert und durchgeführt". In diesem Bericht wird festgestellt, dass Paul Merker zum deutschen Zweig dieser internationalen Verschwörung gehört, in der der Zionismus „nichts mit den Zielen der Menschheit gemein hat", da er ein Werkzeug des US-Imperialismus ist und „ausschließlich dessen Interessen und den Interessen der jüdischen Kapitalisten dient." In Materns Bericht waren die Juden nicht mehr „Opfer des Faschismus", sondern wurden als Verantwortliche für eine mächtige internationale, antideutsche Verschwörung angesehen.

Von diesem Zeitpunkt an verbreitete sich unter vielen Zionisten, die Mitglieder der Kommunistischen Partei der DDR waren oder in gesellschaftlichen Organisationen und Institutionen tätig waren, Angst. In den ersten beiden Monaten des Jahres 1953 liefen Hunderte von Juden, vermeintliche Kommunisten, zur Bundesrepuplik über. Zu den prominentesten Überläufern gehörten die folgenden: Leo Zuckermann, ein Zionist, der mit Merker in Ost-Berlin in allen Wiedergutmachungsfragen verbündet war, floh im Januar 1953 mit seiner Familie nach West-Berlin. Zuckermann war zwischen 1949 und 1950 Leiter des Büros von Wilhelm Pieck, dem Staatschef der DDR, gewesen. Julius Meyer, Vorsitzender der Jüdischen Gemeinde im kommunistischen Berlin. Leo Löwenkopf, Vorsitzender der jüdischen Gemeinde in Dresden. Albert Hirsh, Beauftragter für jüdische Angelegenheiten im Verbindungsbüro der Kirchen. Er war Delegierter des „American Joint Distribution Committee", der jüdischen Agentur, der auch die Kreml-Ärzte angehörten. Telmuth Lohser, Vorsitzender der jüdischen Gemeinde Leipzig. Gunter Singer, Vorsitzender der jüdischen Gemeinde von Erfurt. Man schätzt, dass zwischen Januar und Februar etwa ein halbes Tausend Juden die DDR in Richtung Bundesrepublik verlassen haben, weil sie Verhaftungen und Spionagevorwürfe befürchteten.

Gerhardt Eisler, ein weiterer jüdischer Agent, dessen Position gefährdet war, verdient besondere Erwähnung. Dieser berühmte Spion, dessen Name wiederholt in den Venona-Dokumenten auftaucht, war laut Richard Nixon Chef der DDR-Propaganda, als er Anfang 1953 aus dem Amt entfernt wurde. Eisler, der von seiner eigenen Schwester Ruth Fischer als „die perfekte Art von Terrorist" beschrieben wurde, war einer von Berias Top-Leuten in den Vereinigten Staaten, wo er 1947 vor Gericht stand, nachdem er den Schutz von Eleanor Roosevelt genossen hatte, einer widerspenstigen Zionistin, wie wir wissen. Die Regierung verlangte eine Kaution von 1 Million Dollar, doch der Richter setzte sie auf 23.500 Dollar fest, die von der Kommunistischen Partei gezahlt wurden. Im Mai 1949 entkam er auf der *Batory, einem* polnischen Schiff, auf dem er sich versteckt hielt. Die Vereinigten Staaten beantragten seine Auslieferung an Großbritannien, und er wurde unter Southampton verhaftet, aber schließlich freigelassen und kam sicher in Deutschland an, wo er an der Universität Leipzig beschäftigt war, bis er Leiter der Informationsabteilung der DDR-Regierung wurde.

Dies war der Stand der Dinge in beiden deutschen Staaten, als Beria sich schließlich von Stalin trennte. Einen Monat nach dem Attentat begannen die Komplikationen in der Sowjetunion, da das Politbüro unter den Druck der Armee geriet, deren Hass auf Beria tief saß. Marschall Schukow, der die allgemeinen Unruhen verkörperte und die Forderungen anführte, wurde für Beria zu einem gefährlichen Feind. In einem späteren Geständnis nach seiner Verhaftung schrieb er, er habe seinen Kollegen im Politbüro gesagt, dass Schukow, der russische Held des Zweiten Weltkriegs, „die Bedrohung durch einen Bonapartismus darstellt, der die Partei zum Schweigen bringen will". Trotz alledem rechnete Beria weiterhin mit Malenkows unentbehrlicher Mitarbeit; doch auf einer Sitzung des Präsidiums (Politbüros) am 9. April 1953 kam es zu einer ersten ernsthaften Konfrontation zwischen Chruschtschow, Bulganin und Schukow. Nach einem Vortrag von Beria über die innenpolitische Lage wurden seine Vorschläge abgelehnt, und es kam zu einem heftigen Streit. Selbst Malenkow stellte sich, wie Chruschtschow später in Bezug auf diese historische Sitzung erklärte, auf die Seite der Gegner Berias, die das Geschehene als Kriegserklärung interpretierten.

Dank der Erklärungen Adenauers ist bekannt, dass im April und Mai 1953 vom Bundeskanzler akkreditierte Vertreter und Beria, der neue Machthaber der UdSSR, wiederholt geheime Treffen abhielten, um die Möglichkeiten einer Annäherung und einer engeren Zusammenarbeit zwischen den beiden deutschen Staaten zu prüfen. In *Les derniers jours* liefert Anton Kolendic wertvolle Informationen über diese Treffen und über die Entscheidungen und Handlungen Berias, die seinen Sturz herbeiführten. Dem Autor zufolge „hätte Adenauer seine Seele dem Teufel verkauft, um ein vereintes Deutschland zu bilden. Deshalb genehmigte und förderte er die Kontakte zwischen seinem engsten Mitarbeiter Hans Gobke, Staatssekretär und Koordinator der Nachrichtendienste, und dem Vertreter Berias". Während des Weltkriegs waren Hans Gobke und Allen Dulles, Generaldirektor der CIA, regelmäßige Kontaktpersonen für Beria gewesen. Während die Beziehungen zu Dulles logisch waren, da sie Verbündete waren, sind die Kontakte zu Gobke, der theoretisch ein Nazi-Funktionär war, paradox und weniger verständlich. Nach dem Krieg hatte Gobke mit den amerikanischen Geheimdiensten zusammengearbeitet und auch Beria einige Dienste angeboten.

Bei diesen Geheimgesprächen schlug die Bundesrepublik Deutschland verschiedene Möglichkeiten der Annäherung zwischen den beiden deutschen Staaten vor und betonte die Notwendigkeit, das Polizei- und Militärregime in der DDR zu lockern. Außerdem forderte er die Freilassung zahlreicher Gefangener. Die Sowjets forderten ihrerseits die Annullierung der Pläne für die künftige Integration der BRD in die NATO. Unter diesen Umständen zog Beria im Mai 1953 eine große Zahl von NKWD-Offizieren und -Kadern, die sich am stärksten für Stalins Politik eingesetzt hatten, aus Ost-Berlin und der gesamten DDR ab, ohne dass die andere Seite eine Gegenleistung erbrachte. Gleichzeitig gab er den örtlichen Behörden und der deutschen Militärpolizei mehr Befugnisse. Mit dieser Lockerung der Besatzungsdisziplin ging die Freilassung zahlreicher politischer Gefangener aus dem Bautzener Gefängnis einher. Über den Umfang und den Zweck dieser Maßnahmen wurde sofort spekuliert und interpretiert.

Zwischen dem 16., 17. und 18. Juni kommt es in Ost-Berlin und in mehreren Städten zu einer Reihe von Unruhen und Demonstrationen, die je nach Quelle sehr unterschiedlich interpretiert werden. In Moskau ging man davon aus, dass die einseitigen Maßnahmen Berias im Mai das Signal für die Oppositionsgruppen gewesen seien, sich auf einen Aufstand und eine öffentliche Manifestation ihres Antisowjetismus vorzubereiten. In einem Text von Bundeskanzler Adenauer selbst wird die unmittelbare Ursache für den Aufstand in einem Beschluss des DDR-Ministerrats vom 28. Mai 1953 gesehen, der eine Erhöhung der täglichen Arbeitszeit um zehn Prozent vorsah, was eine Verschärfung der Produktionsquoten ohne Lohnerhöhungen bedeutete. Wenn die Unzufriedenheit mit dieser Maßnahme der Auslöser war, kann man davon ausgehen, dass die Organisation lange brauchte, um den Aufstand vorzubereiten, der begann, als die Arbeiter der Stalinallee in Berlin am Morgen des 16. Juni die Arbeit niederlegten und eine Delegation zum Präsidium schickten, um ein Memorandum zu übergeben. Bald versammelten sich etwa tausend Menschen vor dem Gebäude und hinderten Vizepräsident Heinrich Rau und Bauminister

Fritz Selbmann daran, zu ihnen zu sprechen. Die Menge empfängt sie mit wütenden Rufen und einem Steinhagel und zwingt die Minister, sich vom Balkon zurückzuziehen.

Walter Ulbricht, der 1946 der Architekt der Vereinigung der sozialdemokratischen und kommunistischen Parteien in Ostdeutschland war, aus der die SED hervorging, bekleidete 1953 das Amt des Generalsekretärs der Partei und forderte das Eingreifen des sowjetischen Truppenkommandos. Statt dies zu genehmigen, verbot Beria es und wies den Minister für Staatssicherheit, General Wilhelm Zeiser, einen sehr loyalen Mann, der in Spanien unter dem Namen General Gómez bekannt war, an, ein Radiokommuniqué herauszugeben, in dem die Rücknahme der Arbeitszeiterhöhung angekündigt wurde. Die sowjetischen Einheiten blieben also in ihren Kasernen. Als die Morgendämmerung am 17. Mai einsetzte, zogen Kolonnen von Demonstranten durch die Straßen der Hauptstadt und versammelten sich um das Regierungsviertel, wo sich etwa 40.000 Menschen versammelten. Die sowjetischen Soldaten blieben jedoch trotz direkter Provokationen unbeeindruckt: Als sie auftauchten, wurden sie mit einem Hagel von Ziegeln und Steinen empfangen, die Fenster des Propagandabüros am Potsdamer Platz wurden mit Steinen eingeworfen und das Gebäude in Brand gesetzt. Ost-Berlin versank bald im Chaos der Unruhen. Am frühen Nachmittag spitzte sich die Lage zu, als sich Hunderttausende von Demonstranten in Magdeburg, Brandenburg, Lepizig, Dresden, Chemnitz und anderen Städten der DDR dem Protest gegen die sowjetische Besatzung anschlossen. Es ist nicht möglich, dass all dies organisiert werden konnte, ohne dass der allmächtige Beria, der Minister für Staatssicherheit, etwas davon wusste. Es scheint klar zu sein, dass der Aufstand im großen Stil geplant war und dass Beria im Voraus wusste, was geplant war.

Was in der Nacht des 16. in Moskau geschah, ist nicht bekannt, aber alles deutet darauf hin, dass es die Befehlshaber der Roten Armee waren, die beschlossen, gegen Berias Befehle zu handeln. Nachdem die Grenzübergänge zwischen den beiden Sektoren der deutschen Hauptstadt dicht gemacht worden waren, gingen sowjetische Panzer und Truppen gegen die Menge vor. Die Repressionen, die bis zum 18. Juni andauerten, forderten je nach Quelle eine unterschiedliche Anzahl von Todesopfern. Unter den Papieren in Berias Geheimarchiv wurde ein Dokument über die Ereignisse des 17. Juni in Ost-Berlin gefunden. Es handelt sich dabei um nichts anderes als einen Bericht, den Bundeskanzler Adenauer in einer Sitzung der Regierung der Bundesrepublik vorlegte. Er beruft sich auf als zuverlässig geltende Quellen und nennt folgende Zahlen: Mehr als 500 Menschen starben bei den Zusammenstößen. Zweiundneunzig Demonstranten wurden getötet, „um ein Exempel zu statuieren", heißt es in dem Bericht. Mehr als fünftausend Menschen wurden verhaftet. In anderen Quellen wird die Zahl der Todesopfer deutlich niedriger angegeben, so dass sie ungewiss bleibt.

Als Beria, der in Armeekreisen als „blutrünstige Otter" bezeichnet wurde, erfuhr, dass die Besatzungstruppen trotz seines Befehls ihre Kasernen verlassen hatten und auf die Berliner Demonstranten losgegangen waren, begab er sich unverzüglich zu Malenkow, dessen Büro er unangekündigt betrat. Dort rief er den sowjetischen General an, der ihm mitteilte, dass seine Einheiten „gezwungen worden seien, von ihren Waffen Gebrauch zu machen". Beria protestierte empört und forderte Malenkow auf, sofort zu intervenieren und die verantwortlichen Militärs vorzuladen, damit sie sich erklären. Malenkow war verärgert und erklärte, dass Marschall Schukow als Chef des Generalstabs der Armee mit Zustimmung des Ministers der Streitkräfte der UdSSR, Bulganin, angekündigt hatte, den Befehl zum Eingreifen zu geben und „imperialistische Provokationen und antisowjetische Aufstände in Ostdeutschland" zu verhindern. Malenkow sagte, er müsse eine solche Auffassung unterstützen, da die Argumente überzeugend seien. Laut Malenkow erklärte Schukow „offen, dass er ohne ein schnelles und energisches Eingreifen keine Garantie für die künftige Entwicklung der Ereignisse für das Schicksal Ostdeutschlands und anderer Volksdemokratien gebe". Für Beria war damals klar, dass Schukow und Bulganin, der die Armee kontrollierte, entschlossen waren, ihm entgegenzutreten. Da Chruschtschow sie unterstützte, konnte nur Malenkow die entstandene Situation umlenken.

Unter den Dokumenten, die bei der Durchsuchung von Berias Wohnung beschlagnahmt wurden, befanden sich dreihundert Abhörprotokolle. Sie zeigen, dass Beria seit der Sitzung des Präsidiums am 9. April, als er die Abstimmung verlor, wusste, dass eine Fraktion gegen ihn Krieg führte. A. Kolendic gibt in *Les derniers jours* einige dieser Texte wieder, in denen der Leiter des Dienstes, S. J. Tikholiubov, angibt, dass er „das Überflüssige unterdrückt" hat. Aus dem genannten Werk stammt ein Fragment eines Gesprächs vom 6. Juni 1953 zwischen Kliment Worotschilow, der damals Vorsitzender des Präsidiums des Obersten Sowjets und damit laut Verfassung Staatsoberhaupt war, und Nikita Chruschtschow:

> „Chruschtschow: Lassen Sie uns nun ein sehr wichtiges Problem betrachten. Das Verhalten und die Initiativen von Lawrenti Pawlowitsch beunruhigen uns sehr. Sie haben gesehen, wie er sich gestern in der Sitzung verhalten hat... und das trotz des Beschlusses des Präsidiums....
>
> Worochilow: Genug. Ich kann über die Arbeit und die Persönlichkeit von Lawrenti Pawlowitsch nur Gutes sagen. Alle seine Handlungen waren fruchtbar und nützlich für das Land und die Partei.
>
> Chruschtschow: Gut, gut, Kliment Jefremowitsch, aber dann sehen Sie nicht, was Berias Ziele sind?
>
> Worotschilow: Nikita Sergejewitsch, zweifellos sind Sie heute mit dem falschen Fuß aufgestanden, um so wütend auf die ganze Welt zu sein...".
>
> Chruschtschow: Wir denken nicht daran, seine willkürliche Macht länger zu tolerieren. Es gibt reichlich Beweise gegen ihn. Auch über seine Beziehungen zu den Imperialisten und die internationale Spionage.
>
> Worotschilow: „Wahrhaftig, Nikita Sergejewitsch, Sie sind ein Schwachkopf ('durak'), wenn Sie so etwas Dummes sagen. Verstehen Sie denn, wo wir leben und wo wir sind...?"

Anton Kolendic merkt an, es sei klar, dass Worochilow, der lange Zeit in den höchsten Rängen der Macht war, sehr wohl wusste, dass die Gespräche abgehört wurden, weshalb er so vorsichtig in seinen Urteilen über Beria war, an dessen Entlassung er einige Tage später sehr aktiv beteiligt war.

Thaddeus Wittlin behauptet auf der Grundlage von Äußerungen und Aussagen von Beamten des Ministeriums für Staatssicherheit, dass Beria die Machtübernahme und den Staatsstreich im Juni 1953 plante. Er erklärt, dass zwei Milizionäre der Kremlwache auf das Auto des Premierministers schossen, als dieser durch das Spasski-Tor, den Haupteingang des Kremls, fuhr. Malenkow blieb unverletzt, aber der Chauffeur wurde von Kugeln getroffen. Die Wachposten behaupteten, der Fahrer des Wagens habe nicht auf die Aufforderung reagiert, die Parole zu nennen, und nicht angehalten, um die Dokumente vorzuzeigen. Nach ihren Anweisungen waren die Wachen verpflichtet, in solchen Fällen zu schießen. Trotz der sofortigen Verhaftung der Täter, die der Sicherheitspolizei Berias angehörten, kam der Verdacht auf, dass es sich bei dem Vorfall um einen Versuch handelte, Malenkow zu beseitigen, was es Beria ermöglicht hätte, sofort sein Amt als Premierminister anzutreten. Wittlin stellt fest, dass Berias Feinde im Präsidium nachts in ihren Häusern auf jedes Geräusch auf der Straße achteten, denn sie wussten, dass es das Ende bedeuten konnte, wenn zu dieser Stunde ein Auto vor ihrer Tür hielt.

Über den Hergang der Verhaftung Berias sind verschiedene Versionen verbreitet worden. T. Wittlin stellt in einem Kapitel von *Kommissar Beria* mit dem Titel „The Man Who Died Three Times" drei davon vor. Die erste besagt, dass Beria auf dem Weg zum Bolschoi-Theater verhaftet wurde, um eine Aufführung von *Die Dekabristen* zu besuchen, und am Abend des 27. Juni 1953 hingerichtet wurde. Hier ein Auszug aus dieser Version: „Berias schwarzer Wagen fuhr noch immer zwischen zwei Panzern, die ihn schützten, als wären sie zwei mächtige Schlachtschiffe, die ein leichtes Schiff eskortierten. Der Wagen wurde jedoch nicht in Richtung Bolschoi gefahren, sondern an den Stadtrand von Moskau, wo sich das Lefortowo-Gefängnis, das bestbewachte Gefängnis der UdSSR, befand. Noch in derselben Nacht wurde Beria in einer Zelle dieses Gefängnisses hingerichtet".

Die zweite Version ist eine Information der Agentur Associated Press, die von Zeitungen in Berlin, London und New York am 18. Februar 1954 veröffentlicht wurde. Demnach nahmen die wichtigsten sowjetischen Führer und Diplomaten mehrerer Volksrepubliken an einem Empfang teil, den der polnische Botschafter zu Ehren der Freundschaft zwischen Polen und der UdSSR gab. Am späten Abend traten Bulganin und Worotschilow, die sich in Berias Dienstwagen befunden hatten, an ihn heran und schlugen ihm vor, die Party zu verlassen. Ihnen folgten weitere Führungspersönlichkeiten, darunter auch die führenden Generäle. Die Autokolonne, die von Berias Limousine angeführt wurde, von der er dem Chauffeur gesagt hatte, dass sie zuerst Bulganin und dann Worotschilow begleiten würde, folgte nicht der vorgesehenen Route, und der Fahrer hielt den Wagen in der Mitte des Innenhofs der Lubjanka an. Als Beria sah, dass andere Autos ihnen gefolgt waren, fragte er den Fahrer, was das für ein Spiel sei. Der Mann, der sich umdrehte und den Kragen seines schwarzen Ledermantels herunterzog, war nicht sein üblicher Fahrer, der auch sein Leibwächter war, sondern ein hochrangiger Chef, den er oberflächlich kannte. Worotschilow nahm dann Berias Arm und sie gingen hinaus. Die Generäle waren bereits aus ihren Autos ausgestiegen und warteten auf sie. Auf der Schwelle des Tores standen der Gefängnisdirektor und zwei Beamte, die die Gruppe in den Gerichtssaal führten, in dem normalerweise ein Gremium von drei Richtern Schnellurteile verkündete. In diesem Fall führte Marschall Iwan S. Konjew in Begleitung von sieben weiteren Mitgliedern den Vorsitz des Gerichts. Die Anklage lautete: Versuch der totalen Machtergreifung, Spionage im Dienste von Ausländern, Versuch, den Kapitalismus in Russland zu etablieren. Nach dieser Version wurde nach der Verlesung des Urteils ein Erschießungskommando einberufen. Ein Hauptmann, ein Unteroffizier und zwei Wachmänner brachten Beria in eine Zelle im Keller, wo er hingerichtet wurde, an demselben Ort, an dem Hunderte von Gefangenen auf seinen Befehl hin vernichtet worden waren.

Die dritte Version ist diejenige, über die es den größten Konsens gibt und der wir die letzten Seiten dieses Kapitels widmen werden. Das dritte Szenario der Verhaftung Berias ist der große Konferenzsaal des Kremls, in dem am Nachmittag/Abend des 21. Juni das Präsidium der KPdSU tagte. Zuvor, Ende Mai 1953, war eine Präsidiumssitzung abgehalten worden, auf der die ukrainische Parteiführung, die Chruschtschow verpflichtet war, durch eine Beria-treue ersetzt wurde. Nach der Sitzung ging Chruschtschow nach eigenen Angaben zu Malenkow, und die beiden fuhren im selben Auto zu ihren Datschen, die in der Nähe lagen. Sein Bericht geht weiter:

> „Ich habe den Wunsch geäußert, ein ernsthaftes Gespräch mit ihm zu führen, aber ich habe mich nicht getraut, weil ich Angst vor Berias Mikrofonen hatte. Wir spazierten durch seinen Garten und ich sagte zu ihm:
> - Hören Sie, Genosse Malenkow, verstehen Sie nicht, wohin das führt? Wir steuern auf eine Katastrophe zu. Beria wetzt seine Messer.
> Malenkow antwortete:
> - Ja, auch ich mache mir schon seit langem Sorgen, aber was können wir tun?
> - Wir müssen ihm widerstehen, seine parteifeindlichen Tricks verhindern. Wir müssen uns verteidigen...
> - Erwarten Sie etwa, dass ich mich ihm allein entgegenstelle?
> - Sie sind nicht allein. Ich bin dabei, Bulganin stimmt auch zu. Ich bin sicher, die anderen werden sich uns anschließen.
> - OK, aber was sollten wir Ihrer Meinung nach tun?
> - Zunächst einmal müssen Sie die Art und Weise ändern, wie Sie die Sitzungen des Präsidiums leiten. Wenn Beria etwas sagt oder vorschlägt, stimmen Sie sofort zu, ohne Diskussion, ohne die Meinung der anderen Mitglieder einzuholen. Du erklärst den Vorschlag sofort für angenommen und gehst zum nächsten Punkt über. Seien Sie nicht so unterwürfig und nicht so voreilig. Wenn Beria spricht, schweigen Sie von nun an und lassen Sie die anderen zu Wort kommen. Sie werden sehen, dass er nicht die Mehrheit haben wird. Diese Mehrheit ist gegen ihn, aber im Moment ist sie machtlos, weil Sie als Parteisekretär und Regierungschef ihn unterstützen.....``

Sicherlich war die Zusammenarbeit mit Malenkow für Beria seit langem von entscheidender Bedeutung, da er sich auf diese Weise die Zustimmung der Partei sicherte. Sobald Malenkow an Bord war, war es daher einfacher, die anderen, d.h. Worotschilow, Kaganowitsch, Saburow und die anderen, zu überzeugen. Chruschtschow schreibt in seinen Memoiren, dass, als er Molotow traf, um ihm die Notwendigkeit zu erklären, gegen Beria vorzugehen, dieser sagte: „Ja, ich stimme mit Ihnen völlig überein. Aber ich möchte Sie noch etwas fragen: Was ist die Position von Malenkow?" Die Antwort lautete: „Ich spreche zu Ihnen im Namen von Malenkow und Bulganin. Wir haben bereits unsere Ansichten zu diesem Thema ausgetauscht."

Berias Achillesferse waren jedoch die Militärs. Sein Verhältnis zu ihnen war während des Krieges zerrüttet worden. Im Jahr 1968 veröffentlichte eine illustrierte Prager Zeitschrift einen Bericht über den Hass, den die Armee gegen den Innenminister entwickelt hatte. Der Autor, ein tschechoslowakischer Diplomat, zitierte Bulganin als Quelle. Demnach hatte im Februar 1953, kurz vor Stalins Ermordung, eine Gruppe von Marschällen und Generälen unter der Führung von Schukow und Moskalenko ihren Verteidigungsminister Bulganin aufgesucht und ihn gebeten, ein Gespräch mit Stalin zu arrangieren. Sie wollten ihm die Wahrheit über die zahlreichen kriminellen Handlungen des Innenministeriums und des NKWD gegen die Sowjetarmee offenbaren. Vor Bulganin griffen die Marschälle Beria, Abakomow und sogar Malenkow offen an. Sie behaupteten, dass diese Troika während des Krieges und nach der Befreiung zahlreiche ehrliche Offiziere und Soldaten, die sich in den Kämpfen ausgezeichnet hatten, getötet oder ins Gefängnis und in den Tod geschickt hatte. Nach dem Tod des Diktators überzeugten Chruschtschow und Bulganin die Militärs davon, dass es selbstmörderisch wäre, sich gleichzeitig gegen Malenkow, Regierungschef und Parteichef, und Beria zu stellen. Als man ihnen mitteilte, dass Malenkow zur Teilnahme an der Aktion überredet worden war, wurde beschlossen, dass Moskalenko einen detaillierten Operationsplan ausarbeiten sollte.

Kurz gesagt, da Beria die Polizei kontrollierte und die Wache des Präsidiums seinen Befehlen gehorchte, wäre seine Verhaftung ohne das Eingreifen der Armee nicht möglich gewesen. Lesen wir, was Chruschtschow dazu schrieb:

> „... Wir beschlossen daher, die Beteiligung der Armee sicherzustellen. Zunächst übertrugen wir die Verhaftung und Überwachung Berias dem Genossen Moskalenko, Oberbefehlshaber der Luftabwehr, und fünf weiteren Generälen. Schließlich erweiterte Malenkow am Vorabend der Sitzung den Kreis um Marschall Schukow und einige andere. Insgesamt waren es elf Marschälle und Generäle. Damals war vorgeschrieben, dass alle Militärs, die den Kreml betraten, sich der Waffenkontrolle unterziehen mussten, so dass Genosse Bulganin beauftragt werden musste, dafür zu sorgen, dass die Militärs mit ihren Waffen passieren durften. Wir vereinbarten, dass Moskalenkos Gruppe während der Präsidiumssitzung in einem nahe gelegenen Raum auf unseren Anruf warten sollte. Wenn Malenkow das Signal gab, sollten seine Männer den Sitzungssaal betreten, Beria verhaften und ihn ins Gefängnis bringen."

Der Bericht von Anton Kolendic über die Entlassung und Verhaftung Berias in *Les derniers jours* erläutert die Grundzüge der Vorbereitungen für die Verhaftung. Er zitiert u.a. Aussagen von Moskalenko selbst, aus denen hervorgeht, dass die letzte Sitzung vor der Aktion in der Nacht vom 20. zum 21.

Juni 1953 stattfand. An ihr nahmen Minister Bulganin, Marschall Schukow und Moskalenko selbst teil. Es wurden alle Einzelheiten ausgearbeitet und alle Eventualitäten geprüft. Moskalenko erklärt, dass man sich über alles einig war, außer über einen Punkt: „Was sollte mit Beria geschehen? Chruschtschow und Moskalenko waren dafür, ihn sofort zu liquidieren, aber Bulganin und Schukow waren absolut dagegen. Marschall Schukow bestand darauf, dass er vor einen Volksgerichtshof gestellt werden sollte und argumentierte sogar, dass „es notwendig sei, ihn am Leben zu lassen, damit er die Verbrechen von Malenkow und den anderen bezeugen könne".

Um die Anwesenheit von elf Marschällen und Generälen im Kreml zu rechtfertigen, ohne dass Beria Verdacht schöpft und die Wache alarmiert, kündigte Malenkow am Morgen des 21. Juni telefonisch über sein Sekretariat an, dass neben der regulären Sitzung des Politbüros auch eine Sondergruppe des Nationalen Verteidigungskomitees anwesend sein würde, um die Lage in Ostdeutschland und ihre internationalen Auswirkungen zu prüfen. Schukow, der Retter Moskaus, Iwan Konjew, Oberinspekteur der Armee, Marschall Malinowski, Held von Stalingrad, und General Moskalensko, stellvertretender Verteidigungsminister, gehörten zu der Gruppe von Soldaten, die in den Saal 3 geführt wurden, wo sie darauf warteten, in den Raum geführt zu werden, in dem die Mitglieder des Politbüros tagten. Vor Beginn der Sitzung beeilte sich Beria, zu Malenkow zu sagen: „Georgi Maksimilianowitsch, wir müssen dringend Maßnahmen gegen das ergreifen, was in Berlin geschieht." Darauf antwortete Malenkow, ohne seinen Blick von den Papieren abzuwenden: „Lawrenti Pawlowitsch, die Sitzung beginnt... es steht auf der Tagesordnung... Sie können dann..." Laut Chruschtschow, dem Verfasser des Zitats, sagte Beria nichts, aber es wurde angemerkt, dass er von der ungewöhnlichen Reaktion Malenkows, der ihm gegenüber immer ein unterwürfiges Verhalten an den Tag gelegt hatte, ziemlich überrascht war.

Der Angriff auf Beria wurde von Chruschtschow initiiert, der ihn, wie bereits erwähnt, beschuldigte, ein Agent der britischen Spionage zu sein und durch sein Verhalten bei den Ereignissen in der DDR die Interessen der UdSSR verraten und verkauft zu haben. Beria war nie ein Kommunist", schloss Chruschtschow, „sondern ein berechnender und egoistischer Karrierist, der in unserer Partei den idealen Weg sah, seine Pläne als Größenwahnsinniger, Verbrecher und Spion zu verwirklichen." Beria erhob sich und bat um das Wort, doch Bulganin sprang auf, rief, dass er schon früher um das Wort gebeten habe, und warf ihm eine Reihe schwerer Anschuldigungen vor. Dann folgten Molotow, Kaganowitsch, Worotschilow und andere. Als Beria erneut aufstand, um sich zu verteidigen, drückte Malenkow auf den reservierten Summer, und die Seitentüren öffneten sich weit. In diesem Moment stürmten die Marschälle und Generäle, angeführt von Schukow, mit Waffen in der Hand in den Saal. Moskalenko richtete seine Maschinenpistole auf Berias Rücken und Malenkow sagte: „Als Vorsitzender des Ministerrats der Sowjetunion befehle ich Ihnen, Lawrenti Beria zu verhaften und ihn den zuständigen Justizbehörden vorzuführen. Daraufhin wurde Beria von den Militärkommandanten abgeführt. Etwa Tage nach seiner Verhaftung, am 25. Juni, schrieb Beria mit Erlaubnis seiner Bewacher einen Brief an Malenkow, in dem er sich über seine Behandlung beschwerte: „Zwei Männer zogen mich am Arm, während andere mich von hinten mit ihren Maschinengewehren und Pistolen stießen. Sie warfen mich wie einen Sack in eine Ecke des Sekretariats. Als meine Brille herunterfiel, durfte ich sie nicht aufheben, obwohl ich erklärte, dass ich nichts sehen konnte. Sie behandelten mich wie eine wilde Bestie...".

Das Werk von Kolendic, das wir als Hauptquelle verwendet haben, bietet eine Rekonstruktion der Ereignisse nach der Verhaftung Berias auf der Grundlage verschiedener Schriften, Aussagen und Informationen. Den meisten Mitgliedern des Politbüros zufolge sicherten sich die militärischen Befehlshaber die Kontrolle über die strategischen Punkte in Moskau und den wichtigsten Städten. Zugleich wurden die Leiter der Organe des Innenministeriums verhaftet. Man kann sagen, dass die engsten Mitarbeiter und Gefolgsleute Berias sofort liquidiert oder ausgeschaltet wurden. Entscheidend war die kooperative Haltung von Wsewolod Merkulow, der Malenkow bei der Organisation der Säuberung nach den ersten Momenten der Entlassung Berias half. Alle Innenminister und ihre Stellvertreter in allen Republiken und autonomen Provinzen der Sowjetunion wurden verhaftet. Die Streitkräfte des Innenministeriums und des NKWD, die eine zweite Armee darstellten, wurden so unter Kontrolle gebracht und beherrscht. Merkulow selbst erklärte, dass etwa dreitausend Sicherheitsbeamte eliminiert wurden.

Die meisten Verhaftungen und Entlassungen betrafen Berias Spionageabwehrdienst innerhalb der Armee. Dort wurde die Säuberung von einer Sonderkommission unter Leitung von Minister Bulganin durchgeführt. Merkulow, ein Vertrauter Berias seit den Jahren in Baku und Tiflis, war einer der Organisatoren des Spionagenetzes im Rahmen des Manhattan-Projekts und wurde von Beria zum Minister für Staatssicherheit ernannt, um Ignatjew zu ersetzen. Plötzlich wurde er einige Tage später verhaftet. Einem Bericht der Prawda vom 23. Dezember 1953 zufolge wurde Merkulow schließlich zusammen mit seinem Chef erschossen. Seine Geständnisse und die der anderen Angeklagten sind auf etwa einhundert Seiten zusammengefasst.

Am 10. Juli 1953 erfolgte schließlich die erste offizielle Bekanntgabe von Berias Ausschluss. Auf der Titelseite der *Pravda* wurde ein „Kommuniqué des Plenums des Zentralkomitees der KPdSU" veröffentlicht, in dem mitgeteilt wurde, dass der Ausschluss Berias beschlossen und der Beschluss des Präsidiums des Obersten Sowjets, dem Obersten Gericht der UdSSR die Untersuchung seiner feindlichen Aktivitäten zu unterbreiten, angenommen worden sei. Es hieß, Genosse Malenkow habe einen Bericht „über kriminelle Aktivitäten gegen die Partei und den Staat, Sabotage gegen die Sicherheit der Sowjetunion im Interesse des ausländischen Kapitals" vorgelegt. Es wurde auch behauptet, Beria habe versucht, „das Innenministerium über die Regierung und die Kommunistische Partei der Sowjetunion zu stellen". Als Radio Moskau das Kommuniqué von *Pravda* ausstrahlte, herrschte sowohl in der Sowjetunion als auch im Ausland allgemeines Erstaunen, denn niemand wusste, dass Beria der mächtigste Mann in der UdSSR war.

Wenn es auch unterschiedliche Versionen darüber gibt, wie es zu Berias Verhaftung kam, so ist doch auch das Datum seines Todes Gegenstand von Kontroversen. Am 16. Dezember 1953 gaben alle sowjetischen Radiosender ein offizielles Kommuniqué heraus, das am nächsten Tag auch von *Prawda* und *Iswestija* veröffentlicht wurde. Darin hieß es, dass der Prozess gegen den Verräter Beria, einen Agenten des internationalen Imperialismus, und seine Komplizen abgeschlossen sei und dass sie bald vor Gericht gestellt würden. Es scheint jedoch, dass die mündliche Verhandlung gegen L. P. Beria, W. N. Merkulow, W. G. Dekanozow, B. J. Kobulow, S. A. Goglidse, P. J. Mechik und L. E. Wlodzimirski bereits stattgefunden hatte, als das Kommuniqué herausgegeben wurde, denn es hieß, sie habe am 14. Dezember begonnen und sei am folgenden Tag beendet worden, als sie verurteilt und hingerichtet wurden. Die zusammen mit Beria zum Tode verurteilten Tschekisten gaben sich als Armenier, Georgier usw. aus, aber verschiedene Quellen deuten darauf hin, dass sie fast alle Kryptojuden waren wie Beria selbst. Merkulov zum Beispiel, eines der auffälligsten Mitglieder der so genannten „Beria-Mafia", behauptet, Aseri zu sein, da er in Aserbaidschan geboren wurde; aber in *Plot Against the Church* behauptet Maurice Pinay, ein Pseudonym, das von Bischöfen verwendet wurde, die gegen die Reformen des Zweiten Vatikanischen Konzils waren, dass er Jude war.

Andererseits gibt es eine offizielle Erklärung, die am 24. Dezember 1953 in den Regierungszeitungen *Prawda* und *Iswestija* veröffentlicht wurde, wonach Beria wegen Hochverrats angeklagt, zum Tode verurteilt und am 23. Dezember hingerichtet wurde. In anderen Berichten wird jedoch behauptet, dass Beria viel früher liquidiert wurde. In der 1962 von der polnischen kommunistischen Regierung herausgegebenen *Großen Polnischen Universalenzyklopädie* wird sein Todesdatum mit Juli 1953 angegeben. Sollten diese Angaben zutreffen, müsste man annehmen, dass der Mann, der vor dem von Marschall Koniew geleiteten Gericht erschien, ein Doppelgänger war, der die ihm gestellten Fragen angemessen beantwortete. In der mündlichen Verhandlung gibt es zum Beispiel eine Frage von Koniev, dem Militär, der zusammen mit Dr. Timachuk in einem Brief an Stalin die kriminellen Aktivitäten der jüdischen Ärzte des Kremls angeprangert hatte. In Bezug auf Berias Vorgehen nach Stalins Tod fragte Marschall Koniev: „Wer gab ihm die Erlaubnis, ohne Rücksprache mit dem Verteidigungsminister und ohne Zustimmung des Verteidigungsrates den Alarmzustand in der Armee auszurufen und das Kommando des Generalstabs dem Sonderausschuss zu unterstellen, der sich aus seinen Männern zusammensetzt und ihm unterstellt ist?" Die Antwort lautete: „Er hat der Staatsräson gehorcht. Wer weiß, was passiert wäre, wenn ich nicht sofort den Alarmzustand ersten Grades ausgerufen hätte? Dem Politbüro wurde der Kopf abgeschlagen, die Regierung trat erst am nächsten Tag zusammen, und das Zentralkomitee musste mit Mühe und Not drei Tage später zusammentreten..... Um Anarchie zu vermeiden, musste man schnell handeln....".

Da es auch Geständnisse und andere handschriftliche Texte von Beria gibt, kann man zumindest davon ausgehen, dass er nicht an Ort und Stelle hingerichtet wurde, wie andere Quellen vermuten lassen, sondern dass er noch einige Zeit am Leben war und verhört werden konnte. Außerdem gibt es Zeugen und Dokumente, die belegen, dass im Dezember ein Prozess stattfand, in dem Beria zum Tode verurteilt wurde. Es liegt daher nahe, dass es sich bei der Person, die bei der geschlossenen Verhandlung vor Gericht erschien, um den echten Beria handeln könnte.

Abschließend bleibt nur noch, notwendigerweise in aller Kürze, die Annäherung Berias an Mao auf Bitten seiner „internationalen Freunde" zur Beendigung des Koreakrieges zu skizzieren. Seit Mai 1953 stand Beria in geheimem Kontakt mit den Amerikanern, die die Chinesen und Nordkoreaner zur Einstellung der Feindseligkeiten bewegen wollten. Berias Schlüsselperson in China, sein Sonderbeauftragter, war Pawel Iudin, der Jude, der bereits 1947 nach Jugoslawien geschickt worden war, um die Zeitung *Für einen dauerhaften Frieden, für eine Volksdemokratie*, das Bulletin des Kominform, herauszugeben und zu überwachen. Dieser langjährige Mitarbeiter, der von Beria in sehr wichtigen Missionen eingesetzt wurde, war zum ständigen Mitglied der Akademie der Wissenschaften ernannt worden und galt als offizieller Philosoph der Partei. In Peking war er neben seinen Aufgaben als Informant mit der Herausgabe von Maos Gesamtwerk betraut und wurde schließlich zum Botschafter ernannt. Im Mai 1953 arbeitete er eng mit Kao Kang zusammen, dem von Stalin denunzierten Agenten Berias, der überraschenderweise nicht liquidiert worden war. Laut A. Kolendic „bat Iudin auf Drängen Berias um ein tägliches Gespräch mit Kao Kang und erhielt es auch". Kolendic fügt hinzu, dass Iudin die Berichte von Kao Kang erhielt und ihm im Gegenzug „die Anweisungen Berias über die Notwendigkeit, alle Bedingungen der Amerikaner zu akzeptieren und den Koreakrieg zu beenden" übermittelte. Unter den Dokumenten, die nach Berias Verhaftung sichergestellt wurden, befanden sich zahlreiche Texte über die „Beziehungen zum Zentralkomitee der Kommunistischen Partei Chinas". Es handelte sich um Berichte, die Beria selbst verfasst oder von Kao Kang, einem Mitglied des Politbüros, geschickt hatte. Als am 27. Juli 1953 der Vertrag von Panmunjon feierlich unterzeichnet wurde, der den Waffenstillstand und das Ende der Feindseligkeiten markierte, war Beria bereits verhaftet, wenn nicht gar hingerichtet.

Kurzum, wie Stolypin, Alexander II., Nikolaus II. und seine Familie, die alle von Beauftragten der jüdischen Verschwörer ermordet wurden, die die Kontrolle und die Usurpation des russischen Reichtums anstrebten, wurde auch Stalin von einem Agenten der Verborgenen Macht ausgesandt. Es liegt der Schluss nahe, dass Lawrenti Pawlowitsch Beria, der Mörder Stalins, der bevorzugte Kryptojude derjenigen war, die den Kommunismus seit seinen Anfängen finanziert hatten. Er erlangte während des Zweiten Weltkriegs große Bekanntheit. Die geheimen Informationen, die er von jüdischen Agenten erhielt, die in das Manhattan-Projekt eingeschleust waren, und die Informationen, die er in den Nachkriegsjahren erhielt, festigten seine Macht. Sobald der Krieg zu Ende war, übertrug Beria seinen Männern die Verantwortung für die Sicherheitsdienste in Polen, der Tschechoslowakei, Ungarn, Bulgarien, Rumänien, Jugoslawien... Stalin wurde misstrauisch, als er feststellte, dass viele dieser von Beria entsandten Juden sich heimlich seiner Politik der Kontrolle des

Kominform widersetzten. Nach der Absetzung des Diktators versuchte Beria, den Staatsstreich zu konsolidieren, um die Macht in der UdSSR zu übernehmen.

Nachdem Adenauer völlig eingeknickt war und sich bereit erklärt hatte, den Zionisten eine millionenschwere Entschädigung zukommen zu lassen, war ein geeintes Deutschland wünschenswert, das die unverhältnismäßigen, fast unmöglichen Verpflichtungen, die der deutsche Kanzler gegen die Meinung seiner eigenen Partei eingegangen war, bewältigen konnte. Nur so ist das unberechenbare Verhalten Berias während der Ereignisse im Juni 1953 zu verstehen, die darauf abzielten, die DDR aufzugeben und die Wiedervereinigung zu erleichtern, obwohl ein Jahr zuvor die Westmächte und Adenauer selbst den in der Stalin-Note enthaltenen Vorschlag abgelehnt hatten.

ANDERE BÜCHER

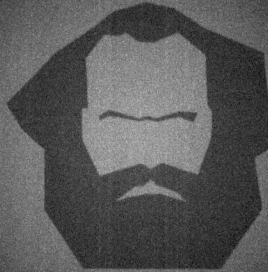

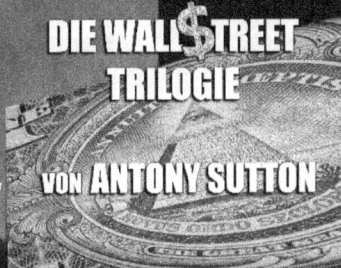